谨以此书献给

中国考古学诞生 100 周年

杨权喜 著

荆楚文化考古探溯与研究

杨权喜论文选集／上

上海古籍出版社

图书在版编目（CIP）数据

荆楚文化考古探溯与研究：杨权喜论文选集 / 杨权
喜著. —上海：上海古籍出版社，2021.11
ISBN 978-7-5732-0071-6

Ⅰ. ①荆… Ⅱ. ①杨… Ⅲ. ①楚文化—文集 Ⅳ.
①K871.41-53

中国版本图书馆CIP数据核字（2021）第221791号

荆楚文化考古探溯与研究
——杨权喜论文选集
（全二册）

杨权喜 著

上海古籍出版社出版发行
（上海市号景路159弄A座5层 邮政编码201101）
（1）网址：www.guji.com.cn
（2）E-mail：guji1@guji.com.cn
（3）易文网网址：www.ewen.co
上海惠敦印务科技有限公司印刷
开本 787×1092 1/16 印张 45.25 插页6 字数 881,000
2021年11月第1版 2021年11月第1次印刷
印数：1—1,600
ISBN 978-7-5732-0071-6
K·3053 定价：228.00元
如有质量问题，请与承印公司联系

序

　　我曾参与推荐的杨权喜《荆楚文化考古探溯与研究》终于要付梓了,这是值得庆贺的一件事。

　　杨权喜,1960年考入北京大学历史系考古专业,1965年毕业后分配到湖北省博物馆从事文物考古工作。《荆楚文化考古探溯与研究》是他的论文选集,也是他50年来在湖北不间断地从事田野考古工作和研究的结晶。

　　这本文集,编入他写的部分考古发掘报告结语、主要考古论文和文章共89篇。分荆楚地区新石器时代考古发掘与研究,湖北重大考古发现与江汉文明探讨,荆楚地区商周文化的分析与讨论,楚文化渊源与楚丹阳,楚文化的发现与研究,荆楚地区巴蜀、百越、秦汉文化的探讨与综述,另有附录若干篇。考古报告专著都由文物出版社出版。其他考古报告、简报主要发表在《考古学报》《文物》《考古》《江汉考古》等考古杂志和一些考古报告集上。论文所刊登的杂志、报刊、文集有《江汉考古》《考古》《湖南省博物馆馆刊》《荆楚文物》《考古与文物》《中原文化》《东南文化》《四川文物》《南方文物》《农业考古》《华中师范大学学报》《浙江社会科学》《中华文化论坛》《楚学论丛》《文物天地》《中国文物报》;《楚文化研究论集》《中国考古学会年会论文集》《湖北省考古学会论文选集》《中国百越民族史研究会年会论文集》和国内外专题学术讨论文集、纪念文集。还有一些专题文章刊登在大型图录、图册上。

　　杨权喜主编的考古发掘报告专著有2部,执笔编写的考古发掘报告、简报有34个。包括了新石器城背溪阶段开始至宋元明时期的遗址、墓葬、窑址的调查发掘报告或简报。其中有大批重要遗址和墓葬的考古资料。重要的遗址和墓葬,如以新石器时代为主的遗址有宜都城背溪、宜昌窝棚墩、秭归柳林溪、秭归龚家大沟、江陵朱家台、天门石家河邓家湾、宜昌白狮湾、当阳季家湖、宜都石板巷子、宜昌白庙、荆门叉堰冲、巴东茅寨子湾D区;以商周时期为主的遗址或墓葬有枣阳曾国墓、宜昌三斗坪遗址、秭归大沙坝遗址、沙市官堤遗址、宜昌上磨垴遗址;以楚文化为主的遗址或墓葬有当阳季家湖楚城遗址、江陵纪南城西垣北门和陈家台遗址、巴东茅寨子湾遗址、襄阳山湾东周墓、襄阳蔡坡战国墓;两汉时期的墓葬有光化五座坟西汉墓和当阳刘家冢子东汉画像石墓;六朝以后的有孝昌古坟岗墓地和江夏新窑瓷窑遗址。纪南城遗址、石家河(包括邓家湾)遗址和季家湖城址都是全国重点文物保护单位,所公布的考古资料都属首批正式发表。城背溪等一批宜都城背溪文化遗址和窝棚墩、龚家大沟、白狮湾、石板巷子、白庙、三斗坪、大沙坝、上磨垴、茅寨子湾等遗址,都已经不复存在。

杨权喜做田野考古,常亲临现场,亲自操作,仔细认土、认遗迹、认器物。宜都金子山和栗树窝、枝江青龙山、宜昌窝棚墩等城背溪遗址,宜昌白狮湾大溪文化遗址,宜昌周家湾周代山岗遗址,都是他调查新发现的遗址。枣阳的曾国墓、江陵纪南城西垣北门和车辙等遗迹,是他辨认并亲手清理发掘出来的。他所发表的考古资料,许多是他亲手整理、修复、绘图、拓片、照相、执笔编辑而成的。

杨权喜撰写的论文,大部分是他在田野发掘过程中,为参加学术会议和应报刊之约而作。所使用资料、论据,以自己做的考古资料和本地的考古资料为主,十分注意区系类型、文化因素、地域名称等方面的问题。研究对象主要有古文化、古遗迹遗物和古民族,涉及面较为广泛。

他讨论荆楚地区的古文化,所写论文的时间,虽相隔40多年,但始终贯穿"土著说"的基本观点。他认为从猿人阶段开始就有人类在荆楚一带活动。荆楚的古人类在本地不断开发、奋斗,创造了发达的荆楚文化。

荆楚地区,经旧石器时代末的江陵鸡公山阶段到城背溪→大溪→屈家岭→石家河→石板巷子的新石器时代,其文化虽有东、西两个主要源头的汇合,但都属一脉相承的大同小异的一种土著文化。进入商周阶段之后,又经过我国各地文化大交流、大融合的大变革时代。商周时期该地出现的文化遗存十分复杂;后来出现的楚文化繁荣兴旺,引起学术界的广泛研究和探讨,其中研究重点之一是楚文化。

楚文化研究较集中于楚渊源和早期楚都丹阳问题。这两个问题,学术界主要有"中原说"和"土著说"两种观点,杨权喜坚持"土著说"。他认为研究楚文化首先要辨明楚的地域、民族、国家、文化这四个不同概念,追溯楚文化渊源主要是寻找楚民族、楚国的起源地。楚文化主要是楚国的文化,楚国是西周早期才被周封的小国,楚文化是随楚国的建立才产生的一种新文化。楚国的发展分两大阶段,大体以两周之交为界,之前属于山区小国,其文化可称为早期楚民族文化;之后属于大国,它并吞了汉东和淮河流域的许多小国,其文化面貌发生了根本改变,即为通常说的楚文化。这两种文化的形成存在时间差,前者的时代上限为西周中期前后,后者的时代上限在春秋中期前后。楚文化形成和发展,始终以荆楚民族(主要包括山区的荆楚和水域的扬越两大土著民族族团）为主体，以楚国的发展为探溯线索。而楚文化特点的形成，则与荆楚地区的地理条件、经济生活和文化传统密不可分，它与中原文化和其他文化的关系是接受和影响的关系。研究楚文化的重要器物是楚式鬲。荆楚地区发现的鬲有多种，有文化性质或用途不同的鬲，特别是有炊器、盛器、储器、祭器之分。楚式鬲的制法和结构都与中原的鬲不同，而与荆楚的鼎相同；形态也和鼎更接近（可称鬲式鼎），更具土著特点。它是荆楚稻作农业经济区的基本炊器。楚文化又存在区系类型的差别，不同类型的楚文化都有自身的发展系列。鄂西沮漳河流域是典型楚文化发展和分布的中心区。以此区已认识的楚式鬲为代表的器物群作线索向上追溯，已溯至西周中期前后，之后消失。沮漳河之西发现的具有时空局限和特征的一种西周文化，就是早期楚民族文化。以此证明楚渊源和丹阳都在荆山南麓的沮漳河流域至长江西陵峡中段北岸一带。丹阳，它应是一般遗址，只是楚首领曾居住过的地方，并有多处。楚丹阳"秭归说"，可能与熊渠嫡嗣熊挚"别居于夔"有关，但它不是最初的丹阳。最初的丹阳应到荆山西南麓山区（沮漳河上游一片）去寻找。1975-1976年纪南城进行大规模考古调查发掘，资料由杨权喜负责整理，并在《考古学报》上发表了简报，认为纪南城年代为战国。简报发表后，学术界进行了春秋郢都在何处和纪南城年代问题的讨论。杨权喜论证和推测春郢都最大可能就在纪南城。

杨权喜还认为，荆楚文化在新石器时代较早阶段分东、西两大并列发展的文化系统。到大溪晚期至屈家岭早期，两系文化存在明显的相互交融现象。屈家岭中期前后，荆楚文化崛起，产生了许多屈家岭文化古城。经石家河阶段之后，鄂西出现了相当于夏代的石板巷子、白庙、叉堰冲等几种类型文化；鄂东出现了相当于夏代的"后石家河文化"和"三房湾文化"。他指出石板巷子文化有一组陶器起源几乎都可追溯到中原河南龙山文化王湾类型的陶器中去。白庙类型文化则受中原二里头文化影响较深刻。进入商代，受商文化的影响则形成周梁玉桥文化（濮文化）。早期楚民族文化继承了许多周梁玉桥文化的传统。周梁玉桥文化，可将荆楚新石器时代文化和楚文化连接起来。

杨权喜十分重视古代与经济生产、生活习俗最为密切的器物——炊器的研究。荆楚地区的古代主要炊器有鼎、釜两种。西部流行釜，东部流行鼎。由于文化的交流、融合，先出现釜形鼎，是土著文化自身（东、西两支）交融的产物；后出现楚式鬲（鬲式鼎），是土著文化与中原文化融合的反映；西陵峡地区出现的侈口鼓腹圜底罐，是土著文化的釜与西方（巴蜀地区）的鼓肩收腹小底罐（巴蜀文化的主要炊器）结合的结果。他在西陵峡地区找出古代炊器的复杂发展变化现象，探讨了该地区多种古文化的发展交融和荆楚民族、中原民族、巴蜀民族在该地区相交相争的情况。

纵观商周时期的荆楚地区，杨权喜以汉水为界分汉东、汉西，这两片的文化存在许多的不同,认为这是中原民族南下的先、后,商、周王朝直接统治和间接统治的反映。汉东地区较早地被商、周王朝直接统治,当地的荆楚民族较早地接受了中原文化。楚国在汉西崛起,并吞了汉东和淮河流域许多周王朝的封国,同时继承了诸国的文化。但无论汉东,还是汉西,其文化的主体都是荆楚土著民族。汉东、汉西的土著民族和南下、西来的其他民族一起共同创造了楚文化——华夏文化的南方类型。楚文化代表了我国东周文化发展的高度,我国统一的秦汉文化又承袭了许多楚文化传统,表明长江流域同样是中华民族文化的发祥地。

关于古文化方面的代表作有《试论城背溪文化》《试论中国文明起源与江汉文明》《试谈鄂西地区古代文化的发展与楚文化的形成问题》《三峡地区史前文化初论》《关于鄂西六处新石器时代晚期遗存的探讨》《试论江汉古城的兴衰》《论楚文化之源》《楚源探溯与万福垴遗址》《沮漳河之东夏商周文化探讨》《早期楚民族文化的探索》《楚文化与中原文化关系的探讨》《楚文化与濮文化关系研究》等。

在研讨古遗址、遗迹、遗物方面,内容主要有对遗存的分期断代,对遗存性质和发展变化的认识,对遗址、遗存文化因素的分析,对遗存的研究和制法、用途、功能等方面的考察。所论遗存与当地当时存在的不同文化、不同民族联系起来进行探讨研究。再以此上升为研究荆楚地区古代社会制度、经济文化、科学技术等方面的实物依据。主要论文有《〈楚纪南故城调查与发掘〉报告结语》《襄阳山湾五座楚墓的年代》《襄阳余岗楚墓陶器的分期研究》《纪南城文化遗存性质讨论》《宜昌上磨垴周代文化遗存的讨论》《荆楚地区巴蜀文化因素的初步分析》《绍兴306号墓文化性质的分析》《三峡地区的打制石器》《江汉地区楚式鬲的初步分析》《江汉地区的鬲与楚式鬲》《襄阳余岗东周青铜器的初步研究》《试论楚国铁器的使用和发展》《湖北省出土的战国秦汉漆器》《江汉地区出土的东周生产工具》《论西陵峡古代日用炊器》《楚都纪南城的水井》《古道辙痕话楚车》《楚人的鞋》《楚墓中的鹿角》《试论江汉地区的早期原始农业》《楚郢都的制陶手工业》《东周时代楚郢都的农业生产考略》《试论楚国建筑工艺特点》等。

关于荆楚地区古民族研究方面,杨权喜首先谈了我国古代民族称谓的复杂。他认为扬越与江汉平原的扬水有关。汉西的濮是扬越的一部分。他以不同性质的文化遗存或文化类型、文化特征为基本依据,引用相应的有关文献记载,论证中原、巴蜀、扬越等民族和秦人的存在,研究他们的分布、活动和文化状况,以及他们之间的相互关系。论文有《楚越关系初析》《扬越民族的分布区域及文化特点》《关于巴濮若干问题的探讨》《略论古代的巴》《楚文化与濮文化关系研究》等。

附录收入五篇文章:回忆1971年对湖北考古有重要影响的北京十一省市出土文物展的《冬天里的春天》;60周年国庆大型征文活动的获奖文章《城背溪文化的发现、保护与抢救性发掘》；缅怀对湖北考古、楚文化考古和三峡考古作出卓越贡献的俞伟超先生的《事业永在·风范长存》和他本人的文物考古工作简述、考古发掘报告目录。

我1961年从北大考古专业毕业留校，1963年曾作为北大考古专业的教师，带领杨权喜和他所在的60级共8位学生赴中国科学院考古研究所洛阳工作站主持的偃师二里头遗址进行田野考古实习。为加强辅导力量，教研室专门聘请了考古所的方酉生、殷玮璋等先生担任辅导老师，他们也都是北大考古毕业的学长。实习期间考古教研室主任苏秉琦先生给学生讲了认土、认遗迹、认器物以及文化分期等方面的基本功。那时候我们住在四角楼老乡家里，白天下工地，晚上聊天，写发掘日记，请辅导老师们讲发掘逸事，其乐融融。杨权喜不算实习同学中最顶尖，但却是最勤奋、最用功、最肯动手动脑的几个人中的一个，深受辅导他的殷玮璋先生喜爱。1965年毕业后，他和其他两名在洛阳实习的同学分配到湖北省博物馆从事考古，常年奔波在野外。1971年，杨权喜和包括我在内的多位北大考古老师参加了在故宫慈宁宫筹备的"出土文物展览"；1975年，杨权喜和北大的俞伟超、吕遵谔、严文明等先生一起参加了江陵纪南城的"考古大会战"；1979-1986年，杨权喜在北大俞伟超先生率领下，参加了一系列楚文化的田野考古探溯工作；1987-1994年，湖北和北大组成石家河考古队，由北大的严文明先生任队长，杨权喜等任副队长，对石家河遗址做了多次发掘。这期间，我和杨权喜交往不多，但1983年我到俞伟超先生的研究生裴安平所在的宜都石板巷子实习工地参观，12月1日到达工地，12月3-15日我和在那里的杨权喜、陈振裕、高崇文、裴安平等做过一次野外调查，调查或复查了宜都城背溪、孙家河、石板巷子、花苗堤、枝城北，枝江关庙山，当阳草埠湖、杨木岗、西面山、磨盘山、王家台等新石器时代遗址和商周遗址。还到当阳玉泉寺考古整理场地参观了季家湖楚城遗址、赵家湖楚墓出土文物。杨权喜曾和北大师生合作发掘了城背溪、邓家湾、季家湖、石板巷子、周梁玉桥、纪南城、季家湖楚城等新石器至东周遗址。很大程度上也可以说，《荆楚文化考古探溯与研究》是北大和杨权喜一起从事湖北考古工作的总结和见证。

纵观杨权喜的工作经历和他发表的论著，给我留下的印象是：杨权喜是一位热爱考古事业，尤其是对田野考古情有独钟的学者，他涉足的湖北省不同时代、不同类型的遗址上百处，研究的问题涵盖了遗址分期、文化谱系、区系类型、文化因素分析、性质、族属、文化与族际关系等诸多方面，他总是从分析考古材料出发引出科学结论，有独到见解，不随波逐流。我认为，他对长江中游新石器时代早期偏晚或中期偏早阶段城背溪文化的发现认定、对新石器时代晚期石家河中心都邑的发掘研究、对相当于中原地区夏时期后石家河文化阶段石板巷子类型的厘定、对楚文化尤其是其渊源的探索、对楚都纪南城年代分期和布局性质的研究，都做出了应有的贡献。随着考古材料的不断增加、研究视野的不断扩大和研究方法的不断改进,长江中游地区许多历史、考古学术问题的研究越来越深入,成果也与日俱增,令人欣喜。但只要涉及以上问题,杨权喜和他的同事们曾经做过的工作和取得的研究成果,不管你是否同意,都难以回避,因为它已成为相关学术史的有机组成部分。

祝贺杨权喜《荆楚文化考古探溯与研究》的出版,向20世纪60年代至本世纪初奋战在荆楚大地考古战线上的领导者、组织者、发掘者、研究者、文保工作者致以诚挚的感谢和慰问!

李伯谦

2018年3月20日

目　　录

湖北重大考古发现与江汉文明

荆楚地区商周文化

楚文化溯源与楚丹阳

楚文化的发现与研究

荆楚地区巴蜀、百越、秦汉文化

附　录

荆楚地区新石器时代考古

湖北地区新石器时代文化发展的两个区域

　　湖北地区新石器时代遗址分布极为广泛，尤其以平原丘陵、江河湖畔最为密集。由于山水相隔，它们的文化内涵、区系类型比较复杂。近10年来，我们除继续对新石器时代晚期较早阶段的大溪文化、屈家岭文化作进一步的探讨以外，重要的工作是对新石器时代早期文化的调查、发掘和对新石器时代晚期"龙山阶段"文化的发掘和研究。

　　据目前资料，湖北境内新石器时代文化至少可以分出两个发展中心区域：以宜都、枝江为中心的鄂西文化区，主要包括长江西陵峡及峡口以东沮漳河、清江流域；以京山、天门为中心的汉东文化区，主要包括汉水中、下游一带。

　　在鄂西山区与江汉平原的交界地带，从旧石器时代开始就有"长阳人"的足迹，进入新石器时代以后，便有了城背溪、大溪、季家湖等不同阶段的文化连续发展，这里是大溪文化体系的发源地。

　　1981年对秭归柳林溪遗址的发掘和1983年对宜都城背溪遗址[1]的发掘，使我们发现了属于新石器时代早期后段的文化遗存，我们将其暂定名为城背溪文化。柳林溪遗址位于长江西陵峡中段空舲峡出口处的北岸，四面崇山峻岭。出土的石器主要有斧、凿、刮削器、球和磨盘、磨棒等，多为天然砾石加工而成，具有相当的原始性。陶器以夹砂红陶为主，占80%以上；其次有夹砂灰陶、泥质红陶、掺炭或掺骨末红陶和少量磨光黑陶。纹饰以浅细绳纹为主，占83%左右，还有线纹、戳印纹、锥刺纹、刻划纹等；已出现少量彩陶。器物形制还较简单，直沿和圜底为造型的基本特点。常见器物有圜底釜、圜底罐、圜底钵、碗、簋、支座等。城背溪遗址出土的石器种类和风格与柳林溪遗址的相同。陶器有圜底釜、圜底钵、叠沿圜底罐、双耳圜底罐、双耸肩扁壶、圈足盘、碟、支座和少量纺轮等。1983-1985年，我们在长江西陵峡和宜都、枝江县境内调查、发掘了不少同期遗址，主要有

---

〔1〕 陈振裕、杨权喜：《宜都县城背溪遗址》，《中国考古学年鉴》，文物出版社，1984年。

秭归朝天嘴、宜昌窝棚墩、宜都枝城北和金子山、枝江青龙山[1]等。这些遗址均分布于长江岸边或临近长江的低矮山头上,一般保存面积较小,文化层薄,文化面貌具有时代差异。这些遗址的调查和发掘,为探索长江中游地区新石器时代早期文化积累了资料。城背溪文化的陶器具有不少大溪文化的原始特征,这显示出前者可能是后者的来源。

大溪文化是新石器时代晚期早段的一支重要文化。近10年来,通过对鄂西长江西陵峡及峡口以东至汉水下游一带大溪文化遗址的持续调查和发掘,我们了解到大溪文化分布的北界未过荆山,东界不出云梦沼泽地,向南已抵湘北洞庭湖区。而鄂西与湘北所见的大溪文化遗存,具有明显差异,它们应分属于同一文化中的不同类型。

长江三峡,特别是西陵峡中段有密集的大溪文化遗址。这些遗址的文化层深而厚,一般距地表深3米以上,文化内涵较这一地区其他时代的遗址更为丰富。1981-1986年,考古工作者先后发掘了秭归龚家大沟、[2]朝天嘴、宜昌中堡岛、[3]伍相庙、[4]三斗坪、白狮湾、杨家湾、[5]清水滩[6]等遗址。

大溪文化一般分成三期或四期,变化表现在陶器上最为明显。开始,以红陶最多,纹饰有相当数量的浅绳纹和线纹,器类、器物形制都较简单。之后,泥质黑陶、灰陶、彩陶的器类都不断增加,烧制水平也逐渐提高;绳纹、线纹消失;圜底器逐渐被圈足器和矮三足器取代,支座在中期鼎盛,然后逐渐被器座取代。表现在墓葬方面,葬式由跪、蹲到屈肢、直肢;随葬品从无到有,从少到多。到晚期出现了随葬品多寡不一和种类不同的现象,这应是大溪文化晚期社会变化的反映。大溪文化经历了数千年的发展,最后被东来的屈家岭文化所融合,形成了一种鄂西类型的屈家岭文化。

鄂西类型的屈家岭文化,是本地区一种过渡性质的新石器时代文化,延续的时间并不长。过去,在宜都红花套、枝江关庙山、公安王家岗、江陵龙王庙等地发现过。近年,在长江西陵峡发掘的中堡岛、清水滩、杨家湾等遗址中也发现了这类遗存。典型陶器有双腹豆、敛口斜壁碗、敞口圆腹彩陶碗、高圈足杯、圈足壶、折腹缸、彩陶纺轮、米字形纹陶球等。杨家湾遗址的墓葬特点与宜昌白狮湾大溪晚期的墓葬近似,随葬陶器有高圈足杯等屈家岭文化的典型器物。鄂西类型的屈家岭文化,地层叠压于大溪文化层之上;时代大约相当于典型屈家岭文化的晚期阶段;在文化面貌上存在不少大溪文化的因素。因此,它与大溪文化具有承袭发展的关系。

---

〔1〕 杨权喜:《宜都县枝城北新石器时代早期遗址》,《中国考古学年鉴》,文物出版社,1985年。
〔2〕 湖北省博物馆:《秭归龚家大沟遗址的调查试掘》,《江汉考古》1984年第1期。
〔3〕 湖北省宜昌地区博物馆等:《宜昌中堡岛新石器时代遗址》,《考古学报》1987年第1期。
〔4〕 湖北省博物馆江陵考古工作站:《宜昌伍相庙新石器时代遗址发掘简报》,《江汉考古》1988年第1期。
〔5〕 宜昌地区博物馆:《宜昌县杨家湾新石器时代遗址》,《江汉考古》1984年第4期。
〔6〕 湖北省宜昌地区博物馆等:《宜昌县清水滩新石器时代遗址的发掘》,《考古与文物》1983年第2期。

季家湖文化是鄂西新石器时代晚期后段的文化。1979年冬，我们在当阳季家湖发现了较系统的遗存。[1]之后，又陆续发掘了宜都石板巷子、[2]茶店子、王家渡、鸡子河、蒋家桥，[3]宜昌白庙子[4]和江陵朱家台等遗址。代表性陶器有罐形鼎、大圜底釜、镂孔粗圈足盘和豆、通底式甗、高领小平底罐、尖底红陶缸、圆腹壶形器、漏斗状擂钵、平底杯等。当阳季家湖与宜都石板巷子等同类遗存之间，存在着明显的时代差异，有些遗存已出现了中原二里头阶段的某些特征。沮漳河、清江两流域与西陵峡峡谷的同类遗存之间又具有一定的地域区别。这些，为季家湖文化的分期、分区研究提供了重要资料。季家湖文化的发现，对于填补鄂西地区古代文化发展的缺环和探索楚文化渊源，都具有重要意义。

　　在汉东，新石器时代较晚阶段的文化相当发达。50年代，发现了京山屈家岭和天门石家河等遗存。近年，在钟祥六合、[5]天门谭家岭和邓家湾、随州西花园和庙台子、[6]宜城曹家楼[7]等地进行的发掘，证明了大洪山南麓一带是典型屈家岭文化分布的中心，考古界提出了石家河文化的称谓。石家河文化是直接继承典型屈家岭文化而来的相当于龙山阶段的一种文化。

　　关于屈家岭文化的渊源，又有了新的线索。在天门龙咀、[8]谭家岭下层和京山油子岭下层都出土了早于屈家岭文化早期的遗存。陶器主要有扁短足鼎、平底罐、直领瓮、矮圈足碗、圈足盘、簋、单耳杯等。这些遗存与鄂西大溪文化有许多类似之处，但差异性又是十分明显的，可以认为是大溪文化的汉东类型。它多见于屈家岭文化层之下，并与屈家岭文化早期关系密切，以它为代表的文化类型应是屈家岭文化的直接前身。

　　六合、谭家岭、西花园、曹家楼等遗址都出土了较丰富的屈家岭文化的房屋、墓葬和陶器。这些遗存，大大充实了屈家岭文化的内容，对于屈家岭文化的分期、分区研究及屈家岭文化发展去向的探索等，都具有十分重要的意义。

　　石家河文化分布的重点在天门石河镇附近。在石河镇管辖的范围内聚集了50余处这类遗址，其中，土城遗址发现了城的迹象，邓家湾发现了铜块、孔雀石、图形符号和一些祭祀活动的遗迹。这些发现，在长江中游地区的同时代遗址中尚属首次。在谭家岭、邓家湾、肖家屋脊等地，遗物遗迹非常丰富，已初步获得了一批房屋、窖穴、灰坑、墓葬等资料。

〔1〕 湖北省博物馆：《湖北当阳季家湖新石器时代遗址》，《文物资料丛刊（10）》，文物出版社，1987年。
〔2〕 宜都考古发掘队：《湖北宜都石板巷子新石器时代遗址》，《考古》1985年第11期。
〔3〕 杨权喜、陈振裕：《宜都县茶店子等四处新石器时代遗址》，《中国考古学年鉴》，文物出版社，1985年。
〔4〕 湖北省宜昌地区博物馆等：《湖北宜昌白庙遗址试掘简报》，《考古》1983年第5期。
〔5〕 荆州地区博物馆等：《钟祥六合遗址》，《江汉考古》1987年第2期。
〔6〕 武汉大学考古教研室：《随州西花园、庙台子遗址发掘简述》，《江汉考古》1984年第3期。
〔7〕 武汉大学历史系考古教研室等：《湖北宜城曹家楼新石器时代遗址》，《考古学报》1988年第1期。
〔8〕 天门县博物馆：《天门龙咀遗址调查》，《江汉考古》1984年第2期。

随葬品有陶器、玉器等。其中，陶器以灰陶为主，器类有高领圆腹小底罐、鼎、小壶和红陶小杯等。部分墓葬随葬猪下颌骨。邓家湾、谭家岭出土的遗物达万余件，大量的泥质红陶小杯和小型陶塑动物为别处所不见。小型陶塑动物有狮、象、虎、豹、鸡、鸟、鱼、龟等品种，还有小型陶人，其中"人抱鱼"陶塑似有图腾崇拜之意。玉器出在瓮棺内，有雕刻精细的人面形、飞鹰形、猪龙形、蝉形、管形、方形、璜形等，小巧玲珑，具有很高的工艺水平。随州西花园遗址的石家河文化遗存也十分丰富，以一处氏族墓地的发现最为重要。这座氏族墓地，已发现墓葬4排，每排10座，间距20-30厘米，葬式均为仰身直肢，头北足南，部分为二次葬。有一座女性墓旁埋葬了一个小孩的瓮棺，为之前少见。西花园出土的石家河文化遗物有陶、石、玉、骨等类。典型陶器有四足方鼎、罐形扁足鼎、喇叭口长颈罐、小底红陶杯、尖底缸、擂钵、叶脉纹小口瓮等。其中，1件红陶杯上出现了青铜器上流行的规整的云雷纹。出土的玉器中有精致的凿、珠、环等，在玉环上发现了刻划记号。

石家河文化的时代与鄂西季家湖文化相当，而文化面貌却具有较大差别。从地层关系和文化发展序列上观察，它是从典型屈家岭文化发展而来的，同时受到中原龙山文化的较大影响，越往后发展，这种影响越来越明显。

大别山至幕阜山的鄂东南一带，近年来，我们在文物普查的基础上，也着手进行了一些较系统的发掘。其中，在通城尧家林[1]、黄冈螺蛳山、[2]阳新和尚垴、[3]黄梅龙感湖、[4]武穴挂玉山、大冶上罗村[5]等遗址都发现了新石器时代遗存。目前，在鄂东南见到的新石器时代遗存以新石器时代晚期晚段的为主。这里地处长江中游东部，是多种考古学文化的交汇地带，文化内涵比较复杂，既有长江中游的大溪、屈家岭文化因素，又有长江下游的薛家岗文化因素，同时还受到中原龙山文化和南方印纹硬陶文化的影响。鄂东南地区是研究我国新石器时代诸文化互相交流和融合的重要地区。

（摘自《文物考古工作十年（1979-1989）》，文物出版社，1991年）

〔1〕 武汉大学历史系考古专业等：《湖北通城尧家林遗址的试掘》，《江汉考古》1983年第3期。
〔2〕 湖北省黄冈地区博物馆：《湖北黄冈螺蛳山遗址墓葬》，《考古学报》1987年第3期。
〔3〕 咸宁地区博物馆等：《阳新县和尚垴遗址调查简报》，《江汉考古》1984年第4期。
〔4〕 黄冈地区文物普查队：《黄梅龙感湖三处遗址调查》，《江汉考古》1983年第4期。
〔5〕 黄石市博物馆：《大冶上罗村遗址试掘简报》，《江汉考古》1983年第4期。

宜都城背溪文化的基本特征、年代与分期

城背溪文化因城背溪遗址的发掘而被确认,并以该遗址名称命名。目前所知,湖北境内的城背溪文化遗址除长江西陵峡和巫峡东段有一部分以外,几乎都集中于宜都境内的长江江段沿岸。宜都(长江南岸)城背溪、枝城北、金子山、孙家河、栗树窝、花庙堤和枝江(长江北岸)青龙山等七处城背溪文化遗址,均因江水冲刷或基本建设工程而被发现,并都尽可能地进行了发掘,除城背溪遗址局部还可能继续发掘外,其余六处遗址基本不复存在。发掘面积虽不大,但获得了较多具有突破性意义的新资料,可将湖北新石器时代的历史提早一二千年,并为寻找大溪文化的前身提供了重要线索。该文化的稻作遗存、水牛骨骼和泥片贴筑法制陶术等,都具有很高的科研价值。

一、城背溪文化的基本特征

宜都的城背溪文化遗址有两类:第一类分布于江边一级台地上,有城背溪、枝城北、孙家河、栗树窝和花庙堤。这些遗址地势甚低,一般都低于现代村舍,雨季时常被洪水淹没。遗址文化层多被埋于厚2-3米的淤土层之下,因江岸崩塌才暴露出来。第二类有金子山和青龙山。此类遗址位于临近长江的矮山岗上,高出长江一级台地30米左右,一般不受长江洪水的威胁。金子山、青龙山两遗址都经考古人员反复调查,最后才在山坡荒草丛中找到原生堆积,其文化层因雨水冲刷而暴露于地表。因两类遗址保存面积都很小,文化堆积多集中于坑、沟内,文化层所夹灰烬和陶片少,土色和陶片颜色与生土比较接近,所以考古调查较难进行。

在宜都城背溪文化各遗址的发掘中,仅见灰坑、水沟两种遗迹,遗物主要有陶器、石器和骨器,还有较大量的稻作遗存和动物遗骸。

众多陶器所反映的稻作遗存与文化堆积中含大量鱼、鳖、贝、蚌等水生动物遗骸表明,

城背溪文化的原始农业已具有"饭稻羹鱼"的特点。第一类靠江边的遗址,经较大面积的发掘后,均未见房屋遗迹,推测当时居民平时生活在江边的沟壑、沱湾旁(枝城北Hl就可能属此类居址),便于从事渔业活动;涨水季节则移往地势较高的地方(第二类遗址)。由于经发掘的城背溪文化遗址均保存不佳,居址布局和房屋建筑情况尚不清楚。

城背溪文化的石器制作还比较原始和粗糙,多以沙滩砾石为原料,先打出较大的石片,然后琢制成坯,再磨制刃部成器。器体两面、两侧和顶部也有打磨现象,但往往保留一部分自然面和打击脱落凹痕。器形较简单,以斧最为常见,斧的形状、大小、厚薄均未严格加以规范,以弧刃长扁形的较多。其他器物还有锛、凿、锤、砍砸器、刮削器、弹丸、网坠等,刮削器以蚌形石片为多,少见或未见中原裴李岗文化[1]中的石铲、磨盘和磨棒。

城背溪文化的陶器特点鲜明,在成型、胎质、火候、器形、花纹等各方面都有反映。

陶器的成型方法主要为泥片贴筑法。根据器形及器体不同部位,将陶泥捏压成不同形状和大小的泥片,然后相互叠接捏制成粗型(可能用鹅卵石、泥团之类作模具),再在粗型上贴补抹稀泥(为红色),使胎壁平整坚固。因此,许多陶片的断面有多层叠压的情况,而一般陶器胎壁多厚薄不均,底、颈、口部往往特别厚,不少器物口沿(紧靠唇部)另贴一圈泥条(称为重叠沿),器外壁从口沿唇部开始,一直到最底部,都有深而乱的拍印粗绳纹。这种粗绳纹最初并非特意装饰,而主要是平整、加固的痕迹。

陶器胎质的主要特点是含大量炭化物,羼入物中明显有稻草和稻谷壳,由于火候较低和不匀,胎壁表面多黑、红相间,胎质多乌黑疏松。表面纹饰除拍印粗绳纹外,逐渐出现具有装饰作用的刻划纹、锥刺纹、细绳纹和镂孔。刻划纹、锥刺纹见于罐的颈部、盘的圈足部和支座外表。镂孔多见于盘的圈足上。另外一些器物有磨光红陶衣,主要施于器物口沿上。由于胎质乌黑,红衣陶往往红中透黑;又由于火候较低,红陶衣极容易脱落。

陶器基本器形可分为罐釜、盘钵和支座三大类。罐釜类器物属较大型的深鼓腹器皿,各器形态较接近,适用于炊煮、储藏和汲水,包括釜、罐、瓮、鼎(为加三足的釜)、尊等,釜口沿上一般附加一圈宽带形泥条,泥条上也拍打绳纹。盘钵类器物是腹较浅的弧壁器物,适用于饮食、盛食和掏舀,以其大小深浅和附加体而分别称为钵、盘、盆、碟、碗、杯,各器主体造型作风相似,整个主体纵剖面基本呈弧形。支座类器物是圜底器的承垫物,出土数量多,型式也较多,并讲究造型与装饰。三类器物中,前两类为容器,第三类为容器的固定附件。容器以大圜底(多为圆圜底)、鼓腹或弧腹、直沿或微卷沿为特点。罐釜类器物多为微侈口,盘钵类多为敞口。大圜底器物无论第一类,还是第二类都出现了圈足或三小足。

---

〔1〕 开封地区文物管理委员会等:《裴李岗遗址一九七八年发掘简报》,《考古》1979年第3期。

圈足和三足可代替支座的作用（容器的固定附件）。第一类器物的圈足或三足，一般互相靠拢或直径甚小，显然只起固定器体的作用。第二类器物，除少量的钵加小三足外，大量的盘均装圈足，并盛行大圈足。大圈足盘是城背溪文化中数量最多的器物之一。其盘壁较厚，整器壁连成弧形或盘底下凹，盘下部所加大圈足往往痕迹明显，还多有刻划或镂孔花纹。盘的大圈足具有增加高度、固定器体和装饰器物的作用。圈足盘的造型结构和纹饰虽显得较复杂，但制作工艺仍较简单，只在弧壁盘坯的底部接一两个泥圈即成。钵的底部加圈足即成碗，碗的数量较少。

以上三类陶器造型均较简单，属于较原始的基本器物。随着时代的发展，人们以第一、第二两类器物为基础，根据用途需要，不断在器体口部和底部作加工改进，使器类逐渐分化，器形不断增加，而支座的作用则逐渐减小，但基本风格尚未发生划时代的变化。

扁壶（城背溪遗址南区T7出土的A型壶）是城背溪文化陶器中工艺水平较高的器物。泥质，内含少量细砂，胎壁较薄，主体用泥片贴筑法成型，而在领部则出现了用泥条盘筑收口的现象。外表涂红陶衣，并打磨光亮。小口，直领，耸肩，椭圆形扁腹，平底。两肩各有只起装饰作用的耳突。这种造型别致、结构较复杂的扁壶为别处不见。

城背溪文化不但具有我国新石器时代较早阶段的文化特征，而且具有长江中游地区新石器时代文化体系较原始的特点，它是湖北地区目前发现的时代最早的一种新石器时代原始文化。

二、城背溪文化的年代与分期

城背溪文化的陶器与河南裴李岗、陕南李家村[1]等较早阶段的新石器时代文化陶器相比，在陶质、陶色、器形和纹饰等方面都有不少相似之处。例如造型特点都为直沿、弧腹、圜底；器类都较简单；流行绳纹；器物底部装小三足或小圈足；壶的器口、器耳形态相近。可见，它们的年代应大体相当。城背溪遗址出土的兽骨和夹炭陶片，经碳十四年代测定为距今8 000多年至7 000多年。[2]城背溪文化的相对年代，上限不超过公元前6500年，下限为公元前5000年。

宜都的七处城背溪文化遗址，文化面貌存在较大的时代差别，尤其表现在陶器方面。

---

〔1〕 陕西省考古研究所等：《陕南考古报告集》，三秦出版社，1994年。
〔2〕 北京大学考古学系碳十四实验室：《碳十四年代测定报告（七）》，《文物》1987年第11期；中国社会科学院考古研究所实验室：《放射性碳素测定年代报告（一〇）》，《考古》1983年第7期。

由于各遗址发掘面积较小,出土陶器的器形种类多不齐全或不完整,各遗址之间的型式划分又难以统一,造成器物排比的一定困难。我们根据城背溪遗址南区,金子山、青龙山、孙家河等遗址的地层关系和各遗址陶器的作风,以及典型器物的演变对宜都城背溪文化提出分为五期的初步意见。

第一期　城背溪遗址南区下层遗存(包括南区T6、T7第3层的大部分遗物)。

第二期　金子山遗址第2层和第3层、栗树窝遗址第5层遗存。

第三期　枝城北遗址第4层和第5层(包括H1、H2)遗存。

第四期　城背溪遗址南区上层遗存(包括南区T6、T7第3层的部分遗物)、城背溪遗址北区T10第3层、青龙山遗址第3层和第4层(包括Hl-H3)遗存。

第五期　孙家河遗址第3层和第4层、花庙堤遗址第5层遗存。

从第一期到第五期,陶器的制作方法和工艺水平明显提高。第一期陶容器的成型方法,主要为泥饼拼筑法和泥片贴筑法,支座则采用捏塑法成型。至第三、四期增加了泥圈接筑法,扁壶颈部出现泥条盘筑现象。第一期的陶胎多厚薄不均、不规整,器表凹凸不平,红衣容易脱落。从第三期开始,陶胎变薄,较规整的器物显著增加,并出现通体打磨的器物。陶质方面,第一、二期器物羼炭较多,羼砂较少,陶胎多呈乌黑色,质地疏松。第三期以后羼炭陶逐渐减少,羼砂陶增加,陶胎多呈褐色,质地较为坚实。纹饰方面均以绳纹为主。绳纹的变化,从粗而乱、通体满布,向较细密、较规整、口颈抹素的情况发展。具有装饰作用的纹饰(包括较细的绳纹)也有逐渐增加的趋势。器形方面,第三、四、五期都有不少新器皿出现,小圈足器和三足器从第三期开始盛行。筒形器仅发现于第四期的青龙山遗址。基本器形的变化,较明显地表现在罐形釜(城背溪遗址南区下层的B型釜)、直沿罐(城背溪遗址南区下层的Aa型罐)、束颈罐(青龙山遗址的Ac型罐)、敛口折腹双耳罐(城背溪遗址南区下层的Bd型罐)、釜形双耳罐(城背溪遗址南区下层的Ba型罐)、圈足盘(城背溪遗址南区下层的B型盘)、钵(城背溪遗址南区下层的A型钵)和支座上(图一)。

罐形釜　口沿和纹饰的变化最为明显。口部从近直沿(或微卷沿)→卷沿→折沿发展,沿面微内凹。肩部从斜肩→鼓肩→溜肩发展。第一、二期的口沿外另加一圈泥条(重叠沿),重叠沿从第三期开始消失。第一、二期的绳纹较粗并相互交错;口沿外不但有绳纹,而且特别乱而深(多压印在附加泥条上)。第三期以后,绳纹变细,口部绳纹特别规整。第五期,口沿至颈部的绳纹往往被打磨掉而成素面。

直沿罐　第一、二、三期只发现口沿,但也可以看出它的演变情况。即由敛口到直口,颈由短逐渐加长,腹由微鼓到外鼓,圈底由较窄变为较宽。器腹和底均有绳纹,而器口沿由有绳纹到无绳纹。从第三期开始,颈部出现装饰的刻划纹。

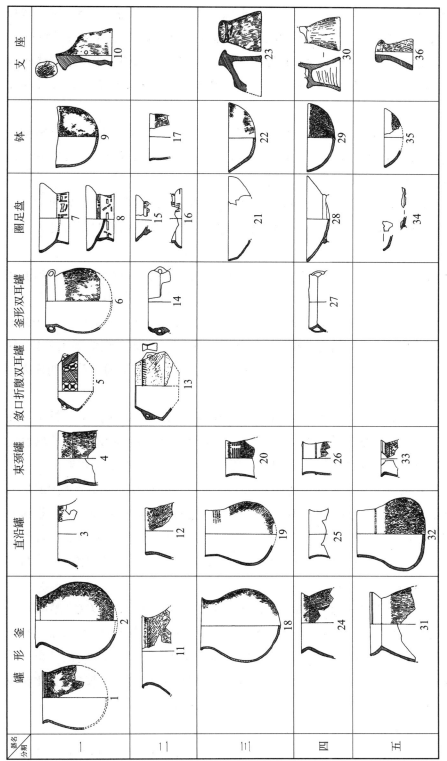

器名 分期	罐 形 釜	直沿罐	束颈罐	敛口折腹双耳罐	釜形双耳罐	圈足盘	钵	支 座
一	1 2	3	4	5	6	7 8	9	10
二	11	12			14	15 16	17	
三	18	19	20	13		21	22	23
四	24	25	26		27	28	29	30
五	31	32	33			34	35	36

图一 城背溪文化陶器分期图

1-10. 城背溪遗址出土 H1①：4,T6③：48,T9④b：14,T7③：59,G1②：8,H1②：4,G1②：7,T6③：26,T8④b：2,T6③：100 11-17. 金子山遗址出土 T4②：14,T2③：11,T4②：1,H1：27,T2③：8,T4③：6 18-23. 枝城北遗址出土 H1：17,H1：26,H2：1,H1：91,H1：16,H1：24 24-30. 城背溪、青龙山两遗址出土 城T10③：32,城T5③：5,青H1：7,青H1：3,青H3：33 31-36. 孙家河遗址出土 青T2④：3,青19③：2,城19③：13,T1④：1,采：023 T5③：8,T1③：7,T3③：16,T2③

束颈罐　为一种制作较精致的罐。第一期就出现粗型,胎较厚,器表不平整,绳纹较粗糙。从第三期开始,器形变规整,颈部有刻划纹或附加堆纹。第五期,口沿外侈,束颈明显。

敛口折腹双耳罐　也是一种制作精致的罐。仅发现于第一、二期。第一期器体较矮胖,腹较浅,上腹部有1周精细的刻划纹图案。第二期腹变深,上腹部饰戳印纹、弦纹和细绳纹。

釜形双耳罐　口部变化明显。第一期,双耳安装于口沿领部,近直口,领壁略外鼓。第二期,双耳安装于领、肩之间,领壁外曲成敛口。第四期,为宽折沿,侈口,双耳安装于口沿与肩之间。第五期未见双耳罐,可能已消失。

圈足盘　盘的胎壁逐渐变薄。第一期的盘壁多呈曲线形,盘底下凹,圈足较粗大。圈足中部略内束,底部多外撇。第二期以后,斜壁盘增加,圈足上部外侈,圈足下部外折。第四期以后,圈足直径较小的盘增加。

钵　各期钵的型式都较多,总趋势是浅腹钵逐渐增加,绳纹逐渐减少、变细,至第五期有较多的素面钵和敛口钵。

支座　各期支座型式较多,其中一种饰绳纹的内空驼背型支座(城背溪T6出土的D型支座)的变化线索明显。第一期为平顶,背有折棱,内空较小。第三期为平顶前伸,斜曲背,背面宽,内空增大。第四期顶端有凹窝,背有上突,内空与顶窝不通。第五期顶为饼形,斜背,内空直通顶面。

关于扁壶(城背溪遗址南区T7出土的A型壶),枝城北遗址(第三期)出土较多。而城背溪遗址T6、T7(位于河漫滩)第3层(属"断层")也已见到,器形较接近于枝城北遗址的扁壶(B型Ⅲ式壶)。因此,城背溪遗址出土的扁壶应为上层遗物,属第四期。

宜都城背溪文化的五期遗存之间可能还存在一定缺环。例如第二期的金子山遗址与第三期的枝城北遗址之间,文化面貌差别比较大,所出陶器的风格存在明显差异。枝城北遗址的A型尊、B型尊、B型壶(扁壶),以及釜、鼎、尊等器上腹部对称的乳钉状小耳都不见于金子山遗址,第一、二期流行的圈足盘则少见于枝城北遗址(只见盘口沿,未见盘圈足)。因此,第二期与第三期之间应有缺环。

第一期的城背溪遗址南区下层,虽有互相叠压或互相打破的连续地层关系(第4a层→第4b层→G1第1层→G1第2层→H1第1层→H2第2层),但所出陶器有些混乱,未能找出相应的变化规律。这可能因遗址靠近长江,在地层形成之前就受到江水冲扰的结果。城背溪遗址南区下层陶器,包括了T6、T7第3层的大部分陶器,器物型式比较多、变化比较大。据此,第一期的年代跨度较大,有待于今后的进一步分期。

(摘自《宜都城背溪·几点认识》,文物出版社,2001年)

《邓家湾》考古报告结语

　　天门石家河遗址群是我国南方目前发现的最大的新石器时代遗址群之一,为长江中游地区重要的考古项目,邓家湾是该遗址群中重要的组成部分。多年来,该遗址以发现神秘的筒形器和出土大量的陶塑动物与厚胎红陶杯而为学术界所关注。通过1987年和1992年的考古发掘,邓家湾遗址西部的文化内涵基本得以揭露。已暴露城墙西北拐角,共清理出房基2座、灰坑113个、灰沟5条、洼地1处、宗教遗迹6种、土坑墓葬95座、瓮棺38个,出土文化遗物数以万计,主要文物标本4 208件,包括屈家岭文化和石家河文化两种遗存。邓家湾的发掘对于研究石家河遗址群、石家河古城和探讨屈家岭文化、石家河文化的社会变化,以及阐明汉水东部地区新石器时代文化与周围其他文化的关系等诸方面都有着重要意义。

一、文化的基本特征

　　邓家湾新石器文化遗存分为屈家岭文化和石家河文化两大部分。屈家岭文化遗存甚为丰富,主要遗迹有城墙墙体、宗教遗迹、房基、灰坑和墓葬,主要遗物为陶器,还有一部分石器。石家河文化主要遗迹有宗教遗迹、灰坑和墓葬,遗物中陶器最丰富,石器较少,并发现了铜矿石碎块和铜器残片。邓家湾全部遗存,以墓葬和宗教遗迹为主,遗物主要为陶器,石器较少。

　　屈家岭文化的城墙墙体底部宽约30、残高2.9米。构筑层次归为四大层,各大层又分若干小层。无论大层,还是小层,都不够规整。各层土色、土质及包含物的变化关系往往与城墙底部(城墙建筑前)的地层叠压关系相反。生土多被筑于墙体上部(第一大层至第三大层三小层,土质纯净,无包含物,多属原生土)。文化层和当时的地表土则多被填于墙体下部(第三大层四小层以下,土质较杂,较松,并有少量屈家岭文化碎陶片,相当于T7

第11层以下的混合土)。可见当时的筑城方法甚为原始,属于堆筑。而取土并没有严格要求,就近取于墙体两侧。屈家岭文化有残房基2处,F2形制不明,F3为土墙房基,平地筑起,平面呈长方形,残存东、西两室。屈家岭文化宗教遗迹全貌不明,大体以立放的筒形器(相套)为中心,残存部分红烧土面、土台、成堆的灰烬,以及扣碗、盖鼎、小孩残骸、被烧的兽骨等遗迹遗物。而附近灰坑多不规整。屈家岭文化成人用土坑埋葬,小孩用瓮棺葬。成人墓葬均为土坑竖穴墓,较大的墓设二层台,葬具仅存木灰,墓向以东北—西南为主,葬式以单人仰身直肢葬较多,单人二次葬也较盛行。随葬器物组合分两类,一类以鼎、碗、杯为基本组合,另一类以高领罐、碗、杯为基本组合。随葬品多放于脚部或脚下二层台上。

邓家湾屈家岭文化陶器基本为轮制,手制只见于小型器物上。陶器质地以泥质占多数,夹砂较少,还有少量的夹炭陶。泥质陶中常羼入少量细砂,使陶器变得甚为坚实。陶色多不够纯一,往往存在不少杂色陶。一般以灰色为主,红色也占相当大的比例。另有一定数量的褐色、黑色、黄褐色、红黄色陶。最流行的纹饰为弦纹、附加堆纹和镂孔,篮纹、划纹、乳钉纹亦较常见,戳印纹、方格纹较少。在较小型的壶形器、杯、纺轮等器物上盛行施红衣黑彩和红彩。彩陶纹样有条带纹、网格纹,以及少量弧线纹、圆点纹和菱形纹,纺轮上还多见太极纹。器物造型特点:平底器较少、凹底器较多;存在大量的圈足器、三足器;豆、碗等浅腹器皿中,流行双腹或仰折腹的作风。器形有鼎、釜、甑、罐、瓮、缸、碗、豆、盆、钵、壶形器、杯、器盖、器座、纺轮和筒形器等。典型器形主要有罐形小鼎、鼓肩高领罐、双腹碗、双腹豆、扁圆腹壶形器、薄胎斜壁杯、圈足甑、筒形器和彩陶纺轮。特别是罐形小鼎、壶形器、双腹器、筒形器和彩陶纺轮为最具特征性的器物。

邓家湾石家河文化未见房屋遗迹。祭址虽发现2处,但均被严重破坏。祭2分布面较广,其上未发现建筑遗迹,是祭祀活动的场地,只发现成组的陶缸和扣碗。祭址东南方有套缸遗迹2处,祭址的东、南、西边缘处有丰富的陶塑品和厚胎红陶杯堆积。石家河文化土坑墓葬也为竖穴式,宽墓和带二层台的墓增多,用木质葬具,单人仰身葬式和单人二次葬所占比例相当。随葬陶器以随葬较多的高领罐为特点,完整组合为鼎、罐、碗、杯,有的另加篮、钵或篮、豆。鼎、小罐、杯陈放于墓主头部或脚端,高领罐、碗多置于墓主脚侧或脚侧二层台上。个别墓随葬纺轮、石器等生产工具,有些墓还出猪下颌骨。

石家河文化陶器以泥质陶为主,夹砂陶次之,还有极少量的夹炭陶。灰色、黑色陶有所增加,红陶主要为杯和捏塑品。主要纹饰为篮纹、方格纹、绳纹、附加堆纹和弦纹。刻划符号见于Aa型缸上。器形有鼎、器盖、罐、缸、瓮、豆、碗、盆、圈足盘、钵、杯、壶形器、鬶、篮、甑和擂钵。典型器物有罐形扁足鼎、盆形扁足鼎、高领鼓腹罐、筒形缸、弧壁碗、圈足盘、浅盘高圈足豆、厚胎红陶杯、折腹壶形器、捏流鬶、漏斗形擂钵等。

无论是地层关系,还是遗迹、遗物的演变,或是祭址、墓地的特点,邓家湾石家河文化与屈家岭文化之间均具有明显的内在联系。墓葬方面,石家河一期的墓葬与屈家岭二期的墓葬差异性甚小;陶器方面,石家河文化的罐形(A型)鼎、盆形(B型)鼎、三角纽(A型)器盖、高领(A型)罐、碗、豆、壶形器、斜壁(A型)杯、弧壁(B型)杯、高足(C型)杯、彩陶纺轮等与邓家湾屈家岭文化陶器均有直接的演变关系。显然,邓家湾石家河文化是承袭当地屈家岭文化直接发展而来的。

二、石家河古城与邓家湾新石器遗存的关系

邓家湾正处于石家河古城西北城墙拐角处,弧形拐角墙体绕遗址西、北部而筑。墙体压于T8第10和11层、T7第11层和M104之上。被墙体叠压的文化层,只在城墙底部见到(城内部分多在筑城时遭破坏),所获资料甚少。被墙体叠压的M104暂归屈家岭文化第一期,出土陶鼎近似京山屈家岭早期的小型鼎。[1]城墙内仅见屈家岭文化碎陶片。据城墙的地层关系和墙体、墙底出土遗物特征,可以断定石家河古城兴建年代为邓家湾屈家岭文化第一期一段。关于古城的废弃时代,考虑到当时城墙的建筑较原始、墙体堆筑不规整、两侧土层呈斜坡状分布、后来又有崩塌重修的情况,虽然发掘所见墙体被屈家岭文化第二期的T8、T9第9层所压,还被屈家岭文化第二期的G3、M84、M86、M87、M94、M99、M101打破,但这可能是由于城墙西北角刚好处于墓区外侧,为动土较频繁的局部现象,并不等于古城已经废弃。从古城西墙中段和西南拐角墙体内侧都有被石家河文化地层叠压、城内又存在着大量石家河文化遗存的情况观察,古城存在年代应延至石家河文化时期,下限当断在石家河文化中期。因此,目前发掘的邓家湾遗存,基本都是石家河古城城内遗存。

三、邓家湾的宗教遗存

在邓家湾除发现较多的墓葬和明显的宗教遗迹以外,其他遗迹只有少量残房基和灰坑、灰沟、洼地。屈家岭文化的F3为残房基,其北部室外地面上有规律地立放着八个深腹小底缸,这些陶缸和房屋都可能与宗教活动有关。石家河文化则没有发现房屋。可见邓家湾并非一般的村落居址。无论是屈家岭文化灰坑、灰沟,还是石家河文化的灰坑、灰沟、

---

[1] 中国科学院考古研究所:《京山屈家岭》,科学出版社,1965年;屈家岭考古发掘队:《屈家岭遗址第三次发掘》,《考古学报》1992年第1期。

洼地,填土多呈灰黑色,内含炭、草木灰或含红烧土粒、烧骨,并有较多的完整器物或特殊器物。屈家岭一期的H9、H66、H71、H72、H90、H110和屈家岭二期的H64、H109、H111等都是较典型的灰坑,出土物中有残筒形器,或小鼎、小罐、杯,或出残人骨。石家河文化灰坑,例如H1、H4、H16、H31、H63、H67、H69、H106、H116等,都出土大量的陶塑品,H14、H19、H20、H21、H30、H31、H33、H34、H38、H41、H42、H44、H48、H54、H63、H67、H69等都出土大量的厚胎红陶杯。灰坑、灰沟、洼地多分布在祭祀遗址边缘或间于祭祀遗迹之中,周围没有发现窑址或与窑址相关的遗迹、遗物,显然许多灰坑、灰沟均与祭祀有关。邓家湾出土的遗物种类较少,除有数量不多的石器外,主要为陶器。陶器中除部分为墓葬随葬品以外,有相当一部分属于祭具、祭器或祭品。例如屈家岭文化的筒形器和石家河文化的筒形缸大概都是祭具;平置于地面上的扣碗、盖鼎和大量红陶杯、壶形器、小罐就可能属祭器;集中出土的陶偶、陶塑动物则似为祭品。

邓家湾的宗教遗迹以及与祭祀相关的遗存均分布于墓区东侧,屈家岭文化的筒形器又是祖的象征,因此邓家湾可能是石家河古城的一处祭祖场所。

四、邓家湾新石器遗存所反映的社会性质

综上所说,邓家湾是屈家岭文化石家河古城西北角一处以埋葬和祭祖为主的遗址,是目前我国发现的时代较早而范围最大的一座新石器时代城址的重要组成部分。

石家河古城是建筑在聚落群基础之上的。该地聚落群的历史最早可追溯至城背溪阶段,就在石家河古城范围内,城东北角的土城下层见到过城背溪文化陶片,[1]城中部谭家岭则有相当发达的大溪文化遗存,[2]邓家湾也有早于城墙的文化遗存。经过较大面积发掘的遗址,除城内邓家湾、谭家岭以外,还有城外的肖家屋脊、[3]罗家柏岭,[4]无论城内还是城外的遗址都存在早于石家河古城的遗存,石家河古城建筑之前与建筑之后的遗存都具有连续的承袭关系。据对城内外的勘察和调查,大部分遗址的上层属石家河文化,下层多为屈家岭文化遗存。这些情况表明该地是一支原始部落长达数千年之久的聚居地,经过城背溪—大溪阶段的发展,至迟在屈家岭阶段,这里的聚落群形态已经形成;石家河古

---

〔1〕 1982年,湖北省博物馆(现为湖北省文物考古研究所)等单位在对土城遗址进行小面积发掘中,发现了城背溪文化陶片,资料藏湖北省文物考古研究所。
〔2〕 石河考古队:《湖北省石河遗址群1987年发掘简报》,《文物》1990年第8期。
〔3〕 石家河考古队等:《肖家屋脊》,文物出版社,1999年。
〔4〕 湖北省文物考古研究所等:《湖北石家河罗家柏岭新石器时代遗址》,《考古学报》1994年第2期。

城的出现是聚落群不断发展的结果，也是聚落经济发展到某种程度的反映。由于巨大城墙的围筑，整个聚落群分为城内和城外两大部分，相应的"城邑制度"当随之建立，使城内原有的聚落形态逐渐发生变化，使邓家湾变成专供宗教（祭祀）活动的区域。

在邓家湾除发现宗教遗存和较大规模的墓葬以外，还出土一些重要遗物。例如已见到了铜片、铜矿石，出土了大量红陶杯、陶塑和刻符陶器。而在城外东南方的罗家柏岭、肖家屋脊又暴露过重要建筑基址，并出土了精美玉器。古城内外出土的这些重要遗存，虽然不完整或不够丰富，但却具有划时代的意义。

我国史前古部族，以华夏、东夷、苗蛮三大族团最为强盛。苗蛮或有苗、三苗、南蛮，是我国传说时代南方最强大的政治、军事力量。尧、舜、禹三代都把征三苗作为主要事业。《吕氏春秋·召类》载尧与有苗"战于丹水之浦，以服南蛮"，《淮南子·修务训》"舜作室，筑墙茨屋……南征三苗，道死苍梧"，《墨子·非攻》下篇"昔者三苗大乱，天命殛之……禹亲把天之瑞令，以征有苗……苗师大乱，后乃遂几（微）。禹既已克有三苗，焉磨为山川，别物上下，卿制大极，而神民不违，天下乃静"。我国夏王朝的统一是不断南征三苗，最后征服三苗而完成的。如果说夏代之前我国许多部族已进入文明社会的话，那么三苗当为其中之一。

一般认为江汉一带是苗蛮族团的活动范围，汉水东部地区最大的史前石家河遗址群则可能是苗蛮族团的中心聚集地。石家河古城及其他相应遗存的出土，恰是三苗社会正在发生重大转变的标志。

（摘自《邓家湾》，文物出版社，2003年）

江陵朱家台、宜昌三斗坪和白狮湾、巴东茅寨子湾等四处遗址发掘简报结语摘录

一、江陵朱家台

朱家台遗址是江陵地区一处重要的新石器时代遗址。虽然遗址上有东周楚墓、明代墓和近现代墓分布,遗址的东部和周围边缘部分又已被破坏,但整座遗址面积较大,尚保存了比较完整的地层和许多遗迹、遗物。初步获得的资料表明,该遗址的时代上下延续时间长,并且有不少新的文化内涵。

所发掘的大溪文化遗存,初分早、晚两期。从早期的文化面貌来看,与城背溪文化关系密切。在陶器中,夹炭、涂红陶衣、饰绳纹、圜底器、三足器、圈足器、支座等作风都应承城背溪文化而来。但与城背溪文化已具有根本的区别。例如陶器的质地、颜色、纹饰和器形均比较进步,制作工艺技术有明显提高。夹炭黑胎陶较少见,磨光红衣陶显著增加,并新出现磨光黑陶,胎质普遍变薄,绳纹变细密。器形中釜变矮胖,精细而较小型的器物大量增加。而这些陶器的特点与枝江关庙山大溪一期文化[1]较接近。因此大溪文化早期遗存的时代应相当于大溪文化的初期阶段。朱家台大溪晚期陶器中,绳纹基本消失,出现较多的器座、大瓮、敛口大盆、高圈足盘、圈形纽器盖、纺轮等,这与枝江关庙山大溪二期遗存[2]较接近。另外,还有三足盘、鼓形器座等具有较早因素的器物,而没有见到曲腹杯、筒形瓶等大溪文化的典型器物,据此可以认为朱家台大溪晚期遗存的时代大约相当于大溪文化早、中期阶段。

朱家台季家湖类型文化遗存的时代跨度较大,但目前资料有限,分期工作还不能进

---

〔1〕 中国社会科学院考古研究所湖北工作队:《湖北枝江关庙山遗址第二次发掘》,《考古》1983年第1期。
〔2〕 中国社会科学院考古研究所湖北工作队:《湖北枝江关庙山遗址第二次发掘》,《考古》1983年第1期。

行。H20出土的陶器,时代显然较早,有些特点近似宜都鸡垴河的同类遗存,[1]盆形鼎和甑还与屈家岭文化有联系。DI、EI两区的季家湖文化遗存比较零星,但可以看到,陶器中的篮纹较多,汉东地区同期文化中常见的厚胎红陶杯和小型陶塑动物甚少;而鄂西地区季家湖类型文化典型的鼓腹高领罐、釜、大圈足盘等不多,这除了与时代不同有关以外,也许反映了朱家台处于江汉东、西两个文化区域交汇地带的一种文化面貌。

朱家台大溪文化与季家湖文化遗存之间还存在着较大的文化缺环。通过大面积的揭露也可望填补其中的缺环。从该遗址季家湖文化遗存的两式陶鼎的形态观察,它不但上承当阳季家湖杨家山子出土的锥足罐形陶鼎,[2]而且下连沙市周梁玉桥商代锥足罐形陶鼎。[3]如果将这两式陶鼎为代表的一组同期遗存的文化面貌认识清楚,那么这在研究鄂西土著文化的发展变化中将具有重要意义。

（原载《江汉考古》1991年第3期）

二、宜昌三斗坪

三斗坪遗址与中堡岛原隔滩相对,据江水流向和沙滩分布,两遗址古代应陆地相连,也许就是一个遗址的不同区域。在西陵峡中,中堡岛(三峡大坝坝址)是古代一个十分重要的中心遗址。中堡岛侧旁的三斗坪遗址南靠低山,不但地势优越,而且保存了较丰富的时代与中堡岛大体相同的古代遗存。三斗坪遗址是三峡大坝坝区最重要的遗址之一。

三斗坪大溪文化遗存,主要遗迹为墓葬,另有灰沟1条、灰坑1个;遗物主要为石斧、陶器,还有少量骨器。墓葬墓坑为不规则浅坑,大体成行排列,基本未出随葬品,葬式有蜷曲式、蹲式、仰身屈肢式。出土石器较简单,以斧为主,分长、宽两型,其中长型磨制较粗。陶器较丰富,以夹砂陶为主,夹炭陶占较大比例;陶色以红、红褐为主;多涂红衣;有较大比例的绳纹、线纹,彩陶也较多。主要器形有釜、罐、壶、钵、碗、盆、支座,还有鼎、双耳罐、豆等残件。釜、钵、支座仍为最基本的器物,小型器皿还较少。文化特征显然保留了许多城背溪文化特点,其时代应属于大溪文化早期。

三斗坪大溪文化遗存的地层关系为⑤层→H7→G1→⑥层。据地层关系和遗迹、

---

[1] 湖北省文物考古所发掘资料。部分陶器见于《江汉考古》1985年第4期第22页"鸡嘴河遗址"部分(该遗址有称"鸡垴河""鸡嘴河""鸡子河"的,应称"鸡垴河"较好)。
[2] 湖北省博物馆:《湖北当阳季家湖新石器时代遗址》,《文物资料丛刊(10)》,文物出版社,1987年。
[3] 沙市市博物馆:《湖北沙市周梁玉桥遗址试掘简报》,《文物资料丛刊(10)》,文物出版社,1987年。

遗物的基本情况,葬式由蜷曲→蹲→仰身屈肢;较精细的小型石器、泥质陶、红陶、线纹等都由少变多,较粗糙的长形石斧、夹炭陶等都由多逐渐减少,上、下地层出土陶、石器的型式也有些不同。三斗坪大溪文化遗存初步可找到一些时代差异,有待进一步作文化分期。

(摘自《江汉考古》1999年第2期)

三、宜 昌 白 狮 湾

白狮湾新石器时代遗址主要发掘了13座重要墓葬和1处与墓葬有关的祭祀遗迹。

13座墓均发现于文化层中,除M1发现于第3层下,打破第4b层之外,其余12座墓均发现于第4b层下,打破第5层。其中M2、M4、M13直接打破第5层;M3打破M6和M12;M5打破M6、M9、M10;M8打破M9;M7打破M11。

根据它们之间的地层关系和出土遗物情况,可将墓葬和文化层分为两组:第5层、M6、M9、M10、M11、M12、M13和M4为第一组;第4b层、M3、M5、M7、M8、M2和M1为第二组。这两组墓葬和文化层出土的陶器具有不少可以相互排比的特点。

第一组9号墓和4号墓出土的Aa型钵、Ac型Ⅰ式钵(M9:1;M4:20)、6号墓出土的Ⅰ式碗(M6:2)、10号墓出土的Ⅰ式簋(M10:3)和Ⅰ式豆(M10:2)、4号墓出土的Ⅰ式筒形瓶(M4:11)和A型曲腹杯(M4:9)、11号墓出土的B型Ⅰ式小罐(M11:1)与第二组7号墓出土的Ac型Ⅱ式钵(M7:4)、3号墓出土的Ⅱ式碗(M3:8)和Ⅱ式簋(M3:13)及Ⅱ式豆(M3:10)、7号墓出土的Ⅱ式筒形瓶(M7:3)、3号墓出土的B型Ⅱ式曲腹杯(M3:9)、2号墓出土的B型Ⅱ式小罐(M2:6)相对比,器形均有明显变化。因此,第一组遗存可定为白狮湾新石器时代文化第一期,第二组遗存可断为白狮湾新石器时代文化第二期。

王晓田在《长江西陵峡先秦文化概述》一文中,将白狮湾墓葬断为屈家岭文化,并以屈家岭文化遗物将多件白狮湾墓葬随葬品收入《长江三峡工程坝区出土文物图集》中,[1]这恐怕有些不妥。白狮湾墓葬与巫山大溪遗址发现的墓葬[2]相比,无论是葬式、随葬品

---

〔1〕 王晓田、王风竹:《长江三峡工程坝区出土文物图集》,科学出版社,1997年。该《图集》第102页黑白图版116号豆,时代非新石器时代而应为东周时期,出土于白狮湾Ⅰ区T3第④层。
〔2〕 四川省博物馆:《巫山大溪遗址第三次发掘》,《考古学报》1981年第4期。

种类和放置，还是出土的石、骨、玉、陶器的基本作风均十分近似。特别是这批墓出土的典型陶器，如钵与大溪遗址墓葬中的Ⅲ式钵（M188：3）和文化层中的钵（B：25），碗与大溪遗址文化层出土的Ⅱ式碗（B：8、3），簋与大溪遗址墓葬中的Ⅲ式碗（M123：5），豆与大溪遗址墓葬中的Ⅰ式豆（M103：3）和文化层中的豆（B：9），筒形瓶与大溪遗址墓葬中的彩陶瓶，曲腹杯与大溪遗址墓葬中的曲腹杯，小罐与大溪遗址墓葬中的Ⅰ式小罐（M106：1）和Ⅲ式小罐（M151：8），两者之间的作风、形态都十分接近。而白狮湾遗址未曾出现双腹碗、鼎、豆、高足杯、斜腹杯、彩陶纺轮等屈家岭文化的典型陶器，[1]因此白狮湾新石器时代遗存当属大溪文化。从墓葬形制和随葬品特点来看，显然晚于隔江相望的三斗坪大溪文化遗存，[2]其相对年代可断为大溪文化晚期。

白狮湾是长江西陵峡东段一处重要的新石器时代遗址，它与附近的伍相庙、朝天嘴、中堡岛、三斗坪、窝棚墩、鹿角包、杨家湾、清水滩等组成三峡地区一处较大规模的大溪文化遗址群。该遗址的墓区发现于靠近江边地势较低的位置上，墓坑密集，多相互叠压或相互打破。这与三斗坪遗址发现的墓坑成行成列的大溪文化墓葬[3]不同，由于江水冲刷，该遗址残存墓葬虽仅13座，但这13座墓的地层关系、墓坑形状、墓向、葬式，以及随葬品等基本情况都较清楚，特别是墓坑使用标记石；有的墓随葬石质生产工具，有的墓随葬纺轮；墓中随葬品种类增加，并出现石、玉装饰品等情况都很重要。白狮湾新石器时代遗址发掘资料对于研究大溪文化的社会发展、葬俗变化以及三峡地区古代文化等方面都具有珍贵的学术价值。

（此篇简报交《江汉考古》，未刊；另篇简报见于《江汉考古》1999年第1期）

四、巴东茅寨子湾

茅寨子湾遗址第二次发掘，获得了较丰富的新石器、商至西周、东周和汉唐时期的考古资料。

整个遗址没有发现新石器时代的原生文化层，表明新石器时代居址基本全部被破坏。新石器时代遗物出于较晚的地层中，不同年代不同性质的遗物存在混乱现象。在D区出

---

〔1〕 中国科学院考古研究所：《京山屈家岭》，科学出版社，1965年。
〔2〕 湖北省文物考古研究所：《1985-1986三峡坝区三斗坪遗址发掘简报》，《江汉考古》1999年第2期。
〔3〕 湖北省文物考古研究所：《1985-1986三峡坝区三斗坪遗址发掘简报》，《江汉考古》1999年第2期。

土的新石器时代陶器中,有橙黄陶系和薄胎彩陶片,器形中的外折沿盆、高领罐、A型豆、C型豆、A型杯、D型杯、A型器盖等都具有屈家岭文化陶器的作风。[1]而在C区出土的新石器时代陶器中,深腹平底罐、斜方格纹高领罐、厚胎侈口瓮、折沿横篮纹缸、矮圈足盘、敛口钵、鬶等,则具有白庙遗存[2]或石家河文化陶器的因素。因此,茅寨子湾遗址原应存在屈家岭和石家河阶段新石器时代原始文化遗存。

茅寨子湾遗址位于西陵峡西端,所发现的新石器时代遗存对于研究长江中游与上游之间的原始文化关系具有重要价值。可惜所得资料太少。

(摘自《湖北库区考古报告集·第三卷》,科学出版社,2006年,第515页)

---

〔1〕 中国科学院考古研究所:《京山屈家岭》,科学出版社,1965年。
〔2〕 湖北省文物考古研究所:《1985-1986年宜昌白庙遗址发掘简报》,《三峡考古之发现(一)》,湖北科学技术出版社,1998年。

湖北当阳季家湖新石器时代遗址·文化的性质和命名问题

　　这次小面积试掘证明季家湖新石器时代遗址的文化内涵是相当丰富的。试掘所见的房屋、墓葬和出土的遗物都具有独特的文化特征。房屋是半地穴式,屋内用白膏泥和黏性较大的灰白色土铺地防潮;仰身微屈肢葬;石器以小型的工艺加工工具为多;陶器以灰白陶为主,并已较普遍地使用了轮制。陶器上用点形、弧形组成图案的镂孔花纹比较独特。纹饰以斜方格纹占多数,其次是篮纹、戳印纹、锥刺纹和刻划纹,而绳纹少见。十余种陶器中,圈足器很发达,三足器中未见鬲。锥刺纹扁足罐形鼎、镂孔粗圈足浅腹盘、磨光黑陶大型尊、尖底缸、漏斗状擂钵、篮纹黑陶橄榄形罐、通底式甑、浅盘镂孔豆,各种杯和壶形器、盂形器等一批陶器具有较独特的造型风格。因此,季家湖遗址所包含的文化应属一种新的文化系统。这种文化,过去在鄂西地区,即沿沮漳河两岸,曾有过零星的发现。有的同志笼统称之为"湖北龙山文化"或"青龙泉第三期文化"。从季家湖出土的同一时期的遗物来看,这些名称都不够妥当。这种文化应是由鄂西地区的原始文化,即由屈家岭文化(或是其另一类型。下同)直接发展而来的,具有相当明显的地域差异。在宜都红花套和枝江关庙山等遗址的发掘中已经找到了可靠的地层根据,并且证明了屈家岭文化的前身,就是大溪文化。可见鄂西地区的新石器时代文化是一脉相承的。鄂西地区后来是楚文化发展的中心区域。从地理位置上看,在季家湖发现的这种文化,可能与楚文化的渊源有关。因此,我们认为将这种文化定名为"季家湖文化"比较合适。

　　季家湖文化的陶器中,屈家岭文化特有的彩陶纺轮、蛋壳彩陶和"双腹器"已普遍消失,说明季家湖文化已不属于屈家岭文化范畴。但是从陶系或器形的发展变化来看,它们之间却有着十分密切的内在联系。例如季家湖文化的主要陶系——灰白陶,是屈家岭文化晚期开始逐渐增加发展而来的。具有屈家岭文化特色的橙黄陶系,在季家湖文化中也还比较常见。在陶器器形方面,圈足器特别发达;季家湖遗址出土的罐形扁锥足鼎、一型豆、圈足碗、厚胎红陶缸、薄型纺轮,特别是壶形器、盂形器等的造型作风,都和屈家岭文化的陶器比较接近。另外,在季家湖遗址发现较多的小型石器与屈家岭文化中的小型石器基本相同。以上情况说明,"季家湖文化"是直接继承了当地的屈家岭文化,并得到进一步发展的一种文化。

在季家湖遗址发现的墓葬为屈肢葬、陶器的胎中掺入稻谷壳、圈足器较多、流行戳印纹和锥刺纹等特点,还见于大溪文化。这说明季家湖文化中还保留了不少大溪文化的因素。

季家湖文化的蛋壳磨光黑陶、镂孔器、三足鬶以及陶器中普遍出现的轮制,则又与黄河下游地区的大汶口—龙山文化类同。这证明长江中游的季家湖文化与黄河下游的大汶口—龙山文化之间的相互影响是相当强烈的。从主要器物看,其时代则大致与龙山文化相当。

季家湖文化的发现对于探索鄂西地区原始文化的发展序列,研究楚文化的渊源都具有重要意义。由于对季家湖遗址的初步了解,使鄂西地区从大约六七千年前的大溪文化,经大约四五千年前的屈家岭文化到大约四千多年前的季家湖文化的发展线索更加明朗化,从而使鄂西地区的原始文化和楚文化之间的年代缺环更加减小。随着寻找季家湖文化的发展去向,相信一定能够填补目前存在于鄂西地区的相当于商周时期的文化空白。这个空白的填补可能正是解决楚文化研究中的重大问题——楚文化渊源问题的关键。

(摘自《文物资料丛刊(10)》,文物出版社,1987年)

三峡地区的白庙遗存

为配合长江三峡工程建设,考古人员在施工区的白庙、下岸、中堡岛等遗址考古发掘中,发现了新石器时代末期的一种新的考古学文化,暂称之为"白庙遗存"。

白庙遗址位于三峡工程坝基——中堡岛之东约4公里处,是工程施工区四个重点考古发掘项目之一。该遗址南依高山,北临长江,为峡江地带一处典型的山坡遗址。自70年代以来,对该遗址先后作过六次发掘,现存遗址除被公路所压外,基本已全面揭露。遗址布局的特点是:房屋、灰坑、居住活动面等主要遗迹均发现在高于江边台地的山坡脊上(其相对位置高度与近现代村宅相当,在通常年份不会被洪水淹没)。居住区至江边的文化堆积逐渐增厚,其间除有水沟及水沟凹坑外,没有发现其他遗迹(峡江地区的遗址,墓区多在江边台地上),而在台地上的这部分堆积,地层虽较厚,但往往有"倒转"现象。

白庙遗存主要包括房屋、水沟、灰坑等遗迹和石器、陶器、动物残骸等遗物。房屋有两种形式,一种属平台式建筑。白庙F1为长方形低台式建筑残基,其上残存红烧土墙壁、红烧土地面和柱洞;另一种可能为"干栏"式建筑或"吊脚楼"建筑。白庙F2位于一处略倾斜的坡面上,仅见4个直径20-25厘米的柱洞,构成一个近正方形的面。面上及其周围有厚厚的同期文化堆积,其侧还出土不少完整陶器,其中有4件大陶瓮。4个柱洞的南侧为山坡断壁,高3米左右。断壁上部为现代"梯田",并有少量陶片分布(耕土以下即为沙岩)。推测这4个柱洞就是"干栏"式或"吊脚楼"房屋的残迹。水沟多为居住面坡下的自然流水沟,弯曲流向江边。最近在白庙遗址高于居住区的山坡上,发现了一座同期的岩坑墓,这为寻找白庙遗址墓葬提供了新线索。在白庙发现的石器具有两大特点:一、有大量的磨制精细的小型石器,如矛、镞、小石凿和小石锛等;二、存在较多的大型粗石器,如砍砸器、石球和大型坠形器(长20厘米左右,表面凿有凹槽,推测为船锚)。白庙出土的陶器是反映该遗存文化面貌的主要部分。器物群包括大口深腹罐、敛口平底缸、高圈足盘、矮圈足盘、细圈足豆、直领鼓腹罐、广肩鼓腹小平底瓮、粗陶圆腹瓮、通底甑、单耳筒形杯、厚胎平底杯、敞口深腹小平底尊、釜形鼎,碗形器盖等。陶质以夹细砂陶为主,还有粗砂陶和泥质陶。陶色以灰、褐色最多,还有红、灰白色。只见黑皮陶,而不见磨光蛋壳黑陶。纹饰以方格纹较多,还有篮纹、绳纹,也有叶脉纹。不见袋足器,镂孔器和三足器少见,而流行小平底器和圈足器。

以上情况表明,白庙遗存具有江汉地区石家河文化的基本特征,主要表现在两个方面:一、在居住形式方面,已发现了红烧土长方形房屋,这是江汉地区传统的居住形式;二、在陶器方面,存在釜形鼎、通底甑、圈足盘、细圈足豆、直领罐、鼓腹瓮等石家河文化的典型器物。但白庙遗存又同时存在鲜明的自身特点:一、主要炊器不是陶鼎,而是陶罐。陶器中虽然有石家河文化的主要炊器釜形鼎,但数量极少。而大量出现的炊器是富有特色的大口深腹小平底罐,器表有烟炱,并可分为大、中、小三型;二、不见石家河文化中的常见器物鬶、盉、厚胎红陶小底杯。而特有器物除炊器罐以外,还有矮圈足盘、胎厚平底杯和粗陶瓮等;三、石器中有较多的磨光小型石器和大型坠形器;四、同时存在平台式建筑、"干栏"式或"吊脚楼"房屋。综观白庙遗存的文化面貌,它应属于石家河文化的一个类型。将白庙遗址所出陶器及其地层关系,和石家河文化、河南龙山文化、二里头文化的陶器作比较,白庙遗存的相对年代大约相当于中原龙山文化晚期至二里头文化前期。

白庙遗存分布范围窄小,目前仅见于西陵峡两岸,它应是自新石器时代早期以来,三峡柳林溪—大溪文化的发展继续,是峡江地区原始文化的延伸。从炊器来看,这支原始文化始终以罐釜为主体,虽有鼎之类的三足器,但数量甚少,在白庙遗存中同样如此。这正好说明三峡地区是我国东部鼎鬲文化和西部罐釜文化的交汇区,也是长江中游古代文化区的一个亚区。白庙遗存自身的特点,与峡区的自然环境和人们的社会生活关系密切。村落的偏向布局,房屋的"干栏式""吊脚楼"形式,显然是由于山势陡坡所决定的。粗、细石器和炊煮器皿,则与峡江的自然条件、狩猎经济和民情习俗相关。白庙遗存中有大量兽骨、鱼骨、蚌壳、螺蛳壳,说明兽类、水产品是当时人们的重要食物;有炊煮痕迹的小型陶罐只宜作烧煮开水使用。两者联系起来,反映了当时峡区居民的一部分生活状况。

(摘自《中国文物报》1993年12月19日)

三峡地区的打制石器

　　三峡地区新石器时代至商周时期均流行大量的打制石器。在以往的考古调查和发掘中,由于这些石器制作粗糙简单,数量又大而往往忽略了标本的采集,也不大注意其形制、种类及功用。最近,笔者再次进入三峡,负责东距三峡大坝仅约2公里的望家湾和黄土嘴两处遗址的发掘,有机会仔细观察遗址中暴露的大量打制石器。望家湾遗址的时代为新石器时代晚期,属白庙类型。黄土嘴为商周遗址(属三斗坪类型,或称"早期巴文化")。两处遗址均暴露有大量的打制石器。基本形制有如下几种:

　　第一种,一次打击成功的石片石器。用圆形或椭圆形卵石作原料。打击脱落的石片尺寸较大,多呈蚌壳形,顶部有明显的打击点,一面有放射状脱裂痕,另一面为卵石自然面,少有第二步加工痕迹。刃呈大弧形,相当锋利。这是一种常用的刮削器。有的使用痕迹明显。望·T1⑤的一件,黑色,顶端厚,刃端薄,尺寸较小,而刃平整锋利,甚为精致(图一,1)。

　　第二种,周身经打制的斧状器。多用厚石片经第二次加工打制而成,但无磨制痕迹,有的报告作"石坯"。有些斧状器存在明显使用痕迹,可称其为打制石斧,作用与磨制石斧相同。

　　第三种,打制刃部的锛状器。选择一端可把握的扁长形砾石制作。把握一端没有打击痕迹,另一端石面打制、琢制出弧形或斜形锋刃。锛状石器的功用应与锛相似,为用手把握的砍劈工具。望·T17②的一件,质地坚硬,刃呈不规则弧形,把握端向一侧弯曲(图一,2)。

　　第四种,打制刃部、琢制中部的束腰形石器。用宽扁形砾石制成。在较宽的一端打制出基本为弧形的锋刃(也有两面打制的),在中部两侧琢制加工成内凹形。内凹处具有装柄捆绑的固定作用。望·T17②的一件,为花斑石,质地坚硬,刃不甚规则,有使用痕迹。顶端呈圜状,有锤击痕迹(图一,3),应为一端可砍、另一端可锤的两用工具。

　　第五种,周身琢制的锄状石器。用大型石片或宽扁形砾石作原料。一端琢制出圆刃或弧刃,另一端琢制出柄把,呈有肩状。望·T17②的一件,用较薄的石片制作,刃呈圆形,肩一高一低(图一,4)。黄·T1的一件,琢制精细,弧刃,刃锋利。柄把被细琢成椭圆柱形(图一,5)。此类石器较扁薄锋利,可加装木柄,作用应相当于锄,为镢土工具。

第六种,周边有琢、打痕迹的盘状器。多用扁形砂岩砾石制成,一般直径在10~20厘米之间,厚度在2~4厘米之间。周边打制多较粗糙,有的为局部打制。两面均平整,呈凸弧面。望·T17②的一件,质地较粗,周边打制(图一,6)。这种器物疑是压磨器。

除以上两处遗址见到的打制石器以外,过去还在三峡大坝附近的伍相庙大溪文化遗址和白庙遗址(新石器时代晚期)中见到过另一种打制石器——坠形器。该石器用大型鹅卵石(椭圆形)制成,在其中部打琢出捆系的凹沟。伍相庙出土的坠形器中间只有一道凹沟。白庙出土的坠形器除有一道凹沟外,还有两道凹沟的。两道凹沟呈"丁"字形。伍相庙T1⑥:32的一件,直径11.2~14厘米(图一,7)。简报中称坠形器为"网坠"。其形体大而重,有可能为江中固定浮物的石锚。

三峡地区的打制石器在制作方面具有原始性,但并非为当地文化较落后的产物。

第一,三峡地区,特别是三峡大坝坝区一带是新石器至商周文化发达的地区。坝区一带既有以朝天嘴为代表的时代较早的城背溪文化遗存,又有以坝址中堡岛和杨家湾为代表的具有许多文明因素的大溪文化遗存。而白庙遗存和三斗坪遗存则是各具特色的分别

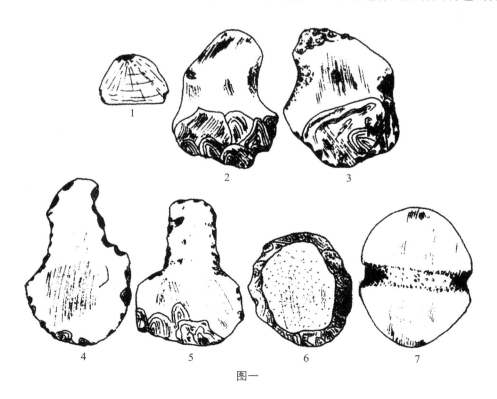

图一

为新石器时代晚期和商周时期的两个文化类型。无论是文化的古老性,还是文化的先进性,三峡地区均可被列入我国古代文化较发达的区域。

第二,三峡地区自城背溪阶段开始,磨制石器便为基本的生产工具。在大溪文化中已出现许多通体磨制精细、形状规整、棱线清晰的各类石器,这说明三峡地区进入新石器时代中期之后,石器制作技术已达到了相当高的水平。

第三,三峡地区的打制石器与旧石器时代的相比已有明显地进步。以上所举各种打制石器,打制技术高超,形体较大,可明确分出各种不同功用的器类。除有特殊用途的盘状器和坠形器之外,大都有宽而锐的锋刃。可见,三峡地区的打制石器具有较高的使用功效。

三峡地区自然环境特殊,孕育了当地丰富多彩的原始文化。长期使用打制石器,是三峡新石器至商周文化的一个特点。三峡两岸多滩石,石器原料极其丰富,随时可进行石器制作,一些只经打制的石器就能满足当地一般生产活动的需要,因而打制石器便能长期得到流传。当然,所出的少部分打制石器也有可能为待磨的"石坯"。

（原载《中国文物报》1999年1月20日）

江陵朱家台出土的大溪文化"砖墙"

  1990年冬,考古工作人员对湖北省江陵朱家台遗址进行了第二次发掘。在一座属大溪文化的"红烧土"房屋的残基(F4)西部,发现一处重要的墙壁倒塌遗迹。墙体斜倾于房屋室外,已残裂,厚约0.10米,连续高度超过1.50米。墙体内、外面和一侧面均被抹平,为墙体原面;另三侧面为断裂面,大概为门洞部位的墙壁,也有可能为墙壁的上边部分。这段墙壁经过高温处理,火候虽不够均匀,但通体基本烧透,呈红色,间以灰黑色,墙体内掺入草茎而未夹竹木。此墙具有砖的质地,相当坚硬,经6 000余年而质地不变,原应属整体房屋的"砖墙"。

  在江陵朱家台发掘出土的大溪文化房屋遗迹已有15座,都属"红烧土"房屋,并以台基式圆角方形房屋为主。台基一般用一种近似膏泥的灰白色土填筑,夯层明显,台面高出附近地面0.50-1.00米。台基上的建筑,包括四周散水、房屋室内地面和墙壁都经火烘烤,形成"红烧土",出土时往往还保存连成一片的硬面。这些硬面,部分也有砖的质地。1号房,散水坡长1.00-2.00米,厚约0.05米(指连成一片的"红烧土"硬面),室内宽6.00-8.00米。东壁残迹与地面残迹相连接,残墙长1.20米,残高约0.10米。在倒塌的大量墙壁残块中,有掺草茎和夹木棍、竹片的情况。在周围残墙基部共发现10个柱洞,直径0.20-0.25米。这些柱洞洞壁与墙体连在一起,是同时经火烧烤而成的。

  这种"红烧土"房屋,大概是受陶窑窑壁经火烘烧后而坚固的启迪,把烧窑技术应用于房屋建筑的具体产物。从房基残存遗迹和房基上部堆积现象观察,这种房屋建筑,首先筑台基和散水,然后设房屋框架,再利用木棍、竹子等物起墙抹泥,筑成"房坯"后堆柴点火烘烧。"红烧土"房屋烧成后,肯定存在破裂损坏或不完整的情况,例如木柱、框架、所夹竹木都可能被烧成灰烬。这样,还必须进行修补或另筑框架加固。木柱、框架、屋顶都可能需要再架设。由于房屋空间大,烘烧的火候不容易控制均匀,局部火候较高,便可能形成成片的"砖墙"。

  除朱家台以外,枝江关庙山等大溪文化遗址均有"红烧土"房屋的发现。"红烧土"房屋被认为是大溪文化的一大特征。江汉平原处于我国中部,春夏间雨水多而地面潮湿泥泞,冬季又比较寒冷。建造"红烧土"房屋,既可解决平原湖区缺少沙石建筑材料的问题而又达到坚固耐用的目的,又有利于防潮、避风、御寒。它是古代江汉居民在住宅建筑方面的一大创造,在我国古代建筑史上占有重要地位。

在江汉地区,烧制"红烧土"房屋的技术一直被流传下来。在大溪文化之后的屈家岭文化、石家河文化遗存中同样存在类似的房屋建筑;直至东周时代的楚国建筑遗存中,仍然可以见到这种建筑技术的应用和发展。

潜江龙湾放鹰台("章华台")暴露的楚国大型宫殿基址,便属于类似的"红烧土"建筑。其中包括"砖坯墙"、半暗方形大柱洞、居住面等大型遗迹,都经火烧烤,并多具有砖的质地。南墙长60.50米,残高2.00米以上,厚0.05-0.06米。半暗方形柱洞已暴露12个,位于台基边缘,大半边在墙体内,为带一级台阶的长方形大型柱洞,在大方洞底中间还有小方洞。上洞口宽1.10-1.50米,下洞底部宽0.60米(出土时洞内填有红烧土块、瓦片和陶片),洞深度与墙体高度相同,柱洞及两侧墙面的砖质硬度超过一般墙体。从这种柱洞可知,将宫殿大型木柱下端修制成凸榫,套立于洞内,既牢固,又可防腐。这柱洞显然是大溪文化"红烧土"房屋柱洞的发展。

(原载《中国文物报》1994年5月22日)

试论城背溪文化

一、城背溪文化的发现与分布

1980年冬至1981年春,湖北省三峡葛洲坝库区考古小组发掘了秭归柳林溪遗址,[1]发现了早于大溪文化的柳林溪第四层遗存。1983年春,笔者陪同俞伟超先生从沙市赴宜昌参观该区考古普查资料,发现了枝江"红岩山子"采集的一部分早期陶片(后来经过调查证实,"红岩山子"采集的早期陶片是修焦枝铁路时,从附近的青龙山遗址搬运来的)[2]与柳林溪第四层的陶片十分近似。接着去枝江县、宜都县(现改枝城市)境内的长江两岸实地考察,在宜都城背溪遗址中,见到了丰富的具有特征的陶片。在俞伟超先生的建议和指导下,1983年下半年,北京大学考古专业和湖北省、宜昌地区、宜都县联合组成考古发掘队,对城背溪遗址进行了第一次发掘。[3]出土了大批具有鲜明特征的文化遗物,一组具有较早特点的陶器被修复出来。发掘工作结束后,还在北大李伯谦先生的带领下,调查发现了宜都枝城北等同类遗址。1984年春,湖北省江陵考古工作站对城背溪遗址进行了第二次发掘,同时对宜都枝城北、金子山、花庙堤、孙家河、粟树窝子、枝江青龙山等遗址[4]进行了调查和抢救性(多遭受江水严重冲毁)发掘,出土的陶器均与城背溪接近。1984年春至1986年底,为配合长江三峡大坝工程,国家文物局组织了北京、南京和湖北等省市的文物考古工作者,在长江西陵峡两岸进行考古复查和发掘工作。在秭归朝天嘴、[5]宜昌路家河、三斗

---

〔1〕 湖北省文物考古研究所发掘资料,柳林溪遗址的堆积情况见《一九八一年湖北省秭归县柳林溪遗址的发掘》,《考古与文物》1986年第6期。

〔2〕 卢德佩:《鄂西发现的古文化遗存》,《考古》1986年第1期。

〔3〕 陈振裕、杨权喜:《湖北宜都城背溪遗址》,《史前研究》1989年(辑刊)。

〔4〕 这些遗址发掘的简讯见《中国考古学年鉴·1985年》,文物出版社,1985年,第176-179页。

〔5〕 国家文物局三峡考古队:《湖北秭归朝天嘴遗址发掘简报》,《文物》1989年第2期。

坪、窝棚墩[1]等遗址中,发掘或采集到属同一阶段的遗物。

以上较早阶段的新石器时代文化遗存具有共同的新的文化特征和发展序列,应属于一种新的文化,都可以归为城背溪文化。

城背溪文化目前发现的区域范围窄小,主要集中在鄂西的江峡两岸。即秭归、宜昌、宜都、枝江县境内的长江边上。遗址分布的这个地域属于鄂西山区与江汉平原的交接地带。这个地带,不但上溯有"长阳人"化石[2]和枝城九道河、[3]长阳果酒岩[4]等旧石器时代遗存的发现,而且后来是大溪文化分布的主要区域(图一)。

另外,值得一提的是,1984年冬湖北省江陵考古工作站,还在鄂东大别山下的麻城县西南方发现了一处谢家墩遗址。[5]第四层出土的陶片极碎,有绳纹红陶钵、罐等残片,其

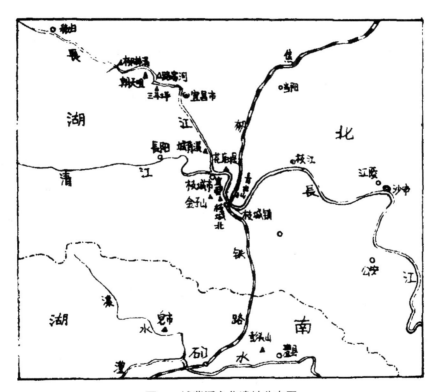

图一　城背溪文化遗址分布图

---

〔1〕 湖北省文物考古研究所调查发掘资料;长办库区处红花套考古工作站也有发掘资料(见《葛洲坝工程文物考古成果汇编》,武汉大学出版社,1990年,第28页。)
〔2〕 贾兰坡:《长阳人化石及共生的哺乳动物群》,《古脊椎动物与古人类》1957年第3期。
〔3〕 湖北省文物考古研究所发掘资料。
〔4〕 李天元:《湖北省长阳县果酒岩发现古人类化石》,《古脊椎动物与古人类》1981年第2期。
〔5〕 《中国考古学年鉴》1985年,第181-182页,谢家墩第四层遗存。

时代可能与城背溪文化晚期阶段相当。这处遗址的发现,为在鄂东地区、大别山山区寻找较早阶段的新石器时代文化提供了重要线索。

二、城背溪文化的基本特征

城背溪文化遗址,可分成两大类。一类以城背溪、枝城北为代表。这类遗址紧靠长江边的一级台地上,洪水季节可能被淹没。在遗址之下的河漫滩上,大都能拾到遗物。文化层一般被埋于2~3米以下,地表上难以发现;二类以金子山、青龙山为代表。这类遗址位于临近长江的低山顶上,高出附近平地15~30米。在山坡的荒草丛中仔细观察可以分辨出一些遗物。文化层往往暴露于地表。两类遗址一般分布面积都不大,文化层内少灰烬,土色与生土接近。因临近大江,受自然破坏较严重,发现的遗迹仅见坑、沟,而遗物大都集中于当时的沟、坑里。

遗物主要有石器、陶器和骨器,还有较多的动物骨骼和稻作遗物。

陶胎中夹有大量的炭化物,其中有稻草、谷壳的残痕;动物残骨中,有水牛、鹿等骨骼,鱼牙、鱼鳃壳、蚌壳、贝壳、鳖甲等则十分丰富;陶器中有少量纺轮。城背溪文化遗物表明,当时就已经有了以种植水稻为基础的原始农业,而渔猎在当时人们的经济生活中也同样占有重要地位。动物骨骼,虽然多属渔猎残留,但水牛头骨的发现为研究水牛的来源与饲养提供了重要资料。根据两类遗址及其出土遗物的基本情况,可以了解到制陶、石器制造、骨器制造、纺织等活动也是当时聚落经济生活中的重要组成部分。总之,城背溪文化所反映的社会经济已具有“饭稻羹鱼”[1]的特点。第一类遗址靠近江边,地势较低,经过较大面积的发掘都未见房屋遗迹,推测当时居民平时主要生活在江边的沟壑、沱湾旁,以便于从事渔业活动;洪水季节则搬往地势较高的地方居住(第二类遗址)。因而在江边可能没有较固定的房屋建筑。

城背溪文化的石器,一般是从沙滩砾石敲打出石片,然后加工制作而成的。制作比较粗糙,显得较原始。除刃部磨制较精细以外,其他部位仅稍磨或未磨:一面保留砾石的自然面,另一面的两侧和顶部多有打制时留下的凹裂痕迹。石斧较为常见,还有不少打制的蚌形石片、砍砸器、锛、凿、锤、球、网坠等。石斧的形状、大小、厚薄均未规范化,以长扁弧刃形的较多见。

城背溪文化的陶器,具有较原始的特征。无论是从制作、胎质、火候,还是从器形、花

---

[1]《史记·货殖列传》。

纹等方面都表现出鲜明的时代特点。

陶器的制作,主要用泥片贴接法成型。泥片贴接法比泥条盘筑法更原始。贴接时,根据所需器形及器物不同部位,将陶泥捏压成不同形状的泥片,例如圈形、梯形、圆形、条形等。然后互相叠接捏成粗型,再在粗型内外壁贴补抹泥,使胎壁牢固,表面平整。因而陶器的胎壁往往多层次、厚薄不均,底部、颈部、口部往往特别厚,不少器物口沿另贴一圈泥条。器外壁从口沿唇部开始,一直到底部中间,都有深而乱的压印粗绳纹。这种绳纹,主要不是装饰,而是制作痕迹。

陶器胎质的特点是含大量的炭化物。掺入物多属草本植物,如稻草、谷壳等。由于火候较低和不均,胎壁表面常黑、红相间,胎心多乌黑松软。纹饰方面,除以上所说的压印粗绳纹外,已出现起装饰作用的锥刺纹、刻划纹和镂孔。锥刺纹、刻划纹多用于罐的颈部、圈足盘的足部和支座上。镂孔主要见于圈足盘的足部。另外,还有一部分红衣素面陶,红衣陶中也有磨光发亮现象,但多局限在口沿上,并容易脱落。

陶器的基本器形,可分为罐釜、钵盘和支垫三大类,罐釜类陶器是较大型的深鼓腹器物,形态都十分接近,用于炊煮、储物、储水。其中有圆鼓腹釜、大口釜、双耳罐、直口罐等。釜口沿一般有加固的一圈泥条,泥条上也有压印绳纹;钵盘类陶器是腹较浅的弧壁器物,主要用于盛食和掏舀。以其大小深浅分钵、盆、盘、碟、杯等种。但作风都近似;支垫类器物是圜底器物的承托器,不但出土数量多,而且形状多样,装饰与造型讲究,是当时十分被重视的器物。三类器物中,前两类为容器,以大圜底、直沿为特点。腹壁直或外弧,口直或颈内束、口略外侈。这些大圜底器的底部,无论是第一类还是第二类,都已出现圈足或三小足。圈足和三小足可以代替支垫的作用。第一类器物的圈足或三足,又以互相靠拢或直径小为特点,显然只起稳固器体的作用。第二类器物,除个别的盘加三小足以外,主要装圈足。盘多盛行大圈足,它是城背溪文化中很有代表性的器物。其壁厚,从口到底呈弧形,底部加上较大的圈足,圈足上多有刻划或镂孔花纹。盘的大圈足显然还具有增加高度和装饰的作用。圈足盘的造型和纹饰虽显得较复杂,但制作工艺并不复杂,即在弧壁盘的底部加上一两个泥圈即成,同样是一种较原始的制陶工艺。钵的底部也有加圈足的,即成碗。碗虽有特点,但并不多见。

以上三类器物,造型都比较简单,应是原始的基本器物。随着时代的发展,以前两类器形为基础,主要着重在口部和底部不断加工,使器形不断增加,但基本风格一直没有发生划时代的变化。

城背溪文化陶器中,代表工艺水平的器物是扁壶。扁壶造型别致,胎薄,泥质(含少量细砂),表面磨光施红陶衣。平底,椭圆形扁腹。耸肩,两肩部有只起装饰作用的耳突,小直领口。这种扁壶为别处所不见。扁壶的成型方法,主要仍用泥片贴接法,但在领部已出现了用泥条收口的现象。

城背溪文化不但具有我国新石器时代文化较早阶段的特征,而且具有长江中游地区新石器时代文化较原始的特点,它是江汉地区目前见到的时代最早的一种新石器时代文化。

三、城背溪文化的初步分期

经过调查或发掘的城背溪文化遗址在鄂境已有11处。这11处遗址还存在比较明显的差别,这应当属于时代不同的原因。由于资料较为零星,并多未经整理发表,分期工作存在的困难不少。为了加深对城背溪文化的认识,如下提出个人对城背溪文化分期的不成熟看法。

据各遗址的特点和出土的遗物,其中主要是陶器的特征、器类的变化、器形演变规律,以及城背溪、枝城北、朝天嘴等遗址的地层关系,城背溪文化大体可分成三期。

第一期遗存主要有城背溪第四层及其下压的H1、G1。城背溪遗址有一部分地层为"倒转"地层,尤其是早年塌于河漫滩上的堆积,地层关系已经混乱。例如T6、T7、T10等探方均位于河漫滩上,文化层均无法划分,便总归为一层,即第三层。而这第三层却集中了大量的遗物,其中一部分可能属于第一期。

以上遗存中,陶器的原始性表现得最为明显。质地差、火候低、胎壁厚,制作粗糙。造型大都较简单,以大圜底、弧壁、直沿为主要特点。器表往往高低不平,绳纹粗交错,器形往往歪斜。主要器物为釜、钵、碟、支座,还有双耳罐、圈足盘等。

第二期可分前、后两段。

前段代表性遗存有城背溪第三层、枝城北第四、五层和H1、金子山第三层。

陶器中,新增加了三足器、小圈足器和少量平底器,例如三小足罐、小圈足罐、平底小口扁壶等。支座造型和装饰讲究。红衣陶增加,出现较多的锥刺纹、刻划纹等装饰性花纹。

后段代表性遗存有青龙山和金子山第二层。

见到的陶器,器形较高大,造型较规整,器表绳纹亦较规整。新出现折腹双耳罐、三小足盘。未见扁壶,圈足盘减少。

第三期遗存主要见于朝天嘴、柳林溪、三斗坪、孙家河等遗址中。

红衣陶和夹砂陶显著增加。出现彩陶,绳纹普遍变细,刻划纹、锥刺纹增加,出现篦齿纹、针刺纹。小型器皿增加,还有少量磨光黑陶小型器物。

从第一期到第三期,始终都表现出城背溪文化陶器的三个基本特点:1.泥片贴接法成型;2.器表多数均有粗或较粗的绳纹;3.釜罐、钵、盘、支垫为基本器类。其他器类由基本器类演变和发展而来。较早阶段的陶器,似乎不十分规范化,有更多的随意性(图二)。器物的演变规律,目前尚未完全掌握。如下的演变情况仅供参考。

大口釜　口部,由较直到曲折,开始另加泥圈,后来不加泥圈;颈部,由不明显到明显;腹部,从近筒形变为近圆形(图三)。

小口釜　口部,由直到外侈,由直沿到折沿,由贴沿到红衣沿;肩部,由不明显到明显;腹部,由较直到圆形,再到袋形(图四)。

双耳罐　口逐渐变小。由微敛口到敛口,再到有直领,从无肩到斜肩变化。双耳装于口沿到装于肩部和装于腹部演变(图五)。而附耳,以牛鼻形耳、扁形耳偏早,半环状耳偏晚。

盘　由圜底浅钵形逐渐变为浅盘形,器表从有绳纹到素面,再到磨光红衣演变(图六)。

钵　从直口到微敛口,从圜底到平底,从有绳纹到磨光红衣或磨光黑衣发展(图七)。

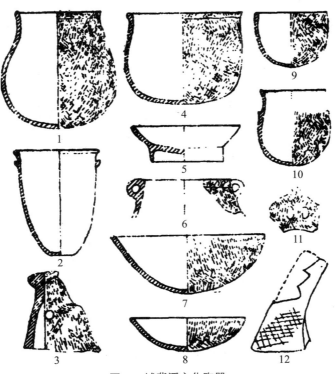

图二　城背溪文化陶器

1.圆鼓腹釜(城·T6③)　2.深腹盆(枝城北H1)　3.支座(城·T6③)　4.大口釜(城·T6③)
5.圈足盘(城·T6③)　6.双耳罐(城·T8④)　7.盆(枝城北H1)　8.盘(城·T6③)　9.钵
(城·T6③)　10.罐(枝城北H1)　11.牛鼻形耳(枝城北H1)　12.支座(城·T6③)

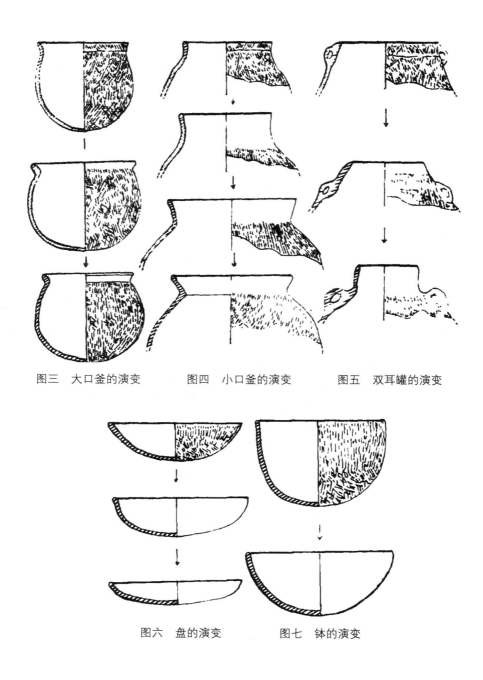

图三　大口釜的演变　　　图四　小口釜的演变　　　图五　双耳罐的演变

图六　盘的演变　　　图七　钵的演变

四、城背溪文化与大溪文化的关系

　　城背溪文化分布范围处于大溪文化分布的中心区城内。秭归朝天嘴 A 区的地层堆积分22层，一期文化包括第10至第22层，二期文化包括第7至第4层。一期文化属于城背溪文化,二期文化为大溪文化。[1]这个地层关系说明城背溪文化的相对年代早于大溪文化。从这两种文化的遗物,特别是出土的陶器来看,它们之间有许多内在联系。

1. 盛行夹炭陶是城背溪文化的基本特征之一。陶胎内的炭化物多为草本植物,如稻草、稻谷壳等。而大溪文化的较早阶段,也以夹炭陶最多为特点。例如枝江关庙山大溪文化早期遗存,"以夹植物的红陶为最多""有单纯用碾碎的稻壳作为羼和料"。[2]城背溪文化陶器中夹少量砂,夹蚌壳末、骨末的作风,也同样出现在大溪文化的陶器中。

2. 在大溪文化的陶器中,磨光红衣陶是最富特征性的遗物之一。而城背溪文化的陶器已有较为原始的红衣陶。这种红衣陶一般表面涂红色泥浆,形成一层红衣。有的器物口沿部分经过打磨,但打磨较粗糙,出土时容易脱落。大约到城背溪文化的第二期,开始出现打磨光亮的红衣陶。柳林溪第四层出土的城背溪第三期陶器中,已有较大量的胎壁较厚的磨光红衣陶,说明城背溪文化的红衣陶是逐渐增加、不断发展的。

3. 通体都有绳纹,自始至终都是城背溪文化陶器的特点。较早阶段的绳纹粗而乱。互相交错,是原始制陶术的重要迹痕,是压印的深纹。后来的绳纹逐渐变细、变规整。例如孙家河、柳林溪两遗址出土的城背溪第三期陶釜,口沿外表的绳纹多被抹掉,绳纹从颈部开始有规律地向腹部延伸,纹路较细密、规整匀称,应是用绕绳棒滚压而成的。典型的大溪文化陶器,绳纹已基本消失。但在大溪文化的早期阶段还存在不少细绳纹(或称线纹),并十分规整。例如秭归龚家大沟、[3]江陵朱家台[4]等遗址出土的大溪文化较早阶段的陶釜、罐、瓮等器物中,均可见到细密而规整的绳纹,是用捆线棒从器物颈部向腹部滚压而成的。大溪文化早期细绳纹的存在,正好与城背溪文化陶器绳纹发展趋势相衔接。大溪文化泥质红陶中所盛行的刻划纹、戳印纹、镂孔和彩绘,均出现于城背溪文化的陶器中。

4. 城背溪文化陶器的造型风格由粗糙厚重、整体较高大向精细轻薄、整体较短胖发展。到第三期,有不少器物造型已接近大溪文化。大溪文化中,矮胖型的鼓腹三小足鼎(或罐)、碗、簋等,胎壁厚薄均匀、造型规整,具有小巧玲珑的风格,这与城背溪文化陶器的发展趋势相吻合。大溪文化早期的炊器——釜,以及钵、圈足碗、圈足盘、小三足器、碟、支座等,均可在城背溪文化中找到祖型,应是城背溪文化同类陶器的发展延伸。

根据城背溪文化与大溪文化之间的地层关系及其出土器物之间的联系,可以初步认为它们之间是继承发展的关系。

---

〔1〕 国家文物局三峡考古队:《湖北秭归朝天嘴遗址发掘简报》,《文物》1989年第2期。
〔2〕 中国社会科学院考古研究所:《新中国的考古发现和研究》,文物出版社,1984年,第127、129页。
〔3〕 湖北省博物馆考古部:《秭归龚家大沟遗址的调查试掘》,《江汉考古》1984年第1期。
〔4〕 湖北省文物考古研究所:《湖北江陵朱家台遗址发掘简报》,《江汉考古》1991年第3期。

五、城背溪文化与彭头山文化的关系

《文物》1990年第8期发表了湖南澧县彭头山新石器时代早期遗存的资料,并定名为彭头山文化。十多年来,湖南一带新石器时代考古成绩显著,一系列新石器时代早期遗存[1]的发现就为其中代表。城背溪文化和彭头山文化的发现,是长江中游地区新石器时代考古的重大突破,是湘鄂两省同仁共同努力的重要成果。

城背溪文化与彭头山文化的关系如何?学界已有了不同的看法。[2]在长沙召开的中国考古学会第7次年会后,我曾跟随严文明等先生参观了彭头山遗址[3]及其出土物,获益匪浅。对照城背溪等遗址,以下谈谈印象性看法。

1. 纵观长江中游新石器时代文化,鄂西与湘北(洞庭湖西北一带)都是大溪文化分布的范围,也是目前长江中游地区发现的新石器早期文化分布区。彭头山文化主要分布于澧水北岸,这个分布区与城背溪文化分布区连成一片。这一片范围不算大,但恰恰是后来大溪文化分布的中心地带。

2. 长江中游的新石器时代文化有彭头山、城背溪、皂市下层诸文化,在彭头山遗址采集的炭化物作碳14年代侧定的年代数据,一个为距今9 100±120年,另一个为距今8 200±120年,[4]而城背溪文化目前只有一个碳14年代测定数据,即用城背溪第3层(第二期)出土的兽骨测出的,校正年代为距今7 420±110年。[5]城背溪文化的这个年代数据,相当于皂市下层文化的年代。但这里有两点需加以说明:第一,在城背溪遗址采集的兽骨,出于常被江水淹没的河漫滩上,并夹有许多石灰岩碎块,有的兽骨出土时已接近石化,所测定年代不一定可靠;第二,兽骨采集于遗址的第三层,是属于较晚的地层。因此,城背溪文化年代的上限有可能早于皂市下层文化。

3. 彭头山文化的陶器,大都可以在城背溪文化中找到类似或接近的形态。例如彭头山遗址出土的罐、釜、钵、盘等种器物的几种型式,几乎都可见于城背溪遗址中。甚至有些器物细小部位的特点也都接近。例如颈上部附小凸纽的小口深腹罐、腹壁上部斜直的大口深腹罐(《文物》1990年第8期第22页,图一五:1,8)等,与枝城北H1(属城背溪第二

---

[1] 参阅何介钧:《洞庭湖区新石器时代早期文化探索》,《湖南考古辑刊》,1989年。
[2] 参阅何介钧:《洞庭湖区新石器时代早期文化探索》,《湖南考古辑刊》,1989年;林春:《长江西陵峡远古文化初探》《葛洲坝工程文物考古成果汇编》,武汉大学出版社,1990年。
[3] 严文明:《中国史前稻作农业遗存的新发现》,《江汉考古》1990年第3期。
[4] 参阅何介钧:《洞庭湖区新石器时代早期文化探索》,《湖南考古辑刊》,1989年。
[5] 俞伟超:《中国早期的"模制法"制陶术》,《文物与考古论集》,文物出版社,1986年,第236页。

期)出土的同种器物相同。不过，城背溪、枝城北等时代较早而出土物较丰富的遗址中，器类较彭头山多，尤其表现在圈足器上。这显然是时代偏晚的标志，而非文化性质不同的原因。

彭头山文化中，目前未见圈足盘。这是与城背溪文化的最大区别。关于圈足盘，前面已谈及，它的早期形态制作工艺并不复杂，并有可能出现较早。圈足盘是鄂西新石器时代文化中出现较早、流行时间最长的典型器物之一，无论是城背溪—大溪文化，还是屈家岭—季家湖文化[1]中，都有高而粗的圈足盘。圈足盘出现在城背溪文化第一期，但到第三期，甚至到大溪文化早期却不见或少见。这是与发掘工作有关呢？还是与文化类型有关？显然需要深入探讨。而从形态学的角度考察，城背溪文化的圈足盘与皂市下层文化的圈足盘还不一样，具有较为原始的特点。总而言之，圈足盘有可能出现在相当于"彭头山文化"的那个阶段。

4. 皂市下层文化的陶器[2]中，夹炭或红皮黑胎陶器表交错饰细绳纹、压印纹、刻划纹；器形中流行双耳罐、高领罐、折沿釜、圈足盘等情况，均近似城背溪文化较晚阶段的陶器。折沿釜，颈以上素面，肩部以下饰绳纹；钵，口内敛，红衣素面；有较多的网格刻划纹、剔刻纹、篦点纹、篦齿纹等情况，均类似于城背溪二期后段至三期的陶器。

特别值得一提的是相当于城背溪文化第三期的秭归柳林溪第四层出土的陶器。这组陶器有较多的与皂市下层相同的文化因素，时代应与之大体相当，但出土的陶釜、罐、钵、盘、支座占突出的地位，大型容器仍为绳纹圜底的情况，同样反映出城背溪文化的基本面貌。该遗址也没有见到圈足盘。

关于彭头山文化和皂市下层文化之间的关系，何介钧先生在《洞庭湖区新石器时代早期文化探索》[3]一文中，"力主定名为'皂市下层文化'"，还认为"这两种文化是存在承袭衍变和源流关系的新石器时代早期文化的前、后阶段"，并指出："彭头山文化的某些因素，在皂市下层文化中还有明显的遗留……新合乡金鸡岗遗址，既包含有彭头山文化因素，又具有皂市下层文化的因素"。在鄂境，除秭归柳林溪以外，金子山遗址也同样既包含有彭头山文化因素，又具有皂市下层文化因素。

根据以上四点，可以认为以彭头山、城背溪、皂市下层为代表的文化，均属于长江中游地区同一种新石器时代早期文化，它们之间存在着的差别，主要为时代不同或类型方面的差别，还可能与发掘工作的多少有关。

---

[1] 湖北省博物馆：《湖北当阳季家湖新石器时代遗址》，《文物资料丛刊（10）》，文物出版社，1987年。
[2] 湖南省博物馆：《湖南石门县皂市下层新石器遗存》，《考古》1986年第1期。
[3] 参阅何介钧：《洞庭湖区新石器时代早期文化探索》，《湖南考古辑刊》，1989年。

城背溪文化是我国目前发现的时代较早的新石器时代文化之一。它的发现填补了长江中游地区新石器时代较早阶段的文化空白,对于探讨长江流域的古代文明、研究长江中游地区的新石器时代文化具有十分重要的意义。

城背溪文化与黄河流域新石器时代早期诸文化相较,虽具有明显的地区差异,但总的文化面貌表现出许多共同的文化因素,所反映的社会发展水平不相上下,说明我国早在七八千年前,在黄河、长江两大流域的广大范围内就已经出现了中国古代文化的明显的趋同性。这是中国古代南、北文化经过长期互相交流、互相融合的结果。由此而进一步表明中国传统文化的悠久性及其根深蒂固。

然而中国古代文化并非出于一源,由于地理自然条件等原因,造成史前文化种类多样,谱系繁复。[1]新石器时代考古不断证明,我国许多地区都有自身的最原始的文化,各地的史前文化往往都存在自身独立的发展系统。长江及其支流横贯我国东、西广大地域,其上、中、下游处,古代也都有各自独立的文化序列。考古学家苏秉琦先生早在70年代末80年代初就将"湖北及邻近地区"作为我国考古学文化的基本区系之一,还将"鄂西地区"作为这个区系的一个亚区。[2]城背溪文化正好发现于鄂西地区,它的发现及其分布的地理位置和年代的古远,在中国新石器时代考古中同样占有重要地位。

(按:笔者作为城背溪文化各遗址的发掘者之一,应邀参加了1990年9月在荆州召开的有北京、湖南、长办、湖北等长江中游新石器时代考古专家参加的"湖北省新石器时代考古发现及研究成果交流学术讨论会",城背溪等遗存是会议参观和重点议题之一。会议期间,专家们对城背溪遗存提出不少问题和不同看法。由于资料于近期不可能全部发表,为有利于学术界对城背溪遗存的了解,写出以上不成熟的看法。以供参考)。

(原载《东南文化》1991年第5期)

---

〔1〕 严文明:《中国史前文化的统一性与多样性》,《文物》1987年第3期。
〔2〕 苏秉琦:《苏秉琦考古学论述选集》,文物出版社,1984年,第229页。

三峡地区史前文化初论

三峡不但有壮丽的山河风光,而且有悠久的人类活动史。考古学不断证明:最迟在距今 8 000 年前开始,峡区两岸就存在一种具有特色的新石器时代文化,它经历了柳林溪—大溪—白庙等各种文化发展演变阶段,整个发展过程自成体系。其发展水平并不次于我国其他地区的新石器时代文化,在我国史前文化研究中占有重要地位。

一、柳林溪遗存与我国新石器时代文化渊源的追溯

1981 年,为配合葛洲坝工程建设,在西陵峡左岸的秭归柳林溪发现了一种新的新石器时代文化遗存,[1]称之为柳林溪遗存。以后在西陵峡东段,秭归朝天嘴[2]和宜昌路家河、[3]三斗坪、[4]窝棚墩、[5]鹿角包[6]等遗址中也相继有同类遗存的发现。

柳林溪遗存的年代距今约 7 000 年前,其主要包括当时人类活动的地面、灰坑、灰沟、洼地、废弃堆积等遗迹及人类制造、使用过的石器、陶器等遗物,还有共存的动物骨骼。柳林溪遗存遗址范围小,遗迹简单,遗物不是很丰富,具有相当的原始性。其文化堆积较集中,土色接近生土,较难识别。遗物中,石器和陶器最为重要。石器有石斧、石凿、刮削器(大型石片)等,多以自然砾石为基本形状加工而成,少量磨制,器表保留许多打制痕迹,显得相当粗糙。陶器以夹砂红陶为主,并多夹骨末。器物用最原始的泥片贴筑法成型。在

---

[1] 湖北省文物考古研究所:《1982 年秭归县柳林溪发掘的新石器早期文化遗存》,《江汉考古》1994 年第 1 期。

[2] 国家文物局三峡考古队:《湖北秭归朝天嘴遗址发掘简报》,《文物》1989 年第 2 期。

[3] 参阅长江流域规划办公室库区规划设计处:《葛洲坝工程文物考古成果汇编》,武汉大学出版社,1990 年,第 28 页。

[4] 湖北省文物考古研究所 1984 年调查资料。

[5] 湖北省文物考古研究所:《宜昌窝棚墩遗址的调查与发掘》,《江汉考古》1994 年第 1 期。

[6] 湖北省文物考古研究所 1993 年调查资料。

制坯成型中,器表留下较粗乱的绳纹。器形简单,造型特点是直口或侈口、弧腹、圜底。基本器形是罐、釜、钵、盘和支座。其中支座数量较大,且形状不一,为别处所少见。柳林溪遗存属于较原始的聚落遗存,遗存中出现磨制石器和较大量的陶器,说明当时的人类过着以农业为主的定居生活。在堆积中有较多的被抛弃的兽骨、鱼骨、蚌壳、螺蛳壳,并在陶胎中掺入大量的骨末等情况,反映了原始的渔猎经济在当时峡区聚落居民中占有突出地位。

70年代以来,我国新石器时代文化渊源追溯工作有了重大突破,即中原裴李岗—磁山文化的发现,以及陕西老官台、山东北辛、湖北城背溪、浙江河姆渡等一系列新石器时代文化的发现和确定。它们的年代上限均早于距今7 000年前,是比中原仰韶文化早一阶段的文化,属于新石器时代早期(或中期)文化。柳林溪遗存发现以后的1983年至1984年,在三峡峡口以东不远的宜都城背溪、枝城北、金子山,枝江青龙山等遗址又发现了类似的文化遗存,其中以城背溪遗址发掘的面积最大,遗存较丰富且典型。从文化内涵和分布情况等方面考虑,将这类遗存统称为城背溪文化。在湖南北部的澧县彭头山、石门皂市等遗址中也发现了同一阶段的重要文化遗存,即彭头山文化和石门皂市下层文化。湘北至鄂西新石器时代早期遗存的发现地点连成一片,文化面貌近似,笔者认为应同属于一种新石器时代文化。[1]

著名考古前辈苏秉琦先生,据中国考古发现情况,将中国考古学文化的分布划为六大区域,其中第三大区为"湖北和邻近地区",并把宜昌及其周围地区(鄂西地区)作为这个大区的三个亚区之一。[2]鄂西地区的大体范围,东起汉水至洞庭湖一线,西至长江三峡尽头,这一范围正是我国史前考古的重点区域。

人类从类人猿演变成现代人的漫长过程,是人类从山区生活逐渐走向平原定居的过程,也是人类社会从旧石器时代过渡到新石器时代的过程。人类这个发展过程,在全国范围内目前还存在两者之间的资料缺环。为了填补这个缺环,一方面以已知的新石器时代文化为线索,不断向前追溯,寻找更早阶段的新石器时代文化;另一方面以现有的旧石器时代资料为基础,不断往后寻找两者连接的纽带。

50年代在汉水东侧的京山县发现的屈家岭文化,第一次填补了我国长江中游地区新石器时代文化研究的空白。50年代末60年代初三峡地区首次发现的大溪文化,便将长江中游地区的新石器时代文化年代上限,从屈家岭阶段推前到与中原仰韶文化相当。而城背溪文化的发现又将长江中游地区新石器时代文化发展史提早了一两千年。近二三十年来,两湖地区的新石器时代考古重心,不断向鄂西、湘北一带倾斜,无论是大溪文化及其与

---

〔1〕 杨权喜:《试论城背溪文化》,《东南文化》1991年第5期。
〔2〕 苏秉琦:《苏秉琦考古学论述选集》,文物出版社,1984年,第229页。

屈家岭文化关系的探溯,还是新石器时代早期文化遗址的发现,往往都集中于这一带。鄂西地区不但具有我国目前所知的最早的新石器时代文化,并且有其自身的发展序列,这一点基本取得了考古界的共识。

鄂西地区除有古老的自成体系的新石器时代文化以外,属于旧石器时代的古人类化石(包括相关的动物化石)和文化遗存也被不断发现,并已引起了学术界的特别关注。从三峡地区(建始、巴东)的巨猿牙齿化石[1]到巫山猿人,[2]从长阳人[3]到江陵鸡公山旧石器时代遗址,[4]这些重大发现充分证明鄂西地区是我国早期人类活动的重要集中地。近年在湖南澧县和湖北江陵都发现了不属于洞穴的旧石器时代遗址。特别是1992年江陵鸡公山旧石器时代遗址的发掘,暴露不少距今两三万年前人类活动的遗迹,这是迄今中国首次见到的人类在平原地区活动的最早遗迹。鸡公山遗址的地理环境与新石器时代一般遗址相同,它的发现证明那时人类已从鄂西山区走出,来到江汉平原的云梦泽畔定居。鄂西柳林溪等一系列新石器时代早期遗存和鸡公山等旧石器时代遗址的发现,将我国原始社会从旧石器时代过渡到新石器时代之间的文化缺环大大缩短。

长江中游的鄂西地区,正处于我国东部平原和西部山区的边缘地带,鄂西山区为石灰岩分布区,适于旧石器时代人类居住的溶洞很多,三峡谷地四周高山重叠,自然环境优越,气候温和、水源充足、森林资源丰富,十分适宜早期人类的定居。三峡东部与鄂西丘陵和江汉平原相连,三峡南、北有沟溪河谷与广阔的山区沟通。三峡是古人类从山林向平原过渡的理想聚居地和天然通道。在三峡秭归朝天嘴发现了与柳林溪同类的新石器时代早期遗存的报道中,说它"证明长江流域同样是中华民族文化的摇篮"(《人民日报》(海外版)1987年1月22日第四版),这将被越来越多的考古资料所证实。

二、大溪文化与中国文明起源的探讨

自1958年在瞿塘峡首次发现新石器时代的大溪文化以来,经过三十多年的工作,探明这支文化主要分布在西陵峡及其东部,对其文化面貌、性质、分期等方面都有了一定深度的认识。80年代以后,为配合三峡工程建设,在坝区及附近调查、发掘了许多大溪文化遗址,获得了大量考古资料。这些资料,不但是研究三峡地区史前文化的实物依据,而且

---

〔1〕 李天元:《古人类研究》,武汉大学出版社,1990年,第84页。
〔2〕 黄万波等:《巫山猿人遗址》,海洋出版社,1991年。
〔3〕 贾兰坡:《长阳人化石及共生的哺乳动物群》,《古脊椎动物与古人类》1957年第3期。
〔4〕 消息报道见《中国文物报》1993年1月17日第一版。

对探讨中国文明起源也有着重要意义。

中国文明起源问题，是目前中国史学和考古学研究的重点课题。中国是世界四大文明古国之一。一些外国学者鼓吹中国文化有所谓"西来说""北来说""南来说"，而大量考古资料证明"中国文明还是在中国的土地上土生土长的"。[1] 然而中国文明究竟起源于中华大地的何时何方？这还有待考古学的继续探索。文明与文明的起源是两个不同的问题。文明有所谓城市、文字、青铜器"三标志"或"三要素"，其实质则是进入有国家政权的阶级社会。目前公认的中国最早文明就是夏商周文明，它的中心毋庸置疑即在中原。而夏商周文明的起源即中国文明的起源，或者说中国有无更早的文明，显然要追溯至中国的新石器时代。对此问题，关键要研究"三标志"或"三要素"的萌芽和发展，探讨它们的社会基础和历史根源。目前分布于中国不同区域的较发达的多支新石器时代文化，都是探讨中国文明起源不可忽视的重要方面。近年我国各地都有"文明曙光"的闪烁，如辽宁红山文化的"神女庙"、甘肃大地湾的"原始殿堂"、浙江良渚文化的玉器、河南仰韶文化的"龙虎塑"、龙山文化和屈家岭文化的"古城"、山东丁公陶文等等。这些都反映了中国文明的起源很早，并且大大超出中原的范围。

如果以文明"三要素"为基本线索向前追溯，那么三峡大溪文化出现的大型聚落群、刻划符号和用火技术就是探讨文明之源的"三要素"。

在三峡坝区范围不大的大江两岸密集分布了中堡岛、朝天嘴、伍相庙、白狮湾、三斗坪、窝棚墩、杨家湾（东部不远还有清水滩）等一系列大溪文化遗址。这些遗址大都面积较大，内涵较丰富，组成了一个以中堡岛为中心的大型聚落群。早期城市的发生首先是聚落人口的不断增加。三峡大型聚落群遗址的出现，表明早在距今6 000多年前这里曾聚居了大量人口。这个聚落群遗址所发现的较大规模的房屋、坑穴、墓葬等重要遗迹和数量较大较精致的石器、陶器等重要遗物，其中反映了许多值得特别注意的情况。墓葬随葬品具有多寡的不同，较大墓葬的随葬品包括用石、陶、玉、骨等质料制作的生产工具、生活用器、装饰品等，白狮湾墓葬，男性多随葬石斧、石锛、石凿等生产工具，女性多随葬陶纺轮，已表现出男耕女织的社会分工；从石器方面反映的信息可知，石器制作多以自然的卵石为基本原料，制作过程有打、琢、磨等工序，据专业用途的不同，形制和品种具有明显的区别，成品一般通体磨光，两侧和刃部往往存在清晰的制作线条，刃锋锐利；各遗址出土的陶器，已具有很高的工艺水平，一般器形规整，胎壁厚薄均匀，表面涂红衣并打磨光滑。器形种类繁多，圈足器特别发达，以刻划纹、戳印纹和彩绘为主要装饰，其中蛋壳彩陶最为精致；三峡大溪文化墓葬出土的骨镯、牙镯、石镯、玉璜、坠饰、陶球等装饰品或工艺品，都具有相

---

〔1〕 夏鼐:《中国文明的起源》，文物出版社，1985年，第100页。

当高的工艺水平。这些情况说明三峡地区的新石器时代文化，经过柳林溪阶段的发展，进入大溪文化阶段之后，由于大型聚落群的形成，人口的大量集中，导致了原始社会经济的迅速发展，生产力的大幅度提高、商品交换的出现和氏族社会性质的逐渐变化。随着社会的分工，各种手工业的兴起及其与农业的分离、生产技术的提高，必然使剩余财富不断增长，使整个聚落群体发生贫富的分化，并出现占有较多社会财富的氏族上层。中堡岛、三斗坪、白狮湾、杨家湾等遗址都存在居住、劳作和埋葬等不同性质的区域划分。例如杨家湾、中堡岛等遗址的江边都有石器制作工场；三斗坪、白狮湾等遗址都有专供埋葬的墓区。显然这个大型聚落已开始脱离了居住、劳作、埋葬及其他活动相混杂的形态，正向具有一定的整体布局的形态发展，为早期城市的产生创造了条件。对于古代的城，一般往往以土垣为主要标志。但在山区，特别是险要的峡区则不一定这样，在中堡岛发现的岩沟遗迹，即凿于遗址下层基岩上的沟槽，并靠近江边，可能与聚落的筑围有关，材料可以树木枝杈为主。原始聚落的筑围，具有防兽抗灾之功效，应为早期城垣的前身。

在杨家湾遗址几次发掘的大溪文化陶器上，都有大量的刻划符号，[1]这些刻划符号的数量和形状都超过了黄河流域的仰韶文化、大汶口文化、马家窑文化中的刻划符号，已被学术界所重视。这些刻划符号大都刻于圈足器底面。发掘者曾将第一批出土的刻划符号分成许多种类，[2]有的符号已接近甲骨文。中国的汉字是贯穿土生土长的中华文化的基本部分。它经过从产生到成熟，从繁到简的不断演变过程，才成为当今世上一种主要的丰富多彩的人类语言表达工具。它的渊源可追溯到原始人最早的记事方法上，最初为结绳、刻木，后来才出现刻符。刻符应为文字胚胎，是汉字演变过程的第一步。杨家湾发现的刻划符号种类繁多，是研究汉语文字形成的宝贵资料。

人类对火的应用早在旧石器时代就已经开始。至新石器时代，火的应用已十分广泛。三峡大溪文化阶段的用火技术，主要表现在陶器的烧制和房屋建筑的烘烤等方面。例如三峡出土的大溪文化陶器质地坚硬，颜色层次分明，并施用了掺炭工艺，说明当时筑窑用火升温和控制窑室火候的技术都达到了相当高的水平；红烧土房屋是该文化的基本特征之一，残存的大量红烧土块，暴露的红烧土面，证明火不但被广泛应用于烧制陶器等生活器皿，而且还被广泛应用于烘烤建筑物，使建筑物坚硬、结实、防潮。青铜器的冶炼离不开火，用火冶炼青铜的技术，应是在新石器时代用火技术的基础上产生的。在广泛用火过程中人类便逐渐发现高温会产生琉璃质、会使金属熔化，后来人类才有可能掌

---

〔1〕 宜昌地区博物馆：《宜昌杨家湾遗址的彩陶和陶文介绍》，《史前研究》1986年第3-4期；余秀翠：《宜昌杨家湾在新石器时代陶器上发现刻划符号》，《考古》1987年第8期。
〔2〕 余秀翠：《杨家湾遗址发现的陶文剖析》，《江汉考古》1994年第1期。

握冶炼金属的技术。

中国的土地广阔,地形复杂,各地新石器时代文化的发展不可能齐头并进,"文明曙光"也不可能在中华各地全面同时升起。中国文明之源应当只有主要的几支,而长江中游地区(包括三峡地区)则无疑是其中主要的一支。

三、白庙遗存与诸文化关系研究

白庙(曾称为"白庙子")遗址位于三峡坝基中堡岛之东约4公里的江南,是配合三峡工程施工区四个重点考古项目之一。自1979年以来先后进行过六次发掘,[1]残存遗址已基本被全面揭露,所获遗存主要有房屋、水沟、灰坑和石器、陶器、动物残骸。房屋有"干栏"式建筑和平台式建筑两种。石器中有大量的磨制精巧的小型石器和大型粗石器。所出土的陶器群中,以夹细砂褐陶为多,还有粗砂陶和泥质陶;陶色以灰、褐色为主,还有红、灰白色,多见灰胎黑皮陶,少见磨光黑陶;常见纹饰为方格纹、篮纹、绳纹,也有弦纹、叶脉纹,其中以方格纹最多;少见袋足器、三足器和镂孔器,盛行小平底器和圈足器。器类品种中,以大口深腹罐最具特色,这种罐分大、中、小型,有夹粗砂和细砂两种,陶色以褐、灰褐色为主,少量红褐色或灰黑色;纹饰有方格纹,篮纹和绳纹,以方格纹最多;形态特点有:口大,卷沿或折沿(有的尖唇上仰),椭圆形深腹,腹壁较直,下腹内收成小平底。罐底往往残存烟炱,这种罐应为该遗存的主要炊器。因这类遗存具有自身明显特点,被称为白庙遗存,属于新石器时代晚期遗存。白庙遗存分布范围窄小,目前除白庙以外,仅见于西陵峡的下岸和中堡岛,是峡区特有的一种遗存。见到的三处遗址也由于三峡工程的施工,已经进行了发掘或被破坏完毕。因此已获得的这类遗存资料就显得特别珍贵。

白庙遗存所属时代正处我国社会大变革前期,全国各地的同期文化面貌都发生或正在发生转折性变化。三峡是长江流域古代文化交流的咽喉地带,研究白庙遗存与诸文化关系,对于了解大约夏代前后的我国文化交流、民族迁徙都具有特殊的意义。

1. 白庙遗存与峡区大溪文化体系的关系

三峡的原始文化,是柳林溪—大溪文化体系。大约相当于屈家岭时期,这支原始文化具有鲜明的屈家岭文化特征,因此被归为屈家岭文化。但无论是地层关系,还是遗迹遗物的形制特点都说明三峡的屈家岭文化是由当地大溪文化发展而来的,说明它们之间是一

---

〔1〕 湖北宜昌地区博物馆等:《湖北宜昌白庙子遗址试掘简报》,《考古》1983年第5期;湖北省宜昌地区博物馆:《白庙子遗址第二次试掘简报》,《中原文物》1988年第2期;三峡考古队:《湖北宜昌白庙遗址1993年发掘简报》,《江汉考古》1994年第1期。

脉相承的，三峡的屈家岭文化与白庙遗存之间，尽管存在时代缺环，但也还能找到白庙遗存与峡区原始文化之间的内在联系。例如反映文化面貌、地域特征、年代早晚变化最为重要的日用炊器，峡区原始文化一直以罐、釜为主，白庙遗存的主要炊器也是罐；峡区自大溪文化以来圈足器特别发达，而白庙遗存中的圈足盘、圈足豆也特别发达。这些正好说明白庙遗存仍然属于峡区原始文化发展系列，它的主体乃是以大溪为代表的峡区原始文化的延伸。

2. 白庙遗存与东部石家河文化的关系

石家河文化是峡区东部江汉平原相当于中原龙山阶段的文化，白庙遗存的相对年代也与之相当。白庙遗存的情况表明，它具有石家河文化的基本特征，主要表现在：（1）在遗迹方面，长方形平台式房屋是石家河文化的基本居住形式，也同样是白庙遗存的主要居住形式。在白庙遗址发现了两座平台式房基遗迹，包括红烧土地面和红烧土残墙，情况与在江汉平原的邓家湾遗址发现的石家河文化房屋遗迹相似；（2）在陶器方面，都具有一组相同的器物群，即圈足盘、圈足豆、直领罐、广肩瓮、红陶缸、通底甑、釜形鼎、陶塑动物等。这些器物在白庙遗存中的特点，主要表现为数量、形制、纹饰上的差异。例如白庙遗址虽有釜形鼎，但数量极少；所见圈足盘，有镂孔的较少。但白庙遗存又同时存在自身的特点，例如除有"干栏"式房屋和主要炊器不是鼎而是罐以外，特有器物还有矮圈足盘、厚胎平底杯、斜壁凹底钵和粗陶瓮等；不见石家河文化中常见器物鬶、盉、厚胎红陶小底杯；石器中有较多的磨光小型石器和大型石坠。综合白庙遗存以上的共性和特性，它应属于石家河文化的一个类型。

3. 白庙遗存与北部河南龙山文化的关系

白庙遗存与北部河南龙山文化的关系主要反映在陶器方面，河南诸龙山时代遗存中，临汝煤山[1]一、二期遗存与白庙遗存的关系最为密切。十分明显的是两遗存中都出土侧装足鼎、深腹罐、高领广肩瓮、高领小罐、弧壁豆、斜壁器盖（或称斜腹碗）等种器物。这些器物的质地形态、纹饰都相当接近。而它们之间的差异也主要表现在出土数量的多寡和形态的局部特点上。例如侧装足鼎：白庙遗存为仅见，而煤山一、二期遗存为常见；深腹罐：白庙遗存，不但数量多，而且有大、中、小型之分，显然属于本遗存的主要器物，而煤山一、二期遗存中，数量少，当为一般器物。至于这些器物形态特点或陶质、纹饰方面的差异，则应与地域和时代相关。白云论述石板巷子遗存为"煤山文化的江汉地区的一种变体""是中原的煤山文化楔入到江汉腹地"[2]的遗存。石板巷子遗址位于西陵峡口之东不

〔1〕 中国社会科学院考古研究所河南二队：《河南临汝煤山遗址发掘报告》，《考古学报》1982年第4期。
〔2〕 白云：《关于"石家河文化"的几个问题》，《江汉考古》1993年第4期。

远的长江南岸，与白庙同属一个文化亚区，它的遗存是石家河文化各类型中与白庙遗存最为接近的一种。据白庙遗存与峡区原始文化、石家河文化的关系，及对出现煤山一、二期文化因素的情况进行全面考察，白庙遗存只是受到北方河南龙山文化较强烈的影响而已。

4. 白庙遗存与西部新石器时代文化的关系

三峡之西的四川境内，目前已发表的新石器时代文化资料较少。白庙遗存虽然还无法与西部地区的同期文化作具体比较研究，但已有信息可知，四川盆地的新石器时代文化另成体系，[1]延至商周阶段的三星堆文化特点鲜明，面貌迥异。如果从年代的角度考虑，三星堆文化的早期则可能与白庙遗存重合，但两者之间的器物种类、形态特征、质地纹饰都大相径庭。三星堆文化根本不见鼎、高圈足盘、深腹罐等种器物，而所见的罐、豆、杯也与白庙遗存明显不同，并且出土盉、鸟头把勺等特有器物。因此可以初步认为，白庙遗存与三星堆文化之间是并列发展的关系。

纵观我国古代东、西部文化圈，三峡正好是我国古代东部鼎鬲文化和西部罐釜文化的交汇区，白庙遗存有罐又有鼎的情况便是很好的说明。

三峡由于地势险峻，至今仍是贫困地区，因此人们对它过去的历史，特别是远古的文明史了解甚少，甚至完全不理解。通过新中国的文物考古者数十年的艰苦工作，已经获得了大量的足以证明三峡也是中华民族文化摇篮的实物资料。而今伟大的三峡工程已经动工，孕育我们民族的那个神秘峡区即将被淹没，抢救祖先文化遗产的重任已经落在我们肩上。峡区还有大量的考古发掘工作要做，对已经获得的史前和其他时期的考古资料要整理和研究，这是民族的重托，也是社会的重任！

（原载《南方文物》1996年第1期）

---

〔1〕 王仁湘等：《四川盆地北缘新石器时代考古新收获》，《三星堆与巴蜀文化》，巴蜀书社，1993年。

石家河古城探讨

邓家湾1992年的发掘（见《文物》1994年第4期32页），见到并解剖了石家河古城西北角的墙体，首次从层位关系上确定了此城的相对年代。石家河古城时代早、规模大，在我国新石器时代考古和文明起源研究等方面都具有重要价值。

一、石家河古城城垣的发现

石家河古城西垣和南垣西段至今仍呈江堤状突兀于地面上，西垣保存部分长达1000米、宽约30米、高约4米。1987年以来，由北京大学考古系、湖北省文物考古研究所、荆州地区博物馆联合组成的石家河考古队，围绕石家河遗址群的中心区作了多次调查和钻探。在西垣中段有座现代窑场，取土将城垣挖开，暴露了城垣的横断面，同时在城内侧找到了地层关系清楚的断面。城垣西南拐角，保存较好，西垣与南垣西段明显相连。在西南拐角的内侧（靠南垣）也暴露了墙体与文化层关系明确的截面。通过对西垣、南垣的钻探调查和所暴露的断面观察，这座早期古城及其规模便得到初步肯定。

1987年和1992年邓家湾的发掘，靠北边的探方底部均已暴露西北垣墙体，但因墙体上部多用生土夯筑，未被认识而终止发掘。后来发现这部分生土与原生土不同，于是决定在已结束的92 T8南部开2米×7.5米（向92 T8西壁外扩25米长）的探沟作这部分生土的解剖。结果证明是人工夯筑的墙体，残高还有2.9米。邓家湾遗址北部地势较高，并有不明显的凸起，经钻探证实就是北垣西段遗迹。北垣中部偏东部为大缺口，东段通过土城。土城为另有一圈城垣的遗址，城垣周长仅1000余米，城内分布着许多新石器时代和西周陶片。1982年对该小城东垣中部解剖，并断定其为新石器时代城址。1987年10月在该城北垣内采集到西周陶片。1988年在该城西垣北段横截，证明土城现存城垣大约筑于西周。1991年再通过钻探、调查，发现石家河古城的东北拐角在土城东垣中部，地面上有较明显的迹象。1982年的解剖即在这个部位上。西周土城东垣南段是利用了石家河古城东垣的一部分加筑而成的。由于石家河古城北垣及其两端拐角的最后发现,整座古城的全貌已基本清楚,四垣四角保存较为完好,北垣中部和南垣西部大概都有自然断缺,城内面积约达120万平方米。

从石家河古城城垣内外已知文化遗存观察:西周和东周文化遗存不多,分布范围较窄小;基本不见东周以后的文化遗存;新石器时代文化遗存不但分布广而密,而且内容丰富、规模宏大。只有新石器时代形成的如此规模的城垣,才与城内外的发现相吻合。而具体的兴建年代需依据城垣的地层关系、内部结构、建筑方法及墙体包含物作判断。

古城四周城垣即使有几处断缺,但也还基本构成一体,无论墙体的内部结构,还是墙体的宽窄尺寸,都具有较明显的一致性。城垣西北角(邓家湾)墙体筑于邓家湾一期前段(屈家岭文化晚期早段)的第10、11层和M104之上,被邓家湾一期后段(屈家岭文化晚期晚段)的M86、第7-9层打破或所压。西垣中段内侧的墙体被石家河文化早期文化层所压,西南角内侧的墙体也同样被石家河文化早期文化层所压。整座城垣墙体内均未见晚于石家河文化中期以后的遗物,城垣西北角的城垣夯层分四大层,第一大层至第三大层三小层,土质纯净无包含物。第三大层四小层以下,有少量屈家岭文化碎陶片。石家河古城多处地层关系表明,其年代上限不早于屈家岭文化中期,下限不晚于石家河文化中期。

二、石家河古城城垣的构筑特点

石家河古城城垣,虽然范围广大、墙体高耸、城壕宽广,具有宏伟森严之势,但其构筑及其方法则表现出不少原始的特点。

1. 城垣走向和形状依地势而定

城址所在地为低矮的岗地,附近河流和冲沟都是由北至南走向。四周城垣都筑在低岗的外侧,四角均依低岗边缘的自然弧状弯绕,南、北城垣的大断缺正是冲沟通过之处,城内岗地又多为筑城前的若干聚落村址范围。利用地形的有利条件筑垣,既可节省施工量,又保留了天然的排水通道。表明当时筑城模式还具有较强的承袭性和随意性。

2. 城垣存在断缺

城垣有多处断缺,其中以南、北垣冲沟通过处的断缺最大。断缺处没有发现任何筑垣现象,应不是后来的破坏。推测断缺部分可能用竹、木之类围构。

3. 城外另加筑土丘

据初步勘查,城垣外的北部和南部都有小"山"。如北垣外有袁家山、黄家山、鲁台寺、乌龟山、扁担山等,这些"山",实是大土堆。其中城西北角城壕外围的袁家山呈弧形,走向与城西北角相同。这些"山"局部的土质与城垣接近。有的"山"可能为人工堆筑,或许与城有一定关系。

4. 墙体的建筑层次不规整

在西垣中段和西北角所见墙体内,都有厚薄不均的构筑层次,墙体中部的土层大体呈平向,两边土层多呈斜坡状;墙体上部土质紧密并有不甚明显的夯打现象,下部土质较松而不见夯迹。西北角墙底部发现,靠边挖了基槽。推测墙体为堆筑而成,将土堆填于两基槽及其之间,至一定高度时才加以平整和夯打。这样土层并不可能规整,两侧自然滑下成坡,不一定有规整的立面,同时还有不断修补的情况。

5. 城垣用土没有严格选择

城垣西北角墙体的构筑层次归为四大层,各大层又分若干小层。各层的土色、土质和包含物的变化关系大体与附近底部(筑垣前)的地层叠压关系相反,"生土"往往被筑于墙体上部,文化层和当时的表土层则多被填于墙体下部。可见对建筑城垣的土并没有严格的要求。

6. 城壕是利用自然冲沟加掘而成

西垣外侧的城壕明显而规整,并与西垣及其拐角的走向一致,也正与岗地走向一致。可见西垣城壕,利用了自然冲沟修筑而成。南、北、东城垣外侧也有凹沟,筑城取土应多在外侧。

三、石家河古城的社会性质

石家河古城除构筑方面表现较原始的特点外,在整体形制方面还存在两个显著特征。第一,城址范围较大,它是在聚落群的基础上发展起来的,城垣建筑于遗址群的中心区外围,遗址群分布范围约8平方公里,城内面积约1.2平方公里。城外的遗址,经过发掘的肖家屋脊、[1]罗家柏岭,[2]都存在与城垣同时或更早的重要遗存,意味着这些聚落在筑城之前早已存在,筑城之后并没有停止发展,可见筑城时并没有将当时存在的聚落群全部包围起来,城垣把聚落群分成了内、外两大部分。第二,城内部分开始时仍保留了原来的聚落形式。城内有谭家岭、蓄树岭、邓家湾、三房湾、黄金岭等遗址。这些遗址多以自然岗地为

---

〔1〕 石河考古队:《湖北省石河遗址群1987年发掘简报》,《文物》1990年第8期。

〔2〕 湖北省文物考古研究所等:《湖北石家河罗家柏岭新石器时代遗址》,《考古学报》1994年第2期。

区分,分布并无严格的排列规律。各遗址之间多以凹地相隔,有些遗址虽可能相连一片,但各遗址均有各自的中心区;已发掘的谭家岭、[1]邓家湾都各有早于和晚于城垣的遗存,表明它们各有漫长的连续发展史,这点与一般史前聚落遗址并无多大区别。由此可见石家河古城最初是由若干较发达的乡村聚落聚合而成的。

然而,由于巨大城垣的耸立,毕竟将城内封闭起来了,聚落群变成了城内、外两个不同的部分。城内显然有别于城外。从近年初步的勘查发掘了解,邓家湾(城内西南角)有较集中的墓葬和祭祀活动遗存;谭家岭(城内中部偏西)有较大范围的居住区;三房湾(城内西南角)在地面上已暴露了较特殊的灰坑密集区,灰坑内填土灰黑,并夹有大量红陶杯。这些差别现象在筑城之后的石家河文化阶段越来越明显,表明由于城垣的包围,相应的城市制度必然产生。城内各聚落已开始分化,具有专用性的区域划分隐约可见,聚落终于转变成了城邑。

江汉地区四周被群山环抱,气候温和、雨量充沛、土地肥沃、资源丰富。江汉西部,不但有郧县猿人、郧西猿人和长阳人等早期人类足迹,而且有人类从山林到平原过渡阶段的鸡公山等旧石器时代末期遗址和新石器时代较早阶段的城背溪文化,最迟在距今8 000年之前就发明了稻作农业。[2]在距今6 000多年前后的大溪阶段,以稻作农业为主,以渔猎为辅的经济体系得到广泛发展,使整个社会形态发生了变化。一个具有不同类型差别的范围包括鄂西、鄂东、川东、湘北的大溪文化圈已经形成,其中心区在鄂西一带;在三峡东段围绕中堡岛有朝天嘴、三斗坪、窝棚墩、鹿角包、杨家湾、清水滩、白狮湾、伍相庙等一系列大溪文化遗址的聚落形态出现,鄂西的红花套、关庙山、朱家台、西面山等都是大型聚落遗址;在一些遗址四周发现围沟,可能属具有防御功能的设施。西陵峡的大溪文化遗址往往有石器制作工场、埋葬区、居住区等不同的区域划分;关庙山、朱家台的"红烧土"房屋形制先进,烧制技术相当高,有的室内宽达8米以上。在房侧往往有密集的圆形或方形的规整坑穴;有些随葬石、陶、玉、骨等类的较大型墓,不少墓葬反映了男耕女织的社会分工和贫富分化的开始;大溪文化遗物中,有磨制精细的不同用途的石器、造型讲究的磨光红衣陶和蛋壳彩陶、具有神器色彩的器座和支座、小巧的玉器、陶器上的刻划符号等。江汉大溪文化发展水平与黄河流域同期的仰韶文化相比并不显得落后。到了相当于黄河流域仰韶文化晚期,江汉的新石器时代文化又发生了重大变化,进入该地区的屈家岭文化发展阶段。

屈家岭文化以大量种植粳稻、独特的彩陶纺轮、规范的仰折双腹陶器、精美的蛋壳彩

〔1〕 石河考古队:《湖北省石河遗址群1987年发掘简报》,《文物》1990年第8期。
〔2〕 严文明:《中国史前稻作农业遗存的新发现》,《江汉考古》1990年第3期。

陶和朱绘陶、具有礼仪性质的盂形器、壶形器等为基本特征,进而表明屈家岭阶段江汉的农业、纺织业、制陶业以及文化艺术等方面都发生了重大变革。屈家岭文化的特征也是江汉新石器时代文化发展到新阶段的标志。除石家河古城以外,还有石首走马岭古城、[1]江陵阴湘城、[2]荆门马家垸古城、[3]澧县城头山古城[4]等屈家岭文化城址。这些城址的出现就是江汉史前社会不断发展的结果。

《汉书·郊祀志下》"黄帝为五城十二楼",《淮南子·原道训》"夏鲧作三仞之城,一曰黄帝始主城邑以居"。据这些记载,传说时代的黄帝时期已有城邑。中原和山东都发现了龙山文化古城,而江汉出现略早的屈家岭文化古城,证明这些文献记载是有史实依据的。

张绪球在《长江中游新石器时代文化概论》中认为"屈家岭文化时期,长江中游和全国大多数地区之间都建立了广泛而密切的经济文化联系,而且总的趋势是,长江中游对外的影响远远大于外界对它的影响。因此,屈家岭文化时期,长江中游曾经在全国的范围内,发挥了数百年的龙头作用……"这个观点,相信将会越来越被考古界所共识。

古代南方民族被总称为南蛮。古代不同时期不同区域都有民族的总称。史书所记"有苗""三苗""苗民"者,实即江汉的土著民族。三苗为较早阶段的江汉民族称呼。《战国策·魏第一》"昔者三苗之居,左彭蠡之波,右洞庭之水,文山在其南,而衡山在其北"。一般认为"衡山"非湖南衡山,衡、横通用,指横亘于豫鄂之间的桐柏山和大别山。《史记·五帝本纪》(尧时)"三苗在江淮、荆州数为乱",《六韬》"尧与有苗战于丹水之浦",《吕氏春秋·召类》"尧战于丹水之浦以服南蛮",三苗活动范围大体就在江汉。《山海经·海外南经》郭璞注"昔尧以天下让舜,三苗之君非之",《墨子·非攻》"昔者三苗大乱……禹亲把天之瑞令,以征有苗……禹既已克有三苗……",上述文献记载反映了三苗与尧、舜、禹长期发生冲突。三代之前,三苗具有强大的实力。文献所记三苗的概况,活动时代和区域都与石家河文化的情况基本相合,石家河文化应即三苗文化。

蒙文通先生在《古史甄微》中把我国古代民族分为江汉、河洛、海岱三大民族,徐旭生先生在《中国古史的传说时代》中将我国古代部族分为华夏、东夷、苗蛮三大集团。苗蛮集团相当于江汉民族,尽管他们对蚩尤、九黎的归属不同,但他们把我国史前最活跃的民族分成三大系统,基本符合中国新石器时代考古较发达的江汉、中原、山东三大文化区域的情况。既然三苗为江汉土著,其文化即石家河文化,那么三苗之先就在江汉,即比石家

---

〔1〕 荆州博物馆考古调查发掘资料。
〔2〕 荆州博物馆考古调查发掘资料。
〔3〕 荆门市文物普查资料。
〔4〕 单先进等:《澧县城头山屈家岭文化城址被确认》,《中国文物报》1992年3月15日。

河文化早一阶段的屈家岭文化。

《史记·五帝本纪》记载黄帝时"置左右大监，监于万国"，所谓"国"不一定都指具有文明性质的国家。中华大地究竟何时开始出现奴隶制国家？文献所记三皇五帝之事只属一种传说，唯有考古发现才能真正揭开我国历史的这个谜。作为社会演进中的城市，其意义并不仅仅在于一圈土垣，它有比一般氏族聚落更为深刻、更为丰富的文化内涵。石家河古城初步被断定为屈家岭文化的一座城址。邓家湾位于城内西北角，这里有连续埋葬千余年的墓区和神秘的祭祀场地，外围还有疑为人工堆筑的土"山"。特别是屈家岭阶段的祭祀遗存，分布面较大，遗迹遗物特殊，情况较复杂。由于发掘工作的断续、发掘方法和认识的偏差等方面的原因，有些现象已被支解。邓家湾大体是以陶制的崇拜物为中心的大型祭祀遗址，与西部的墓葬、西北部的土垣、土堆都有密切关系。所暴露的主要遗迹现象有大型灰坑、火堆、小孩骨架、乳钉管形器、套缸、扣碗、盖鼎、大量缸片堆积等。火堆旁有柱洞，可能是树立乳钉管形器的遗迹。乳钉管形器大概由上、中、下三节相套，组成高达2米以上的塔状崇拜物；套缸，有的分两排平行套接，向东延伸，不少刻有符号，出土时酷似排水管道，但缸底不通，无排水功能，应是与崇拜物相关的祭具；盖鼎、扣碗，都有较多发现，其分布范围较大，排列间距较远，可惜整体关系在发掘时未能全部记录下来。据其他地点的屈家岭文化房屋旁也有成排的扣碗发现和墓葬中有较多的鼎、篡、碗等情况，推测盖鼎、扣碗或篡是屈家岭文化的基本祭仪礼器；火堆、灰坑、小孩骨架应都是祭祀活动遗迹；西北方的墓葬、山丘大概是祭祀的基本对象。通过祭祀礼仪，将祖先、大自然与天地神灵沟通，达到一种精神境界。如果将这一系列的遗迹遗物和特殊现象相互联系起来观察，一种神秘的宗教气氛便显示出来了。邓家湾为石家河古城一隅，仅仅发掘了其西端部分。从邓家湾已知资料可推测，巨大的古城内肯定存在许多不同于一般的其他重要遗迹。屈家岭文化的主人可能为九黎，对民"制以重刑"，敢于对中原黄帝"作乱"，并与黄河流域的强大族团决战于"涿鹿之野"，显然有深刻的社会根源。在屈家岭的腹地出现高耸的石家河古城和大型的宗教活动场地，正是九黎社会跨入文明社会的重要标志。或者说，石家河古城已是一座文明时代初期的城址。

已发现的五座屈家岭文化古城中，澧县城头山古城，城垣呈圆形，直径约310米；石首走马岭古城，城垣呈椭圆形，周长1 500米；江陵阴湘城和荆门马家垸古城的规模也不大，这四座城址均比石家河古城小得多。屈家岭文化具有多种类型，例如有以城头山古城为代表的湘西北类型，以阴湘城为代表的鄂西类型等。九黎的"九"，表示部族支系繁多之意。多种类型的屈家岭文化正与多支系的九黎族团相符合。目前学术界对屈家岭文化与大溪文化的关系存在着分歧。但不论如何，古代的社会、经济和文化都有发展变化的过程。具有相似自然条件的江汉地区文化共同体，形成的年代相当早，即使存在着来源、区系、类型诸方面的一些差异,但其共性也早已成为主流。在江汉广大范围内,各类型、支系之间力量对比还有一个消长过程。至屈家岭阶段,江汉文化发展中心显然已经东移,文化共同体明显迅速壮大,文化圈已扩展到了鄂北和豫西南一带。

数十年江汉新石器时代考古揭示,屈家岭文化发展的具体中心在汉东大洪山南麓,包括该文化命名地——京山屈家岭和天门石家河古城所在的丘陵地带。这里背靠中原,面向江汉大平原,地理环境比鄂西地区更为优越,并同样具有古老的新石器时代文化。至屈家岭文化阶段,汉东地区不但有密集的屈家岭文化遗址及其丰富的内涵(例如最近发现了随葬36件陶鼎、16件陶簋的大墓等[1]),而且出现了面积达50万平方米的京山屈家岭大型聚落遗址和范围达约8平方公里的天门石家河大型聚落群遗址。在汉东石家河大型聚落群中出现最大的屈家岭文化古城正是江汉新石器时代文化发展中心东移的反映,同时表明这座古城应为江汉古代部族集团的所在地,可能就是以蚩尤为首领的九黎对北方作战的大本营。

(原载《中华文化论坛》1995年第4期)

---

〔1〕 屈家岭考古发掘队:《屈家岭遗址第三次发掘》,《考古学报》1992年第1期。

关于鄂西六处新石器时代晚期遗存的探讨

　　1979-1984年间北京大学考古专业（考古系）、湖北省和宜昌、荆州等地县文物考古工作者，在鄂西当阳、江陵、沙市、枝江、宜都一带进行了一系列以寻找楚文化渊源和探索鄂西地区古代文化发展序列为目的的考古调查和发掘工作，取得了许多重要成果。先后发掘的季家湖、[1]石板巷子[2]和鸡脑河、茶店子、蒋家桥、王家渡[3]等六处新石器时代晚期遗址，对填补鄂西地区古代文化缺环具有重要意义。由于这六处遗存存在许多新的文化因素，便出现了"季家湖文化"[4]"季家湖类型"[5]"季石遗存"[6]"季家湖—石板巷子类型"[7]"石板巷子类型"[8]"石板巷子遗存"[9]"后石家河文化"[10]等多种新的文化称谓。本人作为六处遗址发掘和整理工作的主要业务人员之一，试对六处遗存提出一些个人看法。

一、季家湖遗存的分期

　　季家湖遗存即当阳季家湖楚城中部季家湖畔的杨家山子遗存，发掘时分两个区，T1-

---

〔1〕　湖北省博物馆：《湖北当阳季家湖新石器时代遗址》，《文物资料丛刊（10）》，文物出版社，1987年。
〔2〕　宜都考古发掘队：《湖北宜都石板巷子新石器时代遗址》，《考古》1985年第11期。
〔3〕　湖北省文物考古研究所：《宜都城背溪》，文物出版社，2001年。
〔4〕　本人曾在《当阳季家湖考古试掘的主要收获》（《江汉考古》1980年第2期）等文章中提出"季家湖文化"。
〔5〕　孟华平：《长江中游史前文化结构》，长江文艺出版社，1997年，第129页。
〔6〕　裴安平：《鄂西"季石遗存"的序列及其与诸邻同期遗存的关系》，《考古类型学的理论与实践》，文物出版社，1989年。
〔7〕　张绪球：《长江中游新石器时代文化概论》，湖北科学技术出版社，1992年，第276页。
〔8〕　孟华平：《长江中游史前文化结构》，长江文艺击版社，1997年，第136页。
〔9〕　杨宝成主编：《湖北考古发现与研究》，武汉大学出版社，1995年，第66页。
〔10〕　孟华平：《长江中游史前文化结构》，长江文艺击版社，1997年，第136页。

T3在东区（农机站）、T4-T7在西区（窑场），东、西区相距约210米，中间有现代房屋和洼地分隔。发掘重点在东区，因发掘简报[1]未公布东区文化堆积剖面图，现将东区T1北壁剖面图补述（图一）：第2层以下为文化层，第3层为东周文化层，第4A层以下即新石器时代晚期文化层。

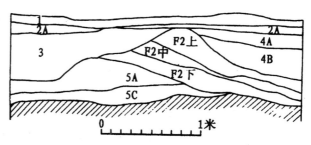

图一　季家湖杨家山子T1北壁东段剖面图

西区因砖瓦厂取土而被破坏，文化层较简单。第2层为东周文化层，第3A、3B层为新石器时代晚期文化层，与东区文化层自然隔离而没有直接的叠压关系。编写简报时，将东、西区出土的新石器晚期陶器合在一起分型分式。裴安平曾据简报已把东、西区新石器时代晚期遗存分开，并认为分属龙山时代的早、晚两期，但它们之间尚有较大的年代缺环。[2]

　　根据东、西区地层关系和各层出土陶器，季家湖遗存实可分作三期，第5大层为第一期，F2和第4大层为第二期，西区为第三期，三期陶器之间具有较明显的变化和差异。

　　第一期陶器，以掺稻谷壳红陶和泥质灰白陶最有特色，纹饰中流行戳印纹、锥刺纹，镂孔器比较发达，储盛器造型特点为折平沿，唇部平侈。典型器物有折沿圆腹双根扁足鼎、盆状通底甑、素面平沿钵、折沿镂孔圈足豆、折沿镂孔大圈足盘、折沿溜肩高领罐、漏斗状擂钵、刻划纹器座、薄胎高足杯、圈形钮器盖、纺轮等。

　　第二期陶器，质地和颜色变化不甚明显，但戳印纹、锥刺纹减少，流行圆形镂孔。鼎足分锥刺纹宽扁足和锥足两种。储盛器造型特点为折弧沿，唇部下垂。重要器物有折沿圆腹锥足鼎、盆状通底甑、素面卷沿钵、折腹镂孔豆、圆形镂孔大圈足盘、橄榄形罐、尖底缸、磨光黑陶薄胎尊、圆形镂孔器座、红陶高足杯、鬶、纺轮等。

　　第三期陶器，掺稻谷壳红陶基本消失，红陶明显减少，灰陶所占比例明显增大。戳印纹、锥刺纹和镂孔均少见，素面陶最多，流行纹饰为篮纹、斜方格纹和凸弦纹。已见到的主要器形有鼓肩高领罐、直沿素面圈足盘、直沿豆、瘦高壶形器、厚胎平底杯、厚纺轮、陶塑动物，还有瓮、鬶等残片。

　　无论是地层的直接叠压，还是器物的内在因袭，第一期与第二期之间的联系均较为密切。两期陶器互相之间的关系和发展变化集中表现在鼎、甑、大圈足盘、豆、黑陶杯等主要器物上。第一、二期陶鼎，器身均近圆球形，折沿上仰，唇部内勾，第一期多为圆唇，第二期

〔1〕　湖北省博物馆：《当阳季家湖楚城遗址》，《文物》1980年第10期。
〔2〕　裴安平：《关于季家湖龙山时期遗存的年代分期》，《江汉考古》1989年第4期。

多为方唇。出土陶鼎的足有两种,一种近锥形、一种扁形。所选标本中,双根扁足属一期,麻面扁足和锥形足(有的锥形足上部压印出圆窝)属二期。第一期陶甑底较窄,底径较小;第二期陶甑底较宽、底径变大。第一期的大圈足盘,盘壁和圈足基本连成一线。盘口折平沿,沿唇平侈,甚宽。圈足上流行锥刺和刻划而成的镂孔。第二期的大圈足盘,盘口折弧沿,沿唇下垂。圈足内束,与盘有明显分界线,圈足上流行圆形镂孔。第一期的陶豆,豆盘口折沿,腹较浅,圈足直径较大,圈足中部饰锥刺纹,并刻划月形镂孔。第二期陶豆盘较深,卷沿折腹,圈足直径较小,饰圆形镂孔。第一、二期均流行蛋壳黑陶高足杯,第二期高足杯的足变为上细下粗,制作也较精致(图二)。

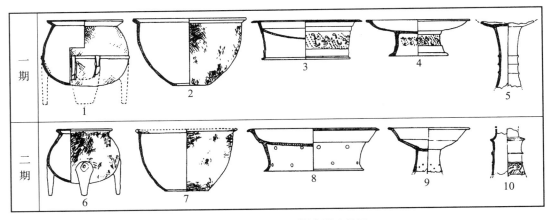

图二　季家湖第一、二期陶器比较图

1、6.鼎(T3⑤A:19、F2上:1)　2、7.甑(T3⑤A:18、T1④A:5)　3、8.大圈足盘(T3⑤A:15、F2下:3)　4、9.豆(T3⑤A:17、T1④A:2)　5、10.黑陶高足杯(T3⑤A:11、F2上:5)

　　第二期的重要器物折沿圆腹锥足鼎、橄榄形罐、尖底缸、磨光黑陶薄胎尊、鬶等,在第一期器物标本中未见。还有平底碗、浅盘镂孔圈足豆、小罐(图三)等重要标本也属第二期。这主要原因可能受发掘面积较小所限,例如这些器物均为房屋(F2)内出土,多属日用生活器皿,而第一期未见房屋遗迹。有些也可能属于新出现的器物。

　　第三期陶器的陶质、陶色和纹饰都有重大变化,所有陶器颜色显得较深,以灰色为主。在器形方面也有突变现象。发掘所获标本器类不全,例如缺炊器类器物,从现有陶器来看,以灰陶为主,主要纹饰为斜方格纹和篮纹,而各类器物型别减少,高领罐变为矮胖型,鼓肩、鼓腹、平底;圈足盘为直沿,圈足直径较小,无镂孔;豆变瘦高,不见圈足豆。豆盘为弧壁直沿,豆柄分粗、细,有的饰弦纹;杯只发现厚胎侈口平底一种;纺轮均为厚胎,周边中部起棱,还有圆腹高圈足壶形器。各类器物中,圈足盘和豆的数量增加,并出土陶塑类器物(图三)。

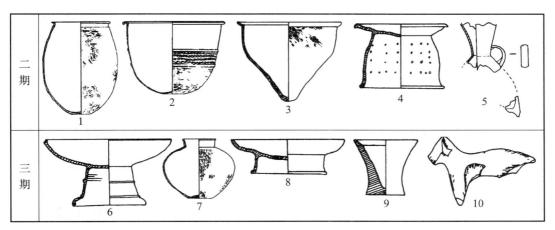

图三　季家湖第二、三期陶器

1. 橄榄形罐（F2上：24）　2. 磨光黑陶薄胎尊（F2上：10）　3. 尖底缸（F2上：11）　4. 浅盘镂孔圈足豆（F2上：4）　5. 鬶（F2上：17）　6. 粗柄豆（T5③A：2）　7. 高领罐（T6③B：2）　8. 圈足盘（T6③B：1）　9.平底厚胎杯（T4③A：6）　10. 陶塑动物（T6③B：6）

二、石板巷子等遗址

　　石板巷子遗址位于宜都县（今枝城市）城关之东的长江南岸，1983年发掘。石板巷子遗物具有相当明显的独特文化特征。石器中，磨制精致的小型斧、锛、凿、锥数量增多，并出现鄂西地区不多见的带孔石刀和钺，而较大型的斧、锛类器物则较少。陶器中，以黑、灰陶为主，并有一定数量的红褐陶和浅灰陶。主要纹饰为斜方格纹和横篮纹。器形有鼎、釜、甑、碗、钵、罐、瓮、盆、擂钵、圈足盘、豆、碟、器盖、器座、杯、纺轮和陶塑。基本炊器为鼎、釜，盖多为平顶；基本盛器为钵、豆、圈足盘；基本储器为高领罐、高领瓮；主要饮器为平底单耳杯。典型器物有釜形鼎、折沿宽底釜、斜壁通底甑、平底浅腹碗、敛口深腹钵、高领鼓肩平底罐、高领小罐、斜沿大口罐、有领广肩小平底瓮、盆形擂钵、弦纹高圈足盘、浅盘细柄豆、平顶器盖、磨光黑陶杯（单耳杯）、陶塑和厚纺轮等。

　　1984年发掘的宜都茶店子、蒋家桥和王家渡三个遗址出土的陶器特征与石板巷子基本相同，应属于同一性质的文化。其中蒋家桥出土的柱足小鼎、茶店子出土的弦纹罐和单耳杯、王家渡出土的收腹小底罐为特征性器物。根据石板巷子、茶店子等四处遗址发掘资料，这类文化遗存可分为三期。

　　第一期，茶店子西区第8层至第12层、茶店子东区第3层至第6层和蒋家桥遗址。

　　第二期，茶店子西区第3层至第7层和王家渡遗址。

　　第三期，石板巷子遗址。

三期遗存的发展演变也集中表现在陶器上,其中以鼎、釜、高领罐、敛口钵、甑、圈足盘等器物的变化规律较为明显(图四)。

鼎　鼎身基本形态都为釜形。鼎身的演变主要在腹部,腹径最大径逐渐下移。而鼎足有三种,即梯形扁足(横装)、锥形扁足(侧装)和圆柱足(或圆锥足)。三种足中,第一种和第三种足逐渐变少,第二种足则逐渐增加。

釜　变化规律与鼎身相似,但釜身的底部逐渐变得较平而宽,器形变得较矮较胖。

高领罐　为鼓肩、宽腹、平底。演变趋势为口由大到小,肩由较窄到较宽,腹由较深高到较扁矮。

敛口钵　均为口沿内敛、平底。变化在腹部和底部,腹壁内收越来越明显,器底逐渐变得较窄。

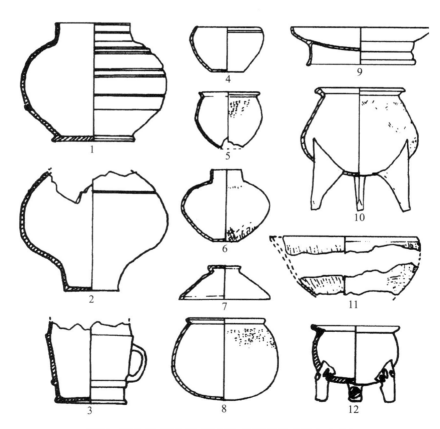

图四　茶店子、蒋家桥、王家渡、石板巷子遗址出土陶器

1. 弦纹罐(茶H4:10)　2. 收腹小底罐(王G3:9)　3. 单耳杯(茶H14:8)　4. 敛口深腹钵(石G2:1)　5. 斜沿大口罐(石T14③B:9)　6. 高领鼓肩平底罐(石T12④:4)　7. 平顶器盖(石T13④:4)　8. 折沿宽底釜(石H11:1)　9. 弦纹高圈足盘(石H11:2)　10. 釜形鼎(石H8:1)　11. 盆形擂钵(石G2:9)　12. 柱足小鼎(蒋G4:2)

甗　器体由宽矮变为较窄而高,器底由大变小。

圈足盘　盘壁均为弧形,直沿。盘身有由深变浅,底由下弧变得较平直的趋势。圈足直径由大变小,圈足壁由直变为外撇。

石板巷子遗址发掘简报中的Ⅱ式高领罐(T14④：3)、C型Ⅲ式圈足盘(T11④：8)、豆(H6：2)、陶塑动物等和季家湖第三期同类器物十分近似,不但说明季家湖第三期与石板巷子遗存的时代相当,而且文化性质也相同。

石板巷子出土的陶器与三峡的宜昌白庙遗址出土的一部分陶器[1]器类和器形都基本相同。

石板巷子、茶店子等遗址出土的陶器作风与汉水之东的天门石家河遗址群第8期陶器[2]作风也很近似。例如圈足盘、鼓肩高领罐、收腹小底罐、细把豆和陶塑等的形态特征都基本相同,表明它们的时代亦大体相当。

三、鸡脑河遗址

鸡脑河遗址位于宜都县(今枝城市)城关西北方约1.5公里处,北距茶店子遗址仅约500米。1984年发掘,发掘面积仅76平方米,第4层和第5层为新石器时代晚期文化层。出土的石器、陶器所反映的文化特征与石板巷子等遗址的不同。石器中保留一部分打制石器和琢制石器,大型石器较多,石斧有两种,一种为长形,一种为长条形。小型石器数量较少。陶器以夹砂红褐陶和泥质浅灰陶为主,还有少量的掺稻谷壳红褐陶。陶器纹饰以大量的粗绳纹为特点,还有篮纹、方格纹、网纹等。基本器形有鼎、釜、罐、甗、缸、擂钵、钵、豆、鬶、杯、器盖等。特征性器物有盆形鼎、大腹长颈罐、圈足甗、厚胎筒形缸、厚胎红陶杯、翻沿豆、漏斗状擂钵、圈钮器盖、敛口瓮、捏流鬶、薄纺轮等,还有凹沿扁腹釜、直沿平底钵等器物。

鸡脑河出土的釜形鼎(H2：75)、折腹豆(T1⑤：7)与季家湖第二期的相近;盆形鼎(H2：25)、厚胎红陶杯(H2：27)、漏斗状擂钵(H2：49)与石家河遗址群第七期陶器[3]近似。因此它们的时代亦大体相当,也就是说鸡脑河遗址的年代比以石板巷子为代表的遗存早。

鸡脑河遗址与石板巷子等遗址相距很近,但出土的陶器有很大区别。在纹饰方面,鸡

〔1〕　湖北省文物考古研究所:《1985-1986年宜昌白庙遗址发掘简报》,《江汉考古》1996年第3期。
〔2〕　石河考古队:《湖北省石河遗址群1987年发掘简报》,《文物》1990年第8期。
〔3〕　石河考古队:《湖北省石河遗址群1987年发掘简报》,《文物》1990年第8期。

脑河以绳纹为主,而石板巷子等遗址则以斜方格纹和篮纹为主。在器物形态方面,鸡脑河以盆形横装足鼎为主,而石板巷子等遗址则以釜形侧装足鼎为主;鸡脑河以大腹长颈罐为主,而石板巷子等遗址则以鼓肩高领罐为主;鸡脑河以漏斗状擂钵为主,而石板巷子等遗址则以盆状擂钵为主。鸡脑河的厚胎红陶杯、凸棱沿敛口瓮、圈足甑、厚胎筒形缸、翻沿豆等在石板巷子等遗址中不见或少见。而在石板巷子等遗址中则流行深腹敛口钵、"亚"字形罐、平底单耳杯、平顶器盖、厚胎纺轮等器物。

四、关于文化名称及性质问题

1980年,本人在《当阳季家湖考古试掘的主要收获》[1]一文中,曾据季家湖遗存具有自身文化特征,而在天门石家河遗址发掘资料未发表的情况下提出"季家湖文化"的名称。这名称是对龙山时代长江中游地区新石器时代文化的称谓。接着许多同志对此称谓提出异议,同时也出现了不少其他名称。而多数同志认为长江中游地区的龙山时代文化首先发现(1955年发现)于天门石家河,而且石家河遗址(指遗址群)及发掘面积也较大,此阶段的文化宜称为石家河文化,以季家湖为代表的遗存可称为石家河文化季家湖类型。本人赞同这一意见。

1. 关于石家河文化季家湖类型

季家湖一、二期遗存中,陶器与天门石家河遗址群出土的陶器相比,基本特征大体是相同的。主要陶器,例如折沿圆腹双根扁足鼎、折沿圆腹锥足鼎、折沿溜肩高领罐、漏斗状擂钵、折沿大圈足盘、深腹矮圈足盘、折腹镂孔豆等,两地所出的器物形态都十分近似(图五)。季家湖一、二期遗存归入石家河文化是适宜的。但它又同时具有许多自身特点。例如掺稻谷壳红陶较多,流行戳印纹、锥刺纹和镂孔花纹,釜形或罐形鼎、大圈足盘、圈足豆、薄胎高足杯等较发达,还出少见的磨光黑陶薄胎尊,而未见石家河流行的盆形鼎、厚胎红陶杯等。据整理时季家湖杨家山子第4、5层出土陶片统计:黑陶占28.8%,红陶占27.6%,灰白陶占18.9%,褐陶占8.6%,橙黄陶占8.3%,灰陶占7.8%。黑陶所占比例较大,其中不少属于磨光蛋壳黑陶。此外,镂孔器较多,还有高足杯、鬶等具有黄河下游同期文化特色的器物。因此认为季家湖是受山东龙山文化影响较深的一种石家河文化类型。到目前为止,这一类型的遗址在湖北境内似未发现第二处。过去不少遗址发掘报道的所谓"季家湖类型",主要是指季家湖第三期遗存。

---

[1] 本人曾在《当阳季家湖考古试掘的主要收获》(《江汉考古》1980年第2期)等文章中提出"季家湖文化"。

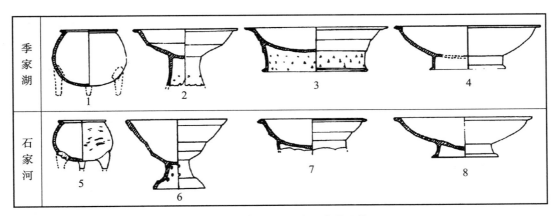

图五　季家湖与石家河出土陶器比较图

1、5.鼎（T1④B：6、邓 H43：2）　2、6.豆（T1④A：2、罗 T11④B：6）　3、7.圈足盘（T3⑤A：16、罗 T11④A：1）　4、8.矮圈足盘（T3⑤A：14、罗 T1④A：23）

2. 关于鸡脑河遗存的性质

前面讲到鸡脑河出土的一些陶器近似于同为鄂西地区的季家湖第二期，但鸡脑河陶器的基本特征与季家湖类型差别较大而较相近于汉东地区的石家河类型。鸡脑河出土的陶器颜色显得较深，以褐、灰为主，这与季家湖的红、灰白色陶不同，而较接近以灰陶为主的石家河类型。盆形鼎、大腹长颈罐、圈足瓶、筒形缸、翻沿矮柄豆、厚胎红陶杯等鸡脑河重要器物，在季家湖一、二期遗存中几乎不见，而常见于石家河遗址群中（图六）。另外，鸡脑河还出土厚胎圜底缸和沿外有凸棱的敛口瓮，这两种器物也见于石家河类型遗址中。而季家湖遗址只出土矮领广肩瓮和尖底缸，不见敛口瓮和圜底缸。据鸡脑河陶器的

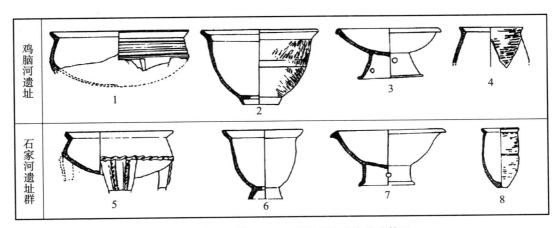

图六　鸡脑河遗址和石家河遗址群出土陶器比较图

1、5.鼎（H2：25、罗 T70⑥：3）　2、6.瓶（H2：28、罗 T11④B：7）　3、7.豆（H2：21、罗 T7⑤：7）　4、8.缸（T2④：15、邓 AT304②：10）

基本特征,鄂西的鸡脑河石家河文化遗存不属于鄂西的季家湖类型,而应归为汉东的石家河类型。

鸡脑河的陶器同时还具有自身特点,主要表现在有大量的绳纹和炊器中存在较多的宽腹釜(釜还分大、小型别)。孟华平据长江三峡内的秭归庙坪遗址的最新发现,提出石家河文化的另一类型——庙坪类型。鸡脑河与庙坪的陶器特点大体相近,两遗址的地域也相连,另立一文化类型也有道理,但考虑到鸡脑河、庙坪和石家河的陶器相比,共同点是主要的,绳纹所占比例只是多少问题,鸡脑河、庙坪的釜与釜形鼎的器身造型特点是相同的。同时鸡脑河、庙坪这类遗存仅分布于三峡东段及峡口以东不远的长江两岸,范围相当小。三峡大坝的建造使库区淹没,以后同类遗址的保存恐怕很少。因此似不必再立石家河文化的另一类型了。

3. 关于石板巷子文化

学术界对长江中游地区目前石家河阶段的文化称谓比较复杂,原因有工作和认识两方面的问题。例如,鄂西季家湖发掘简报,将第一、二期和第三期遗存作统一报道。由于未做分期和定性工作,而把第一、二期遗存和第三期遗存混合在一起,便导致以后认识方面的误差。后来发掘的石板巷子等较晚阶段的遗存基本特征,实际只同于季家湖第三期,而便将石板巷子等遗存均称之为"季家湖类型"或"季石遗存""季家湖—石板巷子类型"。

这些年来,我们在湖北的田野发掘工作中越来越感到,目前所讲的石家河文化应包括了前、后两大阶段的性质不同的文化。上面所述季家湖第一、二期与第三期存在突变现象,鸡脑河与石板巷子等相邻的遗址之间也有重大的变化。而两者之间的突变并非"存在较大的时代缺环"。季家湖第二期F2出土的牛骨,碳十四测定的年代为距今4 630年 ± 260年和4 495年 ± 260年。[1]鸡脑河H2的木炭,碳十四测定年代为4 010年 ± 120年;H1的木炭为3 890年 ± 120年。[2]这些数据说明,季家湖第一、二期和鸡脑河的年代相当于中原的龙山时代,即为长江中游的石家河文化。而季家湖第三期和石板巷子等遗址则应属另外一个阶段的文化,可称为石板巷子文化。关于石板巷子文化,我们有两点认识。

第一,石板巷子文化的基本特点,除表现在上述石板巷子、茶店子等遗址和季家湖第三期遗存以外,还表现在湖北境内的其他遗址上。例如石家河遗址群的第八期、[3]宜昌

---

〔1〕 中国社会科学院考古研究所编:《中国考古学中碳十四年代数据集(1965-1981)》,文物出版社,1983年,第96页。
〔2〕 北京大学考古系碳十四实验室:《碳十四年代测定报告(七)》,《文物》1987年第11期。
〔3〕 石河考古队:《湖北省石河遗址群1987年发掘简报》,《文物》1990年第8期。

白庙下层、[1]均县乱石滩[2]等都基本属这一阶段的遗存,因而也有"后石家河文化""白庙文化"和"乱石滩文化"的称谓。本人认为这种文化非石家河文化的直接发展,因此不叫"后石家河文化"为好。而白庙和乱石滩两遗址均偏离该文化中心区,相邻的其他文化的因素较浓,本身文化特点的表露不够准确,也不宜作该文化的名称。从天门石家河遗址群的情况来看,这种文化的开始,大概是石家河古城废弃之时,也大约是夏败三苗之后。第八期遗存,除有一批典型陶器群之外,还存在三个显著特点:一是流行成年瓮棺葬(屈家岭至石家河阶段的成年死者均流行土坑葬);二是出现大量精细的玉器(过去所谓"石家河文化玉器"),并多作为成年瓮棺葬随葬品;三是出现大量陶塑(陶偶、陶动物)。关于石家河文化的陶塑,过去均为地面采集品,表明陶塑多为最上层遗物。1987年以后对邓家湾的发掘,出大量陶塑的灰坑都打破第2层(第1层为耕土层)。从层位上分析,大量流行陶塑的时代就是该遗址群最上层的第八期遗存,即属石板巷子文化。

第二,石板巷子文化的年代,根据出土木炭测定的碳十四年代数据主要有4个(距今年代):茶店子H21下为3 960年±140年,茶店子Tl⑤为3 860年±85年,茶店子H18为3 830年±130年,石板巷子Tll④为3 770年±85年。[3]这些年代数据上限与鸡脑河遗存的年代相接,而均不早于公元前21世纪,正是夏纪年时代。可以说,石板巷子文化是长江中游的夏代文化。

石板巷子文化具有许多自身的文化特点。在陶器方面,宽腹釜、平顶器盖等都是该文化的特有器物。石板巷子文化,一方面继承一些石家河文化的传统。例如横装扁足鼎、圈足盘、陶塑等陶器,应是承袭本地文化的表现。但石家河文化中的一些典型陶器,例如盆形鼎、漏斗状擂钵、橄榄形罐、翻沿镂孔豆、厚胎筒形缸等几乎全部消失。另一方面大量吸收外来文化的因素。侧装足釜形鼎、盆形擂钵、高领鼓肩平底罐、浅盘细柄豆、敛口平底钵、斜沿大口罐、高领瓮、单耳杯等陶器与石家河文化基本陶器形成鲜明对照,它们的渊源几乎都可追溯到中原河南龙山文化王湾类型的陶器中去。综观石板巷子文化的全部陶器和其他遗存的特征,表明石板巷子文化是夏代长江中游地区一支受中原文化强烈影响的区域性文化。

(原载《考古》2001年第5期)

〔1〕 卢德佩:《鄂西发现的古文化遗存》,《考古》1986年第1期。
〔2〕 中国社会科学院考古研究所长江工作队:《湖北均县乱石滩遗址发掘报告》,《考古》1986年第7期。
〔3〕 北京大学考古系碳十四实验室:《碳十四年代测定报告(七)》,《文物》1987年第11期。

江汉夏代文化探讨

夏为我国统一国家的开始,夏文化探讨是数十年来中国考古学研究的重大课题。由于夏王朝在中原的建立,分布于我国不同区域、不同体系的文化也随之而发生重大变化。除出现中原的夏代文化之外,还产生其他区域的相当于夏代的文化。江汉有自成一体的城背溪—大溪—屈家岭—石家河新石器时代文化系统,至新石器时代末期情况也发生了变化。在近年湖北新石器时代考古研究中,越来越清楚地看到:目前称为石家河文化晚期的文化出现了许多突变现象:

(一)学术界已提出一些新的考古学文化名称。湖北境内的考古报道或考古论述中有所谓"石板巷子遗存""白庙文化""乱石滩文化""后石家河文化"等文化名称,都是对江汉地区发现的相当于石家河文化阶段遗存的称谓。

(二)当地传统文化因素的突然消失或遽减。例如自大溪以来盛行的红烧土房屋已基本不见(天门罗家柏岭的石家河二期文化中还有大型红烧土房屋遗迹);大型的长方形或梯形的锛斧类石器明显减少;陶器中,盆形鼎、圈足甑、橄榄形罐、高领瘦腹罐、漏斗状擂钵、红陶厚胎筒形缸、翻沿镂孔豆等石家河文化典型器物几乎全部消失。

(三)中原文化因素的显著增加。较明显地反映在陶器方面,例如侧装足釜形鼎、盆形擂钵(研磨器)、高领鼓肩平底罐、斜沿大口罐、敛口平底钵、浅盘细柄豆、高领瓮、单耳杯等器物的陶质陶色(颜色均较深灰)、器体形态(多平底)和花纹装饰(多斜方格纹、横篮纹),特点都较接近于河南龙山文化王湾类型的陶器。说明这一阶段江汉地区受到了豫西一带文化的较强烈的影响。

(四)已产生一系列新的文化因素。

1. 流行成年瓮棺葬(自大溪以来,至石家河中期阶段的成年死者均行长方形土坑葬),为敛骨葬。

2. 发现大量精细玉器。过去所谓"石家河文化玉器",时代均较晚,实属本阶段的遗物,并多为成年瓮棺葬的随葬品。甚至出现一些商代玉雕的文化因素,有些玉雕风格及形

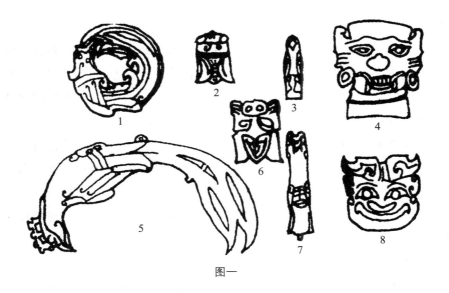

图一

象,如玉蝉、凤、人面等器,与安阳殷墟出土的商代玉雕接近。(图一)

3. 出现大量陶塑(包括小陶人、小陶动物)。关于石家河文化的陶塑,过去报道的多为邓家湾地面采集;1987年以后对邓家湾的发掘,发现陶塑特别集中于最上层的灰坑中,说明盛行陶塑的时代较晚。

4. 在日用陶器方面除了传统器形发生明显变化之外,还出现不少新器皿,如宽腹釜、扁腹收底罐等。

这一阶段的遗存,主要有石板巷子、茶店子、王家渡、蒋家桥、白庙、乱石滩、季家湖第三期、石家河遗址群第八期,碳十四年代测定数据(距今年代)有:

茶店子H21下木炭

3960年±140年

茶店子T1⑤木炭

3860年±85年

茶店子H18木炭

3830年±130年

石板巷子T11④木炭

3770年±85年

这些年代数据均不早于公元前21世纪,正是夏纪年时代。一般认为江汉原自成系统的新石器时代文化属古三苗集团的文化,许多迹象表明,今天门石家河遗址群及石家河古城可能是古三苗集团的活动中心区。三苗在尧、舜、禹时代最为活跃,是它的鼎盛时期。《史记·五帝本纪》《吕氏春秋·召类篇》《淮南子·修务训》《韩非子·五蠹》《礼记·檀弓下》《墨子·兼爱》等史篇都有关于尧、舜、禹和三苗之间的战争,最后三苗失败的内容,《战国策·魏策》:"昔者三苗……而禹放逐之。"石家河古城的废弃年代,目前断为石家河文化中期,大约就是夏王朝建立的公元前21世纪前后。三苗遭败后,其主体有的被迫离开原聚居地,有的则"更易其俗"。石家河古城废弃之后,整个石家河遗址群仍然比较繁荣,但整个社会则发生了相当程度的变化,中原的控制力量显然有了加强。以石家河古城废弃为重要标志的江汉新石器时代末期文化进入了另一个发展阶段的文化,即夏代文化。据中原文化因素增加和碳十四测定的年代,目前推断石家河文化晚期的遗存当为江汉的夏代文化遗存。

以夏都为中心的夏代文化的分布,据中原二里头文化的发现情况,大体范围在黄河中游的豫西、晋南一带。如果说二里头文化是中原的夏代文化的话,那么湖北地区也受到了中原夏代文化的影响。在鄂东的黄陂盘龙城、鄂西长江沿岸和汉水中游沿江地区也有一些类似二里头文化的陶器出土,证明了夏对三苗旧地的统治和与其文化的交流。

江汉夏代文化与中原夏代文化作比较,差异性明显大于同一性。我国统一国家建立之初,统一的范围并不是很大,江汉还不是夏王朝直接控制的区域。但在江汉夏代文化中可以看到,黄河流域和长江流域两大文化体系的进一步融合。

(原载《中国文物报》1998 年 7 月 29 日)

对三峡坝区新石器时代墓葬的初步认识

　　1985-1986年，国家文物局和湖北省文化厅组织的三峡考古队，在三峡工程施工区的中堡岛、[1]三斗坪、[2]白狮湾、[3]杨家湾[4]等遗址的发掘中，共发现新石器时代墓葬70余座。这批墓葬是继四川巫山大溪遗址[5]发现200余座墓葬之后的重要发现，对于研究三峡地区的新石器时代墓葬和探讨长江中游地区的新石器时代文化都具有十分重要的意义。目前配合三峡工程的田野考古工作正紧张进行，这些墓葬资料在短时间内难以整理发表。本人在三峡考古的时间较长，对这些墓葬有一定的了解，试写出以下认识，供参考。

一、墓葬的分布

　　三峡两岸山高坡陡，沟梁溪谷纵横，有石壁、沙滩、淤泥，地形十分复杂，寻找古代墓葬相当困难。70年代的考古调查中，在峡区地势较高的山坡上发现有宋代以后的古墓，因此推测三峡的早期古墓也可能分布于山坡上，而很大程度上忽视了江边台地的工作，造成一部分早期墓葬的破坏。1985年在三斗坪的江边台地上首次发现了新石器时代墓葬，后来在杨家湾、白狮湾等遗址的江边也相继发现了新石器时代墓葬，证明峡区新石器时代墓葬主要分布于遗址地势较低的江边台地上。

　　三斗坪遗址位于江南三斗坪镇旧址东侧的江边一级台地上。遗址背靠山梁，中部有

〔1〕　国家文物局三峡考古队：《湖北宜昌中堡岛遗址发掘简报》，《文物》1989年第2期。
〔2〕　陈振裕、杨权喜：《宜昌县三斗坪新石器时代及商周遗址》，《中国考古学年鉴》，文物出版社，1986年，第161页；杨权喜、陈振裕：《宜昌县三斗坪大溪文化与商周遗址》，《中国考古学年鉴》，1987年，文物出版社，第198页。
〔3〕　陈振裕、杨权喜：《宜昌县白狮湾新石器时代至东周遗址》，《中国考古学年鉴》，1987年，文物出版社，第199页。
〔4〕　林邦存：《宜昌县杨家湾新石器时代遗址》，《中国考古学年鉴》，文物出版社，1987年，第196页。
〔5〕　四川省博物馆：《巫山大溪遗址第三次发掘》，《考古学报》1981年第4期；四川长江流域文物保护委员会文物考古队：《四川巫山大溪新石器时代遗址发掘记略》，《文物》1961年第11期。

一条溪水流过，新石器时代墓葬发现于溪水之东靠江边的文化层中。三斗坪遗址近年遭受破坏十分严重。据70年代调查，该遗址面积相当大，跨溪水东、西两边。后来因修码头、筑公路，推土机将遗址的大部分推入江中。墓葬仅发现8座。这8座墓附近有同时期的房基、灰坑存在，说明当时的居住与埋葬并没有严格的区域划分。

白狮湾墓葬是重要的新发现。墓地位于江北，在三斗坪东北方，隔江相望。1986年冬发掘工作将结束时，复查坝区遗址路过白狮湾，偶然发现江边新崩裂的大片泥土中有小块薄胎黑陶片，经过仔细考察，在相对的浅滩中发现了小块残玉，在台地断壁（高约7米）中部早期淤积层中又见到白粉状的人体骨骼，初断为古墓葬。接着组织人员发掘，证明为大溪文化墓地。可惜仅剩下13座墓葬，并密集分布在不足20平方米的范围内。与之相关的居住基址已被破坏无存，过去也没有任何调查记录。据江岸台地崩塌的现象观察和当地村民回忆，该遗址的居住区可能在墓区之东的沟溪旁，葛洲坝截流后溪口台地已塌于江中。

杨家湾遗址在江南，位于三斗坪遗址之东的村湾下。此遗址面积大，保存较好，墓区也在江边一级台地的早期淤土层中。而居住区有东、西两处，位置都高于墓区，即在墓区之南的坡地中间。杨家湾新石器时代遗址延续的年代很长，至少跨越大溪文化和屈家岭文化两大历史时期，墓葬与居住遗迹之间的共存关系等问题还正在做深入的工作。但不管如何，与墓葬同时期的居住区肯定在地势较高的位置上。

以上三处新石器时代遗址居住区的位置，有的比墓区高，有的与墓区相当，这是当时根据地形选择的。但墓区均在紧靠江边的一级台地上，是可以断定的。

峡区的江边台地多属于冲积土，土层厚而包含物极少，土质纯净坚硬，地表多植柑橘等作物，加上新石器时代墓葬墓坑较浅而坑边不清晰、保存情况较差等因素，给考古调查工作带来相当的难度。

二、墓葬的分期

三峡坝区的新石器时代墓葬，据其地层关系及其形制特点，大体可分成五期。

第一期　墓坑坑位比较分散，并无明显的分布规律和墓区划分。墓坑较浅，多呈不甚规则的圆形，墓边不清晰。葬式以蜷曲式和蹲坐式为多。随葬品少或基本不见随葬品，有的墓在脚部放置石块，也可能随葬鱼（已腐烂，只见鱼骨粉末）。三斗坪2号墓为一座比较典型的墓，墓坑不深，基本呈圆形，直径约1.00米。出土时人骨架保持蹲坐姿势，双手紧抱双膝，但呈侧状（有可能埋葬时，被填土压迫所致），头向西，脚交叉，并用长条形石块压于双脚之上,石长约30、宽20、厚4厘米。三斗坪1号墓的情况也与2号墓近似,但尸骨形状比较特殊,骨架亦呈侧卧式,全身蜷曲。头朝西北方,低头,扭颈,弯曲背,下肢蹲蜷,膝部蜷屈过头顶。左手压于胸前,右手被压于身下。出土时整个尸骨显得凌乱,头颅不端正,四肢弯曲方向不一,呈挣扎状。推测这种葬式原应属抱膝蜷曲式。为母腹中胎儿的形状,是回归人生初期意识的反映。这种形状,尸体需要经过捆扎处理。由于尸体的僵硬,捆扎不整齐,经掩埋土压,便成侧卧蜷曲挣扎状。该墓仅在胸前发现少量碎陶片。

三斗坪1号、2号墓,被第六层所压,打破生土层。1984年夏天,在三斗坪遗址江边调查发现有城背溪文化陶片,但在1995年以后的发掘中没有见到城背溪文化层。而第六层属于大溪文化层,所出的陶片中有绳纹罐釜、素面钵、绳纹支座和有较多的陶质较松软的夹炭陶等情况,显然具有较浓厚的城背溪文化陶器的传统作风,因此这两座墓的年代当断在大溪文化早期前段,是坝区目前见到的新石器时代最早的两座墓。

第二期 墓坑也分散,墓区划分不严格,但排列有一定规律。墓坑浅,多为不规则的椭圆形。以仰身屈肢葬为主。随葬品开始增加,已见到鱼、蚌和石头等物。三斗坪3号、4号、6号、7号、8号墓,由西北向东南排列,基本分布于一条直线上,间距2~4米。除4号墓的骨架属老年妇女,为蹲坐式(出土时还保持蹲坐姿势,背靠在坑壁上)外,其余均为仰身屈肢葬。如7号墓,仰身,头向西,面朝东北。上肢从两侧曲压于下腹部;下肢弯曲,脚向后缩,脚趾前伸,双膝朝上。有的墓内尸骨旁残存鱼骨、蚌壳粉末;也有的墓内放石块或打制石片,或置陶片。第二期的三斗坪墓葬,被第五层所压,打破第六层和生土层。第五层的大溪文化陶器中,磨光红衣陶、圈足器增加,绳纹减少。有宽折沿大圈底瓮、折沿釜、圈足碗、圈足盘、深腹豆、绳纹平顶的圆锥体支座等,初步观察,这些器物的器形特点与秭归龚家大沟[1]的同类器物比较近似,其时代相当于大溪文化早期后段。而其所压墓葬的时代也大体与之相当。

第三期 墓葬分布密集,墓区在遗址边缘部,墓坑呈圆角长方形,浅坑。葬式一般变为仰身直肢。随葬品明显增加,除沿用石块以外,增加陶、石、玉、骨等各种质料的器物。在白狮湾发掘的13座墓中,有11座密集或重叠于一个探方(T4)的中部(面积仅约8平方米),其中9座有相互叠压或打破关系。属第三期的墓较多,随葬品包括陶器、石器、骨器和少量玉器(主要为玉璜)。陶器分磨光黑陶和磨光红衣陶两大类,主要器形包括钵、碗、豆、圈足盘、曲腹杯、罐、小罐、筒形瓶和纺轮等,出土时一般置于胸上或胸侧,罐多置于脚端。石器制作精细,通身磨光,分大型和小型两种。器形有生产工具斧、锛、凿和纺轮,装饰品璜、手镯。骨器有锥、笄和镯。石器多枕于头下和放于肩上部,镯戴于手腕上,璜出于

---

〔1〕 湖北省博物馆考古部:《秭归龚家大沟遗址的调查试掘》,《江汉考古》1984年第1期。

胸部或腹部。墓边上（多在墓内）常常立1-2块长形石头,大概属于墓葬标记。10号墓被12号墓打破,墓坑呈长椭圆形,头朝东,仰身直肢葬式,双手放于两侧,两腿并列伸直。胸部压一圆形陶片,颈部随葬黑陶曲腹杯1件,腹部随葬黑陶深腹豆1件。4号墓,圆角长方形浅坑,墓长207、宽65-70、深15-25厘米。头朝东,仰身直肢葬式。左肩上部立一块标记石。随葬品分石器、陶器、骨器、玉器四类。生产工具有石斧、石凿各3件,骨锥2件;装饰品有石镯2件（套于手腕上）、骨笄3件、玉璜2件;生活用器有红陶圈足盘、曲腹杯、彩绘筒形瓶、平底罐、圈足小罐和黑陶曲腹杯等（图一）。

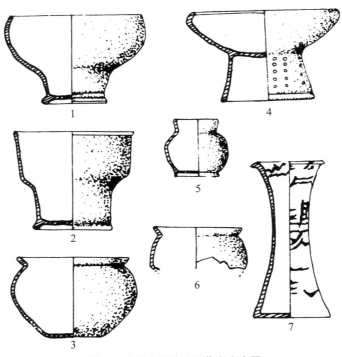

图一　宜昌白狮湾4号墓出土陶器

1.红陶曲腹杯　2.黑陶曲腹杯　3.平底罐　4.红陶圈足盘　5.圈足小罐　6.罐　7.彩绘筒形瓶

白狮湾10号、4号墓出土的陶器中,曲腹杯有红陶和黑陶两种,红陶曲腹杯较矮胖,底较小,上腹呈钵形;黑陶曲腹杯下腹较宽,腹部折曲,上腹较直而体积较大;圈足盘的圈足较高,腹较深,敛口;深腹豆较矮胖,敛口,下腹斜收,圈足外撇;筒形瓶较瘦高,施彩。这些陶器特征较接近四川巫山大溪墓,[1]曲腹杯、筒形瓶、圈足小罐等器形较近似向绪成同

〔1〕　四川省博物馆:《巫山大溪遗址第三次发掘》,《考古学报》1981年第4期;四川长江流域文物保护委员会文物考古队:《四川巫山大溪新石器时代遗址发掘记略》,《文物》1961年第11期。

志划为大溪文化第三组[1]陶器的同种器形,可断此期墓葬的时代为大溪文化中期晚段。

第四期 墓葬的分布、墓坑形制、葬式和随葬品的种类均延续第二期墓葬的作风。本期主要特点表现在随葬器物器类、器形特征的变化方面。白狮湾3号墓,头向北,填土中有较多碎陶片。头骨和大部分胸骨、盆骨均已腐烂,据残存骨骼和腐烂痕迹,该墓也应为仰身直肢葬。随葬器物有陶、玉、石三类。陶器计有深腹豆、曲腹杯、圈足碗等种(图二)。墓中部有长方形石条。白狮湾5号墓,头向东,坑长179、宽60、深18厘米。脚端放3块长形石块。仰身直肢葬式。右臂近肩部套挂陶环7件,右手腕处套陶环5件,左手腕穿套石镯1件,右脚旁置黑陶罐1件。

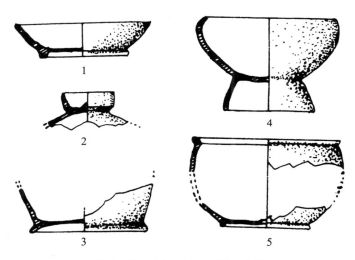

图二 宜昌白狮湾3号墓出土陶器

1. 圈足碗 2. 器盖 3. 曲腹杯 4. 深腹豆 5. 簋

白狮湾3号墓打破6号、12号墓,6号、12号墓又分别打破9号、10号墓;5号墓同时打破6号、12号和9号、10号墓。3号、5号墓在白狮湾墓葬中显然较晚。3号墓出土的深腹豆,接近于枝江关庙山第四期的"碗形豆",[2]也接近于公安王家岗[3]和松滋桂花树[4]的同种器物;曲腹杯仅存底部,矮圈足外撇,作风也近似关庙山第四期、王家岗、桂花树的曲腹杯。因此可定此期墓的年代为大溪文化晚期。

〔1〕 向绪成:《从关庙山遗址看大溪文化分期——兼评目前大溪文化的几种分期》,《江汉考古》1983年第3期。

〔2〕 中国社会科学院考古研究所湖北工作队:《湖北枝江关庙山遗址第二发掘》,《考古》1983年第1期,第25页,图九,7。

〔3〕 湖北省荆州地区博物馆:《湖北王家岗新石器时代遗址》,《考古学报》1984年第2期。

〔4〕 湖北省荆州地区博物馆:《湖北松滋县桂花树新石器时代遗址》,《考古》1976年第3期。

第五期 墓葬密集分布于遗址江边。墓坑为长方形竖穴式土坑。流行仰身直肢葬式,并出现双人合葬或母子合葬墓。随葬品明显承袭第四期的作风,不少墓表现出男、女有别,同时出现屈家岭文化器物。在杨家湾发现的48座墓,绝大部分属该期墓。男性墓的随葬品中多有石斧等生产工具,而女性墓的随葬品中常有纺织工具纺轮。不论男、女成年人都喜欢佩戴陶环、石镯、玉璜等装饰品。墓边也有立石条标记的情况。

杨家湾墓葬所出土的随葬陶器,主要有高圈足杯、盂形器、双腹碗、双腹豆等屈家岭文化的典型器物,因此这些墓葬的年代当进入了屈家岭文化发展阶段。

以上三峡坝区新石器时代墓葬的分期还是初步的,粗线条的,各期之间可能存在缺环,特别是第二期和第三期之间就存在着相当一段的缺环。又由于有些期别的资料较少或未经整理,准确的分期标尺的建立尚有待于今后的工作。

三、墓葬的演变及有关问题

坝区新石器时代墓葬,从第一期到第五期贯穿一个逐步演变、不断发展的过程。这个过程,不但反映了早、晚墓葬之间的连续发展和内在的因袭关系,而且表现出如下的变化规律:

(1)墓坑坑位,从较分散到较集中,并逐渐形成具有一定区域范围的墓地。由分散于村落中到集中于村落附近的墓地上。墓坑排列,从无序到有序,从成行分散排列到集中依序并列。

(2)墓坑均较浅,墓边不清晰。其形状由圆形到椭圆形,再到圆角长方形。墓底从凹状到斜坡状,再到基本平整。

(3)从墓内放石头发展到墓边立石条作标记。

(4)死者葬式,由蜷曲式到蹲坐式,再到仰卧式;从蹲屈肢到屈肢,再到直肢;双手从抱胸到交叉于腹部,最后垂直于腹两侧。

(5)随葬品,从无到有,从少到多:从随葬卵石、鱼、蚌等自然水产物到随葬石、陶、骨、玉等各种质料制作的生产工具、生活器皿和装饰品。

这些演变规律,大体也就是整个三峡地区新石器时代墓葬的发展轨道。按照此规律,从第一期墓再往前追溯至城背溪阶段,即柳林溪遗存中,虽然还未发现这个阶段的墓葬,但肯定更为原始。如果当时墓葬的尸骨已腐烂不存任何残迹,恐怕就是墓葬也无法判定,或只有当灰坑处理了。

三峡地区新石器时代墓葬的演变,从大溪文化早期开始到屈家岭文化阶段,其间经历了长达 2 000 余年的漫长历史。如果从社会发展的角度归纳,便可归为前、后两大发展阶段,其间则有一个重要转折点。这个转折点,并不在大溪文化墓葬与屈家岭文化墓葬之间,而是在第二期与第三期墓葬之间,也就是说,前期发展阶段包括第一期、第二期墓;后期发展阶段包括第三至第五期墓。在前面墓葬分期所述各期基本情况中已经反映了这个问题。上面所讲的五个方面的转变,即在第三期墓中就已经基本完成了。

这里需要特别提到第四期大溪文化晚期墓葬和第五期屈家岭文化墓葬,虽然它们分属于两种文化发展阶段,但它们之间却存在十分明显的承袭关系。例如,屈家岭文化(第五期)墓葬中,长方形的浅墓坑、墓边立石条标记、仰身直肢葬式、随葬品的种类及放置情况、特别是手腕上佩戴陶环、石镯等作风,都是在大溪文化中、晚期(第三、四期)就出现并沿袭下来的。这两期墓葬的相承情况可以说明三峡地区的大溪文化和屈家岭文化之间的关系密切。可认为两者是同一原始文化的不同历史阶段的文化,它们之间的区别,主要表现在陶器的器形特征方面。如果从文化诸因素多方面分析,它们之间的差别确实没有上述前、后两大发展阶段(第二、三期)之间的差别大。进而表明,三峡地区的屈家岭文化只能是该文化的一个地方类型,或者可根本不能称之为屈家岭文化,它与江汉平原的典型屈家岭文化显然存在较大的不同。

三峡地区新石器时代第三期墓葬开始所发生的转折性变化,应与目前坝区在大溪文化考古方面所取得的许多重大成果联系起来,进行综合研究。在以中堡岛为中心的面积不是很大的坝区范围内,有中堡岛、朝天嘴、伍相庙、三斗坪、白狮湾、窝棚墩、杨家湾等一系列大溪文化遗址,这些遗址组成一个有相当规模的大溪文化聚落群遗址。这些遗址在峡区古遗址中面积最大、文化层最厚、文化内涵最丰富。除发现墓葬之外,还发现石器制作工场、大范围的沟槽、大型窖穴、大量建筑残迹(红烧土块等)和大量具有高度水平的陶器、石器、骨器、玉器,其中杨家湾陶器上的大量刻划符号已引起了学术界的重视。坝区大溪文化的重大发现,许多都属大溪文化中、晚期遗址。初步认为,大约在大溪文化中期前后,坝区一带已形成了一个相当繁荣的原始部落联盟。一系列的考古资料表明这个部落联盟已有了社会的初步分工,手工业已形成一定规模,部落成员间的贫富差距已经出现,社会正处在重大变革时期。

在古代,各种不同的葬俗具有显著的民族属性。在全国范围内,三峡新石器时代前期阶段的葬俗具有明显特征,从一个侧面反映了三峡地区古代文化渊源的不同。从巫山猿人[1]到柳林溪遗存,[2]说明重山环抱、湍江横穿的长江三峡乃是早期人类活动的重要地

---

〔1〕 黄万波等:《巫山猿人遗址》,海洋出版社,1991年。
〔2〕 柳林溪遗存资料主要见《江汉考古》1994年第1期,三峡考古专辑。

区。坝区上下一带江段为峡谷较宽阔的地带,是整个三峡地区地势最为优越的地方。这一地带周围有高山为屏障,气候温和。茂密的森林,丰富的水源,给动植物繁殖创造了天然条件,是早期人类赖以生存的少有的理想天地。独特而闭塞的地理环境便是孕育古代文化独特风格的温床。表现在大溪文化葬俗方面,具有独特作风的有两点:(1)蜷曲式葬或蹲坐式葬。峡区地少坡陡,将死者蹲靠在坡坎的圆坑内掩埋,这更为简单易行;(2)随葬卵石、鱼、蚌等当地自然水产品。峡区江滩上有大量的鹅卵石,各种鹅卵石不但是早期人类制造生产工具的最好材料,而且给人以美的感受,为天然艺术品。鱼、蚌则是当地原始居民生存的主要食物,用这些物品殉葬应还具有对其崇拜和吉祥之意。大溪文化的独特葬俗,不但说明自然地理环境对古代人类文化体系的形成所起的决定作用,而且深刻地反映了峡区的古老祖先的社会风俗和原始信仰。

过去通常认为蹲坐式葬、跪式葬(跪式葬,其实也是蹲坐式葬,这些葬式都可能要将尸体捆绑处理,由于尸体僵硬而不易弯曲,蹲坐式处理不好就成了跪式)、随葬鱼(让死者口衔鱼、双手抱鱼或骑着大鱼入葬)等葬俗是大溪文化的基本特征之一。其实这一特征主要表现在大溪文化的较早阶段,并且可能只流行于三峡地区。三峡地区大溪文化大约从第三期墓葬开始已经发生了变化,无论是墓葬形制,还是随葬器物,都变得与江汉平原及中原地区的同期墓葬更加接近。

大溪文化和黄河流域的仰韶、大汶口及长江下游地区的马家浜等史前较早阶段的文化,是并列的发展关系。但它们之间的相互交流、相互影响、相互融合则早就存在着,随着时代的前进,它们之间的这种相互关系,在各自的后继文化中越来越明显,最后统一成华夏文化。大溪文化的葬俗则早在距今约6 000年前就与华夏文化的传统葬俗同化了。

(原载《湖北省考古学会论文选集(三)》,《江汉考古》增刊,1998年)

试论江汉地区的早期农业

　　《史记·货殖列传》云"楚越之地，地广人稀……或火耕水耨……无积聚而多贫"，传统史学思想认为，包括江汉在内的"楚越之地"，先秦农业还比较落后。有的甚至说，江汉平川原为"云梦泽"，是"跨江南北"的大湖，史前无人类居住，更谈不上史前农业的发展。但实际并非如此。最近石泉、蔡述明两位教授合作，从古地质、古地理、古文献多方论证"历史上各个时期从无一个'跨江南北'、囊括江汉平原和洞庭湖区的'大云梦泽'存在过，即使在江汉平原上，也从没有过一个统一的古云梦泽"。[1]近二三十年来湖北史前考古工作取得的丰硕成果，证明了江汉腹地不但有发达的新石器时代文化，而且有重要的旧石器时代晚期遗址。今湖区江陵至监利一带史前遗存特别丰富。距今洪湖水面仅约13公里的监利柳关、福田两地，在淤土层5米深处暴露了较早阶段的史前文化遗址。[2]江汉平原的不少史前遗址往往被埋于3米以下的土层之中。[3]江汉地区丰富的史前遗存为该区史前农业的探索提供了许多可靠资料。

　　处于我国中部的江汉平原，四面环山、江湖交错、气候温和、雨量充沛，有肥沃的平原、繁茂的沼泽和宽广的山前丘陵，十分适于古人类的生存与发展，是孕育我国原始农业的重要地区。

　　80年代在江汉西部发现了城背溪文化，遗址主要分布于长江三峡、鄂西长江沿岸、澧水中下游、汉东大洪山之南、大别山之南一带。经过调查的遗址有40余处，湖北的城背溪、枝城北、金子山、青龙山、孙家河、朝天嘴、柳林溪、窝棚墩、路家河，湖南的皂市、彭头山、胡家屋场等遗址都经过大小不同规模的发掘。经碳14年代测定，较早的年代（距今）数据有七个：

---

〔1〕　石泉、蔡述明：《古云梦泽研究》，湖北教育出版社，1996年，第175页。
〔2〕　荆州地区博物馆：《湖北监利县柳关和福田新石器时代遗址试掘简报》，《江汉考古》1984年第2期。
〔3〕　在长江沿岸的许多遗址中都可以看到，史前文化层被厚3米以上的晚期地层所覆盖。参阅：宜都考古发掘队：
　　　《湖北宜都石板巷子新石器时代遗址》，《考古》1985年第11期。

城背溪遗址

2K2643　8220±250（未经树轮校正年代）

ZK2644　8274±234（同上）[1]

彭头山遗址

BK87022　9100±120（测定年代）

BK87050　8200±200（同上）

BK89018　7945±90（同上）

BK89021　8385±115（同上）

BK89022　8135±90（同上）[2]

根据城背溪遗存的特点和碳十四年代测定,其年代上限可溯至8 500年前。城背溪文化是江汉地区目前发现的最早的新石器时代文化,也是我国已知较早的新石器时代文化之一,其丰富的遗迹遗物,反映了江汉地区早期原始农业的基本状况。

一、农业与采集、渔猎三种经济并重

城背溪文化遗址,据其分布位置可划作三类。第一类,位于江边地势较低的台地上,如城背溪、枝城北;第二类,坐落于沿江地势较高的山岗上,如金子山、青龙山;第三类,分布于平原略高出地面的低丘矮山上,如彭头山、胡家屋场。第一类便于捕捞,第二类利于旱地农业,第三类利于水田农业。三类遗址的共同特点是位于具有丰富经济资源的地带:靠近宽广的水域,周围有丘陵坡地,或背靠大山,或面临平原。这种自然环境决定了当时人们经济生活的多样性。《史记》中描述"楚越之地"的"果隋蠃蛤",正是这种自然环境和早期人们经济活动的一个侧面。采集经济显然仍是江汉城背溪阶段人类生活的主要来源之一;城背溪文化遗存中有大量兽骨、鱼牙、鱼骨、蚌壳、贝壳、鳖甲等,还有相当数量的细石器、砍砸器、刮削器等,说明渔猎经济所占有的重要地位。特别是江湖岸边的遗址文化层中含大量的水产品遗骸,这是捕捞业兴盛的反映;磨制石器的大量出现,对石器刃部的精细加工,以及用于炊煮、饮食、储盛诸方面的陶釜、陶盘、陶罐、支座等农业生活基本器皿,表明农业经济已经起着十分重要的作用。从遗址的分布、文化特征与文化水平等方面综合观察,农业与采集、渔猎在当时人类社会经济生活中几乎占有同等重要的地位。

---

〔1〕　中国社会科学院考古研究所实验室:《放射性碳素测定年代报告(二〇)》,《考古》1993年第7期。

〔2〕　北京大学考古系碳十四实验室:《碳十四年代测定报告(九)》,《文物》1994年第4期。

二、稻作农业的出现

城背溪文化遗址出土的陶器胎壁中普遍存在稻谷和稻草遗迹。时代偏早的彭头山、城背溪等遗址出土的陶器，由于胎壁厚、火候低，稻谷遗迹保存更为明显，一般胎质疏松，多呈炭黑色，并有谷壳形空隙或稻草印痕，有些还能观察到完整的稻谷壳外形。[1]时代偏晚的遗址，如孙家河、胡家屋场等，稻谷遗存反而较少见，主要原因是城背溪文化随时代的变化，而陶器掺和料有所不同：夹砂陶不断增加，夹炭陶逐渐减少，夹炭陶中掺入炭的量逐渐减少，掺入稻谷壳的情况变少；加上陶器烧制的火候增高，保留在陶胎内的稻谷遗存不多。但稻谷遗存仍然存在，例如在胡家屋场一件陶支座上就发现稻谷一粒，"结合孢粉分析结果看，禾科孢粉除第1层为现代水稻田不计外，第4层暂未发现，其余各文化层和淤土层中均有发现。毫无疑问，当时已有水稻种植"。[2]而江汉地区城背溪文化以后的史前文化陶器或房屋建筑用土，都以掺入大量稻谷壳和稻草为特色。尤其是大溪文化和屈家岭文化的红烧土房屋，红烧土内往往可以观察到大片的稻谷、稻草遗迹。江汉平原北部京山屈家岭出土的距今5 000多年前的稻谷，经鉴定为粳稻；[3]江汉平原南部城头山出土距今5 000~6 000多年前的稻谷，经鉴定有籼稻和粳稻。[4]江汉地区在更新世晚期尚处于大理冰期，气候还相当干冷，并不宜于水稻繁殖。进入全新世之后气候逐渐转暖，到全新世中期属高温期，[5]这为水稻的传播和栽培提供了自然条件。粳稻为较适于温和气候生长的水稻品种。江汉地区最早出现和城背溪文化的水稻品种当为粳稻。籼稻可能是于城背溪之后，在江汉南部逐渐发展起来的。

城背溪文化的稻谷遗迹主要存在于陶胎之中，并全部炭化，目前尚不能断定其是否属于栽培稻。但可作一些分析：城背溪文化许多遗址的陶器中都普遍被掺入稻谷、谷壳；有的可以看出谷粒较长；丰富的稻谷遗存可与更早阶段的人类活动、气候变迁和较晚时期的稻谷种植相互联系；水稻是不能御寒的植物，江汉夏、冬温差较大，不利于野生水稻的普遍自然繁殖；在气候条件相差不远的长江下游河姆渡文化发现了7 000多年前发达的稻作遗存。因此可以推定江汉地区在8 500年前已有了水稻的人工种植。明显的用于

〔1〕 湖南省文物考古研究所等：《湖南澧县彭头山新石器时代早期遗址发掘简报》，《文物》1990年第8期。
〔2〕 湖南省文物考古研究所：《湖南临澧县胡家屋场新石器时代遗址》，《考古学报》1993年第2期。
〔3〕 丁颖：《江汉平原新石器时代红烧土中的稻谷壳考查》，《考古学报》1959年第4期。
〔4〕 顾海滨：《湖南澧县城头山遗址出土的新石器时代水稻及其类型》，《考古》1996年第8期。
〔5〕 周昆叔：《北京环境考古》，《第四纪研究》1989年第1期。

水稻耕作的农具，在城背溪文化中发现数量较少，但也有一些发现。在城背溪遗址中有一种较宽扁的铲类石器，如T8④a：33，用薄型石片打制而成，长宽形，弧顶，平刃，长19.3、宽8.8、厚1.1—1.6厘米。铲或钺，与稻作农业关系较密切。另还有骨器，如一件残骨铲（T6③：112），一端单面磨刃，刃为弧形，残长5.6、宽2.6厘米；一件尖形器（T7③：77），用弯形骨片磨成，并保留骨槽，长14.1、宽2.2、尖长5.4厘米。这两件骨器可用于稻谷种植。我国最原始的一种耕作方法叫"跖耒而耕"，《说文解字》释耒为"手耕曲木也"。以耒为代表的古老木质农具在城背溪文化中肯定十分盛行，但要保存至今显然十分不易。江汉早期农业的特点是"火耕水耨"，当时在湖边、沼泽地种植水稻或许根本不用耕作器具，只需收割工具。城背溪文化中有较多锋利的蚌壳形石片，如城背溪T9④b：1，为大型砾石打击出的石片，呈蚌壳形，大弧刃，有琢痕，未磨制，相当锋利，长13.2、宽7.8厘米。还有刀镰类石器，如城背溪T8④a：34，也用石片制成，刃、背较直，长23、宽9.7、厚3.7厘米。这些石器可用于野生果实的采集，也足以满足稻谷收割的要求。

城背溪文化的稻作遗存，不仅是我国，而且是世界上目前见到的最早稻作农业资料之一。据此可以说江汉是我国最早种植水稻的地区之一，为稻作农业的重要起源地。

三、旱地农业占重要地位

严文明先生在《中国史前文化的统一性与多样性》一文中，将我国新石器时代文化谱系划为旱地农业经济文化、稻作农业经济文化和狩猎采集经济文化三个区，并指出"农业文化区一般同时有狩猎和养畜业，狩猎、采集文化区个别地方也有农业；稻作农业区有时也种点旱地作物，而旱地农业区个别地方也有种植水稻"。[1]江汉地区处于我国东、西、南、北各类文化区的交汇地带，而地形又为山区、平原、丘陵、沼泽湖区并存，自然经济资源十分丰富，人们的经济活动随着时代的进步而不断变化、不断开拓，许多经济资源得到逐步开发，逐步利用。城背溪文化虽然有了稻作农业，但它尚未成为当时原始农业的主要部分。关于城背溪文化，有的分为城背溪、皂市两个类型；[2]也有叫城背溪文化、彭头山文化和皂市下层文化的。[3]但不管如何，分布于峡区、山区和平原地区的这种文化，其文化面貌确存在一定差别。这些差别，除时代早晚不同的因素外，还有文化性质方面

---

〔1〕 严文明：《中国史前文化的统一性与多样性》，《文物》1987年第3期。
〔2〕 张绪球：《长江中游新石器时代文化概论》，湖北科学技术出版社，1992年。
〔3〕 何介钧：《洞庭湖区新石器时代早期文化探索》，《湖南考古辑刊》，1989年。

的背景。主要是人类生活的经济基础不同,也就是稻作农业、旱地农业和其他经济门类在人们的生存空间所起的作用不同而造成的。例如在洞庭湖西北一带的平原、水域,有大片低洼的沼泽和淤积地,具备水稻生长的良好条件。但在西陵峡山谷,两岸山高地陡,水稻适宜地十分窄小,即使可种些水稻,恐怕也难以成为当时原始农业的基本。山区和丘陵显然是旱地农业发展之地。城背溪文化的生产工具,出土的主要是石器。石器中以窄长形的斧类工具为主,并主要分两型。一型为窄长形石斧。例如城背溪T8④b:68,用砾石打制,器侧和刃部都有明显的打击疤痕,两边较直,弧形刃,器身较厚重,长21.1、宽6-7.2、厚5.2厘米;城背溪T10③:49,磨制,较规整,上窄下宽,弧刃,顶部较平,长11.6、宽6-8.8、厚2.8厘米。二型为有肩石斧。例如孙家河T1③:4,打制,较厚,刃宽,刃端略呈半圆形,顶端近柱状,长14.2、宽9.8、厚4.1厘米;孙家河T5③:3,打制,刃端较短而宽,平顶,纵剖面两端呈尖状,长12.4、宽10.8、厚3厘米。一型石斧最为盛行,开始多为打制,后来多经磨制。二型石斧出现时代较晚,其顶端内收成柱状,有肩,是安柄把处。斧类石器,特别是窄长形的石斧,适于砍伐、辟地、镢土,为多功用工具,主要用于旱地耕作。今鄂西山区的挖地铁镢也特别窄长,窄长形斧类器物是山区旱地生产的基本农具。城背溪文化遗址所在的地势及其出土生产工具的特点,都反映出旱地农业是该文化原始农业的主要部分。据以具有挖镢功能的窄长形农具为多的情况,旱地农业又可能以种植块茎繁殖的芋薯类作物为主,童恩正先生在《中国南方农业的起源及其特征》一文中认为:"在栽种稻米之前,有一个栽培无性繁殖作物的时代"。[1]城背溪文化的考古资料,可以支持这一观点。

四、关于养殖业

我国古代经济以自给自足的自然经济为基本特征,该传统一直上溯至原始时代。我国农业从一开始就不是一种单一的经济形式。养殖业是伴随原始农业发生、发展的村落基本副业。在江汉新石器时代不同历史阶段的具有因袭关系的各种文化交替发展过程中,从遗址的分布反映出人类活动空间的不断扩大,由山区到平原,由水域到广阔原野;从遗址的遗迹遗物特点可考察到原始经济结构变化的逐渐过程,由采集经济到农业经济,由渔猎经济到养殖经济。随着农业的不断发展,养殖业便渐渐成为农业不可分割的辅助经济。城背溪文化遗址中,主要的动物遗骸有水牛、猪、鹿、鱼、螺、蚌等。胡家屋场遗址出

---

〔1〕 童恩正:《中国南方农业的起源及其特征》,《农业考古》1989年第2期。

土的动物骨骸经鉴定,除有以上骨骸外,还有羊、鼠、兔、禽鸟等。[1]城背溪遗址出土兽骨主要是牛骨和鹿骨,牛骨有头骨、颌骨、牙、脊椎、肱骨、桡骨、肋骨、盆骨、胫骨、趾骨。其中一件头骨(T6③:96)基本完整,两角尚存,已初步石化,头残长18,两角尖间宽43.2、通高10.5厘米,经初步鉴定属圣水牛。鹿角也有较完整的角和牙床、椎骨、胛骨、肱骨、桡骨、趾骨等。属水生动物的以鱼骨、鱼牙最多,鱼牙有指头大小。还有鳖甲、贝壳、蚌壳、螺壳等。城背溪阶段由于整个聚落经济还处于采集、渔猎和农业并重的形态,估计养殖业尚为萌芽时期。以上动物骨骸绝大部分都属渔猎经济遗存。胡家屋场发掘报告中说:"从猪、牛、羊等骨骸的丰富程度推测,似应属于人工饲养。"[2]这是一种推测,尚不能作出肯定。不过随着定居农业生活的发展,通过对以上常见动物的大批捕捞,必然导致养殖业的发生和发展。猪、牛、羊、鸡等这些江汉常见动物以及江湖常见鱼类,亦必然成为早期人类饲养的基本对象。鸡、猪、牛为稻作农业的基本禽畜,其历史根源亦在于此。城背溪文化丰富的鱼类,绝大部分自然繁殖于江湖之中,但也不能排除人为地将鱼类繁殖局限在便于捕捞的一定范围内。

五、关于江汉原始农业的起源

在江汉平原西部和东部山区都发现有丰富的旧石器时代文化遗存,证明江汉地区是远古人类的重要聚居地。从"郧西猿人"到"长阳人",江汉地区的远古人类经历了数十万年的山区洞穴生活。到旧石器时代晚期,一部分人类便开始离开山林,聚居于平原的低矮丘岗上。江汉平原西部一带就留下不少当时人类活动的足迹。其中,1992年江陵郢北村鸡公山旧石器时代遗址的发掘,[3]便有力地证明了在进入新石器时代之前的3万-4万年间已有人类定居于远离山区的平原,并有了最原始的居址建筑。遗留的建筑材料是从远处搬运来的砾石,人类从山区走向平原,意味着人类经济生活的重大转变,也意味着原始农业的即将发生。

新石器时代的开始,以人类磨制石器、制造陶器和发明农业、畜牧业为基本标志。在江汉地区发现的城背溪文化并非最早的新石器时代文化,人类在江汉平原定居以来已有数万年之久,城背溪文化的一些聚落遗址面积已达上万平方米(如彭头山);城背溪文化

---

〔1〕 湖南省文物考古研究所:《湖南临澧县胡家屋场新石器时代遗址》,《考古学报》1993年第2期。
〔2〕 湖南省文物考古研究所:《湖南临澧县胡家屋场新石器时代遗址》,《考古学报》1993年第2期。
〔3〕《中国文物报》1993年1月17日第一版。

被划归为新石器时代中期。[1]这时期的农业实际上已经历了相当长的发展时期。比城背溪文化更早的江汉原始农业目前尚存在资料缺环。但从江陵鸡公山一类旧石器时代晚期遗址和城背溪新石器时代文化的发现、分布及城背溪文化的农业状况可以推测：江汉平原东、西部的山前地带，特别是峡江至澧水中下游一带应是江汉原始农业的起源地；这一带多缓坡谷地，适宜于旱地作物繁殖，江汉最早的原始农业应从种植旱地作物开始；原始农业的发明是一个过程，这个过程也许十分漫长。

我国古代文明，实际上也是农业文明。探讨我国原始农业起源与发展是研究中国古代文明的基本部分。我国国土辽阔，东、西、南、北地形、气候差异性大，原始农业的起源与发展亦各不相同。江汉地区自然条件优越，为我国原始农业重要孕育之地；江汉发现的城背溪文化时代甚早，出土的陶器中已有磨光红陶、彩陶，器形有鼎、釜、罐、瓮、钵、盘、盆、碗、圈足盘、碟、壶、支座等，并有工艺水平较高的扁壶以及反映纺织的纺轮，其文化水平已达到相当的高度，并不亚于我国其他地区的同期文化。该文化的旱地农具、稻作遗存，以及猪、牛、羊、鹿、鸡、鱼、鳖残骸等，都有很高的农业考古价值。许多迹象显示我国不少重要农作物和不少重要家禽家畜都有可能起源或发展于江汉。

（原载《农业考古》1997年第1期）

---

〔1〕 严文明：《略论中国文明的起源》，《文物》1992年第1期。

石家河考古六十年纪念

    1954-1956年,对湖北天门石家河遗址群首次进行考古,至今已60周年了。

    石家河遗址群是湖北省新石器时代考古中最重要的一个项目,是苏秉琦、严文明两位先生十分重视的一个项目。

    苏秉琦先生在《文物》1981年第5期发表的《关于考古学文化的区系类型问题》一文中,将我国新石器时代考古分成六个地区。其中第三区为"湖北和邻近地区",并提到了当时资料公布甚少的天门石家河。

    严文明先生说:"从部落到国家或者从野蛮到文明,乃是人类社会发展中的一个巨大的飞跃……这样巨大的变化……应该有一个较长的过程,有若干相互衔接的发展阶段,好比一个文化发展的链条是由若干链环连接起来的一样。……中国那么大,不会只有简单的一根链条,很可能有一个由若干链条组成的复合体。……认定浙江的良渚和湖北的石家河两个遗址群可能是属于最重要的链环之列的,它们都可能成为探索中国文明起源的突破口。能不能选择其中的一个尝试一下呢?"[1]

    严文明先生在任北京大学考古系主任时,就选择了石家河作为探索中国文明起源突破口的尝试,并拟将石家河建成北京大学考古系学生实习的基地。

    1987年5月,严先生来到湖北荆州博物馆,和张绪球馆长联系,一起到石家河考察。6月派张江凯先生到湖北武汉,商量北京大学同湖北省博物馆(当时湖北省文物考古研究所尚未成立)和荆州博物馆三方合作事宜,并于6月26日签订了"关于湖北省天门县石家河镇新石器时代遗址群的发掘与研究会谈纪要",决定由三方联合组成石家河考古队(由严文明先生亲自任队长),对石家河遗址群进行有计划的考古工作。

    1987年秋到1992年夏,石家河考古队先后在石家河进行了九次发掘,其中邓家湾和肖家屋脊是发掘的重点;对石家河遗址群进行较详尽的调查和遥感测图工作;多次研究

---

[1] 严文明:《石家河考古记》,《肖家屋脊》,文物出版社,1999年。

讨论石家河考古和建立石家河考古工作站之事；整理编写发表了一篇综合和一篇发掘简报，[1]一篇遗址群调查报告，[2]出版了《肖家屋脊》、[3]《邓家湾》[4]两本发掘报告（以下凡来自石家河考古队编写的综合简报、调查报告和两本发掘报告专著的资料，均不再作注）。谭家岭的发掘报告，后来由荆州博物馆编写出版。石家河经50年代的发现和初步发掘、70年代的调查和80-90年代石家河考古队的工作，取得了许多突破性进展，为今后的继续探索打下了良好基础。

一、参加石家河考古的回顾

1987年6月，我在鄂西、三峡发掘了当阳季家湖、宜都石板巷子、宜都城背溪、宜昌三斗坪、宜昌白庙、宜昌伍相庙、宜昌白狮湾等遗址之后，正转入整理编写阶段之时，北大张江凯先生突然转达苏秉琦和严文明两位老师要我参加石家河考古队的意见。

1987年9月29日，我和李天元、张昌平、李文森、倪婉、祝恒富等人代表湖北省博物馆，第一次参加了石家河的田野考古——发掘邓家湾。1987年10月18日，以徐光冀为组长的国家文物局田野考古发掘检查小组（组员有叶学明、杨育彬、王军）到邓家湾发掘现场检查，看到不少难以辨认的遗迹现象。检查结束后，1987年10月20日，我跟严文明先生一起离开了石家河。我回到武汉，我个人想退出石家河考古队。直到1989年5月，我赴长沙参加中国考古学会第七次年会，会前严文明老师约我去拜见苏秉琦老师。刚进苏老师的房间，苏老师第一句话就对我说："请你参加石家河的工作吧，去吧！"我怎敢推辞，只好答应了。严老师又将我拉回了石家河考古队。

长沙会结束后，1989年5月21日，严老师约我同行，和安志敏、吕遵谔、邹衡、李仰松、王劲等先生一起前往湘西北参观考察旧石器遗址和新石器时代较早的彭头山遗址。5月23日，严文明、李仰松、王劲等先生和我来到荆州，会同在荆州等候的石家河考古队成员和湖北省、地有关负责人，第二天前往石家河（李仰松先生也和我们同行），首先参观正在发掘的肖家屋脊工地。5月25日，我们一行十二人和天门县有关同志一起，在湖北省老同志王劲、孙启康和荆州博物馆张绪球馆长带引下，从东到西对石家河遗址群进行实地踏

〔1〕 石河考古队：《湖北省石河遗址群1987年发掘简报》，《文物》1990年第8期；石河考古队：《湖北天门市邓家湾遗址1992年发掘简报》，《文物》1994年第4期。
〔2〕 北京大学考古学系、湖北省文物考古研究所、湖北省荆州博物馆：《石家河遗址群调查报告》，《南方民族考古》1992年第5辑。
〔3〕 湖北省荆州博物馆等：《肖家屋脊》，文物出版社，1999年。
〔4〕 湖北省文物考古研究所等：《邓家湾》，文物出版社，2003年。

查。晚上开会，主要研究建立工作站的事。会议同意先在土城附近建临时工作站，长期工作站建在石河镇或天门县城（后定在县城）。开会时，湖北省文物处处长孙启康同志在场，他在当时经费非常紧张的情况下，完全同意拨款建站。

那时，湖北省文物考古研究所刚宣布成立不久，已安排我负责本所第二研究室的工作。二室又叫西室，即负责湖北西部荆州（江陵、荆门、钟祥、京山、天门当时均属荆州地区）、宜昌、郧阳、襄阳地区和恩施州、神农架林区的文物考古工作。西室的工作包括了苏秉琦先生划分的"湖北和邻近地区"再分出的"汉水中游地区""鄂西地区"和"鄂东地区"的工作。也包括了湖北旧石器、新石器、商周、楚、秦、汉等时期的许多主要课题。石家河建站的事，孙启康处长曾多次催促我，只要我答应去建站，省文物处立即拨款。我也曾去肖家屋脊工地了解到：临时工作站和长期工作站都找到了具体地点，只要我决定马上就可动工。可是，因为我负责的西室，已有江陵和三峡两个工作站，工作面大，课题多，任务重而人力少，我无法亲赴石家河建站。所以我一直没答应、没决定去石家河建站。建立石家河工作站的事就这样搁浅了。因为工作站没有建立起来，北大考古系学生实习基地的事也就不了了之了。

1990年初，严先生要我测到一份较精确的石家河遗址群地图。1990年4月28日，我亲自骑自行车去武汉测绘科技大学航测遥感系联系测此图（我与此系有过几次合作）。1992年2月13日，我和北大赵辉先生一起去武测商议测绘一份万分之一的石家河遗址群地图。2月16日我又去武测订"协议书"。1992年9月，我拿到一份万分之一的胶质石家河遗址群地图及其蓝图3份（三方各1份），还有石家河遗址群彩色图像一份。

1991年5月中、下旬，我跟严先生一起，考察石家河考古队赵辉、张弛发现的石家河古城断面现场。巨大的屈家岭文化古城得到初步确认。

1991年5月29日，我在武汉参加了由湖北省文化厅副厅长胡美洲主持的石家河工作会议。石家河考古队汇报了石家河几年的工作情况。石家河考古告一段落，转入资料整理、报告编写阶段。

石家河考古队决定，邓家湾的整理编写由我负责，并决定对邓家湾再做一次补充性发掘。

邓家湾补充性发掘工作，由我组织湖北省文物考古研究所的考古人员承担。发掘于1992年3月中旬开始，于6月8日结束。发掘工地由孟华平同志具体负责，我参加了一个半月的发掘。这次发掘解决了石家河古城西北拐角的位置、走向和古城的地层关系，以及邓家湾主要遗迹性质（宗教性遗迹）等问题，同时又发现了一些重要墓葬和宗教遗存。

1993年9月中旬，邓家湾资料收集、整理工作在荆州博物馆正式开始，也由孟华平同志具体负责。我到三峡参加国家文物局三峡领队培训班的培训工作。1993年10月中旬开始，我又同时主持宜昌白庙、三斗坪等坝区遗址的最后一次发掘，并把邓家湾的整理班子调入三峡参加发掘。同时将邓家湾的图、卡片和部分记录带入三峡，白天发掘，晚上绘图、描图和阅读有关记录。

1994年3月，我们将邓家湾全部发掘的文字、图片资料运回武汉，继续做整理编写工作。1994年春，我退出了第二研究室主任之职，邓家湾的整理编写工作受到影响。至1994年初冬，我们匆忙完成了《邓家湾》按分五期编写的粗稿。严先生在荆州审阅后没通过，要求重新按屈家岭和石家河两种文化编写。因为我们已建立了江汉新石器时代文化发展的"城背溪—大溪—屈家岭—石家河"的年代序列（见下文）。从此《邓家湾》的编写工作进入资料混乱、找不到（主要是石家河文化部分），需我亲自寻找、动笔的更加困难的境地（邓家湾的全部器物图都经描绘，数量很大。初整挑选出的器物标本图等资料丢失）。把所有的图、资料摊在自己房间地板上寻找核对。至1998年夏才将重编的《邓家湾》初稿凑合起来。5月4日我赴京参加北大百年校庆时，严先生在国外，我将《邓家湾》初稿托张江凯先生转交严先生审阅。审阅后，严先生还提了些意见，我又作了较大幅度的修改。虽存不足，但我尽力了。至2001年9月最后定稿，交付文物出版社出版。《邓家湾》的出版费，由我亲自到北京，向国家文物局申请拨给。

二、石家河考古的重要发现

1. 石家河新石器时代遗址群

在天门石河镇之北，以土城村为中心，约8平方公里的范围内，调查发现了密集分布的30多个新石器时代遗址，这是长江中游地区规模最大的遗址群。20世纪经过发掘的主要有：50年代初步发掘的罗家柏岭、贯平堰、石板冲和三房湾；70–90年代发掘的邓家湾、谭家岭、土城、肖家屋脊，其中谭家岭、土城的发掘面积不大。

经过调查和发掘，发现遗址群中有城背溪文化、[1]大溪文化、屈家岭文化和石家河文化[2]遗存。

谭家岭遗址的发掘调查表明，那里有大溪文化、屈家岭文化和石家河文化，尤其是石家河文化最繁荣。邓家湾内有屈家岭和石家河两种文化遗存。肖家屋脊内也有屈家岭和

---

〔1〕 1982年湖北省博物馆在土城小面积发掘中，出土了城背溪文化陶片。资料藏湖北省文物考古研究所。
〔2〕 石河考古队：《湖北省石河遗址群1987年发掘简报》，《文物》1990年第8期；石河考古队：《湖北天门市邓家湾遗址1992年发掘简报》，《文物》1994年第4期。

石家河两种文化遗存。罗家柏岭[1]的遗存也分屈家岭和石家河两部分。以上遗址发现的各种性质不同的文化遗存,不但有直接的地层叠压关系或打破关系,而且存在承袭的连续发展的因袭关系,证明石家河一带曾有一支历史悠久的自成体系的原始文化和民族,石家河遗址群就是这支原始文化和民族的遗留。从已发掘的遗址和调查资料来看,以屈家岭文化和石家河文化最繁荣发达,表明它们的社会在屈家岭阶段发生了突变。

2. 石家河文化

1954年冬,湖北省文化局组织文物考古工作者,配合石龙过江水库渠道工程,首次调查了石家河遗址群。1955-1956年,由中国科学院考古研究所的王伯洪、张云鹏两位先生为队长的石龙过江水库指挥部文物工作队,对该遗址群的贯平堰、石板冲、三房湾、罗家柏岭先后进行了两次发掘,发现了丰富的石家河文化遗存。[2]这些遗址的发掘资料整理和报告编写,由中国科学院考古研究所的张云鹏先生(后调湖北省博物馆)负责。60年代初,张云鹏先生已写出了罗家柏岭的报告初稿。但由于"四清""文革"运动等原因而未能将这些发掘资料公布出来。至70-80年代,长江中游地区出现湖北龙山文化、长江中游龙山文化、季家湖文化、青龙泉三期文化等中原龙山阶段的文化名称。而苏秉琦先生等前辈认为这种文化遗存首先发现在石家河,应叫石家河文化为宜。后来石家河文化这个名称逐渐得到学术界认同,并被广泛应用。

石家河文化的发现与确认,填补了长江中游地区原始文化(新石器时代文化)发展的重要年代空白。

3. 石家河古城

1987-1992年,石家河考古队在对石家河遗址群的调查发掘初期,就考虑到石家河是否存在新石器时代城址?原以为遗址中心在土城遗址。土城存在城墙遗迹于地面上,经调查、试掘,土城城址规模不大,为西周城址,非新石器时代城址。于是,考古队把目光转向了土城西南方的"防水堤"。这"防水堤"规模较高大,过去一直以为它是起防洪作用的晚期土"堤",并未去注意和勘查它。1990年春,严文明先生派赵辉、张弛两位先生对遗址群进行了一次较深入的全面勘察。在勘察中发现那道"防水堤"中段因烧窑取土新挖出"堤"的断面,引起了考古人员的注意。1991年5月,我随严文明先生前往考察时,在此断面上看到了土层,各层虽不十分规整,但颜色有别;虽不见夯窝,但不见晚期遗物。土层和被挖出的土的土堆内只见少量的屈家岭文化碎陶片而未见商周及商周以后的遗物。可以断定这"堤"非晚期"防水堤",而是屈家岭时期人工夯筑的城墙。该城墙西侧

---

〔1〕 湖北省文物考古研究所等:《湖北石家河罗家柏岭新石器时代遗址》,《考古学报》1994年第2期。
〔2〕 湖北省文物考古研究所等:《湖北石家河罗家柏岭新石器时代遗址》,《考古学报》1994年第2期。

还有明显的城壕。这段城墙应当属西城墙,西墙保留在地面上的高度约3-4米,长度超过1 000米。在西墙南端向东拐处还暴露一个石家河文化早期地层压着墙体夯层的断面,说明这城墙的建筑年代不晚于石家河文化早期,应属屈家岭文化城墙。据保存于地面的城墙和附近地形判断,唯有城西北拐角的具体位置不清楚。经严文明先生考察之后就确认了这座屈家岭时期始建的巨大的石家河古城。

1992年上半年,在对邓家湾进行补充发掘中,又确定了石家河古城西北拐角城墙的位置和走向。可以确定这座古城内面积约有120万平方米。这次发掘还发现古城墙体压在屈家岭文化早期的墓葬和文化层之上,又被屈家岭文化晚期的地层和墓葬、灰沟所压或打破。这又可以断定石家河古城的始建年代约在屈家岭文化中期。至于古城墙体被较早的地层、遗迹所叠压或打破,可能属于墙体边部的局部现象,推测因频繁动土、修补所致。从古城内、外的调查、发掘所获,以屈家岭文化遗存和石家河文化遗存最丰富,尤其石家河文化遗存更丰富发达,石家河古城的存在或使用期当为屈家岭→石家河时期。

石家河遗址群中发现巨大的城址,表明了这处遗址群的重要性,可能属江汉新石器时代文化发展的中心地。

4. 谭家岭居住区

谭家岭遗址的发掘面积不是很大,但已获得不少重要信息:这里存在较早的大溪文化遗存;其发展序列为大溪—屈家岭—石家河,从屈家岭阶段开始兴旺;这里是一处以居住为主的区域,被毁房屋的"红烧土"分布范围达10万平方米以上,谭家岭可能就是石家河古城内的主要居住区。已暴露了大房屋的一角,见到了厚度达1米的房屋墙壁,有望在此遗址内找到大型建筑和一些高级别的遗存。

5. 邓家湾宗教遗存

1973年以来,邓家湾因出土大量陶塑品和红陶杯而被引起关注。1978年,荆州博物馆首开一条探沟,挖出了特殊的陶筒形器而使邓家湾更神秘化。石家河考古队成立后的首选项目就是邓家湾。

经1987年和1992年的发掘,基本探明它非一般的村落遗址,而是以宗教活动和埋葬为主的特殊遗址。它位于石家河古城西北拐角内侧,宗教活动场地之西和之南为墓区,部分墓被压于墙体内,墓葬为中、小型。宗教活动场地在墓区的东北方,有屈家岭文化的宗教遗存和石家河文化的宗教遗存。

(1)屈家岭文化的宗教遗存

有小房址、陶缸遗迹、筒形器遗迹、土台与灰烬遗迹、火烧土与柱洞遗迹等。

在两处小房附近摆放着陶筒形器、竖立着陶缸,并有宗教活动遗留的土台,非房柱的柱洞、错位小孩的骨架和草木灰、烧骨、火烧土之类的多次堆积。堆积中出土陶小鼎、碗、小杯、壶形器、器盖等具有礼器性质的器物。在小房东南方,还发现三处成组成排的筒形器遗迹。推测这些遗迹是祭天、祭祖的礼仪活动残存,祭祀时可能以陶筒形器为中心设坛。每次活动设坛的位置可能重复,也可能不同。据柱洞和筒形器的上端为子母口,推测筒形器的使用可能套立成柱状。祭祀过程,有祈祷、杀牲、焚烧、掩埋等礼仪活动。

（2）石家河文化的宗教遗存

有祭坛、套缸遗迹和陶塑堆积。

祭坛经过平整,为祭祀活动的场地。祭坛上面发现有套缸遗迹和陶片堆积带。边缘部位保存有陶塑堆积。

套缸遗迹,是用厚胎筒形红陶缸（或称陶臼）,口与底套合成下水管道形,平摆在地面上的遗迹。保存较好的有三处:残祭坛上一处,缸多被压碎;残祭坛之东南部还有二处,缸多保存完整。

东南部的一处,摆着套缸三排,暴露长度10米,计陶缸24件。缸底套入缸口1/3,呈西南—东北方向平摆,而缸口朝向不一致;东南部另一处,分二排,陶缸23件,呈直线排列,方向100度,缸口一律朝西。肖家屋脊也有套缸遗迹（陶臼遗迹）,其中JY7,用缸14件,每件缸口朝下底朝上,呈直线排列于当时地面上。

陶塑堆积,即陶塑品十分集中的堆积。这种堆积除见于文化层外,只见于灰坑、洼地中,而不见于墓葬内,陶塑堆积大体分布于祭坛边缘。

套缸堆积和陶塑堆积中,除含缸片外,还含较多的烧土粒、扣碗、杯等与宗教（祭祀）活动相关的遗物。

套缸中,有些缸的腹部刻着符号,这些符号有多种,可断定套缸是重要祭具。陶塑品种类繁多,当为重要祭品。碗、杯之类的器物应为祭器。祭具、祭品、祭器都属祭祀活动中的礼仪用品,均为礼器。

由于当时筑城墙、挖墓坑、平整宗教活动场地等动土频繁及现代考古断续、认识不足等因素,所获得宗教遗存资料较凌乱,祭具的使用方法也还未弄清,地层又没有统一。如果能将同一层面的宗教遗存一次清理,原状保留（我的印象中:1987年的发掘面上有多个分散的盖鼎、扣碗遗迹。在整理时,没有找到这些遗迹记录）,那当是相当壮观的场面。

6. 较大型的建筑和墓葬

较大型的建筑发现于石家河古城外东南方。肖家屋脊的屈家岭文化和石家河文化中都有较大的房址。属石家河文化早期的F9面积达94.76平方米。罗家柏岭发现的石家河文化二期建筑遗迹,一面直墙全长39.5米。这些建筑遗迹虽超出一般规模,但均发现于城外,当不是最大的建筑遗迹。

在邓家湾和肖家屋脊都发掘了较大的墓葬。墓坑长度在3米以上或随葬陶高领罐10

件以上的墓并不少见。其中肖家屋脊石家河文化早期的M54随葬高领罐101件和大口罐1件。百余件高领罐陈摆在墓坑二层台上,显示了墓主身份非同一般。

特别值得注意和研究的是肖家屋脊出现的随葬较多玉器的瓮棺葬。其中W6出土玉器达56件。随葬玉器的瓮棺葬均为成人的敛骨葬,主人身份、地位肯定不低。

7. 重要遗物

(1) 陶祭具筒形器和厚胎筒形缸

屈家岭文化的祭具筒形器,主要有封顶和不封顶的两种:

封顶的又有直壁素面的和中壁外鼓饰乳钉纹、堆纹的两种,并都有1—2个圆形镂孔。

不封顶的较粗大些,多为上细下粗,上有子母口,腹饰多道附加堆纹,无镂孔。

石家河文化的厚胎筒形缸,用于套缸。不少缸上腹部有刻划符号,每个缸上只刻一个符号。肖家屋脊发现了35个刻符缸;邓家湾发现了13个刻符缸。刻划符号用弧线、直线、曲线、圆点等,少的2划,多的10余划组成。符号有弯喇叭形、镰刀形、工具形、武器形、重圆形、凤鸟形、器物形等,以弯喇叭形最多。这种刻符缸用于套缸,显然用以表达某种意愿。

陶质筒形器形体高大而造型复杂,厚胎筒形缸形体厚重而数量多,均颇具工艺水平。

(2) 陶塑品

邓家湾宗教遗存中有陶塑堆积。这样的堆积只见于邓家湾。一般的石家河文化遗址仅见陶塑品三两件。石家河遗址群中的肖家屋脊发掘的面积比邓家湾大得多,但仅见陶塑品43件。而邓家湾H63、H67、H69、H116等灰坑,每个灰坑内均出土陶塑品数以千计。整理时,邓家湾出土的陶塑品总数无法统计,仅选出标本233件。

陶塑品均属石家河文化,都为泥质红陶,是小型捏塑品。可分两大类:陶偶和陶塑动物。

陶偶,有坐式、立式、跪式和跨式。着长袍,有的裹裙。挽髻,有戴平冠或翘角冠的。有抱鱼、抱物、抱狗和背物的。造型优美自然。

陶塑动物中,家畜有狗、猪、羊、兔和猫等,以狗最多;鸟类数量最多,有短尾鸟、长尾鸟、连体鸟、含物鸟和猫头鹰等;野兽有猴、象、獏、狐、鼠等,以象最多;鸡有雄鸡、雌鸡、小鸡和异形鸡等;水生动物有龟、鳖、鱼等,鱼仅1件。

不见江汉地区常见的牛、马、鹿,鱼仅见,而热带的大象反而常见;以狗、鸟多见。这些情况,值得研究。

这些小型陶塑品形象生动逼真,和谐有趣,是原始艺术中的珍品。陶塑品是祭品,反映了人们的祈望,同时也反映了社会的繁荣和人们的安康。

(3) 玉器

肖家屋脊出土157件玉器,罗家柏岭出土44件玉器,大部分出于成人瓮棺葬(殓骨葬)

中。文化层或灰坑出土的和采集的部分玉器,也不排除从成人瓮棺葬中出土。这些玉器属石家河文化。石家河文化玉器还出土于荆州枣林岗[1]和钟祥六合,[2]以石家河出土的较多较精。

这些玉器有人头像、蝉、虎头像、飞鹰、羊头像、鹿头像、凤形环、盘龙、龙形环、坠、笄、管形饰、柄形饰、片饰、珠、璜、璧、刀、锛、纺轮等。

石家河出土的玉器,虽玉质较次而器形小巧,但工艺水平不低。有浮雕、圆雕、透雕和抛光等技术。雕刻精细,纹路清晰,光滑美观,达到了我国新石器时代玉器工艺的最高水平。它以小巧玲珑和以人头、兽面、蝉、凤、龙等为主要题材,形成了自身的独特艺术风格。

(4)铜器和铜矿石

石家河发现的铜器都为小件或铜器残片。罗家柏岭发现铜器残片5件,还出土不少铜矿石和铜渣。[3]但实物在"文革"期间丢失,未经检测;邓家湾发现铜器残片1件,似铜刀,残长6.6厘米。也出土较多的铜矿石和似铜渣的物质。经过检测,铜器可以肯定。而"铜渣","系孔雀石矿物,不是铜渣"。

石家河发现的铜器和铜矿石均属石家河文化。虽未见大件铜器和可以确定的"铜渣",但完全可以证明石家河文化已经有了铜器,并能够自产了(遗址中残留许多铜矿石可以证明)。

(5)其他

石家河考古发现的陶器,除以上提到的以外,有盖鼎、扣碗、豆、高领罐、橄榄形罐、扁腹罐、尖底罐、壶形器、斜腹薄胎杯、高足杯、厚胎红陶杯、鬶、盉、斝、鸡鸭形容器、纺轮、模、球、铃、锤形器等,都有很高的研究价值。它们在研究年代分期、文化性质和文化交流、原始礼器礼制、器物器形产生演变、制陶工艺及发展水平,以及商品经济、生活习俗、娱乐生活等方面均有重要作用。

三房湾、谭家岭等石家河文化层中存在大量器形大小基本相同的厚胎红陶杯,特别引人注目。集中出土的厚胎红陶杯似非宗教遗存,或许属于商品?大量高领罐(储藏物品的器物)集中在墓中,则反映了当时经济的发展和物资的增长。

石家河阶段的陶器中,除明显含北方河南龙山文化因素外,扁腹罐、尖底罐等则含西部巴蜀文化因素。

彩陶纺轮中,无论是屈家岭文化,还是石家河文化都发现了太极图案。这些太极图案

〔1〕 湖北省荆州博物馆:《枣林岗与堆金台》,科学出版社,1999年。
〔2〕 荆州地区博物馆等:《钟祥六合遗址》,《江汉考古》1987年第2期。
〔3〕 湖北省文物考古研究所等:《湖北石家河罗家柏岭新石器时代遗址》,《考古学报》1994年第2期。

是研究我国易经起源的重要资料,得到了易经研究专家的重视。[1]

肖家屋脊石家河文化早期的一件中口罐上刻画了一幅站立人像,方冠,冠插羽,方口,直鼻,细颈,两臂平伸,右手似执钺,两腿微分,双脚着靴。此画具有重要的研究价值。

石家河出土的遗物中还有不少重要资料,例如在邓家湾屈家岭文化的M35中,见到了漆器、漆棺残迹,这也是研究江汉新石器时代漆器及其应用的有用资料。

三、石家河考古与江汉文明探讨

石家河文化的发现填补了江汉新石器时代文化的年代缺环。1992年6月底7月,初张忠培先生在湖北荆州(原江陵)参观了天门石家河、宜都城背溪和石板巷子、江陵朱家台(石家河发掘资料存荆州博物馆,其他资料存湖北省文物考古研究所江陵工作站)等新石器时代遗址出土遗物之后,在武汉作了重要讲话。他说:"江陵的工作(指在荆州看到的江汉新石器时代考古工作)旧貌换新颜(与1976年前后在江陵看到的相比),使我大吃一惊。从城背溪开始长达6 000年的历史,年代序列(即城背溪→大溪→屈家岭→石家河→湖北商周的年代序列)已建立起来了,资料相当丰富……与全国相比……湖北是一流的……"1992年7月23日,张忠培先生给陈振裕所长和我的信中还说:"仔细地看了你们发掘的资料。喜睹江汉考古学的巨大变化,使我心境十分舒畅。"张先生说的巨大变化当主要指江汉新石器时代文化发展的年代序列已建立起来了,资料相当丰富。江汉新石器时代文化发展年代序列的建立为江汉文明探讨打下了最重要基础。

处于我国腹部的江汉地区,即苏秉琦先生所划分的"湖北和邻近地区",气候温和,群山环抱,自然环境优越,十分宜于古人类生存发展。江汉地区,无论是古人类化石或旧石器时代遗址,还是新石器时代遗址均十分丰富,文化均多彩而古老。这个地区无疑是我国文明探溯的主要地区之一。此地区经过从猿到人的漫长岁月,又经过鸡公山到城背溪发明我国稻作农业的创业历程,再经过大溪文明因素萌芽孕育的发展阶段,到距今5 000多年前屈家岭文化繁荣飞跃时期,江汉社会已经跨进了文明的门槛。

据史书记载,江汉古民族被统称为南蛮或苗蛮,江汉苗蛮曾经历九黎到三苗的称谓变化。九黎族已十分强大,九黎族首领蚩尤曾与黄帝鏖战于北方的涿鹿之野。对照江汉地区的新石器时代文化,屈家岭文化可能就是九黎文化。屈家岭文化的影响向北已抵达黄河之滨,正与九黎向北征战相印证。九黎之后的三苗,更是难以征服的强大民族。尧、舜、

---

[1] 陈凯东主编:《周易志》,方志出版社,2001年。

禹三代都以征服三苗为重大历史使命,都不断对三苗发动征服战争。我国第一个统一王国夏朝的建立,是中原民族或北方黄帝之后的民族最后战胜三苗民族的结果。中原民族和三苗民族之间的长期交往、融合,便形成了日益强大的华夏及其文化的主体。

江汉屈家岭文化的后继文化为石家河文化,石家河文化可能是三苗文化。石家河文化后期,文化面貌又出现突变,这是三苗最后被征服、三苗文化衰退、夏朝统一的反映。所谓的"后石家河文化"当属江汉夏代文化,[1]我曾提出称之为石板巷子文化,[2]王劲先生认为以石家河遗址群中的"三房湾遗址定名'三房湾文化'为好"。[3]我赞同用"三房湾文化"这个名称,因石家河遗址群分布区应是这种文化发展的中心区,三房湾又是最早发掘的。

关于大溪文化与屈家岭文化的关系,目前存在争议。从年代上看,它们应是直接发展关系,石家河谭家岭和其他许多遗址发掘的地层叠压关系都可以证明。从文化因素上分析,它们应是从并列到融合的关系。江汉地区每个时期的新石器时代文化,都存在大同小异的地域差异,特别是此区东、西部之间的差异更为明显。这与九黎、三苗均有多支系的情况相吻合。城背溪—大溪阶段,西支系较兴旺发达;屈家岭—石家河阶段,东支系较繁荣昌盛。作为江汉东、西两支系及其文化(指新石器时代文化)则应是并列的发展关系,而不是直线的发展关系。作为江汉苗蛮族团及其文化共同体的发展中心地,大约从屈家岭阶段开始,已从西部(汉水以西)转移到了东部(汉水以东),这就形成了它们的"大溪(西部)→屈家岭(东部)"的年代关系。

如果说,夏代以前我国已有多个民族族团或地区已进入了文明社会的话,那么江汉地区的苗蛮族团当属其列。江汉考古,特别是石家河考古提供了许多证据或探索的信息。

近二三十年来,江汉地区不断发现文明首要标志的屈家岭文化城址(一般都沿用到石家河阶段)。所发现的屈家岭文化城址,分布在汉水以东的大洪山南麓至长江以南的洞庭湖西北部一带。这一带是江汉平原的中心部位,是江汉新石器时代文化发展的中心区,也是苗蛮(九黎—三苗)东、西两支系的交汇地带和相互交融的核心区。在已发现的屈家岭城址中,以石家河古城的规模最大,它可能是苗蛮族团部落联盟的所在地,是文明探索研究的重点城址。

石家河古城是在具有数千年历史的遗址群发展基础上建筑起来的,城外围还有宽大的城壕;城内邓家湾、谭家岭、三房湾是具有不同功用的三个遗址,说明城内已有区域划

〔1〕 杨权喜:《江汉夏代文化探讨》,《中国文物报》1998年7月29日。
〔2〕 杨权喜:《关于鄂西六处新石器时代晚期遗存的探讨》,《考古》2001年第5期。
〔3〕 王劲:《后石家河文化定名的思考》,《江汉考古》2007年第1期。

分；城西北角外和城南外有些似人工堆筑的土丘，有可能是大墓或者其他建筑遗存？显然，此城内、外有别，布局大体清楚。巨大城墙的围筑，使石家河聚落群分为城内和城外两大部分，相应的城制必然随之建立，城内、外聚落形态必然发生变化。这种变化，目前已有所显露，城的国家功能也有所体现。

石家河考古中，虽未发现大件铜器，但已见到了多件铜片、铜渣（？）和铜矿石（当地不产铜矿石，是炼铜时从别处搬运来的），这已足以证明江汉新石器时代晚期已进入了铜石并用的时代。

石家河肖家屋脊和罗家柏岭，以及钟祥六合等遗址和荆州枣林岗墓地都出土了石家河文化晚期的成群成组的玉器。这些玉器有工具、装饰品、礼器和威严的人面雕像。虽大件较少，玉质较次，但工艺水平则很高。如果我国新石器时代与青铜时代之间存在玉器时代的话，那么江汉地区也不会例外。

所谓铜石并用时代或玉器时代都可以归入文明社会的早期阶段。

石家河考古，虽未确认公认的文字或文句，但已出现许多具有含义的符号或字。肖家屋脊、邓家湾都有刻在陶器上的符号或字。长江西陵峡（属江汉地区）的秭归柳林溪城背溪晚期文化和大溪文化，[1] 以及宜昌杨家湾大溪文化[2] 中均出现大量的不同含义的符号或字。特别是距今 7 000 年以上的柳林溪城背溪晚期文化的符号，有的符号成组成串，似表达某种意思的文字或文句。将符或字刻在器物上，应与礼仪、制度有关，其表义深刻。

江汉地区，早在城背溪—大溪阶段就出现了如此复杂多义的刻划符号，到了经长期发展而更加繁荣的屈家岭—石家河阶段难道刻划符号就没有向前发展？因此，推测此阶段已有了文字，多刻写在易腐物质上，不易保存至今。石家河发现符号的器物是祭具、礼器之类的陶器，而非"永宝用之"的铜器。符号刻在陶器上，如同现今写贴一个"福"（或画"符"）字于棺、门上一样；"永宝用之"的文字刻铸在铜器上或书写在竹木简牍上，如同现今具有永念意义的刻文、著书一样。新石器时代刻有"文书"的陶、石器保存至今的应当不会很多，故不易被发现。

探讨我国是否进入文明社会，考古界有"三大标志"，即是否出现城址、铜器（或另加大量的玉器）和文字。目前我国发现的新石器时代"符号"已很多，一般认为这还不是文字或只是"字"。江汉地区在屈家岭—石家河阶段的新石器文化遗存中，出现了城址、小件铜器和符号。推测"文字"也可能已经产生，大件铜器也可能会铸造。探寻"文字"和

---

〔1〕 湖北省文物考古研究所：《1982年秭归县柳林溪发掘的新石器早期文化遗存》，《江汉考古》1994年第1期；国务院三峡工程建设委员会办公室、国家文物局：《秭归柳林溪》，科学出版社，2003年。
〔2〕 余秀翠：《杨家湾遗址发现的陶文剖析》，《江汉考古》1994年第1期。

大件铜器是今后考古的重任。

石家河遗址群的调查发掘资料显示：屈家岭文化中期是江汉新石器时代文化发展的重大转变时期。

（1）石家河遗址群中城背溪—大溪阶段的遗存少，只有个别或少量的遗址中存在；屈家岭—石家河阶段的遗存突然大量增多，特别是屈家岭文化中期以后的遗存普遍存在于各遗址中。

（2）谭家岭和鄂西许多遗址所发掘的地层，都是屈家岭文化中期地层叠压在大溪文化层之上。邓家湾最早的地层年代也和谭家岭叠压在大溪文化层之上的地层年代相同，都为屈家岭文化中期。

（3）石家河考古的重要发现，基本都属屈家岭文化中期之后的遗存。

（4）已发现的"三大标志"的资料也都属屈家岭文化中期之后的遗存。

江汉地区进入文明社会的时间，很可能就在屈家岭文化中期前后。所以，初步判断江汉地区的文明史也有 5 000 年以上。

石家河遗址群有 30 多个遗址，它们分布在天门石河镇之北、京山屈家岭遗址之东的宽广的丘陵地带，这里有神秘的土丘、沟谷；有大片红烧土分布的区域；有成堆出土器物和遍布器物坯料的地方。已经过的考古发掘还是探索的开始，已经取得的"重要发现"和看到的"三大标志"，还只是初露麟角。一个个遗址，一个个秘密，一个个问题正等待着揭示和探索。艰巨的任务，辛苦的付出，将会换取更大更好的成果，江汉文明的真面目将会被得以充分证实。

（《纪念石家河遗址考古60年学术研讨会暨中国考古学会新石器时代考古专业委员会成立大会》论文，2015年12月）

湖北重大考古发现与江汉文明

湖北省三十年考古重大发现

　　湖北省地处长江中游,中部有广阔的江汉平原,周围有险要的群山环抱。江湖密布,气候适宜,素有"鱼米之乡"的称谓。省境内交通发达,处于东西贯通,南北交汇之要冲。从远古时代起,我们的祖先便劳动、生息在这块美丽而富饶的土地上。为创造中华民族的文明历史作出了不朽的贡献,同时还为我们留下了极其丰富的文化宝藏。

　　解放以后,在党和人民政府的高度重视和直接领导下,湖北省文物考古事业蓬勃发展,广大的文物考古工作者做了大量的文物保护、考古调查和考古发掘工作,取得了一系列考古成果。旧石器时代的鄂西北猿人牙齿化石、新石器时代的屈家岭文化、商代的黄陂盘龙城遗址、周代的大冶铜绿山古矿冶遗址、战国初年的曾侯乙墓、战国时期的江陵三座楚墓,还有云梦秦墓和江陵凤凰山西汉墓等,都是我国考古工作中的重大发现。这些重大发现对于研究我国古代社会具有非常重要的价值。

一、鄂西北猿人牙齿化石

　　1975年和1967年相继在鄂西北的秦岭山脉东段南麓的郧县梅铺龙骨洞和郧西神雾岭白龙洞发现了猿人洞穴遗址。[1]在龙骨洞遗址中发现猿人牙齿化石三枚,分别为左上中门齿,左上第二前臼齿和左上第一前臼齿,共存物有经过人工打击的石核和大熊猫、剑齿象、猕猴、豺、熊、貛、桑氏鬣狗、狐、水獭、嵌齿象、马、貘、犀、小猪、猪、鹿、牛、河狸、豪猪、猫和龟、鳖等三十多种动物化石。郧西白龙洞,发现猿人牙齿化石六枚,共存的动物化石大致和郧县龙骨洞所出相同,但这里所出的竹鼠、虎、灵猫、菓子狸、狼、鹿和肉食类动物的便化石等,则是前者所没有的。

---

〔1〕 许春华:《湖北郧县猿人化石地点的发掘》,《古人类论文集》,科学出版社,1978年。

这两处发现的猿人牙齿化石的特征和动物群所包含的类别基本相似，经初步研究断定相对年代晚于"元谋猿人"而早于或相当于"蓝田猿人"和"北京猿人"。

鄂西北猿人牙齿化石的发现，是继"北京猿人"、陕西"蓝田猿人"和云南"元谋猿人"之后的重要发现。这一发现，扩大了我国猿人化石分布地点的研究范围；为研究人类的起源和发展提供了更多的可靠资料；为驳斥中国人种"西来说"的谬论，提供了更多的证据；其共存动物化石的出土，对我国第四纪动物群的划分、第四纪地层和地层运动的研究，具有重大的科学价值。这一发现，加上1971年在鄂东大冶石龙头发现的旧石器和1956年在鄂西清江流域发现的"长阳人"化石，为湖北地区提供了古人类活动的丰富的资料。充分说明长江流域也是人类文明的发祥地之一。

二、屈 家 岭 文 化

1955年在江汉平原的京山屈家岭发现了一处新石器时代遗址。[1]出土遗物中，以蛋壳彩陶、彩陶纺轮等最具特色。陶器中以碗、鼎、豆等造型最具代表性，又具有共同特征，有别于其他新石器时代文化，这种文化就以这一遗址而定名为"屈家岭文化"。之后在江汉平原和鄂西北一带都有这一文化性质的遗址发现。其中作过重点发掘的遗址还有天门石家河、京山朱家咀、郧县青龙泉和大寺、均县观音坪、武昌放鹰台等。

就屈家岭文化目前的发现，大体可分为早、中、晚三期。

早期基本文化特征是黑陶较多，并有薄如蛋壳的朱绘黑陶；圈足器较多，三足平底器较少；代表性的器形有罐形和釜形矮足鼎、镂空高圈足豆、矮圈足碗、曲腹杯和朱绘蛋壳黑陶碗，以及杯、盘、盂、罐等；纺轮形体较大，黑灰无彩；石器以大型长方形和柱状石斧、石锛为代表。

中期即为典型的屈家岭文化，农业生产工具主要有近方形有孔石铲、凹腰或带肩石锄、上窄下宽石斧、有段石锛、石刀和石镰等。手工工具则有磨制精细而小巧多样的石刀、石锛、石斧和柱形石凿。还有陶纺轮和骨鱼叉、柳叶形石镞、石矛等纺织和渔猎工具。遗址中发现的大量红烧土房屋建筑遗迹内含有许多大粒粳型品种的稻谷壳；[2]在出土的家畜骨骼中，以猪骨、狗骨为多。这些说明在当时的原始农业中已经比较普遍地种植了水稻，人们的经济生活以农业为主，而作为辅助经济的饲养和渔猎、纺织等行业在当时的社

---

〔1〕 中国科学院考古研究所：《京山屈家岭》，科学出版社，1965年。
〔2〕 丁颖：《江汉平原新石器时代红烧土中的稻谷壳考查》，《考古学报》1959年第4期。

会经济中也占有相当地位。

生活器皿均为陶器。这些陶器以灰陶为主,黑陶次之,红陶较少。彩陶器壁薄如蛋壳,代表了当时制陶技术的最高水平。具有代表性的鼎、碗、豆的器身造型均为仰折双弧壁式,表明陶器的制作已有了一定的规范,有助于劳动效率的提高。高圈足长颈扁腹壶、高圈足杯、大型的鼎、罐、缸及绘以红、黑二色,用卵点、平行弦纹、叶纹等构成图案的蛋壳彩陶杯、碗及丰富多彩的各种彩陶纺轮、彩陶球、陶鸡以及穿孔玉饰等装饰品,都不同程度地反映了"屈家岭文化"的工艺水平和特有的工艺风格。

房屋一般在地面建筑,均为长方形,房基以黏土羼合红烧土块筑成。在屈家岭遗址中发现的房基其靠北部分筑有高约0.5米的烧土台,这是南方建筑所采取的防潮措施。在青龙泉遗址中发现了单间和双间两种结构的房屋遗迹,并都设有灶台或灶坑。

晚期出土陶器与中期基本相同,但红陶和纹饰都有所增加,出现了鬶、盉以及圈足粗大的豆和盘。壶形器、高圈足杯亦有变化,陶塑小动物增加了狗、羊、象、鱼、龟等种。石器中较突出的是出现了三棱镞和棒形钻等精品。在房县七里河遗址下层发现的十余处房屋建筑遗迹中,有直径仅为2—3米的圆形浅穴式房屋和长方形多间式房屋。长方形房屋的台基高出地面,四周有烧土斜坡。十二座墓葬中有六座为葬有五至十人的合葬墓,随葬有猪下颚骨或猪头、鹿头等,其他随葬品仅为陶罐、陶杯,最多的不超过三件,多数墓无随葬品。入葬的头骨多缺左、右对称的两颗牙齿,说明当时流行拔牙风俗。这种多人合葬墓和拔牙风俗,为研究当时这一地区的社会性质和风俗习惯提供了重要资料。

屈家岭文化的发现,第一次确定了江汉地区特有的原始文化性质,为研究我国长江流域新石器时代文化提供了十分重要的资料,使我们对江汉平原地区的原始文化面貌和原始社会状况,有了一个比较清楚的了解。

三、黄陂盘龙城遗址

商代的盘龙城遗址南距武汉市约5公里,古老的府河从它的南面向东流入长江,三面临水,一面连陆,地理位置极为优越。1963年、1974年和1976年,考古工作者先后三次对盘龙城进行了大面积的发掘,并取得了重大收获。[1]在一百多万平方米的范围内,文化遗迹、遗物遍布,在遗址的东南部筑有面积约半平方华里的城垣。据发掘探知的地层关系证

---

〔1〕 湖北省博物馆:《一九六三年湖北黄陂盘龙城商代遗址的发掘》,《文物》1976年第1期;湖北省博物馆、北京大学考古专业盘龙城发掘队:《盘龙城一九七四年度田野考古纪要》,《文物》1976年第2期。

明，该遗址的时代与郑州二里岗商代遗址大致相当，城垣的建筑年代则相当于二里岗上层。这是我国迄今所发现的第二座最早的商代古城。城外有城壕遗迹，城壕之外分布着大片密集的文化堆积，应是奴隶和平民住地；在东南和西北面均发现了手工业作坊遗址；在城东、城西则多次发现同期墓葬；在城内的东北隅，保存着一片夯筑台基，为大型宫殿建筑群所在。整个城址的规模较小，似为保卫奴隶主贵族住所而筑，近似中原一带的宫城性质的城址，具有早期城市的特征。对研究我国城市起源、国家的产生以及它们的发展过程，具有极为重要的作用。

宫殿建筑区，已大面积揭露出两座宫殿建筑基址，保存较好，方向均为坐北朝南，与城垣走向基本一致，两座宫殿一前一后，相互平行，且在一条中轴线上，当为一个整体建筑群的组成部分。

一号基址面阔为39.8米，进深为12.8米，墙基、柱洞、石柱础均保存完好，根据现存遗迹复原，认为是一座内分四室，外绕回廊，并在回廊外侧阶下设有散水的"重檐四阿"式的建筑；二号基址位于一号基址之前，相距约13米，其面阔27.5米，进深10.5米。这座建筑遗迹，只在基址四周布有柱洞，据此推断，它可能是一座中不分室而两侧开门的大空间厅堂式的建筑。这两座建筑与文献记载中的"前堂后寝"的建筑布局极为相似，因而应是当时奴隶主贵族作为朝会、宴享和寝居的场所。它不仅为考察我国古代建筑技术的发展提供了珍贵的实物资料，也从一个侧面为奴隶制社会发展的研究提供了科学的依据。

在城址附近已发现的商代中期墓葬中既有奴隶主用人殉的中型墓葬，也有掩埋平民的狭窄墓穴。在城东发掘的李家嘴二号墓，残墓口长3.7米，宽3.24米，葬具仅见朽木痕迹，为重椁单棺，殉人骨架三具，分别置于内外椁之间（二具）和棺椁之间（一具）。殉葬物计有铜、玉、木、陶器共七十五件，是目前为止所发现的二里岗期商代墓葬中最大的一座，也是长江流域迄今发现的第一座商代殉人墓。而最小的平民墓，则墓坑狭窄，仅有一铜爵或陶鬲随葬。这种随葬品多寡的悬殊，残酷的殉人制度，明显地反映了这一时期阶级差别的不断扩大，阶级对立正逐步加深。

遗址和墓葬中出土的文物，可以看出在长江流域同样有着灿烂的商文化。青铜工具有锛、斨、斧、锛、凿等，其中一件斨形制较大，长达27.3厘米，这些对于研究商代青铜工具在农业、手工业生产中的作用和地位，具有相当重要的价值。李家嘴二号墓中出土的青铜礼器有鬲、甗、鼎、簋、卣、斝、爵、觚、罍、盉、盘等，计有十一种，[1]是商代早期出土的青铜礼器组合品类比较完整的一组，其中一件大圆鼎，高达55厘米，仅次于郑州杜岭出土的商代

---

〔1〕 湖北省博物馆：《盘龙城商代二里岗期的青铜器》，《文物》1976年第2期。

大方鼎，[1]说明当时青铜器冶铸技术已达到了相当高的水平。铜器中的甗、簋、提梁卣、雀嘴流爵（原名圆流爵）和鹗头纹盉等，都是过去其他地区经发掘出土的同期铜器组合中所未见的新颖器形，其中的爵与盉，可以在河南偃师二里头出土的陶器（如角和盉）中找到它们的祖型，而甗、簋、卣，则又能从安阳殷墟铜器中看到它们的发展。可以认为，这组铜器在商代青铜礼器的发展演变中，明显地起着承上启下的作用。

兵器中有一件长41厘米、刃宽26厘米的夔龙纹大铜钺，也是同期墓葬中仅有的发现。这种象征军事统率权的大钺，有可能是其方国侯伯为授予墓主相应的权力而赐给的信物，这对说明墓主的身份，是有参考价值的。

玉器中的一件玉戈，长达94厘米；一件玉笄上雕鹦鹉，生动逼真；椁盖板上刻繁缛的云雷纹和饕餮纹，在每两组图案的阴刻部分涂以朱色，阳面则涂以黑色，它是我国现存最早的木雕工艺品。玉雕和木雕表现了江汉地区早商文化艺术具有高度水平。

黄陂盘龙城与郑州二里岗在文化面貌上存在着很大的一致性，具体表现为：城垣及宫殿建筑的营造手法大致相同，埋葬风俗基本相似，铸铜、制玉和制陶的工艺风格大体相近。这种文化面貌上的统一性，说明它们的文化为同一源流，在政治上也应该是有着不可分割的联系。黄陂盘龙城商代遗址的发现，打破了过去一些学者认为商王朝的活动范围只限于"黄河中游，其疆域未及江汉，不越过大别山南"[2]的传统框框，有力地证明商文化已远播于长江之滨。

四、铜绿山矿冶遗址

1973年以来，在大冶铜绿山发现并发掘了春秋战国时期的铜矿开采和冶炼遗址。这个遗址范围南北长约二公里，东西宽约一公里，已重点发掘了春秋战国两个时期的矿井各一处，[3]春秋时期的炼炉八座。

春秋矿井有竖井、斜井两种，井深40米以上，矿井较窄小，井口约0.8米见方，木材作支护，采矿工具有铜器，如铜斧、铜锛，还有木槌、竹篓，坑下选矿用的船形木斗等。

战国矿井有竖井、斜巷、平巷等，矿井深50米以上。竖井较宽大，井口尺寸1.1米×1.3米，支护木架比春秋矿井有显著改进。采矿工具有铁斧、铁钻、铁锤、铁耙、铁锄，还有木槌、木辘轳、木钩、木桶、木瓢、竹筐、藤筐、绳索等。

〔1〕 河南省博物馆：《郑州新出土的商代前期大铜鼎》，《文物》1975年第6期。
〔2〕 王国维：《观堂集林》卷十二《说亳》。
〔3〕 铜绿山考古发掘队：《湖北铜绿山春秋战国古矿井遗址发掘简报》，《文物》1975年第2期。

以上矿井的发掘,证明春秋战国时期古人在探矿方面,不仅能用目力找矿,而且能利用船形木斗等器具进行重力选矿,以测定富矿层而决定开采方向;在采矿方面已能有效地采取竖井、斜井、斜巷、平巷相结合的多手段开拓方式,并初步解决了井下通风、排水、提升、照明和巷道支护等一系列复杂的技术问题。

在铜绿山矿冶遗址发现的春秋炼炉为竖炉。由炉基、炉缸、炉身三部分组成,并有风口、风沟、金门等设施,基本具备了现代鼓风炉的式样。铜渣含铜量为0.70%左右,这个指标相当于欧洲19世纪末叶冶炼同类矿石的水平。在遗址范围内大约有40万-50万吨炉渣,可见当时冶炼的规模相当大。

在铜绿山附近调查,发现还有其他矿冶遗址和殷商、西周遗物,因此铜绿山矿冶遗址不但时代早,规模大,遗迹遗物丰富,而且延续时间长,它是迄今发现的我国最重要的古代矿冶遗址,为探索我国青铜时代铜的来源和冶炼等问题,提供了极其珍贵的资料。铜绿山矿冶遗址,显示了我国古代劳动人民伟大的创造力;说明了我国早在两千多年以前,在采矿和冶炼方面已达到了相当高的水平,在科学技术方面已取得了多种光辉成就。

五、曾侯乙墓

1978年在随县城郊擂鼓墩发掘了一座战国初年的大墓——曾侯乙墓。[1]

这座墓葬为岩坑竖穴式,墓口呈不规则多边形,坑底置木椁,并分东、中、西、北四室,椁室四周及椁顶填塞木炭和白膏泥。主棺为重棺,置于东室,内外棺涂黑漆并绘制红、金黄色图案,外棺嵌装牢固的铜框、铜足、铜纽。东室和西室有殉葬棺二十一具、狗棺一具。随葬品中用九鼎、八簋,六十四件编钟,并配以镈一件。镈钟上有铭文31字,与北宋"得于安陆"的钟铭相同:"唯王五十又六祀返自西阳楚王酓章乍曾侯乙宗彝奠之于西阳其永時用享",[2]说明此镈作于楚惠王五十六年(公元前433年),该墓下葬年代当即此年或稍晚。因此此墓为江汉地区春秋战国考古断代和葬制研究提供了一个重要标尺。

曾侯乙墓出土乐器、铜礼器、兵器、金器、玉器、漆木竹器和竹简等随葬品七千余件。文物种类繁多,器物造型精巧,文字材料丰富,这在我国同类古墓发掘中是罕见的。这座墓为我国科学文化史的研究提供了不少以往所没有发现过的新资料,提出了许多过去所没有注意到的新问题。

〔1〕 随县擂鼓墩一号墓考古发掘队:《湖北随县曾侯乙墓发掘简报》,《文物》1979年第7期。
〔2〕 宋·薛尚功:《历代钟鼎彝器款识》卷六积古斋:《钟鼎彝器款识》。

乐器有铜编钟、石编磬和鼓、瑟、琴、笙、排箫、篪等八种，共124件，这是我国音乐史上一次空前的发现。乐器在墓中的放置情况是我国战国早期以前宫廷音乐生活的实际反映；中室的曲尺形大钟架上悬挂六十四件编钟（另有1镈）、磬架上悬挂三十二具编磬，钟、磬之间放置有七件瑟，排箫、笙、篪各二件，鼓三件，这是礼仪宴享时大型乐队乐器的配制；东室是放主棺的地方，有琴和瑟各五件随葬，这种乐器配置，是一般房中音乐用的。在编钟、编磬和钟架上，有关于音律方面的铭文达四千余字，这是保存下来的最宝贵的我国古代音乐文献资料。根据编钟铭文和对编钟的测音，以及编钟敲击工具的发现，并参考该墓出土的鸳鸯形漆盒上画的敲钟形象，对当时编钟的使用方法、音阶广度和楚音主调"商"等问题，都有了具体的了解。排箫、建鼓、琴、篪以及笙上用的竹簧片，挂编钟用的铜、木架，挂编磬用的铜架和建鼓用的铜座等都是非常重要的发现，大大丰富了我国古代音乐研究的内容。

铜器种类除编钟、编磬架构件、鼓座和杂器以外，主要是礼器，计一百多件。这批铜器中有大型的钟、鼓座和缶，有精细镂孔花纹盘、尊和壶，有造型独特的方鉴（冰酒器）。鹿角立鹤和钟磬架构件，是我国金属冶炼铸造史上难得的实物标本。金器有盏、勺、杯、器盖、带勺和弹簧等，金容器造型美观，花纹精细。大批金器，特别是金容器的出土，是已发掘的战国以前的墓中所少见的。以上铜器和金器充分证明了我国早在春秋战国时期，在金属冶炼、铸造和焊接诸方面都取得了卓越的成就。

大量的兵器主要重叠堆放于北室，计有戈、戟、矛、殳、弓、箭、盾、甲等多种，其中一些兵器为过去不见或少见的，如三戈一矛同柲的戟和殳。车马器中一种带矛的车軎也为过去所罕见，其作用当是在车战中使战车横冲直撞，以杀伤靠近的敌人。

玉器有璧、环、璜、琮、玦、佩等三百余件，其中一件用整块玉石镂孔透雕成三个活环连成一串，共十六节的玉佩挂饰，是古代玉雕中稀有的珍品。

漆器有案、几、长方盒、酒具盒、食具盒、鸳鸯形盒、豆等二百多件，是一批时代早、数量多的重要漆器。其中鸳鸯形盒、盖豆充分显示了当时的绘画技巧和雕刻水平。

在一件漆箱的盖面上画有青龙、白虎和朱书二十八宿名称的图象，这是研究中国古代天文学的重要文物，证明了二十八宿确是起源于中国，[1]中国二十八宿创立的时代，最迟在公元前5世纪之前。

竹简240多支，约6 600字，大都保存完整。内容记载了用于葬仪的车马以及车上的配件、武器、甲胄和驾车官吏等。简中出现的许多车马赗赠者和驭车者的官衔名称，如王、令尹、宫厩尹、连敖等，与楚国的官名相同，驭车者当然是曾国的官吏，赗赠者则很可能是

---

[1] 夏鼐：《从宣化辽墓的星图论二十八宿和黄道十二宫》，《考古学报》1976年第2期。

楚国官吏。不论属于哪种情况,都反映出该墓与楚的密切关系。

关于湖北境内的曾国,史书上没有具体的记载。而近年来,有关曾国的遗存,多次在京山、[1] 随县、[2] 枣阳[3] 一带发现,这次又发现了规模宏大的曾侯乙墓,这就为我们提出了一个探讨湖北境内曾国的问题。

六、江陵三座楚墓

1965年冬至1966年初,在江陵县境内的楚故都纪南城遗址之西北,相距约七公里的裁缝店附近,发掘了望山一号、二号和沙塚一号三座楚墓,出土了大批重要楚文物。[4]

三座楚墓比较大,地面有封土堆,为长方形土坑木椁墓,墓口有多级台阶,并有斜坡墓道。木棺椁都保存比较完好,为多层棺椁。椁四周用青灰泥填封,椁盖板上铺竹席。椁内用木料将椁室分成几个部分(椁箱)。棺呈长方盒状。人骨架尚存,为仰身直肢葬。随葬器物大部分放在前室和边室内。棺内只放随身武器和装饰品。

三座楚墓出土文物共约七百余件,包括竹简、铜器、陶器、漆木竹器、丝织品、玉器和铅、锡、骨、皮等质料的器皿。

望山一号、二号墓都出土了竹简,共约两千字。这是首次在楚故都附近发现的楚简。内容包括"遣策"和"祷辞"两类。望山二号墓出土的"遣策",记载的器物名称达几十种,这对考订当时楚国的器物名称有着重要作用。望山一号墓出土的"祷辞"是墓主人固患病时占卜和祷告的记录,记录了固患有多种疾病,还记录了楚国三个月份的代名。这些记录对于研究楚国的信仰、习俗和历法及古代的疾病,都有一定的意义。望山一号墓的简中还出现一些楚国王公的名号,这是考证该墓下葬年代的重要依据,对其他楚墓的考古分期也有十分重要的作用。

三座楚墓出土的铜器包括礼器、兵器、生产工具、生活用具、车马器等类,主要器形有鼎、敦、壶、镣壶、罍、鉴、箕、炭盆、樽、匜、勺、灯台、镜、剑、戈、矛、箭头、锛、削刀、夹刻刀、车軎、马衔、马饰、攀钉等。望山一号墓出土的著名的越王勾践剑,制作精美,剑格两面有花纹嵌以蓝色玻璃,剑身满饰菱形暗纹。虽在墓内泡于水中两千余年,仍无锈蚀现象,色泽如新,锋利未减。说明古人当时已能够合理掌握合金成分的比例而制作出韧而刚的杀伤

〔1〕 湖北省博物馆:《湖北京山发现曾国铜器》,《文物》1972年第2期。
〔2〕 鄂兵:《湖北随县发现曾国铜器》,《文物》1973年第5期。
〔3〕 湖北省博物馆:《湖北枣阳县发现曾国墓葬》,《考古》1975年第4期。
〔4〕 湖北省文化局文物工作队:《湖北江陵三座楚墓出土大批重要文物》,《文物》1966年第5期。

武器来，同时也可以看出当时所采用的防止金属锈蚀的措施是相当有效的。这把剑有鸟篆文"越王鸠浅自作用剑"八字，表明它是越王勾践的剑，它出自楚墓中，所以它又是探索楚越关系的实物。望山一号墓出土的错金银铁带钩、镂孔龙纹杯状器、错银车軎，望山二号墓出土的错漆铜樽、人骑骆驼灯台等器物工艺水平都很高，充分显示了我国在春秋战国时期的冶炼铸造、金属细工方面的卓越成就。

三座楚墓出土的漆木器种类分生活用具、乐器、兵器和丧葬用具等，其中主要器形有耳杯、盘、勺、豆、酒具盒、工具盒、奁盒、案、俎、木桶、镇墓兽、鼓、瑟、弓、盾、梳、伞盖弓等。漆器种类多，器形复杂，说明战国时期漆器业已非常发达，漆器已被广泛应用于社会生活的各个方面。但大部分仍为木胎，望山一号墓出土的漆削鞘，是目前发现的较早的一件夹纻胎漆器。许多漆器造型独特精巧；绘制花纹图案，线条细致流畅；雕刻各种形象，生动逼真；漆地均匀牢固，至今仍然鲜艳夺目。如望山一号墓出土的彩绘木雕座屏和沙塚一号墓出土的箭箙，运用透雕和浮雕相结合的手法，加上协调的色彩，把各种动物的形态，表现得栩栩如生，充分显示了古代劳动人民的丰富想象力和绘画雕刻的卓越才能。望山一号墓出土的虎座双凤悬鼓、彩绘双头镇墓兽、廿五弦漆瑟，望山二号墓出土的木俑等都具有浓厚的地方特色和时代风貌，是研究楚文化的珍贵文物。三座楚墓出土的竹器也很多，主要为笥、席、梳篦之类。席、笥多用细薄篾片编织。沙塚一号墓出土的彩绘编花竹席，篾上涂红漆和黑漆，并编织出工整优美的几何形图案，编织方法与今相同，可见我国竹器编织工艺有着悠久的历史。

三座楚墓出土的陶器有鼎、敦、簠、壶、簋、鬲、甗、镳壶、方尊、豆、鉴、罍、盂、罐、匜、勺、小高足壶、炭盆等；玉石器有璧、璜、瑗、佩、砺石等；其他质料的器物有绫、刺绣、皮方盒、料珠、铅饼、锡攀钉等；农作物产品有板栗、生姜、小茴香、瓜子、樱桃和梅的果核。还有鱼骨、鸡骨和猪、羊等兽骨。

这三座楚墓出土的各种质料的器类繁多的文物，生动地反映了楚国在冶炼铸造、陶器烧制、漆木竹器生产、丝绸纺织、骨石器加工等手工业以及科学技术、文化艺术、农业生产等方面的繁荣兴旺景象。楚国在我国历史上占有重要地位，它是春秋"五霸"和战国"七雄"之一，它哺育了我国古代伟大的诗人屈原。目前，随着我国文物考古事业的发展，对楚文化的研究问题已提到议事日程上来了。

江陵县北约五公里处的纪南城是楚故都郢的所在地。纪南城遗址是我国最重要的东周城址之一，已被列为全国文物重点保护单位。现地面上尚保存了土筑城垣，东西长约4 450米，南北宽约3 588米。城内有丰富的建筑台基、水井、窑址、冶炼等重要遗迹。城外四周有相当密集的楚墓，有高大封土堆的塚子就数以千计。毫无疑问，对楚故都及其周围楚墓的考古工作，在楚文化研究中具有举足轻重的意义。

过去对有高大封土堆的塚子了解不多，这次首次发掘了三座，说明这些塚子大部分都是楚墓，同时说明江陵楚墓不但保存情况比北方良好，而且文化特点十分明显，它出土的文物展现了楚文化的高度水平和独特的艺术风格。这三座楚墓对促进楚文化研究的开展，有着重大的作用。

七、云 梦 秦 墓

秦昭王二十八年（公元前279年），秦将白起率军南下"拔鄢、邓五城。其明年，攻楚，拔郢，烧夷陵，逐东至竟陵"。[1]秦占领楚的江汉地区以后，设置南郡，秦的统治势力到达湖北。1975年在云梦睡虎地发现并发掘了秦墓十二座，[2]其中二座有绝对纪年：七号墓为秦昭襄王五十一年（公元前256年）；十一号墓为秦始皇三十年（公元前217年）。因此，云梦睡虎地秦墓不仅弥补了江汉地区过去在考古资料方面缺乏战国晚期至秦代墓葬的状况，而且为江汉地区这个时期的墓葬分期树立了两个标尺。从而认识了我省发掘的其他一些秦墓。此外，依据十一号墓的《编年记》所载，墓主喜生前曾历任县御史、令史等低级官职，这又为考证秦代低级官吏的墓葬树立了另一标尺。这也有助于我们今后对这个地区墓葬等级分类进行考古综合研究工作。

云梦睡虎地十一号墓，[3]出土了1 150余支秦简，近四万字，这是我国考古史上首次发现的秦简。它的内容非常丰富，共有《编年纪》《语书》《秦律十八种》《效律》《秦律杂抄》《法律问答》《封诊式》《为吏之道》《日书》甲种和乙种等十种书籍。睡虎地四号墓还出土了木牍二件，共三百余字，内容为家信，这也是过去发掘中所仅见的。

秦简中记载了关于秦的统一战争，秦的中央集权制度、军事制度、法律制度，秦对农业、手工业和贸易的管理；统一度量衡和统一货币；医学和法家学说；"五行"学说等方面的一些情况和内容。还有涉及秦楚纪月之法的关系等问题。因此，它对于研究秦统一中国前后的社会政治、经济、文化等方面的状况都有着重要意义。

根据秦简可以看出秦代的社会主要矛盾，是地主阶级与农民阶级的矛盾，地主阶级占有全国的绝大部分土地以及牲畜、农具、种子和车辆等生产资料，并得到法律的保护；而农民阶级则受到田租、赋税和徭役的残酷剥削，他们在政治上是受压迫的。秦简还有三十

---

〔1〕《史记·白起王翦列传》。
〔2〕湖北孝感地区第二期亦工亦农文物考古训练班：《湖北云梦睡虎地十一座秦墓发掘简报》，《文物》1976年第9期；《湖北云梦睡虎地十一号秦墓发掘简报》，《文物》1976年第6期。
〔3〕《湖北云梦睡虎地十一号秦墓发掘简报》，《文物》1976年第6期。

多条关于"隶臣""妾"的规定,这不仅说明刑徒"隶臣""妾"的名称在秦代就已有之,而且说明秦代奴隶残余的严重存在。秦律把"隶臣""妾"同牛马一样看待。私家的奴隶被视为私有财产,秦律规定主人可以对奴隶擅杀和施加肉刑。另一方面秦律还规定了一些赎替、赎免及免除"隶臣""妾"身份,使之成为庶人的具体条件,这就在客观上起到了解放奴隶的作用。秦简是研究当时阶级关系的重要依据。在法律史上具有划时代意义的秦律,具体内容早已失传,这次所发现的秦简有一半以上是有关秦律方面的记载,内容相当丰富,这是我国已发现的最早的法律文献。而从其法律条文来看,名目繁多,规定苛严,触犯者,轻者罚以财物,重者就要沦为官府"隶臣""妾",直至被处死。这些残酷的法律,给广大农民带来了沉重的灾难,致使"赭衣半道,断狱岁以千万数"(《汉书·食货志》)。同时也促使农民不断进行各种形式的斗争,最后导致陈胜、吴广的农民大起义。秦简均为墨写隶书,字迹清楚。隶书的广泛运用,是秦始皇统一文字的功绩,隶书不仅在当时起了重要的作用,而且对后来汉字的发展也有重大影响。因此这些秦简在古文字研究方面也是十分珍贵的。

云梦秦墓出土的漆器品种有二十种以上,其中主要的有耳杯、卮、圆盒、盂、奁、长方盒、双耳长盒、勺、匕、扁壶、耳杯盒等。不同器形,采用挖制、削制和卷制等不同的制作方法。常见花纹有凤纹、鸟纹、云气纹、卷云纹、柿蒂纹等种。首凤形勺、彩绘漆奁盒、彩绘奔马壶等造型优美、制作精细、图案生动,具有明显的时代特点。不少漆器上有烙印、针刻的文字或符号,它反映了当时的漆器生产有着多道工序,分工已经较细,并实行"物勒工名"的制度。烙印文字中有"咸市""许市"等字样,第一次使我们知道秦代咸阳、许昌等地的漆器手工业是很发达的。

云梦秦墓的铜器中有铁足铜鼎、武士斗豹纹铜镜、蒜头壶等;陶器中有彩绘壶、茧形壶和带"安陆市亭"戳印的小口瓮等;木器中有六博棋、彩绘俑等。这一大批秦文物都在不同程度上反映了秦代的工艺水平、艺术特色和社会状况。

秦灭掉六国,结束了春秋战国时期的分裂割据局面,建立了统一的封建国家,这是中国历史上的伟大转折点。云梦秦墓所反映的埋葬制度、文化特征和人们的生活习惯,与楚墓极不相同,这是秦统一中国以后,采取了强有力的措施,在全国范围内推行了一系列中央集权制度,使当时整个社会发生了深刻变化的结果。

八、凤凰山西汉墓葬

1973年9月和1975年夏季,考古工作者先后两次在江陵县楚故都纪南城内的凤凰山发掘了西汉前期的墓葬八座。其中一六八号、十号、九号墓都出土了纪年竹牍和木牍,据考证一六八号墓时代为文帝十三年(公元前167年);九号墓时代为文帝十六年(公元前164年);十号墓时代为景帝四年(公元前153年)。[1]这一批纪年墓,在考古工作中是非常难得的。

除较大的一六八号墓有斜坡墓道和一椁重棺以外,其余皆无墓道,为一椁一棺。在一六八号、一六七号等墓的填土内接近椁顶部位发现有殉葬物,如陶瓮、陶碗、竹笥、木简等,竹笥内还有鸡骨、牛骨、果核等物。这些墓的棺椁接合方法有平放、套榫、扣接和暗榫等四种,椁盖板有的为两层,椁室内一般由横梁、立柱、门窗隔成主室、头箱、边箱三部分。一六七号、一六八号墓椁墙板上钉竹钉,作挂丝袋之用。棺都为长方盒形,内、外涂黑漆,棺缝也用漆密封。一六七号墓棺饰保存完好,由里外两层绣花绸绢棺罩和中间一床竹质编织物组成,下棺竹缆用朱红绢包裹。大多数棺内都残存防腐物质,棺底常见铺细砂、草木灰和谷壳。也有用丝织品包裹、捆扎尸体的现象。以上情况,不少属第一次发现,这对研究西汉初年的葬俗甚有价值。这些墓的随葬器物有竹木漆器、铜器、玉石器、丝织品、谷物、果类和牲畜等。一六八、一六七号墓各随葬了一组模型器物。一六八号墓的头箱内,用模型器物排列成了一个象征墓主出行时,前呼后拥的场面:前头为两俑各骑马开道,接着四匹马拉安车一乘,之后又是两俑骑马,最后为两匹马拉辎车一乘。安车和辎车上各插一伞,并有一俑赶车。马车当中簇拥着数十个木俑。在车外还有木船一条,船工俑五个。一六七号墓也有一组类似排列的模型器物,当中的俑有持戟、持梳、持盾、持绢、持锄、持篦、提斧的,车上的丝绸伞盖尚存。这些模型器物基本没有倒塌,还保持了原状,是两千多年前地主阶级的生活写照。

公元前167年下葬的一六八号墓保存了一具完好的男尸,但全身上、下无毛发。出土时仅在上身搭着一层已朽的薄白麻衣片,脚部置麻袜两双、麻鞋一双,口腔后部有白玉印一颗,印文为阴刻"遂"字。尸体浸泡在约十万毫升的绛红色液体中。经鉴定,液体沉积物为磷酸铵镁结晶,液体化验结果为碱性。通过此棺液浸泡现代人毛发试验结果证明:棺液对毛发有微弱的溶解作用。推测尸体下葬时有毛发,后因碱性液体长期浸泡而逐渐溶解消失。根据研究,该尸体之所以能够保存,原因是多方面的,与地质条件、墓坑深度、填土夯实并密封、棺内防腐物质等都有关,而重要的因素是防腐物质,恒温、恒湿、绝气缺氧的环境,使它的防腐作用持之以恒。

---

[1] 长江流域第二期文物考古工作人员训练班:《湖北江陵凤凰山西汉墓发掘简报》;《文物》1974年第6期;纪南城凤凰山一六八号汉墓发掘整理组:《湖北江陵凤凰山一六八号汉墓发掘简报》,《文物》1975年第9期;凤凰山一六七号汉墓发掘整理小组:《江陵凤凰山一六七号汉墓发掘简报》,《文物》1976年第10期。

这具男尸是继长沙马王堆一号汉墓出土女尸以后的又一次重大发现,证明我国早在二千多年以前,防腐技术已达到了极高的水平。在不同的地区、不同的条件、一些地位不是很高的人当中,都能采取不同的方法将尸体保存下来,这充分显示了我们祖先的聪明才智。这具尸体不仅对我们研究古代防腐、医学等方面有重要意义,而且对提高我们赶超世界科学文化水平的信心和勇气也有十分重要的作用。

凤凰山八、九、十、一六七、一六八、一六九号墓都出土了竹木简牍,计竹简548支、木简74枚、木牍9方、竹牍1方,共有文字约4 400字,都为墨书隶体。主要内容为"遣策"。凤凰山一六七号墓出土的74枚木简"遣策"放于棺顶的青灰泥中,基本上保持了原来卷放的位置,编列如初,部分联结木简的麻绳尚在。这些木简共有350余字,所记载随葬品的顺序是:车马、随从、奴婢、食品、陶器、丝麻织品、杂器等,这个顺序与随葬品放置顺序及名称都大致相符。这些"遣策"对于确定器物名称、用途和古文字的识别等方面都有不小作用。凤凰山一六八号墓的"遣策"中有"田者男女各四人大奴大婢各四人"的记载,反映了当时使用奴隶种田的情况仍然存在。凤凰山十号墓出土的简牍内容有赋税、刍稿、贷种实、徭役、经商和遣策等项,主要是墓主张偃生前参与在平里、当利、市阳、郑里等地收租、收税、派徭役等活动和从事官府商业活动中留下来的账单契约。这些简牍记录了西汉前期乡村中地主阶级对农民进行盘剥、压迫的一些具体情况和商贩的一些活动情况,反映了两个对立的阶级:地主阶级与农民阶级之间的矛盾。地主阶级对农民的剥削和压迫是非常残酷的,贫苦农民除了向统治者缴纳各种规定的赋税以外,每月还要缴纳名目繁多的苛捐杂税。例如《赋税》简中,除"口钱"(人头税)外,还有"吏俸""传送""转费""缮兵"等项;又如《刍稿赋》简中,有每户收一石的"户刍",每亩收一升的"田刍",每亩收半升的"田稿"等。根据《贷种实》简记载:郑里有25户农民,劳动力(能田)共69人,平均每个劳动力(能田)有田8.4亩左右。《汉书·食货志》记载,当时一般农民五口之家二人能田,可治田百亩,而《贷种实》简中所记农民占有土地数量,远远不足此数。《贷种实》简记载的是郑里农民借贷种子的情况,当时农民种田,甚至种子都要借贷,可见当时农民的悲惨生活境遇。"贷种实"实际上还是一种高利贷的剥削,收获以后要加倍偿还的。简牍还可以看出:不仅男子要负担各种徭役,妇女也要被征去服徭役,无劳动力的还要用驹代替。可见西汉时期所谓的"文景之治"是建立在对劳动人民沉重剥削、压迫之上的。

凤凰山西汉墓出土的漆器共约五百件,这些漆器在秦代的基础上又有新的发展,例如器形方面增加了圆壶、平盘、匜、笥等;在花纹方面出现了神人、神兽的图案;在胎骨方面夹纻胎的数量增加。彩绘大扁壶、彩绘大圆盒、三鱼耳杯、大型卮、龟盾等都是非常精美的代表作。漆器上也有许多针刻、烙印文字,还有漆书。凤凰山出土的漆器烙印文中有"成市草(造)"等字样,说明它们是蜀郡成都市府所管辖的漆器作坊的产品。西汉前期的漆器,无论胎质、器形,还是花纹图案,或是其商品性质都超过了前代。汉武帝以后的墓中,漆器逐渐减少,说明西汉前期是我国古代漆器生产的高峰。

凤凰山西汉墓出土的各种木俑,如随从奴仆俑、室内侍女俑、生产奴婢俑等,根据它们身份的不同,形态、装束、彩绘、佩带物皆各不相同;生产工具,如木质模型锄、锸、二齿耙、斧和缝衣钢针等;交通工具,如轺车、安车、牛车、船(都为木质模型)等;文书工具,如笔、墨、砚、牍、削刀等;度量衡用器,如天平衡杆、铜砝码、木尺、步弓、算筹等;娱乐玩具,如六博棋等;丝织品,如各种服装、鞋袜等;农作物果实,如稻穗、小米、油菜籽、生姜、甜瓜籽、梅、杏、栗、红枣等一大批文物,都具有很高的科学研究价值。

建国三十年来,湖北省文物考古工作中的多次重大发现,说明了长江流域也和黄河流域一样,有着悠久而发达的古代文化。同时也说明了我国南、北方之间的文化,从很早的时候起,就已融为一体,组成不可分割的中华民族文化。

(原载《华中师院学报》(哲学社会科学版)1979年第4期;署名:湖北省博物馆)

三峡的重大考古发现

　　我国文物考古工作在配合长江三峡大型水利建设工程中，获得了许多重要收获。中央和川鄂等省及长办的文物考古工作者，四川大学、南京大学、武汉大学等大专院校考古专业师生，大约从50年代开始就在三峡两岸及其支流谷地做了一系列的文物调查、保护、搬迁和考古钻探、发掘工作。这些工作大致可分为三大阶段。一、准备阶段。主要有50年代末60年代初的文物普查与古遗址的初步发掘工作，其中以四川巫山大溪遗址的发掘规模最大。通过这些工作，我们对三峡地区的文物古迹、古墓葬、古文化遗址有了一个初步了解，为有计划地配合工程施工做好文物保护、搬迁和考古发掘创造了必要条件。二、配合葛洲坝工程阶段。大约从60年代末开始至80年代初，对葛洲坝工程坝区及库区的文物古迹，除多次复查外，进行了大规模的发掘、搬迁、维修加固等工作，还开展了崭新的水文考古工作，为工程建设服务提供了先例。考古发掘的主要项目有宜昌前坪（包括葛洲坝、后坪等）战国两汉墓葬、巴东西瀼口战国东汉墓葬；文化遗址有秭归柳林溪、朝天嘴、龚家大沟、官庄坪、鲢鱼山，宜昌中堡岛、杨家湾、三斗坪、清水滩、白庙子、小溪口、路家河等。三、三峡大坝施工前期阶段。自1984年以来，在国家文物局的直接领导和参与下，考古工作者集中在三峡工程坝区开展全面发掘和部分整理工作。在西至太平溪、东至下岸溪的西陵峡两岸共有古遗址和文物采集点约40处，被国家文物局列为重点发掘的有朝天嘴、中堡岛、白庙子和杨家湾等4处遗址，其他比较重要的遗址还有窝棚墩、三斗坪、白狮湾、伍相庙、下岸、路家河、上磨垴、苏家坳、杨家嘴等。通过三十多年的艰苦工作，取得了多方面的成果。其中有六项重大考古发现。

一、湖北地区最早的新石器时代文化

　　在配合葛洲坝工程期间的1981年春，湖北省博物馆考古部在秭归柳林溪遗址下层发现了一种新的史前文化遗存[1]（下称柳林溪遗存），后来归入城背溪文化，是湖北境内首次发现的一种新石器时代早期文化。

柳林溪遗址坐落于西陵峡北岸一处地势较高的坡地上，西距秭归城关37公里，扼崆岭峡东口，为西陵峡东段古遗址密集区的西端。遗址四周峻岭重叠，遗址范围约6 000平方米，堆积上层为东周楚文化遗存，[2]下层（第四层）为新石器时代早期遗存。下层堆积集中于现代民房东侧橘林中。发掘点在遗址北部，开方面积110平方米。堆积下层（第四层）为黄色土，夹风化小石粒红斑。距地表深90-299厘米，厚35-140厘米，呈洼窝状分布。土质坚硬，内含较丰富的鱼、兽骨（多为骨灰），而草木灰少见。除遗址中有一凹洼地之外，未见其他遗迹。遗物大都集中出土于凹洼地内，主要有陶器和石器。陶器多为粗陶，胎壁厚薄不一，手制，胎内以夹砂为主，占80%以上。也有一部分夹骨、炭末，质地都较坚硬。陶色红，略带褐。还有一些泥质磨光陶，红色或浅黑色，红陶衣多施于器物口沿。已见到较多的彩陶片，约占全部陶片的1.5%。基本纹饰为较细的浅绳纹，绳纹陶片占全部陶片的80%以上。还有线纹和刻划纹、戳印纹、锥刺纹等。在较精致的盛器上有刻划篦齿纹。器类器形较简单，基本器形有罐釜、钵盘、支座三类，也出现簋碗类（图一）。造型特点为弧腹、直口或侈口、圜底，也可以看到小圈足器和微卷沿器。而型式多样的支座为别处少见。支座为手捏制，红陶。有低火候的泥质支座，也有较高火候的夹砂支座，以瘦高的猪嘴形和蘑菇形为多，圆饼弧面顶，柱体有圆柱形、圆锥形、方柱形、束腰柱形、上圆下方形、带座形等种。柱底有深窝、浅窝和无窝的。顶面和柱体表而多有花纹，有压印细绳纹、刻划斜线纹、直线纹、曲线纹、人字形纹、放射状纹、波浪纹、戳印点纹、圆窝纹，还有花边纹等。这些花纹往往组成几何图案。石器大部分为河滩砾石打制加工而成，先将鹅卵石打成厚薄大小不一的石片，然后在石片两侧精心琢制，再在薄端磨制成刃。这种石器一般不够规整，大小形状不一，往往一面保留砾石原始面，另一面保存打击破裂自然面，两侧存在明显雕琢凹窝。主要

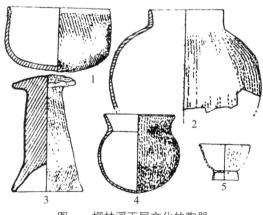

图一　柳林溪下层文化的陶器

1. 钵（柳T4④：1）　2. 瓮（柳T4④：22）
3. 支座（柳T4④：6）　4. 釜（朝T4⑪A：94）
5. 碗（朝T4⑳：83）

〔1〕　文物编辑委员会编：《文物考古工作十年（1979～1989）》，文物出版社，1991年，第192-193页。
〔2〕　湖北省博物馆江陵考古工作站：《1981年湖北省秭归县柳林溪遗址的发掘》，《考古与文物》1986年第6期。

器形有斧、小斧、小锛、凿、刮削器、盘状器、石球等。还出土南方少见的石磨盘(无足)、磨棒等碾磨器具。

柳林溪遗存发现以后,引起了两湖和北京考古界的高度重视,联系当时湘北和鄂西一带零星见到的早于枝江关庙山大溪第一期遗存,认为是一种早于大溪文化的一种新的考古学文化,时代属新石器时代早期[1]或中期,[2]年代距今 7 000 年以前。1983 年三峡以东不远的宜都城背溪、枝城北、金子山,枝江青龙山等一批同类遗存被相继发现。以城背溪遗存最丰富、最典型,将这类遗存统称为城背溪文化。[3]1984 年至 1986 年三峡工程前期准备工作期间,国家文物局和湖北省组织的三峡考古队,在西陵峡东段古遗址密集区(三峡大坝施工区)的宜昌路家河、三斗坪、[4]窝棚墩、[5]秭归朝天嘴[6]等遗址中又发现和发掘了这类遗存。《人民日报(海外版)》、香港《大公报》和《文汇报》[7]等报纸对秭归朝天嘴的发掘曾作了"发现七千年前原始文化""证明长江流域同样是中华民族摇篮"的报道。在朝天嘴发掘的新石器时代一期文化,[8]有陶器、石器和骨器。陶器可以看出为泥片贴筑法手制——新发现的一种最原始的制陶法,以夹砂、夹蚌红褐陶为主,约占全部陶片的80%。器形有罐、釜、壶、钵、碗、盘、支座等,以圜底釜、支座最多。绳纹陶片占全部陶片的70% 左右。绳纹的特点是布满从口沿到底部的全部器物表面。石器中,以斧、锛、铲、凿占多数,也应用打、琢、磨相结合的加工制造技术,已发现少量钻孔器。骨器有锥和镞。在路家河、三斗坪和窝棚墩三个遗址也采集到与朝天嘴一期相同的遗物,时代都与柳林溪遗存相当。

对比城背溪、枝城北,湖南澧县彭头山、[9]石门皂市等遗址的长江中游地区新石器时代早期文化资料,以柳林溪、朝天嘴为代表的三峡新石器早期遗存具有一定的地域特点。例如石器、骨器较丰富,陶器中夹砂或夹骨末陶较多,夹炭陶较少,未见三足器和大圈足器(如未见城背溪常见的圈足盘),支座较多。这些特点与当时三峡地区的生态环境和人类经济生活相关。在这类遗址文化层中、遗物中或陶胎中都有较多的兽、鱼、蚌残骸。1971

〔1〕 严文明:《中国史前文化的统一性与多样性》,《文物》1987 年第 3 期。
〔2〕 严文明:《略论中国文明的起源》,《文物》1992 年第 1 期。
〔3〕 杨权喜:《试论城背溪文化》,《东南文化》1991 年第 5 期。
〔4〕 1984 年湖北省博物馆曾发掘柳林溪、城背溪、枝城北等遗址的主要业务人员,在路家河、三斗坪两遗址复查时发现有城背溪文化的陶片。后来没找到相应的文化堆积,大概由于葛洲坝断流后水位升高和修筑码头等原因,遗址全部已遭破坏。
〔5〕 文物编辑委员会编:《文物考古工作十年》,文物出版社,1990 年,第 193 页。该遗址位于白庙子东侧,河漫滩上有城背溪文化的"再次堆积"。而在遗址发掘中,只见到大溪及大溪之后的文化层。
〔6〕 国家文物局三峡考古队:《湖北秭归朝天嘴遗址发掘简报》,《文物》1989 年第 2 期。
〔7〕 三种报纸的日期均为 1987 年 1 月 22 日,分别为第四版、第一版和第三版。
〔8〕 国家文物局三峡考古队:《湖北秭归朝天嘴遗址发掘简报》,《文物》1989 年第 2 期。
〔9〕 湖南省文物考古研究所等:《湖南澧县彭头山新石器时代早期遗址发掘简报》,《文物》1990 年第 8 期。

年，湖北省博物馆文物工作队在葛洲坝工程区的三江河床下约5米深处，发掘出一批巨大古树，年代距今7 000多年前，[1]说明新石器时代早期三峡一带森林密布，野生动物繁多，狩猎、捕捞在人们经济生活中占有突出地位。

三峡柳林溪遗存的发现，在我国新石器时代考古中具有重大意义，它揭开了湖北地区新石器时代早期考古的序幕，将本地区新石器时代文化向早推前了一两千年，也是大溪文化渊源探索的重大突破；为阐明长江流域，特别是举世瞩目的三峡也是中华民族文化的策源地找到了依据。

二、发达的大溪文化

大溪文化是1959年在三峡的四川巫山大溪遗址首次发现的，并以该遗址名命名。如今学术界对大溪文化的特征、分布、类型和分期都有了较深层次的认识。西陵峡谷是大溪文化分布的主要地区之一。在西陵峡谷发现的多种考古学文化中，以大溪文化最为发达。不但遗址分布密集、堆积厚而叠压关系复杂，而且出土的遗迹遗物丰富，文化特征明显，延续时间最长。

大溪文化在三峡的分布主要在西陵峡两岸较平缓的坡地上，目前发现的最西的遗址为巫山大溪，最东的遗址是宜昌清水滩，重要遗址有宜昌中堡岛、[2]三斗坪、[3]杨家湾、[4]清水滩、[5]伍相庙、[6]白狮湾、[7]秭归龚家大沟、[8]朝天嘴、[9]巫山大溪[10]等9处，其中有6处集中于伍相庙至杨家湾约长7公里的江段上，保存最好、面积最大的遗址是三峡大坝坝基——中堡岛。遗迹有房屋、灰坑、灰沟和墓葬。房屋大都破坏严重，一般仅存部分基槽

---

〔1〕 中国社会科学院考古研究所：《中国考古学中碳十四年代数据集（1965-1981）》，文物出版社，1983年，第169页。

〔2〕 湖北省宜昌地区博物馆等：《宜昌中堡岛新石器时代遗址》，《考古学报》1987年第1期；国家文物局三峡考古队：《湖北宜昌中堡岛遗址发掘简报》，《文物》1989年第2期。

〔3〕 中国考古学会：《中国考古学年鉴·1987》，文物出版社，1988年，第198页。

〔4〕 宜昌地区博物馆：《宜昌县杨家湾新石器时代遗址》，《江汉考古》1984年第4期；中国考古学会：《中国考古学年鉴·1987》，文物出版社，1988年，第195页。

〔5〕 湖北省宜昌地区博物馆等：《宜昌县清水滩新石器时代遗址的发掘》，《考古与文物》1983年第2期；武汉大学历史系考古专业：《清水滩遗址1984年发掘简报》，《江汉考古》1988年第3期。

〔6〕 湖北省博物馆江陵考古工作站：《宜昌伍相庙新石器时代遗址发掘简报》，《江汉考古》1988年第1期。

〔7〕 中国考古学会：《中国考古学年鉴·1987》，文物出版社，1988年，第199-200页。

〔8〕 湖北省博物馆考古部：《秭归龚家大沟遗址的调查试掘》，《江汉考古》1984年第1期，

〔9〕 国家文物局三峡考古队：《湖北秭归朝天嘴遗址发掘简报》，《文物》1989年第2期。

〔10〕 四川长江流域文物保护委员会文物考古队：《四川巫山大溪新石器时代遗址发掘记略》，《文物》1961年第11期；四川省博物馆：《巫山大溪遗址第三次发掘》，《考古学报》1981年第4期。

或局部红烧土基，整体形状不明。灰坑和灰沟较常见，灰坑有圆形和椭圆形等规整窖穴，而以不规则形的垃圾坑最多。在遗址中，一般都有弯曲迂回的灰沟，从高而低入江中，近江边的覆盖层很厚，有的厚达3米以上。在灰沟中还往往有回流凹窝。墓葬最为重要，共发现250座以上，多分布于遗址地势较低的江边处。墓坑多较浅较窄，大体呈椭圆形，坑壁大都不明显。葬式较复杂，有蜷、蹲、仰身屈肢、仰身直肢、侧身屈肢、侧身直肢、俯身直肢等多种葬式。有的肢体弯曲度很大，尸体应经被捆绑处理。中堡岛3号墓为一坑7尸的乱葬墓，其中有6男1女，骨架均混乱，多数骨骼不全，头骨非缺即残，似将尸体支解后弃埋的。时代较早的墓，尸体蜷曲的程度较大，墓坑有的呈窝状，尸体以坐式、蹲式、跪式掩埋，坑内见不到随葬物或只有鱼、蚌、卵石之类的与水相关之物。时代较晚的墓，骨架比较自然，卧式直肢或微屈肢，随葬品明显增加，数量最多者达30余件，器料除石器、陶器外，还有骨、兽牙、蚌、玉、绿松石等，包括生产工具、生活用器、装饰品等类。生产工具有石斧、锛、凿、铲、骨锥、针、矛、凿和陶纺轮等；生活用器有陶罐、碗、簋、豆、钵、圈足盘、曲腹杯、瓶、器盖、器座等，有的为彩陶；装饰品有玉璧、玦、璜、石镯、璜、耳坠、珠和蚌珠、骨镯、牙镯等。据随葬品出土的位置可知，鱼有的放在死者身上，有的放在脚旁，有的用双手拥抱，有的含于口中，还有的手捉乌龟；陶器置于胸上或头两侧，也有放在身侧和脚部的，纺轮往往挂在肩上；石器枕于头下或置于肩上，小石器多出于头顶、胸和腹部；装饰品乃佩戴于死者的装饰部位上，镯套在手腕上，耳坠在耳部，串珠绕颈，佩饰多在头、腹部。而陶环除成串套在臂上外，还有成串挂在肩上的。值得注意的是白狮湾墓葬的坑边上，大都有一块不规则的长形石头，应是埋葬标记。

大溪文化的年代距今约5000年至7000年前，属于新石器时代晚期早段，其年代分期，目前还没有统一的认识。三峡出土的大溪文化遗物与柳林溪遗存相比，显得丰富多彩，无论是石器、骨器，还是陶器都发生了重大变化，反映出该地区已进入了社会发展的新阶段。石器普遍通体磨制，形制相当规范化，以斧、锛、凿、小斧、小锛最见。陶器为泥条盘筑成型，出现大量质地细腻而表面平整光滑的形体较小巧的器皿，以红衣陶，磨光陶、彩陶，线纹、戳印纹、锥刺纹、刻划纹，圈足器、支座、器座、大型圜底器等构成显著文化特色。小型斧锛、大型石坠、箭镞、纺轮等专业性器物的出土，表明组成峡区农业经济的竹木加工、渔猎、纺织等辅助经济的繁荣和发展。色彩斑斓的彩陶花纹图案、大量的陶器刻划符号[1]多种类的装饰品、具有代表性工艺水平的玉石璧璜玦等则是探讨当时人类意识形态、文化艺术和文字形成的重要资料。

---

〔1〕宜昌地区博物馆：《宜昌杨家湾遗址的彩陶和陶文介绍》，《史前研究》1986年第3-4期；余秀翠：《宜昌扬家湾在新石器时代陶器上发现刻划符号》，《考古》1987年第8期。

三峡首次发现大溪文化,是长江中游地区继发现屈家岭文化之后的又一重大考古突破。三十多年来,大溪文化成为我国新石器时代考古的重要内容,也是学术界研讨长江流域文明和追溯楚文化渊源所高度重视的一支古老的考古学文化。

三、屈家岭文化的一个类型

屈家岭文化是江汉平原一种典型的新石器向铜石并用过渡阶段的文化,年代距今约5 000年,分布中心在汉水之东的京山、天门一带。目前已发现了多处屈家岭文化城址,屈家岭时代是长江中游地区社会突变的重要时期。在三峡的中堡岛、杨家湾、清水滩等遗址的发掘中,发现了一种具有屈家岭文化特征的文化遗存叠压于大溪文化遗存之上。在峡东,70年代发掘的宜都红花套、松滋桂花树、枝江关庙山等遗址中和湘北的同类遗址中也有相同的情况。

三峡发现的这种具有屈家岭文化特征的遗存,目前仅见3处,分布范围西不越过中堡岛,一般堆积较薄。已发现了房屋、墓葬、灰坑等遗迹,杨家湾发掘了一批屈家岭墓葬,这些墓葬与白狮湾的大溪墓葬相比,形制近似,表明两者有因袭关系,但器物特征表明这些墓已进入了屈家岭文化阶段。三处遗址出土的遗物有陶、石、骨器等,还有少量玉、角器。陶器中,已出现轮制;黑、灰陶最多,有蛋壳陶;器表以素面居多,纹饰有弦纹、篮纹和彩绘花纹等;器形有双腹豆、弧壁圈足碗、敛口斜壁碗、蛋壳彩陶杯、高足杯、壶形器、盂形器、鸭嘴形或凿形足鼎、折腹缸、高纽器盖、陶环、彩陶纺轮、米字纹陶球等(图二)。陶器中具有屈家岭文化的基本特征。

对三峡及峡口以东这种遗存的发现,十多年来学术界一直存在不同的看法,从而引发出长

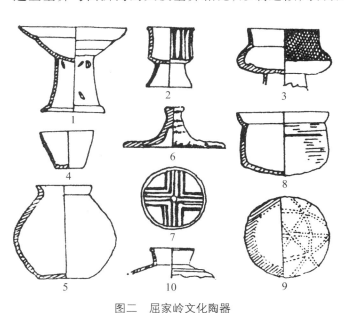

图二　屈家岭文化陶器

1.豆(清T14⑥:34) 2.高足杯(清T15⑥:25) 3.壶形器(清T1⑥:33) 4.杯(清T15⑥:32) 5.罐(清T15⑥:29) 6.器盖(中T1④:3) 7.纺轮(中T9④:20) 8.缸(中T4④:194) 9.陶球(中T3④:124) 10.罐(清T15⑥:115)

江中游地区新石器文化研究的重大课题。[1]关于这种遗存与屈家岭文化、大溪文化的关系，笔者认为，首先应从中国新石器文化谱系的角度进行考察，这关系到对文化的区域特性和时代特点的认识和文化定名、类型称谓等问题。鄂西（包括三峡）地区是长江中游新石器文化区的一个亚区，[2]兼旱地农业、稻作农业与狩猎经济于一体的较特殊的文化区，继大溪文化之后而相当于屈家岭文化发展阶段所存在的一种遗存，也正处于新石器向铜石并用过渡阶段的文化。鄂西从城背溪文化开始就有自成体系的文化，因此可考虑另取名称。而由于鄂西与江汉平原连成一片，它们之间不但有相近的地理环境和气候条件，而且都发现有较早的具有共性的新石器文化，因此也不妨叫屈家岭文化鄂西（或中堡岛）类型。它的发展源流与典型屈家岭文化（或屈家岭文化汉东类型）自然为并列关系，它的特点是既具有屈家岭文化的基本特征，又具有大溪文化的历史传统。

屈家岭文化的这个类型在三峡的发现，对研究屈家岭文化的发展传播和探讨屈家岭文化与大溪文化的关系都具有重要意义，它填补了三峡新石器时代文化的一个缺环，同时从屈家岭文化分布的角度证明三峡属长江中游新石器文化区。

四、具有特色的白庙子遗存

白庙子遗址位于中堡岛与杨家湾两遗址之间的西陵峡南岸，其南地势逐渐升高，有山谷、坡地和高山，坡地多垦为农田，植有大量柑橘；其东、西两边均有溪水注入江中。遗址坐落于两溪之间的山坡脊上，有两条明显的古代冲沟堆积带绕遗址而下至一级台地伸向江边。考古调查在冲沟口河漫滩能采集到不少精致石器和大块陶片。1979年的发掘，位置在一级台地上，所见堆积属冲沟堆积，不见遗迹，称"再次堆积"。[3]1985年以来，对白庙子进行了三次较大规模发掘，发现遗址大部分被公路、白庙基址和梯田破坏，残存面积不大，出土了一组较系统的遗迹遗物。

主要遗迹有房屋、灰坑、沟。房屋有两种，一种为平台基式，有生活活动面、红烧土堆积和柱洞；另一种结构形式不清楚，在一处陡坡脚下的文化层中发现了四个柱洞，呈四角分布，打破了文化层和生土层，推测可能为"干栏"式建筑或"吊脚楼"房基。

主要遗物为石器和陶器。石器以磨制精致的小型石器和带槽沟的大鹅卵石（石坠或

---

〔1〕 参阅林春：《长江西陵峡远古文化初探》，《葛洲坝工程文物考古成果汇编》，第二部分，武汉大学出版社，1990年，第33页。

〔2〕 苏秉琦：《苏秉琦考古学论述选集》，文物出版社，1984年，第229页。

〔3〕 湖北宜昌地区博物馆等：《湖北宜昌白庙遗址试掘简报》，《考古》1983年第5期。

石锚?）最具特色。陶器的文化面貌比较清楚，以深灰陶为主，纹饰以细绳纹、方格纹最多，篮纹、叶脉纹、弦纹、刻划纹也可以见到。数量较多的器物为大口深腹小平底罐，是该遗存的基本炊器。这种罐分大、中、小型，无论大小型都有烟炱痕迹。其口沿有两种，一种为圆唇卷弧形，一种为尖唇仰折形。后一种口沿类似早期"楚式鬲"的口沿。其他炊器有少量的鼎、甑。鼎为罐形鼎，足有扁长方形和扁锥形之分，并用以正装和侧装。甑，为通底式盆形甑。鼎、甑均为仰折宽沿，具有承盖作用。盖呈倒覆的斜壁碗形，纽为平顶圆形。其他主要器形有圈足盘、豆、敛口钵、碗、单耳杯、平底杯、直领瓮、粗陶卷沿瓮、尖底缸、器座、纺轮等（图三）。这批陶器以平底器、圈足器为多，不见袋足器，少见三足器。

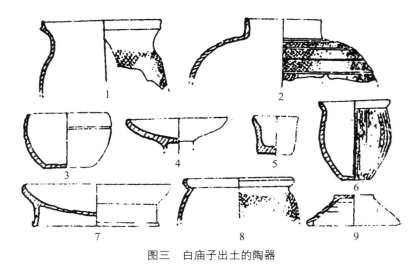

图三　白庙子出土的陶器

1. 深腹罐（79T1⑤：3）　2. 直领瓮（79T2③：20）　3. 敛口钵（79T2③：12）　4. 豆（79T2③：24）
5. 杯（79T2⑤：10）　6. 侈口罐（79T1④：41）　7. 圈足盘（79T2④：14）　8. 鼎（79T2⑤：4）
9. 器盖（79T1⑤：8）

白庙子出土的陶器中，有鼎、甑、圈足盘、豆、直领罐、高领瓮、尖底缸等器皿，无论是形态还是纹饰，都与峡东宜都石板巷子、当阳季家湖等遗址出土的相当于铜石并用时期的陶器类同，因此白庙子遗存可归为长江中游地区的石家河文化季家湖类型（分布于鄂西的相当于中原龙山时期的一种文化类型），其相对年代可能偏晚，距今约4 000年前。白庙子遗存与石板巷子等遗址的季家湖类型文化相比，其陶器又有区别，这表现在细绳纹较多、罐为主要炊器和鼎等一组器物数量较少、不见袋足器、不见红陶杯等方面。

白庙子是目前发现的三峡地区铜石并用时期的一处最大遗址。除此遗址以外，下岸遗址也是同一时期的遗址，但其保存面积较小，出土遗物不多。中堡岛也见到过零星陶片。白庙子遗址的发现和发掘，对说明三峡地区原始文化的发展变化和延续年代、了解石家河文化分布的西界均有着重要意义。

五、西来的早期巴文化

在鲢鱼山、朝天嘴上层、上磨垴、伍相庙上层，路家河、中堡岛上层、三斗坪上层、白狮湾（上）、杨家嘴等遗址中普遍发现有属巴蜀文化的遗存，应为早期巴文化。

这类遗存分布于峡江两岸窄长的沿江地带，一般靠近溪沟入江的两边台地上，地势大都偏低。主要遗迹仅见数量不多的房屋、墓葬。上磨垴暴露了一座小型长方形房基，保存两间，墙用石块砌成。杨家嘴共发掘墓葬10座，[1]除一座墓向头朝南外，其余皆头朝西；均为仰身直肢葬；一座墓在死者两耳下方共放大、中、小三对石玦，一座墓出陶罐一件，其余八墓均无随葬物。出土遗物以三斗坪上层、路家河、朝天嘴上层、中堡岛上层、杨家嘴为多。石器明显减少，有磨制的大型条状石斧和打制的大型蚌壳状宽弧刃石片。陶器以夹细砂褐陶为主。[2]纹饰有绳纹、方格纹和橘皮纹，橘皮纹为特有纹饰。基本炊器是小中型的侈口圆腹圜底罐，胎质坚硬，饰绳纹或方格纹。其他炊器还有上大下小的圆筒形甑，上沿平折，下沿有固定箅子（另制）的孔眼，饰橘皮纹和凹弦纹；主要盛器有橘皮纹圜底盂、深腹细柄豆、云雷纹高圈足豆；储藏器有尖底缸、瓮；袋足器有较多的夹细砂褐陶鬲。以上各器均具有独特作风，与当地原始文化传统存在一定联系，同时吸收了中原文化的某些因素。而能辨明文化属性的一组器物最为重要，包括斜腹小底罐、灯座形器、薄胎尖底直口杯、高柄浅盘豆等。这些器物都为四川成都平原三星堆文化的典型器物，[3]与西来的人群（他们死后埋葬头朝西也可证明）相关。具有三星堆文化典型器物的这类遗存，可归为巴蜀文化。在峡口以东，宜都至江陵江段两岸也较普遍发现这种巴蜀文化遗存，例如在向家沱、毛细套、红花套、城背溪、花庙堤、荆南寺等遗址的晚期堆积中都见到以斜腹小底罐、灯座形器为代表的一组器物。据这类遗存的地层关系和三星堆文化的分期，以及碳十四测定的年代（BK85054，宜昌三斗坪T2④木炭，距今2 990年±1 000年），[4]其相对年代约为夏至西周初年。

笔者在《略论古代的巴》[5]《荆楚地区巴蜀文化因素的初步分析》[6]《关于巴、濮若干问题探讨》[7]等文章中，将三峡及其东部发现的巴蜀文化，称为该文化的三斗坪类型，即

---

〔1〕 湖北省博物馆：《宜昌县杨家嘴遗址简况》，《江汉考古》1985年第4期。

〔2〕 杨权喜：《西陵峡商周文化的初步讨论》图一，《中国考古学会第七次年会论文集》，文物出版社，1989年。

〔3〕 四川省文物管理委员会等：《广汉三星堆遗址》，《考古学报》1987年第2期。

〔4〕 北京大学考古系碳十四实验室：《碳十四年代测定报告（八）》，《文物》1989年第11期第91页，倒数第七个数据。

〔5〕 杨权喜：《略论古代的巴》，《四川文物》1991年第1期。

〔6〕 杨权喜：《荆楚地区巴蜀文化因素的初步分析》，《三星堆国际学术讨论会论文集》，1992年。

〔7〕 杨权喜：《关于巴·濮若干问题探讨》，《湖北省考古学会论文选集（二）》，1991年。

属早期巴蜀文化，它存在于商周时期称为"濮地"的峡江、清江的窄长水域。引《山海经》《华阳国志》《后汉书》《水经注》等古籍及有关疏释，以及出土的有关文字资料印证，提出不成熟的看法，认为由四川以三星堆为代表的原始文化发展而来的巴蜀文化，应为巴、蜀两族祖先共同创造的文化。大约相当于夏代前后，在成都平原与蜀族共同生活的巴族的一支，顺长江支流而下，东进三峡，在三峡临江而居，史称"巫蜑"，是一支水上居民。巫蜑中的巴氏与清江的群蛮结合成为"廪君巴"。"廪君巴"即巴国之先，也就是创造三斗坪类型考古学文化——早期巴文化的主体。

三峡早期巴文化是长江上游巴蜀文化的基本组成部分，是研究巴与蜀关系、巴蜀与荆楚关系的重要资料。它的发现，在追溯巴文化渊源等方面具有重要意义，同时从反面否定了长期争论不休的楚国早期都城丹阳"秭归说"。

六、三峡地区的楚文化

在官庄坪、柳林溪、龚家大沟、小溪口、苏家坳、白庙子、朱家台、西湾、周家湾等遗址（前三处遗址属秭归县，后六处遗址在宜昌县境内）和宜昌前坪、葛洲坝，巴东西瀼口，秭归卜庄河、茅坪、香溪镇、城关西等墓区中都发现了西周至战国的文化遗存。这些遗存与以当阳、江陵为中心的沮漳河流域同期文化相比，具有大同小异的特点；与早期巴文化遗存相比，只存在时代上的衔接关系，而没有内在的因袭关系。

据《华阳国志·巴志》等书记载"武王克殷，以其宗姬封于巴"，"都江州（今重庆）"，说明商朝灭亡后，巴地成了周朝直系统治区，巴的活动中心已从鄂境西移至川东。又据《史记·楚世家》《水经注·江水》等书及有关注释记载，西周早期楚首领熊渠封嫡嗣熊挚于夔，后发展成为楚国的附庸国，史称夔国。夔亦作归，即今秭归。《太平寰宇记》载，夔之西境抵川东巫山县。古文献和考古学文化相对应，正说明大约从西周早期开始楚人的一支便进入三峡，此后的文化当归入楚文化发展系统，三峡也应是楚文化的策源地之一。

三峡地区楚文化的发展，可分成两大阶段。第一阶段为西周至春秋早期，即夔国统治时期。这个阶段的遗存可称为夔国文化，[1]并划归楚文化体系形成之前的早期楚民族文化，[2]在上述官庄坪（第六层）等遗址中都可以看到。遗迹有灰坑、灰沟，遗物有陶、铜、石器等。铜器有靴形斧和刀。陶器特点表现较充分，总的作风与早期巴文化截然不同。夹

---

〔1〕 杨权喜：《西陵峡商周文化的初步讨论》第二类遗存，《中国考古学会第七次年会论文集》，文物出版社，1989年。
〔2〕 杨权喜：《早期楚民族文化的探索》，《楚文化研究论集（第三集）》，湖北人民出版社，1994年。

砂褐陶和夹砂红陶各约占40%和35%,中粗绳纹占70%以上,以不间断的交错绳纹为特点,并存在少量方格纹、篮纹等早期纹饰。器形种类不多,主要有炊、盛、储器三大类。炊器有鼎、釜、鬲、甗;盛器有盂、豆、盆;储藏器有罐、缸、瓮等。炊、储类器皿的口沿,往往有手捏痕迹,显得粗糙,圆唇外侈,近颈部特别加厚。鼎、釜、鬲、甗四种基本炊器并存,是夔国文化的一个突出特点。第二阶段为春秋中期至战国晚期秦拔楚都郢前后,即为楚国直接统治时期。这一阶段是楚文化体系的形成和发展时期,三峡地区的楚文化面貌可以在多方面得到反映。代表性遗存有官庄坪第三层和第四层、柳林溪第三层和一号灰坑、小溪口上层、前坪战国墓、西瀼口战国墓、卜庄河战国墓和秭归茅坪、香溪、城关西等地出土的东周青铜器。[1]

　　三峡地区楚文化与江陵一带的楚文化十分接近,无论是使用筒瓦、板瓦的房屋建筑形式(柳林溪等地出土有大型板瓦和筒瓦),还是墓葬形制(如墓坑都为长方形竖穴土坑;巴·西M1随葬陶鼎、簋、壶,宜·前M23随葬铜鼎、壶、盘),或是陶器(如柳林溪出的鬲、豆、盂、盆)、铜铁生产工具(如柳林溪出的耑、削刀)等都几乎没有区别。但另有一些巴式兵器(如虎纹铜戈、掌心纹铜矛、柳叶形剑等)和一部分巴式日用器(如圜底陶罐、铜釜、錞于等)并存。公元前634年秋,楚灭夔(《春秋》僖公二六年),标志着三峡地区古代文化的发展又跨入了一个新时期,巴、楚两国对峙的局面已经形成。三峡地区主要属楚文化的统治区,这里出土较多的巴式兵器和其他巴式器物,正是巴、楚两国长期交战、相互往来的历史见证。

　　以上六项发现,加上前坪、后坪、龚家大沟、西瀼口等地的秦和两汉墓葬的发现,使三峡地区从新石器时代最早的柳林溪遗存到秦统一中国以后的秦汉墓葬形成完整的考古学文化发展年代序列。这个年代序列清楚地反映出这一地区古代文化发展的基本线索:自新石器时代的较早阶段以来,就有一支相当发达的原始民族长期活动于三峡两岸;当中原夏、商两代王朝统治中国期间,西部四川盆地的一支民族曾来到三峡,并与当地的一部分"蛮夷"民族结合成为早期巴人;到周初,又有荆山的楚族分支进入三峡,建立了夔国;至春秋中叶,楚国在江汉崛起,灭夔,三峡已是楚国领土的重要组成部分;公元前278年,秦拔郢,不久灭楚,三峡进入了中国统一的秦汉统治时期。

　　三峡,不仅山川壮丽,而且文化悠长,展望未来,宏伟的三峡工程,不仅为祖国建设争光,而且将为开发古藏生辉。

（原载《江汉考古》1994年第1期）

---

〔1〕 长江流域规划办公室库区规划设计处编:《葛洲坝工程文物考古成果汇编》,武汉大学出版社,1990年,第220-238页。

长江三峡大坝坝区的考古发现与探讨

三峡大坝坝区（下称坝区）为长江西陵峡中段长约15公里的峡谷江段，西起宜昌县太平溪（建坝前为太平溪镇所在地），东至宜昌县下岸溪（江北均属宜昌县，江南大坝以西属秭归县，大坝和大坝以东属宜昌县），为三峡的宽谷江段。这江段两岸山峰较低矮，山坡较平缓。大坝兴建前，原长江河道从太平溪向东南流，经大坝坝址中堡岛，在老三斗坪镇北侧转向东北流，在乐天溪口又拐向东流。从太平溪至中堡岛河道狭窄，中堡岛至乐天溪口河道变宽广。这江段地名称"沱""坪""嘴""滩""坝""岛""河""溪"的较多，大多数地名都与江水溪水冲刷、淤积有关，说明此江段自古至今地貌变化较大。坝区下游葛洲坝水库蓄水后，年均水位增高近15米。[1] 在坝区进行考古发掘时，许多遗址的重要部分被淹没或塌于江中。从地形观察，中堡岛原应与江南岸相连；中堡岛以东的江面变宽，与江岸崩塌有关。因而中堡岛以东（特别是北岸）一带的遗址破坏情况较为严重。

坝区的古遗址十分丰富，经调查发掘的遗址约40处。[2] 这些地处峡谷间的遗址与平原地带的一般遗址保存情况不同，原生地层和遗迹保存较少而较分散，冲刷堆积保存较多。峡区古代人类与现代人类居住情况相似，多分散居住在江边山坡上和山谷溪旁地势较优越而有水源，又不会常遭水淹的地方。许多古代居址被现代居址破坏或所压，文化堆积大体分上、下两部分。上部分有原生地层和遗迹；下部属雨水冲刷的再生堆积，没有或很少遗迹，地层不可靠。但下部存在沟状堆积的重要部分，也为早期冲刷的再生堆积，因为被雨水冲刷堆积的时间有早、晚。考古调查发掘多在下部分进行。山谷溪旁的遗址居

---

〔1〕 长江水利委员会：《宜昌路家河》，科学出版社，2002年。
〔2〕 参见王晓田等：《长江三峡工程坝区出土文物图集·长江三峡工程坝区古代文化遗址分布图》，科学出版社，1997年。

址的位置往往相当高,文化堆积被雨水冲刷顺水沟向江边流动,逐渐形成下厚上薄的沟状堆积;下部堆积往往被深埋,有些文化层在距离地表7米以下,难以发现;遗物往往集中于江边而远离居址;有的沟状堆积绕山而来,延伸很远很高,有的逐渐消失,甚至找不到居址(可能被后来垦地、建筑破坏)。

坝区的考古工作始于20世纪50年代末60年代初,最初只作初步的考古调查;70年代又进行过多次复查和小面积的试掘;1979-1986年进行第一阶段的发掘;1993-1994年进行第二阶段的发掘;1998-2002年进行最后阶段的发掘。发掘的重要遗址有朝天嘴、中堡岛、三斗坪、杨家湾、伍相庙、白狮湾、白庙、路家河、大沙坝、上磨垴、小溪口等。

如今,雄伟的三峡大坝屹立在中堡岛遗址之上,坝区的古遗址已不复存在,坝区的田野考古工作也早已宣告结束。

坝区的田野考古工作,主要在大坝工程正式动工之前,由于经费缺乏等原因,发掘面积较小,资料较零星,并有不少资料至今还没整理发表,遗址被毁和资料丢损的情况较为严重。本人自1972年开始至2003年止,长期在三峡考古,对坝区的考古情况较了解,写出坝区的考古发现与探讨,望能引起学术界对三峡坝区考古的关注。

一、重要的古代文化分布区

坝区的自然环境十分优越,在大江两岸有较宽广的平缓地带,有较多的清泉溪水,群山环抱、气候温和、淤积土质较纯厚肥沃,十分适宜古代人类定居、繁衍生息。中部穿过的长江是我国东、西水路交通的重要孔道;南、北两边存在的溪沟山谷是坝区对外陆路交通的重要路线。

在坝区范围内发现有城背溪文化、大溪文化、屈家岭文化、石板巷子文化、早期巴文化、楚文化等各种古代文化遗存,还发现有秦汉及秦汉以后各朝代的一些文化遗存。并出现一些以本区小地名命名的文化,如白庙、路家河、三斗坪、朝天嘴等都曾被作为古代文化名称使用。坝区古代文化的年代发展序列较明确,文化特点较鲜明,文化因素较复杂。它反映了当地新石器时代原始文化的形成和发展演变过程,同时也反映出当地夏商周三代文化的突变和我国各地文化的交流与融合。

坝区是一处范围不大而相对独立的古代文化分布区,相当于古代的聚落群遗址,是研究我国史前聚落群形态和研究我国古代文化发展、交流与融合的重要地区。也可以说,它是三峡古代文化发展的一个中心区。

二、新石器时代城背溪文化遗存

坝区的城背溪文化遗存发现地点有朝天嘴、[1]窝棚墩、[2]路家河、[3]三斗坪[4]和鹿角包[5]等5处,分布在长江南、北两岸。这些遗存均分布于江边地势较低的位置上,而保存情况不佳,大都属于冲刷堆积,并多塌于江中。后三处地点仅见陶片,窝棚墩有石器、陶片和一件残骨器。朝天嘴发现遗迹有房址1座、灰坑5个、灰沟2条;遗物有陶器、石器和骨器等。

朝天嘴发现的房址,属地面建筑,残存垫土呈刀把形,长5.5米,中部有柱洞5个。灰坑有圆形和椭圆形,最深的0.8米。灰沟均为自然冲沟,陶器、鱼骨、兽骨等遗物较丰富,其中G_7的第4、6、7层均发现有人骨骸。

五个地点发现的陶器较丰富。陶器陶质羼和物较多,有砂、蚌壳末、骨末和炭灰,火候较低而较疏松,多呈红色和红褐色。陶容器成型用最原始的泥片贴筑法,器形简单而不够规整。器表纹饰以竖绳纹为主,纹络较杂乱,与晚期绳纹区别明显。有的素面陶或陶器素面部分施红衣。主要器形有釜、罐、钵和支座,还有瓮、壶、碗、器盖等,鼎仅见少量器足。罐釜类器物,为鼓腹圜底,折沿,沿面较宽。钵类器物,为圜底弧壁,直沿。支座较多,顶部多为菌形,座体多为上小下大的柱形,有的弯曲,流行绳纹和刻划纹,并饰于顶部。已出现矮圈足碗和喇叭状纽器盖。在罐的口沿和肩部出现彩绘。

石器还较原始,器表不够规整而保留较多的打制、琢制痕迹。主要器形有斧、锛、凿等生产工具,还有砍砸器、石球、石片等,石片属于刮削器。石器刃部磨制较精细,出现长方体的钻孔石器。

骨器有锥、刀,以锥为主。

坝区城背溪文化遗存,基本特征接近于宜都城背溪文化的第五期,其相对年代应属城背溪文化晚期,[6]其年代上限应早于三峡库区的柳林溪城背溪文化遗存,[7]更早于巫峡的

---

〔1〕 国家文物局三峡考古队:《朝天嘴与中堡岛》,文物出版社,2001年;湖北省博物馆:1981年朝天嘴发掘资料,未整理发表。

〔2〕 湖北省文物考古研究所:《宜昌窝棚墩遗址的调查与发掘》,《江汉考古》1994年第1期。

〔3〕 长江水利委员会:《宜昌路家河》,科学出版社,2002年。

〔4〕 1984年湖北省博物馆考古部调查三斗坪遗址时,发现该遗址江边有较多的城背溪文化陶片。1985年发掘该遗址时,江边已崩塌,再没有发现城背溪文化遗存。

〔5〕 1994年国家文物局考古领队培训班在鹿角包遗址江边沙滩上,发现较多的城背溪文化陶片。当年湖北省文物考古研究所在该遗址江岸边上发掘,只发现大溪文化遗存而没有城背溪文化遗存。发掘资料未刊。

〔6〕 湖北省文物考古研究所:《宜都城背溪》,文物出版社,2001年;杨权喜:《试论城背溪文化》,《东南文化》1991年第5期。

〔7〕 国务院三峡工程建设委员会办公室、国家文物局:《秭归柳林溪》,科学出版社,2003年。

楠木园城背溪文化遗存。[1]

城背溪文化是目前发现的长江中游地区最早的一种新石器时代文化。遗址集中发现于东起枝城市，西至巴东县的鄂西峡江两岸。鄂西峡江地区应是长江流域古代文化的重要起源地之一。坝区处于三峡东段、为峡江地区中部，所发现的城背溪文化遗存对于研究该文化具有重大意义。

城背溪文化是坝区发现的年代最早的一种古代文化；它的遗址均分布在江边，遗迹少，文化层中有大量鱼骨、兽骨，陶胎中普遍夹蚌壳、骨末，它的主人显然是以渔猎经济为主的原始民族；坝区城背溪文化的年代比东部晚、比西部早，表明城背溪文化是由东向西发展的。这些都是研究三峡地区新石器时代文化起源和探讨长江流域文明起源、我国文明起源的重要资料。

三、新石器时代大溪文化遗存

坝区大溪文化遗址，江南有朝天嘴、[2]中堡岛、[3]三斗坪、[4]窝棚墩、[5]鹿角包[6]、杨家湾，[7]江北有伍相庙、[8]白狮湾[9]等。这些遗址遗存较丰富，尤其是中堡岛、杨家湾两遗址面积较大，保存情况较好。中堡岛环境最宽广优越，保存面积最大，发掘工作做得最多。

大溪文化主要遗迹有墓葬、石器制作工场、筑围遗迹、大平台、大坑、灰坑、灰沟和红烧土；主要遗物有陶器、石器、玉器、骨器和装饰品。

大溪文化居址处于江边偏高的位置上，而墓区则设于江边偏低的地方。遗址江边滩

---

〔1〕 国务院三峡工程建设委员会办公室、国家文物局：《巴东楠木园》，科学出版社，2006年。
〔2〕 国家文物局三峡考古队：《朝天嘴与中堡岛》，文物出版社，2001年；湖北省博物馆：1981年朝天嘴发掘资料，未整理发表。
〔3〕 国家文物局三峡考古队：《朝天嘴与中堡岛》，文物出版社，2001年；湖北省宜昌地区博物馆等：《宜昌中堡岛新石器时代遗址》，《考古学报》1987年第1期；湖北省博物馆：1981年朝天嘴发掘资料，未整理发表；国家文物局考古领队培训班：1994年中堡岛发掘资料，未整理发表。
〔4〕 湖北省文物考古研究所：《1985-1986三峡坝区三斗坪遗址发掘简报》，《江汉考古》1999年第2期。
〔5〕 湖北省文物考古研究所：《宜昌窝棚墩遗址的调查与发掘》，《江汉考古》1994年第1期。
〔6〕 1994年国家文物局考古领队培训班在鹿角包遗址江边沙滩上，发现较多的城背溪文化陶片。当年湖北省文物考古研究所在该遗址江岸边上发掘，只发现大溪文化遗存而没有城背溪文化遗存。发掘资料未刊。
〔7〕 宜昌地区博物馆：《宜昌县杨家湾新石器时代遗址》，《江汉考古》1984年第4期；余秀翠：《宜昌杨家湾在新石器时代陶器上发现刻划符号》，《考古》1987年第8期；宜昌地区博物馆：《宜昌杨家湾遗址的彩陶和陶文介绍》，《史前研究》1986年第3-4期；林邦存：《宜昌县杨家湾新石器时代及东周遗址》，《中国考古学年鉴（1986年）》，文物出版社，1988年；湖北省文物考古研究所：《宜昌杨家湾》上、下，科学出版社，2013年。
〔8〕 湖北省博物馆江陵考古工作站：《宜昌伍相庙新石器时代遗址发掘简报》，《江汉考古》1988年第1期。
〔9〕 湖北省文物考古研究所：《长江三峡工程坝区白狮湾遗址发掘简报》，《江汉考古》1999年第1期。

石上往往散布着大量的砾石、石料和各种石器成品、半成品、石核、石片、碎石。杨家湾、中堡岛两遗址都有这些发现,应属于石器制作工场所遗。文化堆积多呈坡状或沟状分布,堆积中含红烧土块,说明居址大都在较高位置上,房屋等遗迹大多被破坏。中堡岛西南方(靠近江南山坡)发现方向为130度的小沟槽,宽约0.15—0.35、深0.2—0.35、发掘长度56米(还向两端延伸)。沟槽内有柱洞。小沟槽应属于具有防御功能的筑围遗迹。在杨家湾遗址较高的山坡间发现1处相当宽广的大平台("黄土高台"),大平台侧有1个直径达10余米的大坑,大坑西边有1条大灰沟(大坑和大灰沟,由于局部没有明显的边界线和发掘先后等原因,而未能作出完整的记录,没有当作遗迹报道)向西往南流入江边。大坑和大灰沟内遗物最丰富,其中大量刻符陶器就出于此。大平台和大坑可能是宗教活动场所。

坝区大溪文化墓区也大多数塌于江中,残存部分的重要发现有三处:三斗坪清理墓葬8座,分行排列,没有打破关系,其中M2为蜷式葬,随葬品为鱼;白狮湾残存墓葬13座,密集分布,并有相互叠压和打破关系,墓边置标记石,存在男性随葬石制工具,女性随葬纺轮的情况。各墓随葬品有多寡之分,其中M4随葬品较多,分石器、玉器、陶器、骨器四类,共9件器物;中堡岛仅发现墓葬3座。其中M3为乱葬坑,坑内有7具青壮年男性骨架,人骨支离破碎,多无头骨,属非正常死亡者之墓,可能与社会冲突有关。以上墓葬,以圆角长方形浅坑墓为主,葬式除蜷式、乱葬外,还有蹲式。仰身屈肢、侧身屈肢和仰身直肢、侧身直肢葬式逐渐增多。

大溪文化陶器十分丰富。以泥质陶为多,制法为泥条盘筑,再慢轮加工。器表流行施红衣,并经打磨光亮,"外红里黑"的器物多见。流行纹饰有弦纹、戳印纹和压印纹。器物造型规整而较矮胖;口沿外折或内敛,器腹外鼓或曲折,器底圈形、圈足较多;器座、支座均常见。器形主要有釜、罐、圈足盘、碗、缸、盆、瓮、钵、豆、杯、壶、筒形瓶、簋、器盖、器座、支座、纺轮、环、球,还有盘、尊形器、鼎、碟、甑、轮盘、镯、饼等。特有器形有曲腹杯、筒形瓶。基本炊器是罐、釜。以蛋壳彩陶最为精致。杨家湾出土大量的刻划符号陶器极为重要。

石器出土数量多,以江滩卵石为基本原料,有打、琢、磨等制作工序。按用途不同而制作出各种不同的器形。一般通体磨光、刃锋锐利,具有清晰的边刃线。器形有锄、斧、锛、铲、凿、刀、刮削器、锥状器、锤、球、砺石、纺轮、镞、环、镯、璜、钻芯等,还有玉璜、玉玦。骨角器有锥、凿、簪、镞、镯、坠饰、牙饰等。杨家湾还出土有精致的珠饰。玉、石、骨、角器中都有不少文物精品。

关于大溪文化,本人曾作过一些探讨,[1]指出坝区是一处以中堡岛为中心的大溪文化

---

〔1〕 杨权喜:《试论中国文明起源与江汉文明》,《浙江社会科学》1994年第5期;杨权喜:《三峡地区史前文化初论》,《南方文物》1996年第1期。

聚落群遗址,在坝区下游约2公里处还有清水滩遗址。[1]坝区发现的大溪文化遗存反映了大溪文化发展的高度水平,相当复杂的刻划符号、大量工艺水平很高的遗物、用火技术,以及聚落的筑围和社会冲突现象、较大规模的宗教活动遗迹和石器制作工场、具有中心聚落中堡岛、聚落内存在功用不同的区域划分、聚落和人口的集中……这些均属于长江流域文明因素的萌芽。

四、大溪文化与城背溪文化的关系

遗址和地层关系方面,有如下三种情况:

（1）朝天嘴A区的地层分22层,第7-9层为大溪文化层,第10-22层为城背溪文化层。大溪文化层直接叠压在城背溪文化层之上。

（2）三斗坪的地层分6层,第5-6层属大溪文化层,在发掘点下方江边曾采集到城背溪文化陶片等遗物;窝棚墩发掘地层分5层,第5层为大溪文化层,在发掘点相对的江滩上存在许多城背溪文化遗物;鹿角包的地层情况与窝棚墩近似。这三个遗址的地层情况说明大溪文化层以下存在城背溪文化层,但已塌于江中。

（3）路家河南部的发掘,地层分8层,第8层为城背溪文化层,第8层以下为料姜石,第8层以上没有大溪文化层。仅隔小沟的伍相庙遗址有大溪文化层而没有城背溪文化层。这与朝天嘴A区仅隔小沟的B区有大溪文化层而没有城背溪文化层的情况相同。说明大溪文化遗址在城背溪文化遗址基础上有所移动或扩展。

遗址和地层方面的三种情况,不但可以证明城背溪文化早于大溪文化,两者之间不存在年代缺环,而且可以看出两种文化遗址基本分布在同一地点上,前者分布范围较小,后者范围明显扩大,两种文化之间显然存在突变现象。

文化因素方面,两种文化之间具有明显的传统性和承袭性,找不出任何外来文化因素的影响。

坝区大溪文化的基本特征均由城背溪文化直接发展演变而来。坝区城背溪文化和坝区朝天嘴、中堡岛、三斗坪、伍相庙、杨家湾等较早阶段的大溪文化之间存在许多近似之处。例如居址均在江边靠近溪水旁;利用江滩卵石制作工具,石片之类的原始石器较多;陶器施红衣,基本炊器为罐、釜,支座较多,三足器较少,并为短足。两者之间,石器种类和磨制较精的石器逐渐增加;泥质陶、器类、矮圈足器、小型器皿、彩陶等逐渐增加;夹炭、蚌

---

〔1〕 湖北省宜昌地区博物馆等:《宜昌县清水滩新石器时代遗址的发掘》,《考古与文物》1983年第2期。

壳、骨末的陶器和绳纹纹饰则逐渐减少。罐、釜、碗、钵、支座等器物只存在形式上的演变，而不存在文化性质方面的改变。

　　大溪文化与城背溪文化之间的界定，主要根据它们之间的一些突变现象和基本特征的转变。除以上所讲的遗址分布范围突然扩大外，基本特征的转变主要表现在遗物方面。石器由简单粗糙转为复杂精细。陶器主要制法由泥片贴筑法变为泥条盘筑法；陶质以夹炭、骨较多变为以泥质为主；以绳纹陶为主变成以素面红衣陶最多；盛食器以钵为主变成以碗为主；支座由顶面较宽大、座体上部内束变为顶面较窄小、座体较粗重、纵剖面呈梯形；新出现彩陶盆、彩陶瓶、圆凸纽器盖、器座、缸、陶球和折腹器、曲腹器；新出现大量刻划符号陶器……它们之间的转折界线就在具有明确地层叠压关系的朝天嘴Ⅰ期城背溪文化与朝天嘴Ⅱ期大溪文化之间。

　　以上情况表明大溪文化是由城背溪文化直接发展的结果，两者是当地同一支原始民族在社会发展不同阶段中所创造的先后两种文化。

五、新石器时代屈家岭文化中堡岛类型遗存

　　坝区屈家岭文化遗存发现主要地点有中堡岛[1]和杨家湾[2]两处。

　　屈家岭文化遗迹主要有墓葬、灰坑，还有残房址、灶坑、灰沟和小沟槽等；遗物有陶器、石器和骨器。

　　中堡岛、杨家湾均发现了重要墓地。中堡岛中区，1993年发掘墓葬23座（资料报道称之为"器物坑"）。中堡岛东区和西区，1985-1986年发掘墓葬9座。杨家湾西区江边，1986年发现墓葬48座。这些墓葬排列有序，有些具有叠压或打破关系。墓坑多数为圆角长方形，长度180厘米左右，宽度20-80厘米。较宽的墓宽度达120厘米，一边设二层台，台上放置陶器。墓边一般也置标记石。以仰身直肢和侧身直肢葬式为主，已出现合葬墓。也有男性随葬石斧、锛、凿等生产工具和女性随葬纺织工具纺轮的现象。男女成年人都存在手臂上穿戴陶环、石镯、石环的习俗。随葬品的多寡不一，少者1-2件，最多者达120件。随葬器物的种类有陶器、石器、玉器和骨器。陶器

〔1〕国家文物局三峡考古队：《朝天嘴与中堡岛》，文物出版社，2001年；湖北省宜昌地区博物馆等：《宜昌中堡岛新石器时代遗址》，《考古学报》1987年第1期；宜昌市博物馆：《湖北宜昌市中堡岛遗址西区1993年发掘简报》，《三峡考古之发现（二）》，湖北科学技术出版社，2000年；卢德佩：《湖北宜昌中堡岛发现原始社会群体器物坑》，《江汉考古》1994年第4期。
〔2〕林邦存：《宜昌县杨家湾新石器时代遗址》，《中国考古学年鉴（1987年）》，文物出版社，1988年；湖北省文物考古研究所：《宜昌杨家湾》上、下，科学出版社，2013年。

组合有杯、豆、器盖；碗、豆；碗、盖、杯、豆等种。石器均为磨制精细的斧、锛、凿等种工具。

房屋遗迹保存不好。房基有长方形、方形和圆形三种，有挖基槽和填红烧土的作风。灰坑填土中往往含有较多的红烧土块和鱼骨。

陶器以灰陶和黑陶为主，还有黑衣陶、橙黄陶。普遍使用了快轮制法。常见纹饰除弦纹、绳纹、镂孔以外，还有较多的篮纹和一些太阳形纹。器物造型以双腹、平底、高圈足、长扁足为特点。器形有釜、罐、碗、钵、豆、圈足盘、盆、瓮、缸、壶、鼎、甑、杯、盂形器、器盖、器座、支座、纺轮、环、球等。基本炊器为釜、罐。盆、釜、罐、器盖、纺轮、陶球、陶环较多，鼎、支座较少。特征性器物有小口斜腹平底罐、侈沿深腹平底大口罐、窄沿折腹平底盆、米字形纹厚圜底缸、双腹豆、双腹碗、甑、薄胎直壁杯、高圈足杯、彩绘扁腹壶形器、盂形器、盆形扁足鼎等。

石器较多，以磨制为主，器形有斧、锄、铲、锛、凿、刀、锤、敲砸器、镞、纺轮、网坠、钻、钻芯、玦、佩饰、尖状器、砺石等。骨器有锥、镞、簪。

坝区屈家岭文化与大溪文化之间不存在年代缺环。第一，1985-1986年中堡岛中区的发掘，第8、9屈家岭文化层直接叠压于第10-14大溪文化层之上。整理时将两种文化一起分五期，第1-3期属大溪文化，第4、5期属屈家岭文化。两种文化之间显然年代相衔接。第二，中堡岛、杨家湾屈家岭文化墓葬和白狮湾大溪文化墓葬，墓区位置、墓葬形制、葬式等情况十分近似，甚至有将白狮湾墓葬也归为屈家岭文化的。[1]表明两种文化墓葬的年代也可相互衔接。两种文化墓葬的区别主要反映在随葬的陶器方面：屈家岭文化以灰、黑陶为主，以大量的高圈足杯和一些盂形器、双腹碗、双腹豆为特点；而白狮湾大溪文化墓葬则以红陶为主，以曲腹杯、筒形器为特点。还随葬弧壁碗、圈足盘、器盖等大溪文化常见器物，完全不见高足杯、双腹器、盂形器等屈家岭文化典型器物。

坝区屈家岭文化存在许多大溪文化的传统。例如在江滩使用卵石制作石器、"红烧土"房屋、陶器整体作风、以釜和罐为基本炊器；釜、罐、碗、圈足盘、器盖等器物的一些型式……均与大溪文化存在发展关系。

无论地层、年代，还是文化面貌、特点都能证明坝区屈家岭文化与大溪文化之间具有许多的承袭关系。但屈家岭文化并非大溪文化的直接发展。大溪文化晚期的中堡岛第Ⅲ期和白狮湾墓葬的年代和文化特征只能与屈家岭文化"晚期"[2]相衔接，而不可能与屈家岭文化早期相衔接。因而屈家岭文化渊源并不是大溪文化。

---

〔1〕 王晓田：《长江西陵峡先秦文化概述》，《长江三峡工程坝区出土文物图集》，科学出版社，1997年。
〔2〕 中国科学院考古研究所：《京山屈家岭》，科学出版社，1965年。

坝区屈家岭文化与典型屈家岭文化作比较,具有明显的共同性和地域特点,这是当地传统文化受屈家岭文化强烈影响的结果。到了大溪文化晚期,屈家岭文化已发展到了强盛阶段,并从江汉平原向周围扩展,也扩展到了三峡,形成了三峡的屈家岭文化。三峡的屈家岭文化以中堡岛的发现为典型,可称之为屈家岭文化中堡岛类型。

六、新石器时代石板巷子文化白庙类型

白庙类型遗存,除白庙(曾叫"白庙子")[1]以外,还有下岸[2]、下尾子[3]、中堡岛[4]和大坪。[5]大坪与白庙之间仅有小溪沟相隔,实为同一遗址。白庙遗址保存较好,遗存较丰富,文化面貌也较清楚。其他遗址的资料较少。

白庙遗址是大坝坝前工程四个(其他三个为朝天嘴、中堡岛、杨家湾)考古发掘重点遗址之一。该遗址是一处典型的峡区遗址,其居址位于山坡地势较高的凹地间。发现房屋残迹3座,房基有两种:一种为常见的长方形平台式,有大量的红烧土块堆积,当属"红烧土"房屋遗迹;另一种为三峡地区特有的"吊脚楼"式,有断岩和平面,平面四角有柱洞,堆积中有大量陶片等遗物。居址中部有一条从山坡高处顺山势而来的弯曲流入长江的大灰沟。此灰沟中段以下至江边为较大范围的沟状堆积。堆积层自上而下逐渐增深、增广、变厚,包含物也逐渐丰富。历次江边调查,都在此沟口采集到大块陶罐片等重要遗物。前几次发掘,都在地势较低的位置上进行,虽然获得大批陶器、石器等资料,但基本不见除大灰沟以外的遗迹。后来顺大沟向上寻找,高程与现代房屋相当的山凹中才发现此遗址的居址。可惜居址被晚期白庙庙址破坏,残存遗迹不多。

白庙遗址的发掘除发现房基、大灰沟以外,还有一些灰坑。出土遗物有大量的陶器、石器,还有一些鱼、蚌之类的水生动物遗骸,也见到了少量玉器。

陶器以深灰陶为主,陶质较粗,细绳纹、斜方格纹纹饰最多,也有些弦纹、划纹、篮纹、叶脉纹。器形有大中小型深腹平底罐、釜形鼎、通底式甑、高(或矮)圈足盘、豆、敛口钵、

---

〔1〕 湖北宜昌地区博物馆等:《湖北省宜昌白庙遗址试掘简报》,《考古》1983年第5期;湖北省宜昌地区博物馆:《白庙子遗址第二次试掘简报》,《中原文物》1988年第2期;三峡考古队:《湖北宜昌白庙遗址1993年发掘简报》,《江汉考古》1994年第1期;湖北省文物考古研究所:《1985–1986年宜昌白庙遗址发掘简报》,《江汉考古》1996年第3期。
〔2〕 国家文物局三峡考古队:《湖北宜昌县下岸遗址发掘简报》,《三峡考古之发现(二)》,湖北科学技术出版社,2000年。
〔3〕 宜昌市博物馆:《秭归下尾子遗址发掘简报》,《三峡考古之发现(二)》,湖北科学技术出版社,2000年。
〔4〕 湖北省宜昌地区博物馆等:《宜昌中堡岛新石器时代遗址》,《考古学报》1987年第1期。
〔5〕 三峡考古队:《宜昌大坪遗址发掘简报》,《江汉考古》1994年第1期。

碗、单耳杯、粗陶卷沿瓮、直领瓮、尖底缸、壶、尊、瓠、器盖、纺轮等。

　　石器以卵石制作，多经细磨，有许多小巧玲珑的小型石器。基本器形有斧、小斧、锛、小锛、凿、小凿、钺、矛、匕、镞、锚等。

　　白庙遗存主要特点：第一，在文化堆积、遗迹、遗物中有大量的鱼骨、兽骨；主要炊器中有许多适宜煮水的中、小型罐；石器中有锚、矛、镞等。从这些情况分析，可知渔猎经济占突出地位；第二，存在"吊脚楼"房屋，表明三峡近现代居民居住的这种特殊形式从白庙时代就出现了；第三，陶器中虽具有石板巷子文化的基本特征和器物，也具有石板巷子文化的基本炊器鼎和釜，但鼎和釜的数量很少。而大、中、小型的深腹平底罐的数量却很多，这种罐有烟炱遗迹，它是本遗存的基本炊器；第四，石器中，磨制精细的小型器物特别多，最小的石器宽度不足1厘米，还有较多大型器物石锚（或石坠）；第五，陶器特征反映出其文化因素较复杂：当地传统文化的一些因素突然消失，新的文化因素和中原文化因素明显增加。

　　坝区白庙遗存是处于屈家岭文化与商周文化之间的一种新石器时代晚期遗存，过去曾归入石家河文化后期遗存。后来发现石家河文化后期的突变，便另称其为石板巷子文化，其年代相当于夏代，据白庙遗存以深腹平底罐为主要炊器等特点，可划为石板巷子文化的白庙类型。[1]

　　白庙遗存与坝区屈家岭文化之间应存在石家河文化缺环。它来源于何方，或者是如何形成的？这问题还需深入研究。该遗存的深腹平底罐、尊、瓠等器物和侧装扁锥形鼎足的形态与中原二里头文化的同种器物有些近似，石板巷子文化白庙类型受中原二里头文化的影响最为深刻。

七、商周时期的早期巴文化遗存

　　1980年元月，本人陪同俞伟超先生在湖北宜都考古调查，发现一种鄂西地区不见的文化遗存。俞先生指出，这种遗存中的陶器与成都、重庆一带的陶器近似，古文献有巴起源于清江（清江在宜都流入长江）的记载，这种遗存可能是早期巴人的遗存。此后本人在长江葛洲坝库区（主要在坝区一带）的考古调查、发掘中特别注意这类遗存，在报道中也提到这类遗存。1984-1986年和1993年、1999年在坝区的考古发掘中获得路家河二期遗存、[2]

〔1〕　杨权喜：《关于鄂西六处新石器时代晚期遗存的探讨》，《考古》2001年第5期。
〔2〕　长江水利委员会：《宜昌路家河》，科学出版社，2002年。

三斗坪商周遗存、[1]杨家嘴遗存、[2]朝天嘴夏商遗存、[3]中堡岛商遗存、[4]长府沱商代遗存[5]、大沙坝商周遗存[6]等七批这类重要遗存。中堡岛1993年发掘的还有一批商遗存未整理发表。在上磨垴、小溪口、伍相庙、白狮湾、窝棚墩、王家湾、银街等遗址中也有这类遗存的发现,有些遗址已被整理成了简报发表。[7]

这类遗存普遍分布于坝区地势较低而近溪沟入江的台地上。文化堆积夹较多动物遗骸。如路家河二期文化层中出现成层的动物遗骸,据鉴定有鲤鱼、青鱼、草鱼、螺、蚌、龟类和水鹿、麂、猴、貉、獾、竹鼠、野猪、豪猪,还有家犬、家猪、水牛等种动物遗骸。

遗迹有房屋、柱洞、石路面、窑址、窖穴、灰坑和墓葬,但多保存不佳。遗物有大量陶器和石器,还有骨器、铜器、玉器和卜甲。

房屋均为残址。三斗坪F1,大体属平地筑起的长方形房屋;大沙坝F1,为半地穴式房屋。

窑址仅发现1座。大沙坝Y1,是一种较原始的窑,由火膛、火道、窑室三部分组成。火膛和窑室分开,并存在高差,两者之间为圆洞形火道。全长1.8、窑室宽0.77米,整座窑址底部坡度为30度。窑室填土中出收腹小底罐、喇叭形器、鬲等特征性陶器15件。

墓葬在杨家嘴发现10座,中堡岛发现3座。均为长方形竖穴式土坑小型墓,墓坑较浅。杨家嘴M5中部有腰坑,M8头端为二层台。以仰身直肢葬式为主,中堡岛M10为侧身直肢葬式;杨家嘴M8头和上身在二层台上,似坐式葬。杨家嘴M5耳部有耳饰,M7腿部上压陶高圈足罐1件;中堡岛M2一端有陶深腹罐2件,M101脚部有陶深腹罐1件,M114中部出陶豆1件、一端出陶带盖高领罐1件。

陶器制法以手制和慢轮修整法为主。陶质以夹砂红褐陶为主,素面陶所占比例较大。纹饰以绳纹为主,其他纹饰有方格纹、篮纹、交错条纹、橘皮纹、弦纹、戳印纹、瓦状纹、附加堆纹等。戳印纹的纹样很多,橘皮纹为别处所不见。器形主要有侈口鼓腹圆圜底釜、收腹小底罐、大口收腹罐、侈口深腹罐、敛口鼓肩收腹瓮、高领瓮、尖底缸、橘皮纹圜底盂、碗、盆、高柄浅盘豆、盂形豆、夹细砂褐陶鬲、折腹平底盘、直口尖底杯、喇叭形器、器盖、纺轮等,还有一些具当地传统风格的宽圜底釜、通底式甗、细把豆、圈足盘、缸和中原因素浓厚

〔1〕 湖北省文物考古研究所:《1985–1986三峡坝区三斗坪遗址发掘简报》,《江汉考古》1999年第2期。
〔2〕 三峡考古队第三组:《湖北宜昌杨家嘴遗址发掘简报》,《江汉考古》1994年第1期。
〔3〕 国家文物局三峡考古队:《朝天嘴与中堡岛》,文物出版社,2001年。
〔4〕 国家文物局三峡考古队:《朝天嘴与中堡岛》,文物出版社,2001年。
〔5〕 宜昌市博物馆:《三峡库区秭归长府沱商代遗址发掘》,《三峡库区秭归长府沱遗址试掘简报》,《三峡考古之发现(二)》,湖北科学技术出版社,2000年。
〔6〕 湖北省文物考古研究所:《湖北秭归大沙坝遗址发掘报告》,《考古学报》2005年第3期。
〔7〕 这些遗址简报集中于《三峡考古之发现》和《湖北库区考古报告集》系列报告集中。

的鬲、簋、假腹豆、罍等器形。器物造型总的特点是鼓肩、收腹、尖底或小底；折腹、高柄、喇叭形座。

石器有斧、锛、锄、铲、锛、凿、矛、刀、镞、锚、刻刀、拍、盘状器、石片、砺石等，种类丰富。以打制石器和蚌壳形石片较多为特点。

玉器有簪、璜；骨器有锥、镞、凿、簪、针、匕，卜甲仅见；铜器只有舌、镞、凿、刀、镰、鱼钩、簪等小件器物。

坝区这类遗存与白庙遗存之间，未发现直接地层关系，文化面貌也区别很大，它非白庙遗存的直接发展。它的出现与外来文化的进入有关，特别是与西部巴蜀文化的介入和中原商文化的南下有关。长府沱、路家河二期的陶器中出现中原文化纹饰和商代二里岗期商式鬲，以此推测这类遗存的年代上限当在商代早期。据大沙坝出的西周中期的陶鬲等器物残片判断，坝区这类遗存年代下限应在西周中期前后。

这类遗存的陶器反映出如下几种情况：

1. 主要文化因素、基本特点和文化面貌，以及发展趋势属西部巴蜀文化系统。

2. 具有多种文化交互作用而形成的新器物。最为典型的是侈口鼓腹圜底罐（或称釜），它是当地特有的基本炊器，出土数量和型式都很多。其形态似罐又像釜，纹饰既有北方流行的绳纹、东方流行的斜方格纹，又有新出现的橘皮纹，还有刻划纹、贝纹、按窝纹。它是融合了多种文化因素而形成的新器形。

3. 存在多种文化器物共存情况。出土的陶器中既有以收腹小底罐、喇叭形器为典型的一批巴蜀地区的常见器物，又有以鼓腹宽圜底釜和盂形豆为代表的一批荆楚西部地区的传统器物、以分裆鬲和假腹豆为代表的一组中原地区流行的器物、以深腹平底罐和圈足盘为代表的一些当地白庙遗存存在的器物。后三种器物数量较少，并有逐渐消失的趋势。

以上三种情况表明，坝区商周文化发展主线不是当地白庙类型文化的继续，而是巴蜀文化的扩展。这种巴蜀文化，融合了荆楚和中原文化的许多因素而具有峡区特色。

大约在新石器时代晚期，有一支从西部成都平原来到三峡、清江一带的原始人群，他们临江而居，是一支以渔业为主的水上居民，史称"巫蜑"。巫蜑中的巴氏为首领，与当地的"群蛮"相互融合成"廪君巴"，即早期巴人。早期巴人与商王朝有密切关系。坝区的商周文化即是早期巴人创造的文化。[1]

---

[1] 杨权喜：《关于巴、濮若干问题探讨》，《湖北省考古学会论文选集（二）》，《江汉考古》增刊，1991年7月；杨权喜：《略论古代的巴》，《四川文物》1991年第1期；杨权喜：《荆楚地区巴蜀文化因素的初步分析》，《三星堆与巴蜀文化》，巴蜀书社，1993年。

八、周代的楚文化遗存

坝区的楚文化遗址有上磨垴、[1]小溪口、伍相庙、覃家沱、黄土包、周家湾、朱家台、[2]路家河、[3]白狮湾、曲溪口、中堡岛、下尾子、白庙、朱其沱[4]等。在杨家湾、茅坪、苏家坳等遗址中也有一些楚文化遗存发现。80年代湖北省博物馆考古部通过调查，在坝区江北地势较高的山岗上还发现有西湾、大燕子坪、溜石板堰坪等"山岗"遗址，西湾遗址作过小面积发掘。

楚文化遗址较多而分布较广泛，但大多数未能做大面积发掘。在江北有两处遗址集中区：一处以小溪口为中心；一处以苏家坳为中心。两处都处于低山坡下临近江边、背靠大面积的可耕坡地。大坝施工首先在苏家坳一带进行，以苏家坳为中心的楚文化遗存获得资料较少。小溪口在大坝工程上方，1998年大洪水将与小溪口隔沟相连的上磨垴遗址较大范围的文化层冲刷了出来。经特批，湖北省文物考古研究所做了规划外的抢救性发掘工作，又因经费缺少而只写了发掘简报发表。[5]

在上磨垴、小溪口、西湾、伍相庙、苏家坳、周家湾等遗址发掘中，见到一些遗迹，有房屋、灰坑、石槽、灰沟、冶铸残迹，没有发现墓葬。出土的遗物有较大量的陶器和铁器，还有少量的石器、铜器、骨器和鱼兽骨骸。

房屋建筑有使用石料和流行"吊脚楼"的特点。

陶器存在较多夹砂而制作粗糙的器物，并以红褐陶为主，其次为灰陶、黑陶。纹饰以绳纹为主，其他纹饰有方格纹、弦纹、暗纹、戳印纹、附加堆纹，还可以见到篮纹。以存在较多的乱绳纹和传统的斜方格纹为特点。主要器形有鼎、鬲、甗、釜、罐、豆、盖豆、盂形器、盂、长颈罐、小罐、壶、盆、瓮、罍、缸、高足壶、纺轮、范片和筒瓦、板瓦，还有一些收腹小底罐、尖底杯、喇叭形器等早期巴文化器物。

---

〔1〕 湖北省文物考古研究所：《湖北宜昌县上磨垴周代遗址的发掘》，《考古》2000年第8期。

〔2〕 湖北省文物考古研究所：《宜昌县小溪口遗址发掘简报》，《西陵峡北岸周家湾山岗遗址》，《江汉考古》，1994年第1期；湖北省博物馆、江陵考古工作站：《宜昌伍相庙新石器时代遗址发掘简报》，《江汉考古》1988年第1期；湖北省博物馆：《宜昌覃家沱两处周代遗址的发掘》，《江汉考古》1985年第1期；湖北省博物馆三峡考古队第三组：《宜昌县朱家台遗址试掘》，《三峡考古之发现》，湖北科学技术出版社，1998年。

〔3〕 长江水利委员会：《宜昌路家河》，科学出版社，2002年。

〔4〕 湖北省文物考古研究所：《长江三峡工程坝区白狮湾遗址发掘简报》，《江汉考古》1999年第1期；宜昌市博物馆：《三峡库区秭归曲溪口遗址发掘简报》，《江汉考古》1999年第2期；宜昌博物馆：《湖北宜昌市中堡岛遗址西区1993年发掘简报》，《考古》1996年第9期；宜昌市博物馆等：《秭归下尾子遗址发掘简报》，《江汉考古》1994年第1期；三峡考古队：《宜昌朱其沱遗址发掘简报》，《湖北宜昌白庙遗址1993年发掘简报》，《三峡考古之发现（二）》，湖北科学技术出版社，2000年。

〔5〕 湖北省文物考古研究所：《湖北宜昌县上磨垴周代遗址的发掘》，《考古》2000年第8期。

铁器主要有凹口锛、铲、刀、削刀，凹口锛较多；铜器有刀、镞、针、鱼钩；石器有斧、锛、凿、刀、锤和砺石；骨角器有经加工使用痕迹的鹿角、残骨器和骨料；鱼兽骨有鹿、猪和鱼骨，也发现了带刻划痕迹的龟甲片。

坝区楚文化遗存的年代上限，据上磨垴的发掘已溯至西周中期，正好与坝区隔江相望的大沙坝早期巴文化遗存的年代下限相衔接。这表明直至西周中期巴的势力才退出坝区；坝区不存在西周早期的楚文化遗存，从而也可以否定楚始丹阳"秭归说"。坝区楚文化遗存的年代下限可断在秦将拔郢、楚东迁的公元前278年前后。

坝区楚文化，包括了早期楚民族文化和东周楚文化。[1]早期楚民族文化是楚文化体系形成之前的文化，在坝区即属夔国文化，[2]以上磨垴第五、六层和路家河第三期遗存为代表，以鼎、釜、鬲、甗四种炊器共存为主要特征；东周楚文化是"始都郢"之后形成的文化，在坝区即夔被楚灭亡之后形成的文化。以上磨垴第四层、小溪口、朱其沱等遗存为代表，以典型罐形鬲、盆形鬲两种炊器盛行为主要特征，以釜形锥足鼎和少量甗的存在为区域特点。可划为东周楚文化三峡类型。

上磨垴和小溪口应属同一遗址，是三峡地区一处十分重要的典型楚文化遗址。它的发掘可以使我们了解到早期楚民族文化形成、发展及其逐渐演变为东周楚文化的过程，也可以说明坝区的东周楚文化是东部鼎釜文化、北部鬲甗文化和西部罐釜文化交互作用而逐渐形成、发展起来的一种新文化。[3]

楚和巴是长江流域商周时期两支重要民族。它们都活跃于鄂西山区，大体以三峡为界，楚在东北部的山谷丛林草莽间，巴在南部水域。西周初，楚、巴受封，有了楚国和巴国，三峡和坝区成了楚、巴交往、相争、融合的重地。[4]

上磨垴、小溪口冶铸遗迹和铁器的发现，不但说明坝区早在春秋中期就有了冶铁业，而且证明楚国可能是我国最早生产和使用铁器的国家。[5]

九、秦汉及秦汉以后的文化遗存

坝区秦代遗存，未见或不能确认。西汉及西汉以后的遗存明显减少。

---

〔1〕 杨权喜：《20世纪中国文物考古发现与研究丛书·楚文化·楚文化渊源探索》，文物出版社，2000年。
〔2〕 杨权喜：《西陵峡商周文化的初步讨论》，《中国考古学会第七次年会论文集》，文物出版社，1992年；杨权喜：《夔国文化及早期楚民族文化的再讨论》，《湖南省博物馆馆刊（第七辑）》，岳麓书社，2011年。
〔3〕 杨权喜：《宜昌上磨垴周代文化遗存的讨论》，《北京大学考古学丛书·考古学研究（五）》，科学出版社，2003年；杨权喜：《论西陵峡古代日用炊器》，《华中师范大学学报（人文社会科学版）》2005年第4期。
〔4〕 杨权喜：《古代巴、楚及其交融》，《湖南省博物馆馆刊（第二期）》，岳麓书社，2005年。
〔5〕 杨权喜：《试论楚国铁器的使用和发展》，《江汉考古》2004年第2期。

汉代遗址有宜昌三家沱、[1]下尾子[2]两处,路家河第五、六期遗存也属汉代。[3]

三家沱发现房基、窑址各1座。房屋属长方形地面小型建筑。窑室平面近椭圆形,火膛与窑床同室,属较先进的"半倒焰式馒头形"窑。

汉代遗物有陶器、铁器和铜钱。陶器以素面或绳纹泥质陶为主,器形有罐、甑、盆、盂、豆、碟、缸、器盖、砖、板瓦、筒瓦、瓦当和烛台。铁器有舌、斧、刀、削。铜器仅见"半两"钱和"五铢"钱。

魏晋至隋唐时期的遗存,散见于路家河、曲溪口、王家湾、大沙坝、下尾子、白庙等遗址发掘的晚期地层中或沙滩上,未见遗迹,遗物主要为瓷器残片。

五代和五代以后的遗存,较重要的只有中堡岛发掘的6座宋墓,[4]其中砖室墓2座、土坑墓4座,都属于小型墓。随葬品主要为白瓷、青瓷,还有一些釉陶、铜钱和一面铜镜。瓷器有罐、盏、碗、碟、盘、壶、瓶、杯、粉盒等。青、白瓷主要产自江西景德镇。

坝区是长江流域古代一处重要的文化摇篮。坝区的古代文化具有自身的发展系列,多种不同性质的文化交互作用、交替发展,发展线索和区域特点鲜明。它的源头是目前长江中游地区发现的时代最早的一种新石器时代文化。它的发展序列为城背溪文化→大溪文化→屈家岭文化→(石家河文化)→石板巷子文化→早期巴文化→楚文化(夔国文化→楚国文化或东周楚文化)→秦汉文化。城背溪、大溪是两支连续发展的一种原始文化。屈家岭文化是当地原始文化(大溪文化)受到屈家岭文化强烈影响的一种文化(屈家岭文化中堡岛类型)。石板巷子文化白庙类型,是受中原夏文化影响较深的一种峡区夏代文化。早期巴文化是西部传统文化为主体,与当地传统文化、中原商文化相互影响、交流、融合的一种商周文化。楚文化是当地传统文化为主体,与中原周文化、西部巴文化互相影响、交流、融合的一种峡区周代文化。秦代以后的文化遗存明显减少,等级类别明显降低。表明秦统一中国以后,坝区的古代文化已迅速融合于我国统一的华夏文化大系统之中。从此坝区已成为一般居民区,文化中心区的地位已不复存在。

(未刊稿)

〔1〕 三峡考古队:《宜昌三家沱遗址发掘报告》,《三峡考古之发现(二)》,湖北科学技术出版社,2000年。
〔2〕 宜昌市博物馆:《秭归下尾子遗址发掘简报》,《三峡考古之发现(二)》,湖北科学技术出版社,2000年。
〔3〕 长江水利委员会:《宜昌路家河》,科学出版社,2002年。
〔4〕 国家文物局三峡考古队:《朝天嘴与中堡岛》,文物出版社,2001年。

石家河古城社会性质浅析

　　石家河古城是近年发现的屈家岭文化城址中最为重要的一座。该城位于湖北省天门市石河（原石家河）镇北约1公里处。城垣平面近方形，城内面积约120万平方米。西垣、南垣西段和东垣中段至今仍保存于地面上。其中西垣保存最好，凸出地面部分相当规整，长达1 000米，底宽约30米（最宽50米），高约4米（最高8米）。紧靠西垣外侧还有凹沟，为城壕遗迹，宽60-100米。对凸出的城垣，过去总以为是近现代防水堤。80年代，通过全面调查和较大规模的钻探，特别是对西垣中部、西南拐角等处墙体断面的观察，墙体内并不见晚期遗物，只有史前碎陶片，土质坚实而有层次，同时多处发现被石家河文化早期地层所压。1992年在邓家湾补充发掘中，不但暴露了城垣西北拐角，而且找到了城垣的明确地层关系。[1]城垣建于邓家湾屈家岭一期的第10、11层和M104之上，同时被屈家岭二期的第7-9层和M86所压或打破。综观多处地层关系及地层相对年代，同时考虑到土筑城垣常有崩塌、修补等因素，推测该城城垣的始筑年代不早于屈家岭中期，延续年代下限为石家河中期，该城存在的时代大概为屈家岭晚期至石家河中期。

　　石家河古城城垣的构筑，充分利用了自然有利地形，选择于东河和西河之间，东、西城垣筑在土岗的外侧，城垣外壁与土岗陡坡相接，增加了外壁的高度，减少了用土量。而城内基本保留了原始地貌，有明显的岗地和凹沟。一条南北走向的自然低冲通过城内，在出入城处未见城垣遗迹，南北城垣均有长约200米的城垣原始断缺。据邓家湾的发掘，城垣墙体内夯层清楚，但不甚规整，夯土未经严格选择，一般墙体上部夯土较纯净，原多属生土；下部夯土多属屈家岭文化层扰土，墙整体夯层近似"倒装地层"。城垣底部还可能局部挖基槽。石家河古城的构筑方法虽较原始，但高大城圈的耸立不失为史前伟大的建筑工程。

　　关于这样一座时代早、规模大的史前古城，学术界十分关注。本文对它的社会性质试

---

〔1〕　石河考古队：《湖北天门市邓家湾遗址1992年发掘简报》,《文物》1994年第4期。

作初步分析。

　　近年经常报道的我国许多史前考古重大发现,如神女庙、祭坛、原始殿堂、高台冢、龙虎塑、古城等等,其中更为重要的是古城。古城是大概念,它可包括庙、坛、殿、堂、冢、塑之类的建筑。目前所说的古城,虽大多数主要指遗址中的城垣,但城垣的发现和古城的确定,意味着与之相应的其他重要建筑的可能存在,或已被破坏,或未出土。因而古城址的出现被认为是人类从原始社会过渡到文明社会的基本标志。

　　城市的兴起和发展具有各种不同的道路,引起城市兴起和发展的基本因素有经济、宗教、政治、军事和交通、运输等种。在城市发展历程中有城、邑、都、市之别。而作为我国文明标志的古城,则主要是原始社会农业经济及其相伴随的宗教信仰发展到一定阶段的产物。江汉为我国古代文化发展的基本区系之一,[1]实际也是我国古代文明起源的一个主要区域,为稻作农业的主要起源地。[2]石家河古城也就是稻作农业不断发展的结果。江汉地区原始农业经济和原始宗教的发展可集中表现在其早期聚落的扩展与演变方面。聚落不断扩展的结果便即早期古城的出现。

　　从巫山人、郧阳人到长阳人说明长江中游为我国远古人类的主要活动区。早在旧石器时代晚期,约距今4万-5万年前,远古人类已在江汉平原定居。[3]80年代初,考古工作人员在江汉平原西部的山前地带发现了城背溪文化。[4]有城背溪、彭头山、枝城北、青龙山等一系列较早阶段的新石器时代以种植水稻为主的农耕聚落遗址。其中彭头山遗址面积约达1万平方米。[5]这个遗址的时代约即今8000年前,与中原裴李岗——磁山文化相当。表明江汉城背溪阶段的农耕聚落已有了相当程度的发展。大溪时期,江汉聚落的发展主要表现在分布面和规模的扩大。大溪文化以鄂西为中心,西到川东,南到湘北,东北到汉水东岸的天门,东到洪湖西边。而大型聚落遗址面积已达15万平方米。[6]在西陵峡,以中堡岛为中心,四周聚集了朝天嘴、三斗坪、窝棚墩、鹿角包、杨家湾、清水滩、白狮湾、伍相庙等一群遗址,聚落群的格局已初步形成。到屈家岭时期,不但聚落的规模继续增大,而且较普遍地筑起了城垣。京山屈家岭遗址面积已扩展到50余万平方米,外围有无城垣,目前正在调查。而已确认为古城的,湖北境内除石家河之外,还有江陵阴湘城、荆门马家垸、石首走马岭,湖南境内有澧县城头山。[7]

〔1〕 苏秉琦:《苏秉琦考古学论述选集》,文物出版社,1984年,第229页。
〔2〕 严文明:《中国史前稻作农业遗存的新发现》,《江汉考古》1990年第3期。
〔3〕 《中国文物报》1993年1月17日第1版。
〔4〕 杨权喜:《试论城背溪文化》,《东南文化》1991年第5期。
〔5〕 严文明:《中国史前稻作农业遗存的新发现》,《江汉考古》1990年第3期。
〔6〕 张绪球:《长江中游新石器时代文化概论》,湖北科学技术出版社,1992年,第57页。
〔7〕 张绪球:《长江中游新石器时代文化概论》,湖北科学技术出版社,1992年,第214-224页。

石家河古城筑于屈家岭文化聚落群中部。在今石河镇北约5平方公里的范围内密集分布了40余处史前文化遗址。这群遗址一般上层属石家河文化，下面普遍叠压有屈家岭文化遗存。可断定这个遗址群最迟形成于屈家岭阶段。城内的邓家湾、谭家岭和城外的肖家屋脊、[1]罗家柏岭[2]都经过了较大面积的发掘。城内外遗址都存在早于或晚于城垣的遗存。各遗址的早晚遗存构成它们各自连续发展的因袭关系，它们各有自身悠久的发展历史。这证明多数聚落在筑城之前早已经存在，筑城时并未将它们全部包围起来。城内除邓家湾、谭家岭之外，还有三房湾、蓄树岭、黄金岭、土城等遗址，这些遗址以自然岗地为区分，分布情况与一般聚落群遗址并无多大差异。可见，石家河古城是在聚落群发展的基础上兴建起来的。所谓"聚落群"，大体是居住区较分散的一种大型聚落，为南方特有的聚落形态。南方史前早期聚落多在山前丘陵地带兴起，较复杂的丘陵地形，决定了聚落居住区不能成片的扩展而具分散性。聚落群的血缘关系应相同于一般大型聚落。

石家河遗址群的时代最早可溯至城背溪阶段，在土城的探沟中已见到了城背溪文化的陶片。谭家岭下层遗存的时代相当于大溪阶段，遗址群的发掘资料初步分为8期，[3]其文化性质属连续的相承关系。证明该地是一支强大部落长达3 000年之久的聚居地。而石家河古城城垣将这个部落分成城内和城外两大部分，显然与当时的社会矛盾、政治势力和军事斗争紧密联系。苏秉琦先生指出："古城是指城、乡最初分化意义上的城和镇……是社会变革的产物。"[4]石家河古城是江汉进入文明社会的标志。

考古界一般认为江汉史前文化的发展为城背溪→大溪→屈家岭→石家河序列。但在关于大溪文化与屈家岭文化的关系问题上，还主要存在两种不同的看法。一种认为它们之间为并列发展关系，一种认为它们之间是前后因袭关系。如果从氏族部落的角度考虑，大溪文化和屈家岭文化当分属于江汉史前民族中不同的氏族部落或部落联盟，它们确有自身的源头和活动中心，但它们的强盛时期则有先有后。作为江汉史前各部落，它们具有大体一致的自然环境、经济条件和生活习俗，它们的文化应同属一个大系统。这是形成江汉古代民族共同体的前提。即使本地氏族之间出现矛盾或一个氏族战胜另一个氏族，但都不使文化性质发生根本变化，而只有促进本地文化的更加统一和民族共同体的形成。大溪文化与屈家岭文化的差别，主要是时代的不同，屈家岭文化的主体属大溪文化的延伸，江汉史前文化发展从城背溪到石家河都属一脉相承。6 000多年前的大

〔1〕　石河考古队:《湖北省石河遗址群1987年发掘简报》,《文物》1990年第8期。
〔2〕　湖北省文物考古研究所等:《湖北石家河罗家柏岭新石器时代遗址》,《考古学报》1994年第2期。
〔3〕　石河考古队:《湖北省石河遗址群1987年发掘简报》,《文物》1990年第8期。
〔4〕　苏秉琦:《关于重建中国史前史的思考》,《中国考古学论丛》,科学出版社,1993年,第7页。

溪文化,无论是时代的上限,还是发达的程度都可与中原仰韶文化相比。前面所讲到大溪时期大型聚落群的形成,说明当时氏族人口的大量增加。由于人口的不断增加,必然导致氏族社会关系的变化,促进聚落内部劳动的分工、手工业与农业的分离、人群等级的形成。在宜昌杨家湾等遗址中发现了相当规模的石器制作工场,工场中遍布各种石器成品、半成品、石料和抛弃石片。石器品种繁多,大小形状各异,用途十分广泛。石器制作过程大体可分打、琢、磨等工序。[1]石器制作工场的规模及其产品的种类是当时专门从事手工业活动的证据。在宜昌白狮湾大溪墓中,男性随葬耕作的石质生产工具,女性随葬纺织器具纺轮,[2]这又是大溪时期男耕女织社会分工的实例。大溪文化"红烧土"房屋的建筑技术、蛋壳彩陶的烧制技术、石玉骨器的磨制工艺技术都达到了当时我国的先进水平。江汉大溪时期的社会经济出现空前繁荣景象,社会财富已有剩余。宜昌白狮湾4号大溪墓中,随葬品分石、陶、玉、骨器四类,又可分生产工具、生活用器和装饰品等种;安乡划城岗63号墓的随葬品有77件,并出有朱绘花纹的石钺;江陵朱家台1号房为方形"红烧土"房屋,基部尺寸8.5-11米。大溪墓葬和房屋的特殊规模,说明氏族内部已存在等级的差别,并开始贫富分化,私有财产的存在是可以肯定的。随着贫富分化的不断加剧,氏族内部和氏族之间的矛盾便逐渐发生。中堡岛发现有一坑7人个体的"乱葬坑",[3]为被杀后集中掩埋的遗迹,应为氏族冲突的牺牲者。与社会经济相对应的社会意识在大溪文化中也有些反映,主要表现在原始宗教信仰方面。在宜昌白狮湾墓地的墓坑旁,平放一些相扣的碗篦类器物;在江陵朱家台规整的灰坑内有大量灰烬,坑旁放置三叠排列成三角形的蚌壳,蚌壳经过火烧,这些现象大概属于原始的祭祀遗迹。大溪文化中有璜、玦、镯、坠、环、管、刀等玉器。白狮湾墓中的玉璜是放在死者胸部的。"玉器的社会功能已超越一般装饰品,附加上社会意识,成为统治者或上层人物'德'的象征。没有社会分工生产不出玉器,没有社会分化也不需要礼制性的玉器",[4]玉器的制作需要极高的切割、琢磨、钻孔、抛光等工艺技术,这工艺是社会生产力进步的具体反映,玉器不可能人人拥有,特别是璜、玦为身份标志,被赋予礼器的性质。大溪文化的一部分陶质器座、支座,如高大的镂孔花纹鼓形器座和庄重的几何纹大型支座也应是种礼器。宜昌杨家湾有一个直径约10米的大灰坑,坑内出土大量有刻划符号的陶器,还有许多彩陶。此大灰坑可能也与原始宗教、礼仪活动有关。中国文字溯源于原始人记事的方法。刻划符号是记事方法的发展,是汉字的胚胎。刻划符号又由简到繁逐步演变。杨家湾的大灰坑前后

---

〔1〕 湖北省文物考古研究所发掘资料。
〔2〕 湖北省文物考古研究所发掘资料。
〔3〕 国家文物局三峡考古队:《湖北宜昌中堡岛遗址发掘简报》,《文物》1989年第2期。
〔4〕 苏秉琦:《关于重建中国史前史的思考》,《中国考古学论丛》,科学出版社,1993年,第6-7页。

经过两次发掘,据第一次发掘的74件陶器统计,刻划符号有70种,[1]比仰韶文化的刻划符号种类还多,有的笔画已接近甲骨文,应属我国早期阶段的象形文字。我国古代礼器和文字,由产生到成熟,变化过程漫长,几乎贯穿整个中华古代文化史,是研究中国传统文化的两根主线。从大溪文化的情况可见,大约在距今6 000多年前,在江汉史前社会中,文明因素已经萌芽,并得到相当程度的发展,为距今约5 000年前进入屈家岭时期的另一个社会发展阶段创造了条件。

石家河古城所属的屈家岭文化是一支相当发达的史前文化。如果将它与同期的我国其他史前文化进行全面综合比较,它当属先进之列。屈家岭文化对黄河下游和南方江西、湘南、粤北的史前文化都有相当强烈的影响。张绪球认为"屈家岭时期,长江中游和全国大多数地区之间都建立了广泛而密切的经济文化联系,而且总的趋势是,长江中游对外的影响远远大于外界对它的影响。因此,屈家岭文化时期,长江中游曾经在全国的范围内,发挥了数百年的龙头作用,这是江汉地区的先民们对祖国的历史发展所作出的重大贡献"。[2]他的观点,大体符合事实。我国古代部族主要有华夏、东夷、苗蛮三大集团。各族团都有自己的神话传说和神化人物。中华民族所信奉的祖先黄帝、太昊、伏羲,应分别为华夏、东夷、苗蛮各族团的神化始祖。今苗族为三苗、苗蛮之裔,[3]苗民以伏羲为先祖。[4]《周易·系辞下》"古者庖牺氏之王天下也……作结绳而为罔罟,以佃以渔",庖牺即伏羲,与江汉古代发达的渔猎业相关。《庄子·田子方篇》"古之真人……伏戏、黄帝不得友",伏戏即伏羲,他与黄帝大概不属同一系统。《淮南子·览冥训》"昔者黄帝治天下……然犹未及虑戏氏之道也"。虑戏氏也是伏羲,黄帝治天下未及伏羲,说明苗蛮曾经兴旺。一般认为苗蛮族团就是江汉古代民族,在其形成发展过程中有几个阶段和不同称谓。《尚书·吕刑》"苗民弗用灵",郑玄注"有苗、九黎之后也";《国语·楚语》"三苗复九黎之德",韦昭注"三苗,九黎之后也"。传说时代的九黎、三苗属苗蛮族团早、晚两个不同阶段的称谓。《史记正义》"孔安国曰'九黎君号蚩尤'是也"。《史记·五帝本纪》"蚩尤作乱,不用帝命。于是黄帝乃征师诸侯,与蚩尤战于涿鹿之野"。九黎相当强盛,曾逐鹿中原,大概是屈家岭文化的主人。九黎战败后,三苗接着复起,进入石家河文化阶段。三苗又称有苗或南蛮,为尧、舜、禹时期构成我国南北政治、军事矛盾的一方。《吕氏春秋·召类》"尧战于丹水之浦,以服南蛮",《淮南子·修务训》"舜作室,筑墙茨屋……南征三苗,道死苍梧",《墨子·卜攻》下篇"昔者三苗大乱,天命殛之……禹亲把天之瑞令,以征有

〔1〕 余秀翠:《杨家湾遗址发现的陶文剖析》,《江汉考古》1994年第1期。
〔2〕 张绪球:《长江中游新石器时代文化概论》,湖北科学技术出版社,1992年,第233页。
〔3〕 伍新福:《苗族历史探考》第一章,贵州民族出版社,1992年。
〔4〕 罗运环:《楚国八百年》,武汉大学出版社,1992年,第26—27页。

苗……禹既克有三苗，焉磨为山川，别物上下，卿制大极，而神民不违，天下乃静"，我国夏王朝的建立是不断南征三苗，最后打败三苗的结果。九黎、三苗不仅是江汉民族或苗蛮族团的称谓，而且是政治、军事集团或即古国的称谓，与古城遗址相印证，屈家岭→石家河阶段，江汉地区已进入了早期文明的社会。

目前发现的五座屈家岭文化古城，除石家河城是中心聚落外，已知城头山附近也存在一些与城同时的聚落遗址，城头山古城原也为中心聚落。其他三城尚待进一步调查。而五座城城内都有依次为大溪文化、屈家岭文化和石家河文化堆积。许多情况表明屈家岭文化的其他古城的兴起也与石家河古城近似，都是在氏族聚落发展基础上建筑起来的，并且都是同一氏族部落连续长期居住之地。五座古城中，以石家河古城面积最大，应为九黎、三苗首领所居地，即为三苗"国都"。其他四城，马家垸为24万平方米，另三城均不足10万平方米，规模都小得多。九黎的"九"与三苗的"三"，都是支系众多之意，四城应为九黎、三苗的支系所在，属于邦邑。

然而，石家河古城文明的体现，还关键在于相应的庙、坛、殿、堂、大冢之类的重要建筑和重器，这是今后需要重点突破的重大问题。南方雨多而潮湿，古代遗迹遗物的良好保存，需具一些特殊条件：深埋、密封，尽量保持恒湿恒温；与当地的土质、物质也有关。红烧土遗迹保存较好，而土木建筑则较难保存。江汉平原土质的黏性较大，一般坑、沟、房、墓等古遗迹完整形状的清理，尤其是古遗迹整体布局的发掘，难度相当大。从目前发现情况来看，石家河古城的城垣年代、规模可以判定。这高大城垣的围筑，使垣内部分封闭起来了，并居住着族团首领，因此必然建立相适应的管理制度，城内外不可能不发生变化。据初步工作，已发现以下一些重要现象：

一、城内西北角邓家湾

邓家湾遗迹是石家河文化陶塑动物、红陶杯的集中地，也是屈家岭文化至石家河文化一些特殊现象的发现点。特殊现象主要有：

（1）陶筒形器和陶缸相互套接的现象。[1]特别是屈家岭文化的陶筒形器，形状特异，其中一种封顶筒形，中间圆球状外鼓，外捏长乳钉；另一种子口筒形，上细下粗，外绕堆纹。一般长度为1.2-1.5米，互相套接长达数米。有的出土时相套横置于坑边，与周围关系未明。属石家河文化早期的套缸遗迹，两排平行套接，口朝东，缸底不通。

---

〔1〕 石河考古队：《湖北省石河遗址群1987年发掘简报》，《文物》1990年第8期。

（2）立缸遗迹。在屈家岭文化的F3北部有规律放置8个立放陶缸。[1]

（3）火堆遗迹。在出陶筒形器的同一层位相距不远处，发现多处火堆[2]遗迹，旁边还发现有柱洞和小孩残骨架。

（4）扣碗现象。相扣的陶碗平置，暴露多处，大体等距成列。另有部分平置的盖鼎（被当作瓮棺处理）。盖鼎放置有无规律，不明。

以上几种遗迹现象都暴露于墓区之东侧，由于发掘人员、时间前后等原因，多当作单独现象处理，或只有简单笔录。如果从整体考虑，并与墓葬和集中出土的较晚的红陶杯、陶塑动物联系起来，一处以筒形器（相套，立柱固定）为中心的祭祀（祭祖或祭天）活动场所便显现出来了。排列的鼎、碗和杯，应为祭器，是后代礼器的前身。

二、城垣外的"山"

在西北城垣外和南城垣外都有土丘环绕。例如西北城垣外有所谓袁家山、黄家山、扁担山、乌龟山、鲁台寺等的土丘，一般高出附近地面5米左右。经初步勘查，遗物极少，土质与附近生土有些区别而接近城垣夯土。是否为人工堆筑？如果是人工堆筑，其性质则不同一般。

三、城内中部的谭家岭遗址

该遗址面积最大，原是聚落群中的中心聚落。遗址堆积厚，并有大溪阶段的遗存。据目前了解，存在较多的房屋基址，可能是城址的中心居住区。

四、城内西南部三房湾遗址

在三房湾附近调查，在村侧稻田上发现不少灰土遗迹，灰土范围内暴露大量红陶杯。1955年的一次发掘中，在100平方米范围内出土红陶杯数万件。同类器物集中现象表明

---

〔1〕 石河考古队：《湖北天门市邓家湾遗址1992年发掘简报》，《文物》1994年第4期。
〔2〕 湖北省文物考古研究所发掘资料。

该遗址可能有特殊功用。

五、城址内外发现的玉器和铜矿石

在城外东南部的肖家屋脊和罗家柏岭都出土了精致而有特色的石家河文化玉器,并有威严的人头形象。[1]在城内邓家湾和城外肖家屋脊都多次发现石家河时期由外地而来的铜矿石。[2]表明石家河时期已有铜的冶炼。玉器和铜矿石的发现,证明石家河古城建筑以后发生了重大变化。

以上信息使人相信,随着今后考古工作的深入和发展,石家河古城文明的重要建筑和重器将会被不断发现和认识。石家河古城作为我国早期文明之城将永载史册。

(原载《中原文物》1995年第4期)

---

〔1〕 湖北省文物考古研究所等:《湖北石家河罗家柏岭新石器时代遗址》,《考古学报》1994年第2期。
〔2〕 张绪球:《长江中游新石器时代文化概论》,湖北科学技术出版社,1992年,第279~281页。

试论江汉古城的兴衰

　　城市是人类社会发展到一定历史时期的具体产物，它的出现是原始社会转变为文明社会的三大标志之一。在世界范围内，由于自然地理、历史文化诸方面的原因，各地原始社会发展极不平衡，不同区域城市的出现有先有后，并且存在不同的发展途径和建筑形式。我国为世界四大文明古国之一，古代城市发生与发展自成体系。江汉古城出现甚早，与中原古城相比也有其不同的发展道路和建造风格。综观考古资料，在江汉古城发展过程中，曾有两次兴建高峰。第一次在距今约 5 000 年前的新石器时代屈家岭文化阶段；第二次在春秋战国的楚国统治时期。在这两次高峰之间有一段漫长的衰落时期。江汉古城的兴衰是该地历史变化的具体反映。探讨江汉古城的发展、形态及其历史背景，是考古学研究的重大课题。

一

　　江汉古城最早出现于屈家岭文化时期，并达到第一次筑城的高峰，这可以从近年来江汉地区不断发现这个阶段的古城址得到证明。目前经过初步调查或发掘工作的有天门石家河、[1]荆门马家垸、[2]江陵阴湘城、[3]石首走马岭[4]和澧县城头山[5]等屈家岭文化古城。在这几处新石器时代遗址中都发现了屈家岭文化的城垣遗迹。其中以石家河发现的城垣遗迹规模最为宏大。

---

〔1〕 石家河考古队：石家河遗址群考古调查及发掘资料。
〔2〕 荆门市博物馆：荆门市文物普查资料。
〔3〕 荆州地区博物馆：考古调查发掘资料。
〔4〕 荆州地区博物馆：考古调查发掘资料。
〔5〕 单先进、曹传松：《澧县城头山屈家岭文化城址被确认》，《中国文物报》1992年3月15日。

石家河等一系列屈家岭文化城垣遗迹的发现,不但说明江汉地区是我国最早出现城邑的地区,而且说明屈家岭文化古城非常密集并规模宏大,屈家岭文化时期是江汉大量兴建城邑的重要时期。

可是,屈家岭文化古城并没有得到继续发展,大约在石家河文化中期及此后一段相当长的历史时期,江汉古城发展线索中断,石家河文化至西周时期的考古资料中,不见或少见古城址。目前经过考古发掘的仅有商代的黄陂盘龙城遗址。[1]西周城址,只找到了一些线索,其规模肯定不会很大。显然屈家岭文化之后,江汉古城的发展进入了衰落时期。

历史跨入东周阶段,情况又发生了根本性变化,出现了江汉古城建筑的第二次高峰。经过考古调查发掘,江汉东周城址的数量猛然增加,其中主要的有江陵纪南城、当阳季家湖楚城、宜城楚皇城、襄阳邓城、云梦楚王城、大冶鄂王城、黄冈禹王城、大悟吕王城、大冶草王嘴城、孝感草店坊城、黄陂作京城、湘阴古罗城、桃源楚王城、石门古城堤、慈利白公城、临澧古城堤、常德索县故城、淅川龙城、西峡析邑等数十座。[2]这些城址一般均具有楚文化特征,可归为楚城,包括了大、中、小不同类别的大小城邑。其中江陵纪南城规模最大,城址内面积达16平方公里,为我国最大的古城址之一。

除以上楚城址外,还有许多尚待勘查的东周城址或重要遗址。例如荆门岳飞城、随州城;在潜江龙湾、当阳磨盘山和杨木岗、随州安居、秭归柳林溪等遗址均发现了东周大型建筑遗迹或筒瓦、板瓦等大型建筑材料,都可能属于楚城址。史书记载江汉间的东周诸侯列国密布,所谓"国"就是城。《史记·楚世家》记载"秦昭王怒,发兵出武关攻楚,大败楚军,斩首五万,取析十五城而去",徐广曰"年表云取十六城,既取析,又并取左右十五城也",《资治通鉴》"楚人告于秦曰:'赖社稷神灵,国有王矣!'秦王怒,发兵出武关击楚,斩首五万,取十六城",秦国的一次军事行动,就攻取楚西北隅的析邑等十六城,考古资料和文献记载都说明楚城的数量相当多。《七国考》卷三引唐勒《奏士论》云:"楚世伯南土,自越以至叶,宏境万里,故号曰:'万城。'"此"万城"就是指构成楚国的数以万计的城邑。这些城邑便是江汉楚文明的重要特征。

二

古文献记载,我国古代城市的发展史可上溯至传说时代的黄帝时期。《淮南子·原

---

〔1〕 湖北省博物馆、北京大学考古专业盘龙城发掘队:《盘龙城一九七四年度田野考古纪要》,《文物》1976年第2期。
〔2〕 杨权喜:《楚国城址的发掘与研究》,《楚文化研究》(俞伟超、稻田耕一郎合编,待刊);陈振裕:《东周楚城的类型初析》,《江汉考古》1992年第1期。

道训》"夏鲧作三仞之城,一曰黄帝始主城邑以居",《汉书·郊祀志下》"黄帝时为五城十二楼"。江汉地区的屈家岭文化晚期与黄帝时期大体相当,正处于我国原始社会晚期,社会经济经过长期的发展,剩余财富不断增加,贫、富两极不断分化,并导致了各部族之间、各部族集团之间的矛盾与冲突。社会正在动荡,变革的时期就要来临,不可避免地酿成氏族部落之间、部落联盟之间的长期战争。《史记·五帝本纪》:"黄帝者……名曰轩辕……轩辕之时,神农氏世衰。诸侯相侵伐,暴虐百姓,而神农氏弗能征。于是轩辕乃习用干戈,以征不享,诸侯咸来宾从。而蚩尤最为暴,莫能伐。炎帝欲侵陵诸侯,诸侯咸归轩辕。轩辕乃德修振兵……以与炎帝战于阪泉之野。三战,然后得其志。蚩尤作乱,不用帝命。于是黄帝乃征师诸侯,与蚩尤战于涿鹿之野,遂禽杀蚩尤。而诸侯咸尊轩辕为天子,代神农氏,是为黄帝。"这记载说明黄帝时期我国部族及部族集团之间的矛盾和战争,同时也说明中原黄帝为首的族团取得了战争的最后胜利。所谓神农氏、黄帝、炎帝、蚩尤都应指我国原始社会各部族集团的首领。若与考古学文化相对应,黄帝、炎帝为首的族团则是中原两个不同类型的新石器时代文化的主体;而蚩尤为首的族团则可能为江汉屈家岭文化的主人。《史记正义》:"孔安国曰'九黎君号蚩尤'是也。"《尚书·吕刑》注:"九黎之君,号曰蚩尤。"范文澜《中国通史简编》(第一编):"(远古时代)居住在南方的被统称为'蛮族',其中九黎族最早向北发展……相传蚩尤是九黎族的首领,兄弟八十一人,即八十一个氏族酋长,全是兽身人言……这大概是一个以猛兽为图腾,勇悍善斗的强大部族。"南方山多林密,野兽出没,蚩尤凶猛,为南方部族首领的可能性大。《国语·楚语下》有"三苗复九黎之德"句,韦昭注曰:"三苗,九黎之后。"《尚书·吕刑》"王曰,若古有训,蚩尤惟始作乱……苗民弗用灵,制以刑",注曰:"三苗之君,习蚩尤之恶,不用善化民,而制以重刑,惟为五虐之刑,自谓得法。"一般认为三苗是南方民族,九黎与三苗有因袭关系,均属南方的南蛮族团,九黎应为江汉屈家岭文化的创造者。江汉的原始文化古老而发达,自距今约8 000年前的城背溪[1]阶段开始,经过了3 000年左右的发展历程,创造了一种早于中原龙山文化而与中原仰韶文化晚期相当的屈家岭文化。黄帝时期,一般认为与中原龙山文化相当。如果从黄帝与蚩尤战争的情况来看,黄帝及黄帝的继承人大概是中原龙山文化的始创者,即中原龙山文化是中原民族战败南方民族以后、跨入了奴隶制社会初期阶段的一种文化。"黄帝始主城邑"的考古印证,就是中原目前发现的山东城子崖、[2]边线王村[3]

---

〔1〕 陈振裕、杨权喜:《湖北宜都城背溪遗址》,《史前研究》辑刊,1989年。
〔2〕 傅斯年、李济、梁思永等:《城子崖》(中国考古报告集之一),中央研究院历史语言研究所,1934年。
〔3〕 《山东发现四千年前的古城堡遗址》,《人民日报》1985年1月3日。

和河南后岗、[1]平粮台、[2]王城岗、[3]郝家台[4]等龙山文化古城。而屈家岭文化及其古城早于龙山文化及其古城，表明江汉地区可能在中国历史上率先步入了奴隶制社会的门槛。蚩尤凶悍，"制以重刑"，是奴隶制国家机器森严的特征。

三

天门石家河新石器时代遗址群的规模为长江中游地区所仅见，在全国范围内目前也不多见，是属于我国典型的原始社会末期聚落群形态。这个遗址群，在大约8平方公里的范围内分布着大小遗址约40处。在遗址群的中心区勘察和局部发掘出筑于屈家岭文化晚期的城垣，略呈方形分布，长约1 000米的西垣还较好地保存于今地面上，东南和北部城垣有断缺，城内面积约100万平方米以上。城垣外围还有凹沟洼地，是为城壕遗迹。在城垣西北、南部之外（凹沟外）还有土丘围绕，这些土丘似为人工堆筑。城垣之东，有东河自北至南流过。1992年在邓家湾考古发掘中，发现了城垣的西北角，城垣筑于屈家岭文化层和屈家岭文化墓葬之上，同时又被一座屈家岭文化晚期墓葬打破。从西垣断面观察，宽度超过20米，并有一层层不规整的堆筑痕迹，土层中仅有少量屈家岭文化或更早的碎陶片，未见晚期遗物。

江汉地区原始社会经历了漫长发展的过程，原始人类祖祖辈辈过着相当安定的定居生活，他们在与大自然的搏斗中，思考、摸索、发明、创造，终于使自己走上了文明之路。对石家河的邓家湾、谭家岭、肖家屋脊、土城等遗址的初步发掘，获得了许多具有重大研究价值的资料。经研究排比，对目前的石家河遗存作了初步分期，[5]包括了相当于大溪文化、屈家岭文化、石家河文化等几个不同历史阶段的文化，它们之间具有因袭关系，所跨越的时代大约距今6 500-4 000年前。可见石家河一带曾经是我国一支重要原始民族长期活动的中心地。在邓家湾遗址较晚的地层中发现了孔雀石和一些铜块，[6]表明江汉地区较早地就进入了铜石并用时代。目前尚不能确定江汉的铜石并用时代究竟始于何时？然而江汉原始社会的突变现象则出现甚早。屈家岭文化的大型聚落和聚落群的形成，表明当时社会人口的大量集中。由于人口的大量集中，必然导致聚落形态的变化。

---

〔1〕 杨宝成：《登封王城岗与"禹都阳城"》，《文物》1984年第2期。

〔2〕 河南省文物研究所等：《河南淮阳平粮台龙山文化古城址试掘简报》，《文物》1983年第3期。

〔3〕 河南省文物研究所等：《登封王城岗遗址的发掘》，《文物》1983年第3期。

〔4〕 严文明：《略论中国文明的起源》，《文物》1992年第1期，第47页。

〔5〕 石河考古队：《湖北省石河遗址群1987年发掘简报》，《文物》1990年第8期。

〔6〕 刘安国：《天门出土新石器时代钢块和孔雀石》，《中国文物报》1988年2月5日。

石家河古城范围较大,它是在聚落群基础上发展起来的。在城外四周分布着密集的聚落遗址,在城内也仍然保留了聚落的基本形态。城内有谭家岭、邓家湾、三房湾、黄金岭、蓄树岭等遗址。这些遗址都有各自的中心区,并都存在丰富的早于或晚于城垣的遗存,表明它们都各有自身的漫长的发展历程,同时说明这座城是该聚落社会发展到一定阶段的产物。随着高大城垣的构筑,城内各聚落便被封闭起来了,相应的城市制度必然逐步建立,也必然促使城内和城外的聚落、城内各聚落之间的逐渐分化,具有专门功用的区域划分便开始出现。例如城内的邓家湾是以祭祀为主的遗址,而谭家岭则是建筑遗迹集中的遗址。由于人口的大量集中,又自然导致手工业与农业的分离,而后使整个社会经济发生重大变化。石家河古城与西边的邓家湾、谭家岭、三房湾等遗址相距很近,局部甚至相连在一起,可见其间不可能有很多的农耕地,而所出的遗物中石器(农具)较少而陶器数量巨大,陶器出土时又非常集中,红陶缸、红陶杯、灰陶罐等器物往往成堆出土,筒形器、蛋壳彩陶等器物反映出当时烧制大型陶器和精致陶器的高度水平,而大量的彩陶纺轮则是纺织业兴旺发达的标志。从整个遗址群发现的遗迹遗物来看,城内的手工业明显比城外发达。城西北角邓家湾祭祀遗址中,有一群相当规模的墓葬,有祭台和祭坑及祭具,有排列的扣碗和盖鼎,互相构成相当规模的祭奠遗存。这不但反映了当时人们对祖先、自然、神祇的崇拜,而且反映出我国传统的礼仪制度已开始萌芽,一个以神权为中心的活动场所已隐约可见,一个以原始宗教信仰为强大精神支柱、以城市为中心的部族群体正在迅速壮大。

江汉地区早在距今6 000多年前的大溪文化中,就有了先进的泥土夯筑技术和住宅防患设施。不但用泥土夯基垒墙筑屋,而且还在住宅外围设沟开壑。我国南方雨水充沛、地形复杂、土地潮湿,随着屈家岭阶段大型聚落或聚落群体的形成,以筑堤防洪、围土御兽、夯台隔潮、开渠排水为主要目的原始土木工程逐渐成为当时部落群体的公共事业。当原始部落社会面临瓦解、各部落之间矛盾激化、战争频繁发生的时候,这种防洪御兽的堤壑便很自然地演变成为抵阻外族侵扰的城池。屈家岭文化最早出现城邑应是江汉原始文化高度发展的必然结果。

四

江汉新石器时代文化,在屈家岭文化之后进入了石家河文化阶段,证明蚩尤的九黎族团失败之后,江汉的原始民族和文化均发生了重大变化。"三苗复九黎之德",屈家岭文化或九黎衰败之后,江汉民族称为三苗。三苗继承了九黎的许多传统。而当时中原的新石器时代文化已进入了龙山阶段，大概属于尧、舜、禹部落联盟时期。吴永章教授认为"三苗对华夏族尧、舜、禹部落联盟，或'臣'或'叛'。就是说，三苗除了……军事对抗外，也曾臣服。所谓'臣'，就是加入华夏族的部落联盟，并承认其盟主地位"。[1]三苗文化可能就是江汉地区的石家河文化。石家河文化的类型复杂，正符合三苗族体繁杂的情况。这种文化同样具有相当高的发展水平，它除了继承屈家岭文化的传统以外，已产生了不少新的文化因素，同时又吸收了许多中原文化因素。特别是长江南岸的宜都石板巷子、[2]茶店子、[3]鸡子河[4]等石家河文化遗址出土的陶器中明显具有河南龙山文化因素[5]的情况，反映了石家河文化与中原龙山文化的密切关系，证明三苗民族对华夏民族确有臣服关系。《史记·五帝本纪》载，尧时"三苗在江淮、荆州数为乱""迁三苗于三危，以变西戎"，《韩非子·五蠹》"当舜之时，有苗不服，禹将伐之"，《山海经·海外南经》郭璞注"有苗之民，叛入南海"，这些记载反映了三苗还相当强大（这在石家河文化中也可得到印证），三苗对华夏族基本是"叛"，而华夏族对三苗则采取"伐"和"迁"。尧、舜、禹为了自己的"天子"地位，一直把征服三苗当作自己的一件基本事业。"黄帝以下诸帝，以攻黎攻苗为主要事业，到禹才完成了这个事业"。[6]

从当时整个中国的形势考察，以尧、舜、禹为代表的华夏族处于统治（"王"）地位，而三苗则处于被统治或被征服（"臣"）地位。因而文明的标志古城（筑城）便在龙山文化中出现，在石家河文化中匿迹。随着夏、商、西周王朝的相继建立和不断强大，三苗不断被融合、分化和迁徙，演变成巴、濮、楚、邓等民族。江汉的一部分地区成了商周王朝的"南土"，并又开始出现了一些小城邑。黄陂盘龙城就是商代南土的一个方伯城邑或军事城堡。西周王朝实行分封制，江汉一带开始出现许多周代的诸侯封邑。随着周王室的衰落，特别是两周之交开始，各诸侯纷纷崛起，互相之间频繁发生激烈的兼并战争，诸侯封邑得到进一步的建设，成为有一定规模的城邑。《韩非子·有度》"荆庄王并国二十六"，楚国是江汉一带迅速崛起的侯国，它在春秋时期灭掉了数十个小国。诸小国被楚灭掉之后，小国都邑变成楚县邑，这是楚城密布的一个重要因素。另外，楚实行过封君制，有些较小的楚城属于楚之封邑。还有些小型楚城则是楚为了战争的需要而建筑的军事堡垒或关塞。

---

〔1〕 吴永章：《湖北民族史》，华中理工大学出版社，1990年，第16页。
〔2〕 宜都考古发掘队：《湖北宜都石板巷子新石器时代遗址》，《考古》1985年第11期。
〔3〕 湖北省文物考古研究所，1983年宜都发掘资料，存江陵纪南城考古工作站。参阅裴安平：《鄂西"季石遗存"的序列及其与诸邻同期遗存的关系》，《考古类型学的理论与实践》，文物出版社，1989年。
〔4〕 湖北省文物考古研究所，1983年宜都发掘资料，存江陵纪南城考古工作站。参阅裴安平：《鄂西"季石遗存"的序列及其与诸邻同期遗存的关系》，《考古类型学的理论与实践》，文物出版社，1989年。
〔5〕 白云：《关于"石家河文化"的几个问题》，《江汉考古》1993年第4期。
〔6〕 范文澜：《中国通史简编》修订本第一编，人民出版社，1953年，第19页。

五

　　江汉古城发展的过程曲折。第一次出现的屈家岭文化古城,是处在我国原始社会末期,它是原始文化不断发展的结果,其性质与后来出现的都城或封邑并不一样,可称作原始古城。天门石家河古城的原始性表现在:一、虽然范围很大,城垣也相当高大,但并不完整。该城是利用两条南北走向的岗地筑成,东、西城垣就是沿着岗地的外侧堆筑的,并看不出明显的夯筑痕迹。南、北城垣均有长达两三百米的断缺,这断缺部分正是凹地,可能原来就是低洼地,当时即是城垣的大缺口。城垣外北、西、南部还有似人工堆筑的土围。这些土围也可能具有防御作用,但与整个古城不成整体;二、城内、外都分布着一处一处类似一般村落的遗址,还看不出有什么排列规律;三、城内遗址虽有一定的功用不同的区别,但还没有严格的布局划分;四、虽发现一些较大的墓葬,随葬陶器达百余件,但并没有发现宫殿、作坊等遗迹或青铜器。《说苑·反质》引《墨子》云:"纣为鹿台糟丘,酒池肉林,宫墙文画,雕琢刻镂,锦绣被堂,金玉珍玮。"这大概是商代都城建筑的描述,石家河古城与这相比显然差别很大。因此石家河古城和其他屈家岭文化古城,实际还是村落加围墙的原始形态。

　　中国的人类发展史可追溯到150万年之前。[1] 不管是南方还是北方,也不管是长江流域还是黄河流域,它始终是一个整体。而它的文化发展是相互交流、相互融合的,其发展的中心则时而南方,时而北方,这是中国历史发展的一个规律。黄帝、炎帝、蚩尤的战争是我国历史上东、西、南、北各方民族之间的第一次大规模战争,最后以黄帝为代表的中原民族的胜利而暂时告终。从此整个中国古代社会就发生了根本性变化,诸侯"尊轩辕为天子",以"天子"为中心的统一国家和华夏大民族开始逐渐形成,大大加速了我国各地文化大交流和民族大融合,中华各地孕育出来的"文明曙光",包括屈家岭文化古城在内便逐渐汇聚成我国的夏商周文明。

　　江汉古城发展史上第二次出现的楚城,是处在我国奴隶制社会晚期,它是夏、商、周青铜文化高度发展的结果,也是统一国家在南方发展的表现。楚城的发展有早、晚两个阶段。

　　第一,早期阶段,为兴起时期。

　　楚城的来源应在于中原早期都城。我国第一个奴隶制国家建立以来,江汉各诸侯所

---

[1]　如果从我国发现最古老的人类化石——元谋猿人算起,一般认为距今有170万年左右。

建的封邑、国或都城，一般在中央王朝，特别是西周王朝的严格控制下，以"立国居中"的传统思想选择地点并进行建设的。《吕氏春秋·慎势》"古之王者，择天下之中而立国"，《汉书·地理志》"昔周公营洛邑，以为在于中土，诸侯藩屏四方，故立京师"。这种城属"宫城"性质。主要为了满足奴隶主贵族的需要或军事上的需要而兴建的，重点起保护国王、方伯住地的作用，具有浓厚的政治色彩和军事色彩。这种城规模并不大，在江汉的发展相当缓慢。有些城建筑并不完善。《左传·襄公十四年》杜注"楚徙都郢，未有城郭"，说明春秋早年楚国所迁的都城规模也不大，而且没有城垣。"春秋五霸"之一的楚国，其都城也是进入春秋之后逐步建设完善起来的。据《左传》等书所载，春秋期间楚国曾多次采取措施完善"城郢"，但直至楚康王元年（公元前559年），楚国令尹子囊临终前，面对吴国的入侵而深情地嘱咐："必城郢。"可见春秋晚期楚都郢的城垣还没有完全筑好，其筑城的目的也十分明显。其他诸侯国都的情况也应相近。

第二，晚期阶段，为繁荣时期。

春秋中期前后开始，又是江汉古城发生重大变化的时期。一方面，随着楚国的扩展，诸侯国的灭亡，楚城不断增加，而原诸国都邑则停止了发展。《国语·楚语》记录了楚大夫范无宇有关楚城建制的一段话"且夫制城邑若体性焉，有首领，股肱至于手拇、毛脉。大能掉小，故变而不勤"，楚国在这种思想指导下，分级别建城。都城和一般城邑的规模差别很大。原诸国都邑被降为一般的楚城。楚都纪南城的面积和规模要比其他一般楚城大几倍，甚至几十倍；另一方面，随着铁器的广泛应用，整个社会生产力得到一次飞跃发展，使古城性质发生了根本变化。楚国和当时其他较强的列国一样，把扩大都城的建设作为一项重大措施，这不仅是政治军事的需要。而且是经济生产的需要。公元前519年，"楚囊瓦为令尹，城郢"。[1]现存宏大的江陵郢都纪南城，可能就是这次筑城形成的。

70年代通过对楚郢都江陵纪南城遗址的勘查发掘[2]可知，这个宏大的古城址，除宫殿区外围筑有城垣而为"宫城"之外，四周大范围筑有高大雄伟的"郭城"城垣。郭城之外挖有宽广的护城河。郭城不但把宫城包围起来，而且把当时兴旺起来的制陶、漆木加工、冶铸、纺织等手工业作坊及商业活动的市也包围起来，郭城内有村宅、居民点和农田，也有渔业、交通业。在郭城外有墓区和其他建筑。这时的楚都才真正具有"城市"的含义，它不但是楚国的政治、军事和文化中心，而且是经济、商业的中心。战国阶段，以楚城为代表的江汉古城已形成了自身的独特建筑风格和建城指导思想。楚之郢都是我国战国时代的最大都市之一，它代表了我国先秦时期古城发展的最高水平。战国时代写成的书，《考工

---

〔1〕《左传·昭公二十三年》。
〔2〕 湖北省博物馆：《楚都纪南城的勘查与发掘》，《考古学报》1982年第3、4期。

记·匠人》记载:"匠人营国,方九里,旁三门。国中九经九纬,径途九轨,左祖右社,面朝后市。"楚郢都纪南城近方形,差不多方九里,每边城垣有两门,每门有三道,主要宫殿区在东南部中间,主要作坊区在宫殿北部和西部,城内有呈丁字形的河道,城外远近分布着大小陵墓和其他活动场所,整体布局雄伟壮观。俞伟超教授认为《考工记》"是对已形成都城规划所作的一种标准式设计思想的阐述",[1]《考工记》应总结了包括楚城在内的我国古代筑城经验而得出的都城设计的理想模式。

江汉地区最早出现的屈家岭文化古城和后来兴起的楚城,都曾在我国古城发展史上起过十分重要的作用。江汉古城是中国古代文明的重要组成部分,也是长江流域古代文明的重要标志。

（原载《江汉考古》1994年第4期）

---

〔1〕 俞伟超:《中国古代都城规划的发展阶段性》,《先秦两汉考古学论集》,文物出版社,1985年,第42页。

楚文化与古代长江流域的开发

    楚文化是中国古代文明的重要组成部分。楚国的《老子》《庄子》《楚辞》等名著,不但在哲学上,而且在文学上都有着极其深远的影响,这些著作的作者老聃、庄周、屈原亦成为我国历史上的重要人物。楚国是我国史册上显赫的"春秋五霸"与"战国七雄"之一。半个世纪以来的文物考古所见的楚国城址、宫殿、井穴、墓葬、矿冶和铜器、铁器、金器、漆木竹器、丝帛、玉石器、陶器及简牍、绘画……更以其宏大的规模、稀世的形态和高超的工艺、华丽的色彩,展示出我国先秦文化发展的高峰。已故楚文化研究顾问顾铁符先生卓有见识地指出"以秦代为过渡,到楚国人取得了天下之后,经汉代的发扬光大,使楚文化成为我国文化史上最重要的源泉之一"。[1]

    《史记·货殖列传》云:"楚越之地,地广人稀,饭稻羹鱼,或火耕而水耨,果隋蠃蛤,不待贾而足,地势饶食,无饥馑之患,以故呰窳偷生,无积聚而多贫。是故江、淮以南,无冻饿之人,亦无千金之家。""楚越之地"主要指长江中、下游地区。对这一地区古代经济发展状况,历代史学家因受黄河流域为中心的传统思想束缚,总认为其地产虽然十分丰富,但社会生产始终比黄河流域落后,似乎迟迟未能得到开发。西汉司马迁也说这一区域"无积聚""多贫"而"无千金之家"。至于长江流域楚文化的发展,当代专家也感到"竞有后来居上之势"。[2]

    司马迁说:"夫神农以前,吾不知己",[3]对楚文化或我国古代文化的研究,当今史学界已越来越清楚地感到要靠地下蕴藏的文物,要靠考古研究,只有"把有限的传世文献和无限的出土文物结合起来,对楚文化作全面研究",[4]才能真正认识楚文化。而我国文物考古事业仅有几十年的历史,并首先着眼于黄河流域,文物考古界也难免被黄河流域中心

---

〔1〕 顾铁符:《楚文化研究论集·序》第一集,荆楚书社,1987年。
〔2〕 张正明:《楚文化史》,上海人民出版社,1987年。
〔3〕 《史记·货殖列传》。
〔4〕 张正明:《楚文化史》,上海人民出版社,1987年。

论所束缚。近二十年来,随着长江流域文物考古的不断突破,人们的视野开始扩展到了我国南方,但不少人还往往不太相信长江的远古文明。特别是楚文物的不断出土,人们对楚文化发展的高度已不能否定,然而它的来源还是多归根于黄河流域,形成所谓楚文化渊源"中原说"。

楚文化实际是长江流域的一种阶段性文化,关于它的渊源应摆在长江文化发展历史长河中进行考察。长江文化犹如长江之水,源远流长。人类最初生存的空间是极为有限的,需要适宜的自然条件:温和的气候、茂密的森林、丰富的食物、充足的水源和良好的溶洞。长江流域具有这些条件。远古的亚细亚,处于我国云贵高原至华北平原北端一线的地理阶梯交界地带上,留下了许多人类初期的活动遗存,有元谋猿人、巫山猿人、郧县猿人、郧西猿人、蓝田猿人、北京猿人。分布地点贯穿我国江、河两大流域,加上长江下游的安徽和县猿人,大部分猿人发现地点在长江流域。而时代最为古老的又莫过于长江上游的元谋猿人。长江远古人类,从元谋猿人开始到长阳人,渡过了百多万年的山区生活,经过了漫长的野蛮时代,便逐渐进入了文明时代,同时也进入了长江资源开发的新纪年。

一、人类最早开发的平原地区

人类从野蛮时代迈向文明时代的关键一步,就是从森林、山洞走向原野平川。目前考古资料表明,人类这一步首先出现在长江中游的西部山前地带。在两湖交接的澧县、江陵一带的平原上已发现多处旧石器时代遗址。例如湘北的许多旧石器时代遗址"都是在河流两岸的1-4级阶地上第四纪网纹红土堆积中发现的"。[1]1992年10月北京大学考古系、湖北荆州博物馆的考古人员,在楚郢都纪南城东南郊的江陵县郢北村鸡公山发掘,第一次揭示了我国平原地区多层旧石器时代不同文化性质的地层叠压关系,在距今约四五万年前或更早一些的旧石器时代遗址地层中清理出古人类的活动地面(居住地面),揭露了多处旧石器时代人们生产留下的遗迹,其中有砾石围构而成的圈形遗迹。我国1992年十大考古新发现的报道中说:"这是中国迄今首次发现的旧石器时代人类在平原上的活动遗迹。此外,还发现了数以万计的砍斫器、刮削器等石器。它的发掘将使中国旧石器时代人类在平原地带的居住生活的探索研究有新突破。"[2]已知我国最早的新石器时

---

[1] 文物编辑委员会编:《文物考古工作十年》(1979—1989),文物出版社,1991年,第204页。
[2] 《中国文物报》1993年1月17日第1版。

代遗址在南方,即广西的甑皮岩、江西的仙人洞。[1]长江中游楚文化分布的中心区,不但有如鸡公山这样的旧石器时代晚期遗址,而且有时代相当早的彭头山——城背溪新石器时代遗址。彭头山遗址是迄今我国发现的最早的新石器时代遗址之一。[2]遗址位于湘西北澧阳平原上,属澧县。遗址分布在一个约有一万平方米的土岗上,接近武陵山余脉,海拔高度不足45米,相对高度仅5米,四周地势平坦。发掘暴露有居住、墓葬、灰坑等遗迹,出土大量石器、陶器和稻谷遗存。据地层和出土器物研究,及碳14年代测定,遗址时代距今8 000-8 500年前,与黄河流域较早的新石器时代文化——磁山、裴李岗文化相当或稍早。彭头山遗存与相邻的湖北城背溪遗存是同一个阶段同一性质的遗存,[3]可用一个名称加以统一。这种文化遗址除彭头山、城背溪外,已发现一大批,计湖北境内有枝城北、青龙山、金子山、孙家河、梨树窝、花庙堤等;湖南境内有李家岗、刘家湾、八十挡、肖家岗、黄麻岗、皂市、胡家屋场等。这些遗址的分布范围大体在楚文化分布中心区的西南部。彭头山——城背溪文化反映的生产力水平和经济发展状况,并不比黄河流域落后。从鸡公山旧石器时代遗址的发掘到彭头山——城背溪新石器时代文化遗址的发现,初步展现了楚文化分布的中心区是长江流域最早被人类开发的平原地区,也是我国最早被人类开发的平原地区。

二、长江古人类居住空间的开发

人类从山区到达平原,改变了原有的自然依托,必须重新开发自己的生存空间,其中包括了不可缺少的居住空间。

人类开发平原,首先必须解决定居问题。旧石器时代人们除了居住自然洞穴之外,还发明了“巢居”。“巢居”依附于大森林。而要在平原地区扎根,只靠“巢居”恐怕是不够了,必须再创造新的居住形式。文献与考古材料都证明,我国古代居住形式南、北有别。北方主要为“穴居”,南方主要为“房居”。黄河流域仰韶文化盛行的“地穴式”“半地穴式”居址,即是北方新石器时代人们创造的“穴居”遗迹。南方的“房居”即高出地面的房屋,可分两大类,一类叫作“干栏式”木结构房屋,一类称为台基式土木结构房屋。“房居”当是长江流域新石器时代居民发明的而不断发展的居住形式。长江下游河姆渡文化

---

〔1〕 严文明:《中国史前文化的统一性与多样性》表二,《文物》1987年第3期,第44页。
〔2〕 严文明:《中国史前文化的统一性与多样性》表二,《文物》1987年第3期,第44页。
〔3〕 杨权喜:《试论城背溪文化》,《东南文化》1991年第5期。

的"干栏式"房屋,木板榫眼的制作、房屋的规模、形制的进步已为人所知。长江中游白庙新石器时代遗址、[1]圻春毛家咀西周遗址、[2]江陵纪南城东周水门遗址[3]也有"干栏式"或类似的建筑。"干栏式"建筑被公认为古代南方文化的基本特征,其流行地区偏于长江下游一带。台基式房屋,时代早而十分讲究的,唯长江中游大溪文化的"红烧土房屋"。"红烧土房屋"可分圆形和方形两种,一般由经高温烘烤成坚硬的红色的台基、夹竹木泥墙、抹泥屋顶组成,特具避雨、防潮、御风的功能。楚郢都纪南城北垣外侧朱家台发掘的大溪文化早期的1号房屋,为典型的"红烧土房屋",[4]圆形,台基高出地面约0.5米,基部直径8.5-11米,整座房屋,包括台基散水、室内地面、墙都被烘烤成红色坚硬质地,像红砖一般,多有平整硬面。"干栏式"和"台基式"房屋揭开了中国古代建筑史上光辉的第一页。

人类随着人口的增长,从分散的村宅聚落逐渐扩展成聚落群和中心聚落。早在5 000多年前,长江中游的西部,大概也在楚文化分布的中心范围内,不但出现了天门石家河大型聚落群,而且出现了一系列屈家岭文化古城——石家河、走马岭、阴湘城、马家垸、城头山等。[5]这些古城为目前我国发现的最早古城。

东周时期的楚国城址密布,又有纪南城这样一座面积达16平方公里的大型楚城遗址。城址内殿宫台基群立。土木结构、纯木结构的建筑,高温烘制的"砖坯"宫墙,[6]应是当地史前建筑形式、营造方法的延续和发展。正因为长江史前人类居住空间的不断开发,才有东周时期楚国的"宏境万里"而号称"万城"。[7]楚国"延石千里,延壤百里"的建筑,雄伟壮观、气势磅礴。宫、庭、台、池等一系列工程,规模浩大、山水相融、奇伟瑰丽。楚国的土木工程、设计思想、建筑风格集中体现了长江流域古代居民开发居住空间的巨大成果。

三、长江动植物资源的不断开发

长江两岸广阔的江湖泊泽和山前地带,野生动植物繁多,为稀疏的人类提供了源源不断的生活源泉。长江流域的人类对原始生态资源的开发利用,可表现在自身生存空间的

〔1〕 杨权喜、陈振裕:《宜昌县白庙子新石器时代末期及东周遗址》,《中国考古学年鉴·1987》,文物出版社,1988年,第201页。

〔2〕 中国科学院考古研究所湖北发掘队:《湖北圻春毛家咀西周木构建筑》,《考古》1962年第1期。

〔3〕 湖北省博物馆:《楚都纪南城的勘查与发掘(上)》,《考古学报》1982年第3期。

〔4〕 湖北省文物考古研究所:《湖北江陵朱家台遗址发掘简报》,《江汉考古》1991年第3期。

〔5〕 杨权喜:《试论江汉古城的兴衰》,《江汉考古》1994年第4期。

〔6〕 陈跃钧:《潜江龙湾章华台遗址的调查与试掘》,《楚章华台学术讨论会论文集》,武汉大学出版社,1988年。

〔7〕 《七国考》卷三引唐勒《奏士论》中句。

扩展和对野生动植物的猎取养殖两方面。又可具体表现在社会经济的兴旺和采集、砍伐、捕捞、狩猎、种植与牧养等多种经济手段并存方面。过去观点认为江汉平原中部的湖区、沼泽地,为新石器时代遗址的空白,是早期人类无法定居的地方。但事实并非如此。近二三十年湖北史前考古表明,江汉腹地的新石器时代文化特别发达,今江汉平原的天门、江陵、枝江、当阳、松滋等县集中了大量的新石器时代遗址。十分令人注目的是今湖区监利县的发现,在该县柳关、福田两地的湖淤层4.5-5米深处发现了大溪文化遗址,[1]是在防洪排涝工程动土中暴露的。清理出了墓葬、灰坑、石器、陶器和其他文化遗物。这两处遗址距洪湖水面仅约13公里。此发现说明人类生存空间的不断扩展,最迟在距今6 000多年前,人类已经定居于今洪湖边上。因平原湖区的淤积变迁较大,早期人类活动遗迹往往被埋没较深(宜都、枝江等县的长江两岸古遗址,表土层都在3米以上),地表多为耕地、水田,有的甚至为湖面,不动土极不易被发现。江汉一带的古文化遗址还具有一些明显特点,即堆积中含大量腐殖质和夹大量兽骨、鱼骨与蚌壳。江陵朱家台遗址第七层,大溪文化层,夹草木灰,较软。该遗址第27号灰坑,属大溪文化,分上、下两层,均含较多腐殖质和蚌壳、兽骨;[2]监利柳关、福田大溪文化层中有0.2-0.3米的蚌壳层,文化层中有鹿、马、鱼的牙齿和骨骼。[3]秭归龚家大沟大溪文化堆积中含大量鱼骨、兽骨,使文化层呈白斑色。[4]沙市周梁玉桥、官堤商代遗址的堆积中有大量的兽骨、鱼骨、龟壳和草木灰。[5]宜昌覃家沱、黄土包周代遗址中有鹿、鱼、猪等兽骨。[6]江汉古文化遗址的这一特点显然与古代江汉居民开发丰富的动植物资源有关。《史记·夏本纪二》载荆州贡品有"杶、幹、栝、柏……箘簬、楛",《战国策·宋卫策》"荆有长松,文梓、梗、柟、豫樟",江汉一带树木种类很多。考古发现的先秦宫殿、房屋、棺椁、井穴、矿坑等遗迹都使用大量木材,反映了对森林资源的开发,砍伐业是当时经济活动的重要行业。舟楫、漆木竹藤器、丧葬用器、骨器、皮革、草苇、丝麻织物及器物装饰图案等等,许多是其他地区无法与之相比的。这些器物生动形象地记载着当时社会经济兴旺发达的情景。《山海经·中山经》"京山多漆木",《庄子·人间世》载孔子南游于楚,楚狂曰"漆可用,故割之",河姆渡文化中见到了我国最早的漆器(碗)实物。今秦岭之南的大巴山、巫山、武当山、武陵山是我国自古以来的漆产区。考古发现的古代漆器多分布在长江流域。两湖地区的楚、秦、汉墓所出土的保存如

〔1〕 荆州地区博物馆:《湖北监利县柳关和福田新石器时代遗址试掘简报》,《江汉考古》1984年第2期。
〔2〕 湖北省文物考古研究所:《湖北江陵朱家台遗址发掘简报》,《江汉考古》1991年第3期,第1-2页。
〔3〕 荆州地区博物馆:《湖北监利县柳关和福田新石器时代遗址试掘简报》,《江汉考古》1984年第2期。
〔4〕 湖北省博物馆:《秭归龚家大沟遗址的调查与试掘》,《江汉考古》1984年第1期。
〔5〕 沙市博物馆:《湖北沙市周梁玉桥遗址试掘简报》,《文物资料丛刊》10,文物出版社,1987年,第23-24页;湖北省博物馆:《沙市官堤商代遗址发掘简报》,《江汉考古》1985年第4期,第2-3页。
〔6〕 湖北省博物馆:《宜昌覃家沱两处周代遗址的发掘》,《江汉考古》1985年第1期图版叁、陆。

新、制作精美、色彩鲜艳的漆器，也是长江文化的一个象征。《左传·僖公四年》记载齐国管仲指责楚国"尔贡包茅不入，王祭不共，无以缩酒"，载于史册的菁茅，为楚之贡品，用于制酒，大概只是长江岸边上特有的野生植物而已。漆木和其他野生植物资源的开发，为古代长江文化增添了许多色彩。艺术源于现实生活，石家河文化的陶塑动物有鸡、鸭、鹅、长尾鸟、短尾鸟、猫头鹰、狗、羊、象、猪、猴、獏、袋鼠、兔、黄鼠狼、龟、鳖、鱼等，[1]这些原始艺术作品，不但反映出长江流域动物资源的丰富，而且反映了古人类对这些动物的认识和珍视及崇拜。石家河文化的玉器，除有人头像之外，还有兽面、蝉、凤、鹰、龙等形象，进一步说明古人类对凶兽的神化，对蝉、凤的赞美、对鹰、龙的崇拜。商周以降，我国青铜器中所出现的象、羊、虎、牛、猪、獏、鸮、鸟、兔、凤等形象的器皿（多称为尊），以及兽面、龙、凤、鸟、蝉等纹饰，恐怕是长江古人类对动物资源开发的艺术成果。

湖川交错、动植物繁多的长江两岸，"果隋蠃蛤，不待贾而足"，采集、捕捞、狩猎仍然是人类从山区转向平原这一过渡阶段的经济活动基本内容。这些经济活动，使人类不断认识和利用大自然，不断改变原始的自然生态环境，同时为农业的产生和发展不断创造条件。

四、长江稻作农业的起源与发展

人类在平原定居，意味着人类向广阔原野湖川的不断进取。地理环境的更换，迫使人类从生活方式到生产方式的改变。长江山区与平原相交的丘陵地带为人类生存方式的改变赐予先决条件。山林的采猎经济过渡到平原的农业经济，是人类开拓自身生存空间的又一关键。《史记》所记"楚越之地……饭稻羹鱼"，描述了长江自古以来农业经济的特点。关于我国举足轻重的稻作农业，其起源为我国文明起源探索的基本问题之一。严文明教授据迄今知道的长江下游河姆渡、长江中游彭头山——城背溪的稻谷遗存，指出长江中游的时代最早，长江下游所反映的稻作农业发展水平最高，应"把长江中下游与华南统一看成是一个大的农业起源区"。[2]早在1955年，在江汉平原的京山屈家岭发掘中，就出土了大量的距今5 000多年前的粳稻标本，曾引起我国水稻专家的高度重视。[3]彭头山——城背溪以来的江汉史前资料中，稻谷遗存十分丰富，特别是用

---

〔1〕 张绪球：《石家河文化的陶塑品》，《江汉考古》1991年第3期。
〔2〕 严文明：《中国史前稻作农业遗存的新发现》，《江汉考古》1990年第3期。
〔3〕 丁颖：《江汉平原新石器时代红烧土中的稻谷壳考查》，《考古学报》1959年第4期。

稻谷壳掺入陶胎的作风,被公认为当地史前文化的一个特色。水稻显然是江汉平原基本粮食作物。"江陵故郢都,西通巫、巴,东有云梦之饶"。江陵一带历来都是我国水稻高产区。《左传·襄公二十五年》(楚)"蔿掩书土田,度山林,鸠薮泽,辨京陵。表淳卤,数疆潦,规堰猪,町原防,牧隰皋,井衍沃",楚国曾对原开垦和新开垦的土地进行过卓有成效的治理工作。江陵纪南城遗址普遍存在一层浅灰色含腐殖质的文化层,厚薄结构均匀,可能是农田遗迹。[1]楚国提拔修建期思陂有功的孙叔敖为令尹,十分重视水利排灌系统的建设。《汉书·沟洫志》"于楚西方则通渠汉川、云梦之际;东方则通沟江,淮之间"。考古发现纪南城内有四条古河道与城外护城河相通,并东接长湖,形成护城、排灌、交通的水利系统,与周围农田关系十分密切。在纪南城内西南部的陈家台,发现了成层成堆的呈乌黑色的炭化稻米,[2]为楚都的储米粮仓所在。纪南城东南部的凤凰山,在167号西汉早期墓的随葬品中有成束的稻穗,[3]表明水稻在长江先秦和秦汉人们心目中的重要地位。

稻作农业是以种植水稻为基本内容的农业。经济作物和其他作物的培植、饲养、渔业是稻作农业的重要组成部分,也是伴随水稻种植而产生发展的经济行业。在江汉史前和商周、东周的考古发现中,生产工具主要有斧、锛、钺、凿、耒、耜、锄、铲、镰、筐、篓、箕、绳和轴辘[4]等;农副产品,除稻、粟[5]等粮食外,主要还有荸荠、藕、菱角、板栗、枣、梨、李、梅、杏、核桃、樱桃、柿、姜、花椒、茴香等;牛、羊、马、猪、狗、鸡、鸭、鱼、龟、蚌等。[6]在城背溪遗址中见到了较早的水牛头骨;[7]江汉古遗存中以牛、猪、鹿、鱼等骨骼最多;大溪文化以鱼作为主要的随葬物;石家河文化有"人抱鱼"的泥塑。而用鹿角、木雕鹿作随葬品则是楚墓的一个特点,春秋中期的当阳赵巷4号墓(见《文物》1990年第10期)则用黄牛、猪、狗、羊等共16只家畜随葬,并首次在该墓的漆俎上见到了生动的鹿的彩色图象。许多迹象显示:水牛、猪、鹿的驯养和渔业的首先出现均在长江流域。屈原《九章·桔颂》"后皇嘉树,桔徕服兮。受命不迁,生南国兮",朱熹集注"言楚王喜好草本之树,而桔生其土也。汉书'江陵千树桔',楚地正产桔也"。今江陵柑橘并不多,但在东周时期则是我国柑橘的重要产地。因为当时楚王喜欢桔,楚人就在楚都附近移植栽培了许多桔树。《史

〔1〕 杨权喜:《东周时代楚郢都的农业生产考略》,《农业考古》1990年第2期。
〔2〕 杨权喜:《陈家台遗址的发掘》,《考古学报》1982年第4期,第485-487页。
〔3〕 凤凰山一六七号汉墓发掘整理小组:《江陵凤凰山一六七号汉墓发掘简报》,《文物》1976年第10期图版贰,第33-34页。
〔4〕 杨权喜:《汉江地区出土的东周生产工具》,《考古与文物》1993年第4期。
〔5〕 《文物》1980年第10期第34页报道的当阳季家湖城址2号灰坑(H2)内的黑色灰烬堆积似为粟炭化物。
〔6〕 《农业考古》1990年第2期第119页;《包山楚墓》(上)附录八,文物出版社,1991年,第439页。
〔7〕 陈振裕、杨权喜:《湖北宜都城背溪遗址》,《史前研究》(辑刊),1989年。

记·苏秦列传》中的一段话 "楚,天下之强国也……地方五千余里,带甲百万,车千乘,骑万匹,粟支十年"。楚国之强大,除有百万装备精良的兵甲之外,还有广阔的沃土和储存的大量粮食。长江两岸早期耕地良田的开发,湖泊江河的治理、利用,稻作农业的发展,显然为楚的兴盛打下了强大的经济基础。

五、长江矿物和其他资源的开发

《史记·货殖列传》"章山之铜""豫章出黄金,长沙出连(徐广曰:"音莲,铅之未炼者"),锡,然堇堇物之所有,取之不足以更费""江南出楠、梓、姜、桂、金、锡、连、丹沙、犀、玳瑁、珠玑、齿革"。司马迁对楚越之地的物产虽有了解,但所记矿物产地与藏量则不一定准确。他对楚越矿物资源的开发历史显然知之甚少。

铜是我国最早被开发利用的矿产。湖北天门邓家湾发现有石家河文化的铜渣和孔雀石;[1]湖北黄陂盘龙城、江西新干大洋洲、湖南洞庭湖岸边都出土大批商周青铜器,并有铙、鼓之类的具有特色的器物;黄陂盘龙城揭露的商代二里岗期的金属铸造作坊遗址,[2]证明长江流域的铜器制造并不落后。楚越之地的铜剑、铜矛、铜镜和镂孔、镶嵌等各种青铜工艺之所以代表我国古代青铜制造的最高水平绝非偶然。

黄金是人类最有贮藏和装饰价值的金属。据古文献记载,我国古代黄金主要产在长江流域。《尚书·禹贡》:荆、扬二州 "厥贡惟金三品"(孔安国曰 "金、银、铜")。地点有丽水(金沙江)、沮漳河(今鄂西远安、当阳一带)、洞庭、汉中。春战时,楚国拥有黄金最多,《管子·轻重甲篇》记管仲语 "使吾得楚之黄金,吾能令农田毋耕而食,女毋织而衣",这并非无稽之谈,而正好说明长江黄金被开采的情况。第一,楚国是世界上最早使用黄金货币之国。楚金币种类较多,春秋时有金饼,都郢后有郢爰,迁陈后有陈爰,另还有专爰、颖、卢金、隔爰。这些金币均有出土,其中以郢爰最多。第二,楚地随州曾侯乙墓出土的盏、杯、勺、镇等黄金容器,为我国迄今发现的时代最早的黄金容器,其用金量很大。

银也是一种具有贮存与流通价值的重要金属。《山海经》"洞庭之山,其上多黄金,其下多银铁",《尚书·禹贡》载荆、扬二州所贡的 "金三品" 中包括银。楚国青铜器花纹中有金、银错,可见楚地早已采冶和使用银质金属。1974年河南扶沟古城村窖藏出土楚国

---

[1] 刘安国:《天门出土新石器时代铜块和孔雀石》,《中国文物报》1988年2月5日。
[2] 王劲、陈贤一:《试论商代盘龙城早期城市的形态与特征》,《湖北省考古学会论文选集》(一),1987年。

银质布币共16枚，[1]与楚郢爰同出。这楚银币也是我国迄今所知最早的白金货币。

钢铁是人类最有使用价值的金属，它的应用可使整个人类社会发生变革。一般认为东周时代的楚、吴两地为我国最早使用铁器的地区。《孟子·滕文公》记载一段孟子与楚国农家许行弟子陈相的对话："（孟子）曰：'许子以釜甑爨，以铁耕乎？'（陈相）曰：'然。''自为之与？'曰：'否，以粟易之。'"据此可知，战国时楚地盛行铁耕。出土的铁器实物也可以印证。楚地江陵、长沙两地东周遗址和墓葬所出土的铁器最多，时代最早，已为人熟知。长沙钢剑和荆门包山楚墓的钢针更有力地说明，楚地不但最早制铁用铁，而且经历了由冶铁到渗碳制钢的重要发展过程。

青铜器的制造，特别是青铜剑和其他锋刃铜器的制造，需要多种金属合成。如江陵出土的越王勾践剑经化验，其主要成分有铜、锡、铅、铁、镍和硫等。春秋中期的当阳赵家塝8号墓出土了两件锡簋；春秋晚期的当阳曹家岗5号墓和李家洼子13号墓出土了大量的铅锡器，有铅锡饰件、锡套环、锡弹簧和锡马衔等；战国早期的曾侯乙墓出土了许多精致的铅质饰件；战国中期的江陵天星观1号墓出土有锡饰件、锡节约和锡块；战国晚期的鄂城楚墓中则有锡印章、锡棺披；其他不少楚墓的棺椁都用了锡攀钉加固。郢都纪南城西部出土过锡原料，凝结成锥形、碗形的锡锭。楚越之地的铅、锡等有色金属矿藏显然早已被列入重要开采对象。

70年代以来，我国文物考古界的一个重大突破，即在长江流域找到了一系列古矿冶遗址，如湖北大冶铜绿山、[2]江西瑞昌铜岭、[3]皖南江木冲、木鱼山、万迎山[4]等，都是我国有代表性的古矿冶遗址。这些古矿冶遗址的分布区，横亘于长江中下游南岸，即今鄂东南至皖南、苏南一带。这一带现在仍是我国钢铁和铜的重要产区。在湖北、江西、安徽发现的这些以开采、冶炼铜矿为主的遗址，规模宏大，不但有深达50余米的矿井，而且有相当进步的冶炼炉。矿井结构先进，框架支护合理，通风、排水、升降设施齐备，并出土许多开采和选矿器具。铜绿山发现的炼铜炉，分炉基、炉缸、炉身三部分，用木炭还原法炼铜可连续加料，连续出铜。炼炉附近有炉渣约40万吨。据分析，炉渣中含铜量平均仅0.7%，这个指标相当于欧洲19世纪末冶炼同类矿石的水平。而皖南江木冲炉渣的含铜量更少，仅为0.34-1.3%。[5]这些矿冶遗址的时代，主要属东周，有些矿井可上溯至西周，部分可早至商代。

---

〔1〕 河南省博物馆等：《河南扶沟古城村出土的楚金银币》，《文物》1980年第10期。
〔2〕 文物编辑委员会编：《文物考古工作十年（1979-1989）》，文物出版社，1991年，第195-196页。
〔3〕 文物编辑委员会编：《文物考古工作十年（1979-1989）》，文物出版社，1991年，第150-151页。
〔4〕 文物编辑委员会编：《文物考古工作十年（1979-1989）》，文物出版社，1991年，第133页。
〔5〕 文物编辑委员会编：《文物考古工作十年（1979-1989）》，文物出版社，1991年，第133页。

长江流域的这一重大突破,解开了我国的矿源之谜,也解开了许多重要金属产品首先出现在楚越之地之谜,同时还解开了一批批重要商周青铜器出土于南方之谜。从目前长江流域发现的古矿冶遗址及其产品的先进程度观察,长江矿物资源的开发起始时代甚早,史前石家河文化的冶铜线索将会进一步扩大。

荆山"和氏璧"的故事千古流传,而长江下游良渚文化玉器和长江中游曾侯乙墓的16节玉佩更为世人惊赞。石家河文化的玉雕和盘龙城的"玉戈之王"也是相当出色的。楚墓中除出土大批精细的宝玉之外,还有美妙的石磬、料器、水晶、玛瑙等等。《史记·夏本纪》载荆州贡品有:"砺、砥、砮、丹⋯⋯"《国语·楚语》中有王孙圉对赵简子的话:"又有薮曰云,连徒洲,金木竹箭之所生也,龟珠角齿,皮革羽毛,所以备赋用以戒不虞者也,所以共币帛以宾享于诸侯者也。"可见,长江流域的各种丰富资源,早已被人们发现、开发和利用。

关于楚文化,本人曾从多方面谈到它与中原文化的密切关系,甚至同一性是基本的,[1]但仍然坚持楚文化渊源的"土著说"。华夏文化为我国古代文化不断发展而逐渐形成的统一体。其形成年代约在夏商周。其渊源则在于新石器时代我国多支发达的史前文化,长江流域的史前文化当包括其中。因此而说,长江与黄河一样,也是中国古代文明的发祥地。另外,我们已经看到,至商周阶段,华夏文化的覆盖面已大大超出了黄河流域范围,商朝南土、商文化都扩展到了长江之滨。[2]在楚文化形成(在春秋中期)之前,长江两岸已属华夏文化的统治区域。人类文化的发展,主要随政治中心的转移或国家的发展而不断变迁。华夏文化的中心随夏商周的建立而在北方。楚文化则随楚国的强盛,由江汉迅速扩展于南半个中国。我们讲,楚文化为东周时代华夏文化的一种区域文化(考古学上称为华夏文化的一种类型)。作为一种区域文化,主要受自然地理条件的约束,约束的力量在于当地人类所开发的社会经济基础。人类生产、生活等方面的表现形式,可以随人类的意志而转移,而本质则难以变更。早期人类的生存,必须根据当地自然条件,采用不同的方式,并逐渐形成不同的习俗。传统的习俗乃为本质。"饭稻羹鱼"为长江居民的一种传统,而这传统的表现形式则随时代的变化而不断变化。种稻谷的生产工具由用木、骨、石器变为用铜、铁器,种植方式由"火耕""水耨"变为牛耕;煮稻米由用罐、釜、鼎变为用鬲、甗。作为一种区域文化,主要体现在区域特点上。楚文化的特点很多,从考古发现的遗迹、遗物方面举例:楚国经烘烤的高台式建筑,主要为了适应气候、土质潮湿的需要;

---

〔1〕 杨权喜:《楚文化与中原文化关系的探讨》,《江汉考古》1989年第4期;杨权喜:《从葬制看楚文化与中原文化的关系》,《中原文物》1989年第4期。
〔2〕 杨权喜:《湖北商文化与商朝南土》,《中国商文化国际学术讨论会论文集》,中国大百科全书出版社。

楚国盛行木结构（台基、宫殿、水门、棺椁、井穴都有）建筑，原因是江汉平原土质湿软而沙石少和木材丰富；楚国金属产品精良，是因楚地多矿藏；楚国使用高足盆形鬲，是为了煮稻米饭；楚国漆、木、竹器发达，因这里漆木竹资源丰富；楚人崇凤尊龙，也应与长江的山水相关。楚文化的种种特点，不能不说源于长江传统文化及对长江流域古代资源的不断开发。

（原载《长江文化论集——首届长江文化暨楚文化国际学术讨论文集》，湖北教育出版社，1995年）

试论中国文明起源与江汉文明

一

中国为世界四大文明古国之一。关于中国文明起源的问题越来越被广泛关注。50–60年代,学术界批判了中国文明"西来说"而普遍主张"本土说",实即"中原说"。70年代还批判了"北来说"和"南来说"。70年代末至80年代初开始,随着我国考古学的深入发展,不断出现的考古新发现使人们改变了过去对中国史前史的认识,中国文明起源"多元说"便应运而生,并成为目前学术界讨论的热题。

"文明"一词具有多种含义。美国近代学者摩尔根在《古代社会》一书中,把人类社会划分为蒙昧、野蛮、文明三大历史发展阶段,并得到马克思和恩格斯的肯定。我国史学、考古学上所讲的文明,就是指历史发展进程的"文明",即结束了原始氏族社会而进入了有国家政权的阶级社会之意。而文明本身与文明起源又是两个不同的概念。目前公认的中国最早文明乃是夏商周文明,它的中心毋庸置疑即在中原,但它的范围则可超越中原,比如包括长江流域的一部分地区。而目前正在讨论的中国文明起源,或夏商周文明的起源,则要追溯到中国新石器时代,也就是要在中国的史前文化中探讨。中国的新石器时代、铜石并用时代、青铜时代究竟应如何划分? 中国文明时代究竟始于何时? 中国文明起源于中原,还是起源于中华各地? 这显然还必须进行重新认识。目前所讨论的中国文明起源,实质上还存在两个不同的问题:第一,中国是否比夏商周更早阶段就进入了文明社会,或者局部进入了文明社会? 第二,中国文明因素的产生及其发展情况如何? 文明因素并不等于文明。考古学中特别注重的都市、文字、青铜器,是指进入文明社会的"三要素"或"三标志",并且这仅仅是文明在实物遗存方面的表象。在文明"三标志"出现之前显然存在着相当漫长的文明因素的起源和发展过程。例如与都市有关的大型聚落及其建筑,与文字有关的刻划符号和意识表达,与青铜冶铸有关的用火、筑窑技术和其他手工业技术等等。这些因素又必然与更早阶段的人类的生存、思维与创造相联系。我国考古学前辈苏秉琦先生指出："中华民族文化传统是几十万年、上百万年以来文化传统组合与重组的结果。"[1]因此研究中国文明起源问题就必须从整个中国史前文化的产生和发展着眼。

中国领土的面积辽阔，地形复杂，气候差异明显，造成中国史前文化的多样性及其发展不平衡性。由于史前文化的多样性，便决定了中国文明起源的多元性；由于史前文化发展不平衡性，便决定了中国文明起源的局限性。古代中国各地不可能同时进入文明社会。从中国存在着多支较为发达的史前文化的状况思考，中国文明之源不可能只有中原，也不可能遍及全国，而应当只有主要的几支。

距今 4 000 年前，中国建立了夏王朝。但在中国的土地上，夏文明仅占黄河流域的一部分，当时还有"先商""先周"……夏、商、周就是并立的大小不同而又相对较大的国家。后来商、周先后取代了夏。夏商周三代王朝不但具有完备的国家机器，而且拥有较辽阔的国土和众多被臣服的方国。夏王朝的建立，标志着中国历史上的一次划时代的伟大转折，夏是灭亡了中华大地的许多小国而成为具有较为辽阔国土的国家政权。任何事物都有一个产生、发展和变化的过程，我国最早的国家也是由小变大而逐渐走向统一的。在夏代之前，中国的社会十分复杂，先商、先周可能建立了国家政权，其他部族也可能建立了国家政权。《吕氏春秋·用民》"当禹之时，天下万国"，《淮南下·修务训》(禹)"平治水土，定千八百国"，《左传·哀公七年》"禹合诸侯于涂山，执玉帛者万国"，《史记·五帝本纪》(黄帝)"置左右大监，监于万国"，(帝尧)"百姓昭明，合和万国"。文献记载传说时代的"国"，不能一概视为氏族部落或部落联盟。《史记·五帝本纪》(帝尧时)"乃偏入百官，百官时序。宾于四门，四门穆穆，诸侯远方宾客皆敬"，(黄帝)"轩辕之时……诸侯相侵伐……于是轩辕乃习用干戈……与蚩尤战于涿鹿之野"，"获宝鼎，迎日推筴……土石金玉"，这些记载表明传说时代已存在国家机器，有天子，有百官，有干戈，有城门，有金属制造等。近年我国报道不少史前文化的重大考古发现，如辽宁红山文化的"神女庙"、甘肃大地湾的"原始殿堂"、河南仰韶文化的"龙虎塑"、浙江良渚文化的高台冢和玉器、屈家岭文化和龙山文化古城、山东丁公陶文等等。有些报道称这些发现为"文明曙光"。这些发现和文献记载相印证，表明中国的最早文明并不是三四千年前的夏商周三代，而应出现于四五千年前的传说时代，即考古学上的铜石并用时代。

据目前所知，黄河流域中下游和长江流域中下游的我国中东部地区是史前文化最为发达的地区。在这一地区的不同区域内均有古老而各自独立的原始文化及其发展体系。

---

〔1〕 苏秉琦：《关于重建中国史前史的思考》，《中国考古学文化论丛》，科学出版社，1993年，第6页。

我国著名的史前考古学家严文明先生提出"从旧石器时代开始,中国史前文化就是多元的和不平衡的,大体可分为华北和华南两大谱系",[1]而苏秉琦先生说"大致以秦岭、淮河一线为界,分成南方和北方",[2]如果从我国南、北方两大谱系的角度来看中国史前文化,而南方谱系则不一定比北方谱系落后。例如:中国目前发现的最早人类,是长江上游的云南元谋猿人;我国首次见到的人类在平原地区活动的最早遗迹,是长江中游的江陵鸡公山遗址;[3]全国目前知道的最早的新石器时代遗址或文化是华南的甑皮岩下层、仙人洞遗址[4]和彭头山文化;[5]中国目前见到的时代最早、规模最大的古城是江汉地区屈家岭文化的石家河城(见后);自战国秦汉以来我国的传统文化,在很大程度上是以南方的楚、汉为基础的。再从我国夏商周三代重用的象征国家权力的钟、鼎、钺三器来考察,此三器均源于南方。关于周代的甬钟,高至喜先生认为应源于南方的商代铙。[6]此说很有见地;关于鼎,一直是长江中下游地区史前文化的基本炊器,而北方史前文化后期的基本炊器是鬲而非鼎,长江中下游地区史前文化便被人称为"鼎文化";关于钺,不但是古代南方种植水稻的基本工具,而且是南方民族的总称——所谓百越的"越"。而且有神秘色彩和权力象征的大型玉钺,则最早大量出现于长江下游的良渚文化中。据良渚文化的近年发现,有专家认为中国文明曙光是从长江流域的良渚升起的;中国文明的起源是在5 000多年前的良渚文化时期,而不是4 000多年前的夏商周时代。[7]长期以来,我国学术界,包括考古界在内,因受传统思想的束缚,总把黄河流域作为中华民族文化的唯一摇篮,年轻的中国考古学的重点也往往置于北方,而似乎忽视了气候温和、自然条件优越的南方。就我国夏商周三代的考古而言,早在30年代也只有北方安阳的殷墟,其中以收集的甲骨文和"司母戊鼎"代表我国青铜文化的光辉。建国以后,北方的夏商周考古发掘有了一系列的新突破,考古重点一直在北方。70年代,黄陂盘龙城、大冶铜绿山矿冶遗址、随县曾侯乙墓等南方商周文化遗存的发现,学术界开始把目光移向南方。80年代末90年代初,广汉三星堆、新干大洋洲等大量精致的商周青铜的出土,再次改变了我国学术界的传统观点。南方的考古工作方兴未艾,更重要的考古突破还在后面。总而言之,黄河中、下游地区和长江中、下游地区,都有若干发达而自成体系的史前文化,从很早的时代起,这些史前文化便相

〔1〕 严文明:《中国史前文化的统一性与多样性》,《文物》1987年第3期,第49页。
〔2〕 苏秉琦:《关于重建中国史前史的思考》,《中国考古学文化论丛》,科学出版社,1993年,第6页。
〔3〕 鸡公山遗址暴露不少距今两三万年前人类活动的重要遗迹,是迄今我国首次发现的人类在平原地区活动的最早遗迹。消息报道见《中国文物报》1993年1月17日第一版。
〔4〕 参阅严文明:《中国史前文化的统一性与多样性》,《文物》1987年第3期表二,第44页。
〔5〕 何介钧:《洞庭湖区新石器时代早期文化探索》,《湖南考古辑刊(5)》,《求索》杂志社,1989年,第126页。
〔6〕 高至喜:《中国南方出土商周铜铙概论》,《湖南考古辑刊(2)》,岳麓书社,1984年。
〔7〕 见《浙江日报》1994年3月6日报道。

互交流、相互影响、逐渐融合,华夏民族文化的共同体便从小到大、不断变化,最迟在铜石并用的龙山时代就已形成一个范围远远超出中原地区的文化圈。在这广大的文化圈内所存在的各支发达的史前文化(即夏、商、周之前的文化)还各自在继续发展,这些史前文化分布区域均有可能在夏代以前就进入了文明社会。

二

　　江汉地区是长江中游最重要的一个文化区,具有古老而发达的史前文化,并独立成体系——城背溪→大溪→屈家岭→石家河文化体系。鄂西一带,发现有巨猿(与人类有近缘关系)牙齿化石、[1]郧县猿人化石[2]和长阳人化石,[3]江汉地区是我国早期人类活动的主要地区;江陵至澧县一带除鸡公山遗址外,还有一系列的旧石器时代末期遗址。[4]江汉地区是我国研究人类从山区走向平原,从旧石器时代转变为新石器时代的重要地区;鄂西至湘北一带有新石器较早的城背溪文化[5]和彭头山文化。[6]江汉地区应是我国最早的新石器时代文化分布区之一。从郧阳人到城背溪、彭头山文化,可以从各个不同阶段的文化内涵中了解到:古人类在江汉地区,不但完成了从山区洞穴走向平原定居的历史性重大转变,而且逐渐形成了以种植水稻为主,以饲养、渔猎为辅的人类共同体,长江流域是我国稻作农业的主要发源地。

　　大约到了新石器时代晚期的较早阶段,江汉地区的史前文化已发展到了相当高的水平。这个时期的大溪文化,无论是时代的上限,还是发达的程度都可与黄河流域的仰韶文化相比。在长江西陵峡中段有密集的大溪文化遗址,以中堡岛为中心,周围有朝天嘴、三斗坪、窝棚墩、鹿角包、杨家湾、白狮湾、伍相庙和清水滩等遗址,[7]构成一个大型的聚落群遗址。大型聚落群的出现,说明当时氏族人口的大量集中。由于人口的大量集中,促使氏族内部的社会分工、手工业与农业的分离。在中堡岛和杨家湾都发现有相当规模的石器制作工场,通过对从工场中采集到的各种石器成品、半成品、石料和制作过程中的抛弃物

〔1〕　参见李天元:《古人类研究》,武汉大学出版社,1990年,第84页。
〔2〕　许春华:《湖北郧县猿人化石地点的发掘》,《古人类论文集》,科学出版社,1978年。
〔3〕　贾兰坡:《长阳人化石及共生的哺乳动物群》,《古脊椎动物与古人类》1957年第3期。
〔4〕　湖南省文物局:《1979年以来湖南省的考古发现》,《文物考古工作十年》,文物出版社,1991年,第204页;湖北江陵县太湖等地也有旧石器时代遗址的发现。
〔5〕　杨权喜:《试论城背溪文化》,《东南文化》1991年第5期。
〔6〕　何介钧:《洞庭湖区新石器时代早期文化探索》,《湖南考古辑刊(5)》,《求索》杂志社,1989年,第126页。
〔7〕　湖北省文物考古研究所配合三峡工程考古发掘资料。部分消息见《中国考古学年鉴·考古文物新发现》1985-1987年湖北省部分。

观察,石器的制造过程可分打、啄、磨等工序;石器成品的种类繁多,大小形状不同,用途显然是多方面的。这证明当时从事手工业的专业活动已经产生。在白狮湾发掘的大溪文化墓葬中,男性多随葬耕作工具(石器),女性多随葬纺织工具(纺轮),表明我国男耕女织的社会分工早就从大溪文化发展阶段开始了。大溪文化的"红烧土"房屋和石坑、石沟(在岩石上开凿而成)等都是具有高度技术水平的遗迹。"红烧土"房屋是最具特点的遗迹之一。据对枝江关庙山、江陵朱家台等遗址暴露的"红烧土"房屋考察:整座房屋,包括房屋散水、室内地面、房周壁墙和屋顶,均经高温烘烤,有的已达到砖化程度。这种房屋不但经久耐固,而且特具防湿避风性能,是我国新石器时代住宅建筑的创造,在我国建筑史上具有划时代的意义。除以上所说的石器外,骨器、玉器和陶器,都反映了相当高的制造工艺水平,其中,石、玉、骨器的磨制精细和蛋壳彩陶、红衣陶烧制的厚薄匀称最引人注目。大溪文化的陶器,还表现出相当高的掺炭技术和控制火候技术。朱家台还出土了精细的竹器。不难判断,大溪文化阶段,江汉的氏族社会生产力得到了大幅度的提高,社会经济得到一次飞速发展。在西陵峡白狮湾大溪文化墓葬中,一些墓葬没有随葬品,而有的墓葬则有较大量的随葬品。例如白狮湾4号墓,墓边置一块标记石,墓内随葬品分石器、陶器、骨器和玉器四类,生产工具有石斧、凿和骨锥,装饰品有石镯、骨簪和玉璜,生活器皿有红陶圈足盘、曲腹杯、彩绘筒形瓶、平底罐、小圈足罐和黑陶曲腹杯等。[1]大溪文化的房屋遗迹中,有些房屋的规模相当大,如江陵朱家台1号房,为圆角方形的"红烧土"房屋,[2]基部宽8.5–11米,绝非一般住宅。这些墓葬和房屋遗存,反映了当时的氏族部落内部已有一定程度的贫富分化。生产力的迅速提高,使社会剩余财富不断增长,而氏族上层占有较多社会财富成为可能。随之而起的是氏族聚落形态的变化和氏族间矛盾冲突的发生。在中堡岛、三斗坪、白狮湾、杨家湾等遗址中都存在居住、劳作和埋葬等不同性质的区域划分。除上面所讲到的石器制作工场外,三斗坪、白狮湾等地都有专供埋葬的墓区,所有这些大溪文化遗址的居住区都集中在地势较高的位置上,而墓区则处于地势较低的江边。显然这个大型聚落群已开始脱离了居住、劳作、埋葬及其他活动相混杂的形态,正向具有整体布局的都市形态变化。在中堡岛遗址中,不但有较大规模的房屋、坑穴等遗迹,而且在遗址靠近江边的基岩上开凿了围沟,围沟中有柱洞,这遗迹应属于筑围现象。这种筑围大概用竹、木等物构筑,可能是聚落的设防,具有防御作用。在中堡岛还发掘出一座乱葬坑,坑中有7副人体的骨架,均散乱,多骨骼不全,头骨非缺即残,[3]应属于被杀后集中掩埋的,

---

〔1〕 湖北省文物考古研究所配合三峡工程考古发掘资料。部分消息见《中国考古学年鉴·考古文物新发现》1985–1987年湖北省部分。
〔2〕 湖北省文物考古研究所:《湖北江陵朱家台遗址发掘简报》,《江汉考古》1991年第3期。
〔3〕 国家文物局三峡考古队:《湖北宜昌中堡岛遗址发掘简报》,《文物》1989年第2期。

可能为氏族冲突的牺牲者。与社会经济相对应的社会意识，在大溪文化中也累有反映。朱家台遗址的一些圆形或方形的坑穴内，有大量的炭化物，有的坑旁放置三堆呈三角排列的蚌壳，并有火烧痕迹，可能属于一种原始宗教活动遗迹。大溪文化的许多遗址中，都见到了玉器。玉质十分坚硬，制作玉器需高超的工艺技术。苏秉琦先生说"玉器的社会功能已超越一般装饰品，附加上社会意识，成为统治者或上层人物'德'的象征"，[1]玉器一般都是身份的标志，多具有礼器的性质。江陵朱家台、枝江关庙山等遗址出土的饰有复杂镂孔花纹的鼓形陶器座、杨家湾、伍相庙、秭归龚家大沟等遗址出土的形态庄重、纹饰复杂的陶支座(有的带纽把)，不应为一般日用器，也具有礼器、神器的性质。在杨家湾的一次小面积发掘中，出土了大量有刻划符号的陶器和彩陶，[2]其中陶器底部的刻划符号相当复杂，被发掘者分成许多种类，[3]有的符号已接近甲骨文。后来对该发掘点进行再次发掘，不但又出土了许多刻划符号陶器，而且证明刻划符号陶器和彩陶多集中在一个直径约10米的大坑内，[4]这大坑也应与礼仪、祭祀活动有关。中国古代礼器和文字，经产生到成熟，贯穿中华古文化史，是中华传统文化的基本部分。中国文字渊源可溯至原始人最早的记事方法上，最初大概为结绳、堆石、折枝，后来才出现刻划符号。刻符由简到繁，繁复的刻符应为文字的胚胎，是汉字形成过程的第一步。

从以上大溪文化的情况已经可以看到，江汉地区在距今6 000多年前，文明因素已经萌芽，并且得到了相当程度的发展。至距今5 000多年前，便进入了屈家岭文化发展阶段。

屈家岭文化以大量种植粳稻和彩陶纺轮、蛋壳彩陶、朱绘黑陶、双腹陶器而闻名于世。并以此证明屈家岭阶段江汉的农业、纺织业、制陶手工业等方面都有重大变革。近年来在两湖地区不断发现屈家岭文化的城址、大墓和一些重要遗存，为研究我国文明起源和江汉文明增添了新资料。

经过初步调查或局部发掘的屈家岭文化城址，在湖北境内的有天门石家河、[5]荆门马家堰、[6]江陵阴湘城、[7]石首走马岭，[8]在湖南境内的有澧县城头山[9]等，其中情况比较清

---

〔1〕 苏秉琦：《关于重建中国史前史的思考》，《中国考古学文化论丛》，科学出版社，1993年，第6页。

〔2〕 宜昌地区博物馆：《宜昌杨家湾遗址的彩陶和陶文介绍》，《史前研究》1986年第3-4期；余秀翠：《宜昌杨家湾在新石器时代陶器上发现刻划符号》，《考古》1987年第8期。

〔3〕 余秀翠：《杨家弯遗址发现的陶文剖析》，《江汉考古》1994年第1期。

〔4〕 湖北省文物考古研究所：1993-1994年发掘资料。

〔5〕 石家河考古队：石家河遗址群考古调查及发掘资料。

〔6〕 荆门市博物馆：荆门市文物普查资料。

〔7〕 荆州地区博物馆考古调查发掘资料。参阅张绪球：《长江中游新石器时代文化概论》，湖北科学技术出版社，1992年，第215-220页。

〔8〕 荆州地区博物馆考古调查发掘资料。参阅张绪球：《长江中游新石器时代文化概论》，湖北科学技术出版社，1992年，第215-220页。

〔9〕 单先进、曹传松：《澧县城头山屈家岭文化城址被确认》，《中国文物报》1992年3月15日。

楚的有石家河、走马岭和城头山。石家河城是严文明教授为队长的由北大考古系、湖北省文物考古研究所、荆州地区博物馆组成的石河考古队调查和发掘的,其规模最为宏大。城址位于湖北省天门县石家河镇北约1公里处。城垣近方形,城内面积约有100万平方米,比国内目前所见的任何史前古城面积都大,时代都早。西垣、南垣西段、东垣中段至今仍保存于地面上,城垣底宽约20~30米。1992年在城内西北角邓家湾的发掘中见到了城垣基部情况,垣体夯筑在屈家岭较早阶段的文化层和墓葬之上,其上部又被屈家岭较晚的地层所压,同时还被屈家岭晚期墓葬打破,[1]说明该城属屈家岭时期完全可靠。在城垣内外约8平方公里的范围内密集分布着大量史前遗址,计约40处,构成一处大型的聚落群遗址。石家河城城垣外围有壕沟、人工堆筑(呈山形)。城垣内似有一定的布局划分,如西北角有邓家湾,主要是祭祀(祭天、祭祖)活动区;城中部谭家岭遗址面积最大,已发现许多房屋遗迹,是主要居住区;西南部三房湾已见到成堆的同种陶器器皿,也是进行某种活动的专门场所。可见石家河城已具初期都市的特点。

1989年,在对京山屈家岭遗址的第三次发掘中,有两座墓非同一般。2号墓,长2.04、宽1.06米。底部垫木炭,用近似白膏泥的灰白土填封。随葬品布满全墓坑,有规律地排列了较精致的陶器70余件。其中有鼎36件、篹16件。12号墓,墓口残,墓底长1.90、宽1.75米。填土夹大量红烧土。随葬品似被扰乱,计有陶鼎26件,碗4件,篹、罐、杯、瓮各3件,共计54件。[2]这两座墓使用大量陶鼎,也有较多的篹,墓主的社会地位显然较高。相信以后还会有更大的墓葬被发现。

祭祀、礼仪活动遗存,在屈家岭、邓家湾等遗址中均有发现,以邓家湾的发现最为典型。邓家湾的祭祀、礼仪遗存位于墓区的东侧,包括大型灰坑、火堆、烧过的石块和兽骨、小孩骨架、乳钉塔形陶器、套缸、盖鼎、扣碗等。乳钉塔形陶器高有2米左右,由上、中、下三个陶筒相套而成。上部陶筒封顶,中间鼓起,并有乳钉,下端平口而较粗,套在中部陶筒上;中部、下部陶筒,呈上细下粗状,用子母口相套,外表饰满附加堆纹。有人称之为"巨型陶祖",[3]应为祭祀崇拜物,属于一种礼仪神器,这种神器是该遗址时代较早的遗物。套缸为多个筒形陶缸相互套接,有的分两排平行套接延伸,缸口朝东,有的刻划了符号。套缸出土时酷似排水管道,但缸底不通,无实用价值。套缸也可能与祭祀、礼仪活动有关,它的时代较乳钉塔形陶器晚。盖鼎,出土较多,正放,为完整的带盖陶鼎;扣碗,为上、下两个完整的陶碗相扣,并成行排列(在房屋遗迹旁也有同样的情况)。盖鼎和扣碗显然属祭

〔1〕 石家河考古队:1992年邓家湾发掘资料。
〔2〕 屈家岭考古发掘队:《屈家岭遗址第三次发掘》,《考古学报》1992年第1期。
〔3〕 张绪球:《长江中游新石器时代文化概论》,湖北科学技术出版社,1992年,第229页。

器和礼器,上面所说的屈家岭墓葬也有较多的鼎、簋、碗,以鼎、簋、碗为主要祭器是后来列鼎、鼎簋相配使用制度的前身。

《史记·五帝本纪》"蚩尤作乱,不用帝命。于是黄帝乃师诸侯,与蚩尤战于涿鹿之野,遂禽杀蚩尤。而诸侯咸尊轩辕为天子,代神农氏,是为黄帝"。这记载是我国史前南、北两方氏族集团之间大规模的决战,最后北方集团的轩辕氏取得了胜利,并称黄帝。一般认为黄帝及其后继者是中原龙山文化的主体,而蚩尤为首的族团则可能为早于中原龙山文化的屈家岭文化的主人。《史记集解》"应劭曰:'蚩尤,古天子'",《史记正义》"孔安国曰'九黎君号蚩尤'是也",《尚书·吕刑》注"九黎之君,号曰蚩尤"。范文澜《中国通史简编》(第一编)"(远古时代)居住在南方的被统称为'蛮族',其中九黎族最早向北发展……相传蚩尤是九黎族的首领,兄弟八十一人,即八十一个氏族酋长,全是兽身人言……这大概是一个以猛兽为图腾,勇悍善斗的强大部族"。南方山高林密,野兽较多。蚩尤凶猛,"兽身人言",为南方氏族首领的说法可信。《尚书·吕刑》"王曰:若古有训,蚩尤惟始作乱……苗民弗用灵,制以刑",注曰"三苗之君,习蚩尤之恶,不用善化民,而制以重刑,惟为五虐之刑,自谓得法"。《国语·楚语下》有"三苗复九黎之德"句,韦昭注曰"三苗,九黎之后",三苗与九黎有因袭关系,均属南方的蛮系族团。关于三苗,《史记·孙子吴起列传》"昔三苗氏左洞庭,右彭蠡"《史记·五帝本纪》(尧时)"三苗在江淮、荆州数为乱",《吕氏春秋·召类》"尧战于丹水之浦,以服南蛮",可见三苗的大体方位即在江汉。三苗对尧、舜、禹都进行过战争,《韩非子·五蠹》"当舜之时,有苗不服,禹将伐之",直到禹时三苗还存在。那么江汉新石器时代晚期后段的石家河文化,即为三苗文化。既然三苗与九黎有承袭关系,那么比石家河文化早一阶段的屈家岭文化属九黎文化的推断,便是合情理的。

屈家岭文化的主人为九黎,其君蚩尤勇猛凶悍,对民"制以重刑",并敢于对中原黄帝族团"作乱",并与之决战于黄河之北的"涿鹿之野",而在它的实物遗存中又出现巨大的城址、随葬品丰富的大墓、大型祭祀礼仪活动场所和神秘的礼仪神品,一幅国家机器的威严图景已基本被勾画出来了。江汉地区经过从猿到人的漫长岁月,又经过从鸡公山到城背溪发明我国稻作农业的创业历程,再经过大溪文化时期文明因素的萌发阶段,到在距今5 000多年前的屈家岭时期就跨入了文明社会的门槛。

(原载《浙江社会科学》1994年第5期。此文被编入《中国"八五"科学技术成果选》一书中)

荆楚地区商周文化

1979年-1989年湖北商周考古的进展

　　沙市周梁玉桥、[1]江陵荆南寺、[2]宜昌三斗坪上层、随州庙台子上层、[3]阳新和尚垴上层[4]等遗存，是新近发掘的具有代表性的商周文化遗存。各种不同内涵遗存的发现和发掘，使我们对湖北地区存在的多种商周文化类型有了初步的认识，同时为本省商周考古提出了不少新课题。

　　黄陂盘龙城、鲁台山和随州庙台子等一类商周遗存，文化面貌基本与中原相同，应属于中原商周文化系统，主要分布于桐柏山南麓的溠水流域至随枣走廊一带。沿长江而上，至鄂西清江口和沮漳河等处也有发现。

　　盘龙城商代城址在近年的发掘中，已分出了上、下两层文化，上层相当于二里岗时期，下层相当于二里头时期。城垣四周的王家嘴、李家嘴、杨家嘴、杨家湾、楼子湾、铜家嘴等地点密集分布着手工业作坊、平民房基、灰坑、窖穴、铸铜遗址、贵族墓葬和平民墓地[5]等。

　　随州庙台子出土的商代至西周遗存，具有早晚的承接关系。这里出土的陶器和盘龙城、鲁台山的一样，都接近于中原同期陶器的风格。特别值得注意的是位于鄂西沮漳河入江处的江陵荆南寺遗址，该遗址所出商代遗物，时代相当于盘龙城上层或郑州二里岗上层。陶器基本器种有鬲、甗、爵、簋、盆、研磨盆、大口尊、缸等，具有浓厚的中原风格，应属中原系统。

　　除以上较系统的商周遗存外，还有不少中原系统的青铜器出土。如宜都清江口商代

〔1〕　沙市市博物馆《湖北沙市周梁玉桥遗址试掘简报》，《文物资料丛刊》第10辑，1987年。
〔2〕　荆州地区博物馆等：《湖北江陵荆南寺遗址调查》，《文物资料丛刊(10)》，文物出版社，1987年。
〔3〕　武汉大学考古教研室：《随州西花园、庙台子遗址发掘简述》，《江汉考古》1984年第3期。
〔4〕　咸宁地区博物馆等：《阳新县和尚垴遗址调查简报》，《江汉考古》1984年第4期。
〔5〕　王劲、陈贤一：《试论商代盘龙城早期城市的形态与特征》，《湖北省考古学会论文集(一)》，武汉大学学报编辑部出版，1987年。

二里岗期的铜罍，[1]枣阳新店和沙市郊区商代晚期的铜尊，[2]黄陂枹桐商代晚期的铜爵、觚，[3]随州居安西周早期的铜鼎、簋、觯、尊、卣、戈父辛爵、戈和两周之交的铜鼎、簋、壶、盘、匜、鬲等，[4]浠水朱店西周中期的两件有铭铜盘，[5]襄樊西周晚期的曾国铜器鼎、簋，枣阳吴店两周之交的曾国铜器鼎、簋、壶、戈，[6]随州城郊两周之交的曾国铜器簋、铲、矛等。[7]这些铜器的出土地点和中原文化遗址的分布范围是相重合的。

湖北地区发现的中原商周文化遗存，为研究商朝"南土"和周代"汉阳诸姬"提供了丰富的实物资料，同时也为探讨中原青铜文化向南方发展传播和南、北方文化交流、融合提供了大批具体依据。

周梁玉桥商周文化遗存，是鄂西地区一种具有地方特色的土著文化遗存，1981年首次在沙市周梁玉桥发现，在沙市官堤[8]、松滋博宇山下层[9]也先后见到。周梁玉桥遗存的年代相当于商代后期至西周早期。这种具有明显地方特色的遗存，与相距仅数公里的具有中原色彩的江陵荆南寺商代遗存截然不同，而时代恰可与之衔接。两种商周文化的存在和交替，反映了商民族与沮漳河流域土著民族之间的复杂关系。

早期巴文化遗存，于1979年开始调查、发掘。遗址密集分布于鄂西宜都以西的长江两岸，在宜昌三斗坪、杨家嘴、路家河、上磨垴、中堡岛、秭归朝天嘴和鲢鱼山等遗址中出土了相当于夏至西周前期的一些房屋、墓葬、灰坑等遗迹和大批石器、陶器等遗物。陶器盛行以侈口圜底罐作炊器，典型器物有敛口小底罐、灯座形器、浅盘高把豆、尖底直领杯、尖底红陶缸、鬶和盉等，不少器形与四川巴蜀文化的同类器物风格一致。这类遗存可能与早期巴人有关。

关于楚国早期遗存，在沮漳河中、下游一带已找到了一些线索。在当阳磨盘山、[10]杨木岗、[11]赵家湖[12]等地，发现了一批陶器和楚人墓葬，时代相当于西周晚期至春秋初期，与东周楚文化相衔接，应是楚居丹阳"辟在荆山"时期的遗存。

〔1〕 俞伟超：《先楚与三苗文化的考古学推测》，《文物》1980年第10期。
〔2〕 《中国文物报》1988年3月18日和7月8日。
〔3〕 熊卜发等：《黄陂出土的商代晚期青铜器》，《江汉考古》1986年第4期。
〔4〕 随州市博物馆：《湖北随县安居出土青铜器》，《文物》1982年第12期。
〔5〕 叶志荣：《浠水县出土西周有铭铜盘》，《江汉考古》1985年第1期。
〔6〕 田海峰：《湖北枣阳县又发现曾国铜器》，《江汉考古》1983年第3期；徐正国：《枣阳东赵湖再次出土青铜器》，《江汉考古》1984年第1期。
〔7〕 左得田：《随州旭光砖瓦厂出土青铜器》，《江汉考古》1985年第1期。
〔8〕 湖北省博物馆：《沙市官堤商代遗址发掘简报》，《江汉考古》1985年第4期。
〔9〕 荆州地区博物馆：《湖北松滋博宇山遗址试掘简报》，《文物资料丛刊(10)》，文物出版社，1987年。
〔10〕宜昌地区博物馆：《当阳磨盘山西周遗址试掘简报》，《江汉考古》1984年第2期。
〔11〕湖北省博物馆等：《当阳冯山、杨木岗遗址试掘简报》，《江汉考古》1983年第1期。
〔12〕高应勤、王光镐：《当阳赵家湖楚墓的分类与分期》，《中国考古学会第二次年会论文集》，文物出版社，1982年。

在鄂东南，也有一支具有特色的商周土著文化存在。武昌木头岭发现西周晚期的铜甬钟3件，[1]广济鸭儿洲发现两周之交的铜甬钟23件和句鑃2件；[2]大冶铜绿山发掘了西周早、中期的11号矿体，在矿井口发现与采矿有关的建筑、生活遗迹和遗物；[3]大冶上罗村、[4]阳新和尚垴等遗址中出土了一批具有当地特征的商、西周陶器，代表性器物有足部刻槽的鼎和鬲、带耳甗、带流罐和盉、长方形镂孔豆等。商周时期的鄂地应属扬越。鄂东南出现的这支商周文化，可能与扬越有关。由此也表明大冶铜绿山古矿早期的开发者可能为扬越民族。

（原载《文物考古工作十年（1979–1989）》，文物出版社，1991年）

---

〔1〕 武昌县文化馆杨锦新：《武昌县发现西周甬钟》，《江汉考古》1982年第2期。
〔2〕 湖北省博物馆等：《湖北广济发现一批周代甬钟》，《江汉考古》1984年第4期。
〔3〕 周保权：《黄石铜绿山古铜矿遗址》，《中国考古学年鉴（1984）》，文物出版社，1984年。
〔4〕 黄石市博物馆：《大冶上罗村遗址试掘》，《江汉考古》1983年第4期。

湖北商文化与商朝南土

湖北地处我国东、西、南、北方各种不同性质的古代文化交汇地带。在商代,随着商王朝势力的壮大,当地的传统文化发生了根本性变化。近20年来,湖北省通过全省考古调查和黄陂盘龙城、江陵荆南寺、沙市周梁玉桥、宜昌三斗坪、阳新和尚垴等一系列不同地点的商周遗址发掘,获得了大批具有不同性质的商代文化考古资料,其中尤以商文化的考古资料最为丰富。

传统观点认为商朝领土南不逾桐柏、大别二山,王国维据卜辞所载地名推测商朝活动范围"大抵在大河南北数百里内"。[1]1974年黄陂盘龙城商代城址的发掘,改变了商朝领土范围不大的传统观点,[2]人们的视野扩展到了长江之滨。继黄陂盘龙城发现之后,湖北商文化遗迹、遗物还不断出土,为商朝"南土"的研究提供了许多新的实物证据。

目前在湖北发现的商代遗存中,文化面貌比较清楚的大体可归为四种,即以黄陂盘龙城为代表的汉东商文化遗存,以沙市周梁玉桥为代表的汉西先楚文化遗存,以宜昌三斗坪为代表的江峡巴蜀文化遗存和以阳新和尚垴为代表的鄂东南扬越文化遗存。这四种文化遗存分布于江汉平原和山区的交界地带,主要在该地的长江、汉水及其支流两岸。而鄂西北的汉水中游和鄂西南的清江上游等地区还存着商代遗存的空白。

湖北商文化遗迹、遗物的发现地点(图一),全部集中分布于两个区域范围内。

1. 在汉水之东、桐柏山之南、长江之北的汉水下游东部地区(下称汉东),主要包括滠水、澴水、涢水流域和滚河上游一带。

在这个区域内调查和发掘的古代遗址中,以龙山阶段和商周时期的堆积最厚,遗迹、遗物最丰富;在已获取的资料中,以黄陂盘龙城为代表的商代遗存文化面貌较为清晰。

---

〔1〕 王国维:《说亳》,《观堂集林》卷十二,中华书局,1959年。
〔2〕 江鸿:《盘龙城与商朝的南土》,《文物》1976年第2期。

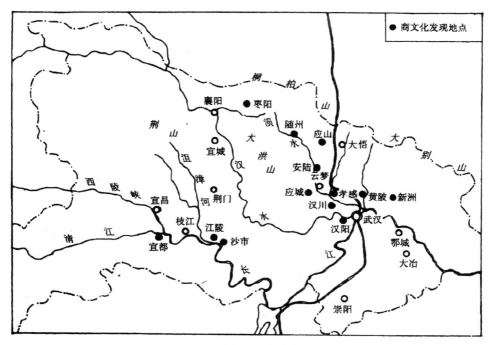

图一　湖北商文化分布图

黄陂盘龙城除1963年、1974年发现商代城垣、宫殿和墓葬[1]以外，在近年发掘中还分出上、下两层文化，上层相当于郑州商代二里岗期，下层相当于偃师二里头时期；在商代城垣四周的王家岗、李家嘴、杨家湾、杨家嘴、楼子湾、铜家嘴等地点发现有密集的商代手工作坊、平民房屋、灰坑、窖穴、铸铜遗址、贵族墓葬和平民墓区[2]等遗迹。其他地点的遗址发掘工作虽做得不多，全貌还不清楚，但累累出土的商代铜器、陶器、玉器等遗物则是认识汉东商代文化的重要资料。

　　商代中期的铜器有盘龙城的鼎、鬲、簋、甗、斝、爵、盉、觚、罍、盘、卣和斧、钺、戈、矛、斤、戉、锛、凿、锯、刀、鱼钩等，[3]黄陂分湾的戈等，[4]大悟雷家山的鼎、矛等，[5]随州淅河的斝、爵、觚、戉、斤、斧、凿、刀、戈等。[6]商代晚期至周初的铜器有汉阳纱帽山的天兽御

〔1〕　湖北省博物馆：《一九六三年湖北黄陂盘龙城商代遗址的发掘》，《文物》1976年第1期；湖北省博物馆盘龙城发掘队：《盘龙城一九七四年度田野考古纪要》，《文物》1976年第2期。
〔2〕　王劲等：《试论商代盘龙城早期城市的形态与特征》，《湖北省考古学会论文选集（一）》，武汉大学学报编辑部，1987年。
〔3〕　湖北省博物馆：《盘龙城商代二里岗期的青铜器》，《文物》1976年第2期。
〔4〕　熊卜发等：《黄陂县出土玉器、铜器》，《江汉考古》1981年第1期。
〔5〕　熊卜发等：《大悟发现编钟等铜器》，《江汉考古》1980年第2期。
〔6〕　随州市博物馆：《湖北随县发现商代青铜器》，《文物》1981年第8期。

尊、[1]竹林嘴的方彝；[2]应城吴祠的斝、爵，[3]群力的鸮卣；[4]黄陂官家寨的瓿、爵，[5]袁家湾的斝，[6]钟家岗湾的爵，[7]城关的父丁爵；[8]应山乌龟山的鼎；[9]安陆解放山的瓿、瓿，[10]碧涢的爵；[11]随州(原随县)熊家老湾的罍，[12]羊子山的鱼父乙爵、鄂侯尊、戈父辛爵、子父癸觯、鼎、簋、尊、卣、戈等；[13]枣阳王城的鼎，[14]新店的尊；[15]襄樊市收购的⊠父戊爵[16]等。新洲香炉山、[17]安陆晒书台、[18]随州庙台子[19]等遗址中也出土过锥、镞等小件铜器。另外在这个区域略偏东南的长江南边的鄂城也出土过⊠父戊爵和⊠且⊠爵。[20]

在黄陂、孝感、应山、大悟、新洲、应城、汉阳、安陆、云梦、随州、枣阳等县市的考古普查中都发现了不少商代遗址，经过发掘的具有代表性的遗址除黄陂盘龙城以外，还有新洲香炉山、孝感聂家寨[21]、安陆晒书台、随州庙台子、汉阳纱帽山等，这些遗址出土的陶器主要有鬲、缸、大口尊、甗、簋、豆、碗、爵、罐、瓮、坩埚等。盘龙城还出土有原始青瓷尊、瓮。

黄陂盘龙城出土的商代玉器有戈、雕刀、柄形器、笄形佩饰、长方形玉饰、凸字形玉饰和蝉形玉饰等。商代玉器还见于黄陂分湾，有玉璧、铲和戈等。

2. 在长江三峡口之东约100公里的江段上(下称汉西)，主要有清江口和沮漳河口两个点。

清江口属宜都县(今为枝城市)，清代杨守敬曾收藏1件大概为该县出土的商代"□

〔1〕　a.湖北省博物馆：《汉阳东城坮纱帽山遗址调查》，《江汉考古》1987年第3期。b.张吟午：《商代铜尊、鱼钩和陶
　　　　抵手》，《江汉考古》1984年第3期。
〔2〕　蓝蔚：《汉阳县发现陈子墩古文化遗址》，《江汉考古》1980年第1期，图版四：3。
〔3〕　尚松泉：《应城发现殷代斝、爵》，《江汉考古》1980年第2期。
〔4〕　余家海：《应城县出土商代鸮卣》，《江汉考古》1986年第1期。
〔5〕　熊卜发等：《黄陂出土的商代晚期青铜器》，《江汉考古》1986年第4期。
〔6〕　熊卜发等：《黄陂出土的商代晚期青铜器》，《江汉考古》1986年第4期。
〔7〕　熊卜发等：《黄陂出土的商代晚期青铜器》，《江汉考古》1986年第4期。
〔8〕　《湖北日报》1973年2月8日。
〔9〕　张学武：《应山县发现商代铜鼎》，《江汉考古》1980年第1期。
〔10〕余从新：《湖北安陆发现商代青铜器》，《考古》1994年第1期。
〔11〕余从新：《安陆馆藏的几件青铜器》，《江汉考古》1984年第2期。
〔12〕随州市博物馆：《湖北随县发现商周青铜器》，《考古》1984年第6期。
〔13〕随州市博物馆：《湖北随县发现商周青铜器》，《考古》1984年第6期；随州市博物馆：《湖北随县安居出土青铜
　　　　器》，《文物》1982年第12期。
〔14〕徐正国：《湖北枣阳市博物馆收藏的几件青铜器》，《文物》1994年第4期。
〔15〕徐正国：《枣阳首次发现商代铜尊》，《中国文物报》1988年7月8日。
〔16〕襄樊市文物管理处：《湖北襄樊拣选的商周青铜器》，《文物》1982年第9期。
〔17〕武汉大学历史系考古教研室等：《湖北新洲香炉山遗址(南区)发掘简报》，《江汉考古》1993年第1期。
〔18〕孝感地区博物馆：《湖北安陆市商周遗址调查》，《考古》1993年第6期。
〔19〕武汉大学历史系考古教研室等：《西花园与庙台子》，武汉大学出版社，1993年。
〔20〕鄂城县博物馆：《湖北鄂城县沙窝公社出土青铜器》，《考古》1982年第2期。
〔21〕熊卜发：《湖北孝感地区商周古文化调查》，《考古》1988年第4期。

祖爵"，[1]1979年在清江口河床下打捞出商代二里岗期的1件铜罍。[2]沮漳河口出土的商代铜器均属晚期，有沙市东岳庙村的尊，[3]江陵岑河的尊[4]和江北农场的矛、镞，[5]沙市周梁玉桥的刀[6]等。另外还在江陵万城出土过具有商族标志"𐄿"的西周早期邘国铜器。[7]

在清江口的宜都吴家岗调查过程中，曾采集到较典型的商代二里岗期的陶大口尊。该尊口沿外侈，有肩，下腹向内斜收成小底，腹有绳纹和三周附加堆纹。在沮漳河口的江陵张家山、荆南寺和沙市周梁玉桥等遗址的发掘中，均见到了除铜器之外的商文化遗物。张家山、荆南寺出土商代二里岗期的陶器比较丰富，主要有鬲、甗、大口尊、斝、爵、缸、假腹豆、研磨器、瓮等。[8]沙市周梁玉桥出土了商代安阳期的卜骨和陶鬲、圈足簋、小口广肩瓮等。[9]

以上各组商代铜器、陶器或玉器的文化特征与商王朝中心区——河南郑州、安阳一带的典型商文化十分接近。铜器和陶器的种类、器形和花纹，尤其是𐄿父己、𐄿父戊辛、戈父辛、子父癸等具有商族标记的器皿和商族特有的日用炊器"商式鬲"(图二)，充分表明了商文化性质。

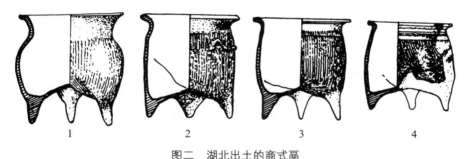

图二　湖北出土的商式鬲

1. 黄陂盘龙城63G2②A：4　2. 孝感聂家寨(上)：1　3. 江陵荆南寺85H15：1
4. 沙市周梁玉桥81T4④B：13

---

〔1〕吴熊光等：《湖北通志·金石志》第九十三卷，清嘉庆九年刻本。
〔2〕黎泽高等：《枝城市博物馆藏青铜器》，《考古》1989年第9期。
〔3〕彭锦华：《沙市近郊出土的商代大型铜尊》，《江汉考古》1987年第4期；《中国文物报》1988年3月18日。
〔4〕湖北荆州地区博物馆资料，属近年出土的重要大型商代器物。
〔5〕何弩：《湖北江陵江北农场出土商周青铜器》，《文物》1994年第9期。
〔6〕沙市博物馆：《湖北沙市周梁玉桥遗址试掘简报》，《文物资料丛刊》第10集，文物出版社，1987年。
〔7〕王毓彤：《江陵发现西周铜器》，《文物》1963年第2期；李健：《湖北江陵万城出土西周铜器》，《考古》1963年第4期。
〔8〕陈贤一：《江陵张家山遗址的试掘与探索》，《江汉考古》1980年第2期；荆州地区博物馆等：《湖北江陵荆南寺遗址第一、二次发掘简报》，《考古》1989年第8期。
〔9〕沙市博物馆：《湖北沙市周梁玉桥遗址试掘简报》，《文物资料丛刊》第10集，文物出版社，1987年。

安阳殷墟出土的商代甲骨中，虽有"南土受年""在南土"的卜辞，但所说的"南土"的具体区域范围并不明确。湖北商文化的发现，为此问题的探讨提供了具体依据。下面对湖北目前发现的汉东、汉西商文化进行一些分析。

一、汉东和汉西商文化发现情况不同

汉东商文化不但分布面广，遗址密集，而且文化面貌典型。黄陂盘龙城既有与中原类似的城垣、宫殿和墓葬，又有系统而占优势的商式铜器、陶器和玉器，明显表明它是商朝统治的重要据点。无论是较早的盘龙城铜器，还是较晚的随州羊子山铜器，都有以鼎为首的成组商式器皿。特别是作为商高级贵族身份标志的大铜鼎在该地出土，如盘龙城李家嘴二号墓出土的铜鼎（MZ：36），通高55厘米；枣阳王城出土的商晚期铜鼎，通高65厘米，说明商朝高级贵族长期活动并归寝于汉东。汉东所有的商代遗址都普遍出土以"商式鬲"为代表的陶器群，表明商文化已深入到当时汉东人们的日常生活中。

而汉西商文化的发现比较零星，典型的遗址目前仅见江陵荆南寺、张家山（两个点相距很近，应为一个遗址）两处，并仅有二里岗期的商文化。在汉西出土的商文化铜器中，除商灭亡以后的邙国铜器外，其他并不成组，仅零星见到爵、罍、尊等酒器和矛、镞等兵器。除荆南寺—张家山商代二里岗期的陶器外，其他地点的商文化陶器数量少，在遗址出土陶器总数中占的比例很小。宜都吴家岗仅见1件大口尊。沙市周梁玉桥出土的商文化陶器中，虽有鬲、簋、瓮、罐等一组典型器，但其基本陶器却是以罐形高足方格纹鼎和釜为主要炊器的另一种组合。[1]据统计，周梁玉桥出土的陶鼎足与陶鬲足的比例，甲区T3为29：1，甲区TZ为32：1，陶鬲不但出土数量少，在许多探方和地层中不见，而且有些陶鬲不属商，为"鼎式鬲"。显然商文化因素在周梁玉桥遗存中居次要地位，整个遗址的文化性质并不属商。这些情况表明商朝并没有完全控制汉西。

二、汉东和汉西地理环境不同
——与中原交通路线自古有别

商王朝中心区与汉东陆地相连，而与汉西之间有汉水和神秘的古云梦泽相隔。处于

---

〔1〕 彭锦华：《沙市周梁玉桥殷商遗址试析》，《江汉考古》1989年第2期。

中原的商,交通主要靠陆路车马,与汉东之间通过山间隘道联系。汉东的地理环境显然有利于商朝的直接控制。商与汉西的联系则要通过水域。古代云梦泽有滔滔不绝的汉水灌漫,在江汉平原中部形成难以逾越的天险。《诗经·小雅·四月》:"滔滔汉江,南国之纪。"《诗经·国风·汉广》:"汉之广矣,不可泳思。"不习水性、不善舟楫的北方人,欲从汉东抵汉西需绕道迂回。《诗经·商颂·殷武》:"挞彼殷武,奋伐荆楚。深入其阻,裒荆之旅。"西汉毛公传:"殷武,殷王武丁也,荆楚,荆州之楚国也。"东汉郑玄笺:"……冒入其险阻。谓踰方城之隘,克其军率而俘虏其士众。"殷王武丁征伐汉西的荆楚,历经险阻,路线是从豫西南越过方城之隘,经"南襄隘道",横渡汉水,顺荆山东缘而南下。西周昭王"南巡狩不返""卒于江上",大概在这条交通线上渡汉江而没。《水经注·沔水中》也提道:"昔周昭王南征,船人胶舟以进之,昭王渡沔,中流而没,死于是水。"《左传·僖公四年》记载楚人屈完对管仲说:"昭王之不复,君其问诸水滨。"可见商至西周早期汉水一直是南方和中原的一道天然防线,汉西荆楚并未控制汉江水道。公元前678年,楚文王灭亡了"南襄隘道"上的邓国,汉西的楚国才使这条联系中原及淮河流域的古老通道畅通了。

三、汉东和汉西古代文化系列有别
——与中原文化的发展关系不同

从很早的时代起,汉东就与中原有了较紧密的联系。据史前文化的发现,汉东为屈家岭文化发展中心。屈家岭文化不但扩展到了汉西,而且向北越过桐柏山,扎根到了豫西南(如淅川下王岗就有屈家岭文化)一带;枣阳雕龙碑遗存兼有新石器时代我国北方文化的因素;[1]中原的鬲文化在湖北境内首先就兴起于汉东,并且可以排比出大约从夏商之际开始到东周时期的发展演变系列。商文化在汉东的流行至西周时期所谓"汉阳诸姬"的出现,有力地证明汉东是中原文化出现较早而长期占主导地位的区域,汉东文化较早成为我国统一文化的主体部分。而汉西是一支古老的原始文化的发祥地。我国首次见到的人类在平原地区活动的最早遗迹就发现在这个地区的江陵鸡公山遗址,[2]这个地区出现的城背溪文化是我国最早的新石器时代文化之一。继城背溪文化后出现的大溪文化,已被公认为别具特色而早于屈家岭文化的长江中游地区新石器时代文化,其发达程度可与中原仰韶文化相媲美。后来汉西有多支文化交错、融合或并行发展,其中就包括屈家岭文化、

〔1〕 王仁湘:《新石器时代考古》,《中国考古学年鉴(1992)》,文物出版社,1992年,第15页。
〔2〕《中国文物报》1993年1月17日。

中原河南龙山文化和巴蜀文化、商文化。汉西江陵荆南寺—张家山遗址出土了二里岗期的商文化陶器,而这些陶器的上承下袭关系与汉东地区完全不相同。比二里岗期早一阶段的陶器,含浓厚的巴蜀文化因素,是以褐陶小底罐为基本炊器的一套"早期巴文化"陶器,[1]("早期巴文化"在湖北的出现,时代偏早,主要分布于江陵之西的长江沿岸,并有逐渐西移的趋势)。而晚于二里岗期的是沙市周梁玉桥为代表的以鼎、釜为基本炊器的一组陶器,时代为商代晚期。西周阶段,多种文化的交互作用仍在进行,由于楚民族的不断强大,楚民族文化[2]得到很大程度的发展,至春秋中期前后便形成了特色鲜明的楚文化。楚文化是多支文化交互作用的产物,也是汉西土著文化延续发展的具体反映,同时还是我国统一的秦汉文化的主要来源之一。

四、汉东与汉西的土著民族不同

汉东平原湖区原应为扬越民族的活动区,由于商朝势力的南下,扬越民族退居长江之南。鄂东南为扬越民族的主要聚居地,目前发现的商代遗存还不多,主要原因是工作尚未展开。已见到的重要遗存有崇阳的铜鼓、[3]阳新的铜铙[4]和尚墩等地的商代遗存。[5]在普查资料中也有一部分商代陶器。这些遗存的文化面貌与商文化区别较大。崇阳铜鼓是我国出土的唯一的商代铜鼓(另著录有1件传世的商代铜鼓,出土地点不明),可能为鄂东南当地产品。铜铙为南方的特征性器物。[6]陶器也具有明显特点。例如,以红陶为主,有较多的鼎,鼎和鬲的足部刻槽,出土有带流鬲、短足甗、长方形镂孔豆、带把手器物等,流行压印间断条纹等都与商文化不同,应属扬越文化。而扬越文化中同时存在较浓厚的商文化因素。例如,崇阳铜鼓所饰的花纹,为商文化流行的饕餮纹;日用基本炊器是尖锥足的鬲,还有甗,鬲和甗都是商文化的基本器物。另外,上述提到在长江南岸边的鄂城还出土过商式铜爵。大冶有著名的铜绿山商周矿冶遗址,表明鄂东南的铜矿资源很早就得到开发利用;隔江相望的汉东盘龙城,城垣外围有相当规模的铸铜作坊遗址。可见盘龙城这个商朝据点与铜绿山铜矿的开采存在着密切的联系。

汉西一带,商周时期是巴、濮、楚等民族的居住区,这些民族大多数是土著血统和外来

〔1〕 林春:《宜昌地区长江沿岸夏商时期的一支新文化类型》,《江汉考古》1984年第2期。
〔2〕 杨权喜:《早期楚民族文化的探索》,《楚文化研究论集》第三集,湖北人民出版社,1994年。
〔3〕 崇文:《湖北崇阳出土一件铜鼓》,《文物》1978年第4期。
〔4〕 湖北省咸宁地区博物馆:《湖北省阳新县出土两件青铜器》,《文物》1981年第1期。
〔5〕 咸宁地区博物馆等:《阳新县和尚墩遗址调查简报》,《江汉考古》1984年第4期。
〔6〕 高至喜:《中国南方出土商周铜铙概论》,《湖南考古辑刊(第2集)》,岳麓书社,1984年。

血统的混合,因而使得该地民族和文化变得复杂。《诗经·商颂·殷武》:"维女荆楚,居国南乡。昔有成汤,自彼氏羌,莫敢不来享,莫敢不来王,曰商是常。"郑玄笺:"氏羌夷狄之国,在西方者也。享,献也,世见曰王。维女楚国近在荆州之域,居中国之南方而背叛于成汤之时。乃氏羌远夷之国来献来见,曰商王是吾常君也。此所用责楚之义,女乃远夷之不如。"这诗句里有荆楚"不来王"之意,因此商王才需"奋伐荆楚"。江陵荆南寺—张家山二里岗期商文化的发现和沙市周梁玉桥另一种商代文化的接替,正是武丁"奋伐荆楚"之后,汉西曾臣服于商,后来又反叛而独立的具体证据。

楚文化兴起于汉西,其主源也在汉西,尽管楚国贵族的始祖有可能来自中原,并接受了中原文化的许多影响,但作为一种人类共同体的楚文化,主体还应当是汉西自城背溪—大溪以来的土著文化。沙市周梁玉桥发现的商代后期兼有土著与中原商的一种新文化遗存,乃属过渡性质的文化,可称为先楚文化。正因为土著文化与中原文化(先与商,后与周,而周又基本承袭了商的传统)的结合,才使东周楚文化产生出异彩。这种关系正如当代中国文化,虽接受了许多西方物质的东西,但其渊源仍然在中国。

五、汉东和汉西出土商族标记铜器的情况不同

汉东出土了较多的具有商贵族标记的铜器,主要有"天""𠂤""戈""鱼""H"等种。这些标记或符号中,随州羊子山出土有"戈"标记的爵,还有共存的鼎、簋、尊、觯、卣、戈等,是土坑墓葬的随葬品,推测"戈"族可能长期活动并定居于汉东。其余标记铜器,出土均较零星,多为窖藏,像暂时遗留物。汉西商族标记铜器为仅见,但在江陵万城出土的西周早期铜器中出现过"𠂤"的标记。万城西周铜器为一组,共存关系说明可能属随葬物。商都安阳侯家庄1550号大墓和小屯村北17号墓[1]都出土带"𠂤"符号的商代铜器,传世铜器和湖南宁乡出土的商代晚期铜器中也有带这种符号的铜器。[2]一般认为这种符号是一支高级商代贵族的族徽,有这种符号的铜器就是该贵族的铜器。从所见"𠂤"族铜器的时代及其出土地点来看,这支贵族曾经由北而南,由东而西活动,最后落根于汉西。

综观以上各方面情况,商朝"南土"可分成两大部分:第一为商朝直接统治的部分,例如由"戈"族等支商贵族直接统治的地区;第二为商朝间接统治的部分,例如征服荆

---

〔1〕 中国社会科学院考古研究所:《安阳小屯村北的两座殷代墓》,《考古学报》1981年第4期。
〔2〕 马承源:《中国青铜器》,上海古籍出版社,1988年,第227、239、607、609页;容庚:《商周彝器通考》,图625,哈佛燕京学社,1941年。

楚"来王"统治的地区。因为蛮夷、荆楚叛服无常,这两部分领土又随时代的变化而有所变化。汉东地区显然是商朝直接统治区,除盘龙城以外,枣阳王城一带累出商代重器,为寻找商朝另一个重要据点提供了线索。汉西应是商朝间接统治的"南土",大约在武丁前后,商朝曾经在沮漳河口今江陵境内设立过据点,由于荆楚势力的发展,这些据点始终未能纳入商朝直接统辖的地盘。汉西地接湘西北,同属古代荆楚,今湘西北洞庭湖西岸商周遗存有浓厚的商文化因素,[1]这恐怕与商朝的间接统治有关。鄂东南盛产铜,又受到商文化的深刻影响。鄂东南与湘东北接壤,同属扬越地区。湖南洞庭湖东南岸集中出土过许多商代晚期至西周初年的重要商代铜器。[2]可见鄂东南至湘东北一带的扬越与商朝关系密切,当是商朝间接统治范围。商朝灭亡前后,商贵族纷纷被迫南迁,便经汉东逃亡于扬越。如"🐚"族可能从"南襄隘道"至襄樊,经汉东"随枣走廊",南渡长江到扬越鄂城,再沿幕阜山北麓入湘,来到洞庭湖沿岸。湖南出土的不少商代晚期铜器属窖藏,大概为商贵族南迁时所携带。湘西北至汉西(洞庭湖西、北岸)为荆楚地区,曾附属于商。江陵周代带"🐚"族标志的铜器为该族最后踪迹的遗物,该族大概后来被荆楚融合。

（原载《中国商文化国际学术讨论会论文集》,中国大百科全书出版社,1998年）

〔1〕 何介钧:《湖南商周时期古文化的分区探索》,《湖南考古辑刊(第2集)》,岳麓书社,1984年。
〔2〕 何介钧:《湖南商周时期古文化的分区探索》,《湖南考古辑刊(第2集)》,岳麓书社,1984年。

江汉地区发现的商周青铜器
——兼述楚文化与中原文化的关系

1950年以前，江汉地区发现的青铜器不多，据金石学家所记，自宋代以来出土有所谓"安州六器""麻城二鼎"，还有"得之安陆"的楚曾侯镈和出自宜都的王孙遗者钟、楚双夔钟、商代□祖爵，以及来自"武昌太平湖"的楚公镈等。[1]

1950年以后，随着湖北省考古工作的开展，一批批青铜器在江汉各地出土，引起了考古界的广泛关注，其中主要发现按时代排列见表一、二。

1. 商代二里岗期　黄陂盘龙城出土的青铜工具锛、斨、斧、锛、凿等；青铜礼器鬲、甗、鼎、簋、卣、罍、爵、觚、罍、盉和盘。另外还在宜都清江口河床底捞起铜罍一件。

2. 商代晚期　随县浙河出土的铜罍、爵、觚和锛、斨、斧、凿、刀和戈；随县安居羊子山出土的铜鼎、簋、觯、卣、爵和戈；应城吴祠出土的铜罍和铜爵；黄陂泊木港发现的铜罍；汉阳东城垸出土的铜尊和竹林咀出土的铜方彝；应城乌龟山出土的铜鼎；崇阳大市出土的铜鼓；阳新白沙发现的铜镜；鄂城陈林寨出土的铜爵。

3. 西周早期　黄陂城郊双凤亭出土的青铜礼器鼎、簋、甗、爵和提梁卣；江陵万城出土的青铜礼器鼎、甗、簋、尊、卣、觯、爵和罍；圻春毛家咀出土的铜爵。

4. 西周晚期　京山苏家垅出土的青铜器包括九鼎、九鬲、七簋和甗、壶、豆、盉、盘、匜以及车马器；随县熊家老湾出土的青铜器鼎、簋、壶、方彝、罍、甗、盘和匜；随县安居桃花坡出土的铜鼎、簋、壶、盘和匜；枣阳茶庵出土的青铜器鼎、簋、壶和车马器；随县万店出土的铜鼎和鬲；枣阳赵湖出土的铜鼎和簋；枣阳资山出土的铜簋。

5. 春秋早期　枝江百里洲出土的青铜器鼎、簋、壶、盘和匜；枝江安庙山出土的铜鼎和宜城楚皇城出土的铜壶。

---

〔1〕《湖北通志·金石志》卷九十三。

表一　湖北境内江汉地区发现的有铭铜器统计表

发现时间及地点	共存铜器名称及数量	时代	其中铭文铜器			备注
			名称	数量	铭文内容	
1980年随县安居羊子山	鼎1、簋1、觯1、卣2、爵1、戈4等18件	商晚	爵	1	戈父辛	随县博物馆藏
1965年汉阳沙帽山		商晚	尊	1	天兽御	湖北省博物馆藏
汉阳沙帽山		商晚	爵	1	父丁	
鄂城陈林寨		商晚	爵	1	舟父丁	鄂城博物馆藏
1958年圻春毛家咀		西周早	爵	1	酉	见《考古》1962年1期
1978年黄陂双凤亭M30	方鼎4、圆鼎1、簋2、甗1、爵2、提梁卣等10余件	西周早	圆鼎	1	长子狗作文父乙隣彝	黄陂县文化馆藏
			方鼎	4	公大□姬皇宝隣彝	
			簋	2	(有铭文,因成碎片,无法辨认)	
			甗	1	(有铭文,因成碎片,无法辨认)	
1961年江陵万城	鼎、甗、簋、尊、卣、觯、罍、罍等17件	西周早	鼎	1	北子舟	见《文物》1962年2期;《考古》1963年3期
			甗	1	舟北子禹	
			簋	2	翏乍北子耳簋用凶□□日乙其万年子子孙孙永宝	
			觯	1	小臣乍父乙宝彝	
			卣	1	小臣乍父乙宝彝	
			尊	1	小臣乍父乙宝彝	
1975年京山收购站清出(京山河晏店团山)		西周早	爵	1	尊	京山文化馆藏
1979年襄樊市收购站清出		西周晚	簋	1	邓公牧乍簋	襄樊市文管会藏
1979年随县万店周家岗		西周晚	鬲	1	□□……自乍□□	襄阳地区博物馆藏
1976年随县万店		西周晚	鼎	1	廓季伯归夷用其吉金自乍宝鼎子孙永宝用之	同上
1977年枣阳资山		西周晚	簋	1	瑒䭭生自乍隣簋用锡眉寿万年子子孙孙永宝用享	同上

发现时间及地点	共存铜器名称及数量	时代	其中铭文铜器			备　注
			名称	数量	铭　文　内　容	
1979年随县安居桃花坡	鼎2、簋4、壶1、盘1、匜1等	西周晚	盘	1	佳圯右自乍用其吉金宝盘乃用万年子子孙孙永宝用享□用之	随县博物馆藏
1962年武汉市文物商店收购		春秋早	簋	1	杞伯每緐作鼀嬢宝簋子子孙孙永宝用享	见《文物》1962年10期
1969年枝江百里洲王家岗	鼎3、簋2，壶1、盘1、簋1等8件	春秋早	簋	2	唯正月初吉丁亥，考叔痟父自乍障簋，其眉寿万年无疆，子子孙孙永宝用之	见《文物》1972年3期
			匜	1	唯正月初吉庚午，寅（塞）公孙痟父自乍盥盉，其眉寿无疆，子子孙孙永宝用之	
1978年枝江问安关庙山		春秋早	鼎	1	佳五月初吉庚□余（徐）大子白□□乍为其好□□其于□□永宝用之	枝江县文化馆藏
1975年天门县李场王家店	盘1、匜1、卮1	春秋中	盘	1	□中□腹用其吉金自乍宝盉子子孙孙其永用之	天门县文化馆藏
1979年随县夜地岗季氏梁M1	鼎1、甗1、簋2、钟5、戈2、车马器等	春秋中	簋	1	陈公子中庆自乍匡簋用祈眉寿万年无疆子子孙孙永寿用之	见《文物》1980年1期
			戈	1	穆王之子西宫之孙曾大攻尹季怠之用	
			戈	1	一面：周王孙季怠孔另一面：臧元武元用戈	
1973年当阳河溶前雄	鼎4、罍1、簋2、铷1、匜1、勺1	春秋	簋	2	王孙飙乍蔡姬飲簋	当阳县文化馆藏
随县		春秋	敦	1	邵之造（御？）盥（錀）	随县博物馆藏
1974年当阳赵家湖		春秋	鼎	1	楚子赹之飤緐	当阳县文化馆藏
1979年随县尚店三里岗	鼎2、簋2	春秋	鼎	1	佳王八月既望鄬公汤用其吉金自乍□鼎其万年无疆子子孙孙永宝用享	《考古》1982年2期
			簋	1	鄬公伯□用其吉金自乍宝簋子子孙孙永用享万年无疆	

发现时间及地点	共存铜器名称及数量	时代	其中铭文铜器			备注
			名称	数量	铭 文 内 容	
1975年随县涢阳鲢鱼咀	鼎2、盆1、簠3、戈3	春秋	簠	1	佳正月初吉丁亥，楚屈子赤角滕仲嬭璜食簠，其眉寿无疆，子子孙孙永保用之	见《江汉考古》1980年1期，曾子原彝簠和曾中之孙辇祖戈见表二
			盆	1	郞(息)子行自作食盆，永宝用之	
1976年随县安居车岗		西周之交	尊	1	噩侯弟厤季作旅彝	见《江汉考古》1981年1期
1976年随县夜地岗	盏1、鼎1	春秋	鼎	1	妝之行鼎	随县博物馆藏
			盏	1	貯于妝之行盏	
1973年江陵草市	鼎、簠、簋等	春秋	簋	1	鄦伯受用其吉金作其元妹叔嬴妫心滕鉢簋子子孙孙其永用之	荆州博物馆藏
1974年襄阳山湾		春秋中	鼎	1	邓公乘自乍飤繛其眉寿无期羕保用之	湖北省博物馆藏
1973年襄阳山湾M33	鼎1、簠1、敦1、盘1、匜1、勺1等	春秋晚	簠	1	子季嬴青，择其吉金，自乍飤簠，眉寿无期，子子孙孙羕保用之	同上
			敦	1	楚子□隙之飤□	
1972年襄阳山湾		春秋晚	簠	1	佳正六月初吉丁亥，上都府其吉金，铸其𥆞簠，其眉老(寿)无记(期)子子孙孙永宝用之	襄阳地区博物馆藏
1958年宜城安乐坑		春秋晚	缶	1	蔡侯朱之缶	见《文物》1962年11期
1973年当阳季家湖		春秋晚	钟	1	钲部：秦王卑命鼓左：竞坪王之定救秦戎	见《文物》1980年10期
1981年枝江县收购		春秋晚	戈	1	章子郕(国)尾其元□□其戎戈	湖北省文物商店藏
1965年江陵望山M1	战国中期的鼎、敦、壶等160余件	春秋晚	剑	1	越王鸠浅自作用鐱	见《文物》1966年5期
		战国中	夹刻刀	1	王	
1973年襄阳蔡坡M4	鼎2、簠1、壶2、缶1、盘1、匜等	战国早	缶	1	蔡公子姬安之□𥁂□	湖北省博物馆藏
1959年江陵长湖边		战国早	戈	1	楚王孙燮(鱼)之用	见《文物》1963年3期

发现时间及地点	共存铜器名称及数量	时代	其中铭文铜器			备 注
			名称	数量	铭 文 内 容	
1980年秭归香溪镇		战国早	剑	1	越王州勾自作用剑	屈原纪念馆藏
1973年江陵滕店M1		战国早	剑	1	戉（越）王州（朱）句（勾）自乍（作）用金（剑）	见《文物》1973年9期
1960年荆门车桥		战国	戚	1	大武闬（弄）兵	见《考古》1963年3期
1981年随州擂鼓墩M2	鼎9、簋8、编钟36等大件铜器约90件	战国中	簋	1	盛君縈之御簋	此墓简报见《江汉考古》1981年1期
1971年江陵拍马山M5		战国	戈	1	三十四年我丘命奕左工师晢冶思	见《考古》1973年3期
1971年江陵拍马山		战国	戈	1	郜君用宝	同上
1958年南漳		战国	戈	1	新弨自命支弗戈（割斨自毃弗戈）	见《文物》1962年11期
1976年襄阳蔡坡M12		战国	剑	1	攻敔（敔）王夫差自作元用	见《文物》1976年11期
1976年江陵雨台山		战国	戈	1	鄣之宝戈	荆州博物馆藏
1976年江陵雨台山		战国	戈	1	周阳之戈	荆州博物馆藏
1977年黄陂双凤亭		战国	戈	1	廿五年阳𩵋（春）啬夫绶𫒽（工师）操𫒴（冶）戟	黄陂文化馆藏
1978年当阳赵家湖金家山M43		战国	戈	1	番中（仲）乍（作）白（伯）皇止（之）造戈	宜昌地区博物馆藏
1978年当阳赵家湖金家山M45		战国	戈	1	鄦（许）止（之）鼓（造）戈	同上
江陵张家山		战国	剑	1	越王	荆州地区博物馆藏

注：未正式发表的资料，以今后正式发表的为准。

表二　湖北境内江汉地区发现的曾国铜器及其铭文统计表

| 发现时间及地点 | 共存铜器名称及数量 | 时代 | 其中铭文铜器 | | | 备注 |
			名称	数量	铭文内容	
1966年京山宋河平坝苏家垅	鼎9、鬲9、簋7、甗1、壶2、豆2、盉1、盘1、匜1、车马器等97件	西周晚	鼎	2	曾侯仲子斿父自作蕭彝	见《湖北京山发现曾国铜器》《文物》1972年2期
			方壶	2	曾仲斿父用吉金自作宝隣壶	
			豆	2	曾仲斿父自作宝甫	
			簋	2	佳正二月既死霸壬戌,畐乎宝簋,用圣夙夜,用享孝皇祖文考,用匄眉寿永令(命),乎其万人永用。宋	
			鬲	2	佳黄□□用吉金作鬲	
1975年京山宋河平坝檀梨树岗		西周晚	鼎	1	曾大师旁(?)乐作鼎	京山县文化馆藏
			鬲	1	曾子单用吉金作宝鬲	
1972年随县均川熊家老湾	簋4、鑃1、方彝1等6件	西周晚	簋	4	唯曾伯文自作宝簋,用易(锡)釁(眉)寿黄者,其万年子子孙孙永宝用享	见《湖北随县发现曾国铜器》,《文物》1973年5期
			鑃	1	唯曾白(伯)文自乍(作)□邹鑃用征行	
1972年随县均川熊家老湾	鼎3、甗1、簋2、壶1、盘1、匜1等9件	西周晚	簋	2	唯五月既生霸庚申,曾中大父蛊(蛕)乃用攸□□金,用自乍宝簋,蛊其用追孝于其皇考,用易(锡),釁(眉)寿黄者霝终,其迈(万)年子子孙孙永宝用享	
			鼎	1	鼎黄季作季赢宝鼎,其迈(万)年子孙永宝用享	
1979年襄樊市收购站清出		西周晚	鼎	1	曾中(仲)敢用吉金自乍(作)宝鼎子孙永用享	襄樊市文管会藏
1972年枣阳熊集茶庵M11	鼎3、簋4、壶2、戈1、车马器等280件	西周晚	鼎	1	佳曾子仲谏,用其吉金自乍蕭彝,子子孙孙其永用之	见《湖北枣阳县发现曾国墓葬》《考古》1975年4期
			戈	1	□□白(伯)之□執□	
1975年随县鲢鱼咀	鼎2、盆1、簋3、戈3	春秋	簋	1	唯九月初吉庚申,曾子原彝为孟姬鄙铸媵簋	见《江汉考古》1980年1期,楚屈子簋和郎子行盆见表一
			戈	1	曾中(仲)之孙辇祖用戈	

发现时间及地点	共存铜器名称及数量	时代	其中铭文铜器			备注
			名称	数量	铭 文 内 容	
襄阳县太平店（一说在谷城茨河）		春秋	盆	1	曾孟嬭谏乍（作）□盆其眉寿用之	襄樊市文管会藏
1965年武汉市桥口废品仓库清出			鼎	1	佳王十月既吉曾伯从宠自作宝鼎用（疑为伪刻）	见《文物》1972年2期50页
1978年随县擂鼓墩M1	鼎9、簋8、编钟64等约4 800件	战国早	镈	1	佳王五十又六祀，返自西阳，楚王酓（熊）章作曾侯乙宗彝，奠之于西阳，其永时用享	见《湖北随县曾侯乙墓发掘简报》《文物》1979年7期
			编钟	64	（皆有音乐方面内容的铭文）	
			其他铜器	大部分容器和一部分兵器、乐器等	曾侯乙作时用冬（终） 曾侯乙酢时用冬 曾侯乙之寝戈 曾侯乙之用戈 曾侯乙之走戈 曾侯郎之用戈 曾侯乙之用戟 曾侯郎之戟 曾侯郎之行戟 曾侯屄之用戟 曾侯屄之行戟 曾侯郎之用殳等	
						随县夜地岗季氏梁曾器见表一

注：未正式发表的资料，以今后正式发表的为准。

6. **春秋中、晚期** 襄阳山湾出土的青铜器有礼器、工具、兵器和车马器等类，其中礼器有鼎、簋、簠、敦、缶、盘、匜、鉇和瓢（图版柒，1、3），工具有镰、削刀、斧、锛和锥；当阳赵家湖和河溶出土的青铜礼器鼎、簋、簠、缶、盘和鉇；谷城新店出土的青铜器鼎、簠、壶、缶、盘、鉇和瓢；随县夜地岗季梁氏出土的青铜器鼎、簠、瓶、钟、戈和车軎；随县三里岗出土的铜鼎和簠；天门王家店出土的铜盘和匜；江陵草市出土的铜鼎、簋和簠；荆门盐池出土的铜鼎；宜城骆家山出土的铜鼎和簠；当阳季家湖出土的铜钟和铜构件。

7. **战国早期** 随县擂鼓墩出土的大批青铜器，包括乐器、礼器、生活用具、兵器和车马器等；襄阳蔡坡出土的青铜器有礼器、工具、兵器和车马器。

8.战国中期　江陵望山、沙塚、藤店、天星观、雨台山、张家山、太晖观、拍马山；襄阳蔡坡、殖县（州）擂鼓墩、当阳窑湾等地发现了大批青铜礼器、乐器、生活用具、工具、兵器和车马器。

9.战国晚期　在鄂城城郊、云梦城郊、宜城楚皇城附近、宜昌前坪、黄冈汝王城附近皆发现有这一时期的青铜器。

另外，还在鄂东南的大冶铜绿山发现了春秋战国时期重要的采炼铜矿的矿冶遗址。

江汉地区发现的青铜器有如下几方面的情况：

1. 有铭文的铜器，除随县"曾侯乙"墓一组重要的铜器之外，尚有上百件，其时代上限溯至商末，下限沿到战国中期。而铭文内容虽较简短，但往往国别或族属清楚，上百件铭文铜器中所涉及的商周诸侯国达十余个，包括了长、邶、邓、曾、楚、都、郧、蔡、陈、黄、巴、徐、许、番、杞、吴、越等国，还有商代晚期族徽标记为"鬲"和"戈"的两个氏族的铜器。计有国别或族别的铭文铜器主要有"戈"族的戈父辛爵；邶国或"鬲"族的邶子鬲鼎、邶子鬲甗（图一）、邶子簋、鬲父丁爵；长国的长子狗鼎；邓国的邓公牧簋、邓公乘鼎；曾国的曾侯仲子斿父鼎、曾仲斿父壶、曾仲斿父豆、曾大师旁乐鼎、曾子单鬲（图二）、曾伯文簋、曾伯文櫨、曾仲大父螽簋（图三）、曾子原彝簋、曾仲之孙枀祖用戈、曾子仲速鼎、曾孟妳谏盆、曾仲部鼎、曾伯从宠鼎、曾大攻尹戈及曾侯乙一组铜器；楚国的楚子赵鼎、楚屈子簋、楚子敦（图四）、楚王孙鱼戈；都国的上都府簋（图五）、都君戈；郧国的郧子行盆；蔡国的蔡侯朱缶、蔡公子缶；陈国的陈公子中庆簋；黄国的黄季鼎（图六）、黄□□鬲；巴国的大武弄兵戚；徐国的徐太子鼎；许国的许之造戈；番国的番仲戈；杞国的杞伯簋；吴国的吴王夫差剑；越国的越王勾践剑、越王朱勾剑（图七）、越王剑。另外还有天兽御尊、邦季伯鼎、鄋公鼎、鄋公簋、鄂侯弟厝季尊、羕伯受簋、郊之宝戈、周王孙戈、邵之造镒（图八）等。

图一　江陵万城出土的邶子鬲甗铭文拓片

图二　京山樿梨树岗出土的曾子单鬲铭文拓片

图三 随县熊家老湾出土的曾中大父螽 簠铭文拓片

图四 襄阳山湾出土的 楚子敦铭文拓片

图五 襄阳山湾出土的上郡府簠铭文拓片

图六 随县熊家老湾出土的黄季鼎 铭文拓片

图七　秭归香溪镇出土的越王
朱勾剑铭文拓片

图八　随县出土的邵之逴鬵铭文拓片

这些铭文铜器按其来源,可分墓葬中出土、墓地采集和废品店收集三类(除当阳季家湖楚城出土的秦王卑命钟以外),而后两类估计一般亦应为墓中随葬品。又据其出土时共存器物关系分析,墓中出土的铭文铜器存在两种情况:一是作器人即为墓主,如"长子狗""邛子∞""曾仲斿父""曾侯乙"等器之主与墓主应为同一人,这种情况常见于春秋中期以前的墓中,而铭文又常见于礼器上;二是作器人并非墓主,如出土"越王剑"和"吴王夫差剑"的墓,并非越王墓和吴王墓,而是楚墓。这种情况较常见于春秋中、晚期以后的墓中,而铭文则多见于兵器上。当然还有些情况比较复杂:两种以上国别的铭文铜器往往同出,例如随县鲢鱼咀有楚屈子簋、郎子行盆和曾子原彝簠同出。而襄阳山湾M33是一座小型墓,却出土了子季嬴青簠和楚子敦。

2. 较早的商至西周时期的所有青铜器的作风及其特征,与中原地区同期铜器几乎没有什么区别,应属中原青铜文化系统。例如盘龙城出土的商代二里岗期的青铜器与河南郑州白家庄或辉县琉璃阁出土的同类器物十分近似。直至西周晚期的京山、随县、枣阳出土的曾国铜器及邓公牧簋等,也还是中原铜器的作风。

3. 春秋中期以后的铜器,情况发生了变化,较明显地表现出独特的地方特色。例如谷城新店出土的一组铜器(可能为谷国铜器)、襄阳山湾出土的邓公乘鼎和楚子敦、当阳赵家湖出土的楚子趌鼎、随县夜地岗出土的铜鼎等都各具特点,与中原青铜器已有了较大的区别。

4. 从铜器发现地点的分布情况来看:商至西周早期的铜器主要集中发现于汉东的灄水流域至长江沿岸,顺长江往西,到宜都清江口和江陵万城一带也发现了这时期的铜器;西周晚期的铜器主要集中发现于汉东的涢水流域和滚河流域;春秋时期的铜器则常见于汉西的沮漳河流域至鄂北一带;战国时期的铜器分布较为普遍,而最集中于江陵地区。总趋势是商至西周时期的青铜器分布偏于汉水以东；东周时期的青铜器分布偏于汉水以西。

　　综上所述不难看出，随着中原黄河流域奴隶制国家的建立与扩展，中原地区首先创造和发展起来的青铜文化不断向周围地区传播。从黄陂盘龙城二里头文化遗存的发现到江汉地区商、西周时期大批中原系统的青铜器的出土，特别是在商代盘龙城遗址发现了大型宫殿基址和大批与中原二里岗期相同的铜器，充分证明了中原地区的青铜文化早在夏商时期就发展到了长江之滨；同时也有力地说明了自夏禹对南方的战争[1]至商王"奋伐荆楚"[2]而"立事于南"[3]江汉间的大片地区已经成为我国最早的奴隶制度国家——夏、商王朝统一领土的重要组成部分。

　　中原青铜文化在江汉地区的传播和发展，显然是与中原地区的民族南迁紧密相连的。夏商王朝征服了江汉地区并建立了如黄陂盘龙城这样的统治据点以后，必然有一大批夏族或商族的统治者和被统治者南来，江汉地区发现的青铜器可以证明这一点。例如在河南安阳——商王朝后期的统治中心发掘的商代大墓中发现过有"𢀖"形标记的铜器，[4]而在江汉地区的鄂城陈林寨、江陵万城和湖南宁乡[5]等地也出土了有这种标记的商末周初的铜器。这种标记应当是商的一个重要氏族之族徽。有这种标记的铜器，无疑是这个氏族的铜器。而江汉地区屡有这种标记的铜器出土，证明这个商氏族已到达了这个地区，并曾活动于鄂东至洞庭湖南北；"戈"族也是商族重要的一支，他们的足迹也到达了㵲水流域的随县安居和湖南湘江下游一带。[6]后来周灭商，周继承商的事业（其中包括承袭商的文化传统），周人同样不断南迁。周王朝进而将汉水中、下游这片肥沃富饶的土地，不断分封给周室的一部分姬姓成员，因此历史上有所谓"汉阳诸姬"之称。汉东一带发现的周代铭文铜器中，有"姬皇囗""周王孙"字样，证明了汉东的许多侯国与周王室的亲缘关系。总之，自夏代以来，特别是商至西周时期，江汉大部分地区被中原民族牢固控制，这个地区所见到的中原系统的青铜文化遗物，就是他们在政治和文化方面统治和影响这个地区的具体反映。

　　随着周王室的逐渐衰落，江汉各诸侯国逐渐崛起，江汉地区原有的土著文化得到了一定程度的发展。江汉地区多种国别的铜器的出土及其所包含的特有的文化特征，如大冶铜绿山矿冶遗址的发现和黄陂盘龙城、江陵纪南城、宜昌小溪口等地周代冶炼遗迹、遗物的出土，均是西周晚期以来江汉地区复杂的政治形势和社会状况的反映。这不但说明了江汉各诸侯国都有自己独立的经济力量，当地普遍都有青铜制造业和矿冶业，而且还证

---

〔1〕　范文澜：《中国通史简编》第一编第一章第四节《尧、舜、禹的传说》，人民出版社，1964年。

〔2〕　《诗经·商颂》。

〔3〕　卜辞《掇续》62："乙未〈卜〉贞，立事于南，右比𢀖，中比舆，左比𢀖"。

〔4〕　见于安阳侯家庄1550号大墓。

〔5〕　高至喜：《湖南宁乡黄材发现商代铜器和遗址》，《考古》1963年第12期。

〔6〕　湖南省博物馆陈列室陈列有湘江下游一带发现的"戈"族的商代铜器。

明了这些诸侯国在政治上和文化意识领域已达到敢于同周王室互相抗衡的程度。鄂北的邓国、汉东的曾国(可能即随国)、汉西的楚国是当时江汉地区三个力量最为强大的封国。京山出土的较早的西周晚期的“曾侯仲子游父”等一组曾国铜器(应为一座墓葬)中,已使用了九鼎七簋(应八簋,可能丢失一件),这就僭越了当时的天子之礼,充分反映了大约在两周之际开始,周王朝便出现了“礼崩乐坏”的社会现象。正由于江汉各诸侯国在政治上、经济上具有很大的独立性,故其必然促使当地文化的复兴,这也就为后来楚文化的形成,创造了历史条件和社会基础。

周成王时,楚熊绎居丹阳,“辟在荆山”,而活动于汉水以西的地区。西周早期的商裔“”族的铜器出土于汉水以西的江陵万城,证明商族的这支重要贵族,可能受到周族的逼迫,当时已离开汉水以东,定居于汉水以西地区或洞庭湖沿岸一带,并建立了邶国。楚族就有很大可能与中原来的这支商族互相往来、互相结合,共同创造一种具有当地自身特点的古代文化,即楚族的土著文化与中原文化互相融合的一种文化,这种文化就是楚文化的前身。

商周时期的青铜器是当时统治阶级所占有的重要财富,统治阶级去逝以后,成批的青铜器便作为他们的主要随葬品被带入坟墓,而统治阶级的墓地,一般又不会距他们生前的住地太远,因此一个地方大量出土商周青铜器,往往就是当时政治中心的重要标志。江汉地区青铜器发现地点的分布情况与青铜器所属时代的差异,及其所包含的文化特征的变化,是与当时政治中心的转移和统治势力的更换相联系的,也与楚国的日益兴盛有关。汉水以西发现的春秋中期以后的青铜器猛然增加,这些青铜器地方特点明朗化,诸小国的铭文铜器,特别是兵器常常出现在春秋中期以后的楚墓中,这一方面证明了汉水以西的楚国大约从春秋早、中期开始力量迅速强大,不断并吞周围诸小国而逐渐统治了当时我国的南方;另一方面表明楚文化体系形成的时代,大约在春秋中期前后。

楚国发展强大的过程,是与江汉地区诸侯国的发展及其互相斗争、互相往来、互相影响和互相融合密切相关的,由此而发展起来的楚文化就是居住在江汉地区各民族(其中包括从中原迁来的商族、周族在内)共同创造的文化。全面观察汉江地区发现的商周时期的青铜器与中原地区发现的青铜器,不论是器形种类方面,还是造型花纹方面,都没有大的区别,因此可以说东周时期的楚文化与中原地区的同期文化是同一文化中的不同类型的文化。

江汉地区发现的商周青铜器,内容丰富,工艺水平很高,闪耀着我国青铜文化的灿烂光辉,它们不但是研究江汉地区青铜文化的重要依据,而且是我国古代南北方之间文化融合的历史见证。

(原载《中国考古学会第三次年会论文集(1981)》,文物出版社,1984年)

谈谈叶家山西周墓及其相关问题

一、关于叶家山西周墓地考古工作及相关问题

叶家山西周墓地考古工作是做得比较好的,所发掘资料是按考古学的田野考古基本方法获得的,资料较科学、内容较丰富,新发现较多,具有较高的研究价值,属于我国的重大考古发现。

20世纪60年代后期以来,湖北汉水以东地区累出许多商周青铜器,其中包括许多铭文铜器。由于"文革"和考古人才、经费缺乏等原因,多数没有进行考古调查和发掘,属于采集品。虽然这些青铜器很重要,但研究价值显然较低。

1966年7月,在京山苏家垄农村修水利发现了大批青铜器,它们被卖到废品收购站,湖北省博物馆得到信息后,派人前往京山,收回青铜器97件,这就是著名的京山苏家垄曾国铜器。[1]1971年将这批曾国铜器和江陵纪南城南郊出土的25具彩绘石磬,以及纪南城东南方的郢城出土的1件郢爰一起运往北京,参加故宫"出土文物展",一时轰动中外。郭沫若先生看到这批曾国铜器后非常兴奋,马上提笔释文。从此湖北出土的曾国铜器引起学术界关注,纷纷探讨"曾国之谜"。这批曾国铜器有九鼎,为列鼎,主人为曾侯,级别很高,可惜这些都属采集品。这批铜器出土时,"文革"已经开始,不可能前往调查、发掘。估计是墓葬随葬品,墓葬和墓地是否被修水利全部挖毁?至今不明。1970年和1972年,在随县熊家老湾连续发现曾国铜器[2]的情况也与苏家垄曾国铜器发现情况基本相同。

早在20世纪70年代初,我常驻襄阳襄北农场第六新生砖瓦厂,主要发掘襄阳山湾、蔡坡和光化五座坟三处较大墓地(1973年上半年,武汉大学历史系全体师生百余人也曾到

---

〔1〕 湖北省博物馆:《湖北京山发现曾国铜器》,《文物》1972年第2期。
〔2〕 鄂兵:《湖北随县发现曾国铜器》,《文物》1972年第5期。

我发掘工地参加发掘，其中有石泉先生和彭金章先生）。这三处墓地都是工程部门发现铜器等文物以后，在墓地先进行调查钻探，再进行有计划的发掘，因而所取得的三批墓葬考古资料较系统全面，内容相当丰富，研究价值也都较高。但可惜因当时人力和经费缺乏等原因，资料没有整理成专著发表，只在《考古学报》《江汉考古》和《考古与文物》期刊上发表了简报。

70年代初，经过北京故宫"出土文物展"以后，中央对文博考古事业特别重视，周恩来总理亲自修改有关报道稿件并作指示，"文革"虽尚未结束，但首先恢复了全国的文博考古工作。在那个集体经济年代，我们考古发掘不需花多少钱，不需民工费，考古人员每日只需补助1角钱。例如光化"五座坟"的发掘工作，上级调来正在筑铁路施工的工兵、军车；政府部门也派来许多得力工作人员并送来所需物资、搬运队和搬运器材、辘轳（因有长厚重的椁板需要被起吊和搬运）。这些费用都不需我们支付。所以那时期（"文革"后期）我们也能开展一些田野调查发掘工作，但缺乏业务人员，我省能领队发掘的人仅几个，许多重要商周青铜器的发现均未能对其进行调查、发掘，资料遭破坏、丢失的情况仍较严重。

我在常驻襄阳期间，地县文物干部不断给我传来发现青铜器的信息。我曾多次前往枣阳、随县、襄阳、襄樊等地调查，青铜器都是农民动土、挖地发现的，并都被卖到废品收购站。文物干部知讯后收回来一部分，其中有铭文的不少，也有曾国铜器。它们大多数在"文革"期间被发现，"革委会"无人管文物。"出土文物展"以后，我省不断举办文物考古培训班。学员回到地县以后，热情很高，但工作条件极差，"单枪匹马"，和我们只有"单线联系"。记得襄阳地区的陈中富和张光忠、襄樊市的刘炳（他们也都参加了山湾墓地的发掘工作）、枣阳的徐正国、随县的王世振等同志都是参加过省考古培训班的文物干部。他们都收集到本地出土的不少重要文物（多为青铜器），但只用废纸包裹或裸放于自己床下或房间角落里。眼看这些重要文物受损、不能到发现地点调查、资料丢失等情况，心中感到着急、可惜。这些文物，尤其是青铜器都是寻找商周墓地、墓葬和其他遗迹的重要线索（20世纪80年代至90年代前期，陆续发表了不少"文革"期间湖北出土的商周青铜器资料，但多数缺少"层位关系"）。

1973年，湖北省博物馆和武汉大学联合举办湖北省全省文物考古培训班（全省各地、县都有人员参加），在武大上完考古课（湖北省博物馆的同志讲课，因那时武大还未设立考古专业）以后，到我们襄阳山湾发掘工地实习。实习结束前后，我们听到襄阳地区陈中富同志从枣阳县提回一批青铜器，我便约李天元同志前往枣阳县调查。在枣阳徐正国同志陪同下到铜器出土地点，茶庵段营的山丘上勘查。据山湾找墓经验，我们在被农民多次挖过的一块地中仔细观察，后借锹下挖，只深挖一锹就露出了铜锈，是一把铜戈。然后很快找到了墓边,并清理出一棺一椁的遗迹和兵器、车马器等小件铜器280件。原被挖出的铜容器已分散到地区、县、公社和废品收购站(其中1件壶盖到了武汉市文物商店)。被挖出的铜容器均置于此墓头端(东端)。该墓是湖北首次发现的曾国墓葬。[1]1979年5月,随县又发现青铜器,我和该县的陈彦昭同志从武汉赶到铜器发现地点,在县城东郊季氏梁的水田中,同样找到了墓边和棺迹,复原了铜器在墓中的摆放位置,该墓也是一座重要的曾国墓葬。[2]

清理和编写了枣阳段营的曾墓资料后,我对"随枣走廊"的商周考古产生兴趣,拟在此地区建立考古工作站,并做了准备工作。第一,在襄阳地区和襄樊市支持帮助下,我到了襄樊市郊的"习家池",这里有部队医院退出的可设考古工作站的现成房屋(蔡坡的第五新生砖瓦厂,也可无条件给我们建房屋);第二,我开始收集湖北出土的商周青铜器和曾国铜器资料,[3]为寻找商周田野考古线索做准备。可是不久我被调往江陵,参加纪南城考古"大会战"而改变了我的工作地点和方向。我想做"随枣走廊"考古的愿望已不能实现。我和我馆的孙启康同志拟编写湖北出土商周青铜器的资料(线图、拓片、照片和文字)也未能实现。

总之,湖北地区地下埋藏着的商周墓葬和青铜器相当丰富,并集中于汉水以东至大别山下一片和汉水以西沮漳河口至清江口一带。湖北地区的商周墓葬保存情况较好,被盗情况没有北方严重(但墓口尺寸较小,没有封土堆,没有大的动土工程而难以发现),湖北累出青铜器和叶家山的发掘都可以证明。很显然,当发现青铜器以后,不能只收铜容器回来,而要像"叶家山"那样,及时到铜器发现地点,认真调查地形地势、土质土色、自然环境,用钻探等方法找出墓葬、墓区及附近相关遗存,然后制订发掘计划、组织发掘队伍,并调配各种技术干部;注意发掘季节、文物安全和防雨防晒措施;发掘时,严格按田野发掘规程操作。叶家山发掘的经验值得总结和学习。

二、关于叶家山西周早期曾国及相关问题

叶家山西周墓地发掘资料中,引人注意的一个突出问题就是曾国问题。叶家山的西周早期曾国与过去随枣走廊一带发现的西周晚期以后的曾国是否属同一个曾国?

---

〔1〕 湖北省博物馆:《湖北枣阳县发现曾国墓葬》,《考古》1975年第4期。
〔2〕 随县博物馆:《湖北随县城郊发现春秋墓葬和铜器》,《文物》1980年第1期。
〔3〕 杨权喜:《江汉地区发现的商周青铜器——兼述楚文化与中原文化的关系》,《中国考古学会第三次年会论文集》,文物出版社,1984年。

对此问题，由于本人未深入观察叶家山出土的西周墓资料，故下面仅提出一点想法：两者有联系，并属于同一文化发展系统；但两者曾侯的姓氏可能并不相同，前者可能为姒姓曾国，后者肯定为姬姓曾国。

曾国的"曾"字与楚国的"楚"字一样，具有地域含义。地域在汉东地区漂水流域至漳水流域，包括随县（州）城区、淅河、均川和京山平坝一带。这一带发现的曾国铜器级别较高，铭文有"曾侯"字样，应为较早阶段的曾国所在的地域大概范围（下文称此地域为"曾地"）。

曾国西周晚期铜器，实际上是两周之交的铜器，与西周早期的曾国铜器时代相距约200年。它们之间的年代缺环很大，具有发生变化的足够时间，特别是那个诸侯割据的时代。

全面观察湖北省境内的商周文化，无论汉水以东，还是汉水以西，进入夏代以后文化面貌均发生了极其复杂的变化。夏、商、周三代都有一段重要的转折时段，周代的转折时段在西周中期。西周中期汉水以西开始出现早期楚民族文化（早期楚文化）；[1]汉水以东则开始兴起周姬文化，随枣走廊的西周晚期以后的曾国铜器是其中之一。这与该地区各诸侯的更替、势力变化分不开。周灭商之初不可能一下子将自己的子孙分封于全国，周姬王朝当时也不可能有这么多姬姓子孙，故只能延续商的部分封国，汉东的商代曾国有可能就被延续下来了。

杨升南先生在《叶家山曾侯家族墓地曾国的族属》[2]一文中说："叶家山墓地除大墓里出土的有铭铜器为曾侯所作外，在其他墓里出土铜器上所见的族徽有16种之多。据报道，这16种族徽中，绝大多数都见于商代，有些是商代特别活跃的大氏族，如（或释析子孙）、（冉）、戈、吴（作形，应为子字）、鱼、守、亚离（亚禽）、（束）、鸟（亚俞）等（参见《殷周金文集成》）。这些族徽所显示的氏族，应是商代的氏族。有这样多商代的氏族聚集在这个曾侯的周围……只有他是商代的一位诸侯……而在墓底铺朱砂、随葬铜器的觚、爵酒器也具商人风气，这进一步显示他同商代的联系。在商代也确有个曾国。"杨升南先生还引殷墟甲骨文等资料来证明商代有曾国。杨升南先生的这个看法有道理，本人基本赞同。

叶家山曾国铜器铭文的"曾"，与西周晚期以后曾国铜器铭文的"曾"，字形写法不一样，其笔画较少、较简单。前者的"曾"只有上半部，后者的"曾"都加下半部。叶家山曾国铜器铭文的"曾"，与殷墟甲骨文卜辞中的"曾"，字形写法相同。东周文献记载周代的曾，多写作"鄫"或"缯"，如《春秋》僖公十四年："使鄫子来朝。"杜预注"鄫国，今琅邪鄫

〔1〕 杨权喜：《楚文化》，文物出版社，2000年，第16—26页。
〔2〕 杨升南：《叶家山曾侯家族墓地曾国的族属》，《中国文物报》2011年11月2日第3版。

县"。山东的曾国的"曾"写作"鄫"。《左传》宣公十八年:"春,晋侯、卫大子臧伐齐,至于阳谷。齐侯会晋侯盟于缯。"阳谷在河南,缯应距阳谷不远,也应在河南。河南的曾国的"曾",写作"缯"。显然,周代"曾"字的写法笔画增多。因此叶家山曾国铜器的"曾"只有上半部,承袭了商代"曾"字的写法。这也可以证明西周早期保持了商代曾国的存在,就如楚国直到战国早期仍保持汉水以东曾侯乙的存在一样。

　　1978年元月传来黄陂鲁台山发现了有铭铜器的消息。那时临近春节,我约我馆的王振行同志前往调查。黄陂县文化馆收集了一批破损较严重的青铜器,是前些时从鲁台山农村的大型动土工程中的一座墓葬(鲁台山M30)被炸药炸开后拣回来的长子国铜器。现场仅存棺椁朽木和黑泥。据说有的铜器被炸飞很远。当时我们把这批铜器提取回湖北省博物馆,拟修复,并与县合作写"简报"。但因无人管,领导未作安排,后将铜器归还黄陂(1979年下半年,我曾带领俞伟超、高崇文、王光镐三位先生前往黄陂观看,他们都感到很重要)。这批铜器的年代和叶家山曾器的年代相当,也为西周早期。黄锡全先生认为这批铜器是商代长子国的铜器,长子国地域中心在鲁台山至盘龙城一带。[1]西周早期的叶家山曾国和西周早期的鲁台山长子国族属延续情况基本相同,都是承袭商代的方国而来。

　　本人曾对湖北出土的商文化青铜器作过一些粗浅分析,特别注意商末周初商贵族铜器在长江中游地区的发现和分布,说明商被周灭亡以后,有一支商贵族南逃于江汉和洞庭湖沿岸。[2]这支商代重要贵族的铜器即族徽为□(冉)的铜器,这种族徽也发现于叶家山西周墓地中,表明此铜器的主人——南逃的那支商贵族也曾到达过曾国。

　　关于西周晚期以后古文献记载的两个曾国,杨升南先生在《叶家山曾侯家族墓地曾国的族属》一文中讲道:"随州地区西周早期的姒姓曾国的地盘,从西周晚期的曾侯簠(亦称叔姬霝簠)推测,大致在西周晚期就被姬姓贵族占据,姒姓曾国被迫迁出。姒姓曾国大致被分成两支外迁:一支向东,进入今山东境内……一支西迁。"西迁的那支据前几年公布的《清华简》"缯人乃降西戎,以攻幽王"的记载,又推测"与西戎联合攻幽王的缯当与西申、犬戎相近",西申不是河南南阳的申,而在陕北。西迁那支姒姓曾国当在陕北。杨升南先生这些推测也有道理,值得探讨。周代封国被迫迁徙为常见现象。如姬姓蔡国就多次被迫迁徙。从河南上蔡迁新蔡,再迁安徽下蔡。被楚灭后,再被楚迁至今湖北宜城。宜城发现的蔡侯朱之缶(发现地点,我去调查过,应属墓葬随葬品)等蔡器可以证明。所以古文献记载的两个曾国都是从湖北迁去的说法也基本可信。

　　随县(州)季氏梁曾国墓葬出土的"周王孙季怡戈"和"曾大工尹季怡戈",戈主为同

〔1〕 黄锡全:《湖北出土商周文字辑证》,武汉大学出版社,1992年,第5-7页。
〔2〕 杨权喜:《湖北商文化与商朝南土》,《中国商文化国际学术讨论会论文集》,中国大百科全书出版社,1998年。

一人（季怡）。戈铭中有"周王孙""穆侯之子，西宫之孙，曾大攻尹"字样，[1]证明西周晚期以后的曾国为姬姓之国，叔姬霝簠也可以证明。季氏梁曾国墓就发现于曾地。据古文献记载：西周早、中期，周王朝曾多次派兵征伐江汉淮地区的政治、军事势力，并不断封赐周王室子孙于该地区，便形成了所谓的"汉阳诸姬"，其文化即属周姬文化。西周晚期以后的曾国，应是周王室子孙被封于曾地之国，仍称为曾国，属"汉阳诸姬"之一。所见姬姓曾国铜器作风与中原周文化铜器作风基本相同，为汉东地区典型的周文化。

古文献记载的曾国为姒姓。《国语·郑语》"申、缯、西戎方彊（强）、王室方骚"，韦昭注："缯，姒姓。"《国语·周语（下）》："有夏虽衰，杞、鄫犹在。"杜预注："杞、鄫二国，夏后也。"鄫为夏后，因而为姒姓。商代的曾国可能为姒姓之国，承袭夏代的姒姓曾国而来。

江汉地区的新石器时代文化是一脉相承的土著文化，分西、东两支（以大溪文化为代表的一支和以屈家岭文化为代表的一支）连续发展了数千年之久。进入夏代以后发生了许多突变现象，例如出现中原二里头文化的器物、大量的玉器、大量陶人和陶塑动物等陶塑品、一组别具特点的陶器和成年人瓮棺葬等，并形成了许多繁杂的考古学文化类型。[2]曾地的夏代文化，是受中原二里头文化（一般认为是夏文化）影响较深的一种江汉夏代文化类型。20世纪80年代，武汉大学历史系考古专业的师生和襄樊市博物馆、随州市博物馆的考古人员对曾地的西花园遗址（西北距叶家山西周墓地很近）进行了发掘，获得了一批重要的新石器时代晚期的资料。发掘报告结语中指出"在石家河文化中，出现有部分陶器的形制、花纹的作风是和二里头文化早期相同或相似的。如在宜昌白庙子遗址和随州西花园遗址中，发现有四足小方鼎、高粗把手折壁器盖、敞口斜壁平底碗（或器盖）、三足盘、擂钵、罐形扁足鼎、口沿捏花边罐，以及深腹罐等，与二里头文化早期的同类陶器是相同或相似的。……也表明石家河文化的下限时间是比较晚的。这与碳14测定年代的数据也是较相符合的。石家河文化晚期距今的年代为公元前约2000年，二里头文化早期距今的年代为公元前约2100年。石家河文化晚期距今的时间与二里头文化早期距今的时间大致是相同的"。[3]该遗址的发掘和资料的整理、编写，都是由曾长期在河南偃师二里头遗址考古的方酉生先生主持的，资料较可靠，说法也较可信。石家河文化晚期，本人称之为石板巷子文化，"是长江中游的夏代文化"。[4]王劲同志称之为"三房湾文化"，[5]孟华平同志称之为"后石家河文化"。[6]曾地西花园发现的石家河晚期文化当属夏代文

〔1〕 随县博物馆：《湖北随县城郊发现春秋墓葬和铜器》，《文物》1980年第1期。
〔2〕 杨权喜：《江汉夏代文化探讨》，《中国文物报》1998年7月29日。
〔3〕 武汉大学历史系考古教研室等：《西花园与庙台子》，武汉出版社，1993年，第188-189页。
〔4〕 杨权喜：《关于鄂西六处新石器时代晚期遗存的探讨》，《考古》2001年第5期。
〔5〕 王劲：《后石家河文化定名的思考》，《江汉考古》2007年第1期。
〔6〕 孟华平：《长江中游史前文化结构》，长江文艺出版社，1997年，第134页。

化,而且具有较浓厚的夏文化因素,说明曾地与夏关系特别密切。

《吕氏春秋·召类》尧与南蛮"战以丹水之浦,以服南蛮";《淮南子·修务训》"舜作室筑墙茨屋……南征三苗,道死苍梧";《墨子·非攻》下篇"禹亲把天之瑞令,以征有苗……天下乃静"。我国史前南方的苗蛮(三苗、有苗、南蛮)是非常强盛的民族族团,并长期与中原的华夏族团相抗衡。尧、舜、禹三代都不断"征三苗"。夏的统一事业是最后征服三苗后完成的。江汉地区是苗蛮族团的活动范围,汉东的今天门市石家河镇可能是苗蛮族团活动的中心地,那里发现有长江中游地区规模最大的史前遗址群和城内面积达1.2平方公里的史前大城址。[1]进入夏纪年以后,这个遗址群和城址均发生转折性变化,这应是夏禹征服了三苗以后的反映。

《史记·夏本纪》:"太史公曰:禹为姒姓,其后分封,用国为姓,故有夏后氏、有扈氏、有男氏、斟寻氏、彤城氏、褒氏、费氏、杞氏、缯氏、辛氏、冥氏、斟(氏)、戈氏。"[2]夏王朝分封,用国为姓。夏代有禹后"缯氏",表明夏代有姒姓缯(曾)国。

曾地在石家河大型新石器时代遗址群之北,直线距离仅50公里左右,这里出现夏文化(二里头文化)因素浓厚的遗存,极可能就是夏代曾国的所在地,此地便可称之为曾地。

综上所述,"曾"有地域的含义,较早阶段的大体范围包括今随州东部、安陆西部和京山东北部一带。西周晚期以后的曾国,是西周中期前后周王室分封的姬姓之国,因在原姒姓曾国之地,而仍称为曾国,属"汉阳诸姬"。姬姓曾国进入春秋以后势力有所扩展,向西扩展到今枣阳、新野、襄阳一带。在叶家山发现的西周早期曾国是沿袭商代的姒姓曾国而来,但这个曾国已臣服于周王朝,周的统治势力必然到达了曾国。商周的姒姓曾国的历史可以追溯到夏代初年,最早的"曾侯"也许是在夏禹最后征服三苗族团的战争中立过大功的被封于汉水以东的姒氏子孙。《史记·货殖列传》"颍川、南阳,夏人之居也",[3]《汉书·地理志》"颍川、南阳,本夏禹之国"。[4]夏禹征服三苗之后,肯定在汉、淮之间封了包括曾国在内的不少姒姓之诸侯国。所以秦汉以后称这一带为"夏人之居也"。

从考古学文化的角度观察,叶家山西周早期的曾国文化,应归中原周文化系统,为中原周文化的一个南方类型;曾墓属周墓,非商墓。主要有以下几个原因:一、文化遗存的年代属西周早期;二、周文化因素占主导地位。如叶家山65号墓的曾侯谏鼎与周王朝腹地宝鸡竹园沟4号墓的圆鼎十分相近;叶家山65号墓的曾侯作田壶与宝鸡竹园沟4号墓的父乙壶也很近似。这些重要礼器形制近似,说明它们都属同一文化发展系统;三、历史

〔1〕 石家河考古队:《邓家湾·结语》,文物出版社,2003年。
〔2〕 [汉]司马迁:《史记卷二·夏本纪第二》。
〔3〕 [汉]司马迁:《史记卷一百二十九·货殖列传第六十九》。
〔4〕 [汉]班固:《前汉书卷二十八下·地理志第八下》。

和考古研究证明，周朝承袭了许多商朝制度和文化。叶家山曾国遗存中有明显的商文化因素，包括一些商器和商氏族遗物，但都为次要的文化因素。这是周代早期的正常现象，当一个朝代更替另一个朝代之后，在文化方面必然存在一个逐渐演化的过渡阶段；四、叶家山西周文化面貌，与汉水以西发现的时代相当或大体相当的早期巴文化（属罐文化）和周梁玉桥文化（属鼎釜文化）相比，面貌截然不同；五、与本人对江汉商周文化的基本认识相吻合。本人过去曾提出：江汉地区的商周文化，大体以汉水为界，汉水以东地区以中原文化为主；汉水以西以土著文化为主。汉水以东地区，无论是商代文化，还是周代文化，都明显地反映出中原文化的南下，使汉东地区的土著文化较早地融合于中原文化之中，形成一种具有一定特点的中原文化的汉东类型。因此叶家山西周早期的曾国文化与西周晚期以后的曾国文化都归属于周文化，它们之间具有因袭关系。两者只存在时代的差异，不存在文化性质的改变；曾侯姓氏的不同，也不会改变这个判断。

古文献记载"汉阳诸姬"随为大，考古则表明"汉阳诸姬"曾为大。虽有少量随器发现，但无法与大量曾器相比，曾即随的观点可靠。可能周王朝分封随于商的曾国或曾地，随习称曾，因而随器少曾器多。如同荆习称楚，考古发现只见楚器不见荆器的情况相似。随被封的时代也可能在周初，是姬姓，但当时随侯并没有抵达（居住）曾国。这与汉代萧何未居其鄷侯封地（今鄂西北一带）的情况类似。随侯抵达曾国的时代晚至西周中期前后。周朝保留姒姓曾国又如楚国保留姬姓曾国一样，只是一项过渡性质的措施。

（"叶家山西周墓地国际学术研讨会"论文，2013年12月。最后一段是后加的）

探索鄂西地区商周文化的线索

　　近年来，我们在鄂西地区的沮漳河流域和长江西陵峡及峡口以东至清江口一带，作了不少考古调查和试掘工作，发现了一批时代相当于商周时期的文化遗址或遗物（图一），对填补这一地区的商周文化缺环[1]和追溯楚文化渊源等方面有着重要意义。这些商周时

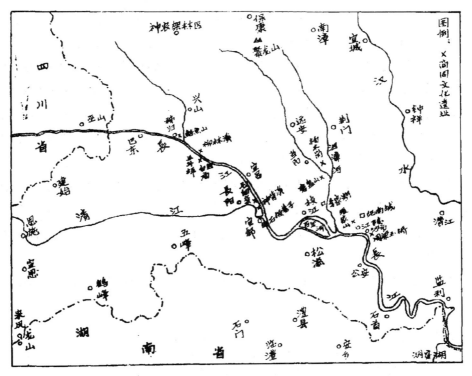

图一　鄂西地区商周遗址分布图

---

〔1〕 杨权喜：《试谈鄂西地区古代文化的发展与楚文化的形成问题》，《中国考古学会第二次年会论文集》，文物出版社，1982年。

期的文化遗址的内涵，还待今后逐步进行揭露，对其文化面貌正在不断认识之中。从时代上排列，在鄂西地区虽然基本上找到了商周各个历史发展阶段的文化遗址，[1]但根据已掌握的资料观察，这个地区的商周文化性质是相当复杂的，它既有土著文化，又有外来文化，或并存，或互相融合，或先后交替。对这些问题还需要作深入的工作和具体的分析，本文就探索这些问题的现有线索，谈点粗略的认识。

一、鄂西地区原始文化的发展踪迹

新石器时代，鄂西地区的土著的原始文化最早可能发源于长江西陵峡至清江口一带，即像以近年试掘的长江西陵峡内的秭归柳林溪下层[2]和宜都城背溪下层为代表的一种新石器时代早期文化遗存（这种文化遗存亦有待于进一步发掘与探索）发展而来的，在它以后接着就是大溪文化，再就是屈家岭文化（或屈家岭文化鄂西地区的一种类型）而后又到季家湖文化（或类型）。这是一支具有直接发展演变关系的原始文化，[3]它古老而发达，自成体系。后来到东周时期，鄂西地区兴起了富有独特风格和深远影响的楚文化，可是鄂西地区的原始文化与楚文化之间，目前还尚未找到在文化性质方面直接互相联结的纽带，该问题的关键在于鄂西商周时期的文化面貌还不清楚。而寻找鄂西地区的原始文化的发展去向，是解决鄂西地区原始文化与楚文化之间的关系和探索鄂西地区商周文化的重要线索之一。

1979年，我们发现了当阳季家湖下层文化遗存[4]以后，又初步断定一些晚于季家湖下层而早于青铜时代的文化遗存，例如松滋桂花树上层、[5]江陵蔡台[6]和宜都石板巷子[7]等遗存，根据所见陶器，它们的文化性质与季家湖下层文化仍是继承发展的关系。调查试掘资料表明，属季家湖阶段（即相当于中原龙山阶段）的遗址十分丰富，而且文化面貌和发展序列均比较清楚。这样大体可以证明，鄂西地区那支一脉相承的原始文化，直到新石器时代末期都还普遍统治着这个地区。

大约相当于中原二里头时期的文化遗存，在鄂西地区也可以隐约看到。例如宜昌白

〔1〕 俞伟超：《寻找"楚文化"渊源的新线索》，《江汉考古》1982年第2期。
〔2〕 湖北省博物馆：《一九八一年秭归县柳林溪遗址的试掘》，待刊稿。
〔3〕 杨权喜：《试谈鄂西地区古代文化的发展与楚文化的形成问题》，《中国考古学会第二次年会论文集》，文物出版社，1982年。
〔4〕 湖北省博物馆：《湖北当阳季家湖新石器时代遗址》，《文物资料丛刊（10）》，文物出版社，1987年。
〔5〕 湖北省荆州地区博物馆：《湖北松滋县桂花树新石器时代遗址》，《考古》1976年第3期。
〔6〕 荆州地区博物馆试掘资料。
〔7〕 宜都考古发掘队：《湖北宜都石板巷子新石器时代遗址》，《考古》1985年第11期。

庙子和下岸等遗址[1]中,出现一些富有新特点的陶器,这些陶器制作比较粗糙,以夹砂红或红褐陶为主,有的施黑陶衣、饰较细的绳纹,也有方格纹和较少量的蓝纹、刻划纹;器形有釜、罐、瓮、杯、圈足盘、豆等,鼎少见,不见鬲。其中侈口绳纹釜、侈口绳纹罐、花边口沿罐、小口高领瓮、平底钵、觚(图二)等的形态,具有中原二里头文化的某些因素,时代应与中原二里头文化相差不太远。但其总的文化面貌并不像是二里头文化,恐怕还是当地原始文化的继续。这个时代正是由新石器时代向青铜时代转变的时期,由于青铜的广泛使用,使社会生产力得到飞跃的发展,使整个社会的物质文化生活发生了巨大变化。中原地区和其他地区所见这个时期的文化遗存,其文化面貌与当地原有的土著文化面貌相比较,都有突变现象,这应是当时整个社会急剧变化的反映。鄂西地区也应是这种情况。从现有资料来看,这个时期的主要变化表现在遗址中是:石器减少;陶器变粗糙,纹饰简化,器形种类也减少,并逐渐规范化。这显然与铜器的广泛应用有关。从陶器或石器的基本作风观察,其则仍具有鄂西一带的文化传统。例如陶器中,从大溪阶段以来,一直存在胎心内含炭末,胎表施陶衣的作风;流行戳印、刻划的纹饰,自季家湖阶段开始,方格纹占主导地位,篮纹较少于中原同期陶器,而绳纹、弦纹、附加堆纹逐渐增加;炊器中一直以鼎或釜为主,盛食器中惯用圈足器,而三足器主要有鼎,季家湖阶段出现了鬶,而鼎足多为扁形到近圆锥形,侧装,并有逐渐加长的趋势。鼎、釜、罐、瓮之类的基本形态是圆鼓腹(或近圆鼓腹)、圜底(或圜底内凹)。上述特征在鄂西相当于二里头时期的陶器中表现较明显。因此可以初步推测,大约相当于中原二里头阶段,鄂西的土著的原始文化还继续在这个地区或在这个地区的一定范围内存在着和发展着。

图二 鄂西地区相当于二里头时期的陶器

1. 花边口沿罐 2. 侈口绳纹釜 3. 侈口绳纹罐 4. 觚 5. 小口高领瓮 6. 平底钵
7. 杯(以上均为宜昌白庙子遗址出土)

〔1〕 湖北省博物馆、宜昌地区博物馆调查、试掘资料;湖北省宜昌地区博物馆等:《湖北宜昌白庙遗址试掘简报》,
《考古》1983年第5期。

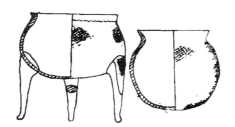

图三　沙市周梁玉桥出土的商代陶鼎和
秭归鲢鱼山的陶罐

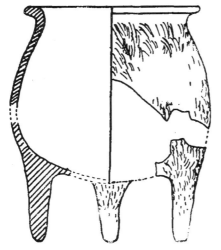

图四　秭归柳林溪出土的周代陶鼎

在商和西周时期的遗址中，能找到鄂西地区土著的原始文化踪迹或某些因素的有沙市周梁玉桥、[1]宜昌三斗坪和秭归柳林溪（第三层）[2]、鲢鱼山遗址，特别是在商代后期的周梁玉桥发掘的陶器中，炊器仍以罐形锥足（足细长）的鼎为主、拍印的方格纹仍普遍的存在，陶器火候较高，夹细砂红褐色陶居多。宜昌三斗坪的陶器中，则以釜为主要炊器，不见鬲和鼎，方格纹罐、篮纹高领瓮、圈足盘等仍然存在。

柳林溪第三层的楚文化遗存中，也有类似周梁玉桥的陶鼎和方格纹陶片，而柳林溪的陶鼎像是周梁玉桥陶鼎的发展形态（图三、图四），即时代比周梁玉桥要晚。鲢鱼山的陶罐侈口、腹近圆球形、圜底、饰方格纹。时代约为西周。[3]直到商周时期，还主要有以陶鼎或陶釜为炊器和陶器中方格纹流行等情况，显然有别于中原和鄂东地区，而与鄂西地区的土著文化则有内在联系。但目前还没有更多的材料说明鄂西地区商周时期的土著文化的发展变化情况。

值得注意和探讨的是，在鄂西的东周楚文化遗存中，存在着一种硬陶，饰拍印的方格纹和一种扁形细长足鼎，一般被归于越文化范畴，但这些倒颇有点鄂西的土著的原始文化的遗风。

二、楚文化渊源的追溯

关于这个问题，本人曾在《江汉地区楚式鬲的初步分析》[4]一文中，以楚式陶鬲为主线，粗略地谈到在鄂西地区楚国物质文化已可上溯至西周中、晚期的问题。从较早阶段

---

〔1〕　湖北省博物馆、沙市博物馆、北京大学考古专业试掘资料。
〔2〕　湖北省博物馆：《一九八一年秭归县柳林溪遗址的试掘》，待刊稿。
〔3〕　中国科学院考古研究所长江队三峡工作组：《长江西陵峡考古调查与试掘》，《考古》1961年第5期。
〔4〕　见楚文化研究会编《楚文化研究论集》，待出版。

的西周时期的楚文化系统的陶器来看，基本特征表现在以夹细砂的红陶为主，夹砂红褐陶、泥质灰陶、泥质灰白陶、粗砂红陶和泥质磨光黑陶均有一定比例，纹饰以绳纹为主，绳纹较粗而整齐，还有弦纹和附加堆纹。器形有鬲、甗、罐、瓮、盆、盂、豆等。特别是鬲已成为主要的日用炊器，鬲有大口鬲和小口鬲之分，但作风基本相同，为卷沿敞口、尖唇上翘、弧肩鼓腹、弧裆、圆锥形足，饰绳纹；豆为盘较深，把较粗，座为喇叭状，有的施暗纹或弦纹；盂为微卷沿、无颈、圜底；盆为卷沿、腹壁外鼓，饰绳纹；瓮为小口、椭圆形

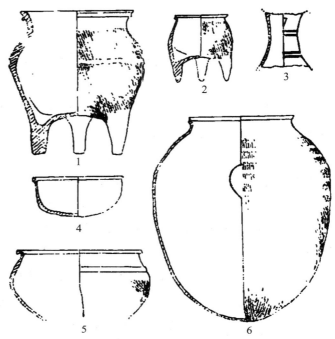

图五　鄂西地区出土的西周中、晚期的楚文化系统的陶器

1、2.陶鬲　3.陶豆柄　4.陶盂　5.陶盆　6.陶瓮（1、4、5.当阳磨盘山出土　2、3、6.当阳杨木岗出土）

腹、圜底，饰绳纹（图五）。从楚文化系统的陶器来看，它与当地原始文化之间已发生了根本的变化。

　　楚国物质文化追溯的情况表明，大约相当于西周时期或稍早阶段开始，楚文化已经在鄂西一带逐渐兴起。但这个时期的楚国力量还比较小，即它所谓"辟在荆山""居丹阳"而"土不过同"的时期，因此楚文化还不能够统治整个鄂西地区。较早的西周时期楚文化遗存（特征主要表现在陶器方面），主要发现在长江以北、沮漳河之西范围不很大的地方。代表性的遗址有当阳磨盘山、[1]郑家凹子、[2]杨木岗[3]等。大约两周之际的楚文化遗存发现的地域扩展到沮漳河两岸及三峡的长江北岸，如沮漳河之东的江陵摩天岭[4]和西陵峡北岸的秭归柳林溪等遗址中，也发现了西周末春秋初的楚文化遗存。这种情况与楚国初期以荆山为根据地，逐渐向周围发展的情况相符合。

〔1〕　湖北省博物馆、宜昌地区博物馆调查、试掘资料；湖北省宜昌地区博物馆等：《湖北宜昌白庙遗址试掘简报》，《考古》1983年第5期。
〔2〕　湖北省宜昌地区博物馆等：《当阳赵家湖楚墓》，文物出版社，1992年。
〔3〕　湖北省博物馆等：《当阳冯山、杨木岗遗址试掘简报》，《江汉考古》1983年第1期。
〔4〕　湖北省博物馆江陵工作站试掘资料。

三、鄂西地区出土的中原文化遗物与分析

据《湖北通志·金石志》记载，解放以前在鄂西的长江之滨的宜都县境，曾有较早的古代青铜器出土，如商代的口祖爵，[1]此器为商人所遗的可能性最大。

解放以后，在鄂西地区又陆续发现一些商代至春秋初年的青铜器。而这些青铜器的出土地点都集中在鄂西地区东南方的长江两岸，并且都属于中原文化系统。其中主要的有：宜都清江口发现的商代郑州二里岗期的铜罍（图六，1）、[2]江陵万城出土的西周早中期 𢎘 族铜器群[3]和枝江问安发现的春秋早期的铜鼎[4]等。这些青铜器，无论是出土的器物组合，还是器形与花纹的主要特征，都是中原地区的基本作风，无疑与中原的民族有直接的联系。特别是万城发现的有"𢎘"族铜器，本人曾经谈到，可能为商裔遗物。[5]

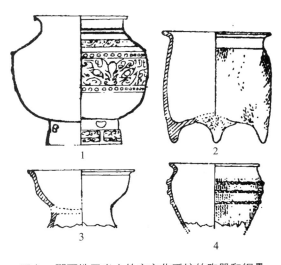

图六　鄂西地区出土的商文化系统的陶器和铜罍

1. 宜都清江口发现的商代铜罍　2. 沙市周梁玉桥出土的陶鬲　3. 沙市周梁玉桥出土的陶簋　4. 宜都吴家岗采集的陶大口尊

在鄂西靠近洞庭湖的长江边缘地区的遗址调查试掘中，也可以找到一些中原文化系统的遗物（图六）。例如宜都吴家岗、江陵张家山和荆南寺、沙市周梁玉桥等地，都发现有中原文化作风的遗物，但往往存在于具有特色的文化遗存之中。吴家岗采集的大口尊（图六，4），口沿略外侈，有肩，腹壁较直并内收成小底，腹部饰绳纹，上腹饰附加堆纹，与中原商代早期的大口尊基本相同，张家山和荆南寺两遗址相距很近，试掘和采集到的相当于商代二里岗期的陶器有鬲、甗、大口尊、斝、爵、缸、假腹豆、研磨器和瓮等。[6]这些器类及其基本形态、所饰绳纹，均与郑州二里岗和黄陂盘龙城遗址出土的陶器相

〔1〕《湖北通志》九十三卷。

〔2〕宜都文化馆藏品。

〔3〕李健：《湖北江陵万城出土西周青铜器》，《考古》1963年第4期。

〔4〕宜昌地区博物馆藏品。

〔5〕杨权喜：《江汉地区发现的商周青铜器——兼述楚文化与中原文化的关系》，《中国考古学会第三次年会论文集》，文物出版社，1984年。

〔6〕陈贤一：《江陵张家山遗址的试掘与探索》，《江汉考古》1980年第2期；又见1982年11月荆南寺调查资料。

似,特别是出土了大量的陶鬲,说明中原文化的因素占了突出的地位;沙市周梁玉桥遗址试掘出土有卜骨、铜刀和饰绳纹的分裆陶鬲、圈足簋(图六,2、3)、小口广肩瓮等,与中原商代安阳期的同类遗物相接近。但是周梁玉桥出土的中原系统的遗物数量极少,陶鬲为仅见,中原文化的因素显然处于次要地位,这与一望之遥的张家山、荆南寺遗址的情况具有很大区别。

近年来,鄂东地区商周文化的探索工作取得了很多成绩,学术界已经比较一致地认为鄂东地区的商周文化基本上属中原文化系统。说明了商、周两族的移民当时已经控制了鄂东的广大地区。而鄂西的发现亦可以认为是中原系统的商周文化(主要指商文化)已溯长江而上,传播到了洞庭湖北岸一带。反映了当时可能有一部分中原的民族(比如商族的某一支),已到了或定居于鄂西的东南方,张家山、荆南寺遗址可能就是他们的定居点。

四、鄂西地区巴文化遗存的发现与探讨

东周时期巴人的文化遗存在鄂西一带很容易见到,特别是秭归、宜昌、枝江、江陵、荆门一带都常常出土一些巴式铜武器,例如秭归卜庄河出土的虎纹戈;宜昌、枝江、江陵、荆门出土的柳叶形剑或矛,有的带手心纹;[1]荆门出土的"兵辟太岁"戚[2]等。这些遗存反映了楚国境内巴民族的存在情况,所谓的"下里""巴人",是指当时民间流行的一种俗曲,它反映了楚郢都附近一带(下里)有大量巴人定居。这应是楚国将巴国击败以后的事情。而在更早的阶段,楚与巴是并存的两个民族,他们都有自己一定的活动范围,西周时期他们都接受了周王朝的封赐,后来都发展成为长江流域的重要诸侯国。一般认为巴国的都城在今川东一带,即在楚之西。

关于巴起源问题,《后汉书·南蛮西南夷传》有段记载:

> 巴郡、南郡蛮本有五姓:巴氏、樊氏、瞫氏、相氏、郑氏。皆出于武落钟离山,其山有赤、黑二穴,巴氏之子生于赤穴,四姓之子皆生黑穴。未有君长、俱事鬼神,乃共掷剑于石穴,约能中者,奉以为君。巴氏子务相乃独中之,众皆叹。又令各乘土船约能浮者,当以为君,余姓悉沈,唯务相独浮,因共立之,是为廪君。乃乘土船从夷水至盐阳。……廪君于是君乎夷城,四姓皆臣之。廪君死,魂魄世为白虎。巴氏以虎饮人血,遂以祠焉。

---

〔1〕 湖北省博物馆:《宜昌前坪战国两汉墓》,《考古学报》1976年第2期。
〔2〕 王毓彤:《荆门出土的一件铜戈》,《文物》1963年第1期。

唐李贤在"从夷水至盐阳"下注:"……盛弘之《荆州记》曰:昔廪君浮夷水射盐神于阳石之上。案今施州清江县水一名盐水,源出清江县西都亭山,《水经》云夷水……蜀人见澄清,因名清江也。"

依此记载,早期巴人活动于清江流域,即今宜都、长阳、恩施一带,是以渔猎为主的民族,并习惯于船上生活。

今长江南支流清江,源于恩施(即古施州),流经长阳,在宜都县境入江。1980年初俞伟超老师等在清江口一带调查,发现了毛溪套、向家坨等二里头至商周时期的遗存,包括了一部分打制石器和少量粗褐陶,陶器所饰绳纹较粗而乱,见到的器形种类较简单,主要有瓮、罐、杯、灯座形器、缸、鬶(图七)等。瓮和罐的特点是敛口、腹内收成小平底,底显得小或呈尖状。灯座形器是最具特征的器物,它的腰部为细长把,中空并与上、下座盘相通,上、下座盘均呈喇叭状。这种器物在1979年冬试掘长江北岸的当阳季家湖楚城[1]时,在

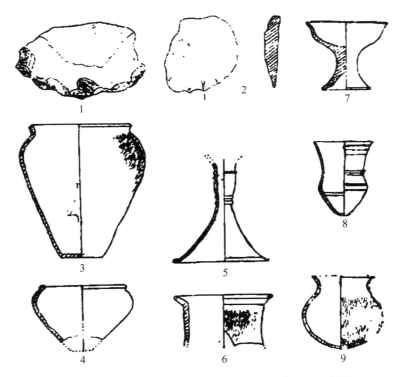

图七　鄂西地区出土的商周时期巴文化系统的石器和陶器

1. 石器(刮削器)　2. 石器(砍砸器)　3. 陶瓮　4. 陶罐　5. 灯座形器　6. 壶口　7. 陶豆　8. 陶杯　9. 陶罐
（1、2、4、5、6.秭归鲢鱼山出土　3.宜都毛细套出土　7-10.宜昌三斗坪出土）

---

〔1〕　湖北省博物馆:《当阳季家湖楚城遗址》,《文物》1980年第10期。

南垣夯土内也发现了一件。这些陶器的作风与四川巴蜀文化的风格,特别是与川东的忠县瓷井沟的陶器作风较接近,俞伟超老师说"酷似四川新繁水观音的早期蜀人遗存"(《文物》1980年第10期,第12页)。而与楚文化的陶器风格差异较大。结合《后汉书》有关早期巴人的记载进行推测,这些遗存也许就是巴人的早期文化遗存。

最近,在长江西陵峡一带又发现了一些类似的文化遗存,比如在秭归的鲢鱼山遗址中,也采集到一些陶器,其特点和清江口一带的相同,但未找到相应的文化层,这些陶器亦可能与早期巴人有关。

早期(即相当于商周时期)的巴文化遗存发现的地点,主要在清江口及清江口往西至西陵峡,濒临江水地带。清江中、上游的鄂西的西南方,因考古调查发掘工作还基本未作,故那里的情况尚未清楚。今恩施地区至湘西一带的土家族,传说是巴人的后裔,是否可靠?还待研究。但可以初步推断,整个鄂西的西南方可能曾经是古代巴人的主要活动区。有人提出古代巴人源于长阳县佷山,[1]这是可以找到一些根据的。

五、结　　语

研究鄂西地区商周文化的工作,是解决当地的大溪——屈家岭——季家湖这支原始文化发展去向和楚文化渊源问题的关键性的工作。我们从鄂西的原始文化往后,楚文化往前,两方面进行追溯,虽然可以说楚始于鄂西,也可以在楚文化中找到若干当地原始文化的因素,但并没有找到它们之间的直线发展关系。因此并不能简单地说,楚文化的渊源就是鄂西地区的原始文化。

在新石器时代的原始社会里,由于自然条件的限制,人们一般过着相对稳定的生活,大规模迁徙流动的情况应不那么普遍。鄂西地区从大溪或更早阶段开始,经过屈家岭阶段,到季家湖阶段,在这漫长的历史长河中,在物质文化方面一脉相承,这是新石器时代人们定居生活的反映,同时亦说明了长江流域和黄河流域一样,都有各自的原始文化发展序列,都是中华民族古代文化发展的摇篮。但到了青铜时代,我国跨入了阶级社会,产生了国家,相互战争与相互残杀的情况频繁出现,导致民族的大迁徙和民族的大融合。鄂西地区商周文化的复杂化,就是在这种历史特点中形成的。

上面所述鄂西地区关于商周文化的四个方面的线索表明,大约进入青铜时代以后,鄂西地区随着中原文化,尤其是商文化的到达,当地的原始文化便有逐渐消失的现象。而另

---

[1] 张希周:《试论古代巴人发源于湖北长阳佷山》,《四川大学学报》1982年第1期。

两种具有新特点的文化则逐渐兴起，即以沮漳河流域为中心的楚文化和以清江流域为中心的巴文化逐渐统治了这个地区，而楚文化和巴文化的形成和发展，它们与当地原始文化的关系和与中原文化的关系等问题，是研究鄂西地区商周文化的主要课题。

关于巴文化，目前考古资料还太少，问题无从谈起，但可以看出：它与鄂西那支一脉相承的原始文化有着密切的关系，但又不是直线的发展关系，应与外来的文化或民族相关；商周时期开始，巴文化逐渐在鄂西的长江边缘与楚文化接触，以至融合。东周以后，一部分巴人往西移动，后来在四川与蜀融为一体，形成了巴蜀文化。

关于楚文化，尤其是春秋以前的楚文化，它的文化面貌，例如所见的铜器和陶器的基本特征都与中原文化相接近，因此它与中原文化肯定有十分密切的关系。考古发现说明，商代二里岗阶段开始，就有一支商族活动于鄂西东南部。《毛诗·商颂》中有"挞彼殷武，奋伐荆楚，深入其阻，裒荆之旅"的记载，郑玄笺"殷武，殷王武丁也。荆楚，荆州之楚国也……殷道衰而楚人叛……出兵伐之。冒入其险阻，谓踰方城之隘，克其军率而俘虏其士众"，这是古经书中关于商楚关系的比较具体的记载。郑氏所笺荆楚的位置在荆州，与本文所指楚的方位大致相同。但荆楚则不一定指楚国，而应泛指鄂西一带的土著民族，其中还应包括了巴民族。郑氏所说方城，即长城。楚地所谓方城或长城，实际上是利用天然险阻加筑部分关卡连成的军事防线。今江陵的万城遗址，[1]可能与《毛诗·商颂》中说的方城有关。万城遗址位于沮漳河下游东岸，当时的土著民族曾经以今万城一带的沮漳为防线与商对抗，这是可能的。商民族在鄂西的活动，促进了商文化与当地原始文化的互相融合。

在沙市周梁玉桥发现的商代后期前段的文化遗存，就是当地原始文化与商文化开始融合的一种形态，例如陶器中，基本保留当地原始文化以鼎为主要炊器和以方格纹为主要特点的传统。但开始出现了具有商文化特征的陶鬲（这是鄂西地区目前发现的最早的陶鬲），陶鬲始于中原，而鼎式鬲在楚文化中是最富特征性的器物。目前楚系统的鼎式鬲已追溯至西周中、晚期，其基本形态，特别是大口鬲的形态，颇有点商文化的遗风。东周时期的鼎式鬲即楚式鬲，像是鄂西地区的鼎与中原地区的鬲互相结合的一种器物。[2]

从鄂西的陶器中由鼎变化为鼎式鬲的过程，正是当地原始文化与商文化互相结合，最后形成楚文化的过程，也就是鄂西的土著民族与商民族互相融合的过程。《史记·楚世家》云"楚之先祖出自帝颛顼高阳""陆终生子六人……六曰季连，芈姓，楚其后也""季连生附沮，附沮生穴熊。其后中微，或在中国，或在蛮夷，弗能纪其世"。司马迁对

---

〔1〕 江陵县文物局：《江陵阴湘城的调查与探索》，《江汉考古》1986年第1期。
〔2〕 杨权喜：《江汉地区楚式鬲的初步分析》，《楚文化研究论集（第一集）》，荆楚书社，1987年。

楚在西周以前的这些记载,实际上无法说清楚的传说,从"或在中国,或在蛮夷"句中可以看出,所谓的"蛮夷"就是蛮夷之地之意,即指长江中游一带地区。因此,楚经常自称"我蛮夷也",也是对"中国"而言,并不能排斥它与中原民族有直接的或间接的渊源关系。司马迁之所以说楚是中原的"颛顼高阳"之后,恐怕就是曾经有支较为先进的中原的商民族在鄂西和当地的土著民族互相融合,从而产生于民间的一种具有正统观念的传说作依据。

(原载《江汉考古》1986年第4期)

沮漳河之东夏商周文化探讨

据苏秉琦先生"区系类型"理论,俞伟超先生认为楚文化"一定存在着不同的区域类型"。[1]《楚文化》一书将沮漳河之东(下称沮漳东)划为楚墓分布的一个最重要亚区。[2]这个亚区属于楚文化的一个类型——典型楚文化,即东周楚民族文化分布的中心区。大体范围在今荆州市辖区和荆门市南部、潜江市南部一带。这里不仅是楚都纪南城所在地和东周楚文化发展的中心区,而且是长江中游地区石器时代文化发展、变化和夏、商、周三代我国东、西、南、北方各种文化汇集、交流、融合的典型地区。

楚文化反映了我国东周时代文化发展水平的高度。楚文化渊源问题是学术界,特别是考古界研究探索的热门课题。对沮漳东夏、商、周三代文化遗存的综合分析和探讨,在该地历史、考古研究和楚文化渊源探索中均具有重要意义。

一、沮漳东的夏代遗存

沮漳东不但有旧石器时代末期的鸡公山遗存、新石器时代较早阶段的大溪文化早期遗存和具有文明因素的屈家岭文化古城遗址,而且有文化因素复杂的夏代文化遗存。《关于鄂西六处新石器时代晚期遗存的探讨》[3]一文中,把长江中游地区新石器时代晚期的石家河文化后段称为石板巷子文化,属江汉地区的夏代文化。[4]沮漳东发现石家河文化遗存的遗址不少,但在报道的资料中没有将石板巷子文化(下称夏代)遗存分列出来。

---

〔1〕 俞伟超:《楚文化考古大事记·序言》,文物出版社,1984年,第9页。

〔2〕 杨权喜:《20世纪中国文物考古发现与研究丛书·楚文化》,文物出版社,2000年。

〔3〕 杨权喜:《关于鄂西六处新石器时代晚期遗存的探讨》,《考古》2001年第5期。

〔4〕 杨权喜:《江汉夏代文化探讨》,《中国文物报》1998年7月29日(59期)。

荆门叉堰冲遗址[1]是一处新石器时代晚期后段的遗址,经过前后三次发掘,文化层分上(第2)、下(第3)两层,各属石家河文化和夏代文化。

叉堰冲夏代文化遗存,遗迹大都被现代耕地破坏。堆积中有较大量的熔炉烧结和烧土块。遗迹有柱洞、灶、灰坑、烧土面(有可能为熔炉底)残迹。遗物主要为陶器和少量石器。陶器有鼎、釜、罐、瓮、缸、盆、擂钵、钵、碗、豆、圈足盘、鬶、杯、器盖、纺轮和陶塑动物等。石器有锛、斧、凿、刀、镞等。

沮漳东的夏代文化遗存,以荆州阴湘城和枣林岗的发现最为重要。

荆州(原属江陵县,下同)阴湘城遗址[2]发现的夏代遗存,主要为城垣,还有少量陶器、石器。城垣始建于屈家岭文化时期,因而判定其为屈家岭文化古城。城内面积约20万平方米。它是在大溪文化(包括早、中、晚三期)的大型聚落基础上兴建的。东城垣的发掘发现,城垣分两期。第一期城垣,年代下限为屈家岭文化时期;第二期城垣,在第一期城垣基础上加宽加高。使用期断为屈家岭文化晚期至石家河文化时期。从所出土的石家河文化陶器中有夏代文化陶器(如鼓肩凹底瓮、厚胎红陶杯、细柄豆等)判断,所谓石家河文化应包括了石家河文化晚期,即夏代文化。因而可认为屈家岭文化古城址也是一座夏代城址。城址内发现的石家河文化窑址、灰坑、瓮棺葬、扣碗遗迹和陶器等,有一部分肯定属夏代遗存。第二期城垣之上"又进行过多次修整",修整部分有版筑现象的问题。修整年代定在商周,第二期城垣年代下限定在西周。但这是屈家岭文化古城的局部,还不能肯定整座古城的年代下限在西周。从古城城垣剖面图上分析,修整部分在城垣中部,范围窄,并采用较先进的方法夯筑,实际应为另筑。也许商周时期利用古城东城垣另筑了范围不同的第三期(商周)城垣。如同天门石家河屈家岭文化古城东北部,于西周时期利用该古城垣另筑了土城城垣的情况。但不管如何,阴湘城是沮漳东一处重要遗址,文化堆积中包括了大溪文化、屈家岭文化、石家河文化、夏代文化、商和西周文化、东周文化等种遗存。夏代遗存和其他时代遗存的文化面貌还有待于将来的深入工作。

荆州枣林岗发现的是墓地,时代断为石家河文化晚期,[3]应属夏代。此墓地发掘瓮棺葬墓46座。其中43座墓出土玉石器133件、玉坯23件、玉料4件。玉石器包括锛、凿、钻、刀、钺等小工具;人首、琥、蝉、鹰、雀、笄、坠、珠、镯、端饰、环、粒、牌、管等工艺装饰品;琮、

〔1〕 湖北省文物考古研究所:《荆门团林叉堰冲遗址发掘简报》,《江汉考古》2001年第3期;湖北省文物考古研究所:《荆门叉堰冲新石器时代遗址第二次发掘简报》,《江汉考古》2006年第1期;湖北省文物考古研究所:《荆门叉堰冲遗址第三次发掘简报》,《江汉考古》待刊。

〔2〕 江陵县文物局:《江陵阴湘城的调查与探索》,《江汉考古》1986年第1期;荆州博物馆、福冈教育委员会:《湖北荆州市阴湘城遗址东城墙发掘简报》,《考古》1997年第5期;荆州博物馆:《湖北荆州市阴湘城遗址1995年发掘简报》,《考古》1998年第1期。

〔3〕 湖北省荆州博物馆:《枣林岗与堆金台》,科学出版社,1999年。

璜、璧等礼器。葬具有陶瓮50件、盆1件、豆1件。这些瓮棺墓是成年人的二次葬墓,即所谓的"敛骨葬",随葬品都是精致的玉石器,而没有其他质地的器物,属"唯玉为葬"葬俗。这说明墓主身份很高。枣林岗墓地与阴湘城相距不足2公里,此墓地可能是阴湘城夏代城内社会上层人物的墓地。

枣林岗瓮棺葬墓似含较多汉水以西的原始文化传统:第一,瓮棺葬的葬式必然是蹲坐式(敛骨葬也如此)。蹲坐葬式是汉水以西大溪文化早期阶段的基本葬式;第二,随葬品使用较多的生产工具。汉水以西自大溪以来的墓葬就以随葬生产工具为特点;第三,随葬生产工具的器形、作风均与汉水以西传统的生产工具,特别是随葬的生产工具十分近似。

新石器时代,长江中游地区有两支并列的原始文化发展体系,即汉西(习称鄂西)以红陶系、釜为主要炊器的"大溪文化"发展体系和汉东以灰陶系、鼎为主要炊器的"屈家岭文化"发展体系。汉西原始文化在大溪阶段就进入了它的鼎盛时期,汉东原始文化在屈家岭阶段才达到它的发展高峰。汉东原始文化在距今6 000年前后,逐渐融合了汉西原始文化和其他原始文化(如中原地区的原始文化)而形成了更加发达而分布广泛的屈家岭文化,在它发展中心区出现了进入文明社会标志之一的古城址。在汉东与汉西的接壤地带——沮漳东也出现了多座屈家岭文化古城址,并且相当密集。例如荆门马家院、[1]城河;[2]公安鸡鸣城、[3]石首走马岭[4]都发现了屈家岭文化古城址。这说明沮漳东不但是屈家岭文化发展的重要地区,而且是长江中游地区原始文化发展的中心区域(根据屈家岭文化古城的分布,屈家岭文化分布中心区在湖北的大洪山南麓至湖南的洞庭湖西北一带,包括了沮漳东在内。这一带正是长江中游地区原始文化发展的中心区域)。沮漳东阴湘城址的发掘肯定了屈家岭文化古城存在的年代下限已到夏代,沮漳东夏代遗存中肯定有城址。《左传》哀公七年:"禹合诸侯于涂山,执玉帛者万国",这"万国"的国应指原始社会的邦国,这些夏代城址当为邦国所在地。进而证明当时中国除强大的夏王朝以外,还存在许多相对独立的邦国,沮漳东也存在以城址为标志的夏王朝不能直接统治的邦国。

长江中游地区夏代文化的考古学名称十分繁杂,可划出许多类型,[5]汉西已划出白庙类型(三峡地区)和石板巷子类型(沮漳西),还可再划出叉堰冲类型(沮漳东)。

夏代文化叉堰冲类型的遗址,由于沮漳东的东南部地势低,古遗址多被深埋,发现和

---

〔1〕 湖北省荆门市博物馆:《荆门马家院屈家岭文化城址调查》,《文物》1997年第7期。
〔2〕 荆门市文物考古研究所:《湖北荆门市后港城河城址调查报告》,《江汉考古》2008年第2期。
〔3〕 荆州博物馆:《湖北公安鸡鸣城遗址的调查》,《文物》1998年第6期。
〔4〕 荆州市博物馆等:《湖北石首市走马岭新石器时代遗址发掘简报》,《考古》1998年第4期。
〔5〕 王劲:《后石家河文化定名的思考》,《江汉考古》2007年第1期。

深入的考古工作不多，叉堰冲类型的文化面貌尚待探清。目前考古界对新石器时代文化分布区划分和文化命名，主要依据是陶器。叉堰冲所出夏代陶器，有如下特点：

以泥质陶为主，并有夹稻谷壳、稻草、贝壳的泥质陶。陶色以黑、灰为主，还有特色明显的灰白陶、红陶、橙黄陶。纹饰以斜方格纹最多，蓝纹次之，还有一些方格纹、弦纹、附加堆纹、网纹、刻划纹、戳印纹、羽状纹、按窝纹和圆形镂孔。特征性器形有釜形锥足鼎、宽圜底釜、小口高领广肩瓮（或称罐）、长颈罐、折沿盆、盆形擂钵、折沿钵、细柄豆、高圈足盘、厚胎红陶杯、平顶器盖、鬹、橙黄陶纺轮和大狗背小狗陶塑等。器物造型特点是折沿凹口、长颈、高足和凹底。基本炊器为鼎、釜。鼎身和釜的形态相同，均为折沿凹口、鼓腹、宽圜底。鼎足的形状、数量很多，多数较高长，有的外撇；以窄扁足、扁锥足较多；流行足根部饰纹或按窝，有些足尖部也按窝[1]以上陶质、陶色、纹饰、器形诸方面的特点，既具有时代特征，又具有自身特色。自身特色表现在文化因素复杂，特别表现在它同时具有汉西、汉东两支原始文化的传统，而汉西原始文化似占有优势。

陶器中的炊器是考古学的重要器皿，它是研究古代社会、经济、文化、习俗的主要器物。叉堰冲类型中的主要炊器是釜和鼎。釜是汉西原始文化的传统炊器，鼎是汉东原始文化的传统炊器。釜、鼎并存是汉西原始文化和汉东原始文化汇合与交流的现象。而釜形鼎则是鼎和釜相互结合的形态，是汉西原始文化与汉东原始文化相互融合的证据。釜形鼎和多种形状的鼎足，特别是圆锥形鼎足、鼎足根部饰纹的作风为晚期文化寻找渊源提供了重要线索。

沮漳东叉堰冲类型的夏代遗存的发掘，不但获得一批自具特色的陶器，还获得城址、成年人瓮棺葬墓、成批玉器和熔炉烧结等高层次、高类别的资料，这对认识该类型文化具有重大意义。该类型文化是长江中游地区一支比较发达而十分重要的夏代文化。该类型文化分布的沮漳东，后来能够成为我国东、西、南、北方多种文化汇集地及楚文化发展中心区，显然其有着深厚的历史和文化根基。

二、沮漳东的商代遗存

沮漳东商代遗存，主要有荆州荆南寺、张家山和梅槐桥，沙市李家台、周梁玉桥和官堤

---

〔1〕 湖北省文物考古研究所：《荆门团林叉堰冲遗址发掘简报》，《江汉考古》2001年第3期；湖北省文物考古研究所：《荆门叉堰冲新石器时代遗址第二次发掘简报》，《江汉考古》2006年第1期；湖北省文物考古研究所：《荆门叉堰冲遗址第三次发掘简报》，《江汉考古》待刊。

等批。

荆南寺商代遗迹有灰沆、墙基,遗物有石器、陶器、铜器、卜甲及动物骨骸等。石器有斧、锛;铜器有削刀、镞、鱼钩;卜甲1块,为龟腹甲,反面有排列密集的椭圆形凿孔;动物骨骸种类有鱼、猪、牛、羊、鹿、鳖等,以鱼类最多。

荆南寺商代陶器最为重要,器形有鬲、甗、鼎、釜、罐、甑、簋、盆、擂钵、豆、碗、罍、壶、尊、缸、鬶、斝、爵、杯、器盖、纺轮等。这些陶器分七期,第一期相当于二里头二期,只有一个灰坑出的鼎和罐各1件,没有文化层;第二期至第七期相当于二里头四期至殷墟一期。[1]张家山与荆南寺相邻,商代陶器有鬲、甗、大口尊、缸、斝、爵等。[2]

李家台商代遗迹只有灰坑2个。遗物主要为陶器,器形主要有鼎、釜、鬲、甑、罐、盆、尊、豆、杯、器盖等。时代断为二里头晚期至二里岗期。[3]

梅槐桥商代遗迹有灰坑、灰沟。遗物主要为陶器,还有少量骨器、铜器、卜甲和动物骨骸。骨器有锥、笄;铜器有鱼钩;卜甲,用龟腹甲,长方形凿;动物骨骸,以鱼骨最多,还有猪、狗、牛、羊遗骸。

梅槐桥商代陶器有鼎、釜、甗形器、甑、瓮、罍、罐、簋、豆、缸、网坠等,以鼎、釜、瓮最多。[4]

周梁玉桥商周遗迹有灰坑3个,有些属于祭祀坑。遗物有陶器、甲骨、骨蚌器、石器、铜器和动物遗骸。另在文化堆积中有一些铜炼渣、烧溜土块和红烧土块等。骨蚌器有笄、鱼骨饰;石器仅有斧;铜器有削刀、鱼钩;动物遗骸包括鳖、猪、羊、鱼的骨骸,有些龟甲经修整。

周梁玉桥商周遗物中以陶器和甲骨最为重要。陶器有鼎、釜、鬲、甑、甗、罐、瓮、罍、尊、簋、豆、杯、器盖、纺轮和陶饼等;甲骨分卜甲和卜骨两种,均有钻、凿灼、卜兆,但无卜辞。卜甲有背甲和腹甲。[5]1982年发掘,获有残房址和祭祀坑等重要资料,未发表。

官堤商代遗迹仅有较规整的灰坑,遗物主要为陶器。陶器主要有鼎、釜、甑、甗、罐、瓮、罍、盆、豆、杯、缸和纺轮。在文化层和灰坑填土中也有鱼、兽、鳖甲等动物遗骸,部分兽骨有烧灼痕迹。[6]

沮漳东还出土一些商代重要青铜器。主要有沙市东岳庙的铜尊,[7]时代断在殷墟二

〔1〕 荆州地区博物馆、北京大学考古系:《湖北江陵荆南寺遗址第一、第二次发掘简报》,《考古》1989年第8期。
〔2〕 陈贤一:《江陵张家山遗址的试掘与探索》,《江汉考古》1980年第2期。
〔3〕 沙市市博物馆:《湖北沙市李家台遗址发掘简报》,《考古》1995年第3期。
〔4〕 湖北荆州地区博物馆、北京大学考古系:《湖北江陵梅槐桥遗址发掘简报》,《考古》1990年第9期。
〔5〕 沙市市博物馆:《湖北沙市周梁玉桥遗址试掘简报》,《文物资料丛刊(10)》,文物出版社,1987年。
〔6〕 湖北省博物馆:《沙市官堤商代遗址发掘简报》,《江汉考古》1985年第4期。
〔7〕 彭锦华:《沙市近郊出土的商代大型铜尊》,《江汉考古》1987年第4期。

期；沙市岑河庙兴村的铜尊2件，时代定在殷墟一期；[1]江陵江北农场也有商代的铜矛和铜镞。[2]

　　沮漳东商代遗存，并不存在太大的年代缺环，但由于一些遗存不够丰富和完整，故其文化面貌未能得到全面反映；遗存发现地点多集中在沮漳河与长江的汇合地带，沮漳东其他地区的情况还不清楚。对目前掌握的资料进行总体观察，大体可以将其分为前、后两个发展阶段。

　　1. 商代前期（相当于中原商文化的二里岗期）。这个时期的遗址有荆南寺、张家山和李家台。所见陶器主要可分成三组：

　　第一组，以商式鬲、大口尊、罍、斝、爵、假腹豆为代表。这组陶器属中原商文化。

　　第二组，以束颈鼓腹圜底釜、高柄豆、突腹小底杯、鬶、突底缸为代表。属巴蜀早期巴文化。

　　第三组，以釜形鼎、扁圆腹釜、碗形豆为代表。属当地叉堰冲类型发展而来的土著文化。

　　这三种不同性质的陶器共存，表明商代前期沮漳东尚处在商文化、早期巴文化和土著文化相互交流、相互作用的状态。这个阶段是新的土著文化产生前的过渡阶段。

　　沮漳东原是长江中游地区一支重要的夏代文化——叉堰冲类型的土著文化分布区。商灭夏以后，商朝直接统治势力尚未抵达沮漳东；[3]形成于商代初的早期巴文化分布中心区在三峡和清江流域。[4]共存于商代前期陶器中的土著文化因素虽处于劣势，但它是主体，是主流。从历史和发展的角度观察，它是当地具有数千年历史的传统文化，在商文化和早期巴文化到达初期，它遭受到很大的压抑，甚至难以找到它的发展踪迹。然而随着时代的发展变化，它逐渐兴旺起来，逐渐吸收和融合了许多中原商文化和西部早期巴文化的因素，形成了新的土著文化。

　　2. 商代后期（相当于中原商文化的殷墟期）。代表性遗址为周梁玉桥，还有梅槐桥、官堤等遗址。东岳庙、庙兴、江北农场等地点出土的青铜器也属商代后期。

　　商代后期，商都北迁于安阳，早期巴文化西退于三峡，沮漳东土著文化迅速复兴，出现了周梁玉桥文化。[5]

〔1〕 王从礼：《记江陵岑河庙兴八姑台出土商代铜尊》，《文物》1993年第8期。
〔2〕 何驽：《湖北江陵江北农场出土商周青铜器》，《文物》1994年第9期。
〔3〕 杨权喜：《湖北商文化与商朝南土》，《中国商文化国际学术讨论会论文集》，中国大百科全书出版社，1998年。
〔4〕 杨权喜：《略论古代的巴》，《四川文物》1991年第1期；杨权喜：《荆楚地区巴蜀文化因素的初步分析》，《三星堆与巴蜀文化》，巴蜀书社，1993年；杨权喜：《关于巴、濮若干问题探讨》，《湖北省考古学会论文选集（二）》，《江汉考古》编辑出版，1991年7月。
〔5〕 王宏：《论周梁玉桥文化》，《江汉考古》1996年第3期。

周梁玉桥文化,此文化名称可以成立。它首次发现在沙市周梁玉桥;它有一群遗存,包括梅槐桥、周梁玉桥、官堤和东岳庙、庙兴、江北农场等批遗存;它的分布范围,目前大体可划在江陵、沙市、荆州一带;它有共同的文化面貌,并同属商代后期至西周早期。

周梁玉桥文化面貌,有以下六个共同点:

第一点,遗存中有丰富的鱼、鳖、龟等水生动物骨骸和铜鱼钩。证明该文化的渔业经济发达。这与当地(属于湖区)江河湖泊较多的自然环境分不开。

第二点,卜骨、卜甲和祭祀有关的遗迹被普遍发现。这反映了该文化的主人宗教活动的频繁,对自然、神灵和祖先的崇拜,对天地、江湖、雨水的祈祷。这与当地的气候环境、自然条件有关。

第三点,陶器中出现大量的鼎和釜。特别是鼎,鼎身罐形或釜形,主要饰斜方格纹;鼎足圆锥形、多外撇,足上部略扁,足尖上翘呈倒钩状,足上部多拍方格纹。釜为扁腹、宽底。这两种陶器是该文化的主要炊器。使用这两种炊器与本地主要的稻作农业经济和传统文化、习惯相关,也与叉堰冲类型的夏代文化相承袭。

第四点,一群陶器中还存在少量的商文化器物,例如有一些商式鬲、簋等,显然这是次要的文化因素。这应是商朝间接统治的反映。

第五点,陶器中吸收和融合了早期巴文化的一些因素。例如主要炊器鼎,鼎身形态纹饰都与早期巴文化的釜(或罐)近似,与荆南寺 B 型釜(此釜属早期巴文化)近似。这应是与早期巴人的交往、相处、融合的结果。

第六点,所见较精致的青铜器均属商文化系统。说明这些青铜器来自商朝,而该文化的冶铸业尚处于较落后状态。

周梁玉桥文化的时代范围:据发掘报告,梅槐桥商代遗存的年代断为殷墟一期至四期;[1] 周梁玉桥商代遗存的年代断在殷代后半期至西周早期;[2] 官堤商代遗存的年代定在商代后期。[3] 周梁玉桥文化的年代大体应从商王盘庚迁殷前后开始,一直延续到西周早期。

三、沮漳东的周代遗存

沮漳东的周代遗存,包括周梁玉桥文化、早期楚民族文化和东周楚文化三种不同阶段不同性质的遗存。

---

〔1〕 湖北荆州地区博物馆、北京大学考古系:《湖北江陵梅槐桥遗址发掘简报》,《考古》1990年第9期。
〔2〕 沙市市博物馆:《湖北沙市周梁玉桥遗址试掘简报》,《文物资料丛刊(10)》,文物出版社,1987年。
〔3〕 湖北省博物馆:《沙市官堤商代遗址发掘简报》,《江汉考古》1985年第4期。

1. 周梁玉桥文化遗存,主要有周梁玉桥上层和荆州万城的西周早期铜器。

沙市周梁玉桥遗址文化堆积分上、下两层,下层属商代后期,上层"时代有可能晚到西周早期"。[1] 上层包括第3层、T4的第2层和H2、H3两个灰坑。陶器有鼎、簋、豆、瓮、罍、尊、杯、纺轮。还有铜刀、卜骨等遗物。

周梁玉桥上层遗存与下层遗存相比,据报道的陶器已有一些明显变化:表现在炊器鼎和釜中,釜的数量减少或未见;鼎的形态,由卷沿、三足外张、足呈圆锥形变为折沿、三足直立、足上部扁形;瓮的形态,由卷沿、鼓腹变为折沿、鼓肩;鬲足,由矮锥形变为矮柱形。卜骨也只出现在上层。上层的鬲、瓮、豆的器形均具有西周早期的特征。

梅槐桥、官堤等地点的周梁玉桥文化遗存,因资料有限而均未作详细的年代分期,年代下限也有可能晚至西周。[2] 至于距周梁玉桥较远的松滋博宇山第一期遗存[3]和三峡宜昌路家河第三期遗存,[4]都具有一些周梁玉桥文化因素,时代也有可能属西周。但文化面貌差异较大,就目前资料尚不宜划归为周梁玉桥文化。

在距周梁玉桥不远的荆州万城出土过鼎、甗、簋、尊、卣、觯、爵、罍共17件重要的西周早期铜器。[5]这批铜器基本特征属周文化,并有商氏族符号和西周邶国铭文,显然与北来的中原民族有关。这批周文化系统的铜器与陶商式鬲、周式鬲一样,是构成周梁玉桥文化的次要因素,属于外来文化的器物,为文化交流的证据。

2. 早期楚民族文化[6]遗存,主要有荆南寺西周遗存、[7]张家山西周遗存、[8]梅槐桥西周晚期遗存、[9]荆州纪南城摩天岭西周遗存[10]和陕家湾春秋早期墓葬、[11]沙市杨岔古西周晚期至春秋中期遗存、[12]阴湘城西周遗存、[13]江陵江北农场西周铜器和鹿角、[14]荆州九店

〔1〕 沙市市博物馆:《湖北沙市周梁玉桥遗址试掘简报》,《文物资料丛刊(10)》,文物出版社,1987年。
〔2〕 王宏:《论周梁玉桥文化》,《江汉考古》1996年第3期。
〔3〕 荆州地区博物馆:《湖北松滋博宇山遗址试掘简报》,《文物资料丛刊(10)》,文物出版社,1987年。
〔4〕 长江水利委员会:《宜昌路家河》,科学出版社,2002年。
〔5〕 王毓彤:《江陵发现西周铜器》,《文物》1963年第2期;李健:《湖北江陵万城出土青铜器》,《考古》1963第4期。
〔6〕 杨权喜:《20世纪中国文物考古发现与研究丛书·楚文化·早期楚民族文化的探索》,文物出版社,2000年。
〔7〕 荆州地区博物馆、北京大学考古系:《湖北江陵荆南寺遗址第一、第二次发掘简报》,《考古》1989年第8期。
〔8〕 陈贤一:《江陵张家山遗址的试掘与探索》,《江汉考古》1980年第2期。
〔9〕 湖北荆州地区博物馆、北京大学考古系:《湖北江陵梅槐桥遗址发掘简报》,《考古》1990年第9期。
〔10〕 湖北省博物馆江陵工作站:《江陵县纪南城摩天岭遗址试掘简报》,《江汉考古》1988年第2期。
〔11〕 湖北省博物馆:《楚都纪南城的勘查与发掘(下)》,《考古学报》1982年第4期;湖北省文物考古研究所江陵工作站:《江陵纪南城陕家湾楚墓发掘简报》,《江汉考古》1989年第4期。
〔12〕 沙市市博物馆:《沙市市杨岔古遗址试掘简报》,《江汉考古》1995年第2期。
〔13〕 江陵县文物局:《江陵阴湘城的调查与探索》,《江汉考古》1986年第1期;荆州博物馆、福冈教育委员会:《湖北荆州市阴湘城遗址东城墙发掘简报》,《考古》1997年第5期;荆州博物馆:《湖北荆州市阴湘城遗址1995年发掘简报》,《考古》1998年第1期。
〔14〕 何驽:《湖北江陵江北农场出土商周青铜器》,《文物》1994年第9期。

"甲组"西周晚期至春秋中期墓葬[1]等。

摩天岭和杨岔古两个一般村落遗址的初步发掘，所见陶器可以分出早、晚两期。早期属早期楚民族文化，晚期属东周楚文化。荆南寺西周陶器也属早期楚民族文化。

早期楚民族文化陶器主要有鬲、盂、豆、盆、高领罐、瓮等。还有少量的甗和鼎（早期楚民族文化，目前可分沮漳东类型和三峡类型。三峡类型中有较多的釜、鼎和甗）。这些陶器的特点是以红褐陶和黑皮陶为主，绳纹较粗。器物造型多数口沿外侈、束颈、唇部上仰下钩、鼓腹、内凹底。基本炊器已变为楚式鬲。鬲体除盆形外，已出现罐形；鬲足下部经修削，足尖截平。豆柄内束，座沿圆唇内弧。炊器中以鬲为主，鼎和甗少见，釜未见。鼎为釜形鼎；甗体的上甑、下鬲分开，小口罐形鬲当作甗的"下鬲"使用。

九店的早期楚民族文化墓葬，均为长方形土坑竖穴墓，大体呈南北方向，有的挖腰坑，有木棺椁，悬底棺。随葬陶器组合为盂形豆、豆和罐，并多成双出现。陶质细腻、胎薄，多黑衣，经打磨光亮。陶纹有绳纹、暗纹、篦纹、方格纹。器类中，以盂形豆和扁鼓腹长颈罐最典型。楚墓的悬底棺和随葬器物"成双"现象都是从早期楚民族文化墓葬中开始出现的。

阴湘城东城垣发掘的第二期城垣，部分用版筑法"修整"。据报道所发掘的西周陶器，如鬲、罐、豆的特征，显然属早期楚民族文化。阴湘城也应是一处早期楚民族文化城址（只揭露了城垣的局部）。

江北农场西周铜器为虎尊1件、甬钟2件。这三件铜器具有地方特色，胎壁较轻薄。其中，甬钟似南方的铙，无旋；钟上有近似族徽的鹿纹；从于部浇铸，为南方铜铙的铸造法。另有遗物鹿角2件，其上有砍痕，具有文化内涵。这三种器物的时代应为西周晚期。[2]鹿是早期楚民族狩猎的主要对象，也是崇拜对象。甬钟上的鹿纹和鹿角与东周楚文化中的漆木鹿、鹿图案、[3]镇墓兽头顶的鹿角有必然的联系，据此可断江北农场西周铜器和鹿角属早期楚民族文化遗物。早期楚民族文化已有自己的铜器铸造业，所铸造的铜器风格与周文化近似，当阳赵家湖春秋早期出土的铜鼎、铜簋[4]可以作证。

沮漳东早期楚民族文化与周梁玉桥文化之间目前存在一定的时代缺环。周灭商以后，沮漳东成为周朝的"南土"，周文化直接统治了这个地区，使周梁玉桥土著文化再次受到压制。西周初，楚受封于沮漳西的丹阳，随时代变化和楚的逐渐强大而形成了早期楚民族文化。早期楚民族文化发展中心应在沮漳西，从沮漳西扩展到沮漳东，到达沮漳东的时

〔1〕 湖北省文物考古研究所：《江陵九店东周墓》，科学出版社，1995年。
〔2〕 拓古：《虎尊与虎》，《江汉考古》1999年第2期。
〔3〕 宜昌地区博物馆：《湖北当阳赵巷4号春秋墓发掘简报》，《文物》1990年第10期。
〔4〕 湖北省宜昌地区博物馆、北京大学考古系：《当阳赵家湖楚墓》第二期铜器（鼎、簋），文物出版社，1992年。

间或形成于沮漳东的时间,大体在西周晚期,这正与考古发现相吻合。

西周中期前后的沮漳东周代文化遗存尚未发现,恐怕又像荆南寺和三峡宜昌上磨垴[1]两遗址一样,为一种遗址不多而文化因素复杂的遗存。这种文化遗存应是以周文化、周梁玉桥文化为主,多种文化共存的遗存。当早期楚民族文化到达或形成初期,遗存的文化因素和文化面貌必然会显得很复杂,其文化性质较难判断。这就是20世纪80年代,俞伟超先生在鄂西指导追溯楚文化渊源工作中产生困惑的根本原因。

从周梁玉桥文化的釜形鼎(主要日用炊器)到早期楚民族文化的楚式鬲(也是主要日用炊器)是一个复杂的南、北方文化的交流融合过程。楚式鬲是北方旱地农业区的炊器鬲与南方稻作农业区的炊器鼎,两者互相结合的产物。它既有鼎的因素,又有鬲的因素,因而它又叫鼎式鬲或鬲式鼎。北方的鬲传到南方江汉一带以后,受到南方文化的影响,鬲足普遍变高,并形成两个发展系统:瘪裆的周式鬲系统,由较深高向较浅扁方向发展,在两周之交消失,汉川乌龟山Ⅲ式鬲[2]就是较晚阶段的典型周式鬲;联裆的楚式鬲系统,由较扁矮向较瘦高方向发展,在战国晚期消失。楚式鬲主要分罐形和盆形两种。罐形(或釜形)鬲主要流行于汉西,是研究楚渊源的最重要器物。

罐形鬲由釜形鼎演变而来。早期楚民族文化中有一种典型的罐形楚式鬲,叫圜底鬲或凸裆鬲。这种鬲的鬲体保留了圜底釜的形态,说明它与周梁玉桥文化的鼎、釜有着亲缘关系。这种罐形鬲一直发展到沮漳东的东周楚文化中,在荆州纪南城南垣水门遗址和龙桥河西段4号堆积中都出土这种罐形圜底鬲。典型楚式鬲制法:器腹与器足先分别制作,器足需制出凸榫,然后将器足凸榫穿过器腹,再捏合安装。这原是早期楚民族分布区传统釜形鼎的制法,足根部保留凸榫的鼎足的发现[3]可以证明。显然,典型楚式鬲的制法也源于周梁玉桥文化、早期楚民族文化的传统炊器——釜形鼎的制法。从日用炊器和典型楚式鬲的角度判断,楚文化的主源肯定为"土著"。

3. 东周楚文化,即考古学的楚文化,是楚"始都郢"以后,向东、南、北扩展,灭亡了江、汉、淮地区数十个诸侯国,全面继承和吸收了它们的传统而形成的一种南方文化,它与早期楚民族文化已有了质的变化。例如它的分布范围大大扩展,已扩展到长江中下游地区和淮河流域,楚文化实质上就是长江中下游地区和淮河流域的东周文化。楚文化大体可再分成两大发展阶段:第一,春秋中期晚段至春秋末阶段;第二,战国初至楚被灭亡阶段。

---

〔1〕 杨权喜:《宜昌上磨垴周代文化遗存的讨论》,《北京大学考古学丛书·考古学研究(五)》,科学出版社,2003年。

〔2〕 湖北省文物考古研究所:《汉川乌龟山西周遗址试掘简报》,《江汉考古》1997年第2期。

〔3〕 湖北省文物考古研究所:《湖北宜昌县上磨垴周代遗址的发掘》,《考古》2000年第8期,第26—28页。

（1）楚文化第一阶段（春秋楚文化）遗存，以沙市杨岔古[1]和公安石子滩[2]为代表。这两个地点（遗址）出土的陶器，以红、灰陶为主；中绳纹最多；容器基本器形为鬲、盂、豆、盆、罐、瓮；鼎、甗、釜、盂形豆已基本消失；甗的"甑""鬲"分开，小口罐形鬲被当作甗下部分使用；器物造型以折沿，圆唇或方唇，长颈，鼓腹，高鬲足，内凹底为特点。陶器墓以纪南城内东岳庙[3]为代表。

铜器见于荆州岳山[4]和公安石子滩[5]春秋中晚期墓中，岳山一座楚墓的铜器有鼎、盏、簠、缶、盘、匜各1件，是典型的春秋中、晚期楚墓随葬铜礼器的组合，使用铜盏最具地方和时代特点。

沮漳东的春秋楚文化具有明显的地域特点，它是早期楚民族文化的直接发展，特别明显地反映在陶器方面，两者之间不存在突变现象。沮漳东春秋楚文化陶器的质地、纹饰、基本器形、造型特点均是继承早期楚民族文化陶器而来的。沮漳东特有的典型楚式鬲——罐形鬲只有早期楚民族文化陶器中才能找到它的祖型。楚式鬲的典型制法，也只有在早期楚民族文化陶器中才能找到实物证据。

关于春秋楚郢都所在地问题，已有不少线索显示，在荆州纪南城的可能性最大。[6]

（2）楚文化第二阶段（战国楚文化）的遗存已有纪南城遗址及其四周大批楚墓资料。

楚战国郢都肯定在荆州纪南城。纪南城扩建了巨大的郭城，城内出现了大量的宫殿台基和作坊遗址，城外涌现了大批冢墓、墓群和夯筑台基；无论是城制、墓制，还是出土遗物都发生了突变；许多楚文物精华都集中于沮漳东，沮漳东战国楚文化遗存充分体现了楚文化的基本特征和发展水平，属于鼎盛时期的典型楚文化。

四、结　语

汉西地区远古文化，从"长阳人"到"鸡公山"，从"城背溪"到"大溪"，已发展成为长江中游地区一支古老而发达的原始文化——大溪文化。

汉西的大溪文化与汉东的屈家岭文化在沮漳东的直接汇合而形成以荆州阴湘城古城

〔1〕　沙市市博物馆：《沙市市杨岔古遗址试掘简报》，《江汉考古》1995年第2期。
〔2〕　荆州地区博物馆：《湖北公安石子滩春秋遗址及墓葬》，《文物》1993年第3期。
〔3〕　湖北省博物馆：《楚都纪南城的勘查与发掘（下）》，《考古学报》1982年第4期；湖北省文物考古研究所江陵工作站：《江陵纪南城陈家湾楚墓发掘简报》，《江汉考古》1989年第4期。
〔4〕　荆州地区博物馆：《江陵岳山大队出土一批春秋铜器》，《文物》1982年第10期。
〔5〕　荆州地区博物馆：《湖北公安石子滩春秋遗址及墓葬》，《文物》1993年第3期。
〔6〕　杨权喜：《江陵纪南城的年代与性质再讨论》，《江汉考古》待刊。

为代表的屈家岭文化类型。经石家河文化阶段,吸收了北方河南龙山文化、夏文化的一些因素而形成以荆州枣林岗墓地和叉堰冲新石器时代末期遗存为代表的叉堰冲类型的夏代文化。

沮漳东叉堰冲类型的夏代文化,进入商代以后与北方商文化、西部早期巴文化汇合、交作而形成周梁玉桥文化。沮漳东的周梁玉桥文化,进入周代以后与北方周文化及其他文化汇合、交作而形成早期楚民族文化。沮漳东的早期楚民族文化,与东、西、南、北方各国(或各类型)的文化汇合、吸收而形成东周楚文化(楚文化)。

古文化是古人类创造的,古人类以族而居,族与族之间有交往、有迁徙、有结盟、有相援、有战争、有通婚、有融合,随时代变化必然造成各民族成分和称谓的复杂化,也会造成新文化的产生和文化面貌的不断变化。

对我国南方民族,不同时期有着不同的总称谓。[1]从远古时代起,对南方(包括长江中游地区)的民族总称为蛮、南蛮、蛮夷。传说时代,对长江中游地区的民族总称为三黎、三苗。商周时期,对长江中游地区的民族总称为荆蛮、荆楚、楚蛮;对长江中游地区湖区一带的民族总称为扬越;[2]对汉西之南部一带的民族总称为濮、百濮。[3]百濮和百越,后来又成为我国南方民族一定范围的总称谓。

夏、商、周三代王朝在中原的建立和发展,巴、楚两国在汉西的出现和相处[4],使长江中游地区的民族及其文化不断发生突变和升华。这些突变和升华均聚焦于沮漳东,因而使沮漳东能够放射出我国东周文化——楚文化的耀眼光辉。

(原载《荆楚文物(第1辑)》,科学出版社,2013年)

〔1〕 杨权喜:《楚越关系初析》,《百越史研究》,贵州人民出版社,1987年。
〔2〕 杨权喜:《扬越民族的分布区域及文化特点》,《百越史论集》,云南民族出版社,1989年。
〔3〕 杨权喜:《关于巴、濮若干问题探讨》,《湖北省考古学会论文集(二)》,《江汉考古》编辑出版,1991年7月。
〔4〕 杨权喜:《古代巴、楚及其交融》,《湖南省博物馆馆刊(第2期)》,岳麓书社,2005年。

《湖北秭归大沙坝遗址发掘报告》结语

　　大沙坝原为长江西陵峡中段一处面积较大的古文化遗址,由于江水冲刷、晚期扰乱和现代窑场破坏,原生文化堆积保存甚少,居址已被严重破坏,许多早期遗物被扰于晚期地层中。据原生堆积的地层关系及所出遗物,可将发掘的大沙坝主要遗存分作两期。

　　第一期:包括第7层和被第6层所压的H5,以及直接打破生土的H2。主要陶器有A型Ⅰ式大口罐、Ca型大口罐、Cb型Ⅰ式和Ⅱ式大口罐、壶形器、A型小罐、A型盆、平底器底、D型缸、A型碗、C型Ⅰ式盂、B型Ⅰ式和Ⅱ式盘、A型圈足盘、Da型杯、A型Ⅰ式和Ⅱ式豆等。石器有石片、B型锄、小斧等。

　　第二期:第4A层至第6层以及Y1、F1。主要陶器有A型、B型、C型侈口圜底罐、收腹小底罐、A型Ⅱ式大口罐、A型瓮、鬶、缸、C型杯(直口尖底杯)、喇叭形器、B型豆等,石器有A型斧、B型锛、砺石等。

　　第一期陶器保留了宜昌白庙和下岸等遗址出土的新石器时代晚期陶器的一些风格。例如罐类器物的造型特点仍为深腹、平底;Cb型Ⅰ式大口罐与白庙的深腹罐、[1]Cb型Ⅱ式大口罐与下岸的A型Ⅱ式大口罐、[2]A型小罐与白庙的小罐、[3]B型盘与白庙的浅腹敛口钵、[4]A型圈足盘与白庙的Ⅲ式圈足盘、[5]A型Ⅰ式和Ⅱ式豆与白庙的B型豆[6]等的器形特征近似。但总的器物形态已有了显著变化,同时出现了A型盆、Da型杯和具有四川盆地新石器时代文化特征的A型盆、[7]具有早期巴文化特点的A型Ⅰ式大口罐。因此我们认为,大沙坝第一期遗存应为西陵峡地区新石器时代向青铜时代过渡的一种文化遗存,其

〔1〕 湖北省文物考古研究所:《1985-1986年宜昌白庙遗址发掘简报》,《江汉考古》1996年第3期。
〔2〕 国家文物局三峡考古队:《湖北宜昌县下岸遗址发掘简报》,《考古》1999年1期。
〔3〕 三峡考古队:《湖北宜昌白庙遗址1993年发掘简报》,《江汉考古》1994年第1期。
〔4〕 三峡考古队:《湖北宜昌白庙遗址1993年发掘简报》,《江汉考古》1994年第1期。
〔5〕 湖北省文物考古研究所:《1985-1986年宜昌白庙遗址发掘简报》,《江汉考古》1996年第3期。
〔6〕 湖北省文物考古研究所:《1985-1986年宜昌白庙遗址发掘简报》,《江汉考古》1996年第3期。
〔7〕 王毅等:《宝墩村文化的初步认识》,《考古》1999年第8期。

文化性质当属早期巴文化。新石器时代白庙遗存的相对年代相当于夏代，[1]而大沙坝第一期遗存的相对年代应相当于商代前期。

第二期陶器是典型的早期巴文化陶器，与宜昌三斗坪、[2]杨家嘴[3]两遗址的商代后期陶器特点基本相同；该期出现了B型陶鼎。另外，在长江河漫滩的再生堆积（Tl–T3的第2、3层）中，见到Ⅲ式束颈圜底罐和少量鬲足等西周中期陶器或陶器残片。因而可断第二期的相对年代为商后期至西周中期。

大沙坝遗址出土了较丰富的石器。这些石器多出于第2、3层（晚期扰乱层或河漫滩的再生堆积层）晚期地层中，其中有一部分石器的时代可能早于商周时期。特别是磨制精致的小型石器与峡区白庙新石器时代遗址[4]出土的小型石器十分近似。而第2、3层中又出土早于第一期的A型鼎及鼎足、A型和B型杯、A型纺轮等陶器。可见该遗址原可能有新石器时代晚期地层，现已被破坏。

大沙坝遗址发现的第一期遗存，不但填补了西陵峡地区商代前期的缺环，而且为研究该地区新石器时代晚期文化白庙类型与商周时期早期巴文化之间的关系提供了重要资料。大沙坝第二期遗存中的窑址、半地穴式房屋，以及A型瓮、A型盘、B型盘等陶器是早期巴文化的新发现，这些资料丰富了早期巴文化的内涵，在早期巴文化研究中也具有重要价值。

（原载《考古学报》2005年第3期）

---

[1] 杨权喜：《关于鄂西六处新石器时代晚期遗存的探讨》，《考古》2001年第5期。
[2] 湖北省文物考古研究所：《1985–1986三峡坝区三斗坪遗址发掘简报》，《江汉考古》1999年第2期。
[3] 三峡考古队第三组：《湖北宜昌杨家嘴遗址发掘简报》，《江汉考古》1994年第1期。
[4] 湖北省文物考古研究所：《1985–1986年宜昌白庙遗址发掘简报》，《江汉考古》1996年第3期。

西陵峡商周文化的初步讨论

　　长江三峡是江汉平原与四川盆地的交通孔道,风光绮丽,气候宜人,动植物繁多,自古以来就是人类活动的重要地区。从50年代开始,我国文物考古工作者在三峡开展了一系列的考古调查发掘工作,不但发现了许多旧石器至新石器时代的文化遗存,而且取得了大批商周至秦汉时期的考古资料。而西陵峡两岸的商周时期的考古资料极为重要,所反映的商周文化面貌较复杂多变。探讨三峡地区商周文化,对于了解我国古代文化的交流融合和楚文化的形成发展都有着积极意义。

一、遗址概况

　　早在50年代末至60年代初,中国科学院考古研究所三峡工作组就曾对三峡地区做过考古调查和局部发掘,[1]并将所调查、发掘的遗址分成五类,其中二至四类大体属于商周遗址。70年代以来,国家文物局和湖北省各级文物考古部门,为配合三峡大型水利工程建设,曾先后组织几批文物考古工作者进入西陵峡,详细调查和全面发掘了大量现存的古代文化遗址,其中商周遗址主要有:秭归县境的鲢鱼山、[2]官庄坪、[3]柳林溪上层、[4]朝天嘴上层;宜昌县境的上磨垴、小溪口、路家河、伍相庙上层、中堡岛上层、三斗坪上层、苏家坳、白狮湾上层、周家湾、[5]杨家嘴[6]等。这些遗址密集于长江西陵峡西段和中段,这两个地段是整个峡谷间较为平缓的地带,南、北两岸均有发现。大部分遗址位于江

〔1〕　中国科学院考古研究所长江队三峡工作组:《长江西陵峡考古调查与试掘》,《考古》1961年第5期。
〔2〕　杨权喜、陈振裕:《秭归鲢鱼山与楚丹阳》,《江汉考古》1987年第3期。
〔3〕　湖北省博物馆:《秭归官庄坪遗址试掘简报》,《江汉考古》1984年第3期。
〔4〕　湖北省博物馆江陵考古工作站:《一九八一年湖北省秭归县柳林溪遗址的发掘》,《考古与文物》1986年第6期。
〔5〕　这批遗址于1984年至1986年发掘,简况见《中国考古学年鉴·考古文物新发现》1985年和1986年湖北省部分。
〔6〕　湖北省博物馆:《宜昌县杨家嘴遗址简况》,《江汉考古》1985年第4期。

边台地山谷间或小溪入江的三角地带，也有一部分遗址坐落于高出江水面约200米以内的山顶或山坡上。这些遗址多属于一般的居民点。也有一些较大的遗址，但由于自然环境和江水冲刷等原因，遗址原貌已受较大破坏，保存面积一般也都较小。而遗址的文化堆积多集中于弯曲的沟坡之间或在坡地上呈沟状弯曲分布，文化层"倒转"的现象比较严重，常有大面积的次生堆积层。因此，保存完整的遗迹较少，但陶器、石器遗物较为丰富，并有成堆的出土。

三斗坪遗址是西陵峡中段南岸的一处重要遗址，位于三斗坪镇东侧的小溪入江处，文化层被埋于2米以下。70年代调查时，保存面积约有5 000平方米。1985-1986年发掘时，由于葛洲坝水库绝流以后，库区水位提高，加速江岸崩塌，使遗址遭到极大破坏，残存面积已不足1 000平方米。经抢救发掘的有575平方米。文化层可分上、下两大层，下层属大溪文化层，上层属商周文化层。在商周文化层中，主要发现有一条灰沟和少量灰坑，出土了一批陶器和一部分石器。

杨家嘴遗址也是三峡地区一个比较典型的商周文化遗址。位于三斗坪遗址之东的江北，乐天溪溪口西侧的一座山嘴上。遗址保存面积仅200平方米左右，1985年发掘140平方米。地层堆积共分四层，第一、二层属晚期扰乱层，第三、四层为商周文化层。发现灰坑1个，墓葬10座。出土遗物有石器、陶器和少量骨、角、铜器。

周家湾遗址为一座高出江面约150米的山坡遗址。位于三斗坪之西北，江北的一座背江朝溪的山坳里，遗址周围地势较陡峭，在山坳附近的斜坡旱地上和橘林中皆有零星陶片分布，范围较大，但大都找不到文化层。文化层仅发现于中部山坡的凹沟里，地表长满了野草，面积约50平方米。堆积共分四层，一、二层属晚期冲积层，三、四层为商周文化层。文化层中，不见任何遗迹，只有较集中的陶片、石器和兽骨。陶片断面大都有被水冲击摩擦的痕迹。这类文化堆积是山区古遗址的一个特点，当属于居住面侧旁的垃圾堆或从上方冲刷而来的"倒转"堆积，地层具有明显的混乱现象，属于次生堆积，但未见商周以后的任何遗物。该遗址的居住基址的位置，应高于这类堆积。由于居住基址周围地势陡峭，经长期雨水冲刷，遗迹大部分不易保存，附近零星分布的陶片正是雨水长期冲刷的结果。

二、文 化 类 型

西陵峡一带的商周文化遗址，保存部分大都经过全面发掘清理，内涵已比较清楚，主要遗迹有灰坑、房基、灰沟和墓葬。主要遗物为陶器，还有相当数量的石器和铜、骨、铁器等。这些遗存应分属于三种不同类型的文化。

第一类

在鲢鱼山、朝天嘴上层、上磨垴、伍相庙上层、路家河、中堡岛上层、三斗坪上层、白狮湾（上）、杨家嘴均有发现。在上磨垴发现有用石块垒砌的长方形小型房屋。杨家嘴发现的墓葬为小型土坑墓，葬式为仰身直肢，无随葬品。而文化遗物可以三斗坪上层出土的为代表。

以上各遗址出土了较多数量的陶器和石器，能够修复的完整陶器也不少，已基本能够反映出其文化特征。

石器的种类较少；其中有较多的打制的蚌壳形石片。这些石片都为较大型，由鹅卵石打制而成，有锋利的宽弧刃，没有磨制痕迹。还有一部分磨制的大型条形石斧。

陶器以褐色陶为主，夹细砂胎占比例较大。器表纹饰主要有绳纹、方格纹、橘皮纹等。基本器形有圜底侈口罐、斜腹小底罐、深腹豆、高柄豆、高柄镂孔云雷纹豆、灯座形器、尖底杯、尖底缸、圜底盂、褐陶鬶、直壁甑等。

圜底侈口罐　为常见器物。夹砂，多为褐色。圆唇，颈部内束并较厚，圆鼓腹。以绳纹为主，也有方格纹。器型都不大，但还有大、中、小之分，而无论大小都常有烟熏痕迹（图一，1、2）。

斜腹小底罐　为典型器物。泥质或夹细砂褐陶，胎较薄。属于一种小罐。圆唇，敛口或大口，广肩或溜肩，腹壁斜收成小平底。大都为素面，有的下腹部至底施经摩擦的乱细绳纹（图一，4、5）。

深腹豆　夹砂褐陶或泥质红陶。深盘，柄较细而内实，盘、座间多呈束腰形，盘腹壁略弯曲，底座为内凹窝状（图一，11）。

高柄豆　典型器物。以泥质红陶为多。浅盘，长柄，柄中呈竹节状，底座多为拱盖形。制作较规整（图一，8、12）。

尖底杯　为典型器物。泥质，褐色或黑色，薄胎。上部直壁直口，口或稍外侈；中部外鼓，并有突棱；下部内收成尖底，有的底部呈羊角状（图一，7）。

尖底缸　夹砂，红陶，厚胎。上腹壁较直，下腹壁急收成尖状底或乳突形底。常施方格纹（图一，15）。

圜底盂　泥质，褐陶。直口或微外卷，深鼓腹，大圜底，整体呈半球状。有的饰橘皮纹，为别处不见（图一，6）。

鬶　泥质夹细砂，褐色为多。造型较矮胖。匜形口，短沟状流，带宽扁形把，略束腰，筒形尖状袋足。素面（图一，10）。

灯座形器　为典型器物。泥质，褐陶。器表经打磨。上呈铃形，下呈大喇叭形，中为上、下相通的细长柄，柄部有数道凸棱，柄以下近似豆。素面（图一，13、14）。这种器物常

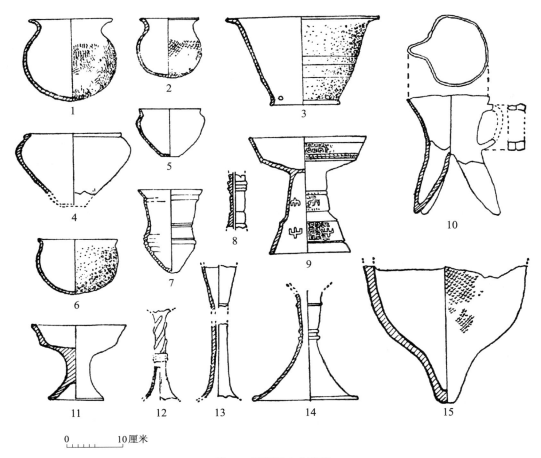

图一　早期巴文化陶器

1、2.圜底侈口罐（T2④A：17、T2④：9）　3.甑（T2④C：2）　4、5.斜腹小底罐（采：22、T4④C：3）
6.圜底盂（T2④：19）　7.尖底杯（T6④A：7）　8、12.高柄豆（T5④A：41、白·IT3④：19）
9.云雷纹豆（T6④A：8）　10.鬶（T8④B：1）　11.深腹豆（T6④A：9）　13、14.灯座形器（T4④C：20、采：21）
15.尖底缸（T2④A：14）（除4和14为鲢鱼山出土、12为白狮湾出土外，余均为三斗坪出土）

与斜腹小底罐共出，例如调查中，常常在一个地点同时采集到这两种器物。灯座形器有可能是斜腹小底罐的底座，也可能常用作墓葬的随葬品。

　　甑　泥质，褐陶。平沿，斜直腹壁，无底，整个器物形状呈上大下小的圆筒状，下沿有圆形孔，可能是固定箅子的孔。腹部饰橘皮纹和凹弦纹（图一，3）。

　　这类遗存的陶器，不但与中原或鄂东的商周陶器区别明显，而且与临近三峡的沙市周梁玉桥、[1]官堤[2]为代表的一类商周遗存亦完全不同。这类陶器制作比

〔1〕　沙市市博物馆：《湖北沙市周梁玉桥遗址试掘简报》，《文物资料丛刊（10）》，文物出版社，1987年。
〔2〕　湖北省博物馆：《沙市官堤商代遗址发掘简报》，《江汉考古》1985年第4期。

较精细，以夹细砂褐陶为多；器物造型较为小巧，大型器物较少见；以圜底器、尖底器、小平底器和长柄器为特色；纹饰中存在较多数量的方格纹，而橘皮纹为别处不见；三足器仅见鬶，不见鼎、鬲、甗；基本炊器为侈口圜底罐，其中小罐也是一种炊器。

第二类

在官庄坪、柳林溪上层、上磨垴、西湾、小溪口、苏家坳、白狮湾（上）、周家湾等遗址中均已见到。遗迹有灰坑、灰沟。遗物有陶器、铜器和石器，以官庄坪第六层、白狮湾（上）和苏家坳出土的遗物为代表。

官庄坪第六层出土的陶器，据Tl的统计，夹砂褐陶占40.46%，夹砂红陶占35.85%，还有较多的夹砂橙黄陶和泥质黑陶。而纹饰中粗绳纹占72.84%，素面占22.54%，还有少量的方格纹、篮纹、附加堆纹。

这类陶器的器形主要有鼎、釜、鬲、甗、罐、豆、缸、盆、盂、瓮等。

鼎　圆唇，侈口，束颈，溜肩，鼓腹，圜底，足较高，有圆柱形足和圆锥形足两种。通体饰不间断的交错绳纹（图二，1、2、9）。

鬲　整个器形较矮胖。卷沿，口较大，束颈，溜肩，宽腹，弧裆，锥足，足窝浅，足尖平。饰间断绳纹（图二，3）。

豆　有矮柄和高柄两种。腹壁一般为弧形，柄较粗而内空（图二，4、5）。

缸　直口微外折，腹较宽，腹壁微外弧。圜底，底中部微下凸。腹部有凹弦纹（图二，13）。

盆　颈不明显，腹壁较直。素面（图二，11）。

盂　束颈，鼓腹。凹弦纹（图二，12）。

罐　口沿一般口微卷，斜肩，颈部胎壁加厚。饰不间断交错绳纹（图二，10）。

陶器中常见一种手制的粗陶，多为褐色夹细砂，器表凹凸不平，口沿折曲部位特别厚实，饰错乱绳纹。显得原始。

官庄坪第六层还出土铜靴形斧和铜刀（图二，6-8）等遗物。

此类遗存的陶器特点鲜明。器形种类不多，以侈口罐形高足鼎、釜为主要炊器，并出现鬲、甗。周家湾、苏家坳、上磨垴等遗址出土的大约为西周晚期的陶器，都有鼎、釜、鬲、甗共存的情况。[1]陶器制作比较粗糙，三足器、平底器明显较多，侈口厚颈的罐类口沿特别多，不见下腹内收成尖底的器物。陶器纹饰以不间断的交错绳纹为特点，并保留少量的方格纹、篮纹等早期纹饰。

---

〔1〕这批遗址于1934年至1986年发掘，简况见《中国考古学年鉴·考古文物新发现》1985年和1986年湖北省部分。

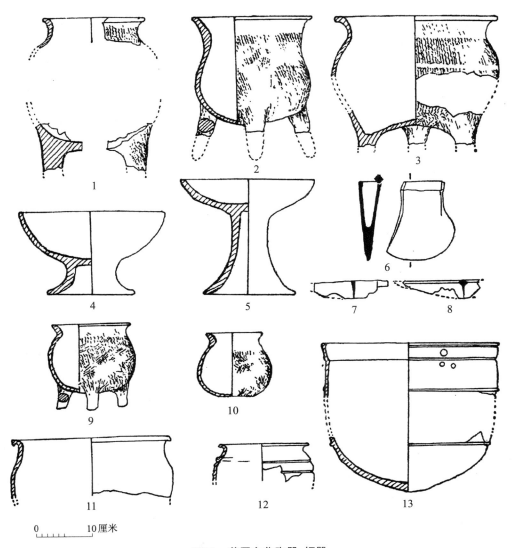

图二　夔国文化陶器、铜器

1、2、9.鼎(T1⑥：17、13、白·IT3④：1、2)　3.鬲(T1⑥：11)　4、5.豆(T1⑥：39、T2⑥：21)
6.铜靴形斧(T4⑥：25)　7、8.铜刀(T4⑥：24、T1⑥：6)　10.罐(白·IT3④：3)　11.盆(T1⑥：70)
12.盂(T4⑥：26)　13.缸(T1⑥：10)(除4、5、10为白狮湾出土外，余均为官庄坪出土)

第三类

　　在西陵峡许多遗址的上层均有发现，其中以官庄坪第三、四层、[1]柳林溪第三层和一号灰坑[2]所出土的遗物最为典型。此类遗存的陶器以灰陶为主，基本纹饰为规整而间断

〔1〕　湖北省博物馆：《秭归官庄坪遗址试掘简报》，《江汉考古》1984年第3期。
〔2〕　湖北省博物馆江陵考古工作站：《一九八一年湖北省秭归县柳林溪遗址的发掘》，《考古与文物》1986年第6期。

的绳纹、弦纹和暗纹,主要器形有鬲、罐、瓮、盆、盂、豆、盖豆、筒瓦、板瓦,还有少量鼎。鬲以罐形或盆形高足为主要特点。器物造型以高足、内凹底为特点。

三斗坪、小溪口等遗址中,第一类遗存被压于第三类遗存之下,而第二类遗存在官庄坪遗址中也被第三类遗存所压。根据官庄坪、柳林溪的地层和出土陶器的情况看,第一类遗存时代最早,来源比较复杂;第二与第一类遗存不但时代交替界线明显,而且存在着性质不同的差别;而第二与第三类遗存之间,不仅时代相衔接,并且具有逐渐演变的因袭发展关系。

三、文 化 属 性

西陵峡第一类商周遗存,在峡口以东的宜都一带也有发现,作过调查或发掘的主要遗址有毛细套、向家沱、红花套、[1]城背溪上层、花庙堤上层[2]等,最东的遗址是江陵荆南寺。[3]

这类遗存与川东至成都平原一带出土的同期陶器相比,共同因素是主要的,例如斜腹小底罐、尖底杯、灯座形器、鬶和豆等特征性器物都可以在川东忠县㽦井沟、成都平原的新繁水观音、广汉中兴场等地出土的陶器中找到,[4]而在鄂东一带根本不存在。因此,有的同志将鄂西宜都至宜昌一带划为巴蜀文化分布区。[5]

笔者曾在《关于巴、濮若干问题探讨》[6]一文中认为,这类遗存所分布的峡江地区属商周时期的濮地,这类遗存所属的文化可能为巴濮文化或早期巴文化。关于鄂西发现的这类遗存的时代,根据毛细套等地出土的陶器特征,特别是陶盉[7]的形态判断,最早可溯到相当于中原二里头阶段。而三斗坪遗址第④A层出土的陶器特征,及 ^{14}C测定结果(年代距今2 990年±100年[8])表明,最晚的可延至商末周初。

---

〔1〕 林春:《宜昌地区长江沿岸夏商时期的一支新文化类型》,《江汉考古》1984年第2期。
〔2〕 湖北省博物馆1983年发掘调查资料。城背溪上层的简况见1984年《中国考古学年鉴(1984)》,文物出版社,1984年,第140页。
〔3〕 北大考古系和荆州博物馆发掘资料。
〔4〕 林春:《宜昌地区长江沿岸夏商时期的一支新文化类型》,《江汉考古》1984年第2期。
〔5〕 赵殿增:《巴蜀文化的考古学分期》,《中国考古学会第四次年会论文集》,文物出版社,1985年;赵殿增:《巴蜀文化几个问题的探讨》,《文物》1987年第10期。
〔6〕 湖北省考古学会:《湖北省考古学会论文选集(二)》,江汉考古编辑部,1991年。
〔7〕 俞伟超:《先楚与三苗文化的考古学推测——为中国考古学会第二次年会而作》,《文物》1980年第10期。
〔8〕 85·宜·三T2④木炭,经北京大学考古系年代测定实验室1985年10月20日测定,结果为距今2 990年±100年(标本实验室编号:BK85054,见《文物》1989年第11期,第91页)。

这里还需要强调指出,早期巴文化遗存在鄂西的分布,主要见于长江两岸的溪口旁,遗迹少见,文化堆积集中于地势较低的台地上,似为古代的"码头"遗址;在文化层中有大量的蚌壳、鱼骨、鱼牙等水产动物骨骼,而出土的器物又较小巧,这应与渔业经济相关;《后汉书·南蛮西南夷列传》记载巴人先祖"乃乘土船"。遗址特点和文献记载说明早期巴人主要生活于船上。川东一带是古代船棺葬流行的地区,正是巴祖船上生活的反映。所以,西陵峡及峡口以东的长江水域(并不是整个鄂西地区)才是早期巴人的活动范围。

殷商时期,巴人与殷王朝曾发生过较激烈的战争,《殷契粹篇》一二三〇正:"壬申卜,争贞,令妇好从止戡伐巴方,受有又?"《甲骨文字丙编》三一三正:"□□卜,□贞,王佳妇好从止戡戈巴方,受又有?""贞,勿佳妇好从止戡伐巴方,弗其受有又?"这些是妇好率军征巴方前的卜辞。"巴师勇锐,歌舞以凌殷人,前徒倒戈";[1]在三斗坪出土的陶器中,有一件云雷纹镂孔豆(图一,9),颇有商文化作风。甲骨文的记载和出土物都说明巴殷之间有较密切的联系与交往。

巴国大约始于周初,"武王既克殷,以其宗姬封于巴,爵之以子","巴子虽都江州(今重庆)……其先王多在枳(今涪陵)……","其地东至鱼復(今奉节),西至焚道(今宜宾),北接汉中(今陕西境),南极黔、涪(今湘黔鄂边境一带)……与秦、楚、邓为邻"。[2]文献记载说明从周初开始,周皇族统治巴方,与巴人结合,而巴国的中心已不在鄂境,在川东。这正与西陵峡一带早期巴文化遗存的时代下限在商末周初的情况相吻合。

《史记·楚世家》正义:"宋均注乐纬云:'熊渠嫡嗣曰熊挚,有恶疾,不得为后,别居于夔,为楚附庸,后王命曰夔子也。"《水经注·江水》:"(江水)又东过秭归县之南。"注曰:"县,故归乡,《地理志》曰:归子国也。……宋忠曰:归即夔,归乡,盖夔乡矣。"西周时期,西陵峡一带属夔国,夔亦作归,是与楚同宗的芈姓国,为楚的附庸。《太平寰宇记》:"巫山县,夔子熊挚治,多熊姓。"夔西境已抵川东。夔国始于西周早期的熊渠之子熊挚。

《水经注·江水》:"(江水)又东南径夔城南。(跨)据川阜,周回一里百一十八步,西北背枕深谷,东带乡口溪,南侧大江,城内西北角有金城,东北角有圆土狱,西南角有石井,口径五尺,熊挚始治巫城,后疾移此,盖夔徙也。《春秋左传》僖公二十六年,楚令尹子玉城夔者也。"[3]所说乡溪即今香溪。夔城当在今香溪镇。香溪镇曾出土过"越王州句铜剑";[4]镇西约2公里处是鲢鱼山遗址,曾出土过西周方凿卜甲,[5]鲢鱼山遗址有为楚之丹阳说。

〔1〕《华阳国志·巴志》。
〔2〕《华阳国志·巴志》。
〔3〕王国维:《水经注校》。
〔4〕杨权喜:《江汉地区发现的商周青铜器——兼述楚文化与中原文化的关系》,《中国考古学会第三次年会论文集》,文物出版社,1984年。
〔5〕中国科学院考古研究所长江队三峡工作组:《长江西陵峡考古调查与试掘》,《考古》1961年第5期。

镇北约6.5公里处为官庄坪遗址。以官庄坪第六层为代表的西陵峡第二类商周遗存的时代相当于西周,应为夔国文化遗存。

《春秋》僖公二十六年(前634年):"秋,楚人灭夔,以夔子归。"《史记·楚世家》:"灭夔,夔不祀祝融、鬻熊故也。"楚成王三十八年,楚以"不祀"楚祖为由灭夔,并由令尹子玉镇守夔地。春秋前期西陵峡地区已完全归入楚国的疆域。这一带发现的第三类商周遗存时代属春秋,与江陵、当阳一带楚国腹地出土的春秋阶段的楚文化遗存基本相同,无疑属于楚国文化遗存。

四、文化的发展

综前所述,西陵峡地区大约在夏商阶段曾是早期巴人的活动范围,西周至春秋早期为夔国所在,春秋中叶以后归入楚国直接控制的版图。这一地区的商周文化经历了早期巴人文化到夔国文化,再到楚国文化的变化过程。

西陵峡的原始文化,应是柳林溪—大溪文化发展系统。笔者在《关于巴、濮若干问题探讨》中已提及早期巴人文化并非鄂西原始文化发展的继续,而可能是成都平原以广汉三星堆新石器时代遗存[1]为代表的那支原始文化向东的扩展。西陵峡白庙子[2]遗存,是这个地区新石器晚期遗存,整套陶器与三星堆新石器时代晚期陶器迥然不同,而与鄂西的当阳季家湖、[3]宜都石板巷子[4]新石器时代晚期陶器则比较接近,例如白庙子出土的圈足盘、豆、高领罐、敛口钵、小罐、器盖、鼎等器物都是季家湖、石板巷子这类遗存中常见的。白庙子遗存应属于鄂西新石器时代晚期文化发展系统,但也具有明显的地域差异。所出土陶器的特点是三足器少见,鼎亦少见,却有大量的椭圆形腹的侈口小平底罐,这种罐是当时该地的主要炊器。古代日用炊器是反映当时社会经济、生活状况和文化面貌的主要器物。用罐、釜炊煮正是古代西陵峡一带的原始文化传统,这也是该地原始文化中有大量陶支脚的原因。早期巴人文化也是以罐釜为主要日用炊器,说明早期巴人文化吸收了当地原始文化的一些传统。

夔国文化与早期巴人文化是性质完全不同的两种文化,分属于两个不同的文化大

---

〔1〕 四川省文物管理委员会等:《广汉三星堆遗址》,《考古学报》1987年第2期。
〔2〕 湖北宜昌地区博物馆等:《湖北宜昌白庙遗址试掘简报》,《考古》1983年第5期;湖北省博物馆1985年至1986年发掘资料。
〔3〕 湖北省博物馆:《湖北当阳季家湖新石器时代遗址》,《文物资料丛刊(10)》,文物出版社,1987年。
〔4〕 宜都考古发掘队:《湖北宜都石板巷子新石器时代遗址》,《考古》1985年第11期。

系统。从总的文化面貌观察，夔国文化应归于鄂西商周文化系统。关于鄂西商周文化系统，主源是当地的原始文化。当地的原始文化大约从新石器时代晚期开始，就先后受黄河流域龙山文化和商、周文化的影响，例如在鄂西发现的季家湖阶段至两周之交的陶器中，中原鬲类器物、绳纹纹饰的出现和不断增加就是当地原始文化不断吸收黄河流域文化因素的反映。由于受黄河流域文化影响的先后和程度或角度的不同，使鄂西地区的商周文化复杂化，多支文化互相交错，文化面貌变化大。但又始终存在当地原始文化的一些传统，例如始终都有较大比例的红褐陶系；以罐形、盆形、高足、圈足为主要造型特点；以鼎、釜为主要炊器；长期存在方格纹等。沙市周梁玉桥遗存，[1]是鄂西地区具有地方特色的商代后期文化遗存，主要特点也以罐形高锥足陶鼎和宽底陶釜为基本日用炊器，并存在较多的拍印方格纹，同时还可以见到陶鬲和一些与中原同期陶器颇相似的器物。特别值得注意的是有少量典型的"商式鬲"。夔国文化炊器中主要有鼎、釜，同时与鬲、甗并存。陶器纹饰中也有方格纹。夔国文化与周梁玉桥类型的商代文化，显然有着一定的亲缘关系。

西陵峡的楚文化与夔国文化的不同，主要表现在炊器等陶器的造型和纹饰等方面。在楚文化中以鬲、甗为主要日用炊器，而鼎的地位已完全被"楚式鬲"代替；夔国文化的粗陶在楚文化中已消失，平底器多变为内凹底器；夔国文化的错乱绳纹、方格纹，在楚文化中均不见，而代之以规整绳纹或间断绳纹。但夔国文化过渡到楚文化，如从陶器观察，并不能找到明显的时代界限。官庄坪、柳林溪等遗址出土的具有楚文化特征的"楚式鬲"等陶器，其时代上限可溯至两周之交，并与夔国文化中的鬲有承袭关系。说明楚文化的一些因素早在夔国统治期间就已产生和发展。由此可见西陵峡地区的楚文化是在夔国文化发展的基础上逐渐演变而来的。

西陵峡地区的楚系陶器中，尚保留少量罐形高足鼎和平底器，而少见长颈罐，板瓦尺寸较大[2]等情况，表现出西陵峡地区的楚文化具有一定的地方特点。

西陵峡商周文化的变化和发展过程，表明发展和形成于鄂西的楚文化是我国古代多支文化交流的产物。在夏、商前后，包括西陵峡在内的鄂西地区受到中原系统的文化和巴蜀系统的文化的强烈冲击，使当地的原始文化的发展线索中断。一方面，我们已看到以三斗坪为代表的早期巴文化沿长江三峡自西向东而来；另方面，我们也可以看到以黄陂盘龙城为代表的中原青铜文化亦沿长江由东至西发展，鄂西长江边上的沙市、[3]江陵、[4]

〔1〕 沙市市博物馆：《湖北沙市周梁玉桥遗址试掘简报》，《文物资料丛刊（10）》，文物出版社，1987年。
〔2〕 湖北省博物馆江陵考古工作站：《一九八一年湖北省秭归县柳林溪遗址的发掘》，《考古与文物》1986年第6期。
〔3〕 彭锦华：《一件商代大型铜尊在沙市出土》，《中国文物报》1988年3月18日第二版。
〔4〕 李健：《湖北江陵万城出土西周青铜器》，《考古》1963年第4期。

宜都[1]等地都发现了中原风格的青铜器就是证明。后来在沮漳河流域一带,一种新的文化共同体逐渐产生,这种文化共同体就是楚文化的前身。根据鄂西沮漳流域出土的西周陶器特征和西陵峡商周遗存的发现情况,楚文化与早期巴文化关系不大,而楚文化体系的主体应是当地的原始文化与中原商周文化的融合。如果从族属的角度考虑,则可能与"祝融八姓"之一的芈姓家族相联系。芈姓家族活动的中心在沮漳河流域,他们与当时的土著互相融合,形成了新的人类共同体——荆楚民族。西陵峡的夔为芈姓家族的重要成员,所以西陵峡一带也是楚文化的重要发祥地之一。官庄坪、柳林溪等遗址中出现较早的"楚式鬲"等楚系陶器就是当时历史事实的具体反映。

(原载《中国考古学会第七次年会论文集(1989年)》,文物出版社,1992年)

---

[1] 宜昌地区博物馆:《馆藏铜器介绍》,《江汉考古》1986年第2期。

宜昌上磨垴周代文化遗存的讨论

《20世纪中国文物考古发现与研究丛书·楚文化》一书[1]的结束语中提道:"80年代在鄂西的调查、发掘,已获得了丰富而性质复杂的商周文化资料,最近我们返回鄂西对峡区的重要商周遗址进行了发掘,俞先生当年所讲的西周楚文化的'一小段'空白现在已经在三峡地区填补起来了。"这里主要指三峡的宜昌上磨垴发现了较早的"西周楚文化遗存"。

上磨垴遗址位于长江三峡大坝上方北岸,相距约4.5公里处,处于西陵峡中段古遗址密集区西北部,它与东边的小溪口周代遗址基本相连。葛洲坝水库绝流之前调查时,当年上磨垴至小溪口的长江边上还有大片遗址,现已被江水冲毁。上磨垴原是与小溪口相连的大型周代遗址。1999年对上磨垴遗址残存部分进行了发掘,不但发现了重要的春秋冶铸(主要铸铁)遗存,而且获得了一批西周中期至春秋时期的重要遗存。[2]这些遗存对于填补鄂西地区商周文化缺环和探索楚文化渊源具有十分重要的研究价值。

一

从上磨垴发现的周代遗存中反映考古学文化性质最为重要的炊器来看,不但存在大量的陶鬲和陶甗,而且存在大量的陶鼎、陶罐和陶釜。严文明先生在研究中国新石器文化谱系中,曾把我国分成旱地农业经济、稻作农业经济和狩猎采集经济三大文化区。[3]随着我国原始农业经济的不断发展,三大经济文化区逐渐形成了具有自身特征的许多生活用器,鬲和甗大体是旱地农业文化区的典型炊器;鼎大体为稻作农业文化区的典型炊器;罐

---

〔1〕 杨权喜:《20世纪中国文物考古发现与研究丛书·楚文化》,文物出版社,2000年,第231页。
〔2〕 湖北省文物考古研究所:《湖北宜昌县上磨垴周代遗址的发掘》,《考古》2000年第8期。
〔3〕 严文明:《中国史前文化的统一性与多样性》表二,《文物》1987年第3期。

和釜则主要是狩猎采集文化区流行的炊器。据目前我国各地考古学文化的发现,长江三峡正处于上面三种典型炊器分布的交界区,即三峡之西是罐釜文化分布区、三峡之东是鼎文化分布区,三峡之北是鬲文化分布区。上磨垴的发现表明,以罐釜、鬲、鼎为代表的三大系统的文化曾在三峡交汇,它们有一段大交流大融合的复杂变化过程。因而也可以说,上磨垴遗存是我国古代文化大交流、大融合中的一种过渡性的周代区域文化遗存。

如果以苏秉琦先生划分的我国考古学文化重要亚区之一的鄂西地区[1]为探讨范围的话,那么这个范围可以扩展到峡口以东一带。这里原有一支目前长江中游地区最为古老的城背溪新石器时代文化。[2]这支文化经大溪——屈家岭阶段自成体系的连续发展,大约在石家河阶段开始变化,文化因素复杂的遗存出现,有所谓"季家湖类型""庙坪类型""石板巷子类型""白庙类型"等新石器时代晚期遗存[3]。商周时期的文化遗存也相当复杂,除江陵荆南寺[4]中原系统的商文化遗存以外,还有三种新出现的商周文化遗存;一种以三斗坪[5]为代表的罐釜文化即早期巴文化遗存;一种以周梁玉桥[6]为代表的鼎釜文化遗存;一种以磨盘山[7]为代表的鬲文化遗存。这三种新出现的文化遗存虽有早、晚的衔接关系,但它们都各具文化特征、发展序列、分布范围和发展中心,它们的主人显然不是一脉相承的。

20世纪80年代对江陵荆南寺、周梁玉桥的发掘,让我们在鄂西看到商系统的鬲文化与当地鼎釜文化、罐釜文化交互作用的一些具体情况,使我们初步认识到鄂西楚文化的渊源不可能是单一的。上磨垴的发现,不但可以看到罐釜文化、鼎釜文化和鬲文化的交互作用,而且可以看到以磨盘山为代表的鬲文化形成时的更加具体的状况,这无疑对楚文化渊源的探索又会有深入一步的发展。

二

上磨垴是一处文化因素十分复杂的周代遗址,出土的陶器按器形大体可分成三大组。

A组:主要有鬲、甗、盂、豆、盖豆、盂形豆、盆、甑、瓮、长颈罐等(图一,1-8)。

---

〔1〕 苏秉琦:《苏秉琦考古学论述选集》,文物出版社,1984年,第229页。

〔2〕 杨权喜:《试论城背溪文化》,《东南文化》1991年第5期。

〔3〕 孟华平:《长江中游史前文化结构》,长江文艺出版社,1997年,第174页。

〔4〕 荆州地区博物馆、北京大学考古系:《湖北江陵荆南寺遗址第一、二次发掘简报》,《考古》1989年第8期。

〔5〕 湖北省文物考古研究所:《1985-1986三峡坝区三斗坪遗址发掘简报》,《江汉考古》1999年第2期。

〔6〕 沙市市博物馆:《湖北沙市周梁玉桥遗址试掘简报》,《文物资料丛刊(10)》,文物出版社,1987年。

〔7〕 湖北省文物考古研究所:《湖北省文物考古工作十年来的发展》,《文物考古工作十年(1979-1989)》,文物出版社,1991年,第195页。

B组：有侈口罐、敛口小底罐、尖底杯、喇叭形器、尖底缸、纺轮等（图二，1-6）。

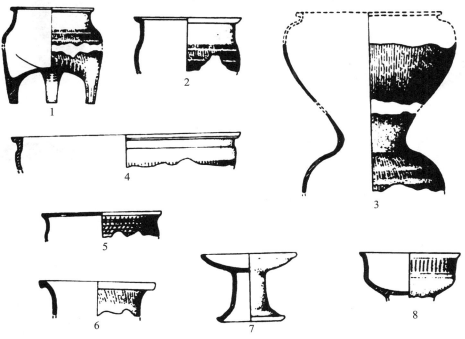

图一　上磨垴遗址出土的A组陶器

1.小口鬲（T22⑥：7）　2.大口鬲（T7⑥：7）　3.甗（T4⑤：13）　4.盆（T19⑥：3）
5.黑陶盂（T7⑥：30）　6.长颈罐（T19⑥：3）　7.粗柄豆（T19⑥：3）　8.盂形豆（H5：1）

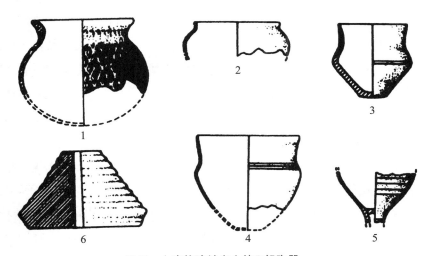

图二　上磨垴遗址出土的B组陶器

1.侈口罐（T7⑥：11）　2.敛口小底罐（T4④：4）　3.尖底杯（T14⑥：1）　4.尖底杯（T22⑥：1）
5.喇叭形器（T19⑥：2）　6.纺轮（T7⑥：1）

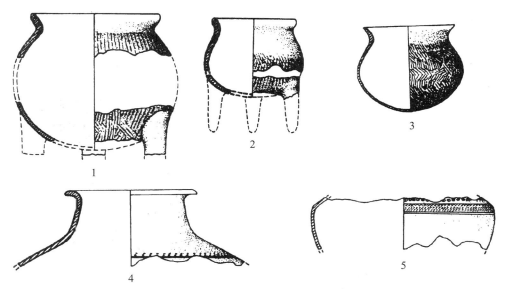

图三　上磨垴遗址出土的C组陶器

1. 鼎（T4④：8）　2. 鼎（T21⑤：39）　3. 釜（T19⑥：5）　4. 小口高领瓮（T12⑥：2）　5. 罍（T14④：2）

C组：有鼎、釜、小口高领瓮、罍等（图三，1—5）。

A组陶器数量较多，器类较齐全，文化特征也十分明显，例如陶质以泥质黑衣陶、夹砂红褐陶和磨光黑陶为特色。器物造型较细腻规整，特点是长颈、高足、内凹底。主要纹饰为绳纹，还有暗纹，纹饰均较整齐。这些特征表明A组陶器属于以磨盘山为代表的鬲文化发展系列，或称之为早期楚民族文化，[1] 我们认为作为考古学文化的楚文化，其体系形成的年代约在春秋中期前后，春秋中期之前的"楚文化"，包括学术界所称的"西周楚文化"，[2] 都可叫早期楚民族文化，其分布范围不大，遗存也不丰富，文化特征主要反映在陶器上，并且与东周楚文化差异甚大，只不过它与江陵楚都纪南城及其周围地区的楚文化（即典型的楚文化）有直接的渊源关系，也就是说"西周楚文化"与楚文化的主体——楚民族的早期活动相关。而早期楚民族又由多支系构成，西周中期至春秋早期鄂西一带除有楚国以外，还有权、罗、夔等小国存在，这些小国均属以楚民族为主体建立起来的蛮夷小国，因此早期楚民族文化应包括了春秋中期之前的楚、权、罗、夔等国的文化。它与东周楚文化（即考古学文化的楚文化）具有本质的区别。1992年北京大学考古系等单位编辑出版的《当阳赵家湖楚墓》发掘报告中说："赵家湖楚墓所出的日用陶器，作风独特，为楚地之外所不见，如陶鬲的广肩、高足作风，盂、罐的凹圜底作风，以及春秋中晚期出现的长颈

〔1〕 杨权喜：《早期楚民族文化的探索》，《楚文化研究论集（第三集）》，湖北人民出版社，1994年。
〔2〕 俞伟超：《楚文化考古大事记·序言》，文物出版社，1984年。

罐，战国时期的长颈壶等，均与中原日用陶器有别，属典型的楚式陶器体系。其来源应是西周时期楚国原有文化传统的延续。"〔1〕该报告将当阳赵家湖第一、二期墓葬的时代断在西周晚期和春秋早期，这两期墓葬当属早期楚民族文化。据赵家湖楚墓的分期和年代发展序列，两期墓葬出土的早期楚民族文化日用陶器与确知的楚文化日用陶器已完全衔接起来了。上磨垴出土的A组陶器分别出于第4、5、6文化层中，它们不但有明确的地层关系，而且有器物的直接演变关系。上磨垴发掘简报〔2〕的初步分析，将第6层遗存断为西周中期，第5层遗存定为西周晚期至春秋中期，第4层则不晚于春秋晚期。关于早期楚民族文化的日用陶器，我们曾在鄂西发掘的一些周代遗址中挑选出一部分标本，主要有鬲、盂、盆、豆、盂形豆、罐、瓮、缸等几种。〔3〕这些标本的年代大体与上磨垴第5层的年代相当，时代上限为西周晚期。而上磨垴第6层出土的A组陶器的时代为西周中期，这样早期楚民族文化的年代上限便从西周晚期追溯到了西周中期。

上磨垴第6层出土的A组陶器重要的标本有小口鬲（T22⑥：7）、大口鬲（T7⑥：7）、黑陶盂（T7⑥：30）、粗柄豆（T19⑥：1）、长颈罐（T19⑥：3）、盆（T19⑥：3）等（图一，1、2、5、7、6、4）。特点最为明显的是小口鬲、大口鬲和粗柄豆。小口鬲、大口鬲作风近似，造型均较规整，是介于典型中原周式鬲和典型楚式鬲之间的形态。特点是侈口，尖唇或方唇，有颈，弧裆，裆部经按压，足修削，足尖平。饰绳纹，裆部绳纹加密。粗柄豆的主要时代特点是座底唇部上翘。盆、长颈罐的口沿已出现三角唇。这些都反映了第6层A组陶器的特点。

B组陶器的数量较少，但文化特点十分突出，例如陶质有夹细砂褐陶和夹细砂灰陶两种，器物造型比较小巧，侈口或敛口，圆腹或收腹，尖底或尖平底，主要纹饰有斜方格纹和弦纹。而所见器形种类并不齐全，但都是三斗坪遗址中常见的，即为早期巴人的陶器。特别值得一提的是饰凹凸弦纹的纺轮，为三峡地区的新发现，这种纺轮也见于四川三星堆巴蜀文化遗址〔4〕中。B组陶器显然是早期巴文化陶器。

C组陶器以鼎的数量最多。鼎的特点多为夹砂红褐陶，器形均为侈口，口部胎壁加厚，圆鼓腹，高锥足或上粗下细的圆柱足，有的足尖略上勾，足膝部有的拍打出平面。器腹至底多饰交错绳纹。这种陶鼎常出现在三峡大坝坝区北岸的商周遗址（如小溪口、西湾、苏家坳、周家湾、覃家沱等遗址）中，分布范围很小，坝区南岸和库区都基本不见或少见，例如与上磨垴隔江相望的大沙坝商周遗址〔5〕和相距不远的官庄坪周代遗址〔6〕中就不见或

〔1〕 湖北省宜昌地区博物馆、北京大学考古系：《当阳赵家湖楚墓》，文物出版社，1992年，第219页。
〔2〕 湖北省文物考古研究所：《湖北宜昌县上磨垴周代遗址的发掘》，《考古》2000年第8期。
〔3〕 杨权喜：《20世纪中国文物考古与研究丛书·楚文化》插图一、二，文物出版社，2000年。
〔4〕 四川省文物管理委员会等：《广汉三星堆遗址》，《考古学报》1987年第2期。
〔5〕 湖北省文物考古研究所：《湖北秭归县大沙坝遗址的发掘》，《考古学报》2005年第3期。
〔6〕 湖北省博物馆：《秭归官庄坪遗址试掘简报》，《江汉考古》1984年第3期。

仅见鼎足。C组的釜与B组中的侈口罐形状相似,但制作特点和纹饰均不同。釜的制作较精细,胎较均薄,腹底较宽,饰规整的细绳纹。C组陶器可以在沙市周梁玉桥[1]商代陶器中找到联系,除鼎和釜存在发展关系外,瓮与周梁玉桥的A型瓮,罍与周梁玉桥的A型罍也应有因袭关系。可见C组陶器应属于周梁玉桥鼎釜文化发展系统的一部分陶器。

　　通过对上磨垴出土的三组(种)陶器的介绍和分析,可知鄂西发现的早期楚民族文化、早期巴文化和周梁玉桥等三种商周遗存均在上磨垴遗址中汇合,A组陶器的数量、器类和发展等情况表明,早期楚民族文化是上磨垴遗存的主流,上磨垴是早期楚民族活动的遗址。三种陶器并存的情况又说明早期楚民族文化尚处于其形成的初期。

<h1 style="text-align:center">三</h1>

　　关于楚文化,本人曾经通过对江汉地区发现的商周青铜器[2]和楚墓葬制[3]等方面的观察,认为楚文化乃是华夏文化在南方的一个类型,但它并非从中原文化直接发展而来的,也不是中原周文化的直接延伸。前面讲到早期楚民族文化与典型的楚文化则有直接的因袭关系,那么典型楚文化的渊源就已追溯到了上磨垴早期楚民族文化中。上磨垴早期楚民族文化形成初期的一批陶器已属鬲文化系统,或者说早期楚民族文化形成初期就含有浓厚的中原文化因素。从鬲的形态来看,它与同期的典型周式鬲并不相同,证明楚文化并非直接承周文化而来。大约夏商阶段江汉一带有一支强大的荆楚族团,并长期与中原对峙,同时受中原文化的强烈影响,逐渐形成自身的独特文化,而早期楚民族文化当继承许多原荆楚族团文化的传统,其中楚式鬲的形成和发展就能证明。鬲,原是北方最早出现的器物,后来传播到南方,与当地的鼎相结合,[4]形成了楚式鬲。楚式鬲是楚文化研究中最为重要的器物,它贯穿了楚文化形成和发展的全过程,它不但在楚遗存中普遍存在、形态变化明显而具有分期断代的标尺作用,而且它在制作、结构、外形、变化规律和流行时代等方面都有自身特点,与中原的商式鬲、周式鬲都不相同。苏秉琦先生讲过:"实际上'殷式鬲'与'楚式鬲'是共生、平行的。从两者外部形体的发展过程来看,确有相似的一面,但决看不出两者之间有这一种派生出另一种的迹象,'周式鬲'在江汉地区也曾流

---

〔1〕　沙市市博物馆:《湖北沙市周梁玉桥遗址试掘简报》,《文物资料丛刊(10)》,文物出版社,1987年。
〔2〕　杨权喜:《江汉地区发现的商周青铜器——兼述楚文化和中原文化的关系》,《中国考古学会第三次年会论文集》,文物出版社,1984年。
〔3〕　杨权喜:《从葬制看楚文化与中原文化的关系》,《中原文物》1989年第4期。
〔4〕　杨权喜:《江汉地区的鬲与楚式鬲》,《江汉考古》2001年第1期。

行过,但也看不到它对'楚式鬲'曾发生明显影响。"[1]江汉地区的考古资料说明,楚式鬲出现的时代早在楚国建立之前,江汉东部就发现有商代楚式鬲。显然上磨垴出土的西周鬲并非最早的楚式鬲,也不是周式鬲的直接延伸,它应源于江汉地区西周较早阶段的楚式鬲。从商代楚式鬲到西周楚式鬲,再到春秋楚式鬲,逐渐变化成战国时期的典型楚式鬲。所谓典型楚式鬲是一种似鼎非鼎,似鬲非鬲的"鼎式鬲"或"鬲式鼎"。苏秉琦先生说,楚式鬲没有比较明显的裆,实足夹心。夹心像"榫"的凸出部分穿透器底。[2]如此结构的楚式鬲在上磨垴第6层中还没有发现,所见的鬲不但有明显的裆,而且不见足突出部分穿透器底的现象,而第6层出土的鼎则普遍存在这种现象。这种情况一方面说明,典型楚式鬲在西周中期尚未形成;另一方面证明典型楚式鬲是鼎、鬲逐渐融合的产物。既然上磨垴早期楚民族文化的鬲是江汉地区早期楚式鬲的直接发展,那么早期楚民族文化的主源也应当在江汉地区寻找。夏商周时期的江汉是荆楚族团集居的地域,早期楚式鬲肯定与这个活跃的族团有密切联系。

四

目前江汉地区商周考古发掘资料显示,商至西周中期的楚式鬲均共存于江汉地区的中原系统的商文化、周文化或某种文化因素复杂的遗存中,例如黄陂盘龙城商文化遗存中有楚式鬲;沙市周梁玉桥文化因素复杂的商代遗存中也有楚式鬲,简报中的Ⅲ式鬲足和甗足当为楚式鬲的足;圻春毛家嘴周文化遗存中则存在不少的楚式鬲[3](至于当阳磨盘山早期楚民族文化典型遗址中的一件裆部残缺的楚式鬲,过去我们把它的时代断为西周中期,[4]这件鬲如果与上磨垴的西周中期的楚式鬲对照,它的时代显然没有那么早,当改定为西周晚期较妥)。换句话说,江汉地区至今还没有发现一处可以用楚式鬲为代表的一组陶器来断定其文化性质的商代遗址或西周早期遗址。

上磨垴第6层遗存标志着楚式鬲的重大变化,此层出土的西周中期楚式鬲已有了一批共存的性质相同的陶器群,用这批代表主流的陶器群判断,第6层遗存可划归为早期楚民族文化,整个遗址属于早期楚民族文化遗址。

商周时期的荆楚族团活动于江汉,它们不可能没有文化遗存,寻找它们的文化遗存,

〔1〕 苏秉琦:《从楚文化探索中提出的问题》,《江汉考古》1982年第1期。
〔2〕 苏秉琦:《从楚文化探索中提出的问题》,《江汉考古》1982年第1期。
〔3〕 杨权喜:《江汉地区楚式鬲的初步分析》,《楚文化研究论集(第一集)》,荆楚书社,1987年。
〔4〕 杨权喜:《江汉地区楚式鬲的初步分析》,《楚文化研究论集(第一集)》,荆楚书社,1987年。

是江汉考古的重要任务。江汉考古经过了数十年的工作,普查和重点发掘了许多商周遗址,它们的文化遗存是否已经发现? 哪些商周遗存与它们的活动相关? 这是目前江汉商周考古需要探讨的重要问题,也是楚文化渊源追溯必须解决的关键问题。

我们初步考虑,那些含早期楚式鬲的商文化或周文化遗存应都与荆楚族团有关,江汉地区发现的商文化和周文化,与中原的同种文化并不完全相同,具有类型方面的差别,遗存中还存在许多南方的文化因素。江汉类型的中原商文化或周文化也可以叫某种荆楚民族文化。荆楚族团的一部分在当时强大的商、周王朝直接统治下,接受了中原文化,在它们的文化遗存中表现出以中原文化因素为主流的状况是能够理解的。较早的中原系统的文化主要分布在鄂东,表明鄂东的荆楚族团较早地融合于我国大系统的华夏文化中。另有一部分文化因素复杂的商周遗存,特别是土著文化因素浓厚的遗存,则应是商、周王朝统治较为薄弱地区的荆楚族团文化遗存。鄂西地区属商、周王朝统治势力较薄弱的地区,周梁玉桥遗存可说是具有土著特色的或独具特色的另种荆楚民族文化遗存。

周梁玉桥遗存,以鼎、釜、鬲并存,以鼎、釜为主要炊器为特点。其土著特色主要反映在鼎、釜两种器物上。鼎、釜从鄂西城背溪阶段开始盛行,以后一直沿袭发展下来。新石器时代末期的鼎、釜都是侈口宽圜腹,并出现釜形的高锥足鼎。[1] 这种侈口、宽圜腹、高足的造型作风在周梁玉桥出土的鼎、釜造型中得到了继承和发展。另外鄂西新石器时代晚期陶器上流行的斜方格纹,也一直延续在周梁玉桥的鼎、釜等陶器中。以鼎、釜为基本炊器明显是鄂西土著文化的长期传统。商代后期的周梁玉桥遗存中,鬲的数量还较少,有力地证明鄂西接受中原鬲文化的影响远比鄂东晚。这也是我们把探溯楚文化渊源的重点放在鄂西的原因。

楚民族之先也属荆楚族团的支系(这支系与中原民族具有一定的血缘关系)。周梁玉桥一类的荆楚民族文化应与楚民族有内在联系,可以从上磨垴早期楚民族文化遗存中C组陶器的存在和鼎、釜、鬲并存的情况得到证明。上磨垴第6层楚式鬲的前身可能就是周梁玉桥的楚式鬲,可惜周梁玉桥的楚式鬲全貌还不清楚。

五

鄂西的峡区和清江流域在新石器时代晚期之后出现的那支三斗坪商周文化类型,即早期巴文化,与鄂西新石器时代文化没有直接的发展关系,它的渊源主流在成都平原。东

---

〔1〕 湖北省文物考古研究所:《荆门团林叉堰冲遗址发掘简报》,《江汉考古》2001年第3期。

周时期它又逐渐往西发展,最后活动中心又回到了成都平原,并与蜀文化相结合而成为巴蜀文化。[1]多年来对这支文化在三峡发展的时代下限还不明确。上磨垴遗存中的 B 组陶器是早期巴文化器类不全的陶器,这些较零星的陶器并存于早期楚民族文化的遗存中,反映了早期巴文化已发生了重大变化。与上磨垴隔江相望的大沙坝是一处典型的商周早期巴文化遗址,其中发现有专门烧制巴式陶器的窑,整个遗存中仅见极个别的楚式高鬲足,它的时代下限断为西周中期。[2]相距很近的时代上限为西周中期的上磨垴遗存和时代下限也为西周中期的大沙坝遗存互相对照,文化面貌截然不同,充分证明早期巴文化在长江西陵峡的发展下限在西周中期。而衔接它在该地继续发展的即是早期楚民族文化。

早期巴文化与成都地区蜀文化的重要区别有明显的两点:第一,早期巴文化主要炊器为侈口圜底罐,而蜀文化基本炊器为敛口收腹小底罐;第二,早期巴文化陶器流行斜方格纹,而蜀文化则以素面陶为多。早期巴文化的侈口圜底罐的腹壁多为圆弧形,饰斜方格纹,作风与周梁玉桥出土的鼎身十分近似。早期巴文化最初从成都平原而来,到了鄂西之后长期与荆楚接触,在相互交往中也吸收了不少荆楚土著的因素。侈口圜底罐也和楚式鬲形成的情况相似,它是西部日用炊器罐和东部日用炊器釜的结合物。例如蜀地的炊器罐有大、中、小型之分,而早期巴人的炊器罐也分大、中、小型。炊器有大小之分当是西部罐文化的一个特点(有些可以是烧开水的)。前面提到的侈口圜底罐的一些造型装饰风格则是东部鼎釜文化的特点(可能主要是炊煮稻米饭的)。两地文化的这些特点融合在一起,便创造出早期巴文化特有的器物——侈口圜底罐。侈口圜底罐还较多地共存于上磨垴早期楚民族文化中,这是两种文化交替发展中器物相互交流的过渡现象。但随着时代的变化,侈口圜底罐在早期楚民族文化——典型楚文化中的演变又另成自己的系列,典型楚文化中的侈口吸水罐与侈口圜底罐便有一定的发展关系。上磨垴 B 组陶器中的喇叭形器,三星堆报道中称作豆,它的柄和浅盘豆的柄,均细高,呈竹节状,这种作风的器物一直流传在江陵楚都纪南城 30 号台基的战国陶器中。[3]有不少器物可以说明,早期楚民族文化和典型楚文化均吸收了一些西部罐文化的因素。

六

各种不同性质文化的器物由共存到结合成新的器物是各种不同的文化相互作用,逐

---

〔1〕 杨权喜:《略论古代的巴》,《四川文物》1991 年第 1 期。

〔2〕 湖北省文物考古研究所:《湖北秭归县大沙坝遗址的发掘》,《考古学报》2005 年第 3 期。

〔3〕 湖北省博物馆:《楚都纪南城考古资料汇编》,内部刊物,1980 年,第 59 页。

渐形成新文化的重要线索。鄂西地区的古代文化,早在新石器晚期的石板巷子阶段开始就接受了中原文化的强烈影响。[1]从荆南寺、周梁玉桥、上磨垴等不同阶段的文化因素复杂的遗存中隐约看到:在商代较早的阶段,早期巴文化和商文化先后来到沮漳河口一带汇合。到商代后期土著文化迅速复兴,并和早期巴文化、商文化交互作用而出现了周梁玉桥遗存。由于楚的建立,鄂西有了新的文化发展中心。楚民族势力的不断壮大,各民族之间斗争的不断加剧,使我国东、西、南、北方之间的文化交流又有了进一步的发展和融合,西周王朝较强大的政治势力统治,使鄂西存在的东、西、北三大系统的文化再次交流和融合,便形成了早期楚民族文化。

　　西陵峡地区的上磨垴早期楚民族文化,和峡口以东的沮漳河流域的早期楚民族文化还存在一些差异,例如它的文化遗址中还保留着一部分陶鼎,而沮漳河流域同类遗址中则少见陶鼎。我们认为西陵峡地区可能是夔国的地域,[2]而夔是楚国早年所封的嫡系,夔地当为楚国当时重要的地盘,也是早期楚民族活动的根据地,西陵峡地区早期楚民族文化与沮漳河流域早期楚民族文化的形成、发展大体是同步的,沮漳河流域的早期楚民族文化的源头应该也不会早于西周中期。

　　(原载《北京大学考古学丛书·考古学研究(五)》(庆祝邹衡先生七十五寿辰暨从事考古研究五十年论文集)下册,科学出版社,2003年)

〔1〕 杨权喜:《关于鄂西六处新石器时代晚期遗存的探讨》,《考古》2001年第5期。
〔2〕 杨权喜:《西陵峡商周文化的初步讨论》,《中国考古学会第七次年会论文集》,文物出版社,1992年。

早期楚民族文化的探索

楚文化是我国古代南、北方两大文化系统互相交融的具体产物,它是以楚民族为主体而逐渐形成的一种东周文化。对楚民族文化的探讨,特别是对早期楚民族文化的探讨是追溯楚文化渊源的主要工作之一。

一、关于楚文化发展的三个重要阶段

据文献记载和考古发现,楚文化的发展可分为形成期、鼎盛期和衰落期三个不同的重要阶段。

形成期,相当于春秋中、晚期。西周末春秋初,周王室衰落,各地诸侯崛起。这是楚文化形成的总的历史背景。公元前689年(相当于春秋早期晚段),楚文王从荆山丹阳迁都于江汉平原的郢,标志着楚文化形成的开始。从此以后,江汉地区的古代文化发展确定或另立了一个中心——楚国。即使当时的楚国文化并不比"汉阳诸姬"发达,但它处于蛮夷之首的地位,并"甚得江汉间民和",势力日益壮大,地域不断扩展。楚武王三次伐随("汉阳诸姬,随为大")以后,楚国又取得了江汉盟主的地位。不管楚王族的来源如何,但它以蛮夷自居,独立于蛮夷之地,这为蛮夷传统文化的振兴创造了条件,为我国南、北两大文化系统的进一步融合奠定了基础。

楚国从丹阳迁都于郢,使其国内发生了一系列变化,如经济生活从山区转向平原;民族成分从较单纯的楚民族变为较复杂的多民族。这些重大变化,必然导致文化面貌的变化。从楚文王始都郢至楚惠王期间,楚国不断吞并江汉淮诸国,这个过程同时也是楚国不断吸收继承、交流融合江汉淮诸国文化的过程。楚文化的起源,从广义上分析,也应是多元的,它是在江汉淮各地原有文化发展的基础上,通过楚国的逐渐统一,逐渐汇结而形成的。作为一种考古学文化的楚文化,它的分布范围、体系构成、文化特征,只有在春秋中期及此以后的考古资料中才能清晰地反映出来。因此,楚文化开始形成的年代当定在春秋中期前后,而楚"始都郢",则是一个明确的历史标记。

另一方面,从已发现的春秋楚文化遗存中寻找,可以列出许多大同小异的区域性特征,这正是楚文化形成期的主要特点。

鼎盛期,相当于战国早、中期。楚国经过吴楚战争和平息白公之乱[1]以后,克服了主要因内乱而引起的政治危机。公元前479年,楚惠王刚复位,就又灭陈、败巴、攻东夷,"战国七雄"中楚最大已成定局。从此,楚国社会进入了一个相对稳定的时期,为楚文化的兴旺繁荣创造了必要条件。

考古发现的楚文化丰富多彩、光辉夺目,主要就出现于这一期间。这一时期的遗迹遗物,包括城址、墓葬、铜器、陶器等都发生了重要变化,该变化大约就发生在楚惠王期间。

衰落期,相当于战国晚期。公元前278年,秦国将领白起率军南下,拔郢、烧夷陵,楚顷襄王仓皇东逃于陈城。从此,楚文化发展的中心,从江汉平原转入淮河中游,它失去了原有的主要根基,自然就日薄西山了。

二、关于楚民族文化与典型楚文化

楚文化的兴衰,同楚民族的逐渐强大和楚国的兴亡紧密相连,对楚文化起源、发展的研究,显然应以楚民族和楚国的历史为主线串联始末。追溯楚文化渊源,首先要追溯楚民族和楚国文化的渊源。具体地说,目前关键要寻找到楚居丹阳时期的楚民族和楚国文化。

楚居丹阳时期的楚国文化和楚民族文化应当是基本一致的,可以认为是一种较单纯的民族文化。这种文化从狭义上理解,也可称作楚文化,但它与后来的楚文化具有根本不同的含义。因此,称之为早期楚民族(或楚人、荆楚民族、楚蛮民族)文化,以免在概念上的模糊。

一般认为今江陵地区发现的楚文化,属于典型的楚文化。所谓典型楚文化,实际上是指楚民族文化。追溯典型楚文化渊源的工作,就是寻找早期楚民族文化的工作。

江陵楚纪南城及其周围发掘的楚墓,内容十分丰富,特点非常鲜明,但时代差异不大,所反映的文化上下沿袭的时间并不长,曾使楚文化发展序列的研究工作陷入困境。

为了寻找较早阶段的楚民族文化,大约从70年代末开始,考古工作者以江陵地区的楚文化工作为基础,逐渐向江陵以外的地区探索。在荆山脚下的当阳县境内的工作收获

---

〔1〕 见《左传·哀公十六年》。

特别大,使楚文化的研究有了一些突破性的进展。季家湖楚城[1]和赵家湖楚墓[2]的发掘与初步研究,不但使我们对形成期的楚文化有了较明确的认识,证明了过去所认识的,包括江陵地区在内的楚文化普遍较晚;而且发现楚文化是从沮漳河之西向沮漳河之东逐渐发展的,从而为寻找早期楚民族文化提供了重要线索,暗示了早期楚民族活动于荆山之南麓的极大可能性。

三、早期楚民族文化的发现与分布

多年来,在苏秉琦、俞伟超等先生的关怀、指导和参与下,在鄂西沮漳河至长江西陵峡一带做了大量的古代文化发展的区系工作,对鄂西地区的古代文化面貌和发展序列有了初步了解,对这个地区的商周文化也有了一个轮廓性认识。

商周时期的鄂西,是一个情况复杂、多种文化交融发展的地区。在宜昌三斗坪、[3]沙市周梁玉桥[4]和当阳磨盘山[5]三个遗址发现的商周文化遗存,是具有代表性的三种不同类型的文化遗存,它们的主要特征表现在分别以罐、鼎、鬲为基本日用炊器上。这三种不同类型的文化虽有时代早、晚的衔接关系,但它们都各具文化特征、发展序列、分布区域和发展中心。它们的主人,显然不可能是一脉相承的。

根据已掌握的楚文化的基本特征、发展序列,以及对其形成期的研究成果,初步断定以磨盘山为代表的文化遗存是早期楚民族文化遗存。在当阳杨木岗、史家台、郑家凹子、赵家塝、金家山、半月,枝江熊家窑、周家湾、赫家凹子,江陵荆南寺、摩天岭以及秭归官庄坪、柳林溪,松滋博宇山等地点均有发现。其分布范围大体在荆山南麓至长江边的江汉平原西南角。

四、早期楚民族文化的基本内涵

早期楚民族文化遗址虽调查发现比较多,但均未进行系统发掘,所见资料还比较零星,并且没有全部发表。以下分村落遗址、墓葬、陶器和铜石器等四方面作一情况简介:

〔1〕 湖北省博物馆:《当阳季家湖楚城遗址》,《文物》1980年第10期。
〔2〕 高应勤、王光镐:《当阳赵家湖楚墓的分类与分期》,《中国考古学会第二次年会论文集(1980年)》,文物出版社,1982年。
〔3〕 杨权喜、陈振裕:《宜昌县三斗坪大溪文化与商周遗址》,《中国考古学年鉴(1987年)》,1988年,文物出版社。
〔4〕 沙市市博物馆:《湖北沙市周梁玉桥遗址试掘简报》,《文物资料丛刊(10)》,文物出版社,1987年。
〔5〕 宜昌地区博物馆:《当阳磨盘山西周遗址试掘简报》,《江汉考古》1984年第2期。

1. 村落遗址　一般堆积的面积不大,文化层较薄,并往往夹于其他时代的文化层之间。未发现较完整的房屋遗迹,已发掘了不少圆形的灰坑。这些遗址大都属于一般的居民村落遗址。当阳半月和枝江周家湾遗址[1]是比较单纯的早期楚民族文化遗址,文化层一般厚20—50厘米,并断续分布,已暴露不少圆形灰坑,坑内填土灰黑,较松软,似与炊煮有关。磨盘山遗址是一处较大型的早期楚民族文化遗址。它位于沮、漳河交汇口附近的一个低矮岗地上,堆积分布范围虽较大,但也同样断续出现,是由多个居住点组成的较大的村寨遗址。宜昌地区博物馆曾作过小面积的发掘,[2]出土了较多的两周之际的陶片。

2. 墓葬　集中发现于赵家湖楚墓[3]区内,见于该墓区的郑家凹子、赵家塝、金家山等地点。这些墓葬除少量贵族墓以外,多为平民墓。

赵家湖2号墓[4]是一座出铜礼器的小贵族墓。墓坑3.7×2.4—2.68(米),墓壁垂直。木椁室3.09×1.41×1.58(米)。椁盖板之上和椁室四周均用白膏泥填封。椁室不分箱室。木棺为悬底方棺,2.35×0.08×1(米),放于紧靠椁室西北壁。随葬器物置于椁室内南部和东部的空间。计有铜鼎1、簋2;陶鼎2、小鬲9、盂形豆4、豆4、罐4;木俎4。

赵家塝6号墓和郑家凹子6号墓均为出日用陶器的平民墓。郑家凹子6号墓,坑口长2.3×0.9(米),亢底2.16×0.8—1.8(米),有边龛,随葬品有陶鬲、盂、豆、罐各1件。

赵家塝6号墓,[5]墓壁基本垂直,椁室2.89×1.34—0.88(米),出土陶鬲4、盂1、豆4、罐2。

所见墓葬的特点比较明显,墓坑多呈窄长形,墓壁大都垂直,常见头龛或边龛。较大的墓,椁室四厝已流行用白膏泥填塞。而椁室内一般还没有用隔板分箱分室,棺木多置于紧靠椁室的一角。贵族墓的随葬品以铜礼器或陶礼器为主,而平民墓一般只有日用陶器。铜礼器的基本器物为鼎、簋。陶礼器多为磨光黑皮陶,暗纹常见,基本组合为鼎、鬲、盂形豆、豆、罐。日用陶器以红陶为常见,主要纹饰为绳纹,组合为鬲、盂、豆、罐。

3. 陶器　遗址中常见的日用陶器,陶系比较复杂,有红陶、红褐陶、灰褐陶、黑灰陶等种,其中以红陶或红褐陶为主。据磨盘山试掘的第五、六层出土陶片统计,[6]红陶占32%—44%,红褐陶占42%—52%。所饰绳纹一般较粗,暗纹极常见。主要器形有鬲、甗、豆、盂、盆、罐、瓮、缸等,已出现少量瓦片。器类较简单,基本炊器为鬲,还有甗等。

---

〔1〕 这两遗址均为1983年湖北省博物馆、宜昌地区博物馆调查资料。
〔2〕 宜昌地区博物馆:《当阳磨盘山西周遗址试掘简报》,《江汉考古》1984年第2期。
〔3〕 高应勤、王光镐:《当阳赵家湖楚墓的分类与分期》,《中国考古学会第二次年会论文集(1980年)》,文物出版社,1982年。
〔4〕 高仲达:《湖北当阳赵家塝楚墓发掘简报》,《江汉考古》1982年第1期。
〔5〕 高仲达:《湖北当阳赵家塝楚墓发掘简报》,《江汉考古》1982年第1期。
〔6〕 宜昌地区博物馆:《当阳磨盘山西周遗址试掘简报》,《江汉考古》1984年第2期。

鬲　为楚式鬲,三类鬲[1]均已出现,其中属第一类的鬲最常见(按本人对楚式鬲的分类分型。下同)。

第一类鬲　为日用炊器。

A型盆形鬲,可分五式:

Ⅰ式　荆南寺T8③:51,夹砂红陶,侈口,方唇,束颈,圆肩,三柱足略内收,联裆,裆部呈弧线内凹,器身及足部均饰绳纹(图一,1)。

Ⅱ式　荆南寺H1:11,口部和裆,足部均与Ⅰ式相似,但下腹急内收,显得上大下小(图一,2)。

Ⅲ式　官庄坪Tl⑥:11,夹砂褐陶,黑衣,侈口,方唇较厚,鼓腹,弧裆,足部有削痕,腹部和足部上半部饰绳纹(图一,7)。

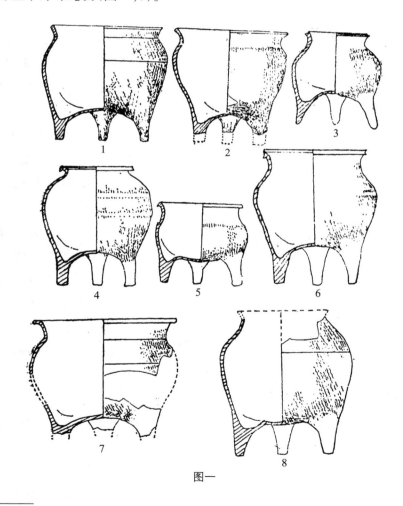

图一

〔1〕　杨权喜:《江汉地区楚式鬲的初步分析》,《楚文化研究论集(第一集)》,荆楚书社,1987年第198—201页。

Ⅳ式　磨盘山采：3，橙黄色陶，侈口，口沿折仰，裆、足残（图二，1）。

Ⅴ式　柳林溪T4③：1，红褐陶，器形较瘦高，侈口，斜尖唇，斜肩，鼓腹较深，弧裆。器身饰粗绳纹（图一，6）。

B型　小口鬲，可分两式：

Ⅰ式　郑家凹子6号墓出土的1件（M6：2），侈口，卷沿方唇，弧裆明显，锥足外撇（图一，3）。

Ⅱ式　柳林溪H1：2，直口，折沿略上仰，方唇，短颈，鼓腹，弧裆，圆柱形足，足垂直，器身至足部饰绳纹（图一，4）。

C型　罐形鬲，分两式：

Ⅰ式　荆南寺H1：1，夹砂红陶，口较小，口沿残，深腹，联裆，裆部外圜呈圜底罐形，三个素面柱足。器身饰粗绳纹（图一，8）。

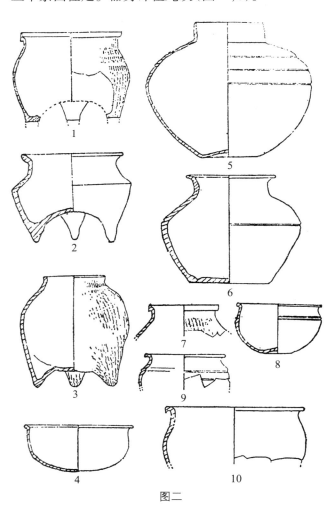

图二

Ⅱ式　赵家塝M6：8，口较大，侈口，斜尖唇，束颈，腹较浅，裆亦呈圜底状，柱足。饰绳纹（图一，5）。

第二类鬲　日用储盛器。见于官庄坪遗址中，H3：22，呈罐形，为方唇直口，平裆，足很短矮。饰绳纹（图二，3）。

第三类鬲　为明器，已见于赵家塝墓葬中，一般较矮小，泥质，火候较低，素面，器表多打磨。赵家塝2号墓出土的一件，为仿铜陶鬲（图二，2）。

甗　未出完整器，但有较多的甗腰部碎片。

盂　多卷沿，深腹，颈不明显，有内凹底和圜底两种（图二，4、8、9）。

盆　形制与盂近似，一般为窄沿，颈不明显，腹壁较直，素面或饰弦纹（图二，10；图三，1、2）。

豆　豆盘较深,或折腹。豆柄中部细,与座无界线,座呈喇叭状。有细柄和粗柄两种(图三,3、6、8)。

盂形豆　出于墓中,器腹呈盂形,下部与豆柄、座相同(图三,7)。

罐　器形较复杂,有直口鼓腹罐、广肩平底罐、束颈鼓腹绳纹罐等种(图二,5-7)。

瓮　绳纹瓮的完整器曾见于杨木岗遗址中(图三,4)。

缸　较完整的形态曾见于官庄坪(图三,5)。

4. 铜、石器　数量都不多。在早期楚民族文化遗存分布范围内,除出土过同一阶段的中原作风的铜器(见下文)外,在遗址中曾暴露过少量的箭头之类的铜器小件和少量石斧。赵家塝二号墓出土的一件铜鼎和二件铜簋,是发掘出土的具有特色的铜器(图四,1、2)。

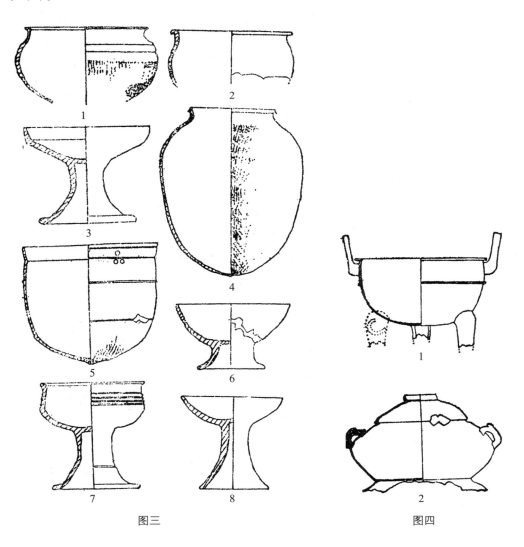

图三　　　　　　　　　　　　　图四

五、相关问题的讨论

目前所见早期楚民族文化遗存有如下一些基本情况：

1. 从所属时代方面观察，基本都属于楚居丹阳后期的遗存。而楚居丹阳前期的遗存，目前还是考古的空白。有些早期楚民族文化遗址的时代上限可溯至西周中期。如A型Ⅰ式、A型Ⅱ式、A型Ⅲ式、A型Ⅳ式、C型Ⅰ式鬲为代表的一部分陶器，时代应比较早，具有一般西周较晚阶段陶器的特征，可断为西周后期遗存。但大部分遗址出土的遗迹遗物，均以两周之际至春秋早期的为丰富。如A型Ⅴ式、B型Ⅰ式、B型Ⅱ式、C型Ⅱ式鬲，都是最常见的鬲；赵家塝二号墓出土的铜器，是鄂西地区出土的最有特色的最早的楚国铜容器。以这些器物为代表的遗存，其时代不会晚于公元前689年，属于楚称王（楚武王）前后的遗存。

2. 从分布情况来看，中心区域似在沮漳河中、上游一带。这一带不但发现的遗迹遗物比较密集而丰富，而且向上延伸的时代较早。尤其是这一带的遗物特征十分鲜明，与西部的官庄坪，[1]南部的博宇山[2]出土的同类遗物相比，更具有典型性；与沮漳河入江处的张家山、[3]荆南寺[4]出土的西周遗物比较，更能显出地方特色（张家山、荆南寺的西周文化，具有更明显的中原文化因素）。

3. 从文化特点方面归纳，没有发现很大规模的遗迹和较精致的遗物；陶器多是一般日用品，以烧制水平较低的红陶、红褐陶为主，绳纹亦显得较粗糙简朴；基本炊器是楚式鬲；有特点的铜器出现于较晚阶段，而且制作较简单粗糙；器物的基本形态，虽有明显的地域特点，但总的作风，例如墓中使用鬲、盂（盆）、豆、罐等情况仍近似中原。

以上基本情况，大体反映了早期楚民族文化发展的轨迹：

1. 早期楚民族文化发展的两个重要阶段。

（1）楚居丹阳前期，相当于熊绎至熊渠时期。西周早期，周成王初封熊绎于荆山丹阳，是为楚国之始。楚国初年处于偏僻山区，历尽艰辛，勤奋创业。"号为子男五十里"，[5]它虽属周王朝一封邑，但活动区域有限，土地贫瘠，交通不便，国弱民穷，文化落后。楚建国初期阶段的文化遗存恐怕难以存在于今天，即使丹阳遗址也恐怕难以断定。至今未见

---

〔1〕 湖北省博物馆：《秭归官庄坪遗址试掘简报》，《江汉考古》1984年第3期。
〔2〕 荆州地区博物馆：《湖北松滋博宇山遗址试掘简报》，《文物资料丛刊（10）》，文物出版社，1987年。
〔3〕 陈贤一：《江陵张家山遗址的试掘与探索》，《江汉考古》1980年第2期。
〔4〕 荆州地区博物馆、北京大学考古系：《湖北江陵荆南寺遗址第一、二次发掘简报》，《考古》1989年第8期。
〔5〕 《史记·孔子世家》。

楚居丹阳前期的遗存,恰恰反映了楚国建国初期的历史状况。

(2)楚居丹阳后期,西周中期。相当于熊渠前后,楚国开始向江汉平原扩展,早期楚民族文化进入了一个新的发展阶段。《史记·楚世家》云"当周夷王之时,王室微……熊渠甚得江汉间民和……乃立其长子康为句亶王,中子红为鄂王,少子执疵为越章王,皆在江上楚蛮之地",楚国至熊渠时,曾从荆山丹阳出发,出兵攻打扬越等民族,到了长江边沿地区,并征服了一部分"江上楚蛮之地"。

句亶王所在地,即"今江陵也"。[1]江陵在沮漳河入江处,被包括于早期楚民族文化分布范围内。句亶王占领江陵以后,楚作了这一带的主人,便使早期楚民族文化在这一带不断发展。《史记·楚世家》又云"及周厉王之时,暴虐,熊渠畏其伐楚,亦去其王",楚从封王又去其王,说明当时楚还没有足够力量独立于周王朝,这一阶段的楚民族文化风格便表现出与中原文化相接近的特点,这是可以理解的。

本人在《探索鄂西地区商周文化的线索》一文[2]中,曾经提到鄂西地区发现的早期巴人文化与中原文化遗物等问题。近些年来在鄂西的工作使我越来越明显地看到,相当于夏商阶段,鄂西长江边沿地带确有一支属巴蜀系统的人类在活动,初步认为是早期巴人。它们的文化遗存就是上面讲到的以宜昌三斗坪商周遗存为代表的那类遗存。它们的这类遗存应属巴蜀文化系统。大约到了商后期,早期巴人开始逐渐西移。至西周时期,巴人的活动中心,可能已不在鄂西,巴人的踪迹已明显减少。

在商代,鄂西的长江东段两岸还有一支中原的商系部族的到来。如宜都出土的商代铜爵、[3]铜罍;[4]沙市出土的商代铜尊[5]和江陵荆南寺、[6]张家山、[7]沙市周梁玉桥[8]出土的以商式鬲为代表的商文化因素浓厚的陶器,都是它们所遗留的明显足迹。江陵万城出土的有"🐏"形符号的邶国铜器,[9]也是周初商裔的遗留。

在江陵荆南寺遗址发掘的夏至周代遗存,大体反映了当时江陵地区巴、商、楚各族的活动交往替变情况。具有早期巴人文化、商文化、早期楚民族文化和楚文化性质的遗存的依次出现及其基本面貌的演变发展,并结合它们所处时代的分析,表明在夏代前后,这里的主要居民为早期巴人,到商代,除巴人以外主要还有商人,商代后期至周初,曾经有过复

---

〔1〕《史记·楚世家》集解引张莹说。

〔2〕 杨权喜:《探索鄂西地区商周文化的线索》,《江汉考古》1986年第4期。

〔3〕 据《湖北通志·金石志》九十三卷记载:《口祖爵》,出自宜都,宜都杨(守敬)氏家藏。

〔4〕 宜昌地区博物馆:《馆藏铜器介绍·铜罍》,《江汉考古》1986年第2期。

〔5〕 彭锦华:《一件商代大型铜尊在沙市出土》,《中国文物报》1988年3月18日(11期)。

〔6〕 荆州地区博物馆、北京大学考古系:《湖北江陵荆南寺遗址第一、二次发掘简报》,《考古》1989年第8期。

〔7〕 陈贤一:《江陵张家山遗址的试掘与探索》,《江汉考古》1980年第2期。

〔8〕 沙市市博物馆:《湖北沙市周梁玉桥遗址试掘简报》,《文物资料丛刊(10)》,文物出版社,1987年。

〔9〕 李健:《湖北江陵万城出土西周青铜器》,《考古》1963年第4期。

杂的变迁过程；大约从西周中期开始，主要的居民显然易为楚人，这大概就是楚句亶王占领江陵后发生的。

2. 早期楚民族文化由多支系构成。在该文化分布范围内，西周中期至春秋早期曾有过权、罗、夔等小国存在。这些小国多属楚民族的支系。

权，有说为芈姓或子姓的。它实和楚一样，都是以中原民族为首，以当地土著民族为主体而建立起来的蛮夷小国。《左传·庄公十八年》："初，楚武王克权……迁权于那处。"权国，在楚迁都于郢以前已被楚武王攻克，并将其迁往那处。《左传》杜注："权，国名。南郡当阳县东南有权城。"《水经注·沔水中》："沔水又东，右会权口，水出章山，东南流，经权城北，古之权国也。"权国属沔（汉）水水系，地域当在今当阳东南方的荆门西南隅。这一位置的权国，是楚迁都江汉平原以前，首先要扫除的障碍。

罗，与楚同宗。《左传·桓公十二年》杜注："罗，熊姓国，在宜城县西山中，后徙南郡枝江县。"《水经注·江水二》："……县治洲上，故以枝江为称。《地理志》曰：江沱出西南，东入江是也。其民古罗徙，罗故居宜城西山，楚文王又徙之于长沙，今罗县是矣。"楚文王之前，罗国曾居今枝江百里洲。百里洲的赫家洼子遗址，主要应为罗国遗址。百里洲王家岗曾出土过春秋早期有铭文的《塞公孙父铜器》，[1] 铜器作风属中原，此铜器可能与罗国有关，也说明楚民族在早期阶段不一定有独特的铜器。楚与罗虽同宗，但为了自己的扩张，楚文王显然不允许楚郢都附近有罗国的存在。将罗迁于湖南长沙，则为楚民族文化传入长沙创造了条件。

夔，也与楚同姓共宗。《春秋·僖公廿六年》杜注 "夔，楚同姓国，今建平秭归县"，《史记·楚世家》正义："夔先王熊挚为熊渠嫡嗣。"夔，是熊渠时被楚封于今秭归的，属楚的支系。西周中期以后，今秭归一部分属夔。香溪口西岸的官庄坪周代遗址，可能为夔国文化遗址。[2]

以上三个小国，实际上都可归属于楚民族文化系统。作为一种民族文化，可以超出一国的范围。早期楚民族文化，不但可以包括楚民族系统的各国文化，而且还可能包括同一地区的其他一些小国的文化。而楚国处于宗国或盟主的地位，早期楚民族文化发展的中心显然应在楚国。

从考古发现和文献记载可知，荆山南麓至长江边沿的江汉平原西南角，是西周时期楚系诸国活动的一个最主要区域。这个区域便是典型楚文化的策源地。

（原载《楚文化研究论集（第三集）》，湖北人民出版社，1994年）

〔1〕 湖北省博物馆：《湖北枝江百里洲发现春秋铜器》，《文物》1972年第3期。
〔2〕 杨权喜：《西陵峡商周文化的初步讨论》，《中国考古学会第七次年会论文集（1989）》，文物出版社，1992年。

夔国文化及早期楚民族文化的再讨论

1989年在长沙召开的中国考古学会第七次年会上,本人提交了《西陵峡商周文化的初步讨论》一文,[1]此文分析了当时已见到的西陵峡商周文化遗存,并分为三类:第一类属早期巴文化,第二类属夔国文化,第三类属楚国文化。20世纪90年代三峡大坝库区的考古发掘工作全面展开,三峡地区(包括西陵峡地区)的商周文化(包括夔国文化)面貌得到较充分的显示。2003年在湘鄂豫皖楚文化研究会第八次年会上,孟华平同志发表了《夔文化的考古学证据》一文(下称孟文),[2]对夔国文化提出异议,并提出"楚文化的起源应在三峡以外的区域去寻找"。

对夔国文化的认识和判定,关系到楚文化之源[3]探溯、早期楚民族文化探讨、三峡地区商周文化研究、楚文化研究和早期巴文化研究等一系列重要问题,本人有必要对夔国文化及早期楚民族文化作进一步讨论。

一、夔国文化属早期楚民族文化

孟文所说的夔文化指夔国文化,即夔国统治时期形成的一种考古学文化。这里所谓的"国"指东周时期的诸侯国,与通常所讲的国家的"国"含义并不完全相同。

我国进入夏、商、周文明社会(建立国家)以后,新石器时代以来的原始民族发生了重大变化,中原地区有夏族、商族、周族先后崛起,并逐渐形成了一个强大的中原民族,即

---

〔1〕 杨权喜:《西陵峡商周文化的初步讨论》,《中国考古学会第七次年会论文集》,文物出版社,1992年。
〔2〕 孟华平:《夔文化的考古学证据》,《楚文化研究论集(第6辑)》,湖北教育出版社,2005年。
〔3〕 杨权喜:《论楚文化之源》,《湖南省博物馆馆刊(第五辑)》,岳麓书社,2009年。

华夏民族;而南方相对比较落后,只有群蛮、三苗、百濮、扬越、荆楚、淮夷、群舒等没有确切位置和范围的较笼统的族团名称。随着周初的分封,各地开始出现公、侯、伯、子、男五个等级爵位的诸侯及其名称。这些诸侯开始相当于周朝的地方官,还不能称为国。随着周朝后期的衰落,各诸侯势力不断增强,逐渐摆脱周朝的控制而变成独立王国,即所谓的"诸侯国"。诸侯国之上还有东周王朝的存在。

楚也实行分封,例如铭文铜器中的"邓公""羕陵公",有学者主张是楚的封君,但这是春秋以后的事。而夔出现在春秋以前,开始楚只是子爵诸侯,还不敢随意实行分封。《左传》僖公廿六年:"夔子不祀祝融与鬻熊,楚人让之。对曰:'我先王熊挚有疾,鬼神弗赦,而自窜于夔,吾是以失楚,又何祀焉?'"杜氏注:"熊挚,楚嫡子,有疾不得嗣位,故别封为夔子"。夔的先祖为熊挚。班固在《汉书·古今人表》中说:"楚熊挚,渠子";宋均注《乐纬》云:"熊渠嫡嗣曰熊挚,有恶疾,不得为后,别居于夔,为楚附庸,后王命曰夔子也。"[1]班固和宋均都说熊挚是楚国著名国君熊渠之子。而服虔曰:"夔,楚熊渠之孙,熊挚之后。"[2]说熊挚是熊渠之孙。不管熊挚是熊渠之子,还是熊渠之孙,都属楚君嫡系。可见夔是楚民族的分支。而楚民族又是荆楚民族集团的一支;夔原为楚地名,先"别居",后楚王才命曰"夔子",成为附属于楚国的夔国。

在湘鄂豫皖四省楚文化研究会刚成立不久,俞伟超先生曾明确指出,楚国疆域很大,"在这大片疆域内的楚文化,一定存在着不同的区域类型","楚文化的分布范围,在不同时期是不一样的,楚文化内部的区域类型,肯定会随着时间差异而发生变化"。[3]关于楚文化内部的区域类型,本人据楚墓曾划出十一个以上的区域,[4]但各区域文化的整体面貌尚不十分清楚,楚文化的区域类型大都还不能成立。夔国文化分布的三峡地区为楚墓鄂西地区的一个亚区。

楚文化体系的形成,一般断在春秋中期前后,春秋中期以前的楚文化一般叫早期楚文化;春秋中期以后的楚文化通常叫东周楚文化,也就是广义的楚文化或楚国文化。楚文化之源的探讨、追溯主要就是寻找早期楚文化。东周楚文化是楚灭亡了许多东周小国以后形成的,它的文化具有复杂的民族文化因素,它是多民族文化的结合体,与早期楚文化具有质的差别;早期楚文化应是较单纯的楚民族文化,因而本人称之为早期楚民族文化。[5]

---

〔1〕 西汉司马迁:《史记·楚世家》正义引。
〔2〕 西汉司马迁:《史记·楚世家》集解引。
〔3〕 楚文化研究会编:《楚文化考古大事记·序言》,文物出版社,1984年。
〔4〕 杨权喜:《20世纪中国文物考古发现与研究丛书·楚文化》,文物出版社,2000年。
〔5〕 杨权喜:《早期楚民族文化的探索》,《楚文化研究论集(第三集)》,湖北人民出版社,1994年。

在江陵楚郢都及其附近发现的战国楚文化应当属早期楚民族文化的直接发展，可称之为典型的楚文化或晚期楚民族文化。以它为基础从时代方面向上追溯，在楚郢都西部一带找到了春秋中期以前的楚文化——早期楚民族文化。

早期楚民族文化，除了墓葬资料以外，更为重要的还有较丰富的遗址资料。在早期楚民族文化遗址中，有与东周楚文化遗址不完全相同的文化面貌。例如所见陶器的制法、火候及陶质、陶色、器类、器形都具有明显差别。器形有以江陵战国楚文化上溯到的鬲、豆、盂、盆、罐、瓮，还有江陵战国楚文化少见的甗、盂形豆等。器物造型最大的特点是侈沿三角唇，唇部上仰下钩（有的描述为"侈口，尖唇折仰"）。这个特点特别表现在日用楚式鬲和甗上。早在1980年底，俞伟超先生带领北大、武大和湖北省的考古人员对当阳赵家湖楚墓及其出土遗物进行排比研究，排列出七期十二段（西周晚期至战国晚期）的器物分期年代表。接着俞伟超先生带领部分考古人员到赵家湖附近的磨盘山遗址[1]调查，采集到一件具有侈沿三角唇特点的西周红褐陶鬲时心情非常激动。后来他在北京给我的信中写道"磨盘山遗址自然是头等重要"，[2]他认为早期楚（民族）文化已经找到了，因而磨盘山遗址很快被列为第五批全国重点文物保护单位。磨盘山遗址被发现以后，接着在沮漳河流域的当阳、枝江、江陵一带又发现一批类似的遗址，集中分布在一定范围内，可断定为早期楚民族文化遗址。在西陵峡中段北岸一带也发现了一些具有类似特点的有一定分布范围的遗址，这些遗址我们判断它为夔国文化遗址。夔国文化应属于早期楚民族文化的三峡类型。

二、夔国文化的探索和判断

东周时期被楚国灭亡的诸侯国达四五十个，集中分布于江、汉、淮地区，这些诸侯国的来源称谓、历史变迁、分布状况都很复杂。周初，许多周族诸侯和中原其他民族的诸侯都被封于江、汉、淮地区，有所谓"汉阳诸姬"之称。因此这个地区有许多占统治地位的周族等中原民族。前面讲到夏商周时期我国南方只有以"群""三""百"（数量）和"扬""荆""淮"（地域）等字形容的繁杂的民族族团分布。被楚灭亡的诸侯国又有被不断迁移的情况。因此，江、汉、淮地区被楚灭亡的诸小国文化，除有铭器物以外均难以确认，

---

〔1〕 宜昌地区博物馆：《当阳磨盘山西周遗址试掘简报》，《江汉考古》1984年第2期。
〔2〕 杨权喜：《楚文化渊源探索的回顾与思考——怀念俞伟超先生》，《俞伟超先生纪念文集·学术卷》，文物出版社，2009年。

多数也不能形成独立的文化或文化类型。目前唯有夔国不同，它的文化具有特殊的形成和判断条件。

第一，夔，有较明确的文献记载和学术界较一致的看法。它属楚，楚为荆楚族团的一支。"荆"是地域的概念，即荆山山脉一带，"荆楚"指这一带的山区族团。"荆、楚"二字都与紫荆丛生的山林有关，二字的含义也相同。《春秋公羊传》《春秋谷梁传》《韩非子》《吕氏春秋》等古籍都往往称"楚"为"荆"。荆山绝非指一座山峰，而是指我国南方群峰重叠的大片地方。长江经过今荆州的一段被称为荆江；今荆州之北还有荆门，荆门正位于鄂西的荆山山脉脚下。古文献记载楚居荆山；所有与楚同姓的诸侯国，如权、罗、鄌，还包括夔都集中分布在鄂西的荆山一带。这一带又恰好发现了早期楚民族文化，证明鄂西荆山一带就是早期楚民族的活动区。夔位于荆山南部的秭归，这里有一条河叫香溪，它自荆山中部偏西向南流至秭归入长江（荆山中部另有一条沮河，自西北向东南流入早期楚民族文化发现地——沮漳河流域）。据《水经注·江水二》和《宜都记》等古文献记载，香溪河流域在老秭归（今秭归已迁至三峡大坝坝区）东北（即香溪河流域），这里是楚伟大诗人屈原的故里，也是东汉王昭君的故里。"袁崧曰：屈原有贤姊，闻原放逐，亦来归……因名曰秭归"，"宋忠曰：归即夔"，[1]秭归之名与夔和屈原有关。这些也可证明香溪河流域是古代文化发达和与夔、楚关系密切的区域。《水经注·江水二》"又东过秭归县之南"，指秭归县的南部"江水又东径城北"，指秭归县城之北，北魏时秭归县城在江南。今江南有东门头古城遗址，北魏秭归县城应在此；"北对丹阳城"，丹阳城即今江北的鲢鱼山遗址；[2]"又东南径夔城南"，指鲢鱼山遗址之东的香溪镇之南。原香溪镇在香溪河入长江的西岸，曾出土过越王州勾铜剑；"熊挚始治巫城"，巫城在巫峡西端北岸的今巫山县；"《春秋左传》僖公廿六年，楚令尹子玉城夔者也（孙按《左传》作灭夔）"。子玉城夔的僖公廿六年（前634年），也是楚灭夔的时间。

第二，三峡地区地理环境特殊，古代文化遗存丰富而集中，古文化发展序列和各阶段文化面貌变化清楚。三峡为我国古代东、西水路交通的重要孔道，北部有多条南北走向的长江支流，这块山高谷深的地区能供古代居民生存的空间窄小，在江河峡谷地势较低而有水源的地方，分布着十分密集的古代遗址和墓葬。为配合葛洲坝和三峡大坝工程建设，基本将所发现的古代遗址、墓葬全部发掘清理完毕。丰富的考古资料证明三峡地区，不但是我国古代文化的一个重要起源地，而且是我国古代东、西、南、北方文化交流的特殊区

---

〔1〕 北魏郦道元：《水经注·江水二》。
〔2〕 湖北省文物考古研究所：《湖北秭归东门头汉墓与宋墓清理简报》，《湖北库区考古报告集（第一卷）》，科学出版社，2003年；杨权喜、陈振裕：《秭归鲢鱼山与楚都丹阳》，《江汉考古》1987年第3期。

域。[1]经过三峡考古资料的初步整理和研究,这个地区古代文化发展序列为:柳林溪文化(为湖北地区最早的新石器时代文化——城背溪文化的三峡类型)—大溪文化—屈家岭文化—石家河文化—白庙文化(夏代)—早期巴文化(商—西周中期)—早期楚民族文化(西周中期—春秋中期)—东周楚文化(春秋中期—战国晚期)—秦汉文化。

关于夔国文化的探索判断,孟文认为"界定三峡地区西周至春秋早期的遗存是……关键",我所讲的西陵峡鼎、釜、鬲、甗四种陶炊器共存的那类遗存时代不早于春秋中期,因而否定那类遗存属夔国文化。而我认为界定时代仅是问题的关键之一,还有文化性质、与东周楚文化关系、遗存的发现和分布范围等都属问题的关键。

1. 关于夔国文化的时代。三峡地区发现的以陶鼎、釜、鬲、甗四种日用炊器共存的周代典型遗址有宜昌上磨垴、[2]秭归柳林溪[3]和官庄坪、[4]巴东罗坪[5]等。所见周代遗存都像当阳赵家湖楚墓[6]一样,与东周楚文化具有连续发展关系,四种日用炊器共存的情况最明显地反映在春秋中期前段的遗存中,时代上限大都可溯至春秋早期,甚至溯至西周中期。夔国始于周厉王之后的西周中期晚段,这时作为以楚民族为主体的早期楚民族文化还处于形成期。夔国的建立标志着早期楚民族文化与三峡地区的早期巴文化开始融合。而早期巴文化是当地土著文化与西部罐文化相结合的产物;早期楚民族文化是当地土著文化与北方鬲、甗文化相结合的结果。至于釜,它是东部鼎文化和西部罐文化相互影响的一种炊器,例如釜是没足的鼎(有所谓釜形鼎之称),但它形态像罐,却又不像西部耸肩收腹小底的罐(炊器)。釜是三峡地区早期巴文化的主要炊器。三峡的釜又与峡东的釜不完全相同,峡东的釜,底宽;三峡的釜,底较窄,介于峡东釜和西部罐之间的形态。三峡周代遗存中的鼎,制作、纹饰均很粗糙,是鄂西周梁玉桥[7]土著文化的鼎之演变。釜属早期巴文化;鬲(甗)为楚式鬲(鼎、鬲相结合的器形),属楚文化;鼎属当地土著文化。鼎、釜、鬲、甗这四种炊器共存是三峡特殊的古代文化发展区域决定的。这个特点的形成同样需要一个逐步过程,从西周中期晚段开始,到春秋中期前段(夔国被楚国灭亡之时),四种炊器共存的夔国文化特点才充分显示出来。以为四种炊器共存的"时间不早于春秋中期"就否认它的属性,本身也是片面的,并不合文化形成发展规律。

2. 夔国文化属性及其与东周楚文化的关系。这个问题可以从夔国文化典型遗址出土

〔1〕 杨权喜:《论西陵峡古代日用炊器》,《华中师范大学学报》(人文社会科学版)2005年第4期。
〔2〕 湖北省文物考古研究所:《湖北宜昌县上磨垴周代遗址的发掘》,《考古》2000年第8期。
〔3〕 国务院三峡工程建设委员会办公室、国家文物局:《秭归柳林溪》,科学出版社,2003年。
〔4〕 国务院三峡工程建设委员会办公室、国家文物局:《秭归官庄坪》,科学出版社,2005年。
〔5〕 国务院三峡工程建设委员会办公室、国家文物局:《巴东罗坪》,科学出版社,2006年。
〔6〕 湖北省宜昌地区博物馆、北京大学考古系:《当阳赵家湖楚墓》,文物出版社,1992年。
〔7〕 沙市市博物馆:《湖北沙市周梁玉桥遗址试掘简报》,《文物资料丛刊(10)》,文物出版社,1987年。

的周代陶器方面进行分析。上磨垴、柳林溪、官庄坪、罗坪出土的周代陶器的质地、制法、火候、器类、器形、纹饰及其器物造型特点、发展变化都是一致的。它们的时代上限只能溯至西周中期,下限可晚至战国晚期。它们早、晚之间具有因袭的连续发展关系,都属于楚文化系统则是显而易见的。也就是说四种炊器共存的遗存(夒国文化),与东周楚文化的关系是承袭发展的关系;四种炊器共存的文化(夒国文化)是楚的渊源文化之一。现在问题在于夒国文化是否属于早期楚(民族)文化。

上磨垴遗址附近有小溪口、西湾、苏家坳、白狮湾、周家湾等一系列的同类遗址,[1]这些遗址位于三峡大坝坝区,考古工作做在大坝正式兴建之前,那时文物经费没有落实,全部遗址都未能做正式发掘,所获资料也大都未能整理、编写发表。唯上磨垴遗址在大坝开始兴建之后做了一次最后发掘,发掘资料只编写成了一篇简报。[2]这个遗址的最后发掘是本人争得机会,并亲自主持的,特别注重该遗址出土的周代陶器。2002年,为庆祝我国著名的商周考古学家邹衡先生七十五寿辰暨从事考古研究五十年,我写了《宜昌上磨垴周代文化遗存的讨论》一文,并得到邹先生的认可。[3]该文首先对具有复杂文化因素的上磨垴周代陶器进行了分析,将其分为A、B、C三组。A组有鬲、甗、盂、豆、盖豆、盂形豆、盆、甑、瓮、长颈罐等;B组有侈口罐(即底较窄的釜)、敛口小底罐、尖底杯、喇叭形器、尖底缸、纺轮等;C组有鼎、釜(宽底的釜)、小口高领瓮、罍等。A组属早期楚民族文化发展系统,是主要的逐渐发展的部分;B组属早期巴文化发展系统;C组属周梁玉桥商周土著文化发展系统,B、C组都处于次要地位,是逐渐消失或被吸收的部分。关键部分是A组和B组陶器,这两组陶器的发展变化明显地反映在该遗址的不同地层中。该遗址底部的第6层所出土的A组和B组陶器都较多,还较难判断该遗址的主要文化因素和性质。第5层和第4层所出土的A组陶器都变得极多,所出土的B组陶器都变得极少。第6层到第5层、第4层所出陶器的变化,充分地反映出早期楚民族文化的迅速发展,并很快地成了该遗存的主体。上磨垴显然是一处早期楚民族的居住遗址。A组陶器和沮漳河两岸发现的早期楚民族文化陶器基本相同。特别是鬲类器物,都为楚式,口沿、唇部、裆部特征几乎完全相同。上磨垴周代陶器与沮漳河两岸早期楚民族文化陶器不同点表现在:存在一定数量的B、C组陶器。因而三峡地区的早期楚民族文化遗址中,除有以鬲、甗为主的两种炊器以外,还有釜和鼎。釜、鼎均属次要的文化因素。

---

〔1〕 这些资料存湖北省文物考古研究所,大都没有整理发表。小溪口、周家湾两遗址发掘简报见于《三峡考古之发现》,湖北科学技术出版社,1998年;白狮湾遗址的发掘简报,见于《三峡考古之发现(二)》,湖北科学技术出版社,2000年。

〔2〕 湖北省文物考古研究所:《湖北宜昌县上磨垴周代遗址的发掘》,《考古》2000年第8期。

〔3〕 北京大学考古文博学院:《考古学研究(五):庆祝邹衡先生七十五寿辰暨从事考古研究五十年论文集》,科学出版社,2003年。

根据以上典型夔国文化遗址的历次发掘报告可知，周代遗存的时代上限：上磨垴为西周中期，柳林溪为春秋早期或春秋中期前段，官庄坪为西周晚期或春秋中期偏早，罗坪为西周晚期。这里虽然存在报告编写者看法的差异，但一致认为存在春秋中期前段的遗存，即夔国统治时期的遗存。

3. 夔国文化遗址除以上所讲的典型遗址以外还发现很多，遗址分布范围都集中于三峡的巫峡至西陵峡中段的北面。遗址主要集中区，从湖北境内来看有三个：a. 沿渡河—龙船河（神农溪）两岸及河口一带，除罗坪以外，还有茅寨子湾、[1]雷家坪、团包、黎家沱、[2]高椅子[3]等遗址，此区属巫峡东段；b. 香溪河两岸及河口一带，除官庄坪以外，还有张家坪、乔家坝、河坎[4]等遗址，此区属西陵峡中段偏西；c. 柳林溪、太平溪、小溪等小河流域，除柳林溪、上磨垴两遗址以外，还有上磨垴附近一系列遗址和曲溪口、台丘、渡口[5]等遗址，此区属西陵峡中段偏东的宽谷地带。值得注意的有两点：第一点，这些河、溪都是自北向南流的长江以北的支流，均为通往荆山的通道，是群峰重叠的山区；第二点，有些遗址属于山岗遗址。如周家湾、[6]西湾，它们所处的地势都较高。据本人早年调查，在上磨垴至周家湾一带的山岗顶部往往有零星的周代陶片分布，但未找到文化堆积，可能因坡陡而被雨水冲毁。山岗遗址和山岗顶部零星分布的陶片可以证明，楚民族主要活动于这段长江以北的山区。[7]

夔国文化遗址的三个集中分布区，都在古文献记载的夔国活动于今巫山县至秭归县偏北的范围内，考古发现正好与古文献记载相吻合。通过以上几个关键问题的讨论，足以判断三峡地区以陶鼎、釜、鬲、甗四种日用炊器共存的遗存属夔国文化。

三、庙坪周代第二、三期遗存不属夔国文化

孟文"推测庙坪周代第二期和第三期遗存可能是夔文化的代表性遗存"。并认为此两期遗存是"夔文化的考古学证据"。考古学是以地层学、类型学（包括区系类型学）为

---

〔1〕 湖北省文物考古研究所：《巴东茅寨子湾遗址的第二次发掘》，《湖北库区考古报告集（第三卷）》，科学出版社，2006年。
〔2〕 茅寨子湾第一次发掘、雷家坪、团包、黎家沱发掘资料，《湖北库区考古报告集（第一卷）》，科学出版社，2003年。
〔3〕 高椅子遗址发掘资料，《湖北库区考古报告集（第二卷）》，科学出版社，2005年。
〔4〕 张家坪、乔家坝、河坎遗址发掘资料，《湖北库区考古报告集（第二卷）》，科学出版社，2005年。
〔5〕 曲溪口、台丘、渡口遗址发掘资料，《湖北库区考古报告集（第一卷）》，科学出版社，2003年。
〔6〕 湖北省文物考古研究所：《西陵峡北岸周家湾山岗遗址》，《江汉考古》1994年第1期。
〔7〕 杨权喜：《古代巴、楚及其交融》，《湖南省博物馆馆刊（第2期）》，岳麓书社，2005年。

基础的一门科学,这门科学要研究遗存的时空关系、纵横关系,判断文化性质关键仅界定其时代,这带有片面性。庙坪周代第二、三期遗存(下称两期遗存)[1]的年代虽然可定在西周中、晚期,但不能忽视它们所含的文化因素和它们上下发展关系、与周围文化关系,以及它们的发现和分布情况。

孟文:"在秭归何家坪遗址发现与庙坪周代第二、三期相似的遗存……证明庙坪周代第二、三期遗存并非孤例。"何家坪和庙坪相距很近,都位于长江南岸。在何家坪发现的只是周代的釜、鬲、罐、豆残片,数量很少,没有一件完整器,不能说明两期遗存的性质和分布。即使两处遗存的时代、文化性质相同,其地理位置都在江南,也与文献记载不符。类似两期遗存的发现实在太少,谈不上分布范围,而关键的器物又仅见于庙坪遗址。这并不能说明两期遗存是夔国文化。

关于两期遗存的文化因素,从陶器看明显有三种:第一种,以釜为主要特征的早期巴文化因素;第二种,以瘪裆鬲为主要特征的周文化因素;第三种,以盂形豆(孟文称簋)为主要特征的早期楚民族文化(夔国文化)因素。

两期遗存的陶器器类器形较少,除占多数的釜以外,鬲和盂形豆的数量均不算多,还有一些豆、罐、瓮、钵(盂)的残片。这批陶器中能反映民族习俗、文化性质的最重要的日用炊器,显然是釜。釜是三峡地区自新石器时代以来当地原始文化的基本炊器。进入夏、商之后,早期巴民族仍以釜为基本炊器。直至庙坪周代一至三期还是以釜为基本炊器。另外,在两期遗存中有大量鱼骨,[2]以渔业经济为主是早期巴民族的特点。所以两期遗存应属早期巴文化。

三峡地区西周中期以前的以釜为基本炊器的早期巴文化遗存,可以秭归大沙坝[3]为代表,大沙坝遗存是早期巴文化的典型遗存之一。该遗址位于西陵峡中段南岸边,北部与上磨垴遗址隔江相望(此段长江北岸属宜昌县,长江南岸属秭归县)。该遗存包括房屋、窑址、灰坑、陶器、石器等,年代下限刚好与上磨垴遗存年代上限相接,而文化面貌和性质则完全不同。在大沙坝第二期的陶器中发现有少量鼎、鬲足,是一些十分次要的文化因素。而基本的陶器群均属早期巴文化。陶器器类、器形都较多,不少器物与成都平原的巴蜀文化十分近似,而几乎找不到具有明显楚文化特征的器物。该遗址的发掘报告中有多种罐,釜被包括其中。釜或罐显然为主要炊器。因而这批遗存可归为罐釜文化发展系列,其时代下限可据鬲足特征判断为西周中期。大沙坝遗存说明罐釜文化[4]在三峡地区终止

〔1〕 湖北省文物事业管理局、湖北省三峡工程移民局:《秭归庙坪》,科学出版社,2003年。
〔2〕 湖北省文物事业管理局、湖北省三峡工程移民局:《秭归庙坪》,科学出版社,2003年。
〔3〕 湖北省文物考古研究所:《湖北秭归大沙坝遗址发掘报告》,《考古学报》2005年第3期。
〔4〕 杨权喜:《论西陵峡古代日用炊器》,《华中师范大学学报》(人文社会科学版)2005年第4期。

的年代大约在西周中期前后。庙坪一至三期遗存显然属罐釜文化,即是西周中期前后的器类不全的早期巴文化。西周中期以后,三峡地区接替罐釜文化的是以上磨垴为代表的鼎鬲文化——夔国文化。

孟文对夔(国)文化的判断最突出的器物是陶鬲。庙坪第二期的陶鬲属瘪裆鬲,为三峡地区仅见,这种鬲不属楚而属周。楚式鬲为联裆或弧裆,甚至凸裆。弧裆是楚制造罐类器物为内圜底的作风,凸裆是楚制造鼎、釜为圆圜底的作风,楚式鬲中没有瘪裆的。瘪裆鬲(周式鬲)与楚式鬲的制法也不一样:瘪裆鬲的器腹与器足一起制作;而楚式鬲的器腹与器足则分开制作,然后再捏合,与鼎的制法几乎完全一样,在上磨垴遗址中可以找到根部有凸榫(安装时穿过器腹的榫)的鬲足和鼎足。将庙坪出土的鬲与鄂北地区的真武山、郭家岗出土的鬲作比较,也是不恰当的。鄂北地区(俞伟超先生曾说:"豫南至鄂北和鄂西这两片地方,至少在一定时间内是两个区域类型"[1])和汉东地区一样,较早的以周民族为主体,形成了中原文化的一个南方类型(此类型在春秋中期以后,即楚灭掉该地诸侯国以后才被楚国文化—东周楚文化吸收)。这个类型的中原文化是以瘪裆陶鬲为基本炊器的。鄂北地区虽然存在一些楚式鬲,但其制作特点不能明显地表现出来,不是典型的楚式鬲,不属楚民族文化直接发展系统。

在楚文化探索开始之初,苏秉琦先生已经看到楚式鬲的发展"是从鄂中转到西部,再从西部向外扩张的"。[2]从鄂中转到西部的时间我们判定在西周中期,从西部向外扩张的时间我们判定在春秋中期以后。当然从西部向外扩张的楚式鬲与鄂中原来的楚式鬲已发生了变化,即变成为楚民族文化中的楚式鬲(本人称为典型楚式鬲)。鄂中(以周民族为主体的多民族活动区)是一种周代文化分布区,西部(楚民族活动区)也是一种周代文化分布区,鄂北可能又是一种周代文化分布区。各个区的考古学文化发展序列并不完全相同,即它们的族属有所不同。所以将三峡的周代器物直接与鄂北的周代器物作比较来判断其文化性质,并不合苏秉琦先生的区系类型学说。

江汉地区西周中期的楚式鬲和周式鬲形态较接近,都较扁胖,短柱足。但随着时代的发展,这两种鬲向不同的形态变化,楚式鬲向瘦高变化,足变长。而周式鬲则向矮扁变化,足变短小,江汉地区汉川乌龟山西周遗址出土的周式鬲的变化可以证明[3];楚式鬲一直发展到战国晚期,而周式鬲发展到两周之交便基本消失。江汉地区的周式鬲与洛阳周王

---

〔1〕 楚文化研究会编:《楚文化考古大事记·序言》,文物出版社,1984年。

〔2〕 苏秉琦:《楚文化探索中提出的问题——在中国考古学会第二次年会闭幕式上的讲话》,《苏秉琦考古学论述选集》,文物出版社,1984年。

〔3〕 湖北省文物考古研究所:《汉川乌龟山西周遗址试掘简报》,《江汉考古》1997年第2期。

城的周式鬲[1]变化规律是相一致的,说明两者同属一种文化(周文化)发展系统。从楚式鬲、周式鬲的特点及其变化规律也能够判定两期遗存中的鬲属周文化,并不属夔国文化。

两期遗存中的盂形豆(它的器体像盂,它的足似豆柄而不像簋的圈足)是早期楚民族文化中的典型器,在沮漳河流域和三峡地区都普遍出现,而不见于早期巴文化。但它不是炊器而是盛器,不是判断遗存文化性质的最主要的器物,不能证明两期遗存属夔国文化。

庙坪周代遗存共分为五期,[2]第二、三期遗存与第四、五期之间具有很大差别而缺乏联系。第四、五期遗存主要是墓葬及其随葬的陶器,有些陶器为仿铜陶礼器。无论是日用陶器,还是仿铜陶器都明显属东周楚文化。而两期遗存无论在年代方面,还是在文化性质方面都不能与第四、五期的东周楚文化相衔接。第四、五期遗存没有居住遗址资料,说明庙坪原早期巴民族的居住遗址已变成楚国的一个墓地。正如楚都纪南城一样,楚郢都被秦"拔"掉以后,虽然当时(战国晚期)楚国尚未灭亡,但纪南城宫殿范围内的凤凰山已成了秦汉墓地,出土的遗物完全与楚不同。

两期遗存不能与东周楚文化相衔接,也可以证明两期遗存不属夔国文化。

我国进入文明社会以后,各种文化的形成与新石器时代原始社会文化的形成具有很大区别。文明社会有了国家或族团首领(酋长)的政权组织,这种组织强烈地影响各地自身文化的产生和发展。三峡地区进入夏商周三代以后,先后出现巴[3]、夔、楚等邦国或侯国,因而逐渐形成相应的早期巴文化、夔国文化和楚国文化。当时这里主要有巴、楚两个民族在活动并相处相争。巴、楚两族都是与中原民族关系十分密切的民族,它们的文化都受到中原文化(特别是周文化)的强烈影响,吸收了或多或少的中原文化因素。而夔国文化只是三峡地区从以巴族为主体的早期巴文化过渡到以楚族为主体的楚文化中的一种文化类型。

(原载《湖南省博物馆馆刊(第七辑)》,岳麓书社,2011年)

---

〔1〕 中国科学院考古研究所:《洛阳中州路(西工段)》,科学出版社,1959年。
〔2〕 湖北省文物事业管理局、湖北省三峡工程移民局:《秭归庙坪》,科学出版社,2003年。
〔3〕 杨权喜:《略论古代的巴》,《四川文物》1991年第1期。

楚文化溯源与楚丹阳

楚文化渊源探索的回顾与思考

——怀念俞伟超先生

楚文化渊源探索的考古调查发掘工作始于1979年中国考古学会在西安的成立大会之后，当年5月俞伟超先生受中国考古学会和苏秉琦等考古前辈的委托来到武汉，为中国考古学会讨论楚文化问题的第二次年会作具体考察。俞先生点名要我同往湖北各地进行实地调查。当时陪同俞先生一起前往调查的，除我以外，主要有湖北省博物馆考古部的陈振裕、北京大学考古专业的高崇文、武汉大学考古专业的王光镐，沿途参加调查的还有湖北省博物馆考古部及孝感、襄阳、荆州、宜昌等地区的许多考古专业人员。调查的重点是楚文化渊源及相关的丹阳问题。1979年下半年，俞先生组织湖北省博物馆考古部、北京大学考古专业、宜昌地区博物馆、武汉大学考古专业等单位的考古专业人员，配合北大、武大学生考古实习进入鄂西地区，首次发掘当阳季家湖遗址，整理当阳赵家湖楚墓发掘资料。1980年10月，中国考古学会以讨论楚文化为主题的第二次年会在武汉召开，1981年6月，俞先生促成湘鄂豫皖四省楚文化研究会在长沙成立。从此，楚文化渊源的考古探索成为楚文化研究和湖北省考古的基本工作。这项工作的前期是在俞先生领导和亲自参加下进行的，重点放在鄂西地区。至1987年初俞先生回京主持中国历史博物馆工作时止，俞先生直接领导、参加楚文化渊源探索的系统工作达六七年之久，楚文化渊源的考古工作已取得不少突破性进展。

一、鄂西楚文化渊源探索工作的展开

关于楚文化渊源及楚丹阳所在地问题，俞伟超先生在1979年5月来湖北进行楚文化考古调查之前，注意力比较集中于鄂西北（即丹阳"丹淅说"的地域范围）。于是，我们当时依据湖北境内东、西两边已发现的文化面貌差异较大的先秦考古资料，拟出从汉（水）

东到汉北，再到汉西的调查考察路线。5月3日从武汉出发到云梦→襄阳→宜城→荆门，再往宜昌→当阳→枝江→秭归→江陵，于5月29日返回武汉。实地调查了云梦楚王城、襄阳邓城、宜城楚皇城、荆门岳飞城、当阳季家湖古城、秭归楚王城等古城址及相关墓地，仔细观察了各地出土的各类遗物（当时江陵纪南城遗址及其周围墓地已做了大量工作，不是这次调查考察的重点），收获很大。

夏鼐先生指出，楚文化"是指文化面貌"。[1]苏秉琦先生根据江汉地区新石器时代文化的渊源、特征和发展道路，把该地区划分为鄂西北、鄂东、鄂西三个"原始文化区"。[2]俞伟超先生早在1962年就曾带领北京大学考古专业58级学生到鄂西发掘、整理江陵纪南城南郊张家山——太晖观楚墓；1975年又带领北京大学考古专业72级学生同来自湖北等七个省市的考古工作者合作，在江陵纪南城楚城址内进行大规模的考古发掘工作。俞先生对楚纪南城及其周围楚墓已有较深的研究，对楚文化基本面貌已有所认识。这次考察，俞先生亲眼看到了湖北境内各地古代文化面貌的差异，从江汉各地的原始文化到楚文化确实存在着不同的发展脉络。到了商、西周阶段，大体以汉水为界，汉东地区以中原文化因素为主；汉西地区则存在文化缺环。因此，俞先生对楚文化渊源探索有了新的思路和想法，于6月1日在武汉作了《关于楚文化发展的新线索》的重要讲话，[3]将目光从鄂西北转向鄂西。

鄂西地区，第一，有楚早期活动于荆山和沮漳河流域的古文献记载，是楚丹阳"秭归说""枝江说"的地域范围；第二，有最为丰富的楚国文化遗存、发掘资料和研究基础；第三，有整个江汉地区较古老的大溪文化及其发展线索；第四，存在发达的原始文化与兴旺的楚文化之间的大段文化缺环。经过对沮漳河之西季家湖古城址、赵家湖墓地和当阳、枝江、宜都等地许多遗址的第一步工作之后，特别是发现当阳磨盘山遗址之后，确认了西周晚春秋初的一些楚国文化遗存，俞先生非常高兴。1981年5月8日俞先生从北京给我的一封信中说："磨盘山遗址自然是头等重要（着重号是俞先生亲自加的），去冬返京前，在南阳看了一点调查材料，在襄樊也看了一点，最后在郑州又看了一点淅川下王岗的材料，那个地区是殷文化的占领区似乎是没有多大问题的。因此，寻找楚文化的渊源，确实要在鄂西下手了。如果有可能，六月份也许能到长沙去一次，到时如果能见面，可以当然（面）商量一下进一步的工作打算。看来，寻找楚文化的来源问题，确实有了线索了。"

---

〔1〕 夏鼐：《楚文化研究中的几个问题》，《江汉考古》1982年第1期。

〔2〕 苏秉琦：《从楚文化探索中提出问题》，《江汉考古》1982年第1期。

〔3〕 俞伟超：《关于楚文化发展的新探索》，《江汉考古》1980年第1期。

夏鼐和苏秉琦两位考古前辈在中国考古学会第二次年会上谈楚文化渊源探索问题时都提到"楚地"或江汉地区的史前文化。[1]关于怎样探索楚文化的特征和渊源,苏先生说:"我看可以从两方面进行。一是从下而上,二是从上而下。"[2]从下而上是以已知的东周楚文化为线索向上追溯,从上而下是从已知的史前文化出发向下寻找,找到上、下之间的接合处。鄂西的初期探索工作就是如此进行的,并期望找到上、下两者之间有直接连接的纽带。

随着鄂西探索工作的深入和其他地区探索工作的进行,以及鄂西的许多新发现,情况不完全是我们当初想的那样。十多年后,1992年9月在楚文化研究会第六次年会上,俞先生坦然地说:"在80年代初刚刚探索楚文化的渊源时,认识是很简单的。大家往往以为这个文化会是一脉相承的,西周晚期的楚文化面貌已经清楚,就可以一步步地直接找到它的前身,直至新石器时代。"[3]实际上,楚文化渊源十分复杂,从鄂西地区古代文化发展序列中就可以明白这一点。

二、鄂西古代文化发展系列的建立

80年代初探索工作开展之前,鄂西地区的古代文化发展序列,不但存在商周时期的文化缺环,而且存在新石器时代的几段文化空白。新石器时代只有一些尚未发表的大溪文化资料和屈家岭至石家河阶段的零星资料。商周时期,除东周楚文化资料较丰富之外,其他阶段只有孤零出土的江陵万城西周前期的17件铜器和枝江百里洲春秋早期的8件铜器,以及江陵张家山的一些陶器。这些数量不多的铜器、陶器所反映的文化面貌基本均属中原系统。当时我们的探索工作,与全国文物普查工作和三峡工程的文物工作结合起来,做得相当广泛而深入。在沮漳流域、宜都长江沿岸和长江西陵峡一带进行了一系列的详细调查、开方发掘和整理研究工作。其中重点发掘整理的遗址和墓地有沮漳河以西的当阳季家湖、赵家湖、杨木岗、磨盘山,枝江熊家窑、赫家洼子、青龙山,松滋博宇山;沮漳河以东的江陵朱家台、蔡台、荆南寺、摩天岭,沙市周梁玉桥、官堤;长江沿岸的宜都城背溪、枝城北、孙家河、石板巷子、茶店子、蒋家桥、王家渡、鸡脑河;长江西陵峡中段的宜昌中堡岛、三斗坪、白狮湾、杨家湾、清水滩、白庙、路

〔1〕 夏鼐:《楚文化研究中的几个问题》,《江汉考古》1982年第1期。
〔2〕 苏秉琦:《从楚文化探索中提出问题》,《江汉考古》1982年第1期。
〔3〕 俞伟超:《考古学理论的进步与楚文化研究的历史前景》,《楚文化研究论集(第四集)》,河南人民出版社,1994年。

家河、小溪口、上磨垴、周家湾、伍相庙、杨家嘴，秭归朝天嘴、柳林溪、龚家大沟、大沙坝、官庄坪、鲢鱼山等。通过对这一系列遗址的调查、发掘和整理，新发现了早于大溪文化的城背溪文化和晚于屈家岭文化的季家湖、白庙、石板巷子等新石器时代重要遗存，后三种遗存包括了石家河文化季家湖类型和夏代文化；[1]商至西周时期的荆南寺、三斗坪、路家河、周梁玉桥、上磨垴、磨盘山等遗存，其中包括了商代文化和西周时期的文化。加上这个地区较早已发现的大溪文化、屈家岭文化和楚文化，整个鄂西地区古代文化发展年代序列为城背溪→大溪→屈家岭→季家湖→石板巷子、白庙（夏代）→荆南寺、路家河（商代前期）→周梁玉桥、三斗坪（商代后期至西周早期）→上磨垴→磨盘山（西周中、晚期）→楚文化（东周时期）。大约从距今8 000多年前的城背溪文化开始，至约距今3 600年前的石板巷子类型文化止，为鄂西地区新石器时代原始文化发展时期，这期间基本没有年代缺环，发展脉络大体清楚，这支原始文化古老发达，发展主流基本是一脉相承的。但也可以看到外来文化的影响越来越深刻。特别是到了新石器时代末期，三峡峡口以东的石板巷子遗存中河南龙山文化的因素十分突出；三峡东段的白庙遗存中西部罐文化的因素相当明显。显然，鄂西的原始文化到了新石器时代末期已分成东、西两支。大约进入商代以后至楚文化体系形成的春秋中期止，鄂西文化发展的年代缺环也基本得以填补，而文化面貌和全国其他地区相似，具有突变现象，并变化得特别复杂，多种面貌不同的文化遗存相继出现。其中包括有周梁玉桥类型的商代文化、三斗坪类型的早期巴文化、荆南寺类型的中原商周文化和磨盘山类型的早期楚民族文化等，这些遗存无论在其分布的地域方位上，还是其出现的时间早晚方面，目前都还存在一些交错不清的情况。江陵荆南寺和宜昌上磨垴两遗址的商周遗存，文化因素特别复杂，反映了不同文化由并存到融合的发展过程。总之，东周楚文化并没有与鄂西的新石器时代文化直接相联系，而只与上磨垴—磨盘山遗存，即与早期楚民族文化相连接。

三、早期楚民族文化的发现与追溯

通过对江陵纪南城周围楚墓和当阳赵家湖楚墓的年代学研究，可将赵家湖楚墓分成七期十二段，把鄂西地区发掘的楚墓年代上溯至两周之交。[2]两周之交楚墓出土的

---

〔1〕 杨权喜：《江汉夏代文化探讨》，《中国文物报》1998年7月29日。
〔2〕 湖北省宜昌地区博物馆、北京大学考古系：《当阳赵家湖楚墓》，文物出版社，1992年。

陶器特征，使我们认识了鄂西地区发现的磨盘山类型的遗存，并称之为早期楚民族文化。[1]该类遗存分布范围不大，经过数年的工作，在当阳杨木岗、史家台、郑家洼子、赵家塝、金家山、季家湖、半月，枝江熊家窑、周家湾、赫家洼子，江陵荆南寺、摩天岭，松滋博宇山，以及秭归官庄坪、柳林溪，宜昌上磨垴等地点都发现有这类遗存，范围大体在鄂西荆山南麓沮漳河流域及长江西陵峡北岸一带。其时代大都为西周晚期至春秋早期。

早期楚民族文化遗址一般面积不大，文化层较薄，并且断续分布；发现遗迹甚少，仅有一些房屋残迹和规整灰坑，曾发现多个圆形灰坑；在当阳赵家湖墓地内，在郑家洼子、赵家塝、金家山等墓区发现过少量墓葬。特别值得注意的是当阳半月和枝江周家湾两个遗址，只有不厚的西周文化层，是单纯的早期楚民族文化遗址。出土遗物主要为陶器，还有少量铜、石、木器。陶器主要有鬲、甗、豆、盂、盆、罐、瓮、缸等，西陵峡地区还有鼎、釜。这些陶器以红陶或红褐陶为主，以粗绳纹为基本纹饰，以鬲、甗为主要炊器，具有典型楚文化瘦高、小口、长颈、高足、内凹底的器物造型作风。陶鬲均为楚式鬲，三类鬲[2]均已出现，并以第一类鬲最常见。盂形豆、内凹底的长颈罐、尖圜底的瓮、束颈内凹底的盂等都是特征性器物。铜器仅见少量制作粗糙的鼎、簋和小件。石器中保留有斧、锄、锤、锛等生产工具。

1986年底1987初，三峡工程坝区前期考古发掘告一段落，俞先生和我们都先后离开了鄂西考古发掘工地。到此为止，早期楚民族文化的年代上线一直没有什么新突破。此后十多年间，鄂西虽然配合三峡工程的考古发掘全面展开，但也没有发现早期楚民族文化的新线索。这也说明该文化遗存并不十分丰富。

1999年，我们在三峡库区发掘大沙坝遗址时，意外发现江对岸已结束全部田野工作的上磨垴遗址被1998年大洪水冲刷出大量早期楚民族文化陶片。请示特批后，我们于1999年5-6月在上磨垴遗址残存断面上方，布5米×5米的探方23个，发掘面积有575平方米，获得了相当丰富的西周至春秋时期的文化遗存，主要包括残房、灰坑和陶、铁、石、骨器，[3]将早期楚民族文化年代的上限提早到西周中期。[4]

上磨垴遗址所在的西陵峡地区原为楚民族嫡系夔国的地域。[5]夔后来归入楚，此地虽经过从夔国到楚国的变化过程，但遗存的文化性质乃是一脉相承的。

〔1〕 杨权喜：《早期楚民族文化的探索》，《楚文化研究论集（第三集）》，湖北人民出版社，1994年。
〔2〕 杨权喜：《江汉地区楚式鬲的初步分析》，《楚文化研究论集（第一集）》，荆楚书社，1987年。
〔3〕 湖北省文物考古研究所：《湖北宜昌县上磨垴周代遗址的发掘》，《考古》2000年第8期。
〔4〕 杨权喜：《宜昌上磨垴周代文化遗存的讨论》，《北京大学考古丛书·考古学研究（五）》下册，科学出版社，2003年。
〔5〕 杨权喜：《西陵峡商周文化的初步讨论》，《中国考古学会第七次年会论文集》1989，文物出版社，1992年。

四、鄂东、鄂西北的商周文化与楚文化

　　楚文化渊源的探索，除重点放在鄂西之外，也同时在鄂东、鄂西北和鄂东南开展了工作。其中鄂东、鄂西北商周时期的文化，占主导地位的是中原文化；鄂东南商周时期的文化，则含较明显的东南沿海地区的文化因素。而这三个地区的楚文化年代上限均晚于鄂西地区。

　　楚文化非源于鄂东南，这已是学术界的共识。这里只谈谈鄂东和鄂西北的情况。早在20世纪70年代末80年代初，我们已经看到了这两个地区出土的商周青铜器和一些陶器属中原系统。例如黄陂盘龙城、随州羊子山出土的商代铜器；从南阳盆地到随枣走廊出土西周晚期至春秋中期的曾国铜器，显然与中原商周青铜器特征相同。80年代以后，这两个地区经过了数年的文物普查、配合工程和大学学生考古实习而进行的考古发掘。特别是在鄂东的安陆夏家寨、晒书台，孝感碧公台、殷家墩、聂家寨、白莲寺，大悟四姑墩，黄陂鲁台山，新洲香炉山，大悟吕王城，云梦楚王城；鄂西北的随州西花园、庙台子，枣阳毛狗洞，襄樊真武山，襄阳邹湾，宜城郭家岗，老河口锡铁山等遗址或墓地的重点调查发掘，获得了许多商周遗址出土的具有普遍意义的陶器资料。

　　这两个地区出土的商周陶器所反映的文化面貌，虽有差异，但基本特征乃是中原系统的。最为明显的是陶鬲，中原周文化以瘪裆鬲为主要特征，瘪裆鬲在这两个地区一直大量延续出现到春秋中期。而且在随州、云梦一带暴露的战国早期遗存中还可以看到不少瘪裆鬲。这两个地区出土的瘪裆鬲三足较高，是受当地土著文化影响所致，只是周式鬲在南方的变体。显然这两个地区以瘪裆鬲为主要特征的文化遗存应与"汉阳诸姬"相关。直至楚国兼并"汉阳诸姬"之后，瘪裆鬲才逐渐被楚式鬲取代，楚文化才逐渐统治这两个地区。

　　楚文化以弧裆柱足的楚式鬲为主要特征，鄂东、鄂西北地区楚式鬲完全代替瘪裆鬲的时代是战国时期。楚式鬲在这两个地区出现甚早，[1]并与中原鬲长期共存，但数量不多。大约春秋中期以后，楚式鬲的数量才逐渐增加。如果以这两个地区出土的楚式鬲为主线向上追溯，自然会追溯到当地以瘪裆鬲占主导地位的中原文化系统中，这为楚文化直接来源于中原文化、楚丹阳"丹淅说"找到一个根据。可是，楚式鬲并非中原商文化或周文化的产物，即使最早的楚式鬲追溯到了鄂西北、豫西南一带，也只能说明楚式鬲最早源于江

---

〔1〕 杨权喜：《江汉地区楚式鬲的初步分析》，《楚文化研究论集（第一集）》，荆楚书社，1987年。

汉与中原的接触地域,不能证明楚早期都城丹阳在"丹淅"。以鄂东或鄂西北出土的瘪裆
鬲或楚式鬲为依据,向上追溯楚文化渊源,结果[1]并不令人信服。

五、楚文化渊源探索的思考

经过二十余年的楚文化渊源探索,至今仍未能找到真正的"先楚文化"。不少同仁根
据江汉地区出土的商周陶器进行分析和追溯,只有鄂东、鄂西北地区楚文化的一些陶器能
与中原的商周文化陶器间接相联系,因而赞同楚丹阳"丹淅说",实际上并没有真正解决
楚国早期活动地及楚国早期遗存问题。

楚文化渊源探索主要有三条重要线索。

第一条为楚式鬲。楚式鬲为商周时期江汉地区的一种主要日用炊器,它非中原鬲的
直接延伸,而是江汉的鼎与中原的鬲相结合的形态,[2]是我国古代南、北方文化相互融合
的产物。我国研究陶鬲最为权威的苏秉琦先生讲探索楚文化渊源问题时,特别提到楚式
鬲这条线索,他站在我国古代整体文化的高度全面观察,指出:"楚式鬲的主要分布范围不
超出江汉平原。楚式鬲应该属于楚人或楚的先人的创造。"[3]苏先生还依据当时的考古资
料,大体勾示出楚式鬲发生、流行的时间、地域和发展方向:大约相当于商代它的流行中
心在鄂中(归鄂东)。大约到西周至春秋时期它的流行中心已转到了鄂西,并从鄂西向外
扩散。苏先生这番讲话之后,鄂东、鄂西都增加了许多商周遗址新资料,不断证明苏先生
当年观察的正确性。我们应当加以说明的是,楚式鬲在鄂东商至西周的遗存中所见数量
少,是为次要的文化因素;而在鄂西两周遗存中所占数量极多,是为主要的文化因素。

第二条为楚国都城位置和迁移方向。这条线索除通过获取遗迹及遗物方面的实物资
料以外,还应当与文献记载和地理形势结合起来进行综合考察。楚始封丹阳,辟在荆山,
活动范围小,称王之后才开始多次迁都。江陵纪南城目前可被断定为战国时期的郢都,而
春秋时期的郢都未被证实。因而学术界对春秋时期楚郢都的所在地发生争论,但位置大
体范围锁定在宜城南部至沮漳之间,仍在鄂西范围内。楚文化形成期和鼎盛期的中心都
在宜城以南的鄂西。关于西周楚都丹阳是否在"丹淅"? 鄂西北襄阳境内的考古资料很

---

[1] 杨宝成:《试论西周时期汉东地区的柱足鬲》,《楚文化研究论集(第四集)》,河南人民出版社,1994年;王先福:
《襄随地区两周遗址出土陶鬲分析》,《江汉考古》2002年第4期;王力之:《早期楚文化探索》,《江汉考古》2003
年第3期。
[2] 杨权喜:《江汉地区楚式鬲的初步分析》,《楚文化研究论集(第一集)》,荆楚书社,1987年。
[3] 苏秉琦:《从楚文化探索中提出问题》,《江汉考古》1982年第1期。

重要，它完全可以否定这种说法。[1]如果丹阳在"丹淅"，就意味着楚国早期活动局限在河南淅川一带，那么楚国要穿越襄阳、谷城一带的邓、谷等国，到宜城以南当时还不属于楚国的遥远地方去建立新都，几乎是不可能的。

第三条为楚民族文化，即典型的楚文化，以它为线索向上追溯。江陵纪南城及其周围的战国文化遗存是公认的典型楚文化遗存，它的主体当为楚民族。当中原统治势力到达鄂东一带时，楚民族尚辟在荆山丹阳，其文化保留了较多的当地土著文化传统。楚国早期首领熊渠说"我蛮夷也'不与中国号谥"，[2]早期楚民族文化当有其特色。楚文化渊源探索实质上就是寻找早期楚民族文化的工作。

三条线索追溯的结果都集中在鄂西，虽然丹阳的具体位置或丹阳遗址还未能被找到，但作为一种文化的源头已经明朗。1992年俞伟超先生说楚文化是多源头的，"如果和本地原有的文化相比，恐将面貌一新，堪称是一种新出现的文化"，"关于楚文化渊源问题的解决，并不仅仅在于考古发现，还需要思路、观察角度和分析方法的更新"。[3]

江汉地区群山环抱、江湖交错，自古以来一直为我国东、西、南、北的交通要冲。从新石器时代开始，江汉的西北部、东南部、东北部、西南部都是我国古代多种文化的交融地带，文化面貌一直存在不同程度的区域差异。到了新石器时代晚期，来自北方、东方、南方和西方的文化影响越来越强烈，使江汉各地新石器时代晚期文化面貌差异性明显增大，许多新的文化称谓便在考古界出现。随着夏、商、周三代王朝在中原地区的建立，我国多民族的统一国家开始形成，民族融合进入了新时代。商王朝"奋伐荆楚"，使其领土范围从中原扩展到了汉水之东的长江之滨，[4]中原文化长驱直入，统治了汉水以东的鄂东地区。商代前后活跃着一个强大的荆楚民族集团。荆楚民族文化并非当地原始文化的直接延伸，它大体可分成东、西两支。东支是从当地原始文化不断受北方中原文化、东北方东夷文化、东南方印纹硬陶文化的影响到接受中原文化统治而形成的一种江汉类型的中原文化。这种类型的中原文化特色表现在遗存的陶鬲中，就是楚式鬲的存在和楚式鬲与中原鬲的并行发展；西支是以当地原始文化为主线，大约从新石器时代末期开始，先后受中原河南龙山文化、二里头文化、商文化的影响，形成了商代后期至西周初年的周梁玉桥类型的土著文化，这种文化也许是濮或百濮的文化。这种土著文化反映在日用陶器中，主要是以鼎、釜为基本炊器。

---

〔1〕 杨权喜：《襄阳楚墓与楚都丹阳》，《楚文化论集（第四集）》，河南人民出版社，1994年。
〔2〕 西汉司马迁：《史记·楚世家》。
〔3〕 俞伟超：《考古学理论的进步与楚文化研究的历史前景》，《楚文化研究论集（第四集）》，河南人民出版社，1994年。
〔4〕 杨权喜：《湖北商文化与商朝南土》，《中国商文化国际学术讨论论文集》，中国大百科全书出版社，1998年。

楚，是楚国建立以后才有的称呼。楚国原为周王朝分封的小诸侯国，是荆楚民族的西支建立和发展起来的国家。周初，以熊绎为首的一部分西支荆楚民族被封于荆山丹阳，为楚子，从此这支荆楚民族又可称之为楚民族。初封时的楚，等级低微，活动范围偏僻窄小，它尚不能够控制全部荆楚民族的西支（例如荆楚民族西支中还有罗、权等国的存在），它的文化遗存不可能十分丰富，也不可能与鄂东"汉阳诸姬"活动区域的文化遗存完全相同。在鄂西发现的早期楚民族文化（即通常讲的西周楚文化或早期楚文化），它是在熊绎受封、接受周文化以后开始孕育而成的一种新文化。在它孕育期间，文化特征不可能很快地显现出来，并存在多种不同文化并列发展的复杂现象。例如在鄂西早期楚民族文化分布范围内发现的时代相当的文化遗存中，还有以路家河第三期周梁玉桥类型[1]的遗存；以枝江王家岗、安庙山铜器[2]和秭归庙坪H7的瘪裆鬲[3]为代表的周文化遗存；以三斗坪[4]为代表的早期巴文化遗存。这些文化遗存和早期楚民族文化遗存往往相杂在一起，并有突然消失的情况。相反，早期楚民族文化则有不断发展、不断丰富的势头。

楚文化的形成和发展可分成四期：楚始封至春秋中期为孕育期；春秋中、晚期为形成期；战国早、中期为鼎盛期；战国晚期为衰落期。这四期的文化面貌、文化内涵各不相同，都可冠以名称加以区别。随着楚国领土迅速扩展和都城的不断迁移，楚文化不断吸收、融合其他文化，使其文化内涵不断丰富而文化面貌发生变化。本人在《20世纪中国文物考古发现与研究丛书·楚文化》一书[5]中，把楚墓的分布分成鄂西、鄂北、豫西南至鄂西北、鄂东、豫东南、湘西北、湘东北、鄂东南至赣西北、湘南、皖中等十个区，每个区还分亚区。不同区域的楚墓反映出不同区域的楚文化存在着各不相同的发展序列、文化传统和自身特点，存在着文化因素的明显差异，只有鄂西沮漳河流域的楚文化年代上限最早。豫西南至鄂西北地区虽然楚文化遗存丰富多彩，特别是楚墓出土的铜器精致而等级甚高，但楚文化整体的时代上限较晚，因而不能证明此区是楚文化的起源地。

楚是以荆楚民族的一支为主体的国家，楚文化的形成和发展与楚国的兴衰紧密相连。楚国始于有深厚原始文化根基和多种外来文化交错发展的鄂西。鄂西古代文化发展系列显示了楚文化孕育而成的轨迹：鄂西新石器时代原始文化发展到季家湖阶段之后进入夏代。鄂西夏代文化分成东、西两系。东系吸收大量河南龙山文化因素而形成石板巷子类

〔1〕 长江水利委员会：《宜昌路家河》，科学出版社，2002年。
〔2〕 杨权喜：《江汉地区发现的商周青铜器——兼述楚文化与中原文化的关系》，《中国考古学会第三次年会论文集》，文物出版社，1984年。
〔3〕 湖北省文物事业管理局等：《秭归庙坪》，科学出版社，2003年。
〔4〕 湖北省文物考古研究所：《1985-1986三峡坝区三斗坪遗址发掘简报》，《江汉考古》1999年第2期。
〔5〕 杨权喜：《20世纪中国文物考古发现与研究丛书·楚文化》，文物出版社，2000年。

型文化；西系受西部、北部而来的文化影响而产生白庙类型文化。到了商代，石板巷子类型文化与商文化、西来的文化相互融合成周梁玉桥类型文化；白庙类型文化演变成早期巴文化。西周初，楚在周梁玉桥类型文化基础上接受了周文化。随着楚向西扩展，楚又吸收了早期巴文化的某些因素。大约在西周中期前后出现了早期楚民族文化，即孕育期的楚文化。

两周之交楚在鄂西地区崛起，快速吞并江、汉、淮各诸侯国，楚在早期楚民族文化基础上继承了江、汉、淮各国的许多文化传统，特别是继承了"汉阳诸姬"统治下的荆楚民族东支的文化传统而融合形成具有更加广泛含义的楚文化——鼎盛时期的楚文化。

（原载《俞伟超先生纪念文集·学术卷》，文物出版社，2009年）

试谈鄂西地区古代文化的发展与
楚文化的形成问题

　　鄂西地区不但有着丰富的新石器时代文化遗存和东周楚文化遗存（图一），而且是楚国的政治、经济、文化中心——郢都纪南城的所在地。探索鄂西地区古代文化发展状况，解决其自身的发展序列问题，无疑对追溯楚文化的渊源、研究楚文化的形成和发展，都有着重要意义。

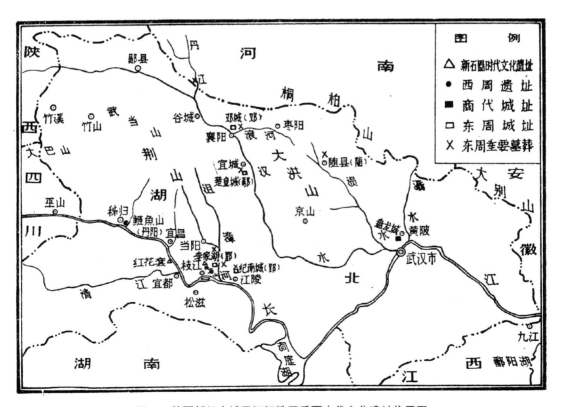

图一　楚郢都纪南城及江汉地区重要古代文化遗址位置图

一、鄂西地区的原始文化

1959年在川东的巫山县发现大溪文化[1]以后，不久在鄂西的长江西陵峡及峡口以东一带，调查和发掘了许多大溪文化遗址。这些遗址一般文化堆积厚，文化内涵丰富，因此鄂西地区可能是大溪文化分布的中心地区。这种文化遗存发现的范围，大约西起巫山大溪镇，东至江汉平原的江陵毛家山——公安王家岗一线；南跨湘北，北未过荆山。而它的时代约距今六七千年以前，它是目前长江中游地区发现的最早的一种新石器时代文化。

大溪文化流行红烧土块建筑房屋和仰身蹲式屈肢葬；陶器以红陶为主，并往往涂一层红衣，有的陶胎中掺入大量稻谷壳或蚌末；彩陶以红地黑彩为主；陶器上常见戳印纹。还有相当数量的镂孔器，镂孔为圆形或长方形；陶器器形以圈足器最多，常见器形有圈足盘、碗形圈足豆、敛口簋、曲腹杯、斜壁碗、浅盘豆、罐形或釜形鼎、筒形瓶、高领罐、细颈壶等，而以筒形瓶、曲腹杯最有特点；石器中，打制石器还占相当比例，磨制的巨型石斧具有特色。

大溪文化的红烧土块中往往拌有稻谷壳或稻秆，陶胎中也夹有稻谷壳，证明在大溪文化的原始农业中，已普遍种植水稻。遗物中，陶纺轮常见；陶器质地坚硬，造型匀称美观，磨光黑陶胎薄而火候高，彩陶图案多样化；石器种类多，一部分磨制石器很精细，并出大型石斧。这些说明了大溪文化的纺织、制陶、石器加工等原始手工业和原始艺术已达到了相当高的水平。

1954年在江汉平原东部的京山县发现屈家岭文化[2]之后，经过二十余年的调查发掘可知，它的遗存大体分布于北起河南南部，南至湖南北部，西起长江三峡，东至大别山南麓。而中心地带则在江汉平原的东部地区。鄂西一带也普遍发现有屈家岭文化遗存，但一般所属地层较薄，文化遗迹遗物较少，而文化特征与江汉平原东部的屈家岭文化相比较，则显得不够发达，并存在一定差别。例如鄂西的屈家岭文化仍以红陶为主，陶胎中仍有掺稻谷壳、蚌末的习惯；蛋壳彩陶和彩陶纺轮较少见等。但其基本特征还是相同的，例如松滋桂花树遗址出土的高圈足杯、仰折弧壁盘；宜都红花套遗址出土的仰折弧壁碗、扁平卷边足罐形鼎、壶形器、盂形器、蛋壳彩陶；枝江关庙山遗址出土的彩陶壶形器、彩陶纺

---

〔1〕 四川长江流域文物保护委员会文物考古队：《四川巫山大溪新石器时代遗址发掘记略》，《文物》，1961年第11期。

〔2〕 中国科学院考古研究所：《京山屈家岭》，科学出版社，1965年。

轮等[1]都具有屈家岭文化的基本特征,应属屈家岭文化范畴。这类文化应是直接继承大溪文化发展而来的,可认为它是屈家岭文化在鄂西地区的一种类型。

　　江汉地区还发现一种晚于大溪文化和屈家岭文化的遗存,即所谓"湖北龙山文化"或"青龙泉第三期文化",它的时代约与黄河流域的龙山文化相当。1979年冬,在鄂西的当阳县季家湖试掘发现了较为丰富的这类文化遗存,其中主要包括一座长方形半地穴式房屋、一座葬式为仰身微屈肢的墓葬和一组较为完整的陶器(图二)、石器[2]等。其陶器主要特征表现在:普遍出现轮制;灰白陶系和磨光黑陶系大大增加,特别是灰白陶系最富有特色;彩陶消失,而流行方格纹、篮纹、刻划纹和宽带纹;镂孔器和圈足器仍相当发达;增加了一组新器形,如薄胎鬶、薄胎细把高足杯、薄胎侈口小底尊、尖底缸、通底式甑和漏斗状擂钵等。其总的文化特征表现出具有鄂西地区原始文化的传统,尤其与当地的屈家岭文化关系最为密切。例如陶器中红陶还有一定的比例,陶胎中仍有掺夹稻谷壳的现象,壶形器、盂形器仍然存在。从季家湖遗址的初步发掘来看,它是由当地的屈家岭文化直接发展而来的,虽然与黄河流域的龙山文化时代相当,但并非同一文化渊源。我们主张另取一个文化名称比较妥当。下面暂且叫它为"季家湖文化"。

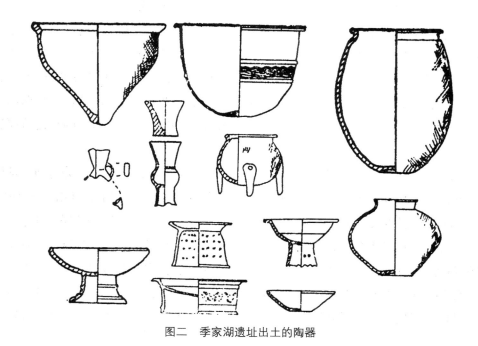

图二　季家湖遗址出土的陶器

[1]　松滋桂花树遗址的资料见《考古》1976年第3期;宜都红花套遗址的资料,长办考古队正在编写发掘报告;枝江关庙山遗址,考古所正在发掘之中。
[2]　湖北省博物馆:《当阳季家湖新石器时代遗址的试掘》(待刊稿)。

鄂西的大溪文化、屈家岭文化和季家湖文化之间,不但一直存在着当地的特有的文化传统,而且在宜都红花套、松滋桂花树、枝江关庙山等遗址[1]中,发现了大溪文化(或包括其另一种类型,下同)、屈家岭文化(或包括其另一种类型,下同)、季家湖文化(或包括其另一种类型,下同)依次相叠的地层关系。这样,大体可以证明鄂西地区目前发现的三种原始文化是一脉相承的。

鄂西这支一脉相承的原始文化,说明在新石器时代,有一支古老的原始民族,它们大约从大溪文化阶段开始,经过屈家岭文化阶段,再到季家湖文化阶段,一直活动在鄂西一带。它们有相当发达的原始农业、手工业。是我国最古老、最发达的原始民族之一。

二、商周青铜文化的南下与鄂西地区的文化缺环

随着我国原始社会的解体、国家的形成、夏商周三代政治势力的向南发展,使江汉地区原来发展着的原始文化,发生了很大变化,甚至出现中断现象。

江汉地区目前尚未有确认为相当于夏代的文化遗存,而相当于商周时期的文化遗存则十分丰富。商代和西周前期的文化遗存主要集中于大别山之西南的澴水流域和涢水下游一带;而西周后期的文化遗存则主要集中于桐柏山与大洪山之间的涢水中、上游和滚河流域—随枣走廊一带。[2]西周文化有由东向西、北方向发展的趋势。这些商、西周时期的文化遗存所反映的并不是原来本系统原始文化发展的继续,而更明显的则是黄河流域系统的青铜文化的传入。

这个地区出土的商、西周青铜器,与黄河流域出土的同期的青铜器十分近似。证明了黄河流域的商周青铜文化已通过华北平原的南缘和南阳盆地,越过了大别山—桐柏山,首先到达了江汉平原的东部地区。特别应该提到的是,商代二里岗期的黄陂盘龙城遗址,不但发现了大批黄河流域系统的二里岗期的商代铜器和其他遗物,而且发现了具有相当规模的城垣和宫殿遗迹。[3]"盘龙城"这个具有政治和文化意义的城堡的存在,有力地说明了商的统治势力已到达了长江之滨。至于西周时期,汉水以东一带有所谓"汉阳诸姬"的存在,大量出土具有周人风格的铜器是不足为奇的。就是当地烧制的陶器也有较明显的

---

〔1〕 松滋桂花树遗址的资料见《考古》1976年第3期;宜都红花套遗址的资料,长办考古队正在编写发掘报告;枝江关庙山遗址,考古所正在发掘之中。
〔2〕 江汉地区商周文化遗存发现情况,参看《文物考古工作三十年》湖北省部分。
〔3〕 盘龙城发掘队:《盘龙城一九七四年度田野考古纪要》,《文物》1976年第2期。

周人的作风,例如汉阳乌龟山出土的西周陶鬲,[1]从陶质、器形和纹饰等方面都与黄河流域的同期陶鬲相似。西周文化对汉东地区的深刻影响是毫无疑问的。

在汉水以西的鄂西地区却是另外一种情况,商、西周时期的文化遗存比较罕见,有大片地区甚至没有发现。目前仅在漳河以东的江陵张家山发现了一处相当于商代的文化遗址,[2]在长江以南的清江口一带发现了几处相当于商周之际的早期巴人遗址,[3]而西周遗址则一直没有被找到或确认。商、西周时期的铜器也发现较少,而且出土地点都靠近长江边上。1979年,在宜都清江口河床下打捞起一件商代二里岗期的铜罍;[4]1961年,在江陵万城曾出土一组具有商人遗风的西周早期邶国铜器。[5]这些零星出土的商、西周铜器可能是外来的。

前面讲到鄂西地区有一支相当发达的原始文化,并有数千年发展的悠久历史,到商、西周时期突然匿迹;而黄河流域系统的商、西周青铜文化亦似乎没有统治到这里,或者说影响并不那么深刻,特别是沮漳河以西的大片地区,这种情况更加明显。这不得不使人将其与楚民族的历史联系起来。

三、楚民族的传说与建国

关于楚民族的渊源,史料并无明确记载。有人说是"三苗"族的一支,即蛮族的一支,居南方;有人说是东方来的民族,是东夷族的一支,或是商的嫡系,早期活动于淮河下游一带。而《史记·楚世家》云:"楚之先祖,出自帝颛顼高阳",后传至季连"芈姓,楚其后也"。芈姓应是南方的民族。《诗经·商颂》中有"维女荆楚,居国南乡"等语,周夷王时的楚熊渠也曾说"我蛮夷也"。[6]这些记载也说明楚民族应在我国南方,而且就可能在传说中的"三苗"族活动的大体范围内。《史记·孙子吴起列传》中记载了一段吴起的话:"……昔三苗氏左洞庭,右彭蠡,德义不修,禹灭之……"三苗族曾居鄱阳至洞庭之间,这大概是禹时代的事。在禹之前,三苗族曾经是一个威胁黄河流域的南方大族,禹把它击退到西起洞庭湖东至鄱阳湖的南方去,以后禹还极力"阻止苗族再北上进入黄河流域",[7]

〔1〕 湖北省博物馆资料。
〔2〕 湖北省博物馆资料。
〔3〕 据1980年春调查,发现毛溪套、莲花堰、白水港、向家坨等早期巴人遗址。
〔4〕 此铜罍存宜都文化馆。见《文物》1980年第10期第9页图五五。
〔5〕 李健:《湖北江陵万城出土西周青铜器》,《考古》1963年第4期。
〔6〕 《史记·楚世家》。
〔7〕 范文澜:《中国通史简编》,第一编第一章第四节,人民出版社,1953年。

很有可能三苗族原来就是在新石器时代居住在江汉地区，创造这个地区发达的原始文化的民族。如果楚民族是三苗族的一支，而且是靠近鄂西的一支，则它又最有可能在禹的迫使下，退居鄂西的荆山山区。所以到商代，把楚和荆相连。

鄂西一带经过数千年的开发，是楚民族得以继续发展的基础。当黄河流域的夏商周势力到达江汉平原东部地区的时候，楚民族则以险要的荆山山区为根据地，盘旋于荆山脚下一带，势力又逐渐强大起来。《诗经·商颂》中还有"挞彼殷武，奋伐荆楚"的记载，上面讲到的鄂西地区的考古文化缺环，恐怕就是在禹苗、商楚战争的情况下造成的。近年来在荆山以南长江边上发现的零星的商系统的铜器，这也许就是因楚人居荆山，商人为伐荆楚，经由江汉地区东部，向西进攻时所留下的足迹。

到"周成王时，封文、武先师鬻熊之曾孙熊绎于荆蛮，为楚子，居丹阳"。[1]荆蛮之地即荆山。楚灵三时，右尹子革曾讲道："昔我先王熊绎，辟在荆山，筚路蓝缕，以处草莽，跋涉山林，以事天子。唯是桃弧棘矢，以共御王事"，[2]这话不但说明熊绎居丹阳在荆山，而且说明丹阳周围荆棘丛林环抱，是一处比较偏僻的地方。郦道元《水经注·江水》记载："故宜都记曰'秭归盖楚子熊绎之始国'……江水又东经一城北，其城凭岭作固，二百一十步，夹溪临谷，据山枕江。北对丹阳城，城据山跨阜，周八里二百八十步，东北两面悉临绝涧，西带亭下溪，南枕大江，险峭壁立，信天固也，楚子熊绎始封丹阳之所都也。"又说："……郭景纯云：丹山在丹阳，属巴，丹山西即巫山者也。"现今，在荆山南缘的长江三峡中，即秭归县城之东约3.5公里处的长江北岸上，有一处鲢鱼山遗址，这遗址与《水经注·江水》中所记丹阳城的位置和地形相符。但因山势陡峭和地貌变迁，遗存保存不多，据考古所三峡工作组六十年代初调查，发现有西周遗存，其中有陶片和卜甲。[3]而最近调查，也有较早的陶片，是否为西周楚物，还待继续工作。但这个鲢鱼山遗址为楚之丹阳的可能性是较大的。该遗址被群山环抱，而附近峡谷间又有十分丰富的古代文化遗址，[4]出土不少东周楚文物和一把"越王州勾"铜剑；楚人信巫，著名的巫山和巫峡，就在其西方不远，并有许多美好的神话传说；伟大的诗人屈原就诞生在这里，这不能说与楚民族悠久文明史无关。楚居丹阳以后不久，曾进行一次远征，《史记·楚世家》云"熊渠甚得江汉间民和，乃兴兵伐庸、杨粤、至于鄂……乃立其长子康为句亶王，中子红为鄂王，少子执疵为越章王，皆在江上楚蛮之地"。这里所指地名，都在江汉地区之南或之西。除庸以外，都应在"江上"附近。这也说明楚丹阳应在荆山南麓，熊渠兴兵是顺长江而下，到达"楚

---

〔1〕《二十五史·汉书·地理志》之一，开明书店，429页。
〔2〕《左传·昭公十二年》。
〔3〕中国科学院考古研究所三峡工作组：《长江西陵峡考古调查与试掘》，《考古》1961年第5期。
〔4〕中国科学院考古研究所三峡工作组：《长江西陵峡考古调查与试掘》，《考古》1961年第5期。

蛮之地"（也即原三苗之地）的。关于庸，《括地志》曰："房州竹山县，本汉上庸县，古之庸国。"即在今湖北竹山县附近，它处于荆山之西北，庸之北还有武当山横亘。从鄂西通过荆山的漳河谷地就可以到达庸。熊渠伐庸应由南向北进攻，因此伐庸和伐扬粤、鄂同时进行，这也正好说明楚丹阳是在荆山南麓，才能形成这样的局势。西周初年，熊绎被封，居丹阳，意味着楚民族已归附于周朝。丹阳所在的荆山，即荆蛮之地，便正式成了周王朝领土的一部分。熊绎被封于荆蛮，还标志着楚民族建国的开始。

四、江汉地区楚文化遗存的发现与楚文化的发展

目前江汉地区仅发现了东周时期的楚文化遗存。其所跨的时代，总的趋势是鄂西地区的比汉水以东地区的早；鄂西地区沮漳河之西的比沮漳河之东的早。

沮漳河之东的今江陵楚纪南城遗址面积达十六平方公里，现存城垣大约兴建于春战之交，废弃年代在公元前278年秦将白起拔郢之时。[1]纪南城内外有十分丰富的楚文化遗迹遗物。已发掘的大、中、小型楚墓达千座左右，但时代却普遍偏晚，战国楚墓占绝大多数，春秋晚期的楚墓也有一定数量，而春秋中期偏早的楚墓仅见纪南城内的陕家湾一号墓。[2]至于春秋时期的楚国贵族墓葬则更少。在纪南城东南方十余里处曾出土时代约为春秋中期的"鄝伯簠"等一组铜器，[3]应是一座楚国贵族墓葬的随葬品。除此以外，没有见到春秋贵族楚墓。这种情况和纪南城兴建的时代正好相吻合。根据现有资料和古文献记载，大体可以确定纪南城是战国时期楚国的郢都所在地。

沮漳河西岸，在当阳季家湖发现一座面积约为2.2平方公里的楚城。其兴建年代似比纪南城早，城址内出土过一些重要的春秋铜器。城外四周有许多楚墓群和高大的土冢。[4]城的北部发现的赵家湖楚墓中[5]时代最早的可上溯到春秋初年。而最重要的是有一批春秋中期的楚贵族墓，出土了比较丰富的铜器和磨光暗纹陶器。赵家湖墓地中，春秋楚墓的数量、规模或出土遗物的多少，都超过了战国楚墓。这和江陵地区的楚墓情况恰恰相反。在赵家湖附近还有文化遗址，出土的陶器以红陶为主，时代当为春秋。季家湖楚城的南部百里洲出土过春秋早期"塞公孙焰父"的铜礼器。[6]这组铜器具有周人的作风，从其出土

---

〔1〕 资料见湖北省博物馆：《楚都纪南城考古资料汇编》。
〔2〕 资料见湖北省博物馆：《楚都纪南城考古资料汇编》。
〔3〕 此组铜器藏荆州博物馆。
〔4〕 湖北省博物馆：《当阳季家湖楚城遗址》，《文物》1980年第10期。
〔5〕 当阳赵家湖发掘报告，目前正在编写中。
〔6〕 湖北省博物馆：《湖北枝江百里洲发现春秋铜器》，《文物》1972年第3期。

的地点和所属的时代来看，应为楚器。楚是周的封国，楚国早期铜器和周人的作风一致，是完全合理的。总之，季家湖楚城及其周围发现的楚文化遗存，时代属春秋时期的较多。因此它有可能是春秋时期楚国的郢都所在地。有的史书曾特别提到楚平王十年（公元前519年）"更城郢"的事，但所说的"更城郢，在江陵县东北六里，故郢城是也"。[1] 今江陵县东北方郢城遗址所见文化堆积的时代皆为秦汉以后，故"更城郢"是故郢城的说法不可信。也有的史书记载了春秋晚期至战国早期楚王去郢外逃的事，如公元前506年，楚郢都被吴攻陷，"昭王奔随"；[2] 公元前504年 "吴复伐楚，取番。楚恐，去郢，北徙都鄀"；[3] "楚惠王因乱迁鄢"[4] 等。可见春秋战国之交楚国在政治上的动乱情景。楚国在这个时期增筑重修郢都或稍迁动一下郢都的位置，是大有可能的。"楚昭王所谓江汉沮漳，楚之望也"。[5] 应当指东周时期的事。公元前689年，楚文王 "始都郢"。[6] 春秋初年楚文化已发展到了江汉平原的西部，楚国为了更有效地控制江汉地区，它的政治中心，已由荆山丹阳迁移到了沮漳河下游一带，并使之成为楚文化发展的中心地区，这是无可怀疑的了。

除沮漳河下游以外，在江汉地区的宜城、襄阳、云梦、鄂城等地，都普遍有楚文化遗存的发现。

宜城之南的楚皇城遗址，面积和季家湖楚城相当。据初步调查试掘，[7] 为战国时期所筑，废弃年代在秦汉或秦汉之后。此城址附近，发现较多的春秋楚国铜器。如城内有春秋早期的大型铜方壶；在城外南部骆家山发现春秋晚期的铜鼎、簋、戈各一件；[8] 在宜城县和荆门县之间的盐池，也曾出土过春秋晚期的楚国铜器。[9] 根据古籍资料，今宜城一带有鄀和楚的别都——鄢。楚昭王因吴所迫，曾一度迁都于鄀，楚惠王因乱迁鄢。但古籍所说的鄀和鄢都，具体位置不是很明确。而考古资料表明今楚皇城遗址，或即楚鄢都所在。楚皇城遗址所处地理位置正是在江汉地区通往黄河流域的西部交通线上。鄢都是楚控制江汉地区，北进中原的重要据点，也是楚文化向周围传播的中心地区之一。

汉水以东只发现了一些战国中、晚期的楚墓。以云梦和鄂城两地的比较重要。其中有一部分楚墓晚于汉水以西的楚墓，即属战国晚期。这是秦拔郢以后，楚都东迁，楚国的势力缩小到汉水以东的反映。近年来在汉东地区多次发现西周晚至战国早期的曾国铜

---

〔1〕《史记·楚世家索隐》引《括地志》。
〔2〕《左传·定公四年》。
〔3〕《史记·楚世家》。
〔4〕吴卓信：《汉书地理志补注》引《渚宫旧事》。
〔5〕《水经注·江水》卷34。
〔6〕《史记·楚世家》。
〔7〕资料见楚皇城发掘队：《湖北宜城楚皇城勘查简报》，《考古》1980年第2期。
〔8〕这些铜器藏宜城文化局。
〔9〕这些楚器藏荆门文化馆。

器。从随县季氏梁出土的春秋铜戈之铭[1]来看，曾是姬姓国；从随县"曾侯乙"墓的资料来看，曾与楚关系十分密切。因此，曾国即随国的说法[2]颇有道理。两周之交，姬姓的随国是江汉地区唯一能与楚较量的大国，楚在鄂西称王以后，主要锋矛便指向随国，楚武王就于公元前706、704、690年三次伐随，最后卒于伐随军中。[3]经过长期的斗争随被楚打败，成了楚的附庸，随最终在历史上逐渐消失。汉东发现的曾国铜器或墓葬，能够反映这一历史事实。京山苏家垅、随县熊家老湾、枣阳茶庵等地出土的西周晚至春秋早期的曾国铜器，[4]完全是周人的作风。西周晚期的"曾侯仲子斿父"这组铜器，使用了九鼎、九鬲、七簋（应八簋），它僭越了所谓的天子之礼，说明曾（随）也和楚称王一样，达到了敢于同周天子抗衡的地步，因此有"汉东之国随为大"之说。直到春秋中、晚期，所见的曾国铜器作风还与楚器不相同，如随县季氏梁出土的春秋中期的铜鼎为平盖，这与当阳赵家湖出土的春秋中期楚铜鼎为弧盖不同；襄阳采集的"曾子娴盆"为平底、抓把盖，[5]而宜城骆家山出土的一种楚簋（这簋实际上与"曾子娴盆"是同一种器物）则为三小兽蹄足、带纽盖（图三）。到了战国早期情况就不同了，随县"曾侯乙"墓，虽尚保留了"曾（随）侯"之称谓，但出土器物特征已属楚文化范畴了。大约在春战之交，楚文化才发展到汉东地区，汉东地区的商周文化终于和楚文化互相融合了。

襄阳之西北，有一处邓城遗址，城内有不少东周遗物，而现有城垣似为汉以后所筑或重修。城址东北部的山湾——蔡坡有大批东周墓葬，偏北方还有十余座有大坟堆的大墓。1968年至1972年，某砖瓦厂取土挖出了大批铜器（大部分被该厂回炉破坏）。1972年以来，我们陆续发掘了春秋中期至西汉初年大、

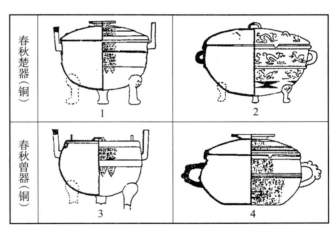

图三　春秋楚器和曾器比较图

1. 当阳赵家湖出土　2. 宜城骆家山出土　3. 随县季梁氏出土
4. 襄阳收集

〔1〕　随县博物馆：《湖北随县城郊发现春秋墓葬和铜器》，《文物》1980年第1期。
〔2〕　李学勤：《曾国之谜》，《光明日报》1978年10月4日；石泉：《古代曾国——随国地望初探》，《武汉大学学报（人文科学版）》，1979年第1期。
〔3〕　舒之梅、程欣人辑：《楚国大事年表简稿》，《江汉考古》1980年第1期。
〔4〕　湖北省博物馆：《湖北京山发现曾国铜器》，《文物》1972年第2期；鄂兵：《湖北随县发现曾国铜器》，《文物》1973年第5期；湖北省博物馆：《湖北枣阳县发现曾国墓葬》，《考古》1975年第4期。
〔5〕　见《江汉考古》1980年第1期。

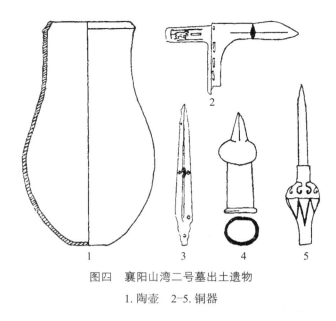

图四　襄阳山湾二号墓出土遗物
1. 陶壶　2—5. 铜器

中、小型墓葬五十余座，[1]其中绝大部分属楚墓，也有一些可能不是楚墓。如春秋时期的山湾二号墓，出土了磨光黑陶敛口壶、带槽铜短剑、虎纹铜戈等一组器物（图四），与常见楚器不同。这墓是否与濮人或巴人有关？可供探讨。在这个墓地上曾采集到春秋早期偏晚的"邓公乘鼎"和春秋晚期偏早的"上鄀府簠"等铭文铜器，是否楚墓中所出，还有怀疑。而楚墓出土器物情况也比较复杂，如战国早期的蔡坡四号墓出土了"蔡公子缶"；战国中期的蔡坡十二号墓出土了"吴王夫差剑"；春秋晚期的山湾三十三号墓，规模较小，却出土了"楚子敦""子季嬴青簠"等铭文铜器。这些铭文铜器之主，显然不是墓主。而出这些铭文铜器的墓，时代都为春秋晚期以后。另外，在襄樊市还收购了一件两周之交的"邓公牧殷"，型式和随县熊家老湾出土的"曾伯文殷"一样，这件邓器估计应在襄阳附近出土。1977年，在邓城遗址之西的谷城出土一批春秋铜器，[2]其中鼎的形制与汉东地区的近似，而与楚器作风区别较大，是否与谷国有关？还需研究。襄阳一带的这些发现证明：春秋时代，江汉北部地区政治斗争相当复杂；春秋初年这个地区的诸小国还普遍存在；楚国牢固地控制这个地区约在春秋中期之后。据石泉先生考证，邓城遗址似为古邓国所在，[3]襄阳境内两次出土邓国铜礼器，表明这个考证是正确的。《左传·庄公六年》："楚文王伐申过邓……十六年（公元前678年），楚复伐邓，灭之。"楚灭邓，这是楚北进中原，首先扫除江汉北部咽喉地带的主要障碍。这也是楚文化向淮河流域发展的重要标志。

五、结　语

江汉淮地区出土的春秋铜器，往往有一定的共同的文化特征。所见的楚器和同期的

〔1〕　湖北省博物馆资料。
〔2〕　这些铜器藏襄阳地区博物馆。
〔3〕　石泉：《古邓国·邓县考》，《江汉论坛》1980年第3期。

邓器、蔡器、徐器以及郑器等都比较接近,说明这个地区的春秋诸侯,虽然接受或承袭了商人、周人的青铜文化,但它们都还多少保留一些当地的文化传统,越到春秋晚期,这种当地的文化传统,就表现得更加明显;同时说明了这个地区的春秋诸侯,由于频繁的交往,文化面貌已经逐渐一致,为楚文化的形成打下了基础。

处于汉东地区较早的商、西周文化,主要是商人、周人系统的,但也还可以看到一些地方特点。商代二里岗期的盘龙城遗址和西周前期的圻春毛家咀遗址[1]出土的铜器和陶器,基本上是商人或周人的作风,但也有一定的地方特点,例如都出土一种罐形高足陶鬲。武昌放鹰台出土的西周陶鬲也是罐形高足。这种罐形高足陶鬲颇像后来出现的一种楚鬲,楚的罐形高足陶鬲一直沿袭到战国中期。[2]这种鬲的作风又好像是承季家湖文化的罐形鼎而来的。我们认为,长江中游地区的商周文化中,地方特色的存在,是与这个地区具有数千年发展的原始文化分不开的。而楚文化特点的产生,也正是与长江中游地区原始文化的传统直接相连的。

楚文化是东周时期江汉淮地区的一种地方文化。从总体意义上讲,楚文化应是黄河流域和长江流域两大文化系统之间,互相影响,互相融合的产物。但是楚文化的形成和发展,是同楚民族的逐渐强大和楚国的统一事业紧密相关的。因此,我们研究楚文化的兴衰,就必然以楚民族的历史,特别是以楚国的历史为主线贯穿始终。这样,追溯楚文化的渊源问题,就实际上是寻找楚人的直系祖先的问题,即解决哪一支原始文化是楚人的祖先所创造的问题。

综上所述,楚始于鄂西,地理位置表明,鄂西那支大溪→屈家岭→季家湖文化,可能是楚人的祖先所创造的。目前鄂西地区古代文化发展序列,由于季家湖文化和赵家湖春秋楚文化遗存的发现,大大缩短了中间的文化缺环。今后如果在鄂西地区找到了相当于商、西周时期的楚文化遗存,并且找到了它和季家湖文化遗存之间连接的纽带,那么楚文化的渊源问题就会明朗化了。

鄂西地区由于中间存在着大约商、西周时期的文化缺环,楚国早期又接受了周人的文化,因此鄂西的原始文化和东周楚文化之间,文化面貌当然会差别很大。但如果从发展演变的规律来分析,也隐约可以发现它们之间的某些内在联系。

大溪→屈家岭→季家湖文化发展过程中,有些演变的趋势似可与东周楚文化相衔接。例如建筑房屋由大溪阶段大量使用红烧土块,到季家湖阶段出现用白膏泥铺地,而使用白膏泥的作风是楚文化遗迹中常见的;墓葬葬式由大溪阶段的仰身蹲式屈肢葬到季家湖

---

〔1〕 中国科学院考古研究所:《湖北圻春毛家咀西周木构建筑》,《考古》1962年第1期。
〔2〕 参看《文物》1980年第10期,第11页。

阶段的仰身微屈肢葬,而楚文化的葬式则主要为仰身直肢葬,仰身直肢葬在大溪阶段就存在,并开始逐渐增加的;鄂西原始文化中的陶器以红陶系为特征,而春秋前期的楚文化陶器中,红陶仍占相当大的比例;陶器器形方面,也有一定的共同因素,除前面讲过的季家湖文化的罐形鼎与楚罐形高足鬲,造型近似以外,还有季家湖文化中的壶形器与楚高足壶、季家湖文化中的瓶与楚长颈罐、季家湖文化中的罐钵豆与楚文化中的罐钵豆等也都有一定的共同特征(图五);季家湖文化没有发现陶鬲,而楚文化较早的阶段有一种深盆状或罐形的陶釜作炊器。这些内在联系,反映了鄂西的原始文化系统,可能就是楚文化的渊源所在。

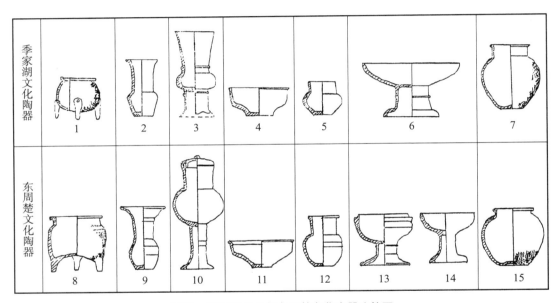

图五　季家湖文化与东周楚文化陶器比较图

1、3、6. 当阳季家湖遗址出土　2、4、5、7. 松滋桂花树遗址出土　8、15. 江陵纪南城内东岳庙墓葬出土
9、11、12、13. 江陵纪南城龙桥河西段出土　10. 江陵望山一号墓出土　14. 江陵葛陂寺三号墓出土

所发现的江汉地区楚文化遗存,时代都属东周,这种情况与"若敖、蚡冒至于武、文,土不过同"[1]的说法是相符的。证明西周至春秋初年,即楚"居丹阳"至"都郢"期间,楚仍是一个偏隅小国。楚国早期活动的范围主要还在荆山山区。

从文化系统的角度考虑,在商、西周时期,楚文化并没有形成一个独立的体系。在商代以前,楚民族被黄河流域的政治势力逼迫,退居荆山,使本民族的原始文化发展受到极大抑制。到了商代,楚民族的原始文化得到一定程度的发展。但在西周初年,楚接受了周

---

〔1〕《左传·昭公二十三年》。

王室的封赐,本民族的原始文化又一次被压抑,几乎整个西周时期都是周人文化统治的时期。在春秋早期的楚墓中,还明显地表现出周文化的特征,如墓葬中随葬陶器的组合为鬲、盂、罐、豆,这与西周末年周人的墓葬相同。器形方面,虽有特点,但基本形态是相同的。而铜器就更没有区别了。到了春秋中期,情况就发生了突变,这个时期发现的楚墓,不但数量激增,分布范围扩大,而且文化特点明显化。说明这个时期楚民族原始文化的传统得到了很大的发展。这个时期,正是楚熊通称王、文王"都郢"以后,楚控制了整个江汉地区,正向淮河流域迅速发展的时期。大约就在春秋中期前后,作为一种有影响的楚文化体系已经形成,并迅速向周围传播。

战国中期,是楚文化的鼎盛时期。楚国的灭亡,秦国的统一,标志着长江流域和黄河流域两大文化系统的最后合流。秦朝以后,楚文化便逐渐消失,它和中原文化互相融合在一起,构成我们中华民族古代文化的主体。

(原载《中国考古学会第二次年会论文集(1980年)》,文物出版社,1982年)

关于鲢鱼山即楚丹阳的问题

北魏郦道元在《水经注·江水》中记载"（江水）又东过秭归县之南……县，故归乡……袁崧曰：屈原有贤姊闻原放逐，亦来归，喻令自宽，全乡人冀其见从，因名曰秭归……县北一百六七里有屈原故宅……江水又东径一城北，其城凭岭作固，二百一十步，夹溪临谷，据山枕江。北对丹阳城，城据山跨阜，周八里二百八十步，东北两面，悉临绝涧，西带停下溪，南枕大江，险峭壁立，信天固也，楚子熊绎始封丹阳之所都也。……又楚之先王陵墓在其间……江水又东南径夔城南，跨据川阜，周回一里百一十八步，西北皆枕深谷，东带乡口溪""……郭景纯云：丹山在丹阳，属巴。丹山西即巫山者也"。《山海经·海内南经》也记载"丹山在丹阳南"。这些记载说明，从很早的时候起，就有楚丹阳秭归说的存在，而所指丹阳就在秭归县城以东至乡溪之间的范围内，其北又有屈原故里。晋代郭璞云"今建平郡丹阳城秭归县东七里"（见《山海经校注》二七七页，上海古籍出版社，1980年版）。清同治丙寅年增修的《归州志·古迹》也说："丹阳城，州东南七里，南枕大江，周成王封熊绎于荆蛮居丹阳即此，一名屈沱"。据郦氏所说丹阳城，是在江北，在其南部有城与之隔江相望，其北部有屈原旧宅。秭归县城附近有一"楚王城"，但在江南，并主要出土汉代遗物，显然与郦氏所记不符。只有秭归县城以东的鲢鱼山遗址在江北，其南有龚家大沟遗址[1]与之隔江相望，这两个遗址的地形与郦氏所述基本符合，东侧顺香溪而上可达屈原故里。龚家大沟应即郦氏"江水又东径城北"的一城，而鲢鱼山便是所指楚丹阳城。

郦氏写《水经注》晚于楚居丹阳的时代达千年之久，鲢鱼山是否就是楚丹阳，需从各方面进行考察和分析。

1.在鲢鱼山遗址未见到具有楚文化性质的文化遗存，而所出遗物却具有浓厚的巴蜀文化色彩，其时代又较早，甚至早于西周。

---

[1]　湖北省博物馆：《秭归龚家大沟遗址的调查与试掘》，《江汉考古》1984年第1期。

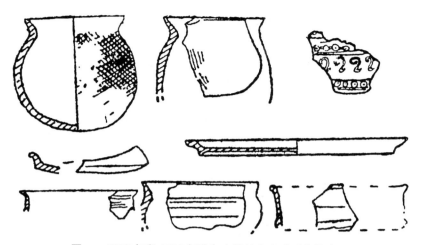

图一　1958年和1960年鲢鱼山遗址出土或采集的陶器

鲢鱼山所见遗存并不丰富,只出土少量陶片和石器。1958年和1960年考古研究所调查、试掘所见遗物,除两件可复原的陶器和为数不多的陶片(图一)、石器以外,还"出土了数片方凿卜甲,凿的排列较整齐,灼痕不显。此外还出土了数块较大的鱼齿、鱼骨及不多的兽骨"。[1]另外,近年来前来考察、参观的人较多,也有可能拣去了一部分陶片。

鲢鱼山出土陶器,如敛口罐、侈口罐、灯座形器、盘等,形制特征与四川成都平原的广汉中兴、[2]新繁水观音、[3]成都羊子山[4]和川东忠县{{井沟[5]等遗址出土的商周时期的陶器较为近似,而与楚文化中常见的陶器差别很大,也看不出它们之间有什么渊源发展关系。因此,鲢鱼山文化遗存与四川巴蜀文化关系密切,显然不属楚文化的发展系统。鲢鱼山这类遗存在鄂西三峡至清江口一带已有所发现,[6]主要有宜都毛细套,[7]城背溪上层、[8]向家沱,[9]宜昌路家河、[10]小溪口下层、[11]上磨垴、[12]

〔1〕 中国科学院考古研究所长江队三峡工作组:《长江西陵峡考古调查与试掘》,《考古》1961年第5期;杨锡璋:《长江中游湖北地区考古调查》,《考古》1960年第10期。
〔2〕 四川大学历史系考古学教研组:《广汉中兴公社古遗址调查简报》,《文物》1961年第11期。
〔3〕 王家祐、江甸潮:《四川新繁、广汉古遗址调查记》,《考古通讯》1958年第8期;邓伯清:《四川新凡县水观音遗址试掘简报》,《考古通讯》1959年第8期。
〔4〕 四川省文物管理委员会:《成都羊子山土台遗址清理报告》,《考古学报》1957年第4期。
〔5〕 四川省长江流域文物保护委员会文物考古队:《四川忠县{{井沟遗址的试掘》,《考古》1962年第8期。
〔6〕 参看林春:《宜昌地区长江沿岸夏商时期的一支新文化类型》,《江汉考古》1984年第2期。
〔7〕 长办考古资料。
〔8〕 湖北省博物馆等1983年发掘资料。
〔9〕 长办考古资料。
〔10〕 湖北省博物馆江陵考古工作站1984年调查试掘资料。
〔11〕 湖北省博物馆江陵考古工作站1984年调查试掘资料。
〔12〕 湖北省博物馆江陵考古工作站1984年调查试掘资料。

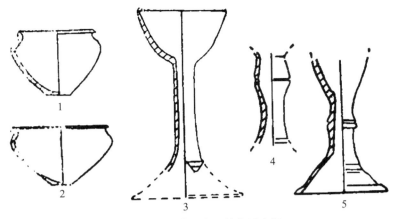

图二　鄂西地区出土的商周陶器

1-2.宜都毛细套灰坑出土敛口罐　3.宜都毛细套灰坑出土灯座形器
4.宜昌路家河出土灯座形器　5.宜都红花套出土灯座形器

西湾、[1]伍相庙、[2]中宝岛、[3]三斗坪、[4]苏家坳,[5]秭归柳林溪[6]等遗存。其中最富特征的是敛口小平底或尖底粗陶罐和灯座形器(图二)。从整个鄂西地区来看,这类遗存主要分布于鄂西的西部偏南地区,特别是长江沿岸。

　　至于鲢鱼山遗存的相对年代,我们认为是较早的。该遗存中以粗褐陶为主。常见方格纹,出Ⅰ式敛口罐、薄胎袋足器等情况,都是西周早期以前的文化特征。基本不见楚居丹阳以后的遗物,说它是一处西周遗址,显然不确切。

　　综上所述,鲢鱼山文化遗存的性质不属楚,主要遗物的年代亦在楚被封丹阳之前,因此,根据出土遗物无法证明它是楚都丹阳。

　　2.鲢鱼山没有发现城墙及其他重要遗迹。其遗址面积很小,文化堆积不厚,文化内涵也不丰富。

　　现存鲢鱼山遗址只保存了边缘部分,没有找到城墙(当然楚早期的丹阳,根本没有城墙也是可能的),或其他重要建筑遗迹,甚至已经找不到具有发掘价值的文化层。有的同志说:"经初步探明,鲢鱼山遗址,南北长300米,东西宽200米,面积达60 000平方米。文化堆积由北向南一步比一步丰富,南部文化堆积达1米多厚"。[7]这是将整座鲢

〔1〕　湖北省博物馆江陵考古工作站1984年调查试掘资料。
〔2〕　湖北省博物馆江陵考古工作站1984年调查试掘资料。
〔3〕　湖北省博物馆江陵考古工作站1984年调查试掘资料。
〔4〕　湖北省博物馆江陵考古工作站1984年调查试掘资料。
〔5〕　湖北省博物馆江陵考古工作站1984年调查试掘资料。
〔6〕　湖北省博物馆1981年发掘资料,待刊。
〔7〕　石泉、徐德宽:《楚都丹阳地望新探》,《江汉论坛》1982年第3期。

鱼山都当作遗址范围了。我门经过认真调查，在鲢鱼山范围内，坡上坡下都未能找到更多的文化遗物。早在60年代初，考古研究所进行考古调查、试掘的时候，遗址尚保存比较完整，但当时的记录说明遗址面积并不大，堆积亦不厚，曾开探沟二条，所获遗物也很少。从今砖瓦厂取土场断面观察，其周围保留了遗址边缘部分的堆积，因此遗址的东、西、北三面的范围不可能再向外延伸，遗址范围唯一可能已被破坏的是南面江边部分。可是，这段江面并不宽，而江的北岸大都为岩石，也比较平直，是长期比较稳定的江岸。说遗址的大部分崩塌于江中，也是无根据的。至于该遗址被严重破坏的原因，除因山坡较陡，早年受山洪冲刷以外，主要是1963年以来砖瓦厂制坯取土和农村改田所致。据了解，砖瓦厂自建厂二十年以来，取土过程中并未曾暴露过大量的陶器或其他遗物，当时的县文物干部张新民同志也曾经常到现场调查，也并未发现任何重要遗迹与较多的文化遗物。

自周成王封楚熊绎于丹阳至公元前689年楚文王始都郢，时间长达四百年之久，作为楚的活动中心的丹阳，年代还可以往后追溯。楚长期活动的丹阳遗址，不仅遗址本身应有许多遗迹与遗物，而且在遗址的周围还应有分布密集的大中型楚王墓、中型楚贵族墓以及小型楚墓群。但是，我们在遗址周围数里的范围内进行调查，发现遗迹遗物稀少，不仅找不到"楚之先王陵墓"，而且连一般的小型楚墓也未见到。这与后来楚郢都以及商周时期列国都城附近遗址、墓葬分布情况完全不同。这些情况说明，秭归鲢鱼山遗址，不可能是楚始都的丹阳城，而只是一处商周时期的一般文化遗址。

3. 鲢鱼山遗址的地理形势险恶，交通不便，没有利于活动的较为广阔的地面。

鲢鱼山是连绵的高山脚下和奔腾的长江岸壁上的一块坡地，东、西两面均为绝涧，唯有东、西两面的长江北岸可以延伸并通行。但这一带的长江北岸数十里以内，山势都相当陡峭，悬岩绝涧密布其间，很难找到一处较为平缓的地段。当时楚国发展的主要目的地是东部的江汉平原，鲢鱼山之东不远是长江西陵峡中最为险要的"兵书宝剑峡""牛肝马肺峡"和"崆岭峡"，急流浅滩很多，航行危险。这个地段崇山峻岭，悬崖峭壁，至今仍无陆路可以通行。即使楚国当时确是居于鲢鱼山（丹阳），其东不远的香溪河谷地带必然就是它的活动地盘，但香溪河谷之间至今未曾见到相应的文化遗存。西陵峡谷之间文化遗址十分密集，例如峡东段的太平溪至三斗坪之间约七公里的范围内就有新石器时代至商周时期的遗址二十多处。但在鲢鱼山周围数里以内却基本没有发现文化遗址，这一带是西陵峡中，文化遗址最少的地段之一。这说明由于自然环境的恶劣，鲢鱼山周围自古以来都是人烟稀少的地带。作为当时日益强盛的与周王朝来往密切的楚国，居于这样一个交通不便、土地贫瘠的峡谷之间，实是令人难以想象的。

4. 鲢鱼山遗址处于目前发现的楚文化早期遗存分布区的边缘地带。

大约从70年代末80年代初开始,在鄂西沮漳流域陆续发现了西周中、晚期至春秋初年的文化遗存,其中重要的有当阳磨盘山、[1]杨木岗、[2]半月山,[3]枝江熊家窑、[4]周家湾、[5]宜昌小溪口[6]等遗址,这些遗址都出土了以“楚式鬲”为代表的一组陶器,这类陶器的基本特征表明它们是属楚文化范畴,是迄今发现的较早阶段的楚文化遗存,也即是楚居丹阳后期的楚文化遗存。通过近年的工作,此类较早阶段的楚文化遗存有较广泛的发现,分布范围主要在沮漳河以西、长江以北的荆山南麓一带。在偏西的宜昌小溪口、秭归柳林溪[7]遗址中,也可以看到两周之交的楚文化陶器。再向西,除鲢鱼山以外,经过试掘的周代遗址还有官庄坪、[8]龚家大沟。[9]官庄坪出土的陶器,特别有一种陶鬲与典型的楚器差别较大,并出土了楚文化中不见而流行于西南地区的“靴形斧”。龚家大沟与鲢鱼山仅一江之隔,所出土的楚文化遗物,时代晚至战国,而且不丰富不典型。由此可见,目前所见的较早的楚文化遗存分布范围,西部未超过鲢鱼山。如果鲢鱼山是楚丹阳,与这种情况也是不相符的。

再从古代文献分析,《左传·昭公二年》记载,楚早期“辟在荆山”。《山海经·中山经》载“荆山之首,曰景山……雎水出焉,东南流注于江”“东北百里,曰荆山……漳水出焉,而东南流注于雎”,可见荆山地区和雎漳河流域实际上有相同的含义,雎漳河也就是今鄂西注入长江的沮漳河。我们认为早期楚的活动范围,不能离开荆山地区或沮漳河流域。《左传·昭公二十三年》提到楚在荆山居丹阳期间,即“若敖、蚡冒至武、文”时期为“土不过同”,《史记·十二诸侯年表》序中也说:“齐、晋、秦、楚其在成周微甚,封或百里或五十里”,说明楚居丹阳期间的活动范围并不大,不应包括从沮漳河至秭归的广阔地区。当然楚文化遗存的分布范围并不等于楚国的领土范围,但作为楚都的所在地则是关键的地点。春秋初年,楚文王始都郢,一般认为楚郢都在今沮漳河下游(战国时期的楚郢都已确定是江陵纪南城),[10]因此沮漳河下游一带应当就是楚国早期的活动范围。而沮漳河下

〔1〕 宜昌地区博物馆:《当阳磨盘山西周遗址试掘简报》,《江汉考古》1984年第2期。
〔2〕 湖北省博物馆1983年调查资料。并参看湖北省博物馆等:《当阳冯山、杨木岗遗址试掘简报》,《江汉考古》1983年第1期。
〔3〕 湖北省博物馆等1983年调查试掘资料。
〔4〕 湖北省博物馆等1983年调查试掘资料。
〔5〕 湖北省博物馆等1983年调查试掘资料。
〔6〕 湖北省博物馆江陵考古工作站1984年调查试掘资料。
〔7〕 湖北省博物馆1981年发掘资料,待刊。
〔8〕 资料见湖北省博物馆:《秭归官庄坪遗址试掘简报》,《江汉考古》1984年第3期。
〔9〕 湖北省博物馆:《秭归龚家大沟遗址的调查与试掘》,《江汉考古》1984年第1期。
〔10〕 资料见湖北省博物馆:《楚都纪南城的勘查与发掘》(上、下),《考古学报》1982年第3、4期。

游至秭归鲢鱼山，直线距离有500里。这样的距离实在过于遥远，看来将鲢鱼山作为楚都丹阳，也是难以令人置信的。

通过以上情况分析，我们认为鲢鱼山只不过是商至西周时期鄂西地区的一种与巴蜀文化关系密切的文化遗址，它不应是楚都丹阳所在。楚都丹阳究竟在何处？还有待于今后考古工作的深入开展。

（原载《江汉考古》1987年第3期）

襄阳楚墓陶器特点与楚都丹阳

　　襄阳楚墓主要指70年代发掘的山湾、[1]蔡坡[2]东周墓葬,所出土的陶器可分成六期。[3]近年在山湾东南方的团山又发掘了17座东周墓葬,[4]出土的陶器无论是年代,还是特点都与山湾、蔡坡的近似,可归于襄阳楚墓陶器之中。今年9月楚文化研究会在"丹淅"召开第六次年会,襄阳北距"丹淅"不远,同属汉水中游古代文化区。趁"丹淅"开会之机,写出《襄阳楚墓陶器特点与楚都丹阳》一文,仅供大家参考。

　　笔者就襄阳楚墓及其出土铜器和陶器(分期)都曾作过一些研究,[5]本文着重讨论所出陶器的特点,并联系楚丹阳地望问题,谈点个人看法(文中所用的期别,是笔者所撰《襄阳余岗楚墓陶器的分期研究》[6]一中的期别)。

　　(一)襄阳楚墓出土的陶器,从所属年代方面观察,以战国中期的数量最多,品种最丰富,楚文化特征表现最为鲜明。而所有的陶器的年代上限只能溯至春秋中期后段,而下限可延至战国晚期后段。但战国晚期后段的陶器具有突变现象,楚文化因素骤然减少,秦汉文化因素猛然增加。

　　(二)第一、二期(春秋中期后段、春秋晚期)的陶器,文化性质相当复杂,除含有主要的楚文化因素外,还存在中原和其他文化因素。例如,第一期的山湾7号墓,虽出土楚的日用陶器组合鬲、盂、罐,但这些器物与江陵楚墓出土的同期同种器物相比,形态并不完全相同。[7]例如,盂为平底,而江陵的盂一般为内凹底;罐为粗短颈平底,而江陵的

〔1〕 湖北省博物馆:《襄阳山湾东周墓葬发掘报告》,《江汉考古》1983年第2期。
〔2〕 湖北省博物馆:《襄阳蔡坡战国墓发掘报告》,《江汉考古》1985年第1期。
〔3〕 杨权喜:《襄阳余岗楚墓陶器的分期研究》,《江汉考古》1993年第1期。
〔4〕 襄樊市博物馆:《湖北襄阳团山东周墓》,《考古》1991年第9期。
〔5〕 杨权喜:《襄阳余岗东周青铜器的初步研究》,《江汉考古》1990年第4期;《襄阳余岗楚墓陶器的分期研究》,《江汉考古》1993年第1期。
〔6〕 杨权喜:《襄阳余岗楚墓陶器的分期研究》,《江汉考古》1993年第1期。
〔7〕 杨权喜:《襄阳楚墓与楚国势力的扩展》图二,《江汉考古》1986年第2期。

罐为长颈内凹底。平底的盂、罐包含了较浓厚的中原文化因素。第二期的山湾2、11号墓出土的小鬲，是捏制的一种明器鬲，与江陵雨台山同期的39号墓出土的同种明器鬲[1]相比也不相同，其无颈、腹壁较直、裆呈弧形、足窝较深，保存了中原"周式鬲"的一些特征。第二期的山湾28号墓出土了3件陶鼎，为列鼎（大小有序）。列鼎制属周礼范畴，归周文化系统。第二期的山湾1、2、8、11号墓出土的在沿部附双耳的罐、炸弹形磨光黑陶壶、圆腹圜底罐、敛口无颈三耳黑陶罐[2]等，器形特殊，风格迥异，都应为楚以外的其他文化因素。

（三）楚墓陶器一般可分日用器和仿铜礼器两大类。襄阳楚墓第一、二期陶器中，日用器占突出地位，陶鬲等日用器累累可见。而到第三期及第三期以后，日用陶器为主体的组合突然消失。例如不见陶鬲，或不见鬲、盂、罐的陶器组合。江陵地区的楚墓则情况不同，直至战国中期后段（相当于襄阳楚墓的第四、五期之间）还存在大量的鬲、盂、罐的日用陶器组合。例如江陵雨台山第五期（即战国中期后段）的483号墓就出鬲、盂、罐的日用陶器完整组合，第五期的173、232、239、299、307、369、424、493、528号等墓都出日用陶器。[3]

（四）这些陶器中的礼器组合较单一，发展变化序列较清楚。第一期就出现鼎、敦、缶。第二期开始至第五期都用鼎、敦、壶（或另加盘、匜）。第六期已进入了秦统治时期，改用鼎、盒、壶。可见，鼎、敦、壶是楚国鼎盛时期襄阳地区的陶礼器组合，盛器始终用敦而不用簋，陶敦是襄阳楚墓贯彻始终的典型器物。这里值得特别一提的是，第一期的盖鼎和上、下不同的敦，第二期的带盖圜底壶，这三种器物时代均较早，为别处少见，是研究陶盖鼎、陶敦和陶壶发展变化序列的早期标本。

（五）日用陶器中，不见江陵楚墓常见的小口罐形鬲和弦纹长颈罐等典型楚器。也未见勺、斗等小型仿铜陶礼器。

以上是襄阳楚墓陶器的主要特点。

此次年会的中心议题之一就是目前考古界正在讨论的楚都丹阳究竟在何方的问题，主要争论点是楚国早期居于邓国之北的"丹淅"，还是居于邓国之南的"沮漳"的问题。尽管"丹淅"累出级别较高的重要楚器，但笔者同样认为丹阳在"沮漳"的可能性大。如果从考古学文化的角度考察，楚文化只能在"沮漳"发源和发展。如果从古代文献记载的有关楚国活动的历史事件分析，楚丹阳也只有在"沮漳"才能与考古发现相吻合。襄阳和

〔1〕 湖北省荆州地区博物馆：《江陵雨台山楚墓》，文物出版社，1984年。
〔2〕 杨权喜：《襄阳楚墓与楚国势力的扩展》图一，《江汉考古》1986年第2期。
〔3〕 湖北省荆州地区博物馆：《江陵雨台山楚墓》，文物出版社，1984年。

襄阳以北的楚墓陶器所表现出来的特性,也正是楚文化渊源和楚国早期活动地在"沮漳"所决定的。

(一)从文化的角度考虑,楚文化源于"沮漳",然后逐渐向四周扩展。

"沮漳"有自成体系的古老而发达的原始文化,有深厚的文化发展根基。楚在"沮漳",一方面继承了当地原始文化的优秀传统;另一方面又吸收了中原青铜文化的精华,才逐渐创造出具有自身独特风格的楚文化。"沮漳"的当阳、江陵一带的东周城址和东周墓葬已出土了大量的遗迹、遗物,内容广泛而丰富,特点鲜明而别具风格,文物精美而技术高超,序列清楚而一脉相承,一般都认为当阳、江陵一带的东周文化就属典型的楚文化。其中墓葬出土陶器的年代序列最为清楚,目前可从西周晚期开始,分成七期十三段。襄阳楚墓的陶器与"沮漳"同期墓葬陶器相比,虽有一定差异,但文化面貌则随时代的变化而越来越接近。特别表现在陶礼器上,从鼎、敦、壶、盘、匜的器物组合,到多种器物的器形及其发展变化规律都不断趋于"沮漳"而逐渐统一。襄阳楚墓陶器显然属于楚文化发展系统。但是,襄阳楚墓陶器时代最早的第一期(春秋中期后段)只相当于"沮漳"楚墓的第三期后段(总第五段)。襄阳以北的汉水中游地区所见楚墓及其陶器的年代也大体如此。说明"沮漳"类型——典型的楚文化,在春秋中期前后开始发展到了襄阳及其北部地区,这与楚国历史发展也恰相符合。

(二)从国家的角度考虑,情况还较复杂。即使楚文化(指考古学文化)源于"沮漳",并不等于楚国丹阳必在"沮漳"。楚国早年,辟在荆山,经济落后,在当时强大的西周王朝统治下,未必有自身的独立成体系的文化。作为一种考古文化——楚文化体系的形成年代也只能定在春秋中期前后。因此楚居丹阳时期的楚国文化不一定直线发展成为楚文化。然而楚国文化应以楚民族为主体的一种文化,这种文化显然与楚民族的活动紧密相连。作为一个楚民族,独立于南方,并常与商周中原民族发生冲突,它必然有其自身的特点和发展体系,在其产生、发展和演变的各个不同历史阶段之间,也必然具有内在的因袭关系;作为一种典型的楚文化——"沮漳"类型的楚文化,必然有其主源和发展主线,它必然与春秋中期以前的某支文化存在一定的承袭关系。我们讲的典型楚文化实际上就是春秋中期至战国阶段的楚民族文化。根据考古发现的"沮漳"的典型楚文化,以遗址、墓葬出土的陶器为主线往前追溯,早期楚民族文化(即早于春秋中期的楚民族文化)就分布于"沮漳"至峡区一带。这种文化,因素较复杂,可能包括了权、罗、夔、楚等国的文化。[1]楚国早期(居丹阳时期)在"沮漳",丹阳就应在沮漳河一带寻找。

---

〔1〕 杨权喜:《早期楚民族文化的探索》,《楚文化研究论集(第三集)》,湖北人民出版社,1994年。

襄阳出土了邓器[1]和大批春秋青铜器,蔡坡西南距邓城东周城址约4公里,可能为春秋邓国所在。[2]邓被楚灭于公元前678年。邓被灭后,楚设邓县。襄阳楚墓及其出土的陶器时代上限始于春秋中期,进一步证明蔡坡、山湾和团山都是楚国邓县(邑)贵族墓地。襄阳楚墓第一、二期陶器文化性质较复杂,正是楚文化刚传入,与当地原有文化共存的具体反映。邓地(襄阳)较早地归服于楚,邓邑是楚北进中原、驰骋"丹淅"、东伐吴越的重要据点,是楚都的门户。《史记·秦本纪》:"(昭襄王)二十八年(公元前279年),大良造白起攻楚,取鄢、邓。"《史记·楚世家》:"(楚顷襄王)二十一年(公元前278年),秦将白起遂拔我郢,烧先王墓夷陵。"公元前279年秦取鄢(今宜城)、邓(今襄阳),第二年便拔郢(今江陵)、烧夷陵,说明邓、鄢、郢(襄阳以南至江陵一片)同为楚国腹地。

　　公元前688年,"楚文王伐申,过邓。……还年,楚子伐邓"。[3]后来楚不得不"复伐邓,灭之"。《括地志》云:"故申城在邓州南阳北三十里。"可见,申在邓之北,近"丹淅",而楚必在邓之南(在"沮漳")。这是楚"始都郢"(公元前689年)第二年的事。如果"都郢"之前的丹阳在"丹淅",邓又是横亘于"丹淅"与"沮漳"之间的障碍,那么申应早被楚灭,何必"都郢"(楚南迁)之后的第二年才伐申?楚"都郢"时必过邓,"都郢"前楚武王三次伐随[4](在今枣阳、随州一带)也必过邓,而伐申过邓受阻,为什么前四次过邓未受阻(文献并没有记载)?其实,楚"都郢"和伐随时并不必"过邓",丹阳就在邓之南的"沮漳"。

　　春秋初,楚还在丹阳之时已自称为王。楚称王以后至迁郢之前,就南开濮地、[5]东伐随姬;[6]巴子(在楚西南,清江至三峡一带)[7]还请楚与邓为好,[8]这些事件正表明丹阳应在"沮漳"。

　　"(楚武王)五十一年(公元前690年)……楚怒,以随背己,伐随。武王卒师中而兵罢。子文王熊赀立,始都郢。"[9]楚国当年从丹阳迁都于郢,是武王卒、文王立的非常时期进行的,如果是从"丹淅"南迁,则不会那么顺利,古文献中不会顺便只提"始都郢"三字,而应有较详细的记载,也不可能接着再北上伐申,花十年时间灭邓。

---

〔1〕 杨权喜:《襄阳山湾出土的鄀国和邓国铜器》,《江汉考古》1983年第1期;襄樊市文物管理处:《湖北襄樊拣选的商周青铜器》,《文物》1982年第9期;王少泉:《襄樊市博物馆收藏的襄阳山湾铜器》,《江汉考古》1988年第3期。

〔2〕 石泉:《古代荆楚地理新探》,武汉大学出版社,1988年,第109-111页。

〔3〕《左传》庄公六年。

〔4〕《左传》桓公六年、八年,庄公四年。

〔5〕《史记·楚世家》。

〔6〕《左传》桓公六年、八年,庄公四年。

〔7〕 杨权喜:《关于巴、濮若干问题探讨》,《湖北省考古学会论文选集(二)》,《江汉考古》编辑出版,1991年7月。

〔8〕《左传》桓公九年。

〔9〕《史记·楚世家》。

（三）襄阳楚墓的陶器与"丹淅"的同期楚墓陶器相比，它们之间的特点和发展变化都有许多类似之处。襄阳西北方的郧县，与淅川相距很近，应同属"丹淅"文化区。郧县楚墓[1]陶器有如下主要特点：（1）器物特征不够典型，同时具有楚、中原等文化因素。其中中原文化因素较为浓厚，例如彩绘花纹图案的风格、鬲呈大口短足的形态、盒状矮胖型鼎的作风、平底的盂和罐、组合中多见豆等情况都与河南洛阳中州路东周墓出土陶器[2]近似。（2）陶器时代上限与襄阳楚墓陶器时代上限相当，仿铜陶礼器组合同样仅见鼎、敦、壶，而出现的时代较襄阳楚墓晚。（3）与襄阳楚墓的陶器一样，未见小口罐形鬲、弦纹长颈罐等楚文化典型器物。襄阳西北可归"丹淅"文化区的楚墓，如丹江口肖川、[3]谷城过山、[4]房县桃园[5]等批楚墓，所出陶器的基本特点都大体相同。从淅川下王岗新石器时代文化，到襄阳、郧县楚墓及其陶器所代表的楚文化，都表明"丹淅"是考古学文化的"交互作用区"，自古以来是黄河流域与长江流域两大区域文化交流的交界地带，不存在独立的自成体系的文化发展序列。襄阳、郧县等地楚墓所出土的陶器，已反映出"丹淅"的楚文化的基本面貌，不但年代上限都较"沮漳"为晚（"丹淅"地区所出楚国青铜器也同样没有早于春秋中期的，同样较"沮漳"为晚），而且表现出中原文化因素逐渐减少、典型楚文化因素逐渐增加的情况。"丹淅"的楚文化应来源于"沮漳"，是受"沮漳"典型楚文化的影响，在中原文化（如淅川下王岗西周文化[6]就属以"周式鬲"为代表的中原文化）的基础上逐渐"楚化"演变而来的。"丹淅"的楚文化可叫"丹淅"类型或汉水中游类型。《史记·楚世家》："顷襄王横元年（公元前298年）……秦昭王怒，发兵出武关攻楚，大败楚军，斩首五万，取析十五城而去。""（顷襄王）二十三年（公元前276年），襄王乃收东地兵，得十余万，复西取秦所拔我江旁十五邑以为郡，距秦。"《括地志》云："邓州内乡县城本楚析邑。"古文献所说的"析十五城"就指这个"丹淅"区域。这个区域是楚对秦作战的咽喉地带，存在楚匠一些高级贵族墓也并不奇怪。

这里还应该特别讲一讲的是楚墓中的仿铜陶礼器问题。楚墓仿铜陶礼器有鼎、簠、壶和鼎、敦、壶两种器物组合。在楚国礼制上存在等级高低、层次不同的差别。王光镐同志在《楚文化源流新证》一书中，已注意到了"簠与敦在楚文化中所处的地位还有一定差

〔1〕中国社会科学院考古研究所湖北工作队：《湖北郧县东周西汉墓》，《考古学集刊（6）》，中国社会科学出版社，1989年。
〔2〕中国科学院考古研究所：《洛阳中州路》，科学出版社，1959年。
〔3〕湖北省博物馆等：《丹江口市肖川战国两汉墓葬》，《江汉考古》1988年第4期。
〔4〕湖北省文物考古研究所等：《谷城过山战国西汉墓葬》，《江汉考古》1990年第3期。
〔5〕武仙竹：《房县桃园发掘出一批东周两汉墓》，《江汉考古》1988年第1期；湖北省文物考古研究所等：《1986-1987年湖北房县松嘴战国两汉墓发掘报告》，《考古学报》1992年第2期。
〔6〕河南省文物研究所等：《淅川下王岗》，文物出版社，1989年。

异"。[1]陈跃钧同志在《江陵雨台山楚墓》发掘报告中,将这两种组合并列,每种组合不但盛器簠与敦不同,而且炊器鼎与鼎、水(酒)器壶与壶也各不相同。[2]据江陵雨台山等地楚墓出土这两种器物组合的情况,大体是这样:簠,一般与深腹于鼎和四环耳壶(其前身应为尊缶)相配成组;而敦主要与圆腹于鼎和两耳衔环壶相配成组。这两种组合出现于墓中,其意义确不完全相同。鼎、簠、壶是仿春秋青铜礼器鼎、簠、壶而来,具有传统礼器的意义,其形制较庄重,制作较复杂,铭文中往往自称奠器,使用这种器物组合的墓,地位显然较高。而鼎、敦、壶这种器物组合是春秋中期后段与青铜礼器同时出现的一种新礼器组合,[3]其形制简化,与日用器特征较接近,铭文中往往自称食器,使用这种器物组合的人们较用鼎、簠、壶的人们的地位低些。

楚墓的墓制自成体系,且曾有一个发展、完善的过程。大约到楚国的鼎盛时期(即相当于战国早、中期),随葬礼器已严格按墓主身份贵贱、等级高低而加以区分。主要表现在所用礼器的质料好坏、套数品类多少和形制精粗大小等方面。大、中、小型三大类别墓之间的差别明显易见。而同类墓之间也存在高低层次之辨,用鼎、簠、壶和用鼎、敦、壶就是同类墓中的两个层次。"沮漳"的当阳、江陵一带的中、小型楚墓中有大量的仿铜陶礼器鼎、簠、壶组合。而在襄阳和襄阳以北的"丹淅"地区的中、小型楚墓陶礼器组合中,不见鼎、簠、壶而只有鼎、敦、壶。这就像楚附庸曾国的擂鼓墩1号墓虽用国君级的九鼎,但九鼎的尺寸较小的情况一样,说明襄阳邓地及其北部"丹淅"一带的中、小贵族与"沮漳"的一部分中、小贵族相比,地位不同,层次要低。这又进一步证明,"丹淅"是被楚后来征服的地区,而非楚的发祥之地,也不会是楚早期都城——丹阳所在地。

(原载《楚文化研究论集(第四集)》,河南人民出版社,1994年)

---

〔1〕 王光镐:《楚文化源流新证》237页,武汉大学出版社,1988年。
〔2〕 湖北省荆州地区博物馆:《江陵雨台山楚墓》,文物出版社,1984年,第131-133页。
〔3〕 杨权喜:《襄阳余岗楚墓陶器的分期研究》,《江汉考古》1993年第1期。

楚文化与中原文化关系的探讨

　　楚文化是东周时期江汉淮地区的地方文化,浓厚的文化特色、高度的发展水平、深远的历史影响,引起了学术界的极大兴趣。楚文化渊源是讨论楚文化的重要课题,在近年来的热烈讨论中,存在"土著说"和"中原说"两种主要意见。若从江汉淮地区(楚地)古代文化遗存的总体情况观察,楚文化形成过程相当复杂,它并非当地某种土著文化发展的直接继续,也非中原某种文化在楚地的直接延伸。本文从楚文化体系与中原文化体系的角度,分析两者之间的几个关系,借以说明楚文化的来源与特点。

一、楚地原始文化中断与中原夏、商、周王朝统治的关系

　　楚文化充分体现了长江流域的文明,它的形成经历了一个漫长而复杂的历史过程。广义而言,它的主线源头可以上溯至江汉地区"大溪"或更早的"城背溪"阶段。"大溪"或"城背溪"以来,该地存在一支自成体系的原始文化。[1]这支原始文化经过数千年的发展,到"季家湖""石家河"阶段,[2]吸收了东方和黄河中游地区原始文化的不少因素,[3]但又始终保持了本区域的文化基本特色。然而这支原始文化发展的线索,大约相当于夏、商阶段便出现了中断现象。[4]至商周时期,江汉文化面貌开始复杂化,特别引人注目的是在汉水之东、大别山之南至长江沿岸一带发现了中原商文化南来的踪迹,并出现汉水东、西两侧文化面貌的差异和多种文化因素的共存。

---

〔1〕 杨权喜:《试谈鄂西地区古代文化的发展与楚文化的形成问题》,《中国考古学会第二次年会论文集(1980年)》,文物出版社,1982年。
〔2〕 "季家湖""石家河"阶段即相当于中原的龙山阶段。
〔3〕 参阅俞伟超:《关于楚文化发展的新探索》,《江汉考古》1980年第1期,第27页。
〔4〕 杨权喜:《试谈鄂西地区古代文化的发展与楚文化的形成问题》,《中国考古学会第二次年会论文集(1980年)》,文物出版社,1982年。

在传说时代,自中原黄、炎部落联盟对南方的黎、苗之战,后来又有中原的禹对南方三苗作战的胜利。在禹以前,南方的苗蛮民族具有可以与中原抗衡的势力,文化发展水平已与中原相当,季家湖和石家河文化与中原龙山文化相比较就可以证明。但两者经过长期的角逐,最后以南方的败退、中原奴隶制国家夏王朝的建立而告终。南方苗蛮民族活动中心由江汉退于长江之南。黄陂盘龙城、[1]随州羊子山、[2]汉阳纱帽山、[3]黄陂鲁台山、[4]圻春毛家咀、[5]京山苏家垅[6]等大别山南至长江边缘一带商周文化遗存,表现出明显的中原青铜文化的特点,证明这一地区确为商、周王朝的"南土",部分区域(灄水流域和涓水下游一带)还可能是中央王朝直接控制的版图。在盘龙城、毛家咀等商周遗址中除出土与中原相同的陶器外,同时还出土与中原不同的陶器,应属土著文化因素,即苗蛮文化因素,说明长江之北的江汉间仍有大量苗蛮民族存在。夏商周三代对江汉的直接或间接的统治,中原民族的南下,到周系封国的建立与发展,便导致了江汉原始文化发展线索的中断,致使江汉文化发生了复杂变化,为中原文化在江汉的传播、江汉土著文化与中原文化的结合创造了条件。

二、楚民族与中原民族的关系

楚文化的形成和发展是以楚民族及其所建立的楚国为中心的。楚,或荆楚民族的来源直接关系到楚文化渊源的探讨。

《史记·楚世家》云:"楚之先祖出自帝颛顼高阳。高阳者,黄帝之孙,昌意之子也。"按此记载,楚民族与中原民族同为黄帝之后。1987年发现的荆门包山大冢楚简载文所祭的楚人先祖世系为老童——祝融。祝融为老童之子,老童为帝颛顼高阳之孙,[7]证明《史记·楚世家》对楚之先祖的记载是符合当时史实的。

伟大楚国诗人屈原在《离骚》中亦有"帝高阳之苗裔兮,联皇考曰伯庸"句。楚武王熊通生子瑕,受封于屈,遂以屈为氏,屈原即其后,故屈原称己为高阳之苗裔。可见,"楚之先祖"实指楚的统治集团,即指楚之公族而言。楚奉崇祝融,祝融即重黎,为高阳之曾孙,

〔1〕 湖北省博物馆:《盘龙城商代二里岗期的青铜器》,《文物》1976年第2期。
〔2〕 随州市博物馆:《湖北随县安居出土青铜器》,《文物》1982年第12期。
〔3〕 《商代铜尊、鱼钩和陶抵手》,《江汉考古》1984年第3期。
〔4〕 黄陂县文化馆等:《湖北黄陂鲁台山两周遗址与墓葬》,《江汉考古》1982年第2期。
〔5〕 中国科学院考古研究所湖北发掘队:《湖北圻春毛家咀西周木构建筑》,《考古》1962年第1期。
〔6〕 湖北省博物馆:《湖北京山发现曾国铜器》,《文物》1972年第2期。
〔7〕 《包山大冢楚简研究获重要成果》,《湖北日报》1988年7月6日第一版。

《国语·郑语》记载祝融后裔又分八姓，楚为"祝融八姓"之一，即芈姓季连支系。至穴熊以后，"弗能纪其世""或在中国，或在蛮夷"。[1]楚的发祥地——沮漳河下游一带有商代中原文化遗存，特别是发现了商裔"𤔲"族铜器。[2]说明大约夏商时期，确有中原人"在蛮夷"定居。"在蛮夷"者，是所谓的"楚祖"。但实际是少数的中原人到达蛮夷之后，逐渐与蛮夷结合，与土著民族融合成一种新的人类共同体——楚（或荆楚）民族。《史记·周本纪》："古公有长子曰太伯，次曰虞仲。……长子太伯、虞仲知公欲立季历以传昌，乃二人亡荆蛮，文身断发，以让季历。"商末，中原周族祖先逃到荆蛮，虽后来成为南方吴国的统治者，但他却已移风易俗，融于南方文化之中。即使楚王族祖先为中原人，但后来的楚王族也不可能是纯粹的中原血统。例如楚文王之母为邓曼，楚惠王之母为越女，楚王族主要成员都明显存在蛮夷血统。所以荆楚民族并不等于中原民族。从历史渊源分析，荆楚民族应有更多的土著民族的血统。所以楚熊渠也自称"我蛮夷也"。[3]

荆楚族与殷商王朝，虽有矛盾并经长期的斗争，但荆楚并没有摆脱它对殷商王朝的依附关系。至商末，楚"鬻熊子事文王"，楚不但接受了周文化，而且与周王室保持密切关系。至周成王时，楚被封爵，并保留其芈姓，在陕西周原出土"楚子来告"的卜辞也正说明楚长期忠于周王室。

楚不但与中原民族有着一定的血缘关系，而且在政治上又依附于中原商、周王朝，先进的中原青铜文化在楚地的迅速传播已是必然的了。

三、楚城的产生与中原早期都城的关系

楚文明的重要标志之一，是楚城的大量涌现。关于楚城兴起的时代，大约可溯至两周之交。

通过对天门石家河土城等遗址[4]的初步调查和局部发掘，在新石器时代晚期，汉水下游一带似已出现城堡，但后来由于南方在与中原的角逐中失利，造成中原势力南下，江汉土著被压抑或退居江南，终止了汉水下游城邑的发展。江汉地区目前可确认的最早城址为商代二里岗期的黄陂盘龙城，[5]但此城乃为中原商王朝在江汉的一个据点，属商城，

---

〔1〕《史记·楚世家》。
〔2〕 杨权喜：《江汉地区发现的商周青铜器》表一，《中国考古学会第三次年会论文集（1981年）》，文物出版社，1984年，第208页。
〔3〕《史记·楚世家》。
〔4〕 湖北省博物馆资料。
〔5〕 湖北省博物馆等《盘龙城一九七四年度田野考古纪要》，《文物》1976年第2期。

后来并没有发展为楚城。西周时期的城址，至今未发现或未被认识。这是西周王朝对江汉的强大统治，而江汉地方势力较为薄弱的一个反映。而东周时期的城址则猛然增加，可以说大小城址星罗棋布，这些城址一般具有楚文化的特征，属于楚城或后来都发展成为楚城。

可见，楚地城邑的大量兴起与发展，时代较中原晚。西周分封诸侯，楚地开始出现许多周代封邑。随着周王室的衰落，江汉地区及淮河中、上游地区，包括楚在内的诸侯纷纷崛起，互相之间进行激烈的兼并战争，各自不断加强实力，扩展活动范围，建设原有封邑。至春秋中叶前后，楚地已有不少初具规模的列国封邑（都邑）。而楚国是楚地发展最为迅速的侯国，为"春秋五霸"之一。它除扩建都邑以外，还不断吞并四周小国。诸小国被灭亡后，将其都邑降为楚县邑，成为楚的一般城邑。因此，楚都、楚县邑等较大规模的楚城都是在西周王朝封邑的基础上，按周都的建制发展起来的。

经过调查或初步发掘的楚城，其形制与中原城邑基本相同。楚城开始于周代封邑，表现出商、周王朝"立国居中"、靠近河旁的都城择点思想，都用纯土夯筑成方形城垣。一般规模都不大，仅将贵族住地包围起来，具有"宫城"或"军事城堡"的特点，主要起保护贵族住宅的作用。后来，大约从春秋晚期开始，楚国的都城与中原各大国的都城情况雷同，在"宫城"外围加筑庞大的郭城，将当时发展起来的各种手工业、商业活动区和居民住宅区都包围于城郭之内，成为具有经济意义的"城市"。楚国城邑的发展与中原城邑的发展是同一系统的。

楚城承中原早期都城而来，但由于自然条件和文化传统、习俗等方面的原因，使楚城别具风格。从战国时期的楚都纪南城的基本布局来看，其形制雄伟壮观，已初具"匠人营国，方九里，旁三门。国中九经九纬，径涂九轨，左祖右社，面朝后市"（《考工记·匠人》）的设计思想，城郭外掘城壕与江湖相通（但在城门外，城壕断缺，城内与城外不必设桥就可直接相通）。城内宫殿基本按中轴线排列，并控制制高点，注意水系与交通、建筑与山水、城内与城外的调和与统一。楚都纪南城的形制对我国古代城市的发展，为秦汉城市设计的规范化作出了重贡献。

四、楚国建筑与中原建筑的关系

考古发现的楚国建筑最重要的为台榭式宫殿建筑。台榭式建筑可分为高台式和低台式两种。据目前发现，楚都纪南城宫殿区内的建筑多属低台式，而城门两侧和一些离宫的建筑为高台式。这些建筑与中原建筑大同小异。

楚都纪南城内初步探明的建筑台基(用纯土层层夯筑而成)有84座(实际不止此数)。台基平面有凹字形、长方形、曲尺形等种,最大的长130米,宽100米。城内东南部台基最密集,并分布有一定规律,主要宫殿区外围似有宫墙和壕沟,初步认为主要宫殿是封闭式按中轴线分布的。其中,北部东侧的30号台基经过全面揭露,[1]该台基保存不够理想,但基本形制已显示出来,夯筑台基保存的实际尺寸,东西长80、南北宽54、高约1.5米,台基上有战国前期的宫殿建筑遗迹,范围63米×42.5米,宫殿墙壁为土筑,平面东西面阔63、南北进深14米,中部筑隔墙将宫殿分为东、西两大间,墙壁内、外侧均发现有方形的"明暗柱"。南、北两边,与宫殿墙壁相距14米和12米处,各有一排大型磉墩(长方形,相当于柱础),在磉墩外有散水、下水道和排水沟。大殿南、北两面距磉墩跨度较大,是为前、后檐廊。殿顶推测为"四阿重檐"式,用陶制筒瓦、板瓦覆盖。

在纪南城之东约50公里的潜江龙湾发现的楚宫基址,[2]应属离宫性质的遗迹,已发现一个台基上有两层以上的建筑基址。下层基址直接筑于夯土台基上,上层建筑基址位于夯土台基中间部位,应为回廊式多层的高台式建筑。台基上暴露了保存平均高度2米以上的经高温烘烤的砖坯墙,暴露总长度60余米。四周墙与整个台基连成一体,墙表为砖坯,厚约6厘米。另还发现保存较好的侧门、贝壳路、大型柱基、殿内地面和散水等前所未见的重要遗迹。

楚宫建筑所用的建筑材料,除基本部分用土(或经烧制的砖坯)、木以外,还有陶制的筒瓦、板瓦、瓦当、泄水管、空心砖和少量铜门环。在宫旁用陶瓷砌井。瓦类尺寸较小,用圆形素面瓦当(潜江龙湾离宫中,发现了反面有钩的筒瓦),殿门为木质嵌铜环,空心砖镶墙基或铺地。柱底不用石础,而用红烧土夹陶片、瓦片夯筑成柱基(如纪南城30号台基的"磉墩")或用土烧制大型"陶础"(如潜江龙湾发现的半暗方柱洞,经烧烤处理)。

中原地区发现的较早的大型房屋或宫殿建筑,如偃师二里头、乡尸沟、郑州商城等遗址中发现的商代宫殿基址;陕西周原早周房址,都应用了夯土和木结构技术、建筑台基、围墙和庭院。[3]东周中原各国也同样兴建大量的城邑、宫室,已发现的宫殿建筑基址已很多。例如侯马晋都新田遗址中有每边长52米的夯土台、新郑郑韩故城内有高7米的"梳妆台"、邯郸赵王城内有巨大的"龙台"、易县燕下都内有"武阳台"和"老姥台"、秦都咸阳有一号宫殿台基等,都是著名的东周宫殿建筑基址。这些建筑基址均为台榭式建筑遗

〔1〕 湖北省博物馆:《楚都纪南城的勘查与发掘》(下),《考古学报》1982年第4期。
〔2〕 陈跃钧:《湖北省潜江龙湾章华台的调查与试掘》,《楚章华台学术讨论会论文集》(湖北省考古学会编),武汉大学出版社,1988年。
〔3〕 参阅中国社会科学院考古研究所:《新中国的考古发现和研究》,文物出版社,1984年,第215-217、220、248-251页。

址,建筑材料为土、木、瓦和少量铜质构件。可见,台榭式土木结构建筑是中原文化的基本建筑形式。楚地,在新石器时代就流行红烧土或纯土铺垫地面的长方形房屋,至商周的较早阶段曾有古代南方文化的"干栏式"建筑,例如圻春毛家咀发现过西周前期的木结构建筑。[1]楚国也可能有部分"干栏式"建筑,例如楚都纪南城南垣水门木构建筑,就应用了类似"干栏式"建筑的形式。但楚国的基本建筑形式,特别是宫殿建筑明显以筑土墙的台榭式为主,亦使用与中原类似的筒瓦、板瓦、瓦当,但尺寸较小,并显得较粗糙。所以楚国的主要建筑形式也与中原一致,属于同类建筑。

五、楚墓与中原周墓的关系

商周时期,长江流域除流行土坑埋葬以外,还有船棺葬、悬棺葬等葬俗,也见到过只有坟堆而无墓穴的埋葬法,还见到过堆筑墓穴的埋葬法。而楚国则实行掘土穴、置棺椁的埋葬法,葬式以仰身直肢葬为主,并经包裹捆扎。

早在新石器时代,江汉地区的基本葬俗就是用土坑埋葬,并以仰身直肢葬式为主,这与中原地区的情况大体相同,说明江汉与中原自新石器时代以来的文化本来就有着不少共同的因素,土坑埋葬法本来就是江汉与中原两地共同的葬俗。商、周王朝皆实行严格的埋葬制度。西周以来,埋葬的等级制度最为突出,中原和江汉大部分地区是实行周代葬制的。江汉发现的京山苏家垅、[2]枣阳茶庵[3]等西周晚期墓葬,使用大小有序的列鼎,并与簋相配的情况是与周礼相符的。而这些墓可认为是"汉阳诸姬"的墓。

而楚墓也承袭了西周以来的周朝葬制,并有许多发展变化。目前发现的楚墓数量居东周列国之首,所反映出来的埋葬制度,与周制关系密切,实为大同小异。具体表现如下:

1.《周礼·地官》中有"公墓""邦墓"的记载,是周代所谓的"族坟墓"制度,楚国是实行这种制度的。例如,经过二十余年对江陵楚墓的发掘、调查,证明纪南城北部八岭山至马山和纪山一带为楚国的"公墓"区;东北部的雨台山、南部的拍马山、太晖观和西部的葛陂寺为楚国的"邦墓"之地。[4]

---

〔1〕 中国科学院考古研究所湖北发掘队:《湖北圻春毛家咀西周木构建筑》,《考古》1962年第1期。
〔2〕 湖北省博物馆:《湖北京山发现曾国铜器》,《文物》1972年第2期。
〔3〕 湖北省博物馆:《湖北枣阳县发现曾国墓葬》,《考古》1975年第4期。
〔4〕 湖北省博物馆:《楚都纪南城的勘查与发掘·楚墓的勘查与发掘》,《考古学报》1982年第4期,第497-506页。

2.《仪礼》《礼记》《周礼》等礼书记载,周代贵族按身份、等级的不同,使用不同的棺椁、礼乐器,是当时所谓的墓葬等级制度。从江陵、淅川、襄阳、信阳、淮阳、寿县、长沙等地发现的较大型的楚墓来看,楚墓是按身份高低,将椁分成若干室,将棺分成一棺、重棺、三棺,将礼乐器分成若干类别的。楚墓的等级制度与周制相似,显然承周制而来,但又僭越了周制,其等级的具体规定并不完全相同。

3. 在随葬器物的组合方面,楚墓最基本的组合是以炊煮、盛食、盛水或盛酒三类主要器物为一套。一般小型墓有一个由生活用器变成礼器的过程,即由鬲、盂、罐变为鼎、簠(或敦、盒)、壶,这种情况和中原三晋两周地区的同期墓极相似。主要不同点在较早阶段的盛食器上,中原多用盖豆;盛水(酒)器的罐,楚墓中盛行的颈部加长,称为长颈罐(有的称为长颈壶)。而鬲、簠等种器物都最早出现于中原,鬲、鼎、簠、敦等种器物实乃华夏文化的特有器物。中型墓以鼎、簠(或盏、敦)、缶(或壶)、盘、匜、瓢(或勺)等铜礼器为一套组合。大型墓除有中型墓的一套礼器以外,更突出的是用周式的成套的礼器,尤其表现在周式礼器的核心部分——钟、鼎的使用与配置上,例如升鼎和簠的使用与编钟、编磬的用数等情况都有与周墓的近似之处。而鼎分为镬鼎、升鼎、于鼎、小口鼎、匜鼎等种,是形状近似而用途不同的器物。镬鼎和小口鼎分别为炊器、浴器,常用单件,并常与于鼎相配成组。于鼎为"饪器",多成双出现,已被认为是楚墓用鼎制度方面的主要特点。升鼎为"奠器",按等级多用奇数,并貌似在王族墓中才能使用。两组鼎的数目和编钟、编磬的数目均与中原相同或相近,应该由周制的等级而来。对钟鼎的特殊崇拜正是华夏文化的核心。

4. 商周车马坑制度在楚墓中还相当盛行。《淮南子·齐俗训》:"越人便于舟",南方主要交通工具是舟,习于水战,而楚不然。从楚墓中可知,楚用车、马,习于车战。一般楚墓常随葬一些车器零件和马器,而高级贵族墓则在墓旁掘车马坑,以数量不等的车、马殉葬。在江陵、宜城、淅川、淮阳、临澧等地都有楚车马坑发现。江陵九店楚墓墓主身份较低,有两坑,一坑仅有一辆车;淅川下寺楚令尹墓的车马坑用车六辆;淮阳马鞍冢可能为楚王墓,有二坑,共用车三十一辆,所埋的车、马(或泥塑马)成组(每乘一组)。中原地区自殷周以来,特别是西周晚期以来盛行车马坑殉葬制度,而楚国目前已知以淅川下寺春秋中期偏晚的车马坑为最早,直至战国晚期的淮阳马鞍冢,虽墓坑、棺椁、随葬品显得逊色,但车马坑的规模却是罕见的。

另外,楚墓随葬品的种类、殉人到用俑代替等情况也都和中原类同。

楚墓所反映的周制,从时代上看,上、下限都较中原晚,特别是延续的时间较长,例如除楚墓的车马坑殉葬制度以外,所随葬的鬲、盂(相当于洛阳中州路东周墓中的盆)、罐的器物组合,都延至战国中、晚期。这也是构成楚墓的特点之一。

六、楚国青铜器与中原青铜器的关系

江汉地区在天门石家河新石器时代晚期遗址中已出现了冶铜遗存,[1]反映了江汉原始文化已开始从新石器时代向青铜时代发展。但后来由于中原政治军事势力的到来,江汉原始文化发展中断,本地刚萌芽的冶铜业亦终止发展。

后来,经过了相当长的一段时期,随着中原夏、商、周三代对江汉的统治,使江汉地区逐渐出现了先进的中原青铜器。目前江汉地区所发现的商周青铜器,以商代二里岗期的为最早,可以盘龙城和宜都清江口出土的为代表,其特点与中原的完全相同。这些铜器是楚地铸造还是中原铸造?据楚地盘龙城四周有大面积的含坩埚、木炭、灰烬的二里岗期作坊遗址[2]推测,这些铜器为楚地铸造的可能性大,加上在盘龙城东南部有大冶铜绿山古铜矿遗址(该矿址的时代上限已可溯至西周),盘龙城还可能是商王朝重要的铜器制造基地。如是,当时就可能有不少中原制铜工匠来到楚地。这些工匠带来了中原成熟的青铜工艺,加速了中原青铜文化在楚地的传播,促进了楚地青铜业的发展。商代晚至西周晚春秋初的铜器,其作风也与中原同期的铜器非常近似,在楚文化的发祥地,沮漳河流域的枝江百里洲[3]出土的春秋早期铜器,亦完全是中原的作风。另外,在汉东和汉西江陵还有商王族“[illegible]”“戈”支族和周王族姬姓铜器的出土。这证明春秋初以前楚地的青铜手工业是由中原传入,以中原的作风发展起来的。进入春秋以后,尤其是春秋中、晚期,大量出现楚地列国铭文铜器,[4]证明楚地诸国皆有了自己的青铜制造业。这些有国别的铭文铜器,总的特征虽仍近似中原,并与商、西周铜器有承袭关系,但已出现不少差异,开始表现出楚文化的特色,例如铜鼎比中原的瘦高。这些国之间的铜器又存在本区域的共性和本身的特性。在特性方面,如铜鼎有平盖鼎和弧盖鼎之分;枣阳、随州、京山出土的曾国铜器,襄阳出土的邓国铜器,襄阳、宜城出土的蔡国铜器,谷城出土的谷国铜器和当阳、江陵出土的楚国铜器等都各有一些特点。这些铜器与中原铜器比较,共性、个性又各有程度的不同,例如这些铜器与中州地区的同期铜器比较,共性显得是主要的。铜器的种类、名称、造型、纹饰及用途等方面都基本相同,不同点多表现在同种器物之间的差异。而铜器出土地点,

---

〔1〕《天门出土新石器时代铜块和孔雀石》,《中国文物报》1988年2月5日(第6期)。

〔2〕参阅湖北省考古学会:《湖北省考古学会论文选集(一)》,第73页《盘龙城商代遗址墓葬分布示意图》。

〔3〕湖北省博物馆:《湖北枝江百里洲发现春秋铜器》,《文物》1972年第3期。

〔4〕杨权喜:《江汉地区发现的商周青铜器》,《中国考古学会第三次年会论文集(1981年)》,文物出版社,1984年,表一、二。

商至西周早期主要集中于汉东溳水流域及洞庭湖北岸；西周晚期主要集中于汉东涢水、滚河两流域，春秋以后较集中于汉西沮漳河流域和鄂北、豫南一带，说明中原青铜文化在楚地的传播是自东向南、向西，然后又向北、向东扩展的。这与楚的兴起、发展亦基本相吻合。

楚国青铜器，实际上是承中原青铜器而来，而又有所发展，有所创新。特别是在精工方面，以比中原更快的速度向前发展，创造了如淅川下寺楚墓、随州曾侯乙墓、江陵望山一号楚墓中的我国青铜器杰作。

七、楚式鬲与中原鬲的关系

近年来的考古发现证明，商周时期江汉地区流行的日用炊器有鼎、釜、罐、鬲、甗、甑等。使用炊器的不同，反映了文化性质的差异，并与其族属亦相互联系。而楚文化中的日用炊器有鬲、釜、甗、甑等，其中最基本的炊器是鬲。

楚国流行的鬲为"楚式鬲"，楚式鬲是楚文化中最典型的器物之一。典型楚式鬲为高足，足窝浅，器身罐形或盆形，器底内凹或圜形，同时具有鼎和鬲的特征，是江汉的鼎与中原的鬲互相结合的一种中间形态。[1]

鬲，最早为陶鬲，出现和流行于中原，在中原龙山阶段的新石器时代文化中已有实用的陶鬲和陶甗。中原商周文化中，陶鬲是典型器物，并出现仿陶的铜鬲。中原流行的鬲，是"商式鬲"和"周式鬲"，都与楚式鬲有明显区别。

江汉地区，在新石器时代原始文化中，则一直以罐形陶鼎为基本炊器（也有盘形或浅盆形的鼎，但是次要的），在相当于中原龙山阶段的新石器时代文化中，仍不见陶鬲，而以罐形或釜形的陶鼎最常见。可见，江汉原始文化中的炊具是以陶鼎为主要特征的。

江汉地区陶鬲的出现比青铜器的出现似乎略早一些，这也同样可以汉水为界分两种情况。在汉水以东已发现有相当于中原二里头时期的陶鬲，[2]而相当于中原二里岗期至西周时期的陶鬲已普遍存在；在汉水之西，陶鬲的出现则较晚些，并在相当长的一段时期仅流行于沮漳河下游一带，在沙市和江陵县城附近发现有商代后期至西周的陶鬲，[3]但就

〔1〕 杨权喜：《江汉地区楚式鬲的初步分析》，《楚文化研究论集（第一集）》，荆楚书社，1987年。
〔2〕 陈贤乙：《江汉地区的商文化》，《中国考古学会第二次年会论文集》，文物出版社，1980年。
〔3〕 沙市博物馆：《湖北沙市周梁玉桥遗址试掘简报》；荆州地区博物馆等：《湖北江陵荆南寺遗址调查》，均载《文物资料丛刊（10）》，文物出版社，1987年。

在沙市周梁玉桥、官堤等商代后期的文化遗存中,仍以陶鼎、陶釜为主要炊器。[1]

江汉地区较早的鬲,即商至西周时期的陶鬲,主要是中原的商式鬲和周式鬲,但也往往有早期形态的楚式鬲并存。楚式鬲最早出现在汉水之东,这与中原鬲在汉水之东最为流行密切相关,是受中原鬲的影响而产生的。汉水之西,虽然出现楚式鬲的时代较晚,但后来楚式鬲得到广泛发展并成为典型楚式鬲的分布区。

显然,楚式鬲的出现与流行同江汉土著文化的存在和发展密切相联系。它应是江汉土著民族日用的基本炊器,它与江汉新石器时代的鼎具有明显的承袭发展关系,它主要是从江汉的鼎,而非从中原的鬲演变而来的。它的形态与鼎的形态、它的主要用途和鼎的主要用途(是煮,而非蒸),实质上并没有很大区别,所以也可称之为"鬲式鼎"。楚式鬲的形态或江汉鼎的形态,与当地的社会经济、民族习俗、文化传统等方面都紧密相连,楚式鬲盛行于楚国境内正是构成楚文化体系的基本要素之一。

另一方面也应充分注意到,楚式鬲本身具体反映了中原文化对江汉土著文化的强烈影响,乃至发生了质的变化,江汉的鼎毕竟变成了鬲,并被彻底代替。也是说盛行楚式鬲的楚文化体系与商至西周时期存在的江汉土著文化已发生了质的变化。

结　语

综上所述,楚文化起源于江汉,它是江汉淮古代各民族人民共同创造的成果。楚民族兴起于汉水之西,但楚文化中的许多基本因素则首先产生或同时出现于汉水之东,例如楚文化的典型器物楚式鬲,最早就见于汉水之东;在汉东,楚文化青铜器的基本特征,又出现于楚国统治之前,有铭的春秋至战国早期的蔡器、息器、曾器,同样具有楚文化青铜器的基本特点。这些情况的发生和变化,又都与夏、商、周时期中原民族、中原青铜文化的南来分不开。因此可以认为,楚文化是在江汉新石器时代各类土著文化发展和长期互相交融的基础上,大量吸收了中原文化的各种先进因素,特别是青铜文化的因素而逐渐形成的。实际上楚文化是长江流域与黄河流域南北两大文化系统长期交融的结晶。这种长期交融的过程主线乃为江汉的土著文化,但在相当于商、西周阶段,中原先进的青铜文化又曾经起过主导的作用。而楚文化特色的产生,显然为土著因素所决定,或即内因所起的作用。楚文化与同期的中原文化相比较,同一性是基本的方面,差异性为次要的。如从发展水平

---

〔1〕 沙市博物馆:《湖北沙市周梁玉桥遗址试掘简报》,载《文物资料丛刊(10)》,文物出版社,1987年;湖北省博物馆:《沙市官堤商代遗址发掘简报》,《江汉考古》1985年第4期。

上看,似乎已经超越了中原,楚文化系统的青铜器、铁器、漆木竹器、金玉器等都可以代表我国东周时代文化发展所达到的高度水平。楚文化的发展,为秦汉时期我国南北方的大一统创造了条件,是构成古代华夏文化的主体之一。

（此文为1988年"楚国历史与文化国际学术讨论会"论文,此会未编"论集",后刊于《江汉考古》1939年第4期）

从葬制看楚文化与中原文化的关系

在新石器时代,江汉地区的基本葬俗是用土坑埋葬,墓坑为竖穴式浅坑。而葬式自大溪文化开始就从蜷、蹲式,逐渐演变为屈肢、直肢,并以仰身直肢葬式为主。用竖穴式土坑直肢的埋葬方式与当时中原地区的情况大体相同,说明江汉地区与中原地区自新石器时代以来的文化已有着不少联系并存在着不少共同的因素,土坑埋葬法本来就是江汉与中原两地共同的葬俗。

商周时期,南方文化发生了重大变化,南北方之间的葬俗也出现了许多差异。长江流域除流行土坑埋葬以外,还出现有船棺葬、悬棺葬、岩坑葬等葬俗,也见到过只有坟堆而无墓穴的土墩埋葬法。而楚国则普遍实行竖穴土坑置棺椁的埋葬方法,葬式以仰身直肢葬为主,尸体经包裹捆扎。

商、周王朝皆实行严格的埋葬制度。西周以来,埋葬的等级制度最为突出,中原和江汉大部分地区开始是实行周朝墓制的。在江汉发现的京山苏家垅、[1]枣阳茶庵、[2]随县熊家老湾[3]等西周晚期墓葬,使用大小有序的列鼎,并与簋相配的情况是与周礼相符的。而目前见到的这些墓多属于姬姓的曾墓,曾国可能为古文献记载的随国,因此可认为这些墓是"汉阳诸姬"的墓。

春秋战国时代的楚国埋葬制度承周朝墓制而来,并有许多发展变化。目前发现的楚墓数量居东周列国之首,据王世民先生统计,"超过目前所知东周墓葬总数的70%"。[4]所反映出来的埋葬制度,都与周制关系密切,或大同小异。主要表现如下:

(一)《周礼·地官》中有"公墓"和"邦墓"的记载,"冢人掌公墓之地,辨其兆域而为之图。先王之葬居中,以昭穆为左右;凡诸侯居左右以前;卿大夫士居后,各以其

---

〔1〕 湖北省博物馆:《湖北京山发现曾国铜器》,《文物》1972年第2期。
〔2〕 湖北省博物馆《湖北枣阳县发现曾国墓葬》,《考古》1975年第4期。
〔3〕 鄂兵:《湖北随县发现曾国铜器》,《文物》1973年第5期。
〔4〕 中国社会科学院考古研究所编:《新中国的考古发现和研究》,文物出版社,1984年,第304页。

族。"墓大夫掌凡邦墓之地域,为之图,令国民族葬。"这是周代所谓的"族坟墓"制度。楚国也是实行这种制度的,例如,经过二十余年对江陵楚墓的发掘、调查,在纪南城周围约三四十公里范围内分布有许多楚墓区,各个楚墓区内均有密集的楚墓群。这些楚墓可分成两大类:第一类是保留有封土堆的冢墓,数量约800座,其中封土堆直径40、高6米以上者约40座。最大的冢子,旁边都有陪冢,如八岭山大平头冢,封土堆直径100余米、高10余米,旁边就有陪冢;川店南部、荆川公路旁的楼台冢,有陪冢6座。江陵西北与当阳交界处的熊家冢,是一座最引人注目的大冢子,封土堆直径108、高7米,旁边一个剖冢已探明,土冢直径60、墓口长36、墓口宽33、墓道长7米。天星观一号墓[1]和荆门包山大冢[2]是已发掘的两个级别最高的楚冢墓。天星观一号墓,封土堆长20-25、高7.1米,墓口长41.2、宽37.2米,据所出竹简记载,墓主身份为封君。包山大冢,封土堆直径54、高5.8米,墓口长34.4、宽31.9、深12.45米,据出土物推测墓主身份是与封君接近的上大夫。但这两座冢墓的规模仅相当于大冢子的陪冢,可见大冢子的墓主身份肯定更高,有的可能为王墓。这些大冢墓主要集中在纪南城西北方的八岭山至马山和纪山一带。这一带墓葬分布的特点是相对比较分散,范围大,并有主墓和陪墓之别。这一带应为楚国的"公墓"区。[3]第二类是地面上看不到封土堆的墓。这类墓在地面上不明显,只要发现一座墓,旁边一定还有许多墓。目前已发现二十多处,[4]主要的有纪南城东北部的雨台山、南部的拍马山、太晖观和西部的葛陂寺等。雨台山墓地发掘的地点西距纪南城东垣约1公里,在1000米×80米范围内就发掘清理了五百五十四座楚墓,墓葬虽密却没有互相打破的关系。关于这个墓地,王世民先生指出:"种种迹象表明,雨台山一带应属《周礼》所载'墓大夫'职掌的邦墓之地,即郢都近郊的万民葬地"。[5]由此可知纪南城城周附近的密集墓葬的墓区应为楚国的"邦墓"之地。[6]

(二)《仪礼》《礼记》《周礼》等礼书记载,周代贵族按身份、等级的不同,使用不同的棺椁、礼乐器,是当时所谓的墓葬等级制度。从江陵、淅川、襄阳、信阳、淮阳、寿县、长沙等地发现的较大型的楚墓来看,楚墓都是按身份高低,将椁分成若干室,将棺分成一棺、重棺、三棺,将礼乐器分成若干类别。例如楚幽王墓,椁有九室;天星观一号墓是为封君一级的墓,椁内分七室,用三棺;望山一号墓属于下大夫级的墓,椁分三室,用二棺;士一级的墓,是最常见的一椁一棺,有"头箱"的墓。这些墓的礼乐器都有明显的差别,这显然是

〔1〕 湖北省荆州地区博物馆:《江陵天星观1号楚墓》,《考古学报》1982年第1期。
〔2〕 湖北省荆沙铁路考古队包山墓地整理小组:《荆门市包山楚墓发掘简报》,《文物》1988年第5期。
〔3〕 湖北省博物馆:《楚都纪南城的勘查与发掘(下)》,《考古学报》1982年第4期,第497页-506页。
〔4〕 郭德维:《江陵楚墓论述》,《考古学报》1982年第2期。
〔5〕 中国社会科学院考古研究所编:《新中国的考古发现和研究》,文物出版社,1984年,第304页。
〔6〕 湖北省博物馆:《楚都纪南城的勘查与发掘(下)》,《考古学报》1982年第4期,第497页-506页。

等级制度的反映。楚墓的等级制度，从总的来看，与周制相似，显然是承周制而来，但又僭越了周制。而不同等级的具体规定，如所用棺椁、礼乐器多少的规定也并不完全相同，并随着时代的发展而不断变化。

（三）在墓坑的构造方面，从较早阶段的春秋时期的楚墓来看，墓坑的构造与中原地区的西周墓是十分接近的。例如襄阳山湾发掘的第一、二期楚墓，多属于小贵族墓，时代相当于春秋后期，墓坑为长方形竖穴式，深度为3米上下，墓壁比较垂直，墓底有"熟土二层台"和"生土二层台"两种，墓口无墓道和台阶。[1]这种情况与中原洛阳中州路发掘的西周墓墓坑的情况[2]十分近似。它们之间的不同点主要在于洛阳中州路西周墓多有腰坑。实际上楚墓也有腰坑，纪南城内东岳庙十四号墓底部就有腰坑，[3]并同样是放置狗的。春秋楚墓坑与中原西周墓坑相似也是楚墓承周制的一个反映。但是，当东周楚墓承袭西周墓制之时，中原的墓葬已发生了时代的变化。如洛阳中州路的东周墓，除竖穴墓以外，还有洞室墓。而楚墓中至今未见洞室墓。到了战国时期，楚墓墓坑，也出现了重大变化。较大墓的墓坑变成近方形，坑口设多级台阶，带斜坡墓道，坑底比坑口小得多。如包山大冢墓坑长宽相差并不大，坑口四周有十四级生土台阶，东边一斜坡墓道长19.8、宽1.65米；坑底长7.8、宽6.85、深12.45米，坑底面积比坑口面积小二十余倍。这与中原同期墓葬差别很大。东周时代是各地诸侯纷纷崛起而独立的时代，各地墓葬出现的差异实是当时历史的具体反映。

（四）楚墓也和周墓随葬生活器皿和礼器的情况相近以（见图一）。在随葬器物的组合方面，楚墓最基本的组合是以炊煮、盛食、盛水或盛酒三类主要器物为一套。一般小型墓有一个由生活用器变成礼器的过程，即由鬲、盂、罐变为鼎、簠（或敦、盒）、壶的过程，这种情况和中原三晋两周地区的同期墓极相似。主要不同点表现在较早阶段的盛食器上，中原多用盖豆；表现在盛水（酒）器的罐上，楚墓中盛行的罐颈部加长，称为长颈罐（有的称为长颈壶）。而鬲、簠等种器物都最早出现于中原，鬲、鼎、簠、敦等种器物实乃华夏文化的特有器物。中型墓以鼎、簠（或盏、敦）、缶（或壶）、盘、匜、瓢（或勺）等铜礼器或仿铜陶礼器为一套组合。大型墓除有中型墓的一套礼器以外，更突出的是楚国礼器也用类似周式的成套的礼器，尤其表现在周式礼器的核心部分——钟、鼎的使用配置上。例如楚墓中，升鼎和簠的使用和编钟、编磬的使用与数目等情况都有许多和周墓相同之处，都对钟、鼎有特殊的崇拜。因此可以说，楚国的礼制是根据周朝的礼制加以发展而形成的，但礼器

〔1〕　湖北省博物馆：《襄阳山湾东周墓葬发掘报告》，《江汉考古》1983年第2期。
〔2〕　见中国科学院考古研究所：《洛阳中州路》，科学出版社，1959年，第53页。
〔3〕　湖北省博物馆：《楚都纪南城的勘查与发掘（下）》，《考古学报》1982年第4期，第497–506页。

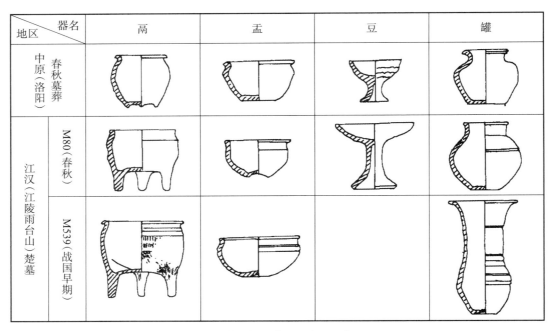

地区＼器名		鬲	盂	豆	罐
中原（洛阳）	春秋墓葬				
江汉（江陵雨台山）楚墓	M80（春秋）				
	M539（战国早期）				

图一　楚墓与周墓出土陶器比较图

中的许多具体器物,形制和用数都有所不同,同时反映出楚国礼制的特点。

　　另外,楚墓随葬品的种类、殉人到用俑代替等情况也都和中原大同小异,表现出更多的是西周王朝的文化传统。

　　（五）周王朝有严格的用鼎制度,而楚国也有用鼎制度。关于楚国的鼎,由于出土的种类、数量较多,加上时代的差异,情况比较复杂。作为楚国礼器的鼎,有镬鼎、升鼎、于鼎、小口鼎等种,是形状近似而用途不同的器物。镬鼎为炊器,小口鼎为浴器（水器）,升鼎为盛器,于鼎炊盛兼之。镬鼎、小口鼎多用单件或双件,还常与于鼎相配成列使用。而升鼎、于鼎的使用则较为复杂。

　　升鼎,自铭"鼒",为"奠器"。平底,束腰,底口大小相当,腹部爬兽,两耳装于口沿上。身份高、权力大者才能使用升鼎。如楚幽王墓和曾侯乙墓各用九件铜升鼎,蔡侯墓和下寺二号令尹墓各用七件铜升鼎。而包山大冢按墓级别并不低,但仅用二件铜升鼎。下寺一号墓也用二件铜升鼎。曾侯乙墓所用升鼎虽九件,但都较小,还不及下寺二号墓的大,并大小一致。《左传·宣公三年》:"楚子问鼎之大小、轻重焉",鼎大小是权力大小的象征,曾侯乙为附庸国君,身份虽高而权力并不很大。

　　于鼎,铭文自称"鼐""鯀""饪鼎",是为"饪器"（食器）,即带盖、深腹,圜底鼎。于鼎是大、中、小型楚墓中最常见的鼎,出土的数量最多,一般小型楚墓的仿铜陶鼎也多属于鼎。它在较大楚墓中,常成双成对出现,被认为是楚国用鼎制度的一个特点。但在不少楚墓中还出单件的,如江陵雨台山楚墓[1]出单件仿铜陶于鼎的就不少;襄阳山湾出铜礼器的楚小贵族墓共七座,[2]其中五座只出一件于鼎。于鼎的用数在较小型的楚墓中,与簋(或敦)、壶的数目往往相同。如雨台山楚墓中,出二件于鼎的,所出簋(或敦)、壶也各为二件,这种墓数量最多;还有些墓中同时出鼎、簋、壶和鼎、敦、壶各两套的,说明了于鼎与簋(或敦)、壶等器相配成套使用的情形。关于它的用数与墓主身份的关系问题,目前还未找出明显的等级规律,似乎没有严格的规定。襄阳蔡坡四、八、九、十二号楚墓,[3]按墓葬类别应较高,但都只出一对铜于鼎,其中较大型的四、十二号墓另有陶于鼎(甚残)。而曾侯墓则有于鼎两种,一种五件,大型;另一种两件,小型,装在食具盒内。种种现象表明,使用于鼎的数量、大小、质料,都与墓主身份关系密切,但并不能严格按社会等级而定。据于鼎判断墓葬等级时,必须将各种情况综合考虑。

关于西周盛行的列鼎,在高级楚墓中和楚国较早阶段都有清楚的反映,并且有不少与周礼规定相符的墓葬。例如枝江百里洲出土的春秋早期铜器,[4]应属楚墓随葬品,不但铜器作风近周,而且有列鼎三件;楚幽王墓、曾侯乙墓、下寺二号墓等大型墓都出与周礼相符的列鼎;襄阳山湾二十八号墓出过三件陶列鼎。但楚国所用列鼎,多用升鼎,也有用于鼎的,其尺寸大小相差不大或相等。另外,还有对鼎(两个于鼎)尺寸递减成列的情况,也就是说有"对列",如下寺一号墓。仅出两件的于鼎中,也有一大一小的情况,如蔡坡四号、山湾三十三号墓。

以上事实说明,楚国早期是实行周礼用鼎制度的,后来有了变化。至春秋中期前后,楚国已有了自己的用鼎制度,但并没有抛弃周礼按等级用鼎这个核心。春战之交以后,是当时整个中国"礼崩乐坏"的时代,楚墓中用鼎的混乱现象也是可以理解的。

(六)商周车马坑殉葬制度在楚墓中还相当盛行。《淮南子·齐俗训》载"越人便于舟",南方主要交通工具是舟,习水斗,而楚不然。从楚墓中可知,楚用车、马,习于车战。一般楚墓常随葬一些车器零件和马器,而高级贵族墓则在墓旁掘车马坑,以数量不等的车、马殉葬。在江陵、淅川、淮阳、临澧等地都有楚车马坑发现。江陵九店楚墓墓主身份较低,有两坑,一坑仅有一辆车。淅川下寺楚令尹墓的车马坑用车六辆。淮阳马鞍家可能为楚王墓,有二坑,共用车三十一辆,所埋的车、马(或泥塑马)成组(每乘一组)。中原地区自殷周以来,特别是西周晚期以来盛行车马坑殉葬制度,而楚国以淅川下寺春秋中期偏晚

〔1〕 湖北省荆州地区博物馆:《江陵雨台山楚墓》,文物出版社,1984年。
〔2〕 湖北省博物馆:《襄阳山湾东周墓葬发掘报告》,《江汉考古》1983年第2期。
〔3〕 湖北省博物馆:《襄阳蔡坡战国墓发掘报告》,《江汉考古》1985年第1期;襄阳首届亦工亦农考古训练班:《襄阳蔡坡12号墓出土吴王夫差剑等文物》,《文物》1976年第11期。
〔4〕 湖北省博物馆:《湖北枝江百里洲发现春秋铜器》,《文物》1972年第3期。

的车马坑为最寻。直至战国晚期的淮阳马鞍冢,虽墓坑、棺椁、随葬品显得逊色,但车马坑的规模却是罕见的。

楚墓所反映的周制,从时代上看,上、下限都较中原晚,特别是延续的时间较长,例如除楚墓的车马坑殉葬制度以外,随葬鬲、盂(相当于洛阳中州路东周墓中的盆)、罐的器物组合,已延至战国中、晚期。这也是构成楚墓的特点之一。

楚文化起源于江汉。江汉地区原有古老而发达的原始文化,是中国古代文化重要的发祥地之一。我国进入奴隶社会以后,江汉的大片地区逐渐成为中原夏、商、周王朝的统治区域,使中原文化与江汉文化逐渐融为一体:西周时期,楚作为周的子国,在政治、文化上必然服从于周,埋葬方面显然也不能例外。以周王朝为核心的文化共同体,当然也包括楚在内。随着时代的变化,楚"甚得江汉民和",楚熊渠"不与中国号谥",楚熊通自称为王,从一个山区小国变成一个称霸中原的大国。从上述楚墓的情况来看,楚国在逐渐摆脱周王朝控制的过程中,江汉自身文化的因素得到很大程度的发展,但楚并没有排斥周王朝统治以来的文化传统,其中当然包括了占主要地位的中原文化传统。正由于楚国继承和吸收了商、周文化传统,同时又培育和发扬了江汉地方文化的优长,才使楚文化放出异彩。楚文化实乃华夏文化的一个南方类型。

(原载《中原文物》1989年第4期)

楚文化与濮文化关系研究

　　楚文化是多元文化,它以土著文化为主源,吸收和融合多种文化而形成。早期楚民族文化(即通常说的早期楚文化)源头包括鄂西自城背溪以来的新石器时代文化传统和商代周梁玉桥文化;北方新石器时代文化传统和夏文化、商文化、周文化;西方早期巴文化;东南方印纹硬陶文化。[1]

　　楚文化形成和发展与楚国兴起和扩展大体同步。楚国建于沮漳河之西,早期楚民族文化源于沮漳西。楚国迁都于沮漳河之东以后,领土迅速向汉水以东、长江以南和淮河流域扩展;同时早期楚民族文化又在沮漳东夏、商、周三代文化发展的基础上迅速发展,[2]又吸收、融合和接受了被灭亡国家和占领地区的多种文化,约在春秋中期前后形成了东周楚文化,即通常讲的楚文化。由此可见,形成楚文化的过程和文化因素均十分复杂,需细致深入的研究。

一、楚 与 濮

　　据文献记载,楚国在鄂西兴起和向东、南、西、北各方扩展过程中,关系与其最为密切的是濮地和濮人。《国语·郑语》和《史记·楚世家》记载西周后期,楚熊严第三子"叔堪亡,避难于濮";[3]楚蚡冒"始启濮";楚武王"始开濮地而有之"。[4]楚国领土的扩展首先就是占领濮地。所以楚、濮关系十分密切。

　　《左传·昭公九年》记载周王使詹桓伯辞于晋,曰:"及武王克商……巴、濮、楚、邓,吾

---

〔1〕 杨权喜:《论楚文化之源》,《湖南省博物馆馆刊(第五辑)》,岳麓书社,2009年。
〔2〕 杨权喜:《沮漳河之东夏商周文化探讨》,《荆楚文物》(第1辑),科学出版社,2013年。
〔3〕 《国语》卷十六;《史记》卷四十。
〔4〕 孔晁注《逸周书·王会解》。

南土也。"南方的巴、濮、楚、邓四部分总称为周王朝的"南土",与周之间属于附属关系,这四部分后来都归楚。这四部分或包括这四部分在内自商以来称谓很多,除巴、濮、楚、邓外,还有夷蛮、荆楚、荆蛮、邓蛮、欢兜、夷濮、巴濮、庸濮、扬越、夷越、夔越等名称。这些都是不同的时代、不同的范围或不同的书对长江中游地区各支系民族的称呼。我国古代民族总分为华夏、东夷、西戎、南蛮和北狄五大族系。社会不断发展,华夏族率先进入了文明社会,领土不断扩大。其他民族的领土不断被华夏族侵占,周围民族不断被华夏族同化和融合。华夏族族体不断壮大,最后便形成了全国统一的大汉族。南蛮是一个分布范围广、支系最多的族体,几乎整个中国南方都有南蛮(即蛮夷)系统的民族分布。南方民族虽总称之为南蛮,但各支系区别较大,这与南方复杂的自然地理环境相关。我国长江流域及其以南广大地区气候温和、山水多、雨量充沛,适宜于水稻之类的喜热、喜潮湿、耐高温的作物生长,给人类生存和发展提供了良好条件。但南方有许多江河、湖泊、丘陵、山地、沼泽地和盆地,造成许多人群、氏族间的相对隔离,加上地理条件的差异,因而他们在语言、习俗、信仰等方面均会产生一些区别。事实上,南方各地的人、各古民族都具有大同小异的特点。

以华夏族为中心的古代文献对南方民族的称谓十分复杂,不但有总称,还有别称、代称和专称,又往往地名、族名和国名不分。长江中游地区的古民族为南蛮系统的重要部分,这部分又大体分为荆楚和百濮(扬越)两大支系。荆楚主要活动于山区和丘陵地带,百濮主要活动于江域湖区。随着夏、商、周三代政治、军事势力的南渐,汉东地区较早地融合于华夏民族之中,其所出土的商周青铜器和陶器完全可以证明。进入西周之后,介于南蛮与华夏之间的鄂北出现了邓;介于百濮和巴蜀之间的鄂西早已有了巴。因而有"巴、濮、楚、邓"和"邓蛮""巴濮"的称法。三峡和清江流域发现的早期巴文化说明,濮地有巴,早期的巴是夏末商初西来的一支民族与濮地土著相结合的一种族体。鄂北发现的具有浓厚中原因素的考古学文化说明,邓蛮也较早地融合于华夏民族之中。西周阶段,荆山的荆楚支系逐渐兴起,并被周封为楚国,而楚南部一带的百濮还处于较分散的状态。楚国面对强大的周王朝,只有向濮地扩展,以濮地作为北进中原的基地。濮人分布广泛而较强大,可作为"南蛮之别名"。[1]商周时期的濮,《史记》称之为"杨粤"。[2]"杨粤"即扬越。著名民族学家罗香林认为"濮为越族之别称"。[3]中山大学梁钊韬先生认为越是他称,即

<hr />

[1] 孔晁注《逸周书·王会解》。
[2] 《史记》卷四十:"熊渠甚得江汉间民和,乃兴兵伐庸、杨粤,至于鄂"。杨粤,《史记索隐》:"谯周亦作扬越"。扬越即扬越。
[3] 罗香林:《古代百越分布考·滇越》,《南方民族史论文选集(一)》,中南民族学院民族研究所资料室,1982年编印,第59页。

中原人对南方使用戉（钺）的民族之称。戉是古代稻作农业的石质工具；"濮，是越人的自称"。[1]随着时代的变化，越和濮之称产生了区别，有了习称：大体以洞庭湖为界，之西习称濮，之东习称越。"越"和"濮"前面加"百"字，是其支系繁多之意。关于扬越民族及其分布范围的问题，笔者曾做过初步探讨。[2]扬越之名，与汉水支流杨水有关。扬越大体分布于长江中游两岸和湘江流域。大约从商周开始对扬越西部，即荆山南麓至长江两岸的扬越民族称为濮、百濮。大约从西周开始，濮人不断被楚征伐，濮地逐渐被楚国占领。大部分濮人被楚融合；还有一部分濮人向南迁至岭南一带；另一部分濮人向西南迁至云、贵、川地区。秦汉以后的历史记载，往往称南迁濮人为扬越，西南迁的濮人仍被称为濮。

关于濮或百濮的社会状况，《左传·文公十六年》："麇人率百濮聚于选"，濮直至春秋早期尚存在许多大小不同的部落，并且还没有建立相对独立的王国。而麇大概属于百濮中较强的部落或部落联盟。《尚书·牧誓》和《史记·周本记》都记载濮人参加了武王伐纣的战争。据考证，金文（《宗周钟》铭）中也有濮子的记载。百濮是商周时期我国南方江汉一带的主要民族族团。由于夏禹不断"攻三苗"、商王不断"奋伐荆楚"，鄂北、汉东一带的荆楚和扬越逐渐被征服同化，只有汉水以西一带的荆楚和扬越（史书多称为百濮）还在活动和发展。周朝的南土只有鄂西的巴、濮、楚、邓，也说明鄂东是周朝直接统治的"汉阳诸姬"之地。西周时期百濮分布范围比当时的荆楚广大、分散，所占领地域的自然环境比荆楚优越，但它尚未形成较强大的政治和军事力量，因而成了楚国扩展的首选目标。

二、江汉商周文化

江汉商周文化比较复杂。据目前考古发现与研究，江汉一带的新石器时代原始文化至商周时期已失去了明显发展线索，取而代之的主要有华夏（中原商周）文化、早期巴文化、周梁玉桥文化、楚文化和鄂东南的扬越文化（参阅：1990年文物出版社出版的《文物考古工作十年》第194-196页）。

中原文化主要分布于汉东和鄂北、鄂东北，以黄陂盘龙城遗存和随枣走廊的曾国铜器、此地域的许多商周青铜器为代表。这是一支不断扩展的南方类型的中原文化（华夏

---

[1] 梁钊韬：《百越对缔造中华民族的贡献——濮、莱的关系及其流传》，《百越民族史论集》，中国社会科学出版社，1982年，第23-24页。
[2] 杨权喜：《扬越民族的分布区域及文化特点》，《百越史论集》，云南民族出版社，1989年。

文化）。它是土著文化较早地被中原文化融合的结果，并且有一个逐渐演化过程。如陶器，有从二里头的鬲到商式鬲，再到周式鬲的变化和楚式鬲不断发展增多的过程。而发现的青铜器基本特征始终都属中原系统。汉东、鄂北和鄂东北的商周文化中原化的先、后并不相同，鄂北地区是受中原文化影响最早的地区，汉东地区是接受中原文化最早的地区。因为鄂北是江汉土著文化和中原二里头文化及商、周文化的接壤地带，最早出现"楚式鬲"的地方；汉东是中原政治势力（商和周王朝）首先抵达的地区，最早建立商朝南方方国和"汉阳诸姬"所在的地区。当地的土著文化应当就是蛮夷文化，包括了荆楚和扬越两族的文化。

早期巴文化[1]主要集中在长江三峡，向东顺长江而下可延至清江下游的长阳香炉石、宜都红花套和沮漳河下游的江陵（荆州）荆南寺一带。分布范围仅在鄂西长江边的窄长地带。铜器仅见小件。陶器以侈口圜底罐为基本炊器，以尖底、高柄为器物造型特征。时代断在商至西周中期。代表性遗存有江陵荆南寺，宜昌路家河、三斗坪、朝天嘴和长阳香炉石。

楚文化产生较晚，约出现于西周中期前后。开始属早期楚民族文化，[2]主要分布在鄂西沮漳河中下游和西陵峡中段北岸两处范围不大的区域。少见铜器，其中铜容器制作较粗糙。陶器有鬲、甗、盂、盆、罐、瓮、豆、盂形豆等，以圜裆、弧裆罐形楚式鬲为基本炊器。两周之际以后猛然朝东南方向发展，并迅速过渡为东周楚文化。

鄂东南的扬越文化，指春秋早期之前的以大冶铜绿山矿冶遗存、鄂东南发现的铜甬钟、句鑃[3]和大冶上罗村、[4]阳新和尚垴[5]为代表的一种商周文化遗存。铜绿山出土的钺形铜斧和商周遗址出土的足部刻槽的陶鼎和鬲、带耳的陶甗、带流的陶罐、有长方形镂孔的陶豆等都是别处不见的特征性器物。时代大致为西周晚至春秋早期。著名民族学家、楚学创导人张正明先生认为"两周之际，楚地不到今大冶""扬越域括今黄石""春秋早中期之交楚国已占领铜绿山一带"（大冶、黄石均属鄂东南）。[6]鄂东南属西周时的东鄂，楚熊渠"兴兵伐庸、杨粤，至于鄂"的鄂，为扬越的东边部分。史书所记载的濮、百濮可能不包括这部分。本文所讲的濮文化也不包括这部分的扬越文化。这部分扬越文化虽也被楚吸收、融合，但这是春秋中期以后的事。

---

〔1〕 杨权喜：《略论古代的巴》，《四川文物》1991年第1期。
〔2〕 杨权喜：《早期楚民族文化的探索》，《楚文化研究论集》第三集，湖北人民出版社，1994年。
〔3〕 湖北省博物馆等：《广济发现一批周代甬钟》，《江汉考古》1984年第4期。
〔4〕 黄石市博物馆：《大冶上罗村遗址试掘》，《江汉考古》1983年第4期。
〔5〕 咸宁地区博物馆等：《阳新县和尚垴遗址调查简报》，《江汉考古》1984年第4期。
〔6〕 《张正明学术文集》，湖北人民出版社，2007年，第351–357页。

周梁玉桥文化于1981年在沙市周梁玉桥遗址被首次发现。[1]目前发现的遗存还有梅槐桥、[2]官堤、[3]东岳庙、[4]庙兴、[5]江北农场[6]等批，分布范围大体在江陵、沙市、荆州一带。其文化特点：第一，反映稻作农业的陶器较多，例如出土大量以鼎、釜为主的两种煮稻米的炊器；梅槐桥遗址出土的甑和甗形器也适于蒸煮稻米饭。还有许多稻作农业必不可少的饲养的猪、牛、狗、羊遗骸；第二，渔猎经济遗存特别丰富，有较多的鱼、鳖、龟及野生动物遗骸和铜鱼钩、陶网坠等；第三，陶器的特点主要表现在鼎上。鼎体釜形，与釜的形状基本一致。鼎足细长，为圆锥形，外撇，足尖上翘呈倒钩状，足膝部略扁。整鼎瘦高。鼎身外表和足膝部均拍印斜方格纹。别处不见此种鼎。鼎、釜等器外表都盛行饰斜方格纹，这也很特殊；第四，宗教活动遗存较多，主要有卜骨、卜甲等遗物和祭祀坑及其他与祭祀有关的遗迹；第五，含有明显次要的中原文化和早期巴文化因素。例如零星出土的铜尊、矛和较少量的商式陶器鬲、簋、罍等商文化器物；陶器中，侈口束颈圜底鼎和折沿豆等均含有早期巴文化因素。显然，周梁玉桥文化的主要文化因素为土著，次要文化因素有商、早期巴文化等。其年代断在商代后期至西周早期前段。

关于周梁玉桥文化的族属问题，中山大学社会学人类学系的王宏先生作过研究。他曾长期在荆州和湖北做田野考古，并专门从事江汉商周文化考古研究，他推测"周梁玉桥文化可能属于百濮文化中的一支"。[7]此推测，本人认为可能性很大。

周梁玉桥文化在江汉各支商周文化中最具土著性和传承性。周梁玉桥文化分布的沮漳河河口之东一带（下称沮漳东），自旧石器时代晚期开始就不断有人类活动，留下了许多重要足迹。例如有荆州鸡公山旧石器时代遗存、荆州朱家台新石器时代大溪文化早期遗存、荆州阴湘城新石器时代屈家岭文化古城遗存、荆州枣林岗夏代玉器墓地。[8]这些重要考古发现表明沮漳东是长江中游地区一处最古老而发达的古文化发展区。进入商代以后，不但有西部早期巴文化的入侵，而且有中原强大的商文化的到来。这又表明沮漳东还

〔1〕 沙市博物馆：《湖北沙市周梁玉桥遗址试掘简报》，《文物资料丛刊（10）》，文物出版社，1987年；1982年下半年，北京大学考古专业俞伟超先生带领研究生王文建、裴安平和79级部分本科生，与湖北省博物馆、沙市市博物馆合作，较系统地发掘了周梁玉桥遗址。这次发掘，俞老师的意见是业务由我总负责，我参加了调查、钻探、选点、划方和前期的发掘。后来由于沙市市博物馆领导为经费问题和湖北省博物馆发生矛盾，我退出了后期发掘和整理、编写报告工作，因此发掘报告一直未发表。这次发掘有房址、灰坑、祭祀坑等重要遗迹。周梁玉桥遗址分布范围相当大，但多被现代房屋所压，发现的遗迹不多，文化内涵未能全面揭露。
〔2〕 湖北荆州地区博物馆等：《湖北江陵梅槐桥遗址发掘简报》，《考古》1990年第9期。
〔3〕 湖北省博物馆：《沙市官堤商代遗址发掘简报》，《江汉考古》1985年第4期。
〔4〕 彭锦华：《沙市近郊出土的商代大型铜尊》，《江汉考古》1987年第4期。
〔5〕 荆州地区博物馆：《记江陵岑河庙兴八姑台出土商代铜尊》，《文物》1993年第8期。
〔6〕 何驽：《湖北江陵江北农场出土商周青铜器》，《文物》1994年第9期。
〔7〕 王宏：《论周梁玉桥文化》，《江汉考古》1996年第3期。
〔8〕 杨权喜：《沮漳河之东夏商周文化探讨》，《荆楚文物》第1辑，科学出版社，2013年。

是我国古代文化交融的重要地带。周梁玉桥文化是沮漳东在早期巴人西去,商王朝北迁殷以后,土著文化得到复兴而出现的一种新文化。其文化特点与沮漳东的夏代文化相关,与沮漳东自石器时代以来的原始文化传统相关,与当地的土著文化相关。据民族学家吴永章先生考证:"濮人活动的范围,以鄂南为基地,西邻陕、川边地,南可及湘西地区",[1]此鄂南(包括沮漳东)的土著当是古文献记载的濮,沮漳东当属濮地。周梁玉桥文化应属于一种濮文化。

另一种濮文化可能在长江以南,今湖南境内的石门皂市、[2]澧县[3]和湖北的松滋博宇山[4]等地发现的商代至周初遗存,同样具有土著特色,但它似具有更为浓厚一些的中原商文化色彩,与周梁玉桥文化存在类型方面的差别。

周梁玉桥文化分布的沮漳东,到东周时代又成为长江文明的发展中心——楚文化发展中心和楚郢都所在地。商代的周梁玉桥文化在沮漳东具有承前启后的意义。因此研究楚文化与周梁玉桥文化、濮文化的关系,显然是楚文化研究中的重要课题。

三、楚文化与濮文化关系

东周时期楚中心转移到周梁玉桥文化分布的古老而发达的沮漳东。在沮漳东古文化发展基础上,楚文化得到迅速发展。沮漳东在商代后期至西周早期前段主要是周梁玉桥文化占领的地区,也就是濮文化盛行的地区。楚文化前身——早期楚民族文化,其兴起和发展的中心在沮漳西,从沮漳西扩展到沮漳东的时间约在西周晚期。西周晚期以后,沮漳东早期楚民族文化代替了周梁玉桥文化,并在春秋中期前后形成了东周楚文化(指考古学的楚文化)。

沮漳东在西周早期后段至中期的遗存,目前尚未发现。这恐怕有深厚的社会政治原因。周灭商后,沮漳东成为周王朝的"南土",中原周文化强烈影响和统治了这个地区,又使这个地区的文化因素更加复杂化。本地周梁玉桥文化出现前的荆南寺遗址,[5]明显存在早期巴文化遗物和中原商文化遗物共存的情况;三峡宜昌上磨垴周代遗存,可分出A、

〔1〕 吴永章:《论江汉之濮》,《湖北省考古学会论文选集(二)》,《江汉考古》编辑部,1991年。
〔2〕 湖南省文物考古研究所:《湖南石门皂市商代遗存》,《考古学报》1992年第2期。
〔3〕 湖南省文物考古研究所等:《湖南澧县商周时期古遗址调查与试掘》,《湖南考古辑刊(第4集)》,岳麓书社,1987年。
〔4〕 荆州地区博物馆:《湖北松滋博宇山遗址试掘简报》,《文物资料丛刊(10)》,文物出版社,1987年。
〔5〕 湖北荆州地区博物馆、北京大学考古系:《湖北江陵荆南寺遗址第一、第二次发掘简报》,《考古》1989年第8期。

B、C三组不同性质的文化遗物。[1]这是早期巴文化西去,刚出现早期楚民族文化不久时的情形。像荆南寺、上磨垴这类遗址不多而文化元素复杂的情况,是一种文化过渡到另一种文化或一种新文化产生前的文化现象。这种现象对研究楚文化与周梁玉桥文化之间的关系,研究楚文化与濮文化之间的关系具有启发作用。楚文化发展中心地沮漳东的西周早期后段至中期的文化可能属复合文化,主要是中原周文化和土著周梁玉桥濮文化并存。至西周晚期便融合成沮漳东的早期楚民族文化———一种多元文化。沮漳东的早期楚民族文化又属该文化的一个类型,可以荆州纪南城摩天岭西周遗存[2]和荆州九店甲组墓葬[3]为代表;沮漳西的早期楚民族文化为一个类型,可以当阳磨盘山西周遗存[4]为代表;三峡的早期楚民族文化也是一个类型,可以宜昌上磨垴西周遗存[5]为代表。

荆楚、楚和扬越、濮的文化在夏、商、周三代不同阶段都受到中原夏文化、商文化、周文化的不同程度的影响而发生变化,形成了许多商周文化类型。上面讲到,目前考古在江汉已发现了中原文化、早期巴文化、濮文化、早期楚民族文化和扬越文化等五种商周文化类型。从我国古代旱地农业区的鬲甗文化、稻作农业区的鼎釜文化和采集渔猎经济区的罐文化的角度考察:中原文化属鬲甗文化,早期巴文化属罐文化,濮文化属鼎釜文化。而早期楚民族文化和扬越民族文化的时代偏晚(为西周晚至春秋早),都是鬲甗文化和鼎釜文化相融合的文化。楚文化也是鬲甗文化和鼎釜文化相融合的文化。它们也都是华夏文化和蛮夷文化相融合的文化,而楚文化肯定接受了不少濮文化传统。

活动于江域湖区、平原地带的濮为稻作农业的主人、鼎釜文化的创造者、当地土著文化的传承人,周梁玉桥文化正好与之相吻合。活动于荆山山区的楚先人,“以处草莽”,开始必是以狩猎、采集经济为主,其文化当属罐文化。楚在濮地,其经济的发展必然接受濮的稻作农业。东周楚文化就是以稻作农业为主,渔猎经济为辅的鬲甗文化,而鬲与北方的鬲不同,叫楚式鬲或鼎式鬲,是鼎和鬲相融合的产物,是蛮夷文化与华夏文化互相融合的结果;甗,为分体甗,由甑和罐形鬲组成。

楚接受濮的稻作农业经济,从考古资料中能得到证明。

1. 楚式鬲是煮稻米的炊器,它没有深足窝,利于米饭的舀取,功用与鼎相同。从沮漳东周梁玉桥文化的主要日用炊器釜形鼎转变到楚文化的主要日用炊器楚式鬲,就是楚文化接受濮文化的过程,也是楚接受濮的稻作农业经济的过程。

〔1〕 杨权喜:《宜昌上磨垴周代文化遗存的讨论》,《北京大学考古学丛书·考古学研究(五)》,科学出版社,2003年。
〔2〕 湖北省博物馆江陵工作站:《江陵县纪南城摩天岭遗址试掘简报》,《江汉考古》1988年第2期。
〔3〕 湖北省文物考古研究所:《江陵九店东周墓》,科学出版社,1995年。
〔4〕 宜昌地区博物馆:《当阳磨盘山西周遗址试掘简报》,《江汉考古》1984年第2期。
〔5〕 湖北省文物考古研究所:《湖北宜昌上磨垴周代遗址的发掘》,《考古》2000年第8期。

东周楚文化的陶器中有一种罐形楚式鬲,是最典型的楚器之一。罐形楚式鬲的裆,分弧裆和圜裆两种。弧裆鬲的鬲体是内凹底的楚式罐的形态。圜裆鬲的鬲体则保留圜底釜的基本形态,与周梁玉桥濮文化的釜形鼎的鼎体十分近似。从早期楚民族文化开始到战国中期的楚文化中均常见罐形圜裆楚式鬲。在荆州纪南城松·三十号台基(宫殿基址)、南垣水门遗址和龙桥河西段4号堆积中都出土战国时期的罐形圜裆鬲(30号台·T49③:4;南水门·T6③:6;河Ⅰ[4]:1)[1]。这种鬲叫鼎式鬲更为合适。鼎式鬲仅见于典型楚文化分布区,即包括周梁玉桥濮文化分布的沮漳东在内的沮漳河流域。因而鼎式鬲很好地说明它是由周梁玉桥濮文化的釜形鼎演化而来。典型楚式鬲的制法与中原鬲的制法不同[2]。中原鬲是体、足连在一起制作;典型楚式鬲的制法是沿用釜形鼎的制法,即体、足分别制成,足需制出"凸榫"或"螺钉",然后将足"凸榫"穿过体腹,再贴捏安装。早期楚民族文化还存在釜形鼎和楚式鬲并存的情况,釜形鼎的制法就为体、足分别制作。在宜昌上磨垴遗址中见到不少根部有"凸榫"的鼎足[3],形状与周梁玉桥濮文化的鼎足近似,有的足膝部拍打成平面,足尖略外撇。上磨垴早期楚民族文化的釜形鼎将周梁玉桥濮文化的釜形鼎和典型楚式鬲连接起来,证明釜形鼎与楚式鬲之间有着潜在联系。典型楚器鼎式鬲只盛行于濮文化分布的沮漳河流域,楚式鬲制法标本也只能在濮文化分布区内找到,这不但证明楚文化与濮文化之间具有传承关系,而且证明楚接受了濮的稻作农业。

2. 楚器炊器中有釜、盆形甑等种器物,这些炊器也是煮稻米饭、蒸稻米加工品的器皿。周梁玉桥濮文化的主要炊器还有釜,也有甑(而沮漳东早期楚民族文化中未见釜)。濮文化的釜和甑同样被东周楚文化所传承。楚釜分盆形和罐形,楚甑多为小底盆形。当阳季家湖楚城址内出大量的釜和一些甑。釜的上腹多为泥质灰陶,下腹至底夹大量粗砂,有的底部残留烟黑。釜有盆形和罐形。罐形釜应与楚早期使用罐作主要炊器有关。[4]楚郢都纪南城内出土过战国时代的罐形大铁釜,这也可证明楚早期属罐文化。[5]小底盆形甑与罐形鬲组合成楚甗。周梁玉桥所出甑属盆形,楚甑和它相似。鄂北光化五座坟西汉墓出土过铜甗,由甑、釜、盆三器套合而成。[6]灶出现以后的全国统一的汉文化,釜、甑成了主要日用炊器。釜、盆形甑相组合的甗均为稻作农业区的产物,它们将濮文化、楚文化联系起来,也与汉文化联系起来。

〔1〕 湖北省博物馆:《楚都纪南城考古资料汇编》,1980年本馆编印。
〔2〕 苏秉琦:《苏秉琦考古学论述选集》,文物出版社,1984年,第219—220页。
〔3〕 湖北省文物考古研究所:《湖北宜昌上磨垴周代遗址的发掘》,《考古》2000年第8期。
〔4〕 湖北省博物馆:《当阳季家湖楚城遗址》,《文物》1980年第10期。
〔5〕 湖北省博物馆:《楚都纪南城考古资料汇编》,1980年本馆编印。
〔6〕 湖北省博物馆:《光化五座坟西汉墓》,《考古学报》1976年第2期。

3. 楚农具有戉（钺）、铲、锄、臿、镰、耒、耜等种，这些农具均适宜于水稻田的耕作。稻作农业特有的农具戉（钺），体扁平，刃宽而两边多外侈，宜于水田的挖、劈。从石质演变为玉质、铜质。而玉质和铜质钺多作礼器。战国时代最盛行的农具莫过于臿。臿实是凹口金属锋刃，刃部呈钺形，由铜质变为铁质，铁质的最多。臿是戉的发展。臿可与木板、木柄套装成斧、锄、铲、耒、耜等多种便于水田耕作的农具。楚地一直未发现犁，这大概因濮地、江汉平原的江域湖区，地广土肥，水稻种植无须深耕、深翻土，用耒、耜之类的轻便农具足以揷植而达到丰产。周梁玉桥几乎不出农具，可能与当时使用木耒之类的木质农具难以保留有关。

4. 楚遗存中有不少在水中生长、活动的作物和牲畜遗存。如莲藕、荸荠和水牛的遗留，这也属于与稻作农业有关的遗存。

5. 濮地稻作农业的主要辅助经济为渔猎。周梁玉桥遗存中有丰富的水生动物骸骨和鱼钩、网坠等渔业器具。楚遗存中除有水生动物遗骨外，还有鱼钩、网坠和鱼类加工的器具。江汉平原水域，鱼、螺、虾、蛤、贝极其丰富，沼泽地带的野生动物鹿、兔、猪、鸡、鸭、鸟也很多，这些都是人类赖以生存的现成自然资源，不但濮人从事渔猎，楚人也从事渔猎，楚王还喜欢在平原野地里巡猎。楚的这些经济方式，显然承濮而来。

楚文化接受濮文化传统，还能在考古发现的陶纺轮和宗教遗存中找到依据。

1. 楚纺轮是濮纺轮的演变。纺轮是反映古代纺织业的主要遗物，是考古十分注重的器物之一。江汉自城背溪文化开始就出现了陶纺轮。[1]屈家岭文化的彩绘陶纺轮[2]和石家河文化的太极图陶纺轮[3]最有地方特色。至商代汉东的盘龙城流行饼形和算珠形陶纺轮；[4]沮漳东的周梁玉桥见到鼓形和圆台形陶纺轮。[5]到周代，三峡的上磨垴早期楚民族文化流行塔形和半圆形陶纺轮。[6]而东周楚文化最多的为鼓形陶纺轮。[7]东周楚文化的鼓形陶纺轮，显然不是承三峡早期楚民族文化的塔形、半圆形陶纺轮而来，而是承周梁玉桥濮文化的鼓形陶纺轮而来。鼓形陶纺轮属厚重型。江汉在屈家岭阶段最流行的陶纺轮

〔1〕 湖北省文物考古研究所：《宜都城背溪》，文物出版社，2001年，第33、35页。
〔2〕 中国科学院考古研究所：《京山屈家岭》，科学出版社，1965年，第46–49页。
〔3〕 石家河考古队：《邓家湾》，文物出版社，2003年，第226–231页。
〔4〕 湖北省文物考古研究所：《盘龙城》，文物出版社，2001年，第353、354页。
〔5〕 沙市博物馆：《湖北沙市周梁玉桥遗址试掘简报》，《文物资料丛刊（10）》，文物出版社，1987年；1982年下半年，北京大学考古专业俞伟超先生带领研究生王文建、裴安平和79级部分本科生，与湖北省博物馆、沙市市博物馆合作，较系统地发掘了周梁玉桥遗址。这次发掘，俞老师的意见是业务由我总负责，我参加了调查、钻探、选点、划方和前期的发掘。后来由于沙市市博物馆领导为经费问题和湖北省博物馆发生矛盾，我退出了后期发掘和整理、编写报告工作，因此发掘报告一直未发表。这次发掘有房址、灰坑、祭祀坑等重要遗迹。周梁玉桥遗址分布范围相当大，但多被现代房屋所压，发现的遗迹不多，文化内涵未能全面揭露。
〔6〕 湖北省文物考古研究所：《湖北宜昌上磨垴周代遗址的发掘》，《考古》2000年第8期。
〔7〕 高至喜主编：《楚文物图典》，湖北教育出版社，2000年，第286页。

属轻薄型,以后的发展趋势是逐渐增厚变重。至石家河阶段就出现了接近鼓形的较厚重的陶纺轮。[1]楚文化陶纺轮,不但是濮文化陶纺轮的演变,而且是江汉土著文化陶纺轮的传承延续。

2. 楚人迷信鬼神、信巫的宗教信仰和民间习俗也主要是承袭濮人而来。楚国诗人屈原的《九歌》是祭祀的歌,是祭祀天神、云神、湘水男神、湘水女神、寿夭神、命运神、太阳神、河神、山神和为国阵亡将士的乐曲。东汉王逸在《楚辞章句》中云:"昔楚南郢之邑,沅、湘之间,其俗信鬼而好祀,其祀必使巫觋作乐,歌舞以娱神。"[2]"楚南郢之邑,沅、湘之间"正是原濮地,也是屈原作《离骚》取素材之地。濮地周梁玉桥发现许多宗教遗存,包括卜骨、卜甲、祭祀坑等,显然是濮人信鬼神、巫觋而进行祭祀时的残留。楚屈原作《九歌》,出土楚简有卜筮祭祷记录和日书,楚墓头部放置一件圆眼、龇牙、长舌的镇墓兽(应为巫的化身)。这些都证明楚人特别迷信鬼神和巫觋。上述宗教信仰、习俗是濮地、楚地和濮人、楚人的传统。

另外,还有楚墓的墓向问题:国民墓头向多朝南,贵族大墓头向往往朝东。墓向问题引起民族学家的注意。[3]楚墓头向可能与怀念先祖有关。楚大贵族墓头向朝东,表示他们来自东方,夹自汉水以东。祖先或许属荆楚,或许属华夏;楚国民、百姓墓头向多朝南,表示他们祖先在南方,在濮地,他们多是土著。头向朝南的墓占楚墓的绝大多数,证明楚国居民以土著、濮人后裔占绝大多数。再加上地理环境的因素,楚文化接受、吸收濮文化就成为必然了。

鄂西一带自然环境特殊而优越,有高山、丘陵和平原,有大江、大湖、大沼泽地和大峡谷,给古人类的生存、发展提供了多样化的天然条件,也给古人类的活动和族名、地名、山名、江名的变化带来许多秘密。从扬越之地、濮地变为楚蛮之地、楚地;从山名荆山到地名荆州,再到江名荆江,无不与楚启濮承濮有关。东汉许慎《说文解字》"楚,丛木一名荆也",楚即荆,楚国即荆国,楚民族与他们活动于山区荆木丛中有关。楚国初期仍处于偏僻的荆山,"土不过同"。楚被封之后至熊通称王之前的楚君,皆"筚路蓝缕""以处草莽""以启山林",几代楚君都亲自参加山区的原始经济活动,楚国早期经济非常落后,还处于原始社会状态,楚君实为酋长。熊渠曾伐扬越,伐濮地,并在濮地立了三个王。但因楚当时仍落后软弱,在濮地站不住脚,即"去其王"。蚡冒以后,从楚武王开始楚国崛起,

〔1〕 石家河考古队:《邓家湾》,文物出版社,2003年,第226-231页。
〔2〕 朱熹:《楚辞集注》,上海古籍出版社,1979年。
〔3〕 张正明:《张正明学术文集》,湖北人民出版社,2007年,第221-240页。

首先占领并统治濮地。楚武王之子文王刚立，即"始都郢"，把楚的统治中心迁移到濮文化分布中心地。楚必"接受了濮文化""意味着濮、楚文化一次大的交流与融合"。[1]之后楚国的经济才兴旺起来。《史记·货殖列传》记载"楚越之地，地广人稀，饭稻羹鱼，或火耕水耨，果隋蠃蛤，不待贾而足，地势饶食，无饥馑之患……是故江淮以南，无冻饿之人……"；"江陵故郢都，西通巫、巴，东有云梦之饶"。西汉司马迁所记述的"饭稻羹鱼""云梦之饶""不待贾而足"，主要就指西汉时期沮漳东、原濮地、后楚中心地的人们之经济、生活状况，不但表明楚承袭了濮的"饭稻羹鱼"传统，而且反映出楚、濮文化已融为一体。

沮漳东荆州朱家台是一处历史悠久、连续发展的遗址。[2]这座小山丘，从大溪初期开始，经屈家岭、石家河阶段（包括夏代），再到战国时期，连续不断地都有人类居住或埋葬。其位置在楚郢都纪南城北垣边上。数千年长期居住、生活在这一带的土著民族创造了不亚于黄河流域的发达的新石器时代文化。至夏代，此地已跨进了文明社会的门槛——出现了邦国。[3]后来此地兴起了展示长江古代文明的楚文化。以商周濮文化为纽带，将沮漳东的新石器时代文化和东周楚文化连接起来了。这样才能更好地说明，长江流域也和黄河流域一样都是中国文明的策源地。

（原载《楚文化研究论集（第十一集）》，上海古籍出版社，2015年）

---

〔1〕 吴永章：《论江汉之濮》，《湖北省考古学会论文选集（二）》，《江汉考古》编辑部，1991年。
〔2〕 纪南城考古工作站：《江陵朱家台遗址调查简报》，《江汉考古》1988年第4期；湖北省文物考古研究所：《湖北江陵朱家台遗址发掘简报》，《江汉考古》1991年第3期；湖北省文物考古研究所等：《湖北江陵朱家台遗址1991年的发掘》，《考古学报》1996年第4期；湖北省文物考古研究所：《江陵朱家台两座战国楚墓发掘简报》，《江汉考古》1992年第3期。
〔3〕 杨权喜：《沮漳河之东夏商周文化探讨》，《荆楚文物》（第1辑），科学出版社，2013年。

论西陵峡古代日用炊器

日用炊器,是反映考古学文化性质和研究先秦社会经济最重要的器物。长江西陵峡是西部罐文化、东部鼎文化和北部鬲文化的交界区,三大系统的文化曾经在这一带汇集,这里有过不同性质的炊器交替发展和相互融合的长期过程。

一、西陵峡新石器时代原始文化的炊器——釜和鼎

西陵峡地区在新石器时代有一支可与北方黄河流域媲美的古老原始文化,自成体系,连续相承,并分为柳林溪(城背溪的一类型)—大溪—屈家岭—石家河四个发展阶段。最早阶段的文化为柳林溪类型,1981年在秭归柳林溪遗址首次发现。在秭归朝天嘴、东门头和宜昌窝棚墩、鹿角包、路家河等遗址中,也有这类遗存出土。第二阶段为大溪文化,第三阶段为屈家岭文化。在宜昌伍相庙、三斗坪和秭归龚家大沟等遗址中,发现有较单纯的大溪文化遗存;在秭归柳林溪遗址中,发掘出叠压于柳林溪类型遗存文化层之上的大溪文化遗存;在宜昌中堡岛、清水滩、杨家湾等遗址中,出土了具有上、下地层关系的大溪文化和屈家岭文化遗存。[1]第四阶段为石家河文化,该遗址主要发现于秭归庙坪遗址[2]中。无论柳林溪、大溪遗存,还是屈家岭、石家河遗存,他们的主要炊器都是釜(图一,1)。釜不但出土数量较多,而且整器也相当丰富。可以断定,釜是西陵峡原始文化中的基本炊器。在各阶段遗存中都有一些鼎,但数量不多。鼎身为釜,底部短足(图一,2),长足鼎多为残片或仅见鼎足。由此可知,鼎在西陵峡原始文化中并不发达。值得注意的是,在庙坪石家河文化遗存中,有一些可以复原的盆形鼎。

---

〔1〕 国家文物局三峡工程文物保护领导小组湖北工作站:《三峡考古之发现》,湖北科学技术出版社,1998年。
〔2〕 湖北文物事业管理局、湖北省三峡工程移民局:《秭归庙坪》,科学出版社,2003年。

釜和鼎不但是西陵峡，而且是整个江汉地区新石器时代原始文化的传统炊器。峡东最早的原始文化为城背溪文化，该文化较早阶段的炊器只有釜。在枝城北和青龙山较晚的城背溪文化遗存中，出现了较多的鼎和三足盘（钵）。[1]在相当于大溪阶段的钟祥边畈遗存中，鼎特别发达。[2]大约从屈家岭较晚阶段开始，鼎又出现釜形、盆形两大类。[3]其中盆形鼎可能由城背溪、大溪阶段的三足盘演变而来。纵观整个江汉地区新石器时代文化的陶器，可以知道：第一，较原始的陶器都是圜底的，放置时底部需加支座、器座之类的支垫物。约距今7 000-8 000年以前的原始文化炊器也只有圜底的釜一种。第二，大约从距今7 000年前后开始，在陶器底部直接安装三足或圈足，釜的底部安装三足即成为鼎。出现最早和流行最久的鼎，是釜形鼎。第三，在江汉原始文化中一直没有鬲，鼎、釜并存是江汉原始文化的特点。第四，江汉属于鼎文化的策源地和分布区，尤以江汉东部鼎较发达，江汉原始文化存在东、西类型的区别。第五，江汉东部类型的鼎文化有向西扩展的趋势。

出土炊器表明，西陵峡原始文化属于江汉原始文化西部类型。庙坪出土的石家河文化盆形鼎，是江汉文化东部类型西进的证据。

二、西陵峡相当于夏代的炊器——深腹罐

西陵峡相当于夏代的文化遗存，主要发现有宜昌的白庙、下岸[4]和秭归柳林溪第二期[5]等。白庙是一处重要的村落遗址，位于三峡大坝下方约3公里的江南。遗址经过全面发掘，所获遗存相当丰富。除有少量楚文化遗存外，绝大部分遗存的文化面貌与当地原始文化传统不同，存在大量的外来文化因素。考古学界称之为"白庙类型文化"或"白庙遗存"，是西陵峡新石器时代末期的一种典型文化遗存，而其年代已进入了夏代。[6]在白庙遗存陶炊器中，有少量的釜、鼎和大量的深腹罐（本文将平底或尖平底的釜称为罐）。深腹罐（图一，3、4）数量很多，并有大、中、小型之分。大型的口径和高均在20厘米以上，小型的口径尺寸在9-10厘米之间。出土时有的器表保存着烟炱。据质地、器形和火烧残迹情况，可以判断深腹罐为日用炊器。在西陵峡地区，深腹罐是新出现的炊器。

〔1〕 湖北省文物考古研究所：《宜都城背溪》，文物出版社，2001年。
〔2〕 张绪球：《长江中游新石器时代文化概论》，湖北科学技术出版社，1992年。
〔3〕 中国科学院考古研究所：《京山屈家岭》，科学出版社，1965年。
〔4〕 国家文物局三峡工程文物保护领导小组湖北工作站：《三峡考古之发现》（一）、（二），湖北科学技术出版社，1998、2000年。
〔5〕 湖北省文物考古研究所：《湖北秭归县柳林溪遗址1998年发掘简报》，《考古》2000年第8期。
〔6〕 杨权喜：《江汉夏代文化探讨》，《中国文物报》1998年7月29日。

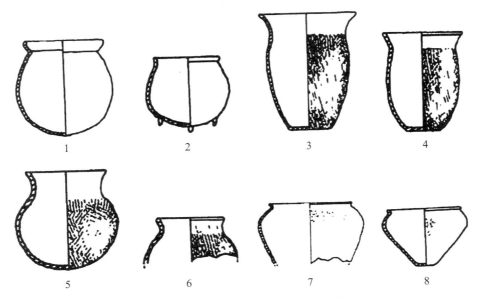

图一　中堡岛、白庙、大沙坝遗址出土陶器

1、5、6.釜(中 H253：2,大 T2③：1,T15⑥：35)　2.鼎(中 T4⑤：433)　3、4.深腹罐(白 T12⑤：42,
T17③：11)　7、8.收腹罐(T11⑥：15、13)

　　白庙遗址出土的各种炊器数量的多寡表明,西陵峡传统的釜和鼎到了夏代均突变为
次要地位,尤其是原先为主的釜已被深腹罐所取代,其文化性质必定发生了变化。这种
深腹罐炊器不但不见于原先的本地区,而且不见于北方中原(中原二里头文化中有类似
的深腹罐,但非二里头文化的主要炊器)和东部的江汉地区。随着重庆、四川两地考古发
掘工作的深入,在四川盆地新发现了宝墩村,重庆地区新发现了哨棚嘴一期、老关庙下层、
魏梁子等,都是新石器时代晚期遗存。[1]这些遗存的文化面貌虽互有区别,但炊器都不见
釜、鼎、鬲,而只有深腹罐(又称深腹盆),应均属罐文化系统的遗存。白庙遗存的深腹罐,
显然与四川、重庆地区出土的新石器时代晚期深腹罐关系密切。西陵峡地区古代原始文
化发展到夏代,由于受西来文化的影响,其性质由东部文化系统向西部文化系统转化。

　　白庙遗址出土的少量鼎都是釜形鼎,盆形鼎消失。釜形鼎的足有正装梯形扁足和侧
装三角形扁足。这两种足的釜形鼎盛行于峡口以东一带,在河南龙山文化煤山类型、[2]石
家河遗址群、[3]石板巷子遗址[4]中都大量存在。正装梯形扁足鼎出现的时代较早,侧装三

〔1〕　王毅,孙华:《宝墩村文化的初步认识》,《考古》1999年第8期。
〔2〕　中国社会科学院考古研究所河南二队:《河南临汝煤山遗址发掘报告》,《考古学报》1982年第4期。
〔3〕　石家河考古队:《肖家屋脊(上)》,文物出版社,1999年。
〔4〕　湖北省文物考古研究所:《宜都城背溪》,文物出版社,2001年。

角形扁足鼎盛行的时代较晚。它们的分布范围大体在淮河流域的汝河以南至江汉一带，这个范围也是峡口以东新石器时代晚期至夏代的一个鼎文化圈。白庙发现的少量鼎可以说明，西陵峡处于该文化圈西部边缘。

三、西陵峡商至西周早期的炊器——侈口釜和收腹罐

西陵峡在商至西周时期新出现一种内容比较丰富的文化遗存，或称为早期巴文化。这类遗存主要在宜昌的中堡岛、路家河、三斗坪、杨家嘴，秭归的朝天嘴、长府沱、[1]大沙坝、[2]鲢鱼山、[3]以及巴东茅寨子湾[4]等遗址中发现。这种文化遗存的陶炊器中，鼎几乎完全消失，釜和深腹罐发生了很大变化，并新增加了较多数量的收腹罐和少量的鬲。

西陵峡夏代白庙遗存的主要炊器深腹罐，只在中堡岛、路家河二期商代陶器中偶见其变化的形态，取代它地位的是侈口釜（图一，5、6）。侈口釜与当地传统的釜不同：传统的釜折沿、凹口、宽底，整器较矮胖，与同期的鼎身相似；侈口釜为卷沿、侈口、束颈、窄底（与通常的罐底相似），整器较瘦高，尺寸较小。路家河二期的釜被分为七型，[5]其中A、F型釜的形态较接近于传统的釜，这两种釜有逐渐减少的趋势；E、G型釜是典型的侈口釜，分布最普遍，出土数量最多。侈口釜的尺寸一般不大，并有大量口径不足10厘米的小型侈口釜。侈口釜的纹饰以绳纹、斜方格纹为主，这是传统的文化因素。橘皮纹、附加贝纹、刻划纹、指按纹是特有的纹饰，是新出现的文化因素。侈口釜是当地传统文化吸收了西部文化因素，而产生的"罐式釜"。

收腹罐分大型、小型两大类。大型收腹罐（图一，7），完整器形发现不多，中堡岛商时期的E型深腹罐口、[6]路家河二期前段的Ca型罐属于这种罐，是夹砂灰陶或灰黑陶，器胎壁较薄，基本形态为敛口，窄沿外翻，广肩外鼓，急收腹，小平底，上腹直径可达30厘米以上。小型收腹罐（图一，8），在西陵峡商至西周早期的各遗址中都可以见到，是早期巴文化最有典型意义的器物之一。一般为夹砂灰陶或褐陶，基本形态与大型收腹罐一致，敛

〔1〕 国家文物局三峡工程文物保护领导小组湖北工作站：《三峡考古之发现》（一）、（二），湖北科学技术出版社，1998、2000年。
〔2〕 湖北省文物考古研究所：《湖北秭归县大沙坝遗址发掘报告》，《考古学报》2005年第3期。
〔3〕 杨权喜、陈振裕：《秭归鲢鱼山与楚都丹阳》，《江汉考古》1987年第3期。
〔4〕 湖北省文物考古研究所：《巴东茅寨子湾遗址的第二次发掘》，载《长江三峡工程·湖北库区考古报告集（第三卷）》，科学出版社，2006年。
〔5〕 长江水利委员会：《宜昌路家河》，科学出版社，2002年。
〔6〕 国家文物局三峡考古队：《朝天嘴与中堡岛》，文物出版社，2001年。

口、鼓肩、收腹、小平底或尖平底,器表局部有些细横绳纹,口径在15厘米左右,高度在12厘米左右,出土时往往与喇叭型器共存,可能两者相配成套,专用于祭祀活动或烧煮开水。收腹罐仅见于四川、重庆的同期遗存[1]中,可以断定为西部文化系统的一种炊器。白庙遗存和早期巴文化都有大量的小型炊器,说明流行小型炊器是西部文化的一个特点。

鬲只见于路家河二期[2]和长府沱商代遗存[3]中。路家河二期的鬲均为残片,时代约为商代中期。长府沱出土一件可以复原的鬲,时代为商代晚期。这些鬲的形态、纹饰都具有分裆鬲即商式鬲的特征,这种鬲是北方商文化的基本炊器。

西陵峡早期巴文化炊器不见鼎,而以侈口釜为主,以收腹罐为次,西部罐文化占主导地位,应归为西部文化系统。《山海经·海内南经》和《竹书纪年》都有夏臣孟涂如巴的记载,晋代郭璞为孟涂如巴居地注:"今建平郡丹阳城,秭归县东七里,即孟涂所居也。"《水经注·江水》所描述的楚丹阳城,指今秭归鲢鱼山遗址。该遗址经发掘调查,其商周遗存不属楚而属早期巴文化,[4]可能为孟涂所居之丹阳。《甲骨文字丙编》313号有"王佳妇好从止戬伐巴方"的卜辞,由于早期巴人渐趋壮大,商王朝曾派得力军队征伐。分裆鬲在西陵峡地区的少量出现,足以证明北方商王朝势力曾抵巴地;商文化对西陵峡地区的影响,最迟在商代中期前后就已开始。

四、西陵峡西周中期至春秋早期的炊器
——鬲、甗、鼎、釜和罐

西陵峡在西周中期至春秋早期的文化遗存,主要有宜昌上磨垴第5至第6层、[5]路家河三期、[6]秭归官庄坪第4至第6层、柳林溪第3层、[7]庙坪周代二至三期[8]等遗存。这些遗存文化因素复杂,是一种过渡性质的文化,可称为早期楚民族文化或夔国文化,也有人称为周梁玉桥类型文化。早期楚民族文化的炊器,不但有东部文化系统的鼎、釜和西部文化系统的罐,而且有北部文化系统的鬲和甗。例如上磨垴第5至第6层的炊器有鼎、鬲、

〔1〕 四川省文物管理委员会等:《广汉三星堆遗址》,《考古学报》1987年第2期。
〔2〕 长江水利委员会:《宜昌路家河》,科学出版社,2002年。
〔3〕 国家文物局三峡工程文物保护领导小组湖北工作站:《三峡考古之发现》(一)、(二),湖北科学技术出版社,1998、2000年。
〔4〕 杨权喜、陈振裕:《秭归鲢鱼山与楚都丹阳》,《江汉考古》1987年第3期。
〔5〕 湖北省文物考古研究所:《湖北省宜昌县上磨垴周代遗址的发掘》,《考古》2000年第8期。
〔6〕 长江水利委员会:《宜昌路家河》,科学出版社,2002年。
〔7〕 国家文物局三峡工程文物保护领导小组湖北工作站:《三峡考古之发现》,湖北科学技术出版社,1998年。
〔8〕 湖北省文物考古研究所:《宜都城背溪》,文物出版社,2001年。

甗、釜和一些罐；路家河三期遗存的炊器有鼎、鬲和釜；官庄坪第4至第6层的炊器有鬲、甗、釜和少量鼎；柳林溪第3层的炊器有鼎、鬲、甗。从地域的角度观察，在西陵峡东段南岸，未见早期楚民族文化遗存，只在大沙坝时代下限为西周中期的早期巴文化遗存中出现了鬲足；西陵峡东段北岸，鼎较盛行；西陵峡西段南岸，釜较盛行；西陵峡西段北岸，鬲较盛行。从时代早、晚的角度观察，鬲、甗、鼎都逐渐增加并都发展到主导地位；釜、罐则逐渐减少，至春秋早期完全消失。

鬲有瘪裆和弧裆两种。瘪裆发现于庙坪周代二期遗存中，这在整个汉水以西的鄂西地区都是仅见的，可以说是鬲文化研究中的重要发现。瘪裆鬲器体呈大口罐状，卷沿，裆部内瘪，柱足。瘪裆鬲又叫"周式鬲"，是北方周文化的典型炊器。它向南发展成为柱足瘪裆鬲，是受鼎文化影响的一种周式鬲型式。庙坪周代二期的鬲属柱足瘪裆鬲，应归北方周文化系统。弧裆鬲（图二，2）出土数量最多，以上磨垴第5至第6层、官庄坪第4至第6层最丰富。弧裆鬲或称为楚式鬲的一种早期形态，[1]或直接称为楚式鬲。[2]楚式鬲是楚文化的典型炊器，是考古界追溯楚文化渊源的一条主要线索。所谓似鬲又似鼎的典型楚式鬲，普遍存在于江陵地区的东周楚文化遗存中。以江陵地区典型楚式鬲为线索，不断追溯它的较早形态，直接找到了江陵以西的弧裆鬲。在当阳赵家湖一带找到了西周晚、春秋初的弧裆鬲，在宜昌上磨垴又找到了西周中期的弧裆鬲（图二，1）。但弧裆鬲的源头并不在西陵峡，而在汉水以东的鄂中、鄂东一带。在鄂中的黄陂盘龙城商代前期的商文化中，已出现了弧裆鬲。弧裆鬲是鬲文化与鼎文化较早互相融合的一种炊器，它不完全属于鬲文化，也不完全属于鼎文化，它是这两种文化交互作用的新产品。因而其更早形态出现之地，可能还要往偏北方向，例如到鄂西北、豫西南的鼎、鬲文化交错地[3]去寻找。弧裆鬲与分裆鬲（商式鬲）、瘪裆鬲（周式鬲）没有直接的渊源关系。[4]弧裆鬲与瘪裆鬲在南方发展到西周中期前后，两者整体形态近似，不少人便将两者连接起来，将弧裆鬲的源头直接追溯到北方鬲文化（周文化）系统中，而与鼎文化没有渊源关系。实际上弧裆鬲与瘪裆鬲是并列的发展关系，而非直线的发展关系。在西陵峡西周中期的早期楚民族文化中，就同时存在弧裆鬲与瘪裆鬲。弧裆鬲器物形态与瘪裆鬲相近，但裆部不内瘪，而呈弧状或内圜形，具有"器体的腹底连接一起"的结构特征。[5]西周中期以后，弧裆鬲器形的发展变化与瘪裆鬲"分道扬镳"。瘪裆鬲由较瘦高、高足向较矮扁、短足的趋势演变。汉川乌龟山

---

〔1〕 杨权喜：《江汉地区楚式鬲的初步分析》，《楚文化研究论集》第一集，荆楚书社，1987年。

〔2〕 苏秉琦：《从楚文化探索中提出的问题》，《苏秉琦考古论述选集》，文物出版社，1984年。

〔3〕 苏秉琦：《从楚文化探索中提出的问题》，《苏秉琦考古论述选集》，文物出版社，1984年。

〔4〕 中国社会科学院考古研究所河南二队：《河南临汝煤山遗址发掘报告》，《考古学报》1982年第4期。

〔5〕 苏秉琦：《从楚文化探索中提出的问题》，《苏秉琦考古论述选集》，文物出版社，1984年。

西周遗址出土的瘪裆鬲的早、晚变化规律是："由卷沿圆唇变为折沿方唇,沿面趋于低平,腹部变浅,最大径下移,鬲裆变低,绳纹变粗。"[1]大体到两周之交,瘪裆鬲基本消失。弧裆鬲则由较矮胖、足较短向瘦高、高足的规律发展,并一直发展下去,在春秋中期前后与典型楚式鬲相衔接。弧裆鬲与典型楚式鬲之间的主要区别在于鬲体口部:弧裆鬲为侈口,微卷沿,三角唇,唇尖上仰下勾;典型楚式鬲则有颈,折沿,方唇或圆唇。弧裆鬲是典型楚式鬲的前身,属于楚文化发展系统,为早期楚民族文化的主流炊器。

甗为甑、鬲一体的鬲类炊器,也是北方鬲文化的基本炊器之一。在西陵峡,甗比较流行,也出土过完整器。甗与弧裆鬲同时存在,它在西陵峡的发展下限明显晚于北方周文化,其形体变化大体与弧裆鬲相近。甗也是西陵峡早期楚民族文化的重要炊器。

鼎是侈口釜形鼎(图二,3、4)。其器体与同期的侈口釜形态十分接近,颈部往往有贴捏泥片加厚加固的作风。其足呈圆锥形,与同期弧裆鬲足的区别不很大,鬲足底多削平而鼎足多呈尖状。其器表纹饰是绳纹,纹样与弧裆鬲区别较大,弧裆鬲上腹部多饰间断绳纹,而鼎上、下腹部都饰交错绳纹。出土陶片中有不少底部带残圆孔的鼎腹残片和根部带"凸榫"的鼎足,说明鼎三足的安装法和典型楚式鬲相似。这种鼎较近似峡东沙市周梁玉桥土著因素浓厚的商代高锥足釜形鼎,其器身又近似早期巴文化的商代侈口釜。显然,这种鼎同时具有土著的传统文化因素和早期巴文化因素,它是西部系统的文化与东部系统的文化发展到西周阶段再次相互融合而产生的炊器新品种。

釜,口部外侈,腹、底有宽窄、圆扁之分,宽扁者具有土著的传统风格,窄圆者保存着早期巴文化作风。主要纹饰是绳纹和斜方格纹,这两种纹饰都是当地土著文化和早期巴文化的传统。釜和鼎一样,它也是东西部文化再次相互融合的器物。

罐都是小型收腹罐,发现数量较少,薄胎,窄沿,鼓肩,收腹,素面。同出的还有尖底杯、喇叭形器等。小型收腹罐是典型的早期巴文化炊器。

早期楚民族文化遗址以上磨垴最为典型。上磨垴遗址的时代为西周中期至春秋晚期,没有其他时代的文化遗存,都是具有因袭关系的早期楚民族文化和春秋楚文化遗存。上磨垴遗址经历了早期楚民族文化到春秋楚文化的过程,所出土的陶器有性质完全不同的三种:[2]第一种以鬲为代表的一组陶器,数量较多,属早期楚民族文化;第二种以鼎为代表的一组陶器,数量不少,属周梁玉桥类型文化(发现于峡东沙市周梁玉桥的一种以土著因素为主体的商周文化类型);第三种以收腹罐为代表的一组陶器,数量较少,属早期巴文化。随着时代的变化,第一种陶器逐渐增加,呈发展的趋势;第二、三种陶器逐渐减

---

〔1〕 湖北省文物考古研究所:《汉川乌龟山西周遗址试掘简报》,《江汉考古》1997年第2期。
〔2〕 杨权喜:《宜昌上磨垴周代文化遗存的讨论》,《北京大学考古学丛书·考古学研究(五)》,科学出版社,2003年。

少,呈消失或被吸收的趋势。可见,占主导地位的是第一种早期楚民族文化陶器,它决定了上磨垴遗址早期楚民族文化的性质。西陵峡西周至春秋早期是楚熊渠嫡嗣熊挚的封地,即夔子国。在西陵峡早期楚民族文化中存在数量不多的第二、三种陶器,应当是早期楚民族支系——夔的文化遗存。

早期楚民族文化,即孕育期的楚文化或滥觞期的楚文化,[1]它的炊器有多种,文化因素复杂,而分布范围有限,变化发展趋势明确,表明楚文化绝非某种文化的直接延伸,而是在夏、商、周期间多种文化——包括鼎文化、鬲文化、罐文化的交互作用、交互吸收、交互融合而逐渐形成的一种文化。

五、西陵峡春秋中期至战国时期的炊器
——楚式鬲、甗和釜形锥足鼎

西陵峡在春秋中期至战国时期的遗址,主要有宜昌的小溪口、周家湾、朱其沱(又称苏家坳)、白狮湾Ⅰ区、朱家台、白庙,秭归的官庄坪、柳林溪、曲溪口,以及巴东的雷家坪、[2]茅寨子湾等。所获遗存均属楚文化,但多较分散零星,有的发现于层次混乱的冲积中,有的没有与早期楚民族文化遗存的层位分开。综合已报道的西陵峡楚文化日用炊器,有鬲、甗、鼎三种。釜、罐已基本消失,白狮湾Ⅰ区出土的一种近似侈口釜的罐,夹细砂(炊器,如同出的鼎,则夹较粗的砂),属平底器,应为储藏器而非炊器。

鬲是楚式鬲,主要分两种(型)。一种是大口鬲,又称盆形鬲(图二,5)。在秭归柳林溪出土的周代陶鬲中,B型鬲属大口鬲。B型Ⅰ式鬲属早期楚民族文化的弧裆鬲,B型Ⅱ式鬲属弧裆鬲向楚式大口鬲过渡的形式,B型Ⅲ式、Ⅳ式鬲属楚文化的大口鬲。可见,大口鬲是由早期楚民族文化中的弧裆鬲直接发展而来的。因而大口鬲是楚式鬲的主体,它的出现、扩展和消失的过程,便是楚文化发生、发展和衰亡的过程,它是楚文化考古研究中最具有价值的炊器。大口鬲在西陵峡楚文化遗存中最常见,是最基本的炊器。另一种为小口鬲,又称罐形鬲(图二,6)。柳林溪出土的A型鬲,即属于小口鬲。小口鬲在西陵峡出现于西周中期前后,在宜昌上磨垴西周中期的早期楚民族文化中已见到了它的初型,伴出的还有盆形窄底的甑。[3]小口鬲是分体甗的下器,而其上器为甑(连体甗的上器也是甑

---

〔1〕 张正明:《楚文化史》,上海人民出版社,1987年。
〔2〕 国家文物局三峡工程文物保护领导小组湖北工作站:《三峡考古之发现》(一)、(二),湖北科学技术出版社,1998、2000年。
〔3〕 湖北省文物考古研究所:《湖北省宜昌县上磨垴周代遗址的发掘》,《考古》2000年第8期。

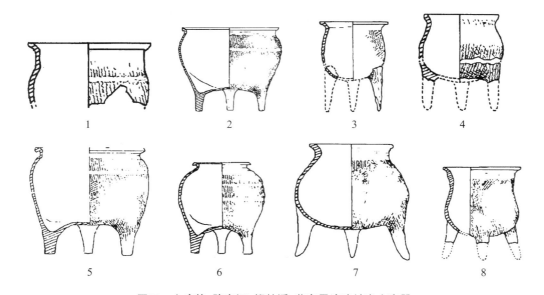

图二　上磨垴、路家河、柳林溪、茅寨子湾遗址出土陶器

1、2、5、6.鬲(上 T7⑥：7,T2⑤：2,柳 T2③：4,T3H1：2)　3、4、7、8.鼎(路 H4：1,上 T21⑤：59,
茅 C・H2②：8,白 I・T3④：1)

形)。在发掘资料整理中,小口鬲的口沿与罐相似,故难以将其在罐类陶片中分辨出来。因此,在发掘报告中报道的小口鬲较少。柳林溪 A 型 III 式鬲是春秋中期前后的典型小口鬲,其中 T3HI：3 号鬲的口沿残缺,它可能是连体甗的下部。这也可以证明小口鬲与当时甗的下部形状十分相似。小口鬲是从甗的下部脱离出来,并成为典型楚文化的一种特有器物。它特别盛行于汉水以西的江陵一带,在遗址中(即日常生活中)又以沮漳河流域较多见,西陵峡地区较少见。甗,指连体的甗,在早期楚民族文化中一直与弧裆鬲同时存在,到春秋中期以后仍有它继续发展的踪迹。无论时代偏早的周家湾遗址,还是时代偏晚期的朱家台遗址,都出土过甗或甗残片。但在小溪口、朱其沱战国较晚阶段的陶器中,甗的数量明显减少。战国较晚阶段盛行的是分体甗,小口鬲和甑取代了它。在楚文化中,一般甗较少见。在峡东的楚遗址资料中,不见有甗。甗只作为明器,仅见于战国时期的江陵望山 1 号、鄂城百子畈 5 号墓中。也可以说在楚文化中,甗已基本消失。而西陵峡楚文化存在较多的甗,则是峡区早期楚民族的传统。

鼎为釜形锥足鼎(图二,7、8),它是早期楚民族文化中侈口釜形鼎的延伸,是西陵峡楚文化中的常见器物,各遗址中都有较多的鼎足出土。可以复原或大体可以复原的鼎主要见于柳林溪、茅寨子湾、小溪口和白狮湾 I 区。其中,茅寨子湾 C 区出土的两件形态较完整,一件鼎身圆鼓腹,圆窄底,三个圆锥足的下部内缩,足尖靠拢;另一件鼎身垂腹,大圜底,三个圆锥足外撇。两件鼎的时代大体为春秋时期。白狮湾 I 区第 4 层也出土两件较完整的鼎,都属釜形锥足鼎:一件鼎身颈部较长,圆鼓腹,三锥足略外撇;另一件鼎身颈部较短,底较平,足较短,足底平。据同层出土的盆、豆的形制判断,此两件鼎的时代为战国早期。在江陵的春秋战国楚文化遗存中只有礼器鼎,见于楚墓随葬品中,而遗址一般不见日用炊器鼎。釜形锥足鼎是西陵峡地区楚文化特有的日用炊器。

《春秋》僖公二十六年(前634年)云:"秋,楚人灭夔,以夔子归。"刚刚进入春秋中期,夔国就被楚国灭亡,西陵峡地区归入了楚国直接统治的范围。在西陵峡地区的楚文化炊器中,有鬲和较多的釜形锥足鼎,是楚文化吸收、继承夔国文化的具体反映。

远古人类在西陵峡度过了漫长的蒙昧时期,进入了文明时代。独特的地理环境,多样的自然资源,使西陵峡原始土著创造了自己发达的釜鼎文化。

夏王朝的建立,意味着我国进入了原始民族大交流、大融合的新时代。当时西陵峡的族群,主要是东、西两系原始民族相互融合的族体。后来形成的特征鲜明的早期巴文化,属于罐、釜文化,具有东部、西部文化兼容的性质。西陵峡的楚民族是南、北、东、西各系民族长期交融而成的复合民族。早期楚民族文化是鼎釜文化、鬲甗文化、罐釜文化相汇集、相交流时期的一种混合文化,即孕育期的楚文化。西陵峡地区的楚文化是早期楚民族文化的继续和发展,它继承了许多夔国文化传统。

釜鼎文化反映了西陵峡的原始民族,主要活动在峡东两岸的台地、山坡和溪谷之间,以采集、渔猎经济为主,稻作农业也有一定程度的发展。罐釜文化反映了西陵峡早期巴人的活动主要在峡江水域,其主要经济来源是渔业,基本上没有农业。西陵峡早期楚民族文化和典型的楚文化是一脉相承的文化,即都是楚民族文化,它是以鬲、鼎为主体的文化,并以流行楚式鬲、甗、鼎为特点。这表明楚民族与巴民族完全不同,它早期主要活动于山区坡地、丘陵地带,旱地农业、稻作农业都占有相当地位。它向东扩展以后,不但保留了东部地区的原有民族,而且保留了当地以稻作农业为主的经济模式。楚式鬲是东周时期稻作农业经济区的基本炊器。

(原载《华中师范大学学报(人文社会科学版)》2005年第4期)

论楚文化之源

探索楚文化之源，首先要确定楚文化的发源地。关于楚的发源地，目前主要有"南说"（"沮漳说"）和"北说"（"丹淅说"）。"南说"区域在汉水下游以西的鄂西沮漳河流域至长江西陵峡北岸一带；"北说"区域在汉水中游的鄂西北、豫西南、陕东南的丹淅流域一片，还可以包括宜城的蛮河下游地区。20世纪80年代，曾有许多同仁著文主张"南说"。后来由于鄂西的楚文化渊源追溯工作未能找到西周早期的楚文化、东周楚文化不能与当地的新石器时代以来的那支自成体系的原始文化相连接，致使追溯工作处于困惑状态。"南说"者似乎无话可说了，甚至有些原主张"南说"者也转向"北说"了。最近，主张"南说"的曾经和我长期共事的刘彬徽先生从长沙来武汉，在会面中他深有感触地谈了这个问题，希望"南说"者能再说说话。

本人自楚文化渊源追溯工作"搁浅"之后，工作重点已转向新石器时代和三峡，但对楚文化渊源研究仍然关注，而自己"南说"的基本观点也未变。

一、关于追溯楚文化之源的两条线索

探索楚文化之源，往往以江汉的"楚式鬲"和楚国的"公族"为线索向上追溯。这两条线索又往往会使研究者进入误区而找不到楚文化之源。

从我国古代流行的鬲文化、鼎文化、罐文化分布区域的角度观察，鬲肯定来自北方中原，[1]而楚文化本身"实乃华夏文化的一个南方类型"，[2]楚文化与中原文化肯定有密切关系。探索楚文化之源并非寻找楚式鬲的来源或它最早出现地，而主要是寻找楚文化的

---

〔1〕 杨权喜：《论西陵峡古代日用炊器》，《华中师范大学学报（人文社会科学版）》2005年第4期。
〔2〕 杨权喜：《从葬制看楚文化与中原文化的关系》，《中原文物》1989年第4期。

起源地，研究楚文化形成的"基础、背景以及同它有关系的诸不同地区、不同文化之间的互相影响和互相作用"。[1]因此对楚式鬲的探索，首先必须进行分区研究，认识每个区皆有自身的发展序列，并找出其发展变化规律。

楚式鬲最早出现于鄂东、鄂西北（汉水以东的黄陂盘龙城已出现了商代楚式鬲。蕲春毛家嘴西周早期遗存中则有较多的楚式鬲），出现的时间肯定在楚文化形成之前，它是我国南、北方文化交流的产物，是整个荆楚地区商周时期流行的一种日用炊器，也是我国稻作农业区在特定的历史条件下出现的一种新的炊煮器皿，它并非楚民族（荆楚民族的一支）独创的器物。因为楚民族最早活动于荆山旱地作物区，流行的炊器当为罐（或称釜）。随着楚向江汉平原稻作农业区的扩展，逐渐接受了楚式鬲，并创造出自己的具有一定特点的楚式鬲。楚民族创造的楚式鬲，型式、形态与鄂东、鄂西北的楚式鬲有些区别。如鄂西的楚式鬲中流行一种器体为罐形的楚式鬲，这种罐形楚式鬲是鄂东、鄂西北不见或仅见的。鄂西的罐形楚式鬲应与楚民族早年生活在山区，以罐为炊器的关系密切。罐形楚式鬲还可分为两种，一种鬲体为内凹底，内凹底是楚器造型的一个特点；一种鬲体为凸圜底，此种楚式鬲更明显地表现出它是由罐演变而来的，它出现在早期楚民族文化[2]中，直至战国时期的楚都纪南城遗存中还有所保留。鄂西的楚式鬲可称之为典型楚式鬲，有自身的发展变化序列，其早期形态除鬲体似罐以外，口部为侈沿上仰，三角唇，唇有上仰下钩两个尖角的特点。

鄂东至鄂西北较早地接受了北方文化，特别是接受了北方青铜文化的影响，较早出现楚式鬲是自然的事。如果以鄂东、鄂西北最流行的盆形柱足楚式鬲为线索向上追溯，其年代上限不仅可以到达西周早期，甚至可以到达商代或更早的阶段。但其主人不一定属楚人，也可能属荆楚的其他土著人（他们只是广义的楚人）。"北说"者使用的多为盆形柱足楚式鬲，并以它作为该说的重要依据，所以不能使人信服。

关于楚公族问题，首先须明确它只是楚民族的上层部分。楚民族由公族和庶族（占绝大多数的下层）组成。在楚墓发掘中，墓向明显有向东和向南的两大类，大墓多向东，占绝大多数的中、小型墓基本都向南。著名的楚学家、民族学家张正明先生认为墓向是研究古墓族属问题的重要依据，楚墓向东者属公族，向南者属庶族，并指出楚民族为"双源"，[3]一源于北方，即公族源于中原；一源于南方，即庶族源于荆蛮，为土著。张先生这观点，本人赞同。如果只以楚公族，即楚王世系为线索向上追溯，即使楚先溯至老童、祝

〔1〕 苏秉琦：《从楚文化探索中提出的问题》，《江汉考古》1982年第1期。
〔2〕 杨权喜：《20世纪中国文物考古发现与研究丛书·楚文化·早期楚民族文化的探索》，文物出版社，2000年，第16—26页。
〔3〕 张正明：《秦与楚》第一章，华中师范大学出版社，2007年。

融,或溯至中原,也不能真正解决楚文化之源问题。因为我们现在所说的楚文化很大程度上是指楚庶族的文化,或者说是以庶族为主的文化。比如目前所掌握的楚文化遗存绝大部分属楚庶族遗存,一般的楚文化遗址和大量的中、小型楚墓均非楚公族所遗。而目前所认识的楚文化面貌或特征,恐怕也多源于楚庶族。所以以楚公族为线索向上追溯,肯定带有片面性,也同样难以找到真正的楚文化之源。

楚公族之先来自北方,并引进先进的青铜文化是可能的或是肯定的。但楚文化产生、形成和发展的基础在荆楚。而文化特征的出现,文化面貌的形成与荆楚的自然环境、地域经济、生活习俗、文化传统等均密不可分。尽管荆楚与中原之间有频繁的人口与文化的相互交流,荆楚接受了许多中原文化,但荆楚的原有文化仍然存在,文化面貌在一定的时间内仍然有区别,起关键作用的显然是荆楚的土著文化。比如现代,无论是北方人来到南方,还是南方人去到北方,他们都很难改变当地的文化习俗,反而慢慢适应当地的文化习俗,最后被当地文化习俗所同化。而楚国公族的来源,所谓的楚王世系,又只是男性的世系,多认为属祝融族系。楚公族之始祖,很可能只有一位。这位始祖,或领其宗族从中原到了荆楚,但并不能将中原文化照搬于荆楚,取代当地的土著文化。楚始祖的后代也不可能全部与中原女子联姻。事实上楚武王有夫人邓曼,楚庄王有“越女”,楚共王夫人为巴姬(楚平王之母),这些女子都是荆楚土著。所以楚熊渠和楚武王熊通这两位著名君王都自称“蛮夷”,还有楚大夫王孙圉也说楚为“蛮夷”(《国语.楚语下》)。楚公族的血统明显也具有更多的南方因素,他们的文化亦不能没有土著的色彩。因此楚公族先祖追溯至中原,并不等于楚文化来自中原。

二、关于鄂西的楚文化之源探索工作

汉水下游之西的鄂西地区是我国史前文化最发达的地区之一,这里有支古老而独立的原始文化及其发展体系。鄂西山区从旧石器时代早期开始就有人类活动的足迹,江陵鸡公山是我国首次见到的人类在平原地区活动的最早遗址。鄂西沿长江分布的城背溪文化是我国已发现的最早的新石器时代文化之一。发达的大溪文化发展的中心区即在鄂西的宜都、枝江、当阳一带。城背溪→大溪→屈家岭→石家河→石板巷子[1]为鄂西自成体系、连续发展的新石器时代原始文化发展序列,它完整且延续的时间漫长。进入青铜时代以后,此地情况突变,原来的那支原始文化突然消失,而逐渐发现此地有我国南、北、东、西

---

〔1〕 关于石板巷子阶段,参阅杨权喜:《关于鄂西六处新石器时代晚期遗存的探讨》,《考古》2001年第5期。

方不同性质的文化的汇合,鄂西成为我国古代典型的多支文化的交融地带。典型的遗址有江陵荆南寺、[1]沙市周梁玉桥[2]和宜昌上磨垴。[3]据金石学记载,鄂西宜都出土过商代"口祖爵"及周代"王孙遗钟""楚双夔钟"。[4]1979年在宜都清江口出土一件商代二里岗期的铜罍;[5]1987年又在沙市出土了商代晚期的铜尊;[6]属于西周早期至春秋早期的铭文铜器有江陵万城"北子鼎"等一组铜器、[7]枝江百里洲"考叔簠"等一组铜器,[8]还有枝江安庙山出土的"徐太子鼎"。这些商、西周青铜器的发现,说明鄂西商、西周文化并不落后。进入春秋中期以后,鄂西地区便成了楚文化发展的中心区域。

1979年,受中国考古学会委托,具有丰富田野经验的考古学家俞伟超先生前来湖北进行楚文化考古工作的调查。他带领湖北、北大、武大的田野考古人员,深入实地,对鄂东、鄂西北、鄂西的遗址和墓葬中出土的商周遗物进行研究,对这些地区的东周城址进行全面考古调查。俞先生以其丰富的考古知识和经验,综观我国南、北、东、西各方古代文化特征,发现鄂东、鄂西北商周文化面貌基本属于中原,而鄂西商周文化面貌尚不清楚,称其为存在一段"文化空白"。所谓鄂西商周文化"空白",并不是说鄂西没有商周遗存,而是指能反映当地文化面貌的遗存(大体属庶族的遗存)太少,尚不能反映当地商周时期真实的文化面貌。以上所说的鄂西发现的商周青铜器都较为零星,有些带符号的铭文铜器明显不是当地铸造的。当时在鄂西的长江南岸还发现一些属于早期巴文化的遗存,它也明显非当地传统文化的延伸。经过认真的调查研究,俞先生决定开展探索楚文化之源的考古工作,并将自己的目光从鄂西北转向鄂西。俞先生当时观点的改变就值得我们深思。

那时鄂西沮漳河西岸刚好发现了重要的季家湖古城和赵家湖楚国墓地。季家湖古城出土了春秋时期的铜甬钟和大型建筑铜构件;[9]赵家湖墓地出土了一批春秋早、中期青铜器和陶器。[10]所见遗物与江陵纪南城相比,不但时代早,而且级别较高。探索工作便首先从季家湖和赵家湖开始。以已知江陵、当阳一带的东周楚墓和楚都纪南城遗存年代为起点向上追溯,寻找时代更早的楚文化遗存。在季家湖的发掘中意外地发现了晚于屈家岭文化的遗存(本人曾暂叫它为"季家湖文化",后来知道它包括了石家河和石板巷子两个

〔1〕 荆州地区博物馆、北京大学考古系:《湖北江陵荆南寺遗址第一、二次发掘简报》,《考古》1989年第8期。
〔2〕 沙市市博物馆:《湖北沙市周梁玉桥遗址试掘简报》,《文物资料丛刊》10,文物出版社,1987年。
〔3〕 湖北省文物考古研究所:《湖北宜昌县上磨垴周代遗址的发掘》,《考古》2000年第8期。
〔4〕 《湖北通志·金石志》卷九十三。
〔5〕 黎泽高等:《枝城市博物馆藏青铜器》,《考古》1989年第9期。
〔6〕 彭锦华:《沙市近郊出土的商代大型铜尊》,《江汉考古》1987年第4期。
〔7〕 王毓彤:《江陵发现西周铜器》,《文物》1963年第1期。
〔8〕 湖北省博物馆:《湖北枝江百里洲发现春秋铜器》,《文物》1972年第3期。
〔9〕 见《文物》1980年第10期图版叁。
〔10〕 高仲达:《湖北当阳赵家塝楚墓发掘简报》,《江汉考古》1982年第1期。

阶段的遗存），此遗存具有鲜明特点，特别是有一种锥足陶鼎，楚式鬲与它似有因袭关系。因而增强了我们从上而下追溯（从已知的新石器时代文化向下寻找）楚文化的信心。经过五六年连续的田野工作，基本将鄂西上（史前）、下（商周）两部分的文化发展序列整理出来了，把楚文化年代的上限追溯到了西周中期，距楚国建国初年仅相差数十年了。

三、形成期的楚文化

本人曾提出鄂西有支早期楚民族文化。[1] 这支文化一般可称为西周楚文化，也可称为形成期（本人曾将楚文化分为三期，其形成期定在春秋中、晚期，那是对东周楚文化而言。楚文化如果包括了西周楚文化和东周楚文化的话，那它可分为四期或五期，春秋中期以前的楚文化则应属其形成期）的楚文化。它是一种考古学文化。夏鼐先生说"楚"的"文化"含义是"考古发现所显示的文化面貌"，[2] 它有一定的时、空范围和族属范围。就目前发现情况而言，大约从西周中期开始到楚文化体系（东周楚文化）已经形成的春秋中期止，存在的时间大约有150年左右。其存在的空间范围在鄂西的长江以北，从江陵以西的沮漳河流域到长江三峡香溪河下游的山区丘陵地带；其族属为荆楚民族的一支——楚民族。早期的楚民族文化与东周楚文化具有不完全相同的性质。楚国在西周以后崛起，逐渐灭亡了江、汉、淮一带宽阔地区的四五十个小诸侯国，从一个较单纯的楚民族建立的小国变成一个多民族组成的大国，东周楚文化的族属显然十分复杂。早期楚民族文化与东周楚文化相比，其土著性质明显更加突出。

早期楚民族文化是鄂西发现的四种主要商周文化之一。其他三种商周文化为江陵的"荆南寺类型"（具有浓厚的中原文化色彩）、沙市的"周梁玉桥类型"（具有突出的传统文化的土著因素）和三峡的"三斗坪类型"（即早期巴文化，有称之为"路家河文化""香炉石文化"的，在三峡的朝天嘴、杨家嘴、中堡岛、大沙坝和清江下游均有较多的发现。因较丰富的遗存首先在三斗坪发现，所以称之位三斗坪类型）。鄂西这四种商周文化，各自的文化特征都显而易见，文化面貌和性质绝不相同。它们存在的时间，虽然有先后，但找不到它们之间的直接因袭关系。早期楚民族文化并非当地某种商周文化的直接延伸。可以肯定荆楚地区和鄂西地区不存在属于新石器时代的所谓"先楚文化"，也不存在属于商代至周初的所谓"楚文化前身"。早期楚民族文化的时代上限达不到楚国建国之初（西周早

〔1〕 杨权喜：《早期楚民族文化的探索》，《楚文化研究论集》第三集，湖北人民出版社，1994年。
〔2〕 夏鼐：《楚文化研究中的几个问题》，《江汉考古》1982年第1期。

期）。而属鄂西西周早期的遗存，目前只有松滋博宇山等文化面貌尚不清楚的资料。因此有些学者放弃了"南说"，并认为鄂西的西周楚文化遗址文化层不厚、内涵不够丰富，"给人以此种文化刚来不久的感觉"。[1]但关于早期楚民族文化不够发达和丰富的问题，可以有不同的解释。

楚文化是由萌芽到产生，逐渐形成和发展起来的，是随楚国由小到大，由弱变强而不断发展、变化的区域文化。苏秉琦先生早就指出，楚文化是"因时而异的"，[2]张正明先生从历史的角度把楚文化分为"滥觞期""茁长期""鼎盛期""滞缓期"和"转换期"。[3]所谓"滥觞期"即形成期，也是指西周楚文化。早期楚民族文化应当就是形成期（"滥觞期"）的楚文化。在它产生之前尚有一段孕育的时期，有一个由孕育到萌芽的过程。这个从孕育到萌芽的过程应当在楚国建国之初的一段时期里，即在西周早期阶段。这一时期可称为孕育期，是当地土著文化与外来文化互相交融的阶段，也就是说形成期的楚文化尚未产生的阶段，所以会出现楚建国初期文化"断缺现象"。楚被封丹阳，标志着自身文化（早期楚民族文化）孕育的开始，经过与诸文化相互交融之后具有新面貌的文化才逐渐产生出来，新文化产生的时间在西周中期前后完全是合理的。早期楚民族文化（即一般说的楚文化）产生之初，其分布范围不可能宽广，其文化面貌也较为落后，这与历史文献记载的楚国建国初期"辟在荆山"的情况和"筚路蓝缕"的历程正好相符。

早期楚民族文化出现之后，与其他三种商周文化在鄂西逐渐消失的情况不同，它是一种逐渐发展，并与东周楚文化相互连接的文化。

四、楚文化是多源头的一种新出现的文化

俞伟超先生在1992年发表的论文中说："在追索楚文化渊源过程中不断遇到的文化中断、空白和突变现象，终于使我慢慢领会到西周以后存在于长江中游的楚文化，大约是有多种文化因某些历史的因缘或机遇而在一段不很长的时间内综合而成的。如果仅作单一连续线的观察，有可能将永远找不到楚文化的源头。""关于楚文化渊源问题的解决，并不仅仅在于考古发现，还需要思路、观察角度和分析方法的更新。即使解决问题的材料已

〔1〕 高崇文：《楚文化渊源新思考》，《楚文化研究论集》第六集，湖北教育出版社，2005年。
〔2〕 苏秉琦：《从楚文化探索中提出的问题》，《江汉考古》1982年第1期。
〔3〕 张正明：《楚文化史》，上海人民出版社，1987年。

经具备,如果不能作出合理的解释,也将永远不得真相。"[1]俞先生说出了80年代参加探索楚文化之源工作的同仁的经验和想法。

俞先生所说的"更新",并非"南说"观点的改变。他主要说的是"单一连续线的观察"思路的更新,对鄂西"解决问题的材料"需要进行分析,他在实践中已领会到楚文化大概是由多种文化相互影响融合而成的一种新的文化。

本人同样感到早期楚民族文化是鄂西夏商周不同时期不同性质的多支文化交融的产物。这主要表现在鄂西发现的夏、商、西周各时期的文化遗存(即俞先生所说的"解决问题的材料")之中。运用文化因素分析法可知,鄂西多种文化的交融比鄂东、鄂西北晚些,迟缓些。鄂西相当于夏代[2]时期已明显出现外来文化因素,并开始形成东、西两片的差异性。东片有石板巷子遗存。此遗存除土著因素外,含浓厚的河南龙山文化因素;西片在长江西陵峡,有白庙遗存,该遗存除传统因素外,含大量的西部(指重庆、四川地区)新石器时代晚期文化成分,还含有北方二里头文化的成分。可见鄂西大约到了新石器时代末期(中原已进入了夏)就有中原、巴蜀两系统的文化抵达,在它们与当地文化的互相影响、互相作用下开始融合变化。进入商代前期,西片的长江三峡地区所见的路家河、杨家嘴、三斗坪、中堡岛、朝天嘴等商、西周遗存几乎都属早期巴文化;东片出现荆南寺遗存,此遗存为主的有北方商文化和西部早期巴文化,这两支外来文化存在并列、交错发展的情况,土著因素显然处于劣势。至商代后期,在与荆南寺相距仅数里的沙市周梁玉桥发现了以土著文化为主体的周梁玉桥文化。在周梁玉桥遗存中还含有为次的中原商文化、南方印纹硬陶文化和西部早期巴文化的因素。由此便知,鄂西自夏代以来先后有北方、西方、南方的多支文化到达,曾使当地的传统文化几乎匿迹。但当地的传统文化并没有消亡,它经过与外来文化交互作用,特别是吸收了中原商文化之后,在商代后期诞生了土著自身的新的文化。这支周梁玉桥土著文化是形成楚文化的主源之一,也可以说它是一支过渡性质的文化。

鄂西三峡南岸发现的西周早期遗存较为丰富,但其性质都属早期巴文化,与楚没有直接关系。而与楚文化之源有直接关系的西周早期遗存目前只有零星发现。在鄂西之东片松滋发现博宇山一期遗存,在西片的长江三峡北岸有路家河三期遗存,这两处遗存大约都属西周早期,不过内容均不丰富,尚不能完全反映其文化面貌,但特具土著因素。西周早期,鄂西肯定有土著文化和早期巴文化在并列、交错的发展。

---

〔1〕 俞伟超:《考古学理论的进步与楚文化研究的历史前景》,《楚文化研究论集(第四集)》,河南人民出版社,1994年。
〔2〕 杨权喜:《江汉夏代文化探讨》,《中国文物报》1998年7月29日。

通过对三峡北岸上磨垴西周中期遗存的分析,[1]该遗存已属早期楚民族文化,可是它还包含着较浓厚的早期巴文化和周梁玉桥土著文化的因素。而楚受封于周,接受了周文化的统治,因此早期楚民族文化以鬲为代表的器物种类、形态都与周文化近似,具有许多周文化色彩。

楚文化之源并非单一的,它的形成有一个相当长的演化过程,源头十分复杂。说它是多源的,指它由多种文化因素长期交互融合而成,多种文化便是它的源头。那么它的源头可以包括鄂西本地自城背溪以来的新石器时代原始文化和商代的周梁玉桥文化;北方的新石器时代文化和后来的夏文化、商文化、周文化;西方的新石器时代文化和早期巴文化(它于新石器时代末来自西部,与鄂西的土著相融合而成的一种商周文化);东南方的印纹硬陶文化。而主源是周梁玉桥土著文化(商代后期至西周早期鄂西荆楚民族文化)、中原周文化和巴蜀系统的早期巴文化。为什么早期巴文化也是楚文化之主源呢?除早期巴文化也形成于鄂西之外,还因为巴、楚两族同活动于荆楚,两者长期并存、相互交流,从友好相处到相互交战,最后大片巴地沦为楚地,巴族成为楚国境内的一支重要民族,巴族的文化大量被吸收于楚文化之中,便有"巴楚文化"的称谓。[2]早期巴文化在早期楚民族文化中的地位,在上磨垴西周中期遗存中也已得到了反映。

楚文化如同孕育它的长江,源头是多支的,源头一端不称其名(称为金沙江)。在长江向东流程中,不断有南、北而来的大小支流向它汇合,江流逐渐增大,逐渐变成碧波浩荡的洪流。楚文化的发展历程也正是如此。长江最终流入大海,楚文化最终融归入华夏文化之中。

楚文化的形成和发展乃是我们整个中华民族古代灿烂文化形成和发展过程中的一个十分重要环节。

(原载《湖南省博物馆馆刊(第五辑)》,岳麓书社,2009年)

---

[1] 杨权喜:《宜昌上磨垴周代文化遗存的讨论》,《北京大学考古学丛书·考古学研究(五)》,科学出版社,2003年。
[2] 张硕:《巴文化、楚文化与巴楚文化》,《楚文化研究论集》第六集,湖北教育出版社,2005年。

楚源探溯与万福垴遗址

楚源探溯指20世纪70年代末80年代前期,北大俞伟超先生率领我们(北大、武大和湖北省博物馆、宜昌地区博物馆的部分考古工作者)在鄂西(指鄂西的中部)追溯楚文化渊源(下称楚源探溯)[1]的工作。30余年过去了,最近在宜昌万福垴发现了西周中、晚期的重要楚遗存(下称万福垴),[2]有些同仁感到突然,而我则觉得有些必然。因为万福垴所在地域正是俞先生怀疑存在商周楚早期遗存的地区[3]和我提出的早期楚民族文化的分布范围,[4]也是我们楚源探溯工作做得最多的地区;我在20世纪末,早已发现了与万福垴同一阶段的宜昌上磨垴楚遗存(见下文)。为了更好地阐明这些问题,下面将重新回顾楚源探溯的一些情况、过程和认识,供同仁们参考。

一、楚源探溯再回顾

1979年,我在编写湖北省《文物考古工作三十年》[5]一节时,虽做了不少楚文化方面的工作,但在此书中尚未使用"楚文化"这个概念。楚文化考古的课题是在1979年中国考古学会在西安的成立大会上提出来的。成立大会决定第二次年会在湖北召开,重点讨论楚文化问题,并委派北大的俞伟超先生到湖北指导做楚文化方面的考古工作。俞伟超先生对楚都纪南城及纪南城附近楚墓做过发掘和较多的研究,认为楚文化的年代分期和楚渊源(包括早期楚都丹阳所在地)是当前最为关键的问题。他刚到湖北首先就开展了

---

〔1〕 杨权喜:《楚文化渊源探索的回顾与思考——怀念俞伟超先生》,《俞伟超先生纪念文集(学术卷)》,文物出版社,2009年。
〔2〕 宜昌博物馆:《宜昌万福垴编钟出土及遗址初步勘探》,《中国文物报》2012年9月28日第8版。
〔3〕 俞伟超:《寻找"楚文化"渊源的新线索》,《江汉考古》1982年第2期,第2页。
〔4〕 杨权喜:《早期楚民族文化的探索》,《楚文化研究论集(第三集)》,湖北人民出版社,1994年。
〔5〕 湖北省博物馆:《湖北省文物考古工作新收获》,《文物考古工作三十年(1949–1979)》,文物出版社,1979年。

楚源探溯工作。

俞先生对楚史和古文献都较熟悉,1979年5月他刚到湖北之初,关于楚源和丹阳所在地他较倾向于"丹淅说"。而我较倾向于鄂西。我跟俞先生谈了些情况,例如谈了鄂东和鄂西的商周文化存在许多的不同。鄂东中原文化明显占主导地位;鄂西存在夏、商、周三代的文化"缺环"。我的话似乎对俞先生有点影响,楚源探溯工作就选在鄂西;后来他在武汉的两次关于楚源探溯的讲话,各用"新探索""新线索"为题;[1]1981年5月8日俞先生给我的信中说:"确实要在鄂西下手了。"[2]俞先生的目光显然从"丹淅"转向"鄂西",此转变完全是楚源探溯的实际使然。

1979年,我正在纪南城还准备再做些较细致的工作时,俞先生再三要求我参加楚源探溯工作,并谈及高崇文、王光镐也有此意。还说:"你纪南城的工作已完成了"(我当时已写出《楚纪南故城的调查与发掘》初稿,俞先生审后批:"写得很好。"此稿因故未发表)。我知道跟俞先生一起工作的机会难得,便将纪南城和襄阳地区未完工作放下,参加了楚源探溯工作,跟随俞先生一起,在鄂西奔波了七年有余。

楚源探溯不是从文字资料(包括发表的考古资料和古文献资料)中探溯求证,而主要是从田野方面有目的寻找第一手实物资料,在具体的遗址遗存中探溯目标。因鄂西明显存在夏商周阶段的文化缺环,埋藏的"谜"较多,故我们便决定从鄂西现有的新石器时代遗存和东周遗存开始着手,分上、下两方面进行"追溯",即以鄂西新石器时代遗存往下"追";以楚都纪南城及其附近的已知楚遗存往上"追",逐渐缩短"缺环"。仅几年,中间"缺环"几乎被填补起来了,俞先生说"只差一小段"。

经过俞先生亲自参加的从鄂东到鄂西北,再到鄂西的较全面的调查考察之后,俞先生首先选定在鄂西的沮漳河之西的当阳季家湖和赵家湖开始工作,并亲自参加和指导。因这两地均已有重要新发现,季家湖已发现有城的迹象和铜构件、"敔秦戎钟";赵家湖已清理发掘出大批东周墓葬和铜器,尤其是有一批时代为春秋的墓葬和铜器。经过对季家湖的发掘和对赵家湖墓葬的系统整理、器物排比、分期研究,发现了新石器时代季家湖遗存(有石家河阶段和夏代的遗存),确定了比纪南城早的季家湖楚城[3]和赵家湖楚墓年代分

---

〔1〕 俞伟超:《关于楚文化发展的新探索》,《江汉考古》1980年第1期;俞伟超:《寻找"楚文化"渊源的新线索》,《江汉考古》1982年第2期。

〔2〕 杨权喜:《楚文化渊源探索的回顾与思考——怀念俞伟超先生》,《俞伟超先生纪念文集(学术卷)》,文物出版社,2009年,第31页。

〔3〕 湖北省博物馆:《湖北当阳季家湖新石器时代遗址》,《文物资料丛刊(10)》,文物出版社,1987年;湖北省博物馆:《当阳季家湖楚城遗址》,《文物》1980年第10期;杨权喜:《关于鄂西六处新石器时代晚期遗存的探讨》,《考古》2001年第5期。

期序列。[1]在赵家湖附近调查，还发现了当阳磨盘山西周遗址。[2]据赵家湖楚墓年代分期序列和磨盘山以陶鬲为代表的较早遗存，楚文化的年代上限已追溯到了西周晚期（或两周之交）。接着又依据西周晚期的楚文化特征（如陶鬲的基本形态、陶质陶色、纹饰作风，尤其是鬲口沿略外侈；唇部略呈三角形，其中一角尖上仰，另一角尖下垂的特点，或称三角唇的特点，不见于其他区域的鬲），展开了对整个鄂西地区的较大范围的田野调查和室内已获资料的考察（不少资料是全国文物普查中获得的），获得或认识了一批包括西周晚期楚文化在内的文化因素复杂的商周文化遗存。鄂西新石器时代文化也下溯到了"季家湖遗存"（新石器时代末，到了夏代）。1982年12月4日，俞先生在湖北省博物馆的讲话中说："仅仅两年时间，就使我们对楚文化的渊源及其形成过程的认识，从原有那种缺环甚大的状态下进展到有了一个粗线条轮廓的境地，速度是多么快啊。"[3]

1981年11月，湖北省博物馆江陵工作站和沙市市博物馆，对配合城建工程发现的沙市周梁玉桥遗址进行了98平方米的发掘，发现了以土著文化（属鼎釜文化）因素为主的商代后期重要遗存[4]。俞先生也觉得此遗址非同一般，便决定亲自带领北大研究生裴安平、王文建和79级部分本科生来湖北，与湖北省博物馆、沙市市博物馆联合组成考古发掘队伍，对沙市周梁玉桥遗址进行第二次发掘。这次发掘俞先生亲自主持，并下探方，指定业务工作由我总负责。正式发掘于1982年9月开始，获得了房屋、祭祀坑等一批新资料，俞先生还特意请来大吊车和直升机帮忙拍摄遗址、遗迹照片。由于经费紧张、工地开支等问题，省、市间产生一些使工作难以开展的矛盾，我退出了整理阶段的工作。因而使第二次发掘资料和整个周梁玉桥的发掘报告未能发表，成为楚源探溯中的憾事。在周梁玉桥遗址中，虽没有见到楚文化遗存，但新发现一种商后期至西周早期的土著商周文化，对填补"缺环"具有关键的作用。

在周梁玉桥第二次发掘期间，湖北省宜昌和荆州两个地区，趁全国文物普查之机，继续在鄂西做与楚源探溯有关的调查和局部发掘工作，又获得了一些新线索。俞先生和我也曾一同多次前往发现现场考察、调查新资料，寻找下一步工作地点。例如1982年10月3日从沙市出发前往宜昌博物馆、枝江县博物馆考察两馆新调查采集到的陶片等文物；1982年11月15日去江陵县（荆州）考察、调查荆南寺、张家山新石器至商周的遗址（1985年下半年，北大考古系在李伯谦先生的带领下参加了荆南寺遗址的第二次发掘。荆南寺遗存在填补鄂西商周文化缺环中同样具有重要意义）。

---

〔1〕 湖北省宜昌地区博物馆、北京大学考古系：《当阳赵家湖楚墓》，文物出版社，1992年。
〔2〕 宜昌地区博物馆：《当阳磨盘山西周遗址试掘简报》，《江汉考古》1984年第2期。
〔3〕 俞伟超：《寻找"楚文化"渊源的新线索》，《江汉考古》1982年第2期，第1页。
〔4〕 沙市市博物馆：《湖北沙市周梁玉桥遗址试掘简报》，《文物资料丛刊（10）》，文物出版社，1987年。

俞先生和我去宜昌、枝江观看新调查采集的陶片时,发现一些有中原河南龙山文化、二里头文化和可能为一种新文化的器物,特别是一些制作粗糙、红褐陶质、交错乱绳纹的罐形陶片,俞先生怀疑是一种新文化,也许是西周早、中期与楚有关的遗存(经后来发掘,是新的城背溪文化遗存)。

1982年11月17日晚上,俞先生召集我、王劲、陈振裕、高应勤、程耀庭(前三人代表湖北省,后两位代表宜昌地区)开会研究下一步的楚源探溯工作。最后决定1983年的发掘放在宜都、枝江两县境内进行,首先发掘宜都的石板巷子和神(城)背溪两遗址。

为了更好地开展1983年的发掘工作,湖北省博物馆的王劲和我、彭汉东又于1983年4月亲自前往当阳、枝江、宜都三县重点调查新石器至商周的遗址。调查后决定由彭汉东负责发掘当阳半月、枝江赫家洼子等周代遗址。发掘结果没有出现早于磨盘山遗址的遗存,最早的遗存与磨盘山最早的遗存年代相当。

1983年下半年,俞先生赴美国访问,北大派高崇文先生和裴安平、王文建两位研究生带领80级的部分本科生前来湖北,参加由北大和湖北、宜昌三家联合组成的宜都考古队,陈振裕任队长、高应勤任副队长,业务由我和高崇文负责。重点发掘石板巷子遗址,其次发掘城背溪遗址崩塌于江边的部分。这次发掘、整理工作将结束时,1983年12月1日北大李伯谦先生经襄阳、宜昌来到宜都,检查观看了两遗址所获资料,实地铲出城背溪遗址的地层剖面。12月4日至6日,李先生和陈振裕、我、高崇文调查了宜都境内长江南岸岸边的花庙堤、石板巷子、孙家河、枝城北等遗址。12月9日至15日,李先生和陈振裕、我、高崇文、裴安平乘吉普车赴枝江、当阳两县调查。调查路线为:宜都县城→枝江县城→关庙山遗址→草卜湖农场镇头山遗址→当阳县城→玉泉寺"赵家湖"整理间→杨木岗遗址→西面山、两面山遗址→磨盘山遗址→王家台遗址。调查结束后,决定下一步工作继续在宜都县进行。

1984年夏,陈振裕和我负责继续发掘城背溪,首次发掘枝城北、金子山(我在山顶调查新发现)等遗址;裴安平结合他自己的研究课题,负责首次发掘茶店子、鸡子河、王家渡、蒋家桥等遗址。1984年冬,陈振裕和我再次在宜都进行发掘,在宜都第一次发掘孙家河、花庙堤、栗树窝遗址(栗树窝,发掘孙家河时在沙滩上新发现);又在枝江县新调查出青龙山遗址,并进行了发掘(俞先生曾注意的"红岩山",原来是修焦枝铁路筑基时,从数里之外的青龙山遗址随土搬运过去的遗存。《考古》1986年第1期第19页介绍的"红岩山遗址"并不存在)。

1983年下半年至1984年的楚源探溯,虽又没有找到更早阶段的楚遗存,但新发现了新石器时代的城背溪、石板巷子两种遗存和商周时期与早期巴有关的遗存,同时对三峡峡区的秭归柳林溪下层新石器遗存也有了较明确的认识。这对填补鄂西古代文化缺环具有十分重要的作用。

1984年5月,俞先生访美回国不久到武汉,5月19日下午在武大曾作过一次题为《中国考古学的进步》的学术报告,提到距今7 000年以前的柳林溪、城背溪新石器遗存问题。同时还和我单独介绍国外考古的情况,谈到楚源探溯的一些新想法和打算,以及"门户开放",多学科合作等问题,同时商量过整理编写周梁玉桥、早期巴和城背溪、石板巷子等一系列楚源探溯成果的考古发掘报告等问题。那时俞先生和我都已意识到楚源探溯已取得了很大成绩,鄂西完整的古代文化发展系列已基本建立,从中可以了解到楚文化并非某支早期文化的直接延伸,而可能是多支商周文化的交互作用而形成的一种新文化。

正当我们准备在当阳、枝江进行较大规模的西周遗址发掘工作,寻找更多的证明资料的时候,长江三峡工程的考古任务突然下达,我们不得不把楚源探溯工作暂时放下。1984年6月,陈振裕和我都开赴三峡大坝坝区(工程首先要动土的区域),一下子就做了6个遗址的发掘和10多个遗址的调查。从1985年春开始,湖北省博物馆几乎把所有的考古力量都投入到了三峡。俞先生随后也转入了三峡,并抓中国历史博物馆和三峡工程考古的全面工作,他当时工作的繁重艰辛难以言表。直至他生命的最后一息,根本无暇再细心考虑楚源探溯问题了。我们也同样无法继续再做楚源探溯工作了。1984年下半年,楚源探溯工作基本停止。

二、关于早期楚民族文化与上磨垴遗存

在楚源探溯之初,俞伟超先生就对考古学楚文化作出明确定义:"考古学中的楚文化,指一种主要由楚人创造的,有自身特征的文化遗存。"[1]这种文化遗存还必须具备四个条件:"这种文化遗存有一定的时间范围、一定的空间范围、一定的族属范围、一定的文化特征内涵。在这四个方面中,一定的文化特征内涵是最重要的。"[2]

楚国历史八百年,经过了由原始社会到文明社会的发展历程。根据楚国史,明显可划为两大发展阶段:以熊通(楚武王)称王、熊赀(楚文王)"始都郢"前后的春秋早期为界线。在此之前的楚国较弱小落后,而国内民族成分肯定较单纯,可作为楚国发展的前阶段;在此之后,楚国开始崛起,逐渐吞并江、汉、淮地区的数十个诸侯国,成为"春秋五霸""战国七强"之一,国土几乎占去半个南中国,而国内民族成分肯定复杂化,可定为楚

---

[1] 俞伟超:《楚文化考古大事记·序言》,文物出版社,1984年。
[2] 俞伟超:《先秦两汉考古学论集》,文物出版社,1985年,第243页。

国发展的后阶段。苏秉琦先生指出"楚"有地域、国家、民族、文化这四个内涵不同的概念。[1]前阶段的楚国文化可以认为是较单一的楚民族文化。后阶段的楚国文化,显然是以楚民族为主体的多种民族的文化共同体,为广义的楚文化。前、后两种楚国文化应为性质不完全相同的两种考古学文化。目前通常所讲的楚文化实际上是后阶段的广义楚文化,它已具备了俞先生所讲的称为"文化"的四个条件。作为一种考古学文化,它与国家的发展具有一定的时间差,所以后阶段的楚文化的时代上限应定在"始都郢"之后,不会在"始都郢"之时,应约在春秋中期前后。据现有楚文化面貌、特征和内涵,以及其分布范围可断在春秋中期后段。

我将鄂西楚源探溯中发现的属于楚国发展前阶段的楚国文化称为早期楚民族文化。[2]这种文化也基本具备了称"文化"的条件,只是时间上限还不清楚。在最重要的文化特征方面,它具有别的地区同期文化中所没有的特点。例如陶器中,以红陶、红褐陶为主;器物造型以罐形(或釜形)、高足、内凹底、口沿三角唇为特点;器类中釜、细腰联裆甗、盂形豆、尖底瓮等在别处同期器物中少见或不见;圜裆或凸裆鬲较为常见。这种文化,不但年代下限完全与广义的楚文化年代上限相衔接,而且在器物演变方面也可以找到许多联结的"纽带"。例如罐形鬲、圜裆鬲、细腰甗、内凹底盆形甑、盂形豆、尖圜底瓮、内凹底器等均属于两者"一脉相承"的器物,并集中表现在沮漳河流域和西陵峡两岸的东周陶器中。此"纽带"就是楚源探溯的主要"线索"。

楚源探溯中找到的早期楚民族文化遗存,属于该文化的后期遗存。时代相当于西周晚期(或末期)至春秋中期前段的楚国文化遗存。早期楚民族文化的前期文化遗存还没有找到。

从1980年发现磨盘山遗址算起,大约相隔20年之后,我在三峡库区发掘时,偶然在被1998年大洪水冲塌的上磨垴遗址中发现了早于磨盘山的楚遗存。由于上磨垴在配合坝区考古时已做过了工作,所以在库区发掘计划中没有上磨垴这个项目(没有经费预算),故只能争取局部发掘(仅发掘575平方米的面积,未发掘部分很快被淹没)。发掘结束后也没有系统整理,只抽空匆忙写了简报。[3]简报中也因遗存文化因素复杂需研究而没有提它属早期楚民族文化。2002年为庆祝邹衡先生七十五寿辰,我写了《宜昌上磨垴周代文化遗存的讨论》[4]一文。文中对上磨垴遗址出土陶器的文化因素进行了初步分析,表明

〔1〕 苏秉琦:《苏秉琦考古学论述选集》,文物出版社,1984年,第218页。
〔2〕 杨权喜:《早期楚民族文化的探索》,《楚文化研究论集(第三集)》,湖北人民出版社,1994年。
〔3〕 湖北省文物考古研究所:《湖北宜昌县上磨垴周代遗址的发掘》,《考古》2000年第8期。
〔4〕 杨权喜:《宜昌上磨垴周代文化遗存的讨论》,《北京大学考古学丛书·考古学研究(五)》下册,科学出版社,2003年。

"早期楚民族文化是上磨垴遗存的主流，上磨垴是早期楚民族活动的遗址""又说明早期楚民族文化尚处于其形成的初期"。上磨垴发掘简报据地层的变化，将该遗址第6层断为西周中期，第5层断为西周晚期至春秋中期，第4层不晚于春秋晚期。也就是说早期楚民族文化不但已溯至其形成之初的西周中期，并且与春秋中期之后广义的楚文化相衔接。

上磨垴处于西陵峡中段北岸，为周代夔国所在地。[1] 夔为楚国早期分封的主要嫡系，属楚文化发展系统。夔地与荆山西麓一片山区相连，与楚早期活动地也密切相关。

三、万福垴与早期楚民族文化

万福垴遗址为工程施工时发现，位置在枝江市（县）白洋镇之西长江北岸岸边的一级台地上，被长江淤泥覆盖于地下2.2米深处，已探出1.2万平方米内有文化层，文化层最厚处为0.78米。文化遗存零散分布，已清理3个已暴露的灰坑。推测"楚季钟"等11件甬钟和1件铜鼎均出于H1。清理所获陶器器形有鬲、簋、尊、瓮、粗柄豆等。

工程施工面积达80.66平方公里，遗址被深埋于施工地面之下，考古工作难以跟上工程施工进度。在初步的钻探中未见城垣和较大型的建筑遗迹，该遗址及其遗存的全貌尚不清楚。

关于万福垴的消息报道和专家们的初步意见，将该遗存的年代判断为西周中、晚期；将其性质判断为楚文化。笔者赞同上述观点，只作如下补充。

1. 关于时代问题。我们可以将在万福垴见到的陶器与上磨垴第6层出土的西周中期的陶器作比较。例如陶鬲，陶质胎壁、烧制陶色、纹饰作风、基本外形特点，两者基本相同。但也有些许差别：万福垴鬲为微瘪裆，上磨垴鬲不瘪裆；万福垴鬲为"圆唇"，上磨垴鬲为"方唇"；万福垴鬲肩部饰"小贴饼"，上磨垴鬲未见。上述差别可能是万福垴鬲的时代略早所致或属地域差异，但并不影响它们之间相对年代的判断。

2. 关于文化性质问题。万福垴有确切出土位置的西周楚器"楚季钟"，判其属早期楚民族文化较可靠，级别也相当高。上磨垴第6层，通过对该遗址地层和出土陶器文化因素的分析研究，[2] 同样可判其属早期楚民族文化。目前问题在于上磨垴常见鼎、釜，而万福垴目前发现陶器中没有鼎、釜，两者的文化性质是否相同？这个问题可在早期楚民族文化

〔1〕 杨权喜：《西陵峡商周文化的初步讨论》，《中国考古学会第七次年会论文集（1989年）》，文物出版社，1992年；杨权喜：《夔国文化及早期楚民族文化的再讨论》，《湖南省博物馆馆刊（第七辑）》，岳麓书社，2011年。
〔2〕 杨权喜：《宜昌上磨垴周代文化遗存的讨论》，《北京大学考古学丛书·考古学研究（五）》下册，科学出版社，2003年。

分布区域及其文化类型方面寻求答案。

夔国所在的西陵峡中段一带,从商至西周中期一直存在早期巴文化(与上磨垴隔江相望的大沙坝就是西周中期之前早期巴文化的遗址),[1]这里的早期楚民族文化受早期巴文化影响较深。万福垴一带属沮漳河流域,沮漳河口一带从商代后期至西周早期有周梁玉桥文化分布,周梁玉桥文化和沮漳河流域的早期楚民族文化则都受中原商周文化的影响较深。而早期楚民族文化又是鄂西多支性质不同的商周文化交互作用而成的。[2]三峡地区的早期楚民族文化(夔国文化)的一个主要特点就是陶鼎、釜、鬲、甗四种日用炊器共存,[3]目前尚未发现铜礼器。沮漳河流域的早期楚民族文化特点则是所见铜礼器都属周文化,少见或不见陶鼎、釜也应是它的一个特点。万福垴西周遗存就有这些特点。从万福垴、上磨垴两遗存的陶鬲及其演变情况、发展趋势全面观察,楚因素显然为主流,都属早期楚民族文化无疑。

万福垴属古夷陵地域,古夷陵的"夷",应与古代的西南夷有关,与楚也有关。《后汉书·南蛮西南夷列传》中,西南夷指巴郡南郡蛮,巴郡与南郡之间一带正是今鄂西地区。古鄂西地区是包括荆楚支系楚民族(也是西周早期才出现的民族)在内的西南夷居住之地,也可称为夷地。夷地主要河水称为夷水,夷地主要道路称为夷道,夷地丘陵称为夷陵。夷陵的"陵",有丘陵和坟陵之分。这里讲的古夷陵,应指鄂西的丘陵,即万福垴之西北方的丘陵(江陵即长江边的丘陵)。《史记·白起王翦列传》中"拔郢,烧夷陵"的夷陵当指楚王的坟陵,可能指今纪南城遗址西北方的楚冢墓群分布之地。[4]西陵则可能属地名,即鄂西丘陵的西部,如西部长江"西陵"峡。《后汉书》《水经注》所讲的夷水,即今清江。万福垴对江上方即清江口。清江口一带宜都境内,据金石学记载,曾出土过重要楚器"王孙遗者钟",还有商代"祖□爵""父戊鼎"等有铭商周铜器。[5]据考古,宜都王家渡出土过1件商代二里岗期的铜罍[6]和一些周代楚文化遗址。[7]上文讲到1983-1984年的楚源探溯工作中,就在这一带发现了湖北地区最早的新石器时代文化——城背溪文化和湖北地区最晚的新石器时代文化——石板巷子文化,还发现有早于早期楚民族文化的早期巴文化。1956年在离清江口不远的长阳县赵家堰龙洞中,还发现了旧石器时代的"长阳人"

〔1〕 湖北省文物考古研究所:《湖北秭归大沙坝遗址发掘报告》,《考古学报》2005年第3期。
〔2〕 杨权喜:《论楚文化之源》,《湖南省博物馆馆刊(第五辑)》,岳麓书社,2009年。
〔3〕 杨权喜:《西陵峡商周文化的初步讨论》,《中国考古学会第七次年会论文集(1989年)》,文物出版社,1992年;
    杨权喜:《夔国文化及早期楚民族文化的再讨论》,《湖南省博物馆馆刊(第七辑)》,岳麓书社,2011年。
〔4〕 参阅杨方洪:《楚夷陵探讨》,《江汉考古》1983年第2期。
〔5〕 黄锡全:《湖北出土商周文字辑证》,武汉大学出版社,1992年。
〔6〕 黎泽高、赵平:《枝城市博物馆藏青铜器》,《考古》1989年第9期。
〔7〕 清江高坝洲工程考古队:《清江高坝洲工程枝城市境内周代遗址》(枝城市即原宜都县),《江汉考古》1993年
    第2期。

化石。[1]一系列重要考古发现表明自旧石器时代开始至春秋战国时期，清江口一带一直是古代人类活动的中心区域，也是探溯长江流域古代文明的最重要的地域之一，还是探溯楚源和楚王活动（或"楚居"）的不可忽视的重要地区。清江口属沮漳西，与沮漳东[2]的楚文化发展中心地相连；与鄂西荆山西南麓的早期楚民族文化发现地也相连，不能不使人感到万福垴的发现在楚文化和楚史研究中的重要性。

四、万福垴与楚都探讨

楚都研究是与楚源探溯相联系的十分突出的楚文化研究问题。寻找早期楚文化和楚丹阳是楚源探溯工作的两大目标。

楚早期之"都"称"丹阳"，"始都郢"之后称"都"为"郢"。据文献和出土文字资料记载，丹阳所在地有多种说法，□郢则有十余处。楚"都"是楚首、楚王之居，随楚首、楚王之居的迁徙而迁徙。"丹阳"和"郢"均有多处，可见"丹阳"和"郢"只是称，均相当于通常讲的"都"。文献和出土文字资料中，往往在"郢"的前面加了名，如□郢。而"丹阳"前面未出现名，只有研究者、记载者的几种说法，也许丹阳就根本没有城。当时楚尚处于原始社会，根本未出现城。所以《史记·楚世家》载"封熊绎于楚蛮……居丹阳"，用"楚蛮"和"居"，特别是丹阳前面用"居"字不用"都"或"城"字。"丹阳"只是楚首之居，不能称"都"。"楚首"即楚首领，是族长或酋长。楚王长期居住之地称"都"，临时居住之地称"陪都"或"别都"。古书记载的纪郢、鄢郢、陈郢……当是楚王长期居住之地，可称为都，"都"是较大的城邑，应有城址遗存。《史记·楚世家》记："文王熊赀立，始都郢"，在郢前面用"都"，都即城。"都郢"或"城郢"，在郢建筑城垣之意。清华简《楚居》中出现的疆郢、湫郢、樊郢、免郢、都郢等多处楚王之居，有些只是楚王临时之居，不一定都有城址。鄂君启节与常德夕阳坡、江陵（荆州）天星观和望山、荆门包山等批竹简中出现的蔽（或栽）郢，则可能属于楚王游宫性质的建筑（较长期居住之地），如纪南城附近发现的夯土台基群可能属此类建筑。清华简所载的"楚居"之□郢，肯定有些属于陪都。楚王游宫也属于陪都或别都，相当于楚王的别墅。

清华简《楚居》记载，楚早期之居也有多处，如夷屯、发渐、旁圻、乔多。这能证楚丹阳不止一处，但楚初封丹阳只有一个，这个丹阳当在夷地的山区，应去今荆山之西麓或西南

---

〔1〕 贾兰坡：《长阳人化石及共生的哺乳动物群》，《古脊椎动物学报》1957年第3期。
〔2〕 杨权喜：《沮漳河之东夏商周文化探讨》，《荆楚文物（第1辑）》，科学出版社，2013年。

麓山区那里寻找。今沮河自北而南流入当阳东南方,与漳河汇合成沮漳河。在沮河中游的远安县出现的西周遗址与宜昌上磨垴遗址相距只约65公里,[1]两者之间为山区,并无险恶的高山,屈原故里也在这连成一片的山间。沮河中、上游是值得注意的地方,或许始丹阳就在那里。

自万福垴被发现之后,关心楚源探溯的刘彬徽先生发出"石破天惊"之叹,并认为此地有可能是楚都丹阳所在。[2]我认为此地属夷陵,不是山区,即使楚首曾居住过,也不会是楚熊绎的始丹阳,是否可能始丹阳之后的丹阳? 或某郢?

关于"丹阳",我曾于1980年据文献记载、屈原故里和出土文物等情况,在秭归找到一处与《水经注》记载丹阳城位置相符的鲢鱼山遗址,并推测秭归鲢鱼山是楚丹阳的可能性较大。[3]后来我和陈振裕在鲢鱼山亲自调查,并发掘了仅存的25平方米(面积),只见早期巴文化遗物而未见楚物,无法证明鲢鱼山是丹阳所在。又据鲢鱼山内涵不丰、环境险恶、处于楚文化早期遗存分布边缘等因素,判断它不应是楚都丹阳所在。[4]从此"秭归说"似乎也消失了。再后来,我写文章说此地属夔。[5]夔是楚嫡系,夔地与沮河中、上游连成一片,相距不远,考古证明它是早期楚民族文化的主要分布区。《水经注》和我国著名史学家范文澜[6]等前辈都说楚丹阳在秭归。说不定秭归确有一处不是初封时的丹阳,而是之后的丹阳? 至于鲢鱼山商周遗存为什么属早期巴文化而不属早期楚民族文化? 这里存在遗存的年代问题。楚源探溯得知,鄂西商周文化明显有更替、交错的发展现象。上文所讲的宜昌上磨垴与对江的秭归大沙坝两种性质不同的遗存年代相衔接,就是早期楚民族文化更替早期巴文化的实例,西陵峡中段一带更替的时间在西周中期前后(三峡口以东一带更替时间早于西周中期)。在鲢鱼山见到的早期巴文化遗存应早于西周中期,所以它是一处早期巴文化遗址并不存在问题。而在与鲢鱼山相距很近的官庄坪遗址中则发现有早期楚民族文化遗存,[7]说明鲢鱼山在早期巴人离开之后才归属于夔,因而它不可能是楚丹阳。西陵峡中段一带早期楚、巴两族文化更替时间约在西周中期,但不等于早期楚民族到达此地的时间也在西周中期。巴、楚两族是长江中游地区两支非常活跃的商周民族,

〔1〕 国家文物局:《中国文物地图集》湖北分册(下)第213页,湖北分册(上)第166页,西安地图出版社,2002年。
〔2〕 刘彬徽:《在荆州考古的回忆并论及楚季钟与早期楚文化的探索》,《荆州文物(第一辑)》,科学出版社,2013年。
〔3〕 杨权喜:《试谈鄂西地区古代文化的发展与楚文化的形成问题》,《中国考古学会第二次年会论文集(1980)》,文物出版社,1982年。
〔4〕 杨权喜、陈振裕:《秭归鲢鱼山与楚都丹阳》,《江汉考古》1987年第3期。
〔5〕 杨权喜:《西陵峡商周文化的初步讨论》,《中国考古学会第七次年会论文集(1989年)》,文物出版社,1992年;杨权喜:《夔国文化及早期楚民族文化的再讨论》,《湖南省博物馆馆刊(第七辑)》,岳麓书社,2011年。
〔6〕 范文澜:《中国通史简编》修订本第一编,人民出版社,1953年,第80页。
〔7〕 国务院三峡工程建设委员会办公室、国家文物局:《秭归官庄坪》,科学出版社,2005年。

长期在鄂西地区相处。早期巴主要活动于鄂西水域；早期楚主要活动于鄂西山区。[1]因此早期楚民族到达西陵峡中段一带的时间应早于西周中期，可能早于夔被封之前。秭归如果有"丹阳"，时代也可能较早？属于"始丹阳"之后的丹阳。《史记·楚世家》记周夷王之时，楚熊渠封其三子于"江上楚蛮之地"，后其第二、第三子先后继位。《史记·正义》中还有熊渠嫡嗣熊挚"别居于夔"的说法。或许楚丹阳"秭归说"与熊渠三子中某子居住过"夔地"有关。从上可知，长期以来楚丹阳的"枝江说"和"秭归说"都不是妄说，只不过是否为始丹阳的问题。

清华简《楚居》中的"夷屯"，有人考证为"夷陵"。有无可能"屯"即村，是夷人（即楚人）的村落，实指始丹阳。此地点或在沮河中、上游山区，此山区与"都"相邻，与古文献记载都楚相邻并不矛盾。山区的考古较困难，因其坡陡沟曲，文化遗迹遗物不易保存，也不易被发现。[2]加上"丹阳"不一定有城址、夯土台基之类的遗迹，也不一定有大墓。故未找到丹阳并不等于丹阳不在荆山山区。

五、后　　语

率领我们进行楚源探溯的俞伟超先生，站在全国考古的高度，应用考古地层学和苏秉琦先生的考古区系类型学理论，以及李伯谦先生和他自己提倡的考古"文化因素分析法"，[3]对整个长江中游地区和淮河中、上游地区的先秦考古学文化进行仔细研究后，提出探溯楚源要着手地域和线索（"新线索"）。以他亲自参加的调查、发掘为主线，结合整个鄂西的考古和过去的考古成果，一步步沿着"新线索"寻找目标。直至1984年他离开楚源探溯时，虽然没有找到他期望的商末周初的那"一小段"（指楚最早的遗存），但他已觉察到他的有些想法不对，同时也感觉到楚文化是鄂西多种文化交互作用，在商代之后才形成的一种新文化。1992年9月，在淅川召开的四省楚文化研究会第六次年会上俞先生作了重要讲话，并在1994年出版的《楚文化研究论集》上发表一篇文章，此文章中有几段话："80年代初刚刚探溯楚文化的渊源时，认识是很简单的……以为这个文化会是一脉相承的。西周晚期的楚文化面貌既然已经清楚，就可以一步步地直接找它的前身，直至新石器时代"但在追索楚文化渊源过程中不断遇到的文化中断、空白和突变现象，终于使我慢慢领会到西

---

〔1〕 杨权喜：《古代巴、楚及其交融》，《湖南省博物馆馆刊（第2期）》，岳麓书社，2005年。
〔2〕 湖北省文物考古研究所：《西陵峡北岸周家湾山岗遗址》，《江汉考古》1994年第1期。
〔3〕 俞伟超：《楚文化的研究与文化因素的分析》，《楚文化研究论集（第一集）》第一集，荆楚书社，1987年。

周以后存在于长江中游的楚文化，大约是有多种文化因某些历史的因缘或机遇而在一段不很长的时间内综合而成的。如果仅作单一连续线的观察，有可能将永远找不到楚文化的源头。假如从这种思路出发来考虑，则最初的楚文化，便可能包括本地的土著文化……早周文化……等文化的因素。由于……包括了具有石家河文化……传统的土著文化以及商文化、三峡青铜文化和南方的几何印纹陶文化等多种文化因素，楚文化的源头实际是更加复杂的。具有如此众多源头的楚文化……堪称是一种新出现的文化。"[1]

早期楚民族文化就是一种西周新出现的文化。万福垴和上磨垴两遗存的时代上限为西周中期，西周中期的早期楚民族文化因素复杂，还存在多种文化并存现象，这不但表明它的源头众多，而且还表明它正处于形成初期。早期楚民族文化是广义楚文化的前身。这样楚文化的源头，可以说已经基本被找到了。

早期楚民族文化的发现，意味着楚的起源地和发展地也已经找到，同时也意味着丹阳和郢都所在地的传统说法也较可信。

秭归鲇鱼山不是楚丹阳，并不能否定秭归有处较晚的楚丹阳，即熊绎之后的丹阳。同样，枝江也说不定有处熊绎之后的丹阳，例如"万福垴"。考古发现纪南城及其附近，包括潜江龙湾[2]在内分布着其他任何区域都没有的密集的楚夯土台基群；并有丰富的包括早期楚民族文化在内的春秋楚遗存；楚文化方面的一系列重大考古发现都集中在此区域；史书又有多次修筑、扩修郢都的记载。春秋郢都所在地的问题，俞先生说是"突然"出现的问题，[3]他并未否定"始都郢"在纪南城的传统观点。不要因考古断定纪南城现存郭城筑于春战之交而轻易否定"始都郢"在纪南城。春秋郢都不会有郭城，既然证实了郢都的郭城，则暗示着春秋郢都就在纪南城内。

总之，最初的楚丹阳应到荆山西南麓山区去寻找。春秋郢都应在荆州（江陵）纪南城及其附近寻找。至于目前发现的楚城址、大遗址或出土过重要楚器的地方，所属性质除楚都、陪都之外，还有被楚灭亡的其他诸国之都的问题。楚城遗址、遗存还有年代、类别、保存好坏，以及考古工作多少、深入程度等一系列复杂问题，需全面考察仔细研究才能真正解决问题。否则"有可能将永远找不到"令学术界都满意的答案。至于一些同仁提出楚文化来源于陕西过风楼类型文化[4]和丹阳在"丹淅"等楚源"北说"的问题，我认为是以

〔1〕 俞伟超：《考古学理论的进步与楚文化研究的历史前景》,《楚文化研究论集（第四集）》,河南人民出版社，1994年。
〔2〕 杨权喜：《楚宫的新发现》,《楚章华台学术讨论会论文集》,武汉大学出版社，1988年。
〔3〕 俞伟超：《考古学理论的进步与楚文化研究的历史前景》,《楚文化研究论集（第四集）》,河南人民出版社，1994年。
〔4〕 高崇文：《楚文化渊源研究的回顾与展望——谨以此文纪念楚文化研究巨擘俞伟超先生》,《荆楚文物（第1辑）》,科学出版社，2013年。

"楚式鬲"和楚国公族为线索[1]追溯的结果。这两条线索如不注意楚文化的区域类型之别和文化特征产生的主因及文化特点,特别是不注意与纪南城及其四周楚遗存的联系,楚源肯定都会溯至中原。楚公族(或楚首)到荆山被封居丹阳之前,完全有可能曾在陕豫鄂交界地区活动和居住过。王光镐先生早论过"商代无楚","直到周文王之时的楚鬻熊时期,楚族或楚国始形成于世"。[2]《史记·楚世家》:"(楚成王)三十九年……灭夔,夔不祀祝融、鬻熊故也",楚所祀祝融为楚公族始祖,鬻熊为楚族始祖。楚族、楚国和楚文化都是西周早期才新出现的。如果学术界的楚源之争分"土著说"和"中原说"的话,"土著说"只有楚源在鄂西才能找到依据而成立。陕豫鄂交界地区早在新石器时代就是以中原仰韶文化为主流的地区了,那个地区的东周楚文化自然就源于中原。"丹阳"随"楚居"而不断搬迁,那个地区有可能存在楚始封于夷屯(丹阳)之前的丹水之阳的"丹阳"。"丹阳",就因楚公族之始祖居此而来吧?

谨以此文纪念尊敬的俞伟超老师!俞伟超先生楚源探溯的实践和思想,永远是楚源探溯的榜样和指导。

附记:此文经李伯谦先生审定,最后一段纪念俞先生深情的话,是李先生给予添加的,十分感谢!

(原载《荆楚文物(第2辑)》,科学出版社,2015年12月)

---

〔1〕 杨权喜:《论楚文化之源》,《湖南省博物馆馆刊(第五辑)》,岳麓书社,2009年。
〔2〕 王光镐:《楚文化源流新证》,武汉大学出版社,1988年,第89页。

荆楚文化考古探溯与研究

杨权喜论文选集／下

杨权喜 著

上海古籍出版社

楚文化的发现与研究

湖北省楚文化遗存

　　湖北省是楚文化形成和发展的中心区域。楚文化遗存的分布遍及江汉平原及其周围的山地河谷一带,分布最密集的区域在鄂西沮漳河流域(即当阳、江陵和枝江一带),其次在鄂西北汉水中游地区(即宜城、襄樊、郧县一线)。半个世纪以来,对楚文化的城址、建筑基址、村落遗址、矿冶遗址和墓地都进行过较大规模的考古调查和发掘,其中有许多重要发现。丰富的楚文化遗存从多方面展示了楚文化的特色,为研究楚文化的形成和发展,探讨东周时期南方的社会变化、经济发展和文化进步,均提供了许多新的实物资料和文字依据。

　　楚国"宏境万里",号曰"万城",湖北省境内发现的楚城址依其性质可分为都城(或陪都)、县邑和军事城堡三类。第一类如荆州纪南故城、宜城楚皇城等。纪南故城初步被断为战国时期的楚郢都。城址规模宏大,其平面略呈正方形(南垣东段南凸),城内面积达16平方公里。城垣由墙体和内、外护坡组成,发现城门五座、水门两座。城门和水门均设三个门洞,城门建筑设在门洞内侧或两边城垣上。城外有护城河。城内东南部为宫殿区,夯土台基密集,排列有一定规律,在其东、北侧已探出内城遗迹。宫殿区外北部和西部的古河道两岸为大面积的手工业作坊区,分布着密集的水井、窖穴和成排的窑址。城内西北部夯土台基稀少,文化堆积分散,当为一般居民区。城南郊也有建筑基址分布。"公墓"区在城西北远郊,城东北方和西南方是主要的"邦墓"区。宜城楚皇城,城内面积2.2平方公里,城垣平面略呈方形,四角明显凸起。城内西部出土过春秋铜钺。城东南郊有罗岗墓地,并发掘过重要的车马坑。判断此城址为楚之鄢都。第二类如襄阳邓城、云梦楚王城、黄冈禹王城等,地面上都保存平面大体呈方形或长方形的城垣。邓城原为邓国之都,后为楚邓邑。其东北方有重要的贵族墓地。第三类一般面积很小,城形状也不规整。如孝昌草店坊城,面积仅0.11平方公里,城平面略呈五边形,西北、西南、东北角城垣上各有一座方形建筑基址,仅在南垣中部设一座城门,城内中部有一座夯土台基。村落遗址普遍发现于早期遗址之上,鄂东一带多下压商、西周时期文化层,鄂西地区则多叠压于新石器时代文化层之上。鄂西地区还存在不少单纯楚文化遗存的村落遗址，但文化层较薄。

鄂东南大冶铜绿山古铜矿遗址，面积约2平方公里。矿井深达50米，竖井、斜井、盲井与平巷相结合，有效地解决了井巷的支护、通风、排水、提升、照明等一系列井下作业和采矿技术问题。出土采矿金属工具有铜、铁两类，其中有重达16.5千克的铜斧和重6千克的铁锤。还出土大批用于运输、提升、排水及选矿的竹、木、藤器具。发现的炼炉为竖炉，合理的炉体结构和低含铜量的炉渣，都说明当时冶炼技术所达到的先进水平。铜绿山古铜矿遗址的发现，证明鄂东南一带是中国古代铜矿的主要开采地之一，填补了冶金史研究的一个空白。

湖北楚墓，不但数量多，而且保存较好，具有重要的考古研究和历史研究价值。已发掘的楚墓，大型的有十余座，中、小型的达数千座。大量的楚墓反映出自身的许多特点：大墓有封土，墓坑设多级台阶，东边挖斜坡墓道；多层棺椁，棺椁四周填塞膏泥，椁分室，头向多朝东；一般随葬多套礼器。小墓口大底小，有"头箱"，头向多朝南；棺为悬底，分弧棺和方棺两种，尸体经裹扎，仰身直肢；普遍随葬漆木竹器，其中镇墓兽、虎座飞鸟、虎座鸟架鼓、卧鹿、透雕座屏等最富特色；随葬的鼎、簠、敦、壶等基本礼器往往成偶数。

荆州纪南城四周的楚墓最为密集。荆州八岭山至荆门纪山一带散布着数百座封土墓，有的封土规模相当大，可能为楚王墓。纪南城四周已发掘的楚墓数量已超过3 000座，其中天星观M1、包山M2墓主身份较高，分别为封君、上大夫。其次有望山M1、望山M2、沙冢M1、藤店M1，墓主身份相当于下大夫。马山M1墓主身份相当于元士。在纪南城四周楚墓出土的文物中，有越王勾践剑、吴王夫差矛、木雕漆座屏、包山楚简、郭店楚简《老子》、马山丝绸等稀世之宝和反映当时楚国手工业、农业、渔业、科技、文化、艺术诸方面成就的许多珍品。

当阳赵家湖一带的楚墓也相当密集。已发掘中、小型楚墓300余座。其中春秋楚墓中的赵家塝M1至M4、金家山M9、曹家岗M5、赵巷M4的级别均较高，出土有成批的磨光黑陶器、青铜礼器、厚胎漆器和金银箔饰品等重要文物。赵家湖楚墓的分期，是迄今为止时代上限最早，类别、期别较为详尽的一组楚墓分期系列，在认识春秋楚文化和楚文化分期等方面具有重要价值。

邓城城址附近发现的春秋中、晚期楚墓，多为小贵族墓，不少墓出土了整套青铜礼器，这些礼器组合清楚、造型别致、纹饰精细。其中铭文铜器有"邓公乘"鼎、"邓尹侯"鼎、"上都府"簠、"子季嬴青"簠、"余郑臧公"鼎和缶、"楚子"敦、"蔡公子"缶、"吴王夫差"剑、"徐王义楚"剑等。随枣走廊是累出曾器的地区。随州擂鼓墩曾侯乙墓是湖北境内发掘的等级最高的东周墓。出土的整套青铜编钟和其他礼乐器，是研究中国古代金属铸造史和音乐史的空前收获。在鄂城、黄冈也发掘过成批楚墓，一般时代较晚，表现了鄂东南楚墓的一个特点。位于鄂西北的十堰楚墓则具有较浓厚的中原文化因素。湖北不同区域的楚墓,同一性是为主的,但也有明显的差异性,这为楚墓的分区研究创造了良好条件。

　　根据目前发掘资料,楚墓可分成七期十三段。第一、二期(西周晚期、春秋早期)遗存均不多,并集中分布于鄂西沮漳河西岸,表明楚文化的发展尚处于初期阶段。大约从第三期(春秋中期)开始,分布地点明显扩大,楚文化体系已基本形成。第六期(战国中期)遗存最为丰富,文化面貌最具特色,分布也最为广泛,楚文化发展达到了它的鼎盛时期。第七期后段(战国晚期后段),荆州纪南城废弃,相应的楚文化遗存在鄂西大面积消失。这是公元前278年秦将白起"拔郢"楚国东迁的历史反映。楚文化大约从西周晚期开始逐渐在鄂西一带兴起,并不断向北、向南、向东传播,它的发展变化显然与楚国的兴盛紧密相连。

(原载《中国文物地图集·湖北分册(上)》,西安地图出版社,2002年)

《楚纪南故城调查与发掘报告》结语

　　纪南城是湖北境内目前发现的最大的春秋战国城址。保存下来的城垣、城门、夯土台基以及各种遗迹，规模相当宏大，城内文化遗物也相当丰富。解放以来，在城址的周围发现了大批楚墓，其中城西面的八岭山，城北面的纪山和城东面的长湖南岸，尚保存有封土堆的大、中型楚墓数以千计。为配合工农业生产建设，已先后发掘了大量中、小型楚墓，重要的有城东北面的两台山墓群，[1]城南面的拍马山墓群，[2]城西南面的太晖观[3]和张家山墓群等。特别是1965年以来，在城西北和城东面发掘的望山一号和二号、沙塚一号、[4]腾店一号、[5]天星观一号[6]等较大型的楚墓，出土了成批的相当重要的楚文物。例如四批竹简和大批铜器、漆木竹器，其中有错漆铜尊、错金银带钩、人骑驼铜灯台、铜镂孔状器、漆剑鞘、彩绘木雕、漆座屏、虎座双凤悬鼓、彩绘木雕箭箙、彩绘双头镇墓兽等精品。还出土了著名的"越王勾践自作用剑"等三把越王剑。1970年，在与南垣西边水门正南相距2公里的土台上出土了彩绘石编磬二十五具。[7]在城东南方（今郢城遗址内）曾出土过楚国的金币"郢爰"。[8]这些重要文物不但工艺水平相当高，而且具有鲜明的文化特点和历史研究价值。西晋时期的杜预说："国都于郢，今南郡江陵县北纪南城是。"[9]北魏时期的郦道

---

〔1〕　1975年，为配合龙桥河改道工程，纪南城文物保护与考古发掘办公室组织人员进行了一次发掘工作，共发掘楚墓五百余座（湖北省荆州地区博物馆：《江陵雨台山楚墓》，文物出版社，1984年。）。
〔2〕　湖北省博物馆等：《湖北江陵拍马山楚墓发掘简报》，《考古》1973年第3期。
〔3〕　湖北省博物馆：《湖北江陵太晖观楚墓清理简报》，《考古》1973年第6期。
〔4〕　湖北省文化局文物工作队：《湖北江陵三座楚墓出土大批重要文物》，《文物》1966年第5期。
〔5〕　荆州地区博物馆：《湖北江陵藤店一号墓发掘简报》，《文物》1973年第9期。
〔6〕　湖北省荆州地区博物馆《江陵天星观一号楚墓》，《考古学报》1982年第1期。
〔7〕　湖北省博物馆：《湖北江陵发现的楚国彩绘石编磬及其相关问题》，《考古》1972年第3期。
〔8〕　荆州博物馆：《湖北江陵首次发现郢爰》，《考古》1972年第2期。
〔9〕　转引自《史记·正义》，见《楚世家》。

元也说："江陵西边有纪南城，楚文王自丹阳徒此。"[1]他们是时代较早的著名学者，都谈到江陵县北的纪南城就是楚国的都城"郢"。但现代有人认为他们所说的江陵县不在长江边上，而在汉水中游。[2]1975年，在纪南城内的凤凰山西汉初年的M168中出土了一方竹牍，其上有"江陵丞敢告地下丞……"[3]的记载，可知秦汉时期的江陵县就距今纪南城城址不远无疑。目前纪南城内、外丰富的考古资料表明，杜预和郦道元的说法，应当比较可靠。

纪南城东、西、南、北四周城垣形状规整、一致，墙身和内外护坡的尺寸大小、夯层夯窝、土质土色都差别不大，说明保存于现在地面的纪南城城垣属于一个整体工程。

古文献记载，公元前689年楚文王"始都郢"[4]到楚顷襄王"二十一年（公元前278年）秦将白起遂拔我郢"[5]的四百一十一年间，楚都一直在郢，但有几次增修或改建。

公元前613年（楚庄王元年），楚公子燮与子仪在郢都作乱"城郢"；[6]

公元前559年（楚康王元年），楚国令尹子囊临终遗言："必城郢"；[7]

公元前519年（楚平王十年），面对吴国进攻的威胁，楚"城郢"；[8]

公元前382年，吴起变法，改变了郢都落后的"两版筑垣"的方法，重修郢都。

有的古书特别提到楚平王修筑郢都城垣的问题。如汉班固《汉书·地理志》南郡江陵下注："故楚郢都，楚文王自丹阳徒此，后九世平王城之，后十世秦拔我郢。"郦道元《水经注·沔水篇》也提到了这个问题。但有的古书说楚平王修筑的郢，不是纪南城，如《史记·正义》（唐张守节）："《括地志》云：'纪南故城在荆州江陵县北五十里。杜预云国都于郢，今南郡江陵县北纪南城是也。'《括地志》云'又至平王，更城郢，在江陵县东北六里，故郢城是也'。"根据在江陵县东北的郢城城址的考古调查和局部发掘，所见遗物均属秦汉，该城应为秦汉城址。所以楚平王"城郢"是"江陵县东北六里的故郢城"的说法，在考古上目前找不到根据。我们认为所谓"城郢"，指的就是建筑或加固今纪南城，而不是别的城。

综合西垣北边门，南垣西边水门以及城内30号台基，陈家台、龙桥河西段水井和城内外墓葬的时代进行分析，纪南城现在的城垣建筑年代当为春秋末期至战国早期。很有可能是楚平五十年，即公元前519年"城郢"时始筑，然后不断完善形成的。

---

[1] 郦道元：《水经注·沔水篇》。
[2] 石泉：《古代荆楚地理新探》，武汉大学出版社，1988年，第419页。
[3] 纪南城凤凰山一六八号汉墓发掘整理组：《湖北江陵凤凰山一六八号汉墓发掘简报》，《文物》1975年第9期。
[4] 《史记·楚世家》。
[5] 《史记·楚世家》。
[6] 《左传》文公十四年。
[7] 《左传》襄公十四年。
[8] 《左传》昭公二十三年。

如果纪南城是楚平王时始筑，那么楚平王以前的早期郢都在什么地方？这需要今后继续工作。1978年在纪南城西北仅约35公里的当阳县季家湖边(沮漳河之西)发现了一座早于纪南城的古城，城址南北长约1 600米，东西宽约1 400米。城内出土过大型铜构件和"秦王卑命钟"等重要文物。城址之北已发现有上千座时代偏早的赵家湖楚墓群，其中有许多属于春秋中期的楚国贵族墓葬。城址之西也有成排的高大土冢，据初步了解，大部分均为楚墓。城址之东则与八岭山楚墓群遥遥相望。这个古城应与纪南城有着密切的关系，或许为早期郢都所在地。再从纪南城本身来看，也普遍存在早于纪南城的遗存。例如在西垣北边门遗址的第五层(比城垣早)出土遗物中，有大量的筒瓦、板瓦，龙桥河西段的水井及出土遗物有的时代比较早。这说明建筑现存的纪南城以前，这一带已存在重要建筑，表明早期郢都被毁，就地重建或扩建郢都的可能性。《左传·杜注》"楚徙都郢，未有城郭"，[1]《左传·孔疏》"国而无城，不可以治，楚自文王都郢，城郭未固"，[2]上文已提到古文献有关于郢都几次增修改建的记载，这些古文献记载可以证明早期郢都城垣未固或郭城未筑。筑郭城，在我国是于春战之交铁器广泛使用之后才兴起的。另外，按古史书的惯例，作为东周大国的楚，其迁都的大事当有记载。而古史书记载楚文王迁都于郢以后的四百一十一年期间均未谈及这个问题。据此认为楚文王"始都郢"，就在纪南城或在其附近，也并不是没有根据，而是可能性很大。

　　关于纪南城废弃的年代，现在已经比较清楚。史书上一般都认为白起拔郢(公元前278年)，楚郢都即东迁。近年来，在纪南城内东南方的凤凰山发现了大批秦汉墓葬，[3]其中不少是战国晚期的秦墓。有的墓葬还直接打破了东周夯土台基。凤凰山M10出土木牍有"偃付西乡偃佐某"[4]等字样，表明墓主人张偃可能为西汉初年的乡村小吏，根据汉初的习俗，乡村小吏及一般村民，死后多埋在本乡，故张偃墓(M10)所在地，即纪南城内东南方，当为西汉初年的西乡了。前面讲到了今郢城遗址为秦汉城址，有可能即秦汉江陵城，西乡即在此城的西方(乡)。至于汉代砖室墓则遍及纪南城全城。过去统计的纪南城内夯土台基有一部分经钻探和发掘，被证实为汉代砖室墓，如1975年在30号台基之东南方一座"台基"上就发掘过一座汉代砖室墓；有的汉代砖室墓还直接建在纪南城的城垣上，如南垣上就有汉代砖室墓。城内文化堆积中，一般又没有秦汉时期的文化层。以上情况证明楚都东迁以后，纪南城也就荒废了。

---

〔1〕《左传》襄公十四年。"楚子囊还自伐吴，卒，将死，遗言谓子庚，必城郢"(杜预注"楚徙都郢，未有城郭，公子燮公子仪因筑城为乱，事未得讫，子囊欲讫而未暇，故遗言见意")。

〔2〕《左传》昭公二十三年。

〔3〕 1972年钻探发现秦汉墓二百余座，1973年以来发掘了秦墓三十余座，西汉前期墓八座。

〔4〕 长江流域第二期文物考古工作人员训练班：《湖北江陵凤凰山西汉墓发掘简报》，《文物》1974年第6期。

早在西周后期，楚即在南方崛起，成了周王朝的劲敌。进入春秋以后，楚对江、汉、淮地区的诸侯国大肆进行兼并，并曾称霸于中原。到战国时期，楚是疆域最为广阔的"七雄"之一。楚国的经济繁荣，文化发达。纪南城内外的考古发现，充分反映了楚郢都的经济、文化状况。桓谭《新论》："楚之郢都，车毂击，民肩摩，市路相排突，号为朝衣鲜而暮衣弊。"[1]这虽是夸张的词句，但可以说明郢都繁华景象。古代伟大诗人屈原及其《楚辞》诞生在楚国，我国光辉夺目的古代文化珍宝在楚都纪南城周围出土，必然有其深远的历史根源和漫长的发展过程。作为楚国最强盛时期的郢都纪南城，显然是楚文化发掘和研究工作的主要部分。

（此稿完成于1980年初，已得到俞伟超先生的肯定，后因故未刊）

---

〔1〕《太平御览》引《新论》。

楚都纪南城的水井

　　江陵楚郢都纪南城及其四周是楚文化遗存最为丰富的地区。城内外，不但有众多保存甚佳的大中小型楚墓，而且有密集且形制较清楚的各类遗迹。水井就是各类楚遗迹中重要的一种。

　　纪南城内目前发现的水井有多少？这很难作出精确回答。70年代以来，在城内农田基本建设中暴露了许多水井密集区。1975年对纪南城大规模勘查与发掘期间发现，不但一般遗址中有水井密集区，而且在宫殿、城门基址中和河道、池塘底部也同样有水井密集区。在城内龙桥河西部，长约1000米的河床底下所暴露的水井达256座。1989年农民沿城内河道两岸挖掘大型鱼池，在广宗寺、周家湾、余家垱、东岳庙等地都发现了水井密集区。东岳庙水井密集区已暴露了水井20余座，分布在约500平方米的范围内，井与井之间的距离有的几乎相靠（图一），但未见相互打破或按序排列的情况。城内绝大部分水井都在水位线以下，相当深，底部有厚厚流淤层，发掘时常有地下水涌冒，一般难以清理到底。松·余J2，深7.15米，上部用陶井圈5节，下部用竹井圈，获完整汲水罐15个。清理时，井周扩方40米×4米，深至5.8米时积水迅速上涨，只好用探铲探测底部。

　　纪南城水井，据井壁构造可分土井、竹圈井、木圈井、陶圈井等种。土井和陶圈井数量相当，占全部水井的

图一　东岳庙暴露的水井（局部）

绝大多数。土井一般圆形,口部较宽大,下部井壁光滑而垂直,有的有脚窝。竹圈井在紧贴井壁上有竹编井圈。竹井圈直径0.7米左右,以细整竹作经,分10-12股,每股用竹5-7根;以宽0.2米左右的竹片作纬,单经单纬交错编织。木圈井在井身上半部分与井壁相距10-20厘米处设有木井圈。木井圈,用两根大树凿成木槽相套而成,并用木柱、榫木和横木接合安装。河·IJ167的木井圈,直径0.7-0.82、厚0.02-0.06、残高1.8米。陶圈井在距井壁0.2米左右的位置上垒砌直径0.8、高0.8米左右的灰陶井圈多节。其中有一部分井,在陶井圈下节底部设置井字形、十字形或平行木托,木托各端固定于井壁内。陶井圈以下,井土壁直径缩小,紧贴井土壁有竹、芦苇等编织物,起过滤和防淤作用。有些井,井口的一节陶井圈,口小底大,口沿外附加泥条(堆纹),这种井圈显然有保护水井井口的作用。

纪南城如此多的水井,不可能都是生活饮用井。《太平御览》居处部十七引《荆州记》:"范蠡相越致千金,僮者万人,收四海难得之货,盈于越都,以为兵器、铜铁之类,如山阜者,或藏之井堙,为之宝井。"据此,有推测部分水井属藏货之"宝井"者。而所说的"宝井"是"井堙",应属无积水的窖穴。纪南城内另有方形和椭圆形的窖穴(归为灰坑),多有台阶和脚窝,底部无乌黑淤泥,这些窖穴应是所谓"宝井"。纪南城水井,都是有水的井,并不宜藏货。那么,纪南城水井除供饮用外,究竟还作何功用?

从纪南城水井填土和出土物分析,大体可分成供水井和冷藏井两大类。供水井,下层填土为乌黑淤泥,并有大量腐殖质,包含物丰富。出土陶器中,主要有完整的束颈圜底(内凹)汲水罐、小型器座。供水井又可分饮用井、作坊井和农灌井三种。饮用井分布于居住区,井坑下部多有过滤澄清设施,遗物最丰富。作坊井,主要供手工作坊用水。如制陶作坊区,水井特别多,井内出红烧土块、草木灰、烧废的变形陶器等。有的就挖掘于窑址旁(图二),窑址、水井、土坑往往构成单元,宫城东北角外出现成排的这种单元。《左传·襄公二十五年》记楚蔿掩为司马时,有"井衍沃"句,《庄子·天地篇》有"凿隧而入井,抱瓮而出灌"的记载。楚地平川数百里,农田除用渠灌外,还用井灌。纪南城内存在不少农田(参见《农业考古》1990年第2期第111页文),城内田畦灌溉不宜用渠而用井。纪南城的农

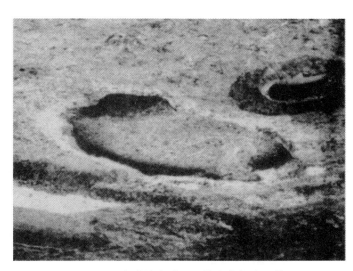

图二　周家湾筑鱼池暴露的陶窑与陶圈井

灌井目前还不能完全加以区别,而不少井内出土耒耜、臿、镢、锄等农具的情况则是井灌的重要旁证。

冷藏井,为一种结构严密的井,较浅,淤泥较薄,遗物多出于废弃后的堆积中,有的井底出大陶瓮,其中以陶圈井最为典型。河·ⅡJ89,深4.40米,井口用上小(直径0.69米)下大(直径0.71米)的陶井圈构筑,以下至底部都砌有陶井圈,未出汲水灌,而底部平放一件保存完好的折沿宽底大陶瓮,腹径0.59、高0.69米,可盛水144.5千克。这种大贮藏器置入井底,作用当为冷藏食物。楚都人口众多,炎热的夏季,利用井温保鲜实是一种简易有效的方法。

(原载《中国文物报》1994年10月16日)

古道辙痕话楚车

在江陵楚都纪南城西垣北门遗址的南门道内,发现过两条相距1.80米的深深的沟痕,沟内不同颜色的土呈条状分布,这就是楚都当年的车辙遗迹。桓谭《新论》曾记述楚郢都纪南城,"车毂击,民肩摩,市路相排突,号为朝衣鲜而暮衣弊也"。楚郢都纪南城是东周时期我国南方最繁华的都市,西垣北门道内深深的车辙,就是两千三四百年前这一历史景象的遗留。

古代使用的车多为马车。楚国的马车,制作精良,箍、帽头、扣、軎、辖之类的零件均为铜制,起联结、加固、装饰车架的作用。而基本车架是用木制的。整车的大体形状是在一个四周装木条栏杆的车厢之下设一轴两轮,车厢上有车盖或伞,车厢下前方安长辕和车衡连接,衡上再装轭和铜铃,辕首多有铜兽头装饰,基本形状已接近近代马车。《周礼·考工记》说:"车厢方的,象征地;车盖圆的,象征天;轮辐三十,象征日月;盖弓二十有八,象征星宿。"

楚国的马车种类较多,主要可分战车和安车两大类。战车是当时战争中普遍使用的车,一般较小,为不装车盖的敞车,但多在车厢中部安伞,可以开合。行军时撑开避风雨;作战时收合便于战斗。河南淮阳出土的一辆战车,两轮间相距2.08、轮直径1.36、辕长3.4、衡长1.46、车厢1.48×1.1米,在车厢后半部分镶铜甲板,是当时具有防御功能的"装甲车"。在随州曾侯乙墓中发现了装于车轴两端的带矛的铜车軎,装有这种车軎的战车,在行驶中自身就具有杀伤力,是一种较特殊的战车。战车还可分帅车和兵车两种。帅车是指挥车,在车厢两侧有插旗的装置。在淮阳已发现了楚国的六面战旗,为绢质,红地,呈竖长方形。旗杆木质,下有铜墩。其中一面镶有海贝,两面皆用海贝组成四瓣形花纹,晶莹夺目。作战时,帅车上另置战鼓,指挥官可据战情变化擂鼓。兵车除驾车人外,一般左、右各有一名士兵,车上常用武器为戈、矛、殳、戟和弓箭等长兵器或远射兵器。曾侯乙墓出土过三个戈头和一矛头同装于一长杆上的长戟,许多长兵器在3米以上。有的兵车侧设有贮放武器的铜质筒,有的兵车车厢右侧也可以插旗。可以想象,当时的车战展开,便是旌旗蔽日、鼓声起伏、杀声阵阵之景象,气氛雄伟而悲壮。

安车相当于"客车""交通车"。一般车身较长,厢较宽敞,有的厢可分前、后两室,后室能乘八至十二人。安车多有固定的车盖和车耳,两轮藏于车耳下。淮阳出土的一辆安车,辕长4.9米,厢长2.73米。车厢分驾驶室和乘坐室。车盖为椭圆形,有脊,呈拱状。盖缘有用于扯篷的盖弓帽。车厢角部有起加固、装饰作用的金属构件(并有花纹)。车厢木质部分则有彩绘花纹。在湖北襄阳山湾十一号楚墓中就发现有车厢上的彩绘花纹漆片(从车厢上脱落的)。在湖北当阳季家湖楚城的一号台基上,曾出土过有精致花纹的大型车厢铜构件。可见,楚国高级的安车是非常精致华丽的。

用于驾车的马,有用一匹、二匹、四匹等种。淮阳出土的楚车有单辕和双辕的(双辕的少见)。双辕车仅用马一匹;单辕车为一衡二轭,驾车马数主要有二匹或四匹的。史书记载"驷,一乘也",四匹马为一乘,驾在车轭下的二匹称为"服马",两旁的称为"骖马"。商、周时期,有"千乘之国""万乘之君"的称谓。"乘"是指战车的数目,也即指古代的战车。拥有战车的多少,标志着当时国力的强弱。楚国是一个"千乘之国",它幅员辽阔,陆上作战和交通运输都离不开车辆。《战国策·楚策》记载了苏秦对楚威王所讲的一段话:"楚,天下之强国也。地方六千余里,带甲百万,车千乘,骑万匹,粟支十年,此霸王之资也。"《左传·昭公十二年》也记载有楚灵王的一段话:"昔诸侯远我而畏晋,今我大城陈、蔡、不羹,赋皆千乘,子与有劳焉。诸侯其畏我乎?"这些话都是以车辆拥有数来表明楚国实力的。楚国的车辆除用于战争以外,还广泛用于一般的交通运输。《战国策·楚策》还记载"楚王游于云梦,结驷千乘,旌旗蔽日",说的是楚王(指楚宣王)巡游狩猎时使用车队的盛况。1957年在安徽寿县出土著名的"鄂君启节",包括车节和舟节,其中车节上刻铭规定陆上运货用车数,即以五十乘为限。这也说明车辆是当时陆上货物运输的主要工具。

据考古发现和文献记载来看,直至战国时期在楚国用于战争的车辆仍不少(车战在商至春秋时期最为流行,后来由于骑兵的兴起,中原地区的战车逐渐减少);另一方面用于一般交通运输的车辆也得到了很大发展。正由于车辆在楚国的军事、交通和日常生活等方面的重要地位,许多贵族死后,便大量殉葬车马器。一般的楚国贵族死后,往往都要在墓中放置一些车器零件和马的用具。常见的是铜质的车軎、车饰、伞盖弓帽、箍及马衔、马镳、辔饰等。殉葬车马器也是东周墓葬的一个重要特点。而高级贵族和楚王死后,则要在墓旁另挖土坑,专门埋入完整而实用的车和马,用来殉葬,这种土坑叫车马坑。楚国车马坑,近年来在湖北省江陵、河南省淅川、淮阳和湖南省临澧等地都有发现。车马坑的大小和车、马数量的多少,又是根据墓主身份的高低而定的。在湖北江陵九店发现的车马坑,因墓主身份较低,仅有一车;在河南淅川下寺发现的楚令尹(相当于丞相)墓的车马坑，有车6辆；河南淮阳马鞍冢墓主的身份高（可能为楚王），仅二号车马坑就有23辆车（加一号坑共31辆）。因此，墓侧的车马坑乃是墓主身份地位的重要标志。车马坑及所埋的车、马，放置都按一定方向排列。如马鞍冢的车马坑呈长方沟形，在主墓西侧与主墓的方向垂直。所埋的车、马成组（乘）地排列于坑底。马是先杀死后放入的，部分马是泥塑的。一般马都经装饰，配有马具、马饰等。

楚国的大墓挖车马坑陪葬，既说明马车在当时社会生活中的重要性，又反映了古代统治阶级的奢侈和荒唐。可想而知，在墓旁殉葬成排的战车和华丽的出游车，大大增加了墓葬的规模和气魄，显然是为了显示墓主的身份、威风和富有，同时也是为了保卫墓主安全和出行时的方便。

（原载《中国文物报》1988年5月20日，署名亚权）

楚 人 的 鞋

　　1973年，考古工作者首次在江陵纪南城南垣水门遗址第4文化层中发现了楚人的鞋（见《考古学报》1982年第3期第347页）。后来在江陵雨台山427号和557号墓（见《江陵雨台山楚墓》第118页）、武昌义地10号和13号墓（见《文物》1989年3期第38页）、马山1号墓（见《江陵马山一号楚墓》第24页）、当阳金家山9号墓（见《当阳赵家湖楚墓》第159页）、荆门包山2号墓（见《包山楚墓》上第189页）中都有楚鞋出土。

　　出土的楚鞋都为圆头圆跟，鞋底与后跟的形状与现代鞋相近。鞋底长度19.2-28厘米，宽度6-9厘米。楚鞋形制主要特点在鞋面前端。按鞋面，见到的楚鞋主要有四型。一型，两帮前端相交缝合而成，缝合处起棱，鞋口呈葫芦形（图一）；二型，两帮、鞋头和口面相缝而成，鞋口方形（图二）；三型，帮面一体，鞋口呈椭圆形，并穿束带（图三）；四型为附耳无面鞋。另外，纪南城南水门遗址还出土过"筒状鞔鞋"（见《楚都纪南城考古资料汇编》第47页）。楚鞋的这些形制与纪南城内凤凰山168号西汉早期墓的双尖翘头方鞋（图四）区别较大。

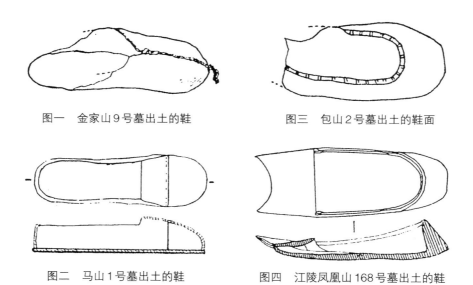

图一　金家山9号墓出土的鞋　　　　　图三　包山2号墓出土的鞋面

图二　马山1号墓出土的鞋　　　　　图四　江陵凤凰山168号墓出土的鞋

出土的楚鞋多被称为麻鞋,其实并非都是全麻鞋。古代由于麻料丰富而质结,被用作制鞋的基本原料。纪南城南水门遗址出土的附耳无面鞋,制作较简单粗糙,形状及其搓绳编织法均与近现代草鞋相似,应属全麻鞋,当为平民百姓常用的一种鞋。而楚墓出土的不少鞋,用料比较复杂,不同部位使用不同原料,但往往不能全部完整的保存下来,或仅剩麻质部分而成为"麻鞋"了。《说苑·善说》:"襄成君始封之日,衣翠衣,带玉剑,履缟舄,立于游水之上。"《左传》昭公十二年:"楚子次于乾谿,以为之援。雨雪,王皮冠,秦复陶,翠被,豹舄,执鞭以出,仆析父从",郑氏注豹舄:"以豹皮为履。"《史记·春申君列传》:"春申君客三千余人,其上客皆蹑珠履以见赵使。"史书记载楚贵族穿的鞋,有称为缟舄、豹舄和珠履的。前两种鞋,鞋面料显然使用了丝织品和兽皮。而珠履,大概是指鞋面上嵌有珠饰的一种鞋。据《七国考》卷八引《襄阳耆旧传》云"盗发楚王冢,得宫人玉屐"(一作"玉履")的记载,楚王墓中还出土过玉履,这也可能是种饰玉的鞋。马山1号贵族墓出土的鞋共3双,其中2双保存不好,其原因主要是质地的关系。另1双保存了鞋面和鞋底,属二型鞋。鞋底用麻绳绕圈编结,底有许多勒结。鞋头分两层,表层用麻布,髹黑漆;里层用草编成。而鞋帮和口面均用大菱形纹锦面。这种鞋原料有麻、草、丝、漆等种,帮、面部位用丝织品的锦料制作,可称之为锦鞋,所谓"缟舄"应与之相似。包山2号墓为高级楚贵族墓,所出的鞋用料有麻绳、麻布、细草、皮革和漆。鞋底有四层,外层也用麻绳绕圈编结,并髹黑漆;中间两层为草编,一粗一细;里层为皮革。鞋帮面有两层,表层用麻绳经纬平编,内衬麻布,其上髹黑漆;里层为皮革。应是豹舄一类的皮鞋了。

　　履、穿、戴为人们服饰生活的三要素,出土的鞋是研究古人风貌的重要文物,考古发掘中也应加以特别珍惜。《新书·论诚》:"昔楚昭王与吴人战,楚军败,昭王走,屦决眦而行失之。行三十步,复旋取屦。及至于隋,左右问曰:'王何曾惜一踦屦乎?'昭王曰:'楚国虽贫,岂爱一踦屦哉?思与偕反也。'自是之后,楚国之俗无相弃者。"此楚昭王惜踦屦的故事至今尚有现实意义。

（原载《中国文物报》1995年12月3日）

纪南城文化遗存性质讨论

　　20世纪70年代,通过对江陵纪南城遗址的勘查、发掘,使学界较全面地了解到该城址的文化内涵,证明现存城垣遗迹非"始都郢"时所筑,判断纪南城为战国楚郢都所在,其建筑年代大约为春秋晚期至战国早期。[1]进入80年代以后,对纪南城的考古研究有了较深入的开展,同时也出现一些需要重新讨论、重新认识的问题。有关纪南城遗存的年代、性质的意见分歧,关系到楚人的活动、楚国的扩张、纪南城的兴废及郢都的所在地等楚文化研究的关键性问题。纪南城地下水位较高,地面布满现代村舍和农田,考古工作难度较大。过去的工作虽然规模很大,但也只是纪南城考古的开端,所获资料多不完整,并存在一些混乱现象,但文化基本面貌已有反映,它显然是有别于中原东周列强的一支自成体系的文化。

　　关于纪南城遗存的年代,由于资料不完整,多依据器物排比和局部的地层关系来加以说明,因而出现较大意见分歧,偏差往往出于参加排比的器物多采用龙桥河西段调查采集的缺乏地层关系的陶器。[2]而龙桥河西段一带是纪南城的制陶作坊区,该区有如下几个特点。第一,有密集的水井、窑址。由于掘井、建窑、制坯取土、烧窑出渣等因素,文化堆积相当复杂。第二,该作坊区规模大,除烧制日用陶器、建筑材料以外,还烧制大量的明器,包括仿铜陶礼器和仿日用陶器。例如被称为"真正楚鬲"的短足矮裆鬲,[3]多为泥质,[4]实是一种仿日用周式鬲的明器,并无日用价值,常见于墓葬和制陶作坊遗址中,它的时代特点往往偏早,就如战国早期的曾侯乙墓随葬有仿西周"周式"铜鬲[5]的情况一样。第三,已清理的水井,因水位高、易塌方等原因,一般只清理了井的上部,所集遗物时代多较

〔1〕 湖北省博物馆:《楚都纪南城的勘查与发掘》(上)、(下),《考古学报》1982年第3、4期。
〔2〕 王光镐:《楚文化源流新证》,武汉大学出版社,1988年。
〔3〕 王光镐:《楚文化源流新证》,武汉大学出版社,1988年。
〔4〕 湖北省文物考古研究所:《纪南城新桥遗址》,《考古学报》1995年第4期,第426、427页,A型陶鬲。
〔5〕 湖北省博物馆:《曾侯乙墓》,文物出版社,1989年,第203页。

晚，缺乏时代较早的井底遗物。IJ93为木圈井，井圈木经碳14测定，年代距今2 365±80年和2 305±80年，[1]是建筑年代较晚的一座水井，清理深度达1.80米，所出3件汲水罐，最底下的为2式，中间的为3式，最上部的为5式。[2]可见，水井使用时间一般都较长，井底部遗物才较接近其建筑年代。以上三点可说明用制陶作坊区采集的陶器进行分期排队所得年代并不可靠。我们认为纪南城这样一座东周大型城址的年代分期，必须对目前情况进行全面综合考察。依纪南城所见全部遗存，大体可归纳为四大期。

纪南城第一期遗存发现较少，城内可以肯定的只有摩天岭下层。[3]摩天岭遗址位于纪南城西北徐岗区（纪南城内以现在四个自然乡村分为四大考古区：西北部为徐岗区，西南部为新桥区，东北部为纪城区，东南部为松柏区）中部，地势略比附近地面高。纪南考古工作站曾对该遗址进行小面积发掘，发掘时未将地层完全划分开。所出的陶器中，有一部分明显属于鄂西地区的一种商周类型，本人从族属的角度考虑，称之为"早期楚民族文化"。[4]陶器主要器形有鬲、盂、高领罐、豆、盆和瓮。基本特点是以红褐陶、黑皮陶为主，器物造型多束颈，口沿外侈，唇部上仰下钩，鬲足下部经修削，所饰绳纹较粗。这些特点与当阳磨盘山出土的陶器相同，时代相当于西周晚至春秋早期，为一般的村落遗存。纪南城东北角外，九店M224、M201，出圆腹饰篦纹或方格纹罐和喇叭形柄座深盘豆，[5]其时代大体也与城内第一期遗存相当。纪南城第一期遗存证明，纪南城及其附近是早期楚民族的活动地区。

纪南城第二期遗存，集中发现于纪南城内西北部，即徐岗西部至板桥（松柏东北角）、新桥北部一带。主要遗存有摩天岭中层、[6]陕家湾墓地和东岳庙墓地、龙桥河西段IJ111[7]和新桥遗址第一期遗存。[8]陕家湾和东岳庙均距摩天岭遗址不远，陕家湾在摩天岭东北方，东岳庙在摩天岭西南方，三处遗存关系密切，可看作为同一阶段的一般聚落居址和墓区。摩天岭遗存中，有一部分时代大约相当于春秋中、晚期的遗物，例如"简报"西周遗物中的A型Ⅲ式鬲、C型盂、Ⅱ式豆、A型Ⅰ式罐、瓮和东周遗物中的盆等。

陕家湾和东岳庙两个墓地的墓葬数量不多。陕家湾经两次发掘共5座。东岳庙经钻探发现15座，发掘7座。时代最早的为陕家湾M1，断为春秋中期偏早。时代最晚的为东

〔1〕 《楚都纪南城考古资料汇编》，1980年湖北博物馆编印，第74页。
〔2〕 《楚都纪南城考古资料汇编》，1980年湖北博物馆编印，第74页。
〔3〕 湖北博物馆江陵工作站：《江陵县纪南城摩天岭遗址试掘简报》，《江汉考古》1988年第2期。
〔4〕 杨权喜：《早期楚民族文化的探索》，《楚文化研究论集（第三集）》，湖北人民出版社，1994年。
〔5〕 湖北省文物考古研究所：《江陵九店东周墓》，科学出版社，1995年。
〔6〕 湖北博物馆江陵工作站：《江陵县纪南城摩天岭遗址试掘简报》，《江汉考古》1988年第2期。
〔7〕 湖北省博物馆：《楚都纪南城的勘查与发掘》（上）、（下），《考古学报》1982年第3、4期。
〔8〕 湖北省文物考古研究所：《纪南城新桥遗址》，《考古学报》1995年第4期。

岳庙M3，为春秋战国之交。这些墓葬中，规模最大的为东岳庙M4，长4.8、宽2.9米，单棺单椁，出土陶器有鬲、盂、豆、罐。盂、罐为磨光黑陶暗纹器，与当阳赵家湖第三期乙类墓[1]相近似，级别并不算高。城关北角外的九店墓地也有同一阶段墓葬，即"报告"所分的甲组第三至五段墓葬。[2] 这些墓葬形制、出土陶器与城内墓葬基本一致，并从出土陶器可知，这些墓承第一期墓葬而来。关于其文化性质，"报告"编者认为属姬周文化。这个观点，如果从广义的角度上来讲周文化并不存在什么问题。因为所讲周文化，实质上就是周代我国古代文化共同体——华夏文化。而江汉地区东周时代的楚文化，实质上又是华夏文化的一个地方类型。但是"报告"之所以分甲组、乙组墓，实是指狭义的姬周民族文化，即周人文化。这就必须加以辨正了。我们认识楚文化的形成和发展，必须将"楚"的四个不同概念（民族、国家、地域、文化）加以区分。作为考古学文化的"楚"，起始时代目前可溯至西周晚期。它是与姬周王朝的衰落、楚国的崛起、楚人和楚地的其他民族的活动分不开的。楚国开始于鄂西荆山——小邑，"土不过同"。楚国初期疆域不及江陵或纪南城，学术界并无异议。但不管是楚国，还是江陵某国，都属楚地，从纪南城第一期遗存可知，江陵纪南城一带是早期楚民族的活动区。广阔的楚地在姬周王朝衰落、楚国迅速崛起之前早已成为中央王朝的南土，[3] 均接受周文化，是华夏文化的覆盖范围。楚地在物质文化方面表现出来与中原的同一性是当时历史政治背景所决定的，地方文化的压抑或一段时间的匿迹是受姬周王朝的统治而被制约的结果。然而具有悠久发展史的鄂西原始文化和夏商以来的外来文化仍然在起作用。当周王室衰落、诸侯崛起到来之时，鄂西原存在的各支区域性文化得以生机，得到不同程度的复兴。但历史条件和政治力量对比均发生了变化（如在鄂西周王朝力量削弱、楚国势力增强），各支文化（包括姬周文化）不可能沿原轨道继续发展，不可能以原面貌出现。各支文化经长期交互作用，相互吸收与融合成为必然，一种以楚匡、楚人为中心的新文化共同体——楚文化便孕育而成。楚文化与其他考古学文化一样，包含着一定的时空概念，从我国古代文化区系的角度着眼，春秋战国时期的纪南城也包括其中。另一方面，楚民族文化与楚文化还不能完全等同，特别是在楚文化体系形成（春秋中期前后）之前表现更为明显。典型的楚文化，应是楚民族文化。纪南城及其四周的东周文化属典型的楚文化。从战国时期的典型楚文化（图一，11-15）向上追溯，认识了纪南城之西当阳赵家湖一带的春秋时期的典型楚文化（图一，1-5）。无论战国还是春秋时期，典型楚文化的陶器基本器物群为鬲、盂、豆、盖豆、罐、盆、瓮等，其中盂包

〔1〕 湖北省宜昌地区博物馆、北京大学考古系：《当阳赵家湖楚墓》，文物出版社，1992年。
〔2〕 湖北省文物考古研究所：《江陵九店东周墓》，科学出版社，1995年。
〔3〕 杨权喜：《湖北商文化与商朝南土》，《中国商文化国际学术讨论会论文集》，中国大百科全书出版社，1998年。

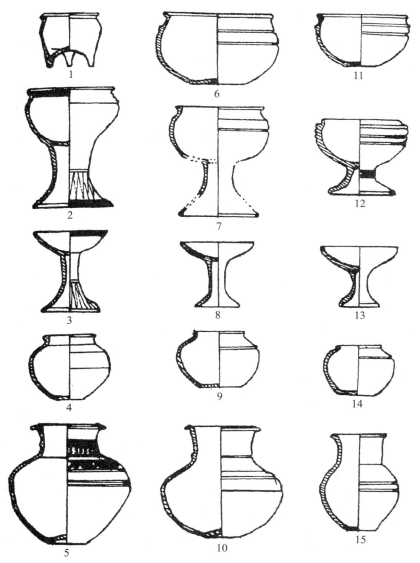

图一　赵家湖、九店、纪南城出土陶器比较图

1-5. 赵家湖春秋楚墓出土的鬲、高足盂、豆、小罐、长颈罐（均为赵家湖春秋中期的金家山M9出土，并
　　与铜鼎、簠、盏、铜共存）　6-10. 九店甲组墓出土的盂、高足盂、豆、小罐、长颈罐（器号分别为M242：3，
　　M248：4，M638：3，M245：1，M638：1）　11-15. 纪南城内第三、四期的盂、盖豆、豆、小罐、长颈罐［器号
　　分别为龙桥河Ⅱ（1）：12，龙桥河Ⅱ（1）：19，30号台T45③：45，龙桥河Ⅱ（1）：3，龙桥河Ⅱ（1）：27］

括高足盂（常被称为"簋"的）；罐的颈部逐渐加长，被称为长颈罐（过去称为长颈壶）；盖
豆由簋演变而来。从西周晚期至战国晚期的变化序列和因袭关系都相当清晰。一般墓葬
的随葬陶器大部分存在一个由随葬日用器到随葬礼器（多仿制品）的过程，转折点在春秋
晚期，而日用器的完整组合为鬲、盂、豆、罐。九店甲组墓的陶器（图6-10）器物组合中多

缺鬲,这只是组合不全的表现。再说九店甲组墓所出土的"簋",是盂加柄座成高足盂,非簋,与姬周西周早期墓盛行的簋无关(楚墓随葬品中另有簋,陕家湾M2内就有簋);罐也与周式罐无关,而具有鄂西另一种三斗坪类型[1]商周文化的遗风,如敛口折收腹罐,饰方格纹的鼓腹罐,显然与三斗坪类型的罐关系密切。早期巴人曾在江陵至三峡一带活动,[2]楚都附近有大量"下里巴人",楚文化中必然吸取一些巴文化因素。

关于高足盂,或称盂形豆,它是早期楚民族文化的典型器物之一。[3]目前发现的高足盂数量不多,除九店墓地出土8件外,当阳赵家湖墓地曾出土24件,另还在长江西陵峡东周遗址中见到过类似的器形。高足盂分布范围不出早期楚民族文化区。流行时代约西周晚期至春秋中期。高足盂和盂在墓葬器物组合中的作用大体相同。九店19座甲组墓中,只出罐的有2座,出豆、罐的4座,出盂、豆、罐的7座,出高足盂、豆、罐的4座。后两种组合中,高足盂不与盂共存;M242的盂、豆、罐与M225的高足盂、豆、罐,据"报告"附表二的随葬器物登记表,可知两墓的豆、罐型式完全相同。而所绘M225高足盂的腹体形态与M242盂的形态相近似,用途和时代都应相当。在一种器物底部加圈足或三足的作风,是早期楚民族文化分布区的土著文化传统,在该区新石器时代文化中有圈足罐、三足罐、圈足盘、三足盘、圈足碗、圈足豆、圈足杯,而典型楚式鬲的特色正是在盆和罐的底部加三足,圈足壶的情况也相同。高足盂的柄座,也是由圈足演变而来。陕西关中及关东洛阳是典型姬周文化分布区,这一带东周姬周墓陶器组合已不见簋,也不见高足盂。含有高足盂的九店甲组墓显然不可能为姬周墓,而应属楚墓。九店甲组墓出土的高足盂,形态接近于当阳赵家湖Ⅳ式高足盂(赵家湖"报告"亦称簋),时代偏晚,约相当于春秋中期。

当阳赵家湖出高足盂者为级别较高的甲类墓。陶质高足盂往往与铜质鼎、簋、盏共存。甲类春秋墓陶器组合中有鬲,为鬲、高足盂、豆、罐(有的墓加陶鼎),一般春秋墓陶器完整组合为鬲、盂、豆、罐,高足盂同样不与盂共出。赵家湖出土的高足盂,除制作规整,饰弦纹外,还有圈足上饰暗纹和口沿内面涂透明胶质的Ⅳ式高足盂(图一,2),礼器性质较为明显。无论九店还是赵家湖,高足盂都以偶数出现(九店2件、赵家湖4件),符合一般楚墓礼器偶数配置的制度。《仪礼·既夕礼》郑玄注"大夫以上,兼用鬼器、人器也",《礼记·檀弓上》"夫明器,鬼器也;祭器,人器也"。赵家湖共存于一墓的一组铜器和一组陶器,应有祭器与明器之别。而赵家湖同时出现铜、陶两套器物的墓中,类别也有区分,用高足盂者属甲类墓,用盂者则归为乙类墓,两类墓的等级显然一高一低。在楚墓中,高足盂

〔1〕 杨权喜:《西陵峡商周文化的初步讨论》第一类遗存,《中国考古学会第七次年会论文集(1989年)》,文物出版社,1992年。
〔2〕 杨权喜:《关于巴、濮若干问题探讨》,《湖北省考古学会论文选集(二)》,《江汉考古》编辑出版,1991年。
〔3〕 杨权喜:《早期楚民族文化的探索》,《楚文化研究论集》(第三集),湖北人民出版社,1994年,第54-58页。

比盉的身份等级含义要高。

新桥遗址第一期遗存，主要为一个灰坑（H5），出鬲、盂、豆、盆、罐、瓦。在龙桥河西段新开河道宽约60米、长约1 000米的范围内发现水井256座以上。其中土井有71座，作过清理的仅4座，并因水位高而只清理了井的上半部分。IJ111是其中一座，出土陶器有鬲、瓮、豆、盆、罐、器座、筒瓦、板瓦等。新桥第一期遗存和龙桥河西段IJ111所出的陶器形态有接近东岳庙M4的鬲、豆；汲水罐接近圆形；瓮为仰折沿，斜鼓肩；盆为窄沿，鼓腹。瓮、盆是春秋中期的形态。特别值得注意的是：这两地都出瓦类，并有大量土井发现。大部分土井时代偏早，不少可能属此期。密集的水井和瓦类，表明可能存在一座范围较小的纪南城。

纪南城内外，除已发表的保存于地面的城垣以外，还有多处近似城垣的"堤"。经1975至1976年对纪南城的全面勘查和局部发掘，多断其为唐宋之后的防水堤，如新桥东部南北向的小堤子就筑于宋代以后。但是，在徐岗摩天岭东侧的"龙堤"则还有待于今后继续工作。"龙堤"为南北向，与南部的"小堤子"基本相接，其形制高大，与纪南城城垣相似。本人曾组织人员在它的南端作过横截，内部结构与纪南城西城垣区别不大，只在东侧边缘部位表土以下见到一块白瓷片，因而暂未列入纪南城遗存之列。如果它是东周城垣，并属第二期城垣，那么将它与密集的土井和出土的瓦类，以及与纪南城外东南方的岳山春秋中期铭文铜器墓（见《文物》1982年第10期。此墓有铜器鼎、盏、簠、缶、盘、匜各一件，还有陶器罐、豆和漆器等，其中铜簠有铭文26字）联系起来，就大大增加了纪南城为"始都郢"（即春秋时期的郢都）的可能性。

纪南城第三期遗存，主要有30号台第五层、西垣北边门第五层、南垣水门第四层、[1] 79·松柏鱼池第五和第六层、[2] 龙桥河西段一部分早期遗存、[3] 陈家台遗存、[4] 新桥遗址第二和第三期遗存、[5] 88·松柏鱼池早期遗存[6]等。该期遗存年代，据楚墓年代序列，大约相当于战国早期至战国中期，文化性质明显属楚，这并无原则性的异议。主要问题在于它是否与楚郢都纪南城城址相关，如果认为只是"一般的贵族遗存，而与都邑之类风马牛不相及"，[7] 那就需要进行讨论了。

---

〔1〕　湖北省博物馆：《楚都纪南城的勘查与发掘》（上）、（下），《考古学报》1982年第3、4期。
〔2〕　湖北省博物馆江陵工作站：《纪南城松柏鱼池探掘简报》，《江汉考古》1987年第3期。
〔3〕　湖北省博物馆：《楚都纪南城的勘查与发掘》（上）、（下），《考古学报》1982年第3、4期；杨权喜：《楚都纪南城东北部发现的古井、窑址和古河道》，《楚都纪南城考古资料汇编》，湖北省博物馆编印，1980年。
〔4〕　湖北省博物馆：《楚都纪南城的勘查与发掘》（上）、（下），《考古学报》1982年第3、4期。
〔5〕　湖北省文物考古研究所：《纪南城新桥遗址》，《考古学报》1995年第4期。
〔6〕　湖北省文物考古研究所：《1988年楚都纪南城松柏区的勘查与发掘》，《江汉考古》1991年第4期。
〔7〕　湖北省文物考古研究所：《纪南城新桥遗址》，《考古学报》1995年第4期；王光镐：《楚文化源流新证》，武汉大学出版社，1988年，第442页。

第三期遗存普遍见于历次纪南城内不同区域的各遗址调查、发掘中,证明它的分布范围广大,几乎遍及全城。分布情况与第一、二期遗存截然不同,绝非是与都邑风马牛不相及的情况。在30号台、陈家台、西垣北门、南垣水门、龙桥河西段、松柏鱼池、新桥等遗址中都有该期的大量的遗迹和遗物。30号台位于城东南部的宫殿区(在宫城内),第五层的F2,暴露墙基五道,墙基南北长34、东西宽26米,并非是一般房屋。陈家台位于城西南部,为一处铸造作坊遗址,夯土台基南北宽20、东西长80米,房屋散水用筒瓦、板瓦铺砌。夯土台及四周有大量稻谷遗存,炭化米经碳14测定,距今2 410年±100年,[1]出土大量的筒瓦、板瓦和一些铜矛、锡钉,也不是一般的遗迹。南垣水门的木构建筑,为一门三道的城垣水门建筑,它打破第四层而被第三层所压,时代早于第三层,建筑木料经碳14测定,年代距今2 430±75年,[2]应归为第三期建筑。所谓"纪南城城垣下出土的木构建筑上的木头的测定,年代距今1 870±85年或1 820±85年,约当公元80年或130年前后"[3]的问题,据发掘者讲,所测木料是中国社会科学院考古所的同志参观发掘工地时,随地所采,实为该遗址第二层(汉至三国时期堆积)的木料,[4]与纪南城无关。西垣北门位于城西北部,第五层有大量灰坑、水井,并出土许多筒瓦、板瓦。在建城门前,附近显然有较重要的建筑。龙桥河西段位于城中部偏北,暴露有大量早期水井和窑址,是一处沿续时间相当长的制陶作坊区。IJ79,为陶圈井,井内木头经碳14测定,年代距今2 550±80年;[5]IJl67,为木圈井,井圈木经碳14测定,年代距今2 455±80年和2 385±80年。[6]龙桥河西段这些水井出土的筒瓦、板瓦数量极多。还应指出的是,无论城内何处的第三期遗存,都包括大量陶器和大量筒瓦、板瓦,可惜未能全部整理发表。分布面积广大,而内容丰富的第三期遗存,特别是普遍存在的大量筒瓦、板瓦、瓦当,显然是纪南城存在的重要标志。

纪南城第四期遗存,地层多被秦汉墓打破,普遍见于历次纪南城不同发掘点的上层。代表遗存有30号台第三和第四层、西垣北边门第三和第四层、南垣水门第三层、[7]79·松柏鱼池第三和第四层、[8]龙桥河西段晚期遗存、[9]新桥遗址第四期遗存[10]等。这些遗存的

〔1〕 北京大学历史系考古专业碳十四实验室:《碳十四年代测定报告(续一)》,《文物》1978年第5期,第76页。
〔2〕 中国社会科学院考古研究所实验室:《放射性碳素测定年代报告(七)》,《考古》1980年第4期,第372页。
〔3〕 王光镐:《楚文化源流新证》,武汉大学出版社,1988年,第432页。
〔4〕 湖北省博物馆:《楚都纪南城的勘查与发掘》(上),《考古学报》1982年第3期,第341页。
〔5〕 中国社会科学院考古研究所实验室:《放射性碳素测定年代报告(五)》,《考古》1978年第4期,第287页。
〔6〕 中国社会科学院考古研究所实验室:《放射性碳素测定年代报告(五)》,《考古》1978年第4期,第287页。
〔7〕 湖北省博物馆:《楚都纪南城的勘查与发掘》(上)、(下),《考古学报》1982年第3、4期。
〔8〕 湖北省博物馆江陵工作站:《纪南城松柏鱼池探掘简报》,《江汉考古》1987年第3期。
〔9〕 杨权喜:《楚都纪南城东北部发现的古井、窑址和古河道》,《楚都纪南城考古资料汇编》,湖北省博物馆编印,1980年。
〔10〕湖北省文物考古研究所:《纪南城新桥遗址》《考古学报》1995年第4期。

年代和性质均承第三期遗存。年代下限为公元前278年秦白起拔郢之时,而上限则不完全一致,大体始于战国中期晚段。第四期遗存,除地面上可见的巨大的城垣和城内已确定的84座夯土台基之外,发掘所见主要有西垣北门遗迹,30号台F1大型宫殿建筑,第一期沿用下来的南垣木构水门遗迹和新桥、龙桥河西段、松柏鱼池等地密集的窑址、水井、坑穴,以及这些遗迹中出土的镶嵌花纹门环、浮雕花纹饰件、印章等精致铜器;釜、坩埚等大型铁器;升鼎、镬鼎等重要仿铜陶礼器和大批日用陶器;浮雕花纹空心砖、大型井圈、排水管、筒瓦、瓦当、板瓦等高级建筑材料。

在纪南城四周,相当于三、四期的遗存最为丰富。有大土冢的纪山、八岭山、马山"公墓"群和拍马山、太晖观、九店、雨台山、武昌义地、葛陂寺等"邦墓"群。已发掘的有天星观M1、包山M2、望山M1等较高级的墓葬和数以千计的中、小型墓葬,有南垣水门外出25具彩绘编磬的夯土台基群。江陵地区出土的大批楚物精品,大部分属纪南城三、四期。纪南城内外调查发掘的楚国遗迹、遗物,无论是分布范围、规模大小,还是数量多少、质量高低,都是其他地区与之无法相比的,加上有古文献相关记载互为印证,初断纪南城为战国时期楚之郢都。

80年代末开始,楚文化研究工作重心有向北移的趋势,甚至有将江陵及楚郢都也说在今汉水之滨的宜城[1]的观点。而"纪南城只是一个战国中期晚段至战国中晚期之际的楚城,存在了不过四五十年",为楚陪都,称"栽郢"。[2]

陪都,即楚之别都,是楚王偶尔居住之地。据文献记载,楚别都多达十余处。考古发现的也有楚皇城、东不羹、城阳、古鄀城、上蔡、期思、鄂王城等遗址。楚之别都大都是原江淮春秋诸侯国都城,江淮诸侯被楚灭亡之后,都城一般停止扩展建设,其规模只相当于楚县邑。

有种说法:"春秋中期以前,江陵地区还未十分开发。"[3]那么,楚国为何要在今江陵突然新建一座宏大的别都?而作为存在历史瞬间的楚别都又怎能形成方圆数十公里范围的楚国建筑群和陵墓群?何况在纪南城之东约50公里处另有一处更早的楚宫遗址。[4]如果宜城楚皇城为真正的郢都,那为什么不筑郭城,又怎不见超过江陵规格的陵区与楚物?《国语·楚语》:"且夫制城邑,若体性焉:有首领股肱,至于手拇毛脉,大能掉小,故变而不勤。地有高下,天有晦明,民有君臣,国有都鄙,古之制也。"根据楚国的城邑制度,都城的建设严格区别于一般城邑的建设,别都也不能超越楚之郢都。

〔1〕 石泉:《古代荆楚地理新探》,武汉大学出版社,1988年,第479页。
〔2〕 王光镐:《楚文化源流新证》,武汉大学出版社,1988年,第456、458页。
〔3〕 李玉洁:《楚史稿》,河南大学出版社,1988年,第55页。
〔4〕 湖北省考古学会:《楚章华台学术讨论会论文集》,武汉大学出版社,1988年。

郢都的建设与规模必然和东周其他列强之都一样，在都城之外圈筑包围于宫城、手工业作坊、集市、民居的郭城。楚城中有郭城者，除楚晚期之都陈城、寿春之外，只有纪南城和固始蓼城（蓼城城址面积11平方公里），蓼城不可能为郢都。纪南城城址面积达16平方公里，并在东南部发现有宫城残迹，城址内外遗迹遗物的丰富大大超过其他任何一处楚城，只有纪南城才具有雄极一时的楚国都城气势，因此，只有纪南城才可能是郢都。

从地层关系观察，纪南城的城圈形成较晚。例如西垣北门和北垣（曾作过试掘）底均压着时代较晚的遗存，西垣北边门和南垣水门第三层属于城门使用期堆积，出土遗物有的晚至战国晚期。但这并不能断定其年代较晚。第一，以上所述，纪南城普遍存在第三期的城邑遗存；第二，西垣北边门（第五层）和南垣水门底部（第四层）遗存的年代不可能晚至战国中期；第三，先秦时期我国南方的土筑城垣，存在常遭战火和自然雨水毁坏而经常增修、补筑的情况；第四，以上所述我国东周城邑的发展，到战国时期有一个突变的过程，即在宫城的外围加筑郭城。《管子·度地》："内为之城，城外为之郭"，北方的韩都新郑、赵都邯郸、齐都临淄、燕下都等东周大城市的扩展均在战国时期。这时期由于铁器的广泛应用，手工业、农业、商业都得到了空前发展，"车毂击，人肩摩"（《战国策·齐策一》），城市十分繁华。"筑城以为君，造郭以守民""凡欲安君治民，兴霸成王，从近制远者，必先立城郭，设守备，实仓廪，治兵库""造筑大城，周回四十七里"（《吴越春秋》卷上《阖闾内传》），为了适应当时政治、军事的形势，东周列强都纷纷在都城造筑大城（郭城）。现存纪南城城垣正是战国阶段加筑的郭城；第五，据文献记载，"楚徙都郢，未有城郭"（《左传·襄公十四年》杜注），春秋期间楚国曾多次"城郢"，但直至公元前559年，楚国令尹子囊临终前还针对外敌攻郢而嘱咐："必城郢。"可见，楚郢都城非一次筑成，在未筑郭城之前的城，肯定规模较小，而子囊所说的"城郢"是指修筑郭城，郭城修筑的年代较晚有历史文献相印证。

纪南城是我国东周时期最大的都市之一，它处于江汉平原西部富饶的长江北岸、云梦泽之滨。其西通巴蜀，南接百越，北连中原。这一带自旧石器时代以来，一直是一支古老文化（纪南城遗址范围内，就有朱家台、毛家山大溪文化遗址和龙王庙屈家岭文化遗址，朱家台还有丰富的石家河文化遗存）孕育之地。至商代，商王朝"奋伐荆楚"，在纪南城附近就发现了商王朝控制我国南方的一个重要据点。[1]纪南城之西的万城出土过一组重要的西周早期邶国铜器，又可说明西周阶段纪南城一带也有城邑建设。周夷王之时，楚熊渠曾经夺得"江上楚蛮之地"，并封长子康为句亶王。《史记·楚世家》集解引张莹说，

---

〔1〕 杨权喜：《湖北商文化与商朝南土》，《中国商文化国际学术讨论会论文集》，中国大百科全书出版社，1998年。

句亶王所在地即"今江陵也"。句亶王遗存可能就是纪南城第一期遗存,并沿袭至第二期遗存,与第三、第四期遗存有不可分割的联系。文献记载和考古发现都可以证明,楚国早在西周时期就曾占领江陵要地。因西周时期楚国势力还较弱,害怕周厉王"伐楚,亦去其王"(《史记·楚世家》)。只说楚"去其王",并没有说楚放弃江陵。楚的一支可能从此盘踞江陵,为后来楚国迁此"都郢"打下了基础。

(原载《楚文化研究论集(第五集)》,黄山书社,2003年)

江陵纪南城的年代与性质再讨论
——兼论楚文化起源地和发展中心区域

　　江陵纪南城为我国最大和最重要的东周城址之一。对其年代与性质的判断,关系到楚文化起源地、楚文化发展中心区域、楚郢都所在地和楚文化典型特征及其年代分期等一系列楚文化研究中的关键问题。传统观点认为纪南城是春秋战国时期的楚国郢都遗址,1961年国务院将它列为全国第一批重点文物保护单位(名称:楚纪南故城,时代:东周)。纪南城的考古,经过20世纪70年代的全国性的"考古大会战"(下称"会战")之后,正式发表了一批发掘报告,[1]初步肯定纪南城是楚郢都,其城垣建筑于春秋晚期至战国早期,废弃于秦将白起"拔郢"的公元前278年,因而可以说纪南城是"战国郢都"。但因考古工作还做得不够深入,尚未肯定它是"春秋郢都"。纪南城的考古报告发表以后,学术界出现一些不同意见,并纷纷著书,把纪南城的始建年代推迟至战国,甚至推迟至战国中期晚段;把纪南城只定为"战国郢都",甚至说它根本不是楚郢都;把探索楚郢都和楚文化起源地、楚文化发展中心区域的目光从沮漳河流域引向蛮河流域。这实际上影响了楚文化研究(对考古资料的研究)的深入开展,也是"进入90年代,楚文化的研究日渐萧条,几乎到了无话可说的地步"[2]的主要原因之一,因为蛮河流域的楚文化遗存级别低、数量少,根本不能与沮漳河流域丰富的楚文化遗存相比。

一、纪南城年代与性质的不同看法

　　对纪南城年代与性质的看法,除传统观点和考古的初步判断以外,不同看法集中反映

---

〔1〕　湖北省博物馆:《楚都纪南城的勘查与发掘》(上)、(下),《考古学报》1982年第3、4期。
〔2〕　俞伟超:《江陵九店东周墓·序》引王光镐语,科学出版社,1995年。

在四本专著之中。

1.武汉大学石泉著《古代荆楚地理新探》第418页"但我们不能不于此郑重指出：迄今为止，单凭现有的考古材料，充其量只能说明这个'纪南城'遗址是战国时具有都城规模的楚国大城"；第479页"楚郢都及齐梁以前的古江陵故址虽有迁徙，始终未出今宜城县南境"；第479页"今楚皇城遗址应即楚郢都及其后继城市秦汉江陵城故迹"。[1]

石先生是研究古代荆楚地理的已故著名学者，博士生导师。他据古文献考证纪南城不是楚郢都，是战国楚大城；楚郢都在蛮河流域今宜城县的楚皇城遗址。

2.武汉大学王光镐著《楚文化源流新证》第449页"纪南城城址是从战国中期晚段开始形成起来的，此前根本无所谓'纪南城'"；第457页"……它（纪南城）作为楚城址的年代却只有四、五十年"；第458页"纪南城……绝非楚郢都……我们认为，这是一座楚宣王至楚顷襄王元年前后的楚陪都，称'栽郢'"；第460页"真正的楚郢都应在汉水西部的今宜城楚皇城遗址"。[2]

王先生当时是武大考古专业的负责人，副教授。他用纪南城的一些考古资料，主要是陶器资料印证石泉先生对纪南城和楚郢都的看法，并具体证明纪南城作为楚城形成于战国中期晚段，其年代仅有40至50年。

3.湖北省社会科学院尹弘兵著《楚国都城与核心区探索》第261至263页"再从纪南城遗址本身的发掘资料来看，据王光镐先生的研究……纪南城……存在时间不过四、五十年……王光镐先生的年代推定应无问题""纪南城应是整个战国中晚期的楚国都城……而其作为楚都的开始则当在战国中期早段或战国早中之际"；第246页"郭家岗遗址（在蛮河流域今宜城境内）……作为春秋楚郢都故址的可能性是最大的"。[3]

尹先生是新世纪的学者，曾在荆州从事过考古。他相信和同意王光镐先生对纪南城年代的推断，但他认为战国中晚期的楚郢都在纪南城，而春秋郢都在今宜城境内，在郭家岗的可能性最大。

4.湖北省社科院郭德维著《楚都纪南城复原研究》第33页"由以上的考古与文献资料证明：纪南城始建于楚惠王中后期，毁于顷襄王二十年（公元前278年），故是战国时代的楚郢都。楚在此建都将近200年"；第39页"结合楚国历史看，很可能是吴师攻破郢都（季家湖古城）……昭王被迫迁往鄢都，即返回原来的郢都。……昭王后想迁回南郢，但季家湖古城已遭严重破坏，只得在纪南城建新都。……一直到惠王时才修好迁都"。[4]

---

〔1〕 石泉：《古代荆楚地理新探》，武汉大学出版社，1988年。
〔2〕 王光镐：《楚文化源流新证》，武汉大学出版社，1988年。
〔3〕 尹弘兵：《楚国都城与核心区探索》，湖北人民出版社，2009年。
〔4〕 郭德维：《楚都纪南城复原研究》，文物出版社，1999年。

郭先生为湖北省社科院楚国历史文化所前所长、研究员,原在湖北省博物馆,曾长期在纪南城一带考古,对纪南城年代和性质的判断,部分比较切合实际,对战国郢都的论证接近考古的判断。但他对春秋楚郢都断定在距纪南城不远的当阳季家湖古城而不在纪南城。

　　石、王二先生对纪南城年代与性质的判断是二十多年前的事,近二十多年来在纪南城和蛮河流域均继续做了不少考古调查和发掘工作,又获得不少纪南城级别很高的考古资料,而蛮河流域并没有什么新的突破。我原以为石、王二先生的观点以此便会"不攻自破",让我没料到的是尹先生在他近期新著中还相信楚纪南城只存在40至50年的观点。《江汉考古》2011年第3期发表的王红星先生的《楚郢都探索的新线索》一文中,也同样相信纪南城的"始建年代为战国中期晚段"的说法。因而很有必要对纪南城年代与性质再作讨论。

二、纪南城年代的再讨论

　　纪南城年代与性质的考古初步判断与我有直接关系。1976年,由于我在纪南城"会战"中负责了多个地点的工作,又经常和指导当时纪南城"会战"的黄景略、俞伟超、张忠培、吕遵谔、杨建芳、严文明、李京华等先生一起到各发掘点现场,研究问题、交流意见,所以湖北省考古负责人谭维四先生在征得有关人员的同意后,安排我整理编写纪南城考古综合性报告。我经过两年多的时间,写出《楚纪南故城的调查与发掘》(下称《故城》)初稿,曾交俞伟超先生审阅,得到俞先生首肯。后因故匆忙改编成《楚都纪南城考古资料汇编》(下称《汇编》),[1]再后又压缩成《楚都纪南城的勘查与发掘》(下称《楚都》),分上、下篇正式在《考古学报》[2]上发表。《汇编》和《楚都》中谭维四先生执笔写的有关纪南城年代与性质的判断,基本来源于我写的《故城》初稿。《故城》结语中有"杜预和郦道元的说法(即纪南城是楚郢都),应当是可靠的""纪南城现在的城垣建筑年代当为春秋晚期至战国早期,很有可能是楚平王十年,即公元前519年'城郢'时所筑""……楚文王'始都郢',还是纪南城这个地方较为可信"。这就是我对纪南城年代和性质的基本观点,这观点至今未变。《楚都》定稿以后不久,报告主要执笔者之一的刘彬徽先生发表了一篇《纪南城考古分期初探》,[3]认为"现存纪南城的城垣乃春秋晚期或春秋战国之际所修筑……

---

〔1〕　湖北省博物馆:《楚都纪南城考古资料汇编》,1980年以内部资料印发。
〔2〕　湖北省博物馆:《楚都纪南城的勘查与发掘》(上)、(下),《考古学报》1982年第3、4期。
〔3〕　刘彬徽:《纪南城考古分期初探》,《江汉考古》1982年第1期。

战国时期的郢都在此,已基本得到证实""对于春秋时期郢都也在纪南城,虽尚无确证,但不可轻易否定它"。可见纪南城首批考古报告的主要执笔人对纪南城年代和性质的判断是基本一致的。

从以上报告编写过程可知,对纪南城年代与性质的初步判断,是参加纪南城"会战"主要负责人的集体意见,此意见又是在《考古学报》上发表,应当是考古界具有权威性的意见。

从学术界各种不同意见中可知,纪南城的年代判断最为关键。作为一处古遗址的年代,需据遗址的文化层及其相应文化层所出土的遗迹遗物进行考古的类型学研究判断。凡参加纪南城"会战"的考古人员都明白,在当时纪南城农村大面积动土和大量积水的条件下,在当时的社会历史环境中,虽考古人员是一流的,但在面对表土之下或动土工程中所暴露的大量的大范围的遗迹遗物时仍会感到茫然,要搞清楚这些遗迹遗物及其地层关系是十分困难的,有些甚至是不可能的。事实就有许多遗迹遗物及其地层关系尚未探究清楚,其中许多陶器标本缺乏地层关系而相当于采集品。而采集品往往都是城址废弃时的年代最晚的遗物。如果只用陶器(包括了一些采集品)作纪南城的文化分期,[1]进而判断它的年代,显然存在片面性。

纪南城考古报告中的年代判断,不仅仅用了一些陶器,更重要的还用了城内的遗址、墓地、遗迹、其他遗物(如铜器、铁器)和碳14测定的年代数据等资料,进行综合研究,大体将纪南城的文化层归为上、下两层;把东周遗存分为早、晚两期。早期相当于春秋,晚期相当于战国。

面积达16平方公里的纪南城不可能将文化层统一。它的文化层也没有连接起来,城内还有许多"空白"地带,纪南城是由许多较小的遗址(指东周遗址,城内还有新石器时代遗址)组成,而城内各遗址文化层及其出土遗迹遗物都不完全相同,各遗址或墓地分期只是判断纪南城局部区域年代的方法。

墓地,主要指城内两处春秋墓地(陕家湾和东岳庙)和一处秦汉墓地(凤凰山),城内较晚的汉代砖室墓和其他晚期墓除外。墓地年代也是纪南城局部区域的年代,但据当时的制度:城内不允许埋葬,因而可以判断城址存在的相对年代。另外,在纪南城内的西汉早期墓中出了有"江陵"字样的牍文,证明汉初江陵即今纪南城所在地的江陵,而不可能指今宜城。

纪南城的城垣遗迹,经钻探、解剖(探沟横截),已排除了几段晚期遗迹(为晚于纪南城的防水堤,如分隔纪南城为东、西城的小堤子),判明了平面近正方形的现存巨大城垣是

---

〔1〕 王光镐:《楚文化源流新证》,武汉大学出版社,1988年。

一个整体。当然也探掘出一些修补和加固现象,但它的始建年代应当一致。

发掘的西垣北门,文化堆积分五层。第三层为城门、城垣兴建至废弃期间的文化层;第四层为城垣夯土层;第五层为城门、城垣兴建前的文化层。第三层属战国,第五层属春秋晚期或稍后。可将第三层和第四层(城垣)归为纪南城文化层上层,属战国时期;第五层归为纪南城文化层下层,属春秋时期。

纪南城护城河的年代应与城垣大体相同,这可不必讨论。经过初步工作,城内三条较大的古河道的流向与今新桥河、朱河、龙桥河基本一致,但没有完全重合。新桥河自北向南流至城西南方通护城河,又在南垣中部入城;朱河自东北而来汇入护城河,在北垣中部入城;两河在城内中部偏西北处汇合成龙桥河,再向东流至东垣中部入宽广的长湖。城内三条古河道可能是筑纪南城城垣时人工疏通或开凿的具有交通、供水、排灌功能的河。

在"会战"前,南垣水门遗址的发掘将新桥河河床堆积划出四层:第3至第4层为东周文化层,其中第4层又划出两层。木构水门建筑被第3层和第4A层叠压,打破第4B层。第3层断为春秋晚期到战国时期,第4A层和第4B层都断为春秋晚期。实际上第4A层可划为第4层,被木构水门建筑打破的第4B层,可划为第5层。这样南垣水门遗址的文化层和三条古河道河床堆积的文化层都与西垣北门遗址的文化层近似,第3层和第4A层(第4层)可归纪南城文化层的上层;第4B层(第5层)可归纪南城文化层的下层。

1975年冬,村民在纪南城中部开挖新河道,将现存弯曲的龙桥河河道取直。那时我正在城内西南部的新桥工地,听说开挖新河的面积很大,便冒着隆冬严寒,往返步行10多公里去现场调查,有成千上万的民工在施工。出我所料,纪南城内最低洼的龙桥河两岸,竟然在距地表约3米深的动土面上(在现代河床底部)暴露出大量的遗迹遗物,其中有许多东周水井、几段古河道遗迹和黑灰土层。我立即决定安排几个技工赶往现场,尽量以遗迹单位采集、清理器物标本,并作记录。又把暴露的水井、窑址和文化堆积最丰富的范围(即1-4号堆积)标在大图纸上(因新开河道笔直,河宽均60米,开挖任务又划段(每段50米)分给"生产大队",按施工段标示遗迹位置而相对准确)。因春节已到和地下水突然大量涌出等原因,我们只匆忙调查清理了1 000多米长的河段(龙桥河西段)。这一带应为纪南城一处重要的制陶作坊区。[1]

需要说明的是,这里的水井和其他遗迹大多数存在地层关系不清的问题:叠压它们的地层已被挖掉,它们之间又缺乏互相打破关系,本身还可分出堆积的层次。例如水井至少还可分出使用期堆积和废弃期堆积两层(上、下两层)。所清理的水井均属暴露面以下部分,并非其最上部分,也不是最下部分(因多数水井未清理到底),清理部分所属层次不

〔1〕 杨权喜:《楚郢都的制陶手工业》,《楚文化研究论集(第二集)》,湖北人民出版社,1991年。

清楚；一些水井暴露面以下填满陶片、瓦片等杂物，当不属于水井使用期间的堆积物，而是废弃或有意填塞物，即可能属于废弃层（属上层，可能属于纪南城的最晚期堆积）遗物，但没有叠压关系作证，清理时也多数来不及作准确的文字说明。所暴露的遗物，尤其是陶、瓦片极其丰富。所采集的遗物只是极小部分，所选的遗物标本少之又少，所公布发表的遗物就只那些（约占采集遗物的数万分之一）。

在龙桥河西段获得的考古资料因缺少明确的地层关系和没作系统整理而没法进行分期。据其遗迹遗物特征和C14测定井内出土建井木料年代六个数据，[1]除Ⅰ段79号井的木料年代为公元前790年（西周晚期）以外，其余井的木料年代为公元前435年至公元前655年（春秋中期至战国早期），可大体断它们分属于纪南城文化层的上、下层，年代大体分属于战国和春秋。

城内东南部30号建筑遗址的发掘，是"会战"的重点，集中了大部分"会战"考古人员和经验丰富的专家，历时一年零九个月，发掘面积5 000多平方米。为了划分地层和遗迹的地层关系，又召集了经验丰富的考古人员进行多处的地层"解剖"（局部探沟发掘）、现场反复研究，最后才确定将文化层划为五层。第3层为战国时期堆积层；第4层为战国时期建筑房基（F1）；第5层为春秋时期建筑房基（F2）。第3层、第4层可归为纪南城文化层上层，属战国时期；第5层可归为纪南城文化层下层，属春秋时期，但没有进行清理发掘。

城内西南部陈家台遗址，文化层分三层。第3层属东周文化层，据所出土遗物和碳14测定炭化米的年代为公元前390至490年，[2]断此层为纪南城文化层上层，台基属战国时期。该遗址未见纪南城文化层下层。

以上各遗址的发掘和龙桥河西段的调查、清理情况，表明纪南城内普遍存在战国文化层，可以肯定它是战国城址。虽然战国城垣、城门、古河道堆积和30号台F2之下均有春秋文化层，但处于城内西南部的陈家台缺乏春秋文化层，城内还没发掘出春秋城垣，因而不能判断城内春秋遗存的分布范围，及城内有无春秋城址。

王光镐先生对纪南城的分期并不符合该城址的实际。第一，纪南城的陶器分为五期而没有五期相应的地层及其直接的地层关系；第二，纪南城内所发现的遗存，特别是大量陶器，大部分应属于该城废弃时所遗，基本特征属于战国中期（包括此期的早段、晚段），而不可能都属于所谓的第五期（战国晚期早段）。所分的五期陶器在纪南城考古中不存

---

〔1〕 中国社会科学院考古研究所：《中国考古学中碳十四年代数据集（1965-1981）》，文物出版社，1983年，第91-94页。

〔2〕 中国社会科学院考古研究所：《中国考古学中碳十四年代数据集（1965-1981）》，文物出版社，1983年，第91-94页。

在标尺价值。他的分期不是"无问题",而是有问题。除前面讲过只用陶器分期存在片面性之外,还有以下几个主要问题:

1. 采用了没有直接地层关系的陶器,包括许多采集品和随葬品。所使用的陶器不少没有公开发表;线图主要来源于1980年为中国考古学会第二次年会在武汉召开而匆忙编辑的非正式出版的《楚都纪南城考古资料汇编》(在此书第75页已说明"采集了大量东周陶器"),原器不少是我亲自采集与绘制;所分D型Ⅰ式鬲(河ⅠJ111:6)、东岳庙M3的鼎和敦、东岳庙M4的盂等均为不能复原的器物,而线图是我据器腹碎片的弧度勾绘复原的。所用陶器线图的来源情况,我较清楚,有些线图不宜用于年代分期。采用采集品或不够科学的线图进行年代分期显然有问题。

2. 他分期所用的陶器并不是实物,也不是照片,而只是其线图。分型分式只看线图上的器物形状和所绘纹饰,没有注意更为重要的陶质、陶色、制法和烧制火候,以及出土情况等因素;所用分期的标尺多为城址外楚墓(特别是江陵地区以外的楚墓)出土的陶器,这容易出现分期偏差。因为楚墓大都没有直接的地层关系,只靠排比的方法分期,本身明显存在不同看法。城址出土陶器与墓葬出土陶器还存在用途、质地、火候、制造等方面的不同。纪南城四周的楚墓与当阳、淅川等地的楚墓又有一些地域差异。

3. 对器物性质、用途的认识有误。例如认为真正的楚鬲是矮足矮裆鬲;把盘当作浅腹盂,并把它当作A型Ⅶ式盂的标本(盂腹没有"由深至浅"的变化过程。盂的用途相当于碗,为盛饭器。"浅腹盂"只能盛菜,为盘)。这些与楚文化陶器和纪南城出土的陶器情况大相径庭,而把许多典型的楚文化器物都排除出纪南城的分期。

4. 楚式鬲可分为炊器、盛器、储器、礼器、明器、祭器等不同用途的鬲。陶鬲又可分为商式、周式、楚式等不同性质的鬲。[1]而所分期中,有将不同用途和不同性质的鬲(例如A型Ⅰ式鬲为楚式鬲中的盛器,A型Ⅱ式和Ⅲ式鬲为周式鬲中的礼器)混在一起分型分式的情况。这完全违背了类型学的基本原理。

5. 参加分型分式的器物缺乏普遍性和典型性。例如所分的A型Ⅱ式和Ⅲ式鬲、A型Ⅶ式浅盘无盖豆等都是纪南城出土陶器中唯一的一件,而且分属于周式鬲和巴式豆,都是楚文化中的次要因素,即中原文化因素和早期巴文化因素。楚文化的分期怎能使用周文化和早期巴文化的器物呢?

以上几点就难免导致纪南城分期之误、判断其年代之差。巨大而具有丰富内涵的纪南城,不可能在楚国正走向衰落的战国中期晚段开始的40至50年间形成。如上所述,纪南城内发现的遗存年代大部分属战国中期,这与纪南城只存在于战国中期晚段至战国晚

---

[1] 杨权喜:《江汉地区的鬲与楚式鬲》,《江汉考古》2001年第1期。

期早段不符。至于一些大墓（都为冢墓）的年代属战国中期晚段至战国中晚期之际，只能说明这些墓的墓主死于那个年代，并不能证明所有大墓都是同时代的，也不能证明整个纪南城存在的年代。

三、纪南城性质的再讨论

关于纪南城性质，主要再讨论它是否为楚国的郢都和春秋楚国郢都是否在纪南城这两个问题。

第一，纪南城是楚国的郢都。

1. 石泉、王光镐二先生都认为纪南城不是楚国郢都，指出据考古资料充其量只能说明它是楚国大城，而楚国郢都在今宜城楚皇城。如此，我们不妨查阅楚皇城的考古资料，看能否证明它是楚国郢都。

楚皇城虽未对其做过大规模的考古，但做过许多调查和局部发掘工作。1976年冬，湖北省、襄阳地区、宜城县考古人员和四川大学考古专业的学生，联合组成楚皇城考古发掘队，对楚皇城连续进行了半年多的考古工作。在城内进行了小面积的发掘，解剖了保存于地面的城垣。发掘所见城内地层分为四层，第3层属秦汉文化层；第4层因没有见到可以断定它属于东周的遗物，所以只说它的时代早于秦汉。实际上没有发现楚遗存；城垣解剖所见城垣夯土内夹有春秋战国时期的遗物，城垣建筑年代也不能肯定是秦汉，还是春秋战国。实际上是秦汉城垣；在城内外进行调查，城址面积为2.2平方公里（实际上可以肯定的只是秦汉城址），比纪南城小七倍多；城内有"金城"，其夯土内有两汉遗物，其时代肯定属汉代；城内外虽发现遗物不少，但级别不高而绝大部分属秦汉；城外发现三处战国秦汉小型墓地，经发掘的墓墓主身份均较低。[1]楚皇城城址内没有发现楚夯土台基，更没有发掘出大型楚建筑遗迹，在城内发掘过程中甚至没有见到确定的楚文化遗存。楚皇城仅有上述考古资料，还不能断定现存城址属楚城，更不能证明它是楚国郢都，"充其量"可以判断它可能是沿用楚城的秦汉城址。

根据古文献有关记载和城内曾出土的一些东周陶器（多为采集品）和1件春秋大铜壶等遗物初步推测，楚皇城可能为楚国鄢郢所在地。《春秋左传》定公六年（公元前504年）记载，楚昭王"迁郢于都"，宜城原曾为东周都国所在地，宜城的蛮河古称为鄢水，而楚之"郢"字相当于今之"都"字，也就是楚王居住过的地方，故楚有鄢郢（鄢水附近的郢）之

---

[1] 楚皇城考古发掘队：《湖北宜城楚皇城勘查简报》、《湖北宜城楚皇城战国秦汉墓》，《考古》1980年第2期。

称。鄂郢又称北郢。而纪南城在其南,故称南郢。纪南城在纪山(在今荆门南部)之南,故又称纪郢。

楚皇城及其附近又经过二三十年的考古工作,虽有些较重要的发现,但没有能证明它是楚郢都的新资料,只会使"郢都在楚皇城"论者感到失望。证明楚皇城是楚郢都的考古资料实在没有或太少,这远远不能与纪南城丰富的考古资料相比。

2. 纪南城城址比楚皇城城址大7倍多,纪南城已确定有巨大范围的城垣、护城河,并有三条古河道与护城河相通,直通城外东部宽广的长湖,形成一个完整的护城、供水、排灌、交通水系;城内探明的夯土台基达84座(毛家园汉墓的发掘和1989年配合鱼池工程的考古,又新发现夯土台基3座以上),并集中分布于城内东南部和东北部的中部。在城内发掘发现了城门、水门、大型建筑和大范围的手工业作坊区域。20世纪80年代以后,纪南城考古工作又有不少新的重要发现,[1]进一步证明,此处存在许多大型建筑和金属铸造、烧制仿铜陶礼器、烧制一般陶器、烧制宫廷建筑材料等性质的大型作坊。它们之间还明显具有区域划分;城内出土遗物中有高级别的建筑材料、陶器(如城内新桥遗址[2]出土的一件未修复的仿铜陶鼎,直径达70-80厘米,比墓主为楚王的河南淮阳马鞍冢楚墓所出口径为69.5厘米的大鼎还大)、金属器(如铁釜、坩埚;铜门环、浮雕花纹铜饰件、印章;锡饼、大块金块等);在纪南城发现的东周水井等遗迹数量多到难以统计;发掘出的陶器、瓦类数量多到无法收集、无法存放、无场地整理。这也是纪南城考古报告专著一直没有编写出来的原因之一。

3. 纪南城城外附近的考古发现也不一般:

(1)城南郊也有建筑基址分布,并出土高级别的遗物。在南垣水门之南2公里处的一座夯筑台基上,出土过著名的彩绘石编磬25具;1988年在距出石编磬不远处暴露了用木框架夯筑大型台基的重要遗迹。[3]城南郊存在纪南城整体布局的重要部分,是什么性质的区域,目前还是个谜。

(2)纪南城墓区密布于城外周围数十公里范围内。城外东北部、南部、西部近郊密集了国民的"邦墓"之地;城外西北方远郊分布着许多冢墓,不少冢墓的封土堆具有楚王级别的规模和气势。[4]

(3)在城外之东约50公里处发现了建筑台基群,已发现的放鹰台建筑遗迹级别很高,是目前发现的保存最好的高台式楚建筑遗迹;在城外西北约18公里处最新又发现了蔡桥

〔1〕 杨权喜:《楚国城址的发掘与研究(二)》,《湖南省博物馆馆刊(第六辑)》,岳麓书社,2010年。
〔2〕 湖北省文物考古研究所:《纪南城新桥遗址》,《考古学报》1995年第4期。
〔3〕 杨权喜:《楚国城址的发掘与研究(二)》,《湖南省博物馆馆刊(第六辑)》,岳麓书社,2010年。
〔4〕 杨权喜:《20世纪中国文物考古发现与研究丛书·楚文化·楚国墓葬的发现与探讨》,文物出版社,2000年。

建筑台基群。这些建筑群当属于楚国的宫、庭、台之类的行宫、离宫性质的建筑遗址,也可能就是楚简中称为"X郢"的建筑遗址。我国著名的古地理学家谭其骧先生等许多专家都认为放鹰台是楚章华台遗址。[1]这些建筑台基群与纪南城和楚王的活动具有密切关系。

(4)在纪南城之西北方、沮漳河之西有十分丰富的春秋和战国楚文化遗存,其中在相距仅35公里处发现了当阳季家湖春秋楚城。[2]沮漳河之西的楚文化遗存与纪南城四周的楚文化遗存连成一片,特别是纪南城西北的川店一带并不存在东、西之分。

纪南城内、外的考古资料证明,其整体布局范围方圆数十公里,十分雄伟壮观,使人产生气势磅礴之感。所发现的遗迹遗物在楚国全境最为丰富多彩,反映了楚文化发展的最高水平,也反映出我国东周文化发展的高度。如果此处不是楚国的郢都,那么绝对不会有如此集中、如此重要的考古发现。

第二,春秋楚郢都在纪南城的可能性最大。

关于春秋楚郢都是否在纪南城,是还需继续探讨的问题。如上所述,春秋郢都在宜城楚皇城或郭家岗的判断,都可以否定,因为没有发现相应级别的遗迹遗物。春秋郢都在当阳季家湖的说法,从此处发现的遗迹遗物及其时代方面着眼,是有可能性的;季家湖"或许有可能是古罗国城址"[3]的观点,也是值得探讨的。而《楚都》报告的主要执笔者,包括我自己在内都较倾向于春秋郢都就在纪南城。理由有如下几点:

1.在纪南城内东南部的30号建筑遗址、西垣北门遗址、南垣水门遗址、龙桥河西段的作坊遗址中均发现有春秋文化层和遗迹遗物;城内西北部还有一处春秋早、中期的摩天岭遗址,[4]再加上城内西北部的陕家湾、东岳庙两处春秋墓地,整个纪南城遗址的时代肯定早于战国时期。

2.纪南城内已探明夯土台基共84座(实不止此数),城东南部占61座(后来发掘中又新发现3座),有的相距仅5米,排列有一定规律。值得特别注意的是在夯土台基密集区(30号建筑遗址在密集区东偏北部)的北边和东边,各钻探出一道疑似夯土墙遗迹,残墙基宽约10米;在东边夯土墙东侧又钻探出一条南北向的古河道。这条古河道在1988年的发掘中得到证实,[5]但还没有来得及做清理就已被淹没。从其暴露面观察,暴露堆积时代大体属战国,其下部是否存在春秋堆积还不清楚。

纪南城夯土台基密集区及其北边、东边夯土墙,以及东侧古河道可视为一个整体,这

〔1〕 湖北省考古学会编:《楚章华台学术讨论会论文集》,武汉大学出版社,1988年。
〔2〕 杨权喜:《20世纪中国文物考古发现与研究丛书·楚文化·楚文化遗址的发掘与研究》,文物出版社,2000年。
〔3〕 刘彬徽:《纪南城考古分期初探》,《江汉考古》1982年第1期。
〔4〕 湖北省博物馆江陵工作站:《江陵县纪南城摩天岭遗址试掘简报》,《江汉考古》1988年第2期。
〔5〕 湖北省文物考古研究所:《1988年楚都纪南城松柏区的勘查与发掘》,《江汉考古》1991年第4期。

个整体外围有城垣和护城河；这个整体内已发掘出大型建筑基址（30号夯土台基），因而可断这个整体为宫殿区，即属于纪南城的宫城遗址。30号建筑基址F1属战国时期的宫殿遗迹，F2则属于春秋时期的宫殿遗迹，正表明这个宫城遗址可能就是春秋楚郢都遗址。

3. 我国大约在春战之交，铁器开始广泛使用而使经济发生突变。楚国作为我国东周时代的一个强国，又可能是最早使用铁器的国家，[1]必然和东周其他强国一样，在都城原宫城外围建筑郭城。公元前519年"楚囊瓦为令尹，城郢"。[2]纪南城现存城垣应当属于郭城，大约在春秋晚期，即公元前519年以后，楚囊瓦为令尹时开始逐渐修筑而形成。郭城必然把当时已经存在的手工业、商业等经济活动区和相关居民区包围起来；把墓地迁移到城外。纪南城考古恰好印证了这种情况：纪南城宫殿区（东南部的宫城）之东、西、北面都发现了不少手工业作坊区和"空白"地带。"会战"期间还在城内西北部发掘了一处未见夯土台的一般居民点性质的王家湾遗址（发掘资料存纪南城考古工作站，未整理）；城内夯土台基的分布密集区，除东南部一处以外，在城内东北部还有一处，在广宗寺一带，共15座（其性质未探明）。其余夯土台基分布非常分散，城内西南部只有6座（包括陈家台），西北部仅2座。西南部的陈家台，经发掘证明它是作坊性质的建筑台基，是战国时期的铸造作坊遗址，并储藏过大量的粮食，发掘后发现有成堆的炭化稻米；陕家湾、东岳庙两处春秋墓地终止埋葬的年代约在春秋晚期，证明城内墓地已在筑郭城时迁出纪南城。

4. 在纪南城外围已经发现许多春秋楚墓。雨台山、[3]九店[4]等墓地都发掘了不少春秋楚墓。其中九店发掘的甲组墓属早期楚民族文化墓葬，[5]乙组墓属典型楚文化墓葬，两者具有直接的连续发展关系。雨台山、九店等墓地，不但墓葬数量多，而且性质相同的墓葬所属时代延续数百年。

在纪南城外东南方的草市曾发现级别不低的春秋贵族墓，[6]出土了有铭文"鄝白受"字样的春秋中期铜礼器，并且是楚文化典型的鼎、盏、簠、缶、盘、匜器物组合，可确定它属楚墓。这个地点属春秋时期的楚国墓地。在出土这批铜器的地点，曾全面钻探，但只发现一些小型墓而再没有发现较大的墓，表明这个春秋墓地和春秋贵族墓难以被发现。纪南城四周肯定还存在一些较高级的春秋楚贵族墓。

楚墓也和楚城一样，大约从春战之交墓制开始发生了重大变化，贵族墓葬的墓口从小逐渐变大，并在墓口之上加筑封土堆（土冢），土冢可一直保存到现在而成为考古寻找楚

---

〔1〕 杨权喜：《试论楚国铁器的使用和发展》，《江汉考古》2004年第2期。
〔2〕 《左传·昭公二十四年》。
〔3〕 湖北省荆州地区博物馆：《江陵雨台山楚墓》，文物出版社，1984年。
〔4〕 湖北省文物考古研究所：《江陵九店东周墓》，科学出版社，1995年。
〔5〕 杨权喜：《20世纪中国文物考古发现与研究丛书·楚文化·早期楚民族文化的探索》，文物出版社，2000年。
〔6〕 荆州地区博物馆：《江陵岳山大队出土一批春秋铜器》，《文物》1982年第10期。

贵族墓的重要指示。战国中期是楚冢墓发展的高峰，在纪南城外四周发现的 1000 余座冢墓中，大部分属战国，[1]正符合楚墓发展变化的状况。

战国早期，楚贵族墓的变化还不明显，地面仍不容易被发现。例如目前湖北全省发现战国早期的楚贵族墓不多，较典型的只有曾侯乙墓和蔡坡 4 号墓，[2]这两座墓均无明显土冢。曾侯乙如此高级的楚系墓，墓口尺寸也不是很大，当工程将墓坑炸开以后，经过几番周折才确定它是座古墓，开始还没判断出是什么时代的墓。[3]春秋晚期以前的楚贵族墓和小型楚墓一样，地面上没有任何标志，墓口尺寸大小与小型楚墓相差也不是很大。例如襄阳山湾有 5 座典型的春秋中、晚期的中型贵族墓，即 6 号、14 号、15 号、23 号、33 号墓，地面均无冢，墓口只较宽一些，坑壁接近垂直而墓底显得也较宽大些。[4]山湾墓葬是砖瓦厂取土挖出大量铜器以后才配合发掘出来的。湖北全省正式发掘的商至西周墓屈指可数，商周铜器多数是农民挖地或工程施工暴露而出。纪南城周围目前所发现的战国早期以前的大墓较少，并不能说明纪南城四周再也没有战国早期以前的楚贵族墓，同样不能以此否定春秋郢都或较早的郢都在纪南城。

5.《史记·楚世家》曰：“文王熊赀立，始都郢。”西晋杜预说：“国都于郢，今南郡江陵县北纪南城是也。”[5]北魏郦道元也认为：“江陵西北，有纪南城，楚文王自丹阳徙此。”[6]今纪南城东南方有一座秦汉郢城城址，[7]也许就是郦道元所指的“江陵”。湖北省内多处出土秦汉简牍都可以证明较早文献所说的“江陵”即今江陵，春秋时期的郢即指今纪南城。较早的古文献和文字资料都可以印证春秋郢都在纪南城。

6. 纪南城一带是长江中游地区古代文化最为发达的区域，在距纪南城 3 至 5 公里的范围内就有著名的鸡公山旧石器时代遗址，朱家台、毛家山等新石器时代遗址，张家山商周遗址。而著名的周梁玉桥商代遗址与其相距 7.5 公里。还有不少商至西周重要青铜器在江陵（即荆州区）地区出土，其中有重要的铭文铜器。[8]在楚国中心地发现的荆门马家垸、江陵阴湘城等新石器时代屈家岭阶段始建的古城[9]和出大量玉器的枣林岗新石时代晚期墓地距纪南城也很近（在 20 公里以内）。早在西周早期楚君熊渠就极为重视这块地

〔1〕 杨权喜：《20 世纪中国文物考古发现与研究丛书·楚文化·楚国墓葬的发现与探讨》，文物出版社，2000 年。
〔2〕 湖北省博物馆：《襄阳蔡坡战国墓发掘报告》，《江汉考古》1985 年第 1 期。
〔3〕 谭维四：《20 世纪中国文物考古发现与研究丛书·曾侯乙墓·墓葬发现》，文物出版社，2001 年。
〔4〕 湖北省博物馆：《襄阳山湾东周墓葬发掘报告》，《江汉考古》1983 年第 2 期。
〔5〕 转引自《史记·楚世家·正义》。
〔6〕 北魏郦道元：《水经注·沔水》。
〔7〕 江陵郢城考古队：《江陵县郢城调查发掘简报》，《江汉考古》1991 年第 4 期。
〔8〕 彭锦华：《沙市近郊出土的商代大型铜尊》，《江汉考古》1989 年第 4 期；何驽：《湖北江陵江北农场出土商周青铜器》，《文物》1994 年第 9 期；李健：《湖北江陵万城出土西周青铜器》，《考古》1963 年第 4 期。
〔9〕 杨权喜：《楚国城址的发掘与研究（二）》，《湖南省博物馆馆刊（第六辑）》，岳麓书社，2010 年。

方,曾封其长子康为句亶王于江陵,[1]因而春秋早期楚文王始都郢于江陵纪南城,可能性最大。

关于纪南城文化层下层的年代,大多只断定在春秋中、晚期的问题,我认为这只是"春秋郢都"的年代下限问题。例如,"战国郢都"的遗存年代,大都属战国较晚阶段;季家湖古城的遗存年代,总的只比纪南城略早;楚皇城的遗存年代,大都属秦汉。这些可以判断城址年代的下限,但不能准确断定城址存在的年代和始建年代。而城址年代上限还需根据该城遗存所属文化层的层次和叠压或打破的地层年代进行分析判断。无论是纪南城,还是楚皇城、季家湖古城,它们的年代上限,目前都还无法准确判断。季家湖古城又还存在是否为古罗国所在地的问题。据以上六点理由,春秋郢都在纪南城的可能性最大。

尽管近年来新发表的楚简中有许多"X郢",特别是清华简《楚居》中出现十多个"X郢",但还是难以否定或肯定纪南城遗存的年代与性质。

综上所述,加上我对早期楚民族文化的探索[2]和楚文化之源的论述,[3]表明楚文化起源地和发展中心区域都在鄂西沮漳河流域;今纪南城就是楚郢都,"始郢都"也可能就在今纪南城。

我曾长期负责纪南城考古工作站的工作,又曾长期亲自调查和发掘纪南城,对目前所获纪南城及其周围考古资料比较熟悉。由于资料较多而乱、相关人员多离开、没有经费和我的工作较多等种种原因,丰富的纪南城考古发掘资料未能经系统整理成专著出版。如今我年逾七旬,最近听说收藏纪南城考古资料的江陵考古工作站已被拆迁,纪南城考古资料不知去向,其资料已完全无法整理了。我写出以上纪南城考古及资料的一些实际情况和自己对纪南城年代与性质的认识,供关心纪南城考古的同仁们参考。

(原载《楚学论丛(第三辑)》,湖北人民出版社,2014年)

〔1〕《史记集解》注句亶王:"张莹曰:'今江陵也。'"
〔2〕 杨权喜:《早期楚民族文化的探索》,《楚文化研究论集(第三集)》,湖北人民出版社,1994年。
〔3〕 杨权喜:《论楚文化之源》,《湖南省博物馆馆刊(第五辑)》,岳麓书社,2008年。

《当阳季家湖楚城遗址》结语

这次试掘,在南部九口堰发现了城墙和城壕,在中部杨家山子、北部季家坡——1号台基等地发现了大型房屋的台基,并在相当大的范围内发现了同期的陶片、瓦片,因此季家湖城址的存在是可以肯定的。

季家湖城址的南墙建筑于新石器时代晚期文化层之上,又被东周文化层所压。城墙夯土内包含物主要为新石器时代晚期陶片,仅见一件较晚的陶质器座把,这种陶质器座还见于鄂西地区的宜都毛溪套等早期巴人遗址中。城墙本身的建筑情况还比较原始,如没有挖基础槽,城墙宽度比较小,夯层比较薄,城壕较窄而浅等,这些说明城墙的兴建年代可能较早。但城壕及城内堆积,除有新石器时代晚期遗存以外,仅见东周遗存,而未见商或西周时期的遗存。因此,初步确定该城址的时代为东周。

季家湖城址出土的陶器与楚都纪南城出土的陶器相比,有许多不同之处。例如,在季家湖城址出土的陶器中,红陶所占的比例比较大(略小于灰陶),而陶釜、大口罐、半瓦当等则是纪南城所未见到的。细把豆、筒瓦等的器形特征也不同于纪南城出土的。从总的特点来看,季家湖城址的时代似乎比纪南城已发现的堆积稍早些。

季家湖城址内有较多的夯土台基和较厚的文化堆积,1号台基还出土过春秋或春秋战国之交的铜构件、铜钟。而城址外围不远,又有丰富的楚文化遗存。其北部十余公里处有当阳赵家湖楚墓群,并出土过"楚子"鼎、"王孙飚作蔡姬"簠等重要铭文铜器;其东部沮漳河东岸,有著名的江陵八岭山楚墓群,这个楚墓群中有许多高大的封土堆;其西部数公里处,有枝江青山墓群,也有不少高大土冢,并曾零星出土过精致的楚国铜器。这些表明了季家湖城址的重要地位,它的发现为研究东周楚文化提供了新的资料。

(原载《文物》1980年第10期)

楚宫的新发现

　　楚国宫殿建筑是楚文化考古学研究的重要对象。在楚文化遗址中，宫殿遗迹往往都保存较差，在纪南城、[1]季家湖、[2]寿春[3]等重要楚国城址内都揭露过楚宫基址，虽已初步展示出楚宫的雄伟规模与建筑特色，但由于保存程度和发掘面积等方面的原因，楚宫的形制与特点还待继续深入探讨。1987年6月26-28日在潜江县举行了有建筑、历史、考古等方面的专家参加的"古章华台遗址学术讨论会"。笔者随会参观了放鹰台一号台基及其西部郑家湖出土的部分文化遗物，接着又到龙湾发掘工地，有机会看到已发掘部分的楚宫遗迹。70年代，笔者曾经在纪南城、季家湖作过一些发掘工作，认为这一新发现特别重要。经初步考虑，写出如下肤浅的想法，仅供大家参考。

一、关于潜江龙湾的地理位置问题

　　《史记·货殖列传》云："江陵故郢都，西通巫、巴，东有云梦之饶。"楚故都江陵纪南城之东的云梦沼泽地带，是楚国经济的主要基地，在古代并非一片杳无人烟的湖区。近年来的考古调查发掘证明，今江陵纪南城之东、长湖之南，即江陵、潜江、监利三县接壤的狭长地带，有着丰富的新石器时代至春秋战国时期的古文化遗址和古墓葬，进而证明古代这一带地势较高，它是横亘于云梦泽的一片适合古代人类生存的岗地。从鄂西山区的整个地理形势来看，该岗地是荆山支脉伸向江汉平原的余脉（江陵境内尚有八岭山、拍马山、雨台山等）。这里所见古文化遗址的上面，一般都有厚厚的一层晚期淤土，这是水位

---

〔1〕　湖北省博物馆：《楚都纪南城的勘察与发掘》（上、下），《考古学报》1982年第3、4期。

〔2〕　湖北省博物馆：《当阳季家湖楚城遗址》，《文物》1980年第10期。

〔3〕　涂书田：《楚郢都寿春考》，《楚文化研究论文集（第一集）》，荆楚书社，1987年。

上升，地面淤没现象。也就是说古代地貌与现代地貌并不相同。我们曾经初步认为，楚国源于荆山，并沿这支荆山支脉和沮漳河逐渐向东南发展。因此纪南城之东的这一带岗地，就是楚国的战略要地和军事前哨。汉魏时期，这里便是直通中原的"古华容道"，显然与这里的地形和楚国的开发、建设有关。古华容道也可证明这一带是楚通向鄂东南、湘东北的交通线，是通向商周时期的鄂、扬越的要道，也恐怕是古罗国南迁和屈原流放南方时曾走过的路线。

楚国迁都于郢以后，逐渐开始了大规模的经济开发和城市与宫殿建设。据现有资料观察，楚国的城市、宫殿建筑十分讲究地形的利用和总体的设计。例如在相当广阔的范围内进行全面布局，充分利用天然高岗和江湖的有利条件，既考虑军事上的防御、经济上的运输、生产生活上的排灌，又注重容纳自然的湖光山色。战国时的纪南城整体布局，气势磅礴、雄伟壮观。而纪南城之东的云梦泽之滨，地势较高、动植物繁多、气候宜人、风景秀丽，附近的湖泊又可与长江、汉水相通，正是楚国盘踞沮漳以后，筑城建宫，特别是筑离宫的理想之地。

潜江龙湾发现的楚宫，揭开了这一带考古工作的序幕。这个楚宫的位置在目前所掌握的楚文化遗存分布中心——沮漳河流域之东南边缘。按笔者楚式鬲分区属第一区（鄂西地区），[1]距楚郢都纪南城约50公里。从这一地区已发现的重要楚国遗存地点来看，由南漳一带的荆山开始，经当阳杨木岗、[2]赵家湖、[3]季家湖、[4]到江陵马山、[5]藤店、[6]望山、[7]纪南城、[8]雨台山、[9]天星观、[10]再到潜江龙湾，自西北向东南，连绵数百里，为典型的楚文化遗迹遗物密集地带（见图一）。而所属时代，总的趋势是西北方偏早，东南方偏晚。该情况与前面所讲的地理形势和楚国的发展方向相一致。在潜江龙湾发现的这座楚宫遗迹并不孤立，我们应当把它放在楚国腹地建筑群的整体上考察，它应是"延石千里，延壤百里"的一部分。同时可以推想龙湾至监利一带，将会有一系列楚国文化遗迹遗物，其中包括楚国宫殿遗址的发现。

---

〔1〕 杨权喜：《江汉地区楚式鬲的初步分析》，《楚文化研究论集（第一集）》，荆楚书社，1987年。
〔2〕 湖北省博物馆、武汉大学历史系考古专业：《当阳冯山、杨木岗遗址试掘简报》，《江汉考古》1983年第1期。
〔3〕 楚文化研究会编：《楚文化考古大事记》，文物出版社，1984年，第75页。
〔4〕 湖北省博物馆：《当阳季家湖楚城遗址》，《文物》1980年第10期。
〔5〕 湖北省荆州博物馆：《江陵马山一号楚墓》，文物出版社，1985年。
〔6〕 荆州地区博物馆：《湖北江陵藤店一号墓发掘简报》，《文物》1973年第9期。
〔7〕 湖北省文化局文物工作队：《湖北江陵三座楚墓出土大批重要文物》，《文物》1966年第5期。
〔8〕 湖北省博物馆：《楚都纪南城的勘察与发掘》（上、下），《考古学报》1982年第3、4期。
〔9〕 湖北省荆州地区博物馆：《江陵雨台山楚墓》，文物出版社，1984年。
〔10〕 湖北省荆州地区博物馆：《江陵天星观1号楚墓》，《考古学报》1982年第1期。

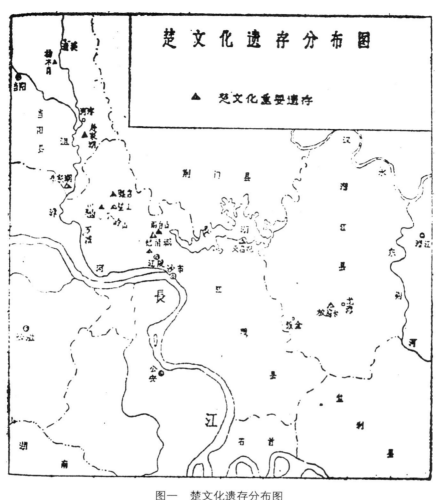

图一　楚文化遗存分布图

二、关于郑家湖和放鹰台一号台基出土的遗物性质及年代问题

已见到的遗物有陶器、铁器、铜器、石器等，其中以陶器的文化性质明显。陶器主要器形有鬲、甗、瓿、罐、盂、豆、盆和筒瓦、板瓦等，其陶质、陶色、纹饰、器类及器形的基本特征属于典型东周楚文化范畴。据近年沮漳河流域楚文化陶器的考古学研究，其时代上限（指成组一套陶器，并非零星陶片）明显比纪南城的（指与纪南城同时存在的陶器，而纪南城筑城之前，在城址范围内有摩天岭楚文化遗址和陕家湾、东岳庙等楚墓群，所出陶器时代也比较早）早，同时，有迹象表明在放鹰台一号台基上发现的楚宫时代可能早于纪南城（指目前保存于地面上的纪南城）。如果是这样，从考古的角度，就给我们提出不少新问

题。例如纪南城与这个楚宫的关系如何？为什么沮漳之西赵家湖一带的楚国陶器和潜江龙湾一带的楚国陶器年代上限会普遍早于江陵纪南城（位于前面两者之间）一带的楚国陶器年代上限？既然早于战国郢都纪南城的楚离宫在潜江，那么早于纪南城的春秋郢都大概也不会相距潜江太远。总之，放鹰台楚宫及遗物发现在潜江龙湾，对探讨楚郢都的地理位置定下了一个重要坐标点。相信通过继续深入工作，必将对楚文化考古学研究作出贡献。

三、关于放鹰台一号台基发现的楚宫遗迹问题

此台基上不少重要遗迹，不但是楚文化考古中所未见，而且在全国东周时期的考古发掘中也为罕见。比较明显的有如下三点：第一，多层台式建筑。据目前暴露现象和古建筑专家们的意见，该楚宫是带廊道多层台的大型建筑，遗迹尚保留了两层，两层之间的高差在两米以上。过去在纪南城、季家湖楚城、楚寿春城内见到的楚宫建筑基址，都属于单层的低台式建筑，并作为楚国大型建筑物的一个基本特征。[1] 而高台式建筑虽有迹象，但从未发掘过。《七国考》卷四：“《楚书右篇》：‘楚庄王筑层台，延石千里，延壤百里……’《说苑》云：‘庄王筑层台，大臣谏者七十二人，皆死矣。……’按晋灵公尝造九层台。”[2] 古文献讲到东周时代的楚、晋等国有多层台式建筑。在过去我国的考古发掘中，陕西渭河之滨的秦都咸阳城址内发现过上、下两层的高台建筑，[3] 但时代属战国晚期。而潜江放鹰台一号台基的多层台式建筑时代较早，有可能早至春秋后期。这个发现显然有着重要意义。第二，红砖和贝壳路的发现。在一、二层之间的台基壁和一层的房门等处都发现了类似红砖的建筑材料。两层台基之间的立壁，有砖的质地，而无砖的形状，似先垒成墙壁后经烘烧而成。这种制壁的方法，早在新石器时代大溪文化中就流行，而出现在东周时代则还是第一次，当然其规模之大和火候之高都要大大地超过大溪文化（大溪文化的墙壁，因火候不高，还属红烧土）。这种制墙形式，恐怕与南方的气候条件（雨水多）和文化传统有关。它应是砖的渊源。第一层房门等处则可以较明显地看出是用砖块叠砌成壁，但经仔细观察发现这砖块长宽尺寸不一，并不像先成坯后进窑烧制而成的砖。推测可能是利用废墙（即前面讲的那种方法烧制的砖化墙）打、磨加工而成的。所以上、下面和外露面是

---

〔1〕 《楚文化考古大事记》序言第4页。
〔2〕 转引自安徽省考古学会楚文化研究小组编：《楚史参考资料》，安徽省考古学会印，1980年，第241页。
〔3〕 中国社会科学院考古研究所编：《新中国的考古发现与研究》，文物出版社，1984年，第277页。

平整的，其他面和尺寸大小都不够规则。这种砖块是一种原始的红砖，它在建筑史上应属于划时代的建筑材料（纪南城和寿春城都出土过大型的浮雕花纹空心砖，但它属装饰砖。而北方在战国时代有大型空心砖，那是墓砖）。关于贝壳路，即用贝壳铺成的路，是为一层台的廊道（与二层台壁平行），据传沙市"章华台"（豫章台）遗迹中也暴露过，但未见资料，时代亦较晚。用贝壳铺筑宫内道路，表现了楚文化的又一特色。第三，砖门、柱础、隔墙等重要遗迹的保存较好。一层台上有一房门（与贝壳路相对），为红砖砌成，门两侧砌成凹凸面，保存高度有2米余，无论形制还是保存高度都极为罕见。在二层台基边缘发现的大型柱础，像"明暗柱"之础，柱洞有二层台，用三块特制的大型砖化墩砌合而成。在上、下台基内都有不同的柱洞和不同的隔墙。这些都是楚遗迹中未见到过的重要资料，表明这座楚宫遗址在楚文化考古学研究中有重大价值。但目前这座楚宫仅揭露出局部，通过今后的工作，探究清楚它的整体结构和营造方法，无疑是对楚国建筑史研究的一个重要贡献，同时也为我们今后对楚宫遗址的发掘提供经验，为我们对楚文化特点的探讨提供新资料。

四、关于"章华台遗址"的名称问题

放鹰台或龙湾马场湖遗址已被称为"章华台"，而按考古的惯例，在没有足够根据判断它是什么遗址以前，应以现代地名称之，因此所发现的台基暂称之为"放鹰台一号台基"为宜。

章华台，是楚国最著名的宫殿建筑（即离宫）。《左传·昭公七年》："楚子成章华之台，愿与诸侯落之。"《史记·楚世家》："灵王七年，就章华台。"楚灵王建章华台，历时七年，于公元前534年落成。它是一座富丽堂皇、规模宏伟的多层高台式的楚王离宫。《水经注·沔水》："台高十丈，基广十五丈。"据《湖广志》云："章华台一名'三休台'。"即登"章华之台，三休乃至"。《国语·楚语》中有伍举对楚灵王所讲的一段话"先君庄王为匏居之台，高不过望国氛，大不过容宴豆，木不妨守备，用不烦官府，民不废时务，官不易朝常"，讲的庄王之匏居台规模并不大，相比之下，灵王之章华台实在过于巨大和豪华。当章华台落成之时，灵王为了炫耀自己，特意请了中原的鲁昭公等前来参加庆典。可见，章华台是我国东周时代罕见的，甚至是空前的大型宫殿建筑。因此，放鹰台是否即章华台，或章华台的一部分？虽然与文献记载的地理位置基本吻合，但就目前的发现而言，实物证据尚不足（既不能肯定，也不能否定）。它的规模比纪南城内的宫殿规模就小得多（纪南城的台基最长的130米，最宽的100米。纪南城三十号台基也长80米，宽54米），似与史书所载的如此著名的章华台不符。为了开阔视野和问题的讨论,暂不称"章华台"为好。

至于放鹰台一号台基发现的基址是否属宫殿基址? 回答是可以肯定的。从已经掌握的楚国范围内的楚文化遗迹遗物比较中,放鹰台一号台基确实比较高级而十分重要,并有不少遗迹遗物为过去所不见。像这样规模的大型建筑,过去只有在楚国都城内才能见到。带廊道的"层台"式的建筑,实际上也就是宫殿建筑的一种重要形式。而这座建筑所用的建筑材料,如陶质的筒瓦、板瓦、瓦当和铜门环之类,为过去发掘的楚宫遗址中所常见的。这些材料似乎不及中原东周时期的宫殿建筑材料精致,尺寸也较小,我们认为这是楚国建筑材料的一个特点(见下文),像纪南城三十号台基这样的大型楚宫基址上,也是使用类似的建筑材料。红砖(或砖化的墙)大型柱础和勾瓦等为首次见到,显然也是楚宫建筑中使用的。就此,也可以证明它是一座楚宫(指离宫)遗址。

然而楚宫并不等于章华宫,章华宫与章华台也不完全相同。如前所述,楚国建筑往往"延石千里,延壤百里",每个建筑都不会是孤立的,而应是一群成组的建筑。例如纪城南内已探明的东周时代的台基就有84座,并可以分成几组。而放鹰台附近亦还有其他台子,是否为楚宫基址,都有待于今后发掘验证。如果放鹰台附近还有楚宫基址,它们之间的关系如何? 就现在地面观察,放鹰台最高,是为建筑群主体的可能性极大,但经过了两千余年的沧桑,变化很大,或仅为残迹。除龙湾之外,比如监利据说也有"章华台",是否属楚? 如果按古文献记载,楚国离宫有很多,但具体方位大都讲得不够明确,并且说法也不统一。而考古的发现实际往往可以突破文献著录的范围,例如今沮漳河下游一带已发掘或经初步调查的楚城址,除江陵纪南城以外,还有当阳季家湖楚城、[1]阴湘城、偃月城、万城等楚城。[2]据说荆门岳飞城亦有楚物。而江陵郢城,经初步工作,认为是秦汉城,但出过楚金币郢爰等楚物,是否原为楚城? 还值得探讨。这些相距很近的一系列楚城址大都不见于文献的具体记载。根据以上这些复杂情况,也不宜过早就将放鹰台及其附近遗址定为"章华台遗址"。

五、关于龙湾马场湖楚文化遗址的范围

固然放鹰台楚宫基址不是孤立的,附近郑家湖一带也发掘出大量的楚文化遗物,其他地点还有台子和零星楚物出土,整个龙湾马场湖遗址面积有二百余万平方米,但这不一

---

〔1〕 湖北省博物馆:《当阳季家湖楚城遗址》,《文物》1980年第10期。
〔2〕 江陵县文物局:《江陵阴湘城的调查与探索》,《江汉考古》1986年第1期。

定就是该组楚宫(楚台)或楚文化遗址的范围。一般来说,作为先秦时代的宫殿建筑,外围应有城墙、护城河,以保护国王和贵族的安全。战国时著名的列国都城,往往在大城郭内还有小城,即内城。而内城就是指宫殿建筑群外围的城墙,也可称为宫墙。如此看来,放鹰台一带可能有一组楚宫(离宫)建筑,它的外围亦可能有宫墙,此宫墙范围才是该遗址的基本范围。但现在宫墙还未能找出。讨论会上介绍遗址情况时,谈到放鹰台附近一些台子上有楚墓。既然有楚墓的台子,此台子就不可能是与楚墓同时的楚宫基址。保存于纪南城内的台子有三百余座,但初步可以确定为楚台基的仅84座,并且有些台基已不见于地面上。所以,放鹰台附近的台子是否属楚台,待继续工作后,才能判断。假如此处是章华台遗址,如文献所注,它是在汉魏时期的华容县城之内,那么这里还另有一个汉魏故城的问题。通过初步调查和试掘,在这个遗址内已见到了新石器时代和汉代的遗物,证明这个遗址的时代上、下断续延伸的时间达数千年。鉴于目前人们对该遗址的重视,为了避免误会,我们最好将这二百余万平方米的遗址范围,不统称为"章华台遗址",而改称为"古文化遗址"。

六、放鹰台一号基址对纪南城工作的启示

江陵纪南城是楚国城址中最大最重要的一座。城址内面积达16平方公里。城址南部另有台基群;城址周围城郊还有大量的手工业作坊和楚人村落;在城址外围数十公里的广阔范围内,密集分布着与它同时代的数以千计的大、中、小型楚墓葬。纪南城及其周围的楚文化遗迹遗物,实际上是一个有机的统一体。过去对纪南城作过不少考古调查与发掘工作,但还只是一个开端。而已作过报道的资料,也属简报性质。总之,纪南城的考古内容极其丰富,工作乃是长期的。对这样大型城址的考古工作,必须有个不断摸索经验、总结经验的过程,放鹰台的发掘就有不少值得纪南城考古借鉴的经验。一号台基发现的遗迹对纪南城今后的工作就有着重要参考价值。初步可以提出如下两点:

第一,纪南城内也应有高台式建筑。位于城垣上和城门两侧墙上的台基,曾经被推测是高台式建筑,从放鹰台的发现便可以得到证实或启示。纪南城内的凤凰山为全城的制高点,此处是否有高台建筑? 今烽火台究竟有无建筑? 城垣南面分布的一些台基,例如南垣水门之南约2公里处,即出土25具彩绘石编磬[1]的台基,究竟是什么样子的建筑,是否高台已被夷平? 这些都是值得我们今后注意的。

---

[1] 湖北省博物馆:《湖北江陵发现的楚国彩绘石编磬及其相关问题》,《考古》1972年第3期。

第二,纪南城内是否也有类似"红砖"的这种建筑遗迹?城内发现有大量红烧土的地点很多,有的分布面积相当大。这些红烧土遗迹,有的属于窑址,有的属于铸造作坊遗迹。除此以外,有没有"红砖"建筑(指房子或宫殿)遗迹?特别是有大片红烧土面的台子,就可能不是一般的作坊遗址了。

七、关于楚宫遗址的特点

发掘的楚宫遗迹虽然保存较差,就目前已获资料尚难复原楚宫的全貌,但对楚宫遗址的一些情况已有所了解。根据有纪南城、季家湖和这次龙湾的发现,对楚宫遗址的特点可从以下五个方面作些简略的探讨:

1. 台基与台基排列

同处于南方的楚、越两族,其居住形式并不相同。古越族的建筑主要形式为"干栏式";而楚民族的建筑则多为台基(土筑)式。台基建筑就是楚宫建筑的主要特点。

在文献记载中,楚台往往指的就是楚宫。见于史书的楚台很多,除章华台以外,还有匏居台、荆台、阳云台、云梦台、豫章台、春申台等等。而楚国城址中,一般都分布了大量的"夯土台基"。这些台基就有不少楚宫的建筑台基。

已发现的楚宫台基主要有两类,即前面谈到的低台与高台两类。

楚国都城中的宫殿多属低台式建筑,而离宫性质的建筑中多有高台式的宫殿。纪南城的主要宫殿区内,台基面积大而多呈长方形;已发掘的三十号台基上为双殿式建筑,台基整体分布,排列有一定规律,似以南、北中轴线进行设计的。至于高台式建筑,除城楼一类的建筑以外,放鹰台一号台基是另一类高台式建筑,即宫殿性质的所谓"层台"建筑。史书上讲到的章华台、九重台、五仞台、乾溪台、中天台等,大概都属"层台"。"层台"应即离宫建筑的主体。离宫中也应有不少低台建筑。离宫的整体布局显然又不同于都城内的宫殿,它应是以高台建筑为主体进行设计的,"因天材、就地利"(《管子·乘马》),其形式可能多种多样,它不一定要受都城宫殿形制的局限。有的台筑得很高,"楚灵王作乾溪之台,五百仞之高,欲登浮云"(《新语》)。这么高的台,恐怕不能只用土筑,如果不用"砖"、木料等材料相结合构筑是不可想象的。高台式建筑利于瞭望,除供楚王观景寻乐以外,在军事、天文诸方面显然也具有重要意义。这种建筑形式,是高楼式建筑的先河,对秦汉以后的高楼建筑肯定有着重要影响。

2. 墙与柱

每座宫殿都是在筑好的台基上进行建造的,一般都有主体墙和大型柱子。主体墙和大型柱子构成宫殿建筑的基本空间。墙多为土筑。筑墙时，先挖基槽，基槽宽约1米，然后选用纯净的黏性土或白膏泥，层层夯打而成。据放鹰台一号台基的情况，有的墙经火烘烧，甚至烧成砖质；纪南城和寿春城的发现，则说明有的宫殿墙用大型浮雕空心砖护基。主体墙还设壁柱（明暗柱），以加强对屋顶的支撑力。在主体墙以内再筑隔墙，隔墙多用小柱和木板构成。大型柱子一般立于宫殿的边缘部位，柱洞有圆形、方形的区别。所有楚宫遗址内，尚未见到石料柱础。而纪南城三十号台基上发现有大型礅墩，即用红烧土夹陶、瓦片，经夯实、烧烤而成的大型柱础；放鹰台一号台基见到的则是用特制的"砖化墩"作大型柱础。

用泥土或用泥土烧制的建筑材料筑宫，是东周时期楚宫建筑的一大特点。

3. 散水与道路

江汉平原雨水充沛，土质软而黏性大，发掘中难以辨认路土，寻找古代道路遗迹十分困难，有些遗迹现象，也因雨水长期浸泡而往往不容易被发现。但在楚宫遗址中，由于有防止雨水冲刷浸泡的设施，例如用废瓦、陶片、红烧土块等坚硬物质铺设的道路、散水、地面，这些遗迹容易辨认和清理，并有助于整个楚宫遗址的发掘与复原工作。在纪南城三十号台基和陈家台（作坊台基）中都发现了瓦片、陶片等硬物筑成的散水。这次在放鹰台一号台基上又发现了用贝壳铺筑的道路。由此可见，为了防水，楚宫建筑因地制宜，利用窑场废物和当地螺、贝残壳铺设道路、散水和地面。这种做法也很具地方特色。至于宫室内的活动面，则有可能是用木板或空心砖铺筑镶嵌而成。

4. 瓦与泄水管

前面也已提到，楚宫遗址所见的筒瓦、板瓦、瓦当的尺寸较小，并显得有些粗糙。此外，纪南城宫殿基址所见到的泄水管也有相同的情况。这与中原东周列国相比，实有相形见绌之感。关于这个问题，我们认为建筑材料尺寸大小，并不能说明楚宫的规模与技术水平问题。虽然这些建筑材料表面有些粗糙，但其质地坚硬，烧制的火候相当高。纪南城出土的大型陶井圈、空心砖片等陶器精品，证明楚国制陶水平已达到了相当高的程度。至于楚瓦，也有较精致，尺寸也较大的。在长江三峡地区的秭归柳林溪，就出土过精而大的大板瓦，而这个遗址是楚国的一般遗址。所以，使用较小巧的瓦类（包括楚宫的泄水管），是楚宫建筑的又一特点。

另外，在楚宫使用的瓦类中，较早地流行圆形瓦当，但都是素面的。素面圆形瓦当也是楚国瓦类的特点。

5. 出土遗物

楚宫出土的遗物，一般精品较少。楚都纪南城内发现的遗物，大都为常见器物。特别是三十号宫殿基址中，所出器物也没有特别精致的。其中以陶器数量最大。日用陶器中，豆、盂之类的盛食器,器表都不够光滑;鬲、盆、壶之类的容器,器形显得过于矮小。这些陶器与一般民用品相似,显然不是楚王、贵族所遗。据楚贵族墓常出土大量精致漆、木器的情况推测,楚宫中使用的大量器物应为漆、木、竹器和一部分铜、金、铁等金属制品。由于战争、搬迁和自然条件等原因,这些器物大都未能保存在楚宫遗址中。

楚宫因大量使用漆、木、竹器,所以出土遗物中精品较少,这是楚宫遗物的特点。

潜江新发现的楚宫遗址,目前只作了局部的发掘,该楚宫的基本面貌并未揭示清楚。这样一座重要的楚宫,必须采取妥善的保护措施和进行有计划的发掘工作。笔者同样认为,该楚宫遗址及其附近楚遗存可能是楚章华宫(包括章华台)。但看法并不等于实际,楚章华宫(台)是客观存在的,最后的结论还等待着我们工作的结果。

(原载《楚章华台学术讨论会论文集》,武汉大学出版社,1988年)

楚国城址的发掘与研究

　　楚国的国境,自西周初至战国末,曾不断发生变化。东周时期的国境,主要包括今湖北、湖南中部和北部、河南南部、安徽北部一带,那里分布着许多古代城址,凡属东周时期的,一般都属楚文化范畴的遗存。本世纪50年代初,考古学界开始对楚国城址进行地面调查,从而对湖北江陵县的楚都纪南城等城址逐步有了认识。60年代初以后,湖北省博物馆在江陵设考古工作站,对纪南城进行有计划地勘探,并对城内农田水利建设中发现的古井、窑址及文化堆积进行重点清理发掘。自70年代以来,一方面继续对纪南城进行全面的勘探和较大规模的发掘;另外也对其他楚国城址(包括部分重要的楚文化遗址)展开了一系列的调查与发掘,为楚国城址的研究打下一定的基础。

　　到目前为止,已发现的楚国城址约40座。经过初步勘查或发掘的,在湖北境内除江陵纪南城以外,还有当阳季家湖楚城和磨盘山遗址与杨木岗遗址、宜城楚皇城、襄阳邓城、随州安居遗址、云梦楚王城、大冶鄂王城、黄冈禹王城、大悟吕王城;在河南境内有淅川龙城、西峡析邑、信阳楚王城、潢川黄国故城、舞阳东不羹故城、鄢陵县鄢陵故城、扶沟县扶沟古城、上蔡蔡国故城、淮阳陈城、淮滨期思故城、固始寝丘故城;在湖南境内有湘阴古罗城、桃源楚王城、石门古城堤、慈利白公城、临澧古城堤;在安徽境内有寿县寿春故城等20余座。[1]这些大、小不同的楚国城址包括了楚国的都城、别都、县城和封邑等类别,展示了楚国城市生活的繁荣和楚文化昌盛的景象。楚文化的考古工作,实际上就是围绕着楚国城址来进行的。

　　《史记·楚世家》云"熊绎当周成王之时,举文、武勤劳之后嗣,而封熊绎于楚蛮,封以子男之田,姓芈氏,居丹阳",楚民族从熊绎在丹阳开始建国,丹阳就是楚国最早的都城。关于丹阳所在地,历来众说纷纭。其中主要有秭归、枝江、先秭归后枝江及丹淅之会诸说,又可归为河南南部和湖北西部二说。近年来,在湖北西部沮漳河流域的当阳、枝江一带发

---

〔1〕　参阅楚文化研究会编:《楚文化考古大事记》,文物出版社,1984年第1版。

现了西周后期的楚国文化遗存，这是目前已见到的最早楚文化遗存，是寻找楚都丹阳的最新线索。当阳、枝江一带处于荆山东南麓，这一带的发现与文献上所说楚早期（西周时期）"辟在荆山"的情况相符，因此丹阳应在这一带。楚居丹阳时期，乃为"土不过同"的偏隅小国，其活动范围和都城丹阳都不可能很大，丹阳也未必有城郭，大概还属于一个较大型的村寨。在当阳、枝江一带发现的西周时期的磨盘山、杨木岗等一批遗址，都是寻找丹阳不可忽略的遗址。尤其是磨盘山遗址，范围较大，在其南部发现了时代可以早到西周的赵家湖楚墓区，该墓区墓葬分布十分密集，已发掘了中小型楚墓近300座，出土了一批春秋时期的楚国铜器，其中包括了"楚子超鼎""王孙雹作蔡姬簠"等有铭文的铜器，已表明了磨盘山遗址的重要地位，或许它是西周后期的丹阳所在（西周前期的丹阳则可能在荆山丛林中）。另外，在河南南部淅川县境的丹、淅二水入汉水处也发现了一座龙城遗址。城址平面略呈长方形，南北长900、东西宽800、城墙宽约8米，夯层厚0.07-0.1米。在该城址附近的下寺发现了一批春秋中、晚期的楚国贵族墓葬，其中地位最高的是令尹蓮子冯及其夫人之墓，出土了具有高水平的楚国铜器。有人提出龙城可能是楚丹阳的说法。[1]但在龙城及其附近楚墓群中，并未见到楚居丹阳时期的遗存，且龙城又距荆山太远，与文献记载楚始于荆山的情况不符。龙城只不过是进入春秋以后楚国北部边疆的一座重要城邑。

《史记·楚世家》曰"文王熊赀立，始都郢"，公元前689年，楚国从丹阳迁都于郢。郢即纪郢，长期以来认为即今纪南城遗址，在江陵县北5公里处，因在纪山（在今荆门境内）之南而得名。纪南城遗址[2]规模宏大，是目前发现的最大的一座楚国城址，也是楚文化考古发掘与研究的重点。

纪南城城垣平面近方形，其南垣偏东处有向外突出部分。城垣的长度东垣3 706、南垣4 500（包括外突部分）、西垣3 751、北垣3 547米，城内总面积约16平方公里。城垣为土筑，由墙身、内护坡、外护坡三部分组成，残高一般为3-5米，最高处达7.6米。墙身基部宽10-14米，并下挖基槽。夯层厚0.1米左右，用0.07米的方夯头和直径为0.06米左右的圆夯头夯筑。内、外护坡皆为乱夯而筑，外护坡比内护坡的坡度大。在城垣外围设护城河，宽度一般为40-80米，局部地段宽达100米。护城河与城内四条古河道相通，并接城东宽阔的长湖，形成一个完整的护城排灌交通水系。城垣四方各设城门两座（包括东、南、北垣的水门各一座）。

西垣北门和南垣水门经过发掘，都设三个门洞。西垣北门的中间门洞叫"驰道"，是专供楚王用的，宽7.8米；两旁的门洞叫"旁道"，比"驰道"窄一倍，但它是川流不息的百

---

〔1〕 裴明相：《楚都丹阳试探》，《文物》1980年第10期。
〔2〕 湖北省博物馆：《楚都纪南城的勘查与发掘》(3)(4)，《考古学报》1982年第3、4期。

姓通行的门洞。西垣北门内侧两旁各设双间门房。南垣水门为木构建筑,用木柱和木板筑成三个宽度相等的门洞,每个门洞宽3.34-3.40米,可供当时船只通行。南垣水门东侧城垣上,探出夯筑台基一座,应为该水门附属的高台式建筑,具有后来城门楼的功用。在北垣西门的西部城垣上也探出两座并列的高台式建筑基址。

城内已探明的夯筑台基有84座,最长的为130米,最宽的为100米,一般只高出附近地面1-3米,是一种低台式建筑基址。这些台基集中于城内地势较高的东南部和东北部。其中东南部松柏村的台基群排列有序,南端是全城的制高点——凤凰山,在台基群的东和北两侧探出了宫城及其城壕的迹象。这一带是纪南城的主要宫殿区。城内中部偏西北的板桥一带是以制陶为主的作坊区,暴露了大量的水井、窑址和烧窑相关的文化堆积。城内西南部新桥村也分布一些夯筑台基,水井也很多,是以铸造为主的作坊区。已发掘了陈家台铸造作坊遗址,发现了铸炉和与铸造相关的锡渣、铜渣、陶范残片、鼓风管残片、红烧土块及锡饼、锡攀钉、铜棒等遗物。城内西北部徐岗村发现的遗存较少,但在陕家湾和东岳庙各发现一处春秋时期的小型楚墓区,是建城以前就存在的一般国民墓地。

与纪南城同时代的墓区则分布于城外四周数十公里的范围内。城外东北部的雨台山、九店,南部的拍马山、太晖观、张家山、付家台,西部的葛陂寺等楚墓区,是一般国民的"邦墓"之地,有十分密集的中、小型楚墓群;城外西北方的八岭山、马山、双冢、川店和北部的纪山一带分散着许多有土冢的较大型的楚墓,当为王室的"公墓"或贵族墓地。另外,在城的南垣外附近,也有一些台基分布,并发现有房屋、灰坑、水井等遗迹。在南垣中部之南2公里处的一个夯筑台基上,还发现过整齐叠放的彩绘石编磬25具。[1]这个南郊是与城址同时期的一个重要场所。

纪南城内发现的遗迹,主要有房屋(包括宫殿)、水井、窖穴、窑址、铸炉、灰坑等。位于城东南部的30号台基是一座具有相当规模的宫殿基址。台基仅高出周围地面1.2-1.5米,东西长80、南北宽54米。台基上有早、晚两期建筑遗迹。晚期建筑遗迹保存较完整,墙基范围平面为长方形,东西面阔63米,南北进深14米,用隔墙分成两大间。墙厚1米,墙基内、外侧均有壁柱。北墙外12米和南墙外14米处,各有礩墩(承垫柱子下部的墩子)一排。礩墩平面为长方形,长1.35、宽1米,是挖出础坑后在坑内填黏土掺红烧土、瓦片,层层夯筑而成,比一般的夯土坚硬得多,是楚国特有的一种柱础。在礩墩外侧设散水和排水沟。散水端部有相接的陶质洩水管。

陈家台是另一类夯筑台基,即属铸造作坊基址。陈家台高出四周地面约1米,东西长80、南北宽20米,比上述那个宫殿基址窄长。在台基上暴露有残墙、柱洞和成堆的炭化稻

---

〔1〕 湖北省博物馆:《湖北江陵发现的楚国彩绘石编磬及其相关问题》,《考古》1972年第3期。

米。墙仅厚0.40米，柱洞直径为0.15米，房屋建筑显然较简陋。炭化稻米经碳14测定，年代距今2 410±100年，即公元前460±100年，大约是战国早、中期的遗物。散水和水沟设在台基外5米处，散水亦用瓦片铺砌。在台基西北边和东边各暴露铸炉一座。从残存的底部看，铸炉平面为方形，2号炉的尺寸为1.45米×1.43米。炉壁抹有草拌泥。

纪南城内分布的水井、窑址数量很多，特别是水井，在松柏的周家湾、余家大台，纪城的文家湾，新桥的余家埫、陶家湾，徐岗的湖口和龙桥河西段等地都有十分密集的遗存。在龙桥河西段长约1 000、宽约60米的范围内，就暴露了水井256座以上，还有窑址4座。水井分土坑井、竹圈井、木圈井和陶圈井四种，以陶圈井最多。陶圈井的口径和高度都为0.8米左右，直壁的为主，也有少量是斜壁的。陶圈井的设置法是每节上、下叠砌，在最下节底部用"＝""＋""＃"形木架承托。木圈井的设置是用两根大树，分别凿成沟槽，然后互相套合而成井圈，竖立于井中。水井的用途，除供生活用水以外，还有其他几种：一种是供手工业作坊用水，如龙桥河西段的一部分水井是供制陶用水的；一种是井内遗物少，淤积物少，而出完整的大型陶瓮者，推测是冷藏食物的井；另一种是四周遗存少，特别是城门附近的井，可能与农田圃畦的灌溉有关。因纪南城内存在农业生产，故凿井灌溉可以少受城市规划的限制。城内井往往出土农具，应是耕者所遗。《庄子·天地》中有关于楚地为圃畦"凿隧而入井，抱瓮而出灌"的记载，在城内用井水浇灌菜地是比较适宜的。过去在我国古城址考古中发现水井之多，曾使人困惑难解，纪南城几种井的发现有助于理解这个问题了。纪南城的窑具有相当的规模。如河·Ⅲ：1号窑，全长7.8、宽3.4米。全座窑分为门道、火膛、窑床和烟囱四个部分。而河·Ⅱ：1号窑是专门烧制筒瓦、板瓦的窑。

纪南城出土的遗物以陶器为主，还有一些较零星的铁、铜、锡等金属制品和漆、木、竹器、丝麻织物残件。陶器可分为四大类：第一类为建筑材料，有筒瓦、板瓦、瓦当、洩水管、井圈、空心砖等。瓦类制作较粗糙，尺寸较小，筒瓦、板瓦一般长0.4米左右，筒瓦宽12厘米左右，板瓦宽25厘米左右。所有的瓦当几乎都是圆形素面无纹，仅偶见带云纹的。空心砖的残片，多出土于水井或河道中，此种砖的质量高，制作精细，表面有浮雕几何形纹。据寿县柏家台的发现，空心砖似镶在宫殿台基边沿而起装饰和加固作用，并因砖内空还有防潮作用。洩水管的质地与纹饰均与筒瓦近似，一般长0.6-0.7米，直径0.17-0.2米；第二类为生活器皿，有鬲、盂、罐、豆、盖豆、盆、瓮、甑、器座等，以鼎式鬲和长颈罐最有特点。这些器皿除瓮、盆尺寸相当大以外，其他器形都较小。盖豆等少量器皿用暗纹装饰，制作较精细，其他的一般器物都显得较粗糙；第三类为生产工具，有陶拍、陶垫、陶刷、网坠、纺轮、陶范等；第四类为祭祀用品。在南垣水门底部和龙桥河西段制陶作坊遗址中，均出土不少用手捏制的小型鬲、壶、罐、盂，是祭奠所用的"祭器"。在金属制品中，以铁器的发现最为重要。铁器器形种类繁多，有镰、锄、镢、耙、斧、锛、凿、削刀、鱼钩等生产工具和坩埚、釜等大型容器。其他金属制品有铜制的门环、鼎片、敦足、矛、箭头、刻刀、印章、饰件和锡饼、锡攀钉等。在古河道或水井中常常见到一些腐朽的漆木竹器残件，推测当时漆木竹器已成为楚都的重要商品，已普通在楚国贵族的日常生活中使用。这也许是楚都内陶器精品较少的原因之一。

纪南城发现的上述资料，可以表明它是楚郢都所在地。但现存城垣约始建于春秋末期或战国初年，废弃年代为秦将白起拔郢之时，即公元前278年。而城内外遗存的年代大都属战国；城外楚墓，特别是具有规模的楚墓也大都属战国，已发掘的中型以上的楚墓均属战国中期。因此，还存在春秋郢都是否在纪南城的疑问。

史书记载，春秋晚期楚都曾有迁徙或失守的情况，如有公元前519年（楚平王十年）"更城郢"；[1]公元前506年，"吴入郢"，（楚昭）"王奔随"；[2]公元前504年"去郢，北徙都鄀"；[3]"楚惠王因乱迁鄀"[4]等情况。按照楚国的习惯，迁都之后常将新都仍名之为郢，因此春秋早期楚文王所迁之郢与春秋末年至战国时期的郢有可能不在同一地点，所谓"更城郢"就有更地建郢都之意。春秋晚期楚平王之时也有建立新郢都的可能。但这种"更城郢"的新郢都（纪南城），其方位大概不会距离旧郢都太远。否则，史籍就恐怕会讲成是一次迁都了。

在纪南城周围不远已发现了季家湖楚城、万城、偃月城、阴湘城等城址。[5]这些城址是寻找春秋郢都的重要线索。当阳县境内的季家湖楚城于1973年与1979年在纪南城西北的沮漳河西岸被发现，并进行过发掘，相距纪南城约35公里，城址平面略为长方形，南北长1 600、东西宽1 400米，规模不算小。城内分布有相当丰富的文化遗存。已发现了几个夯筑台基，其中在北部的1号台基上，出土了较大型的铜质构件和"秦王卑命"铜甬钟，还有许多筒瓦、板瓦等遗物。城内见到的陶器时代，总的来说比纪南城略早。例如红陶所占比例较大；日用炊器除鬲以外，还有相当比例的釜和半圆形素面瓦当；鬲、豆、盆、罐的形态都可早到春秋。在城外西部数公里处有枝江青山楚墓群，其中有较大型的土冢，并曾零星出土过精致的楚国铜器。城外东部沮漳对岸就是江陵八岭山大型楚墓区。有的学者推测此城就是春秋时期的楚郢都，[6]当然目前这还不能确定。但从地理位置与年代方面看，该城址与楚郢都应具有密切关系。

---

〔1〕《史记·楚世家》正义引《括地志》。
〔2〕《左传·定公四年》。
〔3〕《史记·楚世家》。
〔4〕吴卓信：《汉书地理志补注》引《渚宫旧事》。
〔5〕湖北省博物馆：《当阳季家湖楚城遗址》，《文物》1980年第10期；江陵县文物局：《江陵阴湘城的调查与探索》，《江汉考古》1986年第1期。
〔6〕顾铁符：《楚三邑考》，《楚史研究专辑》，湖北省楚史研究会等，1982年编印（未正式出版）。

据史书记载和前人考证，楚昭王、楚惠王都曾一度自郢迁鄢。《汉书·地理志》颜师古注：“宜城故鄢。”鄢还可称鄢郢。今湖北宜城县城东南约7.5公里处，有一较大型的楚皇城遗址。[1]城址略呈长方形，城垣东、西、南、北分别长2 000、1 500、1 840、1 080米。城垣亦分墙身和内、外护坡三部分，其基部总宽度24-30米，墙身宽8.65、残高2-4米。城垣四边各有缺口两个，有可能为城门。城垣四角明显凸起，应属角楼建筑遗迹。现存城垣为战国时所筑。城内有丰富的春秋至秦汉时期的遗迹遗物，曾经出土过一件春秋时期的大铜壶。城外已发掘了两个楚墓区。[2]距城址不远处，已多次出土春秋铜器，其中有安乐坨出土的楚国铜鼎、盆、戈等重要铜器。[3]该城址的始建年代应早于战国。从楚皇城的地理位置、城址的规模及所见遗物等情况分析，它可能就是楚国的鄢都。

《史记·楚世家》记：“二十一年（公元前278年）……楚襄王兵散，遂不复战，东北保于陈城。”陈城即楚国之陈县。《左传·哀公十七年》（公元前478年）“秋七月己卯，楚公孙朝师师灭陈”，《史记·楚世家》：“惠王乃复位……灭陈而县之。”陈县原为陈国之都，楚顷襄王兵败后自纪南城迁都于此，具体位置在今河南淮阳县。现淮阳县城关有古城遗址，[4]经初步调查发掘，它约始建于春秋晚期。出土的遗物有类似纪南城的陶器、筒瓦、板瓦等。在此城址东南4公里的平粮台发现了大、小型楚墓群，其中经发掘的有陪葬的大型车马坑，其规模为楚墓发掘中所仅见。出土遗物中有各种车马和级别很高的陶礼器、越王剑等重要器物，可能与楚王墓有关。曹桂岑根据以上发现和《水经注》《淮阳县志》等古书的有关记载考证淮阳古城就是楚顷襄王所迁的陈都。[5]楚国之陈都，当时称陈郢。《资治通鉴》载楚考烈王八年（公元前253年）“楚迁于巨阳”（《资治通鉴》卷六，秦纪一，昭襄王五十四年），但《史记·春申君列传》和《资治通鉴》（卷六，秦纪一，秦始皇六年）又载楚考烈王二十二年（公元前241年）“楚于是去陈，徙寿春”。可见楚迁巨阳而未离陈地，楚国在陈共历时三十八年。

公元前241年楚考烈王所迁的寿春，是楚国最后的都城。至公元前223年“秦将王翦、蒙武遂破楚国，虏楚王负刍”[6]止，楚国在寿春历时十九年。楚寿春城在今安徽寿县境内，原为蔡国晚期都城下蔡。自本世纪20年代开始，在寿县境内就不断发现楚器和楚墓。朱家集李三孤堆楚王墓[7]的发现和带“寿春”“大府”等刻铭的楚器出土，有力地证明楚

---

〔1〕 楚皇城考古发掘队：《湖北宜城楚皇城勘查简报》，《考古》1980年第2期。
〔2〕 楚皇城考古发掘队：《湖北宜城楚皇城战国秦汉墓》，《考古》1980年第2期。
〔3〕 仲卿：《襄阳专区发现的两件铜器》，《文物》1962年第11期；湖北宜城骆家山一号墓出土青铜器》，《江汉考古》1983年第1期；盐池出土的青铜器藏荆门市博物馆。
〔4〕 曹桂岑：《楚都陈城考》，《中原文物》特刊——《河南省考古学会论文选集》1981年。
〔5〕 曹桂岑：《楚都陈城考》，《中原文物》特刊——《河南省考古学会论文选集》1981年。
〔6〕 《史记·楚世家》。
〔7〕 参阅楚文化研究会编：《楚文化考古大事记》，文物出版社，1984年第1版。

寿春城就在今寿县城关不远。安徽寿县是我国楚文化考古研究的起点,寿县出土的楚国晚期铜器,特别是李三孤堆出土的楚国大型铜器,是最早被人认识和注目的出土的楚国大型铜器。新中国成立以后,在寿县城东南丘家花园、柏家台一带又发现了"鄂君启节""大府"铜牛和大批楚金币"郢爰"[1]等重要文物,1985年还在柏家台发现了大型建筑遗迹,其上覆盖着大量筒瓦、板瓦、瓦当等遗物,其中铺设在房基边沿上的浮雕花纹空心砖,说明了该建筑遗迹级别很高和楚国空心砖的用途。这些发现,具体证明寿春城的中心在今寿县城关偏东南方。

除以上讲到的楚都以外,西峡析邑、宜城鄀邑(楚皇城)、大冶鄂邑(鄂王城)、舞阳东不羹城等,都曾作过楚国的别都,[2]即楚王居住过的城邑。

进入春秋以后,楚先后灭亡和并吞了南方的东周列国共四五十个,其中较大的有陈、蔡、随、申、息、江、黄、唐、邓、吕、许、厉、郧、罗、郧、贰、轸、邾等国。这些诸侯国多集中于今湖北、河南接壤的汉、淮二水之间。因此这一带发现的楚国城址特别多,而这些楚城原来大都是列国都城,至楚国灭列国后,一般被设县,成为楚国的县城。襄阳的邓城、潢川的黄国故城、上蔡的蔡国故城、鄢陵的鄢陵故城、固始的寝丘故城、黄冈的禹王城等城址,原来就分别为邓、黄、蔡、鄢、蓼、邾等国的都城,后来则都先后成为楚国的重要县城。

另外,楚国曾实行封君制,有些规模较小的楚国城址属楚之封邑。还有些城址是楚国为了军事上的需要而临时建筑的军事城堡。

城市的发生是人类进入文明时代的重要标志之一,是社会生产力发展的必然产物。在世界范围内,由于古代的历史和自然的条件不同,及生产力水平的差异,各地城市的产生和发展也很不平衡,并有着各种不同的发展道路。中国古代城市的发展有自己的道路,独立成体系。我国东周时期楚国城市的发展也有一定的自身特点。

楚国处于我国南方,我国南方城市的产生虽然可能很早,但后来由于中原夏、商、周王朝的先后建立,使我国南方城市的发展较中原迟缓,楚城便是我国南方城市发展的较早形态。在后来的楚地,目前可以确定的较早的一座城址是商代二里岗期的黄陂盘龙城遗址。该城显然是商三朝南下的重要据点,属商城,[3]它后来并没有发展成为楚城。西周时期的城址,基本上没有发现或不能确认。而春秋战国时期的城址则猛然增加,并具有楚文化特征,一般都可归为楚城。

目前经统计的楚国城址约40座,而实际的楚城数量肯定要更多。《史记·楚世家》

---

〔1〕 参阅楚文化研究会编:《楚文化考古大事记》,文物出版社,1984年第1版。
〔2〕 参阅马世之:《关于楚之别都》,《江汉考古》1985年第2期。
〔3〕 盘龙城发掘队 《盘龙城一九七四年度田野考古纪要》,《文物》1976年第2期。

载:"秦昭王怒,发兵出武关攻楚,大败楚军,斩首五万,取析十五城而去",秦的一次军事行动,就取楚北疆的析邑等十五城,亦可说明楚城的密集程度。

楚城的发展大体可分成两个大阶段:

第一,初期阶段。

夏、商、西周时期,楚地虽然具备了城市发展的条件,但由于商、周王朝的控制,基本上只有一些商、周王室的封邑或军事据点,其规模较小,发展也较为缓慢。大约从两周之交开始,楚地的诸侯崛起,包括楚国在内都不断摆脱周王室的控制,不断扩展自己的活动范围,并在自己活动范围内不断建设自己的都城。有些都城就在原封邑基础上加以扩建,也有些都城另选地点重新设建。春秋中叶前后,楚地已有星罗棋布的初具规模的列国都城在蓬勃发展。

楚地春秋诸侯所建的都城,一般以商、周王朝"立国居中"的传统思想选择地点并进行建设。《吕氏春秋·慎势》"古之王者,择天下之中而立国",《汉书·地理志》"昔周公营洛邑,以为在中土,诸侯藩屏四方,故立京师"。这种思想所建的城,主要从政治上和军事上考虑,重点起保护贵族住地的作用,具有所谓"宫城"的性质。一般规模不大,城内以宫殿建筑为主,而有些城垣建筑尚不完善。《左传·襄公十四年》杜注"楚徙都郢,未有城郭",说明春秋初年楚所迁的都城"郢"规模也不是很大,而且没有完备的城垣,没有郭城。楚都城郭在进入春秋中期以后才逐步完善起来。据《左传》等书所载,春秋期间楚国曾多次"城郢",但直至楚康王元年(公元前559年),楚令尹子囊临终时还说"必城郢",[1]说明到了春秋晚期楚国都城的城垣还没有完全筑好。其他诸侯的国都情况应与楚都相近。

第二,繁荣阶段。

大约从春秋中期以后开始,一方面随着楚国的强大,汉淮间诸小国被楚国先后并吞,诸小国之都陆续归于楚国,成为一般楚城;另一方面随着铁器的广泛应用,整个社会生产力得到飞跃发展,使楚城发生了质的变化。楚国和当时其他较强的列国一样,把扩大都城建设作为一项重大措施。公元前519年,"楚囊瓦为令尹,城郢"。[2]今存郢都纪南城的宏大规模可能就是这次"城郢"所筑而逐渐形成的。楚国郢都是战国时代我国最大的城市之一。这个阶段的城,除"宫城"以外,另筑庞大的郭城,将"宫城"包围起来,把当时发展起来的各种手工业、商业等经济活动区和宗教活动区,以及相关居民区包围起来。这样的城才真正具有"城市"的含义。这时的纪南城不但是楚国的政治、军事、文化的中心,而且

---

〔1〕《左传·襄公十四年》。
〔2〕《左传·昭公二十四年》。

是经济的中心。在这个阶段,楚国已形成了自己独特的建城指导思想和筑城方法。楚城的特点亦主要表现在这个阶段的城址之中。

《国语·楚语》记录了楚大夫范无宇有关城制建设的一段话"且夫制城邑若体性焉,有首领,股肱至于手拇、毛脉。大能掉小,故变而不勤",楚国在这种思想指导下,分等级建城。都城和一般城邑的规模差别很大,楚郢都纪南城的规模要比其他楚城大几倍,甚至几十倍。这种情况也可以说明,目前除纪南城以外,其他楚城址不可能是楚兴盛时期的郢都。《管子·乘马》:"凡立国都,非于大山之下,必于广川之上,高毋近旱而水用足,下毋近水而沟防省,因天材,就地利。故城郭不必中规矩,道路不必中准绳。"楚国营都正是以这种新指导思想来进行的。楚都纪南城、楚皇城、陈城、寿春城等都建于江河湖旁、地势优越、水陆交通便利、便于发展经济的地方。选择岗地,夹水筑城是楚城的一大特点。

雨水充沛的南方,给楚城的营建带来不少困难,其中洪水的威胁为一例。夹水筑城的纪南城,除利用天然河道、湖泊和岗地以外,城周和城内东南部的河道都为人工开凿。一方面是为了军事上和交通上的需要,而更重要的一面是考虑到排灌的需要。例如城东南有高出城内其他地方的制高点——凤凰山,因而南侧郭城外的护城河至此中断,就是因为此处不必排水;北侧则在郭城内,有人工河直通龙桥河,这条人工河在很大程度上是为了排灌引水的需要。[1]建设完备的防洪排灌交通水系又是楚城的一个特点。

楚城的规划设计十分讲究格局的规整性。所见楚城皆为方形或长方形,城垣不规则或相互套合的情况较少。城郭四方均设城门,城门内有大道相通,城内分若干个性质不同的区域。笔直的城垣和大道使整个城市显得非常整齐。经过发掘,布局最清楚的是楚都纪南城,该城在宏大的略呈正方形的城垣四方开设基本互相对应的城门。初步探明城内有两个以上的宫殿区和若干个作坊区,还有一些遗迹不多的区域,显然包括了商业区和居民区。战国时代成书的《考工记》记载:"匠人营国,方九里,旁三门。国中九经九纬,径涂九轨,左祖右社,面朝后市。"俞伟超教授认为"这是对已形成的都城规划所作的一种标准式设计思想的阐述",[2]这个记载应是总结了前代,其中包括了楚国在内的营都经验而得出的都城设计的一种较理想模式。

纪南城内利用河道将宫殿区和其他区分隔开来;把主要宫殿区置于东面是湖、南面是山、北面和西面是河道的环境中;在主要宫殿区内的建筑群按一定次序排列,初具中轴线的设计思想;把陵区设于城外数十公里范围内的远近低山岗地上或湖畔河旁,并把主要陵冢安排在城北;城内凤凰山和城外南部也有重要遗迹,可能包括了神秘的坛、庙之类

〔1〕 湖北省博物馆:《楚都纪南城的勘查与发掘》(3)(4),《考古学报》1982年第3、4期。
〔2〕 俞伟超:《中国古代都城规划的发展阶段性》,《先秦两汉考古学论集》,文物出版社,1985年,第42页。

的祭祀崇拜、宗教活动场所；充分利用了城东广阔的湖面，同时可将长江、汉水连接起来，使水上交通便利通达，故《史记·货殖列传》云："江陵故郢都，西通巫巴，东有云梦之饶。"这些都是纪南城规划设计独到之处。这些独特的设施不但使纪南城显得气势磅礴、雄伟壮观，而且别具南方湖光山色之美。纪南城将城市建筑和自然风光融为一体的规划设计，充分体现了楚城发展和建设的水平，在我国古代城市发展中具有重要影响。

如与黄河流域的东周列国都城作比较，楚城的营造建筑有不少自身的特点，如城门设三洞，没有城门楼，城门房建于城垣上或城门内侧，而城门外不挖护城河；[1]木结构水城门建筑，城内外船只相通；城内低台双殿式建筑，城垣或城角上为高台式建筑等。城门设三道是我国古代都城建设中的一种基本形式，据目前资料，这种基本形式最早发现于楚都中。楚都纪南城的城垣采用切角形和外凸包进的形式，[2]主要是依据地形而精心设计的独特形式。这也反映了楚国在建筑设计方面打破传统思想的束缚，具有务实和创新的精神。据纪南城的发掘可知，南垣水门有奠基现象；三十号台基与陈家台以瓦片铺砌作散水、使用壁柱、用红绕土夹瓦片筑柱础而不用石础、所使用的瓦类和洩水管等陶器的尺寸大都较小，瓦当皆为素面；在纪南城和寿春城中都发现的较大型的几何纹空心砖，是楚宫殿所用的护基砖，也还可能用于铺筑宫殿地面。用空心砖护基仅见于辽宁绥中的秦代碣石宫遗址中。以上情况表明楚城在建筑方法和使用材料等方面都有一些早于或不同于中原的地方。

不少楚国城址的内外，均发现了一些普通的居民聚集点。例如楚都纪南城内的余家垱、苏家套、摩天岭、板桥；城外的毛家山、拍马山、纱帽堰、杨家塝、郭大口、黄家庙、武昌义地等地点都发现了东周时代的一般村落遗址，[3]暴露了窑址、灰坑、水井等遗迹，并出土大量的民用遗物，主要有生活器皿和生产工具两大类。特别值得注意的是除出土一部分手工业生产工具以外，还有不少农业、渔业生产工具。城内、外都有这种情况。上述情况证明楚都纪南城内、外都有较密集的类似一般村落的居民点，这些居民点是所谓的"下里"，[4]而这些"下里"居民除从事手工业生产和商业活动以外，还从事农业和渔业劳动。纪南城广阔的湖面不但为交通，而且为渔业生产提供了良好条件。这是其他列国都城所没有的。手工业、农业、渔业和商业相互结合的经济形态是纪南城的另一特色。

秦国占领楚地以后，纪南城、季家湖楚城等相当一部分的楚城先后被秦毁灭，沦为废墟；楚皇城、陈城、邓城等另一部分楚城则仍继续被沿用，大都成为秦汉时期的一般县城。从楚城的兴起、发展与衰落过程可以看出：楚城的设计思想是承中原的早期都城发展而

〔1〕 湖北省博物馆：《楚都纪南城的勘查与发掘》(3)(4)，《考古学报》1982年第3、4期。
〔2〕 湖北省博物馆：《楚都纪南城的勘查与发掘》(3)(4)，《考古学报》1982年第3、4期。
〔3〕 湖北省博物馆：《楚都纪南城考古资料汇编》1980年10月编印。
〔4〕 宋玉《对楚王问》中有"下里""巴人"，是指楚国当时流行的俗曲，所谓"下里"也是百姓居住地。

来,它是中国古代城市发展过程中的一种形态。由于楚地的生产力发展和自然条件的不同,以及其他种种因素的差异,楚城本身具有明显的地方特色。这个特色也是构成楚文化基本特征的重要部分。

附记:

此文写于1986年,至今已十多年了。十多年来,楚国城址考古又有不少新成果,其中较重要的发现有:

1.1987年,在湖北江陵楚都纪南城遗址之东约50公里的潜江龙湾发现了成组的楚国建筑台基,是一处楚城的宫殿基址。宫殿建筑的年代比纪南城早,不少学者认为是楚章华台遗址。[1]经过对保存较好的放鹰台基址的局部发掘,暴露出大型层台式宫殿建筑遗迹,包括两层夯筑台基、墙壁、居住面、柱洞、门、散水、道路等。夯筑台基体为木框架夯土结构,台基内保存纵横交错的木框架残迹。两层台基之间的墙壁(台基壁)经烘烤,形成厚厚的"红绕土"硬面。台基四周已清出方形大柱洞12个。这种柱洞半边在墙体内,大方洞中间还有一较小的方洞(即带二层台的方洞),洞壁也经烘烤成硬面,以便柱底榫凸的牢固竖立。发现的东侧门,用类似红砖的红烧土方块砌筑。在上层台基的东侧和南面有用贝壳镶嵌的道路,并与东侧门相通,贝壳呈人字形排列。东边贝壳路外侧清理出散水,用瓦片铺筑。[2]

2.1987-1989年,在湖北江陵楚都纪南城遗址内的新桥河西岸和龙桥河两岸发掘了制陶作坊遗址和大型建筑基址。1987年在新桥河北段西岸的制陶作坊遗址中,清理了陶窑、水井、窖穴、坑、沟、残房基、管道等许多遗迹。[3]陶窑的保存程度历次发掘所未见,为相当先进的半倒焰式馒头窑(椭圆形半地穴式),分为窑前室、窑室(包括火门、火膛、窑床)、烟囱三部分。出土遗物中有大型的仿铜陶礼器鼎、簋、簠、敦、壶、钫、鉴、罍、盘等。该作坊遗址是楚王室掌管,以烧制陶礼器为主的官窑遗址。1988年,在龙桥河中、西段两岸发现大面积的建筑遗迹和作坊遗迹。位于龙桥河中段南岸,主要在宫殿区东北角一带,不但有大型建筑基址和古河道,而且还有成排的窑址(每座窑附近都有泥坑、水井)。[4]1988-1989年,在龙桥河西段北岸一带也暴露出大量的遗迹遗物,其中有许多整齐排列的平面为正方形的夯土遗迹,东西两方相对,每方为2.00米×2.00米,两两南北向排列,延伸100米以上(已发现32对)。这大概属于大型建筑台基底部所挖的基础坑,坑内

〔1〕 湖北省考古学会:《楚章华台学术讨论会论文集》,武汉大学出版社,1988年。
〔2〕 陈跃钧:《潜江龙湾章华台遗址的调查与试掘》,《楚章华台学术讨论会论文集》,武汉大学出版社,1988年。
〔3〕 湖北省文物考古研究所:《纪南城新桥遗址》,《考古学报》1995年第4期。
〔4〕 湖北省文物考古研究所:《1988年楚都纪南城松柏区的勘查与发掘》,《江汉考古》1991年第4期。

用纯土夯实,是立柱的承重部位。

3. 1993年在江陵纪南城西南郊拍马山附近暴露一座楚国大型夯土台基,在台基夯土内清理出大量的纵横呈格状分布的木质梁柱和隔板。[1]这是保存较好的木质框架夯筑大型建筑台基遗迹。这一发现,不但证明纪南城南郊是楚郢都整体规划的重要部分,而且可以清楚地看到楚国建筑高台基的特有方法。

4. 1986-1989年,通过钻探,局部发掘和遥感解析证实,楚国寿春城位于安徽寿县城关镇东南,营建于战国晚期,城址总面积达26平方公里,有郭墙、城壕、纵横有序的水道、宫殿区、墓葬区等,城区布局明显按中轴线设计。[2]

5. 关于楚国中心地的早期古城问题,近十年来在湖北天门石家河、荆门马家垸、江陵阴湘城、石首走马岭和湖南澧县城头山等地都发现了新石器时代屈家岭文化古城(江陵阴湘城经发掘,非楚城),[3]其中以天门石家河古城规模最大,城垣内面积达120万平方米。楚地这些早期古城大约至新石器时代晚期,即公元前21世纪夏王朝建立前后几乎全部被废弃,与后来的楚城没有直接的发展关系。

近十多年来楚国城址的新发现,大大丰富了楚国城址研究资料,尤其充实了大型建筑工程方面的内容。例如大型建筑的基础设施、木质框架夯筑台基、层台式建筑、土筑墙壁经烘烤、二层台硬面柱洞、贝壳镶嵌道路等,都更加表明楚国城市土木工程建设的特点。

说明:

此文为俞伟超先生1986年约稿并定稿,是他和日本早稻田大学文学院中文系主任稻畑耕一郎教授(他主要研究楚辞、楚简)合作编著《楚文化研究》一书的稿件。此书拟由日本出版,但一直没有见书。1998年,日方曾通知准备出版,要求作新资料的补充,所以写了以上的"后记"。至今又过去了十多年,恐怕此书出不成了。此文是本人20世纪70年代后期至80年代前期在楚国城址调查、发掘与研究中的初步认识,现刊出(此文所附照片已全部删除),供研究者参考,并以此当作对俞伟超先生为楚文化研究辛勤工作的怀念。

(原载《湖南省博物馆馆刊(第六辑)》,岳麓书社,2010年)

〔1〕 湖北荆州博物馆发掘资料。
〔2〕 安徽省文物考古研究所:《十年来安徽省的文物考古工作》,《文物考古工作十年(1979-1989年)》,文物出版社,1991年。
〔3〕 杨权喜:《试论江汉古城的兴衰》,《江汉考古》1994年第4期;荆州博物馆、福冈教育委员会:《湖北荆州市阴湘城遗址东城墙发掘简报》,《考古》1997年第5期。

襄阳山湾五座楚墓的年代

江汉平原通往中原的交通孔道襄阳一带，是楚墓集中的地区之一。早在70年代初期，襄樊市北郊的山湾、蔡坡（隶属襄阳县）等地就曾经清理发掘过许多东周时期的墓葬，其中山湾发掘的一批春秋楚墓最为重要。[1]

一、概　　况

山湾楚墓群主要分布于一座圆形小山的东坡和南坡，因某砖瓦厂用机械从小山的东南方向西北方取土，曾破坏了许多重要墓葬（主墓也可能被破坏），出土的青铜器亦大部分被该厂回炉熔毁。1973年以来，湖北省博物馆等有关单位组成考古组前往调查发掘，除收回部分已出土的遗物外，还进行过两次发掘，前后共发掘了春秋时期至秦代的墓葬34座。

山湾六号、十四号、十五号、廿三号和三十三号墓，是春秋时期楚国的中型墓葬。这五座墓葬的规模大小相当，墓坑为长方形土坑竖穴式，墓壁都较垂直，没有台阶和墓道，墓底长2.60~3.00米，宽0.76~1.28米，距现有地表1.81~4.04米。葬具为单棺单椁（已朽）。在椁室"头箱"内都放置一组铜质容器，有的还在椁室"边箱"内放置少量铜兵器、在棺内放有少量玉器。

这五座墓葬出土的青铜器，造型匀称美观、花纹精细繁缛，具有明显的楚文化特征。三十三号墓还出土了"楚子敦"和"子季嬴青簠"等两件铭文铜器，说明了这类规模不算大的墓葬之墓主，都是楚国的贵族，他们在楚国的政治生活中是有一定地位的，同时也反映了襄阳一带是楚国当时的重要政治据点。

这五座楚墓是目前发现的具有明显楚文化特征的时代较早的楚国贵族墓葬之一，所出土的春秋楚国铜器之多，也是湖北境内少有的。对于这五座墓葬具体年代的分析确定，

---

[1]　湖北省博物馆未刊资料。

显然是十分必要的。

二、分期与器形变化

关于这五座墓的分期问题,主要依据它们出土的铜容器组合和器形变化规律来确定。

第一期:十五号墓。

铜容器组合为A型Ⅰ式鼎、簠、Ⅰ式缶、A型Ⅰ式盘、A型匜。组合中未见B型鼎和簠,而使用的是A型鼎和簠,同时不出瓢。

器形的主要特点是造型庄重厚实,器腹都近圆状,器耳和足讲究对称,花纹较为粗放一些,纹样以蟠虺纹为主。

A型Ⅰ式鼎,是一种带盖鼎,盖顶有圈形抓把,盖面隆起,腹略呈圆形。整个器形较为瘦长,花纹也较粗些(图一,1)。此器与同一墓地采集的重要的"邓公乘鼎"作风较接近(但花纹较细密些)。"邓公乘鼎"应在楚灭邓(公元前678年)[1]之前制作,年代当属春秋早期略偏晚,据此可以断定A型Ⅰ式鼎的时代较早。

簠,为三小足楚式簠(图一,4),与淅川下寺一号墓出土的(即"简报"中称为"盏"的,编号为M1:48)[2]相似。这种簠大约流行于春秋中、晚期。

Ⅰ式缶,是所谓的"浴缶"或"盥缶",有盖,耸肩,下腹内收,肩部饰有四圆饼和蟠虺纹(图一,6)。

A型Ⅰ式盘,铜胎厚实,有纹饰,折沿,盘底较平,附有四耳和三短足。

第二期:六号、十四号、三十三号墓。

铜器基本组合为B型Ⅰ式鼎(或A型Ⅱ式鼎)、簠(或另加敦)、Ⅰ式缶、A型Ⅱ式盘、A型匜、瓢。A型鼎多被B型鼎代替,不见簠而代之以簠,并出现敦,另还加用瓢。

这期铜器花纹更加细密化。器物特征与第一期相差不是很大,变化主要表现在个别器物上。

A型Ⅱ式鼎,此型鼎由瘦长变矮胖,口变大,足变短,腹壁由外鼓变为内收,花纹由较粗放变为极细密而繁缛(图一,2)。

B型Ⅰ式鼎盖鼎,盖面隆起,并有三小纽,盖中间还有衔环提纽。腹壁较直而深,足瘦长,花纹较粗些,底部均有很厚的烟熏痕迹,明显是实用器具(图一,3)。

---

〔1〕 见《左传·庄公六年》。
〔2〕 河南省博物馆:《河南淅川县下寺一号墓发掘简报》,《考古》1981年第2期,第120—121页。

簠，为较平矮的长方形体，饰十分细密的蟠虺纹。(图一，5)。这是介于"陈公子中庆簠"(春秋中期)[1]和"曾侯乙簠"(战国早期)[2]之间的一种形态，即具有春秋晚期的特征。

三十三号墓出土的一件敦，呈圆形。下器有三小兽蹄足残断的痕迹，内有铭文"楚子□陕之饮"七字，器壁有修补痕迹。看来此器是另外加入的。

Ⅰ式缶，与第一期的相同。

A型Ⅱ式盘与第一期的相比，盘口由折沿变为直沿，盘变深，盘底由较平缓变成弧状。有的足和耳制作很精致，与淅川下寺一号墓出土的盘十分近似(图一，8)。

A型匜，铜胎厚实，椭圆形平底，流上仰(图一，10)。

瓢，半圆形，腹略鼓，弯曲把。

第三期：廿三号墓。

铜器组合为B型Ⅱ式鼎、簋、Ⅱ式缶、B型盘、B型匜。组合基本与第二期相同，仅未见瓢，而出现B型盘和B型匜。

除簋以外，其余各种器形都发生了变化：

B型Ⅱ式鼎，盖面由隆起变平，足变得更细长而弯曲度大，即与"蔡侯鼎"相同。

Ⅱ式缶(缺盖)，整个器形变矮胖，近圆形腹，肩部饼饰由四个变成八个，蟠虺纹则较粗朗(图一，7)。

B型盘，为一种薄铜胎盘，素面。口微敛，圜形底(图一，9)。

B型匜，也是薄铜胎，素面。半圆形，流与器身平直，尾部一环形鋬(图一，11)。

以上情况，列表如下：

分期	墓号	A型鼎 I式	A型鼎 II式	B型鼎 I式	B型鼎 II式	簠	簋	敦	缶 I式	缶 II式	A型盘 I式	A型盘 II式	B型盘	A型匜	B型匜	瓢
第一期	M15	1				1			1		1			1		
第二期	M6	1	1				2		2			1		1		1
第二期	M14			1			1		1			1		1		
第二期	M33				2		1	1	1			1		1		1
第三期	M23				1		1			1			1		1	

[1] 随县博物馆：《湖北随县城郊发现春秋墓葬和铜器》，《文物》1980年第1期，第34页，图版叁。
[2] 随县擂鼓墩一号墓考古发掘队：《湖北随县曾侯乙墓发掘简报》，《文物》1979年第7期，第22页。

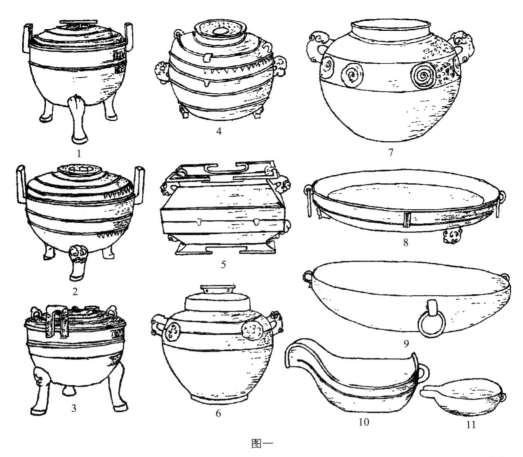

图一

1.A型Ⅰ式鼎　2.A型Ⅱ式鼎　3.B型Ⅰ式鼎　4.簋　5.簠　6.Ⅰ式缶　7.Ⅱ式缶　8.A型Ⅱ式盘
9.B型盘　10.A型匜　11.B型匜

三、年代的初步确定

楚文化是在江汉地区原始文化发展的基础上,接受了中原商周文化的强烈影响而形成的,它与中原文化之间存在着许多共同的文化特征;楚文化的迅速发展大约在楚文王始都郢,即在春秋初年以后,楚文化系统的正式形成则可能在春秋中期前后。这样,春秋时期的楚文化则应有更多的中原文化的特点。山湾五座楚墓的墓葬形制、随葬铜容器的组合、铜器器形和花纹的基本特征与中原地区春秋中晚期墓葬大致相同,它们的年代也当在春秋中晚期。

关于山湾五座楚墓以上所分三期,各期的具体年代问题,我们的初步看法是:

第一期出土了与春秋早期的"邓公乘鼎"相近似的A型Ⅰ式鼎,同时只出簋不出簠,而这种形制的簠,时代可以早到春秋中期,另外又出和第二期相同的Ⅰ式缶,因此此期的年代只能在春秋中期后段。

第二期所出土的簠,是典型的春秋晚期器形,而B型鼎与蔡侯墓出土的春秋末年的同型鼎[1]相比,还显得早一点。据此定这期的年代为春秋晚期前段。

第三期的簠仍和第二期相同,但出土的B型鼎和春秋末年的蔡侯墓的同型鼎[2]完全相同,同时又新出现矮胖的Ⅱ式缶和薄铜胎的B型盘、B型匜,所以它的年代当为春秋晚期后段。

(原载《江汉考古》1983年第1期,第19–22页)

---

〔1〕 安徽省文物管理委员会、安徽省博物馆:《寿县蔡侯墓出土遗物》,科学出版社,1956年。
〔2〕 安徽省文物管理委员会、安徽省博物馆:《寿县蔡侯墓出土遗物》,科学出版社,1956年。

襄阳余岗东周青铜器的初步研究

湖北襄阳山湾东周墓地[1]和蔡坡战国墓地[2]是两个相连的岗地,原均属余岗,故合称为余岗东周墓地。[3]该墓地南距邓城东周城址仅5公里。余岗墓地为襄阳一带目前所知最重要的楚国墓地。这个墓地曾出土过较大量的东周青铜器。这些青铜器分散于多座中、小型楚墓之中,出土时器形完整,组合清楚;铜器内容丰富,制作精细,造型美观,花纹规整;铜器时代上下延续时间长,涉及的诸国多,集中反映了楚文化青铜器发展的脉络及其基本特点。对余岗青铜器的深入研究,在楚文化研究中有着重要意义。

一、铜器出土概况

60年代末,两个大型砖瓦厂用机械分别在余岗墓地的东南部(山湾)和西南部(蔡坡)取土,破坏和毁掉了许多重要墓葬,出土了大批的铜器,所出土的铜器大部分被砖瓦厂回炉熔化。1971年春,我们曾在山湾取土场收回了一批重要的青铜器。[4]1971年冬至1976年,为配合砖瓦厂取土,考古人员先后在山湾和蔡坡两个取土场,抢救发掘了46座中、小型墓葬,其中有25座墓出土了青铜器。1982年,襄阳县文化局,在蔡坡又收集大小件铜器108件,但资料未正式发表。

余岗出土的青铜器,已发表的包括大、小型器物共1 524件。由于资料发表较分散,因此将已发表了的所有铜器的具体器名、数量和出土情况列出表一。

---

[1]　湖北省博物馆:《襄阳山湾东周墓葬发掘报告》,《江汉考古》1983年第2期。
[2]　湖北省博物馆:《襄阳蔡坡战国墓发掘报告》,《江汉考古》1985年第1期。
[3]　有称为"红莲寺""山湾子""六新生""100号墓地"者,皆为山湾。如106号墓即山湾6号墓;有称为"200号墓地"者,为蔡坡,如204号墓即蔡坡4号墓。因有论文流传,特此更正。
[4]　湖北省博物馆:《襄阳山湾出土的东周青铜器》,《江汉考古》1988年第1期,同刊同年第3期的《襄樊市博物馆收藏的襄阳山湾铜器》一文中,除"三号鼎"以外,均重复。

表一　襄阳余岗出土青铜器统计表

名称与数量	出土地点	器　号	备注	名称与数量	出土地点	器　号	备注
鼎30	山湾	M6：1 M6：2 M14：1 M15：1 M18：3 M19：1 M22：1 M23：1 M33：1 M33：2 采：1 采：2 采：3 采：4 采：20 采：26 "三号鼎"	2件 有铭 5件 有铭	簠	山湾	M33：4 采：21 采：22	有铭 有铭
					蔡坡	M4：7	
				簠耳1	山湾	M11	1个
				盖豆2	山湾	采：28	2件
				盒2	蔡坡	M4：3	2件
	蔡坡	M4：1 M4：2 M8：1 M9：1 M12	 2件 2件 2件	敦8	山湾	M19：2 M22：2 M33：8 采：5 采：6 采：23 采：24	有铭
					蔡坡	M4：4	
				壶4	山湾	采：25	
					蔡坡	M4：5 M4：6 M12	 盖1
簠4	山湾	M15：2 采：7	3件	蒜头壶1	山湾	M18：4	
簋8	山湾	M6：3 M14：2 M23：2	2件	缶10	山湾	M6：4 M14：3 M15：3 M23：3 M33：3 采：8 采：27	2件 有铭 2件

名称与数量	出土地点	器　号	备注	名称与数量	出土地点	器　号	备注
缶	蔡坡	M4：8	有铭	瓢	山湾	采：30	
盘9	山湾	M6：5 M14：4 M15：4 M19：3 M23：4 M33：5 采：31			蔡坡	M4：11 M12	
				铡4	山湾	采：11 采：12 采：29	2件
	蔡坡	M4：9 M9：2		勺4	蔡坡	M9：5 M12	2件 2件
匜12	山湾	M6：6 M14：5 M23：5 M33：6 采：9 采：32 采：38 M15	未取回	长柄勺2	蔡坡	M9：6 M12	
				器柄首3	蔡坡	M4：35	3件
				斧5	山湾	M2：7 采：16	
					蔡坡	M4：31	3件
				锛3	山湾	M2：6 采：15	
					蔡坡	M4：32	
	蔡坡	M4：10 M9：3 M9：4 M12		钺3	蔡坡	M4：30	3件
				凿2	蔡坡	M4：33 M4：34	
圆形瓢2	蔡坡	M4：12	2件	镰2	山湾	M2：10 M11：6	
瓢7	山湾	M6：7 M14：6 M33：7 采：10		削刀3	山湾	M2：9	
					蔡坡	M12	2件
				靴形刀1	蔡坡	M12	
				刻刀1	蔡坡	M4：27	

名称与数量	出土地点	器　号	备注	名称与数量	出土地点	器　号	备注
锥12	山湾	M2：20	2件	戈33	山湾	M2：4	
		M9：3				M2：5	
		M11：9	2件			M5：14	
		M14：7	2件			M6：8	
		M23：12				M11：7	
	蔡坡	M4：17	4件			M11：8	
剑15	山湾	M5：10				M17：3	
		M19：4				M23：6	
		M26：1				M24：6	
		M27：2				M24：7	
		M29：1				M26：2	
		采：35	4件			M33：10	
	蔡坡	M4：24				采：13	
		M4：25	有铭		蔡坡	M4：18	4件
		M4：26				M4：19	
		M8：8				M4：20	2件
		M12	有铭			M4：21	4件
		M12				M4：22	8件
短剑2	山湾	M2：8				M4：23	
		采：39				M8：5	
						M8：6	
						M12	3件
匕首5	山湾	M14：9		殳2	蔡坡	M4：29	2件
		M23：8		戟5	山湾	M5：12	
		M33：9				M5：13	
		采：14			蔡坡	M8：1	
		采：36	2件			M12	2件
矛14	山湾	M20：1		戈镦4	山湾	M2：12	
		M27：1					
		采：34			蔡坡	M8：15	
	蔡坡	M4：28	4件			M8：16	
		M12	7件			M8：17	

名称与数量	出土地点	器　号	备注
箭头197	山湾	M2：11	27件
		M5：11	4件
		M11：15-18	5件
		M14：8	2件
		M19：5	2件
		M20：2	
		M23：9	7件
		M33：11	9件
	蔡坡	M4：13	86件
		M4：14	3件
		M4：15	3件
		M4：16	13件
		M8：2	4件
		M8：3	10件
		M8：4	
		M12	20件
小铜帽1	山湾	M2：13	
车軎37	山湾	M2：15	2件
		M11：10	
		M23：10	2件
		采：17	4件
		采：33	5件
	蔡坡	M4：41	2件
		M4：42	2件
		M4：43	2件
		M4：44	2件
		M4：45	4件
		M4：46	2件
		M4：47	2件
		M8：9	2件
		M9：8	2件
		M12	3件

名称与数量	出土地点	器　号	备注
辖6	山湾	M11 M24	2件
	蔡坡	M12	3件
辕首1	山湾	M11：19	
器首2	蔡坡	M4：36	2件
盖弓帽39	蔡坡	M4：37 M8：11	19件 20件
合页15	山湾	M11：14	3件
	蔡坡	M4：38	6件
		M4：39	3件
		M12	3件
铜钩1	山湾	采：18	
马衔58	山湾	M2：16	2件
		M11：11	2件
		M11：12	2件
		M22：3	
		M23：11	2件
		M24：8	2件
		M33：12	2件
		采：37	5件
	蔡坡	M4：48	2件
		M4：49	26件
		M8：10	2件
		M12	10件
镳17	山湾	M2：17	4件
		M11：13	4件
		采：37	7件
	蔡坡	M12	2件

名称与数量	出土地点	器　号	备注	名称与数量	出土地点	器　号	备注
节约39	山湾	M2：18	2件	器足3	山湾	M11：20	3件
	蔡坡	M4：59 M4：60 M4：61	8件 5件 24件	铜箍9	蔡坡	M8：13 M8：14 M8：18 M9：7	2件 2件 3件 2件
铜687	山湾	M2：14 M17：2 M24：10	52件 5件 16件	铜环3	蔡坡	M12	3件
	蔡坡	M4：56 M4：58	324件 290件	环形器耳19	蔡坡	M8：19 M8：20 M8：21 M9：9 M9：10 M11：1 M11：2	 2件 4件 4件 2件 2件 4件
活环11	山湾	M2：19 M11：22 M12 M16：1					
	蔡坡	M4：57 M4：62	2件 5件	圆形有铤铜器	蔡坡	M12	18件
圆形马饰2	蔡坡	M4：55 M12		曲形铜器10	蔡坡	M12	10件
方座套环10	蔡坡	M4：51 M4：52 M4：53 M4：54	5件 2件 2件	附件2	山湾	M11：23 M11：24	
双纽饰19	蔡坡	M4：40	19件	合计 容器：109件 容器零件：4件 工具：32件 兵器：279件 车马器：954件 其他铜器：146件 共计：1 524件			
镜1	蔡坡	M7：3					
带钩5	山湾	M18：5 M21：6 M21：7					
	蔡坡	M8：22 M11：3					
铜鱼70	蔡坡	M12	约70件				
小器足6	蔡坡	M8：12	6件				

表一中，有铭文的铜器共9件，其铭文内容及发表著作列表二。

表二　襄阳余岗出土铭文铜器登记表

器　名	出土时间与地点	铭 文 内 容	资 料 来 源
邓公乘鼎	1974年·山湾	盖内、腹壁内各有四行十六字："邓公乘自乍（作）飤鎵，其眉寿无期，永保用之。"	杨权喜：《襄阳山湾出土的鄀国和邓国铜器》，《江汉考古》1983年第1期，第52、53页。
邓尹侯鼎	1978年·山湾	盖内六字："邓尹侯之浴濫。"器壁六字："邓尹侯之鋼？儲？"	王少泉：《襄樊市博物馆收藏的襄阳山湾铜器》，《江汉考古》1988年第3期，第97页；图二，1、2；图一，3。
上鄀府簠	1972年·山湾	上器七行、下器五行相同的三十二字："隹正六月初吉丁亥，上鄀府择其吉金铸其鬻簠，其眉老（寿）无记（期），子子孙孙永宝用之。"	杨权喜：《襄阳山湾出土的鄀国和邓国铜器》，《江汉考古》1983年第1期，第51、52页。
子季嬴青簠	1973年·山湾33号墓	上、下器内底各有四行二十字："子季嬴青，择其吉金，自作飤簠，眉寿无期，子子孙孙永保用之。"	湖北省博物馆：《襄阳山湾东周墓葬发掘报告》，《江汉考古》1983年第2期；图版五，1；第7页（图十一）。
楚子敦	同上	下器内壁六字："楚子忍璞之飤□。"	同上：第8页（图版伍，3）；第7页（图十二）；第6页（图十，1、2）
缶	1972年·山湾23号墓	器外肩部二字："□缶。"	同上：第9页（图版陆，3）；第8页（图十三）；第6页（图十，4、11、12）
蔡公子□姬安缶	1973年·蔡坡4号墓	盖内八字："蔡公子□姬安之鬻盝。"	湖北省博物馆：《襄阳蔡坡战国墓发掘报告》，《江汉考古》1985年第1期，第15页（拓片二，1、2；图十二）。
徐王义楚剑	同上	格上两面嵌十六字："徐王义楚之元子□""择其吉金自乍（作）用金（剑）。"	同上　第15页（拓片二，3）；第18页；第19页（图版五，3）；图十五，3
吴王夫差剑	1979年·蔡坡12号墓	剑身二行十字："攻敔（敬）王夫差自乍（作）其元用。"	襄阳首届亦工亦农考古训练班：《襄阳蔡坡12号墓出土吴王夫差剑等文物》，《文物》1976年第11期，第65-66页；图版四，1。

二、铜容器型式

余岗青铜器中,有重要的容器109件,包括发掘品73件,采集品36件。这些铜容器计有鼎、盏、簠、盖豆、敦、盒、缶、壶、盘、匜、瓢、勺、长勺、铄和蒜头壶等十五种。

鼎30件,均属于食鼎。邓公乘鼎自称为"飤䵼",又有自称为"飤䵼"[1]"飤鐈"[2]者,所以有"于鼎""鐈鼎"之类的称谓。其实这种鼎就是春秋战国时期盛行的最普通的圆鼓腹带盖附耳蹄足鼎。余岗出土的这种鼎可以分成九式:

Ⅰ式 抓把拱盖,深腹,耳较小,圜底,蹄足较粗壮。盖面和腹部均有两圈以上较细密的纹饰。"邓公乘鼎",胎壁厚实,器形规整,所饰纹饰为较粗而深的蟠螭纹(图一,1)。

Ⅱ式 抓把拱盖,器形变矮胖,纹饰变细密。山·M6∶1,盖面较平,器身宽扁,蹄足较短,蟠螭纹细而密(图一,2)。

Ⅲ式 抓把拱盖。山·M6∶2,蹄足细长,弯曲外撇。花纹细密(图一,3)。

Ⅳ式 整个器形瘦高,盖中间为衔环纽,盖面有三小足。花纹均细密,以蟠螭纹、"S"形纹和绹索纹为主(图一,4)。

Ⅴ式 与Ⅳ式相比,盖面较平,蹄足变长而外撇(图一,5)。

Ⅵ式 铜质具有韧性,颜色较深,胎壁较薄。浅腹,盖径较小,盖、身相合呈椭圆盒形。盖面弧形,并有三小足,中间衔环。蹄足较粗短。纹饰粗朗,并出现几何形纹,线条均匀流畅(图一,6)。

Ⅶ式 椭圆盒形鼎,有较细的蟠螭纹,蹄足较长(图一,8)。

Ⅷ式 与Ⅶ式接近,但无纹饰,蹄足长而直。蔡M9∶1为铜身铁足(图一,7)。

Ⅸ式 器形矮胖,器、盖相合近圆形,盖中无纽。盖面有三小足,呈扁勾形。素面(图一,9)。

盏 4件,型式相同。山·M15∶2,抓把型盖,盂形器身,子母型口。器身束颈、圜底。颈部有对称的两个兽形耳,腹部有对称的两个环耳。器底有三个兽蹄足。盖面、腹部有数组细蟠螭纹、凸绹索纹和垂叶纹。高21、口径22厘米(图三,3)。

簠 8件,均为扁长方体,兽形耳,除足部外,上、下表面均饰细而浅的蟠螭纹。据细部的不同,可分三式:

〔1〕 河南省博物馆等:《河南淅川县下寺一号墓发掘简报》,《考古》1981年第2期。
〔2〕 武汉市文物商店:《武汉市收集的几件重要的东周青铜器》,《江汉考古》1983年第2期。

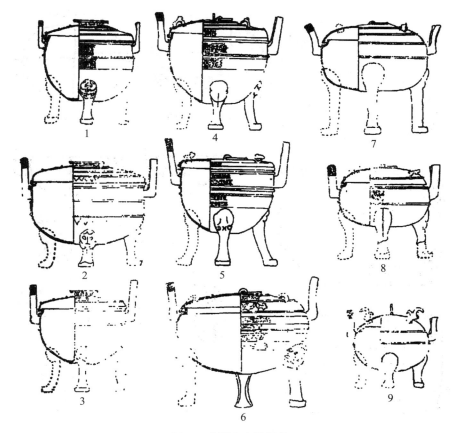

图一 余岗出土的铜鼎

1.山·采：3（Ⅰ式） 2.山·M6：1（Ⅱ式） 3.山·M6：2（Ⅲ式） 4.山·M14：1（Ⅳ式）
5.山·M23：1（Ⅴ式） 6.蔡·M4：1（Ⅵ式） 7.蔡·M9：1（Ⅷ式） 8.蔡·M8：1（Ⅶ式）
9.山·M18：3（Ⅸ式）

Ⅰ式 器形较高，纹饰较粗。"上郡府簠"（山·采：21），口径26.8×22.9、通高22厘米（图二，1）。

Ⅱ式 斜腹部分较浅，纹饰细密。子季嬴青簠（山·M33：4），口径30×23、通高21.5厘米（图二，2）。

Ⅲ式 整个器形更矮扁。蔡·M4：7，口径29×22、通高18厘米（图二，3）。

盖豆 2件，抓把型盖，子母型口，两环耳，豆柄较细而短，素面（图二，5）。

敦 8件，可分三式：

Ⅰ式 厚壁，上下器套合呈球状，上下器各有两个环耳和三小足。上器沿有三个挡扣。上器三小足为扁兽形或环形，下器三小足多为蹄形。上下器一般均有数组精细的花纹图案，图案内容比较复杂。山·M33：8（楚子敦），上器顶饰涡纹和三圈"S"形纹，

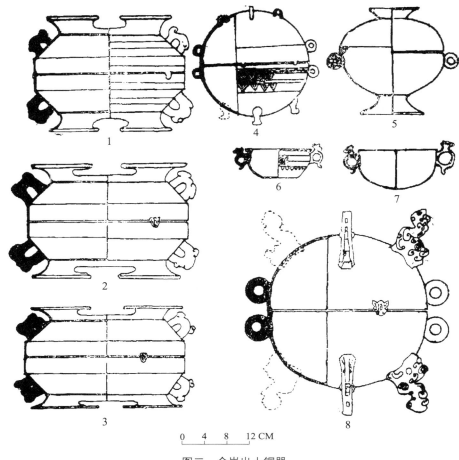

图二　余岗出土铜器

1. I式簠("上都府簠",山·采：21)　2. II式簠("子季嬴青簠",山·M33：4)
3. III式簠(蔡·M4：7)　4. I式敦(山·M33：8)　5. 盖豆(山·采：28)
6. I式铺(山·采：12)　7. II式铺(山·采：29)　8. III式敦(蔡·M4：4)

上下器的上腹各饰三角蟠螭纹、三角卷云纹和绚索纹共五圈。口径19.5、通高19厘米
(图二,4)。

　　II式　薄胎壁球形,素面。山·M19：2,上下器三小足均为环形,口径24厘米。

　　III式　厚壁。蔡·M4：4,上下器基本相同,三小足均作夔龙状,器表镶嵌红铜的花
纹。口径21.5、通高27、壁厚0.65厘米(图二,8)。

　　盒　2件。蔡·M4：3,薄壁,上下基本相同,为圆钵形,平底无圈足,子母型口,上下
器各有二个环耳。素面。口径21.6、通高17.2厘米(图三,4)。

　　缶　10件,分四式：

　　I式　下腹较窄小,整个器形显得瘦高。山·M15：3,两兽形耳,腹部饰四个圆饼。

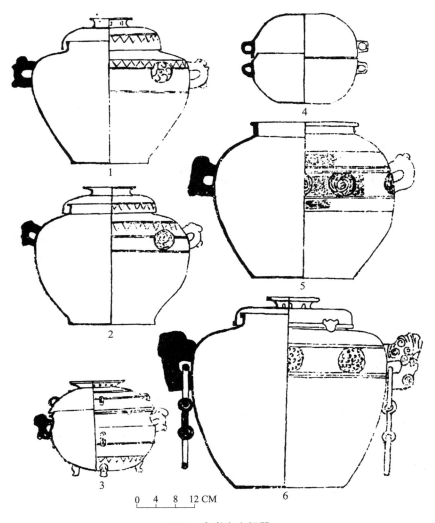

图三　余岗出土铜器

1. Ⅰ式缶（山·M15：3）　2. Ⅱ式缶（山·M33：3）　3. 盏（山·M15：2）
4. 盒（蔡·M4：3）　5. Ⅲ式缶（山·M23：3）　6. Ⅳ式缶（"蔡公子口姬安缶"，蔡·M4：8）

口径17.5、腹径33、通高31厘米（图三，1）。

　　Ⅱ式　下腹较宽大，整个器形显得较矮胖。山·M33：3，口径18.5、腹径33、通高29.5厘米（图三，2）。

　　Ⅲ式　圆鼓腹，宽底。山·M23：3，缺盖。溜肩，饰八个圆饼，蟠螭纹较粗朗，腹外壁有铭文二字。口径21.9、腹径38.4、高34厘米（图三，5）。

　　Ⅳ式　"蔡公子口姬安缶"（蔡·M4：8），盖面较平，下腹和底均较宽，腹壁较直，两个大兽形耳，并衔三节连环。口径24、腹径42、通高41.2厘米（图三，6）。

壶　4件,分二式:

　I 式　蔡·M4∶5,薄壁,带盖,口、颈较细小,鼓腹,圈足,两个铺兽衔环。盖面和腹外壁皆有贴金箔的花纹,盖面以"S"形线条组成图案,器身花纹由龙形、凤形和燕尾形图案组成。口径12.6、腹径34、底径16、通高34厘米(图四,1)。

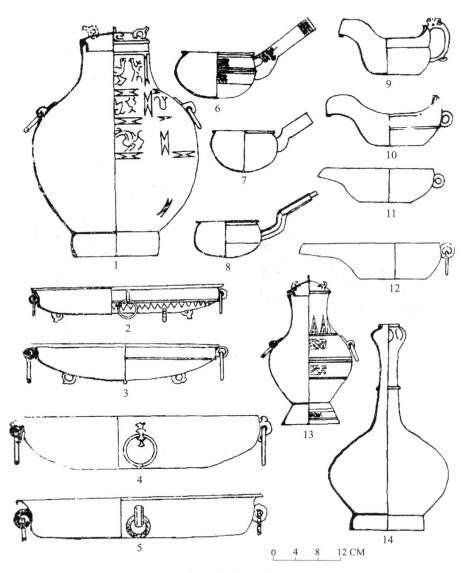

图四　余岗出土铜器

1.I式壶(蔡·M4∶5)　2.I式盘(山·M15∶4)　3.II式盘(山·M1∶4)
4.III式盘(山·M23∶4)　5.IV式盘(蔡·M4∶9)　6-8.瓢(山·采∶10,山·M6∶7,蔡·M4∶11)
9.I式匜(山·M6∶6)　10.II式匜(山·M14∶5)　11.III式匜(山·M23∶5)
12.IV式匜(蔡·M4∶10)　13.II式壶(山·采∶25)　14.蒜头壶(山·M18∶4)

Ⅱ式　山·采：25，颈较长，圈足高而外撇。盖、身皆饰线条细而流畅的卷云纹、三角纹等。口径8.4、腹径15.8、底径10.7、通高27.5厘米（图四，13）。

蒜头壶　仅1件，山·M18：4，除细颈部有一凸棱以外，全身无纹。通高39.6厘米（图四，14）。

盘　9件，有四式：

Ⅰ式　厚壁折沿，四耳，三足，底较平，饰蟠螭纹和垂叶纹（图四，2）。

Ⅱ式　厚壁，两耳，三足，大圜底，素面（图四，3）。

Ⅲ式　薄壁，直沿敛口，四耳，平底较小，无足。腹较深，素面（图四，4）。

Ⅳ式　薄壁，卷沿，四耳，大平底，无足，素面（图四，5）。

匜　12件，有四式：

Ⅰ式　厚壁，流和尾上翘，平底，把为龙形，有的饰蟠螭纹（图四，9）。

Ⅱ式　厚壁，腹较浅，尾部一环耳（图四，10）。

Ⅲ式　薄壁，流和口在一个平面上，盂形腹，短流，尾部一环耳，平底，素面（图四，11）。

Ⅳ式　薄壁，口与流在一个平面上，长流，尾部衔环耳，素面（图四，12）。

瓢　7件，一般为圜底盂形，厚壁，一侧有弯曲的把，把为筒形，可纳木柄。有的器身有细密的蟠螭纹，把部亦有纹饰（图四，6-8）。

匜形瓢　2件，器身与匜相似，厚壁，带弯曲把。

铆　4件，有两式：

Ⅰ式　厚壁，制作精细。口为椭圆形，平折沿，腹微鼓，平底，附二立龙形耳，腹部有细密蟠螭纹和三角卷云纹（图二，6）。

Ⅱ式　薄壁，呈半球形，直口，小平底，亦有二立龙形耳，素面（图二，7）。

勺　4件，为铲形勺。

长柄勺　2件，为薄壁竹节状长柄勺，把端有环形纽，把由薄铜皮卷成。

三、铜器组合与分期

余岗铜容器见于12座墓中。这12座墓包括出Ⅸ式鼎和蒜头壶的山湾18号战国晚期秦墓，其余11座墓均为楚墓。11座楚墓均属于级别不是很高的"士"或"下大夫"的贵族墓，墓葬类别都大体相当，因此具有对比研究的重要价值。根据各墓随葬的铜容器组合及各器形变化，以及各墓墓坑形制特点，可分成六期，情况如表三。

表三　余岗11座楚墓分期表

期别	墓号	时代	铜容器组合及数量	墓　葬　形　制	
				墓坑尺寸（米）	特　　点
一期	山M15	春秋中期后段	Ⅰ鼎1、盏1、Ⅰ缶1、Ⅰ盘1、Ⅰ匜1	口4.08×2.48 底3.56×1.93 深2.87	
二期	山M14	春秋晚期	Ⅳ鼎1、Ⅱ簠1、Ⅰ缶1、Ⅱ盘1、Ⅱ匜1、瓢1	口4.10×2.02 底4×2 深2.4	墓坑呈长窄形，墓壁较直。口、底相当，或底大口小，或差别不大。墓口无台阶、无墓道。山M19为双人合葬墓。随葬器物集中于"头箱"内。
	山M6		Ⅱ鼎1、Ⅲ鼎1、Ⅱ簠2、Ⅰ缶2、Ⅰ盘1、Ⅰ匜1、瓢1	口3.88×2.24 底3.88×2.24 深4.04	
	山M33		Ⅳ鼎2、Ⅱ簠1、Ⅱ缶1、Ⅰ盘1、Ⅰ匜1、瓢1、Ⅰ敦1	口3.44×2.04 底3.35×2 深1.81	
	山M22		Ⅳ鼎1、Ⅰ敦1	口3.14×1.94 底3.6×2.32 深1.78	
三期	山M23	春战之交	Ⅴ鼎1、Ⅱ簠1、Ⅲ缶1、Ⅲ盘1、Ⅲ匜1	口3.76×1.94 底3.7×2.1 深3.6	
	山M19		Ⅴ鼎1、Ⅱ敦1、Ⅲ盘1	口3.7×2.7 底3.2×2 深2.4	
四期	蔡M4	战国早期	Ⅶ鼎2、Ⅲ簠1、Ⅵ缶1、Ⅳ盘1、Ⅳ匜1、瓢1、匜形瓢2、盒2、Ⅲ敦1、Ⅰ壶2 另有仿铜陶礼器	口14.1×11 底9×6 深9	墓坑为宽坑形，墓壁向下内收，底、口尺寸差别增大，墓口有台阶而无墓道，有二人陪葬，随葬品分散于墓室各部。
五期	蔡M8	战国中期前段	Ⅶ鼎2	口13.3×9.9 底5.3×3.1 深6.7	口底大小差别明显，墓口有多级台阶，有墓道。
	蔡M12		Ⅶ鼎2、壶（盖）1、Ⅳ匜1、勺2、长勺1 另有仿铜陶礼器	口17×14.8 椁室4.42×2.9 深8.8	
六期	蔡M9	战国中期后段	Ⅷ鼎2、Ⅳ盘1、Ⅳ匜2、勺2、长勺1	口9.6×7.25 底4.10×2.3 深6.14	

六期年代断定的主要依据或标尺：一、"邓公乘鼎""上都府簠"应为邓、都灭亡前所作,是本墓地最早的铜器;二、淅川下寺楚墓[1]和寿县蔡侯墓[2]出土的春秋中、晚期铜器;三、曾侯乙墓出土的战国早期铜器;江陵望山一号墓[3]出土的战国中期铜器。各器物经过纵横排比,余岗楚墓出土的铜器发展序列清楚,其年代上限为春秋中期后段,下限为战国中期后段。

楚墓中的铜容器是作为礼器随葬的,组合共有十种:

1. 鼎、盏、缶、盘、匜。

2. 鼎、簠、缶、盘、匜。

3. 鼎、簠、缶、盘、匜、瓢。

4. 鼎、簠、缶、盘、匜、瓢、敦。

5. 鼎、簠、缶、盘、匜、瓢、敦、盒、壶。

6. 鼎、敦、盘。

7. 鼎、敦。

8. 鼎、盘、匜、勺、长勺。

9. 鼎、壶、匜、勺、长勺。

10. 鼎。

将这十个组合与本墓地的仿铜陶礼器组合互相对应,可以看出完整的组合包括炊煮器(鼎)、盛食器(盏、簠、敦、盖豆、盒)、储水(或酒)器(缶、壶)、盛水器(盘或鉴)和舀水(或酒)器(匜、瓢、勺、长勺)等五类器物。因此,完整的组合主要有三种,第一种为鼎、盏、缶、盘、匜(或加瓢);第二种为鼎、簠、缶、盘、匜、瓢;第三种为鼎、敦、壶、盘(或称鉴)、匜、勺、长勺。不同点除表现在每种器物器形变化以外,还表现在所用盛食器和储水(酒)器上,盛食器中不见簠,而先后出现盏、簠、敦、盒(还采集到盖豆),不同的盛食器,如簠、敦、盒往往共存。缶、盘、匜、瓢相配,应皆为盥洗之器。壶、长勺相配,应为酒器。从战国早期开始,缶被壶代替(指该级别的组合),瓢消失,勺、长勺盛行。大约春战之交以后,盘变成深腹盆状,它与瓢形的匜相配,由盥器变成了鉴器。

第4种组合出自山湾33号墓,组合中同时用簠、敦两种盛食器,簠为子季嬴青簠,敦为楚子敦。此墓显然不是楚子墓,楚子敦的铜质、花纹作风与同出的其他铜器亦有区别,并有几处修补痕迹。因此楚子敦是属于组合外,作为赐念之物葬入的。

---

〔1〕 河南省博物馆等:《河南淅川县下寺一号墓发掘简报》,《考古》1981年第2期;河南省丹江库区文物发掘队:《河南省淅川县下寺春秋楚墓》,《文物》1980年第10期。

〔2〕 安徽省文管会等:《寿县蔡侯墓出土遗物》,科学出版社,1956年。

〔3〕 湖北省文化局文物工作队:《湖北江陵三座楚墓出土大批重要文物》,《文物》1966年第5期。

第5种组合出自蔡坡4号墓,此墓较复杂,有三具人骨架,中部北侧仰身直肢者是为墓主,南部侧身者和西北角的小孩为陪葬者。器物分布情况说明,随葬的礼器分几组,墓主头顶部有铜、陶礼器各一组,铜器为鼎2件,簠、缶、盘、匜、瓢各1件,还有盒、匜形瓢各2件;陶礼器有列鼎5件,盖豆2件,敦、簠、壶各1件。《仪礼·既夕礼》郑玄注"大夫以上,兼用鬼器、人器也",[1]《礼记·檀弓上》"夫明器,鬼器也,祭器,人器也"。[2]"鬼器"或"明器",即仿铜陶礼器。"人器"或"祭器",指实用的青铜礼器。蔡坡4号墓,虽也只有一套和其他墓相同的铜礼器,但墓主兼用人、鬼器,鬼器中有五鼎,类别稍高,应为大夫之墓。铜敦和两牛铜壶置于墓主脚下西北角的小孩骨架旁,属于另一种组合,为小孩的随葬品。

十种组合中,有的属于不完整或不够完整的组合,但都有鼎,可见鼎是最基本的。不完整的组合主要出在第三期以后,第四期以后同时出现铜、陶礼器并存的情况,这不但反映了周朝礼器制度的破坏,楚的新的礼器制度的形成,而且反映了战国时期楚国漆木竹器的广泛应用。《仪礼·既夕礼》"用器,弓矢耒耜,两敦两杅槃匜",[3]弓、耒为木器,杅、槃皆从木,也应为木器。江陵马山一号战国楚墓[4]出铜鼎、壶、钘、匜、勺各一件,除同出陶礼器(鬼器)外,还出漆木盒、盘各一件,耳杯十二件。铜器中缺盛食器和盘,如加上漆器(漆器属于人器),则刚好是一套完整的人器组合。因而可以推断:出不完整组合的铜器墓,原有不少漆木竹器,蔡坡8号、9号墓中出土的铜器足、铜箍等为漆木器的构件,是木质部分腐朽以后的残留。

以余岗11座楚墓的分期及其出土铜容器为依据,余岗楚国铜容器的组合及器形变化序列,可分成六期。第一期相当于春秋中期;第二期相当于春秋晚期;第三期相当于春战之交;第四期为战国早期;第五期为战国中期前段;第六期为战国中期后段。

四、相关问题的讨论

除山湾18号秦墓出土的铜鼎、蒜头壶以外,余岗铜器总的特征属楚文化范畴,它们均出于级别不高的楚国贵族墓中。春秋铜器的组合、器形、花纹与江陵岳山、[5]当阳赵家

---

〔1〕《十三经注疏》第1149页。
〔2〕《十三经注疏》第1290页。
〔3〕《十三经注疏》。
〔4〕湖北省荆州地区博物馆:《江陵马山一号楚墓》,文物出版社,1985年。
〔5〕荆州地区博物馆:《江陵岳山大队出土一批春秋铜器》,《文物》1982年第10期。

塝[1]和曹家岗、[2]淅川下寺[3]的春秋铜器十分接近,是目前所见的较大一批春秋时期的楚文化典型铜器。这批铜器反映的一些具体问题,值得分析和探讨。

余岗累出邓器(襄樊市还收集过邓公牧(簋)),[4]证明邓城遗址为邓都的可能性大。从时代方面分析,余岗墓地时代上限为春秋中期,邓于公元前678年被楚所灭,该墓地正是邓灭亡以后楚邓邑的一个重要墓地,除战国晚期有部分墓为秦墓以外,其余均为楚墓。但从器物的国属考虑,余岗铜器中有楚器和秦器,铜器铭文表明其中还有邓、都、蔡、徐等国之器,这些国别不同的铜器,是各国被楚灭亡以后陆续入归于楚的。从广义上讲,也可以都归为楚文化发展系统,或者可说是楚文化的器物。余岗楚墓和铜器发展系列表明,以楚国为主体的楚文化,是在楚地原各国文化发展、交流、融合的基础上逐渐形成和充实起来的。余岗楚文化铜器,有明显的两个发展阶段。第一阶段,春秋中期至春战之交(一至三期),继承了江汉淮各国铜器的传统,各国的青铜器大同小异,基本作风亦与中原较为接近。"蔡公子口姬安缶"出土时十分破碎,碎片有450块以上,但铜质尚好,能拼对,是入葬时有意敲碎的,说明所出的蔡坡4号墓墓主并非蔡公子口姬安,此器是为楚人随葬的(同时被敲毁入葬的还有徐王义楚剑)。此蔡器形体高大,腹壁较直,最大径近肩部,耳带连环,肩饰卷云纹,这是战国初蔡缶的特点,它的作风与蔡侯墓[5]和宜城[6]出土的春秋晚期蔡缶具有明显的承袭关系。而与春秋晚期至战国中期的楚缶差别较大,如同此墓地出土的Ⅱ式、Ⅲ式楚缶以及当阳曹家岗出土的楚缶,时代均为春秋晚期,已由高变矮,腹近圆弧形,蟠螭纹;江陵天星观1号墓[7]和望山1号墓[8]出土的战国中期的楚缶(罍),也为矮胖型,圆鼓腹,平顶盖。可见春秋晚期至战国时期的楚缶为矮胖鼓腹型。蔡公子口姬安与同为战国早期的圆鼓腹的擂鼓墩1号墓出土的曾(随)缶亦区别明显。上述情况说明,春秋时期江汉淮诸国在接受中原青铜文化影响的基础上,都有各自独立的青铜制造业,所制作的青铜器,虽作风近似,但仍具有一定程度的差异,尤其表现在较强的楚、曾(随)、蔡等国之间。上都府簋、徐王义楚剑、吴王夫差剑等器,虽国别不同,但各自特点都不明显。实际上,江汉淮地区发现的铜簋、剑等的形制、花纹、大小长短都较一致(吴越之剑与楚剑也难以区别),这说明共性是早期楚文化的主要方面,这些器物是我国古代文化交流融合逐

〔1〕 高仲达:《湖北当阳赵家塝楚墓发掘简报》,《江汉考古》1982年第1期。
〔2〕 湖北省宜昌地区博物馆:《当阳曹家岗5号楚墓》,《考古学报》1988年第4期。
〔3〕 河南省博物馆等:《河南淅川县下寺一号墓发掘简报》,《考古》1981年第2期;河南省丹江库区文物发掘队:《河南省淅川县下寺春秋楚墓》,《文物》1980年第10期。
〔4〕 襄樊市文物管理处:《湖北襄樊拣选的商周青铜器》,《文物》1982年第9期。
〔5〕 安徽省文管会等:《寿县蔡侯墓出土遗物》,科学出版社,1956年。
〔6〕 仲卿:《襄阳专区发现的两件铜器》,《文物》1962年第11期。
〔7〕 湖北省荆州地区博物馆:《江陵天星观1号楚墓》,《考古学报》1982年第1期。
〔8〕 湖北省文化局文物工作队:《湖北江陵三座楚墓出土大批重要文物》,《文物》1966年第5期。

渐走向统一的实物见证。余岗楚文化铜器的发展,大约从战国早期开始进入第二个阶段(四、五期),此阶段的铜器发生了重大变化,与中原文化的差异增大。这个阶段的铜器胎壁变薄,花纹变粗,镶嵌、贴金技术出现并增加;鼎身变成椭圆盒形,足变瘦长,盛食器中敦占主导地位。同一级别的盛水器中增加了壶,盘变成鉴,出现盒、匜形瓢、长勺;而出土同一组合的铜器的墓葬变成口大底小带墓道、台阶的宽坑形,人器、鬼器并存。这些变化与楚国的有力统治关系密切,春秋以来,楚国经过长期的兼并战争,已经取得了南方的统治地位,包括襄阳在内的江汉地区,该地区不但是楚国的政治军事活动的心腹之地,而且是楚国经济文化发展的中心区域。襄阳余岗战国铜器,所反映出来的文化特征,具有与楚郢都江陵一带的同一性,同样具有典型的战国楚文化,即典型楚国文化的意义。随着楚国势力的扩张,楚国不断吸收被征服国家的文化,使楚文化越来越有代表性和广泛性。到战国阶段,楚文化与楚国文化之间的界限亦逐渐消失了。

余岗铜器为我们研究一部分具体楚文化器物,提供了重要依据。邓器邓公乘鼎,这种抓把拱盖型鼎,是常见的一种"楚式鼎",在江陵岳山、当阳赵家塝和郑家洼子、淅川下寺等地楚墓中均有发现,但时代没有比"邓公乘鼎"更早的,因此这种鼎也许最早制作于邓国;盒,是战国晚期楚文化器物组合中的主要盛食器,蔡坡4号墓中出土了2件铜盒,时代早,属于战国早期,雨台山480号墓出土过一件战国晚期的铜盒。这两件铜盒为研究楚盒的发展变化提供了依据;山湾15号墓出土的1件铜盏,为春秋中期,而春秋晚期以后的墓中不见盏,江陵岳山、淅川下寺和当阳赵家湖等地出土铜盏的楚墓,时代亦为春秋中期,并也为单件。可见,铜盏是春秋中期楚墓中以单件出现的典型器物;具有高度技术水平和实用价值的薄胎壁铜器,出现于第三期墓中,说明这类铜器盛行于春战之交以后。镶嵌、贴金花纹的铜器始见于第四期墓中,说明这些技术大约开始于战国早期。而铁足铜鼎则大约盛行于战国中期。另外,余岗铜器中有较多的生产工具,包括斧、锛、钺、凿、镰、削刀、刻刀、靴形刀和锥等,这与江陵雨台山的558座楚墓中仅见镰、削刀两种生产工具的情况形成鲜明的对比,这个问题也是值得我们注意的。

(原载《江汉考古》1990年第4期)

襄阳山湾出土的都国和邓国铜器

  都国铜器上都府簠，[1]于1972年出土于襄阳山湾春秋楚国墓地，[2]是第六新生砖瓦厂工人制砖取土时挖出来的，估计应为墓葬随葬品。

  上都府簠，编号为襄山采：21，除器耳残脱（后焊接修复）以外，其他部位基本完好。器形由上、下器合成（图一）。上、下器基本相同，唯上器沿两边各铸有錾扣两个。上、下器平面作长方形，直沿，腹壁上部垂直，下部斜收为平底。腹较深。底部附有向外张的曲尺形四足。器表饰满细而浅的蟠螭纹。上、下器底内皆铸有铭文三十二个字：

图一　上都府簠

  "佳正六月初吉丁亥，

  上都府择其吉金，

  铸其𥙊簠，其眉老（寿）

  无记（期），子子孙孙

  永宝用之。（图二、三）。

上、下器内铭文内容一致，但字形和排列则不一致。字体较瘦长而不够规整。字的笔画刻得不深，但字迹清晰。器口长29.8、宽22.9、通高22厘米。

  此器铭文拓片曾寄给陈邦怀先生请教。陈先生于1973年1月8日回信作了以上释文，并作了以下说明：

  左传僖公二十五年，"秦晋伐都"。杜注：

  "都本在商密秦楚界上小国，其后迁于南郡都县。"上都，国名。府，人名。

---

〔1〕 文物编辑委员会编：《文物考古工作三十年》，文物出版社，1979年，第299页。
〔2〕 陈振裕、杨权喜：《襄阳山湾五座楚墓的年代及其相关问题》，《江汉考古》1983年第1期。

图二　上鄀府簠铭文拓片（上器）　　　　　　图三　上鄀府簠铭文拓片（下器）

"𦱠"字不识。曾诸子鼎"用作𤕝鼎"，蔡侯簠"蔡侯厶之𦥑盟"，并与此形近。"殹眉老无记"，哀鼎作"其眉寿无畺"，王子申盏盂作"眉寻无咎"。此铭用殹为"其"，用"老"为"寿"，用"记"为"咎"，在春秋器铭中为初见。亥、记与之为韵（记为之部去声字，亥为之部入声字），庥、匜合韵。

上鄀府簠的形态和花纹特征，与春秋晚期的同一墓地 M6、23、33 出土的铜簠[1]相比较，腹部较深些，整个器形显得较高，四足较窄些，所饰蟠螭纹较稀疏些。而与春秋早期的本省枝江百里洲出土的铜簠[2]相比较，则腹部较浅些，整个器形显得矮胖些，四足较宽些，所饰蟠螭纹较密些。显然，它的制作时代介于两者之间，应属春秋中期。

公元前 622 年（鲁文公五年），秦入鄀，鄀便南迁，成为楚附庸。鄀南迁的地望在今宜城南。《水经注·沔水》记："（沔水又南过宜城县东）。沔水又径鄀县故城南，古鄀子之国也。秦楚之间，自商密迁此，为楚附庸。楚灭之以为邑。"《括地志》云："楚昭王故城在襄州乐乡县东北三十二里，在故鄀城东五里，即楚国故昭王鄀城也。"关于鄀，郭沫若先生曾在两周金文辞大系图录中考释，有上鄀和下鄀。下鄀在上雒（陕西商县），为晋所灭；上鄀在南郡（湖北宜城），为楚所灭，因南郡为当时都鄀，即为本国，故称上。上雒之鄀则是鄀的分支。公元前 504 年（楚昭王十二年）楚"迁郢于鄀"[3]"十二年，吴复伐楚，取番。楚恐，去郢，北徙都鄀"[4]说明当时楚已灭鄀，楚灭鄀的年代应在公元前 504 年之前。上鄀府簠应是楚灭鄀之前所作。楚灭鄀之后，此器落入楚人之手，并成为楚人的殉葬品。

---

〔1〕　陈振裕、杨权喜：《襄阳山湾五座楚墓的年代及其相关问题》，《江汉考古》1983 年第 1 期。

〔2〕　湖北省博物馆：《湖北枝江百里洲发现春秋铜器》，《文物》1972 年第 3 期。

〔3〕　《左传》定公六年。

〔4〕　《史记·楚世家》。

邓国铜器邓公乘鼎,[1]也出土于襄阳山湾春秋楚国墓地。是1974年春,山湾墓地经过我们发掘了一批墓葬以后,第六新生砖瓦厂继续在墓区内取土时发现的。出土时考古人员不在工地,事后经过调查,没有发现完整的共存器物。推测在一座规模不是很大的楚墓中出土。

图四　邓公乘鼎

邓公乘鼎,编号为襄山采:3,保存完好。器形为抓把盖"楚式鼎",器壁较为厚实。盖上有五柱圈形抓把。盖面隆起,盖壁较直。盖沿弧折,较垂直。鼎身为子母型口。圆鼓腹,圜底,方形附耳。兽面形膝,兽蹄形足,足稍弧弯,外撇。盖抓把纽饰绚索纹,盖面中心饰涡纹和一圈重回纹,盖面周围饰三组略为粗朗的蟠螭纹和三圈凸绚索纹,盖沿饰一周"S"形纹;器身腹部饰二组较粗朗的蟠螭纹和一圈凸绚索纹;附耳两面饰蟠螭纹和三角蟠螭纹;膝部饰兽面形纹(图四)。盖内中部和腹内壁皆有内容相同的铭文十六个字:邓公𠂤,自作"饪"鬻,其眉寿无期,永保用之(图五、六)盖铭笔画较粗壮,字体较庄重。腹铭笔画较细浅,排列较松散。口径21.4、腹径23.2、腹深16.8、通高26.6厘米。

此器铭文拓片,也曾寄给陈邦怀先生,先生于1974年7月21日作了回信。信中对此器铭作了考释(释文如前)。指出:"永、业同用","昔、之押韵""第三字的字形与说文桀部'桀'(古文𥞦即乘,从几)相似,可能是古文乘"。"'饪鬻'亦见于蔡大师鼎、曾孙无昔鼎、𪔭儿鼎等器。考鬻声字(见说文),古人有读若饭者,据此可知'饪鬻'当读'饪饭'……是本义,引申则用鼎(食器)的一种名称(详见拙著《金文扎丛》)。"

图五　邓公乘鼎铭文拓片(盖)　　图六　邓公乘鼎铭文拓片(腹)

邓公乘鼎的器形,花纹特征,与楚文化中的同类鼎相同。从其发展变化规律观察,它则有别于春秋晚期的山湾

---

〔1〕　文物编辑委员会编:《文物考古工作三十年》,文物出版社,1979年,第299页。

M6、当阳赵家塝M3所出土的同类铜鼎,而与春秋中期的山湾M15出土的同类铜鼎[1]相近似。《左传》庄公六年:"楚文王伐申,过邓,邓祁侯曰吾甥也,止而享之。骓甥、聃甥、养甥请杀楚子,邓侯弗许。三甥曰,亡邓国者,必此人也,若不早图,后君噬齐。其及图之乎,图之,此为时矣。……弗从,还年,楚子伐邓,十六年楚复伐邓,灭之。"楚灭邓年代为公元前678年,此器铸造时代必然早于楚灭邓的年代。因此,邓公乘鼎的时代大约为春秋早期或早期偏晚。

关于邓国,见传的年代虽然不是很长,但它却是周王朝南方的重要部落。文献有载:"巴、濮、楚、邓、吾南土也。"[2]邓国铜器历来发现也不是很多。[3]襄阳县境内,除邓公乘鼎以外,1979年襄樊市文管处还在废品站收到一件邓公簋等,推测也是襄阳一带出土。这些邓器都是研究邓国历史地理的珍贵资料。关于邓国的都城所在地,史书并无明确记载。在山湾墓地之西南方约5公里处,有一个邓城遗址,据武汉大学石泉先生考证,可能是邓国所在地。[4]关于邓国的疆域和邓楚关系等问题,考古所周永珍同志曾经作过论述,[5]这里就不再赘述。

襄阳山湾春秋楚墓重要的资料尚未发表,本文先将这两件器物提供给大家参考。

(原载《江汉考古》1983年第1期)

---

〔1〕 陈振裕、杨权喜:《襄阳山湾五座楚墓的年代及其相关问题》,《江汉考古》1983年第1期。
〔2〕 《左传》昭公九年。
〔3〕 周永珍:《两周时期的应国、邓国铜器及地理位置》,《考古》1982年第1期。
〔4〕 石泉:《古邓国、邓县考》,《江汉论坛》1980年第3期。
〔5〕 周永珍:《两周时期的应国、邓国铜器及地理位置》,《考古》1982年第1期。

襄阳余岗楚墓陶器的分期研究

  湖北襄阳余岗[1]是汉水中游地区楚国的一处重要墓地。该墓地出土的青铜器早已被学术界所重视。而陶器是更能反映考古学文化年代、性质、面貌的器物。襄阳余岗楚墓除出土大量青铜器以外，还出土一批年代序列比较清楚的陶器。这些陶器虽较残碎，但仍能辨别其器形和基本形态。对这些陶器进行深入研究，是目前襄阳一带及汉水中游地区楚文化探讨工作的重要部分。本文以笔者编写的山湾、蔡坡楚墓发掘报告中所作的墓葬年代序列为基础，对余岗楚墓陶器提出一些分期研究意见，也可作为发掘报告墓葬分期的补充或说明。

一、关于发掘报告中陶器墓分期的说明

  襄阳余岗包括山湾、蔡坡两个墓地，[2]70年代发掘并发表的春秋战国墓共46座，其中出土陶器的墓有31座（另山湾27号墓被盗，残存少量陶片。此墓未统计在内）。发掘报告中，将山湾墓分为五期，蔡坡墓分为三期。蔡坡墓的三期，相当于山湾墓的第三、四、五期。另刊的蔡坡12号墓[3]属第三期。综观余岗楚墓有五期，每期都有陶器墓。这五期的相对年代：第一期相当于春秋中期后段，第二期相当于春秋晚期，第三期相当于战国早期，第四期相当于战国中期，第五期相当于战国晚期至汉初。这些陶器墓起止年代，大约为春秋中期至西汉初年。

---

〔1〕 杨权喜：《襄阳余岗东周青铜器的初步研究》，《江汉考古》1990年第4期。
〔2〕 湖北省博物馆：《襄阳山湾东周墓葬发掘报告》，《江汉考古》1983年第2期；湖北省博物馆：《襄阳蔡坡战国墓发掘报告》，《江汉考古》1985年第1期。
〔3〕 襄阳首届亦工亦农考古训练班：《襄阳蔡坡12号墓出土吴王夫差剑等文物》，《文物》1976年第11期。

第五期的墓中，山湾18号墓[1]为战国末年秦墓；蔡坡1、2、5号墓及出土的陶器均与楚墓不同，时代晚至公元前278年秦拔郢以后，也可能晚至汉初。这4座墓出土的陶器计有茧形壶、小口瓮、平底盂、平底壶、圜底罐、双耳罐等，均不属楚墓系统，故本文将不涉及。

发掘报告中，将山湾28号墓分在第三期，现据该墓墓坑形制和陶器组合、器形特点与第二期的墓葬更为接近，本文将其改归为第二期。

第五期的蔡坡3号墓，陶器组合仍承楚制而来，归为楚墓系统。但无论是墓葬形制还是陶器器形特点均发生了重大变化，本文将其划出，为第六期。本文第五期相对年代为战国晚期前段，第六期相对年代为战国晚期后段。

二、陶器组合与变化

陶器墓除去第五期4座不属楚系外，还有27座楚墓。27座墓中，有中型墓8座，即山湾2、4、5、11、24、28号墓；蔡坡4、12号墓，其余19座为小型墓。中型墓中，蔡坡4、12号墓同时出青铜礼器；山湾4、24号墓曾被盗，部分陶器有可能已遭破坏。

27座墓出土陶器共199件，随葬组合按分期列表（表一），并说明如下：

1. 按用途，随葬陶器包括炊器、盛器、水（酒）器、温器、盥器、储器。按性质，陶器中有"人器（祭器，即日用器，包括实用的青铜器）"与"鬼器（冥器，包括仿铜陶礼器）"之别。即有日用陶器（人器）组合、仿铜陶礼器（鬼器）组合与仿铜陶礼器加日用陶器组合之分。如表所示，在春秋时期，以日用的炊、盛、水（酒）器为基本组合。到春秋晚期，在较大墓中出现盥器；在战国时期，以冥器为主，组合中增加盥、温、储器，而储器一般为日用器。

2. 第一期（春秋中期后段）陶器组合

中型墓：鼎、盏、敦、缶。

山湾24号墓，为有生土二层台并出鹿角的重棺单椁墓，所出土的陶器中有仿铜的鼎、盏、敦，也有日用的鼎、缶。说明仿铜陶礼器，特别是敦开始在春秋中期的中型墓中出现。同期的铜器墓（墓主身份应比陶器墓的高，下同）组合为鼎、盏、缶、盘、匜，与陶器墓相同的有三器。

小型墓：鬲、盂、罐（长颈）。

山湾7号墓，为无二层台的单棺小墓，仅有一组日用的鬲、盂、罐（长颈）。

---

[1] 杨权喜：《襄阳山湾十八号秦墓》，《考古与文物》1983年第3期。

期别	墓号	炊器		盛器							水(酒)器			温器		盥器		储器	时代
		鬲	鼎	盂	豆	盖豆	盏	簠	敦	盒	罐	壶	缶	盉	小口鼎	盘	匜	小罐	
一	山24		√				√		√				√						春秋中期
	山7	√		√							√								
二	山2	√	√									√							春秋晚期
	山11	√	√								√								
	山1			√	√						√								
	山8	√		√							√								
	山9		√						√			√							
	山13			√															
	山28		√						√		√		√			√	√		
三	山20		√						√									√	战国早期
	山25		√						√		√					√			
	山26		√						√		√				√				
	山29		√						√		√								
	山30		√						√		√					√	√		
	山31		√			√			√		√	√	√						
	山32		√		√				√		√								
	蔡4		√	√	√		√		√		√							√	
四	山5		√	√					√		√			√	√	√	√	√	战国中期
	山21		√						√		√					√	√		
	山34		√						√		√								
	蔡6		√								√								
	蔡7		√						√		√						√		
	蔡10		√	√							√								
	蔡11		√													√			
	蔡12	√	√		√				√							√	√		
五	山4		√	√	√						√								战国晚期
六	蔡3		√		√						√								

3. 第二期（春秋晚期后段）陶器组合

中型墓：鼎、敦、壶、缶、盘、匜。

山湾28号墓，为有鹿角的一椁一棺墓，出一套仿铜陶礼器，其中鼎3件、壶2件。鼎为大小有序的列鼎。壶，同时具有礼器、日用器的特点。同期的铜器墓组合为鼎、簠（或加敦）、缶、盘、匜，相同的有四器。主要不同点是有壶而无簠。不同的原因有：（1）墓主地位较低；（2）时代偏晚。时代的原因是主要的，即陶器组合鼎、敦、壶、缶、盘、匜到春秋晚期后段才盛行。

此期的中型墓中，山湾2、11号墓所出土的陶器都为冥器，有仿日用鬲、罐、壶，仿铜升鼎和镬鼎。未见青铜礼器，而出较多的青铜工具、车马器，还出马车或马甲、砺石等，是两座特殊的楚墓。

小型墓：鼎、敦、壶。

山湾9号墓，为一棺一椁小型偏大的墓葬，除出陶器外，还有1件铜锥和漆器（只见残片）。所出土的陶鼎、敦、壶，为同时具有礼器、日用器特点的冥器。例如壶的盖和口部似礼器；底部内凹而无圈足，则似日用器。同期的其他陶器墓，出鬲、盂、罐或豆、盂、罐。将几座墓相比较对照可以认为：在春秋晚期前段，小型墓陶器组合仍以鬲、盂、罐为主；到春秋晚期后段，在小型偏大墓中，才出现鼎、敦、壶的陶器组合。

4. 第三期至第五期（战国早期至战国晚期前段）陶器组合

中型墓：鼎、敦、壶、盘、匜、盂、小口鼎（或另加日用器豆、盂、小罐等）。

山湾5号墓，为带斜坡墓道、有三级台阶、用一棺一椁的战国中期墓，除出陶器外，另有青铜兵器。陶器组合中，鼎4件、敦2件、壶3件（壶片残碎，其中可能有属缶者），小口鼎、盘、盂、匜、盂、高领小罐、矮领小罐各1件。基本的炊、盛、水（酒）各器出现成双现象。

约从战国早期开始，出现"人器"与"鬼器"同时使用的情况，主要表现为实用青铜礼器与仿铜陶礼器并存。同时在基本组合炊、盛水（酒）器之外，增加盥、温、储器。其质地除铜、陶质之外，还有大量漆器。墓葬型别的大小差异，多种质料的人、鬼器的相互搭配，加上学术界对器物名称、用途的认识不一，便造成较大墓葬随葬陶器组合研究的复杂化。

小型墓：鼎、敦、壶、盘、匜。

山湾21、30号墓，为一棺一椁带斜坡墓道的墓，时代分别为战国早、中期。随葬陶礼器都用这种组合，基本器物鼎、敦、壶也都有成双现象。应当指出的是，这个时期的所谓小型墓，往往并非百姓之墓，而是楚国低级贵族墓。也就是说仿铜的陶礼器鼎、敦、壶、盘、匜的组合是楚国低级贵族的随葬器物组合。

5. 第六期（战国晚期后段，即公元前278年至汉初）陶器组合

中、小型墓：鼎、盒、壶。

蔡坡3号墓,墓口长3.44米,有棺有椁,陶器置于棺侧,有鼎、盒、壶各2件,豆5件,另有玉瑗1件。自秦拔郢之后,郢、鄢、邓地(今江陵、宜城、襄阳)一带归秦,墓制发生了重大变化,楚系墓骤然减少。余岗墓属这个阶段的有5座,只有蔡坡3号墓随葬的陶器组合承楚制。

从以上情况,大体可以看到:春秋中期后段至战国末年,余岗墓地陶器组合的变化主要有四点:

(1)由日用器变为礼器,其中包括陶礼器的大量出现。主要表现在小型墓中,春秋晚期为转折时期。

(2)由实用器变为冥器。这种变化包括实用礼器变为冥器和实用日用器变为冥器两方面。以小型墓表现最明显,其转折点,大约在春秋晚期后段。中型以上的墓,变化时代较早,大约相当于春秋中期就已经开始了。

(3)三种基本器类组合,在楚国鼎盛时期曾变为多种器类组合。陶器三种器类是炊器、盛器和水(酒)器。不管是实用器,还是冥器,从始至终都可以见到这种器类的完整组合。大约相当于春秋晚期后段开始至战国晚期前段止,在三种器类基础上增加盥、温、储器。

(4)礼器基本组合的变化主要又有两点:① 礼器性质变化明显。如器盖,由盖面中间一纽(环纽或圈纽)变为盖面带三小足。这种盖可作盛器摆放,一器作两器使用,尤以簠、敦最为明显。又如壶,由内凹底、环耳变为圈足底、铺首衔环;② 器皿的变化。以盛、水(酒)器最为明显。盛器有盏、簠、敦、盒先后更替和前后交错的变化。水(酒)器有盥缶、壶先后更替和前后交错的变化。作为一种器皿和社会习俗,都有产生、发展、传播和消失的过程,在较晚的考古学文化中又存在出现较早文化的器物的可能性。因此墓中有同一文化或不同文化的几种器物或成组器物共存也是合情合理的。如蔡坡4号战国早期墓的铜、陶盛器共有簠、敦、盖豆、豆和盒。全面观察此墓的器物组合是鼎、敦、壶、缶、盘、匜。而簠是当地较早就已盛行的器物;盖豆、豆是中原文化盛行的器物,出现于较晚的墓中,属于文化的流传;盒,是战国末才盛行的器物。蔡坡4号墓的盒,为薄胎铜质,铜色、铸造作风都与当地战国早期铜器近同,属于新出现的器物品种。

陶器组合中有盏而少簠,这是襄阳余岗中小型楚墓的地域特点。盏承簠而来,用于墓中的时期短,流行面较窄,曾见于襄阳、随州、宜城、当阳出土的春秋中晚期青铜礼器中,陶盏仅见于山湾24号墓。簠出现的时间早,流行面广,但各地盛行和沿用的情况不同。在沮漳河下游的枝江、江陵、当阳一带的中小型墓中,从春秋早期盛行至战国中期后段。[1]

---

〔1〕 湖北省博物馆:《湖北枝江百里洲发现春秋铜器》,《文物》1972年第3期;湖北省荆州地区博物馆:《江陵雨台山楚墓》,文物出版社,1984年。

在鄂州,还见于战国早期后段的中型墓中。[1]中小型楚国墓葬随葬的礼器,大约在春战之交发生了重大变化,普遍由铜质变为陶质。这是楚国实行新葬制后的重要现象。楚国经过春秋阶段的四方征战,进入了战国阶段的鼎盛时期,楚国自成体系的葬制也已成格局,随葬器物质料品种的好坏、"人器""鬼器"的配置与多少、制作的精粗与器体的形状大小,都要按楚国的等级高低、身份贵贱而严格加以区分。用簠还是用敦是楚葬制等级的一个标志。簠为传统礼器,级别高些。敦是春秋中晚期新出现的礼器,级别低些。铜质的比陶质的,级别又高些。在春秋阶段的墓葬中,包括襄阳余岗在内,普遍发现铜簠,铜簠还往往出于规模不是很大的春秋墓中。例如山湾14号墓,墓底仅长2.70、宽0.96米,也出一套铜礼器,其中有簠。说明春秋中晚期社会混乱而葬制不统一的情形。到了战国阶段,楚国制定和实行了新的葬制,情况发生了根本变化。襄阳余岗战国中、小型楚墓中只有敦,而簠只能在较大的蔡坡4号墓中见到。这也是楚国严格实行葬制的反映。

三、陶礼器的形态变化

襄阳余岗楚墓出土的主要仿铜陶礼器有鼎、盏、簠、盖豆、豆、敦、盒、壶、缶、盘、匜、小口鼎、盉(镶壶)等。其中鼎、敦、壶、盘、匜,是襄阳余岗陶礼器基本组合,各时期的标本较丰富,又有典型墓作依据,各器形态变化规律表现较为明显(表二)。

1. 鼎

陶鼎的型式较复杂,大约从第一期,即春秋中期后段开始便逐渐出现具有多种不同功用的陶鼎。在山湾24号墓中,就出土两种鼎(分别为镶鼎、于鼎的较早形态)。到第二期的山湾11号墓中,有镶鼎和升鼎。第四期,即战国中期的蔡坡12号墓出的陶鼎很破碎,简报报道陶鼎共14件,修复6件,分五式。[2]简报发表后,再次认真考察了蔡坡12号墓的残鼎片,分辨出Ⅰ式(简报所分,下同)鼎(镶鼎)1件、Ⅱ式鼎(三小足拱盖于鼎,盖已找到)7件、Ⅲ式鼎(升鼎)2件、Ⅳ式鼎(环耳弧盖于鼎)2件、Ⅴ式鼎(小口鼎)2件。不但得知此墓可能为七鼎的"卿大夫"级墓,而且分清了陶鼎种类及其件数。种类有镶鼎、升鼎、于鼎和小口鼎。于鼎还有三小足拱盖方耳鼎和环耳弧盖盒状鼎之别。大概进入战国以后,炊、盛、食(炊、盛兼之)、温(浴)等不同用途的鼎已有严格区分。

---

〔1〕 湖北省鄂城县博物馆:《鄂城楚墓》,《考古学报》1983年第2期。
〔2〕 襄阳首届亦工亦农考古训练班:《襄阳蔡坡12号墓出土吴王夫差剑等文物》,《文物》1976年第11期。

表二　襄阳余岗楚墓出土陶器分期表

鼎		敦	壶	盘 匜
山M24		山M24		
山M28	山M9	山M28	山M28	山M1 山M28
蔡M4	山M30	蔡M4	山M30	山M30 山M30
山M21 蔡M7	蔡M12 山M4	山M5	山M21 山M4	山M21 山M5

镬鼎，第一期山湾24号墓出现的一件，饰绳纹，无盖，具有日用炊器的特征。第二期山湾11号墓的镬鼎，残，似与第三期的蔡坡4号墓的接近。说明在春秋晚期，镬鼎的形态已规范化。镬鼎是一种较高级的墓中才配有的炊器大鼎，仅用单件。

平底升鼎，一般只见于大型楚墓中。在余岗楚墓中，第二期和第四期的较大墓内出现圜底的侈口陶鼎，主要特征是两耳立于口沿上，并外侈，这种鼎是盛器，属升鼎。用数与身份高低关系密切。

于鼎，是盖鼎，为组成陶礼器的首要器物。于鼎又分多型，余岗出土有蔡坡4号墓的圈形抓纽盖于鼎、蔡坡12号墓的弧盖盒状于鼎和小三足拱盖于鼎等。常用于陶礼器组合中的为小三足拱盖于鼎和弧盖盒状于鼎。

小三足拱盖于鼎出现较早，完全是仿青铜于鼎而来。第一期的山M24：1，为目前见到的最早的陶于鼎，盖面拱形、有三方小足状纽，子母型口，深腹，方附耳，矮兽足外撇。是陶于鼎出现阶段的形态。时代为春秋中期偏晚。到春秋晚期，如第二期后段的山M28：1（陶于鼎），变得与同期的铜于鼎十分近似：盖顶的扁形桥纽，三个兽形小足制作精细；外侈的附耳，弯曲外撇的三足，盖和腹部凸弦纹的作风，都与楚国春秋晚期铜于鼎相同。进入战国后，楚鼎作风有明显变化，鼎身下腹变宽，三足变直；铜鼎花纹变粗，或精细图案消失。第四期的山M21：1，鼎盖顶平，三足变高并外撇，附耳略内弯。

弧盖盒状于鼎，来自实用器，可与仿铜的小三足拱盖于鼎分开，多用于较小的墓或大墓中的食器类中。曾侯乙墓的Ⅳ式兽形纽盖鼎（《曾侯乙墓》上，第199–202页）属这种鼎，共2件，被另置于食具箱内，显然与礼器有别。此型于鼎的变化可用三件标本作说明：第二期的山M9：1，为弧盖，盖顶中央一环纽。鼎身子母口，附耳，鼓腹，蹄足，足尖外撇；第三期的山M30：2，整个器形椭圆，增加三扁小足，蹄足较短而直，腹中有一周凸弦纹；第四期的蔡12号墓所出的Ⅳ式鼎，共2件，制作较粗糙，盖中部有一环纽，盖上有鼎立的三小足形纽，鼎腹微鼓，圜底，足较短，环形耳，素面。

第五期于鼎出土少，山M4：1，变成方形盒状，三足基本垂直，足表面有削痕。第六期，于鼎有转折性变化。蔡M3：1，整个器形呈球状，弧形盖，敛口，扁平实耳，短柱足，足表面有削棱。此鼎已接近中原的作风。

2. 敦

陶敦出现于第一期的山湾24号墓中。山M24：4与陶盏并存，整器呈椭圆体，而上、下器有明显区别。上器三足为立兽形，下器三足为蹄形内缩。上、下器口沿都微内敛，装双环耳，上器口沿外有三道凹弦纹，下器口沿外有一道凹弦纹。第二期的敦，以山M28：2为代表，整器为椭圆体，上、下器仍然不同，主要变化在口部和下器足部：上器口沿有衔扣;上、下器口沿无凹弦纹,腹壁上下呈直线扣接;下器三蹄足外撇。第三期的敦,整器变为圆球形,上、下器完全相同,无衔扣,两扁实耳,三足扁形,略呈兽状,靠拢直立。第四期,是陶敦发展的高峰期,造型往往比较精致。山M5:4,整器近球形,三足饰浮雕卷云纹,呈立兽状,装于腹部,足尖几乎与器底平。第五期,陶敦消失。

3. 壶

陶壶为带盖壶,出现于第二期。山M28:6,盖呈盘形,直口,盖面有三扁足形纽。壶口为子母型,肩部两环形耳,内凹底,无圈足。到第三期,壶盖、身变化不大,主要变化在底部。山M30:3,无耳,内凹底,加小圈足。第四期的壶,盖顶微弧,子母型口。壶身直口,颈变细,圈足变大。山M21:2,两半圆形扁耳,耳无穿,腹部有彩绘。第五期,壶圈足变高。山M4:3,盖呈圆形平板状,上面三足呈双卷尾形,下面圈形衔扣。壶身直口,假铺首衔环耳。第六期的蔡M3:6,壶盖子母口,盖面弧起,扁足形纽较大。壶口微侈,两环形耳,圈足较小而高,壶身饰弦纹。此壶可归秦汉系统。

4. 缶

余岗楚墓的陶缶均为盥缶,出土数量不多。有3件不同时期的标本,可以说明这种缶的来源和发展变化:在第一期的山湾24号墓中出现的山M24:5,平沿短颈,鼓腹,大平底,肩部两大方耳,素面。基本形态与同期的铜缶接近,但缺铜缶肩部、耳部装饰或艺术加工,而具有日用陶器实用的特点;第二期的山M28:3,仿铜器的特征明显,肩部有弦纹和圆饼饰,两耳衔环,并略呈爬兽状;第四期的山M34:3,已异化,或可称作罍。器身呈直领罐状,肩部仍有弦纹,两耳也为爬兽型,似狗形。两兽形耳非常突出,形大,呈相对状,头高于器口。以上不同时期的三器应属墓中盥缶发展系统。

5. 盘

陶盘始见于第二期。山M28:4,直口,腹斜收成大圈底。口沿下三个对称的贯耳,素面。至第三期的山M30:4,口沿略外卷,侈口,折腹,平底,素面,无耳。到第四期,陶盘向盆、盂形变化。山M5:5,敛口,微卷沿上仰,鼓腹,腹较深,腹底间弧形,平底。第五期陶盘消失。

6. 匜

陶匜与陶盘相配,并同时出现。第二期的山M28:5,腹较深,平流,尾部有纽耳。第三期的山M30:5,腹变浅,流变长,尾部的耳消失。第四期的山M21:5,为象征性器物,器形小,平底,流上翘。

盏、簠、小口鼎、盂、盒等种器物,出土数量较少,或流行时间不长,变化规律不能得到充分反映。而一些墓中出现的盖豆、豆,则属其他文化因素,或作其他用途而入葬的,它们的变化亦不成序列。

综上所述，襄阳余岗楚墓陶器的特点大体可归纳为：（一）陶器年代上限为春秋中期后段，下限为战国晚期后段。但在公元前278年前后发生了重大变化。（二）陶礼器基本组合为：鼎、敦、壶、盘、匜，中、小型墓不见簠。（三）日用陶器组合仅见于春秋阶段的小型墓中，战国墓不见日用陶器组合。（四）春秋阶段的陶器，存在不少楚以外的其他文化因素。（五）与江陵楚墓的陶器相比，除没有鼎、簠、壶的组合以外，还不见罐形小口鬲、弦纹长颈罐和勺、匕等楚墓典型器物。

襄阳余岗一带还有许多楚墓，余岗之北现存十余座大型土冢，余岗坡地上也还有密集的无冢墓未发掘。近年在余岗南方不远的团山，发掘了类似的楚墓17座；[1]墓子地发掘战国晚期墓5座。[2]襄阳余岗一带，楚墓资料十分丰富，本文的肤浅认识，望能促进这一带楚文化考古研究工作的深入开展。

（原载《江汉考古》1993年第1期）

---

〔1〕 襄阳市博物馆：《湖北襄阳团山东周墓》，《考古》1991年第9期。
〔2〕 襄樊市博物馆：《湖北襄阳余岗战国墓发掘简报》，《考古》1992年第9期。

楚墓中的鹿角

　　墓中放置真鹿角是楚人的一种重要习俗,楚墓的基本特点之一。最常见的是将修饰庄重的鹿角对称插置在木质镇墓兽头顶上(见图一),并显得十分突出。一般认为鹿角是镇墓兽的基本构成部分。其实,鹿角并非镇墓兽所特有,也不是镇墓兽必不可少的组成部分。

　　楚墓中除镇墓兽之外,插置鹿角的器物还有虎座飞鸟,常在飞凤的双翅间插置一双对称的鹿角,这在江陵楚墓中多见。襄阳山湾11号楚墓有鹿角压着器物残迹的现象(《江汉考古》1983年2期第4页),可能鹿角被安放于一种复合器物上,因此器物木质部分腐烂,剩下三个铜足、一个陶足和一块铜质蛇状残片。而曾侯乙墓则出土铜质鹿角立鹤,一对铜鹿角安插于铜立鹤头部。长沙马王堆2、3号汉墓斜坡墓道中还发现有插鹿角的偶人,这应为楚的传统。关于镇墓兽,也有不插鹿角的。例如时代较早的当阳赵巷4号墓(《文物》1990年10期)、曹家岗5号墓(《考古学报》1988年4期)和时代较晚的江陵溪峨山14号墓(《江汉考古》1992年4期)所出镇墓兽都不见鹿角。虎座飞鸟也有同样情况,例如荆门包山1号楚墓出土的36号器物就是不插鹿角的虎座飞鸟(《包山楚墓》第38-41页)。鹿角插置于镇墓兽或虎座飞鸟之上,大概盛行于战国早、中期。

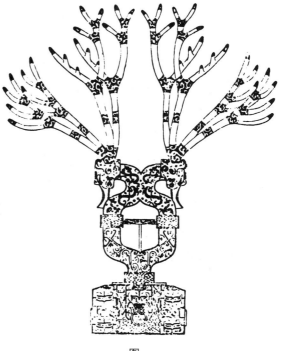

图一

放置鹿角,在春秋楚墓中就已成风。1973年在襄阳山湾发掘的9座甲、乙类春秋墓中,有4座出鹿角(《江汉考古》1983年2期),放置于头部或"头箱"内,其中27号墓的鹿角表面涂黑漆,并贴金箔作装饰。由于墓中漆木器和易腐物品均基本无存,故鹿角放置时的具体情况不清楚。27号墓的鹿角,根部较粗,直径为7厘米,与镇墓兽头上的鹿角不同;赵巷4号墓和曹家岗5号墓的随葬品,不但表明春秋中晚期已出现了镇墓兽,而且表明鹿角与镇墓兽无关。曹家岗5号墓出土的4件鹿角,都经修饰,分二组,各2件。一组根部未修削,不便于安插。另一组端部修成八棱形,也不适于安插。同墓的镇墓兽头部无凹榫眼,两者明确无关。据曹家岗5号墓器物分布图,鹿角似出在棺盖上。而襄阳山湾33号墓的鹿角出于棺头端侧,19号墓(时代为春、战之交)出于头端铜礼器之间,推测春秋楚墓随葬的鹿角,可能单独放置于棺头或礼器之间。

　　鹿为原始人类狩猎的重要对象,鹿的肉、皮、角给原始人类的生存提供了丰富资源。鹿角、鹿皮更具特殊的经济价值。东周楚文化遗址和墓葬中都有不少用鹿角制作的器物和鹿角料残片。坚硬尖长的鹿角是制作工具、用具的简便良好材料,甚早就被人类应用。鹿皮质地优良,利于古人制衣,不仅是古人珍贵之物,而且也作为庆贺的重要礼品。相传古代有穿鹿皮的仙人(汉朝刘向《列仙传·鹿皮公》)。《诗经·小雅》有"呦呦鹿鸣,食野之苹""呦呦鹿鸣,食野之蒿""呦呦鹿鸣,食野之芩"的诗句。楚墓中还常出安详的木雕卧鹿,背插小木鼓。江陵望山1号楚墓出土的木雕座屏,所刻内容以四奔鹿与凤、蛇构成主题。鹿本性温顺,象征着安乐美好。《楚辞·天问》:"鸷女采薇,鹿何祐?"《春秋》哀公十四年"西狩获麟",杜注"麟者,仁兽,圣王之嘉瑞也"。《说文解字》"麟,大牝鹿也""麒,仁兽也"。因鹿与人类关系十分密切,它不但不给人类造成威胁,相反它总是为人类的吃、穿、用带来福祉,故其便逐渐被神化。《淮南子·天文训》"麒麟斗而日月食",与日月相关的我国古代四灵之一的麟或麒麟,实为不存在的神兽,大概就是鹿的化身。《诗经·国风》"麟之趾,振振公子""麟之定,振振公姓""麟之角,振振公族"。麟的趾、角均为灵物的代表。《诗经》毛传"麟角所以表其德也"。在宜昌伍相庙周代文化层中曾发现完整的鹿角与完整的磨光暗纹陶罐、豆共存的情况(《中国考古学年鉴》1985年,第180页)。可见,鹿角不但用于墓中,而且还出现在日常生活的祭祀礼仪活动中。种种现象表明,鹿角为灵物,本身可作为一种单独存在的器物,属礼器。无论单独使用,还是安插在神、人、动物身上,都表示着楚人某种精神寓意,表示吉祥、美好,把它放置于墓中还具有镇妖避邪之意。

（原载《中国文物报》1995年5月28日）

楚国的皮革制品

　　皮革属易腐物质。我国出土的先秦皮革制品，唯楚国的丰富。楚国皮革制品主要有甲胄、盾、袋、手套、装饰物和一部分日用器皿。这些皮革制品是研究我国古代皮革工艺的重要实物资料。

　　东周之前的皮甲，曾在河南安阳侯家庄1004号商墓中发现过残迹。东周楚墓出土的皮甲数量相当多。湖北襄阳山湾2号墓出土了一堆春秋晚期的甲片（见图一）。当阳曹家岗5号墓出土了两堆大小不同的春秋晚期皮甲片。春战之交的湖南长沙浏城桥1号墓中也有皮甲片。复原的完整皮甲胄见于战国早期的曾侯乙墓和战国中期的荆门包山2号墓中。这两墓的皮甲胄，既有人甲胄，又有马甲胄，为我国古代甲胄和皮制品的重大发现。其中曾侯乙墓北室的皮甲胄堆叠厚度达1.00米左右，从一部分甲胄片中已清理出人甲3件、马甲2件。江陵天星观1号墓、望山1号墓、藤店1号墓、拍马山楚墓和长沙左家公山楚墓等战国墓都有皮甲片出土。皮盾，在黄州龙王山5号墓和包山2号墓中见到了实物。皮袋为一种复合件，见于包山2号墓的车厢壁上，称为"车壁袋"。包山2号墓还出两边带孔的皮饰，可能为车厢装贴物。以上皮件，一般髹漆，皮质多腐，仅存漆皮和皮末。可见，漆对甲皮不能起到良好的保护作用。有些楚墓出土的木鼓四周和一些器物装饰或捆扎部位上也往往留有皮革残迹。1973年藤店1号墓中首次发现1件保存完好的无漆皮手套，这是一件难得的皮革珍品。应特别注意的是，有些楚国漆木器皿的胎壁也为皮质。例如藤店1号墓出土2件"皮杯形器"，底为木质，通高20、口径7.5-7.9厘米；包山2号的漆奁为"夹纻胎"，其中也夹有皮革。

　　据曾侯乙墓出土甲胄皮质鉴定，甲胄为生皮涂植物漆制成。《周礼·考工记》记载"攻皮之工，函、鲍、韗、韦、裘""函人为甲"，可知周代制皮分五个工种，即五个工序。从"函人为甲"可知，甲皮是不经鞣制的。甲胄之类的兵器用生皮，因为生皮质地较坚硬，多层生皮涂漆才具有较好的防护性能。也因为甲用生皮，所以甲皮多腐无存。

　　藤店1号墓所出皮手套至今仍质地柔软，曾侯乙墓马饰上的皮件经鉴定为硝生鞣革，

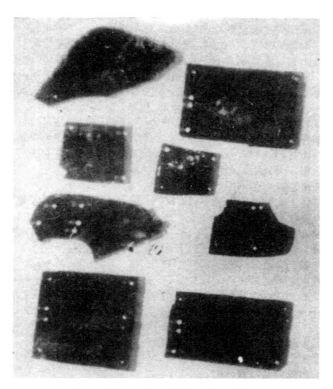

图一　襄阳山湾2号墓出土的部分甲片

并可能属牛皮。显然楚国已掌握了各种皮品性能及很高的制革技术。皮手套分五指，用线缝缀。一般甲胄片多用丝带联缀，而曹家岗5号墓和藤店1号墓的甲片上留有小皮条联缀残迹。漆器皮胎多为两层，毛面朝里，加温压边，有的加温压模成型，或打眼固定。包山2号墓的皮车壁袋和皮盾上，分别雕刻四分龙凤图、绘四色龙凤卷云图。包山2号墓的漆奁胎壁，则用两层皮革夹麻布黏合制作。

《考工记》的记载和出土的楚国皮革实物都说明周代的皮革工艺十分复杂。皮革已被广泛应用于军事和日常生活中。《史记·货殖列传》云"江南出楠、梓……齿革"，我国南方动物种类繁多，从很早的时候起，动物的骨、齿、皮就被人类加工利用，至东周时期，"齿革"已成为我国江南的著名特产。《史记·货殖列传》记述南楚习俗时特别提到"合肥受南北潮，皮革、鲍、木输会也"，《史记·正义》有载"合肥，县，庐州治也。言江淮之潮，南北俱至庐州也"。楚国南部，皮货是为首要商品，庐州为主要集散地。兴旺发达的皮革业，是楚社会经济的重要组成部分。

（原载《中国文物报》1995年3月26日）

试论楚国建筑工艺特点

楚国"宏境万里",号曰"万城"。[1]楚国境内城址密布,郢都内外,宫、庭、台、池和陵墓"延石千里,延壤百里"。[2]楚都纪南城的建筑雄伟壮观,依山傍水,景物相融。现代古建筑学家据古文献记载和已发表的部分考古资料,认为楚国的建筑"从理论到技艺都已蔚为独具特色之体系,在中国以至世界建筑史上有不可磨灭的地位"。[3]然而,由于文献记载的不详和考古资料的局限,对楚国建筑的研究还不能更加深入。70年代以来,在楚国腹地——江陵、当阳、潜江一带考古发掘了不少楚国建筑遗迹,主要包括城垣城门、宫殿房屋、作坊基址、窑穴井沟等类。这些遗迹及其出土物是深入研究楚国建筑的珍贵资料,很有必要进行归纳和探讨。根据这些资料已大体可以看出,楚国城市建设的设计、布局和建筑的形制、工艺诸方面都有其独特之处。本文主要谈谈楚国建筑工艺上的一些特点,以供参考。

由于种种原因,楚国的建筑遗迹资料未曾得到较完整、较系统地公布,而从较零星的楚国建筑遗迹资料中已可观察到一些工艺特色,其集中反映在筑基、筑台、筑垣、烘烤、木工等建筑工程和技术上,也表现在建筑用料、选材等方面。

一、楚国建筑的基础设置

楚国建筑的基础设施有多种,根据地形、土质和建筑体的情况而灵活采用。清理基址是一般建筑必不可少的第一工序。在江陵纪南城西垣北门遗址(下称北门)[4]中可以看

---

〔1〕 (明)董说之:《七国考》卷三引《奏士论》。

〔2〕 (明)董说之:《七国考》卷四引《楚书右篇》。

〔3〕 张正明主编:《楚文化志》,湖北人民出版社,1988年,第141页。

〔4〕 湖北省博物馆:《楚都纪南城的勘查与发掘(上)》,《考古学报》1982年第3期。

到，在城门建筑之前，已将城门建筑范围的松软淤泥、淤砂、腐殖质和井、坑、沟内的松软堆积全部清理干净，然后填纯土夯实，整座城门建设在坚固的夯土或生土之上。为了使整体建筑不致下陷，除选用纯土层层夯打以外，往往还挖基填物，对承重部位采取特殊措施。潜江龙湾"章华台"遗址（下称章华台）[1]的"上层台基位于夯土台基中间部位，先将夯土台基下挖20厘米，填红烧砖坯、瓦片以作台基基础"。在基础上再筑上层台基和上层宫殿体建筑。纪南城还发现一种罕见的挖基现象，1989年初在配合城内农村开挖大型鱼池工程时，纪城区西南部龙桥河附近的大面积范围内暴露了许多整齐排列的平面为正方形的夯土遗迹。遗迹东西两方相对，每方为2米×2米，像"磉墩"，两两南北延伸排列，已发现32对以上。[2]可惜因工程紧，未能进行清理发掘就被地下水淹没了。这有规律分布的夯土遗迹大概属于建筑台基底部所挖的基础坑，基础坑上部可能是立柱的特别承重点。一般建筑的承重部位，除通常设柱础外，多采用挖槽的办法筑基，或用特制的材料直接筑基。北门的门道两侧的城垣和门房墙基都挖基槽。城垣的基槽挖于墙身内外两边（墙身中间未挖），宽约2.5、深约0.5米。门房墙基槽宽约1米，深浅据土质而定，最深处达1.4米。纪南城南垣水门遗址（下称南水门）[3]主体建筑基部，"在生土层中开沟槽，槽内挖柱洞，洞内埋础立柱"。纪南城松柏区30号建筑遗址（下称30号台）[4]的宫殿墙壁基部为直接筑基。"在需要筑造墙壁的地方，先在地面筑出约3米宽的基础，在此基础上筑造墙基，再在此墙基上建筑地面上的墙壁"。所筑的墙基土比台基土更坚固（墙基土掺入了白膏泥）。

二、楚国的木质框架夯筑技术

楚都纪南城一带，处于长江、汉水和沮漳河之间，并有许多大小湖泊分布，属于典型的淤积平原地区。由于雨水多致土质潮湿黏滑，建筑基址容易下陷，用土筑台、夯垣容易崩塌。为了解决筑台夯垣的难题，楚国采用木质框架夯筑的方法。章华台遗址发掘报道中介绍："距下层台基高1.1米的部位均有一条宽40、向墙体内深30厘米的测沟。在台基内，与方形大柱洞对应，均分布有二或三条东西向暗沟。沟深0.15、宽0.25米（因为居住面已被破坏，暗沟大部分暴露，少部分沟上还封有砖坯）。另有南北向暗沟与东西向暗沟交错相连，使整个台基上暗沟密布。暗沟内填满夹杂木炭灰的红烧砖坯，沟底及两壁坚硬，仿

〔1〕 陈跃钧：《潜江龙湾章华台遗址的调查与试掘》，《楚章华台学术讨论会论文集》，武汉大学出版社，1988年。
〔2〕 荆州博物馆发掘资料。
〔3〕 湖北省博物馆：《楚都纪南城的勘查与发掘（上）》，《考古学报》1982年第3期。
〔4〕 湖北省博物馆：《楚都纪南城的勘查与发掘（下）》，《考古学报》1982年第4期。

佛经火烤过的……这些沟槽内原来都安有地梁"在整个台基上分布有大量小型柱洞,形状大致四种:圆形的,直径0.4-0.5米;方形的,0.25-0.4米见方;半圆的,直径0.3-0.4米;多边的,直径0.3米。从已解剖的两个柱洞观察,这些柱洞底部都深至下层夯土台基。这些柱桐虽形状不一,但分布很有规律,都分布在地梁沟的两侧,大部分与地梁沟相连。据此,初步推测这些小型立柱应是固定地梁的台基内的暗柱。如果是台基上的明柱,那整个宫殿内几乎就没有多少空间可使用了,而且间距最小的两柱洞之间不能过人"。[1]章华台的建筑,为层建筑,土台较高,并分层,除台表筑泥烘烤固化(见下文)以外,台内设木质梁柱,构成框架,起筋骨的作用。1993年冬,宜(昌)黄(石)一级公路江陵段施工中,在纪南城西南的拍马山附近暴露一座楚国大型夯土台基,在台基夯土内有大量的纵横呈格状排列的木质梁柱和隔板,[2]这也是一种木质框架夯筑台基遗迹。此台地势甚低,土质较软。用梁柱木板分隔成许多方块,再取纯土分别夯筑于各方块中,能使台基筑得坚而高。楚国城垣构筑也有相同的做法。在修复淮阳楚国陈城遗址的城垣时,得知其夯层用横木作栓,用圆木有序排列数万根,[3]被称为"锚拉技术",是"钢筋混凝土"思想的萌芽。[4]

三、楚国建筑的筑土烘烤技术

用泥土夯筑、版筑是我国古代建筑城垣、台基的墙壁的基本方法。秦都咸阳第一号宫殿建筑[5]是战国至秦代我国北方具有代表性的重要建筑。台基全为纯土夯筑,建筑体的墙壁则使用夯土与土坯垒砌相结合的形式,墙表抹草拌泥、刷白粉。在整个遗址堆积中只有建筑物被火焚而废的残迹,未见宫殿体经烘烤的建筑工程遗留。目前发现的楚国建筑遗迹中,保存最好的是章华台宫殿遗址。该宫殿已暴露的遗迹,无论是夯土台基表面、室内居住面,还是土筑的四周围墙、门道壁、墙内柱洞壁都经过高温烘烤,使台基面、墙壁面和柱洞壁形成厚厚的红烧土层,并连为一体。已暴露的墙面多已被烘烤成砖质,长60.5米,平均高度在2米以上,厚约0.05-0.06米。这样规模的红烧土面,平整、均匀,显然是人为有意烘烤的。烘烤是建筑的一道重要工序。往往也存在大量的红烧土块。30号台基址被破坏较严重,居住面及其上部均已被全部破坏,而在遗址堆积的战国文化层(第三层)

〔1〕 陈跃钧:《潜江龙湾章华台遗址的调查与试掘》,《楚章华台学术讨论会论文集》,武汉大学出版社,1988年。
〔2〕 荆州博物馆发掘资料。
〔3〕 曹桂岑:《楚都陈城考》,《中原文物》1981年特刊。
〔4〕 张正明主编:《楚文化志》,湖北人民出版社,1988年,第137页。
〔5〕 秦都咸阳考古工作站:《秦都咸阳第一号宫殿建筑遗址简报》,《文物》1976年第11期。

中"遍布红烧土块",在磉墩和柱洞内都有较多的红烧土块。在"散水底部有一层黑灰色烧土面"。可见,30号台宫殿建筑也应用了烘烤技术。用火烘烤硬化土质建筑体表面,是楚国重要的一种建筑方法。经此法处理的建筑体,具有更加良好的防潮、防塌性能,这在江汉平原湖区特别重要。

章华台发掘报道中,称被烘烤过的建筑土为"砖坯"。[1]从遗迹实物观察,其质地与砖质虽近似,但连成大片不分块,应属于经烘烤的"红烧土",烘烤前为搅拌泥,叫土坯而非"砖坯"。宫殿门两侧门垛有砌筑现象,用不甚规则的红烧土块(有点近似砖)垒砌。这红烧土块大概是利用废弃建筑物的红烧土加工而成,并非专门烧制的砖块,也不叫"砖坯"。

四、楚国建筑的木工技术

先秦木结构建筑一般较难保存至现在。但长江流域,特别是楚国的木结构建筑遗存则发现不少。楚国境内发现的矿井支架、水城门木结构遗迹、陵墓棺椁、水井支护等都是研究楚木结构及木工技术的重要资料。大冶铜绿山东周铜矿井的坑道木质支护,已出现了一种由两根带叉的立柱,一根地梁,一根横梁,一根内撑木组成的"鸭嘴"与"亲口"相结合的搭接式框架。[2]南水门的主体建筑,为木构建筑。[3]平面作方形,共发现柱洞41个,柱洞内还保存木柱32根。柱洞分4排,构成三个门道,门道宽3.34-3.5米,长11.3-11.7米,残高2.2-2.88米。木柱底置板础,木柱粗径0.2-0.36米。第一排和第四排柱侧各设挡板。挡板由三段木板纵向拼接而成。主体建筑两侧外,还各有一排柱洞,为城门木构建筑的附属建筑。挡板的安置方法:两端嵌入角柱的竖槽之中,挡板贴紧木柱外侧,下部嵌在沟槽内,并在沟槽底置半圆形垫木(上部情况已破坏)。楚墓的许多木结构棺椁都保存较好。楚墓墓室是按生人居室形制设计的,椁室象征死者的居室。贵族墓墓坑有多级台阶,象征楚国的屋台建筑。江陵溪峨山2号墓的椁室长3.52、宽1.72、高1.5米,椁室内分头室、棺室和边室。头室象征厅堂、棺室象征卧室、边室象征库房。头室隔梁下设门。门由门楣,门框和门板构成。门板中间浮雕"斗"形图案,用凸榫安于门框榫眼内。门楣有浮雕几何纹和透雕长方孔。棺室与边室之间设格子窗。[4]江陵天星观一号墓[5]棺椁用木材

〔1〕 陈跃钧:《潜江龙湾章华台遗址的调查与试掘》,《楚章华台学术讨论会论文集》,武汉大学出版社,1988年。
〔2〕 周保权等:《谈铜绿山古代矿冶技术的成就》,《湖北省考古学会论文选集(一)》,武汉大学学报编辑部,1987年。
〔3〕 湖北省博物馆:《楚都纪南城的勘查与发掘(上)》,《考古学报》1982年第3期。
〔4〕 湖北省博物馆江陵工作站:《江陵溪峨山楚墓》,《考古》1984年第6期。
〔5〕 湖北省荆州地区博物馆:《江陵天星观1号楚墓》,《考古学报》1982年第1期。

约150立方米，木料砍制平整，均为楠木。椁室长8.2、宽7.5、高3.16米，内分七室，用垒砌、浅槽套榫等木工技术结合。整个椁室共彩绘壁画11幅，东、南、西室之间及三室与棺室之间有象征性的门窗结构，还绘有精致的装饰花纹。而棺结构十分严密坚固，技术达到相当高的水平。除使用扣接、楔木、套榫、浅槽套榫等接合方法外，还用铜、铅等金属铸接和抓接。有些楚墓棺椁可以看出使用了粘料、暗榫、锁榫的做法。根据楚墓墓室、南水门木结构建筑和楚建筑遗址中不见沙、石、砖（见下文），以及30台墙与磉墩之间的跨度大等情况推测，楚国建筑可能以木结构为主。特别是上层建筑，恐怕墙壁都是木板套榫而成。

五、楚国建筑用料特点

我国古代早期建筑，一般采用的材料为土、木、竹、树皮和草，局部使用硬质材料加固。楚国建筑除使用南方的土、木、竹、芦苇[1]等基本材料以外，在加固或铺垫的用料上与北方商、周、秦形成鲜明对比。

商文化和周文化都普遍采用沙、石等自然的铺垫建筑硬料。例如湖北黄陂盘龙城属二里岗期的商文化宫殿建筑，柱础用的是巨大石块，[2]陕西岐山凤雏村、[3]扶风召陈[4]等地周文化建筑遗迹的柱础除用石块以外，还用"砂粒"筑成。散水多用卵石铺设。水道用卵石、石板、石块铺砌。墙壁夯土往往加入料姜石、细砂。还有砂粒槽、砂粒地面等设施。秦文化也相同，秦都咸阳第一号宫殿、[5]陕西凤翔春秋凌阴遗址、[6]凤翔马家庄一号建筑群[7]等重要秦国建筑遗迹，除使用石柱础、卵石散水、夹料姜石土墙外，还有石片铺阶、铺面、铺散水的情况。商、周、秦文化建筑的沙、石等硬料，主要用于柱础、散水、水道、窑穴底部分地面，或掺入墙土中。而在楚国建筑遗址的这些遗迹中，基本不见沙、石。

柱础　30号台的明暗柱柱洞内都垫有碎陶片和红烧土块。磉墩是30号台外侧的大型柱础，距北墙壁12米和南墙壁14米处各有一排，在口径1.3米×1米、深0.75米以上的坑内填碎陶片、瓦片、红烧土块和细黏土掺合物，并夯筑坚实而成。在章华台发现的明暗大柱洞，位于台基边沿，一半在墙体内，已暴露12个，南墙的间距2.3-2.5米，东墙的间距

---

〔1〕 竹、芦苇常见于水井和土墙内。参见《考古学报》1982年第4期，第491、493、497页。
〔2〕 湖北省博物馆、北京大学考古专业盘龙城发掘队：《盘龙城一九七四年度田野考古纪要》，《文物》1976年第2期。
〔3〕 陕西周原考古队：《陕西岐山凤雏村西周建筑基址发掘简报》，《文物》1979年第10期。
〔4〕 陕西周原考古队：《扶风召陈西周建筑群基址发掘简报》，《文物》1981年第3期。
〔5〕 秦都咸阳考古工作站：《秦都咸阳第一号宫殿建筑遗址简报》，《文物》1976年第11期。
〔6〕 陕西省雍城考古队：《陕西凤翔春秋秦国凌阴遗址发掘简报》，《文物》1978年第3期。
〔7〕 陕西省雍城考古队：《凤翔马家庄一号建筑群遗址发掘简报》，《文物》1985年第2期。

3.5 米。墙体内柱洞呈半边状，台阶式方洞，大方洞底再挖小方洞，上洞宽 1-1.5 米，下洞口径为 0.6 米 × 0.6 米（下洞下部为完整方洞），深度与墙高相等，洞底有一层厚约 0.2 米的红烧碎砖瓦片作柱础。柱洞壁被烘烧成砖一样坚硬，并与墙体连为整体。柱洞附近墙体（柱洞壁）硬度超过一般墙体。南水门的柱础则为厚木板。

夯土台基　前面讲到章华台的上层台基基部用红烧土块、瓦片作垫基。当阳季家湖楚城遗址内的建筑台基夯土呈灰白色，黏性很强，[1]应掺入了大量的白膏泥，起防潮、加固作用。

散水　30 号台的南、北散水坡度 4-5 度，除散水底部土面经烧烤外，上部面铺红灰色碎陶片。纪南城陈家台房屋建筑遗迹的散水，宽 5 米左右，微倾斜，中部铺宽约 2 米的碎瓦片，有的瓦片竖立着。[2]章华台的散水铺大量灰色绳纹瓦片，厚约 0.3 米。

排水道　30 号台的排水管道的构筑，除用特制的陶质水管外，还用板瓦垫底和覆盖，或用板瓦扣合成排水道。纪南城松柏鱼池制陶作坊遗迹的排水管道，均用瓦片套筑，其中又有板瓦砌筑和筒瓦合接两种。[3]

道路和居住面　纪南城内的道路一般未铺垫硬质材料（也可能硬质材料被破坏），遗迹呈沟状，沟为堆积近似搅拌土，与北方的路土差别较大。而在章华台上层台基东、南两侧都发现了用贝壳铺垫的道路。东侧一条，暴露长度 10 米，宽 1.1 米，高出居住面 0.2 米。所铺贝壳较厚，贝壳大小不一，大的长 0.05-0.07 米，小的长 0.04-0.06 米，贝壳口朝下，呈横人字形排列，整齐美观。楚建筑遗迹居住面大都保存不佳。30 号台室内居住面已全部被破坏。而在该遗址第四层堆积中，房基内或房基外都未见硬料铺垫物。在章华台东侧门南、北两侧，保存了完整的居住面，面厚 0.01-0.02 米，呈红色，经火烧烤，质地坚硬。

墙土　楚国建筑的墙一般分墙基和墙壁两部分，均用当地生土层层夯筑，不见掺砂和料姜石之类硬料，只有墙土加入白膏泥混合的做法。如 30 号台的墙基和墙壁为"灰白土"，黏性强，应掺有白膏泥。楚墓墓室四周普遍都填塞白膏泥，起密封防潮作用。白膏泥显然是楚国的重要建筑材料。筑墙用土掺入白膏泥混合，不但可增加墙壁硬度，而且具有防潮作用。章华台的墙面涂刷厚约 1 厘米的草拌细泥，这与秦宫墙壁做法近似。

楚国建筑用料，与我国传统的建筑用料——土木相结合的基本做法大体相同，但用于加固、防潮的硬质铺垫物则具有明显差异，不用普遍存在的沙、石之类的自然硬料，即使在

〔1〕　湖北省博物馆：《当阳季家湖楚城遗址》，《文物》1980 年第 10 期。
〔2〕　湖北省博物馆：《楚都纪南城的勘查与发掘（下）》，《考古学报》1982 年第 4 期。
〔3〕　湖北省文物考古研究所：《1988 年楚都纪南城松柏区的勘查与发掘》，《江汉考古》1991 年第 4 期。

山区或靠近山区的秭归、[1]当阳、[2]宜城[3]等地的遗址中也不曾见沙、石建筑遗迹,而普遍利用陶片、瓦片、红烧土块和贝蚌壳之类的人为废弃物。

六、楚国烧制的建筑材料

楚国烧制的陶质建筑材料主要有筒瓦、瓦当、板瓦、水管、空心砖和井圈。用于屋顶的覆盖、排水和土壁的防护。这些陶质建筑材料与中原相比,制法、火候、形制和绳纹纹饰都大体相同,其特点主要表现在瓦类尺寸较小、素面瓦当、井圈较高和未见铺地砖等方面。

纪南城出土的筒瓦、板瓦长度多在0.4米左右。筒瓦宽度为0.13米左右,最窄的仅0.106米。板瓦宽度约0.28米。瓦当的直径约0.13米。这些尺寸与洛阳中州路周王城附近出土的瓦类[4]差别也不明显。而与秦都咸阳、燕下都出土的瓦类尺寸相比则显得较小(秦都咸阳一号宫殿所出筒瓦长0.62、直径0.14-0.17米;板瓦长0.56、宽0.39-0.42米)。但在三峡柳林溪[5]出土的楚板瓦也较宽大,长0.54、宽0.35-0.036 5米。纪南城也出土过长0.5米以上的筒瓦。

楚国瓦当以圆形素面为特色。纪南城出土的大量瓦当,几乎不见半瓦当和花纹瓦当(半瓦当仅在城内松柏毛家园见过一件,而花纹瓦当仅在松柏81号水井内发现一块,残存两小花瓣),[6]这与洛阳中州花纹半瓦当、咸阳秦宫出花纹圆瓦当不同。半瓦当在当阳季家湖楚城中较多见,该城的时代偏早,大概到了战国阶段楚国就已普遍改用圆瓦当了。

楚纪南城发现的大量陶井圈,主要用于井穴、窖穴内。口径和高度一般都为0.8米左右。所见最大口径为0.84米,最小口径为0.68米。而高度都在0.76米以上。这与燕国井圈有较大的不同,北京出土的燕国井圈口径0.8-0.96米,而高仅0.25米。[7]

咸阳秦宫出过许多铺地砖和空心砖。而纪南城只发现了空心砖残片,未发现铺地砖。空心砖纹饰主要为浮雕几何形,据安徽寿县柏家台楚宫的发现,空心砖主要用于嵌墙基。

楚国空心砖、井圈的质量高,尺寸并不小,说明楚国瓦类尺寸小并非烧制技术问题,而是文化的一个特点。

---

〔1〕 湖北省博物馆江陵考古工作站:《一九八一年湖北省秭归县柳林溪遗址的发掘》,《考古与文物》1986年第6期。
〔2〕 湖北省博物馆:《当阳季家湖楚城遗址》,《文物》1980年第10期。
〔3〕 楚皇城考古发掘队:《湖北宜城楚皇城勘查简报》,《考古》1980年第2期。
〔4〕 中国科学院考古研究所:《洛阳中州路(西工段)》,科学出版社,1959年,第31、32页。
〔5〕 湖北省博物馆江陵考古工作站:《一九八一年湖北省秭归县柳林溪遗址的发掘》,《考古与文物》1986年第6期。
〔6〕 湖北省博物馆江陵纪南城工作站:《一九七九年纪南城古井发掘简报》,《文物》1980年第10期。
〔7〕 北京市文物管理处写作小组:《北京地区的古瓦井》,《文物》1972年第2期,第41页。

七、余　　论

　　楚国建筑遗迹所反映的以上工艺特点,应与楚国本地的文化传统有关。早在史前时期,楚地的江陵、枝江、当阳一带便特别盛行土台式红烧土房屋。红烧土房屋被认为是该地史前大溪文化的基本特征之一。

　　楚国建筑,特别是宫殿、房屋建筑的不少设施和方法都可在大溪文化红烧土房屋中找到渊源。中国社会科学院考古研究所编写的《新中国的考古发现和研究》一书中说,大溪文化房子的基本特点是"四周墙壁普遍是在立柱之间编扎竹片竹竿,里外抹泥,成为编竹夹泥墙;地面上起建的房子往往先挖墙基槽,用烧土块掺和黏土填实,土筑墙根以上再立编竹夹泥墙;室内一般也有柱洞;屋内的地面,下部用大量红烧土块铺垫,垫层厚实,表面敷涂细泥并经火烤"。[1]枝江关庙山22号房屋,为方形红烧土房屋,[2]墙四壁向屋外倒塌,被烧烤成青灰色,"可知此屋经过有意识的烧烤",以便加固和防水。江陵朱家台遗址大溪文化堆积中含大量红烧土块。共发现大溪文化红烧土房屋已有15座,以台基式圆角方形房屋为主,房内只有柱洞而未见隔墙。台基用近似白膏泥的灰白土填筑,台基四周有散水和排水沟,台基上的建筑,包括墙、地面、散水都被烘烤成红烧土,墙壁内也有掺草夹棍、竹的情况。[3]可见,楚国建筑不用沙、石而用废弃陶、烧土铺垫,用木筋、抹泥、烘烤等措施加固建筑土体的方法,当地早在距今6 000年前就已出现了。

　　关于新石器时代的红烧土房屋,我国南、北方都有发现。有些红烧土属于失火或为了避瘟而有意放火烧毁房屋时形成,有些红烧土则是建筑房屋时为了防潮、加固而特意烘烤而成的。最近安徽尉迟寺遗址发现的大汶口文化排房是保存相当好的红烧土房屋,规模十分可观。[4]此红烧土排房属于建筑烘烤还是火毁残留,目前尚无定论,两种可能性都存在。楚地大溪文化红烧土房屋则明显为建筑工序中的有意识烧烤。在江陵朱家台大溪文化层中,红烧土面大片大片地出现,红烧土质地与砖质相近,有的红烧土厚度在0.10米以上。史前一座以大量泥土为材料建造的不是很大的房屋,即使支架、大部分壁面和屋顶都是草、竹之类的可燃材料,加上屋内外堆放相当多的可燃物质,因火而毁房时,也不可能将室内外地表和墙都烧成均匀平整的砖质红烧板面。如果大溪文化的红烧土房屋是因火毁

---

〔1〕　中国社会科学院考古研究所:《新中国的考古发现和研究》,文物出版社,1984年,第129页。
〔2〕　中国社会科学院考古研究所湖北工作队:《湖北枝江关庙山遗址第二次发掘》,《考古》1983年第1期。
〔3〕　杨权喜:《江陵朱家台出土的大溪文化"砖墙"》,《中国文物报》1994年5月22日第3版。
〔4〕　王吉怀:《专家座谈安徽蒙城尉迟寺遗址发掘的收获》,《考古》1995年第4期。

房时烧成的话,那么它也不可能普遍地都这样存在于该文化的许多遗存中。显然,烘烤是大溪文化建筑房屋的一种基本方法和技术。从史前较早的时代起,楚地先民为适应本地自然环境,利用本地自然资源,发明了烧制红烧土房屋的重要技术,创造了本地特有的一种居住形式。若安徽尉迟寺大汶口文化晚期的排房也是特意烧造的,那它有可能是受了大溪文化的影响,将烘烤技术引用于排房建筑中。楚地首先发明的烧制红烧土房的技术,经过数千年的发展,到了楚国统治时期,楚人又巧妙地应用于宫、室、台、坛等重要建筑上,为楚文化和我国古代建筑增添了一束耀眼的光辉。

(原载《江汉考古》1995年第4期)

楚郢都的制陶手工业

  江陵纪南城是楚国鼎盛时期的都城——郢。现存城垣规模宏大,据目前考古资料可知,它约兴建于春秋战国之交,废弃于楚顷襄王二十一年(前278年)。这个时期楚国迅速向周围扩张,至楚威王时,"楚地西有黔中、巫郡,东有夏州、海阳,南有洞庭、苍梧,北有汾陉之塞、郇阳,地方五千里"。[1]楚国之所以能够在当时诸侯混战的政局中强大,是与其国内经济实力,特别是与郢都的经济实力分不开的。江陵故郢都'西通巫巴,东有云梦之饶',[2]是当时南方最繁荣的大都市。而楚郢都的繁荣主要表现在其建筑规模及其手工业、商业、交通运输业的兴旺等各个方面。保存至今的纪南城城垣(也是秦将白起拔郢时的城垣)宽高雄伟,城内面积达16平方公里,城外四周还有不少重要建筑(如城外南部就有不少建筑台基遗迹)、作坊和村落。陵墓区则密集于城周数10公里的范围内。在纪南城附近还有季家湖楚城、万城、阴湘城等大小楚国城市。据文献记载,在郢都附近还有渚宫、章华宫等大小离宫。加上城内外分布如网的水系和东、南部宽广的长湖、长江,整体布局气势雄伟壮观。"江汉沮漳,楚之望也",[3]沮漳河下游的郢都一带,不但是楚国的政治、军事和文化中心,而且还是楚国的经济中心。我国东周城市的迅速发展,是当时铁器的广泛应用而引起的经济变革的必然结果,其重要标志之一是手工业部门的迅速增加及手工业作坊规模的扩大,手工业作坊又普遍地分布在城市城垣(郭城)之内。楚郢都的宏大显然包括了众多的手工业作坊,其中包括了规模宏大的制陶作坊。

---

〔1〕《战国策·楚策一》。
〔2〕《史记·货殖列传》。
〔3〕《水经注·江水》卷34。

一、郢都的制陶作坊

据目前发现,郢都内最少有四个重要的制陶作坊区,[1]并都具有相当的规模。

1. 龙桥河西段一带

位于郢都城内中部偏北,即板桥以西的龙桥河西段两岸。1975年冬至1976年春,为配合当地的龙桥河改道工程,曾在这一带作过较详细的考古调查和一部分清理发掘工作。主要发现:(1)在今龙桥河西段河床以下暴露了一条东周时期的古河道,古河道的流向与今龙桥河大体一致(但并不重合),古河道堆积中夹杂较大量的红烧土块、草木灰、陶器烧制的废品等与制陶有关的遗物;(2)在新河道长约1 000米、宽约60米的范围内发现东周窑址4座、制陶有关的堆积4处、水井256座,其中不少井内有与制陶相关的遗存;(3)在新河道北侧的T1中,发现东周窑址2座和窑渣一片;(4)在新河道北部垂直方向的2号渠道上,发现东周窑址1座,另还暴露了一些水井的井口和部分窑渣堆积;(5)新河道断面暴露的一般文化层中,发现过一些制陶坯用过的拌泥土坑,但因工程施工进度快,未能进行考古清理。

1979年初,在配合松柏村修抽水机站时,又在龙桥河西段的东部南岸发现水井18座,并清理了其中的4座,[2]这些水井亦在此作坊区内。

龙桥河西段不但发现了7座陶窑,而且发现了大量的与制陶相关的遗迹遗物,例如有270余座水井、一些泥土搅拌坑和窑渣堆积,出土了较多的烧土块、草木灰、陶器烧制的废品、陶泥和一些制陶工具。特别值得注意的是所暴露的密集的水井,没有互相打破的现象,许多井内皆有窑渣堆积,出土遗物基本特点差别也不明显,它们大部分都应属同一时期。据初步掌握的情况分析,这些水井中,一部分供工匠生活用水;一部分为作坊的冷藏井,[3]还有一部分则是供作坊制陶坯用水的。为何要在河旁掘井取水呢? 这大概因当年郢都的地下水位较低(当时的河床底比现在的河床底要低3米以上[4]),而河道水流缓而河面窄,为了防止淤塞和保持市容,官府可能规定不许在河岸上决口取水。从制陶本身考虑,在作坊内掘井就地汲水(距河近,应为浸水井)亦更为方便。

---

〔1〕 参阅湖北省博物馆:《楚都纪南城的勘查与发掘(下)》,《考古学报》1982年第4期,第489~497页;亚权:《古郢都探明一批重要遗址》,《中国文物报》1989年2月24日,第2版。

〔2〕 湖北省博物馆江陵纪南城工作站:《1979年纪南城古井发掘简报》,《文物》1980年第10期。

〔3〕 杨权喜:《湖北省楚文化考古发现与研究》,《湖北省考古学会论文选集(一)》,武汉大学学报编辑部,1987年,第85页。

〔4〕 湖北省博物馆:《楚都纪南城考古资料汇编》,1980年,第75页。

龙桥河西段的制陶作坊区,面积相当大,从地面上调查,龙桥河西段向东北至广宗寺附近,在破土的断面上常常暴露出红烧土、草木灰、陶器废品等制陶作坊遗存。这一带应是郢都规模最大的制陶作坊区。

2. 范家堰至周家湾一带

位于城内东南部(松柏村),即郢都的主要宫殿区东侧。这里也有一条南北向与龙桥河垂直的古河道(是为宫城的东城壕)通过。在这条古河道西旁,在历年的农田水利建设和塘堰修筑施工中,亦暴露过密集的水井和与制陶相关的遗迹遗物。1965年,为配合农民修渠曾在范家堰发掘清理过窑址1座;1988年底,在农民修筑养鱼池工程时,周家湾附近暴露了成排的窑址,抢救清理了其中保存较完整的一座。窑址旁边还发现有许多水井、灰坑、黄膏泥和其他与陶窑相关的堆积。[1]房屋建筑也有些迹象,已暴露出用筒瓦相套合的泄水管道和大面积的瓦砾层(因地势太低,积水太多而无法发掘)。

范家堰、周家湾一带,窑址密集,并靠近郢都宫城东垣,南部是郢都全城的制高点——凤凰山。这一带应是郢都最重要的制陶作坊区。

3. 余家垱一带

位于城内中部偏西南方(属新桥村),即新桥河北段西岸一带。最近在农民修筑鱼池工程时暴露了大量窑址、窑渣、坯泥、陶模、灰坑和密集的水井,还暴露了一些制陶作坊的建筑遗迹。1987年夏,在余家垱发现了一批窑址和水井、泥坑,其中有一部分窑址保存完好,窑壁高度在1.50米以上;1989年春,在东岳庙发现了一处与龙桥河西段类似的水井密集区,在揭露的大约500平方米范围内就有水井20余座。[2]这些水井亦可能与制陶作坊有关。

在余家垱出土的遗物中,有大型的仿铜陶礼器,如镬鼎、升鼎、簠、鉴等,说明该作坊区有专门为楚国贵族烧制明器的陶窑。该作坊区也是十分重要的。

4. 毛家山至城东南角一带

位于城东南的东垣外侧,即邓家湖西南畔。1975年在毛家山新石器时代遗址的发掘中,发现了东周陶窑和用于制陶的泥坑各1座。[3]据郭德维同志说,靠近城东南角处亦曾发现过窑址。这个作坊区分布于城外,目前工作做得较少。

以上发现的制陶作坊区已可以看出有如下的基本情况:

---

〔1〕 参阅湖北省博物馆:《楚都纪南城的勘查与发掘(下)》,《考古学报》1982年第4期,第489-497页;亚权:《古郢都探明一批重要遗迹》,《中国文物报》1989年2月24日,第2版。

〔2〕 参阅湖北省博物馆:《楚都纪南城的勘查与发掘(下)》,《考古学报》1982年第4期,第489-497页;亚权:《古郢都探明一批重要遗迹》,《中国文物报》1989年2月24日,第2版。

〔3〕 纪南城文物考古发掘队:《江陵毛家山发掘记》,《考古》1977年第3期,第165页。

（1）这些作坊区都位于郢都的主要宫殿区不远处。除毛家山至城东南角一带的作坊区外，城内的3处分别靠近主要宫殿区东、西、北3侧，其中以主要宫殿区北部的龙桥河西段的规模最大，范围最少有几十万平方米。将制陶作坊设于宫殿旁边，可见楚国对制陶业的重视，据其位置和规模可以看出，这些制陶作坊都应是官府直接控制的，即隶属于楚国的百工之官大工尹或工尹。

（2）制陶作坊区内基本不见夯筑的大型台基。因此制陶作坊不同于其他一些手工业作坊，其他一些手工业作坊，如陈家台铸造作坊就有大型台基建筑，即有高出地面的较高大的房屋。而制陶作坊是属于较简陋的平地建筑或一般的土台建筑。

（3）制陶作坊遗址都靠近河流或湖旁，这样利于作坊用水和产品的运输。

（4）制陶作坊的生产规模巨大，其取土场大都就在作坊的附近。范家堰靠近凤凰山，从现存凤凰山山势观察，北部有明显的山坳，可能是由这个作坊区取土所形成的。广宗寺附近地势也较高，广宗寺西南至板桥地势则较低洼，龙桥河西段一带，耕土以下还普遍有1米左右厚的晚于纪南城的淤土层，推测与当年制陶取土而成为洼地有关。而余家垱的地势也和龙桥河西段的相似，于东岳庙附近的地势较高。东垣外的毛家山至城东南角一带，低山迂回，取土遗迹则更为明显。

（5）制陶作坊区内，从龙桥河西段和周家湾、范家堰一带的情况观察，还应有区域的划分，如生活用水的井和冷藏井分布处，应为工匠生活区；水井、泥坑、陶泥、制陶工具集中处应为制坯区；陶窑较集中分布区，应为烧制区；有不少地方出土较大量的完整陶器，应为成品储放处。但由于尚未进行全面揭露，具体情况还不十分明确。

二、郢都的陶窑

郢都的四个制陶作坊区都已发现了窑址。其中经过清理发掘的并已经正式报道的共9座，包括龙桥河西段7座、范家堰1座、毛家山1座（余家垱和周家湾的窑址未正式发表）。所发掘的陶窑，上部大都被破坏。从残存底部情况看，未见窑箅，是在平地上直接修筑窑床，并把火膛和窑床同设于窑室内。一般由窑门、火膛、窑床、烟筒四部分构成，但形制并不完全相同，尺寸大小也差别较大。此外，还有一部分属半地穴式的窑。

1. 大型窑

结构有两种。

一种是火膛高于窑床，而窑床平面呈圆角正方形。如河Ⅲ1号窑，南北向，窑床下凹，并呈上大下小的坑形。窑床四周红烧土壁厚约0.40米，口部长3.20、宽3.10米，底长2.40、宽 2.00、深 1.00 米。北壁中间近底部设烟筒，直径约 0.40 米。火膛在南部。火膛底高出窑床底 1.00 米，东西宽 3.40 米，南北进深 1.00 米。火膛南为门道。门道两边呈斜坡状，长 2.90、口宽 3.00、底宽 1.60、深 1.00 米。门道南端至烟筒北壁全长 7.70 米。

另一种是窑床高于火膛，而窑床平面呈圆角长方形。范家堰 1 号窑，东西向，窑床在东，高于火膛 0.45 米，并与火膛构成椭圆形的窑室。烟筒也设在窑床后部（即东端）。火膛为圜底坑形。火膛西为窑门和门道。门道平面为长方形，与窑床基本在一个平面上。窑全长 8.50、宽 3.50 米，窑室长 4.60、残深 2.50 米。

2. 小型窑

所见小型窑形制基本相同，窑室呈椭圆形，由窑门、火膛、窑床、烟筒及烧火坑构成。窑床比火膛略高，窑床后底部与烟筒相连。火膛平面作扇形。窑门外一般有一个烧火的坑（作用与大型窑的门道相当）。毛家山 1 号窑，窑门口有个深约 0.50 米的烧火坑，窑门宽 0.50 米。窑室为椭圆形，长 1.50、宽 1.20 米，室内前半部分为火膛，进深 0.40 米；后半部分为窑床，比火膛高出 0.30 米。窑壁涂一层膏泥。尾部烟筒为筒形。河 Ⅱ 1 号窑，窑室全长 3.10、宽 1.80 米。火膛比窑床低 0.37 米。窑门外为低地，未见明显的烧火坑。

楚郢都所见的大小型陶窑，结构形制已比较进步，已接近至今尚在民间存在的小型陶窑。一般认为这种平地上建造的火膛和窑床同室的窑是汉代以后才流行的。烧火坑和门道是进料和烧火的通道。窑床和火膛构成一体，周家湾和余家坨发现的较完整的窑，窑壁上部呈弧形，并逐渐内收，窑室整体内空呈椭圆形（顶部可能有出火口，烧至一定程度时封闭，烟便从窑尾底部的烟筒冒出，窑内形成"回火"），这种形制能更有效地提高窑温和控制火候，达到更理想的烧制效果。窑床一般都高于火膛。而河 Ⅲ 1 号窑比较特殊，窑床呈坑状，并低于火膛，推测放坯时下部应使用支垫或算。窑室四壁用膏泥涂抹打固，窑底（包括部分下壁）是在地下直接挖成的，上壁则在地面砌筑而成。有的窑下部下挖很深，则为半地穴式。烟筒设在尾部靠近窑底处。窑门一般不宽，窑门和窑顶部的出火口是控制火候的主要设施。

陶窑附近设水井和泥坑，毛家山 1 号窑附近已发现泥坑和水井；周家湾发现的窑，旁边也有水井和沟坑；龙桥河西段发现的几座陶窑附近分布了大量水井，它们也应有一定的组合关系。周家湾暴露的窑址非常密集，但因地势太低而未全面清理。山西侯马发现的东周窑群也十分密集，有的几乎连在一起。说明了东周时代制陶作坊的巨大规模。

已发掘的几座陶窑，每座都是专门烧制一种器物的。如小型窑中，毛家山 1 号窑是专门烧制陶豆的，河 Ⅱ 1 号窑是专门烧制陶瓦的。大型的范家堰 1 号窑也是烧制陶瓦的。而大型的河 Ⅲ 1 号窑窑床内仅发现建筑材料碎片，据其窑床较宽大的情形推测，其可能是专门烧制水管、井圈之类的较大型器物的。余家坨发现的一些窑，则是专门烧制大型仿铜陶礼器的。从每座陶窑专门烧制一种或一类器物的情况分析,可知当时制陶作坊具有较严密的分工,产品数量大,某种器物往往成批生产,具有明显的商品生产性质。

三、郢都制陶中的若干问题

1. 关于陶土

纪南城出土的陶器以夹少量细砂为主,其次是夹砂陶,还有一部分是细泥陶。夹少量细砂的陶器在发掘报告中,被称为泥质陶,即未经淘洗的粗泥陶。[1]如前所说,作坊的取土场就在窑址附近,而当地土层属于江湖淤土,低山属于风化的褐黄土,一般土质纯净,不含砂粒。所以,陶胎中的少量砂粒乃是有意掺入,并非未经淘洗。除制造明器和小型精致器皿以外,制造一般的建筑材料、生产工具和较大型的日用陶器,都要在陶土中加入数量不等的粗细砂粒,以增强陶质的硬度。

2. 关于制法

陶坯的制造成型普遍都使用陶轮,即以轮制为主,但并不能完全脱离手制和模制。不少陶器上留有模制和手制的痕迹。例如瓦类、井圈等是先用模具成型,后再经陶轮修整,而瓦的两侧还用器具切割;仿铜陶礼器中,一些规整的器物,如簠、升鼎和器耳等,都经过翻模,为模制;小型明器和鬲、豆等器物复合处多用手捏合,具有手制痕迹。器表的绳纹,一般都是滚印纹,多数纹路排列整齐。有的下腹部纹路短而乱,应有使用陶拍的情况。据此可知器物的成型,多要使用不同的模具,其中包括模范、陶垫和陶拍。陶质陶垫和范已有不少发现。而多数模具可能属木质,木质模具则不易保存至今。模具大多为外模或陶垫,而瓦类、井圈内留纹者,则可能使用内模。器物的口沿和器表上部的绳纹,往往都有数道均匀的旋痕,这是器物成型以后,陶轮修整的痕迹。器底主要有两种,一种为内凹底(如罐、盂、盆等),一种略呈尖状的底(如瓮、缸等)。从这两种器底可以看出,用外模形成的器物初型,底是圜状或尖状的。较小型的器物即将其底内按,以便放于平整的陶轮座上修整,所以小型器物底为内凹底;较大型的器物则可能直接放于圈形的陶轮座上修整,所以其底多呈乳尖状。

3. 关于陶器规格

所见的陶井圈,大小形状相一致的较多,主要有两种规格。估计是用固定的大型模具制造的。而其他器物,除一部分明器以外,一般日用器物的大小形状几乎没有完全相同

---

〔1〕 湖北省博物馆:《楚都纪南城考古资料汇编》,1980年,第41、45页。

的，就是残存于同一废窑内的陶豆，形状大小也不完全相同，这说明一般陶器制造并没有固定的模子或规格。而所发现的瓦类大小形状也很不统一，推测每座房屋所用瓦，应当是大体相同的；但不同的房屋或不同时期的房屋所用瓦，就可能没有统一规格。

4. 关于瓦内纹饰

器内纹饰主要见于筒瓦、板瓦和瓦当等建筑材料中。以南T10③为例，瓦内素面占78.2%、绳纹占5.9%、圆点纹占12.4%，方格纹、菱形纹、水波纹、压纹、划纹、圆圈纹各占1%。[1]内面有纹饰的瓦主要出现在较晚的地层内。推测这是制瓦技术改进的反映，即将外模制作法改用较先进的内模制造法，瓦内的纹饰是内模垫物印痕。到秦汉时内模垫物改用麻布，故瓦内便有布纹。所以内侧有纹饰的瓦，是内侧素面瓦和内侧布纹瓦之间的形态。

5. 关于暗纹陶器

暗纹是郢都陶器的一种常见纹饰，主要见于豆、盖豆和盂等盛食器上。豆盘内常施辐射状纹、同心圆纹、辐射状曲线纹；盖豆和盂上腹部常施平行线纹、宽带纹、三角纹、网纹、点纹等。这种暗纹，是未烧制前，在陶坯尚未完全干透时用工具压划、打磨，而不显内凹的纹饰。一般不用色料，只将线条压划、打磨成光滑发亮，整体器表再经打磨平整即成。在盛食器上施这种纹饰既美观、不脱落，又保持器壁的规整光滑。郢都制造暗纹陶器的传统，一直延续到战国中期前后。

6. 关于印纹硬陶和釉陶

在西垣北门遗址中见到过印纹硬陶碎片，南垣水门遗址中也出土过类似的釉陶片，大都为罐类器物。龙桥河西段制陶作坊区内也出土过上釉的空心砖片。周家湾附近最近也采集到印纹硬陶片。印纹硬陶是商周时期流行于我国东南沿海一带的具有先进工艺水平的陶业产品，并被认为是古越族的特征性遗物。江汉地区商周时期的遗址或墓葬中也有印纹硬陶或原始青瓷的出土，但较常见于鄂东南地区。楚郢都及其附近仅见到少量的印纹硬陶或釉陶碎片，这是一种受古越族文化影响的反映。郢都是否也制造这类陶器？从空心砖片上挂釉的情况推测，郢都也有可能生产少量的釉陶。

四、郢都的陶业产品

郢都遗址出土的文化遗物中，数量最多的就是陶器，郢都附近楚墓出土的陶器数量亦很大。这些陶器绝大部分应是郢都制陶作坊的产品。

---

[1] 湖北省博物馆：《楚都纪南城考古资料汇编》，1980年，第45页。

关于郢都所出陶器，本人曾将其分成四大类，[1]即建筑材料、生活日用品、明器与祭祀品、生产工具。这四类陶器是郢都陶业的基本产品。

建筑材料，可以代表郢都陶业制造大型陶器的水平。主要包括筒瓦、瓦当、板瓦、井圈、空心砖和泄水管等。这些实用的建筑材料被广泛应用于宫殿、作坊、井穴、水道等建筑物或水土防护设施上，尤以瓦类和井圈等的需求量较大，例如郢都内已探明的大型台基有84座，其中大部分均为大型宫殿，有的宫殿基址长宽达百米以上。加上城周的大小离宫，楚宫数以百计。这些宫殿建筑都是瓦顶，所需瓦类的数量相当可观。至于大型井圈，主要用于地下井穴内。郢都内有非常密集的陶圈井，例如据已报道的资料，龙桥河西段发现191座、余家垱等处发现30余座、西城门发现4座、30号台基发现12座、新桥陶家湾等处发现约30座，已发现的陶井有267座以上（最近又新发现约50座），每座井穴内用井圈不等，最少的亦有2节以上，30号台基J4用9节，可见井圈的需求量亦不会少。井圈和空心砖需要很高的烧制水平。所发现的井圈和空心砖片，质地坚硬，火候甚高，表面规整、花纹精细，大小规格一致。井圈是大型厚实的圆筒形陶器，高度和口径都为80厘米左右，厚1.5-3厘米。其置于井穴内具有良好的防护井壁倒塌的作用，这对郢都一带容易塌方的土质来说，意义是十分重大的。空心砖，虽只见到碎片，但它却反映了郢都制陶工艺的高度水平。此种砖，质地接近瓷质，表面饰精致的浮雕几何纹。据寿县柏家台的发现，推测此种砖是宫殿内镶嵌墙基用的，也可能为宫内局部铺地砖，而目前郢都出土的数量太少，是否普遍使用，还不能肯定。

瓦类和泄水管，与中原的相比，尺寸较小。筒瓦、板瓦一般长40厘米左右。30号台基出土的泄水管长60-70厘米，口径17-20厘米。瓦当几乎都是圆形素面的。瓦类或泄水管外表都经拍打，因此绳纹较深，不很平整，显得较粗糙。但一般火候很高，质地坚硬，具有很高的实用价值。

生活日用品　这是需求量最大的陶业产品，可分炊器、盛食器、水器和储藏器等类别。

炊器主要有鬲、甑两种。鬲是楚人蒸煮食品的基本器皿，作炊器的鬲，属典型楚式鬲，[2]A（盆形鬲，或叫大口鬲）、B（罐形鬲，或叫小口鬲）、C（侈口罐形鬲）型俱全，是遗址、墓葬中最为常见的器物之一。甑的数量较少，为内凹底，底部箅眼：中间一个为圆形，四周为长条形。甑与C型鬲相配使用，是一种可以分开的甗。而纪南城遗址中基本不见连为一体的甗（仅在望山1号墓中见到一件），说明战国时代楚国使用上下体可以分开的甗。

〔1〕 杨权喜：《湖北省楚文化考古发现与研究》，《湖北省考古学会论文选集（一）》，武汉大学学报编辑部，1987年，第87页。
〔2〕 杨权喜：《江汉地区楚式鬲的初步分析》，《楚文化研究论集（第一集）》，荆楚书社，1987年。

但其并不是楚人的主要炊器。

盛食器有豆、盖豆、盂等,这些器皿出土的数量均很多。盛食器一般为泥质,以灰色或褐色为主,制作通常较精细,讲究器形的规整和实用,并经打磨光滑,多有装饰纹,特别流行暗纹和弦纹。陶豆中,有制作较精细并经打磨的细把豆;也有高把豆(把呈竹节状);还有一种制作粗糙的浅盘细把豆,器形往往不规整,器表未经打磨,遗址中常大量出土,这种粗糙的陶豆似不适于盛食,可能是战国时代的陶灯。

水器主要有盆、汲水罐、长颈罐等。盆分大、中、小各种型号,都为大口深腹内凹底,大的口径有50厘米以上。汲水罐为圆腹有颈,内凹底,饰绳纹,一般质地坚硬而厚实。多出于水井中,同出的有束腰的小型器座,这种小型器座显然与汲水罐相配使用。长颈罐是典型楚文化中的特征性器物,造型特点与罐近同,但颈特长,有的呈喇叭形,有的腹很小,腹、颈施数道凹弦纹。长颈罐的用途应与壶相当。

储藏器主要有瓮、小罐、短足鬲等。瓮的种类较多,最普遍的有肩宽腹绳纹瓮,底略尖。如河Ⅱ J89∶12,通高67、腹径59厘米,此瓮出于井内,为冷藏瓮。另一种常见的瓮为侈口斜肩瓮,胎壁较薄,为一般的储藏器。短足鬲,器身如罐,底部有短足,形似鬲,但其足只起固定器身的作用,实际上是储藏器。

明器与祭祀品　包括仿铜陶礼器和仿日用品的小陶器。楚人讲迷信,在各种迷信活动中需用大量的各类器物,其中包括了一部分专门烧制的陶器。这类陶器并非实用品,一般为泥质,胎较厚软,火候较低,出土时不少已成碎片。

当时流行的各种铜礼器几乎都可以见到陶质的仿制品,例如各种鼎、鬲、甗、簠、敦、簋、盖豆、豆、盂、缶、罍、壶、钫、鉴、盘、匜、勺、提梁壶、高足壶、炭盆等。仿铜陶礼器,一般制作精细,有较多的模制品,例如簋、钫、器耳或足等规整器物或器物构件,都是用模制的。不少器物的器形与颜色都与铜器十分相近,大墓出土的不少仿铜陶礼器具有很高的工艺水平,不少还同时是重要的工艺品。例如望山1号墓出土的仿铜陶方壶,造型、花纹都相当复杂。有些器物的耳、盖、膝部有浮雕动物等,形象生动逼真。仿铜陶礼器中还流行彩绘花纹,一般用红、黄、黑等色粉描绘,图案多由云纹、菱形纹、雷纹、蟠螭纹等组成,多绘于器物的盖顶、器口沿和上腹部。

仿日用陶器的制品,在郢都南垣水门、龙桥河西段都出土过,是用于祭奠的器物,在一些小型楚墓中也往往可以见到。常见的有小鬲、小罐、小壶、小盂等,多用手捏制,大都较粗糙。

生产工具　主要有制陶器用的陶拍、陶垫、陶刷,渔业用的网坠,纺织用的纺轮。这些专业使用的特殊用品,器形较简单,烧制也并不复杂,所出土的数量也不是很多。因此不是郢都陶业的主要产品。

陶器被发明以后，就成为人类生活的必需品，其用途越来越广泛，需求量越来越大，制陶曾经是古代人类主要的经济活动之一。因而古代，特别是新石器时代的陶器，是当时社会经济发展的重要标志。《左传·定公四年》"分康叔……殷民七族：陶氏、施氏、繁氏、锜氏、樊氏、饥氏、终葵氏"，有人说此陶氏就是专门制陶的氏族部落，以此说明商周时期已有专门制陶的社会分工。陶器不但是人们生活的必需品，而且是建筑、水土防护等方面的重要材料。在郢都的经济生活中，传统的制陶手工业就占据了十分突出的地位。郢都的制陶手工业，不但有官营的制陶作坊，而且有私营的制陶作坊。私营的制陶作坊，应主要由贵族经营。郢都内发现的制陶作坊，规模大，并分布在宫殿区附近，应都是官办作坊。根据古代制陶的传统，民间还应存在制陶的小窑。楚国的陶器是楚文化考古的主要对象之一，对郢都制陶手工业的研究也是楚文化研究的重要任务，但目前对楚郢都纪南城的考古乃是刚迈出的第一步，以上所述郢都制陶手工业也只不过是为考古界提供了一点情况。

（原载《楚文化研究论集（第二集）》，湖北人民出版社，1991年）

东周时代楚郢都的农业生产考略

　　湖北省江陵县北约5公里的纪南城,是东周时代楚国的郢都故址,当时称为纪郢。文献有载"楚之郢都,车毂击,民肩摩,市路相排突,号为朝衣鲜而暮衣蔽也"(桓谭:《新论》),反映了纪南城曾经是一座十分繁华的大都市,是我国东周时代最大的城市之一。当年的郢都,不但是楚国的政治、军事、文化中心,而且是楚国的经济中心。今日的郢都故址,盛产水稻、油菜和各种鱼类、家禽。纪南城一带是今江陵县著名的农业生产基地,是富足的鱼米之乡。

　　纪南城及其周围的农业生产有十分悠久的历史,早在新石器时代,这里就有以种植水稻为主,以养殖为辅的发达农业。作为楚国郢都的纪南城并没有脱离农业。而且,楚郢都纪南城及其周围的农业到春秋战国时期有了划时代的发展,是楚国农业考古的重要地区。

一、郢都优越的自然条件与悠久的开发史

　　楚郢都位于江汉平原西缘,古代云梦泽西侧。周围地势基本平坦,大部分属江湖的冲积平原,亦有一些起伏不大的丘陵岗地。西北有大山为屏障,南有长江流过,东有长湖直通汉水,土地肥沃,雨水充足,气候温和。郢都城址海拔高程比今荆州城约高出10米,当时的郢都既有灌溉航行之利,又可免洪水泛滥之灾。《史记·货殖列传》云"江陵故郢都,西通巫、巴,东有云梦之饶",郢都周围及其东部大片沃土,是所谓"楚越之地,饭稻羹鱼……不待贾而足,地埶饶食,无饥馑之患"(《史记·货殖列传》)的富饶之地。从很早的时候起,这一带就被开发成粮、油、麻、桑生产和饲养、渔猎的基地。郢都纪南城一带是整个江汉平原最早被人类开发、利用的区域。据考古发现,江汉地区目前发现的最早的新石器文化——城背溪文化,就分布在郢都之西的丘陵、峡谷之间。[1]城背溪文化以后,有

---

〔1〕 中国考古学会:《中国考古学年鉴(1985年)》,文物出版社,1985年,第176-179页。

一支可证明与其是一脉相承的大溪-屈家岭-季家湖文化分布在郢都一带。大溪文化遗存在郢都东垣外侧的毛家山[1]和北垣外侧的朱家台均有被发现；屈家岭文化遗存发现于纪南城内的龙王庙、纪南城南部的张家山等遗址中；而纪南城南部的蔡台则是季家湖文化遗址；商至西周时期的遗址有纪南城之南的张家山、荆南寺、[2]周梁玉桥、[3]官堤[4]和纪南城内的摩天岭等。纪南城及其附近密集分布的各个历史时期的文化遗存，证明楚建郢都之前，该地区历史的悠久，古代文化的发达，其基础就是具有长江中游地区发展水平的农业。

楚原居偏僻的荆山丹阳（应在郢都以西），西周时，楚熊渠"兴兵伐庸、扬越，至于鄂"过程中，充分注意到郢都所在的江陵这块富饶的土地，便"立长子康为句亶王"[5]镇守江陵。[6]句亶王镇守江陵对楚来说，具有深远的战略意义，毫无疑问句亶王及其后，对江陵一带农业的发展起过重要作用，不但为楚国的强大作出过物质贡献，而且为二百年后"始都郢"打下了扎实的经济基础。

二、郢都的农田与农民

楚郢都纪南城遗址，有高大的城垣，现仍存于地面上，城垣内面积达16平方公里，是我国南方发现的先秦时期的最大城址。城内已探明84个夯筑基址，300余座水井，4条古河道，还有许多村落遗址、窑址、铸炉、窖穴等。已初步辨明城内有两个以上的宫殿区和两个以上的主要作坊区。[7]城垣外也有夯筑基址、作坊、村落遗址，而陵墓区则分布于城四周数十公里的远近岗地上或湖边。纪南城的整体设计气势磅礴，雄伟壮观，它将山、水、田园和城市建筑有机的统一起来。楚之郢都，实际上包括了纪南城及其四周数十公里的广大地区。

1. 关于郢都内的农田

据目前考古资料可以断定纪南城为战国郢都，[8]而春秋郢都在何处？我们认为在纪

〔1〕 纪南城文物考古发掘队：《江陵毛家山发掘记》，《考古》1977年第3期。
〔2〕 王宏：《荆南寺商代陶器试析》，《湖北省考古学会论文选集（一）》，武汉大学学报编辑部出版，1987年。
〔3〕 文物编辑委员会：《文物资料丛刊（10）》，文物出版社，1987年。
〔4〕 湖北省博物馆：《沙市官堤商代遗址发掘简报》，《江汉考古》1985年第4期。
〔5〕 《史记·楚世家》。
〔6〕 《史记·楚世家》集解：张莹曰："今江陵。"
〔7〕 湖北省博物馆：《楚都纪南城的勘查与发掘》（上、下），《考古学报》1982年第3、4期。
〔8〕 湖北省博物馆：《楚都纪南城的勘查与发掘》（上、下），《考古学报》1982年第3、4期。

南城四周数十公里的范围内。本文所述郢都农业，就指这一带的楚国农业。

郢都城垣外围有大量的农田，那是可以肯定的。而郢都城内有无农田？它在城内是如何布局的？还是值得探讨的问题。

"始都郢"以前，纪南城一带大约是一处以农业为主的重要的村落聚集地。直至楚建都以后的一、二百年间，作为楚之郢都也没有完整的城垣建筑。《左传·襄公十四年》杜注"楚徙都郢，未有城郭"，楚康王元年（前559年）楚令尹子囊临终时还说："必城郢。"因此郢都在相当长的一段时间内，城市建筑和村落，以及现存纪南城内外的农田都是连成一片的。

在纪南城内的历次考古发掘中，都出土了楚国的农具。例如在西垣北门、南垣水门、龙桥河西段，甚至在30号宫殿基址的发掘中都出土过各种质料的不同农具（详见下文），这些农具表明城内应有农田和种田的农民。

根据近年来的考古勘查与发掘，纪南城内的文化堆积并不是一个整体，而是分成若干个区域，每个区域内又由一个一个的遗址或居民点聚集而成。每个区域或遗址之间都有大片空旷地带。空旷地占了整个纪南城面积的大部分，其中包括了一部分农田。城西北的徐岗村，城西南的新桥村，城东南的松柏村东部（宫殿区之东）和城东北的纪城村西部都有大面积的空旷地。经钻探和断面观察，不少空旷地的地层，在现代耕土以下，普遍存在一层浅灰色的土层，并包含少量炭末、腐殖质、螺壳之类的物质，而不见或基本不见陶片。这层土土色单纯，分布面广，厚薄均匀，高差又不大，有经水长期浸泡的迹象。推测这类空旷地就是当年的农田。

与农田相关的，是在城内发现不少分散的类似村落的遗址。例如已经知道的有苏家套、摩天岭、郭大口（内）、陶家湾、余家垱、小堤子、文家湾、周家湾、余家湾、板桥等地点。这些地点都有较厚的文化堆积层，一般文化层土质杂，杂物多。经钻探，没有发现夯筑的台基。遗物中以陶制的生活用具为主，陶质一般较粗糙，与常见的村落遗址相同。这些遗址主要又分布于城门附近和河流两旁。《管子·大匡》记载"凡仕者近宫，不仕与耕者近门，工贾近市"，因此这些类似村落的遗址，特别是靠近城门的遗址，其居民应该主要是从事农业生产的"耕者"。

2. 关于郢都的农业人口

战国时期的郢都纪南城城市规模已发生了巨大变化，在宫城以外又加筑了城郭（现存地面上的城垣，也是文中所讲的城垣），城郭的外围还有许多建筑和遗址，整个城有宫城内、郭城内和郭城外围三部分。其城市实际面积要大大超过16平方公里。关于纪南城的城市人口，史无记载。据其城垣规模和城外遗址、墓葬的密集程度，它的城市人口规模不会亚于北方同期大城市的人口。《战国策·齐一》"临淄之中七万户，臣窃度之，不下户三男子，三七二十一万"，加上女子，临淄城约有三十五万人。纪南城的人口当有此数。纪南城的居民中除楚国贵族、商贾、手工业者以外，还有大量的农民和渔民。上述城内有不少类似村落的遗址，而城垣外围这类遗址就更多，目前已调查的：城东有毛家山，城南有拍马山、纱帽堰，城西有杨家塝、郭大口（外）、黄家庙，城北有武昌义地等。这城垣外围居住的绝大部分应为农民。纪南城四周有十分密集的大、中、小型楚国墓地，其中有二十余处为小型墓墓区，每个墓区都有成百上千座平民墓葬，[1]其中有一部分是农民墓葬。《宋玉对楚王问》中宋玉说："客有歌于郢中者，其始曰下里巴人，国中属而和者数千人；其为阳阿薤露，国中属而和者数百人；其为阳春白雪，国中属而和者不过数十人；引商刻羽，杂以流徵，国中属而和者不过数人而已。"这里说的"下里巴人"，实际上是巴人的民间歌曲，在郢都跟着唱的最多，郢都对民间歌曲如此喜爱和熟悉，也说明郢中有大量的俗民，其中主要就是从事农业生产的农民。农民在郢都居民中所占的比例显然是最大的。

三、郢都出土的农具

郢都纪南城遗址及其周围楚墓出土的农具质料主要有铜、铁、木三种。纪南城遗址出土的农业专用工具基本不见铜器，主要的金属农具均为铁器。相反，纪南城周围楚墓的随葬品中则基本不见铁农具，而可以见到一部分铜农具。另外，在楚墓填土或战国时期的盗洞内，情况和遗址的相同，即只出铁质农具，例如天星观1号楚墓的填土内和战国晚期的盗洞内都出土过铁质农具，显然是被用作挖墓掘土的。这些情况说明战国时代的郢都纪南城用于农田生产的基本工具是铁农具，铜农具已被铁农具所代替，只作为墓葬随葬品而存在。

据文献记载，楚国是东周列国中最早使用铁器的国家，纪南城的时代上限可以追溯至春秋末年，从纪南城相当于春秋晚期的南垣水门下层（即第四层，属筑城门前的堆积）就出土了铁农具（凹字形带刃铁）的情况推测，大约从春秋中期前后开始，楚国已将铁器逐渐应用于农业生产。正由于铁器在生产中的广泛应用，才能使楚国经济在春秋中期以后有了突飞猛进的发展，至春秋末年才能兴建具有经济意义的大都市——郢都纪南城。楚国经济的发展，具有根本意义的又是农业生产的发展。从这个角度分析，纪南城的城市经济并不可能脱离传统的农业。

郢都出土的农具主要有耜、耒耜、锄、耰、锸、铲、镰、锛、斧，还有绳、棒、筐、箕等（详见表一）。所出土的金属农具，大都不能直接使用，应为复合农具，即木和金属套合或用绳捆

---

〔1〕 郭德维：《江陵楚墓论述》，《考古学报》1982年第2期。

表一　楚郢都出土的农具

地点	时代	出土的农具				资料出处
		铜器	铁器	木器	其他	
纪南城三十号台基	战国早、中期	削刀2	凹字形锸1、斧4（其中有镬），另有凿1		陶网坠1	《考古学报》1982年第4期，第482-483页
纪南城西垣北门第三层	战国中期		镬形凿1、凹字形锸1			《楚都纪南城考古资料汇编》第30页
纪南城南垣水门第二、三层	战国中期		凹字形锄2、镰3、铲1、锛（镬）1，另有凿2、削、鱼钩、矛等	有木器		《考古学报》1982年第3期，第341、347、348页
纪南城南垣水门第四层	春秋晚至战国初期		凹字形锸1		绳索	《考古学报》1982年第3期，第344、347页
纪南城龙桥河西段	战国早、中期		凹字形镬1、斧2		陶网坠1	《楚都纪南城考古资料汇编》第79、85页
纪南城余家湾2号井	战国中期		凹字形锄1，另有刀1、锥1			《考古学报》1982年第4期，第495、496页
纪南城龙桥河Ⅱ段82、84、89号井	战国中期		耒耜3、锸1、另削刀1	残木器8	砺石2	《文物》1980年第10期，第47、45页
天星观1号墓填土中	战国中期		耜1	棍棒1	绳网兜	《考古学报》1982年第1期，第73页
天星观1号墓盗洞内	战国晚期		锛15、耜1、一字形铲2、凹字形锄2，另有削刀3	镬1、槌1、瓢1、辘3		《考古学报》1982年第1期，第113-115页
望山1号墓	战国中期	锛1（带曲木柄）、削刀			砺石2	《文物》1966年第5期，第36、38、50页
雨台山232号墓	战国中期		凹字形锸1			《江陵雨台山楚墓》第90页
雨台山403号墓	战国早期	镰1				《江陵雨台山楚墓》第89页
雨台山楚墓	战国	削刀15	斧1（凹字形）		竹篮2、麻线1	《江陵雨台山楚墓》第89、91、117、118页
溪峨山5号墓	战国中期	凹字形锸1				《考古》1984年第6期，第522页

合而成。出土时,木、绳部分大都腐朽或脱落,仅存金属部分。由于金属工具的木柄装法不同,用途便不同,名称也不同,所以出土的金属农具,在考古发掘报告中,名称很不统一,不少需进行仔细的研究,才能确定其名称和用途。从已见到的金属工具的形制看,装柄方法还较原始。金属工具大都有銎,銎口均朝上;也有一部分无銎无筒。其装柄方法主要有两种:套接法和捆接法。套接法是较进步的装柄法,用于带銎的工具。但因銎口均朝上,所以只能直装或曲装,而不能直接横装,还表现出它的原始性。带銎金属农具的形状有凹字形、一字形,长条形等。凹字形和一字形的金属农具器身宽扁而短,銎只能插入木板,这些工具实际上只起锋刃的作用,它的用途往往取决于其木质部分,其中包括作器身的木板(木叶)和器柄,木板有宽窄之分,器柄亦有直、曲、长、短之别。捆接法是原始的装柄法,还见于镰刀,柄端无筒銎,呈扁平状,侧有栏状凸起,木柄是夹捆的。

郢都一带最常见的金属农具多呈凹字形,这也是当时农具的主要特点。凹字形农具是有多种装法和用途的锋刃。例如可曲装木柄成镬、锄,也可以直装木柄成锸、耜,还可以在耒的叉端各装一片成耜。这些工具的基本部分多为木质,只是在刃口处套上金属锋口,所以依刃口成凹字形。这种形制可节约一部分金属,表现出当时金属的贵重和我国农具发展的一个阶段。

郢都出土的农业生产工具,据其出土时的情况和形制特点,按用途试分成犁耕、挖掘、锄铲、砍割、装运等五类说明如下:

1. 犁耕工具

在新石器时代长江流域就有木犁、石犁,它是用人力牵引的犁田工具,最适于南方水田耕作。郢都目前出土的犁耕工具主要有耜和耒耜两种。

耜　耜是一种直装曲木的犁耕工具。已见到的耜,为整木的上部修成微曲的柄,下部修成窄木板状,窄板偏于柄的一侧,板前端套接凹口金属锋刃。它应是由早期的木犁、石犁发展而来的。金属锋刃长宽约10厘米,带曲木全长在1米以上。天星观1号楚墓填土中出土一件"锸",近似耜,为凹字形铁锋刃,木质已朽,从木痕看,木板窄长,并偏于柄侧。全长约99、锋刃长10、刃宽10厘米(图二,1)。天星观1号楚墓战国晚期的盗洞内出土过一件铁锸,凹口形体,三角刃,中部有隆脊,两侧外侈,具有犁的特点,但尺寸较小,长9.3、刃宽7厘米,应是一种较先进的耜刃(图一,1)。雨台山232号墓中也出土过一件类似的凹字形铁锸刃(图一,3)。《考工记·匠人》云"耜广五寸,二耜为耦",郑氏注"古者耜一金,两人并发之……",贾公彦疏"二耜为耦者,二人各执一耜",古代的耜只有一金,由一人执着使用,耜与锸相似,但耜是犁耕用的,而锸是挖掘用的。《说文解字诂林》耜条"江淮南楚之间谓之臿"。由于耜、锸形体类似,古代有些地区也有将耜称作锸的,或者耜、锸可以通用。稻田翻土,由于积水,不宜挖掘,只宜犁耕,耜就是犁耕工具的一种。耜可以单

图一　郢都出土的农具

1. 凹字形铁耜刃（天星观1号墓盗洞内出土）　2. 一字形铁铲刃（天星观1号墓盗洞内出土）
3. 凹字形铁锸刃（雨台山232号墓出土）　4. 长条形铁器（即Ⅱ式镢，天星观1号墓盗洞内出土）

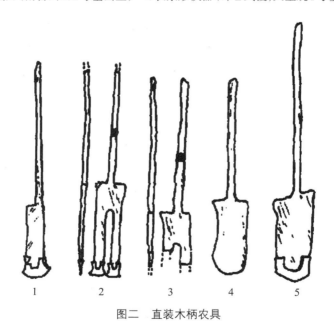

图二　直装木柄农具

1. 铁口耜（天星观1号墓填上内出土）　2. 铁口耒（纪南城龙桥河Ⅱ段水井中出土）
3. 残耒（纪南城龙桥河Ⅱ段水井中出土）　4. 木锸（大冶铜绿山东周矿井中出土）
5. 铁口锸（长沙马王堆3号墓出土）

用，也可以所谓的"耦耕"，耦耕是二人各执一耜，前头还有人发力牵引。耦耕比单耕有更好的犁耕效果，是当时耕作方法的一次进步。

　　耒耜　耒是最古老、最普遍的农具之一。原是一种稍微弯曲，前端带锋或分叉的木制翻土农具。《说文解字》释耒为"手耕曲木也"。现代尚有用于叉取禾束的木杈，古代的耒类似木杈，但用途已经不同。古代有所谓"跖耒而耕"的说法，耒耕是一种原始的耕作方法。耒耜是耒的发展，即耒和耜的互相结合体。郑氏注《考工记·匠人》"今之耜，歧头两金"，指的就是汉代的耒耜。考古中有称，"双齿锸""两刃锸"者，亦即耒耜。耒耜只需一人执扶，就可以达到"耦耕"的效果，显然是较先进的犁耕工具。出土的耒耜用整木制成，上部一柄，下部板状并分两齿，齿端各套一耜刃。1979年发掘的纪南城龙桥河Ⅱ段水井中出土过三件铁刃耒耜。其中一件保存较完整，木柄长59厘米，柄下至铁刃端长50厘米，全长109厘米。铁刃凹口形，但尺寸较小，长7、宽8厘米，两木齿之间距3.5厘米，齿各宽5厘米，木柄微曲，双齿略向前倾（图二，2、3）。木质部分与山东武梁祠东汉石刻人物所执之耒相似（参阅《农业考古》1983年第1期，第71、73页）。此件耒耜为战国中期所遗，是目前出土的时代最早、保存最好的一件耒耜。

2. 挖掘工具

挖掘工具有钁、锸等，是辟地掘土的深耕农具，最适于荒地、山地掘土。

钁　横装或曲装木柄，体较窄长而厚重，是常用的掘土工具。出土的实物中，没有直接横装木柄的，都是曲装或通过木柄套装成横柄的。见到的钁主要分四式：

Ⅰ式　锸口钁，即带金属锋刃的木钁。天星观1号楚墓战国盗洞内出土的一件木钁，木质坚硬，形状与长形锸相似，弧刃，上端凿有横装木柄的方孔。长34.8、宽7.4—9、厚3.4厘米（图三，6）。据大冶铜绿山东周矿井内出土的带凹口铁刃的大锄（图三，2）来看，此种木钁的刃部应套金属锋刃使用。

Ⅱ式　斧形钁。长条形，又被称之为斧、镢、长方形锸的。钁的主体为金属，从其刃口较窄，又不外侈，器体较长较薄来看，应为曲装或横装木柄的钁。纪南城龙桥河Ⅱ段82号水井内出土一件铁钁，形状如条形斧，但不厚，窄刃略弧，长14.8、宽5.2厘米（图三，4）。銎内残存有木柄，黄展岳同志认为是直装木柄的长方形锸，[1]据其形制，直装柄并不很适用

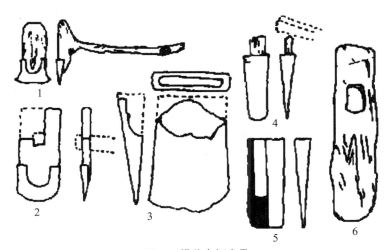

图三　横装木柄农具

1. 小铁锄（天星观1号墓盗洞内出土）　2. 大铁锄（大冶铜绿山东周矿井内出土）
3. 钺形钁（纪南城龙桥河Ⅰ段93号水井出土）　4. 斧形钁（Ⅱ式，纪南城龙桥河Ⅱ段82号水井内出土）
5. 斧形钁（Ⅱ式，纪南城30号台基出土）　6. 木钁（Ⅰ式，天星观1号墓盗洞内出土）

---

〔1〕黄展岳：《试论楚国铁器》，《湖南考古辑刊（第二集）》，岳麓书社，1984年，第148页。

平地挖土，当为曲装或横装木柄的镢；纪南城30号台基出土的一件铁斧（T284B：1），也应为铁镢，长方形、窄刃、较扁，方銎。长12.2、刃宽4.4、銎口宽5.1厘米（图三，5）。

Ⅲ式　锛形镢。锛类工具中，有窄刃而较扁薄者，銎部又无凸棱，似可以曲装或横装成镢。如天星观1号楚墓盗洞内出土的Ⅱ式铁锛，长方体、平刃。长11、宽5厘米（图一，4）。这铁锛是用来盗墓挖土的。

Ⅳ式　钺形镢。金属锋刃呈钺形，较长窄刃，装法同Ⅰ式。纪南城龙桥河Ⅰ段93号水井出土的铁斧（河ⅠJ93：5），也较扁薄，残长7、刃宽4.6厘米（图三，3），这铁钺（原称铁斧），出于水井井圈外围填土中，应是用于掘土的工具。

锸　是一种最常见的农具，但一般仅存锸口（金属锋刃）。整器形状、作用与现代的锹近同，和耕犁用的耜也相似。木质部分的柄、板用整木修成。一般木柄较直，木柄设于木板中部，木板宽平，或稍带弧度。木板前端一般套金属锋刃，而锋刃亦较宽。锸肩方，可以用脚踩踏。铜、铁锋刃多作凹口形，与耜刃基本相同，刃口平齐或两侧圆弧。郢都一带没有见到完整的锸。木质部分在大冶铜绿山东周矿井中出土过（图二，4）。完整的锸在湖南长沙马王堆3号西汉墓中见到过[1]（图二，5）。

3. 锄铲工具

锄铲工具主要有锄、铲等，是平整土地、松土除草的工具。

锄　形制与镢相似，横装或曲装木柄。锄体为木质，较宽而短，刃部套金属锋刃。金属锋刃与耜、锸的基本可以通用。锄还可以分小锄和大锄。完整的小锄或手锄，见于天星观1号楚墓盗洞中，凹字形铁锋刃，弧形刃口，两侧外侈，木质钩柄。柄长46.5、锋刃长11、宽11.5厘米（图三，1）。大锄未出完整器，在大冶铜绿山东周矿井内有一凹口铁锋刃，出土时銎部尚插着木板。木板长28、宽12.2厘米，中部偏上凿一横装木柄的方孔（图三，2）。此铁锋刃是装大锄的。

铲　用于起土、锹土或铲土，至今未出完整器。据耜、锸的制作方法，推测应有铲。形状与锸相似，而特点应是器体薄而宽。天星观1号楚墓盗洞内出土的一字形铁锋刃，体宽扁，刃口平齐，长7、刃宽12.6厘米（图一，2），这种锋刃应为铲口。

4. 砍割工具

用于农业砍割的工具历来都是镰刀和锛、斧。

镰刀　郢都出土的有铜镰和铁镰。铜镰见于雨台山403号楚墓中，尺寸不大，刃略弧，端部尖，背部光平，刃部和正面作齿状，安柄处的正面有两个凸起设置，起固定捆绑柄把的作用。长11.2、宽2.7厘米（图四，2）。襄阳山湾春秋楚墓中亦出土过两件大小相当的

---

〔1〕　见《文物》1974年第7期图版肆，1、2。

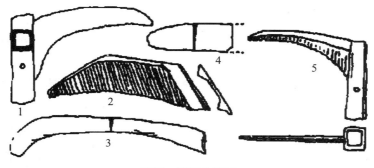

图四　楚国的镰刀

1.铜镰（襄阳山湾2号墓出土）　2.铜镰（雨台山403号墓出土）
3、4.铁镰（纪南城南垣水门遗址出土）　5.铜镰（襄阳山湾11号墓出土）

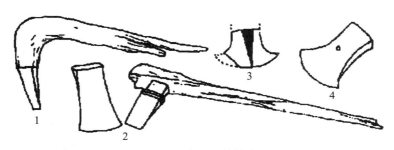

图五　郢都出土的锛斧

1.铜锛及曲柄（望山1号墓出土）　2.铁锛（天星观1号墓盗洞内出土）
3.铁斧（纪南城30号台基出土）　4.铁锛（天星观1号墓盗洞内出土）

铜镰，但有筒銎（图四，1、5）。铁镰出于纪南城南垣水门遗址，共3件，皆残。一件弯背，柄端宽4.5厘米，有栏，末端宽2.3厘米，残长19.4厘米；一件末端弯曲，弧刃并有齿，柄端一面卷起成栏状，全长34.8、宽2.5-4.4厘米；另一件为锋端残片，残长6.1厘米（图四，3、4）。铁镰柄端起栏，木柄用绳捆接。铁镰比铜镰的形体大，显然具有较高的砍割效率，也是当时农业迅速发展的一个标志。

　　锛、斧　多为长方形或长体弧刃外侈状（图五，1-4），斧作两面刃，锛为单面刃。有一部分刃口较窄的凹字形、方形或一字形锋刃，也应属锛或斧。锛、斧是农业与手工业通用工具，锛、斧用于农业，主要是垦地砍伐树木、修作农具（农具装柄还用凿）。天星观1号楚墓盗洞内出土的一件铁锛，铁质部分作长方形，刃口平齐，銎部饰两道凸棱，装法呈丁字形，柄长67、体长15、宽5.5、厚3厘米（图五，2）。

　　5.装运器具

　　装运器具包括杠棒、绳索、筐网、箕撮、轴辘等。这些器具的形状与质料大体与今相同，由木、竹、麻、草制成，广泛用于挑抬、捆绑、提拉、装、运等农业活动中。这些器具完整保存至今的较罕见,一般只见到残件,或朽痕。而在大冶铜绿山东周矿井深处则保存了竹箕、草绳(见《文物》1975年第2期,第12页)之类的珍品。可以看出楚地近代的不少农业装运器具,早在东周或东周以前已经流行了。

郢都出土的农具时代多属战国,农具的种类已明显增多,并各有不同的用途。但到目前为止还没有发现犁铧。犁铧是牛耕的重要标志,因此从考古角度并不能证明郢都一带已广泛使用了牛耕。有人据当时吴越出现犁铧(《越绝书·外传》记吴王梦见"两铧倚吾官堂";绍兴陶堰张家坟出土过铜铧),推测楚国也有犁铧。[1]虽然这种可能性是存在的,并且牛在江汉地区的出现很早,在宜都城背溪新石器早期遗址中就见到过圣水牛头骨,[2]纪南城内也出土过牛骨,但据楚都一带的考古发现,常见耕犁工具乃是耜和耒,即使有犁铧或牛耕但也并没有得到广泛推广。

四、郢都的农田水利

楚国非常重视农田水利建设。《淮南子·人间训》"孙叔敖决期思之水,而灌雩娄之野,庄王知其可以为令尹也",楚国的期思陂修建于孙叔敖任令尹之前的春秋中期,是我国最早的大型水利工程,比著名的魏国西门渠、秦国都江堰和郑国渠,要早二、三百年。楚庄王之所以提拔修建期思陂有功的孙叔敖为令尹,是充分注意到水利建设在发展农业和楚国经济上的重要地位。《汉书·沟洫志》"于楚西方则通渠汉川、云梦之际;东方则通沟江、淮之间",楚国有许多成套水利工程,国内农业的迅速发展,与其修陂开渠、兴修水利是分不开的。楚郢都的城市规划也十分注重水利排灌系统。城四周有护城河,城内已发现四条与护城河和城外河流相通的古河道,并东接宽广的长湖,护城河和河道大都是人工开凿的(不少属于水渠),是经精心设计的护城排灌交通水系,与农业生产有着密切关系。《左传·襄公二十五年》"蒍掩书土田,度山林,鸠薮泽,辨京陵,表淳卤,数疆潦,规偃猪,町原防,牧隰皋,井衍沃,量入修赋,赋车籍马,赋车兵、徒兵、甲楯之数",这是据土地好坏的类别来征税赋兵的办法。其中有"井衍沃",杜预注"衍沃,平美之地。则如《周礼》制以为井田"。"衍沃"应即肥沃的水田,郢都一带的土地显然属类别最高的"衍沃",所以水渠显得特别重要。纪南城内外都有如网的水系,很大程度上,是为了农田灌溉的需要。关于"井衍沃"的"井",是指井田制,还是指凿井灌溉,学术界已有不同的说

〔1〕 黄崇岳等:《春秋时期楚国的经济发展》,《楚文化觅踪》,中州古籍出版社,1986年,第235-236页。
〔2〕 陈振裕、杨权喜:《宜都县城背溪遗址》,《中国考古学年鉴(1984年)》,1984年,文物出版社,第139页。

法，[1]也还值得研究。如前所述，郢都纪南城内有农田，同时又发现不少水井。特别是城门内外和龙桥河西段一带也都有密集的水井，[2]这些水井除一部分供生活用水外，还有供作坊用水，供冷藏使用的。[3]《庄子·天地篇》"子贡南游于楚……见一丈人方将为圃畦，凿隧而入井，抱瓮而出灌……"，反映了楚地的农业灌溉有使用井水的情况，郢都密集的水井也可能与农业灌溉有关。其中有些水井，尤其是出土农具的水井，则可能是专为农田用水而开凿的。江汉平原地下水位较高，井不必挖得很深，就可得到水，故井灌便是郢都农业灌溉较简便的方法。

关于楚地是否已使用桔槔汲水灌田的问题，《庄子·天地篇》记载子贡见楚地圃者"抱瓮而出灌"以后，还记载子贡问圃者为何不用桔槔的问题，为圃者忿然作色而笑曰："……有机事者必有机心，吾非不知，羞而不为也。"可见，楚地已有桔槔，子贡所见圃者只不过"羞而不为也"。

考古发现和文献记载，都可以证明郢都纪南城一带沟渠纵横，水井密集，对楚都农业的发展起了重要的作用。

五、郢都的农业作物

郢都一带发掘出土的农业作物遗存相当丰富，包括粮食、果品、蔬菜、调料和经济等类作物（详见表二）。

前面已提到郢都一带有许多新石器时代遗址分布，说明郢都的原始文化古老而发达。特别是大溪文化和屈家岭文化，它们的共同特点是原始农业中都以种植水稻为主。也就是说，郢都一带自新石器以来，就是重要的水稻区。郢都的农田、水利及农具的特点无不表现出与水稻的种植有关。而出土的有关粮食的资料中主要也是稻米、稻草之类，《周书》说楚之地理"其谷宜稻"。[4]在纪南城的发掘中已见到过不少关于水稻方面的资料。在陈家台铸造作坊遗址中曾发现一处存放粮食的地方，[5]出土了大量的炭化稻米。在一个夯筑台基上出现五堆稻米遗迹，最大的一堆长约350、宽约150、厚5-8厘米。稻米已炭化成黑色，堆积中杂质很少，尚能辨认为稻米，有的米粒完整。炭化米经碳14测定，年代距

〔1〕 黄崇岳等：《春秋时期楚国的经济发展》，《楚文化觅踪》，中州古籍出版社，1986年，第237-238页。
〔2〕 湖北省博物馆：《楚都纪南城的勘查与发掘》（上、下），《考古学报》1982年第3、4期。
〔3〕 参见湖北省博物馆江陵纪南城工作站：《一九七九年纪南城古井发掘简报》，《文物》1980年第10期。
〔4〕 安徽省考古学会：《楚史参考资料》第221页。
〔5〕 湖北省博物馆：《楚都纪南城的勘查与发掘》（上、下），《考古学报》1982年第3、4期。

表二 楚郢都出土的农作物及动物遗存

地 点	时 代	农作物遗存	动 物 骨 骸	资 料 出 处
纪南城南垣水门遗址	春秋晚至战国中期	桃核、杏核、李核、瓜子、菱角、莲叶、棕绳、麻鞋、竹子	牛、马、猪、狗等骨头及螺壳、蚌壳	《楚都纪南城考古资料汇编》第37、38、47页
纪南城西垣北门遗址	春秋晚至战国中期		牛骨、猪骨及其他兽骨	《考古学报》1982年第3期，第338-339页
纪南城30号台基	战国早、中期	竹子	兽骨	《楚都纪南城考古资料汇编》第58页
纪南城陈家台	战国时期	五堆炭化稻米		《考古学报》1982年第4期，第487页
纪南城龙桥河西段水井	东周	竹子、芦苇等	兽骨	《考古学报》1982年第4期，第491、493页
纪南城龙桥河Ⅰ段138号井等	战国时期	桃核	牛骨、猪牛等兽骨	《楚都纪南城考古资料汇编》第79页
纪南城龙桥河Ⅱ段82、84、89、90号水井	战国时期	桃核、稻草鞋、竹井圈、竹器	鸡骨、鱼骨等动物骨骼	《文物》1980年第10期，第43-48页
纪南城余家湾水井	战国时期	竹子	兽骨	《楚都纪南城考古资料汇编》第92、98页
望山一号墓	战国中期	小茴香、樱桃、梅的果核、竹器	鱼骨、鸡骨和猪、羊等兽骨	《文物》1966年第5期，第36页
望山二号墓	战国中期	樱桃、梅的果核，板栗、生姜、小茴香、瓜子、竹器等	骨、角器和各种兽骨	《文物》1966年第5期，第38页
雨台山楚墓	东周	麻线、麻鞋、竹器	骨器、角器	《江陵雨台山楚墓》第114-118页
马山一号楚墓	战国中期	粮食类食品、茅草、花椒籽、麻鞋、竹器等	狗骨架1、羊骨、鸡骨、雀骨	《江陵马山一号楚墓》第86、92、93页
太晖观50号楚墓	战国中期	花椒籽小半箱、麻织物、芦席、竹器	兽骨	《考古》1977年第1期，第57、58、60页
溪蛾山3号墓		植物种子(小茴香)13粒		《考古》1984年第6期，第527页

今2 410年±100年，即属于公元前460年±100年的遗物。据当地人们反映，考古发掘前，在陈家台上就曾挖出过成层的炭化米。在纪南城西北35公里处的季家湖楚城中也发掘过一个储藏粮食的窖穴，[1]呈粒状的粮食也像是稻米。稻草的遗迹，一般可见于纪南城的建筑遗迹中，在夯土层或红烧土块中都往往有稻草痕迹。保存较好的稻草实物可见于纪南城龙桥河Ⅱ段84号水井中，出土的一双鞋，是用稻草编织的。以上情况说明郢都一带种植的主要粮食作物仍是水稻。《史记·货殖列传》所载的"饭稻羹鱼"，正是郢都农业经济的基本特点。在纪南城凤凰山西汉初年的墓葬中出土了大量的农作物和其他农业考古资料，[2]其中从竹简内容可知，郢都废弃以后，纪南城一带的水稻生产更进一步发展，而167号墓出土的四束丰满的保存完整的稻穗，则是极为难得的实物见证。

其他作物的果实常见于古河道、古井的堆积内或楚墓的随葬品中。从出土的情况看，主要的果类作物有桃、苹果、杏、李、梅、樱桃、柑橘、栗子、菱角、莲子等；蔬菜有瓜、藕等；调料作物有生姜、小茴香、花椒等；经济作物有棕、麻、竹、芦苇等。

农作物是不容易保存下来的物质，出土的作物品种仅是当时品种的一部分。有些品种，如青菜，基本不会也不能保存到今天。就出土的作物品种可以看出，近现代江陵地区盛产的不少农作物，该地早在楚国当年就已经存在了。

六、郢都的农村副业

纪南城和纪南城周围楚墓出了大量的牲畜、家禽、鱼类等的骨骸和蚌、螺等外壳（见表二）。在纪南城的遗址中还出土网坠、鱼钩、纺轮，在楚墓殉葬物中有大量的竹木器、丝麻织物和弓箭等，还见到不少禽兽的形象，如鹿、鸭形豆，鹅形带钩等，生动地反映了该地饲养、蚕业、渔业、采猎、纺织、竹木加工等方面的情况。其中饲养和采猎历来就是农民的主要副业，而养蚕、捕鱼、纺织、竹木加工等，已可能成为郢都经济生活中的独立行业。但我国古代农村经济的主要特点就是自给自足，《史记》上讲的"楚越之地……不待贾而足"，《汉书》上也说"果蓏蠃蛤，食物常足"，楚郢都一带物产丰富，从事农田生产的农民，其副业的门路，显然多种多样。所以郢都的农村副业并不能排除这些经济活动。

《周书》说楚之地理"其畜宜鸟兽"。[3]据出土动物骨骸，郢都饲养的牲畜主要有猪、

---

〔1〕 湖北省博物馆：《当阳季家湖楚城遗址》，《文物》1980年第10期。
〔2〕 参阅《农业考古》1983年第1期，第97–98页。
〔3〕 安徽省考古学会：《楚史参考资料》，第221页。

羊、狗、牛、马和鹿,家禽有鸡、鸭、鹅等。饲养业除专供肉食外,牛、马等主要用于交通运输,动物粪便是最好的肥料,饲养业大大促进农业的发展。

郢都附近河、湖交错,东连云梦沼泽地带,利于捕捞与采猎。郢都的村落遗址中已见少量网坠、鱼钩之类的捕捞器具,说明渔业在郢都农村作为副业而存在。据文献记载,历代楚王都喜欢到郢都之东的云梦泽巡猎,云梦泽气候温和,动植物繁多,正是郢都农民在闲暇季节进行采猎的好地方。

楚对我国南方的开发作出过重要贡献。西周时期,楚"辟在荆山,筚路蓝缕,以处草莽";进入春秋以后,由荆山山区转向江汉平原发展,并迁都于郢。都郢以后,特别注重开垦荒地,发展农业生产,到战国时期已是经济发达的大国。《战国策·楚一》:"苏秦为赵合从,说楚威王曰:'楚,天下之强国也。……地方五千里,带甲百万,车千乘,骑万匹,粟支十年,此霸王之资也'。"楚之所以能迅速发展起来,重要原因就是利用了郢都一带优越的自然条件,并作为经济发展,特别是农业发展的根基。从"寡于积聚"[1]到"粟支十年",楚国经历了艰苦创业的道路,终于使郢都成为富足之地。郢都故地荆州之所以成为历代必争之地,是与楚的长期开发分不开的。

(原载《农业考古》1990年第2期)

---

〔1〕《史记·货殖列传》。

江汉地区出土的东周生产工具

东周时期是江汉地区社会、政治、经济、文化诸方面均发生重大变化的时期。作为社会生产力基本要素之一的生产工具,是考察古代社会经济形态和发展状况的重要依据。江汉地区发现的东周生产工具的种类、数量均较繁多。这些生产工具,不但丰富了楚文化研究的内容,而且为探讨我国古代南方经济发展提供了重要实物资料。

一、

在古代,生产工具大量而普遍地存在于社会生活中。但它不同于艺术品或礼仪用品,当时一般不会有意地珍藏而"永保用之"。它属于实用物,可又不同于实用陶瓷器,其易损残腐锈或回炉而能拼接复原的较少见。

然而,近年来在大冶铜绿山东周矿井深处、江陵几座楚墓盗洞内及东周水井中,却出土了不少保存基本完整的生产工具,这为研究东周一些生产工具的形制及其安装、使用提供了极难得的资料。

在江汉东周考古调查、发掘工作中,常可见一些工具残片,但不少因无法辨认其形状而未予报道。据粗略统计,已报道的江汉东周各类工具标本共约470件。

在报道的工具中,名称并不统一,有的也不恰当。但由于有的未附图,或图太小,描述亦较简单等原因,本文不便作统一定名。

江汉地区出土的东周工具,按质料划分有石、铜、铁、木、陶、竹、藤、角等类,包括斧、锛、钺、凿、钻、锥、锤、刀、削刀、刮刀、镬、臿、耒耜、耜、锄、铲、耙、镰、筐、篓、箕、撮、槽、斗、绳、棍棒、钩、辘轳、纺轮、陶垫、陶拍、网坠、鱼钩、杵、陶刷、砺石等不同用途的工具,它们被广泛应用于耕地、挖土、收割、除草,以及砍伐、木工、采矿、捕捞、纺织、制陶、装运和文书等各方面。

二、

出土的许多所谓生产工具,实属复合工具的一部分,即多为缺柄部分或仅锋刃部分。这些工具,因套接、安装柄把的方法不同,或柄把的长短不一,或器体厚薄大小的差异,便直接关系到器具的名称与用途,尤其集中反映在斧、锛与镬,耒、锄、钺与耒耜等种器具的金属部分,例如不少金属锋刃是多功用的,其形状有凹口形、钺形、长方形、锛斧形等种(图一,1-4)。金属锋刃可装于多种器具的刃部,起提高器具效力作用。而总的来看,当时的生产工具主要普遍用于农业与手工业两大生产部门。一般讲,基本的生产工具是较大型的农具与工具,而较大型的农具主要用于土地的掘铲,以较扁薄为佳,刃与器体无明显界线为特点;较大型的工具主要用于树木的砍劈,以较厚重为好,刃与器体间往往有较明显的界线,或两刃面间的角度大而具有楔张力为特点。凹口形锋刃,可分弧刃、弧刃圆角、弧刃尖角,三角尖刃等种,大都较为轻薄,应多为农具。有些工具的用途较广泛,如斧、锛、钺、刀、钻、锤、绳、篓等,并不能按生产部门把它们截然分开。在矿井和墓葬盗洞内所出的一些生产工具,当时用于采矿与挖洞盗墓的目的虽明确,但不一定都为专用器具。

现将江汉东周金属生产工具分成农具和工具两大类,择要综述如下:

1. 农具

恩格斯说:"农业是全部古代世界一个决定性的生产部门。"[1]古代的生产工具用于农业的为主要部分。江汉地区发现的东周农具按用途,可分成犁耕、挖掘、锄铲、收割、装运等类器具。

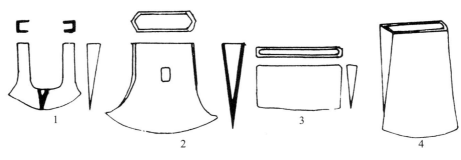

图一 金属工具锋刃

1. 凹口形(纪南城·余J2) 2. 钺形(宜城·雷M1:17) 3. 长方形(江陵·天M1:026)
4. 锛斧形(江陵·天M1盗洞内出土)

---

〔1〕〔德〕恩格斯撰,张仲实译:《家庭、私有制和国家的起源》,人民出版社,1954年。

（1）犁耕工具

耒 为直装木柄的带金属锋刃的犁耕工具。《考工记·匠人》云"耒广五寸，二耒为耦"，郑氏注"古者耒一金，两人并发……"，贾公彦疏"二耒为耦者，二人各执一耒"，古代的耒只有一金，由一人执着，用人力牵引犁耕。所谓耦耕，是两人并列各执一耒，前头也用人力牵引。《说文解字诂林》耒条"江淮南楚之间谓之臿"。耒和臿形体相似，或南方耒、臿通用。但耒用于犁耕装柄稍偏侧，便以土外翻；柄略上弯曲，便以执按。

天星观一号墓填土中出土一件"臿"可能就是耒。为凹字形铁锋刃，木质已朽，从木痕观察，木板窄长，并偏于柄侧。全长约99、锋刃长10、刃宽10厘米（图二，1）。另见到过一种凹口形锋刃，刃口呈三角尖状，似犁口，中部有隆脊，两侧外侈，应是一种较先进的耒刃（图二，3、4）。

耒耜 耜是我国最古老最典型的农具之一。最初为木质，《说文解字》释耜为："手耕曲木也"，是一种稍弯曲而带锋或分叉的耕土农具。"跖耜而耕"，指的就是一种原始的用耜的耕作方法。耒耜是耜的发展，为耜与耒的结合体。《考工记·匠人》郑氏注："今之耒，歧头两金"，说的大概是汉代耒耜。耒耜只需一人执扶，效果相当于"耦耕"。江陵纪南城水井中出土的铁刃耒耜，柄长59、柄下至铁刃端长50、全长109、铁锋刃长7、刃宽8、两木齿间距3.5厘米，柄微曲，两齿稍前倾（图二，7、8）。

（2）挖掘农具

钁 通过木板榫眼横装或曲装木柄，形体窄长，呈条形。主要有三种形式，其中又以Ⅰ式为主。

Ⅰ式 长条形，纪南城30号台·T28：1，铁质，长12.5、刃宽4.4厘米（图二，5）；鄂王城出土的一件，长14、宽5.6、厚2.7厘米（图二，11）。

Ⅱ式 宽扁形，纪南城龙桥河IJ93：5，铁质，残长7、刃宽4.6厘米（图二，13），出土于水井圈外填土中，为掘井时所遗。

Ⅲ式 器体见到木质部分，推测应用凹口形锋刃。如天星观M1盗洞内出土的一件木钁，上端凿有横装木柄的方形孔眼，器长34.8、宽7.4~9厘米（图二，14）。

臿 相当于近现代的锹，形状亦相似，但器体为木质，由整木制成方肩的锹形（图二，6），刃部套接金属锋刃。商至春秋初的铜质锋刃，口略凹而较厚实（图二，2）。东周时铜质、铁质臿锋刃，均为较规整的凹字形（图一，1）。

（3）锄铲农具

锄 横装或曲装木柄，器体为木质，套接金属锋刃，金属锋刃多为凹口形。可分大锄和小锄两种。大锄，有用锄形木板凿方孔，装横柄的孔，铜绿山出土的铁刃大锄，缺柄，板长28、锋刃长12.2、宽12.2厘米（图二,12）。小锄,多用树杈制作器体,天星观M1:025,为完整的一件小锄,木柄长46.5、铁锋刃长11、刃宽11.5厘米（图二,10）。铜绿山出土过六角形铁锄（图三,1）,时代可能偏晚。

铲　直装柄,较早的铜铲,见于随州城郊的一件,溜肩,残长12、刃宽6厘米（图三,4）。而较晚的铲未见完整器,铜绿山出土的木铲（图二,9）,装上金属锋刃,便有更高的效力。天星观M1盗洞内的一字形铁锋刃,应是一种铲口,体宽扁,平刃,高7、宽12.6厘米（图一,3）。

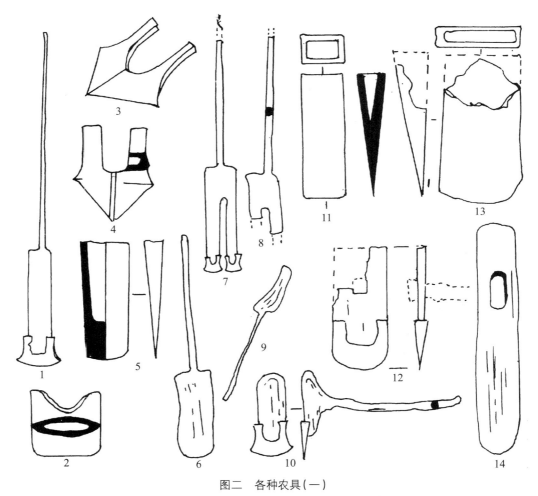

图二　各种农具（一）

1. 耜（江陵·天M1填土内）　2. 铜臿刃（大悟丰店龙潭）　3. 铁耜刃（江陵·天M1:08）
4. 铁耒刃（大悟·吕王城 水井）　5. Ⅰ式铁镢（纪南城·30 T28:1）　6. 木臿（铜绿山）
7. 耒耜（纪南城·龙Ⅱ J82:35）　8. 耒耜（纪南城·龙Ⅱ J89:14）　9. 木铲（铜绿山）
10. 铁小锄（江陵·天M1:025）　11. Ⅰ式铁镢（鄂王城）　12. 铁大锄（铜绿山）
13. Ⅱ式铁镢（纪南城·龙Ⅰ J93:5）　14. 木镢（江陵·天M1:031）

（4）收割农具

镰刀　春秋时期的镰刀见于襄阳山湾两件,铜质,均带笤銎。M2：10,镰体长11.5、笤长9.2厘米（图三,5、6）;战国铜镰见于雨台山403号墓,带齿,安柄处有凸起,长11.2、宽2.7厘米（图三,7）。战国铁镰,较薄,大都锈蚀严重。纪南城南垣水门遗址出土的两件,其中一件,弯背,有栏,残长19.4、宽2.3~4.5厘米（图三,2、3）。

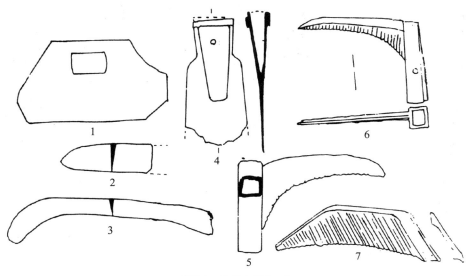

图三　各种农具（二）

1. 六角形铁锄（铜绿山）　2. 铁镰（纪南城·南T10③：40）　3. 铁镰（纪南城·南0：41）　4. 铜铲（随州城郊）　5. 铜镰（襄阳·山M2：10）　6. 铜镰（襄阳·山M11：6）　7. 铜镰（江陵·雨M403：20）

2. 工具

工具主要用于砍伐、木工、竹工、缝纫、雕刻和竹简修刮等方面,许多都属于工、农两用的器具。其中主要有斧、锛、楔、凿、钻、锥、针、锤、刀、削刀、刮刀等种。

斧　形式较多,有横装、曲装和直装柄把的。用途也较复杂。

Ⅰ式　长条形。蔡坡M4：31,铜质方銎。长9.5、宽4、厚2.7厘米（图四,1）。大悟吕王城T2②：6,铁质,长12.8、刃宽5.8厘米（图四,3）。

Ⅱ式　上窄下宽形。后坪M3：5,铜质,长9厘米（图四,4）。铜绿山出土的一种铜斧,也多属上窄下宽形,但器体较扁薄,多直装木柄,柄长70~80厘米（图四,8、9）。有的形体特别大,重16.25千克,这种斧应专用于采矿。

Ⅲ式　钺形。纪南城30号台T59③：23,铁质,弧刃,两角尖锐,并上翘,刃部宽8.5厘米（图四,6）。天星观M1盗洞内·023,长8.7、刃宽4.5厘米（图四,7）。

Ⅳ式　斜刃形。官庄坪T4②：25,铜质,双面斜刃,长15.4厘米（图四,2）。

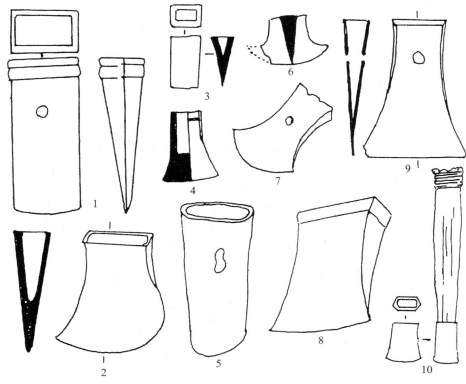

图四 各种工具（一）

1. Ⅰ式铜斧（襄阳·蔡M4：31） 2. Ⅳ式铜斧（秭归·官T4②：25） 3. Ⅰ式铁斧（大悟·吕T2②：6）
4. Ⅱ式铜斧（宜昌·后M3：5） 5. Ⅱ式铜楔（铜绿山） 6. Ⅲ式铁斧（纪南城·30T59③：23）
7. Ⅲ式铁斧（汇陵·天M1：023） 8. 小铜斧（铜绿山） 9. 大铜斧（铜绿山） 10. Ⅰ式铁楔（铜绿山）

　　锛　多为单面平刃，横装或曲装短柄。天星观M1盗洞内出土的一件铁锛，用榫眼套接短柄，为直向，用于劈砍（图五，3）。望山M1工具箱内的一件铜锛和马山砖瓦厂M2盗洞内的铁锛，为横向，曲装，用于镢砍（图五，2、4）。锛，主要用于木料的砍平，也可以用于挖掘洞穴，是一种工、农通用的生产工具。

　　Ⅰ式　长条形。山湾0：15，铜质，长9.4、刃宽3.9厘米（图五，1）。

　　Ⅱ式　长方形。天星观M1盗洞内·014，长11、宽5厘米（图一，4）。

　　楔　为一种用锤击法起开裂作用的楔具。可分两式。

　　Ⅰ式　略呈长方形，主要起锋刃的作用，装粗实的楔形柄。铜绿山出土的一种铁楔，长11、刃宽8厘米。柄全长47、其中入銎内7厘米。柄上端有四道箍箍，并有捶击翻卷的痕迹（图四，10）。

　　Ⅱ式　凿形。铜绿山出土的3件，铜质，状如猪舌，全长7-9.2厘米，銎断面呈椭圆形，弧刃（图四，5）。

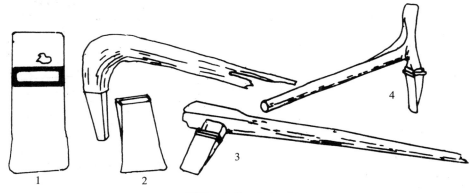

图五 各种工具（二）

1.Ⅰ式锛（铜质,襄阳·山0：15） 2.铜锛（江陵·望M1出土） 3.铁锛（江陵·天M1：012）
4.铁锛（江陵·马M2盗洞内出土）

凿 有条形、扁形和束腰形等种,大小不一,用于凿榫眼。铜绿山的扁凿,长13.3、刃宽3.4厘米（图六,1）;纪南城南垣水门的铁凿,较厚,刃较宽,长10厘米（图六,2）;蔡坡M4有条形和束腰形铜凿（图六,3、4）。

钻 铜绿山出土过四棱形铁钻（图六,6）。

锥 所发现的锥都是锥、柄为一整体的。山湾和蔡坡出土的铜锥,柄把呈葫芦形。山湾M9：3,长7.7厘米（图七,3）;纪南城余家湾J2的铁锥,有圈形握把,残长7厘米;太晖观M21：32,铁质,顶端卷成小孔,长23厘米（图七,1、4）。

针 包山M2：482为钢针,残长8.18厘米。

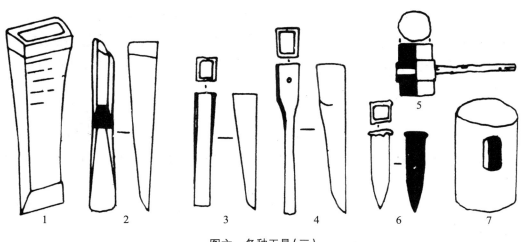

图六 各种工具（三）

1.铜扁凿（铜绿山出土） 2.铁凿（纪南城·南T10：46） 3.条形铜凿（襄阳·蔡M4：34） 4.束腰形铜凿（襄阳·蔡M4：33） 5.铁大锤（铜绿山出土） 6.铁钻（铜绿山出土） 7.铁小锤（铜绿山出土）

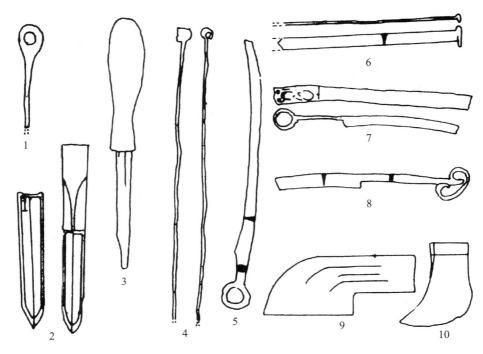

图七　各种工具（四）

1.铁锥（纪南城・余J2出土）　2.铜刮刀（江陵・望M1出土）　3.铜锥（襄阳・山M9：3）　4.铁锥（江陵・太M21：32）　5.Ⅰ式刀（铁质・鄂王城出土削刀）　6.Ⅱ式刀（铁质・纪南城・余J2出土）　7.铜削刀及漆鞘（江陵・望M1出土）　8.铜削刀（纪南城・南T6③：50）　9.Ⅲ式刀（铜质・宜昌・朱T1③：13）　10.Ⅳ式刀（铜质，江陵・拍M25出土）

　　锤　铜绿山出土有铁锤和木槌，天星观M1盗洞内出土有木槌。铜绿山出土的铁锤呈圆柱形，锤中部横腰有一带状凸起，中穿长方銎。其中一件大锤长13.7、最大直径10、木柄长64厘米，重6千克（图六，5）；小锤长7.8、径5-5.5厘米，重约1千克（图六，7）。木槌，有圆柱形、长方形等种，柄有横装的和利用树干做槌体、树枝做柄的，还有圆木一端削出柄的。

　　刀　可分四式：

　　Ⅰ式　鄂王城出土的一件铁刀，细长形，圆首，弧背，全长77厘米（图七，5）。

　　Ⅱ式　纪南城余家湾二号水井出土的铁刀，条形，首端仅见凸棱，残长16.5厘米（图七，6）。

　　Ⅲ式　较常见。宜昌朱家台T1③：13，铜质，弧背平刃，直柄，柄与背间平直，柄与刃面呈折角形，全长9.6、刀宽3.9厘米（图七，9）；秭归官庄坪出土过这种刀的石范。

　　Ⅳ式　靴形刀。江陵拍马山M25出土的一件，铜质，全长7厘米（图七，10）。汉阳熊家岭M1出土的一件，与戈的柄端套接，使戈具有切割的功用。

削刀　为最常见的一种小型工具,无论在遗址还是在楚墓中都常见到。望山M1出土的铜削,配有精致的漆鞘(图七,7);纪南城南垣水门T6③:50,铁质,全长18.5厘米(图七,8)。

刮刀　或称夹刻刀,尖状,一面里凹成弧形。望山M1工具箱内有2件,铸有"王"字,带木把,通长29.6、刀长17.6、宽2.7米(图七,2)。

三、

在三峡地区的秭归官庄坪、柳林溪和宜昌朱家台等东周峡区的一般村落遗址中都发现有较多的石质工具,主要有石斧、石锛、石凿和大型刮削器等。在距楚郢都纪南城不远的荆门胡家岗、铁匠湾等东周遗址中也有类似的发现,但数量较少。江汉地区在东周时代已进入了铁器时代,在上述一些遗址中也都有铜器或铁器的发现,但铜、铁器并没有完全排斥石工具的继续沿用。这些石器主要为较大型的斧类石器,基本不见精巧的小型石器。可见,当时存在的石器主要用于生产活动之中。

另一方面,在江汉调查、发掘较多的东周城址中,石器则基本消失。例如在发掘面积最大的纪南城遗址中,仅在南垣水门遗址内出土过一件石凿,相反铁工具则大量出现。这与当时一般的村落遗址形成鲜明对照,证明东周时期江汉地区的生产发展并不平衡。

Ⅳ式斧和Ⅳ式刀,是大小不同而形制近似的一种器物。这种器物为我国南方青铜文化的典型器物之一。有称之为"不对称形铜钺""足形斧""靴形斧""斜斧"[1]"靴形器""靴形刀"等。在鄂西,特别在三峡地区有较多的发现,说明这一带的东周居民与当时我国西南方民族关系较密切。

一般认为,楚、吴地区是我国最早使用铁器的地区,在春战之交以后,铁器已被广泛应用于生产与生活之中。可在江汉地区发掘的战国墓葬中,所随葬的礼器、兵器、车马器等基本为青铜制作。例如江陵楚墓和曾侯乙墓出土的大量兵器,全部为铜质,而未见一件铁质。这说明青铜器还大量存在于当时人们生活的许多方面和战争中。而在遗址中发现的生产工具,情况则不相同。例如:

(1)大冶铜绿山12线老窿的春秋矿井内,所出采矿工具基本为铜质,而24线老窿的战国矿井内所出采矿工具则基本为铁质。

---

〔1〕 汪宁生:《试论不对称形铜钺》,《考古》1985年第5期。

（2）江陵天星观M1和马砖M2的战国盗洞内出土的金属工具都为铁质。

（3）纪南城龙桥河西段93号水井（井圈木经碳14测定年代为公元前415年）外壁出铁斧一件，说明此铁斧的时代在掘此井之前，约在战国早期。[1]

（4）纪南城西垣北门第三层，南垣水门第三、四层，30号台第三、四层，都普遍发现较多的铁工具，而铜工具只见削刀和刮刀等小型工具。特别是第四层出土的铁工具，时代都属战国早期。[2]

上述情况充分证明，进入战国以后，在农业和手工业的生产活动中，铁器已取代了铜器的地位。《孟子·滕文公》记载孟子与楚国农家许行的弟子陈相的一段对话中谈到用铁耕，"（孟子）曰'许子以釜甑爨，以铁耕乎？'（陈相）曰：'然'。'自为之与？'，曰：'否，以粟易之'"。这记载亦说明战国时期已普遍使用铁农具，与铁生产工具的出土情况相吻合。

据统计，[3]在湖南长沙、常德的春秋晚期楚墓中出土的铁工具共4件，其中小型的刮刀3件、凹字形锄1件（出土于墓的填土中）。据此推测铁生产工具代替铜生产工具应从春秋晚期开始。

在古代，生产工具被当作主要的随葬器物之一。早在新石器时代就有随葬石器、纺轮的情况。在商代，生产工具是随葬青铜器的主要组成部分。例如在黄陂盘龙城李家嘴二号商代墓中，所随葬的青铜器，除容器外，还有生产工具和兵器两类，其中生产工具有斤、锛、刀、钺、锛、锯、凿等种，而兵器只有戈、矛、镞三种。[4]铜生产工具在墓葬全部随葬品中地位突出，显然生产工具是商贵族随葬的基本器物之一；在商代的工艺品中也有许多生产工具的形状，例如在安阳殷墟妇好墓出土的玉器中，有斧、锛、钺、凿、铲、刀、镰等形状；[5]早期货币，如"钱布""铲布"等，也为生产工具的样式；商以后至两汉时期，在墓葬所见人物形象中，往往手持生产工具。这些充分说明生产工具在古代人们心目中的重要地位，反映了生产工具在古代所起的巨大作用。

商代以来在墓中随葬大量铜生产工具的情况，一直沿袭至战国早期。襄阳蔡坡M4和山湾M2，都出土了较多的铜生产工具，[6]其中战国早期的蔡坡M4中有铜斧3、钺3、锛1、凿2、刮刀1、锥4。在战国墓中，也常可以见到铜质或铁质的削刀或锛、斤，但数量和品种均明显减少。望山M1出土的铜生产工具则置于工具箱内，其地位显然已下降。

〔1〕湖北省博物馆：《楚都纪南城考古资料汇编》，1980年。
〔2〕湖北省博物馆：《楚都纪南城考古资料汇编》，1980年。
〔3〕黄展岳：《试论楚国铁器》，《湖南考古辑刊（第二集）》，岳麓书社，1984年。
〔4〕湖北省博物馆：《盘龙城商代二里岗期的青铜器》，《文物》1976年第2期。
〔5〕中国社会科学院考古研究所编：《新中国的考古发现与研究》文物出版社，1984年，第326-327页。
〔6〕湖北省博物馆：《襄阳蔡坡战国墓发掘报告》，《江汉考古》1985年第1期；湖北省博物馆：《襄阳山湾东周墓葬发掘报告》，《江汉考古》1983年第2期。

战国中期以后，墓中放置生产工具的情况趋于消失，所见到的工具为削刀、刮刀之类的小型工具了。

在墓中放置的生产工具，开始应多为实用器具，后来逐渐演变成一种与礼器相关的器具，例如新石器时代墓中的锛、斧之类石器，当为实用的生产工具。而商周墓中的青铜工具则多属礼器。襄阳山湾M2的铜斧，銎端有纹饰和系耳，应为礼仪用具，或具有明器性质的用品。前面所讲，战国时期铜质生产工具的地位已被铁质生产工具所取代，但在这个时代的墓内见到的生产工具往往为铜质，特别是大型铜质生产工具，这恐怕是专为死者入葬而制作的，也具有明器的性质。这应与传统、保守的习俗相联系，也应与青铜熔点较低而较易制造和不易锈蚀而能长期保持美观有关。铜工具存在于战国墓中，并不能反映当时它在社会生产活动中的主要地位。

《汉书·地理志》云："楚有江汉川泽山林之饶，江南地广，或火耕水耨，民食鱼稻，以渔猎山伐为业。果蓏蠃蛤，食物常足。故呰窳偷生，而亡积聚，饮食还给，不忧冻饿，亦亡千金之家。"该记载反映了东周时期江汉一带人们经济生活的基本概况。江汉地区地广人稀，物产丰富，不需积聚而"不忧冻饿"，用较落后的传统生产方式，亦"食物常足"。所谓传统的生产方式，包括沿用自新石器时代以来使用的石质生产工具，原始的或较原始的采集、"渔猎山伐"和"火耕水耨"等等。这些较落后的生产方式，大概在楚国统一以前的江汉地区是普遍存在的，在楚国统一江汉以后也不可能在这个地区骤然消失，特别是汉水以西一带。

江汉地区是发达的楚文化发祥地，是否存在"火耕水耨"之类的较落后的生产方式？从出土较多的石器和只见人力牵引的耒耜，而不见牛耕的犁铧等情况观察，"火耕水耨"的情况当予肯定。未见犁铧的情况说明，即使出现了牛耕，也未必普及。江汉平原田园辽阔，不用牛耕而进行普遍深翻并非易事。《史记·平准书》集解："烧草，下水种稻，草与稻并生，高七八寸，因悉芟去，复下水灌之草死，独稻长，所谓火耕水耨也"。"火耕水耨"与"刀耕火种"一样，都是不进行全面深翻土壤的耕作方式。"火耕水耨"，只有稻田才能实行，除用火烧以外，还用水灌泡。这种方法，不但可以除去一部分杂草，而且可以起到施肥、松土的作用。江汉平原湖区，耕地含腐殖质较多，水土保持良好，土质本来就肥沃、松软，用"火耕水耨"耕作于稻田，自然可获得较好的收成。这种耕作方法，排灌设施很重要，所以楚国十分重视陂渠建设。

自三代以来，江汉地区的经济发展长期处于停滞和畸形发展的状态。商至西周时期，汉水之东地区成为商、周王朝的"南土"，此地丰富的物产资源，如铜矿等，由中央王朝严密控制而被重点开发利用，因而压抑了地方经济的全面发展，导致了该地经济发展的极不平衡性。而汉水之西，由于江湖山岭相隔，自然条件较为复杂，多种经济形态并存的情况长期延续,为商、西周时期一处既具有悠久开发史而又相对封闭的地区。如前所述,不少较原始的生产方式便一直沿袭至东周,经济停滞的状态则是不言而喻的。西周末春秋初,楚国在汉西蓬勃兴起,并逐渐统一了江汉。楚国的统一,结束了江汉地区诸侯林立和政治上受中原控制的局面。在较为安定的环境中,在中国古代文明发祥地之一的沃土上,出现了江汉历史上的一次经济大变革。铁工具首先在楚地的广泛应用则并非偶然的事。至战国中期,江汉地区的经济已相当发达,已从"寡于积聚"[1]发展到了"粟支十年"。[2]江汉的中心——荆州,自那以后便成为历代必争的富足区域。

（原载《考古与文物》1993年第4期）

---

〔1〕《史记·货殖列传》。
〔2〕《战国策·楚一》所载苏秦说楚威王的话中,提到楚国可"粟支十年"。

试论楚国铁器的使用和发展

一

古代生产工具的重大变化,标志着古代人类社会的根本变革。从使用旧石器、新石器到使用青铜器,再到使用铁器的不断变化,反映了我国古代社会性质的不断转变。在青铜时代末期,由于铁器的开始使用和发展,"器用便利,则用力少得功多""其功相什而倍",[1]我国当时社会生产力得到迅速提高,社会经济得到飞跃发展,最终导致我国古代奴隶制社会向封建制社会过渡。对我国古代铁器的研究探讨,在历史学和考古学上都是一个重要课题。目前的考古发现表明,东周时期的楚国范围是我国古代铁器出土的重要区域,特别是目前见到的我国早期铁器大部分集中出土于楚国当时统治范围内,因此对楚国铁器的深入研究显然具有重要意义。

1976年黄展岳先生在《关于中国开始冶铁和使用铁器的问题》[2]一文中,针对中国殷代或西周时期已经冶铁和使用铁器的看法,引录了我国古代文献或金文有关铁的记载,黄先生经分析,否认了一部分记载,并认为古籍和金文材料很难说明殷代至春秋早期人们已知冶铁用铁。其实在战国至秦汉的古籍中有关铁的记载,主要讲的并非商周时期的事而是春秋战国时期的情况。例如《管子·地数篇》"凡天下……出铁之山三千六百有九";《国语·齐语》"管子对曰:'……美金以铸剑戟,试诸狗马;恶金以铸钼夷斤劚,试诸壤土'";《管子·小匡》"美金以铸戈剑矛戟,试诸狗马……恶金以铸斤斧钼夷锯劚,试诸木土",反映了春秋战国时期产铁用铁的一些情况。关于管子所讲的"恶金",韦注:"恶,粗也",从楚地出土的戈、剑、矛、戟多为铜质,工具特别是农具(如凹口锋刃)多为铁质;

---

〔1〕《盐铁论·水旱》。
〔2〕 黄展岳:《关于中国开始冶铁和使用铁器的问题》,《文物》1976年第8期。

出土的铜兵器和铁工具质地差别不大等情况观察,"恶金"当指铁,而不一定指所谓的"劣铜"。春秋战国时期是我国社会大变革时期,各地的发展并不平衡。楚国是当时南方的强国,具有优越的自然环境及雄厚的经济基础和先进的科学技术,为铁器的冶炼、使用和发展创造了良好条件。研究楚国铁业铁器方面的问题,不但考古资料丰富,而且文献资料也相当多,例如《孟子·滕文公》有关于楚国"铁耕"方面的记载;《史记·范雎蔡泽列传》有秦昭王闻"楚之铁剑利而倡优拙"的记载;《荀子·议兵》和《史记·货殖列传》有楚宛地铁业情况的记载。这些文献记载,都与楚国铁遗存的考古发现相吻合。

铁质具有坚韧性,特别是用柔化铁制成的生产工具,功效倍增。我国用铁的历史可上溯至商代。据传1931年在安阳小屯出土的商代铜兵器中含有少量铁;[1] 1972年河北藁城台西村和1977年北京平谷刘家河出土的商代铜钺刃部有铁质,但这些铁并非人工冶炼的铁,而是自然的陨铁。陨铁不可能得到广泛应用。[2] 这里所讲的"铁"是人工冶炼的铁。

20世纪70年代统计,我国出土的早期铁器仅10件左右,[3] 并且都集中在楚国;80年代统计,我国早期铁器又增加了4件,其中3件出于楚国。[4] 以上楚国早期铁器,都为春秋晚期楚墓出土,时代均偏晚。随着各种楚文化遗址的陆续发掘,不但使楚国早期铁器的数量从10余件,增加到40余件,而且使楚国早期铁器的年代上限追溯到了春秋中期,为楚国早期铁器的研究和楚国铁器发展的研究提供了不少新资料。

二

出土的楚国早期铁器,即春秋铁器可分为容器、生产工具、兵器和其他四类。

1. 容器鼎形器1件。出于湖南长沙杨家山65号小型楚墓中。器形较小,竖耳,敞口,口沿下有一道凸弦纹,收腹,平底,三蹄足很短小。残高6.9、足高1.2厘米。取样作金相检测为白口铸铁。时代定为春秋末年,是目前所见楚国最早的一件铁容器,也是目前唯一的楚国春秋铁容器。

2. 生产工具发现了近40件。分凹口锋刃、铲、刀、削、刮刀和锥六种。

凹口锋刃20余件。形式清楚的有13件,分四式。

---

〔1〕 梅原末治:《中国青铜器时代考》,胡厚宣译本,商务印书馆,1936年,第49—50页。
〔2〕 河北省博物馆等:《河北藁城台西村的商代遗址》,《考古》1973年第5期,第266—270页;北京市文物管理处:《北京市平谷县发现商代墓葬》,《文物》1977年第11期,第3页。
〔3〕 黄展岳:《关于中国开始冶铁和使用铁器的问题》,《文物》1976年第8期。
〔4〕 黄展岳:《试论楚国铁器》,《湖南考古辑刊(第二集)》岳麓书社,1984年。

Ⅰ式：7件。上部凹口较方正,銎槽倾斜,侧部横剖面呈半梯形,宽弧刃,两侧倾斜,刃两端略外侈,弧角。99·宜·上T12⑤：1,保存完整。刃面扁薄,上部銎槽较浅,侧面下部略外弧。通高9.4、刃宽10.7厘米(图一,1)。99·宜·上T13④：2,略残。刃两端微外侈,弧角。通高10、刃宽11厘米(图一,2)。81·秭·柳T3③：3,保存完整。刃面较窄。通高9.1、刃宽9厘米。

Ⅱ式：4件。上部凹口略呈半椭圆形。銎槽倾斜,两侧面呈斜形,宽弧刃,两端外侈,有角锋。73·江陵·纪·南垣水门T6④：42,稍残。凹口呈弧状,刃两端外侈,呈角形。通高10、刃宽13厘米(图一,3)。51长沙·识·M314的一件,一面刃,两端刃向外伸出。通高9.4、刃宽9.3厘米(图一,4)。

Ⅲ式：1件。未见完整器。銎槽方正。两侧面较平,下部外弧。刃两端外侈上弯。99·宜·上T13⑬：3,仅剩半边。凹口下部弧角,刃端上翘。通高9.3、残刃宽5.5厘米(图一,5)。

Ⅳ式：1件。整器较矮。弧刃,两侧平,两端刃不外侈。99·宜·上T13⑬：2,稍残。凹口近长方形。刃面较窄。通高7.9、刃宽9.6厘米(图一,6)。

另还有新出土的3件凹口锋刃残片。99·宜·上T4⑤：9,侧部銎槽较宽。T11④：5,仅存刃部,两侧和凹口均锈蚀,弧刃,刃部銎槽较深。残高7.5、残宽8.4厘米。99·宜·上T11④：16,侧部銎槽较窄。

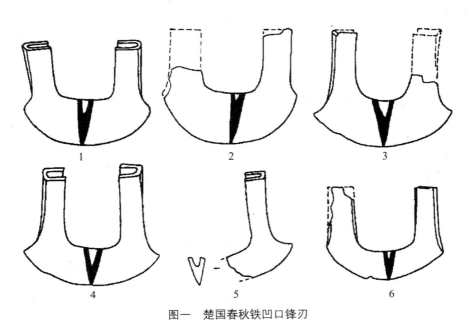

图一 楚国春秋铁凹口锋刃

1. Ⅰ式(上·T12⑤：1) 2. Ⅰ式(上·T13④：2) 3. Ⅱ式(南垣水门·T6④：42)
4. Ⅱ式(51·长沙·识M314出土) 5. Ⅲ式(上·T13：3) 6. Ⅳ式(上·T13：2)

刀3件。宜昌上磨垴遗址第⑤层出土1件,第④层出土2件。三件形制基本相同,为宽扁形,较长,略弯曲。99·宜·上T4⑤:4,为锋端残件。略弧背,背面倾斜。横剖面呈三角形,背部较厚。残长9.4、宽3.6、背厚0.55厘米(图二,1)。99·宜·上T11④:3,首端残。弧背,背面平。刃较平,前锋弧状,略弯曲。残长16.4、宽2.5-4、背厚0.4厘米(图二,6)。

削4件。全部出土于上磨垴第④、⑤层。四件均不完整。削身为窄长形。99·宜·上T22⑤:3,背、刃前锋均平直。横剖面呈三角形。残长7.2、宽0.95厘米(图二,2)。99·宜·上T11④:14,背、刃均略向上弯曲,前锋较尖。残长9.7、宽1.4厘米(图二,3)。99·宜·上T11④:2,两端残。背、刃平,首端圆柱形。残长11.3、宽1.1厘米(图二,10)。

刮刀3件。呈竹叶状,前锋尖锐,两侧均有刃。76·长沙·杨M65的一件,横剖面呈弧形,出土时刀背残存鞘痕。长17.5厘米(图三,2)。52·长沙·龙M826的一件,柄上有纺织物缠裹的痕迹,长19.3厘米。

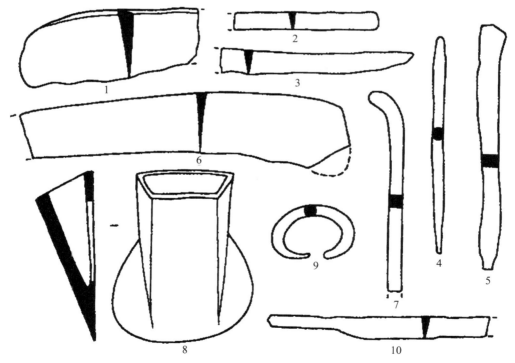

图二 楚国春秋铁器

1. 刀(上·T4⑤:4) 2. 削(上·T22⑤:3) 3. 削(上·T11④:14) 4. 锥(上·T10④:3)
5. 锥(上·T10④:20) 6. 刀(上·T11④:3) 7. 铁条(上·T12④:7) 8. 铲(上·T11⑤:6)
9. 铁圈(上·T16:1) 10. 削(上·T11④:2)

铲1件。99·宜·上T11⑤：6，梯形锛状直銎。銎在铲正面上，銎深至刃部。铲斜肩。弧刃。长8.8、宽7.1厘米（图二，8）。

锥2件。99·宜·上T10④：20，锥端残。柄端横剖面呈方形。残长12.9厘米（图二，5）。99·宜·上T10④：3，圆柱形，两端均呈尖状。长11.4厘米（图二，4）。

3. 兵器3件。有剑和镞铤两种。

剑2件。剑身都较短。79·淅川·下寺M10：33，为近似匕首的短剑。剑身属铁质，呈柳叶状，前锋圆钝。柄茎为青白色玉，无格，有彘和首，饰窃曲纹和云纹。通长22、铁剑身长12、宽2.2厘米。76·长沙·杨M65的一件，剑身较长。镡为铜质，余为碳钢。茎作圆柱形，剑脊部微隆起，但无明显隆脊。通长38.4、茎长7.8、剑身宽2—2.6厘米（图三，1）。剑身断面有反复锻打的层次，金相鉴定为含有球状碳化物的碳钢。基体晶粒平均直径约0.003毫米，是含碳0.5%左右的中碳钢，当为锻造加工退火得到的钢，是目前发现的楚国最早的一把钢剑。

镞铤1件。99·宜·上T11④：1，铜镞上的铤为铁质。铜镞为三棱形。铁铤断面为圆形。铜镞长3、铁铤长2.8厘米（图三，3）。

4. 其他3件。有铁丸、铁条和铁圈。这些铁器体细长，横剖面有圆形、方形之分（图二，7、9）。

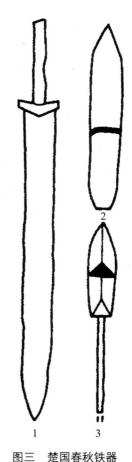

图三　楚国春秋铁器

1. 剑（76·长沙·杨M65出土）　2. 刮刀（76·长沙·杨M65出土）　3. 铁铤铜镞（99·宜·上·T11④：1）

三

出土的楚国春秋铁器虽有四类，但数量有限，而且器形也不多。其中最为常见、数量最多的是生产工具中的凹口锋刃。这种器物除长沙识字岭314号墓的一件出于墓坑填土中[1]之外，其余均出于遗址地层堆积中，说明它是不作随葬品的一种实用器物。它装于木质工具（例如铜绿山矿冶遗址矿井中就出土大量的木工具）的刃部，起锋刃作用。在考古

---

〔1〕 中国科学院考古研究所：《长沙发掘报告》，科学出版社，1957年，第66页。

发掘中，木质部分一般腐朽无存而多被称为铁臿。1974年铜绿山24线老窿（Ⅰ号矿体采矿遗址）出土的一件铁凹口锋刃被装成锄；[1]1979年纪南城龙桥河82号水井出土的两件被合装成耒耜。[2]可见铁凹口锋刃有多种功用，不但可装成臿（或铲），而且可装成锄，还可双装成耒耜。臿（或铲）、锄、耒耜都属于耕地掘土的农具。墓葬填土中出土的"臿"，应是掘墓坑时所遗弃的。

铁凹口锋刃，不但出土数量和形式较多，而且时代上限也较早。铁凹口锋刃一般不作为随葬品置于墓中，因此数量更多、时代较早的铁凹口锋刃较难在楚墓发掘中得到。实际上铁凹口锋刃较普遍存在于楚文化遗址中，江陵纪南城、宜昌上磨垴和小溪口、秭归柳林溪、巴东茅寨子湾等遗址中都出土过时代较早的铁凹口锋刃。早在1973年和1981年纪南城垣水门遗址第四层、[3]柳林溪遗址第三层[4]就出土过春秋时期的铁凹口锋刃。由于出土数量不多，器形简单而没有引起学术界的注意。1999年在上磨垴周代遗址的发掘中，[5]出土了较多的铁凹口锋刃，可将铁凹口锋刃的时代上限最迟溯至春秋中期。上磨垴遗址是一处文化堆积单纯的商周遗址。最晚的文化层时代为春秋晚期，整个遗址不见战国和晚于战国的文化遗存。第5层为时代较早的文化层，该层出土的7件铁器中，有4件为凹口锋刃。据此层出土的陶器，如鼎、鬲、甗、盆、豆、盂、长颈罐和鼓肩小底罐、喇叭形器座等，判定第5层年代为西周晚期至春秋中期，而所出凹口锋刃等铁器年代以该层年代下限暂断为春秋中期（也可能更早）。1981年柳林溪第三层出土的铁凹口锋刃的年代，据共存的春秋早中期的陶器鬲、盂、豆、罐，判断最晚为春秋中期也是没有问题的。

铁凹口锋刃的形制宽而扁，尺寸不大，上部有槽形銎和凹口，用铁量不多，铸造较简单。具有早期铁器的特点。宽扁的形制可能与南方特征性器物钺类工具有关。凹口处是纳木柄的槽形銎，应是铜工具的直銎演变而来。较早的铁凹口锋刃有Ⅰ式和Ⅱ式。长沙识字岭314号墓出土的Ⅱ式铁凹口锋刃经金相鉴定为可锻铸铁。[6]Ⅰ式、Ⅱ式铁凹口锋刃的特点是侧面斜形，銎槽上部一侧横剖面为半梯形，刃两端外侈不明显，弧刃宽度为10厘米左右（大多小于10厘米）。它与春秋时期的铜凹口锋刃不同。铜凹口锋刃较少见，当阳前进村采集过一件春秋时期的铜凹口锋刃，[7]此器较厚长，可能属斧的锋刃。六合程桥2

---

〔1〕 铜绿山考古发掘队：《湖北铜绿山春秋战国古矿井遗址发掘简报》，《文物》1975年第2期；黄石市博物馆：《铜绿山古矿冶遗址》，文物出版社，1999年，第130—131页。
〔2〕 湖北省博物馆江陵纪南城工作站：《一九七九年纪南城古井发掘简报》，《文物》1980年第10期。
〔3〕 湖北省博物馆：《楚都纪南城的勘查与发掘》（上）、（下），《考古学报》1982年第3、4期。
〔4〕 湖北省博物馆江陵考古工作站：《一九八一年湖北省秭归县柳林溪遗址的发掘》，《考古与文物》1986年第6期。
〔5〕 湖北省文物考古研究所：《湖北宜昌县上磨垴周代遗址的发掘》，《考古》2000年第8期。
〔6〕 高至喜主编：《楚文物图典》，湖北教育出版社，2000年，第215页。
〔7〕 高至喜主编：《楚文物图典》，湖北教育出版社，2000年，彩版二四，2。

号墓[1]出土的一件春秋晚期铜凹口锋刃，其器形与IV式铁凹口锋刃接近，可能为锄的锋刃。I式、II式铁凹口锋刃，即目前见到的春秋较早的铁凹口锋刃，可能都为耜的锋刃。耜就是装了凹口锋刃的耒，《淮南子·主术训》有"蹠耒而耕"，《史记·货殖列传》《汉书·地理志》等书说楚地"火耕而水耨"，楚国不用牛耕。耜是楚国，也是我国春秋战国时期稻作农业区的基本农具，铁耜最迟从春秋中期开始使用，它是楚国最早普遍使用的主要铁农具。

另在上磨垴遗址第五层中还出土了一件时代定为春秋中期的直銎铁铲（简报[2]称作锛，应更正），形制作风近似春秋铜铲。它比随州旭光砖瓦厂墓中出土春秋早期的长形铜铲[3]短扁，比六合程桥2号墓出土的春秋晚期铜铲[4]窄小，其銎状直銎具有特点，它的功用大体与耜相近，也是一种实用的农具。这种铁铲虽出现较早，但在楚文化遗址中仅见，它后来并没有在楚国得到广泛使用。

一般认为铁凹口锋刃（"凹字形铁耜"）和铁铲均"从战国开始沿用到六朝"（见《考古》1976年第8期，第49页），而楚国早在春秋中期就开始出现这两种铁农具。这也有力地证明楚国是最早开始使用铁农具凹口锋刃和铲的地区。

春秋晚期楚墓随葬品中有铁剑和铁刮刀。上磨垴出土的春秋铁器中有刀、削、锥，其中属春秋中期的有刀、削各一件。这些铁利器器形不大，小巧玲珑。铁刀和铁削刀，器形简单，为长扁形，锋刃明显锋利，是日用利器。作随葬品的铁剑，用铜或玉作装饰，制作相当精致。杨家山65号墓出土的属于钢剑。[5]铁经反复锻打而成钢，质地变硬，具有较强的抗锈蚀性，精制成短兵器，既锋利美观，又便于随身携带。杨家山65号墓出土的铁刮刀也是随葬品，其背部残存鞘痕，说明刮刀也是一种精致的随身利器。

出土的楚国早期铁利器，表明春秋时期楚国已将铁器的应用从农业开始扩展到了军事和手工业方面，但数量有限，器体尺寸均较小；在精工制作随身铁利器的过程中，逐渐掌握了锻钢技术和铁的柔化技术。这为铁器的进一步发展和广泛应用创造了必备条件。

进入战国之后，楚国铁器的冶炼和使用情况发生了根本性变化，主要反映在如下几个方面。

1. 大型铁器的出现

铁容器、铁工具和铁兵器的形体大小都出现了重大变化，变大或变长，明显提高了器物功效。（1）纪南城龙桥河II段84号水井出土了腹径47.2厘米的大型铁釜和重14.4千克

〔1〕 南京博物院：《江苏六合程桥二号东周墓》，《考古》1974年第2期。
〔2〕 湖北省文物考古研究所：《湖北宜昌县上磨垴周代遗址的发掘》，《考古》2000年第8期。
〔3〕 左得田：《随州旭光砖瓦厂出土青铜器》，《江汉考古》1985年第1期。
〔4〕 南京博物院：《江苏六合程桥二号东周墓》，《考古》1974年第2期。
〔5〕 长沙铁路车站建设工程文物发掘队：《长沙新发现春秋晚期的钢剑和铁器》，《文物》1978年第10期。

的铁坩锅。[1]此两器不但体形大,且形态也少见,其时代断为战国中期;长沙窑岭15号墓出土了腹深26厘米的较大铁鼎。[2]该铁鼎时代断为战国初,与杨家山65号墓出土春秋末年的残高仅6.9厘米的铁鼎形成鲜明对照,说明铁容器形体变大开始于春战之交。(2)大冶铜绿山矿冶遗址24线老窿(Ⅰ号矿体采矿遗址)出土了重6千克、木柄长64厘米的带柄大铁锤;[3]麻阳九曲湾铜矿1801号老窿出土了重4.65千克的大铁锤。[4]前者时代为战国,后者时代为战国早期。大型铁工具的出现,也在战国早期。(3)宜昌前坪23号墓出土长120厘米的长铁剑;[5]大冶鄂王城出土长77厘米的环首铁刀。[6]这两件长形铁兵器时代都为战国晚期。益阳赫山庙17号墓出土的长78厘米的块炼钢剑,[7]时代为战国早期。可见,细长形铁兵器的制造也是从战国早期开始的。

2. 铁器器形的增加

除铁容器增加了高足鼎、釜、坩锅,铁生产工具增加了锤,铁兵器增加了长剑、环首刀之外,铁生产工具还出现了侈刃斧、长方形斧、不对称斧、钺形斧、四棱形錾、长方形凿、扁形凿、条形凿、斧形凿、夯锤、镢、六角锄、弯形耙、宽型凹口锋刃、弧背平刃镰、长形弯锋镰、直刃长刀、带血槽长形矛、戈、鱼钩、环首锥、钢针等。[8]据这些铁器出土情况、形状大小、安装差异可以知道:战国时期,楚国已将铁器广泛应用于树木砍伐、竹木加工、矿石开采、金属冶铸、土地耕种、中耕除草、作物收割、渔业垂钓、衣物缝缀、竹简修削、随身防卫、军队作战以及人们的饮食炊煮、雕刻装饰等社会生活的各个领域。

3. 精工铁器的出土

精工铁器出土于战国中晚期的楚墓中。其中重要的有江陵望山1号墓、[9]临澧九里1号墓、[10]信阳长台关1号墓[11]出土的错金银或错金嵌玉铁带钩;长沙火把山4号墓出土的菱形纹铁鞘铁剑;[12]荆门包山2号墓出土的有孔钢针[13]等。这些精工铁器主要为生活用品

〔1〕 湖北省博物馆江陵纪南城工作站:《一九七九年纪南城古井发掘简报》,《文物》1980年第10期。
〔2〕 长沙铁路车站建设工程文物发掘队:《长沙新发现春秋晚期的钢剑和铁器》,《文物》1978年第10期。
〔3〕 铜绿山考古发掘队:《湖北铜绿山春秋战国古矿井遗址发掘简报》,《文物》1975年第2期;黄石市博物馆:《铜绿山古矿冶遗址》,文物出版社,1999年,第130-131页。
〔4〕 湖南省博物馆等:《湖南麻阳战国时期古铜矿清理简报》,《考古》1985年第2期。
〔5〕 湖北省博物馆:《宜昌前坪战国两汉墓》,《考古学报》1976年第2期。
〔6〕 大冶县博物馆:《鄂王城遗址调查简报》,《江汉考古》1983年第3期。
〔7〕 湖南省益阳地区文物工作队:《益阳楚墓》,《考古学报》1985年第1期。
〔8〕 高至喜主编:《楚文物图典》,湖北教育出版社,2000年,第212-220页。
〔9〕 湖北省文物考古研究所:《江陵望山沙冢楚墓》,文物出版社,1996年。
〔10〕高至喜主编:《楚文物图典》第219页,彩版三三,2,湖北教育出版社,2000年。
〔11〕河南省文物研究所:《信阳楚墓》,文物出版社,1986年,第65页。
〔12〕长沙市文物工作队:《长沙火把山楚汉墓》,《湖南文物》第3辑,湖南大学出版社,1988年。
〔13〕湖北省荆沙铁路考古队:《包山楚墓》,文物出版社,1991年,第224-225页。

和随身武器，都具有很高的工艺技术水平，使"恶金"变成了"美金"，是冶铁术高度发展的产物。嵌错精美的铁带钩已被楚国的高级贵族视为珍品而带入坟墓中。

4. 铜、铁合铸器物的流行

春秋时期的楚国铁器多为白口铸铁和可锻铸铁，春战之交开始出现锻钢。从白口铸铁到锻钢的出现，反映了楚国冶铁技术的不断提高。铜、铁合铸器物的出现也是反映楚国冶铁技术进步的重要方面。楚国铜、铁合铸器物从春秋晚期开始在兵器剑、镞上见到。剑身为铁质，剑镡、首为铜质。镞身为铜质，镞铤为铁质。到战国中晚期，最为流行的是铁足铜鼎。襄阳蔡坡9号墓、鄂城钢铁厂53号墓、江陵雨台山391号墓、长沙近郊楚墓、长沙识字岭1号墓、舒城秦家桥1号墓、[1]长沙识字岭315号墓、[2]宜昌前坪23号墓、[3]常德德山楚墓、[4]长沙烈士公园1号墓[5]等都出土了铁足铜鼎。铁与铜熔点不同，两者合铸为一体有一定技术难度。铁足铜鼎是作为重要礼器被置于墓中的。从铁足铜鼎的形制上看，它与同时期的铜鼎无异。出土时，铁足与铜鼎身一般结合牢固而不脱离。铁足上部同样有兽面，下部同样为蹄形。从铁足铜鼎可以看出，当时楚国的铸铁技术已经达到了相当成熟的水平。

四

1978年甘肃灵台县景家庄1号秦墓出土一件春秋早期的铜柄铁剑，[6]1990-1991年河南三门峡上村岭2001号[7]、2009号[8]虢国墓共出土五件西周晚期铁器。据此高至喜先生认为我国人工冶铁最早发生在中原，"至迟在西周晚期中原已掌握了冶铁技术"。[9]笔者认为，冶铁技术最早开始于周王朝中心地带的可能性是存在的，但将铁器最早开始应用于生产（农业生产）活动的地区则不一定在中原。

1976年黄展岳先生提出我国"最早冶铁和使用铁器的地区很可能是在楚国"。[10]二十

〔1〕高至喜主编：《楚文物图典》，湖北教育出版社，2000年，第18—22页。
〔2〕中国科学院考古研究所：《长沙发掘报告》，科学出版社，1957年，第66页。
〔3〕湖北省博物馆：《宜昌前坪战国两汉墓》，《考古学报》1976年第2期。
〔4〕湖南省博物馆：《湖南常德德山战国墓葬》，《考古》1959年第2期，第658页。
〔5〕周世荣：《长沙烈士公园清理的战国墓葬》，《考古通讯》1958年第6期，第47页。
〔6〕刘得祯等：《甘肃灵台县景家庄春秋墓》，《考古》1981年第4期。
〔7〕河南省文物研究所等：《三门峡上村岭虢国墓地M2001发掘简报》，《华夏考古》1992年第3期。
〔8〕姜涛：《虢国墓地发掘又获重大发现》，《中国文物报》1992年2月2日一版。
〔9〕高至喜：《楚文化的南渐》，湖北教育出版社，1996年，第285页。
〔10〕黄展岳：《关于中国开始冶铁和使用铁器的问题》，《文物》1976年第8期。

多年来这个观点不断得到楚国境内出土的丰富的铁器资料所支持。20世纪80年代,考古工作者在开展的楚文化渊源追溯工作中,发现楚国早期活动中心区域在沮漳河之西的鄂西地区,[1]其中包括了长江西陵峡一带。上面讲到的出土春秋铁器的遗址,除纪南城出土春秋晚期铁器外,其他出土春秋中晚期铁器的上磨垴、柳林溪、小溪口、茅寨子湾等遗址都集中于楚国早期的长江西陵峡北岸。上磨垴、[2]柳林溪[3]两遗址出土的春秋中期铁器为我国目前发现的时代最早的铁器。在上磨垴还发现有春秋中、晚期的铸铁遗存,茅寨子湾[4]和小溪口都出土有春秋战国时期的铁渣。西陵峡地区是目前唯一在遗址的春秋战国文化层中较普遍发现冶铁用铁遗存的地区,这个地区可能是楚国最早冶铁和使用铁器的地区,也可能是我国最早将铁器应用于农业生产的地区。

位于长江中游的楚国矿产资源丰富,大冶铜绿山、麻阳九曲湾等一系列矿冶遗址的发现和发掘,表明楚国的矿冶业处于我国东周时期的领先地位。淅川下寺、随州擂鼓墩、襄阳山湾、当阳赵家湖、江陵望山和天星观、寿县李三孤堆等墓葬,铜绿山和九曲湾等古矿井,纪南城和寿春等城址除出土大批精美的铜器和重要的铁器之外,还出土许多铅、锡、金、银等各种金属器具或货币,充分反映了楚国的金属制造和使用方面所达到的我国东周时期的一流水平。宜昌上磨垴、秭归柳林溪等早期冶铁用铁遗存的发现,证明楚国早在"居丹阳"时期就开始人工冶铁,并将铁器应用于农业生产。至春秋晚期就已使用了锻造的铁工具。为了克服白口铁的脆性,楚国掌握了将生铁长时间加热的柔化技术,使碳化铁分解为铁和石墨,消除了大块渗碳体,得到了展性铸铁。用这种铁制造的生产工具,同时具有硬性和韧性,大大提高了其生产功效。在铜绿山古矿井中,春秋矿井出土的采矿工具为铜质,战国矿井出土的采矿工具为铁质。在发现的楚国各种文化遗存中,战国遗存与春秋遗存相比发生了划时代变化。楚国大约从春战之交开始,铁生产工具已代替了铜生产工具,铁器已被广泛应用于人们生活的各个领域,这时楚国已经跨入了铁器时代。

（原载《江汉考古》2004年第2期）

---

〔1〕 杨权喜:《早期楚民族文化的探索》,《楚文化研究论集(第三集)》,湖北人民出版社,1994年。
〔2〕 湖北省文物考古研究所:《湖北宜昌县上磨垴周代遗址的发掘》,《考古》2000年第8期。
〔3〕 湖北省博物馆江陵考古工作站:《一九八一年湖北省秭归县柳林溪遗址的发掘》,《考古与文物》1986年第6期。
〔4〕 巴东茅寨子湾遗址的发掘资料尚未整理发表,所出土铁器的具体年代待定。

江汉地区楚式鬲的初步分析

日用炊器在考古学文化中，是反映年代、地域变化最为重要的器物，鬲是其中主要的一种。关于鬲，许多考古学家都非常重视对它的研究，考古界老前辈苏秉琦先生曾对陶鬲作过专门研究，他在中国考古学会第二次年会上又特别强调楚式鬲的问题。[1]

江汉地区的楚式鬲是楚文化中最富有特征性的器物之一。本文就楚式鬲的出现与流行、楚式鬲的基本形态以及楚式鬲的分区分期等问题，作一初步的分析。

一、楚式鬲的出现与流行

陶鬲是古代一种极为普遍的日用蒸煮器，最早出现于黄河流域的新石器时代晚期，盛行于商周时期。江汉地区鬲的出现，时代较黄河流域为晚，且形态差异较大，发展也不平衡。

江汉地区自新石器时代以来，一直以罐形鼎为主要日用炊器。大约从夏代开始，中原文化逐渐向江汉地区扩展，首先到达的是汉水以东的澴水流域。以黄陂盘龙城、鲁台山、汉阳乌龟山、圻春毛家咀等遗存为代表的汉水以东的商、西周文化，从大量的青铜器和陶器的主要特征来观察，其文化性质主要是中原系统的。[2]汉水以东的商、西周文化的炊器中，已见不到新石器时代传统的罐形高足鼎，取而代之的是中原地区所流行的商式鬲或周式鬲。显然，江汉地区的鬲，首先是随中原文化的传入而出现并盛行的。从鼎变成鬲的过程，具体地反映出，中原文化传入江汉地区以后，当地的土著文化受到了压制，甚至出现了

---

〔1〕　苏秉琦：《从楚文化探索中提出的问题》，《江汉考古》1982年第1期。

〔2〕　参阅拙作：《试谈鄂西地区古代文化的发展与楚文化的形成问题》，《中国考古学会第二次年会论文集》，文物出版社，1980年。

中断现象。但它实际上并没有完全被扼杀,它还在一定范围内,以一定的方式以比较缓慢的速度发展着。如此,就为中原文化和江汉土著文化的进一步交流,为古代南北文化的融合,创造了良好条件。从考古发现的日用炊器来看,集中表现在中原的鬲与当地的鼎之间互相结合,形成了一种别具一格的炊器——鼎式鬲,这也就是本文所说的楚式鬲。从这里也可以看出,楚式鬲实际上是中原文化与江汉土著文化互相融合的具体产物。

作为主要日用炊器,中原的鬲袋足深,裆面大,具有与火接触面大而便于炊煮的优点,比较适用于汽蒸食物,这可能与中原盛产旱地作物和居民的生活习惯有关。而江汉地区盛产稻谷,煮稻米如放进袋足深的鬲中,熟后就有一部分难以取出。用鼎就没有这个缺点。加以改进的楚式鬲,既有鬲又有鼎的优点。

楚式鬲的最初形态出现在汉水以东地区。汉东一带在盛行商式鬲和周式鬲的同时,还有少量雏形楚式鬲(图一,1、2、3)与之并存。例如,黄陂盘龙城商代遗址中的陶鬲,主要是商式鬲,但也有一种与楚式鬲接近的罐形鬲,在圻春毛家咀西周遗址中也有少量与楚式鬲相似的鬲与周式鬲并存。这种类似楚式鬲的形态,也可以说是楚式鬲的早期形态。然而楚式鬲的这种早期形态,并没有在汉水以东地区发展起来,它一直处于次要的地位。

汉水以西的情况则不相同,到商至西周前期,土著文化还有相当大的优势。在相当长的时期内,汉西的土著文化与进入汉东的中原文化保持着相对的并行发展状态。然而随着周王朝的不断强大,先进的中原青铜文化越来越强烈地影响着土著文化。大约从西周中期开始,江汉地区这种土著文化的发展,逐渐形成了一种别具特色的地方文化——楚文化。楚文化产生和发展的重要标志之一就是楚式鬲。但是,汉西出现鬲的时代又较汉东为晚,即在商代较晚的阶段。在靠近长江北岸的沮漳河口的沙市周梁玉桥和官堤遗址中,已见到了少量的鬲,并在周梁玉桥遗存中见到了楚式鬲的早期形态(图一,4)与商式鬲并存。西周前期的遗址,目前在汉西还发现不多,鬲存在的情况尚不明朗。从西周后期开始,在汉西的沮漳河流域,鬲已完全代替了鼎的地位。近年来,在沮漳河流域的当阳磨盘山、杨木岗、半月、赵家湖,枝江熊家窑,江陵纪南城

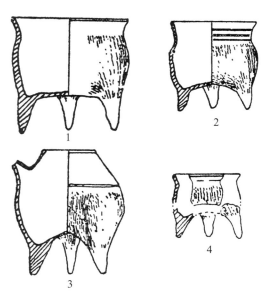

图一　楚式鬲的早期形态

1. 商代楚式鬲(盘龙城出土)　2、3. 西周楚式鬲(分别为毛家咀、放鹰台出土)　4. 商代后期楚式鬲(沙市周梁玉桥出土)

摩天岭和三峡的秭归柳林溪等西周后期至春秋早期的遗址或墓葬中，鬲已屡见不鲜，而鼎已基本消失。

汉西地区发现的鬲，反映出与汉水以东地区完全不同的情况：它不再是以中原鬲为主，而是以楚式鬲为主；西周后期之后，汉东的中原鬲已逐渐衰落，而汉西的楚式鬲正在迅速发展。

从汉西发现的较早的楚式鬲来看，它的形态与同期的中原鬲（周式鬲）还比较接近。例如当阳磨盘山出土的西周中期的一件楚式鬲，整个器形较扁平，口较大，束颈，微鼓腹，足窝较深。足尖和裆虽均残，但还可以看出，其足为圆锥形，并与腹连为一体，弧裆明显（图二）。这些特征与同期的周式鬲近似，但它具有楚式鬲圜裆的特点，而不是瘪裆鬲。这说明汉西早期的楚式鬲受到了周式鬲较强烈的影响，可能与汉水以西的土著民族的一支——楚族的首领熊绎在周初受封于周王室有关。

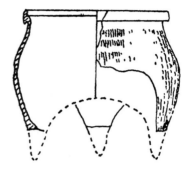

图二　西周中期的楚式鬲（当阳磨盘山出土）

春秋中期至战国时期，在汉西沮漳河流域发展起来的楚式鬲，又扩展到了整个江汉地区和淮河流域，其中包括了汉水以东地区。

从楚式鬲的盛行和传播过程，可以看出它是与楚国的兴衰相伴随的。楚式鬲最后消失的时代，正是楚国衰弱、秦国拔郢的前后。

二、楚式鬲的基本形态

综上所述可知，江汉地区既有中原的商式鬲和周式鬲，又有更为普遍的当地的楚式鬲，还有介于中原鬲和楚式鬲之间形态的鬲，楚式鬲又因地域不同而有不同程度的差异。因而，江汉地区的鬲是十分复杂的。对楚式鬲基本形态的研究则显得十分重要。

楚式鬲最主要的特征就是近似鼎。苏秉琦先生指出，楚式鬲与商式鬲和周式鬲的主要区别在于它们结构不同。[1]商式鬲与周式鬲的鬲腹与足都是连为一体的，而典型楚式鬲则是分开的。从外形上看，商式鬲之特点是分裆，周式鬲的特点是瘪裆，楚式鬲的特点则是圜裆（内凹或外圜）。典型楚式鬲的制作方法与鼎相近，即器腹与器足分别制成，后互相捏合。捏合时，从鬲腹内壁向足根下按，同时在鬲腹外壁与足接合处，另外加泥条贴

---

〔1〕　苏秉琦：《从楚文化探索中提出的问题》，《江汉考古》1982年第1期。

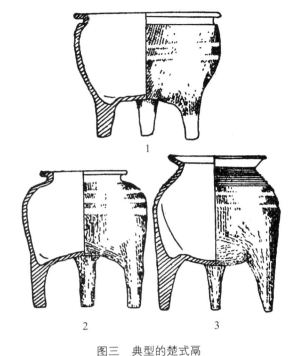

图三　典型的楚式鬲

1. A型（纪南城·西·T1⑤：1）2. B型（纪南城·
龙·ⅠJ111：5）3. C型（纪南城·龙·Ⅰ④：1）

补，使其结合牢固，并使之成为规整的个体。因此鬲的足根部分，往往有内、外两层的结构。

把已见到的楚式鬲，加以综合归纳，我们认为楚式鬲可分成三类八型。

第一类，典型楚式鬲，是日用炊器。

这类鬲都是高足，夹砂红褐陶或夹砂灰陶，饰绳纹。分三型：

A型　盆形鬲，或叫大口鬲。整个形体相对较矮扁，器腹呈盆状，裆较宽，足窝较浅，足近圆锥体或呈圆柱状。纪南城·西·T1⑤：1，平折沿，方唇，短颈，腹壁较直，裆微内凹，三足间相距较近，深绳纹，并有旋痕，裆部有明显的烟熏痕迹（图三，1）。

B型　罐形鬲或小口鬲，整个器形较瘦长，器腹呈罐状，裆内凹，因此足的内窝显得较深，圆柱形或圆锥形长足，垂直或外撇。该型鬲可能为分体甗的下器。纪南城·龙·ⅠJ111：6，平折沿，沿上有一圈凹槽，短颈，肩较平而宽，腹壁与三足基本垂直，圆柱形足，颈以下至足尖均饰绳纹，上腹有两道旋痕（图三，2）。

C型　罐形鬲或小口鬲，器形与B型近似，裆呈圆形，极似鼎，一般侈口斜肩。纪南城·龙·Ⅰ④：1，仰折沿，斜肩，肩以下至足尖基本垂直，宽裆，足窝似有若无，足为上粗下细的圆柱体，肩部有九道弦纹、肩以下至足尖皆饰绳纹（图三，3）。

第二类，短足楚式鬲，是日用储盛器。

除典型的楚式鬲以外，还有一种未装长足而只有足窝（袋足）的楚式鬲，可称为短足楚式鬲。从袋足部分看，这种楚式鬲颇像周式鬲。如果装上长足，则与典型的楚式鬲接近了。这种短足楚式鬲已见到的有两型：

D型　大口，呈盆形，整个器形更加扁矮。江陵拍马山M10出土的一件，口较直，浅腹，宽平裆，三足略内收。腹、裆、足皆饰绳纹，腹部另外加弦纹。

E型　小口，呈罐形，整个器形较方正或稍扁。秭归官庄坪H3：22，方唇直沿，斜肩，微鼓腹，裆较平，三足亦略内收。器表通饰较粗的绳纹，颈部绳纹被抹掉，肩部加饰绳痕按窝纹。

第三类，明器楚式鬲。

上面所说的是几种日用楚式鬲，在墓葬中或在土木建筑的奠基坑内还出土一些专作明器的楚式鬲。这种楚式鬲，一般火候偏低，泥质，有红、灰、黑色，器表多经打磨，以素面为主。在制法上，难以找到楚式鬲的腹、足互相捏合的特征，因为它的足大都较短。明器楚式鬲的制作有两种情况，一种是随手捏制的，比较粗糙；另一种是制作较精细的仿铜礼器。可归纳成三型：

F型　小鬲，一般器形很小，多用于奠基和祭祀，在纪南城城址中多次被发现（楚墓中也曾出土）。捏制，以大口近似盆形鬲最为常见，腹壁直，腹鼓或内收，有的有颈，有的不见足窝而成了小鼎。表面一般略加打磨，无纹饰。例如江·雨M39：1，江·纪Ⅰ③：1，襄·山M2：1，襄·山M11：2等皆属该型明器鬲。

G型　盆形鬲，具有仿铜礼器的特征，该型鬲制作较规整，器表经打磨光滑，少量饰凹弦纹，也有加扉棱的。例如纪·陕M1Ⅰ1，纪·大M1：1，当·赵M3：22，当·赵M2：1，湖南·浏M1：1等就属此型鬲。

H型　罐形鬲，制作也较规整，器表亦经打磨光滑，部分饰凹弦纹。例如当·金M113：4，江·雨M188：1等就属此型鬲。

以上三类楚式鬲，只有第一类具有鬲的作用，它在遗址中最为常见，因此具有广泛性和代表性。我们通常说的楚式鬲的特点，在它身上表现最为明显，为我们研究的重点；第二类楚式鬲，作用与罐、盆近似。它在遗址中也可以见到，但数量不多。虽是楚文化的特征器之一，但缺乏普遍性；第三类，墓中或奠基坑内出土的明器鬲，是与第一类楚式鬲相对应的，但其特点并不明显。我们在研究楚式鬲的时候，应将三类楚式鬲分开，才不至于因混乱而造成系列不清。

三、楚式鬲的分区与分期

江汉地区的土著文化，自新石器时代起就存在着类型方面的差异。[1]商周时期汉水东、西两面，接受中原文化影响的程度与先后都不相同。在这个基础上产生和发展起来的楚文化中的楚式鬲，地域性的区别自然不可能完全消失，何况楚文化是自西向北、向东、向周围地区逐渐扩展的。因此，楚式鬲的分区研究是必要的。但由于目前江汉各地的考古工作进展不同，一些区域楚式鬲的缺环还较多，研究工作还待今后深入进行。如下的初步

---

〔1〕　参阅俞伟超：《先楚与三苗文化的考古学推测》，《文物》1980年第10期。

分区,只作参考。

1. 鄂西地区,包括沮漳河流域、长江三峡至湘北一带。这里是楚式鬲发展的中心地区,也是典型楚式鬲的主要分布区,所出的楚式鬲数量最多、时代早、型式较全,是研究楚式鬲的重点地区。

2. 汉东地区,包括桐柏山与大别山之南至长江北岸一带,还可以包括淮河中游地区。这里曾是中原鬲盛行的地区,盛行楚式鬲的时代则较晚。东周时期所流行的楚式鬲,似乎与西周时期的周式鬲具有一定的演变关系。这里流行的楚式鬲,又像是以盆形鬲为主,而罐形鬲较少见。

3. 鄂东南地区,包括今鄂东南、长江以南至幕阜山北麓一带。这里所出的鬲,具有楚式鬲的基本特征,但地方特点又非常明显。例如已见到的几件时代偏早的完整器,都为盆形鬲,它的足带刻槽,饰间断条纹。

4. 汉北地区,包括南阳盆地至襄北一带。这里已见到的楚式鬲较少,从襄阳山湾 M7 出土的一件属春秋中期的楚式鬲来看,也有明显的地方特点,似乎到春秋晚期还具有较浓厚的中原文化因素。

关于楚式鬲的分期也应在分区的基础上进行,而除了鄂西地区的材料较丰富以外,其他区域的材料甚少。以下就鄂西地区的分期材料,作一简略的介绍。

鄂西地区,虽在沙市周梁玉桥遗址中见到了楚式鬲早期形态的陶片,但目前还存在西周早期的缺环。大约从西周中期开始,至战国中期,楚式鬲的发展系列是比较清楚的,共可分成七期。现以 A、B、C 型鬲(典型楚式鬲)为主,E 型鬲(短足楚式鬲)为辅,说明如下。

1. 分期的标本:

以遗址发掘出土的鬲为主。由于遗址出土的鬲有些不完整,或不够典型,就以墓葬中出土的代之。

2. 分期的主要依据:

甲、根据遗址层位的早晚关系。但一般都难找到有直接层位关系的典型标本,而采用的是具有相应的层位关系的标本。例如纪南城遗址,文化层一般可分成上、下两层,西垣北边门的第五层相当于南垣水门的第四层,即属整个城址的下层。西垣北边门的第三层相当于南垣水门的第三层,即属整个城址的上层。因此,第五期的标本选了西垣北边门第五层出土的鬲,第六期的标本选了南垣水门第三层出土的鬲。

乙、根据一部分楚墓的相对早、晚关系。近年来楚墓的研究成果,已创造了这方面的条件。例如当阳赵家塝6号墓和郑家凹子6号墓[1]相对早于纪南城东岳庙4、2号墓和江

---

〔1〕 高应勤、王光镐:《当阳赵家湖楚墓的分类与分期》,《中国考古学会第二次年会论文集》,文物出版社,1980年。

陵雨台山496号墓,而望山1号墓又相对晚于东岳庙4、2号墓和雨台山496号墓。这些墓所出的楚式鬲,它们之间的相对早晚关系是明确的。

丙、根据类型学的排比方法,得出鬲的发展变化规律,并将楚式鬲加以系统的归纳。

3. 七期的基本情况:

第一期,时代约为西周中期。已发现了A型鬲和B型鬲的陶片。这两型鬲的特征基本一致,一般为夹砂红褐陶质,器形为微卷沿,略敞口,尖唇上仰,有颈,鼓腹。A型鬲为弧裆,圆锥形足,饰粗绳纹。

第二期,时代约为西周晚期。各型鬲均已出现。都以夹砂红褐陶为主,器形一般开始变瘦长。口沿唇部的特点是上仰下勾,腹中部外鼓。足变长,足尖开始变平。

第三期,约为春秋早期。仍以红褐陶为主,卷沿,尖唇下勾,颈明显,腹上部外鼓。

第四期,约为春秋中期。红褐陶减少。灰陶增加,并超出红褐陶。几型鬲各具特点。总的特征是口沿卷折,肩部较明显,足窝变浅,裆部变平,绳纹变细。

第五期,约为春秋晚期。基本都为灰陶,A、B、D型为平折沿,C型为仰折沿,都为束颈,肩部出现弦纹。A型鬲下腹内收,三足间距较近;B型鬲腹壁较直并与三足垂直。

第六期,约为战国早期,总的特点是器形较瘦高。A型高颈逐渐消失;B型腹部变方,长足外撇;C型折沿上仰,斜肩,肩部有数道弦纹,三长足外撇。

第七期,约为战国中期。各型均偏矮,足逐渐消失。A型鬲三足内收;C型鬲折沿部分变短,宽裆,浅足窝,短柱足。

从第一期到第七期,楚式鬲总的变化规律是:陶系方面,由以红褐陶为主,变为以灰陶为主;纹饰方面,都以绳纹为主,由粗到细。春秋中期以后,C型鬲肩部出现弦纹,器形方面,从细部看,唇由上仰到下勾,再到方平。口沿由微卷到外卷,再到平沿。颈由界线不明显到明显,最后接近消失。肩由倾斜到较平,最后消失。腹部最大径由较近足部逐渐上移。裆部由圜变得较平。足窝由深变浅。足由短变长,后来又变短,足底则由尖变平。器形总的变化是由矮胖变瘦高,又由瘦高变成偏矮。

关于楚式鬲,在七十年代以前对它的了解甚少。七十年代末八十年代初,在追溯楚文化渊源的过程中,它的重要性越来越显示出来。随着当阳赵家湖早期楚墓和沮漳河流域较早的楚文化遗址的发掘,较早阶段的楚式鬲则较大量的被发现。以楚式鬲为主要线索,寻找早期楚文化遗存的工作便被大大向前推进了一步;同时对楚文化渊源的问题也有了一个初步的认识。当然,对于楚式鬲的研究,目前还是刚刚开始,本文只起抛砖引玉的作用。

(原载《楚文化研究论集(第一集)》,荆楚书社,1987年)

江汉地区的鬲与楚式鬲

　　十多年前，本人曾写过《江汉地区楚式鬲的初步分析》（下称《初析》）一文，[1]写该文的主要目的是针对当时在楚文化研究中对楚式鬲认识方面的一些混乱现象，试图将江汉地区出土的不同用途、不同时代、不同性质的鬲加以区分，以利于楚器的排比和研究。《初析》收入《楚文化研究论集》时，有部分文字和插图被删，因而有读者提出了一些不明白的问题。实际上，江汉地区出土的东周鬲不完全都属于楚式鬲，下面拟分江汉地区的鬲及楚式鬲两个标题，作为《初析》的一些说明和补充。

一、江汉地区的鬲

　　鬲是我国古代一种流行了一千多年的重要三足炊器。《尔雅·释器》说鼎曰"款足者，谓之鬲"，段玉裁《说文解字注·欠部》"款，按古款与窾通用。窾者，空也"。《汉书·郊祀志》释鼎也说"其空足曰鬲"。鬲与鼎是形态相似的三足器皿，两者之间的区别主要在足部。器体与三足之间的器腹内壁，无凹窝的为鼎，有凹窝（足呈空状）的曰鬲。

　　在我国容器发展史上，先出现陶鼎，后出现陶鬲。原始的陶容器为直壁圜底，为使器体不倾倒翻覆，先用物体（如陶支座）在器底支垫，后在底部直接安装三足或圈足，便逐渐有了三足器和圈足器。大约在距今7-8千年前的新石器时代中期，无论黄河流域还是长江流域均出现了陶器底部安装三足的器皿，其中一种三足深腹器就是最原始的鼎。黄河流域的磁山文化、裴李岗文化、老官台文化均有原始的鼎，但往往三足较短小，也有称作口足罐的。江汉地区目前最早的新石器时代城背溪文化出土的陶鼎较多，有的三足粗而高，是典型的陶鼎（图一，1）。至屈家岭—石家河阶段，陶鼎已成为江汉地区最为盛行的日用

---

〔1〕　杨权喜：《江汉地区楚式鬲的初步分析》，《楚文化研究论集（第一集）》，荆楚书社，1987年。

炊器。在江汉西部，不但商代还存在大量的日用陶鼎（图一，2、3），而且甚至在东周时期尚存日用陶鼎的踪迹（图一，4）。由此可以说明陶鼎是古代江汉地区传统的基本炊器，使用陶鼎也是江汉土著文化的基本特征之一。

最早的陶鬲始见于黄河流域的新石器时代龙山阶段。陕西龙山文化、河南龙山文化都有三足呈袋状的典型陶鬲，并经历了相当长的发展过程，而在江汉新石器时代则始终不见陶鬲，例如与龙山时代相当的石家河文化中未见任何形状的陶鬲。进入夏商周阶段之后，陶鬲成为黄河流域二里头文化、商文化、周文化的基本日用炊器，是中原文化最有代表性的器物之一。

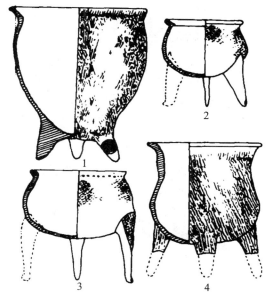

图一　江汉地区出土的陶鼎

1. 枝城北 H1：14（城背溪文化）　2. 宜都石板巷子 H1：1（新石器时代末期）　3. 沙市周梁玉桥 T3（商代）　4. 宜昌白狮湾Ⅰ区 T3④：1（东周）

随着中原商文化、周文化的向南发展，具有标志作用的鬲也在南方江汉地区逐渐出现。江汉地区较早的陶鬲分布于汉水之东，最早的鬲出现时代约在商代早期，在黄陂盘龙城遗址中有时代相当于二里头阶段的鬲，陶鬲是盘龙城遗存的基本炊器，所出陶鬲的形态与中原同期的商式鬲几乎完全相同（图二，1、2）。黄陂鲁台山、枣阳毛狗洞、汉阳乌龟山、云梦城关等地都有大量与中原相同的周式鬲（图二，4、5），并都是这些遗存的基本炊器。在汉水之西，鬲的盛行时代更晚，商代至西周前期的鬲仅见于沮漳河口范围很小的区域内，江陵张家山、荆南寺遗址有商代中期的商式鬲，在沙市周梁玉桥也见到了一件商代后期的商式鬲（图二，3）。近年在三峡工程库区的秭归庙坪遗址中也出土有少量时代较早的周式鬲。汉西地区除张家山、荆南寺有较多的鬲之外，其他地点出土的鬲数量均不多，说明直至西周中期之前，鬲尚未成为汉水之西地区的基本炊器。这一地区鬲的盛行，大约始于西周晚期。在沮漳河西部的当阳磨盘山、杨木岗、郑家洼子，枝江熊家窑、周家湾、赫家洼，秭归官庄坪、柳林溪，以及沮漳河东侧的江陵荆南寺、摩天岭等遗址中都出土了西周晚至春秋早期的陶鬲（图三，1-3），并都是各遗址陶器群中的基本炊器。这些陶鬲都有楚式鬲的基本特征。

由于南北两大地域的不同和南北两大文化系统的差异，中原地区的日用炊器鬲传到江汉地区之后，逐渐发生了变异。它与江汉地区的日用炊器鼎，由并存发展到相互融合，

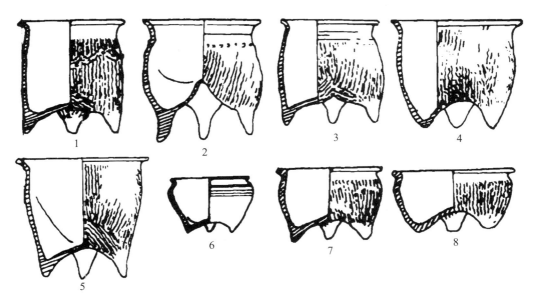

图二　江汉地区出土的中原系统的陶鬲

1-3.商代(孝感晏家寨下层：1；黄陂盘龙城T017；沙市周梁玉桥T3：13)　4、5.西周(黄陂鲁台山H1⑤：1；
云梦楚王城H11F：3)　6-8.东周(宜城郭家岗T7②：19；纪南城·龙·Ⅰ③：3；纪南城·龙·Ⅰ④：2)

慢慢出现两者相结合的形态——似鼎非鼎、似鬲非鬲的所谓"鼎式鬲"或"鬲式鼎"，即通常所谓的"楚式鬲"。

　　江汉地区处于北方中原文化与南方文化的交汇地带，中部又有汉水和宽广的沼泽地相隔，商周阶段的文化演变十分复杂，尤其表现在考古学文化中反映年代、地域变化最明显的日用炊器上，而陶鬲是最为突出的一种。自80年代以来，考古界特别注意到，江汉地区出土的陶鬲形态多变，情况十分复杂，各种鬲不但结构制法不同，而且外形各异，用途也不尽相同。总的来说，既有中原的商式鬲、周式鬲，又有江汉的楚式鬲；既有各种鬲的早期形态，又有各种鬲的晚期形态；各种鬲中，既有地域差异，又有时代变化；既有日用器，还有礼器和明器。

　　商至春秋前期的江汉遗存中，鬲的情况较为简单。根据苏秉琦等考古前辈对鬲的研究，对各种鬲结构、形态、特点的分析，分辨商式鬲、周式鬲和楚式

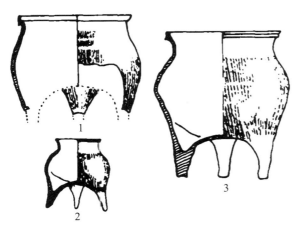

图三　汉水之西地区出土的西周晚至春秋早期的陶鬲

1.当阳磨盘山采集　2.当阳郑家洼子M6：2
3.秭归柳林溪T4③：1

鬲并不困难。它们作为当地人们的日用基本炊器,三者在时代上大体是前、后交替、更换发展的。即商代作基本炊器的鬲是商式鬲,西周作基本炊器的鬲是周式鬲,东周基本炊器均为楚式鬲。但这三种鬲并不存在直接的演变关系。苏秉琦先生曾说:"实际上'殷式鬲'与'楚式鬲'是共生、平行的。从两者外部形体的发展过程来看,确有相似的一面,但绝看不出两者之间有这一种派生出另一种的迹象,'周式鬲'在江汉间也曾流行过,但也看不到它对'楚式鬲'曾发生明显影响。"[1]苏先生是观察了盘龙城"楚式鬲"标本之后指出的。盘龙城遗存占主导地位的是中原系统的商文化,基本炊器是商式鬲(殷式鬲),所说的"楚式鬲",我在《初析》中称为"楚式鬲的早期形态",它作为不同性质的鬲而言,与商式鬲之间则"是共生、平行的",但它在盘龙城整体遗存中则不是基本炊器,是一种次要的文化因素,而"共生"情况则说明它们之间不存在直线的发展关系。

江汉地区鬲的复杂性主要表现在东周阶段。在东周楚文化遗存,即春秋中期以后的江汉文化遗存中,所见鬲的情况十分复杂:

1. 形态多样。鬲身可分罐形、盆形、盂形;鬲底有圜形、内凹形和平底;鬲足有长形、短形、锥形和柱形,有分别安装,也有与器体一起捏制的。

2. 性质不一。进入春秋之后,中原地区鬲已经逐渐消失,而江汉地区鬲才普遍盛行。江汉地区盛行的东周鬲基本属楚式鬲,但也有周式鬲出土。例如:宜城郭家岗出土的F型鬲(T7②:19),整体矮胖,扁形,短足,矮裆,是时代较晚的周式鬲(图二,6)形态。又如:在江陵纪南城龙桥河东周制陶作坊遗址中,曾出土过两件引人注目的周式鬲(图二,7、8)。

3. 用途不同。时代较早的鬲,用途比较明确,一般均作炊器使用。但在江汉东周文化遗存中,除用作炊器的鬲之外,还有一些作其他用途的鬲。《初析》第二类的D型鬲是较大型的盛器。例如:纪南城西垣北门遗址H4:1,泥质灰陶,器体与同期的盆相同;宜城郭家岗的E型V式鬲(T22②:15)三足小而短,器体也与同期的盆相同(图四,1、3)。这类鬲,口大体扁,足短,泥质或夹细砂,无烟炱,其用途与盆相同。《初析》第二类的E型鬲,是储器。储器鬲,出现较早。秭归官

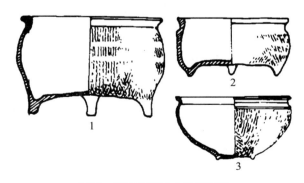

图四　江汉地区出土的盛器鬲
1. 纪南城西垣北门H4:1　2. 江陵柏马山M10
3. 宜城郭家岗T22②:15

〔1〕 苏秉琦:《从楚文化探索中提出的问题》,《江汉考古》1982年第1期。

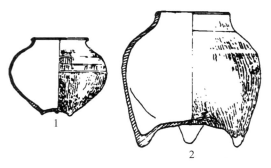

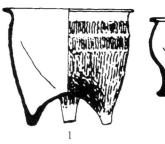

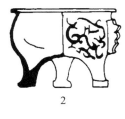

图五　江汉地区出土的储器鬲　　　图六　曾侯乙墓出土的大铜鬲和小铜鬲

1. 宜城郭家岗H15F：7　　　　　　1. 大铜鬲（C.126）　2. 小铜鬲（C.126）
2. 秭归官庄坪H3：22

庄坪H3：22，时代约为春秋早期，器身如罐，裆、三足似周式鬲；宜城郭家岗的E型Ⅰ式、Ⅱ式、Ⅲ式鬲，器身为罐，仅底部略捏出乳钉状三短足（图五，1、2）。该型鬲，小口，深腹，低裆，短足，质地、纹饰、鬲身形状均与同期的罐相同，其用途应为储藏。另外还有作盛食的小鬲。郭德维先生在《楚系墓葬研究·楚式鬲及其用途》中，论证一种小鬲应为盛食器。[1]战国早期的曾侯乙墓所出的9件周式小铜鬲（其中2件附铜匕）（图六，2），显然用于盛食。盛食小鬲之作用近似盂，是礼器中一种较特殊的盛食器，专用于祭祀和殉葬。

4. 随葬和祭祀鬲情况特别复杂。其中包括日用器和明器，在明器陶鬲中又有仿日用陶鬲和仿铜陶鬲之别。由于墓葬和礼仪活动的级别高低不同，仿制品的制作有精有粗。如小型楚墓出土的鬲，形态往往不规范，有的似楚式鬲，有的又似周式鬲。即使具有典型形态的仿制楚式鬲，其足根部也往往没有楚式鬲的榫状结构。楚墓和祭祀活动遗址出土的陶鬲数量很多，但鬲的性质、年代、用途许多都难以准确判断。

在楚文化遗址中，出土过捏制的小鬲，制作较粗糙，形状不规范，有的为鬲形，有的还呈鼎形。这种小鬲（或小鼎）与小盂（盛器）、小罐（储器）共存，其功用相当于炊器。纪南城南垣水门遗址木构建筑基部奠基槽内出土过鬲、盂、罐等成套的小陶器，其中小鬲形态就有多种（图七，1、2、4、5）。这种小鬲在楚墓中也有发现。江陵雨台山、当阳赵家湖和襄阳山湾等楚墓中均有类似的小鬲（图七，3、6）。这些特制的小鬲虽然属明器或祭器，功能虽相当于（代表）炊器，但制作较随意，有的形状像楚式鬲，有的形状又似周式鬲。因为这些小鬲，足近锥状，足窝相对较深，具有周式鬲较早阶段的特征，在70年代之前的楚文化分期中往往被当作早期楚式鬲标本，使楚郢都纪南城年代的判断产生了误差。粗糙明器小鬲和形态并不能准确地反映其制作的年代。

〔1〕　郭德维：《楚系墓葬研究》，湖北教育出版社，1995年，第203–207页。

随葬的炊器鬲,有的直接使用实用器,有的为仿制品。东岳庙M4出土的鬲,虽属(或形似)日用炊器鬲,但其质地松软,为泥质,火候较低,足根部没有"榫状"接合现象,表明此鬲非实用器,而是仿制品。共存盛、储器有盂、豆、罐,也都为泥质,器表经打磨,有暗纹,是制作甚为精细的明器。东岳庙M4这一套陶器,包括鬲都是级别较高的仿日用器皿。较大型的盛器鬲也有仿制品。江陵拍马山M10出土的盆状短足鬲,器形不大,是仿日用盛器鬲(图四,2)。当阳赵家塝M1、2、3和金家山M4出土小鬲6件或9

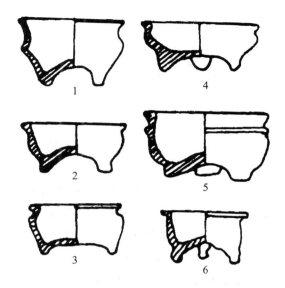

图七　江汉地区出土捏制的小陶鬲

1、2、4、5.纪南城南垣水门基部出土(T8④B：8；T10③：11；T10④A：9；T10③：10)　3.江陵雨台山M39：1　6.襄阳山湾M2：1

件,这种小鬲为明器盛食鬲。楚墓随葬日用陶器组合,一般以炊、盛、储三种器物组成,其中以盛器情况较杂。这些墓的炊器为鼎而非鬲,而使用小鬲多件,功用相当于盂、豆,是为盛食器。仿铜陶礼器,一般出现在较大型的墓中,如湖南浏城桥M1：1,制作较规整,器表经打磨,口大,盆形,腹部有弦纹,并带扉棱,三足近蹄形(图八,1)。另外,还有一部分未饰绳纹的鬲,器表多经打磨,部分有凹弦纹,并有大口盆形和小口罐形之分(图八,2、3)。仿制的明器鬲中,还会出现"仿祖"现象。例如战国早期的曾侯乙墓出土的大铜鬲(图六,1),显然是仿其祖先日用陶鬲而精心制作的周式铜鬲。其外形颇似实用器,实际属一种具有礼器性质的明器,形态、纹饰均属西周,而制作年代当与共存物同时,即为战国早期。

江汉地区复杂的东周鬲,如果不加分析,只依考古类型学的方法进行排比,将有些不属于实用炊器鬲或性质不同的鬲一起参加排比,显然容易出现混乱现象。80年代以来,

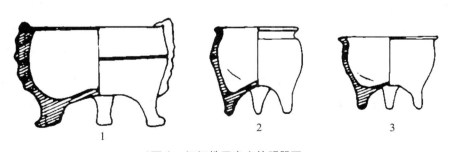

图八　江汉地区出土的明器鬲

1.湖南浏城桥M1：1　2.纪南城陕家湾M1：1　3.当阳赵家塝M3：22

通过对楚文化遗址的发掘，找到了许多具有地层关系的典型陶鬲，同时证明了实用炊器鬲的基本形态。经过初步整理研究，我们对江汉地区出土的鬲有了较清楚的认识，从而使江汉地区鬲和楚式鬲研究大大向前发展。

二、关于楚式鬲

我在《初析》中，将当时考古界称为"楚式鬲"的鬲归为三大类：第一类为典型楚式鬲，是日用炊器；第二类为短足楚式鬲，是日用储盛器；第三类为明器楚式鬲，是仿制的殉葬品或祭器，并曾讲到只有第一类具有鬲的作用，且楚式鬲的特点在它身上表现最为明显。确切地说，所谓"楚式鬲"应改为江汉东周鬲，其中只有第一类鬲才是真正的楚式鬲（当然也应包括第三类中仿第一类的明器鬲。但有的明器楚式鬲，往往看不出楚式鬲在制作和结构方面的特点）。第一，楚式鬲是对中原流行的日用炊器商式鬲、周式鬲而言，所以它也必须是炊器；第二，楚式鬲必须具有自身的基本特征。至于第二类鬲为储、盛器，与第一类鬲或通常讲的鬲用途完全不同，又不具楚式鬲基本特征，称为鬲式罐、鬲式盆、鬲式钵更为适当。第三类中有部分属仿周式的明器鬲，例如郭德维先生在讲到楚式鬲的功用时，列举了曾侯乙等墓出土的鬲，[1]不少都属周式鬲而非楚式鬲，其中以曾侯乙墓的大铜鬲最明显，浏城桥M1∶1，也是周式鬲（图八，1）。

第一类鬲，即楚式鬲，不但数量多，而且普遍存在于楚文化遗址、墓葬中。特别是在楚国各城址、村落遗址出土的陶器中，鬲是最主要的器物，并且都包括了第一类的A型、B型、C型（《初析》中所分的型，下同），尤以A型最为普遍，这种情况同时反映在楚墓中。因此A、B、C型楚式鬲（图九，1-3）都属楚文化的典型器，都可参与楚器的排比研究。这三型楚式鬲是共生共存和并列发展的。它们虽都是炊器，但在日常生活中功用还不完全相同。例如A型鬲的口较大，壁较直，腹较浅，口沿一般有承盖的面（可以直接加盖），足窝只略内凹，利于直接烧煮和挹取食物。江汉为鱼米之乡，稻作与渔猎经济发达，这种炊器应与当地食物和生活习俗相关。而B、C型鬲，口较小，口沿多有承接器物的面，腹又较深，利于汽蒸食物，可能为分体甗的下部。宜城郭家岗出土的连体甗（图九，4），腰部内束成细腰形，下部与B、C型鬲十分接近，B、C型鬲主要与甑相配使用。甗下部主要为盛水烧煮器，可见B、C型鬲还可以用于温水、烧沸水和炊煮汤类食物。B、C型鬲较盛行于鄂西地区。B形鬲，在鄂东、鄂北和鄂东南地区不见或少见。C型鬲最常见于鄂西沮漳河流域。

---

〔1〕 郭德维：《楚系墓葬研究》，湖北教育出版社，1995年，第203-207页。

鄂西在战国阶段的遗存中，多见B、C型鬲，少见甗，一方面证明B、C型鬲是分体甗的组成部分，另一方面也反映出鄂西区域文化的特点。鄂西地区，不仅是楚文化渊源所在地和楚文化发展的中心地，同时还是我国鼎文化、鬲文化、釜文化的交汇地。我国古代不同区域的鼎、鬲、釜三种基本日用炊器，在鄂西由并存发展，到相互融合，形成了B、C型楚式鬲，尤以C型楚式鬲最为典型，C型鬲的形态似釜似鼎似鬲。鄂西地区自新石器时代以来，除鼎以外，还盛行釜，无论是宜都石板巷子新石器时代末期遗存，[1]还是沙市周梁玉桥商代后期遗存，[2]都以鼎、釜并列为基本炊器。而C型楚式鬲的器身为宽圜底，与鄂西传统的垂腹宽底釜极为相似。据此，可以看出楚文化来源的主要因素除包括长江中游的

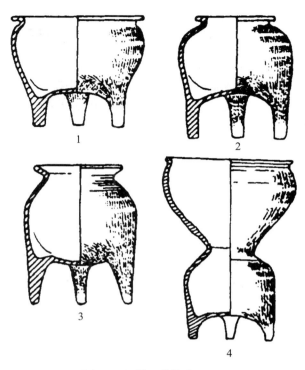

图九　江汉地区的楚式鬲和甗

1.A型（纪南城·西·T1⑤∶1）　2.B型（纪南城·龙·ⅠJ111∶6）　3.C型（纪南城·龙·Ⅰ④∶1）4.甗（宜城郭家岗H196∶1）

鼎文化和黄河流域的鬲文化外，还包括了长江上游的釜文化因素。C型楚式鬲融诸文化因素于一身，是探讨楚文化渊源的重要器物。

　　A、B、C型楚式鬲的器身，主要包括了两种基本形态：一种为大口，浅腹，呈盆状；一种为小口、深腹，呈罐釜状。在江汉地区，这两种基本形态的三足炊器是当地原始文化传统，早在新石器时代屈家岭文化中，作为该文化主要三足炊器的陶鼎，其基本形态就分为盆（或盘）形和罐（或釜）形两种，后继石家河文化陶鼎的基本形态也是这两种。从屈家岭文化到楚文化，日用炊器虽由鼎变成了鬲，但基本形态乃一脉相承，为楚文化渊源的"土著说"增添了重要证据。

　　楚式鬲与中原商式鬲、周式鬲的不同，除表现在制法、结构、外形和盛行时代等方面以外，还表现在它们的形态演变规律方面。它们作为商、周、楚三种文化的基本炊器，均有各

〔1〕　宜都考古发掘队：《湖北宜都石板巷子新石器时代遗址》，《考古》1985年第11期。
〔2〕　沙市市博物馆：《湖北沙市周梁玉桥遗址试掘简报》，《文物资料丛刊（10）》，文物出版社，1987年。

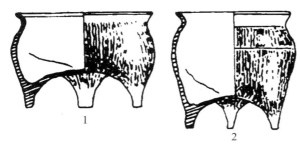

图十　江汉地区出土的西周晚期的周式鬲与楚式鬲
1. 周式鬲（汉阳乌龟山 T3②：T）
2. 楚式鬲（江陵荆南寺 T8③：51）

自不同的演变序列。掌握楚式鬲的演变规律也非常重要，从演变规律也可以更清楚看到楚式鬲并非商式鬲，或周式鬲的直接延伸。例如周式鬲和楚式鬲。虽然它们盛行时代有先后，但楚式鬲并非周式鬲直接发展而来。因为周式鬲的整体形态是由高、深逐渐变为矮、扁；裆由高、内瘪逐渐变成矮、弧，内瘪消失；三足由高、尖逐渐变为低、平；足窝由深逐渐变浅。到春秋时期，是周式鬲发展的最后阶段，周式鬲的三足几乎消失。而楚式鬲整体形态变化则几乎与周式鬲相反，它大约从西周中期开始，形态由较扁矮形向较瘦高形发展，裆部、三足和足窝始终变化都不甚明显。楚式鬲的主要变化反映在口、腹和足下部，口唇由上仰下勾变为方平，口由外卷到平折，腹部最大径由下逐渐上移，足下部由较尖细到较粗直。周式鬲与楚式鬲之间并不存在直接的演变关系。西周晚至春秋初是周式鬲与楚式鬲交汇和并列发展的关键时期，这时期存在的两种性质的鬲，形态差别很大。汉阳乌龟山第2层出土的为周式鬲（图十，1），江陵荆南寺第3层出土的为楚式鬲（图十，2），它们大体是时代相当的鬲，两者之间的差别和并存关系显而易见。周式鬲和楚式鬲各自的发展演变序列的不同，说明周文化并非楚文化的直接前身。

楚式鬲的研究是楚文化研究的重要课题。种种现象表明，江汉地区鬲的出现与中原民族的南移分不开；而楚式鬲的产生和发展过程大体也就是楚文化的产生和发展过程。大约从西周晚期开始，在鄂西沮漳河流域、蛮河下游和长江西陵峡部分地区，楚式鬲日用基本炊器的地位首先逐渐显示出来，证明楚文化发源地即在鄂西一带。进入东周以后，特别从春秋中期开始，用于殉葬和祭祀的鬲形态多种，尤其出现一些周式鬲，反映了楚文化因素的复杂、风格的灵巧多变和楚国兼吞"诸姬"的历史事实。

（原载《江汉考古》2001年第1期）

湖北省出土的战国秦汉漆器

　　湖北地处长江中游,土地湿润,气候温和,西部山区历来盛产油漆。广阔的江汉平原,江湖密布,地面多被水田覆盖,地下水位较高。战国秦汉墓葬多为深埋的竖穴式土坑木椁墓,而椁室四周又惯于用白膏泥或青膏泥填塞密封,出土时椁室内往往都有满满的清凉积水。深埋于墓内的漆木器长期不变地浸泡在相对恒温的地下水中而得以比较完整地保存两千余年。

　　湖北江陵是春秋战国时代楚国都城——郢的所在地,是楚文化发展的中心区域。在江陵楚故都纪南城遗址周围数十公里的范围内,分布着数以万计的楚国墓葬,这些墓葬多密集于低矮的山丘上或地势较高的平地上,已发掘的中、小型楚墓达2 000座以上(大型墓尚未发掘)。较大的楚墓墓底深度多在8、9米以上,小型墓葬的深度一般在3至5米之间。木椁都用厚硬木板构成,出土时许多棺椁都保存较好,椁内只有浸水而无淤泥,为漆器的保存提供了重要条件。

　　公元前278年,秦将白起拔郢,楚顷襄王东迁于陈(今河南淮阳)。从此江汉地区归属于秦,秦在江汉设南郡。据考古发现,江汉地区的战国秦墓和西汉前期墓葬,仍为深埋的竖穴式土坑木椁墓。70年代以来,在楚国故都纪南城内的凤凰山、毛家园和汉东地区的云梦睡虎地、大坟头等地陆续发掘了几批重要的秦汉墓葬。这些秦汉墓中,不仅有保存完好的凤凰山M168的西汉男尸、云梦睡虎地秦简、江陵张家山汉简,而且有大批保存如新的漆器。

　　湖北出土的战国秦汉漆器,主要有江陵望山和天星观等地中型楚墓的400余件、江陵雨台山楚墓的1 000余件、随州曾侯乙墓的200余件、江陵其他楚墓和荆门、当阳、老河口、鄂城、黄冈楚墓的约1 000余件;江陵凤凰山出土的秦至西汉早期的漆器600余件、江陵毛家园西汉早期的漆器140余件、云梦睡虎地和大坟头秦至西汉初年的漆器560余件、光化五座坟西汉中期的漆器40余件。共4 000余件。

　　我国的漆器具有悠久的历史。考古发现的实物资料表明,长江流域早在距今六七千年前的河姆渡新石器时代遗址中,就有了漆器(出土的木碗上有朱红涂料,性能与漆同)。在江苏吴江梅堰新石器时代遗址发现的彩绘陶器上的彩绘,原料可能是漆。在北方的河北藁城台西村商代遗址、河南安阳殷墟王陵和武官村大墓、辽宁昭乌达盟敖汉旗大甸子商代遗址中都发现了漆器或漆器残迹。《韩非子·十过》:"尧禅天下,虞舜受之,作为食器,斩山木而财之,削锯修之迹,流漆墨其上,输之于宫以为食器。诸侯以为益侈,国之不服者十三。舜禅天下而传之于禹,禹作为祭器,墨染其外,而朱画其内。"古代文献也记载,早在传说时代我国已有了作为日用品的漆器。从目前所见实物来看,在商、西周以前的漆器比较罕见,说明当时漆器的使用还有限。而到了春秋中、晚期以后,我国制漆工艺才得到较大的发展。特别到了秦汉时期,漆器工艺蓬勃兴起,各地竞相制作,漆器取代了青铜器的地位,我国古代进入了漆器生产的鼎盛时期。

春秋战国时期,楚国是生产漆器的主要地区。楚地多漆木,《尚书·禹贡》说豫州"厥贡漆枲",《山海经·中山经》"京山多漆木",《庄子·人间世》载楚昭王时,孔子南游于楚,楚狂曰:"漆可用,故割之。"今川、鄂、陕、黔等省边境地带,原属楚域,至今仍盛产漆。湖北西部的毛坝(坝)漆、建始漆和陕西西南部的平利漆均是著名的"国漆"。楚地多漆,为楚国漆器工艺的发展提供了有利条件。

楚地考古发现的漆器,目前较早的有蕲春毛家咀出土的西周早期的漆杯。其用黑、棕色为地,朱绘,已有相当高的水平。在春秋早、中期的当阳赵家湖楚墓和春秋中、晚的襄阳山湾楚墓中,常见漆棺和较大量从器物上剥落的漆皮。在当阳赵巷4号春秋楚墓中,出土了精美的漆木棺和方壶、簋、豆、俎、瑟等漆器。上述情况说明春秋时期楚国的漆器已经有了很大发展。

所发现的战国时期的楚国漆器种类、品别繁多,说明漆器已广泛应用于社会生活的各个方面。楚墓出土的战国漆器,可分生活用器、乐器、兵器和各种丧葬用品等四大类。其中生活用器主要有耳杯、盘、盒、豆、勺、酒具盒、工具盒、食盒、樽、卮、双联杯等。漆器胎骨,以木质为主,一般较厚。已出现少量的夹纻胎,如望山1号墓的漆削鞘,就是一件夹纻胎漆器。楚国漆器工艺水平,集中表现在雕工和漆工上。如望山1号墓出土的彩绘木雕小座屏,仅高15、宽51.8、厚3厘米。工匠运用透雕和浮雕相结合的手法,雕刻出鹿、凤、鸟、蛇、蛙等54只动物相互盘缠咬接的形态,加上细腻调和的彩色油漆,把各种动物表现得栩栩如生;雨台山427号墓出土的一件鸳鸯豆,盖和盘合成一只作盘颈侧视状的鸳鸯。尾部两侧绘有两只对称的金凤。鸳鸯身上用朱红、金、黄等色描绘,显得形象生动逼真。曾侯乙墓出土的鸳鸯形漆盒也十分生动,顶部还可以转动。腹身两边,一边绘撞钟图,一边绘击鼓舞蹈图。楚国漆器的工艺特色,还表现在装饰花纹上。楚国漆器花纹,内容广泛,形象生动,大体可分动物、植物、人物神话、几何云气等类。其中荆门包山2号墓出土的一件漆奁，周围绘人物车马出行图（周长60、高5厘米，在黑色地上，用红、黄、褐等色绘车4辆、马10匹、人26个、鸟9只、犬2只、豕1头）；上面讲到的曾侯乙墓漆鸳鸯盒两边绘的人物图，该墓漆匫盖顶的后羿射日图、内棺上的人头鸟身与兽首人身的守门神图、漆匫上的28宿图等都非常重要，大大超出了花纹装饰研究的意义。

湖北出土的秦汉漆器与楚国漆器相比，不但种类有所增加，而且制作技术又有明显进步。类别有礼器、生活用器、兵器、明器及各种丧葬用品。主要品种有耳杯、卮、奁（圆形、椭圆形）、盂、盘、盒（方形、长方形、圆形、椭圆形、半椭圆形等）、壶（圆形、扁形）、樽、杯、匕、长柄勺、凤形勺、匜、剑鞘、笥等20余种。

秦汉漆器仍以木胎为主，但普遍变轻薄；夹纻胎漆器的数量逐渐增多。不同的漆器器形往往采用不同的制作方法，例如采用挖、削、斫、卷、雕等种方法。器物造型讲究均匀对称，注重实用和整体的艺术美。有些器物把本身的基本形态和动物的形象巧妙地结合起来。例如一种实用的较大型的勺，整体雕成一只凤的形状，在凤的身背部挖凿勺体，凤的颈、首即为勺柄，在凤首、颈、身、尾各部位绘画羽毛和涂填不同的彩漆，使凤的形象生动地表现出来。江陵凤凰山70号秦墓出土的一件漆器，是具有高度工艺水平的"釦器"，箍釦为银质，器身嵌镶花纹，在器壁上刻有"廿六年左工最元"（秦昭襄王廿六年公元前281年）七字，这是目前我国发现的较早的一件"釦器"。在鄂北汉水中游的光化五座坟发掘的汉武帝前后的一批墓葬，由于墓葬位置地势较高，故漆器保存条件较差，许多漆器已经腐烂，尤其是薄麻布胎的"釦器"都已腐朽，这批墓中有三套奁盒，虽然腐朽，但可以看出都是"釦器"，并都为夹纻胎。例如5号墓出土的一套，大圆盒内装六个小盒（两圆、两长、一方、一半椭圆形），夹纻（麻布）胎，黑漆地，器身镶三圈银箍，器顶镶两个大小不同的银环，顶部中央镶一柿蒂形银片，周身在银箍和银环之间用金色和银色漆绘动物和流云纹、几何纹组成的图案。六个小盒也与大盒相似。5号墓出土的另一套圆奁盒，四周还另嵌料珠，器身周围粘贴用金箔剪成的飞禽走兽、奇花异草、波浪流云之类的图案。这批资料说明，西汉中期我国的"釦器"已大量出现，夹纻胎漆器也已普遍流行。考古发现表明，代表漆器高度工艺水平的"釦器"，大约兴起于战国晚期，盛行于西汉中期前后。光化五座坟6号墓、3号墓出土的两件漆卮，又是研究我国漆器另一种工艺的重要资料。这两件薄木胎漆卮，花纹为针刻描金，花纹内容为线条细而流畅的奔虎、仙人、玉兔、仙鹤或凤鸟。此两件卮，王世襄先生认为是我国目前发掘到的最早的针划填金漆器，"因此我们可以说，至迟在西汉中期已经有鎗金漆器了"（《文物》1979年第3期，第53页）。

湖北发掘的汉武帝以后的墓葬中，漆器数量明显减少，这可能与当时的葬俗或当时盛行砖室墓而使漆器不易保存有关。

湖北出土的秦汉漆器的工艺水平，最集中地反映在髹漆技术和花纹图案绘制方面。

漆器用材选料都有严格要求,所见木料、纻麻都质地优良,调配漆料比例合理,制成的胎骨都经过细心打磨填补修整,表面十分平整光滑。所髹的漆均匀细腻,均具有光亮如镜的效果,使水分和空气都无法浸入胎骨内。因此能够保存两千余年,至今仍然色泽鲜艳,不少完好如新。漆器的花纹图案,根据器物的形状与用途的不同而不同。一般容器有里红外黑、里外皆黑等种。生活用具等类器物,多在器物内底、口沿内外、耳部、柄部、腹部的色漆地上绘制各种绚丽夺目的花纹图案,常见的花纹图案由云气纹、卷云纹、几何勾连纹、波折纹、圆点纹、柿蒂纹、羽毛纹、变形鸟头纹、云凤纹、鸟纹、凤纹、龙纹、豹纹、牛纹、马纹、鱼纹和宽带纹、线纹分别组成。还有一些类似神人、神兽之类的图案。花纹图案的线条清晰流畅,动物和人物的图案形象生动逼真,大都构思新颖,寓意深刻,动与静的表现手法十分巧妙,具有相当高的艺术欣赏价值。花纹线条所用的色漆又是依据地色和内容的不同而定的,常用的漆有红、黄、浅黄、黑、褐等颜色。也有用金粉、银粉绘制的。还有用金箔、银箔镂刻成花纹图案,然后粘贴在器物上,再用漆盖压,使花纹灿烂华丽的。

江陵、云梦出土的秦至西汉早期的漆器,许多都有烙印或针刻的文字或符号。这些文字和符号对于我们研究当时的漆器工艺具有十分重要的意义。这些文字或符号反映了我国秦汉时期漆器的产地和生产漆器的工序、制度等方面的一些情况。在秦代漆器的烙印文字中,有"咸市""咸亭""许市""郑亭"等字样,表明这些漆器是当时"咸阳市亭""许县市亭""新郑市亭"所辖作坊的产品;在西汉早期漆器的烙印文中,有"成市草(造)""成府草(造)"的戳记,表明它们是成都市府作坊的产品。这些烙印标记,不但反映了秦汉时期商品广泛流通的情况,而且证明秦汉时期的秦都咸阳、颍川郡许县、河南郡新郑、蜀郡成都等地的漆器手工业都是很发达的。在烙印文中,还有"素""上""包(麭)""告(造)"等字样,应是当时漆器作坊中的素工、上工、汧工和造工的不同工种的标记,反映了当时漆器生产的分工和工序。贵州清镇、平坝,甘肃武威磨咀子和朝鲜出土的汉代后期的漆器上,依次标出素工、髹工、上工、铜耳黄涂工、画工、汧工、清工、造工八个工种。《盐铁论·散不足》有"一杯棬用百人之力,一屏风就万人之功"的记载,表明漆器生产需要消耗大量的人力物力,因而其价值要比一般青铜器昂贵得多。在针刻文字中,有制作者的住地(里)、身份和姓名,这显然是云梦睡虎地秦简所记载的"物勒工名"制度的反映。同时,从这些文字还可以看出有一部分漆器是私营漆器作坊的产品。所见同类漆器中,有许多大小规格相同、形制花纹一致的器物,云梦秦简中有"为器同物者,其小大、短长、广亦必等"的记载,证明秦汉时期制作漆器等器物的尺寸、形制都有严格的法律规定。

丰富多彩的漆器,是楚文化的基本特征之一。前面讲到楚地多产油漆,楚墓中随葬大量漆器。在湖北发现的秦汉漆器烙印文、针刻文中,虽然没有见到标明为江陵一带(南郡)

的产品,但从大批漆器的风格来看,秦汉漆器应是在楚国漆器的基础上发展起来的。秦占领楚地以后,一方面继承了楚国漆器生产的传统,例如耳杯、盒、樽、卮等的器形,动物形象的器物……都应来源于楚国漆器。另一方面进行了技术上和艺术上的改革,新的品种不断出现,制造技术不断提高,使漆器更为轻巧、精致、美观,用途更为广泛,实用价值更高。秦汉漆器在造型风格和花纹特点方面也出现许多不同于楚国漆器的地方。例如秦汉漆器以日用的饮食器和梳妆奁器为主,造型讲究精巧实用,多使用薄板卷制(木胎)或夹纻胎。纹饰流行平面彩绘几何勾连纹、云气纹、圆点纹、人物和动物图纹等。而楚国漆器中盛行的虎座鸟架鼓、卧鹿、镇墓兽、高柄豆等,以及漆器上常见的浮雕或镂雕的鸟、蛇、螭等形象,都是秦汉漆器中所不见或少见的,明显地表现出两个历史时期漆器的不同工艺风貌。

(1990年11月2日,香港中文大学文物馆学术演讲稿,刊于《江汉考古》1995年第2期)

湖北省楚文化考古发现与研究

　　回顾湖北省文物考古的历史，硕果累累，十分令人鼓舞。湖北省是楚文化的摇篮，楚郢都的所在地，故探索楚文化的工作，是我省文物考古工作者的重要任务。从考古学的角度探索楚文化，始于本世纪二十年代后期，而湖北省开展这项工作比安徽、湖南、河南等邻省为晚。在湖北省博物馆建馆初期，大家对省内楚文化遗迹遗物，甚至对楚郢都纪南城及其周围的情况都了解很少。湖北省博物馆建馆以后，特别是进入六十年代以后，考古工作者围绕楚文化的探索，以江陵楚郢都纪南城为中心，在湖北省境内做了大量的考古调查、试掘和发掘工作，取得了丰富的城址、墓葬资料，尤其是发现了大批绚丽多彩的楚文物，为湖北省楚文化研究打下了良好基础。1980年，中国考古学会以讨论楚文化为重点的第二次年会在湖北省武汉市召开，接着又成立了湖北、湖南、河南、安徽四省楚文化研究会，大大促进了湖北省探索楚文化工作的深入开展。对楚墓的研究、楚城址的探讨和楚文化渊源的追溯等工作，都逐渐走向深入，并将楚文化的研究和湖北省的新石器时代考古、商周考古等项工作有机地统一起来，带动着湖北省考古工作全面开展。以下就湖北省楚文化考古的发现与研究情况做一简略概述。

一、楚城址的调查发掘与初步探讨

　　湖北省境内，发现的古代城址相当多。而东周时期的城址，一般都属楚文化范畴。早在五十年代初，我们就对湖北江陵县境的楚郢都——纪南城进行了地面调查。六十年代初，在江陵设立了考古工作站，开始对纪南城遗址进行普探，并对城址内农田水利建设工程中所发现的一些水井、窑址和城址外渠道施工中暴露的文化堆积，进行过重点清理发掘。从七十年代起，一方面继续对纪南城进行全面的勘查和较大规模的发掘，其中发掘了南垣水门、西垣北门、30号宫殿建筑台基、陈家台冶铸作坊遗址和龙桥河西段的部分水

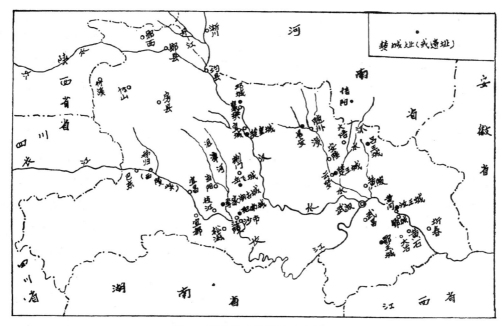

图一　湖北境内楚城址分布简图

井、窑址[1]等；另一方面对宜城楚皇城、[2]当阳季家湖楚城[3]进行了勘查和局部发掘,对襄阳邓城、黄冈汝王城、大冶鄂王城等进行了地面调查,还对云梦楚王城、大悟吕王城、大冶大箕铺古城和草王嘴古城、随州安居遗址（图一）等进行了初步了解。以上工作,使我们对湖北境内的东周城址有了初步认识,为探讨楚城址提供了丰富的实物资料。

　　关于楚郢都的地望与年代问题,我国学术界曾有不同意见,至今意见仍未统一。有的同志提出楚郢都并不在今江陵,或不在今江陵纪南城而在今江陵郢城；有的同志认为楚文王始都郢起,郢都一直就在今纪南城；还有的同志说公元前506年以前的郢都在江陵纪南城,而公元前505年至公元前279年楚迁都宜城县境内的都。而根据纪南城的勘查与发掘资料,从其宏大的城址与城垣兴废年代,城内宫殿建筑基址的规模和其他遗迹遗物的发现,城外密集的大、中、小型楚墓的分布及其年代等情况综合分析,可以初步断定纪南城是战国时期的楚郢都所在地。至于春秋时期的楚郢都究竟在何处？目前还需继续探讨,我们认为不会距离纪南城太远。值得注意的是在纪南城之西北与其相距约40公里的当阳季家湖楚城遗址,城址规模较大,城内有相当多的夯筑台基和其他遗迹遗物分布。特别是

〔1〕　湖北省博物馆:《楚都纪南城的勘查与发掘》,《考古学报》1982年第3、4期；湖北省博物馆编:《楚都纪南城考古资料汇编》,1980年。
〔2〕　楚皇城考古发掘队:《湖北宜城楚皇城勘查简报》,《考古》1980年第2期。
〔3〕　湖北省博物馆:《当阳季家湖楚城遗址》,《文物》1980年第10期。

在一号台基上出土了春秋时期的铜质车厢饰件(饰有精细美观纹样;图三,1)和"秦王卑命"铭文铜甬钟等重要文物;城外北部不远已发现有大批春秋时代的楚墓(赵家湖楚墓群)。有的同志推测季家湖楚城就是春秋时期的楚郢都。[1]但不管如何?该城应与楚都有着密切的关系。宜城的楚皇城、襄阳的邓城、大冶的鄂王城等城址,城内外都有相当丰富的楚文化遗存,它们可能分别为楚国的鄢、邓、鄂等三邑的故址。

经过大量的勘查与发掘,基本理清了楚郢都纪南城的城垣范围、城垣结构、城门分布、河湖水系、城内外大体格局等情况。城垣范围平面略呈正方形(南垣偏东处向外凸),面积约16平方公里。城垣为土筑,分墙身、内护坡、外护坡三部分,墙身基部宽10-14米,并下挖基槽,夯层厚10厘米左右。内、外护坡乱夯筑成,外护坡比内护坡的坡度大。城垣外围有宽40至80米、局部地段宽达100米的护城河遗迹(南垣凸出部分和东垣南门、北垣西门以及北垣东段大缺口等四处,没有发现护城河遗迹),护城河与城内四条古河道相通,与城东宽广的长湖连成一个完整的护城排灌交通水系。《考工记·匠人》"匠人营国,方九里,旁三门",但目前纪南城的发现与之并不相同。城垣四方只发现城门各两座,其中还包括东、南、北垣的水门各一座(东垣古河道出城处,因破坏较严重,目前还没见到水门遗迹,据南、北垣古河道通过处都有水门的情况,推测应有水门)。据西垣北门和南垣水门的发掘情况,可知城门设三个门洞。西垣北门的门洞,中间的比两旁的宽一倍,中间的"驰道"应为国君专用,两侧的"旁道"才是百姓通行的地方,城门内两侧还有附属建筑。南垣水门是用木柱、木础和木板构筑而成,在木构建筑的基部发现有奠基现象,出土木头经碳14测定,年代距今2 430±75年。城内已探明的夯筑台基有84座。台基最长的达130米,最宽的达100米,集中于城内地势较高的东南部和东北部。其中东南部(松柏村)的夯筑台基排列有序,并在台基群之东侧和北侧均发现有内城和内城壕的迹象,这一带应为纪南城的主要宫殿区。该宫殿区之南部的凤凰山,是城内的制高点,此处的南垣外凸,把整个凤凰山包围入城内,并设有一城门;城垣外护城河断缺,这种建筑形制比较独特。在凤凰山上发现和发掘了重要的秦汉墓群,其中有一部分秦汉墓打破了与城址同时的夯筑台基。被秦汉墓打破的台基显然与楚都宫殿建筑关系密切,今后工作应特别注意。城址中部偏西北方(纪城村西南部),暴露了特别密集的水井、窑址和与烧窑相关的文化层,这一带应是以制陶为主的作坊区。城址内西南部(新桥村)已发现了铸炉、炉渣、锡饼、陶范、鼓风管等遗存及与冶铸相关的陈家台遗址,这一带应属以铸造为主的作坊区。城址内西北部(徐岗村),发现的遗存较少,但发现了陕家湾和东岳庙两个春秋时期的楚墓区(以小型墓为主),这个区域属何所在? 还需继续探索。纪南城的墓区主要分布于城外数十公里

---

〔1〕 顾铁符:《楚三邑考》,《楚史研究专辑》,第31-34页。

的广大范围内。城外东北部的雨台山，南部的拍马山、太晖观、张家山，西部的葛陂寺等墓区，以小型楚墓为主，应为"邦墓"之地。城外西北方的八岭山，城外北部的纪山一带，大型土冢林立，应为"公墓"之地。另外，城外南部一带，也分布了一些夯筑台基，并曾出土过少见的大型彩绘石磬二十五具。这一带可能是与祭祀有关的场所（图二）。

在纪南城和季家湖楚城等城址内，都发现了不少楚文化系统的重要遗迹，其中主要有房屋（包括宫殿）基址、水井、窖穴、窑址、铸炉、灰坑等。纪南城发现的大型夯筑台基主要

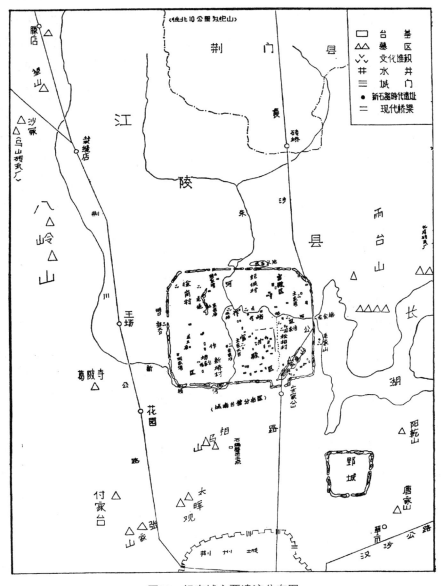

图二　纪南城主要遗迹分布图

有两种：一种是以三十号台基为代表的宫殿基址，一种是如陈家台这样的作坊基址。三十号台基有早、晚两期宫殿建筑遗迹，晚期宫殿遗迹保存较好，夯筑墙基宽 1 米，墙基整体平面呈长方形，东西面阔 63 米，南北进深 14 米，并分东、西两大间。墙基内、外侧有壁柱。北墙外 12.5 米、南墙外 16 米处，各有磉墩一排。磉墩外有散水和水沟，在散水堆积中发现了成排的陶质排水管道。磉墩平面作长方形，长 1.35 米，宽 1 米，是在挖成的坑内填黏土掺红烧土、瓦片，层层夯打而成，十分坚硬。在纪南城和其他楚城址内均未发现石柱础，磉墩可能就是楚式柱础。陈家台冶铸作坊遗址保存较差，仅在夯筑台基上发现了部分规模不大的残墙、柱洞等建筑遗迹，在台基侧边暴露了铸炉两座，出土了不少成块的木炭和锡攀钉、铜棒、锡渣、残陶范和鼓风管等遗物。在台基上还发现了成堆的炭化稻米，经碳 14 测定，年代距今 2 410 年 ± 100 年。在纪南城内发现的水井和窑址十分密集，特别是水井，分布广而数量多。在松柏村的周家湾、余家大台，纪城村的文家湾，新桥村的余家垱、陶家湾，徐岗村的湖口（西垣北门一带），特别是龙桥河两岸都发现了水井群。其中城中部偏东北的龙桥河西段，于 1975 年底至 1976 年初的一次配合工程调查中，在长约 1 000 米，宽约 60 米的范围内，发现了水井 256 座，窑址 4 座。水井主要有土坑井、陶圈井、木圈井和竹圈井四种。其中陶圈井最多，陶井圈直径与高度都在 80 厘米左右。陶井圈的最下节底部用“二”“十”“井”字形木架承托。陶井圈以下的井壁，有的还有芦苇编织物。河 I 79 号井的陶井圈托木，经碳 14 测定，年代距今 2 480 年 ± 80 年。木圈井共发现 3 座，是由两根大树分别凿成木槽后相套合而成。河 I 167 号井圈木，经碳 14 测定，年代距今 2 455 年 ± 80 年。纪南城的水井用途大约分四种，除供生活用水、烧窑用水两种以外，有一种根据井内遗物少而出土完整的大陶瓷等情况分析，可能为冷藏食物用；还有一种，上半部仅有一至二节陶井圈，圈底用“二”或“井”形木架承托，木架以下井壁光滑，井壁对应位置有供人上、下蹬踏的脚窝，而井内杂物也较少，这种井可能为储藏井。由于地下水位的变化，和附近发现的楚墓墓坑一样，底部都在水位线下。长期以来，我国古代城址中发现水井之多的情况，使人困惑难解。纪南城这两种井的发现，可以帮助我们理解这个问题了。纪南城发现的窑址，平面多作椭圆形或近长方形，由门道、火膛、窑床和烟囱四部分组成。此外，也在当阳季家湖楚城城址内局部发掘了夯筑台基和窖穴等遗迹，其中窖穴为圆形竖穴式，有个窖穴内发现大量黑色粒状灰烬，应是储藏粮食所用。纪南城和其他楚城所发现的遗迹，有助于我们认识和探讨楚文化的特点，也是我省探索楚文化工作中的重要收获之一。

我们在楚城址的勘查、发掘中，另一重要收获是对楚城址中出土遗物的认识。楚城址中常见遗物为陶器，也可以看到较零星的一些铁、铜、锡、金等金属制品，还可以发现一部分漆、木、竹器和丝麻织物残件。陶器可以分成四大类：一为建筑材料，计有筒瓦、板瓦、瓦当、排水管、井圈、空心砖片等种。瓦类和排水管制作都较粗糙，尺寸一般较小，饰绳纹,但火候甚高。纪南城所见瓦当,几乎都是圆形素面的,楚式瓦当有纹饰的少见。排水管主要见于纪南城三十号台基处,为圆筒形,表面不甚平整,口径较小,其中一件长66.5、口径17-19厘米。空心砖,仅在纪南城内发现一些残片,但所见残片制作都相当精致,表面都有几何形纹浮雕,也有的间以龙、蝉之类的动物图案(图三,2、3)。据安徽寿县楚寿春城遗址内的发现,这种空心砖是宫殿台基镶嵌砖;二为生活日用品,主要器形有鬲、釜、盂、罐(又分长颈罐、汲水罐和小口鼓腹罐等型)、豆、盖豆、盆、瓮、甑、器座等。纹饰以绳纹为主,弦纹次之,还有附加堆纹和刻划纹等,豆盘内和盖豆上腹部常见暗纹。纪南城内还普遍出土具有特征性的喇叭形口、长颈、小腹、内凹形底的罐。除了冷藏用的大陶瓮和一部分宽沿陶盆以外,一般器形都显得比较小,制作也较为粗糙。最常使用的日用炊器为高足"鼎式鬲",还有釜和少量的甑;三为生产工具,有陶拍、陶垫、陶刷、网坠、纺轮、陶范等;四为祭祀用品,纪南垣水门和龙桥河西段都出土了用手捏制的没有实用价值的陶小鬲、小壶、小罐和小盂,从出土于南垣水门木构建筑基部的情况来看,这种"明器"应为祭祀用品。在金属制品中,以铁器的发现最为重要,纪南城出土的铁器有镰、凹口锄、镢、耒耜、斧、凿、削刀、鱼钩、坩埚和釜等(图四),器形种类繁多,造型先进,具有很高的实用价

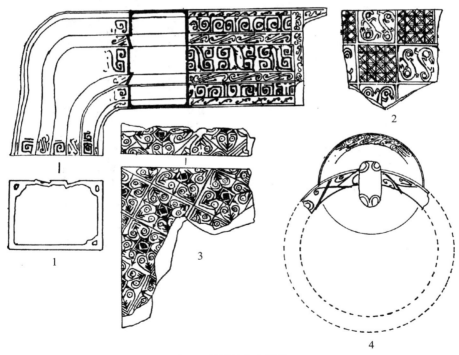

图三　楚城址出土遗物

1.铜车厢饰件(季家湖楚城一号台基出土)　2.空心砖片(纪南城龙桥河西段出土)
3.空心砖片(纪南城南垣水门出土)　4.铜门环(纪南城30号台基出土)

值。可见楚国是较早使用铁器的国家，战国时期楚人已把铁器普遍应用于生产和日常生活领域中，同时表明楚国冶铁业已经发展到了一个相当高的水平。其他金属制品还有嵌错的铜门环（图三，4）、饰花纹的铜车厢构件，还有铜钟、鼎片、敦足、矛、箭头、刻刀、削刀、印章；锡饼、攀钉；金币郢爰、陈爰等。在纪南城的水井和古河道中，常常可以看到一些漆、木、竹器的残品，而在楚墓中漆木竹器非常丰富，以此推测楚国贵族在日常生活中，已普遍使用了漆木竹器，这也可能是城址中日用陶器精品少见的原因。

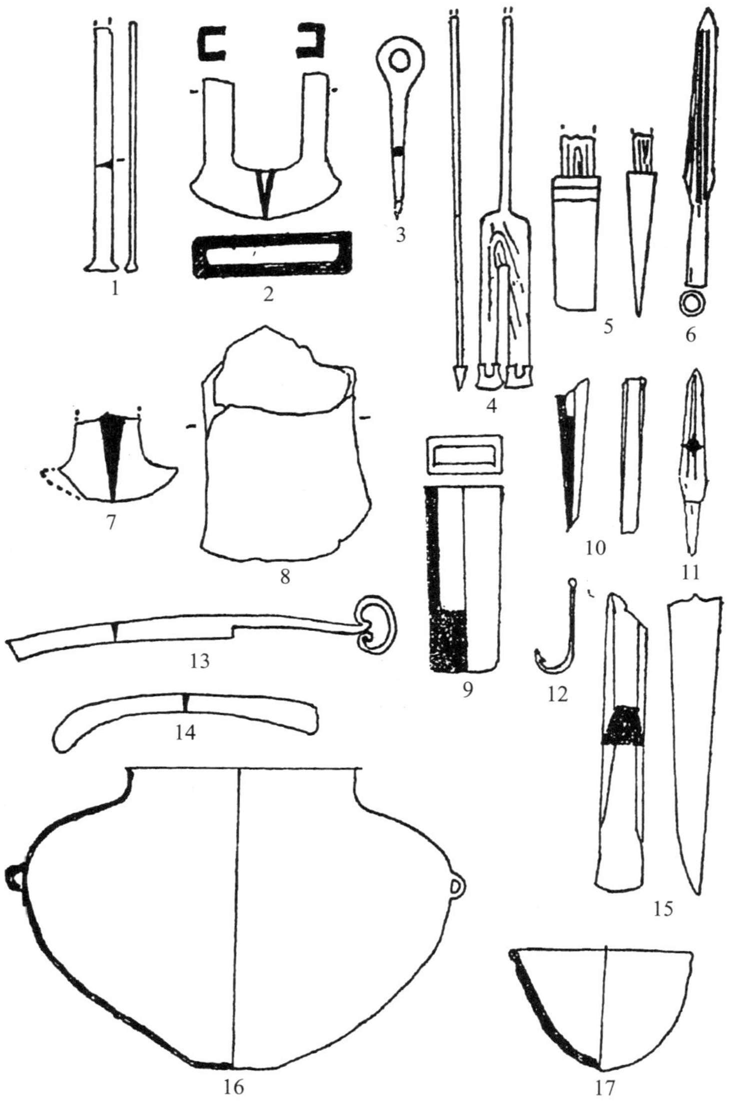

图四　纪南城出土的铁器

1–3. 刀、臿、锥（松柏水井出土）　4、5、8、16、17. 耒耜、镢、斧、釜、坩埚（龙桥河水井出土）
6、11、12、13、14、15. 矛、箭头、鱼勾、削刀、镰、凿（南垣水门出土）　7、9、18. 斧、镢、凿（30号台基出土）

二、楚墓的调查、发掘与研究

湖北地区是楚墓最多的地区,尤以沮漳河流域最为密集,已发现的楚墓群主要分布于楚城址的附近。

我省第一次发掘楚墓是1955-1956年在配合武(汉)大(冶)铁路工程中进行的,当时在铁路线上的鄂城、大冶一带发掘了小型楚墓29座。[1]第一次发掘楚郢都纪南城附近的楚墓是1958年发掘的江陵谭家湾楚墓1座,墓中出土了"楚王孙鱼戈"。[2]五十年代,还在郧县城关发掘过楚墓25座;在武汉市郊谌家矶等地,也有一些零星的楚墓发现。

六十年代前期,考古工作者围绕纪南城的考古工作,配合各类建设工程,对沮漳河以东江陵一带的楚墓进行了较全面的调查和较系统的清理发掘。对江陵太晖观、[3]张家山、葛陂寺、[4]拍马山(北)、李家咀、万城、付家台、七亩山、奶妈坟、关沮口、陕家湾、[5]望山、[6]沙冢[7]和松滋大岩咀[8]等墓区都进行过调查或发掘。其中在望山、沙冢、张家山、太晖观、拍马山(北)等处共发掘了中、小型楚墓150座以上。

七十年代以来,一方面继续配合工程建设,在江陵又调查或发掘了荆砖土场、拍马山(南)、[9]李家台、雨台山(秦家咀)、[10]武昌义地、关坪、施家洼、枣林岗、藤店、[11]南港桥、

〔1〕 湖北省博物馆资料(未正式发表);熊亚云:《湖北鄂城七里界战国木椁墓清理》,《考古通讯》1955年第2期。

〔2〕 陈上岷:《江陵发现战国木椁墓》,《文物》1959年第2期;石志廉:《"楚王孙鱼"铜戈》,《文物》1963年第3期。

〔3〕 湖北省博物馆:《湖北江陵太晖观楚墓清理简报》,《考古》1973年第6期;湖北省博物馆等:《湖北江陵太晖观50号楚墓》,《考古》1977年第1期。

〔4〕 湖北省文物管理委员会:《湖北省江陵出土虎座鸟架鼓两座楚墓的清理简报》,《文物》1964年第9期。

〔5〕 湖北省博物馆:《楚都纪南城的勘查与发掘》,《考古学报》1982年第3、4期;湖北省博物馆编:《楚都纪南城考古资料汇编》,1980年。

〔6〕 湖北省文化局文物工作队:《湖北江陵三座楚墓出土大批重要文物》,《文物》1966年第5期。

〔7〕 湖北省文化局文物工作队:《湖北江陵三座楚墓出土大批重要文物》,《文物》1966年第5期。

〔8〕 湖北省文物管理委员会:《湖北松滋县大岩嘴东周土坑墓的清理》,《考古》1966年第3期。

〔9〕 湖北省博物馆等:《湖北江陵拍马山楚墓发掘简报》,《考古》1973年第3期;荆州博物馆:《江陵雨台山楚墓发掘简报》,《考古》1980年第5期;湖北省荆州地区博物馆:《江陵雨台山楚墓》,考古学专刊丁种第27号,文物出版社。

〔10〕湖北省博物馆等:《湖北江陵拍马山楚墓发掘简报》,《考古》1973年第3期;荆州博物馆:《江陵雨台山楚墓发掘简报》,《考古》1980年第5期;湖北省荆州地区博物馆:《江陵雨台山楚墓》,考古学专刊丁种第27号,文物出版社。

〔11〕荆州地区博物馆:《湖北江陵藤店1号墓发掘简报》,《文物》1973年第9期。

天星观、[1]东岳庙、[2]岳山、[3]溪峨山[4]、九砖土场、马砖土场和荆门后港等墓区。其中在藤店、天星观、雨台山、九砖土场、马砖土场等处发掘并清理了大、中、小型楚墓约1 500座。此外,还对江陵八岭山、双冢、川店、纪山、藤店、裁缝店、雨台山、九店、董场、观音垱、纪南城南郊等地的有冢楚墓进行了系统调查,发现现存封土堆周长13米以上的有633座。其中封土堆高6米,周长120米以上的有59座。另一方面对全省其他地区的楚墓也进行了比较广泛的调查与发掘工作。在沮漳河以西的宜昌地区有宜昌前坪和葛洲坝、[5]当阳窑湾、赵家湖、[6]鲁家坟;[7]在汉水中游的襄阳一带有襄阳山湾、[8]蔡坡、[9]宜城雷家坡、魏岗;[10]在涢水流域有随州擂鼓墩、云梦珍珠坡;[11]在鄂东南地区有鄂城百子畈、洋澜湖、七里界、鄂钢、[12]黄冈国儿冲、[13]大冶鄂王城西郊等地的楚墓群,都进行过调查或发掘工作。其中在宜昌地区的赵家湖等地共发掘了中、小型楚墓300余座;襄阳一带的山湾、蔡坡等地发掘了中、小型楚墓50余座;涢水流域的随州擂鼓墩,云梦珍珠坡发掘了中、小型楚墓10余座;在鄂东南地区发掘了中、小型楚墓40余座。此外,还在当阳季家湖楚城西北方、襄阳邓城的北部、黄冈汝王城的南部、大冶鄂王城的西部,都发现了成群的高大土冢,大都可能是较大型的楚国贵族墓群。

　　我省三十多年来,发现了数以千计的楚墓,其中共清理发掘了2 000座以上的大、中、小型楚墓。出土了大批珍贵历史文物,为楚墓的综合研究积累了大批资料,也已初步取得了一些研究成果。

　　对楚墓的分区、分类、分期的工作,是研究楚墓的基础性工作,目前我们正在着手进行,并有了大体的轮廓。我省所发掘的楚墓,大致可分成七期十三段(表一),时代自西周晚期起,至秦将白起拔楚郢都时止,并能分出大、中、小型三大类和找出若干区系差异。

〔1〕　湖北省荆州地区博物馆:《江陵天星观一号楚墓》,《考古学报》1982年第1期。
〔2〕　荆州地区博物馆:《江陵岳山大队出土一批春秋铜器》,《文物》1982年第10期。
〔3〕　荆州地区博物馆:《江陵岳山大队出土一批春秋铜器》,《文物》1982年第10期。
〔4〕　荆州地区博物馆:《江陵岳山大队出土一批春秋铜器》,《文物》1982年第10期。
〔5〕　湖北省博物馆:《宜昌前坪战国两汉墓》,《考古学报》1976年第2期。
〔6〕　高仲达:《湖北当阳赵塝楚墓发掘简报》,《江汉考古》1982年第1期;宜昌地区文物工作队:《当阳金家山9号春秋楚墓》,《文物》1982年第4期。
〔7〕　湖北省博物馆:《当阳季家湖楚城遗址》,《文物》1980年第10期。
〔8〕　湖北省博物馆:《襄阳山湾东周墓葬发掘报告》,《江汉考古》1983年第2期。
〔9〕　襄阳首届亦工亦农考古训练班:《襄阳蔡坡12号墓出土吴王夫差剑等文物》,《文物》1976年第11期;湖北省博物馆:《襄阳蔡坡战国墓发掘报告》,《江汉考古》1985年第1期。
〔10〕　楚皇城考古发掘队:《湖北宜城楚皇城战国秦汉墓》,《考古》1980年第2期。
〔11〕　云梦县文化馆:《湖北云梦县珍珠坡一号楚墓》,《考古学集刊》1981年第1期。
〔12〕　鄂城县博物馆:《湖北鄂城鄂钢53号墓发掘简报》,《考古》1978年第4期。
〔13〕　黄州古墓发掘队:《湖北黄州国儿冲楚墓发掘简报》,《江汉考古》1983年第3期。

表一　湖北地区楚墓分期简表

期别	段别	典型墓葬举例	时 代
第一期	前段	枝江百里洲王家岗楚墓；当阳郑家凹子 M4、M6、M8、M13	西周末至春秋初
	后段	当阳赵家塝 M2、赵家湾 M6；江陵陕家湾 M1	春秋早期
第二期	前段	江陵岳山楚墓；当阳金家山 M9；江陵陕家湾 M2、东岳庙 M4	春秋中期
	后期	当阳赵家塝 M4；襄阳山湾 M15、M24	
第三期	前段	襄阳山湾 M6、M14、M33；当阳赵家塝 M3、李家凹子 M3	春秋晚期
	后段	襄阳山湾 M23；江陵雨台山 M496、东岳庙 M3	
第四期		江陵付家台 M1，雨台山 M113、M89	春战之交
第五期	前段	襄阳蔡坡 M4、山湾 M19、M28；江陵雨台山 M420	战国早期
	后段	襄阳山湾 M30；江陵雨台山 M90、张家山 M112	
第六期	前段	江陵雨台山 M183；襄阳山湾 M5、M21、M34	战国中期
	后段	江陵天星观 M1、望山 M1；襄阳蔡坡 M8、M9	
第七期	前段	江陵雨台山 M555；鄂城洋烂湖 M1；黄冈国儿冲 M1	战国晚期
	后段	襄阳山湾 4；鄂城钢厂 M1	

1. 沮漳河流域　包括江陵、当阳一带。该区域是楚国活动的中心，是楚文化发展的摇篮，是典型楚墓分布区。在此处已发掘的墓葬数量最多、资料最丰富，发展序列和变化规律都较明朗。已发掘了大、中、小型三大类墓葬，其中中、小型墓还能分出一些较小的类别。总括各类墓葬，七期十三段墓齐全，但并非每一类墓都能分如此多期（段）别。例如已发掘的较高级的贵族大型墓仅有江陵天星观一号墓，属第六期后段。而中等贵族的中型墓，数量虽已不少，但均属第三期以后，特别是第六期较常见。

综观沮漳河流域的楚墓发展趋势，河西当阳地区的时代偏早，河东江陵地区的时代偏晚。

2. 三峡地区　包括宜昌、秭归、巴东一带。该地区毗邻巴蜀，是楚国境内巴、濮、楚等民族的杂居处。这里的楚墓多有巴蜀文化因素。例如楚墓中，往往出"巴式剑"或"巴式戈"等武器。目前这个地区仅发现第六、七期的小型墓葬。

3. 汉水中游地区　包括宜城、襄阳、郧阳至河南淅川一带。这个地区原为邓、鄀、谷等诸国旧地，又接壤三晋、周、郑，所见楚墓明显具有当地文化传统和中原文化因素，情况比较复杂。例如墓中往往出非楚的陶器或非楚的铭文铜器。已发掘的楚墓（包括相邻的河南淅川的）有大、中、小型三大类（我省有中、小型两类），可分为五期，即相当于第三期至第七期。

襄阳山湾一批第三、四期出铜器的中型墓，是一批重要的贵族墓葬，是我省一批较为集中的春秋楚国贵族墓葬。

4.涢水流域　包括随州、云梦一带。这个地区长期为"汉阳诸姬"所盘踞,尤其明显的是姬姓的曾(随)国直至战国早期还保留了"曾(随)侯"称谓(据曾侯乙墓的发现),这一带自商周以来一直是中原文化传统占突出的地位。从楚民族或楚国的角度考虑,真正楚人或楚国的墓葬出现是比较晚的。至今所发现的仅有随州擂鼓墩二号墓(属大型墓)和云梦珍珠坡一号墓(属小型墓),两者均为第六期。应当指出的是相当于第五期的大型的随州擂鼓墩一号墓,应属曾(随)国墓葬。如从文化系统的角度划分,也可归入楚文化系统之中。

5.鄂东南地区　包括黄冈、麻城、鄂城、大冶一带。该地区邻近吴越,应有大量越人(即扬越)分布。所见楚墓具有较多的吴越文化因素。例如墓中有印纹硬陶的存在。所发现的楚墓属第五、六、七期,有中、小型两大类。

通过对楚墓初步的分区、分类、分期工作,我们认识到我省各区域的楚墓虽有占主导地位的共同特征,但也有程度不同的差异,各区域都有自身的发展序列。从各自的发展序列中,已可以看到楚文化形成和发展过程的粗略线条。

具有高度发展和独特风格的楚文化,在楚墓中得到了充分的反映。尤其是春秋中期以后的楚墓,与三晋、周秦地区的同期墓葬相比,有着迥然不同的特点。例如,我省发现的战国时期的楚墓,共同的特点是:大、中型墓,一般都有高大的封土堆、斜坡墓道和多级台阶,甚至一些小型墓,也往往有斜坡墓道和一、二级台阶;所有墓基本上为口大底小的长方形竖穴土坑木椁式,无洞室或空心砖墓。木椁四周常用白膏泥或青膏泥填封。椁室按身份高低,分多个箱室;木棺有方棺和弧棺两种,棺底板都是悬空的;葬式以仰身直肢葬为主,大墓的头向多朝东,小墓的头向多朝南;随葬品中,漆木竹器普遍流行,其中以耳杯、镇墓兽、鹿、瑟、鼓、席和兵器附件最为常见,尤有特色的是镇墓兽和乐器。随葬的陶器流行鼎、簠、敦、圈足壶、缶(罍)、镶壶、盘、匜、勺等。鼎分无盖大鼎、盖鼎、立耳平底鼎、小口盖鼎等种。盖鼎、簠、敦、壶等主要礼器往往成双成对使用;陶器上流行用红、黄、深黑等色彩绘花纹,图案有菱形纹、云纹、蟠螭纹、雷纹等种;铜器中,兵器所占比例大,尤以剑最多。铜容器胎壁较薄,素面的为多,纹饰盛行三角云纹、圆涡纹等,铜、陶容器的共同特点是器身较瘦长、高足。楚墓所具有的这些特点,在研究楚文化的性质及其与周围文化的相互关系等方面都有着重大意义。

我省发现的楚墓出土遗物,包括铁、铜、陶、漆、木、竹、玉石、皮革、丝麻织物等类,还有成批的竹简、铜器铭文等文字资料。文物数量多而器类繁,这是同期的其他列国墓葬所少见的。这些文物充分反映了楚国的生产力水平及手工业、农业、商业和文化艺术等方面的状况,是各学科研究楚文化的珍贵资料。

铁器开始出现于春秋晚期至战国早期的楚墓中,但主要是一些较小型的生产工具,数量并不太多。而战国中期、晚期的楚墓所出土的铁器,不但数量增加,而且出现了铁足铜鼎、错金银铁带钩之类的工艺水平很高的精器。这进一步证明楚国大量应用铁器的时代是战国时期,而铁器开始出现的时代最迟已可以溯至春秋后期。铁器的广泛使用,大大促进了社会生产率的提高。因此到了战国时代,城市的规模、农业、手工业和商业等方面都发生了划时代的变化。襄阳山湾、当阳赵家湖、江陵岳山等处春秋中、晚期的墓内青铜器,已经表现出明显的楚文化独特风格,表明楚国大约在春秋中期前后已有了自己独立的、可与中原列国相比的铜器制造业。江陵望山、天星观及襄阳蔡坡等地战国早、中期墓中的铜质镶嵌器、镂孔器、浮雕器等种器物反映了楚国在铸造、焊接和装饰等方面都具有高超的工艺水平。战国中期的马山一号墓,被称作"丝绸宝库",出土了成批的丝绸衣衾。计有棉袍、单衣、夹衣、绵裙、单裙、绵袴、帽、鞋面、湫衣、衾、纱、握、幎目、质、镜衣、囊、枕套等种。这些衣衾的材质包括了丝织品中的绢、纱、绨、罗、锦、绮、绦、组等八大类。绢、罗中有大量的刺绣。花纹图案有虎、龙、麒麟、凤、鸟、飞禽、蛇、花卉、舞人等种,纹样结构十分复杂精细。颜色有朱红、茄紫、深赭、浅绿、金黄、茶褐、棕黄、绛红等色,色彩鲜明艳丽且调和,每组图案就是一幅艺术珍品。这些丝织品的质量与图案设计都充分反映了楚国的丝织生产技术和文化艺术所达到的高度成就。江陵战国早、中期墓中常常出土大批的精美漆器,这不但反映了楚国物质文化方面的特点,而且说明了楚国对于我国漆器工艺的发展有着重要贡献。另外,陶、竹、木、玉、石、皮革、铅、锡等器的发现,都在不同的方面,展现了楚国手工业、商业的发达情景和工艺技术达到的高度水平。

楚墓中,特别是战国早、中期的楚墓中所出土的文书工具、竹简、乐器和铜器铭文、漆书文字、绘画图案、造型艺术等方面的资料十分丰富。这些资料是楚国文化高度成就的具体记录,对于研究楚国的文字、音乐、美术、舞蹈等方面,都具有重要价值。

襄阳、当阳、江陵、随州等地的楚墓,除出土"楚子迖鼎""楚子敦""楚屈子簠""楚王孙鱼戈"等楚国铭文铜器以外,还往往出土其他国别的铭文铜器。其中主要有"邓公乘鼎""上都府簠""郎子行盆""蔡公子姬安缶""越王勾践剑""越王朱勾剑""越王剑""吴王夫差剑""吴王夫差矛""徐王义楚剑""都君用宝戈""番仲戈""许之造戈""曾仲之孙羕祖用戈"等。这些铭文铜器不但为我们研究邓、都、郎、蔡、越、吴、徐、番、许、曾等国的地理历史提供了重要实物资料,而且对研究楚国与这些小国之间的关系和研究楚文化形成与发展方面都有重要的意义。

三、楚文化渊源的追溯及初步取得的成果

为了探索楚文化的渊源问题,我们在考古学界的有关专家学者的关怀、指导和参与

下，一方面从江汉地区的新石器时代文化着手，在已获得大量资料的基础上，分析江汉地区新石器时代文化的区系、类型之间的差异，寻找各类型文化自身的发展系列及发展去向；另一方面从楚文化本身着手，在已认识的楚文化基础上，不断追寻更早的楚文化遗存。而关键在于要将楚国初期的文化面貌搞清楚，找出早期楚文化。

近年来，我们在全面开展文物普查基础上，以探索江汉地区新石器时代文化与楚文化之间的中间环节为主要内容，作了比较广泛地深入调查和试掘工作，重点放在汉水以西地区的当阳、枝江、宜都、江陵、宜昌和秭归一带。到目前为止重点调查或初步发掘过的遗址，汉水以西有当阳季家湖、杨木岗、[1]磨盘山，枝江半月山、熊家窑，江陵蔡台、张家山（荆南寺）、摩天岭，沙市周梁玉桥、官堤，松滋苦竹寺，宜都城背溪、石板巷子、茶店子，宜昌白庙、[2]三斗坪、上磨垴、苏家坳、周家湾，秭归官庄坪、鲢鱼山、柳林溪；汉水以东有安陆夏家寨、晒书台，孝感碧公台、殷家墩、聂家寨、白莲寺，大悟四姑墩，[3]黄陂鲁台山[4]等。

通过以上调查和初步发掘，我们获得了江汉地区新石器时代至商周时期丰富的考古资料，掌握了江汉地区一些商周文化类型及其发展线索。这使追溯楚文化渊源工作大大向前推进一步。

目前已比较清楚地看到江汉地区自新石器时代以来，一直存在着一个有别于中原的文化共同体，即具有自身发展序列的土著文化传统。整个楚文化体系就是在这个基础上发展起来的。正如王劲同志所认为的"在商周时期江汉流域的一定空间范围内，确实存在着一个具有共性特征的文化区。这种共性特征，既是由江汉流域这一地域较为一致的自然地理、经济条件所决定，也是和这个区域内大体一致的生活习俗等因素密切相关的"。[5]因此，从广义上讲，楚文化的主要渊源应该就是江汉地区的土著文化。这个地区的土著文化，即使在相当于夏、商、周时期，由于受中原青铜文化的冲击，在汉水以东地区曾经退居次要地位，但它仍在整个楚文化体系的形成和发展过程中起着内因的作用。从这个角度认识，楚文化体系并不能单纯被看作只是楚人的文化，而应是东周时期整个长江中游地区的一种地方文化的总概念，其中应包括这个时期这个地区其他民族的文化。因此，江汉地区发现的东周时期的邓器、鄀器、鄙器、蔡器、徐器等的基本特征都是比较接近的。当然，楚文化体系是以当地土著民族的一支——楚民族的文化为主体的。如此，通常所说的追溯楚文化的渊源，就必须以追溯楚民族文化的渊源为主线。那么，寻找商周时期

〔1〕 湖北省博物馆等：《当阳冯山、杨木岗遗址试掘简报》，《江汉考古》1983年第1期。
〔2〕 宜昌地区博物馆等：《湖北宜昌白庙遗址试掘简报》，《考古》1983年第5期；湖北省博物馆发掘资料。
〔3〕 北京大学考古专业商周组等：《晋豫鄂三省考古调查简报》，《文物》1982年第7期。
〔4〕 黄陂县文化馆等：《湖北黄陂鲁台山两周遗址与墓葬》，《江汉考古》1982年第2期。
〔5〕 王劲：《对江汉地区商周时期文化的几点认识》，《江汉考古》1983年第4期。

楚民族及其所建楚国的活动区域,便是我们首先要解决的问题。追溯楚文化渊源,实际上也主要是寻找楚人祖先所创造的文化的问题。

另一方面,我们也已看到自新石器时代以来,江汉各地的土著文化同样存在着文化类型方面的区别,并各有自身的发展序列。但随着夏、商、周王朝统治势力的到达,这些原来发展着的各类型的土著文化发生了巨大变化,在江汉广阔的范围内所表现出来的占主导地位的并非当地土著文化的继续,而是中原青铜文化的扩展。特别是汉水以东地区受中原青铜文化影响最深,从陶器和铜器所表现出来的文化特征来看,其主要属中原文化系统。这些现象表明:第一,江汉各地自进入阶级社会以后,当地居民均发生了重大变迁,原来各支土著文化并没有沿着直线继续向前发展下去;第二,在楚文化体系形成和发展过程中,起核心作用的楚民族,在商至西周时期的活动范围应该比较狭小,楚在建国初年(西周早期),只是偏隅小国。根据古代文献记载和对大量考古资料的分析、对比,可以初步判断:商至西周时期楚民族和楚国的活动范围应在鄂西荆山一带,追溯楚文化渊源的工作,重点应当在鄂西地区。鄂西地区由于有新石器时代文化和东周楚文化方面的大量工作基础,故追溯楚文化渊源的工作取得了很大成绩。1982年12月4日,俞伟超教授在我馆所作的学术性讲话中说:“今年……有机会看到近两年内在宜昌地区和荆州地区新发现的一批资料,感到鄂西地区过去所存在的一大段空白,已可大体填补起来。由于大家工作的努力,仅仅两年时间,就使我们对于楚文化的渊源及其形成过程的认识,从原有那种缺环甚大的状态下进展到有了一个粗线条轮廓的境地。速度是多么快啊!”“鄂西地区的新石器时代文化,终于大体上可与西周的楚文化连接起来了。”[1]

鄂西地区有发达的新石器时代文化,通过大量的工作,证明从大溪文化阶段开始,经过屈家岭文化时期,再到相当于“龙山”阶段的文化(季家湖类型的文化),其文化性质是一脉相承的。这是一支具有自身特征的鄂西类型的土著文化。东周时期,鄂西的沮漳河流域是楚文化发展的中心,典型楚文化的分布区。在几年以前,鄂西地区的新石器时代文化与楚文化之间存在着很大缺环,即缺乏商至西周时期的考古资料。近年来,已基本找到了自新石器时代末至两周之交的各个历史发展阶段的文化遗存或线索。如相当于季家湖晚期阶段的宜都石板巷子,相当于二里头时期的宜昌白庙子、下岸溪,相当于商前期的江陵张家山,相当于商后期的沙市周梁玉桥、官堤,相当于西周早期的松滋苦竹寺,相当于西周中期的当阳磨盘山,相当于西周晚期的当阳郑家凹子、江陵摩天岭等文化遗存。初步观察这些遗存可知其文化面貌相当复杂,并不是一脉相承的发展关系。这些发现为我们探索楚文化渊源,提供了不少新信息。

---

[1] 俞伟超:《寻找“楚文化”渊源的新线索》,《江汉考古》1982年第2期。

从鄂西相当于西周中、晚期的文化遗存,例如从当阳磨盘山、杨木岗、郑家凹子等遗存来看,可判断其应是楚民族的文化遗存。这些文化遗存与明确的东周楚文化之间,清楚地表现出直接的因袭关系。也就是说,楚民族或楚国的文化遗存已可溯至西周中、晚期。目前发现西周楚文化遗存主要集中于鄂西的沮漳河流域。从而表明楚国早期所居丹阳也应在鄂西沮漳河流域一带。

楚国早期的文化遗存,即相当于西周中、晚期的文化遗存,目前已有初步认识,而主要是对陶器的认识。其陶器的文化特征集中表现在以夹细砂红陶为主,灰陶、褐陶、黑陶也有相当的比例。绳纹为基本纹饰,还有弦纹、附加堆纹和暗纹。鬲为基本炊器。除鬲以外,主要器形还有甗、盂、盆、豆、罐、瓮等种,器类并不是很多。这些陶器特点与鄂东或其他地区的同期陶器明显不同,例如鄂西的西周陶器都是高足的鼎式鬲(即楚式鬲),而鄂东的西周陶器则为瘪裆的矮扁形鬲(即周式鬲)。相反,这些陶器则与东周楚文化系统的陶器作风非常接近,显然这些陶器应是楚国陶器的较早形态。楚国西周陶器的发现和被认识,无疑在楚文化渊源的追溯工作中具有重大意义,使我们掌握了一个重要标尺。这个标尺对我们探索鄂西所发现的商周各个历史发展阶段的文化遗存性质,分析鄂西地区新石器时代文化与楚文化之间的关系等方面都会有很大的帮助。

鄂西相当于二里头至商代的文化遗存中,目前有两种不同的文化遗存正在探讨之中,一种是沙市周梁玉桥、官堤遗址发现的商代后期的以方格纹扁长足陶鼎为主要炊器的文化遗存;另一种是宜都毛细套和宜昌三斗坪、杨家咀等遗址发现的商代及商代前后的以绳纹圜底陶罐为主要炊器的文化遗存。前种文化遗存发现地点位于江汉平原西缘的长江边上,后种文化遗存主要分布于长江西陵峡及峡口以东一带。这两种遗存的发现,说明当时当地居民的复杂性。这两种文化遗存的特点与楚文化遗存的特点均差别很大,可能均不是楚文化的前身。

楚文化是一支曾对我国古代文明产生过重大作用的南方文化。研究楚文化是研究我国古代历史的重要组成部分。

楚文化光辉灿烂,源远流长,历来为史家所重视。但仅仅依靠古代文献资料,显然难以解决楚文化研究工作中的一些重大问题。这就有赖于考古学的发现与研究。而湖北省以上所做过的关于楚文化方面的考古工作,虽然取得了不少成果,但还仅仅是一个良好开端。新的任务正等着我们去完成,新的问题正等着我们去探索。

(原载《湖北省考古学会论文选集(一)》,武汉大学学报编辑部出版,1987年)

当阳楚文化考古论述

当阳位于江汉平原西部边缘的沮漳河流域,是我国楚文化考古探索的一个重要区域。早在20世纪70年代末,我国已故著名考古学家、湘鄂豫皖四省楚文化研究会首任理事长俞伟超先生受刚成立的中国考古学会委托从北京南下来到湖北,开展楚文化考古研究的调查工作。他走遍鄂东、鄂北和鄂西多个与楚文化考古有关的古代文化发达地区,以他丰富的考古经验和高深的学识水平,选定当阳的季家湖和赵家湖为首先进行楚文化渊源追溯的两个地点。1979年下半年,他召集北京大学、武汉大学和湖北省、宜昌地区的考古工作者,组成两个考古队,一个考古队在季家湖进行田野发掘;另一个考古队在当阳玉泉寺对赵家湖发掘的一批楚墓资料进行室内整理。1980年,在湖北召开的中国考古学会第二次年会上公布了当阳季家湖楚城和赵家湖楚墓的新发现。从此,当阳成为考古界和学术界普遍关注的地方。

在俞伟超先生指导和亲自参与下,当阳地区经过20世纪80年代以来的考古调查、发掘和对有关楚文化考古资料的整理、研究,当阳楚文化考古有了以下四方面的重要突破。

一、从楚文化考古的空白地到楚文化渊源探索的中心区

20世纪70年代之前,当阳地区没有发现、发掘过楚文化的遗迹遗物,为楚文化考古的空白地。楚文化是我国东周时期具有高度水平和深远影响的一种长江文化,它的遗迹遗物主要分布于湖北、湖南、河南和安徽四省。楚文化考古始于20世纪20年代,地点在安徽寿县,最早出土的是楚文化晚期铜器。1933~1938年间,寿县李三孤楚国晚期王墓被三次盗掘,出土了大批高级别的楚文物,引起了学术界对楚国铜器研究的重视。50年代,由于湖南长沙曾出土过珍贵的楚国帛书、帛画和一些漆木器等楚文物,且1951年中国科学院对长沙一批楚墓进行了系统发掘,使楚文化研究者的目光从安徽转向湖南,对楚器的研究

从铜器扩展到帛书、帛画和漆木器等方面，同时对楚墓的研究也逐渐开展起来。1957年，在河南发掘的信阳长台关较具规模的楚墓，被称为"我国考古史上的空前发现"。湖北为楚国鼎盛时期的都城所在地，为楚文化发展的中心地域，但湖北的楚文化考古工作起步比其他三省都晚，直至60年代初才开始对江陵纪南城及其附近楚墓进行调查和发掘。1965年发掘了望山、沙冢3座较大型的楚墓；1972-1973年在襄阳山湾、蔡坡发掘了一批重要楚墓；1975年在湖北省委书记韩宁夫的直接领导下，在江陵楚都纪南城开展了一次有全国七所大学、八个省市参加的大规模的考古勘查与发掘工作。楚文化考古不但成了湖北，而且成了全国考古的重点。从那时起，楚文化研究不仅在楚器和楚墓方面，而且在楚遗址、城址、都城、渊源等方面问题的研究也已得到逐步开展。

当阳与江陵毗邻，虽然楚文化遗存十分丰富，但一直鲜为人知。1972年，据说当阳的一位负责人向中央有关部门报告，称当阳发现了"楚庄王墓"，于是湖北省博物馆派人前往发现地点，即两河的友谊村刘家冢子调查，结果暴露的原来是2座较大型的并列东汉墓。为了清理发掘这两座墓，宜昌地区有关部门组织举办了宜昌地区文物考古培训班，业务由湖北省博物馆具体负责。培训班除清理发掘2座东汉画像石墓外，还在窑湾陈家坡清理发掘被砖瓦厂取土而暴露出来的8座东周墓葬（楚墓），此为当阳首次进行的楚文化考古。宜昌地区文物考古培训班在当阳的举办，对宜昌地区、当阳的文物考古工作起着很大的推动作用。1973-1979年间，当阳的文物考古工作不断发展，发现了一些重要楚器和大批楚墓。俞伟超先生率楚文化考古者进入当阳和1980年中国考古学会以讨论楚文化为主的第二次年会在武汉召开之后，楚文化考古形成热潮，当阳楚文化考古发展进入了新阶段。由于处于沮漳之西的当阳楚文化遗存年代上限早于沮漳河之东的江陵楚文化遗存，当阳便成为楚文化渊源探索的中心区。将早于江陵纪南城的季家湖楚城址和早期楚文化磨盘山遗址，申报为全国重点文物保护单位的申请也很快得到批准。

二、早期楚文化的发现与楚文化渊源追溯

楚文化是东周时期江、汉、淮之间的一种考古学文化，它的时间范围大约从春秋中期开始到战国末期楚被秦灭亡为止，它是以楚族为主体的多民族共同创造的一种区域文化，具有我国南、北文化融为一体的特征。在楚文化形成之前的楚文化叫早期楚文化。早期楚文化与楚文化不同，它基本属于单纯的楚族文化，所以又可称之为早期楚民族文化。找到早期楚文化是解决楚文化渊源的关键。

以时代明确的江陵一带的楚文化为基础，向上追溯更早阶段的楚文化，是考古界80

年代初才正式开始的一项工作。这项工作的开展地域就在以当阳为中心的鄂西地区。通过考古类型学、年代学研究和田野调查、发掘工作，首先在当阳发现了早于春秋中期的楚文化遗迹遗物，在磨盘山找到一处面积约有6万平方米的早期楚文化遗址，暴露的一些器物的时代可以早到西周后期。接着，在史家台、杨木岗、向家畈、佟家岗、三里庙、新场河、郑家山、曹家岗等地点都发现有西周后期至春秋中期的楚文化遗存，后来在相邻的枝江、江陵和宜昌都发现有同一阶段的楚文化遗存。在赵家湖楚国墓地中，郑家洼子、赵家塝、金家山、曹家岗等墓区都发现有春秋中期以前的楚墓。这些早于春秋中期的遗址、墓葬都属早期楚文化。早期楚文化仅分布于以当阳为中心的鄂西沮漳河中、下游一带，长江西陵峡东段的北岸也有发现。

　　早期楚文化出现在当阳及其相邻地区，证明当阳一带是楚国春秋中期以前的活动范围。西陵峡东段北岸也有早期楚文化遗存的发现，那是楚嫡系西周的夔国所遗。早期楚文化存在两个发展阶段。它的遗存大体以两周之交为界，即分西周后期和春秋早期两部分。西周后期的遗存不丰富，未见较大规模的遗迹，遗物以陶器为主，还有些石器，铜器为仅见，陶器多为一般日用品，以烧制水平较低的红陶、红褐陶为主，主要器物有鬲、甗、豆、盂、盆、罐、瓮、缸，基本炊器为楚式鬲，还有甗。这时期遗存的面貌明显地反映出文化的落后性。春秋早期的遗存，情况发生了变化，出现了规模较大的墓葬和铜礼器、磨光暗纹黑陶器等较高级别的器物。这种情况正好与古代历史文献记载的有关楚国在西周时期"辟在荆山""筚路蓝缕"，艰苦创业的历程相印证；与楚国从两周之交开始崛起，不断并吞小国、向江汉平原地区扩展的情况相吻合。

　　关于楚文化的来源，众说纷纭，学术界长期存在"中原说"和"土著说"两种完全不同的说法。中原文化或周姬文化不能与楚文化直接相连接，"中原说"缺乏考古根据，许多学者并不认同。"土著说"，过去以为楚文化是新石器时代江汉地区的某种原始文化的延伸。而在当阳一带发现的早期楚文化的情况表明，楚文化并不能与新石器时代以来的任何原始文化相连接，它非某种原始文化直接发展而来。楚文化是商周时期我国南方地区新产生的一种文化。它是在鄂西土著文化发展的基础上，吸收了多种文化因素而形成的。或者说，它是多源头的。它的起源地就在鄂西沮漳河流域的当阳一带。

　　鄂西地区有城背溪—大溪—屈家岭—季家湖—石板巷子自成体系的新石器时代原始文化发展序列。鄂西的长江沿岸和沮漳河中、下游一带是湖北省内最早的城背溪、大溪两种新石器时代文化分布的中心区。当阳的西面山、杨木岗、平面山等都是发达的大溪文化遗址。原始文化在当阳一带的发展，为楚文化的产生创造了基础。到夏、商、周时期，新石器时代原始文化发展线索中断，先后出现具有西部巴蜀因素的早期巴文化和具有土著因素的周梁玉桥文化，同时还有从北方而来的商文化、周文化因素相杂其中。

夏王朝在北方的建立,标志着我国社会大变革时期的开始,全国进入了各系民族和各种文化大交流、大融合的新时代。鄂西处于我国东、西、南、北各方多种民族和文化汇集的复杂地区,西部和北方的民族及其文化明显到达这里。在西周之前,鄂西由于土著文化和外来文化的交互作用,其文化已明显开始融合。在鄂西沙市发现的商代后期的周梁玉桥文化,就是以土著因素为主,融合了北方商文化和东南方印纹硬陶文化而形成的商周阶段的一种新的土著文化。也可以认为它是鄂西自新石器以来原始文化的延伸。但是周梁玉桥文化没有与早期楚文化相衔接,两者之间有西周前期的一段时代缺环。而西周前期,鄂西则存在早期巴文化、周文化、土著文化和其他文化的一些因素并存的情况。这是一段文化交互作用的时期,也是早期楚文化的孕育时期。在商代,对鄂西荆山一带大片地区的民族总称为“荆楚”,而没有只称“楚”民族。周成王时,荆楚族系的一位氏族首领熊绎受封于荆山丹阳,属爵位低、活动范围不大、经济落后的山区小诸侯国,称之为楚国。从此才有“楚”的称谓。由于楚国属于荆楚族系,所以又有称楚为荆的。如《韩非子》《吕氏春秋》等古书就往往称楚为荆。从古书记载也可以看出,楚的来源主要在于荆楚,始于周初。

　　楚建国之初还没有自身的独立文化,甚至所谓早期都城丹阳,也可能没有高大的城墙之类的防御建筑。所以早期楚文化的时代上限只能追溯到西周中期。楚国经百余年的艰苦创业,到楚熊渠之时国力增强,又“甚得江汉间民和”,便开始走出山区,向山下发展,到了当阳南部一带,创造了早期楚文化,为东周楚文化体系的形成和向江、汉、淮地区的发展打下了良好的基础。

三、季家湖楚城的发现与楚国都城探讨

　　楚王及贵族一般都居住在城邑里,他们死后多埋葬在城外附近。楚墓,尤其是大墓都应与不远的楚城相关。古文献记载楚国有大小城邑270余座,这些城址是楚文化考古的核心,故寻找楚城址,特别是寻找楚都城址是楚文化探索工作的重点。

　　当阳发现有季家湖、麇城、麦城等处楚城址。1973年,位于当阳东南隅的农民无意中挖出春秋时期的“秦王卑命”铜甬钟,并交荆州地区博物馆。1974年,在同一个地点又挖出春秋铜构件。后来湖北省博物馆、宜昌地区文物工作队都曾到出铜器的地点调查。1979年上半年,湖北省博物馆又前往钻探,在出铜器地点之南发现城墙残迹,初步判定这里有一座古城址,测绘了遗迹分布的草图。因该城址位于季家湖边上,便暂称其为季家湖古城。1979年下半年,俞伟超先生领导的一个考古队在此城址南部的九口堰,中部的杨家山子、范家大院,北部的季家坡、1号台基和鲁家坟墓地进行首次发掘。发掘结果十分

令人振奋,主要收获有两个:

第一,初步确定此城址属于楚,面积约2.24平方公里。城内文化遗存丰富,已发现不少夯筑台基。铜甬钟和铜构件均出于北部的1号台基上。城内分布许多筒瓦、板瓦、瓦当之类的大型建筑遗物。在南部发掘出城墙、城壕遗迹。城墙建于新石器时代文化层之上,未挖基槽,宽仅10米,夯层较薄。墙外城壕较浅较窄。城址内出土的陶器中,红色、红褐色陶所占比例大。日用炊器除鬲以外,还有釜。瓦当与纪南城的圆形瓦当不同,多为半圆形素面瓦当。鬲、豆、盆、罐都有早于纪南城所出器物的形态。可确定其始筑年代早于纪南城。1988年,在该城址附近出土3件精致的铜缶和铜钫。在其外围调查,发现在城址之西有许多大封土堆的青山楚贵族墓地(在枝江境内)。在城址之东,沮漳河对岸便是江陵八岭山大型楚墓区,周围重要楚墓可能与季家湖城址有关。季家湖城址是一座规模较大的春秋楚城址,为早于纪南城的楚都探讨和春秋楚文化研究提供了新资料。

第二,意外发现了鄂西新石器时代晚期阶段的季家湖遗存(后来知道此遗存包括了新石器时代石家河文化的季家湖类型和年代相当于夏代的石板巷子文化遗存)。这对建立鄂西新石器时代文化发展序列具有重要意义,为鄂西楚文化渊源的探索提供了不可或缺的当地原始文化产生与发展变化的情况。

季家湖楚城址考古资料发表之后,立即引起了考古界和学术界对该城性质的探讨和争论。开始有学者认为其是楚最早的都城丹阳。但由于城址内一直没有发现西周遗存,因此支持季家湖楚城是丹阳的学者并不多。因为江陵纪南城现存城垣的建筑年代被定为春秋战国之交,即纪南城只可确定为战国时期的郢都,那么春秋楚郢都究竟在何处?不少学者提出季家湖楚城址就是春秋楚郢都,此说有较多的考古证据,但缺乏文献资料依据,故它是否为春秋楚郢都尚不能定论。楚国城址包括了楚国都城、别都、县邑和军事城堡等类别。如果以季家湖楚城址的建筑年代、城址规模和城址内外发现的高级别的遗存划分,它显然可归为都城的类别。它的重要性可以与江陵纪南城、宜城楚皇城、河南淮阳陈城、安徽寿县寿春城等几处都城类的楚城址并列。

四、当阳楚墓及赵家湖楚墓分类分期序列的建立

沮漳河中、下游地区,包括江陵、当阳和枝江是楚墓分布最为密集的地区。当阳已发现了很多楚文化墓地,主要有赵家湖、曹家岗、赵巷、磨盘山、唐家巷、何家山、张家山、乌龟包、陈家坡、鹰子咀、两面山等墓地。分布的中心范围在河溶镇东南方一带。1973-1979年,在赵家湖墓地(古代在沮漳之西)的赵家塝、金家山、郑家洼子、杨家山等墓区发掘了

楚墓290余座。这些墓均为竖穴土坑墓。墓坑分带壁龛、坑口有台阶和坑口有斜坡墓道三种。墓中又可分无棺、单棺、双(重)棺和一椁一棺四种。椁外围一般有白膏泥或青膏泥填封。椁内未见隔板和分板。棺多为悬底方棺,悬底弧棺很少。这些墓可分成甲、乙、丙、丁四大类。前两类墓为地位较高的楚国贵族墓。甲类墓相当于"元士"级,乙类墓为"士"级。后两类都为庶民、贫民墓。

甲类墓 墓坑为长方形宽坑,有一椁一棺,椁长3米以上,椁宽在1.05-1.90米之间。棺椁之间头端留一空间,两侧留空隙。随葬器物组合主要有三种。第一种:1鼎或2鼎一套的铜礼器,包括鼎、簋、盏,有的另加舟。第二种:一套磨光黑陶器,有鼎、三足盂、簋、鬲、豆、罐。多数墓是铜礼器和磨光黑陶器同出。第三种:4鼎或5鼎一套的陶礼器,包括鼎、簋、壶、小口鼎、镶壶、罍、盘、匜、勺等器皿。同时多数墓还有兵器、车马器、镇墓兽。这类墓有赵家塝2号、3号、4号墓,金家山7号、9号、57号、229号墓,杨家山2号墓等。

赵家塝2号墓,墓口长3.7米,宽2.4米,墓深2.68米。墓壁基本垂直,椁四周填白膏泥。一椁一棺,椁长3.1米,棺长2.35米。随葬铜礼器鼎1件、簋2件,磨光黑陶鼎2件、簋4件、鬲9件、豆4件、罐4件,木俎4件。时代为春秋早期晚段。

金家山9号墓,墓口长5.3米,宽4.85米,墓深6.5米,墓壁斜度为70度。一椁一棺,椁长3.15米,棺长2.1米。人骨架为仰身直肢葬式,用上下两层竹席包裹。随葬品有铜礼器鼎2件、簋2件、盏1件、舟1件、小铜鱼饰19件,磨光黑陶鼎1件、簋4件、鬲9件、豆4件、罐3件,还有木俎5件、竹篓2件、竹片1束、艾蒿1束、麻布方包12件、麻鞋1双、麻布1块和麻绳、红枣若干。时代为春秋中期晚段。

金家山229号墓,墓口长4.6米,宽3.2米,墓深4.7米,墓壁斜度为80度。一椁一棺,椁长3.14米,棺长2.06米。棺有捆扎痕迹,棺内有竹席铺垫。出土陶礼器鼎5件、簋2件、敦2件、壶3件、豆4件、罍1件、盘1件、匜2件、勺1件、匕1件,铜器剑2件、戈1件、箭镞1件、削刀1件、车軎2件、马衔2件、马饰22件、三连环4件,漆木器有镇墓兽1件、剑鞘1件、剑盒1件、盾1件、竹弓1件,还有铁条1件。此墓时代为战国早期早段。

金家山57号墓,墓口残长3.7米,宽3米,墓残深1.75米,设有长方形墓道。棺已朽,为双棺并列,一男一女,男东女西。随葬陶礼器鼎5件、簋1件、敦1件、壶4件、罍1件、镶壶2件。其他陶器有璧5件、璜5件、环1件,铜器有剑1件、戈2件、矛1件,还有铁片、玛瑙环、鹿角各1件。墓葬时代为战国中期晚段。

乙类墓 墓坑多为口大底小的长方形宽坑,部分设斜坡墓道。也用一椁一棺,但棺椁板较薄。椁长多在2.5米左右,宽0.6-1.5米之间。随葬器物组合分四种。第一种:铜礼器用鼎1件,组合鼎、盏或鼎、敦,有的另加盘或舟。第二种:磨光黑陶器,组合一般为罐、盂、豆。第三种:红褐陶生活日用器,以鬲、盂、豆、罐各1件成组。第四种:仿铜陶礼器,用鼎1-3件,组合为鼎、簋、壶或鼎、敦、壶,少数墓这两套组合俱全。另外往往再加镶壶、罍、匜。乙类随葬铜剑、戈等兵器的现象较普遍,部分墓还出镇墓兽、车马器和玉石器。

丙类墓　均为单棺窄长土坑竖穴墓,长2-2.4米之间,宽在0.5-0.7米之间,多数墓设壁龛放置器物。随葬品较少,有磨光黑陶罐、盂、豆和红褐陶鬲的一种组合。另有一种组合随葬陶礼器鼎、敦、壶各1-2件,有的另配豆、盘、匜,不见簋。还有一种用日用陶器鬲、盂、豆、罐各1件,偶有2件的组合。少数丙类墓出铜剑和箭镞之类的兵器。

丁类墓　墓坑窄长,少数设二层台和墓道,均不见随葬器物。

赵家湖楚墓出土的陶器和铜器各均超过1 000件,锡器4件、铁器3件,玉、石、料、水晶器103件,漆木竹器68件,还有一些丝麻织物。铜器中有错金鸟纹的铭文戈,为"番仲戈"和"许之造戈"。这是一大批楚文化研究的珍贵文物资料。

1984年,在曹家岗墓地发掘的5号墓,为一座较大型的春秋晚期楚墓。墓坑长9.07米,宽8.4米,墓深7.6米。葬具有一椁重棺和两个陪棺。椁长4.13米,主棺外棺长2.84米。外棺用铅锡铸在一起的套环和铜抓钉加固,内棺涂漆。随葬品虽被盗,但仍出小件铜器、装饰金属甲片、皮甲、乐器、骨贝、竹木器近千件。其中金属甲片193件,有68种不同形式及花纹,如燕尾形、虎形、三足形、叶片形等,各甲片有绳孔,保存了丝、绳和帛片,一面贴铅、锡、金、银质箔片,并以蟠龙为主体的纹饰作装饰。漆瑟为精致的乐器,所绘复杂图案由饕餮纹、蟠龙纹、兽纹、鹤纹等种纹饰组成。铜殳、竹弓等兵器,铜軎、铜铃等车马器,铜锁形器、铜合页等杂器,璧、觿等玉器,以及木绕线棒、小木俑、雕花漆龙等器物均具有较高的研究价值。1975年,曾在此墓之东仅1-2米处农民挖出"王孙雹作蔡姬食簠"等一组同期铜器,这组铜器应属此墓的陪葬器物。可见此墓墓主身份不低。

1988年,在赵巷墓地发掘了楚墓10座。其中赵巷4号墓,为无墓道的较大型的春秋中期墓。墓坑残长8.2米,宽5.5米。葬具为一椁重棺,椁长4.7米。椁内不分室,有一具陪棺。椁外东边有4具陪棺。椁外西南部有16具家畜骨架,包括黄牛13头,猪、羊、狗各1只,狗被绑在棍上,这些家畜属于此墓殉葬物。所有棺都是悬底方棺。墓主为男性,约50岁以上。陪葬者皆女性,年龄在14-24岁之间。此墓虽被盗,但仍残存铜、陶、漆木竹、玉等类器物70余件。铜容器有盘、匜,陶器有鬲,漆木器有方壶、簋、豆、俎、镇墓兽、瑟,玉器有琼,还有葫芦笙1件。赵巷4号墓,不但墓葬形制特殊,而且出土了一批时代最早、保存较好的楚国漆木器。赵巷楚墓是一批最具典型意义的春秋楚文化墓葬。

自20世纪50年代以来,随着楚墓发掘数量的不断增加,楚墓研究成为楚文化考古的重大课题,其中楚墓的分类、分期研究属于一项十分重要的基础性工作。70年代以前对楚墓类别和年代的认识存在着不少偏差,给楚文化考古带来诸多困难。70年代之后在对江陵楚墓的研究中,学界已开始觉察到楚墓类别、年代判断中存在问题。江陵楚墓资料虽丰富,但绝大部分墓地的年代偏晚,上、下延续的时代较短。70年代末80年代初所见到的当阳赵家湖楚墓,不但墓葬数量和类别较多、遗物丰富,而且年代上、下延续的时间较长。我国对楚墓最为熟悉的俞伟超先生曾亲自在赵家湖楚墓整理间里整理该批,根据墓葬大小、出土器物多少,划分出不同的墓葬类别,对不同类别墓葬出土遗物进行考古类型学的排比研究,并请来许多专家前来讨论,最终将赵家湖发掘的甲、乙、丙三类墓分为七期十二段,时代从西周晚期开始至战国晚期早段止。这不仅为楚墓研究提供了迄今为止较为详尽的分类、分期依据,纠正了过去对一些楚墓年代的错误判断,而且将早期楚文化和东周楚文化直接地连结起来。这一分类分期序列的建立,无疑又是楚文化探索工作的一次突破。

《当阳楚文物图集》收集了当阳楚文化遗址、墓葬出土的遗物精华,以展示当阳楚文化考古的主要收获和当阳楚文化考古的重要性,但这不是当阳楚文化考古的全部。新世纪已经进入,相信更新更大的当阳楚文化考古成果将层出不穷。

（原载《当阳楚文物图集》,湖北美术出版社,2009年）

襄阳楚墓与楚国势力的扩展

解放以前,襄阳地区的考古工作还是空白。解放以后,在该地区虽然进行过一些考古调查和发掘工作,但其仍是江汉地区考古工作较薄弱的环节。七十年代以来,随着学术氛围的活跃,特别是随着随县曾侯乙墓的发掘,襄阳地区的考古工作也有了可喜的进展。目前这个地区有着许多重要的考古工作等待着我们去做。

襄阳地区地处我国古代南北交通的要冲,是古代长江中游地区与中原地区互相联结的天然纽带,历来为兵家争夺之地,给我们遗留了许多珍贵的历史文化宝藏。尤其是在楚文化研究方面,这个地区的考古资料是非常重要的,它是探索楚文化发展及其与中原文化关系的重要地区。

七十年代初,湖北省博物馆等单位,对襄樊市北郊襄阳县境内的邓城遗址及其附近墓葬进行了考古调查。在邓城遗址内发现有东周陶片和铜箭头等遗物,在邓城遗址之北的丘陵土岗地带发现了不少高大的类似江陵楚墓的封土堆。1972年、1973年和1976年为配合砖瓦厂取土,先后发掘清理了邓城遗址东北方的山湾、[1]蔡坡[2]两个墓地。

襄阳山湾、蔡坡两个墓地基本相连,实际上是一个墓地的两个墓区。在这两个墓区正式发掘的东周墓葬共46座。此外,还清理了一部分残墓;在山湾收集了"邓公乘鼎""上鄀府簠"[3]等铜器70余件;1982年,又在蔡坡收集了大小铜器108件。[4]正式发掘的墓葬,时代上限可溯至春秋中叶,下限能延至战国末年。襄阳一带在春秋中叶以后已归属于楚,这是可以肯定的。因此,从时代看,除山湾十八号、蔡坡一号、二号、三号、五号墓,是秦占领江汉地区以后的战国秦墓以外,其余41座皆属楚墓范畴(下称襄阳楚墓)。

---

〔1〕 湖北省博物馆:《襄阳山湾东周墓葬发掘报告》,《江汉考古》1983年第2期。
〔2〕 湖北省博物馆:《襄阳蔡坡十一座战国墓葬》,《江汉考古》待刊;襄阳首届亦工亦农考古训练班:《襄阳蔡坡12号墓出土吴王夫差剑等文物》,《文物》1976年第11期。
〔3〕 杨权喜:《襄阳山湾出土的鄀国和邓国铜器》,《江汉考古》1983年第1期。
〔4〕 这些铜器收藏于襄阳县文化局。

襄阳楚墓是汉水中游地区目前发现的重要楚墓群之一，它集中反映了这一地区楚墓的基本特点，为研究楚国势力的扩展和了解楚文化的形成过程，提供了重要资料。

一、襄阳楚墓的文化特征

　　襄阳楚墓和其他地区的楚墓，特别是和楚国的中心地区——江陵、当阳一带的楚墓相比较有着共同的文化特征，同时也有其自身的文化特点。

　　1. 襄阳楚墓与江陵、当阳楚墓共同的文化特征

　　主要表现在如下四个方面：

　　（1）两地都是土坑竖穴墓，没有发现洞室墓。类别较高的战国墓，都有封土堆。较小型的墓，方向都基本朝南；较大型的墓，方向朝东的为主。时代较早的墓，墓坑平面作狭长方形，坑口与坑底的尺寸相差很小。时代较晚的墓，一般墓坑明显变宽，中型以上的墓坑口皆设多级台阶和斜坡墓道。不见积石、积炭的现象。

　　（2）两地都有一椁重棺、一椁一棺和单棺无椁等类墓。襄阳楚墓棺椁均已腐朽，但还可以看出，较大的椁室也和江陵的楚墓一样，用隔板、隔梁分成若干箱室。一般铜、陶礼器置于头箱内。规模不是很大的墓中，都盛行随葬一组（或一、二件）铜礼器或仿铜陶礼器。并惯于放置镇墓兽之类的器物（襄阳的仅剩鹿角）和铜兵器、车马器等。而铜镜少见，主要发现于战国较晚阶段的墓中。

　　襄阳楚墓保存情况较差，易朽物品均已腐烂。从蔡坡八号、九号等墓残存现象推测，襄阳楚墓也和江陵楚墓一样，战国时期，特别是战国中期以后，随葬漆木竹器和丝织品特别多。而礼器、尤其是铜礼器在墓中的地位明显下降。

　　（3）两地都流行仰身直肢葬葬式。

　　（4）两地楚墓的随葬品中，大部分器物的随葬组合、基本形态、装饰纹样和发展变化规律均大体相同。例如鼎、簋、缶等种礼器往往成双成对出现；鬲、鼎的主要特征为高足，罐的主要特征为长颈；战国中期以后可以见到铁足铜鼎、铲形铜勺等。

　　以上襄阳和江陵、当阳的楚墓所表现出来的共同文化特征，正是楚墓的基本特色，它与中原地区的东周墓葬有着显著区别。

　　2. 襄阳楚墓的主要特点

　　（1）从时代上观察，这些墓的时代上限为春秋中期偏晚，没有发现春秋中期以前的墓。而春秋晚期至战国早期墓的发现比较多。例如在山湾所发掘的33座楚墓中，春秋中期墓占3座，春秋晚期墓占11座，战国早期墓占11座，战国中期墓占3座，战国晚期墓占1

座,时代不明的有4座。在收集品中,也未见春秋中期以前的遗物。

（2）这批墓可分为贵族墓和平民墓两大类。春秋贵族墓较多而集中,战国贵族墓较少而分散。例如山湾14座春秋墓中,贵族墓占9座,并常出一组铜礼器引人注目。这些春秋贵族墓都密集于山湾东南方。据砖瓦厂反映,自1968年以来,厂方取土挖出的铜器很多,被熔化成纯铜达数千斤之多。1972年收集回的70余件铜器中,不成套的铜鼎有9件,应分别出于几座墓中。可见,山湾的春秋贵族墓远远不只9座。而蔡坡发掘的墓的时代上限为战国早期,已探明而尚未发掘的小型墓（平民墓）也很密集,已发掘的战国贵族墓,即四号、八号、九号和十二号是分散在小型墓群之间的。

（3）襄阳楚墓没有发现壁龛。墓底常见生土二层台,墓底往往大于墓口;棺椁四周填塞白膏泥或青膏泥的现象较少见。使用青膏泥的情况仅见于蔡坡十二号墓中。蔡坡十一号墓只用白膏泥垫底（棺底下）;棺上常涂朱砂。

（4）合葬墓较为流行。山湾十九号、蔡坡十号墓为双人合葬,其中一具为仰身直肢,另一具为侧身直肢。蔡坡四号墓为三人合葬,并有二次葬迹象,三具中并排的二具,一具为仰身直肢,一具葬式不明（可能为侧身直肢）,三具中的另一具为小孩,横葬于并排二具死者之脚下。这些墓的时代都为战国时期。合葬墓在江陵大批楚墓中仅见三例,[1]郭德维同志认为是夫妻合葬,[2]从其一仰一侧的情况来看可能性是很大的。

（5）在同一个墓地出土多种国别的铭文铜器。在山湾出土了"楚子敦""邓公乘鼎""上都府簠";蔡坡出土了"徐王义楚剑""蔡公子姬安缶""吴王夫差剑"等,而在被熔毁的铜器中亦可能有铭文铜器。这些铭文铜器所涉及的东周诸侯国,除楚以外还有邓、都、徐、蔡、吴等。

（6）在较早的墓中,存在着多种文化因素。① 有的小型墓仅出一、二件陶器,这些陶器与常见的楚国陶器不同（图一）。② 小型墓中,也有鬲、盂、罐的组合,但器形与江陵、当阳一带常见的较瘦长的高足鬲、圈底或内凹底盂和瘦长体长颈罐不同（图二）。例如山湾七号墓出土的陶鬲,较矮胖而方正;陶盂为平底;陶罐较矮胖,平底。这显然受黄河流域的文化影响较大。③ 山湾二十八号墓出土的陶器中,有大小列鼎三件,这与楚用双数鼎的制度不同,用列鼎是周文化的特征之一。蔡坡四号墓也出陶鼎五件。④ 山湾二号、十一号墓的葬制和遗物风格,特别是人和马、马车同坑;随葬品中,铜质车马器、生产工具、砺石（殉葬砺石的情况在江陵、当阳楚墓中未见,而见于燕国地区的怀来北辛堡一号墓中[3]）

---

〔1〕 郭德维:《江陵楚墓论述》,《考古学报》1982年第2期。
〔2〕 郭德维:《江陵楚墓论述》,《考古学报》1982年第2期。
〔3〕 河北省文化局文物工作队:《河北怀来北辛堡战国墓》,《考古》1966年第5期。

等占突出的地位,未出铜礼器或仿铜陶礼器,而出陶小鬲、鼎。壶(或罐),均为泥质磨光黑陶,鬲和壶的形态都较特殊。还出虎纹铜戈、铜短剑等。这类墓,应不是楚人的墓。

（7）随葬礼器的变化情况比较有规律。从随葬一套礼器的类别不是很高的贵族墓看,春秋墓以铜器为主,战国墓以仿铜陶器为主,变化的时代界线比较清楚。这些礼器的基本组合关系有五种：① 鼎、盏、缶、盘、匜；② 鼎、簠、缶、盘、匜、瓢；③ 鼎、簠、敦、盘、匜、瓢；④ 鼎、敦、缶、壶、盘、匜；⑤ 鼎、敦、壶、盘、匜；有的另加镦壶等。第一种仅见于春秋中期的墓中。第二种盛行于春秋晚期偏早的阶段。第三种为春秋晚期偏晚阶段的组合。第四种见于战国初期的墓中。第五种为战国墓的主要组合,而小型战国墓也使用这种组合(小型墓在春秋晚期就以陶鼎、敦、壶的组合代替日用陶器鬲、盂、罐的组合)。第一至三种组合的礼器一般为铜质,第四、五种组合的礼器一般为陶质。仿铜陶簠极为少见。带圆圈纹的缶形壶未见。

类别较高的墓情况则比较复杂,往往是铜、陶质礼器同时使用,而且器类比较多。如战国早期的蔡坡四号墓的礼器有铜质和陶质的两套,组合中除第三种的鼎、敦、缶、盘、匜以外,还出簠、盒、瓢和盖豆等。特别是盛食器中,同时出现铜簠、敦、盒于一墓中；战国早期就出铜盒,都为楚墓中初见(是否与二次葬有关?)。

以上襄阳楚墓的特点,反映了楚国占领襄阳地区前后时期的历史状况和斗争形势,它与楚国势力的发展变化是相互联系的。

二、从襄阳楚墓看楚国势力的扩展

1. 襄阳楚墓和江陵、当阳一带的楚墓基本特征相同,证明这些楚墓正是楚国疆域扩展到了襄阳地区以后埋葬的。山湾墓地有密集的春秋贵族墓,蔡坡有较大型的战国贵族墓,蔡坡之北还有许多高大土冢(估计其时代为战国)。这些墓群表明了这一带墓地的重要地位。这一带墓地之南的邓城遗址,可能就是楚国的邓城,即"大良造白起攻楚取鄢、邓"的"邓"(《史记·秦本纪》正义：鄢、邓二城并在襄州),春秋早期以前即为邓国的都城。江陵、当阳较重要的楚墓之南,也都有相应的城址,如江陵的有大封土堆的楚墓区之南,就是楚都纪南城。也就说城里的重要贵族,主要埋葬在城的北郊。因此,山湾—蔡坡的楚国墓,可能就是居住在邓城的楚国重要贵族墓。

2. 襄阳较早的楚墓中出土了许多国别的铭文铜器,表明此存在较多的楚文化以外的其他文化因素,这是楚国的统治势力刚刚到达不久的一种反映,也是楚文化传播过程中的必然现象。

苏秉琦先生在谈楚文化时指出："这个'楚'有四个互相关联又互相区别的概念：第一，是地域概念；第二，是国家概念；第三，是民族概念；第四，是文化概念。"[1]我们以"楚"的四个不同概念的角度观察，就可以从楚文化遗存中分辨出许多不同的线索，从而达到探求与复原当时历史情况的目的。如果我们以"楚"的国家或民族的概念来说：襄阳这些墓葬，第一，都是楚国的墓葬，但不一定都是楚人的墓葬；第二，有邓、鄀、蔡、徐、吴等国别的铜器，则不应被看作是楚器。同样，楚民族以外的其他民族的文化，也不应归为狭义的楚文化。因此，襄阳楚墓出土多种国别的铜器或存在多种文化因素，就是说一部分原来不属于楚国的铜器或一些不属于楚国或楚民族的文化传统的遗存，出现在楚国境内的墓地中，这种情况无疑与当时的政治背景相关，它是楚国在襄阳一带刚刚取得胜利的重要标志。

3. 襄阳楚国墓地中，发现了邓国和鄀国铜器，证实了春秋中期以前邓国和鄀国的存在。

此墓地出土的"邓公乘鼎"，时代为春秋早期或春秋早期偏晚，[2]应为楚灭邓以前所作，因此证明直至春秋早期，邓国仍然存在。此墓地出土的另一件铜器"上鄀府簠"，时代为春秋中期，[3]应为楚灭鄀以前所作，因此说明直至春秋中期，鄀国还存在。这两件铜器及其发现地点，证明了古代文献记载和学者们考证的关于邓、鄀的地理、历史和被楚灭亡的时间是正确的，也就是说直至春秋前期襄阳的邓国、宜城（襄阳南）的鄀国还在活动。此时，襄阳一带并没有归入楚国的领土范围。

4. 关于楚国早期活动区域（或丹阳所在地）在什么地方？不少同志认为在河南的丹淅流域。[4]襄阳楚墓可以为我们提供一些探讨的资料。

（1）根据襄阳楚墓的时代上限、出土多种国别的铜器、存在多种文化因素及古代文献所载，在春秋中期以前，楚国的领土并没有扩展到襄阳地区。因此，春秋中期以前丹淅流域和楚国春秋战国时期的中心地——鄂西地区，并不可能同属楚国早期的活动范围。如果楚国早期在丹淅，便不可能在春秋早期迁都于襄阳以南。

（2）河南丹淅流域与襄阳所在的鄂西北地区毗邻，依据古代文化区系划分同属于汉水中游地区的文化类型。[5]襄阳楚墓的时代上限为春秋中期偏晚，而丹淅流域的下寺楚

〔1〕 苏秉琦：《从楚文化探索中提出的问题》，《江汉考古》1982年第1期。
〔2〕 杨权喜：《襄阳山湾出土的鄀国和邓国铜器》，《江汉考古》1983年第1期。
〔3〕 杨权喜：《襄阳山湾出土的鄀国和邓国铜器》，《江汉考古》1983年第1期。
〔4〕 裴明相：《楚都丹阳试探》，《文物》1980年第10期；石泉、徐德宽：《楚都丹阳地望新探》，《江汉论坛》1982年第3期。
〔5〕 俞伟超：《先楚与三苗文化的考古学推测》，《文物》1980年第10期。

墓[1]的时代上限也和襄阳楚墓相同而属春秋中期,但为数不多。这两个楚国墓地都是楚灭邓以后形成的。目前在汉水中游地区尚未发现早于这两个墓地的楚国文化遗存,即并没有发现楚国早期的统治踪迹。

(3)近年来,在江陵、当阳一带的鄂西地区开展追溯楚国物质文化的工作取得了很大进展。在楚都周围遗址、墓葬的一系列考古工作,使我们对春秋至战国时期的楚国物质文化有了比较明确的认识。对春秋以前的楚国物质文化也有了一些新的线索。当阳磨盘山、[2]赵家湖、[3]杨木岗、[4]江陵摩天岭;[5]秭归官庄坪[6]柳林溪[7]等地点,都发现了西周中期至两周之交的楚国物质文化遗存。就目前所见具有明显特征的楚国铜器而言,最早的也见于鄂西地区。如当阳赵家塝二号墓、[8]江陵岳山[9]出土的铜器,均早于襄阳楚墓和下寺楚墓出土的铜器。

以上两地情况相比较,楚国早期活动区应在鄂西一带,而不应在汉水中游的丹淅一带。

5. 襄阳楚墓的形制、随葬器物,大约在春战之交以后发生了重大变化,与江陵、当阳等地的楚墓越来越接近。这是楚国政治军事、经济文化发展到一个新阶段的重要标志。

楚国通过春秋以来的兼并战争,到了战国初年,灭亡了江、汉、淮地区四十余个小国,基本统一了当时的我国南方地区,已形成了七国并立的局面,楚国也进入了一个新的历史发展阶段。随着铁器的广泛使用,社会生产力得到空前的提高。到了战国中期前后,楚国的政治局面和经济结构都发生了巨大变化。这种变化,在襄阳楚墓中得到了充分反映。襄阳和江陵、当阳等地楚墓所表现出来的越来越明显的一致性,表明自新石器时代以来江汉地区一直存在的文化区系差别的最后消失,是在楚国的统治下实现的。

6. 从襄阳楚墓中可以看出,楚文化继承和发扬了当地的许多文化传统。

襄阳楚墓出土了不少楚以外的其他江、汉地区小国的铜器,在没有铭文的铜器中也不能排除其他国家的铜器存在。然而其他国家的铜器,如邓、鄀等国的铜器,与楚国的铜器作风基本一致。例如"邓公乘鼎"与山湾十五号墓出土的A型Ⅱ式铜鼎(M15∶1)几乎

〔1〕 河南省丹江库区文物发掘队:《河南省淅川县下寺春秋楚墓》,《文物》1980年第10期;河南省博物馆等:《河南省淅川县下寺一号墓发掘简报》,《考古》1981年第2期。
〔2〕 试掘简报,《江汉考古》待刊。
〔3〕 《当阳赵家湖》发掘报告(待出版)。
〔4〕 湖北省博物馆:《当阳冯山、杨木岗遗址试掘简报》,《江汉考古》1983年第1期。
〔5〕 湖北省博物馆江陵工作站试掘资料。
〔6〕 湖北省博物馆:《秭归官庄坪遗址试掘简报》,《江汉考古》1984年第3期。
〔7〕 湖北省博物馆:《一九八一年秭归柳林溪遗址的发掘》,(待刊稿)。
〔8〕 高仲达:《湖北当阳赵家塝楚墓发掘简报》,《江汉考古》1982年第1期。
〔9〕 荆州地区博物馆:《江陵岳山大队出土一批春秋铜器》,《文物》1982年第10期。

完全相同。这说明江汉地区,早在诸小国还普遍存在的时期,就已经形成了一个互相类似的文化共同体。因此,所谓楚文化,不能光看作是楚国或楚民族的文化,它的形成是有悠久的历史根源和广泛的社会基础的,它与当时居住在江汉地区的各族人民是分不开的,它正是古代文化交流和融合的具体产物。在它的形成和发展过程中,楚国和楚民族则起到核心的作用。

据古文献记载,公元前741年,楚熊通称王;公元前710年,"蔡侯、郑伯会于邓,始惧楚也";[1]公元前689年,楚"文王熊赀立,始都郢",[2]将都城从荆山丹阳迁至江陵郢。目前所掌握的鄂西地区考古资料表明,楚国最早的文化遗存主要分布于沮漳河之西不是很大的范围内(在当阳一带)。两周之交以后的文化遗存则分布于沮漳河两岸至三峡峡谷之间。而沮漳河下游之东的江陵纪南城遗址就是战国时期的楚郢都所在,[3]至于春秋时期的楚郢都也不可能远离沮漳河流域。这些与古文献所记载楚国在春秋初年以后逐渐强大和迁都的情况相符合。

古文献还记载,公元前678年,楚文王灭邓,不久灭郧。大约春秋中期前后,楚国扫平了它通往中原的襄阳一带的障碍;公元前606年,楚庄王"观兵于周疆",[4]问鼎之大小轻重,大有灭周之意。襄阳——淅川楚墓的情况,也正好与楚国由南向北逐渐扩展的形势相符合。

《七国考》卷三引盛宏之《荆州记》云:"叶东界有故城……南北联亘数百里,号为'方城',一谓'长城'。南北虽无基筑,皆连山相接,而汉水流其南。"所指楚"方城"或"长城"就在今河南叶县东,这应是当时楚国北部边疆的牢固防线。而邓、郧故地便成为楚北进中原的重要据点。如此,楚庄王时期,楚疆便有"开地三千里"[5]之势了。

公元前512年,"冬十有二月,吴灭徐,徐子章羽奔楚";[6]公元前474年,越灭吴;公元前447年,楚灭蔡;公元前355年,楚灭越。[7]战国时期,楚通过襄阳这块邓、郧故地,前后并吞了东方的蔡、徐、吴、越等国的国土,使它的疆域扩展到了东海之滨。襄阳战国楚墓中,出土蔡、徐、吴等国有关的铜器,就是当时这一历史的见证。

(原载《江汉考古》1986年第2期)

---

〔1〕《左传》桓公二年。

〔2〕《史记·楚世家》。

〔3〕 湖北省博物馆:《楚都纪南城的勘查与发掘》(上、下),《考古学报》1982年第3、4期。

〔4〕《左传》宣公三年。

〔5〕《韩非子·有度》。

〔6〕《春秋》昭公三十年。

〔7〕 越灭吴、楚灭蔡、越的年代,均见文物出版社:《中国历史年代简表》。

楚向鄂东的发展与鄂东的楚文化

　　鄂东地区,指湖北境内的汉水以东地区。这一带历史悠久,古文化发达。考古发现中,有闻名中外的京山屈家岭新石器时代遗址、黄陂盘龙城商代遗址、大冶铜绿山矿冶遗址、随州曾侯乙大型墓葬和云梦秦简等。春秋战国时期,鄂东地区是楚国领土的重要组成部分,是楚文化探索的重点地区之一。这个地区的文物考古工作虽然开展较早,并有许多重大发现,但空白点还较多,需要深入探讨的许多问题尚未提上日程。特别是大别山西南至幕阜山北部一带,不但是探索商、西周文化与楚文化关系的重要地区,而且是探索江汉古代文化与东方、东南沿海古代文化的关键地区。而我们的工作却做得特别少。关于楚文化问题,是我省考古工作的重点,这个重点又主要放在楚国的中心——鄂西的沮漳河流域。而在鄂东地区进行这方面的工作,目前还是刚刚开始,有关资料还较缺乏,对楚文化研究中的有关问题开展初步的讨论,是为了促进这一方面考古工作的广泛开展。

一、楚国进入鄂东地区的时代

　　楚,在历史上出现的时代较早,但它作为一个国家进入鄂东地区的时代则较晚。

　　西周初年,楚族首领有功于周王室,楚熊绎被封于鄂西的荆山丹阳。当时的楚乃是在周王室统治下的一个偏僻山区的子国。当时所谓的国,也即是邑,实际上就是指丹阳。处于荆山偏僻地区的丹阳,应该还是属于一个较大型的类似村落的据点。除丹阳以外,楚国并没有一块具有明确界线的统治地盘,划出一个统治地盘在当时也是不可能的。但是随着历史的发展,各地诸侯国逐渐与周王室抗衡,并不断走向独立。尤其是居于南方的楚国,"甚得江汉间民和",[1]力量的发展最为迅速。至西周中期,楚熊渠"不与中国之号

---

〔1〕《史记·楚世家》。

溢"，[1]曾经"兴兵伐庸、杨粤，至于鄂"，[2]并立"其长子康为句亶王，中子红为鄂王，少子执疵为越章王"。[3]"杨粤"和"鄂"应包括了一部分鄂东地区。也就是说，早在西周中期，楚就曾征伐到鄂东地区。这是当时南方诸侯，力图摆脱北方周王室控制的生动例证。但是，由于当时西周王朝还相当强大，故楚并没有真正在鄂东一带扎稳根基。楚熊渠兴兵直插鄂东，只不过是一次军事冒险行动。"及周厉王时，暴虐，熊渠畏其伐楚，亦去其王"。后来，"熊渠卒，子熊挚红立（即上鄂王红也）"。[4]熊渠死之后，鄂王红离开了鄂东，回到丹阳继位。关于古文献所说的鄂王红所居旧址在什么地方？考古界目前还正在寻找。一般认为鄂就在今武昌、大冶和鄂城三县交界地带。在今大冶县西南的西畈胡彦贵村（原属武昌，后又曾属鄂城）有一鄂王城遗址，[5]地理位置似为鄂王红所居之地。但据考古的初步调查，鄂王城一带是商周文化比较发达的地区，在鄂王城内还未找到与鄂王红相应的文化遗存，是否就是鄂王红所居，目前尚不能定论。而这一带的鄂东之江南地区所见西周中、晚期的文化遗存（参见《江汉考古》1983年4期，第17—20页）与鄂西的西周楚文化遗存差异较大，找不到楚人曾经广泛活动的迹象。说明楚人即使占领过今鄂东的江南一带，也没有真正控制住这个地区。所到之楚人，或没有长期居住下去，或被当地所同化。楚国的领土范围就更谈不上包括这一带了。有人认为熊挚红曾将楚都从丹阳迁于鄂，[6]这不可信。

至于鄂东的江北地区，自夏商以来一直是中原民族长期控制的地区。以黄陂盘龙城为代表的商代文化，特别是二里岗期的青铜器，证明商王朝的统治势力到达了这一带，西周时期是中原系统的"汉阳诸姬"（周王室公族）在此盘踞。当时的楚国不敢或不能轻意进入这个地区是可想而知的。总之，至西周中、晚期，楚虽然已经开始崛起，但它的政治力量并没有真正到达鄂东地区。它当时仍是"土不过同"的偏隅小国，它所控制的范围还只限于鄂西的部分地区。

进入春秋以后，周王室衰落，楚和各地诸侯的力量得到迅速地发展，其中包括鄂东诸国的力量也有所发展。《左传·桓公二年》："蔡侯、郑伯会于邓，始惧楚也"。公元前741年，楚熊通称王，"始开濮地而有之"。[7]前689年，楚文王"始都郢"，把都城从丹阳迁至沮漳河下游的郢，并逐渐向鄂东地区扩展。见于经传的鄂东诸国，主要有随、郧、弦等国。随、郧两国横亘于随枣走廊（桐柏山与大洪山之间），是楚进入鄂东地区的最大障碍。弦

---

〔1〕《史记·楚世家》。
〔2〕《史记·楚世家》。
〔3〕《史记·楚世家》。
〔4〕《史记·楚世家》。
〔5〕 大冶县博物馆：《鄂王城遗址调查简报》，《江汉考古》1983年第3期。
〔6〕 殷崇浩：《楚都鄂补》，《江汉考古》1984年第1期。
〔7〕《史记·楚世家》。

国位于今浠水一带。整个春秋时代,楚国与鄂东诸国为了发展各自的力量,互相之间进行了长期的斗争。春秋初年,楚武王就曾于公元前706、704、690年三次伐随,最后死于伐随军中。[1]前701年,"郧人军于蒲骚,将与随、绞、州、蓼伐楚师",[2]郧、随等国也曾联合起来,共同讨楚。经过一系列的长期较量,楚国才逐渐取得了胜利。前655年,"楚人灭弦,弦子奔黄";[3]前648年,"夏,楚人灭黄"。[4]大约春秋中期以后,楚国的势力开始向鄂东地区渗透,它已灭了鄂东的部分小国。同时,也制服了鄂东较大的强国,其中包括了姬姓的随国。《春秋·哀公元年》杜注:"随世服于楚,不通中国",这是指公元前494年的事,说明当时随已是楚的附庸。

随、郧等国虽然"世服于楚,不通中国",但它们长期保持较强大的力量,直至春秋晚期,仍具有相当程度的独立性。前506年,吴师入楚,"楚子涉睢济江,入于云中。……王奔郧……郧公辛之弟怀将杀王……斗辛与其弟巢以王奔随"。[5]楚昭王当时弃郢东逃,就曾避难于郧、随,并乞求郧、随的保护。直至前494,"楚子、陈侯、随侯、许男围蔡"。[6]随还与楚等国一起,参加了对蔡的战争。由于随、郧等鄂东诸国的长期存在,楚一直未能直接统治整个鄂东地区。它主要是通过附属国的关系,间接控制和影响这个地区。至于大别山之南的弦国旧地一带,当时是否为楚所直接控制? 这还值得讨论。根据地理形势,楚国要控制这一带,便需越过随枣走廊的随、郧等国。而楚国东进路线有南、北两路:北路通过襄阳、南阳,沿淮河而下;南路沿长江而下。楚国控制弦、黄等国旧地,恐怕主要通过北路到达。因此楚直接控制弦国旧地的时代,可以早于直接控制随枣走廊(随、郧)的时代。前678年,楚灭邓(位于今襄阳北部一带的侯国),早已打开了它通向淮河流域的大门。楚国在春秋中期以后直接控制了弦国旧地一带也具可能性。

以上情况,在考古资料中已得到较明显的反应。从鄂东地区发现的古代文化遗存来看,时代属于新石器时代晚期至西周时期的最为丰富,这在整个江汉地区都是非常突出的。这说明大约从夏代前后开始至西周时期,鄂东地区是江汉各族人民活动的中心,同时也是受中原文化控制、影响最深刻的地区。而时代属于春秋中、晚期的文化遗存,除随枣走廊还比较丰富以外,涢水以东地区,则有骤然减少的现象,表明当时人们活动的中心已经转移,这与统治中心转向西方的楚国密切相关。随枣走廊因为是随、郧两国所在地,所以春秋中、晚期的文化遗存仍然较丰富。目前虽然未发现有文字依据的郧器和随器,但这

---

〔1〕《左传》桓公六年,桓公八年,庄八四年;《史记·楚世家》。
〔2〕《左传·桓公十一年》。
〔3〕《春秋·僖公五年》。
〔4〕《春秋·僖公十二年》。
〔5〕《左传·定公四年》。
〔6〕《春秋·哀公元年》。

一带出土的春秋中、晚期遗物,其中包括曾国遗物,与鄂西地区的楚器风格区别甚为明显,与鄂北襄阳一带的情况也不同,[1]显然不属楚国遗物。根据器物时代、特征及其分布范围和"周王孙"铭文(随州季梁氏一墓出土的铜戈铭文,说明墓主季怡系曾国公族,他自称"周王孙"),所见曾器应即随器。随县擂鼓墩一号墓——曾侯乙墓所出土的镈铭和竹简内容,可知到战国早期,即前433年前后曾侯乙死时,楚国还保留了曾(随)国的名称。曾侯乙墓的文化面貌,虽然已归楚文化系统,但也还存在不少与楚国墓葬不同的特点,实际上它还是曾(随)国墓。这些考古现象正好与文献互相印证。

随、郧两国的灭亡,标志着楚国直接统治整个鄂东地区的开始。随、郧两国在历史上消失的年代,根据文献和考古资料,约在春战之交以后。如前所述,直至春秋末叶的文献记载中,还可以看到随、郧两国的活动,但在春战之交以后的历史记载中,便再不见了。考古发现的曾(随)器,最晚的一批即见于曾侯乙墓。而曾侯乙墓虽用九鼎,但形体却甚小,还不及淅川下寺二号墓这座春秋七鼎楚墓的鼎大,[2]显然与墓主的地位较低有关。说明曾(随)国在楚的控制下已日趋灭亡,至曾侯乙时,已名存实亡了。曾侯乙应是在楚的控制下最后一位曾侯了。与曾侯乙墓同一个墓地的擂鼓墩二号墓,也是九鼎墓,身份应与曾侯乙相当,但此墓的规模就小得多,地位就更低了,根本不见"曾侯"之类的称呼了,而时代大约在战国中期前段。[3]此墓的情况,可视为楚国直接统治下的墓葬了。这种墓是鄂东地区的一类楚墓,即由曾国或某国墓逐渐演变而成的楚墓。鲁台山楚墓[4]也属这类楚墓。这类墓的墓地,时代上限较早,可以早至楚国直接统治之前。墓地中,早、晚墓之间有较明显的因袭关系。鄂城楚墓、[5]黄州楚墓、[6]云梦楚墓[7]等是另一类楚墓,墓葬的形制、出土文物的特点,都已发生了质的变化。此类楚墓之墓地时代上限较晚,从目前情况来看,都为战国中期以后,更早的还少见或不见。正好是楚在战国初年到达鄂东地区以后,陆续下葬的。

综上所述,在春秋中期前后,楚开始进入鄂东地区,但它主要是通过与随、郧等附属国的关系,间接控制和影响这个地区。大约在春战之交以后,才直接控制和统治整个鄂东地区。

---

〔1〕 湖北省博物馆:《襄阳山湾东周墓葬发掘报告》,《江汉考古》1983年第2期。

〔2〕 河南省丹江库区文物发掘队:《河南淅川县下寺春秋楚墓》,《文物》1980年第10期。

〔3〕 擂鼓墩二号墓清理发掘组:《随州市擂鼓墩二号墓出土一批重要文物》,《江汉考古》1981年第1期。

〔4〕 黄陂县文化馆等:《湖北黄陂鲁台山两周遗址与墓葬》,《江汉考古》1982年第2期。

〔5〕 湖北省鄂城县博物馆:《鄂城楚墓》,《考古学报》1983年第2期;鄂钢基建文物小组等:《湖北鄂城鄂钢五十三号墓发掘简报》,《考古》1978年第4期。

〔6〕 黄州古墓发掘队:《湖北黄州国儿冲楚墓发掘简报》,《江汉考古》1983年第3期。

〔7〕 云梦县文化馆:《湖北云梦县珍珠坡一号楚墓》,《考古学集刊(第1集)》,1981年。

二、鄂东地区古代文化传统与楚文化

前面提到鄂东地区新石器时代晚期至西周时期的文化遗存特别丰富。尤其是新石器时代晚期"龙山"阶段的文化遗存,不但反映了当时鄂东是江汉地区文化发展的重要地区,而且反映出江汉土著文化是自成体系的。另外还可以看出涢水流域和鄂东南地区在文化面貌方面存在着区域性差异。[1]就是说,至原始社会末期,鄂东一带居住着两支以上的发达的土著民族。而后由于中原民族的占领,当地土著民族一部分被迫迁徙,一部分留在当地。留在当地的土著民族便处于中原民族的压迫统治和影响之下,当时的土著文化自然受到抑制。但是具有数千年发展的土著文化并不可能完全被扼杀,尤其在广大的民间,必然有所流传和发展。在考古发现中,这种情况已有所反映:黄陂盘龙城、鲁台山、圻春毛家咀、汉阳乌龟山等鄂东地区商至西周时期的文化遗存,基本面貌表现出是中原系统的文化占主导的地位。尤其是在青铜器方面表现更为明显。这是因为居统治地位的是中原民族,青铜器之类的高贵物品多为他们所占有,有些青铜器也可能直接来自中原地区或来自中原地区的工匠制造,所发现的重要遗址亦多为中原民族的统治据点。因此遗迹遗物中表现出明显的中原文化的特征[2]正合乎当时实际。但就是在这些遗存中也同时可以看到一些地方特色,即与中原文化不同的方面,尤其是反映在陶器中。例如直至西周时期,在陶系中红陶所占比例仍很大,鲁台山西周的H1中,红陶占88.2%;[3]纹饰中还可以看到一定数量的方格纹,鲁台山西周的H1中,方格纹就占6.2%;[4]器形中,鼎式鬲、罐形鼎、带流鬲、高圈足簋和缸等(图一),都与中原同期文化不同。这种人们日常生活中常用的陶器所表现出来的地方特色,具有更普遍、更广泛的意义。上述特点,渊源就是当地的土著文化。由此可见,中原文化和鄂东土著文化之间虽然地位有所不同,但它们之间总趋势为互相共存、互相影响、互相融合的。这也就是鄂东地区商周文化发展的基本状况。

东周时代,随着鄂东诸侯的兴起,在鄂东商周文化发展的基础上,逐渐形成了具有独特风格的一种文化类型,为东周时期长江中游文化体系(即楚文化体系)的形成奠定了基础。

---

[1] 武汉大学历史系考古专业等:《湖北通城尧家林遗址的试掘》结语中也提到此问题,见《江汉考古》1983年第3期。

[2] 陈贤一:《黄陂鲁台山西周文化剖析》,《江汉考古》1982年第2期。

[3] 陈贤一:《黄陂鲁台山西周文化剖析》,《江汉考古》1982年第2期,见表一、二。

[4] 陈贤一:《黄陂鲁台山西周文化剖析》,《江汉考古》1982年第2期,见表一、二。

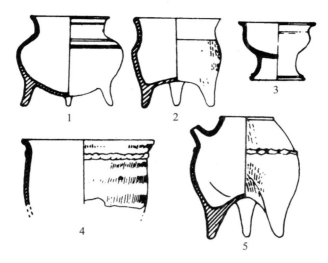

图一　鄂东地区出土的西周陶器

1. 罐形鼎（黄陂鲁台山）　2. 鬲（圻春毛家咀）　3. 簋（鲁台山）　4. 缸（鲁台山）　5. 带流鬲（武昌放鹰台）

　　东周时期长江中游文化体系，即楚文化体系形成的时代约在春秋中期前后。这时期正是楚国"问鼎中原"，控制随、郧，迅速向周围地区扩张的时代。因此楚文化体系的形成与楚国势力的扩张紧密关联。楚作为南方势力的代表，控制了江、汉、淮地区，其中包括了控制鄂东地区以后，主要是继承、发展和吸收当地的文化传统，并逐渐使之融合为一个整国的文化共同体。鲁台山东周墓葬发展系列[1]中，看不到明显的文化更替现象就是一个证明。

　　由于自新石器时代以来，鄂东长江南、北之间就存在着文化的差异；至商、西周时期，中原文化对整个鄂东地区的影响和互相融合程度的不平衡；至东周前期，鄂东一带又处于诸侯割据的分裂状态，故鄂东地区的楚文化，存在着地域上的种种差异是历史的必然。根据现有考古资料，鄂东地区的楚文化最少可以划出两个文化类型，即随枣走廊类型和鄂东南类型。

　　随枣走廊类型，主要遗存有随县刘家崖、[2] 义地岗（季梁氏）、[3] 涢阳、[4] 擂鼓墩，云梦楚王城、珍珠坡、[5] 好石桥，黄陂鲁台山[6] 等。这一带原为中原民族统治旧地，受中原文化

〔1〕　见黄陂鲁台山墓葬陶器分期图（陈贤一：《黄陂鲁台山西周文化剖析》，《江汉考古》1982年第2期）。
〔2〕　随州市博物馆：《湖北随县刘家崖发现古代青铜器》，《考古》1982年第2期。
〔3〕　随县博物馆：《湖北随县城郊发现春秋墓葬和铜器》，《文物》1980年第1期；程欣人、刘彬徽：《古盏小议》图1，《江汉考古》1983年第1期。
〔4〕　程欣人：《随县涢阳出土楚、曾、息青铜器》，《江汉考古》1980年第1期。
〔5〕　云梦县文化馆：《湖北云梦县珍珠坡一号楚墓》，《考古学集刊（第1集）》，1981年。
〔6〕　黄陂县文化馆等：《湖北黄陂鲁台山两周遗址与墓葬》，《江汉考古》1982年第2期。

影响最为深刻。在这一带仅发掘了一些墓葬,遗址方面只作过部分调查,文化面貌尚不够清楚。主要特点表现在铜器和陶器两个方面。铜器方面:出现的数量较多,大都为较早阶段的墓葬随葬品。直至战国中期的擂鼓墩二号墓,还使用了大量铜器,而陶器、漆器较少见。铜容器的造型一般较为矮胖。春秋时期的鼎、盆等最有特点,鼎以平盖和平底的最具有特征,盆也为平底,鬲、簠、甗、壶等都保留较多的中原文化因素。铜器出土组合较不一致,以组合不全的为多。陶器方面:鬲主要以绳纹大口鬲为主,较矮胖,早期的为圆唇,晚期的为方唇;罐以短颈双耳绳纹罐最有特点;细柄豆以竹节状豆柄为别处少见;壶、敦、盖豆、鼎、盂、盆等都有一定的特色(图二)。

鄂东南类型,主要遗存有大冶铜绿山、[1]鄂王城、[2]鄂城楚墓、[3]黄州楚墓[4]等。鄂东南山区可能为商、西周时期扬越民族退居和较长期活动过的地区。鄂东南湖泽地带为东

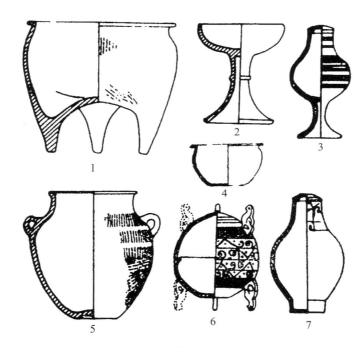

图二　随枣走廊类型楚文化陶器

1.鬲(黄陂鲁台山楚墓)　2.豆(鲁台山楚墓)　3.高足壶(云梦珍珠坡楚墓)　4.盂(鲁台山楚墓)
5.罐(鲁台山楚墓)　6.敦(珍珠坡楚墓)　7.壶(珍珠坡楚墓)

〔1〕　铜绿山考古发掘队:《湖北铜绿山春秋战国古矿井遗址发掘简报》,《文物》1975年第2期;湖北省黄石市博物馆等:《铜绿山——中国古矿冶遗址》,文物出版社,1980年。
〔2〕　大冶县博物馆:《鄂王城遗址调查简报》,《江汉考古》1983年第3期。
〔3〕　湖北省鄂城县博物馆:《鄂城楚墓》,《考古学报》1983年第2期;鄂钢基建文物小组等:《湖北鄂城鄂钢五十三号墓发掘简报》,《考古》1978年第4期。
〔4〕　黄州古墓发掘队:《湖北黄州国儿冲楚墓发掘简报》,《江汉考古》1983年第3期。

西南北交通要道,为古代文化交流的重要渠道,因此这里的文化类型特点更明显。较早的（春秋时期）遗存很少,仅见一些陶器。从陶器的作风来看,多承西周陶器发展而来。总体观察,出土较大数量的印纹硬陶,而一般陶器亦具有印纹硬陶的某些特色,例如纹饰以间断条纹（这也是一种印纹）为主。陶鬲为大口鬲,圆柱状高足,也是一种"楚式鬲",但它的足部刻槽,纹饰为条纹;豆为折腹,柄较粗;瓮为敛口,底较宽;[1]还有一种带流器,也别具特色。较晚的（战国时期）遗存比较丰富,似乎有突变现象。例如陶器纹饰已变为绳纹为主,鄂王城所见鬲足已无刻槽。因此,这个地区的春秋文化肯定与扬越民族相关,属扬越文化还是归楚文化? 需要继续工作才能断定。而这个地区的战国文化则是楚文化无疑。这个地区的楚文化基本特点表现在墓葬和陶器方面,例如墓葬中,随葬品主要不是放在头箱内,而是放在边箱内;陶器中,以宽平底鼎、长颈带盖壶、椭圆形长足敦、平底绳纹罐、半圆形花纹瓦当和平底瓷罐等具有特色（图三）。

鄂东地区两个类型的楚文化与典型的楚文化（即鄂西类型）相比,共性是主要的。尤其到战国后期,已达到基本相同的程度。但湖北境内的几个类型的楚文化都有各自的发

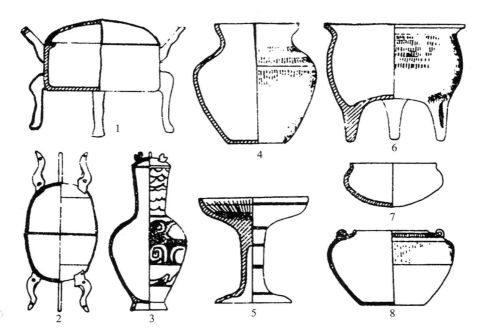

图三　鄂东南类型楚文化器物

1.陶鼎　2.陶敦　3.陶壶　4.陶罐　5.陶豆（以上均为鄂城楚墓出土）　6.陶鬲（大冶铜绿山）
7.陶盂（大冶鄂王城）　8.瓷罐（黄州楚墓）

---

〔1〕 湖北省黄石市博物馆等:《铜绿山——中国古矿冶遗址》,文物出版社,1980年。

展序列和器物演变过程,表现在器物本身各具特点。例如鄂东类型的楚文化,看不到或少看到小口鬲和长颈罐这两种典型的楚文化器物,原因主要应该是类型、序列方面的差别。这两种典型的楚文化器物由鄂西类型的器物演变而来,并出现在较早阶段,到战国中期以后即趋于消失。而鄂东类型的楚文化,由于发展序列不同,器物变化规律不一致,自身并没有出现这两种器物,至楚的势力到达以后,这些器物已经在鄂西消失,并没有发展到鄂东地区。

公元前278年,秦将白起拔郢,楚被迫东迁,楚文化发展的中心向东移。当鄂西地区成为秦文化统治的战国晚期,鄂东地区的楚文化还经过了一段时间的继续发展。因而,鄂东地区是我省探索战国晚期楚文化的主要地区。随着鄂东地区考古工作的深入开展,鄂东地区的楚文化遗存将会有更多的发现。届时,鄂东地区的楚文化面貌将会更为清晰。

（原载《考古与文物》1989年第4期）

荆楚地区巴蜀、百越、秦汉文化

关于巴、濮若干问题的探讨

　　江汉地区是古代文化发达的地区，早在新石器时代，就有城背溪、大溪、屈家岭、龙山各阶段诸文化的连续发展，时代可以上溯至八千年前，其历史的悠久与中原新石器时代文化相当，证明江汉一带同样是我国古代文化的重要发祥地。

　　进入青铜时代以后，我国社会发生了重大变革，江汉一带处于我国南、北、东、西互相交流的交叉地带，存在的文化性质更加复杂化。无论是史书记载，还是考古发现，均有不少难以辨明的历史问题。

　　据史书所记，商周时期江汉地区有濮人、巴人的存在，并都与楚的关系密切。近年来，在湖北西部的考古发现中，一支具有新内涵的商周文化引起了人们的重视。这支文化的发现区域恰在江汉平原与四川盆地的交通孔道上，尤以西陵峡两岸最为丰富。联系到商周时期，这一带有濮人、巴人的活动，同时又有明显巴人标志的遗物出土。本文试对有关巴、濮的若干问题，做一初步的探讨。

一、关 于 濮 与 巴

　　濮，又称百濮，是南方古代民族的一大族系，据文献记载，最早的濮活动于江汉。"宗周钟"铭文中有"南或及孳"句，有人释为南国濮子。如无误，"濮子"则是江汉南蛮部落联盟的酋长。《史记·楚世家》："熊霜六年，卒，三弟争立。仲雪死；叔堪亡，避难于濮；而少弟季徇立，是为熊徇。""三十七年（公元前704年）……（楚熊通）乃自立，为武王……于是始开濮地而有之"。《左传·文公十六年》（公元前611年）："楚大饥……麇人帅百濮聚于选，将伐楚。"《国语·郑语》："叔熊逃难于濮……楚蚡冒于是乎始启濮。"两周前后，楚与濮关系十分密切。西周时，濮地曾为楚国王族避难之地；春秋以后，濮地成为楚国立根之本。楚原为偏隅小国，它的强大，是从征服百濮开始，与"启濮""开濮"相伴随的。《宗周钟》铭文中有南方"廿又六邦",[1]这与《韩非子·有度》"荆庄王并国二十六,开地三千里"中的二十六国相同,说的大概都是江汉濮地的小国,至楚庄王时均归服于楚国。

濮、濮地在楚文化研究中是需重点探讨的课题,目前考古界对江汉濮尚无明确的认识。《史记正义》"刘伯庄云:'濮在楚西南'",《左传·昭公十九年》"楚子为舟师以伐濮",说明濮在楚西南临水区域。罗香林曾指出,今湖北秭归至四川奉节一带有归夷,或称为濮。[2]我们认为濮原分布于今湖北西部山区及其边缘地带,在商周之际已形成了许多邦国。而古文献中所说的濮、濮地与实际的百濮并不完全一致,因较强的濮系邦国可以被另列叙述。况且不同的古书或不同时代所指的濮,并不完全相同,有的又是指濮地。《史记》《左传》《国语》等书中记载的濮,实际上是指当时实力不强或"未有君长"的那部分濮地居民,其主要分布于当时楚(荆山至郢一带)西南,今湖北西部的长江两岸及其部分支流地区。这些地区便被统称为所谓的"濮地"。据史书可知,楚熊通自立为王以后"始开濮地"过程中,最重要的事件是"楚武王克权"(《左传·庄公十八年》)和楚文王"始都郢"(《史记·楚世家》)。权国,一般认为在今当阳东南;郢,在今江陵纪南故城。可见,楚开濮地首先是从荆山向南部的长江边缘扩展。今沮漳河口至洞庭湖北部一带水域原都可能有濮人的活动,也可统称为濮地。

濮地逐渐有巴国崛起。《后汉书·南蛮西南夷传》:"巴郡、南郡蛮本有五姓:巴氏、樊氏、瞫氏、相氏、郑氏,皆出于武落钟离山。未有君长,俱事鬼神……巴氏之子务相……是为廪君,乃乘土船,从夷水至盐阳……廪君于是君乎夷城,四姓皆臣之,廪君死,魂魄世为白虎。巴氏以虎饮人血,遂以人祠焉。"《水经注·夷水》:"夷水即狼山清江也……昔廪君浮土舟于夷水,据捍关而王巴",夷水即今清江,早期的廪君巴源于巴郡、南郡蛮中的巴氏,后来是巴国的主要民族,主要活动范围在巴郡、南郡之间。《水经注·江水》(卷三十四):"江水自关东径弱关捍关。捍关廪君浮夷水所置也。弱关在建平秭归界,昔巴楚数相攻伐,藉险置关,以相防捍……又东过巫县南,盐水从县东南流注之。"据此记载可知廪君曾在三峡,廪君活动区域不限于清江流域,还包括了三峡地区。这一带在如上所说的濮人分布的大范围内,可以说属濮地。而据史书记载,楚在濮地后来曾累遭巴人的抵伐,《左传·庄公十八年》:"巴人叛楚而伐那处,取之,遂门于楚。阎敖游涌而逸。楚子杀之,其族为乱。冬,巴人因之伐楚。"(正义:"涌水在南郡华容县")《左传·庄公十九年》:"楚子御之,大败于津。"《水经注·沔水》:"沔水又东,右会权口。水出章山,东南流,径权城北,古之权国也……楚武王克权……迁权于那处是也。""那处"约在今荆门县南,距纪南

---

[1] 郭沫若:《两周金文辞大系图录考释》,科学出版社,1958年。
[2] 罗香林:《古代百越分布考·夔越》,《南方民族史论文选集》,中南民族学院,1982年。

城不远处。《水经注·江水》:"（江水）又东过枝江县南……县西三里有津乡……春秋庄公十九年，巴人伐楚，楚子御之，大败于津乡。""津乡"在今枝江县境的江边。据此，巴人曾活动于沮漳河口一带的长江水域。可见，巴是濮地的重要民族之一。巴楚之战常用舟楫、水师，证明巴是与水、渔猎业关系密切的古代民族。

百濮民族系统中，有庸、麇、卢、彭等重要邦国，《左传·文公十六年》有"庸人帅群蛮""麇人率百濮"的记载可证。这些小诸侯国基本分布在汉水中游之南的鄂西山区一带，将其与考古发现的相应的文化遗存对照，推测它们与巴民族可能不属同一系统。而作为濮地古民族之一的巴，不但仅活动于鄂西水域而范围不大，而且与百濮相比亦属少数。由于它们活动于濮地，文献中所说的濮也有可能包括巴，或就指巴。并有学者说:"巴是濮人中最强大的部分，巴濮常常连称（《百越民族史论丛》第20页，广西人民出版社）。"

二、早 期 巴 文 化

自1979年俞伟超先生赴湖北西部的宜都县境考古调查，指出该县有商代前后的早期巴人遗存[1]以来，考古界在宜都及长江西陵峡一带调查并发掘了商周时期的文化遗址十余处，其中重要的有秭归县鲢鱼山、朝天嘴，宜昌上磨垴、路家河、中堡鸟、三斗坪、白狮湾、杨家嘴，[2]宜都毛细套、向家沱、红花套[3]等遗址。这些遗址均分布于长江边缘，时代大约从夏商之际开始至西周初止。主要文化遗存有房屋、灰坑、灰沟、墓葬、石器、陶器等种。其中文化遗物较丰富，文化遗迹较少。遗物中有大量的陶器和相当数量的石器。陶器中，又以罐所占比例最大。从总的情况来看，这些文化遗存具有俞先生所说的早期巴人文化的特征。

已见到的陶器，不但与中原或鄂东地区的同期文化遗存不同，而且与沙市周梁玉桥、官堤等遗址为代表的一种鄂西商代后期的文化遗存亦不同，而它的一部分器形可以在川东或成都平原的巴蜀文化分布区见到。例如尖底直口杯、敛口小底罐、豆形长柄器座、鬶、盉、粗陶豆等与川东忠县磘井沟，甚至与成都地区的新繁水观音、广汉中兴场等地出土的同期陶器十分近似（图一）。根据上文所述，宜都至秭归的江峡间为商周时期巴人的活动区域，这一带的巴人后来推巴氏为首领，崇拜白虎，并逐渐发展成为巴国的主体民族，所以可认为这类遗存是早期巴文化遗存。

---

〔1〕 俞伟超:《关于楚文化发展的新探索》,《江汉考古》1980年第1期,第28页。

〔2〕 参阅《中国考古学年鉴·考古文物新发现》1985年、1986年,湖北省部分;湖北省博物馆:《宜昌县杨家嘴遗址简况》,《江汉考古》1985年第4期。

〔3〕 参阅林春:《宜昌地区长江沿岸夏商时期的一支新文化类型》,《江汉考古》1984年第2期。

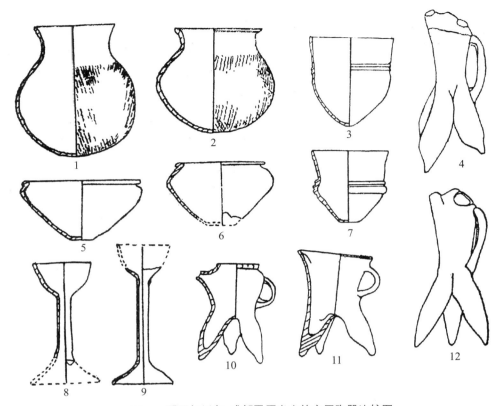

图一　鄂西与川东、成都平原出土的商周陶器比较图

1. 忠县㽏井沟　3、10. 新繁水观音　5. 广汉中兴场　12、9. 广汉三星堆　2、7、11. 宜昌三斗坪
6. 秭归鲢鱼山　4、8. 宜都毛细套　（1、3、5、9、10、12为四川出土，2、4、6、7、8、11为湖北出土）

早期巴文化的主要特点：

1. 遗址多分布于江边地势较低处，一般内涵较简单，面积不大，文化层较薄并多集中于山沟之间，常呈沟状或坑状堆积。灰层少见，包含遗物以石器和陶器为主。

2. 房屋遗迹较少，并较简单，为小型房屋。这可能与巴人常在水上生活有关。已发现有石垒筑的长方形房屋和土筑的房基。

3. 发现的墓葬为长方形土坑，以仰身直肢葬为主，随葬品极少，个别墓有石块或陶圈足杯。

4. 还存在较多的石器。石器特点是磨制不够精，多保留打制痕迹，而用于砍、削的较大型的工具较多，小型石器少见。特别流行蚌壳形石片，这种石片用卵石击成，往往不加磨制，并保存卵石的原始面，是一种简单而实用的刮削器。除石片以外，主要器形有斧、锛、凿，还有少量石镞等。

5. 陶器是最重要的遗物。一般以夹砂灰褐陶为主，手制陶所占比例较大。基本器形有罐、甑、豆、盂、杯、鬶、盉、器盖、缸、器座等(图二)。造型特点较粗糙,以圜底器、长柄器和小平底或尖底器为主,三足器仅见于鬶、盉(都不是主要炊器)。主要纹饰有绳纹和方格纹两种,而方格纹发达。最具特点的器物有圜底束颈绳纹或方格纹罐、小平底或尖底盂、尖底杯、豆形长柄器座等。

6. 以圜底罐为基本炊器,是早期巴文化的最重要特点。这与商、周、楚文化中以鬲为基本炊器和沙市周梁玉桥商代遗存中以鼎、釜为主要炊器的情况都不同。圜底罐中有大、中、小型之分,其中有大量的小罐,罐底多有烟熏痕迹,证明其主人惯用圜底小罐作炊器,推测主人的主要食物是野生动物或鱼类,而圜底小罐主要用于烧开水饮用。常见的石片,则可能用于宰、割、剥皮毛或刮鱼鳞。进而证明早期巴人的经济是以渔猎经济为主。而他们生活中最有威吓力的动物虎,便成为他们所崇拜的对象。

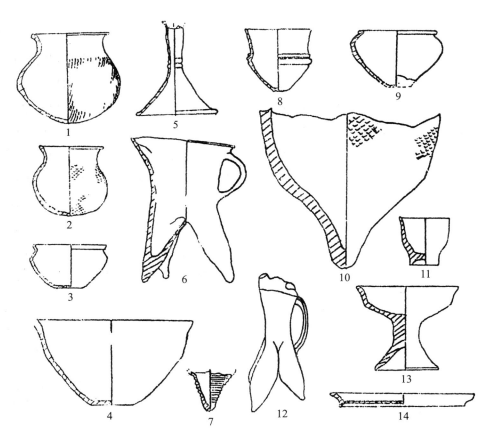

图二　早期巴文化陶器

1、2.陶罐(宜昌三斗坪出土)　3.陶盂(宜昌三斗坪出土)　4.陶盆(宜昌三斗坪出土)　5.豆形器座(秭归鲢鱼山出土)　6.鬶(宜昌三斗坪出土)　7.杯底(宜都红花套出土)　8、11.杯(宜昌三斗坪出土)　9.小平底罐(秭归鲢鱼山出土)　10.缸(宜昌三斗坪出土)　12.盉(宜都毛细套出土)　13.豆(宜昌三斗坪出土)　14.盘(秭归鲢鱼山出土)

三、东周巴人遗存

目前发现的巴人与蜀人的文化遗存难以区别,考古界已提出巴蜀文化作为一个文化共同体,并着手进行探讨。湖北西部宜昌地区也被列入巴蜀文化分布区,分布于该地区的早期巴文化亦被列入巴蜀文化系统。[1]

然而,如从文化族属的角度考虑,商周时期,蜀人并不曾进入湖北,鄂西至川东的江峡两岸主要是巴人的活动范围,这一带出土的具有巴蜀文化基本特征的遗存,实为巴蜀文化的一个类型,[2]应为巴人遗存。

对于东周巴人遗存,我们应当注意到:进入春秋以后,楚在鄂西沮漳河流域迅速崛起,楚西部主要争夺对象就是巴。巴临江而居,在楚的紧逼下逐渐沿江而上。在今川鄂边境与陕南大巴山相邻,陕、川、鄂边区便有可能同为巴人活动范围,汉水中游有巴人的足迹便是自然的。至战国时期,巴被逼入居川东的"枳"(今涪陵),离开鄂境。此后,巴、楚两国常在川鄂间的弱关、捍关"数相攻伐"。在西陵峡的考古文化序列中,可以看到:大约春秋早期前后,楚文化进入三峡。这正是巴逐渐西迁,楚逐渐东来的具体反映。在楚、秦争天下的过程中,巴与蜀都同夹于两者之间,巴地又较早地进入了秦统治时期。鉴于巴、蜀、楚、秦的复杂关系,东周巴人遗存明显受到楚、秦诸文化的影响。例如1972年在川东巴都所在地——涪陵小田溪发掘的三座战国大墓[3]属巴人上层人物的墓葬,是比较典型的巴文化墓葬。其中有些器物,如罍、壶、盘(盆)、勺等都与楚文化的同种器物近似,而由于这些墓的时代当进入了秦统治时期时,已受秦文化的强烈影响,例如器物的组合,以及铜鍪等器物又与秦文化相像。特别是一铜戈内上刻有字体为秦篆的铭文。说明战国巴文化中已融合了秦、楚文化的诸多因素。

综观东周巴人遗存可归纳如下基本情况:

1. 巴人遗存发现地点,仍集中在邻近峡区及其东、西两侧的江畔。尤其以巴县、涪陵、三峡两岸和清江下游、沅水中游最多;

2. 东周巴人遗存多为墓葬或一些零星出土器物。而所属时代,绝大部分都是战国至

---

〔1〕 赵殿增:《巴蜀文化的考古学分期》,《中国考古学会第四次年会论文集(1983年)》,文物出版社,1985年;赵殿增:《巴蜀文化几个问题的探讨》,《文物》1987年第10期。

〔2〕 赵殿增:《巴蜀文化的考古学分期》,《中国考古学会第四次年会论文集(1983年)》,文物出版社,1985年;赵殿增:《巴蜀文化几个问题的探讨》,《文物》1987年第10期。

〔3〕 四川省博物馆等:《四川涪陵地区小田溪战国土坑墓清理简报》,《文物》1974年第5期。

秦汉。墓中往往出现巴、楚、秦多种文化因素器物共存的情况；

3. 战国巴人墓与楚人墓相比，巴人墓有船棺葬，而土坑墓无墓道与台阶，随葬品不一定放在"头箱"内，一般不用楚墓常见的鼎、簠、壶；鼎、敦、壶之类的器物组合，而惯用圜底陶罐或圜底铜釜，这是巴人传统的主要炊器。不用或少用车马器；

4. 巴人墓中兵器所占比例较大，其地位突出。巴式兵器与楚式兵器不同，如流行柳叶形铜剑、圆刃束腰形铜钺、铜戚等；

5. 巴人墓中有随葬虎纽錞于、钲等乐器的情况；

6. 巴人的器物上盛行虎纹、掌心纹和巴人图形符号标志。虎的形象常出现于器物上，如虎纽、虎头饰件等，对虎的崇拜充分表现在器物造型和装饰上。

在巴、楚长期战争中，或巴被灭亡以后，都有一部分巴人留居或流入今鄂西一带的楚国境内。唐人梁载言《十道志》云："楚子灭巴，巴氏兄弟五人，流入黔中。汉有天下，名曰酉、辰、巫、武、沅等五溪，各为一溪之长。故号五溪。"可见巴被灭后，还有一部分巴人迁入黔中与湘西。在今鄂、湘、黔相连的楚境内，都常有战国至汉代的巴人遗存被发现，特别是出土的具有巴人特征性的虎纽錞于、柳叶形剑、虎纹戈和饰虎纹、掌心纹的器物等。有的出土时，与楚物共存，或为仅有的墓葬随葬品。有些出巴人器物的墓葬，亦有可能属巴人墓葬，如鄂西宜昌前坪23号墓、[1]葛洲坝4号墓、荆门车桥战国墓；[2]湘西溆浦马田坪64、83、88、96、105、118、121、128号墓[3]等都出巴器物，这些墓正好位于巴人分布区域内，巴器物不可能都是流入品。这些墓中，有的用楚的一套随葬品，这是因为他们已是楚国境内的巴人，早已成为楚国多民族大家庭的成员，他们大都接受了楚文化的统治。巴人墓表现出楚文化的特征也并不奇怪。

依据古代文献，东周时期江陵楚郢都一带有大量的巴人存在，所谓"下里巴人"是指楚郢都附近流行于巴人之间的一种通俗乐曲，并倍受楚都百姓的欢迎。"下里"一词，同时含有巴人居住乡里、巷里之意，可见郢都一带有不少巴人集中地。但在郢都及其附近发现和发掘的东周文化遗存中，却很难找到巴人的遗迹。虽然曾在郢都附近收集过少量的巴式铜剑，但在普遍的遗存中，譬如在数以千计的东周墓葬中，却没有一座可以确定为巴人墓的。既然这一带有巴人乡里和大量巴人存在，就应有巴人遗址和墓葬，但事实上是难以区别出来的。"下里巴人"早在东周时期已与楚人融为一体了。

---

〔1〕 湖北省博物馆：《宜昌前坪战国两汉墓》，《考古学报》1976年第2期。

〔2〕 王毓彤：《荆门出土一件铜戈》，《文物》1963年第1期。

〔3〕 湖南省博物馆等：《湖南溆浦马田坪战国西汉墓发掘报告》，《湖南考古辑刊》(2)46页，巴墓。

四、关于巴的渊源、去向及四川的濮

在历史的长河中,关于"濮""巴"的称谓都较混杂,名称往往随时代的变化而变化。"百濮"一词就含族系纷繁之意,而"巴",也有白虎巴、蛇巴、五溪巴、南巴等说法。时代的交替,民族的迁徙,造成了这些繁杂的现象,而物质的遗留是辨明这些繁杂现象的主要依据。本文讨论的巴,是指濮地所谓的"白虎巴"。

上面讲到,巴为濮地的一支民族,源于湖北西部三峡至清江口一带,然而它并非这一带新石器时代原始民族的后代。湖北西部三峡至宜都、枝江一带原是长江中游地区最古老的一支原始民族居住的中心区。他们的文化即是以城背溪、大溪为代表的一脉相承的新石器原始文化,这支原始文化直至本地区的季家湖、石板巷子、白庙子等相当于龙山晚期的遗存中,还表现出其上下承袭的发展,说明到新石器时代末期,本地的原始民族依然未曾迁走,仍为当地的主要居民。后来该地区突然出现发达的与本地原始文化没有直接关系的早期巴人文化,正如俞先生指出的那样:早期巴文化并非由当地的原始文化直接发展而来的。[1]也就是说巴民族并非当地的原始民族直接演变而来的。

那么,早期巴文化从何而来?广汉三星堆遗址的发掘[2]为我们找到了新的线索。在三星堆新石器时代末至青铜时代的陶器中,见到了早期巴文化的特有器物,如有豆形长柄器座、小底形态的罐。早期巴文化的陶器制造作风,包括制法、陶质、陶色、造型等方面与三星堆的陶器似有着亲缘关系,日用炊器也都不见鼎、鬲、甗之类的三足器。广汉三星堆的考古发现说明,巴人祖先可能源于成都平原。成都平原以广汉三星堆为代表的一种原始文化,即为巴、蜀文化的共同祖先。大约在夏商之际,随着中原奴隶制国家的产生及战争的频繁,成都平原一部分巴人的祖先便沿涪江、长江向东部峡区迁移,进入湖北境内,成为江汉濮地巴人,这样的可能性很大。

巴人在江汉,由于与楚的频繁交往,很大一部分巴人与楚人融合。在巴国与楚国的战争中,巴国退回川东,与成都平原的蜀国对峙,并都处于秦、楚两大势力之间。为最后秦汉民族的大融合创造了条件。《水经注·江水》(卷三十三):"来敏《本蜀论》曰:'荆人鳖令死,其尸随水上,荆人求之不得,鳖令至汶山下复生,起见望帝。望帝者,杜宇也,从天下女子朱利,自江源出,为宇妻,遂王于蜀,号曰望帝。望帝立为相。时巫山峡而蜀水不流,帝

---

[1] 俞伟超:《关于楚文化发展的新探索》,《江汉考古》1980年第1期,第28页。
[2] 四川省文物管理委员会等:《广汉三星堆遗址》,《考古学报》1987年第1期。

使鳖令凿巫峡通水,蜀得陆处,望帝自以德不若,遂以国禅,号曰开明。"鳖令开明氏是继承杜宇为蜀王的,传说他是荆地人,死尸随水上而复生,后又治水有功,可见他习于江水,可能属受楚影响很深的巴人。成都平原的新都、羊子山、青川等地都出土了具有巴、楚文化因素的战国墓,说明战国时期,成都平原确有一支东来的文化,这支东来的文化,显然与楚关系密切的巴人有关。正由于巴,最早源于蜀地,后来又统治了蜀地,所以四川盆地的巴文化与蜀文化成为难以分开的一个整体。

东周以后,巴人除了一部分进入四川与蜀人融合、一部分留在江汉与楚人融合以外,还有一部分流入湘、鄂西至贵州一带,逐渐演变,或为今土家族先民。

《华阳国志·蜀志》中的《会无县》条下有"路通宁州,渡泸得堂螂县,故濮人邑也"。会无县即今会理县,泸即金沙江。堂螂县为濮人故地,在金沙江边。同书《郪县》条下有"濮出好枣",《德阳县》条下有"古濮为功曹"的记载。郪县即今成都平原的三台县,德阳县即今潼南县,皆临长江支流涪江,这两县古亦有濮。《华阳国志》记载四川境内有濮人,学术界亦存在濮人西来说(罗香林:《古代百越分布考·腾越》:"濮族初发祥于蜀岷江西岸及岷江与金沙江相汇处……"),特别值得注意的是成都一带的蜀地,古文献提到曾有濮人。这恐怕都与巴人有关,因为巴人起源于濮地,并在濮地长期活动,所以古文献所记载的四川濮、濮人,大概就如《本蜀论》所说的"荆人"一样,都是指来自濮地或荆地的巴人。

(原载《湖北省考古学会论文选集(二)》,《江汉考古》增刊,1991年)

略论古代的巴

《史记·货殖列传》云："江陵故郢都,西通巫巴。"故研究楚文化,便需研究巴。

三峡,为"西通巫巴"的天然孔道,是探讨川、鄂两地历史交往的关键地区,也是探索古代巴人活动的重点区域。

六十年代起,考古工作者在三峡做了大量勘查和发掘工作,发现了不少与古代巴蜀、荆楚有关的遗迹遗物,特别是与古代巴人有关的遗迹遗物十分重要。

关于古代巴的不少问题,目前还存在着一些不同看法。笔者在鄂西考古调查、发掘工作中,接触了一些与巴有关的文物,笔者就鄂西有关巴人的考古资料和古代文献记载,粗略谈谈个人对古代巴的初步认识。

一、夏商时期的巴

《山海经·海内经》云："西南有巴国。大皞生咸鸟,咸鸟生乘厘,乘厘生后照,是始为巴人。"传说"巴人"是东夷部落首领太皞氏的后代,但这很难找到考古的确凿证据。

《山海经·海内南经》曰："夏后启之臣曰孟涂,是司神于巴,巴人请讼于孟涂之所,其衣有血者乃执之,是请生。居山上;在丹山西。丹山在丹阳南,丹阳居属也。"《竹书纪年》卷上亦有"启八年,帝使孟涂如巴,莅讼"的记载。这两段记载说明夏代已有巴。

商代有"巴方",《殷契粹编》1230"壬申卜,争贞,令妇好从止伐戲巴方",《甲骨文字丙编》313"□□卜,□贞,王佳妇好从止戲伐巴方"。商代后期,巴人已相当强大,殷王曾派妇好率军征伐。商末,巴人参与武王伐纣的战争。《华阳国志·巴志》"周武王伐纣,实得巴属之师,著于《尚书》。巴师勇锐,歌舞以凌殷人,前徙倒戈"。从此,古代巴人以能歌善舞、勇敢精锐而著称于世。

夏商时期的巴、"巴方"，究竟在何地？这是首先要讨论的关键问题。

晋代郭璞对《山海经·海内经》中所讲的巴国下注"今三巴是"，晋代的三巴大体在今川东至鄂西一片。郭璞对《山海经·海内南经》所指的孟涂到巴的居地作注"今建平郡丹阳城秭归县东七里，即孟涂所居也"，具体指出孟涂居住过的地点在秭归丹阳城。又据《水经注·江水篇》的描述，秭归之东的丹阳城，就是今鲢鱼山遗址。

关于鲢鱼山遗址，有断为楚都丹阳的，[1]但实际的考古资料，[2]证明它并不属楚而属巴，进而证明晋代郭璞所注较为可靠。

近年来，通过配合三峡大坝工程，在西陵峡两岸做了大量的考古调查和发掘工作。在获得的资料中，有一批重要的商周文化遗存。这批商周文化遗存所表现出的文化特征，属于峡江地区一种新的文化类型，[3]起止年代大体为夏至周初。我们初步将其定为"早期巴文化"。这类遗存中，陶器以圜底罐、长柄豆、小平底罐、尖底缸、尖底杯、褐陶盉、豆形器等最具特色，纹饰中的"橘皮纹"为别处所不见。这类遗存的陶器，与鄂东以黄陂盘龙城为代表的具有中原文化特点的同期陶器，[4]或与鄂西以沙市周梁玉桥为代表的具有江汉土著文化特点的同期陶器[5]都迥然不同，显然应另属别的文化系统。

随着四川巴蜀文化考古资料的不断丰富，巴蜀文化的基本特征也越来越显现出来。"早期巴文化"的典型陶器，例如上面已提到的小平底罐、豆形器、尖底杯、长柄豆以及盉、鬲、浅圈足盘等，只有在四川和汉水上游一带才能找到类似的形态（图一）。因此已被划归为巴蜀文化系统，[6]也可作为巴蜀文化的一个类型。

目前发现的"早期巴文化"地点，主要集中在三峡地区，东顺长江可延至宜都红花套、[7]江陵荆南寺。[8]说明它在鄂境的分布范围窄小，并没有远离长江。

"早期巴文化"的时代及其分布区域，与《山海经》中有关巴的记载及郭璞的相应注释基本吻合。可认为它属夏商时期的巴人遗存。

夏商时期的巴，为当时一支极为重要的民族。它大体活动于今川鄂陕接壤地区，中心应在三峡地区。商代的所谓"巴方"，大约就指汉水上、中游之南方一带，汉水上游的陕南地区可能是巴与中原联系的主要地区。

---

〔1〕 刘彬徽：《试论楚丹阳和郢都的地望与年代》，《江汉考古》1980年第1期；文必贵：《秭归鲢鱼山与楚都丹阳》，《江汉论坛》1982年第3期。

〔2〕 杨权喜、陈振裕：《秭归鲢鱼山与楚都丹阳》，《江汉考古》1987年第3期。

〔3〕 参阅林春：《宜昌地区长江沿岸夏商时期的一支新文化类型》，《江汉考古》1984年第2期。

〔4〕 盘龙城发掘队：《盘龙城一九七四年度田野考古纪要》，《文物》1976年第2期。

〔5〕 沙市博物馆：《湖北沙市周梁玉桥遗址试掘简报》，《文物资料丛刊（10）》，文物出版社，1987年。

〔6〕 赵殿增：《巴蜀文化的考古学分期》，《中国考古学会第四次年论文集》，文物出版社，1983年。

〔7〕 参阅林春：《宜昌地区长江沿岸夏商时期的一支新文化类型》，《江汉考古》1984年第2期。

〔8〕 荆州博物馆等：《湖北江陵荆南寺遗址第一、二次发掘简报》，《考古》1989年第8期。

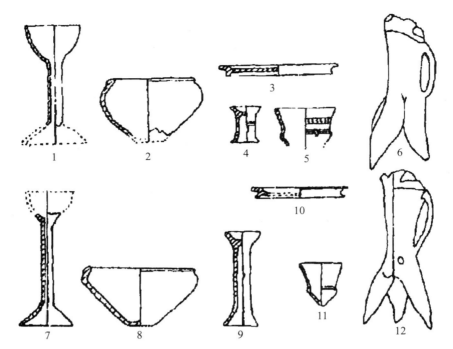

图一　早期巴文化陶器与成都平原出土的陶器比较图

1-6. 三峡地区出土（1、6 宜都毛细套；2、3. 秭归鲢鱼山；4. 宜都三斗坪；5. 宜昌路家河）

7-12. 成都平原出土（7、10、12 广汉三星堆；8 广汉中兴场；9、11 新繁水观音）

二、周代的巴国

《华阳国志·巴志》曰"武王既克殷，以其宗姬封于巴，爵之以子"。商被周灭以后，周王朝封其宗室于巴地，建立了巴国。从此以后，巴人的一大部分处于周王室直接控制之下。《左传·昭公九年》记载，王使詹恒伯辞于晋，曰"……及武王克商，蒲姑、商庵，吾东土也；巴、濮、楚、邓，吾南土地；肃慎、燕、毫，吾北土地也"。从周王朝统治的全国范围来看，"南土"主要指巴、濮、楚、邓，大约都是靠近周本土的秦岭山地以南的一片，即今陕南、川东、鄂西到豫西南一带。巴则在这带的西部，基本仍在夏商时期巴人活动的区域内。唐代孔颖达疏："巴，巴郡江州县也；楚，南郡江陵县也；邓，义阳邓县也；建宁郡南、有濮夷地。"巴国（主要指都城），在三峡之西，即在原巴人活动中心区的西部，巴国的势力范围显然不排除在三峡地区。

进入春秋以后，楚在江汉崛起，迫使巴不断西移。《华阳国志·巴志》记载："（巴国）其地东至鱼腹，西至僰道，北接汉中，南极黔、涪……与秦、楚、邓为邻""巴子虽都江州……其先王多在枳……其郡东枳有明月峡、广德峡，故巴亦有三峡。"这里所述的巴国范围，大概是巴国晚期阶段（战国阶段）的情况。而巴国早期阶段，有可能都城在枳，因此"其先王多在枳"。枳，即今涪陵。春秋时期，巴国的势力曾抵江汉平原。《左传·庄公十八年》"巴人叛楚而伐那处；取之，遂门于楚。阎敖游涌而逸。楚子杀之，其族为乱。冬，巴人因之伐楚"（正义："涌水在南郡华容县"）。《左传·庄公十九年》"楚子御之，大败于津"。《水经注·沔水》（卷二十八）"沔水又东，右会权口。水出章山，东南流径权城北，古之权国也。春秋鲁庄公十八年，楚武王克权，权叛，围而杀之，迁权于那处是也"。巴人所伐的那处约在今荆门南部，南距楚纪南城遗址很近，《水经注·江水》（卷三十四）"（江水）又东过枝江县南，沮水从北来注之。……其他夷敞，北据大江，江氾枝分，东入大江，县治洲上，故以枝江为称。……其民古罗徙……县西三里有津乡。津乡，里名也。《春秋》庄公十九年巴人伐楚，楚子御之，大败于津乡"，巴、楚作战的"津乡"在今枝江县境的长江边（或百里洲）上。可见，春秋时期巴国常在今枝江、江陵一带和楚国作战。春秋时期的诸侯国，并没有明确的"国界"，鄂西长江水域应是巴国早期的势力范围。

关于西周时期的巴文化遗存，和西周时期的楚文化遗存一样，目前还正在探讨、认识之中，其文化特征还不十分明确。而对东周时期的巴文化遗存的面貌则已有所认识，并已有许多发现。川东至鄂西一带发现的船棺葬、夹砂褐陶、虎钮錞于、铜钲、柳叶形剑、圆刃束腰形钺、无胡宽援戈，以及虎形纹、手心纹徽识等（图二）是有典型性的一种文化遗存，应属东周时期的巴文化。

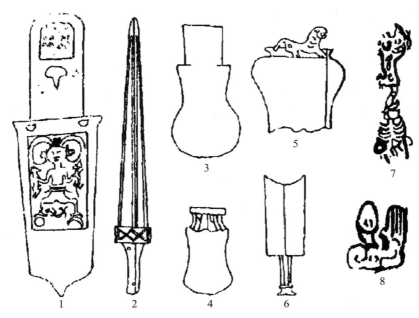

图二　东周巴文化铜器及其徽识

1.铜戈（荆门车桥出土）　2.铜剑（宜昌前坪M23出土）　3.铜钺（涪陵小田溪M1出土）　4.铜钺（巴东东瀼口出土）　5.虎钮錞于（建始河水坪出土）　6.铜钲（恩施刘家崖出土）　7.虎纹徽识（涪陵小田溪铜剑上）8.手心纹徽识（涪陵小田溪铜剑上）

东周巴文化遗存,在鄂境的分布主要集中在巴东、建始、恩施、秭归、宜昌等县,江陵、荆门等县有零星发现。这种情况大体与古文献有关巴国的记载相印证。

三、关于巴蜀关系

考古发现的巴与蜀的文化遗存难以区分,已提出"巴蜀文化"这个概念,作为巴、蜀两族文化共同体的称呼。

我国古代文化的发展,早在新石器时代就已形成了许多区域性文化——各种新石器时代文化及其类型。各种区域性文化都有各自的发展中心和序列。进入青铜时代以后,由于夏、商、周王朝的相继建立,确立了中国古代文化发展的大范围的中心,逐渐形成了中国古代统一的文化——华夏文化。三代王朝通过各自的国家职能,对各地推行统治文化,使华夏文化不断发展,统治范围不断扩大。而华夏文化的形成和发展是以新石器时代以来各地存在的区域性文化为基础的,整个过程实质上是各地区域性文化相互交流、相互影响、相互融合、不断变化的过程。

新石器时代的考古,已经初步证明成都平原和三峡地区各是不同的原始文化发展区域,成都平原应为"三星堆文化"的发展中心区,而三峡地区则为大溪——屈家岭——季家湖文化的发展范围。

成都平原的广汉三星堆[1]遗存分为三期,发掘报道中认为一期文化可以早到新石器时代晚期,二、三期文化相当于夏、商时期(与三峡"早期巴文化"的时代相当)。一、二、三期文化的发展具有连续性,即它们之间是因袭继承的关系,并被命名为"三星堆文化"。三星堆文化应是成都平原自新石器时代以来的原始文化,这支原始文化一直沿袭到青铜时代。而青铜时代,成都平原属于蜀国的统治区域,因而蜀文化则当是本地原始文化发展的继续。

白庙子[2]遗存是三峡地区新石器时代晚期遗存。它的文化面貌与鄂西龙山阶段的季家湖类型的文化最为接近,应归为同一类型的文化。也就是说在新石器时代晚期:三峡地区仍是大溪——屈家岭——季家湖文化的发展区域。

如前所述,夏、商以后三峡属巴地,所发现的"早期巴文化"显然不是该地区白庙子新石器时代晚期文化的延伸。它的文化面貌与川境的同期文化相近,与广汉三星堆二、三期

---

〔1〕 四川省文物管理委员会等:《广汉三星堆遗址》,《考古学报》1987年第2期。
〔2〕 湖北宜昌地区博物馆等:《湖北宜昌白庙遗址试掘简报》,《考古》1983年第5期。

文化接近,这进而证明它与成都平原的原始文化关系密切。

经过上面的粗略分析,可初步认为:第一,巴的渊源在成都平原;第二,巴、蜀同源。成都平原的原始文化是巴文化和蜀文化共同的祖先。

随着我国奴隶制国家的产生、战争的频繁,导致了全国性的民族大迁徙。夏王朝的建立,中原民族直接或间接地对四川地区的统治,使成都平原的部分居民向较偏僻的地区迁移,其中一部分居民便顺江而下,进入三峡,成为巴人的祖先。

《水经注·江水》(卷三十三)载"来敏《本蜀论》曰:荆人鳖令死,其尸随水上……令至汶山下复生,起见望帝,望帝者,杜宇也……帝使令凿巫峡通水,蜀得陆处,望帝自以德不若,遂以国禅,号曰开明",《华阳国志》"开明氏王蜀凡十二世"。鳖令开明氏继承杜宇王蜀,正是处于蜀国兴旺的时期。记载他为荆人,这可理解为荆地人、楚国人,但不一定指楚族人。鳖令"随水上""凿巫峡通水",他最可能为三峡人。三峡原属巴后归楚(荆)。因此,他应属受楚影响很深的巴人。

正因为巴、蜀同源,后来蜀国的统治者又是巴人,巴、蜀两国的文化本来就属同一系统,考古界使用"巴蜀文化"的概念正是符合史实的。

四、关于"廪君巴"

巴蜀文化中,有复杂而引人注目的"巴蜀徽识"("巴蜀图语"),这应与当时复杂的巴蜀族属、支系有关。巴族中就有所谓"白虎巴"("廪君巴")、"蛇巴""王溪巴""南巴"等说法,这些巴大概属于不同支系或不同时代的、与巴有一定亲缘关系的古代民族。

巴人中,"廪君巴"是十分重要的一支。《后汉书·南蛮西南夷传》记载:"巴郡南郡蛮,本有五姓:巴氏……巴氏子务相……当以为君……是为廪君。乃乘土船,从夷水至盐阳。""廪君于是君乎夷城,四姓皆臣之。廪君死,魂魄世为白虎。巴人以虎饮人血,遂以人祠焉。"所讲的是巴郡南郡蛮的起源,原有五姓,以巴氏为主,也可能只有巴氏属巴。巴氏与其他四姓结合以后,崇拜白虎,主要生活在船上,被称为"蛮",这就是"廪君巴",也是不少学者主张巴人起源于夷水(今鄂西清江)的根据。

"廪君巴"是古代民族融合的产物。它出现较晚,商卜辞中有"虎方"(《殷墟书契前编》卷六"虎方其涉河,东狱其缺",《殷契佚存》945片"……乘众舆徒虎方"),此"虎方"可能与"廪君巴"有关。以此推测,商后期已有这支巴,并有相当势力。川东至鄂西的东周遗物中,除虎钮錞于外,还有两种主要徽识——虎形纹和手心纹。这些突出虎或用虎形图案作标记的遗物,可能与"廪君巴"有关。川东涪陵小田溪发掘的三座战国大墓,[1]为巴国上层人物的墓葬,除出土虎钮錞于以外,还见到引人注目的虎形纹、手心纹徽识。说明"廪君巴"是巴国内多种民族中的主体。

五、巴 楚 关 系

大约从两周之交开始,楚国在鄂西沮漳河畔迅速发展,楚国西部斗争的主要对象就是巴国。但在春秋时期,巴、楚之间曾有过频繁的友好往来。《左传·桓公九年》记载,巴国曾希望通过楚国与邓国和好,后来联合楚击败了邓国。春秋中叶,巴、楚联姻,楚共王有宠妃巴姬。春秋和春秋以前,江汉西南一带被称为濮地,楚国不断"开濮地而有之"。巴人在江汉的活动区域为濮地的长江水域,峡江两岸为巴人的主要聚居地。在楚开濮地的过程中,巴、楚矛盾逐渐激化。巴在楚的紧逼下,防线逐渐西移,至战国时期,巴国的势力已离开鄂境。此后,巴、楚两国曾在川、鄂间的弱关、捍关"数相攻伐"。

在巴、楚两国的长期交战中,有很大部分巴人归入楚国,成为楚国境内的一个主要民族。这部分巴人中,有一部分仍留居峡江两岸,有一部分则流入楚境的其他地区。唐人梁载言《十道志》云"楚子灭巴,巴氏兄弟五人流入黔中。汉有天下,名曰酉、辰、巫、武、沅等五溪,各为一溪之长,故号五溪",此为"五溪巴"的来历。可见,巴被灭(或被击败)以后,还有一部分巴人迁入黔中与湘西。在今鄂、湘、黔相连的楚境内,都有战国至汉代的具有浓厚巴蜀文化因素的文化遗存发现。例如虎钮錞于、柳叶形剑、虎纹戈等。有的出土时与楚物共存,例如鄂西宜昌前坪M23、葛洲坝M4、荆门车桥战国墓;湘西溆浦马田坪M64、83、88、96、105、118、121、128等都出土有巴器,应属巴人墓。这些墓中,有的同样用楚的一套随葬品,这是因为他们已是楚国境内的巴人,这些巴人不得不接受楚文化的统治。《宋玉对楚王问》"客有歌于郢中者,其始曰下里巴人,国中属而和者数千……","下里巴人"指的是战国时代巴人民间流行的一种歌曲,倍受楚郢都人们的欢迎。"下里",还同时含有郢都附近巴人居住的乡里之意,说明郢都一带有巴人的村落。纪南城附近曾经采集到两把有虎形纹徽识的柳叶形剑。可能与巴人"下里"有关。但在纪南城附近发掘的大量东周墓中,却没有一座可以肯定为巴人墓的。事实上,郢都附近的"下里巴人"早在东周时期就与楚人融为一体了。

三峡的秭归一带原属巴地,楚将巴击败以后,将楚王室成员分封于秭归,使秭归一带

---

〔1〕 四川省博物馆等:《四川涪陵地区小田溪战国土坑墓清理简报》,《文物》1974年第5期。

成为楚统治区域。秭归境内的夔国,《史记·楚世家》正义曰"宋均注乐纬云:'熊渠嫡嗣曰熊挚,有恶疾,不得为后,别居于夔,为楚附庸,后王命曰夔子也'",是为楚嫡嗣熊挚的初封地。学术界大都认为楚国伟大诗人屈原为秭归人。而屈原之祖亦为楚王室成员,屈原的《离骚》中有"帝高阳之苗裔兮,朕皇考曰伯庸"的句子,屈原之先为子瑕,是楚武王之子,受封于屈地,后来便以屈为氏。如果屈原故里在秭归,屈则属巴地。楚王族成员统治巴地,为巴、楚文化的融合创造了良好条件。

屈原的《楚辞》中有"巫山""高唐"等巴地名称,也有"王乔""彭祖"等与巴关系密切的人物;屈原生长于巴地,从政于喜欢"下里巴人"的郢都,流放于巴人分布区的湘、沅之间,在他的《楚辞》所收集的大量民间歌词中,肯定有不少属于巴人歌词的精华。光辉的楚文化也显然吸收了许多巴文化的成分。

总体而言,楚文化是黄河流域与长江流域两大文化系统互相融合的产物,是具有相当广泛意义的一种中国古代文化。巴曾长期活动于楚文化的发祥地——江汉地区;巴、楚两国不仅地域相连,而且经过长期的密切交往;在四川地区发现的不少战国遗存中,如在新都战国木椁墓、[1]涪陵小田溪三座大墓,[2]以及青川、成都等地发现的一些战国墓中都表现出浓厚的楚文化色彩。巴,或巴蜀地区曾经受到楚文化的深刻影响,这也是十分明显的。

长江流域同样是我国古代文明的摇篮。巴蜀文化、荆楚文化和吴越文化分别代表了长江上、中、下游地区的古代文明。巴蜀与荆楚虽有大山相隔,但并没有隔开两者之间的密切交往。今川东和鄂西的居民,不但有大体相同的自然环境,而且有相互近似的生活习俗和语言。从"巫山人""长阳人"到古代巴人,再到今天的土家族人,将川、鄂两地的人民紧紧地联系在了一起。

(原载《四川文物》1991年第1期)

---

〔1〕 四川省博物馆等:《四川新都战国木椁墓》,《文物》1981年第6期。
〔2〕 四川省博物馆等:《四川涪陵地区小田溪战国土坑墓清理简报》,《文物》1974年第5期。

古代巴、楚及其交融

长江中游西部的鄂西一带是一片神奇的土地。从 20 世纪60年代开始,宏大的葛洲坝——三峡水利工程,在这里筹备、建设,全面的文物考古工作在这里展开、深入。这一带不但新发现了城背溪、大溪、屈家岭、季家湖、石板巷子、白庙等不同阶段的多支新石器时代原始文化,将该地的原始文化源头溯至距今八千年前,而且新发现了青铜时代的早期巴文化、早期楚文化,还发现有商文化、周文化等外来文化的许多遗存,给巴、楚文化研究提供了全新的线索。

商周时期,鄂西一带是巴、楚对峙的地方,有两支灿烂而独特的长江文化——巴文化和楚文化在这里产生、发展和交融,给中华文明作出过巨大贡献。但是巴和楚的一些历史,特别是早期历史迷离不清,还有许多问题需要探讨。

一、巴、楚的概念

"巴"和"楚"一样,都有不同的含义或概念。我国已故著名考古学家夏鼐、苏秉琦两位先生在中国考古学会第二次年会上都指出,"楚"字有地名、国名、民族名和文化名这四种含义或概念。[1]而"巴"字也应有这些含义。这四种含义是不能完全等同的。古文献所出现的"巴"和"楚"却往往含义不清;我国古代民族,在不同历史时期又存在不同的称谓,还存在总称、泛称、别称、自称和他称之别;[2]由血缘维系的氏族发展而来的原始民族又必然有许多分支;[3]我国所谓的古代世系,只是男性的世系,因而演绎出巴和楚的各

---

[1] 夏鼐:《楚文化研究中的几个问题》,《江汉考古》1992年第1期;苏秉琦:《从楚文化探索中提出问题》,《江汉考古》1982年第1期。

[2] 杨权喜:《楚越关系初析》,载《百越史研究》,贵州人民出版社,1987年。

[3] 管维良:《巴族史》,天地出版社,1996年。

种不同说法。进入青铜时代以后,社会在变革,国家在扩展,民族的矛盾和相争在加剧,民族的迁徙和交融成为必然,不少原始民族消失了,有的被灭、被迁、被同化;有的相互吸收、相互融合,新的民族崛起来了。

本文所讲的巴和楚,即商周时期鄂西一带以考古资料和部分文献记载为依据的两支新兴民族及其建立的国家和文化遗存。

二、早期巴、楚的活动区域

《左传》庄公六年"楚文王伐申,过邓",《左传》桓公九年:"巴子使韩服告于楚,请与邓为好。楚子使道朔将巴客以聘于邓。邓南鄙鄾人攻而夺之币,杀道朔及巴行人……"楚当年伐南阳盆地的申,需经过邓,巴、楚联合赴邓要通过"邓南鄙",可知早期的巴和楚均在邓之南。邓,据石泉教授考证在今襄樊西北郊,[1] 而巴、楚必在今襄樊市以南的地带。《世本·氏姓篇》《后汉书·南蛮西南夷传》都记载巴源自夷水之廪君,夷水即今清江。《史记·楚世家》:"(熊绎)姓芈氏,居丹阳。"《集解》:"徐广曰:'在南郡枝江县。'"《左传》桓公二年,孔颖达疏:"宋仲子云:'丹阳在南郡枝江县。'"楚发祥地"枝江县"属今沮漳河流域。另楚嫡嗣熊挚被封于夔。《春秋》僖公二十六年,杜注:"夔,楚同姓国,今建平秭归县。"西周时期楚人的足迹已抵三峡。

20世纪从70年代末80年代初起,在中国考古学会副理事长、湘鄂豫皖四省楚文化研究会理事长俞伟超先生指导和亲自参加下,考古界同仁在江汉平原西边的沮漳河流域、长江沿岸和西陵峡地区发现了许多早期巴人和早期楚人的聚落遗址、遗迹和遗物。

早期巴人遗址主要有西陵峡地区的巴东茅寨子湾;秭归鲢鱼山、[2] 朝天嘴、长府沱、[3] 大沙坝;[4] 宜昌中堡岛、三斗坪、杨家嘴、[5] 路家河,[6] 长江沿岸的宜都红花套、毛细套、[7]

---

[1] 石泉:《古代荆楚地理新探·古邓国、邓县考》,武汉大学出版社,1988年。
[2] 杨权喜、陈振裕:《秭归鲢鱼山与楚都丹阳》,《江汉考古》1987年第3期。
[3] 国家文物局三峡工程文物保护领导小组湖北工作站:《三峡考古之发现》、《三峡考古之发现(二)》,湖北科学技术出版社,1998年、2000年。
[4] 湖北省文物考古研究所:《湖北秭归大沙坝遗址发掘报告》,《考古学报》2005年第3期;《三峡考古报告集》,《江汉考古》2004年6月增刊。
[5] 国家文物局三峡工程文物保护领导小组湖北工作站:《三峡考古之发现》、《三峡考古之发现(二)》,湖北科学技术出版社,1998年、2000年。
[6] 长江水利委员会:《宜昌路家河》,科学出版社,2002年。
[7] 林春:《宜昌地区长江沿岸夏商时期的一支新文化类型》,《江汉考古》1984年第2期。

花庙堤、城背溪，[1]清江的长阳香炉石，[2]沮漳河口的江陵荆南寺[3]等。这些遗址印证了以上古文献有关巴起源于清江的记载，其分布范围包括了清江在内的沿长江的窄长地带：南起清江水，北至西陵峡，东进江陵境，西过巴东城，正处鄂西山区水上交通要道上，这也就是早期巴人活动的具体区域。

早期楚人遗址主要有沮漳河流域的当阳杨木岗、史家台、郑家洼子、赵家塝、金家山、半月；枝江熊家窑、周家湾、赫家洼子；江陵荆南寺、摩天岭；松滋博宇山，以及西陵峡北岸的秭归官庄坪、柳林溪；宜昌上磨垴[4]等。这些遗址的时代多为西周中期至春秋初期，集中分布于两块区域：沮漳河流域和长江西陵峡中段北岸一带。这也印证了古文献关于早期楚丹阳"枝江说"和夒在秭归的记载。这些早期楚人遗址的时代多属楚居丹阳后期，楚初封的丹阳及更早的楚人遗址当在沮漳河中、上游的荆山南麓寻找。

《吕氏春秋·孟冬季·异用篇》记载商初有"汉南之国""四十国归之"的说法。"汉南"包括了鄂西一片。商周时期，"汉南"地区分布着许多小国或部落族团，其中应有长江两岸相邻的巴、楚或其祖先。巴在西南方江河岸边，楚或楚先在东北方山林丛莽之间。

三、巴、楚的来源

巴、楚两族虽同在鄂西，唇齿相依，但其主体来源却各不相同。

巴的主源在西部。《世本·氏姓篇》："廪君之先，故出巫诞巴郡南郡蛮……廪君名曰务相，姓巴氏，与樊氏、曋氏、相氏、郑氏凡五姓，俱出皆争神，乃共掷剑于石，约能中者奉以为君。巴氏子务相，乃独中之……又令各乘土船，雕文画之，而浮水中。约能浮者当以为君，余姓悉沉，惟务相独浮，因共立之，是为廪君，乃乘土船从夷水至盐阳……廪君于是君乎夷城，四姓皆臣之。"《后汉书》将廪君巴以南蛮西南夷立传，所记内容基本相同。从以上记载可知，廪君巴部落联盟中，除为主的巴郡巫诞巴氏之外，还有当时当地的其他四个氏族，其中肯定有土著南郡蛮，也可能还有其他血统的人群。

早期巴人遗址出土的遗物主要特征与四川成都平原出土的遗物特征十分相似，经考

〔1〕 湖北省文物考古研究所：《宜都城背溪》，文物出版社，2001年。
〔2〕 湖北省清江隔河岩考古队：《湖北清江香炉石遗址的发掘》，《文物》1995年第9期。
〔3〕 荆州地区博物馆等：《湖北江陵荆南寺遗址第一、二次发掘简报》，《考古》1989年第8期。
〔4〕 杨权喜：《20世纪中国文物考古发现与研究丛书·楚文化》，文物出版社，2000年；湖北省文物考古研究所：《湖北宜昌县上磨垴周代遗址的发掘》，《考古》2000年第8期。

古学分析，它的主人之先应来自西部，后与当地土著和北来、东来的群体相互吸收、相互融合，形成西部长江上游地区巴蜀系统的巴。这正与《世本》《后汉书》中有关廪君巴的记载基本相吻合。关于"廪君之先"何时而来？据考古出土遗物判断当在三峡的"白庙"[1]阶段，大约夏代[2]初年前后。

楚的源头则十分复杂，但其主源不可能在西部。《史记·楚世家》云："楚之先祖出自帝颛顼高阳。高阳者，黄帝之孙，昌意之子也。"荆门包山2号楚墓出土的祭祷竹简中也有楚远祖老僮（童）—祝融—媸酓[3]的记载。不少文字资料都说楚出自中原黄帝。而黄帝的时代古远，经过世代流传，其血统已遍及全国、传至海外，他已成为今天整个中华民族的共同祖先。也是在很早的时候，黄帝子孙辗转传到南方蛮夷之地。又经过漫长的岁月，黄帝的直系子孙（也许来南方之初只有一人或少数几个人）早已融合于蛮夷系统中，因而楚早期首领熊渠说："我蛮夷也。"[4]长江中游地区的新石器时代考古资料表明，所谓"蛮夷之地"是我国古代最发达的原始文化和原始民族策源地之一，有自成体系的古文化发展序列和古民族集团。从江汉一带的商周考古实物可以看到，我国进入青铜时代以后，由于南、北方民族之间的斗争，北方取胜后势力的南下，使蛮夷之地的原始民族发生了重大变化，从而使我国进入了南、北方民族大融合的时代。至商代，汉水之东以中原民族为主体和汉水之西以土著民族为主体（这里所说"主体"，即占统治地位）的两大支系的荆楚民族登上了历史舞台。西周初年，荆楚民族的西系首领熊绎被周封于鄂西荆山丹阳，为楚子。从此有了"楚"的称谓，也就有了楚民族。可见，早期楚民族实际就是周初以后的荆楚民族西支。鄂西一带的考古资料显示，楚民族绝非某支原始民族的直接延伸，而是以商代以来的荆楚民族的西支为主体，与北来的周民族相融合而成的一种族体。这种族体从西周早期开始发生重大变化，到西周晚期已形成了自身的特色，并在它的遗存中显现出来。两周之交以后，楚的势力扩展到汉水之东，楚民族与荆楚民族的东支相汇合，形成一种具有更加广泛含义的楚民族和楚文化。

从楚民族和楚文化逐渐形成的全过程中可以看到：长江、黄河两大流域之间民族的不断融合、文化的不断统一。作为广泛意义的楚之主源应有二：一是当地土著，二是北方中原。而楚文化也便成为古代华夏文化的一个具有特色的南方类型。楚的灭亡，秦的统一，标志着长江、黄河两大文化系统的最终统一，楚文化即逐渐消失于我国大一统的秦汉文化之中。

〔1〕 杨权喜：《西陵峡考古学文化发展系列探索》，《中国文物报》1992年11月29日第3版。

〔2〕 杨权喜：《江汉夏代文化探讨》，《中国文物报》1998年7月29日第3版。

〔3〕 湖北省荆沙铁路考古队：《包山楚墓》，文物出版社，1991年。

〔4〕 《史记·楚世家》。

四、早期巴文化

早期巴文化遗址一般位于地势较低而靠近水的地方,在峡江地区多分布于溪口、沱湾的江边一级台地上。文化堆积比较集中,分布面积不大。文化层中往往含大量的鱼骨、大颗鱼牙、蚌壳、螺壳等水生动物残骸。文化遗迹不丰富,已发现有房屋、墓葬、坑穴、陶窑等种。房屋为穴棚式。[1]墓葬仅见于宜昌杨家嘴遗址[2]中,均属平民墓,墓土坑呈长方形。其中,5号墓墓底中部再挖一个大坑(与通常所讲的腰坑不同),8号墓墓底呈陡坎阶梯状。大多数墓头向朝西,墓内随葬品很少,7号墓随葬高圈足陶罐1件,5号墓用大小相次的磨制石块3件殉葬。土坑穴一般不够规整,坑内填土中多含水生动物骨、壳。陶窑即烧制陶器的窑,仅见于大沙坝遗址[3]中,是火膛与窑室分开的一种较原始的小窑。

早期巴文化遗物较丰富,主要为石器和陶器。石器中以打制的大型蚌壳形石片为特色,这种石片具有刮削的功用。除石片外,还有一些长条形的石斧。陶器以褐色夹细砂陶为特点。器表纹饰有细绳纹、斜方格纹、橘皮纹等,其中,橘皮纹为别种文化所不见。特征性器形有圜底侈口罐、斜腹小底罐、敛口广肩瓮、高柄浅盘豆、喇叭形器、直口折腹尖底杯、红陶尖底缸、黑陶直口盘、直壁甑、褐陶夹细砂鬶、塔形纺轮等。陶器胎质虽较粗糙,但器壁均薄而表面规整。造型特点是敛口或直口、鼓肩或广肩、折腹或急收腹、尖底或圜底;豆类器物特点是浅宽盘、细高柄。豆盘往往平底,豆柄往往中部外鼓或呈竹节状。基本炊器为侈口束颈圜底罐,不见鼎、鬲、甗。炊器罐分大、中、小型,底部多留有烟炱。根据地层关系和器物排比,可推测鄂西早期巴文化的时代,大约从夏商之际开始至西周中期止。

根据上述早期巴文化遗存特征可以判断,早期巴人主要生活在水域岸边,居室较简陋,以渔业为主要生活来源,以烘烤为基本熟食方式,用大小不同的陶罐烧汤煮水,用便于插置沙滩的尖底陶缸、陶杯作盛水、饮水器皿,用高柄的豆(置于平地沙滩而不易混入沙土)摆放食品。宗教信仰和死后埋葬习俗都较独特,例如对鱼有特殊的情感;又如下葬的墓底高差大,殉葬用高圈足陶罐,墓中还有排列石块的做法。这些都不同于江汉和中原地区。

---

〔1〕 湖北省文物考古研究所:《湖北秭归大沙坝遗址发掘报告》,《考古学报》2005年第3期;《三峡考古报告集》,《江汉考古》2004年6月增刊。
〔2〕 三峡考古队第三组:《湖北宜昌杨家嘴遗址发掘简报》,《江汉考古》1994年第1期。
〔3〕 湖北省文物考古研究所:《湖北秭归大沙坝遗址发掘报告》,《考古学报》2005年第3期;《三峡考古报告集》,《江汉考古》2004年6月增刊。

五、早期楚文化

早期楚文化即早期楚民族文化，[1]其与江陵纪南城周围的典型楚文化具有直接的因袭关系。它的时代下限断在楚文化体系形成的春秋中期前后。

早期楚文化遗址的地势一般较高，峡江地区多分布在江边朝阳的二级台地上；荆山山前的沮漳河流域则多分布在矮岗低坡上。文化堆积比较分散，往往呈断续出现而分布范围较广阔，是多个居住点集结而成的村寨遗址。文化层中有相当丰富的烧土块、黑灰和鹿骨、鹿角、猪骨、狗骨等动物骨骼残骸，尤其是鹿角特别常见。文化遗迹较为丰富一些，主要有坑穴、墓葬，还有一些房屋、沟、坎等。房屋仅见于西陵峡的宜昌上磨垴遗址[2]中，大体有平面筑起的长形石墙房屋和吊脚楼式的房屋两种。当阳半月和枝江周家湾两遗址[3]中，暴露出不少圆形规整的灰坑，坑内填土呈灰黑色，含大量草木灰，质地松软，似与炊煮有关。墓葬集中发现于当阳赵家湖楚墓区内，有郑家洼子、金家山、赵家塝、曹家岗等地点。赵家塝1号、2号、6号墓为典型贵族墓，郑家洼子6号、13号、18号墓和金家山81号、96号墓为典型的平民墓。[4]平民墓的特点表现在墓坑多呈窄长形，墓壁垂直，常见头龛或边龛。头向多朝南。墓内没有随葬品或只随葬日用陶器。日用陶器以红陶为主，饰绳纹，器物组合为鬲、盂、豆、罐。贵族墓一般墓坑较宽大，坑内设置木质棺、椁。棺椁四周用白膏泥封塞。棺多置于椁室靠边一角，留出空间（可能原有隔墙板，已朽）放置殉葬品。头向也多朝南（与楚文化大贵族墓头向朝东不同）。墓中随葬品较多，以铜、陶礼器为主。铜礼器有鼎、簋等种；陶礼器多为磨光黑皮陶，饰暗纹，器物组合为鼎、鬲、豆、盂形豆、罐。

早期楚文化遗物种类较多，分陶器、铜器、铁器、石器、骨器等类，还有经稍加工而具有挖掘功能的鹿角。遗址出土的陶器和墓葬出土的陶器不完全相同。遗址出土的多为日常生活实用陶器，以红陶和红褐陶为主，炊煮、储藏等较大型的器皿多夹砂，所夹砂较粗；盛食、盛饮、礼祭等较精细的器物多为泥质，表面经打磨。器表以较粗的绳纹和弦纹为主要装饰，还流行精美的暗纹装饰。器形主要有鼎、鬲、甗、釜、豆、盂形豆、盖豆、盂、盆、罐、瓮、缸、纺轮等。造型的基本特点：鬲、鼎、甗的器身多呈罐状，口较小，腹较深，底部高三足，整器显得较瘦高；盂、盆、罐多为内凹底，瓮、缸则多尖圜底；罐的颈较长，豆的柄较矮

---

〔1〕 杨权喜：《早期楚民族文化的探索》，《楚文化研究论集（第三集）》，湖北人民出版社，1994年。

〔2〕 湖北省文物考古研究所：《湖北宜昌县上磨垴周代遗址的发掘》，《考古》2000年第8期。

〔3〕 这两遗址经湖北省博物馆、宜昌地区博物馆1983年调查，半月遗址进行过局部清理。

〔4〕 湖北省宜昌地区博物馆等：《当阳赵家湖楚墓》，文物出版社，1992年。

粗而盘较深；盂形豆相当于高圈足的簋，为其他文化少见。基本炊器往往有鼎、鬲、甗、釜四种，而以楚式鬲为主。这些很有特色，并具有重要研究价值。铜器有礼器和箭矢、刀、针之类的小件。铜礼器见于枝江百里洲残墓、[1]当阳赵家塝2号墓中，都属中原风格。其中赵家塝2号墓出土的铜鼎、铜簋，铸造较粗糙而轻薄，显得相当原始。铁器主要发现于三峡宜昌上磨垴遗址，[2]其中有凹口锸、铲、刀、削刀等。有的时代可以早到春秋中期以前，是我国早期铁器的重要发现，表明楚国可能是我国古代最早使用铁器的国家。石器有锛、锤、刀、砺石等，其中两端均使用的柱形锤为别处少见。

早期楚文化的时代，目前已上溯至西周中期，而以上遗存的年代大部分属西周晚期至春秋早期，铜礼器都属春秋早期。

已发现的早期楚文化遗存反映出，早期楚人主要活动于鄂西山区，居室有墙（也可能有红烧土墙）和楼的结构，从事旱地农业、狩猎和养殖业，"跋涉山林""桃弧棘矢"，使用石、铜、铁各种工具，艰苦创业，奋勇开拓。他们常常围坐在圆形的火坑四周，用高足的陶鼎、陶鬲、陶甗在坑火中蒸煮食物，生活用器和一些习惯已经接近中原。早期楚人已明显出现贫富分化，但不管贫、富，他们都存在共同的信仰和风俗。山区的鹿是他们共同的资源，鹿角和鹿的形象是他们的一种精神象征；死后墓穴按生前居室建筑，棺椁、殉葬品皆按周人的制度设置，而死者头部不论贫富都朝南方。显然，早期楚文化具有南、北兼容的特点。

六、巴 国 与 楚 国

《华阳国志·巴志》："武王既克殷，以其宗姬封于巴，爵之以子。"周灭亡商之后，周王室将其宗姬封于巴地，为巴子国。从此，巴人的大部分在周王室的直接统治之下，而巴也有了新的含义。《史记·楚世家》："熊绎当周成王之时，举文武勤劳之后嗣，而封熊绎于楚蛮，封以子男之田。"也是在周灭商后不久，周封楚蛮熊绎于荆山，出现了子爵的楚国。《左传》昭公九年："……及武王克商，蒲姑、商庵，吾东土也；巴、濮、楚、邓，吾南土也；肃慎、燕、亳，吾北土也。"巴和楚都是周王朝所封的子爵国，也都是周王朝的主要"南土"。《左传》昭公九年，唐代孔颖达疏："巴，巴郡江州县也。楚，南郡江陵县也……建宁郡南有濮夷地。然则巴、楚、邓，中夏之国。唯濮为远夷耳。"巴国在三峡之西，楚国在三峡之东。

---

〔1〕 湖北省博物馆：《湖北枝江百里洲发现春秋铜器》，《文物》1972年第3期。
〔2〕 湖北省文物考古研究所：《湖北宜昌县上磨垴周代遗址的发掘》，《考古》2000年第8期。

西周晚期至春秋初期,楚国在江汉地区迅速崛起,并不断向西部扩张,逼迫巴国势力西移。《华阳国志·巴志》:"(巴国)其地东至鱼腹,西至僰道,北接汉中,南极黔、涪……与秦、楚、邓为邻""巴子虽都江州……其先王多在枳……其郡东枳有明月峡、广德峡,故巴亦有三峡"。此书所载巴国领土范围,大概是战国时期的情况。而早期巴国,都城可能在枳,因而"其先王多在枳"枳,在今涪陵。涪陵小田溪有重要的巴国贵族墓地,在此处曾经发掘过巴国上层贵族墓葬,[1]这证明巴国早期的中心较接近于东边的楚国。巴国和楚国曾经为友好邻邦,它们之间不仅有过军事联合行动,共同征伐过北边的邓国,而且有过王室的联姻关系,如楚共王的王宫内有宠妃巴姬。春秋和春秋以前,鄂西山区一带被统称为濮地,巴曾活动于濮地之江边。楚国王室从"逃难于濮""始启濮",到"开濮地而有之"。楚国在向西部、南部扩张过程中,与巴国的矛盾、相争逐渐激化。春秋时期,巴国的军事势力常常抵达长江三峡东口以东的广阔地区。《左传》庄公十八年"巴人叛楚而伐那处,取之,遂门于楚。阎敖游涌而逸。楚子杀之,其族为乱。冬,巴人因之以伐楚",《正义》"涌水在南郡华容县"。《左传》庄公十九年"楚子御之,大败于津",杜氏注"御巴人,为巴人所败。津,楚地"。《水经注·江水》记载"津",在枝江县南部长江边上。可见春秋较早阶段,巴、楚两国频繁在江汉平原西部地区交战。周代诸侯国始封时并没有明确的疆域范围,巴国的军队可以通过长江水道直抵江汉楚国势力范围内,但巴国军队或巴国人已不长期居住江汉了。因此西陵峡及峡口以东一带均没有发现,也不存在春秋和春秋以后的巴文化遗址。至战国阶段,巴国的势力已完全离开西陵峡,楚国的第一道军事防线进入三峡西口。《战国策·燕策》(卷三十)"苏代约燕王曰:'楚得枳而国亡……'",楚国曾经占领巴的中心"枳",并在长江三峡建筑捍关、弱关,巴、楚两国常常在三峡此两关"数相攻伐"。西陵峡东口的前坪、葛洲坝等地点是楚国的重要墓地,[2]这表明今宜昌市是楚国当年通西的重要军事要塞,应有一个楚国的边防城邑。

七、巴、楚交融

夏商以降,鄂西地区的考古学文化十分复杂,除存在土著文化之外,还有多支外来文化先后到达此地汇集,今沮漳河口就是重要汇集点(如江陵荆南寺遗址)。经过长期而复杂的发展变化过程,唯有巴文化和楚文化在这里孕育、形成和发展。巴、楚文化是两支性

〔1〕 四川省博物馆等:《四川涪陵地区小田溪战国土坑墓清理简报》,《文物》1974年第5期。
〔2〕 湖北省博物馆:《宜昌前坪战国两汉墓》,《考古学报》1976年第2期。

质完全不同的考古学文化,早期巴、楚文化之间虽然时代早、晚相衔接,但并没有找到任何两者间的因袭关系。如果将两者置于鄂西古代文化发展长河中观察,两者都继承了一些当地不同的文化传统。例如在早期巴文化陶器中,斜方格纹纹饰、侈口圜底罐、深腹豆、通底式甑等都应是鄂西原始文化的直接延伸;而早期楚文化陶器的时代较晚,罐形三足器(如鼎)、深腹高足器(如盂形豆)、长颈鼓腹器(如长颈罐)、深腹凹底器(如盆、盂)等,都可以在鄂西新石器时代晚期陶器中找到祖型。

巴、楚文化的孕育与形成,是各自不断吸收与不断创新的一个过程。在这期间,巴、楚文化之间的关系,主要表现在分布地域的更替和实物的互换方面。江陵荆南寺[1]宜昌上磨垴、[2]巴东茅寨子湾[3]等遗址的发掘,证明早期巴文化分布地域的东界,在夏商之际从沮漳河口开始,沿长江逐渐而上西移,西周中期已移至西陵峡,两周之交则已移出三峡西口以西。早期巴文化退出的那部分地区后来均成为早期楚文化分布的范围。关于两者实物互换的情况,宜昌上磨垴早期楚文化遗存中夹杂一些早期巴文化典型器[4]可为例证。

巴、楚两国的建立和不断扩展的过程,也是巴、楚各自走向兴旺和两者相互交流、相互融合的过程。在巴、楚两国长期相伐中,有一部分巴国领土和巴人落入楚国,成为楚国的巴郡和楚国境内的一支重要民族。而楚国境内的巴人除继续留居峡江的巴郡外,还有一部分流入楚境的其他地区。三峡地区发现的楚墓普遍含有明显的巴文化因素,[5]表明楚国占据三峡以后,这里仍然是巴人的主要集居地。唐人梁载言《十道志》云:"楚子灭巴,巴氏兄弟五人流入黔中。汉有天下,名曰酉、辰、巫、武、沅等五溪,各为一溪之长,故号五溪",史称"五溪巴"。在今鄂、湘、黔接壤地带累有战国至汉代的虎纽錞于、钲、铎、釜、鍪、柳叶形剑、虎纹戈等巴文化器物出土,湘西地区的不少战国秦汉墓葬,如溆浦马田坪64号、83号、88号、96号、105号、118号、121号、128号墓都出土了巴器,[6]这证明巴被楚打败以后,确有一部分巴人迁居于今湘西至黔中一带。江陵楚郢都纪南城遗址附近曾发现过有掌心纹、虎纹徽识的柳叶形铜剑;纪南城内30号楚宫基址出土的东周陶器中,有一种特具巴文化色彩的高柄豆;[7]纪南城外东北部的九店21号、482号楚墓出土器物中,有巴符号的铜图章和巴式陶鼎;[8]湖北省枝江化肥厂、荆门车桥、襄阳山湾等地都有巴文化系统

〔1〕 荆州地区博物馆等:《湖北江陵荆南寺遗址第一、二次发掘简报》,《考古》1989年第8期。
〔2〕 湖北省文物考古研究所:《湖北宜昌县上磨垴周代遗址的发掘》,《考古》2000年第8期。
〔3〕 湖北省文物考古研究所:《巴东茅寨子湾遗址的第二次发掘》,待刊稿。
〔4〕 杨权喜:《宜昌上磨垴周代文化遗存的讨论》,《北京大学考古丛书·考古学研究(五)》下册,科学出版社,2003年。
〔5〕 杨权喜:《20世纪中国文物考古发现与研究丛书·楚文化》,文物出版社,2000年,第89—90页。
〔6〕 湖南省博物馆等:《湖南溆浦马田坪战国西汉墓发掘报告》,《湖南考古辑刊(第2集)》,岳麓书社,1984年。
〔7〕 湖北省博物馆:《楚都纪南城的勘查与发掘(下)》,《考古学报》1982年第4期。
〔8〕 湖北省文物考古研究所:《江陵九店东周墓》,科学出版社,1995年。

的器物出土。[1]楚国境内巴器或巴文化因素明显的器物普遍出土,证明巴人的分布已遍及楚国各地,楚郢都也有不少巴人的存在。楚国境内出土的巴器,往往与占多数的楚器共存,但并不成组。例如出巴器的楚墓,绝大多数都使用整套楚国礼器或楚国日用器物。楚国境内的巴人墓葬与楚人墓葬实际上区别不大。这些都证明战国时期楚国的巴人及其文化已融合于楚系统之中,而楚文化也已吸收、融合了不少巴文化因素。在今重庆涪陵小田溪战国巴贵族墓出土的铜器中,有罍、壶、编钟、戈、弩机等器物[2]的形制、纹饰都具有楚文化因素;在四川新都战国巴墓中,木椁椁室和随葬的铜礼器、铜鼎铭文显然存在楚文化作风。[3]战国巴文化也同样吸收有楚文化因素。

宋玉《对楚王问》:"客有歌于郢中者,其始曰下里巴人,国中属而和者数千……""下里""巴人"是楚国郢都附近乡村巴人所唱的民间通俗歌曲,深得楚郢都百姓的喜爱。三峡一带原为巴地,楚占领以后封其王室成员于此。除楚熊渠封其子于夒之外,还有楚武王封其子于屈,后来此楚系以屈为姓,是为屈原之宗。楚王室统治三峡巴地,为巴、楚文化交流、融合创造了有利条件。屈原《楚辞》中有"巫山""高唐"之类的巴地名称,也有"王乔""彭祖"等巴族人物出现。我国伟大的古代诗人屈原生长在巴地,从政于喜爱"下里""巴人"的楚郢都,流放到巴人集居的湘、沅之间,在他的不朽巨作《楚辞》中收集的民间歌词中包含了巴人的不少精华内容。《水经注·江水》(卷三十三):"来敏《本蜀论》曰:荆人鳖令死,其尸随水上……令至汶山下复生,起见望帝。望帝者,杜宇也……帝使鳖令凿巫峡通水,蜀得陆处,望帝自以德不若,逐以国禅,号曰开明。"《华阳国志》:"开明氏王蜀凡十二世。"继承杜宇统治蜀国的开明氏蜀王鳖令,记载他是荆人。此处"荆人",应当指荆地人,即荆楚地区的巴人,或即楚国三峡的巴人。他和他的后代长期统治着鼎盛时期的蜀国,不但使巴文化和蜀文化融合为一体,而且引入了不少楚文化的传统。今四川成都平原常有浓厚楚文化色彩的文物出土,应该就与开明氏王蜀直接相关。

总之,无论是巴,还是楚,无论是荆楚大地,还是巴蜀山水,它们都在相互交融中升华。

(原载《湖南省博物馆馆刊(第二期)》,岳麓书社,2005年)

---

〔1〕 杨权喜:《荆楚地区巴蜀文化因素的初步分析》,载《三星堆与巴蜀文化》,巴蜀书社,1993年。
〔2〕 四川省博物馆等:《四川涪陵地区小田溪战国土坑墓清理简报》,《文物》1974年第5期。
〔3〕 四川省博物馆等:《四川新都战国木椁墓》,《文物》1981年第6期。

荆楚地区巴蜀文化因素的初步分析

　　近年来,长江流域的巴蜀、荆楚、吴越三种商周文化的探讨工作有了很大进展,初步证明这三种文化源远流长,它们有各自的渊源和独立发展系统,分别代表了长江流域上、中、下游三个地区的古代文明。新石器时代我国各地存在着多支并列发展的原始文化,大约进入铜石并用时代以后,长江上游的三星堆、中游的石家河、下游的良渚等三支原始文化继续处于并列发展状态。进入青铜时代以后,长江流域一些原始文化发展序列中断,多支性质不同的夏商周文化陆续出现,给长江流域的商周考古提出了新的研究课题。

　　荆楚地区,处于我国东、西、南、北的交汇地带,在各个不同的历史时期都受到周围文化的互相渗透,古代文化发展过程错综复杂。荆楚地区在大约相当于夏、商、周三代的考古资料中,便存在着不少具有巴蜀文化因素的遗存。对这些遗存进行分析、研究,对了解古代荆楚与巴蜀关系和我国古代文化融合过程是十分重要的。

一、荆楚西部夏商巴蜀文化遗存

　　在荆楚西部的长江西陵峡及峡口以东一带,发现了一批以三斗坪为代表的一类夏商文化遗存。这些遗存在鄂西境内主要分布于秭归、宜昌、宜都等县的长江两岸,距江远的地方基本不见,其中主要的遗址有秭归鲢鱼山、[1]朝天嘴,[2]宜昌中堡岛、[3]上磨垴、小溪

---

〔1〕　杨权喜、陈振裕:《秭归鲢鱼山与楚都丹阳》,《江汉考古》1987年第3期。
〔2〕　国家文物局三峡考古队:《湖北秭归朝天嘴遗址发掘简报》《文物》1989年第3期;《湖北宜昌中堡岛遗址发掘简报》,《文物》1989年第2期;湖北宜昌地区博物馆等:《宜昌中堡岛新石器时代遗址》,《考古学报》1987年第1期。
〔3〕　国家文物局三峡考古队:《湖北秭归朝天嘴遗址发掘简报》《文物》1989年第3期;《湖北宜昌中堡岛遗址发掘简报》,《文物》1989年第2期;湖北宜昌地区博物馆等:《宜昌中堡岛新石器时代遗址》,《考古学报》1987年第1期。

口、三斗坪、白狮湾、[1]路家河、[2]杨家嘴，[3]宜都红花套、向家沱、毛细套、[4]城背溪[5]等。这些遗存的时代大约从夏代前后开始至商末周初。这类遗址分布相当密集，石器和陶器均十分丰富，但一般面积都不大，遗迹也较少。根据目前对这类遗址较广泛地发掘，及对所获遗存的初步研究，认为它与荆楚地区的其他夏商周文化具有根本区别，在考古学文化中可称之为"三斗坪类型"。三斗坪类型的文化包含了巴蜀、土著（荆楚）和中原三种主要的文化因素。

1. 巴蜀文化因素

三斗坪类型的陶器包含有十分浓厚的巴蜀文化因素，集中表现在陶质、陶色和一组典型器形方面。绝大部分陶器都是夹细砂、灰褐色的粗陶。典型器形常见的有收腹小底罐、直口尖底杯、高柄浅盘豆、浅圈足盘、盉、鬶、灯座形器、鸟头柄勺等。这一组典型陶器曾在多篇文章中被提到，[6]其陶器的造型特点是器形较小，瘦高、直口或微侈口，尖底或小平底。这些典型器形在四川广汉三星堆第二、第三期文化中常见，造型特点也基本相同。[7]因此，这类陶器应属三星堆文化系统，即属"早期巴蜀文化"。

2. 土著（荆楚）文化因素

三斗坪类型的遗存中，还保留有明显的土著文化因素，并可以分出两种情况：（1）新石器时代以来的本地原始文化传统。除遗址内鱼骨、鱼牙都较多，石器都多用砾石制成等与自然环境有密切关系的因素以外，还主要表现在一种最为多见的陶罐上。在三斗坪等遗存中，圜底侈口罐是十分典型的器物，并有大、中、小型之分，特点为鼓腹圜底，夹砂，饰方格纹或绳纹。器底往往残存烟炱，显然是三斗坪类型文化的基本炊器。此外，在三斗坪遗址中还出了少量的细柄豆、通底式甑、尖底缸、高圈足盘等器形。以罐、釜为基本炊器的情况，早就见于本地区新石器时代大溪——白庙子遗存[8]中。陶罐为基本炊器亦仅在荆楚的峡江地区流行。细柄豆、通底式甑、高圈足盘及方格纹纹饰等均可见于白庙子遗存中；尖底缸则是鄂西季家湖类型的新石器时代晚期文化的常见器物。三斗坪类型的陶

〔1〕中国考古学会编：《中国考古学年鉴》，文物出版社，1985年，第185-186页；1986年，第161页；1987年，第198-201页。
〔2〕长办考古队资料，参阅林春：《宜昌地区长江沿岸夏商时期的一支新文化类型》，《江汉考古》1984年第2期。
〔3〕湖北省博物馆：《宜昌县杨家嘴遗址简况》，《江汉考古》1985年第4期。
〔4〕长办考古队资料，参阅林春：《宜昌地区长江沿岸夏商时期的一支新文化类型》，《江汉考古》1984年第2期。
〔5〕中国考古学会编：《中国考古学年鉴》，文物出版社，1984年，第139-140页。
〔6〕长办考古队资料，参阅林春：《宜昌地区长江沿岸夏商时期的一支新文化类型》，《江汉考古》1984年第2期；杨权喜：《关于巴、濮若干问题探讨》，《湖北省考古学会论文选集（二）》，湖北省考古学会，1991年。
〔7〕杨权喜：《略论古代的巴》图一，《四川文物》1991年第1期。
〔8〕宜昌三峡白庙子为新石器时代晚期遗址，出土日用炊器中，以陶罐为主，少见鼎、鼎足。资料见湖北宜昌地区博物馆等：《湖北宜昌白庙子遗址试掘简报》，《考古》1983年第5期。

罐、细柄豆、通底式甑、尖底缸、高圈足盘以及方格纹纹饰，都应是峡江地区新石器时代以来的文化传统。（2）夏商时期当地新产生的文化因素。例如陶器上的橘皮纹，是这类文化特有的纹饰；石器中，蚌壳形石片十分普遍，这种石片为大型卵石敲打而成，作刮削器用，可能作为刮鱼鳞的工具。蚌形石片也是该类文化遗存的特征性器物；用石块垒筑房屋[1]为别处少见。这些都是当地夏商阶段新出现的文化因素。

3. 中原文化因素

中原文化的影响，早在新石器时代就已到达峡江地区。例如在该地白庙子新石器时代晚期陶器中，出现少量的侧装足鼎、高领罐、高领瓮、豆等器形，[2]这些器形是临汝煤山出土的河南龙山文化[3]常见器物，说明峡江两岸的新石器时代晚期文化与中原新石器时代晚期文化之间有了一定联系。但在三斗坪类型的陶器中，以上具有中原文化因素的器形都普遍消失，而出现了另一些与中原相联系的器物。例如在三斗坪类型的文化遗址范围内，曾在清江口河床中打捞到一件商代二里岗期的铜罍；[4]在宜都长江南岸的吴家岗采集到商代陶大口尊；[5]在三斗坪遗址中出土了云雷纹陶豆；[6]在鲢鱼山遗址也曾经出土过卜骨[7]等；另外，巴蜀的陶盉也应来源于中原。这些器物具有浓厚的中原商周文化色彩，三斗坪类型的文化显然受到了中原文化的影响，而铜器则可能直接来自中原。

三斗坪类型的文化所具有的三种文化因素，集中表现在所出土的陶器上。土著（荆楚）与中原的陶器均不成组，有的器物只是偶尔见到。土著因素浓厚的陶罐，虽然普遍存在，但仍不过属于保留当地文化传统的个别实用器物，这种器物后来又成了巴人的典型器物。因此，土著与中原两种文化因素均处于次要地位。相反，巴蜀文化的陶器，不但成组出现，而且出土数量大，并有明显的发展变化序列。巴蜀文化显然为三斗坪类型文化的主体。三斗坪类型的文化并非当地土著文化或中原文化的直接延伸，而是巴蜀文化在峡江地区的发展。巴蜀文化在峡江地区的传播植根过程中，不但继承了当地土著文化的一些传统和吸收了中原文化的一些因素，而且有所创造、有所发展，从而形成了一种新的文化共同体——三星堆文化的三斗坪类型。

在三斗坪类型的文化分布区域之外，在沮漳河下游的江陵荆南寺、[8]当阳季家湖[9]等

---

〔1〕 见于宜昌上磨垴遗址中。资料来源：中国考古学会编：《中国考古学年鉴》，文物出版社，1985年，第186页。
〔2〕 湖北省文物考古研究所资料。
〔3〕 中国社会科学院考古研究所河南二队：《河南临汝煤山遗址发掘报告》，《考古学报》1982年第4期。
〔4〕 余秀翠：《馆藏铜器介绍》，《江汉考古》1986年第2期。
〔5〕 《江汉考古》1986年第4期，第63页，图六，4。
〔6〕 荆州地区博物馆、北京大学考古系：《湖北江陵荆南寺遗址第一、二次发掘简报》，《考古》1989年第8期。
〔7〕 中国社会科学院考古研究所长江队三峡工作组：《长江西陵峡考古调查与试掘》，《考古》1961年第5期。
〔8〕 荆州地区博物馆、北京大学考古系：《湖北江陵荆南寺遗址第一、二次发掘简报》，《考古》1989年第8期。
〔9〕 湖北省博物馆：《当阳季家湖楚城遗址》，《文物》1980年第10期，第33、39页。

地的夏商遗存中,也发现有巴蜀文化的陶器。季家湖只见到一件灯座形器,而在荆南寺的夏商遗存中,属巴蜀文化的陶器有鬶、高把豆、杯等,还有峡江地区土著常见的罐(釜);属中原系统的陶器则十分丰富,有鬲、鼎、甗、夹砂罐、甑、簋、盆、研磨器、假腹豆、斝、爵、罍、大口尊等一系列陶器群;另还有属当地土著文化的釜形鼎、尖底缸等独特的器物。多种文化因素相比之下,中原文化因素明显占主导地位。以荆南寺为代表的夏商文化属于中原系统的文化。而沮漳河下游一带的夏商文化遗存中有些巴蜀文化器物,则是受巴蜀文化影响的反映。

《竹书纪年》卷上载"帝启八年,帝使孟涂如巴莅讼",《山海经·海内南经》也载"夏后启之臣曰孟涂,是司神于巴……居山上,在丹山西。丹山在丹阳南"。晋代郭璞对所指孟涂到巴的居住地作注"今建平郡丹阳城秭归县东七里,即孟涂所居也"。《水经注·江水》描述的丹阳城的位置与今鲢鱼山相符。鲢鱼山遗址属三斗坪类型的文化遗址。不管"孟涂如巴"之说可靠与否,而郭璞所注则有一定根据,鲢鱼山遗址的发现便可印证。那么夏商时期的三斗坪类型的巴蜀文化便与当时的巴人直接有关。根据《世本·氏姓篇》《后汉书·南蛮西南夷列传》和《太平寰宇记》等书记载,廪君巴人活动于夷水。夷水即今鄂西清江,在长江之南,由西而东流,流向与长江大体一致,相距仅100公里左右,在宜都与长江汇合。可见清江与三峡为相连的同一地域。《世本·氏姓篇》"廪君之先,故出巫蜒"。徐中舒先生认为"巫是地名,蜒是族名",[1] "巫"大概是指"巫山""巫峡"一带,可以包括三峡;"蜒"指在船上生活的民族,为渔民。巫蜒与廪君有亲缘关系,均属巴。综合以上相关文献记载,巴、巫蜒、廪君大体均指三峡至清江一带沿江生活的巴蜀系统的一支民族,即夏商时期的巴人。现有人已提出廪君时代并不早,[2] 如从三斗坪类型文化的起止时代和文化性质来看,廪君巴人在清江的出现不会早于夏商时期,他们主要民族成分的来源则不在荆楚,而在巴蜀。

根据目前考古资料分析,可知三星堆文化的分布主要在巴蜀地区,中心在成都平原。[3]《华阳国志·蜀志》记载蜀国的区域"其地东接于巴,南接于越,北与秦分,西奄峨嶓",该区域即成都平原,但这是东周时代蜀国的范围。《世本》说蜀为"黄帝后";而《山海经·海内经》云"……后照,是始为巴人",其祖是大皞。《华阳国志·巴志》:"人皇始出,继地皇之后,兄弟九人,分理九州为九囿。人皇居中州,制八辅。华阳之壤,梁岷之域,是其一囿,囿中之国则巴蜀矣。"《华阳国志·蜀志》:"蜀之为国,肇于人皇,与巴同囿。"在

〔1〕 徐中舒:《论巴蜀文化》,四川人民出版社,1982年,第23页。
〔2〕 蔡成鼎:《廪君·虎巴新考》,《湖北省考古学会论文选集(二)》湖北省考古学会,1991年。
〔3〕 文物编辑委员会:《文物考古工作十年》,文物出版社,1991年,第253页。

更早的原始时代,成都平原一带可能为两个来源不同的民族共同生活的地方,他们之间可能早就有一定程度的融合。以三星堆为代表的巴蜀文化,应为巴蜀两族之祖共同创造的文化。大约到了原始社会末期,巴蜀两族之祖先都迅速发展。其中巴族祖先的一支通过船舟木筏逐渐向东进展,到了巫山的峡江两岸定居。这支巴人祖先史称"巫蜒"。巫蜒中的巴氏与清江的群蛮结合,成为廪君。以廪君为中心而形成的部落联盟被称为"廪君巴"。廪君巴就是创造三斗坪类型考古学文化的主体。

二、荆楚地区的东周巴蜀文化遗物

在荆楚地区东周时期的文化遗存中,往往发现有虎纹和掌心纹的铜戈、柳叶形铜剑、束腰形铜钺和巴蜀印章等巴蜀文化的特征性器物。还累见与巴人关系密切的铜器釜、鍪和錞于、钟、钲、铎等器物。这些器物主要发现于鄂西、湘北一带,其中主要的如下:

(1)湖南收集过"楚公豪"戈,[1]有学者认为是西周晚期楚人铸造的"蜀戈"。[2]

(2)荆门车桥战国墓出土铜戈、柳叶形铜剑各一件。[3]

(3)江陵纪南城附近收集了两把有掌心纹、虎纹的柳叶形铜剑。

(4)湖南收集一件虎纹铜戈,援上铭"伯命曰:献与楚君监王孙袖"("伯命"为巴人首领)。[4]

(5)宜昌前坪M23出掌心纹柳叶形剑1件。[5]

(6)巴东西瀼口M8出柳叶形剑2、鸟嘴状戈1。"据调查西瀼口一带出土柳叶形剑已达20余件,附近的官渡口一带也屡有发现"。[6]

(7)秭归芝兰、中口镇等地出有柳叶形剑,其中有虎纹、掌心纹。秭归城关、卜庄河出有虎纹的铜戈;秭归归州镇出有掌心纹的矛。[7]

〔1〕 高至喜:《"楚公豪"戈》,《文物》1959年第12期。

〔2〕 高至喜等:《楚人在湖南的活动遗迹概述》,《文物》1980年第10期。

〔3〕 王毓彤:《荆门出土一件铜戈》,《文物》1963年第1期。

〔4〕 高至喜等:《楚人在湖南的活动遗迹概述》,《文物》1980年第10期。

〔5〕 湖北省博物馆:《宜昌前坪战国两汉墓》,《考古学报》1976年第2期。

〔6〕 鄂西自治州博物馆:《巴东西瀼口古墓群发掘简报》,《葛洲坝工程文物考古成果汇编》,武汉大学出版社,1990年,第301-303页;王晓宁:《湖北鄂西自治州博物馆藏青铜器》,《文物》1990年第3期。

〔7〕 王家德:《鄂西发现一批周代巴蜀青铜器》,《葛洲坝工程文物考古成果汇编》,武汉大学出版社,1990年;张新明:《秭归县出土的几件青铜器》,《葛洲坝工程文物考古成果汇编》,武汉大学出版社,1990年。

（8）枝江湖北省化肥厂出柳叶形剑3,其中两把有"虎头"或"虎"[1]的形象。

（9）襄阳山湾M2、M14、M23、M33等墓出土有柳叶形剑,M2还出虎纹戈,[2]这批器物的形制与巴蜀典型器物不一样,是否与巴蜀有关? 还值得讨论。

（10）常德、益阳出虎首形弧刃铜钺、虎纹剑;长沙、常德出有巴文字、巴符号的铜戈。[3]

（11）溆浦马田坪M64、M88、M96、M105、M118、M121等墓出土的柳叶形剑。[4]

（12）古丈白鹤湾M1、M6、M17、M31等墓出土的柳叶形剑、矛或肖形印。[5]

（13）在鄂西、湘西北一带出土大量的虎纽錞于、[6]钲、钟、铎、釜、鍪、甑等特征性器物。

以上所列荆楚地区所发现的具有巴蜀文化特征的器物,时代大部分为战国。战国阶段,荆楚地区为楚国统治中心区域。这些巴蜀器物又主要集中发现于荆楚的西南部。特别值得注意的是:战国或稍后的铜器虎纽錞于、钲、钟、铎及甑、釜、鍪等器物,也都集中发现于荆楚的西南部,有的直接出土于巴人墓中,因此这些器物也应属于巴蜀器物。以上巴蜀器物出土时除部分情况不明的以外,有的为楚境巴人墓出土;有的为楚墓出土;有的零星发现于湘、鄂、川、黔边区,但大部分均与楚器伴出或与楚遗存共存于一地。总的情况表明:东周巴蜀文化因素在荆楚地区所处的地位是次要的。

进入西周以后,三斗坪类型的文化便在荆楚地区普遍消失。西周至春秋前期,鄂西峡江两岸曾出现过以罐形鼎为基本炊器的一种文化遗存。以这种罐形鼎为代表的西周文化,应该不是三斗坪类型文化的直接继续。但它也存在三斗坪类型文化的某些因素,就如罐形鼎的鼎身形态颇似三斗坪类型文化的罐。这应属于保留一部分三斗坪类型文化传统的反映。在西周时期,由于周王朝强有力的统治,各地方文化受到很大程度的压抑,巴蜀与荆楚两大系的地方文化一度几乎处于匿迹状态,这时期它们的文化面貌特征都还不是很清晰。

大约从西周晚期开始,各地诸侯纷纷崛起。巴国的主体是蜑人,其早期都城在枳(今川东涪陵),楚国的早期都城在丹阳(在荆山),巴、楚两国曾同时活跃于荆楚大地。在春

〔1〕 王家德:《鄂西发现一批周代巴蜀青铜器》,《葛洲坝工程文物考古成果汇编》,武汉大学出版社,1990年;张新明:《秭归县出土的几件青铜器》,《葛洲坝工程文物考古成果汇编》,武汉大学出版社,1990年。

〔2〕 湖北省博物馆:《襄阳山湾东周墓葬发掘报告》,《江汉考古》1983年第2期;《襄阳山湾出土的东周青铜器》,《江汉考古》1988年第1期。

〔3〕 高至喜等:《楚人在湖南的活动遗迹概述》,《文物》1980年第10期。

〔4〕 湖南省博物馆等:《湖南溆浦马田坪战国西汉墓发掘报告》,《湖南考古辑刊(第二集)》岳麓书社,1984年。

〔5〕 湖南省博物馆等:《古丈白鹤湾楚墓》,《考古学报》1986年第3期。

〔6〕 熊传新:《我国古代錞于概论》,《中国考古学会第二次年会论文集》,文物出版社,1980年。

秋中期以前,巴、楚两国曾经是同盟国,但也常在今枝江、江陵一带发生冲突。[1]春秋中叶以后,楚国为了称霸中原,继续"开濮地而有之"。濮地在楚国西南,巴主要活动于濮地水域。[2]在楚开濮过程中,巴、楚关系不断恶化。巴在楚的逼迫下,防线逐渐西移,并将都城西迁至江州(今重庆附近)。至战国时,巴的势力已离开荆楚地区。此后,巴、楚两国经常在峡江的弱关、捍关"数相攻伐"。《战国策·燕策》(卷三十)"苏代约燕王曰:'楚得枳而国亡……'",说明楚国曾经占领了巴国原都城枳。前377年"肃王四年,蜀伐楚,取兹方"。[3]兹方,《史记正义》《古今地名》云:'荆州松滋县古鸠兹地,即楚兹方是也'",即在今松滋县。说明巴蜀地区的蜀国也曾攻入荆楚的腹地。荆楚地区发现的东周巴蜀文化遗物,是东周时期巴、蜀两国在荆楚频繁活动的历史见证。随着巴楚矛盾的发展,巴国势力的西移,楚国势力的西进,不断有一部分巴民归入楚国。楚国从小而大,灭国数十,是一个多民族的国家,其中巴民族则是楚国的主要民族之一。楚郢都附近有大量的"下里巴人";《楚辞》中有许多巴文化成分的内容;[4]楚墓中,巴、楚文物共存;楚地累出巴蜀遗物等情况,均反映了荆楚与巴蜀两地文化交融的史实,同时也说明了楚国境内存在着大量巴人。在楚国境内存在着某些巴蜀文化因素,或出土一些巴蜀文化遗物,正如童恩正先生在《从出土文物看楚文化与南方诸民族的关系》[5]一文中指出的那样"严格地讲,应该属于楚文化的一部分"。童先生还推测巴蜀遗物的主人是蜑,这显然也是正确的。但蜑,应就是巴,其主要来源于巴蜀。战国时期的一部分蜑(巴)人在楚国的统治下,与楚国境内的多民族共同生活,普遍都接受了楚文化,他们的文化都归属于楚文化系统。

三、相关问题的讨论

1.关于楚国的巴人墓问题

既然楚国境内存在大量巴人,那么自然存在大量巴人墓。楚国境内的巴人,接受了楚文化,他们的墓可能就属楚墓。而在楚国境内,包括楚都附近所发现的东周墓葬,绝大部分楚墓特征明显,是为楚墓。但也有一部分不同于楚墓的墓,其中有一些可能属于巴人

---

〔1〕 杨权喜:《略论古代的巴》,《四川文物》1991年第1期。
〔2〕 杨权喜:《关于巴·濮若干问题探讨》,《湖北省考古学会论文选集(二)》,湖北省考古学会,1991年。
〔3〕 《史记·楚世家》。
〔4〕 杨权喜:《关于巴·濮若干问题探讨》,《湖北省考古学会论文选集(二)》,湖北省考古学会,1991年。
〔5〕 童恩正:《从出土文物看楚文化与南方诸民族的关系》,《湖南考古辑刊(第三集)》,岳麓书社,1986年。

墓。关于楚国的巴人墓,湖南的同志曾做过一些区分;[1]而湖北为楚国的中心,该地东周墓中是否有巴人墓? 尚未做详细的研究工作。以下以湖南古丈白鹤湾一批战国墓[2]为例作初步分析。

白鹤湾战国墓大部分属楚墓,但有几座出巴式剑或矛的墓:出Ⅳ式巴式矛的M3,是出鼎、敦、壶的楚墓;出Ⅲ式(柳叶形)剑的M6,出Ⅲ式(巴式)矛的M1均未出容器,而墓型属Ⅲ型或I型(长窄型、或带龛),则都有可能为巴人墓。另外还有一批出绳纹罐的墓,它们是M4、M9、M13、M14、M17、M21、M22、M24、M31、M33、M35、M36、M38、M43、M46、M64,共16座。这16座墓中,窄长坑13座,有头龛12座,宽坑4座,有二层台2座,还有2座出巴人的肖形印。这批墓陶容器完整的组合为绳纹罐、盂(或簋形器)、豆、小壶。墓葬特点:窄长坑,有的带头龛,有的有生土二层台,器物组合中为首的器物为绳纹罐。这批墓均可能为下层巴人墓,有如下几点原因:

(1)它们从墓葬形制到随葬器物组合都不同于楚墓和其他墓,并出巴人的肖形印。

(2)巴人少用三足器。这些墓一般不出三足器。

(3)从三斗坪类型文化可知,绳纹罐是夏商以来巴人的典型器物,并为基本日用炊器。这些墓所出绳纹罐应属炊器,是器物组合中为首的器物。有的绳纹罐为楚式的内凹底汲水罐,应为代用品。

(4)川东巴都(枳)所在地——涪陵小田溪发掘的三座战国大墓[3]是属巴人上层人物的墓葬,是比较典型的巴人墓。这些墓也出绳纹陶罐,湖南溆浦大江口镇维尼纶厂址的一座战国墓,墓坑窄长形,出铜质虎纽錞于、铎、钟、盆等与小田溪近似的器物,被认为是巴人墓。[4]此墓同时还出绳纹罐和豆;宜昌前坪M23出土巴式铜剑,亦出绳纹罐。[5]

(5)春秋战国时期楚、越墓室有按生人居室设计的现象。[6]古代巴人生活于水域,便有船棺葬的习俗。而窄长坑,特别有生土二层台的窄长坑,也类似船的形制,因此窄长坑,可能为巴人墓的特点。

如果以上推测正确,那么还可以断定楚地的一部分东周墓为巴人墓。例如湖南溆浦马田坪战国墓[7]中,除已分出的8座巴人墓以外,在楚墓中还有M10、M11、M20、M38、M43、M67、M114、M115、M120等墓,均可能为巴人墓;溆浦江口镇M3、M7、M11、M14、

〔1〕 湖南省博物馆等:《湖南溆浦马田坪战国西汉墓发掘报告》,《湖南考古辑刊(第二集)》,岳麓书社,1984年。
〔2〕 湖南省博物馆等:《古丈白鹤湾楚墓》,《考古学报》1986年第3期。
〔3〕 四川省博物馆:《四川涪陵地区小田溪战国土坑墓清理简报》,《文物》1974年第5期。
〔4〕 张欣如:《溆浦大江口镇战国巴人墓》,《湖南考古辑刊(第一集)》,岳麓书社,1982年。
〔5〕 湖北省博物馆:《宜昌前坪战国两汉墓》,《考古学报》1976年第2期。
〔6〕 杨权喜:《绍兴306号墓文化性质的分析》,《国际百越文化研究》,中国社会科学出版社,1994年。
〔7〕 湖南省博物馆等:《湖南溆浦马田坪战国西汉墓发掘报告》,《湖南考古辑刊(第二集)》,岳麓书社,1984年。

M25等战国墓,也可能为巴人墓。[1]楚都江陵纪南城遗址附近也有这类墓葬。在雨台山的五百余座东周墓[2]中,出绳纹罐(高领罐)的共11座墓。其中以绳纹罐为首的墓有M255、M339、M362、M395、M403、M426、M430等,这些出绳纹罐的墓,其墓室都较宽,有的出小鬲或与楚器共存。这些墓也均有可能为巴人墓。在楚都附近的巴人,显然受楚人文化的影响较深,巴人固有的因素越来越少。

应该着重指出,我们所讲的巴人墓主要指墓主原来的族属而言,而从文化属性方面考虑,大多数墓仍属楚文化范畴。例如不少墓中所使用的绳纹罐、盂、豆等器物都属楚器,就与涪陵小田溪巴人墓也有大量的楚器一样。春秋战国时期随着楚国的不断强大,荆楚地区各民族的融合也不断深化,巴人在荆楚地区,特别是在楚都及其附近的踪迹也便逐渐消失了。楚国境内的巴人已经融合于荆楚民族系统之中。

2. 关于铜釜、甑、鍪的渊源问题

在秦汉文化中,铜釜、甑、鍪都是典型器物,一般认为这些器物是承秦文化而来。但秦在东周较早阶段是文化较落后的国家,后来它接受或融合了当时周围许多国家的文化,逐渐统一了中国古代的文化。在较典型的东周秦墓中,器物组合为鬲、盂、壶、瓮或鼎、敦(盒)、瓮。虽也有釜、盂、瓮的组合,但釜为矮胖型。而前面本人推测东周巴墓器物组合为罐(也可以称釜)、盂、豆、小壶。罐为小口圆腹型,与秦墓的釜完全不一样。而秦汉时期的铜釜、鍪等器物形制应当从巴人的陶罐发展而来,铜鍪的形状就是巴人的罐加上环耳。在荆楚地区的秦墓、汉墓中,铜釜、鍪、甑等器物十分常见,但大都出现在秦占领荆楚地区之后,并常与蒜头壶共存,这也显然与秦人有关。而在巴蜀之地,这些器物的出现都较早。例如在巴蜀地区的成都百花潭M10、[3]绵竹清道M1、[4]新都[5]、青川[6]及涪陵小田溪[7]等许多战国墓中,这些器物都为铜器组合中的基本器物。有的墓的时代可以早到战国中期前后。相反,战国中期前后的秦都咸阳任家嘴秦墓[8]中,有铜鼎、敦、壶、鬲等器物,而未见铜釜和铜鍪。所出的铜甗、甑为敞口,下部为鬲,不是釜。这些情况不但说明秦汉时期的鍪、釜等罐形的铜器可能源于巴蜀,而且证明秦人在统一中国过程中继承或融合了包括巴、蜀等族在内的多种民族文化。

〔1〕 溆浦县文化局:《溆浦江口战国西汉墓》,《湖南考古辑刊(第三集)》,岳麓书社,1986年。
〔2〕 湖北省荆州地区博物馆:《江陵雨台山楚墓》,文物出版社,1984年。
〔3〕 四川省博物馆:《成都百花潭中学十号墓发掘记》,《文物》1976年第3期。
〔4〕 四川省博物馆王有鹏:《四川绵竹县船棺墓》,《文物》1987年第10期。
〔5〕 四川省博物馆等:《四川新都战国木椁墓》,《文物》1981年第6期。
〔6〕 四川省博物馆等:《青川县出土秦更修田律木牍》,《文物》1982年第1期。
〔7〕 四川省博物馆等:《四川涪陵地区小田溪战国土坑墓清理简报》,《文物》1974年第5期。
〔8〕 咸阳市博物馆:《咸阳任家嘴殉人秦墓清理简报》,《考古与文物》1986年第6期。

四、结　　论

随着我国原始氏族社会的解体,黄河流域率先进入了奴隶社会。强大的夏、商、周王朝相继在中原地区建立,使我国整个社会发生了根本性变化。长江流域也先后出现了巴、蜀、楚、邓、随、吴、越等大小国家。大约在夏代前后在巴蜀与荆楚接壤的巫山峡江一带,出现一支夏商文化类型,这是巴蜀与荆楚两地原始文化互相融合的具体产物。但它的主体是巴蜀原始文化,因此可归为早期巴蜀文化的一个类型,因它与后来的巴人有直接关系,也可称之为早期巴人文化。早期巴人文化与廪君巴又具有直接关系。而廪君巴,《后汉书》称之为蛮之祖,实际上还是巴之先,巴蜀之苗。

早期巴人与三代王朝均发生过联系。至周武王克殷之后,西周王朝封其宗于巴,从此有了中原民族所控制的巴国。巴国势力的不断增大,为更大范围内的民族及其文化的融合创造了条件。"巴、濮、楚、邓、吾南土",[1]巴成了周王朝南土之西大范围区域的称谓。因此周代及周代以后的巴,无论是民族成分,还是文化属性又都有了重大变化,显然因素更加复杂化。据史书所记载,较早阶段的巴国主要活动于荆楚的江汉流域,它从开始便含有浓厚的荆楚因素。

春秋战国时代的巴、楚相峙中,两者有过联盟,也有过战争,随着楚国的强大,巴国的都城西迁,巴人的主要活动逐渐进入巴蜀地区,并与蜀人交融,形成了具有鲜明特点的一种巴蜀文化。相传蜀王开明氏为荆人,[2]可以理解为荆地人,在蜀地的新都、成都、青川、荥经等地的战国遗存中,具有浓厚的楚文化色彩,应该主要与巴人有关;在巴国西移过程中,还有一部分巴人则留居荆楚,成为楚国境内的巴人。这部分巴人继承了部分自身的文化传统,创造了楚文化的一个西南部类型(含较多巴蜀因素的楚文化)。这个西南部类型的楚文化就是秦汉以后湘鄂川黔相连一片多种民族共有的文化基础。

(原载《三星堆与巴蜀文化》,巴蜀书社,1993年)

---

〔1〕《左传·昭公九年》。
〔2〕《水经注·江水》(卷三十三)。

楚越关系初析

　　我国古代南方民族和中原民族一样,有着悠久的历史和光辉的文化。春秋战国时期,楚、越两族分别在长江中、下游地区崛起,并建立了各自强盛的国家,具有深远影响的楚文化和越文化便随之而广泛流传。楚和越在中国历史上,特别是在我国南方民族发展史上占有重要地位,它们为我国古代文明、民族融合和国家统一作出过重大贡献。

一、我国古代南方民族的称谓

　　古代不同的历史时期,我国南方民族存在着不同的总称谓。从远古时代起,就一直对我国南方民族总称为蛮、蛮夷和南蛮。南蛮与华夏、东夷、西戎和北狄组成我国古代民族的五大系统。战国秦汉时期,又出现百越和越的名称。百越或越也是当时对南方民族的总称,越与蛮具有大体相同的含义。在传说时代有九黎、三苗,在商周时期有荆楚、扬越,这些族名都是对长江流域一定范围内的民族之总称。因为他们是当时南方民族中,最活跃、最先进的部分,因此也有泛指南方民族之意。例如,秦统一天下,"略定扬越,置桂林、南海、象郡",这里所说的杨(扬)越就包括到了整个岭南地区。另外,还有荆蛮、楚蛮、夷越之类的附以蛮、夷的族名,这显然与历史上流传的对南方民族的总称——蛮、夷相关,即属蛮夷系统之意,实际上就是荆楚、扬越的别称。至于濮和百濮的名称,梁钊韬先生认为越族的"越",是他称——中原民族对南方民族的称呼。而越族自称为"濮莱",[1]罗香林也认为"濮是越的别称",[2]这是很有道理的。《左传》文公十六年"楚大饥……糜人率

---

[1] 梁钊韬:《百越对缔造中华民族的贡献——濮、莱的关系及其流传》,《百越民族史论集》,中国社会科学出版社,1982年。
[2] 罗香林:《古代百越分布考·滇越》,见《南方民族史论文选集》,中南民族学院民族研究所资料编辑室,1982年编印。

百濮聚于选，将伐楚"；《左传》昭公十九年"楚子为舟师以伐濮"；《史记·楚世家》"仲雪死，叔堪亡，避难于濮"；《史记正义》"刘伯壮云：'濮在楚西南'"。从这些记载看，濮似偏指南方西部地区的民族，而越则多指南方东部地区的民族。但也不是绝对的，也有称南方东部地区民族为濮的，如《左传·昭公年》"吴濮有衅，楚之执事，岂其顾盟"；《左传·昭九年》"然丹迁城父人于陈，以夷濮西田益之"。这里所说的濮，显然在东方。这些情况的出现，是历史的传统习惯或其他种种原因造成的。

我国古代传统的历史观，都是以中原民族为中心的。因此，梁钊韬先生指出的南方民族的他称问题很重要，这是复原古代历史的一种方法。同样，史书上经常出现的南方民族，也是与中原民族关系最密切的部分。而这些民族往往就是毗邻中原的长江流域的民族。其"族名"，往往是某一区域内各民族、各氏族的总称，不少又和地名相联系。

二、传说时代的九黎与三苗

传说时代有九黎、三苗，其中的"九""三"字是部落纷杂、种姓繁多之意。《史记·历书》"少皞氏衰也，九黎乱德""其后三苗复九黎之德"，可见九黎族与三苗族有直接的因袭关系，即三苗就是九黎之后。《史记·五帝本纪》"三苗在江淮、荆州，数为乱"，《史记集解》"今江州、鄂州、岳州三苗之地也"。《战国策·魏策》也载有吴起所讲的话"昔者三苗之居，左彭蠡之波，右洞庭之水，文山在其南，而衡山在其北"，三苗所居之地域就在长江中游地区，其中包括了今湖北境内的大部分地区。

长江中游地区，早在六、七十万年以前的猿人阶段，就有鄂西北的"郧阳人"[1]在活动。之后经过了清江流域的"长阳人"[2]阶段，再经过漫长的岁月，逐渐进入了新石器时代。在新石器时代，长江中游地区有七、八千年前的城背溪——柳林溪文化遗存，[3]有六、七千年前的大溪文化遗存，有四、五千年前的屈家岭文化遗存，有三、四千年前的石家河——季家湖文化遗存。[4]这些文化遗存内容丰富多彩，有力地证明了长江流域也是我国古代文明的发祥地之一。特别应该指出的是新石器时代的文化遗存，不但反映了长江中游地区具有古老而发达的原始文化，而且证明了这支原始文化是自成体系和一脉相承的。它在这个地区连续发展了数千年，甚至上万年之久。进而证明在原始时代长江中游

---

〔1〕 许春华：《湖北郧县猿人化石地点的发掘》，《古人类论文集》，科学出版社，1978年。
〔2〕 贾兰坡：《长阳人化石及共生的哺乳动物群》，《古脊椎动物与古人类》1957年第3期。
〔3〕 据湖北省博物馆考古发掘资料，季家湖的资料见文物出版社刊出的《文物资料丛刊》第十期。
〔4〕 据湖北省博物馆考古发掘资料，季家湖的资料见文物出版社刊出的《文物资料丛刊》第十期。

地区一直生活着一支有别于中原的古老而发达的民族。这支古老而发达的民族，并不是从中原或其他地方发展而来的，而是土生土长的土著民族。这支土著民族应当就是传说中所指的九黎、三苗民族。长江中游系统的新石器时代的原始文化分布范围，包括了今湖北全境、河南西南部及湖南北部，这就进一步表明了九黎、三苗族所活动的具体范围。长江中游系统的新石器时代文化可以划出若干个不同分布区域，并分属于若干个同一系统中的不同的文化类型，[1]这正好说明黎苗族团中，还存在不少大同小异的纷杂支族。

据长江中游新石器时代文化内涵分析，九黎、三苗民族是以种植水稻为主，以渔猎、纺织、制陶、畜牧为辅的农业民族，其生产力水平与社会状况，发展到石家河——季家湖阶段，已达到了与中原地区相当的水平。他们生活在江河两岸、湖泊四周、山间谷地和丘陵地带。所居住的房屋有高出地面的长方形和低于地面的半地穴式两种。[2]所制造的陶器，以红、褐陶，浅灰陶最具特色；陶胎中以掺入炭化物（如稻谷壳等）为主要特征，薄胎陶较少；圈足器较多，三足器较少；磨光灰陶较多，磨光黑陶较少；陶器纹饰以拍印的方格纹较多，兰纹较少，还有刻划纹、戳印纹；镂孔器较少；釜形的鼎、斜壁小底杯、壶形器、尖底红陶缸、漏斗状研磨器、大型的器座等都富有特点。在埋葬方面，有微屈肢葬式[3]和拔牙的葬俗。[4]从长江中游地区新石器时代的大量的遗迹遗物中，可以看出九黎、三苗民族与中原民族之间，具有较大的区别，他们有自己独特的文化和风俗习惯，其应分属于不同的民族大系统。

九黎、三苗民族曾与中原民族进行过长期的斗争。"九黎乱德""三苗数为乱"，就是指他们曾与中原民族长期相对抗，被视作饕餮般的凶猛民族。他们曾经逐鹿中原，对中原民族构成极大威胁，与黄、炎帝族大战于涿鹿（今河北境内）。《史记》《左传》《墨子》《韩非子》《战国策》《逸周书》《吕氏春秋》等书都记载了他们的活动，从中可以看出当时他们的社会状况与中原民族相差不远。

由于他们长期与中原民族接触，互相之间的交流越来越频繁，故差别越来越小。反映在物质文化方面，是文化面貌越来越接近。例如，到石家河——季家湖阶段的文化，虽然黎苗族团与中原的龙山文化不是一个发展系统，但它们之间的面貌已趋于统一，考古学界有的便称之为"长江中游龙山文化"或"湖北龙山文化"。从陶器中的磨光黑陶、兰纹、方格纹纹饰，镂孔的器形，鼎、罐、盘、豆、鬶、盉等的基本形态来看，都是十分近似的。这说明长江中游的黎苗族团与中原民族之间的关系极为密切。

在夏禹时代，三苗族还相当强盛。禹曾经把"攻三苗"当作自己的主要事业。禹以

〔1〕 俞伟超：《先楚与三苗文化的考古学推测》第二节，《文物》1980年第10期，第2页。
〔2〕 见于湖北房县七里河遗址和湖北当阳季家湖遗址，湖北省博物馆考古发掘资料。
〔3〕 见于湖北当阳季家湖遗址发掘的墓葬。
〔4〕 见于湖北房县七里河遗址发掘的墓葬。

后，三苗才逐渐衰落，除一部分向南方偏远地区迁徙以外，大部分被逐渐融合于华夏民族之中。而长江中游地区的那支发展着的原始文化，也正是在夏代前后发生了巨大的变化。

三、商周时期的荆楚与扬越

荆楚、扬越中的"荆""扬"，是族体所居方位或区域之意。楚与荆同义，《说文解字·林部》释楚"丛木，一名荆也"。楚冠以荆，是指居住于荆山或九州之一的荆州一带的民族。越，据梁钊韬先生说，它是中原民族对南方民族的称呼，与使用戉有关。《说文解字·戉部》"戉，斧也"，即指较扁薄宽刃的一种斧类工具。这种工具流行于南方广大地区，在长江中游的湖北一带亦很常见。因此，越族实际是南方民族的总称，即是蛮的别称，它是一个大族系。越之前冠以扬字称其族，就是指生活于扬子江畔或九州之一的扬州地区的民族。《史记·楚世家》"当周夷王之时……熊渠甚得江汉间民和，乃兴兵伐庸、扬粤，至于鄂。熊渠曰：'我蛮夷也，不与中国之号溢'。乃立其长子康为句亶王，中子红为鄂王，少子执疵为越章王，皆在江上楚蛮之地"。熊渠是荆楚的首领，扬粤即扬越，越章王执疵所居必在扬越区域内。可见，荆楚和扬越是商周时期"江上楚蛮之地"——长江中游地区的两支相距甚近的民族，荆楚在西，扬越在东。

根据考古资料，长江中游地区的民族，自夏代前后开始，发生了重大变化。一方面是中原民族和其他民族的不断迁入，另一方面是土著民族的逐渐南移、迁出。这些都集中表现在当时的物质文化面貌所发生的突变现象之中。新石器时代长江中游地区那支发展着的原始文化，到夏商时期突然匿迹，而逐渐出现的是若干支性质不完全相同的文化在发展，这又主要反映在考古的区域性差别方面。就在湖北境内同样可以划出若干个商周文化区域：鄂西北地区、鄂西清江口至三峡地区、鄂西沮漳河流域、鄂东涢水流域、鄂东南地区，这几个区域里的商周文化面貌都有不同程度的区别。《左传》昭公九年"巴、濮、楚、邓，吾南土也"。巴、濮、楚、邓是西周时期南方的主要民族。鄂西清江口至三峡地区发现有与四川地区（或巴蜀文化）相似的陶器，如喇叭形器座、高柄浅盘豆、敛口小底罐、小平底瓮等。《后汉书·南蛮西南夷传》："巴郡南郡蛮本有五姓：巴氏、樊氏、曋氏、相氏、郑氏，皆出于武落钟离山。其山有赤、黑二穴，巴氏之子出于赤穴，四姓之子皆生于黑穴。未有君长，俱事鬼神，乃共掷剑于石穴，约能中者，奉以为君。巴氏子务相乃独中之，众皆欢。又令各乘土船，约能浮者，当以为君。余姓悉沉，唯务相独浮，因共立之，是为廪君。乃乘土船，从夷水至盐阳……廪君于是君乎夷城，四姓皆臣之。廪君死，魂魄世为白虎，巴氏以虎饮人血，遂以人祠焉。"唐章怀太子李贤在"从夷水至盐阳"下注："盛弘之《荆州记》

曰：'昔廪君浮夷水射盐神于阳石之上。'按今施州清江县水，一名盐水，源于清江县西都亭山。《水经》云：'夷水别出巴郡鱼复县。'注云：水色清，照十丈，分沙石。蜀人见澄清，因名清江也"。清江口一带的考古发现与《后汉书》记载正合，因此巴民族应活动于清江口以西地区。鄂东南地区出土较多的印纹硬陶、拍印的间断条形纹陶器、带流的陶器、铜鼓、大铜斧等具有越文化因素的遗物，这一带应为越族活动的区域。濮即越，也应包括了扬越。因此，幕阜山下的鄂东南一带（包括了江西和湖南的一部分地区）应为扬越民族分布的区域。鄂西沮漳河流域，地处荆山脚下，是楚文化发展的中心地区。楚文化的早期文化遗存，在这一带目前已追溯到西周中期。因此，荆山东南麓的鄂西沮漳河流域是荆楚民族生活的区域。鄂西北的襄北一带（包括河南的一部分地区）累出邓器，并找到了邓城遗址，[1]是邓国活动范围。至于鄂东涢水流域所见商周文化遗存，如黄陂盘龙城、鲁台山、汉阳乌龟山等地的文化遗存，主要表现出中原系统的特点。西周时期鄂东涢水流域为"汉阳诸姬"所盘踞，这一带是中原民族占统治地位的地区，也是中原民族与南方民族（即三苗）最早融合的地区。

从荆楚民族活动的沮漳河流域和扬越民族分布的鄂东南地区的商周文化遗存来看，虽有区别，但也有许多共同的因素。两地的商周文化是并行发展的，是同一系统中，两个不同类型的文化。它们都是在当地土著文化发展的基础上，受到中原文化的强烈影响而形成的。因此，荆楚与扬越两支民族都是三苗民族与中原民族互相影响、互相融合的产物。它们之间的差别，是由于原来三苗支系之间的不同和后来受中原民族影响程度的差异所造成的。到东周时期，由于楚国势力的发展，并对南方进行了统治，致使荆楚民族和扬越民族又逐渐统一。它们之间的差别，到战国时期就基本消失了。

四、东周时期的楚国和越国

西周初年，荆楚族的首领熊绎被封于荆山地区的丹阳，为子爵国。《左传》昭公二十三年"若敖、蚡冒至于武，文，土不过同（同方百里—引者）"。西周时期，虽然熊渠曾伐扬越，但楚乃为小邦。春秋初，楚国才开始强大，《左传》桓公二年"蔡侯、郑伯会于邓，始惧楚也"。前741年，楚熊通称王，"始开濮地而有之"。[2]前689年，楚文王"始都郢"，把都城从山区的丹阳迁至沮漳河下游平原的郢。"汉阳诸姬，楚实尽之"，楚逐渐控制了整个江汉

---

〔1〕 参见杨权喜：《襄阳山湾出土的鄀国和邓国铜器》，《江汉考古》1983年第1期。
〔2〕《史记·楚世家》。

地区。春秋中叶,楚庄王"问鼎中原",楚迅速向江汉周围扩展而"开地三千里",其中应包括了扬越地区。当时的楚"抚有蛮夷,奄征南海",成为春秋五霸之一。战国时期,楚北并陈、蔡,"南平百越",东灭越,西伐秦。自春秋以来,楚灭亡了五十个左右的大小国家,是战国七雄中疆域最广阔的国家,它几乎统治了南半个中国,其中包括了整个蛮夷之地。

春秋时期,越族中的东支于越,在长江下游建立了越国。它不但吞并了强盛的吴国,而且曾逐鹿中原,耀兵江淮。雄极一时的越国,到前334年,最终被楚所灭。越便分散成许多小国,"滨于江南海上,服朝于楚"。[1]

此越国与长江中游的楚国和扬越,实际上并不是同一发展系统的,它属长江下游的湖熟文化发展系统。因此,楚国与越国之间的关系,实质上是东周时期长江中游的民族与长江下游的民族之间的关系。据文献记载和考古发现,两国之间的关系是相当密切的。例如,楚庄王之妻为越女;[2]楚贤范蠡"入越";[3]楚伍子胥奔吴。[4]而吴国绝大部分居民为越族,"吴、越二邦,同气共俗",[5]后来越又灭掉了吴。又如,在楚国的中心地区——湖北境内多次出土越王铜剑和吴王铜剑(或矛)。计有"越王勾践自作用剑"一把、"越王朱勾剑"两把、"越王剑"一把、"吴王夫差剑"一把、"吴王夫差矛"一把。[6]这些铜剑或矛都出土于楚墓之中,是楚国战胜越国的实物见证。

楚国强大的过程,是不断征服越人(其中包括扬越,后来又包括吴越)的过程,是楚族和越族不断融合、不断统一的过程,也是一部分越族被迫不断向南、向西南偏僻地区迁移的过程。同时又是楚文化和越文化互相交流、互相影响和互相融合的过程。例如考古发现中,楚式剑、楚式矛与越式剑、越式矛是很相像的,有些甚至难以区分。楚国灭亡越国,从民族关系看,是我国古代南方民族的一次大融合和大统一。

五、余　论

在三代及其以前,我国南方已有若干土著人群,他们被总称为"蛮夷",其中有楚和越。而战国秦汉以后对南方民族总称的百越,则不包含楚。但事实两者存在长期交往和

---

〔1〕《史记·越王勾践世家》。
〔2〕《史记·楚世家》。
〔3〕《越绝书》卷七。
〔4〕《吴越春秋》。
〔5〕《越绝书》卷七,范蠡语。
〔6〕秭归县香溪镇出土一把"越王朱勾剑"、襄阳县蔡坡12号墓出土一把"吴王夫差剑",其余为江陵县望山、滕店、张家山、马山等地出土。参见杨权喜:《江汉地区发现的商周青铜器——兼述楚文化与中原文化的关系》表一,《中国考古学会第三次年会论文集》,文物出版社,1984年。

内在联系。

楚和越有着许多共同的文化因素,在楚的统治中心——江汉地区,就能找到许多具有"越文化特征"的遗物或遗迹。例如,新石器时代的有段石斧、拔牙风俗,商周时期的"越式鼎"(条形长足的宽底鼎)、靴形铜斧、铜钺、印纹硬陶,秦汉以后的铜鼓、悬棺葬和战国秦汉时期的木构建筑、悬底棺、楼阁式棺椁结构(这些都近似干栏式建筑),以及器物中盛行的龙纹、"S"形纹、回纹等等,实物资料非常丰富。即使在楚都附近,在楚国最强盛时期,都可以找到"越文化"遗物,例如在楚都纪南城东北郊的九店、雨台山战国楚墓区内,就曾多次发现"越式铜鼎"或"越式陶鼎",在楚都纪南城内,也曾出土过战国时期的印纹硬陶器。这些说明楚与越有一定的渊源关系,它们都是南方蛮夷系统的民族,通常所说的"越文化特征"实际应就是古代南方文化的共同特征。

鄂西沮漳河流域的沙市周梁玉桥和官堤商代后期遗址出土的陶器,包含了三种文化因素:1.当地新石器时代以来的土著文化因素。如以鼎为主要炊器,鼎呈罐形,扁锥足,还有釜、杯等的器形,都与石家河—季家湖阶段的陶器相似。2.越文化因素。如鼎的三足细长外撇,陶器上饰拍印的方格纹,有的还饰回纹,这些与春秋战国时期的越文化近同。3.黄河中游地区的商文化因素。如已出现了中原流行的分裆"商式鬲",饰绳纹。罐、瓮、簋等的器形都与河南安阳殷墟出土的同期同类陶器接近。从这些文化因素中,可以看到周梁玉桥—官堤文化遗存是一种过渡性质的文化遗存。如果它所属文化是楚文化之前身的话,那么楚文化就是当地土著文化与中原文化相结合的一种文化,而它所出现的越文化因素,则正是楚、越同源的一种反映。也就是当地土著文化发展到商周时期所出现的新特征。从沙市周梁玉桥—官堤遗存的三种文化因素中还可以看出:南方蛮夷系统中,楚是受中原商、周民族影响最深的民族。

楚对越的不断征服和对南方的兼并,客观上为秦统一中国和强大西汉帝国的建立打下了牢固的基础,为我国古代南、北方民族的大融合和文化的广泛交流创造了良好的条件。

(原载《百越史研究》,贵州人民出版社,1987年)

扬越民族的分布区域及文化特点

百越是我国古代南方民族的大族系。商周时期,在长江中游地区有一支影响深远的楚民族及其所建立的强大楚国,因此这个地区同时存在的分布广泛的扬越民族,目前还被史学界所忽视。本文就扬越民族的分布区域及文化特点问题,作一初步探讨。

一、扬越民族的分布区域

关于扬越民族分布的具体范围,史书并无明确记载。《史记·楚世家》"(楚)熊渠甚得江汉间民和,乃兴兵伐庸、扬(杨)粤(越),至于鄂。熊渠曰:'我蛮夷也,不与中国之号谥。'乃立其长子康为句亶王,中子红为鄂王,少子执疵为越章王,皆在江上楚蛮之地"。熊渠时,楚还在鄂西荆山丹阳。《史记·十二诸侯年表·序》"齐、晋、秦、楚,其在成周微甚,封或百里或五十里",《左传·昭公二十三年》"(楚)若敖、蚡冒至于武、文,土不过同",说明楚在西周时乃为小邦,活动范围还很小,尚不可能占领整个长江中游地区,也就是说,长江中游地区除楚以外,还有其他民族存在。庸是一邦国名,在今鄂西北的竹山县境。扬越指民族名称,活动区域显然邻于荆山的楚。今汉水下游的江陵至沔阳、天门一带,古有杨水。《水经注·沔水》:"沔水又东南与阳□合。水上承江陵县赤湖……陂水又径郢城南,东北流,谓之杨水……杨水又东北流,得东赤湖水口……杨水又东入华容县(今监利县)……杨水又北径竟陵县(今天门县)西,又北纳巾吐柘,柘水,即下杨水也。……杨水又北注于沔,谓之杨口,中夏口也",扬越可能与这杨水有关。鄂亦是邦国名,在今武昌、鄂城、大冶三县交界处(古属武昌)有周代的鄂王城遗址,[1]鄂的具体位置可能就指此。《史记·楚世家》上记载是说熊渠征伐庸和扬越时,一直打倒了鄂。而鄂也属扬越,《说苑·善说篇》记

---

〔1〕 大冶县博物馆:《鄂王城遗址调查简报》,《江汉考古》1983年第3期。

载鄂君子晰（据《史记·楚世家》记载，子晰是楚共王之子）游于江上，与榜枻越人交欢尽意，"会钟鼓之音毕，榜枻越人拥楫而歌"；《竹书纪年》记载周穆王"三十七年，伐越，大起九师，东至九江"，证明鄂至九江一带皆属越，即属扬越。再从熊渠所封长子句亶王（《史记集解》：张莹曰：今江陵）、中子红鄂王（《史记集解》：九州记曰：鄂，今武昌）、少子越章王，皆在"江上楚蛮之地"的情况分析，《史记·楚世家》所说的扬越，大约分布于西起江陵东至鄂城、九江一带的"江上"之地，而越章王所在地，似在鄂之东。所谓"楚蛮之地"，即扬越之地。"楚蛮"亦是"荆蛮"。《史记·周本纪》"古公有长子曰太伯，次曰虞仲。……长子太伯、虞仲知古公欲立季历以传昌，乃二人亡如荆蛮，文身断发，以让季历"，《史记·吴太伯世家》"太伯之奔荆蛮"，司马贞索隐"曰荆蛮者，闽也，南夷之名蛮，亦称越"，《史记·齐太公世家》"楚成王初收荆蛮而有之"，这些记载所讲的荆蛮或荆楚，当指扬越。《毛诗·商颂·殷武》："挞彼殷武，奋伐荆楚……维女荆楚，居国南乡"中的荆楚，也应包括了扬越。大约商至周初，江汉一带皆称为荆楚、荆蛮或楚蛮，而扬越之名尚未流行。因此，荆蛮等称谓可包括扬越，但又不等于扬越。《史记·货殖列传》"南阳……东南受江汉淮……俗杂好事……"，荆蛮之地"俗杂"，就有民族复杂之意。扬越是荆蛮中的一支，地域应偏东南方。《史记·楚世家》"成王恽元年……天子赐胙，曰：镇尔南方夷越之乱"，这里所讲的夷越也是扬越。楚成王时楚都已迁至郢，即今长江北岸的今江陵一带。那时的扬越（夷越）在楚的南方，显然在长江之南，它在楚的逼迫下已向南移。原来江北的扬越区域，即句亶王所在的江陵，已成为楚郢都所在地。《战国策·秦策》"吴起为楚悼王罢无能，废无用……南攻扬越，北并陈蔡"，《后汉书·南蛮西南夷列传》"吴起相悼王，南并蛮越，遂有洞庭、苍梧"，"蛮越"也是扬越，扬越的分布范围南部至苍梧。

综上所述，商周至战国时期，扬越大体分布于长江中游两岸和湘江流域。《战国策·魏策一》："昔三苗之居，左彭蠡之波，右洞庭之水"，传说中的三苗分布范围与扬越活动区域大体相合，扬越与三苗应有苗裔关系。从三苗到扬越，经历了分化、融合与迁徙的复杂过程。而扬越的称谓，约始于商周之际，它是长江中游的土著民族（三苗）与中原民族（商民族）互相融合的产物。扬越活动中心，早期在长江中游两岸，到东周其地域渐被楚兼并，范围逐渐缩小，中心渐南移。在这个过程中，扬越的一部分被楚融合，一部分不断南迁，散居于南方各地。其中，秦汉时期岭南的南越，就有扬越的苗裔，《史记·货殖列传》"九疑苍梧以南至儋耳者，与江南大同俗，而扬越多焉"。直到三国时期，孙吴境内的山越，也有"扬越蛮夷"（《吴志·孙权传》）的成分。正因如此，扬越也是我国古代南方民族的一个泛称。[1]

---

〔1〕 见翁独健：《百越民族史论集·序言》，中国社会科学出版社，1982年。

二、扬越地区的考古学文化

长江中游两岸和湘江流域（下称扬越地区）是我国古代文化最发达的地区之一。其西北，今宜都、枝江、澧县、安乡一带发现了目前长江中游地区最早的新石器时代文化——城背溪文化，[1]相当于中原的裴李岗新石器时代早期文化。较早的大溪文化发展的中心，大约也在宜都、枝江至澧县、安乡一片。其北部的洞庭湖四周，是目前我国商周青铜器出土的重要地区之一。江陵至长沙一带是东周楚文化发展的中心区域。其东北，有目前我国最重要的大冶铜绿山商周至秦汉时期的矿冶遗址。长沙马王堆和江陵凤凰山一六八号汉墓也在这个区域内。扬越地区古代文化的发展，经历了漫长而曲折的道路，到扬越时期，已接近我国南、北方文化大融合的前夕。

扬越地区古代文化约可分四个发展阶段：

第一阶段　新石器时代，属长江中游的原始文化系统。约从大溪阶段开始，就已形成了独立的体系，然后经"屈家岭"，到"龙山"，前后一脉相承，与中原或长江下游的原始文化都有根本差别。而它自身又存在着地域性的大同小异之分。其东部具有较多的东南沿海的新石器时代文化因素，如出现较多的有段石锛和带孔石钺、石刀等。

第二阶段　夏商至春秋早期，是我国南、北方文化大交流大融合的时期。扬越地区正处于我国中部南、北方文化交流的要冲。其文化内涵具有多种文化因素的性质，并逐渐形成了一种商周文化的新类型——扬越文化。

第三阶段　春秋中期至战国时期，属楚文化系统。但它与前阶段的文化有着内在联系。

第四阶段　秦始皇统一中国以后，其文化已基本统一于华夏文化系统之中。

湖北、湖南、江西三省相连的一大片，不断发现中原或具中原因素的青铜文化遗存。重要的有湖北黄陂盘龙城、江西清江吴城两处商代遗址和湖北澴水流域至湖南洞庭之滨出土的大批商周青铜器。在青铜器中，带有商族族徽"\[\]"、"戈"的礼器，出土于湖北鄂城、江陵、随州和湖南宁乡等地。这证明中原的一部分民族（商族的一支）已跨越大别山，到了长江中游地区。

汉水东、长江北的澴、涢两水流域，其商周文化面貌已与中原接近，可归中原文化分布区。西周"汉阳诸姬"（周族）又盘踞在这里。故商至西周时期此处已成为商、周王朝领土

---

〔1〕　杨权喜、陈振裕：《宜都县城背溪新石器时代早期遗址》，《中国考古学年鉴（1985年）》，文物出版社，1985年。

的一部分。其当地的土著民族与文化,已较早地融合于华夏之中。而该地区之南的"扬越"(大概以长江为界),虽不是中原奴隶制国家直接控制的范围,但由于中原民族的南来,加强了中原文化在南方的传播。在考古学文化中,具体反映如下:

1. 湖北沙市(古属江陵)周梁玉桥和江西清江吴城等商代遗址中,虽以地方特点为主,但都有少量中原系统的鬲、豆、簋、罐等器物,吴城遗址还有大口尊。其中以"商式鬲"为典型中原文化器物。

2. 湖北大冶、鄂城、武昌、宜都,江西清江,湖南宁乡、湘乡、湘潭、岳阳、长沙等地先后出土过与中原风格相同的商后期至西周前期的青铜器,器形包括了鼎、尊、爵、斝、罍、卣、镜、钟等。但都较零星,往往只出单件或双件而不成组。

3. 在鄂东南、湘东北和赣西北,都出土了兼具中原因素与地方特色的晚商至西周的文化遗物。如湖北崇阳的铜鼓、湖北阳新和湖南湘乡等地的铜铙。铜鼓和铜铙是南方的特征,但在基本造型、花纹方面都有中原文化因素;鄂东南的西周陶器中,有大批的鬲和甗。显然是由中原传入的,但其形制特点又具有独特的风格。

以上三点中,又有如下情况:

第一,在较早阶段,出现较多的与中原完全相同的器物。反映出中原文化与当地土著文化并列发展的状况;在较晚的阶段,与中原相同的器物趋于消失,而中原文化因素主要表现在某器物的局部,说明中原文化与当地土著文化已融为一体。

第二,中原文化的遗物或因素,主要反映在较贵重的器物中,表明在一段时间内,中原文化主要流行于扬越的中原贵族统治阶层。其后中原文化和当地文化互相影响、互相融合,逐渐形成了一种新的扬越文化。

当地的土著民族,在相当长的时间内处于被统治地位,其传统文化也同时处于被压抑的状态,以后土著文化逐渐为扬越统治阶层所接受,产生扬越文化成为可能。

三、扬越文化的特点

在上文论述扬越地区的考古学文化中,谈到扬越文化是中原(主要指商)与当地土著文化互相融合的产物,因此它的特点也集中表现在这点上。归纳起来,扬越文化有如下八个方面的特点:

1. 扬越是以种植水稻和从事渔业为主的民族。扬越之地,气候温和,雨量充沛,有种植水稻的良好条件。早在大溪或更早的阶段,就有种植水稻的遗迹遗物可考。如在大溪文化的红烧土块和陶胎中,夹有稻草或谷壳。后来在屈家岭或"龙山"阶段的遗存中,稻谷的遗迹[1]就更多了。扬越阶段，普遍使用陶质鼎、釜、罐或当地的鼎与中原的鬲相结合的"鼎式鬲"，[2]都是适应烹煮稻米的炊器，说明扬越继承了种植水稻的传统。而渔业和种植水稻一样，也是扬越传统的经济活动。扬越时期的沙市周梁玉桥遗存中有大量的龟甲、鱼骨、蚌壳和螺蛳壳等，反映了渔业在扬越经济生活中的重要地位。

2. 扬越地区盛产铜，铜的使用和铜器形态都有特点。鄂东南、赣西北是我国古代铜矿冶炼遗址分布的主要区域。大冶铜绿山古矿冶遗址的早期正是扬越时期，越人可能就是该矿的最早开采者。[3]

扬越对铜的使用注重于生产工具、兵器和乐器方面。而对礼器、酒器和水器的制造量显然少于中原和楚，所见铜容器中，多为鼎类。而出土情况也不同于中原和楚：中原和楚的铜器多出于墓中，而扬越的铜器除见于墓中外，还见于矿井和遗址中，还有一部分出土于湖滨、江畔、山间和平野上。诸如崇阳铜鼓、阳新和湘乡的铜铙这样大型的铜器都不是出于墓中，且也无共存器。因此扬越文化中铜器成组的情况少见，反映出它多为实用器。

扬越铜器的种类、形态、花纹都有特色：生产工具有刀、刮刀、斧、锛、凿、镰、铲等。这些工具多用于种植水稻和渔业生产。铜绿山和宁乡黄材出土的铜斧，直銎，弧刃，刃两端向外侈；镰刀在襄阳山湾春秋墓中出土过，与浙江周代镰不同，其带刺，呈弯月状，有方銎，扬越也应使用这种镰；铲在湖南资兴出土过，为别处所少见。

兵器有剑、矛、钺、箭头等。越人擅于用剑和钺，扬越地区出土的铜剑最多，战国时期的楚墓中出土的剑、矛、钺、箭头等铜兵器之多，十分引人注目，这应是继承了扬越文化的传统。湖北出土过越王剑四把，湖南也有越王剑出土，其形制与楚剑相同，越剑与楚剑并无区别。关于铜钺，其是从石钺发展而来的，被认为是越文化最典型的器物之一。而扬越地区同样有较多的铜钺分布，其中以湖南祁东出土的种类较为典型。作为生产工具的斧，应是由钺发展而来的。

乐器主要有鼓和铙。崇阳铜鼓，横置；阳新、湘乡、浏阳等地的铜铙，形体都很大。这两种打击乐器声音洪亮，由于扬越居民较分散，故开始应与召唤传讯有关，后来常用于礼仪活动。这两种乐器在扬越出现较早，对后来楚的横置漆木鼓、竖置的南方铜鼓或对周的甬钟，都可能有直接影响。

容器中的鼎，为立耳、浅腹、条形足，通称为"越式鼎"。湖南资兴出土的平底、直足的鼎，是较早的一种典型形态。较早的鼎，流行纹饰有云雷纹、叶脉纹、水波纹、曲折纹和蛇

〔1〕 文物编辑委员会编：《文物考古工作三十年》，文物出版社，1979年，第295–296页。
〔2〕 杨权喜：《江汉地区楚式鬲的初步分析》，《楚文化研究论集（第一集）》，荆楚书社，1987年。
〔3〕 张正明等：《大冶铜绿山古铜矿的国属》，《楚史论丛（初集）》，湖北人民出版社，1984年。

纹等。江陵楚墓常出素面的"越式鼎",这应是扬越文化的流传。

3. 扬越的陶器以夹砂粗红褐陶为主,几何印纹硬陶占相当大比例,特别是接近五岭地区更为突出。而靠近长江边的鄂东南也普遍有印纹硬陶,这与江汉其他地区明显不同。

陶器纹饰有间断条纹(或绳纹)、拍印绳纹和方格纹、几何印纹(以云雷纹为主)、叶脉纹等,特别是方格纹和间断条纹最有特点。基本器形有鼎、鼎式鬲、瓿、釜、罐、豆等。炊器中,早期用鼎、釜,晚期用鼎式盆形鬲。鼎的形态见于周梁玉桥商后期的遗址中,为釜形,瘦长体足(足尖多带倒钩),腹部和膝部拍印方格纹。鬲、瓿、豆的形态见于大冶、阳新一带的西周遗址中,鬲为大口,足膝部多刻槽,饰间断条纹;瓿的口部有一圆孔,孔外带流;豆为浅盘,柄部带长方形镂孔。这些陶器的纹饰、器形都同时存在中原和当地的两种文化因素,特点相当鲜明。

4. 扬越文化大量使用竹、木器。竹、木器是不容易保存下来的器物,在大冶铜绿山古矿井中,深埋了许多较完整的竹、木器。在春秋或稍早的12线老窿中保存了木槌、木瓢、船形木斗和竹笑等工具。可见,竹、木器已被广泛应用于生产和日常生活中。后来在扬越地区的楚墓中,随葬特别多的漆木、竹器,其中竹蓆、竹笥的编织技术和木雕技术已达到了很高水平,说明竹、木器工艺已有悠久的历史,与扬越文化的传统密不可分。

5. 使用舟楫和善于水性是越族,包括扬越的一大特点。扬越临于"江上"和湖滨,利于用舟。铜绿山矿井中的船形木斗,应是当地扬越人用舟的反映。扬越地区东周墓中常见舟形器——铜舟和漆耳杯,也应与扬越用舟有关。江陵凤凰山第8、168号汉墓中,出土了木船,用木船殉葬之风,源于扬越惯于用舟的传统。

6. 我国古时南、北居住形式不同。南方的"巢居"发展成为木构建筑,多呈楼状,谓之"干栏式建筑"。"干栏"一词,据潘世雄同志研究,是古越语对高足房屋的称呼,[1] 是越族的建筑形式,也是扬越的建筑形式。

以上谈到的铜刀、斧、锛、凿等,都是木构建筑的基本工具;铜绿山矿井内部木构支护的制作技术,就是房屋建筑技术的发展应用。湖北圻春毛家咀的西周木构建筑,应是扬越民族所遗。湖北光化五座坟西汉墓的木椁结构呈楼房式建筑,也是扬越"干栏式"建筑的反映。江汉地区发现的商周至秦汉的木构建筑,一般都是扬越的遗迹,因当时楚人的房屋是夯筑低台建筑,楚城内发现的大批夯土台基、墙基和柱洞等均可以证明。

7. 断发文身是扬越的风俗之一,曾侯乙墓棺上的图案,编钟架上的铜人和江陵望山二号墓的木俑等人物形象,都似为断发的形态,可能是越人的形象。楚器以龙蛇为图案,应该也是楚国境内受越人和扬越文化影响的结果。

─────────────

〔1〕 潘世雄:《干栏考》,《广西民族历史与文化研究(第三辑)》,广西人民出版社,1989年。

8. 扬越有自己的语言和文字。刘向《说苑·善说篇》所载的《越人歌》,当是扬越的民间歌曲,与楚语不同。吴城商器中,三十八件器物共刻有六十六个文字(或符号),唐兰先生说:"吴城遗址中所出的文字材料,其中有一些跟商周文字截然不同,尤其是一期遗物中,灰陶钵的七个字和黄陶盂的五个字,更为突出,很可能是另一种已经遗失的古文字。到二期、三期受殷文化的影响比较深厚,这种文字就不多见了。"[1]《越人歌》中的语言和吴城遗址中与商周不同的文字,显然是扬越民族的语言和文字。

扬越是商周较早阶段就形成的百越支族,它源远流长,关系复杂,分布广泛,影响深远。东周时期,它是楚国境内的主要民族之一。战国秦汉以后,它的大部分与楚民族一起汇合于华夏民族大系统之中;另一部分则散居于南方各地。因此,较晚出现的不少百越支族都可能与它存在苗裔关系。扬越文化先进发达,特点鲜明,是楚文化体系形成的重要因素,也是我国古代灿烂文化的重要组成部分。对扬越民族的探索,乃是百越史研究的重要方面,同时也是楚文化研究的重要工作。

(原载《百越史论集》,云南民族出版社,1989年)

---

[1] 唐兰:《关于江西吴城文化遗址与文字的初步探索》,《文物》1975年第7期。

试论扬越对楚文明的贡献

楚国起源和发展于江汉,以它为中心而形成的楚文化,代表了长江中游地区的古代文明,在中国历史上曾产生过深远的影响。扬越是长江中游地区一个重要的古代民族,商周时期它曾和建立楚国的荆楚民族一同活跃于江汉之间,并对楚文明作出过重要贡献,这是值得我们重视和深入探讨的历史问题。

一、 扬越是楚国早期的重要成员,它为楚国的 迅速扩展奠定了雄厚基础

楚国的发展立足于江汉,立足于蛮夷。

商周时期,江汉地区的主要民族有荆楚、华夏、巴濮、庸濮、邓蛮和扬越等。华夏族是以夏、商、周王朝为中心而逐渐形成的一支强大的中原民族。其余各族都属于南方蛮夷系统的民族,其中扬越民族是江汉平原的主要开发者,是楚国早期的重要组成部分,它为楚国的迅速扩展奠定了雄厚的基础。

关于扬越,笔者曾在《扬越民族的分布及其文化特点》一文中作过初步的讨论,[1]它是夏至西周时期一个受中原民族文化影响较深且经济文化均相当发达的江汉土著民族。早期的扬越,主要活动于长江中游两侧及湘江流域,今鄂东南是扬越的一个主要集中地。商周较早阶段,这一带有强盛的鄂国,商代卜辞有"鄂在南土,果告事?"(《殷虚文字甲编》二九〇二),"鄂侯簋""鄂侯驭方鼎""禹鼎"等周代铜器铭文中,都有关于鄂国的一些记载,并说明它同周王室有联姻关系。鄂都在今长江南,武昌、鄂城、大冶三县接壤地带的"鄂王城"。鄂国应即扬越之国。扬越的先祖与荆楚同属一大族系,为三苗族。《史

---

[1] 《百越民族史研究会第五次年会论文集》。

记·五帝本纪》载"三苗在江淮、荆州为乱",三苗原为江淮、荆州的基本土著民族,其先祖又为九黎,所以又可称为黎苗族团。江汉地区所发现的发达的以大溪—屈家岭为代表的新石器时代文化,应就是黎苗族团所创造的考古学文化。江汉地区的新石器时代文化发展序列,大约相当于夏代前后发生了重大变化,甚至出现中断现象,这是中原华夏族击败三苗而南下,三苗被逼迁移所致。至商周时期,三苗的一部分受北来的中原青铜文化不同程度、不同方面的影响,又逐渐演变成荆楚和扬越等族,而荆楚逐渐西去,扬越则逐渐南移。扬越的"扬",与江汉之间即今江陵和天门之间的古扬水有关,[1]"越"则与稻田耕作工具——戉有关,[2]"越人习于水斗,便于用舟"(《汉书·严助传》),显然扬越就是江汉平原湖区的主要民族。"饭稻鱼羹",[3]实际上是扬越民族的传统,江汉地区从新石器时代早期文化——城背溪文化[4]开始,一直就有植稻、养牛、养猪、养鸡和捕鱼的"稻鱼"经济可考,扬越民族继承了江汉新石器时代以来的文化传统,扬越民族及其先祖就是江汉平原的开发者。

　　楚国迁都于江汉平原西部的郢以后,首先是向南、向广大的江汉平原扩展。一方面开拓巴濮,一方面镇抚扬越,"开地三千里"。[5]楚立足蛮夷,主要是立足扬越,在扬越经济发展的基础上,利用扬越长期经营的富饶的江汉平原。楚成王时,"布德施惠结旧好于诸侯。使人献天子,天子赐胙,曰:'镇尔南方夷越之乱,无侵中国'。于是楚地千里"。[6]罗香林认为"所谓夷越当即扬越。盖夷阳古音同属影纽,韵则一在脂部,一在阳部,二部属古音多对转也"。[7]扬越具有"侵中国"的实力,而"楚地千里"则是镇抚扬越的结果,这也可证明扬越在春秋中期之前,就已成为楚国的重要组成部分,扬越之地实是楚国扩展的基地。早在西周时,楚首领熊渠就曾征伐过扬越,所封句亶王(今江陵)、鄂王(今大冶)、越章王(鄂之东)都在扬越早期活动区域内。楚熊渠对扬越的征伐,为楚国迁都于郢和直接统治扬越奠定了基础。西汉司马迁所讲的"楚蛮之地"或"楚越之地"就是指"扬越之地",后属楚地。楚国占领扬越之后,虽有一部分越人南迁和东迁,但还有大量越人留居楚国,成为楚国境内的重要民族。西汉刘向的《说苑·善说篇》记载楚共王的儿子、楚国的令尹、鄂君子晳游于长江之上,与榜枻越人交歌舒怀,"会钟鼓之音毕,榜枻越人拥楫而歌",子晳说:"吾不知越歌,子试为我说之",于是乃召越译。这不但说明楚境长江两岸存

〔1〕《百越民族史研究会第五次年会论文集》。
〔2〕《百越民族史研究会第五次年会论文集》。
〔3〕《史记·货殖列传》。
〔4〕中国考古学会编:《中国考古学年鉴(1984年)》,1984年,文物出版社,第140页。
〔5〕《韩非子·有度》。
〔6〕《史记·楚世家》。
〔7〕罗香林:《中夏系统中之百越》,独立出版社,1943年。

在大量越人，而且说明刘向所记的著名的《越人歌》是楚国扬越民族的歌。战国时期，楚国"南平百越"[1]"南卷沅湘"[2]"奄征南海""抚有蛮夷"，[3]基本上统治了整个扬越。秦汉以后，扬越和荆楚一样，大部分皆融合于华夏系统之中。

由于扬越较早地归服于楚，成为楚国早期的重要成员，扬越之地则成为楚国扩展的基地。《史记·货殖列传》云："江陵故郢都，西通巫、巴，东有云梦之饶"，郢都之东的"云梦"原就属扬越之地。扬越民族不但为楚国扩张打下了雄厚的物质基础，而且为楚文化体系的形成创造了许多先决条件。

二、楚国继承和发展了扬越文化的传统

楚原长期居住在荆山，经济生产较平原落后，生活习惯、文化意识、艺术特点等方面带有山区的特色，例如对凤、鹿等山区动物的崇拜，应是楚人固有的传统。所以楚人的原始文化（早期楚文化）与通常所讲的楚文化并不可能等同。楚文化并不是某种原始文化或某民族文化的直线发展，而是在江汉具有数千年发展历史的各种土著文化互相融合的基础上，又吸收了商周时代多种先进文化因素于春秋中期前后才形成的。荆楚、扬越两族原属三苗族系，他们的先祖文化是江汉新石器时代文化发展系统的主体。商周时期，荆楚文化先受商文化，后受周文化的诸多影响，在鄂西荆山山区发展。扬越文化主要接受商文化的影响，在长江中游和湘江流域的平原湖区发展。至两周之交，扬越文化发展水平显然比荆楚文化高。春秋以后，楚国侵入和占领了扬越之地，则继承和发展了扬越文化的许多传统，逐渐形成了楚文化的核心。

1. 楚国继承和发展了扬越的"稻鱼"经济。楚国早期在山区，其经济形态显然应以种植旱地作物为主，以狩猎为辅。而楚文化体系经济形态的特点则以种植水稻为主，以渔猎为辅，以"稻饭羹鱼"而著称。这主要是楚国继承和发展了扬越的"稻鱼"经济的结果。

楚国占领扬越以后，全面发展扬越地区的经济优势。为了发展平原湖区的水稻生产，早在春秋时就大力兴修水利，建设郢都之东的云梦为鱼米之乡。《淮南子·人间训》："孙叔敖决期思之水而灌雩娄之野，庄王知其可以为令尹也。"《一统志》云："孙叔敖为楚相，

---

[1]《史记·吴起列传》。
[2]《淮南子·兵略训》。
[3]《左传·襄公十三年》。

截汝坟之水，作塘以溉田，民获其利。"《水利通考》云："楚孙叔敖起芍陂，而楚受其利。"（转引自《七国考》卷二）针对发展以种植水稻为主的农业，楚庄王提拔了以兴修水利而闻名的孙叔敖为相。《汉书·沟洫志》："于楚西方则通渠汉川、云梦之际；东方则通沟江、淮之间。"汉川、云梦之际即江汉平原，大部分原属扬越，这一带的水渠沟通，主要是为了灌溉稻田。《左传·襄公二十五年》："楚蒍掩为司马，子木使庀赋，数甲兵。甲午，蒍掩书土田，度山林，鸠薮泽，辨京陵，表淳卤，数疆潦，规偃猪，町原防，牧隰皋，井衍沃，量入修赋。赋车籍马，赋车兵、徒兵、甲楯之数。"蒍掩所书土田中，包括了大量稻田。在郢都纪南城内也都有大量的稻田和灌田的水井遗迹。[1]由于楚国十分注重以水稻为主的农业，经济发展迅速，并为楚国储积了大量粮食。"楚地方五千里……粟支十年"。[2]在郢都纪南城内的考古发现中，有陈家台粮仓遗迹，并保存了大量而罕见的东周炭化稻米。[3]在楚墓发现的许多盛食器中，除有粮食等腐烂物外，还有大量牛、羊、猪、鸡和鱼的骨骼，还发现有专门炙鱼用的铜炙炉。"稻鱼"经济是构成楚文化的基本特征之一。

2. 楚国继承和发展了扬越的矿冶业和青铜铸造业。楚国的矿冶业和青铜铸造业，在西周时期还处于相当落后的状态。在楚国早期活动的荆山一带一直没有发现过矿冶遗址和铸造遗址，也没有出土过西周以前的楚国铜器。关于楚国的铜器，目前尚未见到过西周中期以前的，而西周晚期楚国铜器仅有传世的楚公逆镈1件、楚公豪钟4件[4]和楚公豪戈1件，[5]这显然属于楚国上层贵族所有的铜器，并不一定为楚国自己所铸造。春秋早期的楚国铜器，也还仅见于湖北当阳赵家塝个别楚国贵族墓中，形制显得简单粗糙，[6]应是楚国迁都于郢前后的产品，反映了当时楚国青铜铸造业的落后状况。而到了春秋中期，楚国青铜器发生了重大变化，不但在楚国中小型贵族墓中出现大量铜器，而且种类繁多，制作精细，充分显示了楚国青铜器的特有工艺风格。无论是淅川下寺楚墓，[7]还是襄阳山湾楚墓，[8]或是当阳赵家湖楚墓，[9]都出土了成批成套的楚国青铜器，这些青铜器包括了生产工具、兵器、车马器、生活用器和礼器等，镂空、浮雕、透雕等工艺产品精巧生动。春秋楚国铜器的铸造技术、造型艺术、花纹装饰都可以代表我国当时青铜铸造的最高水平。《左

---

〔1〕 杨权喜：《东周时代楚郢都的农业生产考略》，《农业考古》待刊。

〔2〕 《战国策》卷十四。

〔3〕 湖北省博物馆：《楚都纪南城的勘查与发掘（下）》，《考古学报》1982年第4期。

〔4〕 《两周金文辞大系》。

〔5〕 高至喜：《楚公豪戈》，《文物》1959年第12期。

〔6〕 即赵家塝2号墓。此墓铜器线图见王光镐的《当阳赵家塝楚墓略析》，《江汉考古》1983年第1期。

〔7〕 河南省丹江库区文物发掘队：《河南淅川县下寺春秋楚墓》，《文物》1980年第10期；《河南淅川县下寺一号墓发掘简报》，《考古》1981年第2期。

〔8〕 湖北省博物馆：《襄阳山湾东周墓葬发掘报告》，《江汉考古》1983年第2期。

〔9〕 高应勤等：《当阳赵家湖楚墓的分类与分期》，《中国考古学会第二次年会论文集（1980年）》，1982年。

传·僖公十八年》:"郑伯始朝于楚,楚子赐之金",金即铜,楚国以当时贵重的铜赐送给郑国,说明楚国当时拥有较多的铜。

楚国的青铜业为什么能在短期内得到如此迅速的发展变化呢？这与扬越有着直接的关系。扬越民族不但对水稻种植和捕捞鱼虾有着丰富经验,而且精于矿石的开采和金属的冶铸。在扬越民族居住区域内,不但发现有我国少有的古老矿井,而且常常出土时代早、工艺水平高的青铜器。鄂东南大冶、阳新一带已发现不少古矿井。著名的铜绿山古矿冶遗址,其年代,考古界正在不断向前追溯,已可以肯定其开采年代最迟始于西周。铜绿山古矿是目前我国发现的规模最大的一处矿冶遗址,它在世界矿冶史上占有重要地位。铜绿山在扬越分布区域内,矿井及其周围出土的西周至春秋遗物[1]都具有十分明显的地方特色,应属扬越文化遗物。其时代又正与文献记载扬越存在的年代相吻合,所以可以断定铜绿山古矿的开采者是扬越。扬越不仅创造了世界矿冶史上的奇迹,而且创造了我国古代青铜器的许多精品。在扬越分布区域内不断出土我国商周青铜器中具有鲜明特色的大型铜器,例如湖南宁乡的商代人面方鼎、[2]湖北崇阳的商代铜鼓、[3]湖南湘乡和湖北阳新等地的西周大铜饶、[4]湖北广济和大冶两周之际的铜钟、广济春秋早期的句錤[5]等,这些地方特色突出的器物应是扬越早期自己制造的青铜器。铜绿山和扬越早期铜器的发现,证明扬越的矿冶业和青铜铸造业都处于当时我国的领先地位。楚国大约在成王以后,占领了扬越的许多地区,包括铜绿山一带的鄂东南均归入楚的疆域。从此,铜绿山在日益强大的楚国经营下,便进入了其最兴旺繁荣的时期。七十年代的考古资料证明铜绿山古矿冶遗址的主要部分属春秋战国时期,即楚经营时期。遗址南北长约两公里,东西宽约1公里。发现有春秋矿井和战国矿井。春秋矿井有竖井、斜井两种,井深约40米以上,采矿工具主要为铜器,如斧、锛,还有木槌、竹篓等。战国矿井,有了较大改进,分竖井、斜巷、平巷等种,不但尺寸较宽大,而且深度增至50米以上,采矿工具改变为以铁器为主,有钻、锤、耙、锄、舀等,还有木辘轳等先进的提升器具。春秋矿井到战国矿井的连续发展,经历了扬越经营到楚国经营的交接过程。矿井的巨大变化又显然是在楚国经营统治下发生的。楚国得到铜绿山之后,在扬越原有经营的基础上,可能仍用扬越的矿工,进行了技术的革新改造。正由于楚国获得了扬越的铜绿山等铜矿及其开采、冶铸

---

〔1〕 张潮:《古越族文化初探》,《江汉考古》1984年第4期。
〔2〕 高至喜:《商代人面方鼎》,《文物》1960年第10期。
〔3〕 崇文:《湖北崇阳出土一件铜鼓》,《文物》1978年第4期。
〔4〕 高至喜:《湖南省博物馆馆藏西周青铜乐器》,《湖南考古辑刊(第二集)》,岳麓书社,1984年;湖北省咸宁地区博物馆:《湖北省阳新县出土两件青铜饶》,《文物》1981年第1期。
〔5〕 湖北省博物馆等,《湖北广济发现一批周代甬钟》,《江汉考古》1984年第4期;大冶铜钟见《文物资料丛刊》第5集。

技术,楚郢都纪南城陈家台[1]等各地铸造作坊才能兴旺发达,楚国的青铜器才能够在中国青铜史上放出异彩。

3. 楚国继承和发扬了扬越文化传统。楚成王以后,扬越的一大部分已成为楚国民族大家庭的主要成员。《说苑》卷九载楚庄王"左伏扬姬,右拥越姬",扬姬即扬越女。后来鄂君子皙又十分欣赏越人歌,说明楚、越两族的和睦相处、友好交往。在楚国的统治下,不少越文化被融于楚文化之中,楚越两族的文化已逐渐融为一体。在楚文化遗存中,例如在楚墓或在楚器中都保留、吸收了不少越文化的因素或遗物。

(1)楚墓中常常出现一种拱盖、敛口、附耳、宽底的长扁足鼎。例如在湖北江陵楚郢都纪南城东郊的雨台山楚墓中,出土的铜鼎共18件,其中有8件属此种鼎,[2]雨台山之东的九店楚墓中也出此种鼎。在楚的鄢都所在地——湖北宜城的雷家坡楚墓、[3]湖南长沙识字岭等楚墓、[4]江西上高塔下村等楚墓[5]中也常见此种鼎。彭浩同志将此种鼎归为B型"越式鼎";[6]高崇文同志将此种鼎划为F型"楚式鼎",并认为"是楚人仿造的'越式鼎',或者就是越器",[7]李科友同志将江西出土的这种鼎,定为Ⅱ、Ⅲ式"楚鼎"。这种楚国境内流行的鼎确实渊源于越族(扬越),从楚文化体系的角度将它归为楚鼎的一种类型则也是恰当的。这种鼎普遍发现于楚墓(包括郢都的楚墓)中,是楚国继承扬越文化的重要表现。

(2)印纹硬陶是越人特有的高级陶器,在湖北盛行于鄂东南,时代多属春秋之前,这无疑与扬越有关。战国楚文化遗存中,例如在楚都纪南城西垣北门7号水井、[8]湖北黄州国儿冲5号楚墓[9]和湖北麻城1号楚墓[10]中,都有零星出土,这说明楚国保留和发展了扬越的印纹硬陶的生产。

(3)楚国出土的铜剑,种类和数量都很多。战国楚墓出铜剑是十分突出的现象,有的墓随葬品并不多,但却少不了铜剑。江陵天星观1号楚墓出铜剑达32把,说明楚国盛行铜剑,也善于用剑。历史称颂越人欧冶子铸剑精巧,越王句践用剑神奇,湖北江陵望山、藤

〔1〕 湖北省博物馆:《楚都纪南城的勘查与发掘(下)》,《考古学报》1982年第4期。
〔2〕 湖北省荆州地区博物馆:《江陵雨台山楚墓》,文物出版社,1984年。
〔3〕 楚皇城考古发掘队:《湖北宜城楚皇城战国秦汉墓》,《考古》1980年第2期。
〔4〕 高崇文:《东周楚式鼎形态分析》,《江汉考古》1983年第1期。
〔5〕 李科友:《东周时期江西地区的楚文化及其有关问题》,《中国考古学会第二次年会论文集》,文物出版社,1982年。
〔6〕 彭浩:《我国两周时期的越式鼎》,《湖南考古辑刊(第二集)》,岳麓书社,1984年。
〔7〕 高崇文:《东周楚式鼎形态分析》,《江汉考古》1983年第1期。
〔8〕 湖北省博物馆:《楚都纪南城考古资料汇编》,湖北省博物馆出版,1980年,第32页。
〔9〕 黄州古墓发掘队:《湖北黄州国儿冲楚墓发掘简报》,《江汉考古》1983年第3期。
〔10〕湖北省博物馆江陵工作站:《麻城楚墓》,《江汉考古》1986年第2期。

店、张家山和秭归香溪都出土过越王剑。望山出土的"越王句践剑"为圆首、宽格、空茎、隆脊的长剑,格两面嵌琉璃,剑身巧饰菱形暗纹;藤店出土的"越王州句剑"为圆首、宽格、实茎、有两箍的长剑。这两把剑主要区别是茎部,"越王州句剑"有双箍。此两把剑是越人铜剑的代表作,属典型的"越式剑"。天星观1号楚墓出土的32把铜剑,分两式,Ⅰ式为圆首、空茎、窄格、隆脊;Ⅱ式为圆首、实茎、双箍、宽格。雨台山楚墓出土的剑共172把,分四型,其中二、三型占百分之九十以上,并包括了天星观1号楚墓的Ⅰ、Ⅱ式,格上亦嵌有花纹,剑身也有饰菱形纹的。这两型铜剑是楚国最流行的剑,其形制完全与以上两把越王剑相同,为"越式剑"。楚国境内有大量善铸的越人,这是楚国流行越式剑,楚剑、越剑不能区分的原因。

（4）楚国流行的一种柳叶形铜矛,血槽在矛中心,骹圆筒状,脊上常铸两对蝉翼纹,有的骹部饰"王"字形纹。例如天星观1号楚墓中有两件,[1]宜城雷家坡楚墓[2]和雨台山楚墓[3]（Ⅳ式铜矛）中也都出土过。俞伟超先生认为这是"受到越人的影响"[4]的表现。实际上也是扬越文化被融于楚文化中的一种反映。

（5）铜钺是扬越文化中的另一典型器物。铜钺在楚墓中也累有发现。湖北襄阳蔡坡4号楚墓出土过3件方銎、宽弧刃的铜钺,[5]宜城雷家坡1号楚墓也有铜钺[6]出土。而靴形铜钺则在湖北江陵拍马山25号楚墓[7]和湖北秭归官庄坪遗址[8]中各见到过一件,湖北襄阳蔡坡12号楚墓的"靴形铜刀"[9]也应是类似的器物。铜钺累出现于楚国并不是偶然现象。

（6）句鑃是吴越特有的乐器,发现于鄂东南的广济,则应为扬越人所遗,而出于楚中心——宜城雷家坡（2号楚墓[10]中）和江陵雨台山（448号楚墓[11]中）,则应属于扬越文化在楚国的流传。

（7）锯齿形、安柄处凸起的铜镰刀,是越人割稻工具,在雨台山403号楚墓[12]中出土过,估计楚国稻作区盛行越人的这种农具。

〔1〕 湖北省荆州地区博物馆:《江陵天星观1号楚墓》,《考古学报》1982年第1期。
〔2〕 楚皇城考古发掘队:《湖北宜城楚皇城战国秦汉墓》,《考古》1980年第2期。
〔3〕 湖北省荆州地区博物馆:《江陵雨台山楚墓》,文物出版社,1984年。
〔4〕 《江汉考古》1980年第1期,第29页。
〔5〕 湖北省博物馆:《襄阳蔡坡战国墓发掘报告》,《江汉考古》1985年第1期,第17页。
〔6〕 楚皇城考古发掘队:《湖北宜城楚皇城战国秦汉墓》,《考古》1980年第2期。
〔7〕 湖北省博物馆等:《湖北江陵拍马山楚墓发掘简报》,《考古》1973年第3期。
〔8〕 湖北省博物馆:《秭归官庄坪遗址试掘简报》,《江汉考古》1984年第3期。
〔9〕 襄阳首届亦工亦农考古训练班:《襄阳蔡坡12号墓出土吴王夫差剑等文物》,《文物》1976年第11期。
〔10〕楚皇城考古发掘队:《湖北宜城楚皇城战国秦汉墓》,《考古》1980年第2期。
〔11〕湖北省荆州地区博物馆:《江陵雨台山楚墓》,文物出版社,1984年。
〔12〕湖北省荆州地区博物馆:《江陵雨台山楚墓》,文物出版社,1984年。

（8）越器流行的许多纹饰与楚相同，而具有特征性的越纹，如蛙纹、蛇纹、"S"纹、变形夔纹等，也往往出现于典型的楚器上。例如雨台山471号楚墓[1]出土的漆卮，周身皆用浮雕蛇纹装饰；雨台山478号楚墓则出蛇形圈饰1件，[2]江陵望山楚墓[3]出土的彩绘木雕座屏，透雕蛇、蛙、鹿、凤和雀等动物，襄阳山湾楚国墓地采集的铜敦也有蛇纹和"S"纹，[4]蛇、蛙纹应来自扬越。在广西恭城县秧家出土的具有浓厚越文化因素的铜器[5]中，一件铜尊腹部纹饰作双蛇斗蛙的连续图案，图案中间插有菱纹越式剑，剑首立一鸟，显然是越族的艺术图案，后来类似的艺术图案被楚文化所吸收。

楚文化是在楚国统治下形成的古代南方文化，它吸取、融合了古代南方各民族，其中包括了分布广泛的扬越民族的文化，这是我们研究楚文化或百越民族史中不可忽视的方面。

综上所述，扬越曾是江汉一带的重要开发者，后来成为楚国民族大家庭的重要成员。楚国的经济兴旺、文化繁荣、军事发展、政治变化都与扬越紧密相连，扬越对楚文明曾作出过重要贡献。

（原载《百越民族研究》，江西教育出版社，1990年）

〔1〕 湖北省荆州地区博物馆：《江陵雨台山楚墓》，文物出版社，1984年。
〔2〕 湖北省荆州地区博物馆：《江陵雨台山楚墓》，文物出版社，1984年。
〔3〕 湖北省文化局文物工作队：《湖北江陵三座楚墓出土大批重要文物》，《文物》1966年第5期。
〔4〕 湖北省博物馆：《襄阳山湾出土的东周青铜器》，《江汉考古》1988年第1期。
〔5〕 广西壮族自治区博物馆：《广西恭城县出土的青铜器》，《考古》1973年第1期。

绍兴306号墓文化性质的分析
——兼述楚文化对吴越地区的影响

    绍兴306号墓[1]为吴越地区一座重要的东周墓葬,是研究吴越文化的宝贵实物资料。该墓的形制特殊,不仅出土了罕见的铜质房屋模型,而且发现有铭文的徐国和具有楚文化特征的铜器,所反映的历史情况比较复杂,有不少问题值得深入探讨。本文就其文化属性试作分析,以期对越、楚、徐文化之间及其与中原文化的关系有进一步的认识。

一、绍兴306号墓的主要文化特征

    位于当年越国都城附近的绍兴306号墓,因出土了带铭文的徐国铜器而产生了对其国属问题的不同看法。[2]下面从该墓坑形制、随葬器物组合与放置、随葬器物特点等三方面作具体分析判断。

    1. 墓坑形制

    此墓虽残、但墓坑形制还基本清楚,为近方形的竖穴土坑,并带阶梯墓道和壁龛,龛下有一土台。而墓坑壁较垂直,阶梯墓道设在墓边角部,壁龛掘在墓坑长边中段。墓坑底呈宽大型,长约9米,宽为8.14米。这种墓坑形制虽与吴越地区具有传统特色的土墩墓不同,但这个地区并非绝无土坑墓的先例。商周时期,尤其在春秋战国阶段,地方势力纷纷崛起,社会处于大变革的时期,各地发现的该时期的墓葬,墓坑形制也都发生了相应的变化。属吴越地区的江苏六合和仁、[3]程桥[4]等地东周墓也为近方形竖穴式。所以,绍兴

---

〔1〕 浙江省文物管理委员会等:《绍兴306号战国墓发掘简报》,《文物》1984年第1期。
〔2〕 曹锦炎:《绍兴坡塘出土徐器铭文及其相关问题》;牟永杭:《绍兴306号越墓刍议》;钟遐:《绍兴306号墓小考》。以上各文均见《文物》1984年第1期。
〔3〕 吴山菁:《江苏六合县和仁东周墓》,《考古》1977年第5期。
〔4〕 南京博物院:《江苏六合程桥二号东周墓》,《考古》1974年第2期。

306号墓的墓坑,可能为战国时期大型越(吴越)墓的另一特点,或另一种重要形制。

春秋战国时期,是我国古代阴阳五行学说兴盛的时期,墓室按生人居室设计的形制亦越来越明显。墓室象征死人阴间居室,与生人居室之间存在着阴阳相对应的关系。例如楚人生前居室建于夯筑台基之上,所以战国时期最富楚墓特色的墓坑呈口大底小的形制,有的墓坑口与底的大小甚至相差20余倍,该种墓坑形制与台基正好阴阳相对;楚国高级贵族墓葬的墓坑坑口按墓主生前身份高低设多级台阶,这是象征楚国高级贵族的层台建筑。而越人的居室以"干栏式"为特点,绍兴306号墓的结构与设置,如墓道为阶梯式,并设在近方形土坑一边之角;墓室内设置简单而有较宽敞的活动空间,这些都颇似与"干栏式"建筑阴阳相对应。

2. 随葬器物组合与放置

绍兴306号墓墓坑长、宽皆在8米以上,它的规模可与大型楚墓作比较。楚墓中,湖北荆门包山大冢坑口虽34.4米×31.9米,但坑底仅有7.8米×6.85米;河南淅川下寺2号墓坑口、底均9.2米×6.5米。墓葬规模大小,应以墓室大小为准,所以绍兴306号墓的墓葬类别并不比上大夫或七鼎的包山大冢和下寺2号墓低,应属于大型墓葬。该墓随葬器物有铜、陶、玉、金、玛瑙等类,该情况与其墓葬形制较高相称。陶器中仅有罐、豆共三件生活用器,而不见中原或楚的仿铜陶礼器。从其陶器组合、印纹软陶、器型形制来看,属于吴越文化无疑。铜器中,情况较复杂,所有铜器大体具有两种不同的风格,包括了礼器、生活用器、模型器、工具等器类,模型器是我国商周青铜器中仅见的,应为本地特有。这些器物中,缺少中原或楚大型墓葬中常见的乐器、兵器、车马器,尤其不见本地的"吴戈越剑"。礼器中,除有带铭文的汤鼎、炉等徐器外,还有无铭文的圜底鼎(于鼎)二件,兽面鼎、甗、尊、盉、甗盉、鉴、洗、罍、豆等各一件。这些器物中,虽有一部分的形制、花纹与中原或楚的礼器相近似(这部分器物的来源,下文谈及),但其组合、用数(如鼎的数目)皆不合"周礼",与楚制亦不符。实际上,这些器物并非当作礼器使用的,而所有随葬器物,包括铜容器都为日用器物(包括日用纪念品)。随葬日用器物,而不用礼乐、车马器,是该墓随葬品的主要特点。

随葬器物的放置,除装饰品见于棺部以外,其余皆放置于棺外侧边的壁龛内和小土台上,这与中原或楚的"前堂后寝"的格局也并不相同。

3. 随葬器物特点

随葬器物的主要特点,除表现在使用印纹软陶和器物的组合方面以外,还表现在一部分铜器的造型和花纹装饰方面。

此墓出土的甗盉、兽面形鼎、盉形尊、鉴、四跪人承背的插座、庙堂式铜屋及其内部跪坐着的乐人等均具有浓厚的地域特点,尤其是独一无二的铜屋,其形制特点大体与该墓墓室相似，即平面接近方形，内为厅堂式的宽敞空间；屋顶树立着图腾柱；屋内跪坐的几种乐人，除束发、结发外，其形态、装饰、所持乐器，皆含浓厚的越风格。承托插座的四个跪爬状纹身人像，亦颇似越人的形象。铜器装饰花纹的特点，在尊、鉴、铜屋、插座、阳燧等器上均有反映。例如，尊的花纹虽亦有商周早期中原和楚地流行的饕餮纹、回纹、圆圈纹之类的纹样，但此尊不但时代较晚，而且在图案的整体结构、线条粗细等方面皆表现的别具一格；铜屋上的勾连纹、S形纹，插座上的凤纹，阳燧上的点纹、奔龙纹等，在图案结构与线条表现方面也与别处不同。

通过对绍兴306号墓的全面观察分析，可知其已具备一系列独特的文化特征，这些特征与吴越地区的文化传统和南方越文化特点最为接近，联系最为紧密。因此，该墓应属于越墓。

二、关于绍兴306号墓的徐国铜器与楚文化特征

此墓出土了徐国铭文铜器，是值得认真讨论的另一重要问题，也是对该墓性质认识的一个关键问题。

目前发现的徐国铭文铜器已不少，除绍兴306号墓出土的以外，主要发现分散于江西高安、靖安；湖北江陵、枝江、襄阳；山西侯马等地，这些地点不可能都是徐国势力发展到达之处。而在文献中记载的徐国当年的活动范围——安徽北部一带，却没有发现过徐国铭文铜器。因此，已见到的徐国铭文铜器都不是徐国未亡以前的徐墓所出。考古发现的徐国铭文铜器，大都较零星，如湖北枝江出土的"徐太子伯辰鼎"，[1]仅孤零零的一件。其余徐器出土时，也与绍兴306号墓所见情况相似，基本不成组，出土的徐器本身并不能反映出徐国使用铜礼器制度和葬俗。湖北襄阳为楚之邓邑所在地，位于邓城遗址北郊的蔡坡4号墓曾出土过一把"徐王义楚剑"和一件"蔡公子□姬安缶"，[2]根据该墓的地理位置及其形制、出土物特征判断，其显然不是徐墓，也不是蔡墓，更不像徐王义楚之墓，而是五鼎的下大夫级的楚墓。蔡坡4号墓的时代为战国早期，此时徐国已被吴国灭亡，"徐王义楚剑"是经过流传而入楚国邓邑的，而并非楚国对徐国的直接战利品。徐王义楚的铜器在江西靖安、高安曾接连出土。在靖安，为一窖藏出土，有徐王义楚所作盥盘和徐令尹者旨型所作炉盘等三件铜器同出。同是徐王义楚之器，却分散埋在大江南北数百里之遥的

---

〔1〕 高应勤、夏渌：《太子伯辰鼎及其铭文》，《江汉考古》1984年第1期。
〔2〕 湖北省博物馆：《襄阳蔡坡战国墓发掘报告》，《江汉考古》1985年第1期。

地下，可见古代文物的流传是十分复杂的。在山西晋故都所在的侯马发掘的上马村13号大墓，墓中有两件同铭的徐国"庚儿鼎"，此墓也不大可能为徐墓。同样，越都附近的绍兴306号墓也并非徐国墓。即使是徐人墓，也应是徐被吴灭亡以后，作为流亡于越国的徐国贵族，按越俗埋葬的一种墓，这种墓与徐人势力到达浙江后按徐俗埋葬的徐墓不同，以其文化性质而言也当归属于越。

徐，属东夷，嬴姓，传为鲁公伯禽的后代。早期活动于山东南部至江苏、安徽北部一带，后来受周逼迫而逐渐南迁，活动中心进入淮河流域，并分裂成许多小国。"徐"与"舒"，古代实即一字，史称"群舒"者，即为群徐。群舒以徐为宗国，分散于今安徽一带，最后多归附于楚。

春秋时，徐、楚、吴、越乃为南方四大相互竞争的强国，其中以楚、吴两国的争夺最为激烈而持久。而徐地处于楚与吴、越之间，楚为了吞并江东诸国，矛头首先对向徐。早在春秋前期徐就被楚击败，并成了楚之附庸，徐地便成为楚对付吴、越的前方基地。春秋中期以后，楚和吴的矛盾不断加深激化，楚曾联合徐、越、蔡、陈、许等国共同伐吴。[1]公元前516年，楚平王卒，"吴子欲因楚丧而伐之"。[2]由于楚对吴斗争的失利，削弱了其东方的军事力量，公元前512年"吴灭徐，徐子章羽奔楚"。[3]公元前473年，"越灭吴"，[4]公元前334年楚又灭越。[5]从徐国的历史来看，它较早地成为楚的附庸，最后虽被吴所灭，但它自春秋以来，在政治上、文化上都与楚的联系最为紧密，基本上都依附于楚。

商周时期，是我国南、北方两大系统的文化互相交流融合的重要时期。这个时期由于我国在北方建立了夏、商、周三代王朝，北方中原地区成为三代王朝统治的中心区域，也便自然成为当时我国的文化发展中心区。我国商周文化的统一体——华夏文化也正是在这个中心区域逐渐形成和不断发展壮大起来的。通常所说的商周时期的中原文化，实际上就指以这个中心区域的文化为核心的我国商周文化。我国新石器时代考古证明，商周文化的这个统一体，并非由中原某支新石器时代文化直接发展而来，而是在中华大地种种新石器时代文化发展的基础上，互相交流，逐渐融合的结果。所以就中原地区的商周文化面貌与这个地区新石器时代龙山文化面貌相比，同样具有截然不同的区别。在我国商周文化发展的复杂过程中，各地曾出现过许多具有一定特色的地方文化，例如黄河流域有中原文化，长江流域上游有巴蜀文化，中游有楚文化，下游有吴越文化。形形色色的地方文

---

〔1〕《春秋·昭公五年》。
〔2〕《左传·昭公二十七年》。
〔3〕《春秋·昭公三十年》。
〔4〕《左传·哀公二十二年》。
〔5〕《史记·越王勾践世家》。

化在夏、商、周王朝直接或间接统治下所形成，因而具有大同小异的特点，多属于同一文化中的不同类型的文化。而王朝所在地的中原文化显然具有典型性、先进性和统治力。按照我国新石器时代文化定名的通例，这些文化的关系：我国的商周文化总的可称为华夏文化或中原文化，其下再分中原、巴蜀、楚、吴越等种类型。位于黄河下游的东夷（或齐鲁）文化较早地融合于中原类型的文化之中，原属东夷的徐国南迁于江淮之间，就如"汉阳诸姬"一样，成为中原文化（指中原类型，下同）向长江流域和南方传播的重要媒介。

楚，原辟于荆山，为小邦。它从荆山迁于江汉平原以后，以"江上蛮夷之地"为基地。其主要争夺和活动的地域在汉、淮之间。它的发展壮大过程是不断吞并江、汉、淮一带诸侯国的过程，以楚国为中心而逐渐形成的楚文化，也并非楚民族文化的直接发展继续，它是江汉淮地区——我国南北、东西的交汇地带——的一支来源复杂的地方文化。从总体意义上讲，这支地方文化是在江汉淮各国土著文化发展的基础上，接受了黄河流域青铜文化强烈影响的结果。具体地说，就是商周时期的荆楚文化、扬越文化和以随（曾）、蔡为代表的"诸姬"文化、以徐国为代表的"群舒"文化互相交流融合而成的。从商周时期长江流域三大文化体系上划分，徐国文化是楚文化的重要来源之一，显然属楚文化系统。所以，绍兴306号墓除了具有主要的越文化特征以外，还具有一种类似中原文化的特征，从有铭的铜器说明，这种特征属徐国文化，实际上属楚文化范畴。所以，这种特征与通常所讲的楚文化特征基本相同。在绍兴306号墓中的具体表现如下：

1. 铜器器形方面

铜器中的汤鼎、圜底鼎、镳盉等器形都是楚文化中常见的器物形态（见图一）。甀，在楚的中心区域江汉地区也可以见到近似的器形。

汤鼎　楚器中常称为小口鼎或浴（浴）鼎。如江陵天星观1号楚墓中的铜小口鼎（M1：178）、[1]雨台山楚墓中的仿铜陶环耳鼎[2]都属此种鼎。

圜底鼎　为楚式鼎中的于鼎，是一种最多见的带盖（此墓的鼎盖已佚）深腹圜底蹄足鼎。例如襄阳山湾22、14、15、23、33等号典型楚墓[3]中的铜鼎就为于鼎。一般楚墓中的仿铜陶鼎也多属于鼎，它是楚国一般礼器组合中为首的重要器物。

盉　为楚墓礼器组合中的主要器物之一，即仿铜陶礼器中常称为"镳壶"者。绍兴306墓铜盉的基本形态，类似淅川下寺1、3号楚墓中的铜盉（M1：71；M3：3）。[4]

〔1〕　湖北省荆州地区博物馆：《江陵天星观1号楚墓》，《考古学报》1982年第1期，图版拾肆。
〔2〕　湖北省荆州地区博物馆：《江陵雨台山楚墓》图版二六，文物出版社，1984年。
〔3〕　湖北省博物馆：《襄阳山湾东周墓葬发掘报告》，《江汉考古》1983年第2期。
〔4〕　河南省博物馆等：《河南淅川县下寺一号墓发掘简报》，《考古》1981年第2期；河南省丹江库区文物发掘队：《河南省淅川县下寺春秋楚墓》，《文物》1980年第10期。

图一　绍兴306号墓出土的铜器与楚器比较图

1-3.绍兴306号墓出土的圜底鼎、汤鼎、盉　4-6.楚器（分别为襄阳山湾6号楚墓出土的铜鼎、江陵雨台山179号楚墓出土的环耳陶鼎、淅川下寺1号楚墓出土的铜盉）

　　甗　此器与鬲一样，在江汉地区的出现和流行时代较晚，它最早来自中原，先出现在汉水以东地区，后由汉水以东向汉水以西传播发展。在汉水以西的春秋楚文化遗址中已常出陶甗，而在战国楚文化遗址中则基本不见陶甗，江陵纪南城楚故郢都遗址中就不出陶甗，战国楚陶甗目前仅见于江陵望山1号楚墓中。实际上到战国阶段，楚国日常普遍使用的陶甗，是由甑、鬲两器组合而成的。楚郢都遗址中有种侈口罐形陶鬲，应是与甑组合成甗的一种鬲。目前典型楚墓中基本未出过铜甗，江汉地区的铜甗主要出土于"汉阳诸姬"的汉东地区。汉东一带发现的商周至西汉的铜甗中，形制变化由甑、鬲一体→甑、鬲两器组合或甑、鼎两器组合→甑、釜、盆三器组合。最后变为甑、釜、盆单独使用。这大概是灶盛行的结果。

　　汉东随州季氏梁[1]和刘家崖[2]出土的春秋铜甗为甑、鼎两器组合，曾侯乙墓出土的战国早期的铜甗（C.165）又为甑、鬲两器组合，这些甗当为曾（随）国铜甗。而绍兴306号墓的春秋铜甗为甑、鬲两器组合，这甗应为徐国铜甗。曾（随）、徐两国春秋铜甗的差别仅表

---

〔1〕　随县博物馆：《湖北随县城郊发现春秋墓葬和铜器》，《文物》1980年第1期。
〔2〕　随州市博物馆：《湖北随县刘家崖发现古代青铜器》，《考古》1982年第2期。

现在有无足宾上,而整体造型、花纹作风则互相一致。

2. 铜器纹饰方面

绍兴306号墓出土的汤鼎、圜底鼎、盉、瓿、炉、罍等器所饰蟠螭纹、绚纹、三角形垂叶纹、卷云纹、涡纹、三角形蝉纹、勾连云雷纹等都是楚式铜器中常用纹饰。这些纹饰线条细密流畅,图案成组匀称布局,内容繁缛生动,反映了春秋以来我国青铜器纹饰的基本特点,并更具体地表现了汉水中、下游至淮河流域春秋中、晚期青铜器的装饰风格,实际上都是楚文化青铜器的花纹特色。

关于插座外框四面镶嵌的凤纹图案及其作风,近似于襄阳蔡坡4号楚墓的铜壶腹部图案。[1]襄阳山湾楚国墓地中出土的一件铜敦(采:5),[2]口沿外围有双龙相对的图案,与绍兴306号墓插座的双凤相对的作风也极为相似,龙、凤的形象也十分接近。这种花纹可作为楚、越文化互相交流、互相影响的例证。

3. 铜器铭文字体方面

徐国铜器铭文字迹刚劲有力而规整秀丽,并渐向瘦长圆匀的风格变化,与汉东曾(随)地出土的春秋前期的铜铭字体略同。楚国铜铭字体以瘦长体,字迹笔画粗细均匀流畅为特点,实乃继承了曾、蔡、徐、邓等国铜铭的作风。

4. 玉器品种与纹饰方面

所出玉器,如瑗、琥、环、璜以及龙形、蝉形、圭形、方形等玉饰形制,及其卷云纹、勾连云雷纹等玉器纹饰,均可在楚墓中找到。我国玉器的发展目前还很难找到它的最早源头,而这些玉饰的基本作风实是东周时代包括楚、越在内的我国多支文化所共有的。

三、楚文化对吴越地区的影响

以上对绍兴306号墓的分析,已表明楚文化比越文化(吴越文化)更接近中原文化,而楚、越文化又具有明显的区别。

在吴越地区发现的类似绍兴306号墓情况的墓葬还有不少。如江苏吴县何山春秋晚期墓,[3]既有硬陶罐、原始青瓷罐以及Ⅱ式铜鼎、铜戈、铜矛等越器,又有铜Ⅰ式鼎、簠、盉、缶、盘、匜、耆、辖等楚器,并在盉上有楚的明确标志——"楚叔之孙途"铭文;丹徒县粮山

---

〔1〕 湖北省博物馆:《襄阳蔡坡战国墓发掘报告》,《江汉考古》1985年第1期。
〔2〕 湖北省博物馆:《襄阳山湾出土的东周青铜器》,《江汉考古》1988年第1期。
〔3〕 吴县文物管理委员会:《江苏吴县何山东周墓》,《文物》1984年第5期。

春秋晚期墓,[1]除出土了吴越的印纹硬陶罐、Ⅱ式铜鼎、铜罍和铜甒以外,还出土了楚式的Ⅰ式铜鼎;六合程桥2号春秋末年墓[2]也有硬陶罐、Ⅱ式铜鼎、铜铲等吴越之物和Ⅰ式铜鼎等楚物共存。这类墓葬都应属于越墓,而同时随葬了越、楚两种不同风格的器物。

早在西周时期,吴国地区就已出现了具有本地风格的铜器,并可以在铜器中找到其与中原的联系,亦可能与"太伯奔吴"有关。具有代表性的西周吴国铜器有江苏丹徒烟墩山、[3]安徽屯溪奕棋、[4]江苏丹阳司徒、[5]江苏无锡北周巷[6]等批。春秋以后,吴越文化的独特风格更明显地反映出来,吴越文化已自成体系,从"干栏式"房屋、土墩墓到几何印纹硬陶、原始青瓷、立耳条形足鼎、扁腹簋、句鑃……充分显示了吴越文化的特殊风格。而铜器中的生产工具、生活日用器和兵器特别突出。铜容器如鼎,以素面或接近素面的所占比例较大。具有特色的纹饰有几何形编织纹、锥刺纹、乳丁纹等。吴越文化分布的区域在江、浙及安徽南部一带。

安徽贵池徽家冲出土的铲、耨、镰、斧、锯、矛、方盘、鼎、圈足杯[7]和苏州城东北出土的鼎、杯、镰、锄、铐(钺)、犁、矛[8]等批春秋战国之际的铜器,都是较典型的东周吴国铜器;浙江永嘉西岸春战之际的铜盘、铜鼎和铜铲、铜耨、铜矛、铜舌[9]应属越国器物,吴越两国铜器都属吴越文化系统。江苏六合县和仁春秋战国之际的墓葬[10]中所见到的器物,也是较典型的吴越之器。此墓中的铜镦、削刀、剑等器物在楚墓中也较常见,实际上是为楚、越文化所共有的。镦、削也可能为吴越文化从楚文化中所吸收的器物。在吴国墓中随葬兵器、编钟的葬俗,也可能是受到中原或楚的影响。但吴越文化遗物出土时的基本情形及其组合、器形、花纹等情况都与中原文化或楚文化很不相同,特色十分鲜明突出。

随着楚国势力不断向东方扩展,特别到了楚服徐灭蔡以后的战国阶段,情况发生了明显变化。吴越地区的考古发现,如苏州虎丘发现的战国墓葬,[11]从墓葬长方形的形制到出土的铜鼎、盃、壶、鉴(盘)、匜、豆等器物特征,都表现出较单纯的楚文化特点。江苏无锡高渎湾发现的铜鉴、豆、匜、洗等战国晚期铜器,[12]不但都具有楚文化的基本特征,而且铸

---

〔1〕 镇江市博物馆:《江苏丹徒出土东周铜器》,《考古》1981年第5期。
〔2〕 南京博物院:《江苏六合程桥二号东周墓》,《考古》1974年第2期。
〔3〕 江苏省文物管理委员会:《江苏丹徒烟墩山出土的古代青铜器》,《文物参考资料》1955年第5期。
〔4〕 安徽省文化局文物工作队:《安徽屯溪西周墓葬发掘报告》,《考古学报》1959年第4期。
〔5〕 镇江市博物馆等:《江苏丹阳出土的西周青铜器》,《文物》1980年第8期。
〔6〕 冯普仁:《无锡北周巷青铜器》,《考古》1981年第4期。
〔7〕 安徽省博物馆:《安徽贵池发现东周青铜器》,《文物》1980年第8期。
〔8〕 苏州博物馆考古组:《苏州城东北发现东周铜器》,《文物》1980年第8期。
〔9〕 徐定水:《浙江永嘉出土的一批青铜器简介》,《文物》1980年第8期。
〔10〕 吴山菁:《江苏六合县和仁东周墓》,《考古》1977年第5期。
〔11〕 苏州博物馆考古组:《苏州虎丘东周墓》,《文物》1981年第11期。
〔12〕 李零、刘雨:《楚郏陵君三器》,《文物》1980年第8期。

有楚国贵族"郯陵君"铭文,也是一批较单纯的楚文化遗存。江浙一带的考古发现证明,到了战国阶段,楚国的统治势力已经进入并占领了吴越地区。

吴越地区所见楚文化遗存,主要分两种情况,一是楚遗物与越遗物共存于越遗迹之中;二是遗迹、遗物皆属楚。这两种情况反映了楚、越文化多属并列、共存或相杂的关系,大概是由于战争、礼送之类的原因所造成的两个文化的交流现象,也是导致互相融合、互相吸收的早期阶段的反映。另一方面,从越遗迹、遗物中看,如在越的铜器或陶器上很难找到楚文化的因素,说明楚文化被越文化吸收、融合的情况较少。出自陕西凤翔的"吴王孙无土之胆鼎",[1]时代约为春战之交,此器虽为吴器,但不论其器形、花纹,还是文字,均属楚的作风。这是楚文化传入吴国的一种反映。而从总体上观察,在我国的历史长河中楚文化对吴越地区或对越人的影响并不那么深刻,原因就是楚在吴越地区的统治并不长久。秦统一中国以后,在吴越地区的考古发现中,楚文化的痕迹便很难找到了。

(原载《国际百越文化研究》,中国社会科学出版社,1994年)

---

[1] 韩伟等:《陕西凤翔高王寺战国铜器窖藏》,《文物》1981年第1期。

襄阳山湾十八号秦墓

湖北省襄阳县余岗公社（后改伙牌公社）陆寨大队之西的山湾土岗，是一处重要的古代墓地。墓地中心与襄樊市区相距约10公里（图一）。1967年以来某砖瓦厂在山湾取土时，陆续挖出大量青铜器。1972年至1973年，湖北省博物馆等单位曾发掘了一批中、小型东周楚墓，并收集了一批重要青铜器，[1]其中发掘的十八号墓为秦墓，是这个墓地目前发现的唯一秦墓。

这座秦墓位于东周楚墓区的中部，墓口早年已被垦种破坏。这座墓为长方形土坑竖穴式，方向175°，墓口残长3.82、宽2.73米，口大底小，墓底长3.30、宽2.62、残深3.22米。坑内填土为"五花土"。填土内未见其

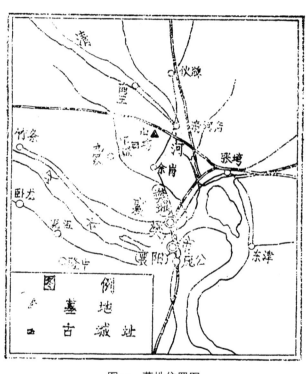

图一　墓地位置图

他遗物。木质棺椁全部腐朽成灰，从遗迹观察，椁室长2.77、宽1.64、高1.18米。椁室四周的填土经过夯打。没有填塞白膏泥或木炭。椁底没有发现棺和人骨架的痕迹，也没有发现垫木。随葬器物置于椁室东部南端（图二）。

随葬器物有铜器和陶器，其中铜器有鼎、蒜头壶和带钩。陶器有茧形壶、小口瓮，还有

---

〔1〕《襄阳山湾东周墓葬发掘报告》（待刊稿）。

图二　十八号秦墓平面图

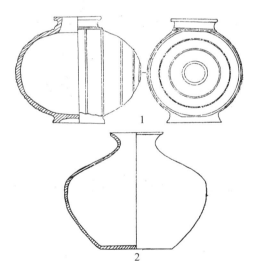

图三　出土陶器（1/10）

1.茧形壶　2.小口瓮

残玉环和小木块等。

铜鼎　2件。M18：3，器形较矮胖，有盖，相扣合呈椭圆形。盖顶中间无纽，盖面上有三个扁形甖状柱，柱较长。方形附耳，蹄形短足。腹中部一道凸弦纹。口径14.5、腹径19.3、通高19.2厘米；另一件已残破，器形相同，但尺寸较大些。

铜蒜头壶　1件（M18：4）。小口，长颈，圆鼓腹，圈足，整个器形呈蒜头形。口沿下外鼓呈六瓣形，颈中一圈凸弦纹。腹径22.7、底径13.8、通高39.6厘米。

茧形陶壶　1件（M18：1）。器壁较厚。方唇，平沿，短颈。腹部正视呈茧形，侧视为圆形，矮圈足。腹部饰凹弦纹。口径11.8、腹长径31.2、腹宽径23.8、底径13、通高27.6厘米（图三，1）。

小口陶瓮　1件（M18：2）。敞口，细颈，广肩，鼓腹，平底。素面。口径13.2、腹径36、底径18、通高29.6厘米（图三，2）。

铜带钩　1件（M18：5）。细长形。钩首为蛇头形，并饰云雷纹。长6.5厘米。

山湾十八号墓出土器物的组合和器形特征与同一墓地的一批东周楚墓出土的器物完全不同，其中铜鼎、铜蒜头壶、茧形陶壶和小口陶瓮则与云梦睡虎地秦墓[1]出土的相似。因此，山湾十八号墓应为一座秦墓。据其出土的小口陶瓮与睡虎地三号、七号等墓出土的I式小口陶瓮完全相同，判断它的年代当在秦始皇统一之前。

---

〔1〕　湖北孝感地区第二期亦工亦农文物考古训练班：《湖北云梦睡虎地十一座秦墓发掘简报》，《文物》1976年第9期；孝感地区第二期亦工亦农文物考古训练班：《湖北云梦睡虎地十一号秦墓发掘简报》，《文物》1976年第6期；云梦县文物工作组：《湖北云梦睡虎地秦汉墓发掘简报》，《考古》1981年第1期。

公元前279年,秦将白起"攻楚,拔鄢、邓五城。其明年,攻楚,拔郢,烧夷陵,遂东至竟陵"。[1]邓城遗址就在山湾的西南方,相距约5公里。[2]白起拔鄢、邓五城和郢都以后,楚便徙都于陈,秦则以郢为南郡,襄阳一带(包括邓)也归入秦的南郡。自七十年代以来,特别是云梦睡虎地有纪年的秦墓,如七号墓(为秦昭襄王五十一年,即公元前256年)、十一号墓(为秦始皇三十年,即公元前217年)发现以后,使学界对江汉地区的秦墓有了比较明确的认识,对江陵凤凰山、宜昌前坪等地原定为西汉墓葬的一部分墓有了新的认识,例如宜昌前坪原定为西汉墓的八号、二十四号、二十五号,二十八号等[3]都应是秦墓,这些墓出土的铜鼎或铜蒜头壶,与山湾十八号墓相似,大体都是白起拔郢以后至秦始皇统一中国前后的墓葬。对江汉地区秦墓的认识是湖北考古工作近年来的重要收获之一。随着今后考古工作的开展,更多的秦墓将会在江汉地区发现,为研究我国古代南北文化交流与统一,提供更多的实物资料。

(原载《考古与文物》1983年第3期)

---

〔1〕 《史记·白起王翦列传》。

〔2〕 石泉:《古邓国、邓县考》,《江汉论坛》1980年第3期。

〔3〕 湖北省博物馆:《宜昌前坪战国两汉墓》,《考古学报》1976年第2期。

湖北秦汉考古综述

一、1949–1979年

　　秦昭王二十八年(前279年)，秦将白起率军南下占领楚的江汉地区以后，设置南郡。1971年以来，在宜昌、[1]江陵、云梦[2]等地发现并发掘了秦墓四十多座。

　　秦墓葬有许多特点，例如，墓坑坑口一般无台阶，坑壁较垂直，椁室内普遍发现设置板门的做法，随葬器物中以日常生活用器为主，陶器基本组合为釜、盂、甑、瓮、罐等。这些特点与战国时期同类楚墓相比，有明显的区别，例如楚墓中常见的礼器、乐器、兵器和镇墓兽等，在秦墓中几乎绝迹，这反映了秦占领楚地后，各种制度，其中包括埋葬制度都有了变更，秦文化对江汉地区的影响是深刻的。

　　在云梦睡虎地发掘的秦墓中，七号墓的时代为秦昭襄王五十一年(前256年)；十一号墓的时代为秦始皇三十年(前217年)。这两座有绝对纪年的秦墓使我们研究同期墓葬有了可靠根据。

　　1975年发掘的云梦睡虎地十一号墓，[3]出土了一千一百五十余支秦简，近四万字，这是我国考古史上首次发现的秦简。它的内容非常丰富，共有《编年纪》《语书》《秦律十八种》《效律》《秦律杂抄》《法律答问》《封诊式》《为吏之道》《日书》甲种和乙种等十种书籍。睡虎地四号墓还出土了木牍二件，共三百余字，内容为《家信》，这也是过去发掘中所仅见的。

　　秦简中记载了关于秦的统一战争，秦的中央集权制度、军事制度、法律制度；秦对农

---

〔1〕　湖北省博物馆：《宜昌前坪战国两汉墓》，《考古学报》1976年第2期。
〔2〕　孝感地区考古短训班：《湖北云梦睡虎地十一座秦墓发掘简报》，《文物》1976年第9期。
〔3〕　孝感地区第二期亦工亦农文物考古训练班：《湖北云梦睡虎地十一号秦墓发掘简报》，《文物》1976年第6期。

业、手工业和贸易的管理；统一度量衡和统一货币；医学和法家学说、"五行"学说等方面的一些情况和内容，还有涉及秦楚纪月之法的关系等问题。因此，它对于研究秦统一中国前后的社会政治、经济文化等方面的状况都有着重要意义。

云梦、江陵两地秦墓出土的漆器品种有二十种以上，其中生活用具新出现的器形有卮、圆盒、盂、双耳长盒、匕、扁壶、耳杯盒等。不同的器形采用不同的制作方法，如挖制、削制和卷制等，常见花纹有凤纹、鸟纹、云气纹、卷云纹、柿蒂纹等。江陵凤凰山70号墓出土一件漆盂，是新出现的具有高度水平的"钿器"，箍钿为银质，镶嵌花纹，器上针刻小篆"廿六年（前281年）左工最元"七字，这是我省发现的一件较早的钿器。漆器上的烙印、针刻的文字或符号，反映了当时漆器生产有多道工序，分工较细，并实行"物勒工名"的制度。烙印文字中有"咸市""许市"等字样，证明秦代咸阳、许昌等地的漆器手工业已很发达。

西汉时期的墓葬也是遍及湖北境内。1971–1975年在宜昌前坪、[1]云梦大坟头、江陵凤凰山和光化五座坟等处共发掘了中、小型西汉墓四十六座，有许多重要的发现。

西汉前期基本上承袭了秦的埋葬制度，墓葬形制和随葬器物的特点大致相似。大约在武帝前后墓制葬俗发生了较大变化，按照生人居室设计的墓室，双人或多人合葬的葬俗开始流行，表现家庭经济生活的随葬明器显得很突出。

1973年9月和1975年夏，考古工作人员先后两次在江陵凤凰山发掘了西汉文景时期的墓葬八座，[2]其中168号、10号、9号墓都出了纪年木牍，据考证168号墓的时代为文帝十三年（前167年），9号墓的时代为文帝十六年（前164年），10号墓的时代为景帝四年（前153年）。

除较大的168号墓有斜坡墓道和一椁重棺以外，其余皆无墓道，且为一椁一棺。167、168号等墓填土内接近椁顶部位发现有殉葬物，如陶瓮、陶碗、竹笥、木简，竹笥内还有鸡骨、牛骨、果核等物。这些墓的棺椁接合方法有平放、套榫、扣接和暗榫等四种。椁盖板有的为两层，椁室内一般由横梁、立柱、门窗隔成主室、头箱、边箱三部分。167、168号墓椁墙板上钉竹钉，作挂丝袋用。棺都为长方盒形，内、外涂黑漆，棺缝也用漆密封。167号墓棺饰保存完好，是由里外两层绣花绸绢棺罩和中间一床竹篾编物组成，下棺竹缆用朱红绢包裹。许多棺内都残存防腐物质，棺底常见铺细砂、草灰和谷壳，也有用丝织品包裹、捆扎尸体的。168号墓保存了一具完整的男尸。八座墓的随葬器物有漆木竹器、铜器、玉

〔1〕 湖北省博物馆：《宜昌前坪战国两汉墓》，《考古学报》1976年第2期。
〔2〕 长江流域第二期文物考古训练班：《湖北江陵凤凰山西汉墓发掘简报》，《文物》1974年第6期；纪南城凤凰山一六八号汉墓发掘整理小组：《湖北江陵凤凰山一六八号汉墓发掘简报》，《文物》1975年第9期；凤凰山一六七号汉墓发掘整理小组：《江陵凤凰山一六七号汉墓发掘简报》，《文物》1976年第10期。

石器、丝织品、谷物、果类、牲畜等。168、169号墓各随葬了一组模型器物，168号墓的头箱内，用模型器物排列成一个象征墓主出行时，前呼后拥的场面。前头为两俑骑马开道，接着四匹马拉安车一乘，之后又是两俑骑马，最后为两匹马拉轺车一乘。安车和轺车上各树一伞，并有一俑赶车，马车当中簇拥着数十个木俑，在车外还有木船一条，船工俑五个。167号墓也有一组类似排列的模型器物，当中的俑有持戟、持梳、持奁、持绢、持锄、持臿、提斧的，车上的丝绸伞盖尚存，这些模型器物基本没有倒塌，还保持了原状。这是两千多年前地主阶级生活的写照。

凤凰山8、9、10、167、168、169号墓和大坟头1号墓都出土了竹木简牍，计竹简五百四十八支、木简七十四枚、木牍十方、竹牍一方，共有墨书隶体四千六百余字。主要内容为"遣策"。168号墓的"遣策"中，有"田者男女各四人大奴大婢各四人"的记载，反映了当时使用奴隶种田的情况仍然存在。凤凰山10号墓出土的简牍内容有赋税、刍稿、贷种实、徭役、经商和遣策等项，主要是墓主张偃生前参与在平里、当利、市阳、郑里等地收租、收税、派徭役等活动和从事官府商业活动中留下来的账单契约。这些简牍记录了西汉前期乡村中地主阶级对农民进行盘剥压迫的一些具体情况和商贩的一些活动情况。贫苦农民除了向统治者缴纳各种规定的赋税以外，每月还要缴纳名目繁多的苛捐杂税和付还高利贷。从简牍中还可以看出：不仅男子要负担各种徭役，妇女也要被征去服徭役，无劳动力的还要用驹代替。西汉时期所谓的"文景之治"正是建立在对劳动人民沉重剥削、压迫之上的。

凤凰山和大坟头西汉前期墓葬出土的漆器共六百余件，这些漆器在秦代的基础上又有新的发展，例如器形方面增加了圆壶、平盘、匜、筒等等；在花纹方面出现了神人、神兽的图案；在胎骨方面夹纻胎的数量增加。西汉前期的漆器，无论胎质还是纹饰都超过了前代。汉武帝以后的墓中，漆器逐步减少。

1973年，在光化五座坟发掘了七座西汉中期的墓葬，[1] 墓坑较宽大，有的墓有竖穴墓道。其中，3号墓的椁室宏大，结构复杂，是一座双层多室建筑，两层间有楼梯，棺放在楼上，棺底用八匹卧式木马和两根圆木承托，形式特殊，极为罕见。6号墓是一座双人合葬墓，墓坑中分设两个椁室，各置一棺，棺置于木质棺床上，这种形制，也为过去少见。随葬品种类很多，有铜、竹、漆、木、铁、玉器等。以出土大批木俑、木马、木家畜为主要特点。

东汉时期和东汉以后，盛行用小型砖砌筑的砖室墓，在鄂西山区还盛行岩坑墓。

东汉前期墓常见为较小的长方形券顶单室墓，少数有短甬道。随葬品中陶器较多，铁器数量明显增加。东汉后期除发现券顶单室砖墓以外，还发现攒尖顶多室砖墓和画像

---

〔1〕 湖北省博物馆：《光化五座坟西汉墓》，《考古学报》1976年第2期。

石墓。在鄂西北的房县乱葬岗、二龙岗曾发掘四座有纪年的券顶单室砖墓。[1]画像石墓常发现于鄂北的襄阳、枣阳、随县和接近鄂北的当阳一带。画像石内容与河南南阳的画像石近似。

二、1979-1989年

秦汉墓葬遍及全省各地。1979年以来,在云梦、江陵、宜昌、宜城、黄冈、随州、房县、丹江口、郧县、宜都、枝江、荆门、汉川和新洲等地进行了考古发掘,其中以云梦睡虎地秦汉墓、[2]江陵张家山[3]和毛家园1号西汉墓、云梦周田东汉墓[4]等较为重要。

近几年发掘的秦墓均为小型墓,墓坑一般为土坑,个别是岩坑,葬具多为木质棺椁。随葬品大多是小口瓮、釜、盂、甑、罐等一套日用陶器,少数为鼎、盒、壶、钫等陶礼器。秦墓的年代分别属于战国晚期和秦代。墓主身份分别相当于低级官吏、中小地主和庶民。湖北是楚国故地,秦设南郡之前,这里的墓葬具有典型的楚文化特征。之后,虽仍保留一些楚文化的因素,但具有更多的秦文化特征,可见秦文化对楚地的影响是相当深刻的。依据楚人与秦人的不同葬俗,云梦睡虎地、宜城雷家坡、宜昌前坪和葛洲坝等地的秦墓应为秦人墓;而宜城魏岗、鄂城钢厂和七里界、黄冈太平寺、江陵凤凰山等地的秦墓应是楚人墓。

秦墓中出土了大批铜、陶、漆、木、竹、玉石器,为研究当时手工业生产提供了重要的资料。其中云梦睡虎地秦和西汉早期墓发现的近200件漆器,反映了当时漆器具有相当高的工艺水平。

西汉中小型墓发掘近200座,其中江陵毛家园M1、张家M247和M258是3座有年代可考的墓葬。这3座纪年墓与1979年以前在江陵凤凰山发现的3座西汉纪年墓,[5]为湖北地区西汉初年至文景时期墓葬的年代分期树立了可靠标尺。通过对这些西汉墓随葬的陶器和漆器进行考古学研究,可将湖北地区西汉墓分为三期四段。第一期第一段的相应年代为西汉初年,即汉高祖至吕后时期;第二段的相应年代为西汉早期,即文、景时期。第二期的相应年代为西汉中期,即汉武帝至宣、元时期。第三期的相应年代为西汉晚期,即汉成帝至王莽时期。从墓葬规模和随葬品的差别分析,这些西汉墓可分为三种

---

〔1〕 湖北省博物馆:《湖北房县的东汉、六朝墓》,《考古》1978年第5期。

〔2〕 湖北省博物馆:《1978年云梦秦汉墓发掘报告》,《考古学报》1986年第4期。

〔3〕 荆州地区博物馆:《江陵张家山三座汉墓出土大批竹简》,《文物》1985年第1期。

〔4〕 云梦县博物馆:《湖北云梦痢痢墩一号墓清理简报》,《考古》1984年第7期。

〔5〕 长江流域第二期文物考古工作人员训练班:《湖北江陵凤凰山西汉墓发掘简报》,《文物》1974年第6期;纪南城凤凰山一六八号汉墓发掘整理小组:《湖北江陵凤凰山一六八号汉墓发掘简报》,《文物》1975年第9期。

类型。第一类墓大多数没有封土堆和墓道，葬具多为单椁单棺（个别为重棺），椁室分三室。随葬器物一般是一套陶质日常生活用具，并有一定数量的漆木器和玉石佩饰，有些墓出土铜器和木质的车、马、俑、船等模型明器。第二类墓没有封土堆和墓道，少数墓有二层台，葬具为单棺单椁，椁室一般只有两室。随葬器物以一套日用陶器为主，有的有少量铜器和漆木器。第三类墓墓坑较小，葬具均为单棺，随葬器物一般只有陶器，少数墓有极少的不成套的铜器、五铢钱或漆器。根据这三类墓葬的差异和出土的文字资料，推测各类墓墓主生前的等级依次为：第六至第八级爵；中小地主、商人或第五级爵以下的乡官；庶民。

江陵张家山 M247、249、258 和毛家园 M1 等西汉墓，出土了大批竹简和木牍。其中张家山 M247 发现的竹简达 1 200 余枚，简文约 3 万字，内容丰富，是我国汉简的一次重要发现。[1] 简文内容有一半以上为汉初律令，包括有金布律、奏律、亡律、户律、杂律、置吏律、史律、行书律、告律、贼律、兴律、赐律、捕律、均输律、爵律、津关律、收律、徭律、具律、效律、住食律、□市律、奴婢律、变（蛮）夷律等 20 多种。这一重要发现，使我们对萧何制定的九律内容有所了解，它包含的《盗》《贼》等方面的内容，是汉律的主体或其中的一部分。简文中还有《脉书》《引书》《算数书》《奏谳书》《盖庐》等五部佚书。其中《算数书》比公认的我国现存最早的数学专著《九章算术》早 300 年，它是中国数学史上的一次惊人发现。张家山 M247、258 都出有历谱，是目前我国考古发现最早的历谱。张家山 M249 出土一部《日书》，与云梦睡虎地秦简所见内容基本相同。毛家园 M1 和张家山 M247 等还出有遣策的竹简，所记大多与出土实物相符。自称牍的木牍仅 1 件，出于毛家园 M1，内容与凤凰山 M168 的相仿，也是记载墓主姓名、身份、入葬年月，以及殉葬的奴婢和随葬的车马等。

毛家园 M1 和张家山汉墓都出土大批精美的漆器，表现了相当高的制作、装饰技艺水平。张家山汉墓出土一批青铜器，其中有年代最早的青铜虎子和制作精美的龙凤纹铜洗，反映了这个时期的青铜器手工业仍相当发达。毛家园 M1 还出土了偶车马和两条木船模型。

从墓葬形制和随葬器物的特点看，西汉早期墓基本上承袭了秦（或楚）的葬制。大约在汉武帝时期，葬制产生了较大的变化。主要标志是墓地可以自由买卖，夫妻合葬和多人合葬的葬俗开始流行，表现自给自足的庄园经济的明器日益突出，这说明了"族坟墓"制度的破坏，大家族墓地开始兴起。

云梦、宜昌、郧县、荆门、汉川、崇阳、丹江口、房县等地发掘的东汉墓葬，均为小砖砌

---

〔1〕 张家山汉墓竹简整理小组：《江陵张家山汉简概述》，《文物》1985 年第 1 期。

筑的中小型墓。一般为长方形券顶单室墓,少数带斜坡墓道或短甬道,有些墓有甬道、前后室,有的还附有耳室。常见的随葬器物是一套日常生活用器和井、仓、灶等明器,少数墓出土家畜、家禽和陶楼模型。云梦周田东汉晚期墓中,发现一座豪华的地主庄园住宅的陶模型。建筑分前后两重。前重分上下两层;后重有望楼、炊间、厕间、猪圈、院落5个部分。在主体建筑群的前面设有附加建筑——哨棚。前重上层的前壁和左右壁、望楼的四壁和吊楼的前壁门两侧,都有百叶窗和网形窗。这是目前我国考古发现最早的百叶窗。这座庄园住宅模型的发现,为研究当时江汉地区的建筑情况提供了形象资料。

（原载《文物考古工作三十年（1949-1979）》,文物出版社,1979年和《文物考古工作十年（1979-1989）》,文物出版社,1991年）

光化五座坟和当阳刘家冢子发掘报告结语

一、光化五座坟西汉墓

"五座坟"在湖北省光化县东南约十二公里处,它是汉水东面的白莲公社青山大队辖内丘陵岗地西缘的一座小土岗。清《光化县志·陵墓》载"五座坟在县治南乡,高大如丘陵,土人耕于其侧,时得古铜炉鼎"。说明这里过去曾有高大的封土冢堆,"五座坟"或因此而得名。由于冢墓曾屡遭盗掘,加以长期的自然变化,现在只残存一些不甚明显的土冢。

1973年11月,贫下中农在五座坟岗上施工,挖出了一批汉代遗物,他们当即将这批遗物送交县文化部门。随后,县文化部门会同湖北省博物馆同志前往五座坟工地进行调查。同年十二月,省、地、县文化部门组成"五座坟汉墓清理发掘小组",在各级革命委员会的领导下和当地工农兵的大力协助下,经过一个多月的工作,顺利地发掘了工程所涉及的七座汉墓。

五座坟的七座汉墓都是长方形土坑竖穴式木椁墓,其中4号、5号墓还带有竖穴式墓道。墓坑填五花土,除2号墓坑稍小外,其余墓口长都在4米以上。因配合施工,墓底深度大多不明,仅知3号墓深11.3米。墓底设椁室。椁室上下四周,除3号墓全部填塞白膏泥以外,其余六座都是内填(紧贴椁室)木炭,木炭外边再填塞白膏泥。出土时,木炭都已成粉末。

椁室由长条方木构成,下承垫木。椁室内放木棺,棺内外髹黑漆。出土时,木椁、木棺大多腐朽倒塌。其中以3号墓椁室保存较好,内部作楼房式结构,棺放于楼上,棺底用八匹木马承托,形式特殊,极为罕见。6号墓墓底上分设二椁室,也是过去少见的。详情见文末"墓葬举例"。

骨架均已腐朽,除6号墓设二椁室,椁室内各置一棺,似为合葬外,其余均为单人葬。

随葬品放椁室内和棺内,有铜器、陶器、漆器、木器、铁器、玉器以及竹简、丝织品、粮食、水果。其中,漆器、木器、竹简、丝织品和粮食水果已部分腐朽,其他大体完好。3号墓随葬品最多,有七百多件。主要铜器有鼎、钫、壶、镜,陶器有鼎、壶、瓮,漆木竹器有厄、奁、梳篦、车、马、俑以及带漆鞘的铁剑。详见文末"随葬器物"。

这七座汉墓,从墓葬形制和随葬品的组合来看,大体可分成三组:

第一组:2号和4号墓。墓坑比较窄长,陶器基本组合是鼎、壶、罐和Ⅰ式瓮,出蟠螭纹镜。

第二组:1号、3号和6号墓。铜器的基本组合是鼎、钫、壶、甗,出百乳镜、昭明镜和Ⅱ式陶瓮。

第三组:5号和7号墓。出Ⅱ式陶瓮、昭明镜,还分别出五铢钱和陶井、灶。

以上情况可以看出:

第一组墓葬具有西汉早期的基本特征,圆钮、圆座、宽边的"汉式镜"和武帝以后流行的井、仓、灶、五铢钱尚未出现,因此,这一组墓的年代应在武帝以前。

第二组墓葬的棺椁结构,与西汉早期墓的套棺套椁相比,已经有了很大变化;随葬的铜礼器与早期墓所出仍有许多共同点,但已出了较晚的百乳镜、昭明镜和Ⅱ式陶瓮;3号墓还有木禽畜等。因此,年代应在武帝时期。

第三组主要器形与第二组基本一致,武帝时期的五铢钱和井、灶的出现,年代应与第二组相当或稍晚。

光化在商周时期为阴国,"后入于楚",秦以后,"置酂县"。

汉高祖刘邦"以萧何功最盛,封为酂侯"。[1]酂侯食邑于南阳酂县,约当今光化县境。萧何后代虽曾失侯,但仍数次复封。"孝惠二年,相国何卒。……后嗣以罪失侯者四世,绝,天子辄复求何后,封续酂侯"。[2]武帝元狩中,"以酂户二千四百封何曾孙庆为酂侯"。宣帝时,"以酂户二千封(何玄孙)建世为酂侯。……成帝时,复封何玄孙之子南缵长喜为酂侯。传子至曾孙,王莽败乃绝"。[3]可见在整个西汉时期,光化一带差不多都是酂侯的食邑范围。萧何官至中央相国,死后葬于封地的可能性不大,而他的后代,都是袭封,没有在朝廷做官,故死后葬于光化一带的可能性较大。

五座坟岗上是一片古墓地,目前还有许多墓葬未发掘,根据我们调查,这里主要是西汉中期的墓葬,未发现战国墓,也未发现东汉墓。五座坟面临汉水,地处冲积平原,地势优越。从3号墓的规模,出土物有涂漆陶器、镶嵌铜弩机、大型铜镜、长铁剑、精美漆器等具有高度工艺水平等情况分析,此墓群中的死者,其生前应有较高的地位,是否为酂侯及其

---

〔1〕《史记·萧相国世家》。
〔2〕《史记·萧相国世家》。
〔3〕《汉书·萧何传》。

家属的墓地？有待今后进一步的工作才能证实。

这里位于湖北北部，毗邻中原。这次发掘的七座西汉墓，规模较大，出土遗物比较丰富，它对联结中原地区与长江沿岸的汉墓研究，探讨其所反映的社会政治、经济和意识形态等方面的变化，都有重要的价值。

长沙、云梦、江陵等地发掘的汉墓资料证明，西汉前期在长江流域地区，反映奴隶主旧意识观念的棺椁制度和礼器制度，还比较严重的存在。五座坟基本上也还保存这种旧制度，但已开始出现新的变化。例如3号墓虽然保存椁室制度，但椁内做出如生人居室的楼房式建筑，表明旧葬俗仅存形式，重在显示现实生活的新葬俗已初步形成。

从春秋战国之交，我国由奴隶制进入封建制以后，到汉武帝时期，已经历三、四个世纪，反映奴隶主阶级葬俗的棺椁制度和礼器制度的残余依然存在，说明新兴的地主阶级思想与没落的奴隶主阶级思想斗争的长期存在；说明一个新的社会制度建立以后，代表旧的社会制度的思想是不会轻易退出历史舞台的。3号墓冲破了旧葬俗的格局，把棺材置于楼上，楼下随葬大量木俑、木马、车马器以及其他禽畜，这种布局，应是表现地主阶级的剥削生活；墓主人高踞楼上，楼下奴婢车马禽畜成群。这是地主阶级夸耀其拥有大量财富，追求骄奢淫逸生活的写照。随着地主阶级推翻奴隶制的进步作用的结束，地主阶级与农民阶级的矛盾便日益激化，曾经是生气勃勃的地主阶级，到了西汉中期以后便逐渐向其反面转化，最后变成了阻碍历史前进的反动派。

二、湖北当阳刘家冢子东汉画像石墓

湖北境内，过去曾发现过一些东汉画像石墓，1957年，枣阳发现五座；[1]1959年，随县发现一座。[2]枣阳、随县两地的画像石也是只见于墓门构件上，为浅浮雕，内容是左、右门柱刻持簪门卒，门扇刻朱雀铺首衔环，门楣刻二龙穿璧。石门有轴，可以开合。当阳刘家冢子画像石（表一至表三）墓，从墓葬结构和画像内容、雕刻风格上看，都与枣阳、随县的极为相似。从随葬器物来看，这两座墓有耳杯、灶、井、楼房、猪圈、博山炉、鸡、鸭、狗、金饰、铜章、汉半两、汉五铢及莽钱，虽然发现了八件青瓷器，但未见盘口壶、兽形器、水注和汉以后的铜钱。青瓷罐的器形与洛阳烧沟汉墓第六期的1471号墓出土的瓷罐很相似，因此，将当阳两座墓的时代定为东汉末年。

---

〔1〕 湖北省文物管理处：《湖北地区古墓葬的主要特点》，《考古》1959年第11期。
〔2〕《文物》1960年第1期。

表一　当阳刘家冢子一、二号东汉画像石墓各室尺寸

表一　当阳刘家冢子一、二号东汉画像石墓各室尺寸

部位　　　尺寸（米）	长		宽		高	
	一号墓	二号墓	一号墓	二号墓	一号墓	二号墓
甬　道	1.68	上口 1.30 底部 0.98	1.80	1.77	2.00	2.00
前　室	3.00	3.30	2.70	2.84	残 3.00	4.28
后　室	3.35	3.44	2.90	东 3.05 西 3.10	残 3.60	残 4.00
南、北耳室	2.75	2.00	1.50	1.63	1.50	1.45

表二　当阳刘家冢子一号墓画像石的内容

编号	部　位	内　容	刻　法	尺寸（米）	完整情况	备　注
1	墓门门楣	龙虎相对，中间一枭似立于树上	平面浅浮雕	长 2.62、宽 0.62、厚 0.37	完好	
2	墓门南门柱	持盾掩面门吏	平面浅浮雕	高 1.57、宽 0.44、厚 0.39	完好	
3	墓门北门柱	持簪门卒	平面浅浮雕	高 1.57、宽 0.44、厚 0.39	完好	
4	墓门南门扇	朱雀铺首衔环	平面浅浮雕	高 1.66、宽 0.58、厚 0.11	断残	
5	墓门北门扇	朱雀铺首衔环	平面浅浮雕	高 1.66、宽 0.58、厚 0.11	断残	
6	后室门楣	龙虎相对，龙前面一鱼	平面浅浮雕	长 3.40、高 0.60、厚 0.40	完好	由两块石料组成
7	后室南门柱	持簪门卒	平面浅浮雕	高 1.65、宽 0.48、厚 0.40	完好	
8	后室中门柱	执笏门吏（面向北）	平面浅浮雕	高 1.65、宽 0.40、厚 0.40	完好	
9	后室北门柱	执笏门吏（面向南）	平面浅浮雕	高 1.65、宽 0.48、厚 0.40	完好	

表三　当阳刘家冢子二号墓画像石内容

编号	部　位	内　容	刻　法	尺寸（米）	完整情况	备　注
1	墓门门楣	龙虎相对，中门一枭似立于树上	平面浅浮雕	长 2.52、高 0.54、宽 0.30	断残	
2	墓门北门柱	拥簪门卒	平面浅浮雕	高 1.50、宽 0.44、厚 0.30	完好	
3	墓门南门柱	双手执笏门吏	平面浅浮雕	高 1.50、宽 0.44、厚 0.30	断残	
4	后室门楣	龙虎相对	平面浅浮雕	长 3.32、高 0.56、厚 0.45	断残	两块石料组成
5	后室北门柱	双手拥簪门卒	平面浅浮雕	高 1.45、宽 0.45、厚 0.31	完好	

编号	部　位	内　容	刻　法	尺寸（米）	完整情况	备　注
6	后室中门柱	持盾门吏	平面浅浮雕	高1.45、宽0.50、厚0.31	完好	
7	后室南门柱	双手执笏门吏	平面浅浮雕	高1.45、宽0.45、厚0.31	断残	
8	北耳室门楣	龙虎相对	平面浅浮雕	长1.60、高0.26、厚0.28	断残	
9	北耳室东门柱	立龙	平面浅浮雕	高1.05、宽0.22、厚0.28	完好	
10	北耳室西门柱	蹶张射虎	平面浅浮雕	高1.05、宽0.22、厚0.28	完好	
11	南耳室门柱	双鸟啄鱼	平面浅浮雕	长1.60、高0.26、厚0.28	完好	
12	南耳室西门柱	门卒	平面浅浮雕	高1.05、宽0.22、厚0.28	完好	
13	南耳室东门柱	人身兽爪	平面浅浮雕	高1.05、宽0.22、厚0.28	完好	

所出的建筑模型，如楼房、猪圈，在结构形式上，与湖南常德出土的东汉陶楼、长沙出土的东汉猪圈[1]又很接近。因此，可以说当阳的两座墓具有南方的风格。

以前在湖北所发现的汉画像石墓只限于鄂北的枣阳、随县地区，不很完整。这次在湖北江汉平原西缘的当阳也发现了东汉画像石墓，而且较为完整。这使我们对湖北地区的东汉画像石墓有了新的了解。从画像石雕刻的内容、风格上分析，应同属于河南南阳系统的画像石墓。[2]

解放以来，我省在武昌、鄂城、宜昌等地发现不少六朝时期的青瓷器，其中以武昌出土的东吴黄武六年（227年）的青瓷器为最早。这次当阳出土的八件青瓷器，是我省第一次发现的东汉青瓷器，在胎质、造型、釉色方面都有一定的水平，与武昌出土的东吴青瓷较为接近，这为我们研究南方青瓷器的发展提供了新资料。这也说明当阳这两座东汉墓的年代已经接近三国时期了。

在墓葬形制方面，当阳的有前、后室和双耳室而较为对称整齐的砖室墓，与洛阳烧沟汉墓第三期的1005号墓和第四期的21号墓相近，和武昌东吴113号墓也接近。[3]过去认为这种形式的墓在长江中游流行于东吴到西晋之间，现在看来，可以追溯到东汉末年。

（原载《考古学报》1976年第2期和《文物资料丛刊（1）》，署名沈宜扬，文物出版社，1977年）

---

〔1〕 高至喜：《谈谈湖南出土的东汉建筑模型》，《考古》1959年第11期。
〔2〕 河南省文化局文物工作队等：《河南南阳东关晋墓》，《考古》1963年第1期。
〔3〕 武汉市文物管理委员会：《武昌任家湾六朝初期墓葬清理简报》，《文物参考资料》1955年第12期。

湖北秦汉漆器

我国的漆器具有悠久的历史。考古发现的实物资料表明,早在距今六七千年前的河姆渡新石器时代遗址中,就出土了漆器。在河北藁城台西村商代遗址、河南安阳殷墟王陵和武官村大墓、辽宁昭乌达盟敖汉旗大甸子商代遗址中,都发现了漆器或漆器残迹。但商代、西周以前的漆器,目前所见的实物并不多。到了春秋中、晚期以后,我国制漆工艺得到较大发展。特别是到了秦汉时期,漆器取代了青铜器的地位,我国进入了古代漆器工艺的鼎盛时期。

湖北江陵是楚国的故都(当时称为郢),是楚国的政治、文化中心。在江陵一带的楚墓中,出土了大量的精美漆器。遗憾的是由于漆器不易保存,出土时完好的器物不多。只有在秦汉时期的墓葬中,不仅出土完好的实物多,而且工艺水平也大大提高。

从七十年代初开始,湖北江陵、宜昌、云梦、光化等地陆续发现和发掘了几批秦汉时期的中、小型墓葬,其中包括一部分战国晚期的秦国墓葬。这些秦汉墓葬,出土了大批保存如新的漆器,其造型之巧,工艺之精,令人赞叹不已。

湖北出土的秦汉时期的漆器,主要有云梦睡虎地与大坟头的秦至西汉初年的漆器560余件;江陵凤凰山西汉早期的漆器约600件;江陵毛家园西汉早期的漆器140余件;光化五座坟西汉中期前后的漆器40余件。这些漆器包括礼器、生活用具、兵器、明器和各种丧葬用品。主要品种有耳杯、卮、奁(圆形或椭圆形)、盂、盘、盒(有方形、长方形、圆形、椭圆形、半椭圆形等种)、壶(圆形和扁形)、樽、杯、匕、长柄勺、凤形勺、匜、剑鞘、笥、兵器杆和棺等20余种。

秦汉漆器与楚国漆器相比,制作技术已有了明显的进步。秦汉漆器一般以木胎为主,但胎骨大多变得轻薄;夹纻胎漆器的数量逐渐增多。不同的器形往往采取不同的制作方法,有挖、削、斫、卷、雕等制法。器物造型讲究均匀对称,具有整体的艺术美。有些器物整体做成某种动物形象,如有的勺雕成凤的形象,在凤身背部挖勺,凤的颈、首作勺柄,并加以彩绘,形象生动逼真。江陵凤凰山70号秦墓出土的漆盂,是属于具有高超工艺水平的

"扣器"，箍扣为银质，器身镶嵌花纹，并有针刻"二十六年左工最元"字样。"二十六年"当为秦昭王纪年，即公元前281年。这是目前发现的时代较早的一件"扣器"。在光化五座坟的墓葬中，便出土了不少"扣器"，而且夹纻胎占很大比例。说明代表漆器高超工艺水平的"扣器"，大约兴起于战国晚期，盛行于西汉中期前后。汉武帝以后的墓葬中，漆器的数量逐渐减少，这可能与当时盛行砖室墓而致漆器不易保存有关。

秦汉漆器的工艺水平，最集中地反映在髹漆技术和花纹图案的绘制方面。漆器用材选料都有严格要求，所用木料和苎麻都质地优良，调配漆料比例合理，制成的胎骨都经过精心打磨和填补修整，表面十分平整光滑。髹漆均匀，具有光亮如镜的效果。漆器的花纹图案，根据器物形状与用途的不同而异。常见的图案有云气纹、卷云纹、几何勾连纹、波折纹、圆点纹、柿蒂纹、羽毛纹、变形鸟头纹、云凤纹、鸟纹、凤纹、龙纹、豹纹、牛纹、马纹、鱼纹和宽带纹等，还有一些类似神人、神兽之类的图案。图案的线条清晰流畅，动物和人物的图案形象生动逼真，大都构思新颖，寓意深刻，具有很高的艺术价值。图案所用的颜色，依据地色和内容的不同而定，常用的有红、黄、浅黄、黑、褐等颜色。也有用金粉、银粉绘制或先用针刻后填金粉的。还有用金箔或银箔镂刻成花纹图案，粘贴在器物外壁上，再用漆盖压，使器物花纹更加华丽夺目。

江陵、云梦出土的秦至西汉早期的漆器，许多都有烙印或针刻的文字或符号。这反映了我国秦汉时期漆器的产地和生产漆器的工序、制度等方面的一些情况。在秦代漆器的烙印文字中，有"咸市""咸亭""许市""郑亭"等字样，说明这些漆器是当时"咸阳市亭""许县市亭""新郑市亭"所辖作坊的产品。在西汉早期漆器的烙印文字中，有"成市草（造）""成府草（造）"的戳记，表明它们是成都市府作坊的产品。这些烙印文字不但反映了秦汉时期商品广泛流通的情况，而且证明秦汉时期的秦都咸阳、颖川郡许县、河南郡新郑、蜀郡成都等地的漆器手工业都是很发达的。在熔印文字中，还有"素""上""包（麹）""告（造）"等字样，应是当时漆器作坊中的素工、上工和造工的不同工种的标记，说明当时漆器生产有着多种工序。贵州清镇平坝、甘肃武威磨嘴子和朝鲜出土的汉代后期的漆器上，依次标出素工、髹工、上工、铜耳黄涂工、画工、汧工、清工、造工等八个工种。《盐铁论·散不足》有"一杯棬用百人之力，一屏风就万人之功"的记载。漆器生产需要消耗大量的人力物力，因而其价值要比一般铜器昂贵得多。在针刻文字中，有制作者的住地（里）、身份和姓名，这是"物勒工名"制度的反映。同时这些文字还可以反映有一部分漆器是私营漆器作坊的产品。所见同类漆器中，有许多器物大小规格相同，形制花纹一致，当是云梦秦简"为器同物者，其大小、短长、广亦必等"的法律规定的反映。

湖北出土的秦汉漆器，基本上是在楚国漆器的基础上发展起来的。湖北西部山区历来都是油漆生产基地。丰富多彩的漆器也是楚文化的基本特征之一。秦汉时期，一方面继承了楚国漆器生产的传统，另一方面进行了技术上和艺术上的改革，新的品种不断出现，使漆器更为精巧美观，用途更为广泛。秦汉漆器在造型风格和图案内容方面，都有不同于楚国漆器之处。例如秦汉漆器以饮食器和梳妆奁器为主，造型较精巧，使用薄板卷木胎和夹纻胎，纹饰流行彩绘几何勾连纹、云气纹、圆点纹，还流行人物和动物形象的花纹。而楚国漆器中盛行的虎座凤鸟鼓、卧鹿、镇墓兽、高柄豆等，以及一些漆器上常见的浮雕或镂雕的鸟、蛇、螭等形象，都是秦汉漆器中所不见或少见的，明显地表现出两个历史时期漆器工艺的不同风貌。

（原载《中国博物馆·湖北省博物馆》，文物出版社，1994年）

附 录

冬天里的春天
——忆 1971 年北京十一省市出土文物展

    1971 年夏季，湖北省博物馆选送了建始巨猿牙齿化石、京山曾国铜器、江陵彩绘石磬和楚国金币郢爰、宜昌和鄂城的六朝青瓷器等"文革"期间出土文物，赴京参加故宫博物院有北京、河北、新疆、河南、山东、山西、陕西、湖北、湖南、安徽、甘肃（后来增加）等十一个省市参加的"无产阶级'文化大革命'期间出土文物展览"。

    文物送展前，本省文博工作几乎陷入绝境，湖北省博物馆的一大部分业务骨干已被下放天门和荆门农村，在馆的一部分业务干部也在闹"革命"。当接到当时国务院图博口筹展通知后，湖北省博物馆仅派我一人往荆州提取石磬、郢爰等文物。到了荆州，荆州地区博物馆将面临解散，全馆仅剩三、四人。我直接找到留馆的滕壬生同志，说明情况后，得到他的热情支持，并马上安排用盖房木料赶制木箱，我即与王毓彤同志前往纪南城 25 具石磬发现地点调查。这批少见的重要石磬被农民取土时从一座周围都是水田的土台中挖出，然后用作猪圈垫石，是王毓彤同志在农村宣传文物保护时发现并收回荆州博物馆的。我们到了出土地点，经过详细调查和步行测量（距纪南城垣南水门 2 公里），做完现场纪录以后，便匆忙赶回荆州博物馆。将 25 具石磬等文物制卡装箱，个人签名办了简单的交接手续后，用两辆三轮车，将沉重的文物运至沙市江边。到了江边，我孤单一人，心急如焚，思索后，便将装着石磬的大木箱，抬放在一位不相识的老人门前，求他帮忙照看，老人听说是"石料"，又看见露出稻草，就答应了。我则提心吊胆地跑到相距约 1 公里的客轮售票处排队购船票。办理托运，花了六七个小时，才好不容易把文物箱请小工搬入客轮货舱。我很不放心，就一直躺卧在箱子上，船开动后也不敢合眼，更不敢离开。到了汉口码头，还是只有我一人，真是"上窜下跳"，最后终于把宝贵的彩绘石磬等文物安全运到了武昌蛇山脚下的"新馆"临时仓库内。这时我才正式吃了一顿饭！

    经馆"工宣队"审查、研究决定，先派陈振裕同志押运本省文物赴京筹展。我和王劲、陈祯琏三人稍后，于 1971 年 6 月底抵达北京。各省首批派往北京参展人员，多为考古第一线的业务干部,对本省文物及出土情况都很熟悉,均各自负责本省的陈列、文字说明和辅助图片。经过紧张的布展,展览很快就于7月1日正式开幕了。开展以后的接待讲解工作,也是各省工作人员自己负责。开幕第一天,我就在本省展室里接待了来自越南、朝鲜、日本等国的高级代表团,还接待了大批记者。接着,中央领导、重要外宾、各国驻华使节、新闻出版和电视电影工作者……一齐涌来,沉睡的慈宁宫(展室)一时沸腾了!一个小型而简单的出土文物展览,不但在北京引起了轰动,而且引起了全国,甚至全世界的瞩目!我们作为一般工作人员,身价也仿佛一下子提高了许多,一群一群的人围着我们,常常使我们累得精疲力竭。展出头几个月,由于观众太多,对参观者曾作严格控制,不接待一般群众和一般外宾,只接待中央领导和由中共中央、中央军委、外交部三个口介绍来的重要外宾。据1971年11月25日统计,4个多月就接待过87个国家的外宾,其中日本的50批,法国的31批,美国、英国的各25批,朝鲜、越南、罗马尼亚、阿尔巴尼亚等国都超过20批。有时一天就要接待10余批。在接待的外宾中有国家元首(如日本首相田中角荣,美国总统尼克松)、高级官员和高级专家。有的外宾甚至参观多次,例如杨振宁、韩素音等著名人士都是本展览的常客。大多数外宾参观时都有浓厚的兴趣,有的啧啧称赞我国古代文物的精美、神秘,有的高度赞扬中国历史的悠久和人民的智慧,也有的钦佩中国文博工作的成绩、贡献和技术的高超。深情的话语,美好的祝愿,使人久久不能平静。

周恩来总理,在百忙中也非常关心我们这个展览和全国的文博工作。展出期间,在周总理的关怀下,在当时全国大部分杂志停刊状态中,首先批准了《文物》《考古》《考古学报》三大文物考古杂志的复刊。周总理亲自审阅和修改了新华社关于这个出土文物展览报道的稿件。他还拟亲临展室,我们曾期待着他的到来。但后来因时局紧张("9·13"前后),工作太忙,便委派邓颖超同志前来展室。邓颖超同志于1971年7月19日和7月23日两次来到展览室。她首先向大家问好,然后认真地倾听介绍,仔细观看每一件文物,谨慎地审阅每块说明牌。当她来到我省陈列室时,我们正在请中国科学院音乐研究所的杨荫浏先生(原所长)和中央音乐学院的杨大钧先生为江陵出土的25具彩绘石磬测音。王劲同志激动地喊了一声"邓大姐",邓颖超同志频频向我们点头微笑,然后兴致勃勃地听了杨大钧先生用出土的石磬演奏的曲子。熟练潇洒的演奏技巧、清脆洪亮的磬声、优美动听的旋律,使邓颖超同志听后连声称赞,并说:"音质很好,你们可以把它搬到舞台上演奏嘛。"叶剑英同志于1971年7月12日参观了展览,他在我省展览室参观时,有位陪同的同志对文物提了问题,叶剑英同志认真地说:"这是有专门学问的!……"郭沫若同志对这个展览最为关心,他亲临展室的次数最多。据我所知,他曾于1971年6月20日、27日,7月1日、21日,8月1日,9月1日……来到我们展室,作陈列展出指导,解决文物知识中的难题,特别是古文字方面的难题。只要听到有刚运来的文物,他就很快地出现在我们面前。我省京山苏家垅出土的曾国铜器，郭老特别感兴趣，他亲自考释这批铜器铭文，指出这批铜器出土于湖北的重大科学价值，并向我们讲授了不少有关知识。当我们向他请教时，他立即提笔书写，给予一一详细答复。

陈毅同志当时正身患重病，仍然十分关心我们的展览。他曾带病于1971年9月13日和9月15日两次来到慈宁宫。观看文物时特别认真仔细。进入我省展室，平易近人，谈笑风生。他因病魔缠身，双腿不能长时间站立，我紧跟在他的后面，不断替他移动方凳，以便他能随时坐下休息。当我把凳子移放在他后面时，他用十分亲切的目光看了看我，并有所惭愧地说："唉，我老了，不行啰！要你们为我端凳子啰！"王冶秋同志介绍京山曾国铜鼎时说："这个鼎是三条腿的，我们的祖先很聪明，三条腿比四条腿要站得更稳些。"陈毅同志点了点头，然后忽地站起来，拐杖往地上一撑，十分认真地说："我也三条腿嘛，为什么站不稳呢？"张茜同志则笑笑说："你三条腿都快在一条直线上了，怎么站得稳呢？"逗得大家都笑了起来。记得9月15日那天，陈毅同志是下午进展室的，一直看到天黑还没有离开，还在王冶秋同志陪同下，比比划划，认真观赏着展室后部分文物，而张茜同志则在后面和我们聊天。突然张茜同志大喊一声："陈老总，你晚上还有客呐！"这样，陈毅同志才依依不舍地离开展室。当他走出展室时，还特意交代："我以后还要来的。"但没想到未过多久，敬爱的陈老总就永远离开了我们！

1971年7月23日，李富春同志和蔡畅同志来到我省展室，陈振裕同志介绍建始巨猿牙齿化石时，讲到恩格斯关于劳动创造了人类的问题，蔡畅同志夸我们马列主义学得好。蔡畅同志还十分关切地询问我是哪里人，我回答是广东梅县人，蔡畅同志即说："哦，我们那里有一个同志是你老乡，你认得吗？"我没敢追问。她又接着说："叶剑英，你知道吧！"听后，我心情非常激动，感到老一辈无产阶级革命家，是那样的平易近人，他们总是把自己置于普通人中，他们都是平凡而伟大的人啊！ 1971年7月至11月前来参观展览的还有聂荣臻、徐向前、方毅、廖承志、姬鹏飞、王震、邓子恢、肖劲光等数十位中央领导，还有大批各大军区、各省市的领导。大批中央、地方领导在百忙中亲临我们这个出土文物展览，亲切地教导，真挚的勉励，使我们倍受鼓舞。在那动乱的年月，文博工作也同样跌入了深谷，正因为中央许多领导对文物的重视和关怀，祖国大批珍贵文物、名胜古迹才得以妥善保存至今天。我们在艰苦的条件下所取得的一点成绩得到中央领导如此的肯定和关心，使我们在失望中看到了光明。

1972年春天，首批参加这个展览的同志大都回省，他们将中央领导对文博工作的重视和关怀带回各省，并以饱满的热情投入了振兴文博事业的工作中。

1972年以后，湖北省博物馆被下放农村的业务干部相继回馆，各种业务工作很快地重新展开。尤其是科学的田野发掘工作，以前所未有的规模，遍及江汉各地。为了培养文博人才,在宜昌、武昌、襄阳、江陵、宜都、孝感等地先后举办了各类文博训练班,文博队伍得到迅速壮大,一个个新的地、县、市博物馆、纪念馆像雨后春笋般地建立起来。二十多年来,郧县曲远河、江陵鸡公山、宜都城背溪、天门石家河、黄陂盘龙城、大冶铜绿山、江陵纪南城、当阳赵家湖、随州擂鼓墩、江陵马山、荆门包山、云梦睡虎地、江陵凤凰山、江陵张家山……一处处重大的考古发现捷报频传! 我省的考古研究,特别是楚文化研究取得了一系列成果。所出土的珍贵文物不但在国内,而且在国外许多国家或地区展出。湖北省文博工作取得了突飞猛进的发展!

(原载《文物天地》1994年第6期)

城背溪文化的发现、保护与抢救性发掘

　　城背溪文化是目前所知的湖北地区时代最早的一种新石器时代文化。它的发现将湖北地区新石器时代文化发展史提早了一、二千年,对说明长江流域同样是我国古代文明的起源地具有十分重要的意义。

　　城背溪文化的发现可以溯至1981年湖北秭归柳林溪遗址的发掘中。那是长江葛洲坝水库库区即将被淹没前的一次抢救性发掘,我和陈振裕在该遗址原负责发掘人认为"已到底"而放弃发掘的探方中,首次发掘出早于大溪文化的一种新石器时代文化遗存。之后我们在宜都确定这种文化为城背溪文化。城背溪文化的首次发现至今已有28年了,目前确定的遗址只有15处,而且都分布在长江三峡至峡口以东一段窄长的沿江两岸。由于江岸崩塌和水库建设淹没,所发现的遗址几乎都被发掘或被破坏完毕,保存下来的主要为出版的发掘资料和部分遗物,其中遗物主要有陶器、石器和一些骨器、动物骨骼、稻作遗存和制陶术的泥片贴筑法标本。保存下来的这些城背溪文化资料和遗物,是我们这一代人的辛勤付出,积极保护和抢救的成果,为珍贵的古代文化遗产。

　　从20世纪70年代末80年代初开始,俞伟超先生率领北大和湖北的文物考古工作者为追溯楚文化渊源,在鄂西做了一系列的考古调查和发掘工作,调查和发掘的重点是寻找新石器时代末至商周较早阶段的文化遗存。由于俞先生起初怀疑在神(城)背溪、孙家河、红岩子山(青龙山)调查采集到的粗绳纹陶片可能属于"二里头阶段抑或更晚"阶段的文化遗存(《江汉考古》1982年第2期第2页),便选定了城背溪遗址为重点发掘对象。

　　1983年下半年按俞先生的安排,北大和湖北联合组成宜都考古发掘队(总负责:陈振裕、高应勤,业务负责:杨权喜、高崇文),对宜都长江边上的石板巷子(发现年代相当于夏代的石板巷子文化)、城背溪两遗址进行发掘。发掘队到了城背溪,先在长江边缘上开了5个探方,结果没见遗迹,遗物也极少,而暴露遗物的地方在江边下方的江滩上,该遗址的中心部分基本都被江水冲毁。为了抢救和保护该遗址的文化遗存,我们决定在江滩划一个5米×10米的探方进行清理发掘。刚刚动土就十分令人振奋,大批制作粗糙而造型原始的陶器、稍作第二步加工的打制石器、一些锥和针之类的简单骨器,以及一些接近石化的动物骨骼被陆续清理出来。我们当时就明白,这些遗物的时代不属商周,而肯定较早,陶器和石器的一些形态、作风近似柳林溪,初步判断这些遗物的时代可能比柳林溪还要早。

城背溪一批遗物出土后,被搬至宜都县文化馆阅览室,我们立即进行整理。陈振裕亲自参加器物的拼对,我亲自进行器物的修复。一批能反映文化基本面貌的陶器和石器被复原和初步整理出来了。

城背溪的发现消息传开,立即引起同行们的关注,纷纷从各地来宜都参观。1983年11月26日,中国社会科学院考古研究所长江队的任式楠、李文杰、王杰、沈强华,以及长江流域规划办公室考古队的林春等同志前来参观,晚上他们和我们一起开了一次座谈会。对大溪文化有较深研究的任式楠、李文杰等同志都肯定了城背溪遗存的相对年代早于大溪文化。因俞伟超先生当时正在国外访问,北大考古专业委派李伯谦先生于1983年12月1日来到宜都,李先生也肯定了城背溪的重要发现。12月3日我等陪同李先生前往城背溪发掘现场,因城背溪遗存基本都出土在崩塌于江中的再生堆积中,李先生着重在遗址江边断壁上铲出原生堆积剖面,认真观察城背溪遗存的地层关系,断定它属文化堆积的最下层。此后,北京大学考古专业的严文明,湖北的王劲、张绪球,湖南的何介钧等新石器时代考古专家,都一致认为城背溪遗存属于目前长江中游地区最早阶段的一种文化。它的发现虽晚于柳林溪,但考虑到它的文化面貌较清楚,并可能是大溪文化的前身,且发现地点正处于大溪文化发展中心区,因而以其发现地定名为城背溪文化。1984年5月19日,俞伟超先生从美国访问回来不久,在武汉大学作学术报告,讲到我国发现的较早的新石器时代文化遗存时说:"在柳林溪、城背溪又发现距今7 000年以前的遗存",他把城背溪文化的发现置于探索我国新石器时代文化发展的重要环节上。

为了保护城背溪文化遗存,我们采取了三方面的措施。第一,立即进行考古调查,特别是正在崩塌的长江岸边、动土工地和已发掘的较早文化遗存中调查;第二,对面临毁灭性破坏的遗存进行抢救性发掘;第三,在已遭破坏的遗址中,尽量采集些遗物回来。1983年12月4-6日,来宜都的李伯谦先生还和我、陈振裕、高崇文等同志在宜都县长江南岸和清江口一带进行了一次新石器至商周遗址的考古调查,发现或初判长江边的枝城北、孙家河、花庙堤等遗址存在类似城背溪的遗存。12月9-15日,我们四人加上北大研究生裴安平同志,一同乘吉普车到长江北岸的枝江、当阳两县进行较广泛的古遗址调查,并认真观看了枝江关庙山、当阳杨木岗、西面山等大溪文化遗址出土遗物,但没有发现近似城背溪的遗存。

1984年10月,我和陈振裕去鄂东麻城楚墓发掘工地,我到附近谢家墩的一座窑厂取土场调查,怀疑取土场暴露的一些碎陶片为城背溪文化陶片,便安排楚墓发掘工地的杨定爱、韩楚文两位同志前去做工作。后来他们带回来的陶片都很碎,仍不能完全肯定它属城背溪文化。再后来,我在天门石家河遗址群的发掘资料中见到了类似城背溪文化的陶片。这些为在鄂东寻找、保护城背溪文化遗存提供了重要线索。

由于宜都长江南岸还在不断崩塌,江边的古遗址正面临被江水全部冲毁的危险。陈振裕和我决定申请一定范围内发掘的证照,领江陵考古工作站一个发掘队前往宜都进行抢救性发掘。1984年上半年先发掘城背溪和枝城北。因两遗址保存面积窄小和地形所限,我们打破常规发掘操作,没按正方向和规整尺寸布方,而是依据地形、堤防要求和文化堆积分布,将探方划在江滩(涨水季节全部淹没)和江岸断壁上,尽量将保存的文化堆积区都划在探方内。我们把城背溪南区(第一次发掘发现城背溪文化的位置)现存的城背溪文化遗址(包括塌于江滩部分)基本全部发掘完毕,获城背溪文化的一条水沟、一个灰坑和大量遗物,并将岸边的原生城背溪文化层划出上、下两层。城背溪北区的城背溪文化堆积已全部毁于江中,在沙滩的砾石间还夹着一些城背溪文化遗物,我们便在沙滩上划出范围(作为"探方"),清理回一批陶器和石器。枝城北暴露的遗存,被压在江岸断壁的长江堤防下3米深处,断壁下湍流回旋,江岸防护部门又不许将土推入江中,我们的发掘过程十分困难。最后使我们分外高兴的是,挖出了一个疑为半地穴式的房基(部分已崩塌于江中),清理回一批目前最为精致而完整的城背溪文化陶器。

在枝城北发掘期间,我和黄文新同志到距江边较远的白水港"遗址"调查,没有找到原生地层,便往杂草丛生的山上寻找,偶然在山坡较高的位置上发现一些很不起眼的城背溪文化碎陶片(与当地片石的碎片差不多)。原来这座不高的山叫金子山,山顶已被枝城酱品厂建厂时推平,遗址基本被破坏。为了保护残存的金子山城背溪文化遗存,我们随即在此厂内、外分散开方,获得了一批城背溪文化偏早的陶器、石器。我们有了金子山的调查经验,在金子山发掘结束后,我和陈振裕骑自行车通过枝城长江大桥到该桥的北桥头"红岩子山"调查。自1978年在此采集一些类似城背溪的陶片以后,经同仁们多次复查均未找到文化遗存。我和陈振裕往地势较高的位置调查,终于在青龙山找到了城背溪文化的遗物。但遗址已被修焦枝铁路取土破坏。红岩子山所采集的陶片,可能是工人筑路取土时从青龙山搬运去的。

1984年下半年,我们江陵考古工作站发掘队继续对长江江边上发现的宜都孙家河、花庙堤和枝江青龙山等城背溪文化遗址进行抢救性发掘。花庙堤已基本崩塌完毕,只获少量遗物。而青龙山、孙家河都残存部分城背溪文化的原生地层,均获得较多的时代偏晚的城背溪文化遗物,在城背溪文化的年代分期和探讨城背溪文化与大溪文化关系中都具有重要价值。

我和陈振裕在发掘孙家河、花庙堤过程中，手拿小铲反复在江边调查，又发现了栗树窝遗址，并随即对其进行了发掘。此遗址的主要部分也基本崩塌于江中，所获资料不多，但可证明它也是一处城背溪文化遗址。由于江边的城背溪文化遗址没有"灰层"，文化层中的杂质极少；而所夹陶片松碎，其颜色与土色十分接近，故如果我们没有寻找城背溪文化遗址的经验，栗树窝等一些遭严重破坏的城背溪文化遗址就永远不为人知了。

　　1984年夏-1993年，为配合三峡大坝工程坝区建设，我们江陵考古工作站发掘队进入三峡，开展了坝区文物的全面保护和发掘工作。我们在坝区的路家河、三斗坪、窝棚墩、鹿角包等地点发现了城背溪文化陶片。路家河由长办考古队的林春负责发掘，获得一批城背溪文化资料。窝棚墩遗址是我在发掘白庙遗址时发现的。在距白庙很近的江边沙滩上，在石脊、砾石之间的淤泥中暴露了一些城背溪文化陶片。我马上组织人员在相对的岸边划了两个探方进行发掘（我有三峡大坝建设工程范围内发掘的证照）。两个探方只有大溪和商周两个阶段的文化层，未见城背溪文化层。我又在沙滩上划范围（15米×5米的"探方"）进行清理、采集，抢救出一些可证明窝棚墩遗址曾经存在城背溪文化遗存的资料。让我感到遗憾的是：三斗坪和鹿角包两处的发现，因没被及时抢救，在以后的发掘中都没有见到城背溪文化遗存，所采集到的陶片也丢失了。

　　1985年下半年-1986年国家文物局组织了三峡考古队，由俞伟超先生任总领队，对坝址中堡岛和相邻的朝天嘴等遗址进行抢救性发掘。在俞先生亲自参加发掘的朝天嘴第10-22层堆积中发现了城背溪文化较晚阶段的遗存，俞先生曾叫我去确认。该遗址出土了较多的城背溪文化石器、陶器和一些骨器。

　　城背溪文化遗址发掘资料的整理和报告的编写工作，我们本来抓得很紧，发掘结束就立即进行整理。后来因三峡大坝和其他建设工程的文物保护和抢救性发掘工作十分紧迫而只得中止。至90年代末，我和陈振裕都快到退休年龄了，便决定将宜都、枝江的发掘资料分给个人，各人抽空先整理编写出初稿，然后由我统稿（没有整理经费）。终于在我退休以后的第二年（2001年），《宜都城背溪》发掘报告集由文物出版社出版了。

　　20世纪80年代前期所获得的城背溪文化资料，在后来三峡工程库区开展的文物保护与考古发掘工作中，对认识城背溪文化、抢救城背溪文化遗存起着重要作用。湖北省文物考古研究所和武汉大学考古系等单位的考古发掘队，先后在秭归柳林溪、东门头和巴东楠木园、火焰石、鸭子嘴等水库淹没区的遗址抢救发掘中，救得5批以上的城背溪文化资料和遗物。三峡大坝库区城背溪文化的发现，证明该文化的分布西界已到达巫峡东段，而文化面貌则与峡口以东的不完全相同，应分属于同一文化的不同类型。同时证明长江三峡的新石器时代文化十分古老而发达。

　　回想过去，我和同仁们为了保护和抢救我国古代文化遗产，数十年如一日，不断奔波于荆楚大地和大江两岸。流过多少汗水，有过多少激动。执着追求和探索，艰辛与喜悦相伴相随。凭着自己对古代文化遗存的认识，用双眼仔细观察散露于江滩、山坡、大地上的每一块古代陶片，用小铲铲出江岸断壁、山坡坎沟的许多地层剖面。找到了十多个城背溪文化遗址，并将面临毁灭性破坏的遗存抢救回来得以保护。而今自己年近七旬，再也不能回到当年的日子了！内心有一种说不出的滋味。然而感到欣慰和幸福的是，我们当年发现的城背溪文化已得到学术界的广泛认可；我们在已消失的城背溪文化遗址中抢救回一部分十分珍贵的资料，我们的艰辛付出获得了永恒。

（原载《我与文化遗产保护》，文物出版社，2009年。此文获征文评选三等奖）

事业永在·风范长存
——缅怀恩师俞伟超

　　俞伟超先生是我的恩师、同志和挚友。在北大，我是他的普通学生，我们一起渡过了20世纪60年代前期的校园生活，共同参加过农村的社教运动。在"文革"期间，先生和我都参加了轰动一时的北京故宫"出土文物展"[1]和湖北江陵纪南城"考古大会战"。在北大时我叫他"先生"，在社教中我叫他"老俞"，后来我一直叫他"老师"。从20世纪70年代开始，我和俞老师常常一起作田野和室内工作，常常同在一室住宿和聊天、同在一个探方发掘和思考、同在一个整理间拼对和修复，常常跟随老师参观各地出土文物和考察考古发掘现场。直接听到老师的学术讲话、现象分析而得到知识和启迪，直接得到老师的教诲、指导、鼓励而激动和奋发，直接看到老师的敬业精神、思想追求、杰出贡献而敬仰和崇拜。

　　1963年2月21日是俞先生首次讲授《战国秦汉考古》课的第一天，也是我开始进入战国秦汉考古之门的日子。这门课是前辈苏秉琦先生和俞先生在我国大学最早开设的内容丰富、涉及面广泛的考古基础课程。四十多年过去了，我打开当年的课堂笔记，与现在大学教材相比，基本内容和涉及的面变化并不大。俞先生当时给我印象很深，他学识过人，风度不凡，讲课极能吸引和启发学生，课后又善于辅导，说话和气而很具感染力，与学生的关系十分融洽。

　　1965年我毕业被分到湖北，知道俞老师对湖北荆门出土的巴人铜戚早就有所研究。不久在江陵看到过俞老师1962年带领张文彬等学长发掘楚墓时留下的合格资料和笔迹。1971年冬，我和老师在北京故宫见面，他低着头往前走，我在后面叫了一声"俞老师"，他猛调头就往后走，慌张地走了二、三步才发现是我叫他。举动恍惚的情景，可以看出他身心所受到的创伤，可以想象他曾遭遇过何等的摧残！我握着他新残的手，心头在颤动。然

----

〔1〕　杨权喜:《冬天里的春天》,《文物天地》1994年第6期。

而没料到，在全国文博考古事业处于低谷的那个年代，许多文博考古专业人员已改行或感前程茫然的时期，俞老师信念依旧，事业仍然，默默地在研究，孜孜地在探索。1971年12月13日我有幸听了俞老师在故宫作的《先秦两汉墓地的几个问题》的学术演讲。关于"族坟墓"制度等问题后来被充实于北大《战国秦汉考古》的讲义之中。

俞老师说："秉琦师是极厚道的人。他对四方求教者，永远是毫不保留地把自己的研究心得告诉别人。他对别人从不苛求，只有鼓励，而且是热情洋溢的鼓励。"[1]俞老师继承了苏秉琦先生这种为人厚道、奖掖后学的品德。70年代初，他热情指导、帮助湖北沙市青年李家浩研究楚国货币的事已传为佳话。1974年秋冬，俞老师带领北大考古专业72级学生赴黄陂盘龙城实习。在武汉，我将自己发掘整理的光化五座坟西汉墓、襄阳山湾和蔡坡楚墓资料送交老师审阅。老师高兴地看了全部资料，热情讲述西汉铜镜形制花纹特点、铭文释读和巴蜀器物等问题。还特地叫我单位的几位负责人前来，肯定我的工作，推荐我所做的资料齐全规整。在盘龙城工地，老师亲自带领我到城墙断面、宫殿基址和李家嘴3号墓墓底，介绍遗迹现象，讲解科学判断，谈论自己看法。1975年夏，在湖北、河南、川大合作发掘的纪南城西垣北门遗址工地上，俞老师从别的工地前来，支持我对遗迹复杂现象的判断，并帮助我解决发掘中的一些难题，使楚郢都发掘的第一座城门得以确认，使我国东周已出现的"一门三洞"的城门建制得到证明。1977—1978年，我在整理编写纪南城"大会战"期间的调查发掘资料时，俞老师建议将楚文化典型陶器钵的名称改成盂，长颈壶改成长颈罐。他说，钵是佛教传入中国以后才出现的器名，先秦时期这种器物应称为盂；长颈壶的形态则是中原罐颈部的加长。那时俞老师就再三指出，过去对信阳长台关和长沙楚墓的年代断早了，对楚器年代的认识存在偏差。后来我把自己编写的四万余字的《楚纪南故城的调查与发掘》初稿（后来因故未刊）交付俞老师审查，老师表示满意。纪南城的兴废年代、整体布局、重要遗迹的基本形制，以及盂、长颈罐等楚文化陶器名称得到认可。从此，纪南城为楚战国郢都而被学术界公认，钵、长颈壶的陶器名称在楚文化中消失。

不怕劳累不怕苦，亲自动手和动笔；工作一丝不苟，并与同仁共同探索、研究是俞老师作田野考古工作的一贯作风。1979年秋至1980年春，北大、武大和湖北省、宜昌地区联合组成考古队，发掘当阳季家湖遗址。俞老师从北京去甘肃经四川一路风尘仆仆地于1979年10月14日中午到达季家湖发掘工地，午饭后立即观看出土陶片，然后到发掘现场检查，傍晚赶往草埠湖农场总部与地区、县、农场的领导见面，宣传了考古发掘的意义。第二天清晨俞老师就匆匆回到季家湖发掘工地，马上手持小铲下探方，投入了亲自动手刮平

<hr>

[1] 俞伟超：《生命的幸福——记苏秉琦老师的最后留言》，《苏秉琦先生纪念集》，科学出版社，2000年。

面、剔遗迹、剥地层的考古发掘工作。在工地，俞老师要求探方规整、干净和肃静。他曾情不自禁地训斥，不要民工大声讲话，他说考古发掘的探方如同实验室，要保持安静。俞老师常常蹲俯在遗迹现象旁边，在剔铲，在观察，在琢磨，在分析。季家湖杨家山子F2、M1等新石器时代重要遗迹是老师亲手清理出来的。季家湖发掘资料转运到当阳玉泉寺整理，俞老师长时间蹲在该寺大厅内，聚精会神地拼对陶片、修复陶器。杨家山子出土的陶鼎（F2［上］：1）、缸（F2［上］：11）、尊（F2［上］：10）等重要器物是老师亲手拼复起来的。[1]在发掘、整理期间，俞老师特地从黄石请来黄景略、殷玮璋，从枝江请来李文杰等专家前来进行共同研究，还将杨家山子出土的陶器线图资料送到北京苏秉琦先生手中请教。整理工作刚结束，1980年1月25日至2月1日，俞老师便马不停蹄地从武汉请王劲同志前来，会同我、高崇文、高应勤等同志一起，赴宜都红花套、白水港、向家沱、莲花堰、古老背等遗址实地调查。在调查过程中，老师除认真观察遗址地形地貌，寻找遗物和断面，触摸陶器残片之外，还提笔作记录、绘草图，并不断询问当地过去的一些发现情况。调查结束到了武汉，老师拿出1979年国庆前后路过四川参观出土文物古迹时自己所作的笔记给我看，笔记中有数十幅成都城西、忠县、新繁等地出土的典型巴蜀文化陶器、铜器草图，还有乐山虎头湾崖墓的复杂平面图和题刻。80年代俞老师亲自主持和参加的田野考古主要有1982年沙市周梁玉桥遗址、1985-1986年三峡工程坝区朝天嘴和中堡岛等遗址的发掘。每次发掘他都小铲不离手、亲自蹲探方。周梁玉桥遗迹被揭露后，为了一张全景照片，他曾要来大吊车和直升机进行反复拍摄。他亲自作出朝天嘴22层堆积剖面，在城背溪文化、早期巴文化陶器出土后，曾特意到三斗坪发掘工地邀请我前去观看，并谦虚地征求看法。俞老师对地层的划分、遗迹和遗物性质的判断是十分仔细和十分慎重的。70年代至80年代前期，在俞老师亲自参加发掘的黄陂盘龙城发现了商代宫殿遗址、江陵纪南城发现了30号台楚国宫殿基址、陕西周原发现了西周宫殿基址、当阳季家湖发现了新石器季家湖遗存、沙市周梁玉桥发现了商代周梁玉桥遗存。而长江三峡至峡口以东一带新发现的新石器城背溪文化和商周早期巴文化均与俞老师的田野工作密切相关。许多人说俞老师挖什么地方，什么地方就有宫殿，就有新文化，这并不完全是句玩笑话。

俞老师为了提高我国考古学的基础工作水平，他从理论、方法着手，与实践相结合，下大力气培养人才。他早在70年代的考古实践中，就深深感到我国田野考古存在理论与方法方面的两大问题。"文革"后期，特别是江陵纪南城考古"大会战"期间，俞老师经常和我谈论来自各所大学和省市的考古人员存在许多差异和问题，许多考古人员素质较低、田野考古方法不规范，明显影响考古发掘与研究的科学性和质量。痴迷于我国文物考古事

---

［1］ 湖北省博物馆：《湖北当阳季家湖新石器时代遗址》，《文物资料丛刊（10）》，文物出版社，1987年。

业的他心中着急，他屈指点数全国各省、市考古水平较高的人才，觉得数量太少。从70年代末80年代初开始，俞老师便紧张地策划如何普遍提高我国现有考古人员的理论水平和业务素质的事宜。1984年终于促成山东兖州以田野发掘为主体的考古领队培训班的举办，并亲自讲授"考古地层学问题""关于考古类型学问题"等课程。数期领队培训班的举办，使我国考古水平和专业人员素质有了大幅度的提高。

俞老师为了不断推动我国考古学向前发展，不断达到更新、更高的理想境界，他同样从理论和方法两方面着眼，呕心沥血，不断探索与实践。地层学与型类学是考古学理论基础。前辈苏秉琦先生提出的区系类型理论，将类型学和我国的考古学提到一个新高度。二十多年来，俞老师在指导鄂湘豫皖四省楚文化研究中，除亲自作好田野和分期、分区、分类等基础工作之外，更为重要的是在理论上、方法上给予直接指导。他站在我国考古学整体的高度，将区系类型理论加以应用和发展。俞老师看到楚文化研究工作开展初期出现研究对象或概念方面的模糊认识，在1981年10月长沙楚文化研究会成立会上，给楚文化的概念作了明确的科学定义。后来，俞老师发现楚文化研究中存在不少材料来源等方面的混乱现象，他根据苏先生的区系类型理论，在1982年10月郑州楚文化研究会第二次年会上强调做好楚文化区域类型的工作，指出楚国疆域范围很大，"在这大片疆域内的楚文化，一定存在着不同的区域类型""楚文化内部的区域类型，肯定会随着时间差异而发生变化"。再后来，俞老师注意到楚地各区出现许多新的考古学遗存，对它们的属性、特征看不明白。在1985年6月合肥楚文化研究会第三次年会上提出应用"文化因素分析法"，并作了举例和具体指导。认为这是一种类型学的分析方法，区系类型理论建立后自然概括出这种方法。1983年8月俞老师赴美国访问，回国后和我谈了不少感受，介绍不少国外考古状况；提出考古与多学科合作问题，是考古学高层次研究的必然趋势。在1988年6月江陵楚文化研究会第四次年会上，俞老师指出任何学科的研究，客观上存在着不同的层次，认为楚文化研究已走过了古器物学研究、年代分期研究等较低层次研究阶段，而正在进行概括文化特征、区系类型研究阶段。有关精神文化及社会关系等方面研究的高层次阶段也已经开始，并提出对楚文化总体研究的期待。他说要在物质文明、精神文化、社会关系的相互联系，以及它们同自然环境的关系等方面进行综合研究。1992年9月淅川楚文化研究会第六次年会上，俞老师进而提出扩大楚文化的范畴，从技术、精神、社会三方面来进行研究和解释。1987年初俞老师放下小手铲，主持中国历史博物馆工作以后开创的水下考古、航空考古、DNA鉴定考古等考古新领域，这是俞老师对我国考古学总体研究的期望和尝试，也是他对我国考古学发展所作出的杰出贡献。

俞老师重病期间，仍然念念不忘他的事业。他在病床上给2001年10月在合肥召开的楚文化研究会第七次年会写了一封深情的贺信。他说："现在，新世纪已经来临……考古学的转型速度,也许会让我们吃惊。……我诚恳地希望楚文化的研究继续开放门户,并吸引更多的志同道合者共同工作,人员的开放,当然也意味着学科合作种类的扩大。"[1]他要当代楚文化研究者不负前人和后人,能在学科概念、具体工作和综合研究方法上,对考古学中的其他分支,甚至是考古学以外的其他人文学科能有一些开创性的启发。俞老师为我国文博考古事业奋斗了半个世纪,直至他生命的最后时刻。他现在已经离开了我们,而他的事业永在,风范长存!

(原载《俞伟超先生纪念文集(怀念卷)》,文物出版社,2009年)

---

[1] 楚文化研究会编:《楚文化研究论集·序一》(第五集),黄山书社,2003年。

杨权喜文物考古工作简述

　　祖籍广东梅县，1940年出生于马来西亚，1965年北京大学考古专业毕业。1965年8月被分配到湖北省博物馆（湖北省文物工作队）。刚到湖北便参加恩施的"社教"运动，1966年回到武汉参加"文革"。由于刚大学毕业进馆，较单纯，故有机会参加"文革"期间的一些业务活动。

　　（一）1966-1970年。为宣传中央有关文物保护的文件和调查重点文物保护单位曾多次出差。"文革"前期，本人为湖北省博物馆仅有的几个能做些业务工作的人员之一，只要有"文物工作"就须参加。

　　1. 1967年夏，本人和高仲达出差到襄阳、郧阳两个地区，落实中央文革期间有关文物保护的文件精神。除宣传文件精神外，还重点调查省级以上的文物保护单位的保护情况，并提出保护措施，将保护单位较好地保存下来。其中米公祠、襄阳古城、夫人城、绿影壁、隆中、多宝佛塔、古邓城、烈士陵园、宜城楚皇城、武当山、老营古迹、郧县青龙泉、丹江水库库区均县拆迁文物等均受不同程度的破坏并存在不少保护问题。其中米公祠遭受破坏最为严重，碑刻被推倒，大部分被用于修筑防空洞，文物随时都有被埋没消失的危险。我们立即通过襄阳地区采取了收集保护措施，米公祠才得以保存下来。另还前往丹江水库总指挥部，找到总工程师，商谈丹江库区文物保护与经费问题，得知还有大笔尚未拨给的文物经费，但因"文革"而无法使用。

　　2. 1967年下半年至1970年初，本人和陈振裕、陈锡岭、文必贵、谢明成等人分别组成二人小组，轮流到江陵，在江陵考古工作站（设在太晖观）"值班"。主要保护工作站和工作站的考古资料、图书和库房文物，以及防止太晖观、纪南城等重点文物保护单位被破坏，有效地保护了太晖观等古建筑。有次大规模的武斗冲上太晖观，枪声和手榴弹爆炸声不断，我们冒险拿着中央保护文物文件前往阻止，使太晖观免遭炸毁。

　　3. 1967-1968年间，参加武昌水陆街文物库房的搬迁和馆内文物的转移工作，阻止了一些过"左"行为（例如有人摔碎瓷器）；参加武汉市"破四旧"的文物调查拣选工作；本人和陈祯琏一起以省的名义征集武大等校著名学者家中收藏的字画、"古董"（"上级"指示）；参加黄石出土的22万斤古铜钱的清理拣选等工作。

4. 1968年春，本人和高仲达赴丹江水库库区进行文物复查，选出重点遗址和文物保护工作（因当时正闹"革命"，后来未能安排发掘）；还爬上武当山，对古建筑保护情况进行了解，并提出保护措施（当时山上有几个老道人看管）。

5. 1969年4月-10月，湖北省博物馆全体集中至孝感花园军营搞斗、批、改，本人和陈祯琏、陈万元、张惠芬、马文学等五人留守博物馆。本人分工主要负责馆内文物库房和文物整理间的文物保护，其中包括刚发掘不久的"三座大墓"出土的越王勾践剑、竹简、漆木器等文物的保管和保养（主要防盗和换水浸泡漆木竹器）。

6. 1970年，担负焦枝铁路文物考古调查任务。本人和王正明、谢明成从枝城南负重步行调查至钟祥胡集镇，行程约200公里，沿途十分艰辛；本人和彭锦华出差至随县、襄阳、宜城、钟祥，调查重点文物保护单位的保护问题。随县唐镇东汉墓群、钟祥元佑宫、文峰塔和皇（显）陵（后被列为世界文化遗产）、梁庄王墓等重点保护单位均遭到不少破坏。其中唐镇许多东汉大型砖室墓被挖空，墓砖被用于砌民房；钟祥显陵范围内修渠、动土防治血吸虫、围墙被拆……对被破坏的文物和文物保护单位，我们均提出保护意见和措施，同时向上级汇报，起到了防止其继续遭受破坏的关键作用。

（二）1971-1972年初。赴京与我国和世界的"高端"阶层接触，为认识文博工作重要性、扭转文博工作被动局面起了关键作用。

经"工宣队"挑选，本人被派往北京，参加在故宫举办的"十省市（后加甘肃）出土文物展"，主要负责湖北省部分的工作，也是整个展览接待通讲者之一（通讲者只有四五个人）。通讲者就是从头到尾接待中央领导和重要外宾（并讲解）的人。

1. 1971年5月，本人独自一人出差荆州，提运赴京展出文物，调查、交接、装箱25具楚石编磬（前往发现现场，调查出石编磬出土于纪南城之南的楚夯土台上，并整理资料。石编磬出土初曾被农民用来砌猪圈）和郢爰（现场调查出，郢爰出土于秦汉的郢城遗址，较多的郢爰被银行转至东北军工厂），其中石磬十分沉重，搬运十分困难却也没人帮忙（荆州博物馆已被解散）。

2. 1971年6月至1972年元月，参加轰动北京的"出土文物展"的布展、解说、联络专家、接待等一系列工作。在文化部文物局（当时叫国务院图博口）王冶秋、陈滋德两位同志的直接领导下，在大批我国一流专家指导下，这个简单的展览轰动了国内外，产生了意外效果，使我国的文博事业在"文革"期间就从低谷中迅速崛起。在这个展览展出初期，本人亲自接待了叶剑英、陈毅、聂荣臻、徐向前、李富春、邓颖超、蔡畅、郭沫若、廖承志、张云逸等大批新中国第一代领导人和日本首相田中角荣、美国国务卿基辛格、美国总统尼克松等大批重要外宾,同时还接待了杨振宁、韩素音等许多国际知名人士和我国文化艺术界、科学技术界的艺术家、科学家。该展览刚展出,立即迎来了新闻界、影视界、出版界的记者、专家前来拍摄、采访、报道。该展览还得到了周恩来总理的特别关注,并作指示,曾亲自修改新华社有关报道稿件。当时湖北省省委书记韩宁夫前来参观,后在北京前门饭店召集王劲、陈振裕、陈祯琏和本人四人开会,安排陈振裕和本人继续"出国文物展"和"出土文物展"的工作,王劲和陈祯琏回省抓工作。

(三)1972年春至1979年春。为深入了解湖北考古、积累知识和经验的阶段。本人1972年元月结束"出土文物展"工作回汉后,全心投入本省的文博工作,率先主持了许多考古项目。此时期,湖北省博物馆被下放天门、荆门农村的文物考古人员陆续返回单位,使湖北文物考古从低谷迅速走向"黄金时代"(谭维四老馆长语)。

1. 1972年春、夏,本人和陈振裕一起,在当阳举办宜昌地区文物考古干部训练班,两人一起主持和参加当阳刘家冢子东汉画像石墓、窑湾楚墓的发掘整理;沮河下游考古调查、整理等工作。为宜昌地区各县培养了首批得力的文物考古骨干,获得湖北省少有的东汉画像石墓资料。并将沉重的画像石和重要的东汉文物,借"三三〇"工程的大平板车运回馆内。

2. 1972年下半年,本人与管维良合作,赴"三三〇"(长江葛洲坝)库区首次作遗址普查和发掘选点工作。会合宜昌、秭归、兴山文物干部踏遍西陵峡两岸和香溪河流域(当时只能走山间峡谷小道,吃住十分困难),全面调查了许多遗址、墓葬,初步选定宜昌小溪口、杨家湾和秭归朝天嘴、柳林溪、龚家大沟为重点发掘遗址;清理了宜昌一处砖瓦厂取土场暴露的汉代墓葬。同时还清除了文物重点保护单位的危险因素,例如有效地保护了"三游洞"(当时被"三三〇"工程当作炸药仓库使用)等地面重点文物保护单位。

3. 1973年春至1974年冬,本人和陈锡岭常驻襄阳"六新生"(劳改农场)砖瓦厂,主持和参加襄阳山湾、蔡坡春秋至战国楚墓的发掘、整理工作,获大批楚春秋铜器墓资料(有楚、邓、鄀、徐、蔡、吴等国铭文铜器),培养了一批文物骨干,对开创襄阳地区的考古起了重要作用。在驻襄阳期间本人还做了五项重要工作:

(1)安排武汉大学历史系百余名师生(包括石泉和彭金章先生等)在蔡坡发掘楚墓("体验生活"),并作业务指导。将出土文物运至铁道部铁四局"四〇一工厂"展出。最后到邓城楚城遗址实地调查。

(2)安排全省文物考古训练班田野实习(考古室内教学在武大进行),指导山湾春秋楚墓的发掘、整理、报告编写等工作。获"楚子敦"等铭文铜器。

(3)1973年秋,赴枣阳茶庵曾国铜器发现地点,找出墓葬,清理了残墓,复原了随葬品摆放位置、收集了被分散的铜器。后进枣阳县文化馆,在该馆同志帮助下,完成了资料整理工作,编写了简报并在《考古》上发表。这次工作,不但首获湖北省内经发掘的曾墓资料,而且自己首次正式发表了考古简报。

(4)1973年冬至1974年春,主持和参加发掘、整理光化五座坟西汉萧何家族墓地,春节本人一人留守在工地(春节各单位放假,挨饿四、五顿)。获罕见的西汉大型木椁楼式结构墓和一批西汉铜器、漆木器资料。将椁板(约35立方米料)和文物运回馆内。所写发掘报告在《考古学报》上发表。

(5)1973年9月,至襄阳朱集,指导襄阳县发掘宋代砖室墓。

4.1974年12月至1976年夏,参加江陵纪南城大规模的调查与发掘工作("考古大会战")。

(1)1974年12月,陪同国家文物局庄敏副局长赴江陵纪南城、大冶铜绿山实地调查,后决定纪南城"考古大会战"。1975年春节刚过,本人和陈万元一起赴江陵,作"会战"前的筹备工作。

(2)1975年3月至1976年5月,参加七个省市、七所大学的纪南城"考古大会战"(领导小组组长为省委书记韩宁夫),本人为业务组五个成员(还有黄景略、杨建芳、俞伟超、李京华)之一。主持西边新桥工地(负责纪南城西半边的全部工作)的调查、发掘、整理和后勤工作。主要发掘西垣北门遗址、陈家台冶铸作坊遗址、东岳庙楚墓、王家湾遗址,调查并试掘龙桥河西段(长约1 000米)的制陶作坊遗址(清理了局部文化堆积、部分水井、窑址),并对资料作了初步的整理。获得我国第一座东周城门、楚国冶铸作坊、城内楚墓和大量水井、窑址、窖穴资料,出土了大批陶器、铁器等遗物。在新桥工地举办了第一、第二期"亦工亦农"考古发掘培训班和首期发掘资料整理培训班。培训班培养了大批考古人才,不少成为21世纪湖北省内的考古骨干。

5.1976年夏季至1979年5月,学习省外大城址、大遗址考古经验,整理编写纪南城调查发掘报告。首先去河南、河北、北京、山西、四川、重庆等省市参观大城址、大遗址发掘工地,学习省外各地大城址、大遗址考古经验(曾与侯马考古工作站举办了经验交流座谈会),历时两个月。然后回到江陵纪南城新桥工地,主持整理"大会战"期间所获得的纪南城内的钻探、调查、发掘资料,亲自做修复、绘图、选标本等工作,最后编写出《楚纪南故城调查与发掘》综合报告(因故未发表)。

1977年11月,受省指派,赴江陵天星观墓地调查,建议面临毁坏的天星观一号墓由荆州博物馆主持发掘。

1978年2月春节期间,约王振行去黄陂,调查双凤亭墓地动土工程现场。三十号墓椁室被爆破炸开,出土一批青铜器,是西周早期有"长子"字样的铭文铜器。铜器十分重要,提出了保护意见,并帮助整理资料。曾将几件铭文铜器带回馆内修复保存,因当时未被馆内重视而将铭文铜器返还黄陂。

1978年6月至12月，因摄影师潘炳元生病开刀故本人被抽调去随县曾侯乙墓发掘工地，除做拍照、暗室冲印照片之外，还做一些清理、接待专家、协助报道等工作；又负责鉴选湖北省一级文物藏品，挑出全馆内首批一级文物百余件，并作了有关资料，交保管部；还和孙启康合作负责编写湖北省文物工作三十年。本人撰写秦汉部分，并最后统稿。该书由文物出版社出版。

（四）1979年5月–1986年。为探索楚文化渊源，作鄂西古代文化发展系列，主持三峡水库坝区考古发掘的阶段。在我国著名的考古学家俞伟超先生的带领和亲自指导下，工作重点从沮漳河东转向沮漳河西，再转向三峡，开展了大量的调查发掘工作。

1. 1979年5–6月，本人陪同北大俞伟超先生赴鄂东、鄂北、鄂西开展楚文化考古调查，选择追溯楚文化渊源的首次开展工作项目和地点。一起参加调查的还有北大的高崇文、武大的王光镐两位同志。

2. 1979年夏，至随县，指导随县对义地岗春秋墓的清理发掘工作，本人亲自找出墓葬范围，复原铜器摆放位置。

3. 1979年6月–1980年2月，主持参加当阳季家湖遗址的调查、发掘、整理工作。发现了新石器时代晚期的季家湖遗存和国保单位季家湖楚址。

4. 1980年初，为追溯楚文化之源，开展较大规模、较大范围的工作。陪同俞伟超先生赴当阳、枝江、宜都等县实地考古调查（包括关庙山、红花套两个考古工地）。重点调查了城背溪和石板巷子两个具有新文化内涵的遗址。

5. 《江汉考古》1980年创刊，本人为四个编辑之一（未设主编），之后本人一直参加《江汉考古》的工作。初期审过俞伟超先生讲话等许多稿件。

6. 1980年2–5月，赴安徽、河南等省进行楚文化考古调查，了解两省楚文化考古状况，学习外省经验。参加调查的除本人外，还有陈振裕、陈祖全、文必贵共四人。

7. 1980年11月，赴江陵纪南城，为中国考古学会第二次年会在湖北召开，布展楚郢都考古陈列，供年会参观。后参加了中国考古学会第二次年会。

8. 1980年12月–1981年5月，赴三峡葛洲坝库区考古调查，本人和陈振裕一起发掘了秭归龚家大沟、鲶鱼山、柳林溪等重要遗址。发现了柳林溪城背溪文化遗存、龚家大沟大溪文化早期遗存、柳林溪春秋楚文化遗存，并首次用考古资料否定了鲶鱼山是楚早期都城丹阳的说法。

9. 1981年，曾多次和省厅、馆调查鉴定小组一起，赴孝感地区调查鉴定普查文物；在孝感为全省文物普查培训班讲授楚文化考古课程；赴长沙参加"四省楚文化研究会"成立大会；赴杭州参加中国考古学会第三次年会。

10. 1982年元月–6月,本人和梁柱去黄冈调查发掘国尔冲楚墓(后因地、县有矛盾,又遇春节,中途停工),同时调查太平寺墓地、禹王城遗址;又去孝感鉴定文物普查资料。

11. 1982年下半年,安排俞伟超先生带领的北大实习生在沙市周梁玉桥遗址发掘,并亲自参加了田野发掘;陪俞伟超先生赴宜昌考察该地区最新普查资料,发现了城背溪文化的陶片;跟俞先生一起赴江陵张家山、荆南寺文物暴露现场调查、讨论;1982年10月,参加郑州"四省楚文化研究会"第二次年会,并参加编写《楚文化大事记》。

12. 1983年,国家文物局按苏秉琦等先生的意见,决定将纪南城(江陵)考古工作站建设成楚文化考古中心,本人与陈振裕一起负责开始扩建、完善此站的工作。招收农村青年培养成发掘、绘图、修复的技工,名额保持在20名以内,优秀者留下长期使用,有许多一直沿用至今。上述工作,使纪南城考古工作站,一度成为湖北考古的大本营。

13. 1983年,进行过三次考古调查。

(1)4月,赴宜昌地区,在当阳、枝江为深入的楚文化渊源探索调查、发掘、选点,调查小组由王劲、彭汉东和本人组成。后安排了枝江半月山、熊家窑、赫家洼子等遗址的发掘,主要由彭汉东具体负责。

(2)6月,为了解鄂东地区文物考古情况,赴大冶、浠水、黄冈等县调查,并帮助大冶县编写出第一篇鄂王城考古调查简报。

(3)8月,本人和喻德智一起赴江陵,调查各大砖瓦厂取土场和农村动土工程的文物破坏情况及保护问题,当时决定清理发掘马山砖瓦厂墓区。此墓区后来发掘出土了"丝绸宝库"和"吴王夫差矛"。

14. 1983年下半年,发掘、整理宜都城背溪、石板巷子两个遗址。本人是宜都考古队两位业务负责人之一(另一位为北大的高崇文),有北大师生和宜昌地区考古人员参加。发现了新石器城背溪文化和石板巷子文化。

15. 1984年春,主持、参加整理宜都、枝江、当阳等地的调查发掘资料,从江陵调技工来汉,主要做陶片拼对、修复和器物绘图等工作。

16. 1984年4月–5月,赴宜都,发掘城背溪(第二次发掘)、枝城北、金子山、蒋家桥等遗址,协助北大研究生裴安平(为他的课题)发掘茶店子、鸡子河、王家渡等遗址。新发现成批的城背溪文化、石家河文化和石板巷子文化遗存。

17. 1984年6月,赴三峡水库坝区,配合"前期工程"的考古调查发掘。主要调查发掘肉元沱、上磨垴、小溪口、伍相庙、路家河、西湾、西台、外河、刘家河、苏家坳、中堡岛、三斗坪、大燕子坪等坝区遗址。从江陵考古工作站调来所有业务人员,选重点遗址开探方,分工负责。本人为业务总负责,来回检查掌握各发掘工地的工作。获得许多新石器城背溪文化至秦汉文化的新资料。可惜因经费缺乏、任务重,这些资料未经系统整理,至今仍存放在纪南城考古工作站。

18. 1984年6月-8月,在沙市、江陵,发掘沙市官堤遗址并对其资料进行整理。又新发现和发掘一处较重要的周梁玉桥文化遗址。

19. 1984年9月-10月,继续发掘三峡大坝坝区太平溪旧镇附近的遗址;参加襄阳召开的"楚史学会";检查麻城楚墓发掘工地。发现宜昌路家河、三斗坪和麻城谢家墩新石器城背溪文化遗址,对麻城谢家墩遗址进行了发掘、清理,获得一批资料存放在江陵考古工作站。

20. 1984年冬,又前往宜都,继续发掘城背溪文化遗址:宜都孙家河、花庙堤、栗树窝和枝江青龙山。后两个遗址为当时上山调查时的新发现。

21. 1984年12月,参加海南岛"中国百越民族史研究会"第四次年会,考察了通什至三亚一带的民风习俗,观看了原始的钻木取火技术表演;又参加了黄石"省考古学会"第五次年会,参观了当地文物,对鄂东南的考古和文化面貌有了进一步了解。

22. 1985-1986年,主持和参加三峡大坝坝区各遗址的发掘工作。重点发掘宜昌三斗坪、白庙、窝棚墩、雷劈石(杨家湾西区)、小溪口、白狮湾等一系列新石器—商周遗址。发掘资料安排在馆内作了初步整理。通过三个季度的发掘,获得城背溪文化遗存、大溪文化墓葬、白庙遗存、早期巴文化遗存和楚文化遗存等多批重要资料。三峡大坝动工前的工作,缺乏经费(工程没拨),困难重重,十分紧张艰辛。

23. 1985年冬-1986年春,领队和参加发掘江陵毛家园汉墓。毛家园一号墓出土了大批西汉早期的漆木器、竹简、木牍等重要文物。报告由当时领导安排另人编写,但一直未见报告专著出版。

24. 1985年6月-7月,参加合肥"四省楚文化研究会"第三次年会;1985年8月,赴荆州商谈荆沙铁路文物考古工作及经费问题;1986年3月,参加江陵"省考古学会"第六次年会;1986年4月,参加云南西双版纳"中国百越民族史研究会"第五次年会;1986年9月-10月,赴东北三省、山东等地参观学习,参观了牛河梁考古工地;1986年10月,带领三峡考古人员调查三峡大坝库区遗址,进入重庆巫峡江段和大宁河中、上游;1985年10月,赴孝感、襄阳、郧阳三个地区检查、鉴定全国文物普查资料。对郧阳地区普查,提出了复查丹江水库库区的遗址和重点调查旧石器、化石出土地点等意见。不久,郧县曲远河口旧石器遗址被普查人员发现。

(五)1987-1989年春。工作重心由楚文化方面转向新石器时代文化方面。1986年以后,俞伟超先生就任中国历史博物馆馆长,楚文化渊源的探索工作和三峡大坝坝区的考古工作暂告一段落;北大考古系主任严文明先生拟在湖北建立考古实习基地,地点选在天门石家河,并成立由北大、湖北省、荆州地区考古人员组成的石家河考古队,要求本人带领湖北省博物馆考古主力加入,此后湖北的考古重点和人员安排均发生了很大变化。

1. 1987年开始,参加和主持天门石家河邓家湾遗址的发掘、整理、编写发掘报告的工作,并继任石家河考古队副队长(队长:严文明,原副队长:王劲)。1987年下半年,参加了石家河考古队(有北大实习生)的第一次邓家湾发掘,为湖北省博物馆组的负责人。

2. 1987年3月,参加长办组织的三省市(湖北、重庆、四川)考古人员与加拿大考古专家座谈会,主题是配合大型水利工程的考古工作问题;1987年5月-6月,参观潜江"章华台遗址"工地,参加潜江"章华台遗址学术讨论会";1988年6月,参加江陵"四省楚文化研究会"第四次年会;1988年8月,参加恩施"省考古学会"第七次年会;1988年10月,参加江西鹰潭"中国百越民族史研究会"第六次年会;1988年11月,参加武大主办的武汉—宜城"楚国历史与文化国际学术讨论会";1988年下半年开始,连续给中南民院民族学系、历史系、民族研究所的研究生讲民族考古课;1988年冬,编写《湖北省文物考古工作十年来的发展》(主笔),供文物出版社出版《文物考古工作十年》使用。

3. 1988年夏,第一次主持和参加发掘江陵朱家台新石器时代遗址。此遗址紧靠纪南城北垣,遗址面积大,保存较好,是十分重要的遗址。

4. 1988年冬-1989年元月,主持和参加江陵纪南城松柏渔池大规模的考古清理发掘。获大型台基、建筑、古河道、窑址、水井、窑穴等遗迹和大量陶器等遗物。

5. 1987年-1989年,继续安排和参加整理宜都和三峡的发掘资料,主要是修复和绘图,安排在馆内第二栋整理楼内,使用江陵考古工作站的技工。

(六)1989年夏-1994年夏。主持湖北省文物考古研究所第二研究室(西室)的工作,并任《江汉考古》副主编、江陵考古工作站站长。第二研究室主要负责了江陵考古工作站、"郧县人""石家河""三峡""罗岗车马坑"等处的考古工作和第一次全国文物普查工作。

1. 1989年11月,湖北省文物考古研究所成立后首次出差,带领本所梁柱、彭汉东、周国平、熊北生等人赴鄂西北神农架林区(松柏镇一带和"龙潭嘴水库"库区)、郧阳地区(房县博物馆、该地区博物馆、郧县县城建筑工地、"郧县人"产地曲远河口等)进行考古调查。获得一笔林区拨给的调查经费和林区、郧阳地区的文物考古新信息。另还调查和调解了郧县政府部门与文物部门的激烈矛盾,并在调解会上提出处理意见,阻止了汉代郧县古城遗址免遭更大破坏。

2. 1989年12月,陪同文化厅胡美洲等领导,处理、调查宜城罗家岗墓地、楚车马坑、襄樊真武山遗址、枣阳"王城"(新出土了商代铜器)、刘秀故里等文物单位的情况和问题。

3. 1990年7月-1991年4月,主持和参加钟祥大峪口磷矿扩建区大规模的文物钻探调查工作和商谈发掘经费问题。

4. 1990年冬和1991年下半年，主持和参加江陵朱家台遗址的第二、第三次发掘工作。第三次发掘安排、辅导武大考古学生实习。获得了大溪早期和屈家岭文化等重要遗存。

5. 1992年上半年，主持和参加天门邓家湾遗址的"补充发掘"工作。发现了许多新资料，对解决石家河古城的范围、年代和邓家湾遗存的性质等问题具有重要意义。

6. 1992年10月-1993年初，主持和参加江陵朱家台遗址第四次发掘工作。

7. 1993年，两次主持和参加三峡坝区白庙遗址的全面发掘和三斗坪遗址的最后一次发掘工作。

8. 1993年下半年，主持发掘白庙、三斗坪遗址的同时，兼任国家文物局"三峡领队培训班教官"（国家文物局指派），发掘中堡岛遗址，并调查发现了鹿角包城背溪文化遗址。获大批新石器、商周文化资料（后因主要"教官"王晓田去世，资料未整理发表）。

9. 1989年5月，参加长沙"中国考古学会"第七次年会；1990年5月-6月，参加长沙"四省楚文化研究会"第五次年会；1990年8月，参加杭州"国际百越文化学术讨论会暨中国百越民族史研究会"第七届年会；1990年10月底-11月上旬，参加"湖北学术代表团"访问香港，并在香港中文大学作学术演讲；1990-1991年，两次参加湖北省"全国文物普查"会议，并亲自前往天门、钟祥、荆门、荆州、沙市等地调查，落实会议精神；1991年7月，参加蒲圻"赤壁学术讨论会"；1992年元月去湖南长沙，1992年12月去湖北孝感，1994年6月-7月去湖南张家界三次参加《楚文物图典》编辑会，并陪同教育出版社负责人赴安徽考察楚文物；1992年3-4月，参加四川广汉"三星堆国际学术讨论会"；1992年6月，参加国家文物局专家关于"三峡坝区文物保护问题讨论会"；1992年9月，参加河南淅川"楚文化研究会"第六次年会。

10. 在任室主任期间，继续给中南民院的研究生讲课；多次参加省职称评定会（1992年评定为正高，并被聘为湖北省文博系列首届高级职称评委成员和中级职称评委成员）、石家河考古工作会、武测学生论文答辩会、领队培训班考核和专家接待；还与武汉测绘学院合作开展遥感考古和遥感测绘大遗址地图。

（七）1994年夏-1998年夏。正当有了一个研究工作计划和设想之时，由于湖北省文物考古研究所领导成员调整，便退出了研究室主任之职，工作重心即从田野转向室内。

1. 主要编写《宜都城背溪》、天门《邓家湾》《楚文物图典》（湖北部分）等专著和三峡等地的发掘报告；为参加学术会和杂志约稿写论文；为中南民院、省社科院研究生讲课写讲义等。还为发掘报告照相、绘图专门出差。

2. 1994年10月，参加南漳"楚史会"，并作了南漳、宜城的文物考察。其中调查了"蔡侯朱之缶"出土地点，确定此器为墓葬出土物。后来襄阳地区派人做了工作，证明墓葬已全被破坏；1995年5月，参加河南偃师"中国商文化国际学术讨论会"；1995年8月，参加武汉"长江文化暨楚文化国际学术讨论会"；1997年4月，参加国家文物局"中国文物地图集"编辑会和高、中级职称评定会；1998年5月，赴京参加北大百年校庆活动。

3. 1994年8月，去荆门调查古墓盗掘等问题；1995年8月，陪同中国社科院考古所高广仁、邵望平、高炜、郑光等四位专家，调查荆门马家垸和江陵阴湘城两座屈家岭文化古城遗址，并陪同参观了江陵考古工作站和省文物考古研究所整理间的文物。还陪同陕西省考古专家参观本省文物。在陪同省外专家过程中，提高了对湖北考古的认识；1997年8月，和所领导一起检查三峡考古发掘工地和古建培训班；1997年10月，和国家文物局专家组组长黄景略和黄展岳、胡美洲、陈振裕等组成的检查小组，检查五所大学的考古发掘工地（在长江三峡）。

4. 这期间，继续给中南民院研究生讲课；从1996年起，又连续给省社科院研究生讲授《楚地考古》《民族考古》《楚文化考古》课；又为北大研究生的课题，前往鄂东北的麻城，调查了多处重要古遗址，选定了金罗家遗址作全面发掘，并当发掘领队。为了发掘，在室内做了第一份楚郢都纪南城的保护规划（是份较实际的规划，但可能因无政府部门参加，上交文化厅之后杳无音信），节省出做"规划"的经费作为金罗家发掘经费。金罗家是新石器时代遗址，发掘出土了大批墓葬和遗物，对于鄂东北新石器时代研究具有重要意义。

（八）1998年夏-2000年9月退休。重新返回"田野"，主要承担大型工程的一些考古发掘项目。

1. 主持和参加发掘京珠高速公路的孝昌古坟岗墓地、孝昌乱葬岗墓地和江夏新窑窑址；主持和参加发掘三峡大坝库区的秭归望家湾（王家湾）、大沙坝、上磨垴遗址和荆襄高速公路的荆门叉堰冲遗址。发掘结束后均马上就地进行整理和编写工作，发掘简报均已发表。

2. 1998年12月，承担国家文物局《二十世纪中国文物考古发现与研究丛书·楚文化》的撰写任务，基本在发掘工地上完成了此任务。

3. 2000年8月，参加潜江"黄罗岗学术会"；2000年9月，参加"中国湖北学术代表团"访问美国华盛顿、费城、纽约等地；1998年12月，去秭归柳林溪、越州城工地考察；1999年元月，去巴东火焰石遗址调查，发现一些新石器时代较早阶段的遗存（怀疑属城背溪文化遗存）；1999年冬-2000年2月，去江夏、咸宁发掘工地参观考察，解决一些考古问题。又去潜江放鹰台发掘工地和江陵天星观二号墓发掘现场参观考察。

4. 这段时间，还继续给研究生讲课。

（九）2000年9月-2002年12月底。退休以后还继续主持了两年多的田野考古和报告的编写、出版和其他工作。

1. 2000年下半年和2001年上半年，主持和参加荆门叉堰冲遗址的第二、第三次发掘，并整理、编写发掘报告；还做了一些研究和编审等方面的工作。

2. 2001年下半年-2002年12月底，三次主持和参加巴东茅寨子湾遗址的全面发掘，并在秭归进行了资料整理。发掘报告已经发表。

3. 2000年10月和2001年9月，两次上京到文物出版社，商谈关于出版《宜都城背溪》《邓家湾》两本发掘报告的排版、校稿和出版经费问题。排版在武汉进行。出版经费，由国家文物局拨给。

4. 两年多期间，还编写一些三峡库区的发掘报告；写了些论文；做了些审稿、评审工作。还参加了宜昌晓峰兵寨"楚长城"的考察论证（有北京的四位专家参加）。

（十）2003年以后，基本结束了田野工作，室内的一些工作都是被动的了。室内工作主要为考古报告专著、考古书、出版社和杂志社的稿件审稿；应《湖南省博物馆馆刊》《华师学报》《当阳楚文物图录》《荆州博物馆馆刊》等刊物和北京大学、国家博物馆之约写稿；为湖北省博物馆陈列"屈家岭"部分设计方案和新馆陈列提修改意见；指导、帮助编写考古专著和简报，还出差帮助资料整理和编写；也参观过重要的发掘工地和参加过一些学术会议。

二十世纪（退休以前）的文物考古工作十分困难和艰苦。"文革"初期则不必说。"文革"后期和"文革"之后的十多年间，缺乏工作经费，没有先进设备（例如照相，缺照相机，需自装135电影胶卷，自测"距离""光圈""速度"；暗室工作需自配冲洗药水，自用太阳光冲印样片），没有田野补助（田野无任何补助；途中、住宿每天仅补助0.1-0.4元）。出差经常自带行李（包括被子和垫子），睡地铺（一间房内睡十多人），吃派饭（在农民家中"同吃"，每餐交0.12元钱）；经常负重长途跋涉，熬高温、抗严寒（曾迎北风调查，冻得嘴不能张开说话。曾睡觉被飘雪覆盖。曾将冰块当作文物包装起来）；工地亲自动手挖土方、清理遗迹遗物；还往往得不到重视、得不到理解和支持，甚至常冒挨打遭砸（如1993年10月21日，在宜昌白庙发掘工地，因在农民原土地上动土，就有人持刀握枪前来闹事）的危险。但忠于祖国文博事业的决心和行动从不变。

从事文物考古工作五十余年，曾任湖北省文物考古研究所研究室主任、江陵（纪南城）考古工作站站长、《江汉考古》副主编、湘鄂豫皖楚文化研究会常务理事，研究员，首批考古发掘领队，主持过许多考古项目，积累了一些田野考古经验，培养了不少考古人才（包括田野调查与发掘、修复、绘图、摄影、拓片的技工），常指导大学考古专业的学生田野实习，长期给考古培训班学员和历史学、民族学的研究生讲课，为考古事业的发展、队伍的壮大成长和干部素质的提高尽了责任。退休后也还继续做些工作，不少考古报告和论文都是退休以后完成的。五十多年的文物考古工作取得了一些成绩，是城背溪文化、季家湖遗存、石板巷子遗存、白庙遗存和早期巴文化、周梁玉桥文化、早期楚民族文化、季家湖楚城的主要发现者之一；有文物出版社出版的《楚文化》《宜都城背溪》（两个主编之一）、《邓家湾》等专著，发表的考古报告、简报60余篇，论文80余篇，短篇学术性文章50余篇。是《楚文物图录》《湖北文物奇观》《楚国历史与文化辞典》的主要撰稿人；审阅过大量专著和刊物稿件，参加过多部论文集的编辑工作。《试论中国文明起源与江汉文明》一文被收入《中国时代战略文库》《改革开放与市场经济文选》《今日辉煌》《中国八五科学技术成果·社会科学卷》《中国文明起源研究要览》等大型图书中；《江汉夏代文化探讨》一文被收入《世界学术文库·华人卷》一书中；《试论楚国铁器的使用和发展》一文被收入《中国当代教育思想宝库》一书中；世纪初书写的"不断追求与探索，艰辛与喜悦相随""私为悲伤之根，公为力量之源，公而忘私，青春常驻""粗茶淡饭无烦恼，身心康健度一生"等三句话，被收入《中华名人格言》《中外哲理名言》内。

1998年12月，被世界文化名人成就金像奖评委会、中国国际名人院评审委员会等单位授予"世界文化名人成就奖"。名字被编入《中国当代历史学学者辞典》（第459页）、《北大人》第三卷（第634页）、《国魂》（第397页）、《世界文化名人辞典海》（第560页）、《世界名人录》第六卷（第1102页）、《中国人才辞典》、《二十一世纪人才库》等辞典中。

杨权喜主要考古发掘报告目录

一、专　　著

1.《宜都城背溪》(两个主编之一,统稿),文物出版社,2001年。

2.《天门石家河考古报告之二·邓家湾》,文物出版社,2003年。

二、简　　报

1.《湖北枣阳县发现曾国墓葬》,《考古》1975年第4期。

2.《光化五座坟西汉墓》,《考古学报》1976年第2期。

3.《湖北当阳刘家冢子东汉画像石墓发掘简报》,《文物资料丛刊(1)》,文物出版社,1977年(署名沈宜扬)。

4.《当阳季家湖楚城遗址》,《文物》1980年第10期。

5.《楚都纪南城的勘查与发掘(上)·西垣北门遗址的发掘》,《考古学报》1982年第3期。

6.《楚都纪南城的勘查与发掘(下)·陈家台遗址的发掘·水井、窑址的勘查与发掘(龙桥河西段)·楚墓的勘查与发掘(东岳庙墓区)》,《考古学报》1982年第4期。

7.《襄阳山湾出土的鄀国和邓国铜器》,《江汉考古》1983年第1期。

8.《襄阳山湾东周墓葬发掘报告》,《江汉考古》1983年第2期。

9.《襄阳山湾十八号秦墓》,《考古与文物》1983年第3期。

10.《秭归龚家大沟遗址的调查试掘》(两人署名),《江汉考古》1984年第1期。

11.《襄阳蔡坡战国墓发掘报告》,《江汉考古》1985年第1期。

12.《湖北宜都石板巷子新石器时代遗址》(两人署名),《考古》1985年第1期。

13.《沙市官堤商代遗址发掘简报》(两人署名),《江汉考古》1985年第4期。

14.《1981年湖北省秭归县柳林溪遗址的发掘》(两人署名),《考古与文物》1986年第6期。

15.《湖北当阳季家湖新石器时代遗址》,《文物资料丛刊(10)》,文物出版社,1987年。

16.《江陵朱家台遗址调查简报》,《江汉考古》1988年第4期。

17.《襄阳山湾出土的东周青铜器》,《江汉考古》1988年第1期。

18.《湖北江陵朱家台遗址发掘简报》,《江汉考古》1991年第3期。

19.《1988年楚都纪南城松柏区的勘查与发掘》,《江汉考古》1991年第4期。

20.《江陵朱家台两座战国楚墓发掘简报》,《江汉考古》1992年第3期。

21.《1982年秭归县柳林溪发掘的新石器早期文化遗存》(两人署名),《江汉考古》1994年第1期。

22.《宜昌窝棚墩遗址的调查与发掘》,《江汉考古》1994年第1期。

23.《西陵峡北岸周家湾山岗遗址》,《江汉考古》1994年第1期。

24.《1985年-1986年宜昌白庙遗址发掘简报》,《江汉考古》1996年第3期。

25.《长江三峡工程坝区白狮湾遗址发掘简报》,《江汉考古》1999年第1期。

26.《1985-1986三峡坝区三斗坪遗址发掘简报》,《江汉考古》1999年第2期。

10、14、21、22、23、24、25、26号共八编简报,又收入国家文物局三峡工程文物保护领导小组湖北工作站:《三峡考古之发现》(一)、(二),湖北科学技术出版社,1998年和2000年。

27.《孝昌古坟岗墓地的发掘》,《江汉考古》1999年第3期。

28.《湖北宜昌县上磨垴周代遗址的发掘》,《考古》2000年第8期。又收入《湖北库区考古报告集(第一卷)》,科学出版社,2003年。

29.《武汉市江夏区新窑村窑址群的调查与发掘》,《江汉考古》2000年第4期。

30.《荆门团林叉堰冲遗址发掘简报》,《江汉考古》2001年第3期。

31.《秭归县望家湾遗址发掘简报》,《江汉考古》2002年第1期。又收入《湖北库区考古报告集(第一卷)》,科学出版社,2003年。

32.《湖北秭归大沙坝遗址发掘报告》,《考古学报》2005年第3期。此报告又收入《三峡考古报告集》(《江汉考古》编辑部编辑、出版,2004年)《湖北库区考古报告集(第二卷)》(科学出版社,2005年)中。

33.《巴东茅寨子湾遗址的第二次发掘》,《湖北库区考古报告集(第三卷)》,科学出版社,2006年。

34.《荆门叉堰冲新石器时代遗址第二次发掘简报》,《江汉考古》2006年第1期。

后　记

　　20世纪80年代,我曾编了一本"论集",俞伟超先生也拟为"论集"写序,但因无经费支持而未能出版。90年代以后,我就未考虑出"论集"了。2015年12月,我在天门参加学术会议期间,本单位的万全文书记告知将为我出版"论集",我当时感到集文较难而有点犹豫。返汉后我立即进入堆满杂物的书房找旧书、报,翻出自己写的文章,并要我家杨燕、杨得兴帮忙操作电脑,打出校样,我负责校对编排。经过三个多月的时间,终于将分散的尘封已久的文章集中输入了电脑。因电脑识别问题和我老眼昏花,错讹难免;插图质量不高,惜本人已无能力重绘。

　　我数十年间发表的文章,有相当一部分是为参加国际和全国学术会议,以及为省外刊物约稿而写,本省相关图书的存量甚少(本人也只有一本),寻找不易,看过的人并不多。湖北省博物馆、湖北省文物考古研究所趁我还不十分糊涂的时候为我出这本书,完成了我的一个心愿,我也对自己的考古生涯有个交代!十分感谢馆、所领导和关心、支持、帮助过我的同志们!